全新升级 | 学CFA，到高顿

» 专享六重好礼 «

1 一重礼 | 精品CFA大师课

全书配套10+小时高顿精品大师课，书课一体，高效掌握

轻松解锁 ▶ 刮开封面权益码，微信扫描二维码激活领取

2 二重礼 | 金融英语词汇口袋书

一网打尽常见金融英语，破除看课做题语言难题

3 三重礼 | 知识点速记手册

碎片化时间高效利用，常见知识点信手拈来

4 四重礼 | CFA一级公式表

常见公式全覆盖，集中复习效果更好

5 五重礼 | 带学社群

十科带学，每日知识点、练习题、热点、答疑直播等权益，为备考保驾护航

6 六重礼 | 1V1个性化备考指导

1v1量身定制备考计划，全年重要备考资讯通知

*注：权益有效期至2026CFA一级考季止

以上图书增值服务
扫码免费领取

特许金融分析师考试备考用书 **2026**

CFA®
一级中文教材

数量分析方法 | 经济学 | 财务报表分析

高顿教育研究院　编著

上

文匯出版社

图书在版编目(CIP)数据

CFA®一级中文教材 / 高顿教育研究院编著. —上海：文汇出版社，2023.9
ISBN 978-7-5496-4089-8

Ⅰ.①C… Ⅱ.①高… Ⅲ.①金融－分析－资格考试－自学参考资料 Ⅳ.①F83

中国国家版本馆 CIP 数据核字(2023)第 120558 号

CFA®一级中文教材

编　　著 / 高顿教育研究院
责任编辑 / 戴　铮
封面设计 / 汤惟惟
版式设计 / 汤惟惟
出版发行 / 文匯出版社
　　　　　上海市威海路 755 号
　　　　　（邮政编码：200041）
印刷装订 / 上海中唱印刷有限公司
版　　次 / 2023 年 9 月第 1 版
印　　次 / 2025 年 8 月第 3 次印刷
开　　本 / 787 毫米×1092 毫米　1/16
字　　数 / 1275 千字
印　　张 / 53.75
书　　号 / ISBN 978-7-5496-4089-8
定　　价 / 300.00 元（全三册）

序

回首过去,改革开放四十多年的成就令人印象深刻。我国从"人口大国",一步步走向"制造大国",进而蜕变成"经济大国",并正在努力攀登"科技大国"和"创造大国"的高峰。中国经济与世界经济已经从"三来一补"的简单联结,升级成为血脉相通、休戚与共的深度共融。

这种转变,意味着传统营商向新商业文明的转轨,以制造业为核心的传统经济体系需要向"高端制造—物联网—金融"的三元架构体系过渡,对于拥有全球视野的高端金融人才的需求大幅提升!

如今,金融行业的新业态兼具综合资产管理、金融混业与金融创新、科技与大数据全面赋能三大特点。这些新时代的变化,都要求我国建立一支能力强、素质高、了解现代商业文明、风险意识比较强的金融人才队伍。这些金融人才必须熟稔国际商务、法务和金融体系,既能够对接国际经贸体系,又能够在国际经济和金融舞台上代表中国的声音。

CFA®(特许金融分析师)作为全球金融领域含金量最高的证书,无可争议地成为全球金融领域的权威认证。取得CFA®证书的中国金融精英,有能力肩负起在全球经济的"十字路口",推动中国经济进一步规范化和国际化发展的重任。

中国学员勤奋刻苦,但用英文表述的本就复杂、深奥的金融知识成为不少学员学习过程中的"拦路虎",他们急需一本知识体系完整、讲述详略得当的中文教材,以提高学习效率。

促进金融实务是金融教育的意义所在。高顿教育推出这套CFA®中文教材,无论对备考学员,还是金融从业者都有很好的帮助。本套教材既可以帮助备考学员更高效地通过CFA®考试,也可以帮助他们更准确地掌握金融知识,提升工作能力。

又逢新书付梓,再次预祝新书发行成功!

祈华夏大地雄州雾列,愿中华英杰俊采星驰!

戴国强　博士
上海财经大学资深教授
教育部"国家级教学名师"
中国著名金融教育家
上海金融学会副会长、中国金融学会常务理事
曾任上海财经大学金融学院院长、MBA学院院长

前　言

　　金融,这一隐形的"国之重器",不仅是经济肌体的血脉,更是推动社会进步与繁荣的不竭动力。金融的活跃,预示着经济的蓬勃生机;金融的稳定,则是经济健康发展的坚实基石。新时代下,中国金融行业正经历着从传统模式向数字化、专业化、国际化深度转型的变革,对专业知识与技能的重视程度必将达到新的高度。这对于每一位有志于投身金融领域的追梦者而言,同样迎来了前所未有的发展机遇。只有拥有深厚专业底蕴、敏锐市场洞察力以及卓越分析决策能力的金融从业人员才能在激烈的竞争中脱颖而出。

　　特许金融分析师(Chartered Financial Analyst,CFA®)证书是金融与投资领域无可争议的全球"黄金标准"。作为全球金融领域内最权威、最具影响力的专业资格认证,CFA®不仅代表了对金融专业知识的深刻理解和熟练运用,更象征着持证人卓越的职业素养与市场竞争力。中国自首次引入CFA®考试以来,考生人数持续井喷式增长,至今已成为全球最大考区。这不仅彰显了中国金融市场的蓬勃发展,也体现了中国金融从业者对于提升自身专业素养的迫切需求。

　　作为CFA®备考领域的专家,高顿教育深知这一证书对于考生职业生涯发展的重要意义,因此,我们于2017年首度推出了这套CFA®中文教材,旨在助力华人考生高效备考。此后每年均严格根据最新考纲更新内容,提升质量。今年,2026版教材也如约推出。这套教材并非知识点的简单罗列或英文版的中文翻译,而是在充分考虑中国考生的学习与思维习惯后,重新梳理和精炼了考纲要求掌握的所有知识点。力求用通俗易懂的方式把每一个复杂的考点讲解透彻,让零基础的考生也能顺畅阅读和理解。同时,书中标注了每一个考点的考试要求和重要程度,从而让考生备考更加有的放矢。此外,本套教材为考生提供了多维度的学习体验,考生可以通过扫码观看部分视频课程,课程中讲师的讲解将抽象的金融理论变得直观易懂,从而帮助考生更好地理解和记忆知识点,极大地提高备考效率。

　　为了帮助考生更好地链接考试,本书设置了如下特色模块:

预备知识

　　从2024版中文教材开始,本书新增了"预备知识"模块。虽然该模块下的知识为非考纲内容,但与考纲范畴内知识点的理解与掌握密切相关,可为考生铺垫坚实的学习基础,让后续的知识点学习更加得心应手。

知识一点通

"知识一点通"模块以平实而生动的描述与讲解,对正文中抽象的金融学概念与原理进行详尽的解释与补充。无论是举例、类比还是公式推导,我们都力求将复杂的金融理论具象化,使得原本晦涩难懂的概念变得鲜活有趣、易于掌握。

备考小贴士

"备考小贴士"模块提示考生知识点在考试中的表现形式,并提供了应对措施。从考查题型到重要程度,从应试技巧到记忆方法,一应俱全,助力考生在备考过程中游刃有余。

练一练

理论学习之外,及时且精准地考察知识点的掌握程度同样重要。每章末尾的"练一练"环节,为考生提供了即时巩固知识的绝佳机会。通过扫码查看答案与中文解析,考生可以清晰地了解自己的掌握情况,查漏补缺,稳步前行。

改革开放四十余载,中国经济以其独特的姿态屹立于世界之林。作为新时代的金融人,我们肩负着探索适合中国国情的金融发展之路的重任。梦想与现实之间,唯有不懈奋斗才能架起桥梁。CFA® 不仅是一张证书,更是一次自我超越的旅程。愿您在这个旅程中,收获知识,成就梦想,更不负"国之重器"的责任与担当。高顿有幸能够陪伴您走过这段路程,愿我们的付出,能帮助各位 CFA® 考生高效通过考试!

本书得以顺利付梓,要感谢徐思远、施袁红、王家涛、李淏、孙保兴、杨洋、邱楠清、张佳琳、向俊(按负责科目的顺序)等诸位老师在本书编写与校审过程中的倾心付出。九年积淀,九载提升,才有今日这套更加完善的 CFA® 中文教材。

书中疏漏之处,恳请广大读者指正,我们将持续改进。

冯伟章

CFA®,FRM

高顿教育 CFA® 研究院院长

【根据 CFA® 协会要求,列出下列 CFA® 协会免责声明】

CFA® Institute does not endorse, promote, or warrant the accuracy or quality of the products or services offered by Golden Financial Training. CFA®, Chartered Financial Analyst® and CFA® Institute are trademarks owned by CFA® Institute.

目 录

第1部分 数量分析方法

第1章 货币的时间价值 3
1.1 利率 4
1.1.1 利率的三种理解方式 4
1.1.2 利率的组成 5
1.2 收益率 10
1.2.1 持有期收益率 10
1.2.2 平均收益率 12
1.2.3 其他主要收益率 16

第2章 资产回报率的统计计量 19
2.1 中心趋势和位置 20
2.1.1 中心趋势(Central Tendency) 20
2.1.2 位置(Location) 21
2.2 离散程度(Dispersion) 22
2.2.1 绝对离散程度(Absolute Dispersion) 23
2.2.2 相对离散程度(Relative Dispersion) 24
2.3 偏度与峰度(Skewness and Kurtosis) 25
2.3.1 偏度(Skewness) 25
2.3.2 峰度(Kurtosis) 26
2.4 协方差(Covariance)和相关系数(Correlation Coefficient) 28
2.4.1 协方差(Covariance) 28
2.4.2 相关系数(Correlation Coefficient) 28

第3章 概率论基础 31
3.1 概率的计算 34
3.1.1 贝叶斯公式(Bayes' Formula) 35
3.2 概率统计 37
3.2.1 期望 37
3.2.2 随机变量的方差与标准差 39

3.2.3 协方差与相关系数 ·· 39

第4章 常见概率分布 ·· 43
4.1 连续分布 ··· 48
4.1.1 正态分布的应用 ·· 50
4.1.2 对数正态分布（Lognormal Distribution） ························ 51

第5章 估计与推断 ··· 53
5.1 抽样 ·· 54
5.1.1 抽样的基本思想 ·· 54
5.1.2 抽样方法 ··· 54
5.1.3 抽样误差与抽样分布（Sampling Error and Sampling Distribution） ····· 56
5.1.4 样本容量的选择（Selection of Sample Size） ···················· 56
5.2 估计 ·· 57
5.2.1 中心极限定理（Central Limit Theorem） ························· 59
5.2.2 样本均值的标准误 ·· 60
5.3 重抽样 ·· 61
5.3.1 自助法（Bootstrap）vs 折刀法（Jackknife） ······················ 61
5.3.2 蒙特卡洛模拟（Monte Carlo Simulation） ······················· 62

第6章 假设检验 ··· 65
6.1 假设检验的步骤 ·· 66
6.1.1 假设检验的基本思想与步骤 ·································· 66
6.1.2 假设检验的相关概念 ······································ 67
6.2 对总体均值和方差的假设检验 ·································· 71
6.2.1 对总体均值的假设检验 ····································· 72
6.2.2 对总体方差的假设检验 ····································· 73
6.3 对独立性的参数检验和非参数检验 ······························· 74
6.3.1 参数检验与非参数检验的区别 ································ 74
6.3.2 相关系数的参数检验 ······································ 74
6.3.3 相关系数的非参数检验 ····································· 75
6.3.4 基于列联表的独立性检验 ··································· 76
6.4 检验统计量一览表 ·· 77

第7章 一元线性回归 ··· 79
7.1 模型构建和预测 ·· 80

  7.1.1 线性回归的基本概念 ········· 80
  7.1.2 普通最小二乘法（Ordinary Least Squares，OLS）········· 83
  7.1.3 一元线性回归的假设条件 ········· 83
  7.1.4 回归系数的检验 ········· 84
  7.1.5 因变量的预测 ········· 84
 7.2 方差分析（Analysis of Variance，ANOVA）········· 85
  7.2.1 可决系数（Coefficient of Determination）········· 85
  7.2.2 方差分析表（ANOVA Table）········· 86
 7.3 一元线性回归的不同函数形式 ········· 89

第8章 大数据分析 ········· 93
 8.1 金融科技基础（Basics of Fintech）········· 94
  8.1.1 金融科技概述（Introduction to Fintech）········· 94
  8.1.2 大数据（Big Data）········· 94
  8.1.3 人工智能（Artificial Intelligence）········· 96
  8.1.4 机器学习（Machine Learning）········· 96
 8.2 数据科学的应用（Application of Data Science）········· 98
  8.2.1 数据可视化（Data Visualization）········· 98
  8.2.2 文本分析与自然语言处理（Text Analytics and Natural Language Processing）········· 99

附录 计算器使用说明 ········· 100

第 2 部分 经济学

第9章 厂商与市场结构 ········· 111
 9.1 厂商供给分析 ········· 114
  9.1.1 供给决策 ········· 118
  9.1.2 规模经济和规模不经济 ········· 121
 9.2 完全竞争市场（Perfect Competition）········· 123
  9.2.1 完全竞争市场的特征 ········· 124
  9.2.2 完全竞争市场的均衡 ········· 124
  9.2.3 完全竞争市场的供给曲线 ········· 125
 9.3 垄断竞争市场（Monopolistic Competition）········· 125
  9.3.1 垄断竞争市场的特征 ········· 125
  9.3.2 垄断竞争市场的均衡 ········· 126
  9.3.3 完全竞争市场与垄断竞争市场的对比 ········· 126

9.4 寡头(Oligopoly) … 127
9.4.1 寡头市场的特征 … 127
9.4.2 寡头市场的定价策略 … 127
9.5 垄断(Monopoly) … 130
9.5.1 垄断市场的特征 … 130
9.5.2 垄断市场的均衡 … 130
9.6 市场集中度 … 131
9.6.1 N 个公司的集中值(N Firms Concentration Ratio, CR_N) … 131
9.6.2 赫芬达尔-赫希曼指数(Herfindahl-Hirschman Index, HHI) … 131

第10章 理解经济周期 … 133
10.1 经济周期分析 … 136
10.1.1 概述 … 136
10.1.2 经济周期的四个阶段 … 138
10.1.3 企业视角下的经济周期波动 … 139
10.1.4 消费者行为 … 140
10.1.5 房地产板块 … 140
10.1.6 国际贸易板块 … 141
10.2 信贷周期 … 141
10.3 经济指标 … 142
10.3.1 经济指标的分类 … 142
10.3.2 其他经济指标 … 142

第11章 财政政策和货币政策 … 145
11.1 财政政策 … 146
11.1.1 财政政策和货币政策 … 146
11.1.2 财政政策的目标与表现形式 … 146
11.1.3 财政政策工具(Fiscal Policy Tools) … 147
11.1.4 财政政策的实施 … 148
11.2 货币政策 … 150
11.2.1 中央银行 … 150
11.2.2 货币政策工具(Monetary Policy Tools) … 151
11.2.3 货币传导机制(Monetary Transmission Mechanism) … 152
11.2.4 货币政策的形式与目标 … 153
11.2.5 货币政策的实施 … 154
11.2.6 货币政策和财政政策的组合 … 156

第 12 章　国际贸易 ······ 158

12.1　国际贸易的利弊分析 ······ 159
12.1.1　益处 ······ 159
12.1.2　弊端 ······ 159

12.2　贸易限制和贸易保护 ······ 159
12.2.1　施行贸易保护政策的原因 ······ 159
12.2.2　贸易保护政策类型 ······ 159
12.2.3　关税和配额对进口国的影响 ······ 160
12.2.4　贸易政策对经济的影响 ······ 161

12.3　贸易集团和区域一体化 ······ 163
12.3.1　国家或经济体间的合作方式 ······ 163
12.3.2　区域一体化 ······ 164

第 13 章　资本流动与外汇市场 ······ 166

13.1　外汇市场 ······ 167
13.1.1　外汇市场的功能 ······ 167
13.1.2　外汇市场的参与者 ······ 167

13.2　汇率 ······ 168
13.2.1　汇率报价 ······ 168
13.2.2　名义汇率和实际汇率 ······ 169
13.2.3　货币的升值与贬值 ······ 170
13.2.4　汇率制度(Exchange Regimes) ······ 171
13.2.5　汇率和贸易平衡(Exchange Rate and the Trade Balance) ······ 173

13.3　资本限制 ······ 173

第 14 章　汇率计算 ······ 175

14.1　交叉汇率计算 ······ 176
14.2　远期汇率计算 ······ 177
14.2.1　即期汇率与远期汇率的概念 ······ 177
14.2.2　远期升水/贴水(Forward Premium/Discount) ······ 177
14.2.3　远期汇率报价 ······ 177
14.2.4　利率平价理论(Interest Rate Parity) ······ 178

第 15 章　地缘政治 ······ 182

15.1　政治合作 ······ 183
15.1.1　地缘政治基本介绍 ······ 183

15.1.2 政治合作的基本概念 ······ 183
15.1.3 政治合作的动机 ······ 184
15.1.4 机构在政治合作中的作用 ······ 185
15.1.5 国家利益 ······ 185
15.2 全球化 ······ 187
15.2.1 全球化和反全球化 ······ 187
15.2.2 全球化的动机 ······ 187
15.2.3 全球化的代价 ······ 188
15.3 国际组织 ······ 189
15.3.1 国际货币基金组织(International Monetary Fund，IMF) ······ 189
15.3.2 世界银行(World Bank Group) ······ 190
15.3.3 世界贸易组织(World Trade Organization，WTO) ······ 190
15.4 地缘政治参与体 ······ 190
15.4.1 自给自足 ······ 191
15.4.2 霸权主义 ······ 191
15.4.3 多边主义 ······ 192
15.4.4 双边主义 ······ 192
15.5 地缘政治工具 ······ 192
15.5.1 国家安全工具 ······ 193
15.5.2 经济工具 ······ 194
15.5.3 金融工具 ······ 194
15.6 将地缘政治风险纳入投资决策 ······ 195
15.6.1 地缘政治风险的种类 ······ 195
15.6.2 地缘政治风险的表现 ······ 196
15.6.3 地缘政治风险的评估 ······ 197
15.6.4 地缘政治风险的追踪 ······ 198
15.6.5 地缘政治风险的应对 ······ 199

第3部分 财务报表分析

第16章 财务报表分析导论 ······ 203
16.1 简介 ······ 204
16.1.1 财务报表分析(Financial Statement Analysis)的作用 ······ 204
16.1.2 财务信息的分析 ······ 205
16.1.3 财务报表分析框架(Financial Statement Analysis Framework) ······ 216
16.2 财务报告准则 ······ 217

16.2.1　财务报告准则制定主体和监管机构 …………………………………… 217
　　16.2.2　比较财务报告体系 …………………………………………………… 219

第 17 章　分析利润表 ………………………………………………………………… 220
　17.1　利润表的组成要素和格式 …………………………………………………… 221
　　17.1.1　利润表的特殊事项 …………………………………………………… 223
　17.2　收入和费用的确认 …………………………………………………………… 225
　　17.2.1　收入确认 ……………………………………………………………… 225
　　17.2.2　费用确认 ……………………………………………………………… 231
　17.3　每股收益 ……………………………………………………………………… 233
　　17.3.1　简单与复杂的资本结构 ……………………………………………… 233
　　17.3.2　基本每股收益 ………………………………………………………… 233
　　17.3.3　稀释每股收益 ………………………………………………………… 235
　17.4　利润表的分析 ………………………………………………………………… 239
　　17.4.1　同比利润表分析 ……………………………………………………… 239
　　17.4.2　利润表财务比率分析 ………………………………………………… 240

第 18 章　分析资产负债表 …………………………………………………………… 242
　18.1　金融资产 ……………………………………………………………………… 245
　　18.1.1　持有至到期投资（Held-to-Maturity Security，HTM）……………… 245
　　18.1.2　交易性金融资产（Trading Security，TS）…………………………… 246
　　18.1.3　可供出售金融资产（Available-for-Sale Security，AFS）…………… 246
　18.2　资产负债表的分析 …………………………………………………………… 248

第 19 章　分析现金流量表 …………………………………………………………… 250
　19.1　现金流量的分类 ……………………………………………………………… 251
　　19.1.1　美国通用会计准则与国际财务报告准则对于现金流量分类的区别 …… 252
　19.2　现金流量的计算 ……………………………………………………………… 253
　　19.2.1　经营活动现金流量的计算：直接法和间接法 ……………………… 253
　　19.2.2　投资活动现金流量的计算 …………………………………………… 255
　　19.2.3　融资活动现金流量的计算 …………………………………………… 256
　19.3　自由现金流量 ………………………………………………………………… 257
　　19.3.1　公司自由现金流量（Free Cash Flow to Firm，FCFF）……………… 257
　　19.3.2　股权自由现金流量（Free Cash Flow to Equity，FCFE）…………… 258
　　19.3.3　现金流量比率 ………………………………………………………… 258
　19.4　对现金流量的分析 …………………………………………………………… 259

19.4.1　分析三种现金流量的大小关系 ………………………………………… 259
　　19.4.2　经营活动现金流量与净利润的关系 …………………………………… 260
　　19.4.3　同比现金流量表(Common-size Cash Flow Statement) ……………… 260

第20章　财务分析技术 ……………………………………………………………… 262
　20.1　财务分析工具及技术 ……………………………………………………………… 263
　　20.1.1　财务分析工具及技术的用途 ……………………………………………… 263
　　20.1.2　财务分析工具及技术的局限 ……………………………………………… 263
　20.2　财务比率分析 ……………………………………………………………………… 263
　　20.2.1　同比分析法(Common-size Analysis) …………………………………… 263
　　20.2.2　常用比率 …………………………………………………………………… 264
　　20.2.3　行业特定比率 ……………………………………………………………… 270
　　20.2.4　财务建模和预测 …………………………………………………………… 270
　20.3　杜邦分析法(Dupont Analysis) …………………………………………………… 270
　　20.3.1　杜邦三步法(Three-Step Analysis) ……………………………………… 270
　　20.3.2　杜邦五步法(Five-Step Analysis) ………………………………………… 271

第21章　存货分析 …………………………………………………………………… 274
　21.1　存货的初始确认和计量方法 ……………………………………………………… 275
　　21.1.1　发出存货的计价方法 ……………………………………………………… 276
　21.2　存货的调整 ………………………………………………………………………… 281
　　21.2.1　国际财务报告准则相关规定 ……………………………………………… 282
　　21.2.2　美国通用会计准则相关规定 ……………………………………………… 282
　　21.2.3　存货减值的转回 …………………………………………………………… 283
　　21.2.4　存货后续计量的其他问题 ………………………………………………… 284
　21.3　存货的披露 ………………………………………………………………………… 284
　　21.3.1　发出存货计价方法的变更 ………………………………………………… 284
　　21.3.2　存货的列报与披露 ………………………………………………………… 284
　　21.3.3　与存货相关的财务报表和比率分析 ……………………………………… 285

第22章　长期资产分析 ……………………………………………………………… 287
　22.1　长期资产的取得 …………………………………………………………………… 288
　　22.1.1　资本化与费用化(Capitalizing vs Expensing) …………………………… 288
　　22.1.2　利息资本化 ………………………………………………………………… 289
　　22.1.3　无形资产 …………………………………………………………………… 289
　22.2　长期资产的减值(Impairment)和终止(Derecognition) ………………………… 293

22.2.1 长期资产的减值 ... 293
22.2.2 长期资产的终止 ... 294
22.3 长期资产的披露 ... 295
22.3.1 固定资产的披露 ... 295
22.3.2 无形资产的披露 ... 295
22.3.3 固定资产的分析 ... 295

第 23 章 长期负债和权益的分析 ... 297
23.1 租赁 ... 301
23.1.1 租赁的益处(Advantages of Leasing) ... 301
23.1.2 承租人会计处理 ... 301
23.1.3 出租人会计处理 ... 303
23.2 养老金计划(Pension Plan) ... 304
23.2.1 养老金计划类型 ... 304
23.2.2 养老金固定收益计划的披露(Disclosure of Defined Benefit Plan) ... 305
23.3 基于股份支付的福利(Share-based Compensation) ... 307
23.3.1 权益结算(Equity-settled)股份支付 ... 307
23.3.2 现金结算(Cash-settled)股份支付 ... 308

第 24 章 所得税分析 ... 310
24.1 相关术语介绍 ... 311
24.1.1 税法的相关术语 ... 311
24.1.2 会计的相关术语 ... 311
24.1.3 财务报表和税务报表的差异来源 ... 312
24.2 DTL 和 DTA ... 313
24.2.1 DTL、DTA 产生的具体原因 ... 313
24.2.2 暂时性差异的计算 ... 314
24.2.3 计税基础的计算以及 DTA、DTL 的判断 ... 318
24.2.4 税率变化对报表的影响 ... 319
24.3 企业所得税率 ... 321
24.4 披露 ... 323
24.4.1 DTA 的披露 ... 323
24.4.2 DTL 的披露 ... 325

第 25 章 财务报告质量 ... 327
25.1 财务报告质量和盈利质量 ... 328

25.2 评估财务报告质量 ·········· 329
25.2.1 财务报告总体质量的排序 ·········· 329
25.2.2 激进的会计方法（Aggressive Accounting）与保守的会计方法（Conservative Accounting）·········· 329
25.2.3 财务报告低质量的原因 ·········· 330
25.2.4 应对的措施 ·········· 331
25.2.5 发现财务报告质量问题——列报选择（Presentation Choices）·········· 331
25.2.6 会计选择和估计 ·········· 331
25.3 财务报告被操纵的迹象（Warning Signs）·········· 332

第26章 财务报表建模导论 ·········· 334
26.1 财务报表建模 ·········· 335
26.1.1 销售为基础的建模 ·········· 335
26.1.2 影响价格和成本的因素 ·········· 338
26.1.3 预测期限 ·········· 339
26.2 行为偏差 ·········· 340
26.2.1 过度自信偏差 ·········· 341
26.2.2 控制幻觉偏差 ·········· 341
26.2.3 保守性偏差 ·········· 341
26.2.4 代表性偏差 ·········· 342
26.2.5 确认偏差 ·········· 342

第 1 部分

数量分析方法

考情分析

"数量分析方法"在 CFA® 一级考试中分值占比 6%~9%。根据以往的教学经验,很多考生由于非理科出身或者以往数学成绩不好对本部分内容望而生畏。这其实是完全没有必要的。首先,在 CFA® 中涉及的数量分析方法难度并不高,考生只需掌握基本的概率统计知识。其次,选择题的考试形式决定了考试难度不会太高。一言以蔽之,"数量分析方法"部分学的是理科的知识,但考试中以考查概念为主。考生在学习本部分的内容时应注重对基本概念的理解以及相似概念的辨析,掌握计算题的固定解题模式,可忽略定理的证明过程。

"数量分析方法"一共八章,可归纳为四部分内容:货币的时间价值与资产回报率的统计计量、概率论与数理统计、一元线性回归、大数据分析。货币的时间价值与资产回报率的统计计量是各类资产定价和分析的基础;概率论与数理统计是构建各类金融模型的基石;一元线性回归是分析两个宏观变量或金融变量之间相关关系的有效工具;大数据分析是将大数据、人工智能、机器学习等前沿科技应用于投资管理当中。在本科目中,概率论与数理统计、一元线性回归是考试的重点内容;大数据分析以基本概念的定性理解为主,考试重要性和难度均不高。此外,原版教材"金融中的货币时间价值"(The Time Value of Money in Finance)章节中涉及了经济学、权益投资、固定收益证券、衍生品四个科目的相关知识,为了方便考生学习和理解,本书将所涉知识分散融入各个相关科目的对应知识点中。最后,本科目的附录介绍了金融计算器的使用方法,考生应熟练掌握以提高做题效率。

本部分框架图

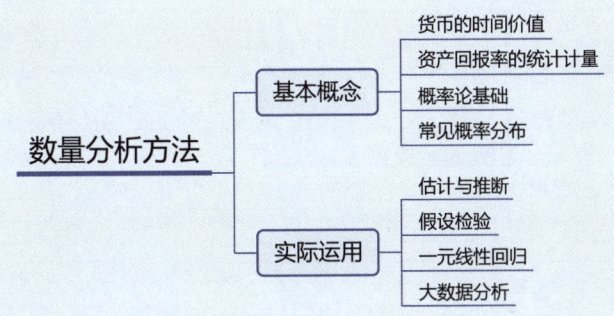

第 1 章
货币的时间价值

知识引导

理解货币的时间价值是学习公司估值与资产定价的基础。今天的100元钱往往比未来的100元钱更值钱,其背后的机制就在于货币具有时间价值。利率是度量货币时间价值的手段,能够反映金融资产的收益率。利率与收益率具有内在的统一性,但在具体含义、表现形式、构成与计算方式上均有不同。

考点聚焦

本章内容逻辑清晰,整体难度不高,是后续学习的基础。在学习本章的过程中,考生首先要理解利率的不同含义及组成,并掌握收益率的基础计算方法——持有期收益率。其次,考生应掌握平均收益率的各种计算方法,并比较其不同的适用场景,特别是重点掌握时间加权收益率及货币加权收益率的计算及特征。最后,考生应熟悉在不同金融场景中常用的其他主要收益率。

本章框架图

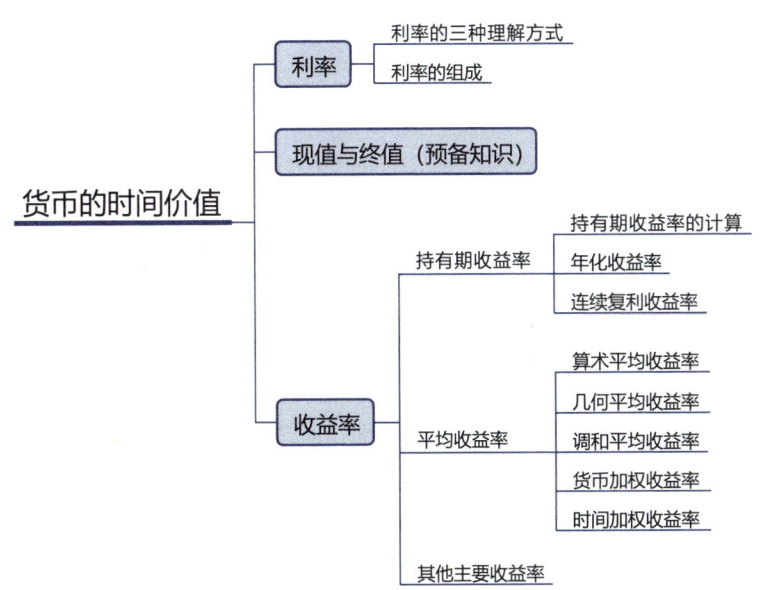

1.1 利率

利率(interest rate)的本质是资金的"价格"。

在经济生活中,个人或企业常常面临这样的抉择:要么将获得的收入立即投入消费,要么将收入存起来用于未来的消费。在进行证券投资时,投资者也会在初始的资金投入和未来证券会带来的现金流之间进行权衡。由此可见,无论消费、储蓄还是投资都将涉及不同时间点的现金流。因此,在进行相关决策时就必须理解货币在不同时间点的价值,即货币的时间价值。

在商品经济中,货币是具有时间价值的。现在的100元钱的经济价值高于未来100元钱的经济价值。这是因为,我们至少可将现在的100元钱存到银行,未来除本金100元钱之外还能获得利息收益。由于利息收益的存在,货币随着时间的流逝将不断增值,这就是货币的时间价值。从经济价值上看,现在的100元钱与未来的100元钱加利息之和是等价的。换言之,由于相同数额的货币在不同时间点是不等价的,在进行决策时,必须将不同时间点的现金流折算到相同时间点才能比较或计算,这就是**现金流的可加性原理**(**cashflow additivity principle**)。

1.1.1 利率的三种理解方式

—考点要求—
解释(interpret)利率的三种方式(★)

度量货币的时间价值必须用到利率这个工具。利率是连接不同时间点现金流的桥梁。例如,假设现在的1 000元与1年后的1 100元是等价的。此情形下,可以通过以下三种方式来理解利率。

1. 要求回报率(Required Rate of Return)

要求回报率是指投资者进行投资时要求的**最低回报率**。上例中,现在的1 000元与1年后的1 100元等价。这意味着如果现在放弃1 000元,未来至少要得到1 100元的补偿才会进行该笔投资。此时,通过利率可以计算出今天的1 000元在未来的价值为1 100元。在上述场景中,利率扮演着要求回报率的角色。

2. 折现率(Discount Rate)

折现率是指用于折现未来现金流的利率。上例中,1年后的1 100元与现在的1 000元等价。这意味着如果投资者想要在未来收到1 100元,则现在要投资1 000元。此时,通过利率可以计算出未来的1 100元在今天的价值为1 000元。在上述场景中,利率扮演着折现率的角色。

3. 机会成本(Opportunity Cost)

机会成本是指投资者选择了某个投资后所放弃的收益。上例中,如果投资者没有将1 000元进行投资而是马上消费掉,那么他实际上就放弃了1年后获得1 100元的机会。此时,通过利率可以计算出投资者现在消费掉1 000元的机会成本为放弃的100元收益。在上述场景中,利率扮演着机会成本的角色。机会成本不是真实付出的成本,而是投资者所放弃的潜在收益。

> **知识一点通**
>
> 要求回报率、折现率与机会成本实质上都是同一个利率，只是不同的场景中利率的不同称呼，也是我们在不同场景、从不同角度出发对利率的解释。这好比每个人有自己的大名，也会有昵称。但本质上，大名或昵称指的都是同一个人。

1.1.2 利率的组成

利率是资金的"价格"，由市场上资金的供给与需求决定。从投资者的角度看，投资者对利率的预期等于**名义无风险利率加上风险溢价补偿**。

名义利率＝1.名义无风险利率＋2.风险溢价

nominal interest rate＝nominal risk free interest rate＋risk premiums

——考点要求——
解 释（explain）
利率的组成（★）

1. 名义无风险利率（Nominal Risk-Free Interest Rate）

大部分国家都会发行短期国债，短期国债的收益率往往被视作市场上的名义无风险利率。名义无风险利率由实际无风险利率和通货膨胀溢价两部分组成，即：

名义无风险利率＝实际无风险利率＋通货膨胀溢价

nominal risk free interest rate＝real risk free interest rate＋inflation premium

（1）实际无风险利率（Real Risk-Free Interest Rate）。

实际无风险利率是指单期内不考虑预期通胀下无风险资产的收益率。在经济学中，实际无风险利率反映了投资者对于当前消费与未来消费的偏好。

> **知识一点通**
>
> 投资者对于当前消费与未来消费的偏好决定了投资者愿意提供的资金数量。假如投资者更加看重当前的消费，则愿意提供的未来投资金额会降低。如果将资金本身当作货物，因为"物以稀为贵"，那么作为资金价格的利率就会升高，反之亦然。

（2）通货膨胀溢价（Inflation Premium）。

通货膨胀溢价是指用于补偿预期通货膨胀率的溢价部分。通货膨胀会减少单位货币的实际购买力，因而必须在实际无风险利率的基础上加上通货膨胀溢价以补偿投资者购买力的损失。

> **知识一点通**
>
> 我们平时在银行中查到的利率与短期国债类似，也可将其看作名义无风险利率。有时，人们感觉存在银行的钱会越来越不值钱，其根本原因就在于名义无风险利率小于通货膨胀溢价，从而使实际无风险利率为负，导致单位货币的实际购买力下降。

2. 风险溢价补偿（Risk Premium）

对于投资者来说，其所投资的资产并不只是无风险资产，如短期国债。如果投资的是风险资产，但仅能获得名义无风险收益率，则该风险资产是没有吸引力的，此时，投资者不如将钱直接存入银行。风险资产的收益率必须补偿投资者承担的额外风险。**风险按照类**

型可以分为违约风险、流动性风险以及期限风险三种。

风险溢价＝(1)违约风险溢价＋(2)流动性风险溢价＋(3)期限风险溢价

risk premiums＝default risk premium＋liquidity premium＋maturity premium

(1) 违约风险溢价(Default Risk Premium)。

违约风险溢价补偿投资者承担的违约风险,即借款方到期无法按时按合约支付现金流的风险。这里的借款方是一个广义的概念,不单单指债券中的借款方,也包括股票、衍生品等资产交易中需要支付现金流的一方。

(2) 流动性风险溢价(Liquidity Premium)。

流动性风险是指短期内无法将资产**按照市场公允价值迅速变现**的风险。对于一些流动性较差的资产,若要迅速变现就不得不"折价出售"。例如,房地产、交易量很小的小盘股、期货等金融资产。

(3) 期限风险溢价(Maturity Premium)。

期限(maturity)是指距离到期支付本金的时间。通俗地讲,投资债券相当于借钱给他人,约定还钱的时间越久自然要求借款方支付越高的利息,以弥补期限过长所带来的不确定性风险。例如,多数情况下长期国债的利率高于短期国债的利率,高出的部分反映的就是期限风险溢价。

综上所述,投资者在进行投资决策时可将利率视为以下各部分的总和,即:

利率＝实际无风险利率＋通货膨胀溢价＋违约风险溢价＋流动性风险溢价＋期限风险溢价

一、不同计息方式的利率

1. 单利与复利

在进行资金借贷时,资金计息的方式通常有两种:单利(simple interest)与复利(compounding interest)。单利情形下,仅针对本金收取利息,每个计息周期支付的利息即为本金乘以期间利率;复利情形下,每经过一个计息周期,必须将上一期生成的利息加入本金后再计利息,也就是俗称的"利滚利"。这里说的计息周期是指相邻两次支付利息的时间间隔,可以是日、月、季度、半年、年等。

例如,投资者将1 000元存入银行,年化利率为10%,每年计息一次,投资者2年内收到的利息总额在单利与复利情形下分别为:

(1) 单利情形。

投资者2年内收到两次利息,均以初始本金为计息基准:

$$利息总额＝1\,000 \times 10\% \times 2 = 200(元)$$

(2) 复利情形。

投资者2年内同样收到两次利息,每年计息基准在上一年基础上滚动上升,2年后存款资金变为$1\,000 \times (1+10\%)^2$,扣除本金1 000元即为收到的利息:

$$利息总额＝1\,000 \times (1+10\%)^2 - 1\,000 = 210(元)$$

2. 报价利率与有效年利率

复利计息周期并不一定都是1年,也可以是半年、季度、月、日等。相同年利率的情形下,计息周期越短,1年内支付的利息总额越大。这里需要理解两个概念:报价利率与有效年利率。

(1) 报价利率(Stated Annual Interest Rate/Quoted Interest Rate)。

银行等金融机构进行利息报价时通常会提供一个年利率，并同时提供该年利率每年计息的次数。这个年利率就称为报价利率。由报价利率和计息次数可以计算出期间利率(periodic interest rate)。

例如，某机构报价利率为10%，按季度计息。按照此报价利率，银行每年将支付4次利息，即每个季度支付利息率10%/4=2.5%。此例中，2.5%就是期间利率，即银行在每个计息期支付的利息率。

报价利率均是年利率的形式，这是金融行业的报价习惯。值得指出的是，报价利率不是投资者1年内获得的真实利率收益，考生应注意与后面学到的有效年利率做区分。

(2) 有效年利率(Effective Annual Rate, EAR)。

有效年利率(EAR)是指在按照给定的报价利率和每年计息次数计算利息时，能够产生相同结果的每年计息一次的年利率。例如，银行报价利率为12%，每个月计息一次。按照报价利率，银行每个月的期间利率为12%÷12=1%。那么，投资者的初始投资在1年内将按1%的利率复利12次，100元投资在扣除本金后获得的利息总额即为$100×(1+1\%)^{12}-100=12.68$。此时，假设存在某一年化利率R使得在一年计息1次的情况下也能够获得12.68的利息，也就是$100×(1+R)-100=12.68$，则计算出来的R=12.68%即为相应的有效年利率。因此，有效年利率的计算公式可归纳为：

$$EAR=(1+期间利率)^m-1=\left(1+\frac{r_s}{m}\right)^m-1$$

其中，r_s为报价利率；m为1年内的计息次数，$\frac{r_s}{m}$为期间利率。

当1年内计息次数m趋于无穷时，相当于每分每秒都在计息，此时求极限可得到连续复利(continuous compounding)的计算公式为：

$$EAR=e^{r_s}-1$$

二、现值与终值

1. 现值与终值的关系

现值(present value, PV)与终值(future value, FV)是一组对应的概念。各类金融资产会给投资者在未来不同时间点带来现金流(既可以是现金流流入，也可以是现金流流出)。现值(PV)是指将金融资产各阶段的现金流按复利形式折现到投资期初的价值之和；终值(FV)是指将金融资产各阶段的现金流按照复利形式折算到投资期末的价值之和。不难看出，现值与终值实际上是同一组现金流在不同时间点的价值，两者之间的相互转换公式如下：

$$FV=PV×(1+r)^n$$
$$PV=\frac{FV}{(1+r)^n}$$

其中，n表示计息周期数；r表示计息期利率。

2. 年金

年金广义上指等额且定期支付的一系列现金流。生活中接触到的养老金发放、分期付款、分期还贷等都是年金收付的形式。根据每期收付时点与收付方式不同,年金可以分为:普通年金、先付年金与永续年金三种类型。

(1) 普通年金(Ordinary Annuity)。

普通年金是指在每期期末支付等额现金流的年金。普通年金现值的计算是将每一期收到的现金流按复利形式折现到第一期期初;而普通年金终值的计算则是将每一期收到的现金流按复利形式折算到最后一期期末。例如,对于一笔持续3年,利率为10%,每年年末支付200元的年金,其现值和终值的计算分别为:

①普通年金的现值。

$PV = 200 \times 1.1^{-1} + 200 \times 1.1^{-2} + 200 \times 1.1^{-3} = 497.37(元)$

其现金流量图如下:

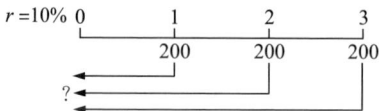

金融计算器操作过程:END 模式下 N=3;I/Y=10;FV=0;PMT=200;CPT:PV=−497.37。

②普通年金的终值。

$FV = 200 \times 1.1^2 + 200 \times 1.1 + 200 = 662(元)$

其现金流量图如下:

金融计算器操作过程:END 模式下 N=3;I/Y=10;PV=0;PMT=200;CPT:FV=−662。

(2) 先付年金(Annuity Due)。

先付年金是指在每期期初支付等额现金流的年金。先付年金现值和终值的计算与普通年金类似,只是每笔现金流折现或复利的期数不同。例如,对于一笔持续3年,利率为10%,每年年初支付200元的年金,其现值和终值的计算分别为:

①先付年金的现值。

$PV = 200 + 200 \times 1.1^{-1} + 200 \times 1.1^{-2} = 547.11(元)$

其现金流量图如下:

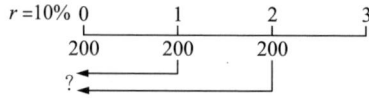

金融计算器操作过程:BGN 模式下 N=3;I/Y=10;FV=0;PMT=200;CPT:PV=−547.11。

②先付年金的终值。

$FV = 200 \times 1.1^3 + 200 \times 1.1^2 + 200 \times 1.1 = 728.2(元)$

其现金流量图如下:

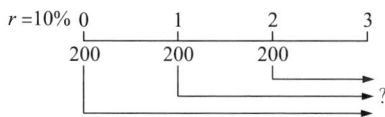

金融计算器操作过程:BGN 模式下 N=3;I/Y=10;PV=0;PMT=200;CPT:FV=−728.2。

(3) 永续年金(Perpetuity Annuity)。

永续年金是指无限期支付等额现金流的年金,其现金流支付的时间点为每期期末。优先股便是永续年金的一个典型例子。与普通年金类似,永续年金现值的计算如下:

$$PV = \frac{A}{1+r} + \frac{A}{(1+r)^2} + \frac{A}{(1+r)^3} + \frac{A}{(1+r)^4} + \cdots + \frac{A}{(1+r)^n}$$

其中,A 为每期期末收付的现金流,r 为期间利率。利用等比数列求和公式可以得出,当 n 趋近于正无穷时,通过求极限可将上式进一步简化得到永续年金现值的计算公式:

$$PV = \frac{A}{r}$$

3. 不规则现金流的现值与终值

不规则现金流(unequal cash flow)是指每期现金流不等的一系列现金流。不规则现金流现值与终值的计算原理与年金相同,将不同时期现金流按复利折算到相应时点即可。例如,某项目投资期限为 3 年,第 1 期期末有 300 元现金流入,第 2 期期末有 600 元现金流入,第 3 期期末有 200 元现金流入,利率为 10%。该项目现值与终值的计算分别为:

(1) 不规则现金流的现值。

$PV = 300 \times 1.1^{-1} + 600 \times 1.1^{-2} + 200 \times 1.1^{-3} = 918.86(元)$

其现金流量图如下:

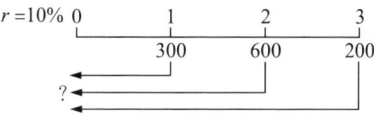

(2) 不规则现金流的终值。

$FV = 300 \times 1.1^2 + 600 \times 1.1 + 200 = 1\ 223(元)$

其现金流量图如下:

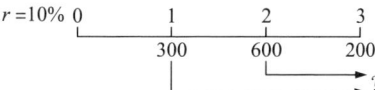

1.2 收益率

收益率和风险是衡量某一金融资产业绩表现的两个主要维度。透过这两个维度,可以帮助我们高效地在众多金融资产中进行比较分析,从而构建最优的投资组合。因此,学习收益率和风险是我们更加深入地进行金融分析的基础。我们将在后续的章节学习风险,在这里我们将首先聚焦收益率,学习不同类型收益率的计算、评估和比较。

1.2.1 持有期收益率

—考点要求—
计算(calculate)并解释(interpret)持有期收益率(★★)

1.2.1.1 持有期收益率的计算

持有期收益率(holding period return,HPR)是投资者在**单一期间内**持有某资产的回报情况,而该持有期间可以是以天、周、月、年计的**任意时间长度**。其计算公式为:

$$\text{HPR} = \frac{P_T + I_T}{P_0} - 1 \tag{1.1}$$

—考点要求—
描述(describe)持有期收益率正确的使用场景(★)

其中,P_T 是资产的期末价格;P_0 是资产的期初价格;I_T 是 T 时刻收到的股息(或者其他收入)。

可以通过**复利(compounding)**的方式,将多个单期回报率连接起来成为**整体回报率**。

$$R_{\text{total}} = (1 + \text{HPR}_1) \times (1 + \text{HPR}_2) \times \cdots \times (1 + \text{HPR}_n) - 1 \tag{1.2}$$

例题 1.1

某投资者在期初购买了一只股票,股价为每股 53.5 元。投资者在 6 个月后以每股 55.8 元的价格将该股票卖出,且卖出时收到每股 2.5 元的股息。请计算该投资者的持有期收益率。

名师解析

该投资者 6 个月的持有期收益率计算如下:

$$\text{HPR} = \frac{55.8 + 2.5}{53.5} - 1 = 8.97\%$$

—考点要求—
计算(calculate)并解释(interpret)年化收益率(★★)

1.2.1.2 年化收益率

HPR 所对应的持有期间可以是任意时间长度,即 **HPR 不是年化收益率**,这使得不同期间长度的 HPR 之间缺乏可比性。比如,购买一个短期国债,持有 6 个月的 HPR 为 3%;而购买一个长期国债,假设持有 1 年的 HPR 也为 3%。此时,虽然 HPR 都为 3%,但并不能认为两个资产能为投资者带来相同的收益率。因为两者的持有期间不同,因而不具有可比性。因此,为了使不同持有期间的 **HPR 能够进行比较**,就需要将各种不同持有期间的 HPR 进行年化,即将 HPR 转换为年化收益率(annualized return),其计算公式如下:

—考点要求—
描述(describe)年化收益率正确的使用场景(★★)

$$R_{\text{annual}} = (1 + R_{\text{period}})^c - 1 \tag{1.3}$$

其中,R_{period} 为持有期收益率,其持有期间可以小于或大于 1 年;c 为 1 年内持有期间的个数。

考试中通常默认 1 年为 365 天或 52 周。因此如果持有期间为 n 周,则 c 为 $52/n$;如果持有期间为 n 天,则 c 为 $365 \div n$。

> **知识一点通**
>
> 考生应注意持有期间可以大于 1 年,比如持有期间为 20 个月,则 c 为 12/20,表示一年当中存在 $\frac{12}{20}$ 个持有期间。

例题 1.2

某分析师收集了 3 个资产的收益情况如下表所示,请判断哪个资产的收益表现最优?

	投资期限	HPR
Asset A	120(天)	3.26%
Asset B	7(周)	1.60%
Asset C	17(月)	15.37%

名师解析

3 个资产的年化收益率分别为:

$R_A = (1+3.26\%)^{\frac{365}{120}} - 1 = 10.25\%$;

$R_B = (1+1.60\%)^{\frac{52}{7}} - 1 = 12.51\%$;

$R_C = (1+15.37\%)^{\frac{12}{17}} - 1 = 10.62\%$;

Asset B 的年化收益率最高,因此 Asset B 在 3 个资产中的表现最优。

HPR 转换为年化收益率的计算存在一个前提假设,即**投资者可以按照同样的 HPR 进行复利再投资**。然而在实务中,某一金融资产在一段持有期当中获得了较高的收益率,并不能保证在下一段持有期当中仍能获得相同的高收益率。因此,考生在使用年化收益率时应注意其上述局限性。

1.2.1.3 连续复利收益率

假设某资产在持有期间没有股息等其他收入,则对于任意从 t 到 $t+1$ 期间的 HPR,可将其转化为对应期间的连续复利收益率(continuously compounded return),转化公式如下:

$$r_{t,t+1} = \ln\left(\frac{P_{t+1}}{P_t}\right) = \ln(1+R_{t,t+1}) \tag{1.4}$$

—考点要求—
计算(calculate)并解释(interpret)连续复利收益率(★★)

其中,P_{t+1} 是资产的期末价格;P_t 是资产的期初价格;$R_{t,t+1}$ 是从 t 到 $t+1$ 期间的 HPR。

进一步,假设某资产在持有期间没有股息等其他收入,则从 0 时刻到 T 时刻期间连续复利收益率为:

—考点要求—
描述(describe)连续复利收益率正确的使用场景(★★)

$$r_{0,T} = \ln\left(\frac{P_T}{P_0}\right) = \ln\left(\frac{P_T}{P_{T-1}} \times \frac{P_{T-1}}{P_{T-2}} \times \cdots \times \frac{P_1}{P_0}\right) = \ln\left(\frac{P_T}{P_{T-1}}\right) + \ln\left(\frac{P_{T-1}}{P_{T-2}}\right) + \cdots + \ln\left(\frac{P_1}{P_0}\right) = r_{T-1,T} + r_{T-2,T-1} + \cdots + r_{0,1} \tag{1.5}$$

其中，P_T 是资产的 T 时刻价格；P_0 是资产的 0 时刻价格。

> **例题 1.3**
>
> 某投资者在期初购买了一只股票，股价为每股 53.5 元。投资者在 6 个月后以每股 55.8 元的价格将该股票卖出。请计算该投资者的持有期连续复利收益率。
>
> **名师解析**
>
> 该投资者 6 个月的持有期连续复利收益率计算如下：
>
> $$r = \ln\left(\frac{55.8}{53.5}\right) = 4.21\%$$

1.2.2 平均收益率

—考点要求—
计算（calculate）并解释（interpret）不同类型的平均收益率（★★）

假设持有期为一年，通过持有期收益率的公式，我们可以得出某资产在不同年度的年收益率，但各年度的收益率有高有低，甚至还有负数。因此，除了考虑单一持有期收益率，我们还需要一个总体性的收益率指标来体现该资产的整体收益表现，该指标便是平均收益率。平均收益率有多种不同的计算方法，每种方法均有自身的特点和适用场景。

—考点要求—
描述（describe）不同类型的平均收益率的正确使用场景（★★）

1.2.2.1 算术平均收益率

算术平均收益率（arithmetic mean return）是一种最简单的计算平均收益率的方法，其公式为：

$$\text{Arithmetic Mean Return} = \frac{R_1 + R_2 + \cdots + R_n}{n} \tag{1.6}$$

其中，R_1、R_2 等是每一持有期的收益率；n 是总期数。

算术平均收益率也是用来衡量资产预期收益率的良好指标，但有时它会高估资产的收益率，尤其是当该资产收益率波动较大时。在学习完几何平均收益率后我们会进一步予以阐述。

> **知识一点通**
>
> 风险资产的回报可通过预期收益率 E(R) 体现。E(R) 是一个均值的概念，可以是算术平均值或者加权平均值。算术平均值是加权平均值在权重相等时的一种特殊情况。

1.2.2.2 几何平均收益率

算术平均收益率虽然计算简便，但**并不适用于衡量多期（multi-period）的资产平均收益率**，后者需要引入几何平均收益率（geometric mean return）的概念。几何平均收益率用于计算某项资产的**历史平均增长率**，它反映的是"买入并持有"的投资策略，即投资者期初的投资按照几何平均收益率进行复利增长直至期末的价值。几何平均收益率的计算公式为：

$$\text{Geometric Mean Return} = \sqrt[n]{(1+R_1)(1+R_2)\cdots(1+R_n)} - 1 \tag{1.7}$$

其中，R_1、R_2 等是每一持有期的收益率；n 是总期数。

> **知识一点通**
>
> 公式(1.7)的含义是比较直观的,如果在期初投资 1 元,那么第一期过后将变成 $1+R_1$ 元。第二期将在 $1+R_1$ 的基础上继续复利,第 n 期后资产价值就变为了 $(1+R_1)(1+R_2)\ldots(1+R_n)$。计算几何平均收益率实际上就是寻找一个平均收益率 r,以此复利 n 期能够与实际投资收益相等,即使得 $(1+r)^n=(1+R_1)(1+R_2)\ldots(1+R_n)$。此式左边开 n 次方后即可得到公式(1.7)。

例题 1.4

某股票过去两年的价格如下表所示,请分别计算其算术平均收益率和几何平均收益率,并比较计算结果。

年	期初值	期末值	HPR
1	100	200	100%
2	200	150	−25%

名师解析

(1) 该股票的平均收益率计算如下:

算术平均收益率 $= \dfrac{100\% + (-25\%)}{2} = 37.50\%$

几何平均收益率 $= \sqrt{(1+100\%)(1-25\%)} - 1 = 22.47\%$

(2) 计算结果比较。

通过下表,我们可以看出用算术平均收益率进行复利得到的结果是被高估的,而利用几何平均收益率得到的是真实价值(149.99 和 150 的差距来自计算中的四舍五入)。因此,几何平均收益率更适用于多期回报平均值的测算,而算术平均收益率则更适用于单期回报平均值的测算。

此外,算术平均收益率总是大于或等于几何平均收益率,每期收益率之间的差异越大,两者之间的差异便越大,只有当所有持有期的收益率都相等时,两者才相等。

年	期初值	期末实际值	期末模拟值 (用算术平均收益率)	期末模拟值 (用几何平均收益率)
1	100	200	137.50	122.47
2	200	150	189.06	149.99

1.2.2.3 调和平均收益率

调和平均收益率(harmonic mean return)是收益率观测值倒数的平均值的倒数,主要被运用于计算"定投"的平均成本(cost averaging)。其计算公式为:

$$\overline{X}_{\text{Harmonic}} = \dfrac{N}{\sum\limits_{i=1}^{N} \dfrac{1}{X_i}} \tag{1.8}$$

其中，N 为购买股票的总数量；X_i 为每次购买股票的价格。

例题 1.5

某投资者每期投资固定金额 1 元购买同一只股票，共投资了 3 期，请计算该投资者在这 3 期中购买该股票的平均成本为多少？

名师解析

假设该股在每期购买的价格分别为 X_1、X_2 与 X_3，那么投资者在每期分别购买的股票数为 $\frac{1}{X_1}$、$\frac{1}{X_2}$、$\frac{1}{X_3}$（这里假设股票无限可分）。

因此，对于该投资者来说，这 3 期中总共用 3 元购买了 $\sum_{i=1}^{3} \frac{1}{X_i}$ 数量的股票，因此平均成本为 $\frac{3}{\sum_{i=1}^{3} \frac{1}{X_i}}$。

推广到 n 期，即可得公式 (1.8)。

调和平均收益率也可看作是一种比较特殊的加权平均收益率，观测值的大小与其权重成反比。这是由于调和平均收益率的计算中需要将观测值取倒数，因而观测值越大取倒数后反而越小。因此，当观测数据中存在异常值时，相较于算术平均收益率和几何平均收益率，调和平均收益率更不易受到异常值的影响。

例题 1.6

假设某投资者在连续 3 年的投资中，每年投资的持有期收益率分别为 2%、5%、15%。请分别计算该投资者的算术平均收益率、几何平均收益率和调和平均收益率。

名师解析

$$\text{算术平均收益率} = \frac{2\% + 5\% + 15\%}{3} = 7.33\%$$

$$\text{几何平均收益率} = \sqrt[3]{(1+2\%)(1+5\%)(1+15\%)} - 1 = 7.19\%$$

$$\text{调和平均收益率} = \frac{3}{\frac{1}{2\%} + \frac{1}{5\%} + \frac{1}{15\%}} = 3.91\%$$

上述计算结果表明，受到极端值 15% 的影响，算术平均收益率与几何平均收益率普遍较高，而调和平均收益率显然受到极端值的影响较小。

---考点要求---
比较（compare）MWR 与 TWR（★★★）。用 MWR 与 TWR 评估（evaluate）组合的表现（★★★）

通过例题 1.6 我们也可以发现算术平均收益率、几何平均收益率与调和平均收益率之间存在以下大小关系：

$$\text{调和平均收益率} \leq \text{几何平均收益率} \leq \text{算术平均收益率}$$

上述不等式的等号当且仅当 $X_1 = X_2 \cdots = X_n$ 时成立。

1.2.2.4 货币加权收益率

当资产组合收益表现的考察时间跨度超过一期，或期间有多笔现金流流入与流出时，如何度量资产组合收益率是一个很有挑战的问题。试想一支基金年初资产管理规模为 10 亿元，3 月底追加投资 5 亿元，9 月底撤资 3 亿元……年终基金资产管理规模为 12 亿元。期间追加与撤回的投资该如何计算其收益率？目前业内常用的方法有两种——货币加权收益率与时间加权收益率。

货币加权收益率(money-weighted rate of return，MWR)将考察期间资产组合现金流的流入与流出考虑在内，其计算公式如下：

$$CF_0 + \frac{CF_1}{1+MWR} + \frac{CF_2}{(1+MWR)^2} + \cdots + \frac{CF_N}{(1+MWR)^N} = 0 \tag{1.9}$$

其中 CF_N 为各个时点现金流，且各个时点之间的时间间隔相同。

不难发现，货币加权收益率的计算公式与内部回报率计算公式基本一样，只是将 IRR 换成了 MWR 而已。实际上，MWR 就是内部回报率，由于其考虑了期间资产组合不同时期的现金流流入与流出，故称其为"货币加权"。

1.2.2.5 时间加权收益率

时间加权收益率(time-weighted rate of return，TWR)是指 1 元投资在指定时间段内的复利收益率，是一种几何平均收益率。计算步骤如下：

（1）根据出现显著现金流流入或流出的时间点，将持有期间划分为不同子期间；
（2）计算每一子期间的持有期收益率(HPR)；
（3）将不同子期间的持有期收益率链接起来，并转化为年化收益率。

TWR 的计算公式如下：

$$TWR = [(1+HPR_1) \times (1+HPR_2) \times \cdots \times (1+HPR_n)]^{\frac{1}{N}} - 1 \tag{1.10}$$

其中 n 为子期间个数，N 为整个持有期间年份数。

TWR 之所以被称为"时间加权"，是因为 **TWR 表示不同时期收益率的几何平均，不受期间现金流流入流出影响**。

TWR 与 MWR 最大的区别就在于，前者不受期间现金流流入流出影响，而后者则会受到期间现金流流入流出影响。MWR 会赋予"大额现金"更重的权重。具体来说，如现金流变化与收益率变化同向（或反向），MWR 就会大于（或小于）TWR。因此，针对同样的投资，MWR 和 TWR 的计算结果可能不同。由于大多数基金的申购与赎回是不受基金经理控制的，因此 TWR 在业内的使用范围更加广泛。

例题 1.7

某投资者在 $t=0$ 时刻投资 1 000 元购买某上市公司股票 100 股；在 $t=1$ 时刻投资者追加投资 1 500 元又购买了该公司股票 100 股；在 $t=2$ 时刻投资者同时卖掉 200 股股票，获得 3 200 元。假定每期每 100 股股票支付 50 元现金股利，且 $t=1$ 时刻获得的股利不进行再投资。请分别计算货币加权收益率与时间加权收益率。

名师解析

（1）货币加权收益率。

此类题目的计算可首先将每期现金流流入流出列出或标注在现金流图上，不要有遗漏。本题各期现金流见下表。

时间点	现金流流入（元）	现金流流出（元）	净现金流（元）
$t=0$	0	$-1\,000$	$-1\,000$
$t=1$	50	$-1\,500$	$-1\,450$
$t=2$	$50\times2+3\,200=3\,300$	0	$3\,300$

注意在 $t=2$ 时刻投资者手里的股票已达到 200 股,因此获得的股利是 100 元。有了各期现金流后,直接代入公式(1.9)就可计算出 MWR=23.09%。(计算器操作过程与计算 IRR 相同)

[CF0]=第一笔现金流=$-1\,000$[ENTER],[↓][C01]=第二笔现金流=$-1\,450$[ENTER],[↓][↓][C02]=第三笔现金流=$3\,300$[ENTER],[IRR][CPT]=23.09%。

(2) 时间加权收益率。

时间加权收益率的计算需分别计算出投资者在每一期的持有期收益率。从 $t=0$ 到 $t=1$ 时刻的持有期收益率=$(1\,500+50-1\,000)/1\,000=55\%$。在第 1 期期末,投资者又购买了 100 股股票,由于 50 元股利没有进行再投资,故第 2 期期初价值就是 3 000 元($1\,500\times2$)。从 $t=1$ 到 $t=2$ 时刻的持有期收益率=$(3\,200+100-3\,000)/3\,000=10\%$。

投资者的 TWR=$\sqrt{(1+55\%)(1+10\%)}-1=30.58\%$

投资者的 TWR 明显高于 MWR,这是因为第 2 期的持有期收益率相对较低,意味着在第 1 期期末新投入的 1 500 元资金只获得了较少的收益(现金流变化与收益率变化反向)。又因为 MWR 是按"货币加权"的,第 2 期较低的持有期收益率由于追加更多投资而有着更高的权重,所以最终结果低于 TWR。

> **备考小贴士**
>
> MWR 和 TWR 属于非常重要的考点。首先,考生需要重点掌握两种收益率的计算方法,在计算时要特别注意现金流的大小与方向;其次,需要定性掌握 MWR 和 TWR 的计算是否会受到期间现金流的影响,并且能够判断影响的方向。

1.2.3 其他主要收益率

—考点要求—
计算（calculate）并解释（interpret）其他主要收益率；描述（describe）其他主要收益率正确的使用场景（★★）

以上这些收益率衡量指标可普遍应用于多数资产,但是对于一些特殊的资产(如共同基金或需要考虑税收、通胀等问题的资产),则需要特定的收益率来衡量,主要包括以下几种类型。

(1) 总收益率(gross return):扣除**管理费**和**行政费之前**的收益率。由于上述费用更多地受基金规模影响,与基金经理本身赚取收益没有直接联系,因而该收益率更能直接反映基金经理本身的投资能力。

(2) 净收益率(net return):扣除所有**管理费**和**行政费之后**的收益率。应注意的是,由于**交易成本**(如交易佣金)与基金经理赚取收益直接相关,在总收益率的计算中已经被扣除,因此在计算净收益率时无须重复扣除。

(3) 税前收益率(pre-tax return)和税后收益率(after-tax return):扣除税费之前和之后的收益率。需要纳税的投资者应当以**税后名义回报率(after-tax nominal return)来评价基金经理**的投资表现。**税后实际收益(after-tax real return)**是投资者在为投资收益纳税后作为延迟消费和承担风险的补偿而获得的收益。

(4) 实际收益率(real return):名义收益率扣除通货膨胀之后的收益率。实际收益率的计算公式如下:

$$(1+\text{real return}) = \frac{1+\text{nominal return}}{1+\text{inflation premium}} = \frac{(1+\text{nominal risk free rate})(1+\text{risk premium})}{1+\text{inflation premium}}$$

(1.11)

---备考小贴士---

在实务中,我们在市场上直接观察到的收益率通常都是名义收益率。考试题目中直接给出的收益率通常也是名义收益率。

(5) 杠杆收益率(leveraged return):通过衍生品或融资等方式放大杠杆后的收益率。杠杆收益率的计算公式如下:

$$R_L = \frac{\text{Portfolio return}}{\text{Portfolio equity}} = \frac{[R_P \times (V_E + V_B) - (V_B \times r_D)]}{V_E} = R_P + \frac{V_B}{V_E}(R_P - r_D) \quad (1.12)$$

其中,V_E为组合的权益价值(投资者自身出资额),V_B为组合的融资金额(投资者借款金额),R_P为组合整体收益率,r_D为融资成本。当融资成本r_D小于投资回报率R_P时,杠杆能放大收益。

例题 1.8

例题 1.8 投资者在某一投资组合中共计投资了 100 万元,其中 20% 的资金以 5% 的年利率从金融机构中借入。假设通货膨胀率为 2.3%,且投资者赚取的收益需要按 25% 的税率缴税。投资组合的表现如下表所示。请分别计算投资者的净收益率、杠杆收益率、税后收益率和税后实际收益率。

总收益率	9.37%
交易成本	1.50%
管理费和行政费	1.00%

名师解析

(1) 净收益率 = 9.37% − 1.00% = 8.37%。

(2) 杠杆收益率 = $8.37\% + \frac{1\,000\,000 \times 20\%}{1\,000\,000 \times 80\%} \times (8.37\% - 5\%) = 9.21\%$。

(3) 税后收益率 = 9.21% × (1 − 25%) = 6.91%。

(4) 税后实际收益率 = $\frac{(1+6.91\%)}{(1+2.3\%)} - 1 = 4.51\%$。

考生需注意,本题的交易成本为干扰条件,由于总收益率本身是已经剔除了交易成本后的收益率,因此净收益率的计算无须再重复扣除交易成本。

练一练

1-1 Which of the following statements is incorrect regarding interest rate?
   A. It is a rate of return that reflects the relationship between differently dated cash flows.
   B. It can be illustrated as the discount rate.
   C. It cannot be interpreted as the opportunity cost.

1-2 An investor buys a stock at the beginning of a quarter for $45, and sells the stock for $50 at the end of the quarter. Assuming no dividend during the period, the stock's holding period return is:
   A. greater than continuously compounded return.
   B. the same as continuously compounded return.
   C. lower than continuously compounded return.

1-3 Which of the following statements regarding geometric mean return and arithmetic mean return is most accurate?
   A. Geometric mean return will always be larger than the arithmetic mean return.
   B. Geometric mean return equals to the arithmetic mean return when all the observations are the same.
   C. Arithmetic mean return is more accurate to estimate the average return over a multi-period horizon than the geometric mean return.

1-4 A fund manager is managing a portfolio with initial investment of USD 1 million, which allows investors to purchase or redeem shares at the end of each year. The basic profile of the portfolio is shown in the table below:

Year of Investment	Balance of the portfolio at the end of each year after purchase or redemption	New purchase	New redemption
1	USD 1 240 000	USD 100 000	0
2	USD 1 139 200	0	USD 200 000
3	USD 1 082 240	0	0

扫码查看
答案及解析

The time-weighted return and money-weighted return for the portfolio over the past 3 years are respectively:
A. 5.36%, 5.73%.
B. 5.73%, 5.36%.
C. -5.36%, 5.73%.

第 2 章 资产回报率的统计计量

知识引导

数据是证券分析和投资管理的基本要素。如何对数据进行有效的整理和分析至关重要。在信息爆炸的时代，数据呈现的形式越来越丰富，规模越来越大，而数据的分析和处理也变得越来越复杂。本章系统地介绍了描述数据特征的指标：描述一组数据特征的指标如中心趋势和位置、离散程度、偏度和峰度；描述两组数据特征的指标如协方差和相关系数。

考点聚焦

本章内容逻辑清晰，整体难度不高，同时重点突出。在学习本章的过程中，重点是对数据特征的把握，包括中心趋势和位置的测度指标、离散程度的测度指标、偏度和峰度、协方差和相关系数等指标。在考试中，本章定性考查与定量考查都会出现。

本章框架图

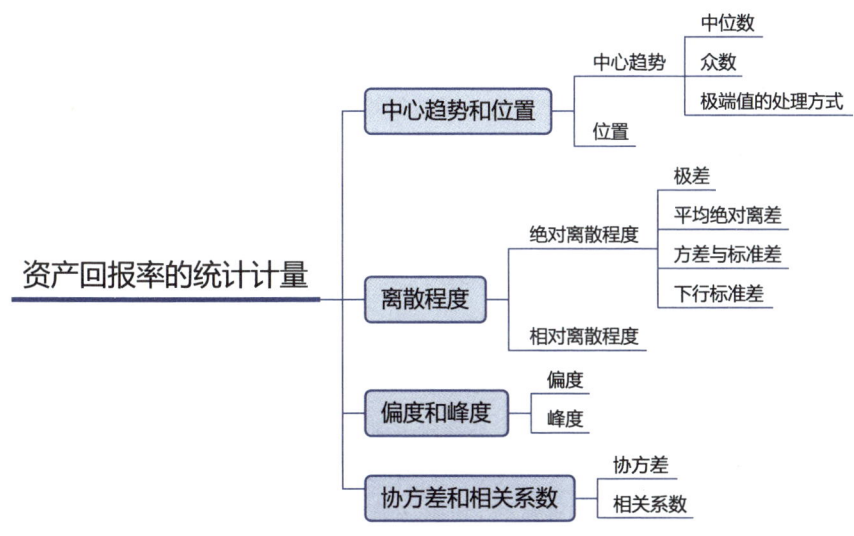

2.1 中心趋势和位置

中心趋势和位置主要衡量数据汇集的位置。中心趋势可以用均值、中位数与众数三个指标进行度量；位置可以用分位数进行度量。上一章节已介绍过均值，本章将从中位数开始介绍中心趋势。

2.1.1 中心趋势（Central Tendency）

2.1.1.1 中位数（Median）

> —考点要求—
> 计算（calculate）、
> 解释（interpret）
> 并评估（evaluate）
> 中位数（★）

中位数是指一组升序或降序排列的数据中位于中间位置的数。假定共有 n 个数据，已按升序或降序排列。当 n 为奇数时，则中位数为处于 $(n+1)/2$ 位置的数；当 n 为偶数时，则中位数为处于 $n/2$ 与 $(n+2)/2$ 两个位置上的数的平均值。

例如，对于{2,5,7,11,14}这组数据，由于数据总数为奇数，故处于第 $(5+1)/2=3$ 位的数，即位于正中间的数据 7 为中位数。又如，对于{3,7,9,10,15,20}这组数据来说，由于数据总数为偶数，因此位于正中间的数有两个，即 9 和 10，中位数即为两者的平均值：$(9+10)/2=9.5$。

中位数与算术平均值一样都是反映随机变量位置的特征数。然而，在数据中存在极端值的情况下，由于中位数只考虑位于中间位置的数，而不考虑极端值的大小，因此中位数比算术平均值更能反映数据特征。同样的，中位数的缺点在于，只利用了位于中间处的数据而忽视了数据中其他数据提供的信息。

2.1.1.2 众数（Mode）

顾名思义，众数是指数据中出现频率最高的数。例如，数据{2,4,5,5,7,8,8,8,10,12}中，8 出现次数最多，故众数为 8。如上述数据增加一个 5，则众数为 5 和 8。

> —考点要求—
> 计算（calculate）、
> 解释（interpret）
> 并评估（evaluate）
> 众数（★）

> 备考小贴士
> 从英文上看，mode 的一个含义是"流行"与 modern 同义，考生可以从这个角度来记忆 mode 的含义。

关于众数，有几个特点需要留意。

（1）众数可以不止一个，只有一个众数的数据分布称为单峰（unimodal），存在两个众数的数据分布称为双峰（bimodal），三个众数称为三峰（trimodal）；

（2）如果数据中所有数据都不相等，则这个数据集不存在众数；

（3）当数据集是用名义尺度度量时，利用众数可以非常有效地识别出发生频率最高的类别。

> —考点要求—
> 计算（calculate）、
> 解释（interpret）
> 并评估（evaluate）
> 极端值的处理方式

2.1.1.3 极端值的处理方式

数据中如果出现极端值，在分析和处理时一般有三种选择。

一是不做任何调整，分析时直接包含所有数据。如果所有数据，包括极端值都是合理的、正确的，这种处理方式比较合适。

二是排除极端值。排除极端值后对剩下的数据求得的算术平均被称为截尾均值（trimmed mean），例如，在体育竞赛计分时通常会去掉最高分和最低分后计算平均值。

三是先对极端值进行重述和替代后再做分析。例如，把一定范围内的极大值或极小值重述为某些特定值，用重述后的数据求得的平均值被称为缩尾均值（winsorized mean）。

2.1.2　位置（Location）

全面了解数据的分布状况不仅要确定中心位置，还要了解各个位置上的数据分布状况，这就要借助分位数的概念。**分位数是指位于数据中指定位置的数据**。中位数实际上就是一个特殊的分位数，即将数据集**排序后**等分为两个部分，中位数就是落在等分点位置的数据。类似地，相关概念可以拓展至**四分位数（quartiles）、五分位数（quintiles）、十分位数（deciles）与百分位数（percentiles）**。例如，四分位数指将数据集排序后等分为4个部分，一共3个四分位数。在数据中，小于第1个四分位数的数据占比25%，小于第2个四分位数的数据占比50%，小于第3个四分位数的数据占比75%。同理，可定义五分位数、十分位数与百分位数。

—考点要求—
计算（calculate）、
解释（interpret）
并评估（evaluate）
分位数（★）

> **备考小贴士**
>
> 考生在这里需留意几种分位数的英文拼写，尤其是五分位数（quintiles）不要与四分位数（quartiles）弄混。记忆技巧：一年有四季（quarters），所以四分位数的拼写与季节的拼写的词根相同。

然而，实际处理数据时，往往不会恰好有数据落在指定的位置。例如，定义中位数时，当数据个数为偶数时，数据中没有数据落在正中间的位置，于是就直接定义最中间两个数据的均值为中位数。可以利用以下公式确定分位数的位置。

$$L_y = (n+1)\frac{y}{100} \tag{2.1}$$

其中，n 表示数据个数；y 表示**百分位点**；L_y 表示分位数的位置。以下通过例题2.1来展示公式（2.1）的运用。

> **例题 2.1**
>
> 某基金旗下共有15个基金经理，去年收益率按从小到大排列分别为：-20%、-15%、-13%、-7%、5%、8%、10%、11%、13%、15%、18%、20%、25%、38%、52%。求上述基金经理收益率的第3个四分位数与第2个五分位数。
>
> **名师解析**
>
> 使用公式（2.1）前注意要先将所求分位数转换为百分位数的形式。
>
> （1）第3个四分位数对应75%的百分位数，代入公式可得（15+1）×75/100＝12，找到数据中位于第12个位置的收益率20%，这就是第3个四分位数。

(2) 第 2 个五分位数对应 40% 的百分位数,代入公式可得 (15+1)×40/100=6.4。然而,数据中并不存在恰好位于 6.4 位置的数据。这个时候就需要运用线性插值法(linear interpolation)。6.4 位于 6 与 7 之间,而处于位置 6 与位置 7 的收益率分别为 8% 与 10%。利用插值法,位置 6.4 对应的收益率就应该是以位置 6 的收益率为基础,加上 0.4 倍的位置 6 与位置 7 之间的收益率差,即 8%+0.4×(10%−8%)=8.8%。

知识一点通

很多考生不理解公式 (2.1) 中为什么是 $(n+1)$ 项,而不是 n 项。其实 $(n+1)$ 项是为了调整位置偏离误差。例如,数据集 {1,2,3,4,5} 的中位数按照定义是 3,位于数据中的第 3 个位置。然而,如果按照公式 $n×y/100$ 计算中位数位置,却为 5×50/100=2.5,偏离了 0.5 个位置,故要将公式调整为 $(n+1)×y/100$。

利用四分位数进行数据可视化的一种方法是使用图表,如箱型图(box and whisker plot),如图 2.1 所示。

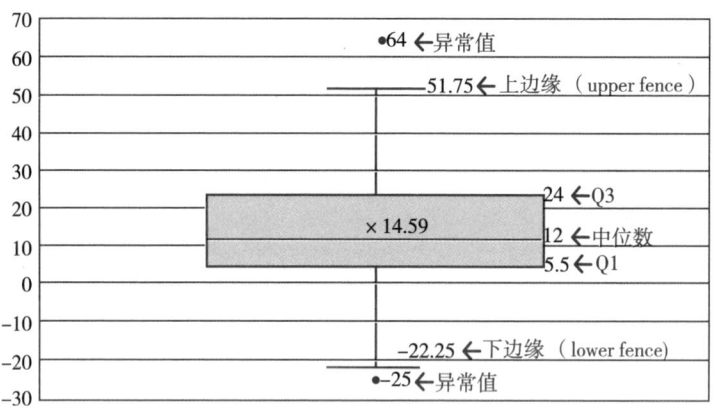

图 2.1 箱型图

箱型图主要是由一个"盒子(box)"和连接在盒子上的两条"须(whiskers)"组成的。"盒子"的上边缘是该组数据的第 3 个四分位数 Q3,下边缘是第 1 个四分位数 Q1,Q3 与 Q1 的差值也就是"盒子"的高度(24−5.5=18.5)叫作四分位距 IQR(interquartile range)。最中间的横线所在的位置是中位数 12,而该组数据的均值约为 14.59。箱型图通常使用 1.5 倍 IQR 的范围作为上边缘(upper fence)和下边缘(lower fence)。因此,上边缘是 Q3 加 IQR 的 1.5 倍,下边缘是 Q1 减 IQR 的 1.5 倍,而上下边缘之外的观测结果即极端值(outliers)。

2.2 离散程度(Dispersion)

仅仅了解数据的中心位置是远远不够的。正如在进行投资时,只关注资产平均收益率而忽视资产本身风险,就有可能遭受灾难性的后果。"天下没有免费的午餐",高收益必然伴随着高风险。基金经理在评估某一资产时,既要关注该资产的平均收益,也要衡量该资产的风险,即资产偏离平均收益率的程度,简称为离散程度(dispersion)。

2.2.1 绝对离散程度(Absolute Dispersion)

2.2.1.1 极差(Range)

极差(Range) 是指数据中的最大值与最小值之差:

$$极差 = 最大值 - 最小值 \tag{2.2}$$

极差是了解数据集离散程度最简单的指标,其缺点在于仅确定了数据集的上下界,而不知道数据的具体离散情况。

——考点要求——
计算(calculate)、
解释(interpret)
并评估(evaluate)
极差(★)

2.2.1.2 平均绝对离差(Mean Absolute Deviation,MAD)

度量数据集的离散程度最直观的想法就是考察数据集中每一个数据偏离均值的程度,即 $X_i - \overline{X}$。然而,直接将所有 $X_i - \overline{X}$ 加总后正负抵消,则不能衡量总的离散程度。因此,必须将取负值的 $X_i - \overline{X}$ 转换为正数,转换为正数的一个方法就是取绝对值。

平均绝对离差是将数据集中每一个数据偏离均值的距离绝对值取算数平均,以反映数据集的离散程度。样本平均绝对离差的计算公式如下:

$$\text{MAD} = \frac{\sum_{i=1}^{n} |X_i - \overline{X}|}{n} \tag{2.3}$$

——考点要求——
计算(calculate)、
解释(interpret)
并评估(evaluate)
平均绝对离差
(★)

虽然平均绝对离差可以刻画出数据集的离散程度,但绝对值本身在数学上不是很好处理,不是处处可导的函数,不便于进一步深入研究其他问题。

2.2.1.3 方差与标准差(Variance and Standard Deviation)

处理负值的另一种方法是取平方,从而引入"方差"的概念。样本方差指数据与均值距离的平方和除以自由度,见公式(2.4)。

$$s^2 = \frac{\sum_{i=1}^{n} (X_i - \overline{X})^2}{n-1} \tag{2.4}$$

——考点要求——
计算(calculate)、
解释(interpret)
并评估(evaluate)
方差与标准差
(★)

> **知识一点通**
>
> 样本方差是用 s^2 表示,其分母为 $n-1$ 而不是 n。分母为 $n-1$ 的原因可以从两个方面来理解:一方面是出于确保样本统计量的无偏性,另一方面是为了调整自由度。有关无偏性和自由度的概念在以后的章节会接触到,此时考生注意公式即可。

样本方差开平方根后取正值即可得**样本标准差**的公式:

$$s = \sqrt{\frac{\sum_{i=1}^{n} (X_i - \overline{X})^2}{n-1}} \tag{2.5}$$

方差与标准差均反映了数据的离散程度，两者的区别主要体现在量纲上。由于标准差的量纲与期望均值的量纲相同，更便于理解。例如，假定某证券公司人均年薪 20 万元，方差为 25 万^2，标准差为 5 万元。显然，相比方差的单位万^2，标准差 5 万元更便于直观理解。

---备考小贴士---

考生无须按照公式计算方差，利用 BA II 计算器可直接得出数据集的均值、方差与相关系数，具体操作可参看本部分的附录。

2.2.1.4 下行标准差（Downside Deviation）

—考点要求—
计算（calculate）、解释（intercept）并评估（evaluate）目标下行标准差（★）

方差和标准差衡量的是资产或投资的总风险，既包含收益率高于均值的情况，即上行风险（upside risk），也包含收益率低于均值的情况，即下行风险（downside risk）。投资者更关心的是下行风险。在实务中，下行风险也包括收益率低于某一个目标值（target）而不仅仅是低于均值的情况。目标下行标准差（target downside deviation）就是用来衡量下行风险的指标，也称为目标半标准差（target semideviation）。对于一个样本，目标半标准差的公式为：

$$s_{\text{Target}} = \sqrt{\sum_{\text{for all } X_i \leqslant B}^{n} \frac{(X_i - B)^2}{n-1}} \tag{2.6}$$

其中，B 是目标值，n 是所有的样本观测值数量。

例题 2.2

某基金的季度目标收益率为 4%，其在过去 12 个季度的投资收益率如下表所示：

季度	1	2	3	4	5	6	7	8	9	10	11	12
收益率(%)	6%	5%	7%	−1%	8%	3%	9%	−2%	2%	10%	0%	4%

名师解析

该基金在过去 12 个季度中的第 4、6、8、9、11、12 个季度收益率低于或等于目标值，对应的目标半标准差为：

$$s_{\text{Target}} = \sqrt{(25 + 1 + 36 + 4 + 16 + 0)/11} = 2.73\%$$

2.2.2 相对离散程度（Relative Dispersion）

绝对离散程度在比较两个以上随机变量之间的波动程度时会存在问题。第一，不同随机变量的量纲可能不同，比如身高的标准差与收入的标准差基本单位不同，两者不具备可比性；第二，即便两个随机变量量纲相同，但取值大小可能相差很大，以至于标准差等离散指标不可比。例如，股市中，股票 A 的股价在 600 元上下波动，而股票 B 的股价在 3 元上下波动。两者的单位相同，均为元，股票 A 股价的标准差一定是大于股票 B 的，但这无法说明股票 A 的股价波动就一定高于股票 B，因为两者的基准价相差甚远。因此，本节引入相对离散程度的概念，用于比较不同随机变量之间的离散程度。其中，一个比较重要的相对离散度指标是变异系数（Coefficient of Variation, CV）。

变异系数剔除了量纲以及取值大小的影响。变异系数定义为样本的标准差除以样本均值,其公式如下:

$$CV = \frac{s}{\overline{X}} \quad (2.7)$$

> **知识一点通**
>
> 公式(2.7)中,标准差与样本均值的量纲是一致的,故两者相除后剔除了量纲。换言之,变异系数是以均值为基本单位来衡量标准差。如果研究对象是资产收益率的话,变异系数表示单位均值收益率所承担的风险。因此,在对比不同资产时,对于风险厌恶的投资者而言,变异系数越低越好。

—考点要求—
计算(calculate)、解释(interpret)并评估(evaluate)变异系数(★★★)

2.3 偏度与峰度(Skewness and Kurtosis)

—考点要求—
解释(interpret)并评估(evaluate)偏度(★★)

2.3.1 偏度(Skewness)

仅靠均值和方差还不足以全面衡量投资收益率的分布。这就要引入**偏度(Skewness)**的概念,以**反映数据分布的对称性**。对于大样本($n \geq 100$),样本偏度公式如下:

$$\text{Sample skewness}(S_k) \approx \frac{1}{n} \frac{\sum_{i=1}^{n}(X_i - \overline{X})^3}{s^3} \quad (2.8)$$

当偏度大于 0 时,说明相对而言 X_i 右向偏离 $\overline{X}$ 的值较多,数据分布呈现出**右偏(right skewed,也称正偏,positively skewed)**;当偏度小于 0 时,说明相对而言 X_i 左向偏离 $\overline{X}$ 的值较多,数据分布呈现出**左偏(left skewed,也称负偏,negatively skewed)**。图 2.2 分别展示了左偏与右偏数据分布的图形。

> **知识一点通**
>
> 判断数据分布是左偏还是右偏,主要是观察分布图形的"尾巴"。如果分布图形的左边尾巴较长即为左偏;分布图形的右边尾巴较长,即为右偏。

> **备考小贴士**
>
> 考生无须记忆公式(2.8),只需了解样本偏度是有关 $\sum_{i=1}^{n}(X_i - \overline{X})^3$ 的表达式,反映的是数据分布的对称性。

有关偏度的另一重要考点就是判断左偏或右偏时,均值、中位数与众数的相对大小,见图 2.2[①]:**左偏时,分布的均值<中位数<众数;右偏时,分布的众数<中位数<均值**。

---

① 实际上,图 2.2 中的相对位置必须要求分布为单峰(而非多峰)才行,但一般情况下考试中不做区分。

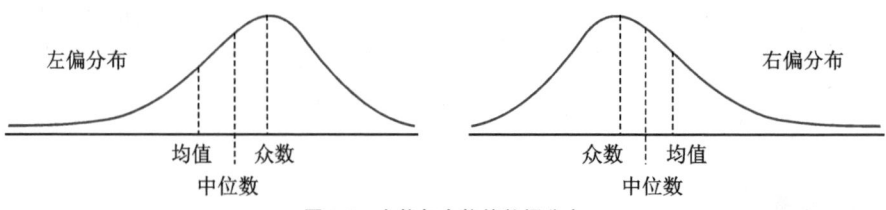

图 2.2 左偏与右偏的数据分布

> **知识一点通**
>
> 考生可以依据分布图形来记忆这三个统计量的相对位置,以左偏为例,先画出左偏图形。众数就是分布图中最高点对应的数值;由于数据左偏,说明均值被极端的负值拉低了,所以均值落在众数的左边;而中位数始终落在均值与众数之间。因此,当数据左偏时,均值＜中位数＜众数。类似地,可以记忆右偏时三者之间的相对位置。

2.3.2 峰度(Kurtosis)

—考点要求—
解释(interpret)
并评估(evaluate)
峰度(★★)

偏度衡量的是尾部的长度,即更长的尾部是偏向左边还是右边。**峰度**(kurtosis)则进一步衡量尾部的厚度。对于大样本($n \geq 100$),样本峰度的公式如下:

$$\text{Sample kurtosis}(K) \approx \frac{1}{n} \frac{\sum_{i=1}^{n}(X_i - \overline{X})^4}{s^4} \tag{2.9}$$

同偏度一样,峰度的公式考生无须记忆,只需了解样本峰度是有关 $\sum_{i=1}^{n}(X_i - \overline{X})^4$ 的表达式,衡量尾部厚度。峰度值高说明 X_i 偏离 $\overline{X}$ 的极端值较多,尾部较厚;反之,峰度值低说明 X_i 偏离 $\overline{X}$ 的极端值较少,尾部较薄。实际运用中,通常将正态分布的峰度作为基准。正态分布的峰度为 3,称为平峰态(mesokurtic)。若峰度大于 3,则称为**肥尾态分布** (**leptokurtic or fat-tailed**),图形上相比正态分布呈现出**肥尾**(**fat tail**),见图 2.3;若峰度小于 3,则称为**瘦尾态分布**(**platykurtic or thin-tailed**),图形上相比于正态分布呈现出**瘦尾** (**thin tail**)。

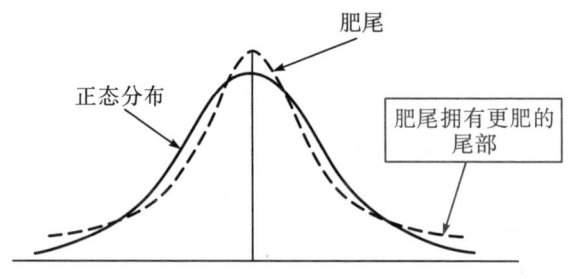

图 2.3 正态分布与肥尾态分布

第 2 章 资产回报率的统计计量 | 27

> **知识一点通**
>
> 很多考生不理解为什么肥尾态分布相较于正态分布是肥尾的,这个特征可以直接从肥尾态分布的图形看出:因其出现极端值的概率更高。"峰度"反映的是分布两端尾巴的状态。

此外,由于进行比较时通常习惯于以 0 为基准,于是定义**超峰度(Excess kurtosis)＝峰度－3**。正态分布的超峰度为 0。肥尾态的超峰度大于 0,瘦尾态的超峰度小于 0,见表 2.1。

表 2.1 峰态判断

	Leptokurtic	Mesokurtic	Platykurtic
样本峰度	>3	=3	<3
超峰度	>0	=0	<0

> **备考小贴士**
>
> 在备考过程中,考生应注意两点。一是看清题目是求峰度还是超峰度(excess kurtosis),两者比较基准是不同的;二是 leptokurtic、mesokurtic、platykurtic 几个专业术语相对不常见,考生应正确记忆。可以通过字母表顺序记忆(l、m、p 对应肥尾、平峰与瘦尾)。

例题 2.3

一个分析师分析资产 A 与资产 B 的收益率分布状况,同一时期偏度与峰度数据如下表所示。

资产 A、B 的收益率分布状况

资产	偏度	峰度
A	－1.3	1.5
B	0.7	3.7

分析师依次判断资产 A 收益率比正态分布更加肥尾,资产 B 收益率分布左侧有长尾。以下哪个描述是正确的?

A. 分析师关于资产 A 与资产 B 的描述均正确
B. 分析师关于资产 A 与资产 B 的描述仅对了一个
C. 分析师关于资产 A 与资产 B 的描述均不对

名师解析

资产 A 的峰度为 1.5 小于 3,所以相比正态分布是瘦尾。注意,如果题目给出的是超峰度＝1.5,则结论完全不同,考生一定要认真读题。资产 B 的偏度大于 0,所以资产 B 收益率应该是右偏。因此分析师两个判断均错误,选项 C 正确。

2.4 协方差（Covariance）和相关系数（Correlation Coefficient）

—考点要求—
解释（interpret）协方差和相关系数（★★★）

2.4.1 协方差（Covariance）

协方差可以描述两个随机变量是否同向变化。例如，当 Y 高于均值时，X 也趋向高于均值；当 Y 低于均值时，X 也趋向低于均值，那么它们的协方差是正的。反之，它们的协方差是负的。如果两个变量之间没有明显的相互关系，那么协方差为 0。样本协方差公式如下：

$$\text{Sample Covariance } s_{xy} = \frac{\sum_{i=1}^{n}(X_i - \overline{X})(Y_i - \overline{Y})}{n-1} \tag{2.10}$$

就其本身而言，协方差的取值范围为 $(-\infty, +\infty)$，量的大小和单位都是难以解释的。

2.4.2 相关系数（Correlation Coefficient）

协方差对于解释两个变量间的相关性是有局限性的，而相关系数可以解决这些问题。相关系数表示两个随机变量之间线性关系的强弱。样本相关系数公式如下：

$$r_{xy} = \frac{s_{xy}}{s_x s_y} \tag{2.11}$$

相关系数的取值范围为 $[-1,1]$，绝对值越大，两变量的线性关系越强。当相关系数等于 0 时，说明变量之间不存在线性关系（no linear relationship）；当相关系数接近 1 时表示强的正线性关系（strong positive linear relationship），等于 1 表示完美的正线性关系（perfect positive linear relationship）；当相关系数接近 -1 时表示强的负线性关系（strong negative linear relationship），等于 -1 表示完美的负线性关系（perfect negative linear relationship）。图 2.4 显示了不同相关系数所体现出的变量间的关系。

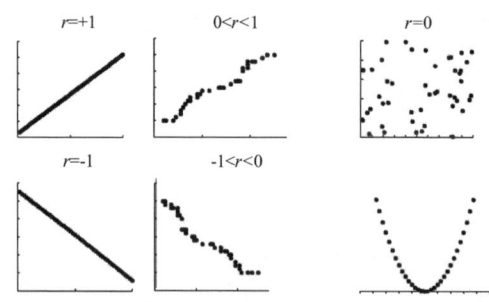

图 2.4 相关关系分类散点图（Scatter Plot）

需要注意，相关系数测量的是线性关系，当 $r=0$ 时有两种情况，第一种是两个变量间无任何关系，第二种是两个变量间无线性关系但有可能存在非线性关系。

相关系数也存在一些局限性。一方面，相关系数对于极端值非常敏感（sensitive to outliers）；另一方面，相关性并不意味着因果关系（causation），也就是说 X、Y 两个变量之间有相关性,并不代表是 X 导致了 Y 或者 Y 导致了 X 的发生。此外,可能存在伪相关(spurious correlation)关系,如偶然产生的关系或者 X 和 Y 各自与第三方变量相关,但 X 和 Y 本身并无实际相关性。

练一练

2-1 A box and whisker plot for a set of data is shown as below:

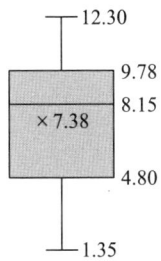

The interquartile range (IQR) is closest to:

A. 8.15.

B. 7.38.

C. 4.98.

2-2 A stock has the following experience over the past 10 years:

Year	Return(%)
1	2.0
2	4.5
3	7.1
4	-3.2
5	1.1
6	5.5
7	2.4
8	3.8
9	4.1
10	6.4

The stock's volatility of returns over last 10 years is closest to:

A. 2.84%.

B. 8.97%.

C. 3.00%.

2-3 The following table summarizes monthly mean returns and standard deviations of monthly return data for three companies. The risk-free interest rate is 3.4%. Based on the coefficient of variation, which company has the best performance?

Company	Mean Return	Standard Deviation
A	3.1%	7.5%
B	2.5%	5.4%
C	4.0%	8.2%

A. Company A.

B. Company B.

C. Company C.

2-4 Jarod, CFA, is analyzing the daily return distribution of stock A. The result shows that its mean is smaller than the mode, then it is generally:

A. negatively skewed.

B. positively skewed.

C. symmetrically distributed.

2-5 Which of the following statements regarding kurtosis is most accurate?

A. Kurtosis of a normal distribution is zero.

B. Kurtosis indicates whether a distribution is symmetrical about its mean.

C. Kurtosis tells us whether a distribution has fatter tails than a normal distribution.

2-6 An analyst holds two stocks in his portfolio with high positive correlation of 0.75. Their standard deviations are 2.8% and 3% respectively. Their covariance is closest to:

A. 0.000 63.

B. 0.021 74.

C. 0.001 12.

第 3 章
概率论基础

知识引导

概率论是一门研究随机现象规律的学科,最早起源于17世纪数学家帕斯卡对赌注分配问题的思考。随着中心极限定理和大数定律的提出,以及测度论方法的引入,概率论实现了公理化,成为一门严谨的数学学科。如今,概率论与数理统计学相结合,在经济金融理论与实践中,诸如经济预测、资产定价、风险管理等各领域都有着广泛的应用。

考点聚焦

CFA®一级乃至二级的数量分析方法部分的知识体系均是建立在概率论基础之上的,统计学和计量经济学都会大量运用概率论的基本概念。运用概率乘法法则、加法法则等公式计算事件的概率是重要考点。此外,理解协方差与相关系数等概念将有助于后续常见概率分布、抽样与估计等内容的学习。

本章框架图

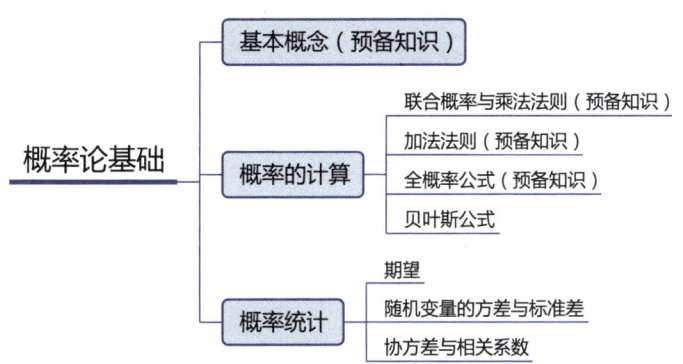

一、概率论的基本概念

1. 概率论的相关术语（Terminology of Probability）

（1）随机变量（Random Variable）。

自然界与社会实践中产生的现象是多种多样的，根据各种现象的结果分布，可以将其分为确定性现象与随机现象两类。在一定条件下，只可能出现一种结果的现象，称为确定性现象。比如，在标准大气压下，水加热到100℃必然会沸腾；在重力发挥作用的情况下，抛起的石头必然会落地。

相对于确定性现象，可能产生的结果不止一个，并且事先无法预知哪个结果会出现的现象称为随机现象。例如，抛骰子得到的点数、某一时段来银行办理业务的人数、某公司股票第二天的收盘价等。

概率论的主要研究对象是随机现象。为了方便研究，将随机现象可能产生的结果定义为一个变量，称为随机变量。随机变量一般用大写字母 X、Y、Z 表示。例如，掷一个骰子，其可能出现的点数可以用随机变量 X 表示。

（2）结果（Outcomes）。

随机变量的可能取值称为结果，结果的某一具体取值一般用小写字母表示。随机变量的所有可能结果组成的集合称为样本空间。

（3）事件（Event）。

随机变量的部分结果组成的集合称为事件，一般用大写字母 A, B, C 表示。注意，事件本质是一个集合，可以是样本空间的任意子集，当这个集合中任意一个结果出现，就称该事件发生。例如，掷骰子中，随机变量 X 为骰子掷出来的点数，其样本空间为 $\{1,2,3,4,5,6\}$。事件"掷出偶数点"可以用事件 $A=\{2,4,6\}$ 表示，只要掷出 2 点、4 点或 6 点中的任一结果，就代表事件"掷出偶数点"发生了。

2. 事件之间的关系

（1）互斥事件（Mutually Exclusive Events）。

一组不可能同时发生的事件称为互斥事件。例如，掷骰子中，事件 A "掷出偶数点"与事件 B "掷出奇数点"为互斥事件，因为掷出的点数不可能既是奇数又是偶数。为方便理解，可以把互斥事件比喻为一对仇人，两者永不相见，一人出现时另一人绝不会出现。

（2）遍历事件（Exhaustive Events）。

一组包含随机变量所有可能结果的事件称为遍历事件。例如，掷骰子中，事件 A "掷出偶数点"与事件 B "掷出奇数点"同时也为遍历事件，因为掷出的点数要么是奇数要么是偶数，事件 A 和事件 B 的合集包含了掷骰子的所有可能结果。

（3）独立事件（Independent Events）。

如果一个事件的发生不会影响到另一个事件的发生，则称这两个事件互为独立事件（independent events）；反之，如果一个事件的发生会影响到另一个事件发生，则称这两个事件不独立（dependent events）。

3. 概率的定义与确定方法

(1) 概率的定义。

概率的定义是建立在事件的基础上的,事件的概率 $P(E)$ 必须满足以下两个性质:

① 任意事件 E 的概率必须在 0 到 1 之间:$0 \leqslant P(E) \leqslant 1$。

② 一组互斥且遍历事件的概率和为 1:$\sum P(E_i) = 1$。

从上述定义可以看出,$P(E)$ 实际上是一个把事件映射到概率的函数,这个函数的自变量是事件,因变量是事件发生的概率值。

(2) 概率的确定方法。

实践中,确定某一事件概率的方法通常有三种:经验概率(empirical probability)、先验概率(priori probability)与主观概率(subjective probability)。其中,前两种又统称为客观概率。

① 经验概率:通过历史数据来估算事件发生的概率。例如,根据历史数据,2 000 只股票在过去 10 年中(样本容量为 2 000×10＝2 万个),有 12 000 个样本点是分红的,那么按照经验概率的估算方法,股票 S 今年分红的概率就应当是 12 000/20 000＝60%。

② 先验概率:通过逻辑分析而不是历史数据或主观判断来估计事件发生的概率。例如,抛硬币中,通常认为硬币正面朝上的概率为 50%。这个概率实际上是通过逻辑分析得出的。如果按照经验概率法则估算,则应该进行多次抛硬币的实验,然后根据多次实验中硬币正面朝上的比例来估算其概率。历史上,很多数学家都做过抛硬币的实验,比较著名的有蒲丰抛硬币 4 040 次,2 048 次正面朝上;皮尔逊抛硬币 24 000 次,12 012 次正面朝上。

③ 主观概率:依据个人主观判断而不是历史数据估计出的事件发生的概率。例如,经常可以在媒体上看到类似这样的报道:"专家估计人类在未来 20 年内登上火星的概率为 30%"。此类事件,要么没有历史数据,要么数据量很小,事件概率就只能通过个人主观判断估计。

(3) 赔率(Odds)。

在经济金融中,有些时候概率是以赔率的形式给出的。例如,已知事件 E 发生的概率为 $P(E)$,那么:

① 事件 E 发生的赔率(Odds for the Event E)$= \dfrac{P(E)}{1-P(E)}$

② 事件 E 不发生的赔率(Odds against the Event E)$= \dfrac{1-P(E)}{P(E)}$

(4) 条件概率(Conditional Probability)。

条件概率指在已知某事件 B 发生的情况下,事件 A 发生的概率,记为 $P(A|B)$。条件概率与无条件概率是不同的。例如,事件 A 代表股票 S 明天上涨,事件 B 代表美联储加息。无条件概率 $P(A)$ 就是指在不知道任何信息的情况下,股票 S 上涨的概率。而 $P(A|B)$ 是指已知美联储加息的情况下股票 S 明天上涨的概率。如果按照

通常的判断,加息是对股市不利的因素,那么已知美联储加息的情况下,估计的股票 S 明天上涨的概率 $P(A|B)$ 应该低于没有任何前置信息下估算的 $P(A)$。

可以利用条件概率来定独立事件义:$P(A|B)=P(A)$,即事件 A 的无条件概率与条件概率相等,就意味着事件 B 的发生对事件 A 发生的概率没有任何影响,所以事件 A 与事件 B 相互独立。

3.1 概率的计算

学习概率论时,维恩图(也称文氏图)是极其有用的工具。在维恩图中,长方形框代表整体样本空间 Ω,即所有可能结果的集合;圆形代表某个具体的事件 A,如果某个结果 w_1 落在圆形内,代表事件 A 发生了;反之,结果为 w_2 落在圆圈外,代表事件 A 没有发生。圆形 A 的面积可以近似看成事件 A 发生的概率。了解维恩图将有助于理解与记忆接下来要学习的相关概率公式。

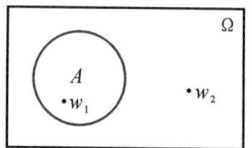

维恩图示意

一、联合概率(Joint Probability)与乘法法则(Multiplication Rule)

联合概率是指一组事件同时发生的概率。以两个事件为例,事件 A 与事件 B 同时发生的概率为联合概率,记为 $P(AB)$。计算联合概率必须用到乘法法则:

$$P(AB)=P(A|B)P(B)$$

乘法法则在实际运用中更常以下公式的形式出现,用于计算条件概率:

$$P(A|B)=\frac{P(AB)}{P(B)}$$

对于独立事件来说,由于 $P(A|B)=P(A)$,根据概率乘法法则,有 $P(AB)=P(A)P(B)$。因此,$P(A|B)=P(A)$ 与 $P(AB)=P(A)P(B)$ 均可以用于定义独立事件。

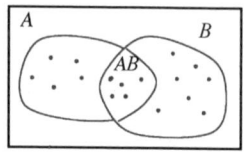

乘法法则与加法法则的维恩图

理解与记忆条件概率公式可以借助维恩图。如图所示,计算概率 $P(A|B)$ 时,由于已知事件 B 发生了,于是在计算事件 A 发生的概率时,概率空间就不再是原先的整个概率空间 Ω,而是缩小到了事件 B 所在的圆形。然而,在圆形 B 中,能够导致 A 事件发生的结果实际上就是事件 A 与事件 B 交集中的那些结果。因此用联合概率 $P(AB)$ 除以事件 B 的概

率就可以得到条件概率 $P(A|B)$ 了。

二、加法法则(Addition Rule)

加法法则用于求事件 A 或事件 B 发生的概率,记为 $P(A\ or\ B)$ 或 $P(A+B)$。只要事件 A 或者事件 B 其中一个发生,就代表 $A\ or\ B$ 事件发生,其公式如下:

$$P(A\ or\ B) = P(A) + P(B) - P(AB)$$

以上公式也可以通过维恩图来理解,$P(A) + P(B)$ 为圆形 A 与圆形 B 面积相加,但是由于两个圆形有重叠部分 AB,相当于 $P(AB)$ 被加了两次,所以扣除一个 $P(AB)$ 后就表示事件 A 或事件 B 发生的概率,即落在圆形 A 或圆形 B 中的所有结果。

三、全概率公式(Total Probability Rule)

全概率公式在实务中运用得非常广泛。通常,某一事件可能很复杂,直接去求该事件的概率会无从入手。通过全概率公式,可以把复杂的事件拆分为若干简单事件后再求解其概率。全概率公式如下:

$$P(B) = \sum_{j=1}^{N} P(A_j) P(B|A_j)$$

其中,事件 $A_1, A_2, \cdots, A_n$ 互斥且遍历。

全概率公式的含义也可以通过维恩图来理解,见右图,事件 B 的概率可以看成是圆形 B 的面积,而整个样本空间可以通过互斥且遍历的事件 $A_1, A_2, \cdots, A_n$ 来进行拆分。相应地,图形 B 的面积也可以拆分成 B 分别与 $A_1, A_2, \cdots, A_n$ 交集的面积。进一步,每一部分交集的面积实际上就是联合概率 $P(A_iB)$,利用乘法法则又可以将 $P(A_iB)$ 写成 $P(A_i)P(B|A_i)$,

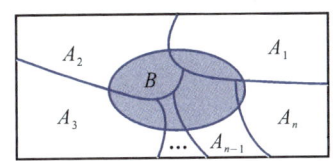

全概率公式的维恩图

最后把所有 $P(A_iB)$ 加总就可以得到事件 B 发生的概率 $P(B)$,于是就有了全概率公式。

全概率公式的本质就是对事件 B 进行分类讨论:分别讨论事件 B 在情形 A_1 下的概率、情形 A_2 下的概率……,最后再进行加总得到无条件下事件 B 的概率。当然,既然是分类讨论,事件 $A_1, A_2, \cdots, A_n$ 必须互斥且遍历,讨论才能充分且不重复。

3.1.1 贝叶斯公式(Bayes' Formula)

由乘法法则以及全概率公式即可推导出著名的贝叶斯公式。贝叶斯公式由英国数学家同时也是神父的贝叶斯得出。贝叶斯起先只是想用贝叶斯公式证明上帝的存在。然而,在贝叶斯逝世后,贝叶斯公式出乎意料地得到了广泛运用,其思想对统计学发展产生了深远的影响。这个著名的公式如下:

$$P(A|B) = \frac{P(B|A)}{P(B)} \times P(A) \tag{3.1}$$

—考点要求—

计算(calculate)并解释(interpret)通过贝叶斯公式得到的后验概率(★★)

其中,事件 A 是需要研究的目标事件。如果在估算事件 A 的概率的过程中得到了新的信息 B,可以依据新的信息来更新对事件 A 概率的估计,即 $P(A|B)$。我们将 $P(A)$ 称为先验概率(prior probability),$P(A|B)$ 称为后验概率(updated probability)。公式中分母 $P(B)$ 实际上是可以用全概率公式计算得到的。

> **知识一点通**
>
> 伊索寓言里有个著名的"狼来了"的故事。故事中,小孩三次喊"狼来了",前两次村民信以为真,上山后却发现小孩在撒谎。第三次狼真的来了,小孩再怎么喊,也没有村民前来帮忙了。这个故事里,小孩可信就是事件 A,小孩撒谎就是事件 B。在小孩第一次撒谎前,村民根据小孩以往的行为,对小孩的可信度有个先验估计,即 $P(A)$。村民依据小孩可信度的高低来判断是否要相信小孩的话。而当小孩第一次撒谎后,根据新的信息 B,村民就会对小孩的可信度进行更新,即 $P(A|B)$。当小孩第三次撒谎时,由于前两次的不良记录,村民已经把小孩的可信度更新到极低的数值,自然就不会去救小孩了。这就是贝叶斯公式的基本含义。

通过下面具体的例题可以对贝叶斯公式有更深入的理解。

例题 3.1

测谎仪通常被用于检验嫌犯是否撒谎。根据以往经验数据,已知嫌犯撒谎的概率为 0.8。当嫌犯撒谎时,测谎仪测出嫌犯撒谎的概率为 0.85;而当嫌犯没有撒谎时,测谎仪测出嫌犯撒谎的概率为 0.1。问当测谎仪测出嫌犯撒谎时,嫌犯确实撒谎的概率为多少?

名师解析

很多考生在学习贝叶斯公式时觉得很复杂,因为搞不清楚概率公式中哪个事件是前提条件,哪个事件是需要被求得概率的。其实我们可以暂时忘掉公式,先通过画图来快速解题,见下图。

撒谎概率0.8	不撒谎概率0.2
(1) 测谎仪测出撒谎 $=0.8\times0.85=0.68$	(2) 测谎仪测出撒谎 $=0.2\times0.1=0.02$
(3) 测试仪测出没有撒谎	(4) 测谎仪测出没有撒谎

嫌犯与测谎仪的概率图

第一步,我们得知嫌犯撒谎概率为 0.8,于是把样本空间划分为两块长方形,左边面积 0.8,右边面积 0.2。

第二步,在已知嫌犯撒谎的情况下测谎仪测出嫌犯撒谎的概率是 0.85。故将左边的长方形按 8.5:1.5 的比例分割为两块,上方的面积就是 $0.8\times0.85=0.68$,表示嫌犯撒谎且测谎仪测出嫌犯撒谎的概率,同理,根据条件把右侧的长方形按 1:9 的比例分割成两块。

第三步,题目问已知测谎仪测出撒谎情况下嫌犯真实撒谎的概率。现已知测谎仪测出嫌犯撒谎,说明结果必然落在图中(1)或(2)方框中,在此情形下,计算嫌犯撒谎的概率实际上就是(1)的面积占(1)+(2)面积的比重。无须利用贝叶斯公式,我们就可得出答案:$0.68/(0.68+0.02)=0.9714$。

用上述解法计算图中(1)的面积时,运用的其实就是乘法法则。记事件 A 表示嫌犯撒谎,事件 B 表示测谎仪测出撒谎。那么(1)的面积实际上就是 $P(AB)$,根据乘法法则可以得出 $P(AB)=P(A)\times P(B|A)=0.8\times0.85=0.68$,这其实就是我们计算(1)面积的过程(已知嫌犯撒谎概率是 0.8,撒谎的前提下测谎仪测出撒谎的概率是 0.85,所以嫌犯撒谎且测谎仪测出撒谎的概率就应该是两者的乘积)。而(1)的面积除以(1)+(2)面积,实际上就是贝叶斯公式,推导如下:

$$P(A|B) = \frac{(1)}{(1)+(2)} = \frac{P(AB)}{P(AB)+P(A^cB)} = \frac{P(A) \times P(B|A)}{P(A) \times P(B|A) + P(A^c) \times P(B|A^c)}$$

以上推导过程中,(1)与(2)的面积分别是 $P(AB)$ 与 $P(A^cB)$,$P(AB)$ 与 $P(A^cB)$ 再分别利用乘法法则展开,就可以得到最右边的式子了。最右边式子实际上就是贝叶斯公式,其分母就是 $P(B)$ 利用全概率公式的展开。

> **备考小贴士**
>
> 在考试中,涉及概率论的题目的题干一般都比较长,英语阅读会有些难度。考生可以首先定义事件,然后围绕数字逐句阅读,把数字对应的概率用数学符号表达出来,方便后面的解题过程。

3.2 概率统计

3.2.1 期望

3.2.1.1 定义

算术平均值通常用于衡量一个数据集的集中程度。然而,对于随机变量来说,在某一时刻其取值并不确定,已知的仅是可能的结果及对应的概率,无法直接计算算术平均值。一个很自然的想法就是以概率为权重求加权平均。例如,假定一个彩票中奖概率是 20%,如果中奖,奖金为 2 000 元;不中奖,奖金为 0。在不考虑成本的情况下,买彩票的期望收益应该是 $20\% \times 2\,000 + 80\% \times 0 = 400$ 元,这就是期望的内在含义。具体地,随机变量的期望(expected value)是以概率为权重,所有可能结果的加权平均,记为 $E(X)$:

$$E(X) = P(x_1)x_1 + P(x_2)x_2 + \cdots + P(x_n)x_n \tag{3.2}$$

—**考点要求**—
计算(calculate)并说明(demonstrate)随机变量的期望、方差和标准差(★★)

在投资实务中,任何相关信息都有可能会被应用到决策当中,但市场信息是不断出现的,而根据新的信息对期望进行更新,得到的新的期望值就叫条件期望,记作 $E(X|S)$:

$$E(X|S) = P(x_1|S)x_1 + P(x_2|S)x_2 + \cdots + P(x_n|S)x_n \tag{3.3}$$

有了期望的定义后,还可以将全概率公式转换为期望的形式:

$$E(X) = E(X|S_1)P(S_1) + E(X|S_2)P(S_2) + \cdots + E(X|S_n)P(S_n) \tag{3.4}$$

> **例题 3.2**
>
> 已知经济处于繁荣、正常以及衰退的概率分别为 0.25、0.5 以及 0.25。资产 X 在经济繁荣、正常以及衰退的情况下的收益率分别为 22%、8% 以及 −10%,求资产 X 的期望收益?
>
> **名师解析**
>
> 资产 X 的期望收益其实就是在三种经济状况下的收益率的加权平均,可以用公式(3.4)求解,即 $0.25 \times 22\% + 0.5 \times 8\% + 0.25 \times (-10\%) = 7\%$。

3.2.1.2 期望的相关性质

性质一：对于任意常数 c，有 $E(cX) = cE(X)$。

性质一比较好理解，对随机变量 cX 来说，其每一个可能取值都是在随机变量 X 取值的基础上乘以常数 c，而每个取值对应的概率不变，自然有 $E(cX) = cE(X)$。

性质二：对于资产组合来说，资产组合收益率的期望等于组合中每个资产的收益率的加权平均，权重即为资产在组合中的占比：

$$E(R_p) = E(\omega_1 R_1 + \omega_2 R_2 + \cdots + \omega_n R_n) = \omega_1 E(R_1) + \omega_2 E(R_2) + \cdots + \omega_n E(R_n) \quad (3.5)$$

其中，$\omega_1, \omega_2, \cdots, \omega_n$ 是资产 i 的权重，满足 $\sum_{i=1}^{n} w_i = 1$。

性质二也是比较显而易见的。例如，一个资产组合总价值 100 万元，40 万元配置债券，60 万元配置股票；债券年化收益率为 5%，股票年化收益率为 10%。那么，该资产组合的年化收益率就为 $40/100 \times 5\% + 60/100 \times 10\% = 8\%$。

—考点要求—
阐述（formulate）并解释（explain）条件期望在概率树中的应用（★★）

3.2.1.3 利用树形图（Tree Diagram）求条件期望和无条件期望

例题 3.3

通过以下树形图计算 EPS 的期望值。

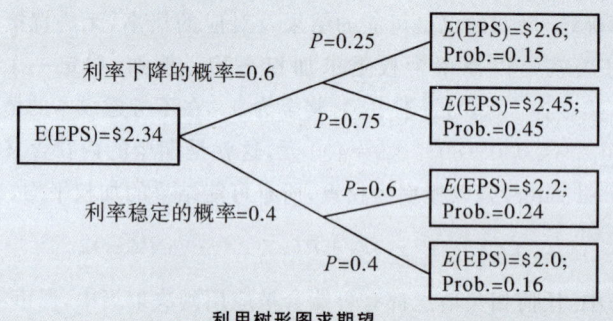

利用树形图求期望

名师解析

树形图实际上就是公式 (3.4) 和 (3.5) 的应用。从图中可以看出，利率有两种状态，下降的概率是 0.6，保持稳定的概率是 0.4。而在利率下降的情况下，公司的 EPS 有可能有两种取值，有 25% 的概率取值 2.6，有 75% 的概率取值 2.45。于是，可以先按照公式 (3.4) 的思想，分别求出在利率上行和利率稳定时 EPS 的条件期望：

$$E(\text{EPS}|\text{利率下降}) = P(2.6|\text{利率下降}) \times 2.6 + P(2.45|\text{利率下降}) \times 2.45$$
$$= 0.25 \times 2.6 + 0.75 \times 2.45$$
$$= 2.49$$

$$E(\text{EPS}|\text{利率稳定}) = P(2.2|\text{利率稳定}) \times 2.2 + P(2.0|\text{利率稳定}) \times 2.0$$
$$= 0.6 \times 2.2 + 0.4 \times 2.0$$
$$= 2.12$$

然后,再按照公式(3.5)的思想,求出无条件的 EPS 期望值:

$E(\text{EPS}) = E(\text{EPS}|利率下降) \times P(利率下降) + E(\text{EPS}|利率稳定) \times P(利率稳定)$
$= 2.49 \times 0.6 + 2.12 \times 0.4$
$= 2.34$

以上方法是用条件概率的思想对期望值进行求解,而如果用公式(3.5)当中的加权平均的思想,可以将每一种可能的 EPS 取值对应的概率作为其权重,则对 EPS 期望值的求解过程为:

$E(\text{EPS}) = 2.6 \times 0.15 + 2.45 \times 0.45 + 2.2 \times 0.24 + 2.0 \times 0.16 = 2.34$

3.2.2 随机变量的方差与标准差

与期望类似,由于考查对象是随机变量,方差实际上也是一种期望,即随机变量 X 偏离其均值程度的期望:

$$\sigma^2(X) = E[X - E(X)]^2 = P(x_1)[x_1 - E(X)]^2 + P(x_2)[x_2 - E(X)]^2 + \cdots + P(x_n)[x_n - E(X)]^2 \tag{3.6}$$

—考点要求—
计算(calculate)并说明(demonstrate)随机变量的方差以及标准差(★★★)

与条件概率下求解期望的思想相同,对于方差也可以求出其在给定的条件下的取值,也就是条件方差:

$$\sigma^2(X|S) = P(x_1|S)[x_1 - E(X|S)]^2 + P(x_2|S)[x_2 - E(X|S)]^2 + \cdots + P(x_n|S)[x_n - E(X|S)]^2 \tag{3.7}$$

在例题 3.3 中,如果求在利率下降的条件下 EPS 的方差,则:

$\sigma^2(\text{EPS}|利率下降) = P(2.6|利率下降) \times [2.6 - E(\text{EPS}|利率下降)]^2 + P(2.45|利率下降) \times [2.45 - E(\text{EPS}|利率下降)]^2$
$= 0.25 \times (2.6 - 2.487\ 5)^2 + 0.75 \times (2.45 - 2.487\ 5)^2$
$= 0.004\ 2$

随机变量的标准差就是方差开根号。

3.2.3 协方差与相关系数

3.2.3.1 联合概率下的协方差(Covariance)

在现代资产配置理论中,了解不同资产之间收益率的联动关系非常重要,协方差与相关系数就是衡量这种关系的度量,而要求解协方差,则需要已知不同资产之间价值或收益的联合概率。我们先通过下面的例题来体会一下资产之间联动的重要性,以及什么是资产之间价值或收益的联合概率。

—考点要求—
计算(calculate)并理解(interpret)在联合概率下的协方差的计算(★★★)

例题 3.4

某个基金经理考虑对手头 100 万元资产进行配置,可选择的公司有两个,太阳镜公司与雨伞公司。两个公司的盈利状况与来年下雨的状况密切相关,为简便分析,假定来年天气只有两种情况:下雨偏多与天晴偏多,两者的概率均为50%。如果来年下雨偏多,那么雨伞公司的价值将上升60%,而太阳镜公司将下降50%;反之来年天晴偏多,雨伞公司将减少50%,太阳镜公司则将上升60%。雨伞公司与太阳镜公司的收益表如下(单位:万元)。问基金经理应该如何配置才能保证稳定的收益?

	雨伞公司的价值	太阳镜公司的价值
下雨(50%)	160	50
天晴(50%)	50	160
期望收益	105	105

名师解析

从表中可以看出,如果将100万元资产全配置雨伞公司或者太阳镜公司,其期望收益均为105万元,但是不难发现资产价值的不确定性非常大,要么160万元,要么50万元,但如果基金经理选择太阳镜与雨伞公司各配置50万元,资产组合期望值虽然仍为105万元,但不论来年下雨偏多还是天晴偏多,资产的价值均为105万元不变。

为什么在分散投资后,就能保证来年收益稳定在105万元不变呢?原因在于雨伞公司与太阳镜公司的收益率是完全负相关的。来年如果下雨偏多,虽然太阳镜公司亏损了,但是雨伞公司是盈利的;同理,如果来年天晴偏多,虽然雨伞公司亏损,但太阳镜公司是盈利的。因此,两家公司各投50万元,来年不管下雨还是天晴,基金经理的收益都是确定的,避免了单独投资一家公司的巨大风险。

协方差就是用来度量上述不同资产之间的收益率联动性的,如果已知一对资产收益的联合概率,就可以求出它们的协方差,其公式如下:

$$\mathrm{Cov}(R_i, R_j) = \sum_{i,j=1}^{n} P(R_i, R_j)[R_i - E(R_i)][R_j - E(R_j)] \tag{3.8}$$

公式(3.8)就是每个资产的收益率减去其均值后的乘积以概率为权重的加权平均。如果两个资产之间收益率是正相关的,那么当资产 i 收益率大于其均值时,资产 j 的收益率也倾向于大于其均值,协方差为正数。反之,如果资产之间收益率是负相关的,协方差为负数。当 $i=j$ 时协方差实际上就是资产 i 的方差。换言之,方差是协方差的特殊情形。

例题 3.5

现有一支基金投资了 A、B 两项资产,两项资产收益率及其联合概率如下,求解 A 和 B 收益率的协方差。

收益率	$R_B=40\%$	$R_B=20\%$	$R_B=0\%$	$E(R_B)=18\%$
$R_A=20\%$	0.15			
$R_A=15\%$		0.6		
$R_A=4\%$			0.25	
$E(R_A)=13\%$				

> **名师解析**
>
> 表格第一列和第一行分别代表 A、B 两项资产可能出现的收益率;而表中的 0.15、0.6 和 0.25 三个数字则代表不同收益出现的联合概率,根据公式(3.8):
> $\text{Cov}(R_A, R_B) = 0.15(0.20 - 0.13)(0.40 - 0.18) + 0.6(0.15 - 0.13)(0.20 - 0.18) + 0.25(0.04 - 0.13)(0 - 0.18) = 0.006\,6$

> **知识一点通**
>
> 协方差作为资产之间联动性的度量存在一些缺陷。协方差的取值范围是负无穷到正无穷,没有考虑量纲。例如,基金经理想比较股票 A 与股票 B 之间联动性高,还是股票 C 与股票 D 之间联动性高。然而,股票 A 与股票 B 是小盘股新股,收益率波动较大,而股票 C 与股票 D 是传统行业的大盘股,收益率波动较小。如果计算协方差,极有可能 A 与 B 之间协方差高于 C 与 D 之间协方差,但我们并不能因此说明 A 与 B 之间的联动性就一定高于 C 与 D,前者数值高有可能只是因为 A 与 B 方差较大。因此,需要引入相关系数的概念,剔除量纲导致的影响。

3.2.3.2 相关系数

相关系数改进了协方差的缺点,将协方差除以资产 i 与资产 j 的标准差,剔除了量纲的影响,可以直接用于比较两对资产之间联动性的高低。相关系数的具体公式如下:

$$\rho_{i,j} = \frac{\text{Cov}(R_i, R_j)}{\sigma_i \sigma_j}, \quad r_{i,j} = \frac{\text{Cov}(R_i, R_j)}{s_i s_j} \tag{3.9}$$

—考点要求—
计算(calculate)并解释(interpret)相关系数
(★★★)

考生在准备考试中,需要重点掌握相关系数的以下几个性质:

(1) 由于除以了各自资产的标准差,所以相关系数的取值范围在 −1 到 +1 之间,当相关系数为 1 时,称为完全正相关(perfect positive correlation),表示资产 i 与资产 j 之间存在斜率为正的线性关系[①];当相关系数为 −1 时,称为完全负相关(perfect negative correlation),表示资产 i 与资产 j 之间存在斜率为负的线性关系。值得注意的是,**相关系数不是斜率,只要相关系数绝对值为 1,那么两个变量之间就存在完全线性关系**,而斜率可以是负无穷到正无穷之间的任意数。

(2) 散点图(scatter plot):相关系数绝对值越高,意味着资产 i 与资产 j 的线性关系越强,见图 3.1 相关系数为 0.8 的情形。

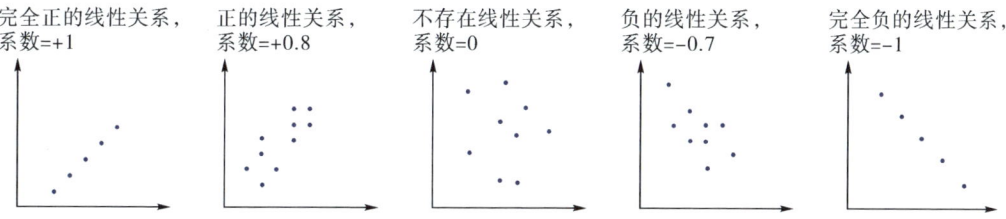

图 3.1 散点图相关系数的不同情形

---

① 如果 X 与 Y 之间存在线性关系,有 $Y = aX + b$,a 为斜率。

（3）如果变量 X 与 Y 的相关系数为 0 时，意味着 X 与 Y 之间**不存在线性关系**。这里需要特别注意，相关系数为 0 时，实际上有两种情形：第一，X 与 Y 之间不存在任何关系，见图 3.1 中间；第二，X 与 Y 之间存在非线性关系。例如 $Y = X^2$，此时 X 与 Y 的相关系数仍然为 0。换言之，相关系数为 0 只能说明变量之间不存在线性关系，但变量间是否有非线性关系是不确定的。

练一练

3-1 The probability that country A imposes tariffs on automobile imported from country B is 70%. The probability that trade war happens, given that country A has imposed tariffs, is 70%. The probability that trade war happens, given that country A has not imposed tariffs, is 20%. What is the probability that country A would impose the tariff given the trade war happens?

A. 94%.   B. 89%.   C. 72%.

3-2 An analyst conducts an analysis on a stock and forecasts the return of this stock as follows：

Return	Probability
20%	20%
7%	50%
15%	30%

The expected return of the stock is closest to：

A. 14%.   B. 12%.   C. 13.87%.

3-3 Sophie, an analyst, collects the joint probability function of returns of asset X and asset Y as follows：

	$R_Y = 2.6\%$	$R_Y = 5.6\%$
$R_X = 10\%$	0.2	0
$R_X = 12\%$	0	0.8

The covariance of returns is closest to：

A. 0.003 6%.   B. 0.009 6%.   C. 0.006 6%.

3-4 An analyst produces the covariance matrix for the returns of portfolio X and portfolio Y as follows：

	Portfolio X	Portfolio Y
Portfolio X	289	99
Portfolio Y	99	144

The correlation of the returns between portfolio X and portfolio Y is closest to：

A. 0.485.   B. 0.568.   C. 0.324.

扫码查看
答案及解析

第 4 章 常见概率分布

知识引导

本章介绍常见的概率分布。概率分布用于刻画随机变量所有可能结果对应的概率。例如,抛硬币试验中,随机变量 $X=1$ 表示正面朝上,对应概率为 50%;随机变量 $X=0$ 表示反面朝上,对应概率为 50%。这其实就是一个概率分布,描述了抛硬币所有可能结果对应的概率。然而,实际研究中许多随机变量的可能取值是无穷多的,仅靠列举无法穷尽。这就要利用本章学习的概率分布函数来完整刻画各种常见随机变量的概率分布。

考点聚焦

本章将涉及较多的概率分布,包括伯努利分布、二项分布、正态分布、对数正态分布、学生 t 分布、卡方分布、F 分布等。学习过程中,考生需要了解每种分布的定义、适用情形以及特殊性质。考试不会涉及积分之类有关高等数学的内容。因此,对于连续型随机变量,考生无须记忆概率分布函数的公式。

本章框架图

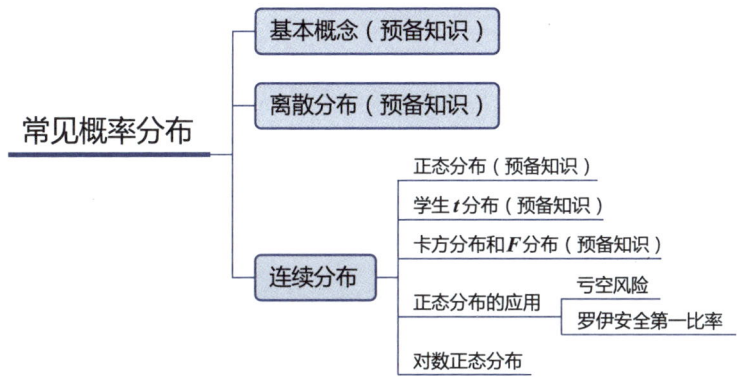

一、基本概念

1. 离散型随机变量与连续型随机变量（Discrete vs Continuous Random Variable）

在学习具体分布之前，有必要对随机变量进行分类。随机变量依据结果分布状况分为两种：离散型随机变量与连续型随机变量，其对应概率分布分别称为离散分布（discrete distribution）与连续分布（continuous distribution）。

（1）离散型随机变量。

当随机变量的可能取值是可数（countable）的时候，则称其为离散型随机变量。可数具有两层含义：随机变量的可能取值要么是有限的，要么是无限但可数的。例如，抛骰子实验中，骰子的点数记为随机变量 X，X 的可能取值是有限的，即 $\{1,2,3,4,5,6\}$，因此随机变量 X 是离散的。又如，记一天内来某银行办理业务的人数为随机变量 Y，Y 的可能取值虽然是无限多个的，但可以逐个数出，即 $\{0,1,2,\cdots\}$，因此随机变量 Y 也是离散的。这里需要注意，一天内来银行办理业务的人数可以是任意的非负整数，只是取较大正整数的概率极小而已。换言之，可数的数学含义即是可用自然数为下标把所有可能结果列出，如 $\{y_1, y_2, \cdots, y_n, \cdots\}$。反之，如果随机变量的可能取值在某一连续区间内，而不是离散开来的，则该随机变量就不是离散的。

（2）连续型随机变量。

当随机变量的可能取值为无限多个且不可数时，则称其为连续型随机变量。换言之，连续型随机变量的可能取值可以充满某个区间。例如，记某一天某地的降雨量为随机变量 Y，Y 的取值范围为 $[0, +\infty)$，则随机变量 Y 为连续型随机变量。连续型随机变量有一些特殊性质：

① 连续型随机变量的取值范围通常为某一区间，即使区间存在上下界，可能取值仍然为无穷多个；

② 由于连续型随机变量的可能取值是无穷多个，相应地取到区间内一点对应的概率可以近似看成 $P(Y=y) = \dfrac{1}{\infty} = 0$。

③ 在研究一些问题时，可以把离散型随机变量近似看成连续型随机变量。例如，某股票当天收盘价为 10 元，假设 10% 的涨跌停板限制，第二天收盘价 Z 的取值范围为 $[9,11]$。然而，由于交易所要求股票报价的最小单位为"分"，即股票报价最多精确到两位小数，不可能有10.001元。因此 Z 是一个可能取值个数有限的离散型随机变量。即 $\{9.00, 9.01, 9.02, \cdots, 10.00\}$。但为了研究方便，我们通常也将 Z 看成是连续型随机变量。

2. 分布函数（Distribution Function）

（1）概率函数。

概率函数就是对某个随机变量的所有可能取值及相应概率进行描述的函数。对于离散型随机变量而言，当随机变量 X 取值 x_i 时对应的概率记为 $p(x_i)$，描述其概率分布最简单并且最直观的方法就是通过表格的方式，把每一可能取值对应的概率逐一列出。详情见下表。

离散随机变量的概率分布

随机变量 X	$X=x_1$	$X=x_2$	⋯	$X=x_n$	⋯
取值概率	$p(x_1)$	$p(x_2)$	⋯	$p(x_n)$	⋯

对于连续型随机变量,由于取值不可列,无法采用逐一列示的方法来描述概率分布。因此,研究连续型随机变量时,关注的是随机变量在某一区间内的概率,而不是某一点的概率。例如,研究股价恰好是 10.02 元的概率、降雨量恰好是 20.02 毫米的概率等问题是没有意义的(连续型随机变量取任一单点的概率都为 0),更值得关注的是股价在[10.00,10.30]元范围内的概率是多少,降雨量在[20,30]毫米之间的概率是多少。计算区间概率就要引入连续型随机变量的概率密度函数(Probability Density Function,PDF)。

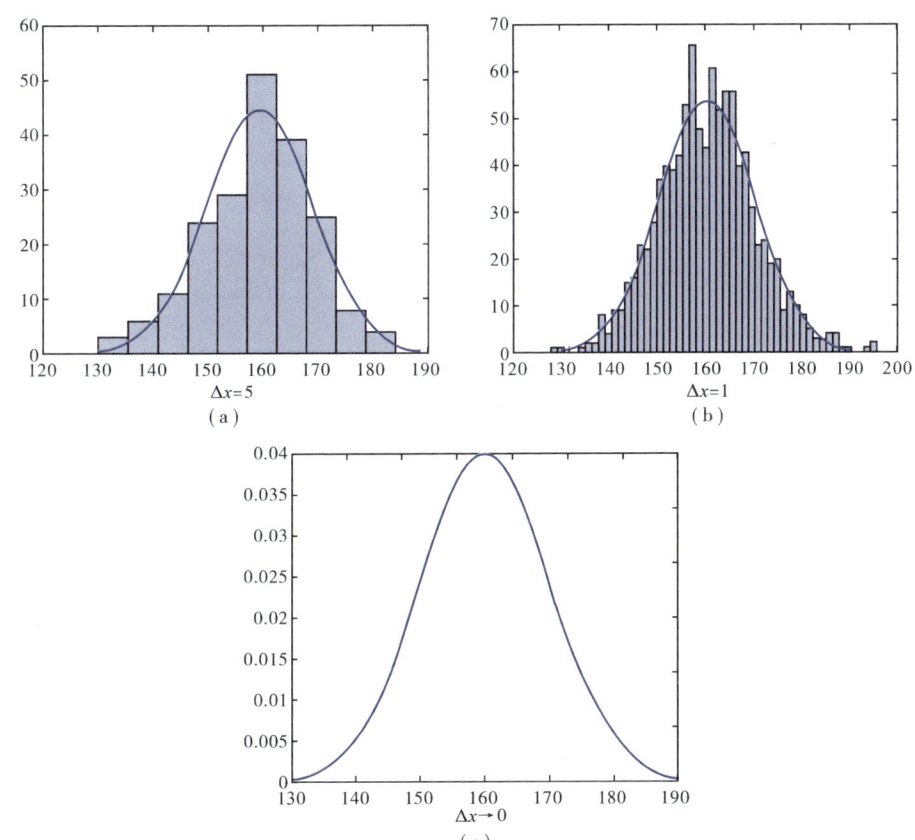

连续型随机变量概率密度函数(PDF)的形成过程

连续型随机变量的概率密度函数有以下几个性质:

① 概率密度函数通常用 $f(x)$ 表示,函数图像与 x 轴上区间 $[x_1, x_2]$ 围成的面积即代表随机变量 X 在区间 $[x_1, x_2]$ 内的概率;此面积实际上即为 $\int_{x_1}^{x_2} f(x) \mathrm{d}x$,但考试不会涉及积分相关内容,考生了解即可。

② 概率密度函数 $f(x)$ 非负且与 x 轴围成的面积为 1(与概率的定义相对应)。

③ 由于连续型随机变量取任意一单点的概率为 0,所以在研究连续型随机变量时,区间是开区间还是闭区间是无所谓的。

(2) 累积分布函数(Cumulative Distribution Function,CDF)。

累积分布函数,顾名思义代表"累积"的概率,即随机变量 X 小于某特定值 x 的概率,通常记为 $F(x)=P(X\leqslant x)$。由累积分布函数的定义可直接得到 CDF 的几条性质:

① 累积分布函数是有界的,即 $F(-\infty)=P(X\leqslant-\infty)=0,F(+\infty)=P(X\leqslant+\infty)=1$;

② 累积分布函数是单调递增的,即如果 $x_1<x_2$,则 $F(x_1)\leqslant F(x_2)$;

③ $P(x_1<X\leqslant x_2)=P(X\leqslant x_2)-P(X\leqslant x_1)=F(x_2)-F(x_1)$;

④ 离散型随机变量的累积分布函数呈现出阶梯状;

⑤ 概率密度函数(PDF)与累积分布函数(CDF)的关系,见下图。

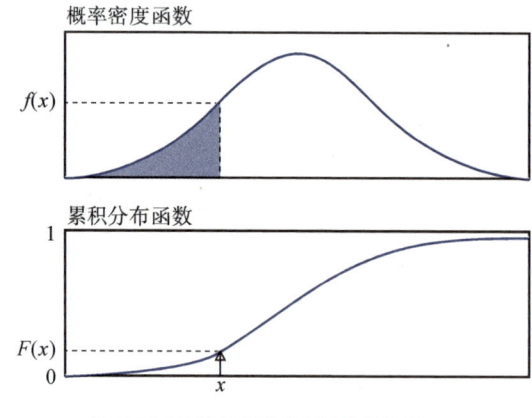

概率密度函数与累积分布函数的关系

其中,$F(x)$ 单调递增,且上界为 1,下界为 0。由于 $F(x)=P(X\leqslant x)$,因此 $F(x)$ 在下图中的取值实际上就是上图中 $f(x)$ 函数与区间 $(-\infty,x)$ 围成的面积。

二、离散分布

1. 二项分布(Binomial Distribution)

(1) 伯努利随机变量。

伯努利随机变量(Bernoulli Random Variable)是指在一次伯努利试验中,随机变量 X 只有两个可能取值结果 1 与 0。当 $X=1$ 时,代表"成功",其对应概率为 p;当 $X=0$ 时,代表"失败",对应概率为 $1-p$。最典型的伯努利试验就是抛硬币试验,硬币正面朝上表示"成功",即 $X=1$ 对应概率为 50%;硬币反面朝上表示"失败",即 $X=0$ 对应概率为 50%。

(2) 二项随机变量。

如果将伯努利分布中的事件"成功"或"失败"看成一次试验的话,二项分布则就是度量进行 n 次伯努利试验,成功次数为 x 的概率(x 为 0 到 n 之间的任意整数),记

为 $B(n,p)$。其中,n 与 p 为二项分布的两个参数。二项分布隐含假定:①不同次试验是相互独立的;②每次试验的成功概率为常数 p。

一般地,定义随机变量 X 为 n 次伯努利试验中成功的次数,每次成功概率为 p,则 $P(X=x)$ 的概率为:

$$P(x) = C_n^x p^x (1-p)^{n-x} = \frac{n!}{(n-x)! \, x!} p^x (1-p)^{n-x}$$

对于伯努利随机变量来说,进行一次伯努利试验成功概率为 p,根据定义可求均值与方差分别为 p 及 $p(1-p)$。对于二项随机变量来说,相当于进行 n 次伯努利试验,其均值与方差分别为 n 乘以伯努利随机变量的均值与方差,即 np 及 $np(1-p)$。

伯努利随机变量与二项随机变量的均值与方差

	均值	方差
伯努利随机变量	p	$p(1-p)$
二项随机变量	np	$np(1-p)$

例题

在 $t=0$ 时期,股票价格为 S。为研究方便,假定每期股价只会有两种变动可能:(1)上涨 $(u-1)$ 倍,对应概率为 p;(2)下跌 $(1-d)$ 倍,对应概率为 $1-p$。问 3 期后股价为 $uudS$ 的概率为多少?(其中,$u>1,d=1/u<1$)

名师解析

此类题目可以转换成二项分布求解。相当于求进行 3 次伯努利试验成功 2 次的概率是多少。股价 S 上涨 $(u-1)$ 倍或下跌 $(1-d)$ 倍,相当于 1 期后股价变为 uS 或 dS。首先,将 3 期股价的变化走势构建成下图。

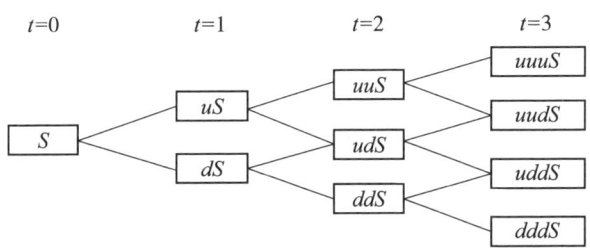

股价二叉树

股价最终为 $uudS$ 可以通过 3 条路径达到:udu、uud 以及 duu,故有:

$$P(uudS) = C_3^2 \cdot P^2 \cdot (1-P)^{3-2} = \frac{3!}{(3-2)! \times 2!} p^2 (1-p)$$

4.1 连续分布

一、正态分布(Normal Distribution)

1. 基本概念与性质

正态分布可以说是概率论与数理统计中最重要的一个分布,同时也是在金融研究中运用最广泛的一个分布。在现实生活中很多随机变量的概率分布都可以用正态分布描述或近似描述。

正态分布的概率密度函数是一条钟型曲线,中间高两端低,左右关于其均值对称,两端无限延伸,见下图。

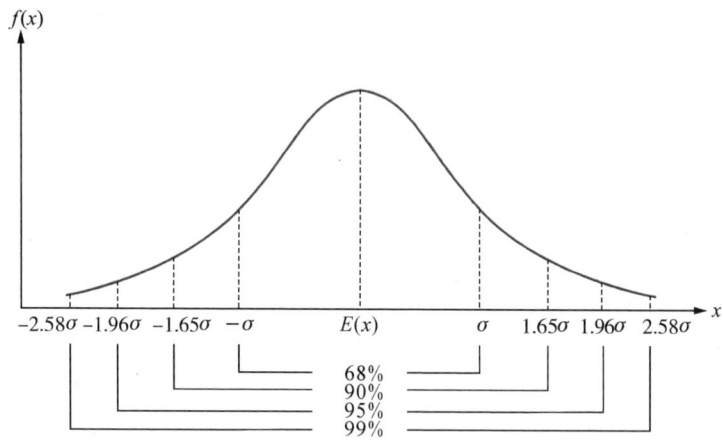

正态分布的概率密度函数

正态分布有以下几点性质:

(1)正态分布可由均值和方差完全描述,通常记为 $N(\mu,\sigma^2)$。其中 μ 表示均值,σ^2 表示方差。

(2)根据 PDF 的图形,在均值 μ 附近取值的概率较大,而离均值越远取值的概率越小。

(3)正态分布的偏度为 0,峰度为 3。

(4)服从正态分布且相互独立的随机变量的线性组合仍然服从正态分布。即如果随机变量 X 与随机变量 Y 均服从正态分布,则 $aX+bY$ 也服从正态分布。

(5)如果随机变量 X 服从正态分布,则有:

X 落在 $[\mu-\sigma,\mu+\sigma]$ 的概率为 68%;

X 落在 $[\mu-1.65\sigma,\mu+1.65\sigma]$ 的概率为 90%;

X 落在 $[\mu-1.96\sigma,\mu+1.96\sigma]$ 的概率为 95%;

X 落在 $[\mu-2.58\sigma,\mu+2.58\sigma]$ 的概率为 99%,见上图。

2. 标准正态分布(Standard Normal Distribution)及其运用

如前所述,正态分布可以完全由其均值与方差所描述。为了考查任一正态分布

$N(\mu,\sigma^2)$ 有关事件的概率，需要引入标准正态分布。均值为 0，方差为 1 的正态分布即为标准正态分布（standard normal distribution），通常称为 z 分布。我们可以将服从任一正态分布 $N(\mu,\sigma^2)$ 的随机变量 X，标准化为服从标准正态分布的随机变量。于是，通过标准正态分布表就可以计算任一正态分布 $N(\mu,\sigma^2)$ 的概率了。

已知随机变量 X 服从正态分布 $N(\mu,\sigma^2)$，则可以证明 $(X-\mu)/\sigma$ 服从标准正态分布 z。因此有：

$$P(X \leqslant x) = P\left(\frac{X-\mu}{\sigma} \leqslant \frac{x-\mu}{\sigma}\right) = \Phi\left(\frac{x-\mu}{\sigma}\right)$$

其中，$\Phi(x)$ 代表标准正态分布的 CDF。

二、学生 t 分布（Student's t-Distribution）

t 分布是统计学中非常重要的一类分布，由英国统计学家哥赛特发现。当时哥赛特在一家酿酒厂担任检验师。在对酿酒数据进行分析时，哥赛特发现当样本容量较小时，实验数据并不服从正态分布，其概率分布形状与正态分布类似但尾部更厚。哥赛特以"Student"为笔名，发表了相关研究结果，因此后人将此分布称为学生 t 分布。t 分布具有划时代意义，它打破了以往人们局限于正态分布的认知，开创了小样本统计推断的时代。

（1）t 分布的概率密度函数可以由一个参数——自由度（degrees of freedom, df）完全描述。自由度是在计算样本统计量时能够自由取值的数值个数。例如，在估计总体方差时需要用样本方差来进行推断。样本方差的公式如下。

$$s^2 = \frac{\sum_{i=1}^{n}(X_i - \overline{X})^2}{n-1}$$

根据公式，分子上需要每一个数值减去样本均值，故而样本中只有 $n-1$ 个数值能够自由取值。确定了 $n-1$ 个数，基于均值，第 n 个数就确定了。因此，t 分布的自由度就是 $n-1$。

（2）t 分布的概率密度函数也是一条钟形曲线，左右对称，但尾部比标准正态分布更厚。

（3）当 t 分布的自由度增加并趋近于无穷大时，t 分布的概率密度函数会无限趋近于标准正态分布的概率密度函数，见右图。

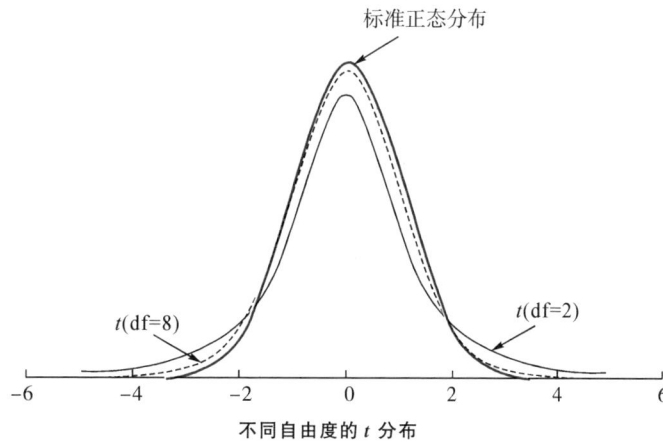

不同自由度的 t 分布

三、卡方分布(Chi-square Distribution)和 F 分布(F-Distribution)

卡方分布与正态分布和 t 分布不同,它的概率密度函数是非对称的图形。自由度是 k 的卡方分布是 k 个独立服从标准正态分布的随机变量的平方和的分布。因此,卡方分布不取负值。

如同卡方分布一样,F 分布是取值范围 $\geqslant 0$ 的非对称分布。每一个 F 分布由两个自由度定义,分别被称为分子自由度和分母自由度。

卡方分布和 F 分布存在以下关系:假设 χ_1^2、χ_2^2 是两个服从卡方分布的随机变量,自由度分别为 m 和 n,则随机变量 $F=(\chi_1^2/m)/(\chi_2^2/n)$ 服从分子自由度是 m,分母自由度是 n 的 F 分布。同时,当自由度增大时,卡方分布和 F 分布的概率密度函数图形都会更加趋近于钟形。

卡方分布的概率密度函数如卡方分布的概率密度函数图所示,F 分布的概率密度函数如 F 分布的概率密度函数图所示。

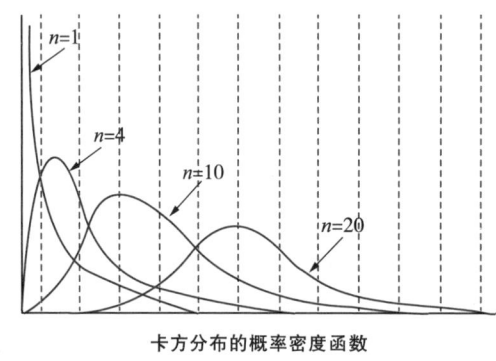

卡方分布的概率密度函数

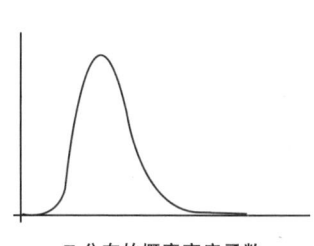

F 分布的概率密度函数

4.1.1 正态分布的应用

4.1.1.1 亏空风险(Shortfall Risk)

—考点要求—
定义(define)亏空风险(★★★)

正态分布在现代资产组合理论中有着非常广泛的运用。例如,通常假设资产收益率服从正态分布,那么收益率的方差就衡量了资产收益率变动的风险。用方差来衡量风险主要是强调收益率的不确定性。这种不确定性既包括收益率低于均值的情况,也包括收益率高于均值的情况。然而,在有些情况下,投资者并不认为收益率高于均值的状况是风险,更想单独考查收益率低于某个特定水平的风险,这就要引入亏空风险(shortfall risk)的概念。

亏空风险是指资产收益率在一段时期内低于最低可接受水平 R_L(minimum acceptable level,也称 shortfall level)的概率。注意,亏空风险是一个概率。如果资产收益率服从正态分布,亏空风险就是 $P(R<R_L)$,也就是图 4.1 中阴影部分的面积。

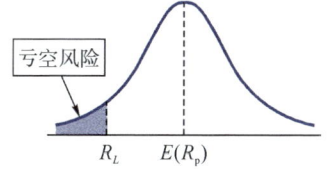

图 4.1 亏空风险示意图

> **知识一点通**
> 亏空风险指的不是亏钱的风险,而是指"亏钱亏到不能接受的程度"的风险。

4.1.1.2 罗伊安全第一比率(Roy's Safety-First Ratio)

如果对于投资者来说资产收益率低于 R_L 是不可接受的,那么在进行投资时就必须最小化亏空风险 $P(R<R_L)$。投资者也可以通过最大化罗伊安全第一比率(Roy's safety-first ratio, SF ratio)来实现这一目的。罗伊安全第一比率的公式为:

$$\text{SF ratio} = \frac{E(R_p) - R_L}{\sigma_p}, R_L = \text{Shortfall level} \tag{4.1}$$

其中,$E(R_p)$ 与 σ_p 分别为资产 p 收益率的均值与标准差。

考点要求:计算(calculate)罗伊安全第一比率,并使用罗伊安全第一准则识别(identify)最优投资组合(★★★)

> **知识一点通**
> 最大化安全第一比率就是最小化亏空风险,两者是等价的。

> **备考小贴士**
> 考试中常出现的一类错误是把安全第一比率的分子和分母记反,既然安全第一,肯定先从临界值 R_L 向右"跑"开一段距离才安全,接下来再谈跑出的那段距离和波动率(标准差)相比是近还是远,所以分子在上是收益率,分母在下是标准差。

4.1.2 对数正态分布(Lognormal Distribution)

正态分布并不适用于描述资产价格。这是因为正态分布的取值范围在负无穷到正无穷之间,但资产价格不可能为负数。这就要引入对数正态分布。

对数正态分布定义为:对于随机变量 X,如果 $\ln X$ 服从正态分布,那么 X 服从对数正态分布。有关对数正态分布,主要需要掌握以下几点性质。

(1) 对数正态分布的概率密度函数取值范围是非负的,见图 4.2;
(2) 对数正态分布的概率密度函数是正偏的;
(3) 对数正态分布是用来衡量资产价格的,而正态分布主要是用来衡量收益率的。

考点要求:解释(explain)正态分布和对数正态分布的关系,以及对数正态分布可用于描述资产价格的原因(★)

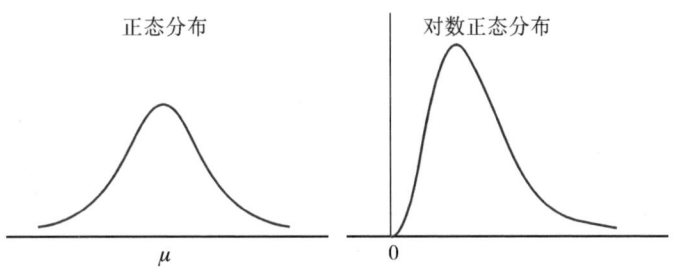

图 4.2　对数正态分布的概率密度函数

> **知识一点通**
>
> 有时,考试会以另一种形式描述对数正态分布:已知随机变量 X 服从正态分布,则 e^X 服从对数正态分布。这是因为 $\ln e^X = X$ 服从正态分布。

练一练

4-1　Which of the following statements regarding a lognormal distribution is most likely incorrect?

A. If a variable follows a lognormal distribution, its natural log follows a normal distribution.

B. The kurtosis of a lognormal distribution can never be negative.

C. The mean of a lognormal distribution is equal to its median.

4-2　A group of quantitative analysts are defining the characteristics of normal distribution. Which of the following combinations is incorrect?

A. Normal distribution is completely described by two parameters.

B. The random variable ranges from negative infinity to positive infinity.

C. The skewness is 3.

4-3　A client has a $800 000 portfolio. He wants to be able to liquidate $30 000 of the portfolio to fund his personal expense. And he would like to be able to take out the $30 000 without invading the initial capital of $800 000. Which portfolio in the following table best meet the client's need due to safety-first ratio?

Mean and Standard Deviation for Three Allocations (in Percent)

Allocation	A	B	C
Expected annual return	25	11	14
Standard deviation of return	27	8	20

扫码查看
答案及解析

4-4　Which one among the following statements is correct?

A. An optimal portfolio is the one with the largest shortfall risk.

B. Shortfall risk is the risk that portfolio value or portfolio return will be higher than some minimum acceptable level over some time horizon.

C. The portfolio with the largest safety-first ratio must have the lowest shortfall risk.

立即扫码添加【学习规划师】,助您本章学得更快更好!
问答服务+学习规划+课程分享

第 5 章 估计与推断

知识引导

本章开始进入推断性统计学的相关内容。与描述性统计学不同,推断性统计学的基本思想是"以小见大",即通过分析抽样样本的特征来推断总体的特征。这将涉及两个步骤:一是如何抽样;二是如何对抽样数据进行分析。关于如何抽样,需要了解抽样方法以及抽样过程中可能产生的误差,尽可能使得抽样样本反映总体真实分布;关于抽样分析,有点估计和置信区间估计两种方法。

考点聚焦

本章分为抽样、估计和重抽样三部分。相对而言,估计的相关内容更重要一些,其中,中心极限定理是考试的重点。关于抽样的内容,考生了解相关概念即可。

本章框架图

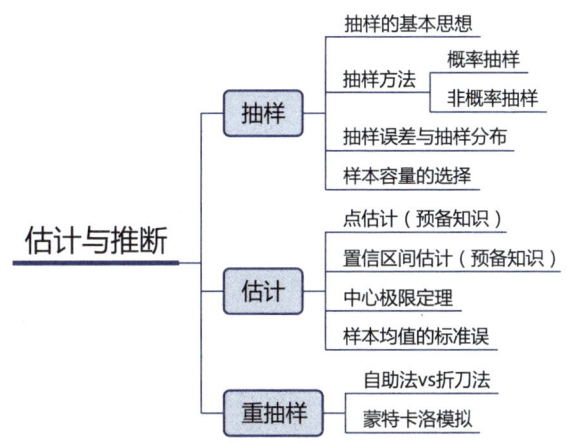

5.1 抽样

5.1.1 抽样的基本思想

在概率论中，通常假设概率分布是已知的，相关推断是基于已知分布进行的。然而，在研究实际问题时，由于各种原因往往无法获得总体分布。例如，某灯泡厂想检验其产品的平均寿命。如果调查对象是该厂生产的所有灯泡，这意味着每个灯泡都要用到坏为止才能知道其寿命，那就没有产品可供出售了。由此可见，在这种情况下必须运用抽样的方法来推断总体分布。

抽样与估计的基本过程可参见图5.1。在统计问题中，把研究对象的全体称为总体(population)。例如，研究全中国人的身高，那么所有中国人的身高就是总体。**用于衡量总体特征的统计指标称为参数(parameter)，通常用希腊字母表示**。比如，全中国人的平均身高，记为总体均值 μ。如果做一次抽样(sampling)调查1 000 万中国人的身高，这1 000 万个身高数据的集合称为样本(sample)，**由样本数据计算出来的统计量称为样本统计量(sample statistic)，通常用英文字母表示**，如样本均值记为 $\overline{X}$。计算样本统计量的目的是估计总体参数。

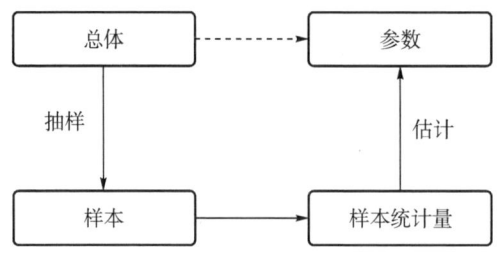

图 5.1 抽样估计的过程

> **知识一点通**
>
> 考生应当注意区分总体参数与样本统计量的概念。在实际问题中，总体参数一般是未知的常数，所以通过抽样调查得到的样本统计量(为随机变量)来估计总体参数。

5.1.2 抽样方法

抽样方法可以分为两大类：**概率抽样(probability sampling)** 和 **非概率抽样(non-probability sampling)**。概率抽样赋予总体中的每个个体相同的被抽中的概率。因此，它可以创建一个具有代表性的样本。相比之下，非概率抽样依赖于除概率之外的其他因素，如抽样者的判断和其获取数据的便利性。因此，非概率抽样产生非代表性样本的风险较大。一般来说，在其他条件相同的情况下，概率抽样比非概率抽样具有更高的准确性和可靠性。

5.1.2.1 概率抽样

1. 简单随机抽样（Simple Random Sampling）

抽样方法的选择直接关系到参数估计的准确性。**简单随机抽样**是指将总体中的所有个体放在一起抽样，且每一个体被抽到的概率相同。例如，调查中国人身高，简单随机抽样相当于将所有中国人放进一个抽奖箱，每个人被抽到的概率相同。

> **知识一点通**
>
> 简单随机抽样有可能产生抽样偏差。一是在操作过程中，确保抽样完全随机比较困难。一个经典的例子就是1936年的美国总统大选。《文学文摘》杂志随机发放了1 000万份问卷，问卷调查结果预示共和党代表蓝登将高票当选。然而，当年最终获胜的是民主党的罗斯福。预测产生偏差的原因在于抽样过程不是随机的。《文学文摘》的订阅用户多数是经济状况较好的人群，这部分人群支持共和党，但不代表所有美国人的倾向。二是即便抽样过程完全随机，也可能由于纯随机的因素导致偏差。例如，调查中国人身高，抽样调查了1 000万人，纯粹因为随机的原因样本中有700万人来自北方，这就可能导致样本统计量与总体参数有较大偏差。

—考点要求—
比较（compare）和区分（contrast）简单随机抽样、分层抽样和整群抽样（★）

2. 分层抽样（Stratified Random Sampling）

分层抽样可以分为两个步骤：第一步，将总体中的个体分成不同类别；第二步，在每一类别中进行简单随机抽样；最后汇总得到抽样样本。例如，调查中国人身高，先按照所属区域将中国人分为东北、西北、西南与东南四个类别，每个类别以该地区人口比例为权重进行抽样，汇总即可得包含1 000万人身高的样本。这种方法就避免了简单随机抽样中可能由于纯随机因素抽取了700万北方人。

3. 整群抽样（Cluster Sampling）

整群抽样中，总体被划分为多个集群，每个集群被视为一个整体，然后用简单随机抽样的方法抽取特定的集群。如果每个被抽到的集群中的所有个体都被抽样，该抽样被称为单阶段的整群抽样。如果从每个选定的集群当中再随机抽取一个子集，则该抽样称为两阶段整群抽样。

5.1.2.2 非概率抽样

1. 便利抽样（Convenience Sampling）

便利抽样获得样本的依据是研究人员得到数据的难易程度。由于样本的选择是基于便利性，它们不一定能代表整个总体，抽样的精度会受到限制。但便利抽样的优点是可以以较低的成本快速收集数据。在研究的初级阶段，便利抽样通常被用作在大规模测试更有代表性的样本之前进行小规模试点的一种具有时间和成本高效性的抽样计划。

—考点要求—
比较（compare）和区分（contrast）便利抽样和判断抽样（★）

2. 判断抽样（Judgmental Sampling）

判断抽样指研究人员根据自己的知识和专业判断来挑选样本。所选样本可能受研究者主观偏差的影响，导致其不能很好地代表整个总体。然而，在时间有限的情况下，或者与其他抽样方法相比，当研究人员的专业度能够抽取到一个更具代表性的样本的关键因素时,判断抽样不失为一种直达目标的好方法。例如,当审计财务报表时,经验丰富的审计师可以根据他们的经验选择最具代表性的交易账户。

5.1.3 抽样误差与抽样分布(Sampling Error and Sampling Distribution)

—考点要求—
解释(interpret)抽样误差以及抽样方法对抽样误差的影响(★)

无论以何种方式进行抽样,都不能保证样本统计量和总体参数分毫不差,或多或少地都会存在一些误差。抽样误差是指样本统计量与总体参数之间的差别。实际上,只要样本没有涵盖总体的所有成员,**抽样误差只能在一定程度上减少而无法避免。**

抽样分布是指样本统计量的概率分布,理解抽样分布的概念至关重要。

> **知识一点通**
>
> 许多考生会对样本统计量的概率分布产生困惑。实际上,样本统计量也是随机变量。例如,调查中国人身高,假设重复进行10次简单随机抽样,每次抽样1 000万人,计算1 000万人的平均身高(即样本均值)。这10次简单随机抽样中,每次抽取的1 000万人不完全相同,由此计算出来的平均身高也会不同。由此可见,样本统计量是随机变量,因此它有概率分布,称为抽样分布。

> **备考小贴士**
>
> 如果分不清总体分布和样本统计量的分布,在考试中可以画这样一张图。图中比较分散的曲线代表全体中国人身高的分布,也就是总体分布;比较集中的则代表每次抽100万人算出的平均身高的分布,也就是样本统计量的分布。
>
>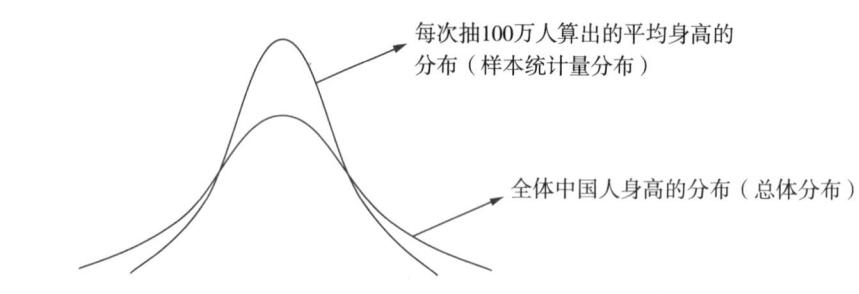

5.1.4 样本容量的选择(Selection of Sample Size)

样本容量是指样本中包含个体的个数。例如,考查中国人身高状况,抽样调查1 000万人。那么,**抽样的1 000万人的身高的集合为一个样本,其样本容量为1 000万。**

> **知识一点通**
>
> 注意,1 000万人的身高仅是一个样本,而不是1 000万个样本,1 000万是指这个样本的样本容量。

抽样调查必然涉及如何确定样本容量(sample size)的问题。大样本的好处在于:样本容量越大,抽样估计出来的样本统计量自然越接近总体参数。大样本也存在缺点:一是样本容量越大,采样成本也会相应上升,当成本超过收益时,大样本就是不合适的;二是**如果大样本来自不同总体(sampling from more than one population),那么大样本无助于提升估计参数的准确性**。例如,分析师收集了某一基金两年的月度收益率数据,试图分析该基金夏普比率变化。然而,这个基金在这两年分别采用了不同的策略:第一年执行低风险策略,第二年转而采取高风险策略。在这种情况下,由于策略不同,这两年的数据实际上分属不同的总体。因此,恰当的做法是将样本按年分为两个部分分别计算夏普比率,而将两年数据拼在一起作为一个"大样本"无法反映基金的真实收益情况。

5.2 估计

一、点估计(Point Estimate)

数据抽样后,下一步就要利用样本统计量对总体参数进行估计。考生务必充分掌握总体参数与样本统计量的区别。总体参数是常数。如全体中国人的平均身高(即总体均值)是客观存在的常数,不会因为采用不同的抽样与估计方法而改变。而样本统计量是随机变量,因而有概率分布。例如,样本均值$\overline{X}$是一个随机变量,这对理解置信区间估计、中心极限定理等概念至关重要。

1. 点估计(Point Estimate)概述

点估计是指利用估计量来估计总体参数。例如,估计所有的中国人的平均身高(即总体均值μ)。通过抽样获得1 000万中国人的身高并取平均,以样本均值$\overline{X}$来估计μ。其中,$\overline{X}$就是通过抽样计算出来的估计量,其公式为$\sum_{i=1}^{n} X_i / n$。

2. 估计量的优良性质(Desirable Properties of Estimator)

前文所述中,我们很自然地认为应该用样本均值$\overline{X}$去估计总体均值。其实,点估计并没有限制如何构造估计量。举一个极端的例子,假定只抽样了2个数据,如果按照之前的思路,应该用样本均值即$(X_1+X_2)/2$去估计总体均值。然而,为什么不能用$\frac{1}{3}X_1+\frac{2}{3}X_2$来估计总体均值呢?回答这一问题就涉及估计量的优良性质。

估计量的优良性质主要有以下三个。

(1) 无偏性(Unbiasedness)。

无偏性是指样本统计量的期望值等于要估计的总体参数。例如,假设用$\overline{X}$去估计总体均值μ,无偏性是指:

$$E(\overline{X})=\mu$$

(2) 有效性(Efficiency)。

满足无偏性的样本统计量通常有很多,若要在所有无偏的统计量中进一步筛选就需要引入有效性的概念。有效性是指在所有无偏样本统计量中,方差最小。以$\overline{X}$为例,如果$\overline{X}$是有效的,则表明:

$$\text{Var}(\overline{X}) \leqslant \text{Var}(\hat{X})$$

其中,$\hat{X}$ 表示其他任意满足无偏性的样本统计量。

(3) 一致性(Consistency)。

一致性是指随着样本容量的上升,样本统计量逼近总体参数的概率上升,即抽样误差减小。例如,抽样调查 100 个中国人计算出来的平均身高,可能会与全体中国人平均身高差很多。但如果增加样本容量,抽样 100 万人、1 000 万人甚至 1 亿人计算出来的样本平均身高会越来越接近全体中国人的平均身高。

样本统计量的三个优良性质

优良性质	含义
无偏性(unbiasedness)	样本统计量期望等于总体参数
有效性(effeciency)	在所有无偏统计量中,方差最小
一致性(consistency)	当样本容量增大时,样本统计量逼近总体参数的概率上升

理解估计量的三个优良性质之后,再来看本节初提出的问题:为什么样本均值 $\overline{X}$ 是估计总体参数 μ 的最优估计量?原因就是样本的均值具有这三点优良性质。

二、置信区间估计(Confidence Interval Estimate)

点估计给出了总体参数的一个具体估计数值,但并没有回答这个数值的估计精度如何。例如,抽样调查全体中国人平均身高,点估计计算出样本均值为 170 厘米。然而,全中国人的平均身高有可能是 170.01 厘米,也有可能是 172 厘米。点估计并没有告诉我们任何有关精度的信息,这就需要引入区间估计的概念。

1. 基本概念

置信区间估计是指以一个范围来估计总体参数。给定概率水平 $(1-\alpha)$,估计的置信区间(confidence interval)将以 $(1-\alpha)$ 的概率覆盖未知总体参数。其中,α 称为显著性水平(significance level),$(1-\alpha)$ 称为置信度(degree of confidence)。例如,估计中国人平均身高,假设 5% 显著性水平下的置信区间为 [168,172],这个置信区间的含义是:区间 [168,172] 有 95% 的概率包含了全体中国人的平均身高。

置信区间的宽度与置信度正相关,与显著性水平负相关。例如,无须任何估计,就能 100% 确定中国人的平均身高在 $[0, +\infty)$ 之间。但这个 100% 置信度的置信区间没有意义,无法提供有关总体参数的有效信息。随着置信度的降低,置信区间宽度变窄,其代价是置信区间包含总体参数的把握度下降。例如,假定 90% 与 99% 置信度的置信区间分别为 [170,171] 与 [165,175]。要让置信区间提供的信息更精确,范围由 [165,175] 缩小到 [170,171],就必须以降低把握度为代价。极端情况下,区间缩小至一个点。对于连续型随机变量而言,取单点概率为 0。换言之,要准确预测全体中国人平均身高为某一具体数值的置信度为 0。

2. 估计方法

置信区间的一般公式为:

$$\text{点估计量} \pm \text{置信因子(Reliability factor)} \times \text{标准误}$$

其中,抽样分布的标准差称为标准误;置信因子的取值取决于总体分布与置信度 $1-\alpha$。在考试中,考生只需掌握总体分布为正态分布时,总体均值 μ 的置信区间即可。具体而言,可以根据总体方差是否已知来分类讨论。

(1) σ^2 已知时,计算 μ 的置信区间(假设总体服从正态分布)。

此时,公式变为:

$$\overline{X} \pm z_{\alpha/2} \frac{\sigma}{\sqrt{n}}$$

其中,$z_{\alpha/2}$ 表示标准正态分布下 $\alpha/2$ 的分位数。

对应第 5 章关于标准正态分布的几个置信因子如下表所示。

正态分布的置信因子

置信区间	置信因子
90%置信区间	$z_{\alpha/2}=1.65$
95%置信区间	$z_{\alpha/2}=1.96$
99%置信区间	$z_{\alpha/2}=2.58$

(2) 当 σ^2 未知时,计算 μ 的置信区间(假设总体服从正态分布)。

此时,公式变为:

$$\overline{X} \pm t_{\alpha/2} \frac{s}{\sqrt{n}}$$

其中,$t_{\alpha/2}$ 表示自由度为 $n-1$ 的 t 分布下 $\alpha/2$ 的分位数。

5.2.1 中心极限定理(Central Limit Theorem)

中心极限定理是概率论中最重要的定理之一,为置信区间的构建与假设检验奠定了理论基础。样本均值 $\overline{X}$ 是一个随机变量,因而也存在概率分布。**中心极限定理就是对 $\overline{X}$ 的概率分布进行了描述**。

中心极限定理:对于任意均值为 μ,方差为 σ^2 的总体,假设简单随机抽样抽取一个样本容量为 n 的样本,其样本均值为 $\overline{X}$。当 n 较大时($n \geqslant 30$),$\overline{X}$ 近似服从均值为 μ、方差为 $\frac{\sigma^2}{n}$ 的正态分布。

中心极限定理成立的条件非常弱,但结论却非常强。我们将中心极限定理归纳为三个条件与三个结论。

条件 1:抽样必须是随机抽样。

条件 2:总体有均值 μ,且方差 σ^2 是一个有限值,不为无穷大。

条件 3:样本容量 $n \geqslant 30$。

结论 1:样本均值 $\overline{X}$ 近似服从正态分布。

结论 2:样本均值 $\overline{X}$ 的均值为 μ。

---考点要求---
解释(explain)中心极限定理及其对确定样本均值分布和标准误的重要性(★★)

结论3:样本均值$\overline{X}$的方差为$\frac{\sigma^2}{n}$。

> **知识一点通**
>
> 注意,$\overline{X}$的方差为$\frac{\sigma^2}{n}$,而不是σ^2。这个性质可通过方差的性质证明,但考试对证明不做要求,这里就不再赘述了。考生可以这样理解记忆:$\overline{X}$是样本中个体的均值,是经过平滑后的随机变量。因此,$\overline{X}$的方差肯定低于总体方差σ^2。由于是n个数求平均,所以其对应系数为$1/n$。

5.2.2 样本均值的标准误 (Standard Error)

由中心极限定理可知,样本均值的方差是$\frac{\sigma^2}{n}$,方差的正值平方根就是标准差,而一个样本统计量的标准差也被称为该样本统计量的标准误。样本均值的标准误是对中心极限定理进行应用的过程中一个非常重要的概念。

样本均值$\overline{X}$的标准误可以用下面两个公式中的一个来表示:

当总体标准差σ已知时,样本均值标准误的表达式为:

$$\sigma_{\overline{X}} = \frac{\sigma}{\sqrt{n}} \tag{5.1}$$

当总体标准差σ未知,则需要用样本标准差s来估计总体标准差,此时样本均值标准误的表达式为:

$$s_{\overline{X}} = \frac{s}{\sqrt{n}} \tag{5.2}$$

在绝大部分实务中,几乎都需要用公式(5.2)来计算样本均值的标准误。原因是总体的标准差是一个参数,是需要被估计的对象,一般不太可能获知其准确数值,除非用总体当中的每一个个体的取值来对其进行计算。而如果能够获知每一个个体的取值,就没必要对总体参数进行估计了。

但需要注意的是,虽然从广义上来讲标准误就是样本统计量的标准差,但实际上标准误和标准差是两个不同的概念。

简而言之,标准差衡量的是一组数据相对于其均值来说的离散程度,而标准误衡量的是通过抽样做出的对一个总体参数的估计的准确程度。对标准差和标准误这两个概念所做的对比体现了对数据进行描述以及对数据进行推断之间的区别。如果想要研究数据的离散程度,应该选择标准差来定量描述;如果想要研究对总体参数的估计相对其真实值来说的准确程度,则应该用标准误来描述。

> **知识一点通**
>
> 样本均值标准误的重要性体现在置信区间的构建上,若总体标准差已知,则样本均值的置信区间为$\overline{X} \pm Z_{\alpha/2} \frac{\sigma}{\sqrt{n}}$;若总体标准差未知,则样本均值的置信区间为$\overline{X} \pm t_{\alpha/2} \frac{s}{\sqrt{n}}$。

5.3 重抽样

5.3.1 自助法（Bootstrap）vs 折刀法（Jackknife）

前文在通过样本均值推断总体均值时，使用了中心极限定理。现在引入一种计算工具——重抽样，它通过反复从样本中提取子样本，来推断总体参数。自助法（Bootstrap）是目前最主流的重抽样方法之一，它使用计算机模拟进行统计推断，而不使用含有 z 统计量和 t 统计量的解析公式。

自助法是最流行的重抽样方法之一。在自助法下，可以使用计算机来进行统计推断，并且不需要对总体分布有任何的前置认知或前提假设（如总体服从 z 分布或 t 分布等）。

自助法的思想是模拟从总体中进行随机抽样的过程，新的样本都是从最初的样本中通过重复抽样得到的，而且每一个样本的样本容量都与最初的样本容量相同。自助法重抽样每次从最初的样本中抽取一个观测值，当某一观测值被抽取到之后，需要将其放回才能进行下一次抽取，也就是说在自助法下，有一些观测值可能会被抽取到不止一次，而如果一些观测值被多次抽取，也就意味着另外一些观测值在该次抽样中没有被抽取到。

折刀法是另一种用来推断总体参数的重抽样技术。不同于自助法采取有放回的重复抽样的方式，折刀法下进行的抽样是每次从原始样本中抽取一个观测值，并且在不放回的前提下抽取下一个观测值。对于一个有 n 个观测值的原始样本，折刀法需要以不放回的方式抽出 $n-1$ 个观测值作为一个新的样本，所以折刀法的抽样过程也可以被理解为从原始样本中每次删除一个观测值从而形成一个新的样本。如果原始样本中有 n 个观测值，则有 n 种删除一个观测值的方式，所以能够形成 n 个新样本。也就是说，在折刀法下，通常研究人员会进行 n 次重抽样，这一点与自助法不同；在自助法下，进行多少次重抽样是需要根据具体情况来确定的。折刀法常用于减少估计量的偏差，同时寻找估计量的标准误和置信区间。而由于折刀法形成的新样本都是只在原始样本的基础上删除了一个观测值，所以其每次运行都会产生相似的结果，这一点也与自助法不同，因为自助法的每个新样本都是随机抽取的。

—考点要求—
描述（describe）使用重抽样的方法对抽样分布进行估计（★）

例题 5.1

研究人员在调查一个地区人口的平均身高时，抽取了 1 000 人的身高数据构成了一个样本。由于该地区人口较分散，抽样成本较高，研究人员决定利用现有样本进行重抽样。阐述分别用自助法和折刀法进行重抽样的步骤。

名师解析

（1）自助法重抽样的步骤。

①在原始样本中先抽取一个观测值，记录该数据后将其放回原始样本再抽取下一个观测值。

②重复步骤①，直到得到 1 000 个数据，从而构成一个新样本。

③重复步骤②，抽取若干个新样本，从而能够将自助法下的样本均值分布用一个概率密度函数描述出来。

④用自助法下的样本均值的分布来估计实际上样本均值的分布。

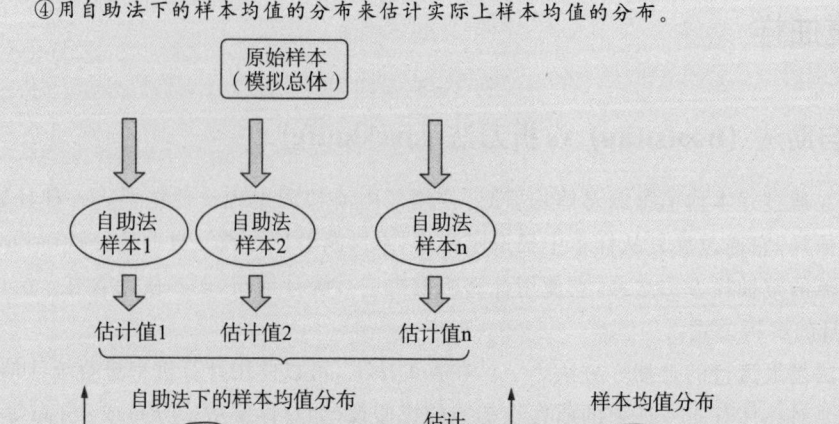

(2) 折刀法重抽样的步骤。

①在原始样本中删除一个观测值，得到一个包含999个身高数据的新样本。

②重复步骤①1 000次，得到1 000个包含999个身高数据的新样本，但每次删除的那个数据是不相同的。

③计算每个样本的样本统计量。

备考小贴士

对于自助法和折刀法，在考试中掌握以下几点即可：①自助法是有放回的重抽样，折刀法是无放回的重抽样；②折刀法一般会产生n个重抽样样本，自助法的重抽样样本数量不确定；③折刀法常用于减少估计量的偏差，同时寻找估计量的标准误和置信区间。

5.3.2 蒙特卡洛模拟（Monte Carlo Simulation）

—考点要求—
描述（describe）蒙特卡洛模拟和解释（explain）它在投资中的应用（★）

在经济金融研究中，很多情形是无法预估的，这就限制了传统统计学方法的分析范围。例如，1999年1月1日欧元诞生，这导致欧洲许多国家股票市场之间的相关系数大幅上升。为了防范系统性风险，许多经济金融学家会关注这样一个问题：如果欧洲一体化趋势持续，股票市场间相关系数上升到99%，对整个金融市场影响如何？反之，如果脱欧浪潮兴起，欧盟瓦解，相关系数急剧下降，对金融市场与资产配置的影响又如何？由于此类事件以往历史上未曾发生过，用历史数据的方法来进行分析是行不通的，只能引入模拟（simulation）的方法来进行情景分析。

实务中最常使用的模拟方法就是蒙特卡洛模拟（Monte Carlo simulation）。蒙特卡洛模拟的基本思想是：假定与资产组合相关的各风险因子服从特定的概率分布，根据这些假定的概率分布进行抽样。随后，依据抽样数据计算资产最终价值。反复重复上述步骤N次，可求得N个资产最终价值，从而形成资产最终价值的概率分布。

例如，某基金经理现有1 000万元资金，全部投资于上证50ETF。已知上证50ETF日收益率为r，一个交易日后资金的价值将变为多少？如果按照传统的方法解决这个问题,将根据历史数据估算出上证50ETF的日均收益率 r_0,以此数值代入1 000(1+r),即可求得期望资金终值。然而,如果利用蒙特卡洛模拟法则有所不同,步骤如下:

(1) 蒙特卡洛模拟将假设收益率 r 服从某个特定的分布,比如正态分布;

(2) 随后,依据正态分布的概率分布,对 r 的可能取值进行抽样;

(3) 根据抽样数据计算出对应的资产终值 $1\,000(1+r_i)$;

(4) 重复步骤1到步骤3共 N 次,当 N 足够大时就可以画出资产终值在各个区间内的直方图,并用计算机模拟出资产终值的概率分布。

通过上述步骤可以看出,蒙特卡洛模拟与传统方法的最大区别在于:传统模拟的方法只会计算出一个资产终值,而蒙特卡洛模拟可以计算出资产终值的概率分布。因此,在假定分布正确的情况下,**蒙特卡洛模拟可以依据资产终值的概率分布进行情景分析**。

> **知识一点通**
>
> 上例中模型只有一个因子 r,所以比较简单。蒙特卡洛模拟还可引入各种影响收益率的因子,并假定其各自的概率分布与相关系数,构建非常复杂的模型。

蒙特卡洛模拟同样存在以下缺点:

(1) 蒙特卡洛模拟相当复杂,当模拟次数 N 非常大时,对计算机的性能要求也相当高。

(2) 蒙特卡洛模拟结论的准确性极其依赖于假设分布。如果对风险因子服从的分布假设不准确,则由蒙特卡洛模拟得出的结论也是不准确的。

> **备考小贴士**
>
> 蒙特卡洛模拟的方法非常复杂,考试不会涉及计算,考生只需了解其基本思想与其缺点即可。

自助法重抽样也可以被认为是一种模拟方法,蒙特卡洛模拟和自助法模拟都是建立在重复抽样的基础之上的。两者的区别在于,自助法的基本逻辑是模拟在总体中进行随机抽样的过程,将一个样本当作总体来进行重抽样,并推断出样本统计量的分布。换言之,原始样本是随机抽样得到的,其分布能够很好地代表总体分布,所以不需要对总体的分布有任何的前置认知。然而,蒙特卡洛模拟是在总体分布已知或者对总体分布做出假设的前提下进行的对总体参数的推断或预测。

用自助法构建的模拟是对解析法的补充,它只是在对观测过的历史数据进行研究的基础上根据经验分布提供了统计学上的估计,并不能提供确切的结果。但是,如果能够应用解析法,就能够对因果关系提供更加深入的解释。

练一练

5-1 Helen wants to analyze the average return for all entities listed in the Total World Stock Index. She collects a sample of 50 stocks to calculate average return. The difference between the sample mean and the population mean is best described as:

A. standard error of sample mean.

B. sampling error.

C. sampling bias.

5-2 Which of the following statements about the central limit theorem is least accurate? To conclude the sample mean is normally distributed:

A. the population should follow a normal distribution.

B. the population must have a finite variance.

C. the sample size has to be large enough, generally larger than 30.

5-3 After carefully studying the central limit theorem, an analyst makes the following statements:

Statement Ⅰ. The sampling distribution is the same as the population distribution.

Statement Ⅱ. The population distribution may be leptokurtic and positively skewed.

Statement Ⅲ. The sample size must be no more than 30.

How many statements above are consistent with the central limit theorem?

A. 1.

B. 2.

C. 3.

5-4 Wang, a statistical analyst, is doing research on the annual income of citizens in Shanghai. Due to the large number of citizens, his supervisor advises using a sampling approach to collect the data. Wang conducts surveys to the people from the areas where he works and lives to carry out the sampling. Which sampling method does Wang use?

A. Convenience sampling.

B. Judgmental sampling.

C. Systematic sampling.

5-5 Which of the following statements is incorrect regarding bootstrap resampling?

A. Bootstrap cannot be used to construct the sampling distribution of the sample mean.

B. Bootstrap treats the randomly drawn sample as if it were the population.

C. Each resample has the same size as the original sample.

扫码查看
答案及解析

5-6 With respect to Monte Carlo simulation, which of the followings is least accurate?

A. The Monte Carlo simulation is based on the assumed distributions of input variables.

B. The Monte Carlo simulation uses both historical and forecasted data.

C. The Monte Carlo simulation generates a very large number of random samples.

立即扫码添加【学习规划师】，助您本章学得更快更好！
问答服务 + 学习规划 + 课程分享

第 6 章 假设检验

知识引导

假设检验是推断性统计学的另一重要内容。在进行经济金融分析时，基金经理通常根据自己的分析框架，形成对市场的观点或判断。例如，某只股票加入资产配置中是否能提高组合的收益率等。那么，如何验证基金经理的判断是否成立呢？这就需要利用假设检验的方法。与自然科学不同，在社会科学研究中通常不存在绝对成立的规律。因而，在检验基金经理的假设是否成立时，主要是从统计意义上判断假设是否成立。换言之，假设检验的基本思想就是"小概率事件不会发生"，考生在学习过程中要用心体会这一点。

考点聚焦

本章学习中，考生不仅要掌握假设检验的基本思想与步骤，而且要熟知相关概念并进行辨析。如原假设与备择假设的设立、如何判断单尾检验与双尾检验以及是否拒绝原假设、第一类错误与第二类错误的区别等都是重要考点。此外，考生应区分不同情形下使用何种统计量去检验与总体均值和方差有关的假设。

本章框架图

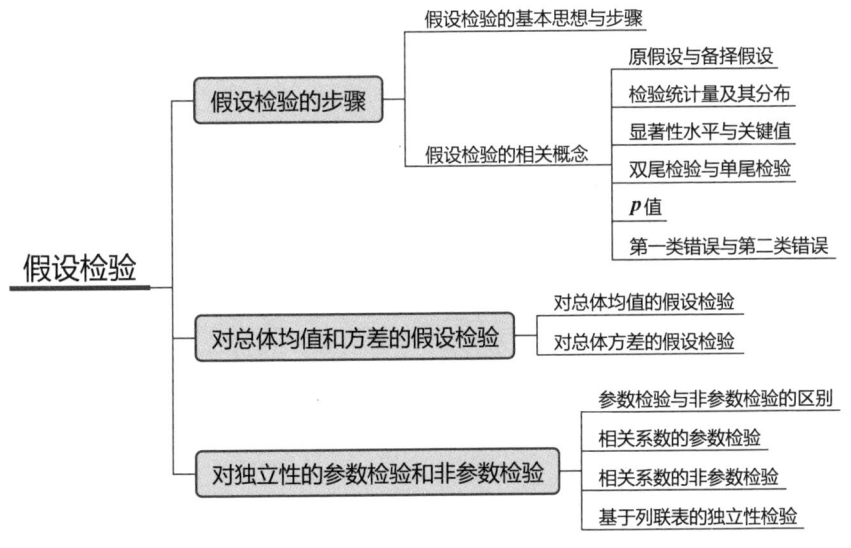

6.1 假设检验的步骤

6.1.1 假设检验的基本思想与步骤

—考点要求—
解释（explain）假设检验和假设检验的组成部分（★）

先从一个真实的故事出发，来体会假设检验的基本思想与步骤。

这个故事是关于假设检验如何被伟大的统计学家费舍尔（Fisher）提出的。在费舍尔就职于剑桥大学时，有个每周二下午喝下午茶的习惯。参与下午茶的不仅有数学家，还包括物理学家、化学家等。一个周二下午，一位女士参与了进来。这位女士提出了这样一个观点：一杯茶中，即便奶与茶的比例相同，先加茶还是先加奶，味道是完全不同的。这位女士的观点遭到诸位科学家的反对，因为根据科学理论，只要配比相同且充分溶解，味道不应有所不同。于是，科学家们有了这样一个原假设：该女士并不具备区分奶茶与茶奶的能力。

为了验证这个假设，科学家们就泡了第一杯茶，让这位女士来判断这杯茶是先加了奶还是先加了茶，结果这位女士答对了。然而，这一次试验并不能推翻原假设，因为即便靠蒙，该女士也有 50% 的概率猜对。于是，那个下午，科学家们让这位女士一共喝了八杯茶，该女士全部答对。八次全部蒙对的概率仅有 0.5^8，无疑是个小概率事件。假设检验的基本思想就是小概率事件不会发生，或者说当小概率事件发生时，我们更倾向于认为原假设是错误的。因此，科学家们拒绝了原假设，转而认为该女士具备区分奶茶与茶奶的能力。

这个下午过后，费舍尔就此事撰写了《科学实验设计》一书。该书由此事出发，探讨如何设计实验来判断女士的品茶能力是最科学的。该书在统计学历史上具有重要意义。细心的考生不难发现，如果全部靠蒙，女士猜对先加奶还是先加茶的概率是服从二项分布的。于是可以根据事先给定的小概率 α，来判断女士猜对的次数是否属于小概率。但是，假设检验的方法是有可能犯错的，有可能女士没有这个能力，确实是蒙对了 8 次。这些相关概念在本章中都会学到。下面来看一个正式的例子。

> **例题 6.1**
> 某牛奶生产商在其一份研究报告中声称"中国人的平均身高不高于 160 厘米，因而必须普及大众日常饮用牛奶的习惯"。假设所有中国人的平均身高服从正态分布 $N(\mu,\sigma^2)$，如何检验牛奶商关于中国人身高的声称是否成立？
>
> **名师解析**
> 本例就是一个关于假设检验的问题，接下来就会围绕这个例子来介绍假设检验的基本思想与步骤。

6.1.1.1 估计与假设检验的区别

假设检验（hypothesis testing）与参数估计（estimation）的思想是不同的。参数估计是指利用抽样数据对总体参数进行直接估计，并得出总体参数的具体估计值；而**假设检验则分为假设与检验两步**，先形成一个对总体参数的假设，然后再利用抽样数据判断这个假设是否成立。

例如在例题6.1中，参数估计是通过抽样调查部分中国人身高，计算出样本均值$\overline{X}$，并以此估计全体中国人平均身高μ；而假设检验则是先形成一个命题，如"中国人平均身高μ不高于160厘米"，然后通过抽样数据判断该命题是否成立。

6.1.1.2 假设检验的基本思想

如何检验例题6.1中的命题是否成立呢？一个"笨"办法就是把所有中国人身高都量一遍，然后计算平均值，就可以准确判断命题是否成立了。显而易见，这个方法的成本太高，还是要利用抽样数据来判断。**假设检验的基本思想是"小概率事件不会发生"**。这是什么意思呢？假定抽样调查了1万个中国人，计算出来平均身高为180厘米。根据这组抽样数据，基本可以判断"中国人平均身高不高于160厘米"的命题是"错误"的。因为，如果中国人的平均身高真的低于160cm，抽样1万人的平均身高是180cm就应该是个小概率事件，而假设检验的基本思想是"小概率事件不会发生"，因此只能是假设本身错了。

> **知识一点通**
>
> 在真实世界中小概率事件当然是有可能发生的，假设检验仅是从统计学意义上判断假设是否成立。在抽样过程中，有可能抽样的1万个人刚好是身高偏高的人，但这样的概率实在是太小了，因而更倾向于认为是假设本身不成立。

在上述过程中，我们假设样本均值为180cm，这可以很显然地判断出牛奶商的命题不成立。然而，如果样本的均值是161cm时，结论就没有那么显然了。161cm仅仅高出命题中的假设数据1cm，这1cm的差距完全有可能是抽样误差所导致的。在类似情况下，如何判断命题是否成立就必须利用到概率分布与显著性等其他相关信息，这将在下文中详细讨论。

6.1.1.3 假设检验的步骤

通过前文描述，可以将假设检验的步骤归纳如下。
（1）建立需检验的假设。
（2）选择合适的检验统计量，并确定其服从的概率分布。
（3）选择判断假设是否成立的显著性水平。
（4）给出决策准则（decision rule），即拒绝域的形式。
（5）收集数据，并计算检验统计量。
（6）做出判断。
（7）根据判断进行投资决策。
上述每一步骤的具体内容，将在下文展开介绍。

6.1.2 假设检验的相关概念

6.1.2.1 原假设（Null Hypothesis）与备择假设（Alternative Hypothesis）

假设检验的第一步就是建立假设。通常将被检验的假设称为原假设（null

—考点要求—
构建（construct）
假设检验（★★）

hypothesis），记为 H_0；当原假设 H_0 被拒绝时可以得到的结论称为备择假设（alternative hypothesis），记为 H_a。原假设与备择假设通常成对出现。在例题 6.1 中，原假设与备择假设可以用如下方式表示：

$$H_0: \mu \leqslant 160 \quad \text{vs} \quad H_a: \mu > 160$$

假设检验一般有两种结果：第一种是原假设"不正确"，称为拒绝（reject）原假设；第二种是原假设"正确"，称为不拒绝（can not reject）原假设。

> **知识一点通**
>
> 在建立原假设与备择假设时，有几个细节需要留意：
> （1）当原假设"正确"时，一般称"不拒绝原假设"而不是"接受原假设"，这是因为此时原假设并不是数学意义上的恒成立，而只是统计意义上的成立。
> （2）习惯将等号放在原假设一边。

―考点要求―
解释（explain）和决定（determine）统计显著性 ★★★

6.1.2.2 检验统计量（Test Statistic）及其分布

用样本检验原假设通常是通过一个统计量来完成的，这个统计量称为检验统计量（test statistic）。检验统计量通常服从某个概率分布，于是可以通过计算检验统计量是否超过某一关键值来判断是否拒绝原假设。如对单个总体均值的假设检验，检验统计量通常以公式（6.1）的形式出现：

$$\text{检验统计量} = \frac{\text{样本统计量} - H_0 \text{成立时的总体参数}}{\text{样本统计量的标准误}} \tag{6.1}$$

如例题 6.1 中，检验统计量就可以通过样本均值 $\overline{X}$ 来构建。由中心极限定理，$\overline{X}$ 服从正态分布 $N(\mu, \sigma^2/n)$，按照（6.1）式标准化后，检验统计量就服从标准正态分布。

6.1.2.3 显著性水平（Significance Level）与关键值（Critical Value）

有了检验统计量后，结合显著性水平就可以得到关键值（critical value）及拒绝域（rejection region）。**关键值是判断是否拒绝原假设的临界值。拒绝域是由原假设被拒绝的检验统计量所组成的区域。**

在例题 6.1 中，假设显著性水平为 5%，$\overline{X}$ 标准化后服从标准正态分布，那么关键值就是 1.65。

> **知识一点通**
>
> 许多考生在这里会产生疑惑，在第 4 章中，正态分布在 95% 置信度下的置信区间对应的不是 1.96 倍标准差吗？为什么这里关键值是 1.65 而不是 1.96，为什么是正数而不是负数？这需要结合下一知识点来理解，即双尾检验与单尾检验。

6.1.2.4 双尾检验（Two-Tailed Test）与单尾检验（One-Tailed Test）

假设检验通常有三种基本形式：

(1) $H_0: \theta = \theta_0$ vs $H_a: \theta \neq \theta_0$

(2) $H_0: \theta \leq \theta_0$ vs $H_a: \theta > \theta_0$

(3) $H_0: \theta \geq \theta_0$ vs $H_a: \theta < \theta_0$

其中,θ 表示总体参数,θ_0 表示当 H_0 成立时总体参数的取值。

第一种形式称为双尾检验,第二种与第三种形式称为单尾检验。无论是单尾还是双尾检验所采用的检验统计量都是相同的,差别主要体现在拒绝域上。**因此,区分单尾检验与双尾检验对确定关键值(critical value)以及拒绝域(rejection region)至关重要。**

> **知识一点通**
>
> 先来看双尾检验的拒绝域。同样以调查中国人身高为例。如果原假设是 $\mu = 160$,那么在5%显著性水平下的拒绝域应该是什么呢?既然我们假设中国人身高等于160cm,那么抽样调查计算而得的 $\overline{X}$ 与 160 相比,既不能太高也不能太低,否则就要拒绝原假设。于是,拒绝域应该落在 x 轴左右两边。那么,究竟偏离160cm多少才算太高或者太低呢?这就要利用检验统计量的分布和显著性水平了。由于 $\overline{X}$ 标准化后服从标准正态分布,5%显著性水平意味着两个极端的面积各为2.5%,中间区间 $[\overline{X} - z_{2.5\%}\delta, \overline{X} + z_{2.5\%}\delta]$ 与概率密度函数围成的面积就应该是95%,关键值是 $z_{2.5\%} = \pm 1.96$。换言之,如果根据公式(6.1)计算出来的检验统计量大于1.96或小于 -1.96 时,就应该拒绝原假设,见图6.1。
>
>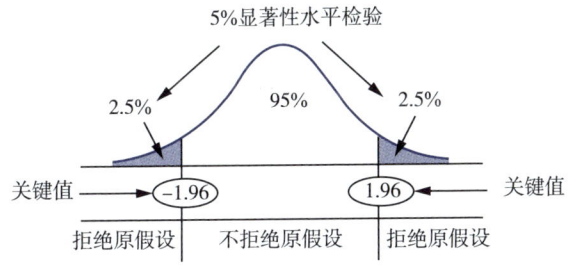
>
> 图6.1 双尾检验示意图
>
> 细心的考生可能已经发现,对于双尾检验来说,其本质上和置信区间是一回事,双尾检验中,区间 $[\overline{X} - z_{2.5\%}\delta, \overline{X} + z_{2.5\%}\delta]$ 实际上就是基于抽样数据计算的置信区间。
>
> 再来看单尾检验的拒绝域。例题6.1中的原假设是 $\mu \leq 160$,是一个单尾检验,那么在5%显著性水平下的拒绝域应该是什么呢?既然我们假设中国人身高不高于160cm,那么抽样调查计算而得的 $\overline{X}$ 与 160 相比就不能太高,否则就要拒绝原假设,但较低的 $\overline{X}$ 是符合原假设的。因而拒绝域的形式应该是落在 x 轴右边的。$\overline{X}$ 多高才算高呢?由于显著性水平是5%,这意味着拒绝域面积应该是5%。值得注意的是,该单尾检验拒绝域是落在 x 轴右侧,即右侧的面积是5%,其对应分位数是 $z_{5\%} = 1.65$ 而不是 $z_{2.5\%} = 1.96$(1.96对应的是左右侧面积和为5%),这与双尾检验是不同的,见图6.2。

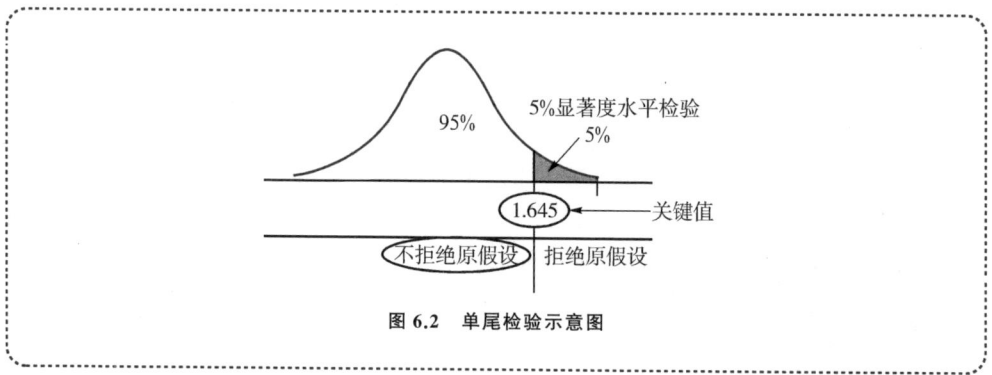

图 6.2 单尾检验示意图

备考小贴士

在计算单尾检验中,很多考生都会在选择关键值时与双尾检验混淆,应特别关注。

6.1.2.5 p 值(p-Value)

除了比较检验统计量与关键值,另一种判断是否拒绝原假设的方法就是 p 值(p-value)。p 值指拒绝原假设的最小显著性水平。根据 p 值定义,**在给定显著性水平 α 的情况下,如果 $p<\alpha$,则拒绝原假设;如果 $p>\alpha$ 则无法拒绝原假设。**

例如,在图 6.3 中,要进行显著性水平为 5% 的双尾检验。已知 p 值 = 2.14%,意味着左侧(右侧)对应的尾部面积为 1.07%,即检验统计量的绝对值大于 $z_{2.5\%}$,应该要拒绝原假设。当然,也可以直接利用 p 值进行判断,p 值 = 2.14% < 5%,因此应该要拒绝原假设。

知识一点通

在实际操作中,计算机统计软件会直接计算出 p 值。不难看出,采用 p 值的方法无须计算检验统计量,并且可以更加直观地判断在各种显著性水平下是否需要拒绝原假设。(见图 6.3)

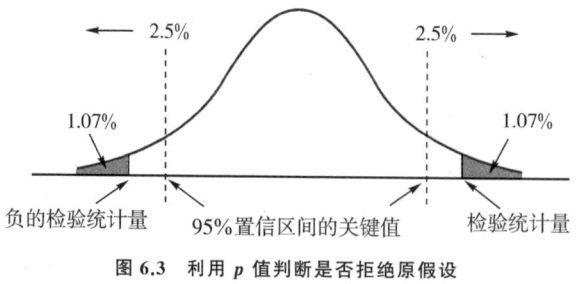

图 6.3 利用 p 值判断是否拒绝原假设

—考点要求—
解释(explain)和决定(determine)第一类错误与第二类错误(★★)

6.1.2.6 第一类错误(Type I Error)与第二类错误(Type II Error)

虽然假设检验的基本思想是"小概率事件不会发生",但在真实世界中,小概率事件当然是有可能发生的。因而,在判断假设是否成立时就有可能犯错误。检验时可能犯的错误可归为两类:一是当原假设 H_0 真实成立时,却拒绝了原假设,称为第一类错误(type I error),也称为"拒真概率";二是当原假设 H_0 不成立时,却没有拒绝原假设,称为第二类错误(type II error),也称为"受伪概率"。

> **知识一点通**
>
> 为方便考生区分这两类错误,我们可以通过一个形象的例子来进行记忆理解。首先,区分两类错误的口诀是"拒真受伪"。其中,"拒真"代表第一类错误,"受伪"代表第二类错误。我们可以想象这样一个场景,一个男孩向一个女孩表白,女孩是否应该接受男生呢?女生之所以犹豫,是担心犯两种错误:第一,如果这个男孩是"真心人"却拒绝了他,即"拒真",第一类错误;第二,如果这个男孩是所谓"渣男"却接受了他,即"受伪",第二类错误。

两类错误的判断可归纳为表 6.1。

表 6.1 假设检验的两种错误

决策	真实情形	
	H_0 正确	H_0 错误
没有拒绝 H_0	正确决策	第二类错误 (犯错概率=β)
拒绝 H_0	第一类错误 (犯错概率=α)	正确决策 (Power of test: $1-\beta$)

—考点要求—
解释(explain)和决定(determine)检验力度(★★)

表 6.1 中,有几个关于概率的标识考生需要特别注意。通常将犯第一类错误的概率记为 α,**这里的 α 就是假设检验中的显著性水平**;犯第二类错误的概率记为 β。此外,当原假设 H_0 正确时不拒绝原假设,当原假设 H_0 错误时拒绝原假设,都表明决策者做出了正确的抉择没有犯错。特别地,**将原假设错误时拒绝原假设的概率称为检验力度(power of test),记为 $1-\beta$**。

> **备考小贴士**
>
> 考生在考试中遇到 power of test 的描述时,应当注意其指的是 $1-\beta$ 而不是 β 或 $1-\alpha$,这是个易错点。

6.2 对总体均值和方差的假设检验

在实务中,对总体均值或方差的检验十分常见。下文会依次介绍在单个总体或两个总体下分别应使用什么类型的检验统计量去检验有关均值或方差的假设。

> **备考小贴士**
>
> 本节各类统计量非常繁多,考生无须记忆每个统计量复杂的公式,只需掌握什么情形下应该使用何种统计量即可。

6.2.1 对总体均值的假设检验

6.2.1.1 对单个总体均值的假设检验(Hypothesis Test Concerning a Single Mean)

对单个总体均值的假设检验,即将总体均值与某一常数做比较,原假设与备择假设如下:

$$H_0: \mu = \mu_0 \text{ vs } H_a: \mu \neq \mu_0$$
$$H_0: \mu \leq \mu_0 \text{ vs } H_a: \mu > \mu_0$$
$$H_0: \mu \geq \mu_0 \text{ vs } H_a: \mu < \mu_0$$

在金融学中,对收益和风险的假设检验是最常见的。对于此类问题,在总体方差未知时,样本均值服从 t 分布;当总体方差已知时,样本均值服从正态分布。因为几乎在所有的情况下,总体方差都是未知的,所以本书将聚焦在 t 分布检验统计量的应用上。

$$z = \frac{\overline{X} - \mu_0}{\frac{\sigma}{\sqrt{n}}} \tag{6.2}$$

$$t_{n-1} = \frac{\overline{X} - \mu_0}{\frac{s}{\sqrt{n}}} \tag{6.3}$$

$$z = \frac{\overline{X} - \mu_0}{\frac{s}{\sqrt{n}}} \tag{6.4}$$

6.2.1.2 对两个总体均值的假设检验(Hypothesis Test Concerning Difference of Means)

要比较两个正态总体均值时,可以分为两种情形讨论。

1. 两个总体相互独立

此情形下,原假设与备择假设如下:

$$H_0: \mu_1 - \mu_2 = d_0 \text{ and } H_a: \mu_1 - \mu_2 \neq d_0$$
$$H_0: \mu_1 - \mu_2 \geq d_0 \text{ and } H_a: \mu_1 - \mu_2 < d_0$$
$$H_0: \mu_1 - \mu_2 \leq d_0 \text{ and } H_a: \mu_1 - \mu_2 > d_0$$

其中,μ_1 表示第一个总体的均值;μ_2 表示第二个总体的均值。

当两个总体的方差未知但假定相等时($\sigma_1^2 = \sigma_2^2$),采用 t 统计量,公式如下:

$$t = \frac{(\overline{X}_1 - \overline{X}_2) - (\mu_1 - \mu_2)}{\left(\frac{s_p^2}{n_1} + \frac{s_p^2}{n_2}\right)^{1/2}} \text{ where } s_p^2 = \frac{(n_1-1)s_1^2 + (n_2-1)s_2^2}{n_1 + n_2 - 2} \tag{6.5}$$

其中,t 统计量的自由度为 $n_1 + n_2 - 2$。两个总体的方差未知但假定不相等的情况不在本书的讨论范围内。

2. 两个总体相互不独立

两个总体相互不独立意味着两个总体的样本存在某种关联。在此时做均值检验必须

采取**成对检验**(paired comparison test),原假设与备择假设如下:

$$H_0: \mu_d = \mu_0 \text{ vs } H_a: \mu_d \neq \mu_0$$
$$H_0: \mu_d \leq \mu_0 \text{ vs } H_a: \mu_d > \mu_0$$
$$H_0: \mu_d \geq \mu_0 \text{ vs } H_a: \mu_d < \mu_0$$

其中,$\mu_d = \mu_1 - \mu_2$,表示两个总体均值之差,μ_0 通常为 0。

此时,应该采取 t 统计量,公式如下:

$$t = \frac{\overline{d} - \mu_0}{s_{\overline{d}}} \tag{6.6}$$

其中,$\overline{d}$ 表示样本均值差;$s_{\overline{d}}$ 表示 $\overline{d}$ 的标准误;t 统计量自由度为 $n-1$。

6.2.2 对总体方差的假设检验

6.2.2.1 对单个总体方差的检验(Hypothesis Test Concerning a Single Variance)

检验单个总体方差的原假设与备择假设如下:

$$H_0: \sigma^2 = \sigma_0^2 \text{ and } H_a: \sigma^2 \neq \sigma_0^2$$
$$H_0: \sigma^2 \geq \sigma_0^2 \text{ and } H_a: \sigma^2 < \sigma_0^2$$
$$H_0: \sigma^2 \leq \sigma_0^2 \text{ and } H_a: \sigma^2 > \sigma_0^2$$

在此情形下,应采用卡方(chi-square)统计量,其公式如下:

$$\chi_{n-1}^2 = \frac{(n-1)s^2}{\sigma_0^2} \tag{6.7}$$

其中,χ_{n-1}^2 表示卡方统计量;自由度为 $n-1$。

6.2.2.2 对两个总体方差的假设检验(Hypothesis Test Concerning Equality of Two Variances)

当检验两个不同总体方差是否相等时,原假设与备择假设为:

$$H_0: \sigma_1^2 = \sigma_2 \text{ and } H_a: \sigma_1^2 \neq \sigma_2^2$$

此情形下要使用 F 分布,其公式如下:

$$F = \frac{s_1^2}{s_2^2} \quad \text{with } df \text{ of } (n_1 - 1, n_2 - 1) \tag{6.8}$$

其中,F 分布自由度为 df;n_1 表示来自第一个总体的样本的样本容量;n_2 表示来自第二个总体抽样的样本容量;s_1^2 表示来自第一个总体的样本的方差;s_2^2 表示来自第二个总体的样本的方差。一般情况下,将较大的样本方差放在分子上,即 $s_1^2 > s_2^2$。

6.3 对独立性的参数检验和非参数检验

6.3.1 参数检验与非参数检验的区别

—考点要求—
比较（compare）和区分（contrast）参数检验和非参数检验，并描述（describe）不同的使用场景（★）

按照对象，假设检验可以分为参数检验（parametric tests）与非参数检验（nonparametric tests）两种。到目前为止，本章介绍的检验都是参数检验，如 z 检验、t 检验、F 检验等。

参数检验的重要特征有以下两项。
(1) 参数检验都与总体参数相关。
(2) 参数检验一般事先假定总体服从某个特定分布。

然而，在有些情形下，关注的不是总体分布的参数，而是基于总体分布的形式建立假设检验。这就需要用到非参数检验，非参数检验一般适用于以下三种情形。
(1) 总体分布未知，或样本数据并不满足服从某个特定分布。
(2) **按照等级（rank）分类的数据**。
(3) 假设不涉及总体参数。

> **备考小贴士**
>
> 考生应注意参数检验与非参数检验分别适用的情形即可，对于非参数检验无须深入掌握。

6.3.2 相关系数的参数检验

—考点要求—
解释（explain）总体相关系数为 0 的参数检验，并在给定显著性水平的情况下决定（determine）是否拒绝原假设（★★★）

检验相关系数是否与 0 有显著差异，称为相关系数的显著性检验，其目的是检验两个变量之间是否具有线性相关性。原假设与备择假设如下：

$$原假设\ H_0：\rho = 0$$
$$备择假设\ H_a：\rho \neq 0$$

相关系数的显著性检验选取的统计量服从 t 分布，自由度为 $n-2$，其公式为：

$$t = \frac{r\sqrt{n-2}}{\sqrt{1-r^2}} \tag{6.9}$$

其中，r 为样本相关系数；n 为样本容量；$n-2$ 为自由度。

> **备考小贴士**
>
> 要证明公式(6.9)为什么服从 t 分布需要通过数学推导，与考试无关，这里不展开说明。但需要指出的是，公式(6.9)的计算是考纲所要求的，因此考生必须记忆公式(6.9)，知道其分布，并能够根据题设条件判断是否拒绝原假设。

例题 6.2

某分析师想要检验资产 X 的回报率 R_X 与资产 Y 的回报率 R_Y 之间的线性相关性。已知样本容量为 25，R_X 与 R_Y 之间的样本协方差为 0.003 2。R_X 的标准差为 8%，R_Y 的标准差为 8%。在 5% 的显著性水平下，检验 R_X 与 R_Y 之间的相关系数是否显著不为 0。

名师解析

相关性检验的原假设为：$\rho=0$；备择假设为 $\rho \neq 0$。

根据已知条件，可得样本相关系数 $r = 0.003\,2/(8\% \times 8\%) = 0.5$；

利用公式 (6.9) 可进一步计算 t 统计量为：

$$t = \frac{0.5 \times \sqrt{25-2}}{\sqrt{1-0.5^2}} \approx 2.77$$

由于样本容量为 25，故上述 t 统计量的自由度为 23（不是 24！），查表可得，在 5% 显著性水平下，自由度为 23 的 t 分布双尾检验的关键值为 2.069。

由于 2.77 > 2.069，因此拒绝原假设，R_X 与 R_Y 之间的相关系数显著不为 0，结论为两个变量之间具有线性相关性。

6.3.3 相关系数的非参数检验

在参数检验中所检验的相关系数（参见 6.3.2），称为**皮尔逊相关系数（Pearson correlation）**。当总体不服从正态分布时，就需要对另一种相关系数进行检验，称为**斯皮尔曼秩相关系数 (Spearman rank correlation coefficient)**。

斯皮尔曼秩相关系数是一种非参数的相关系数，通过成对随机变量的排序数据进行计算，其步骤如下：

(1) 将随机变量 X 和 Y 分别按照其排序大小，记录下其排序的名次。
(2) 每一对 X 和 Y 的名次差记作 d_i。
(3) 假设样本大小为 n，那么斯皮尔曼秩相关系数 r_s 的计算公式为：

$$r_s = 1 - \frac{6\sum_{i=1}^{n} d_i^2}{n(n^2-1)} \tag{6.10}$$

—考点要求—

解释（explain）关于总体相关系数为零的非参数检验，并决定（determine）在给定的显著性水平下原假设是否该被拒绝（★★）

对相关系数的非参数检验，也就是检验斯皮尔曼秩相关系数是否为 0。其原假设和备择假设分别为：

原假设 $H_0: r_s = 0$
备择假设 $H_a: r_s \neq 0$

当样本容量大于 30 时，斯皮尔曼秩相关系数的检验统计量服从自由度为 $n-2$ 的 t 分布，其公式为：

$$t = \frac{r_s \sqrt{n-2}}{\sqrt{1-r_s^2}} \tag{6.11}$$

针对小样本的相关系数的非参数检验，则需要使用专门的分布表。

考生需要知道如何解释结论：如果拒绝原假设，则意味着随机变量 X 和 Y 的斯皮尔曼秩相关系数与 0 有显著差异；如果不拒绝原假设，则意味着随机变量 X 和 Y 的斯皮尔曼秩相关系数与 0 没有显著差异。

---考点要求---
解释（explain）
基于列联表的独立性检验（★）

6.3.4 基于列联表的独立性检验

基于列联表的独立性检验是非参数检验的一种，是为了测试两个非参数统计量之间是否独立的检验。当面对分类数据或离散数据时，前文中讨论的方法不再适用。例如，想要检验交易所交易基金的市值规模和投资类型之间是否独立，可以做独立性检验。首先，将交易所交易基金（ETF）的分类频率表绘制出来，如表 6.2 所示。

表 6.2 交易所交易基金的分类

投资类型	市值规模			合计
	小规模	中等规模	大规模	
价值型	40	90	280	410
成长型	35	105	230	370
合计	75	195	510	780

表 6.2 被称为列联表或双向表。由于投资类型的分类是离散的，所以不能用相关性来评估市值规模与投资类型之间的关系。如果想要检验二者是否存在关系，可以使用卡方分布的非参数检验统计量进行检验。

该检验的原假设与备择假设如下：

H_0：Independence（市值规模与投资类型无关）

H_a：Dependence（市值规模与投资类型有关）

卡方分布的检验统计量的公式如下：

$$\chi^2 = \sum_{i=1}^{m} \frac{(O_{ij} - E_{ij})^2}{E_{ij}} \tag{6.12}$$

其中：m 为表中的单元格数，即第一类的组数乘以第二类的组数；

O_{ij} 为第 i 行第 j 列单元格的观察数，也就是观察到的频率；

E_{ij} 为第 i 行第 j 列单元格的期望观测数；

该检验统计量的自由度为 $(r-1)(c-1)$，其中 r 是行数，是第一个随机变量的组数；c 是列数，是第二个随机变量的组数。

---备考小贴士---

这里检验统计量的计算十分复杂，考生无须记忆，只需掌握非参数独立性检验的原理，知道其检验统计量的分布，能够判断出当原假设被拒绝时代表什么结论即可。

6.4 检验统计量一览表

检验对象	检验统计量	是否需要掌握检验统计量的计算	检验对象的分布	自由度
单一均值,总体方差已知	$z = \dfrac{\overline{X} - \mu_0}{\sigma/\sqrt{n}}$	是	z 分布	
单一均值,总体方差未知	$t = \dfrac{\overline{X} - \mu_0}{s/\sqrt{n}}$	是	t 分布	$n-1$
两个均值(独立)	$t = \dfrac{(\overline{X}_1 - \overline{X}_2) - (\mu_1 - \mu_2)}{(\dfrac{s_p^2}{n_1} + \dfrac{s_p^2}{n_2})^{1/2}}$	否	t 分布	$n_1 + n_2 - 2$
两个均值(非独立)	$t = \dfrac{\overline{d} - \mu_{d0}}{s_{\overline{d}}}$	否	t 分布	$n-1$
单一方差	$\chi^2 = \dfrac{(n-1)s^2}{\sigma_0^2}$	否	卡方分布	$n-1$
两个方差	$F = \dfrac{s_1^2}{s_2^2}$	是	F 分布	(n_1-1, n_2-1)
相关系数	$t = \dfrac{r\sqrt{n-2}}{\sqrt{1-r^2}}$	是	t 分布	$n-2$
类别数据(列联表)	$\chi^2 = \sum_{i=1}^{m} \dfrac{(O_{ij} - E_{ij})^2}{E_{ij}}$	否	卡方分布	$(r-1)(c-1)$

练一练

6-1 To test whether the Chinese GDP growth rate is 6%, which of the following statements about the null hypothesis and the alternative hypothesis is most likely correct?

A. H_0: g≤6% versus H_a: g>6%.

B. H_0: g = 6% versus H_a: g≠6%.

C. H_0: g≠6% versus H_a: g = 6%.

6-2 Which of the following statements about p-value is most accurate?

A. It is the probability of correctly rejecting the null hypothesis.

B. A higher p-value leads to a higher probability of Type I error.

C. It is the lowest significance level for the null hypothesis to be rejected.

6-3 With regard to one-tailed test and two-tailed test, which of the following statements is most likely correct?

A. The critical values are the same for both tests when the same significant level of 5% is applied.

B. If 95% of confidence level is used in both tests, the significance levels of both tests are the same.

C. Two-tailed test is more practical than one tailed test.

6-4 An analyst believes the mean monthly return of a hedge fund exceeds 2%. To prove her point, she conducts a hypothesis test. The calculated z-statistic is 3.052, with critical value of 2.756 at significance level α = 0.05. Which of the following is most likely correct?

A. The null hypothesis is that the mean monthly return of the hedge fund exceeds 2%.

B. The mean monthly return of the hedge fund exceeds 2% significantly.

C. The null hypothesis should not be rejected.

6-5 Which of the following statements is most likely to be correct?

A. Type I error describes a situation in which a true null hypothesis has been incorrectly rejected.

B. Type II error describes a situation in which a true null hypothesis has not been rejected.

C. Power of the test can be expressed as 1 minus the probability of Type I error.

6-6 Which of the following test statistic is most appropriate for a test of the null hypothesis that a population mean is equal to a specific value?

A. Chi-square statistic.

B. t-statistic.

C. F-statistic.

6-7 Regarding the significance hypothesis test on the Spearman rank correlation coefficient between two variables, a CFA candidate makes two statements as follows:

Statement I: the first step to calculate Spearman rank correlation is to rank the sampled observations of both variables in an ascending order separately.

Statement II: the hypotheses are stated as $H_0: \rho \geq 0, H_a: \rho < 0$.

Which statement(s) is (are) correct?

A. Statement I.

B. Statement II.

C. Neither of the statements.

6-8 To test whether an exchange-traded fund (ETF)'s size is independent of its investment type based on a size-type contingency table, an analyst decides to conduct a hypothesis test. Which statement is(are) least likely correct regarding the test?

Statement I: The analyst should perform a test of independence using a nonparametric test.

Statement II: The appropriate test statistic should be t-distributed.

A. Statement I.

B. Statement II.

C. Both statement I and statement II.

扫码查看
答案及解析

立即扫码添加【学习规划师】,助您本章学得更快更好!
问答服务 + 学习规划 + 课程分享

第 7 章 一元线性回归

知识引导

作为金融证券分析师,在实务中经常需要分析两个宏观或金融变量之间的关系。变量之间的关系通常可以分为两类:一类为函数关系,另一类为相关关系。其中,函数关系可以用明确的数学公式表示,这种关系是恒定不变的。例如,勾股定理、欧姆定律等。然而,在经济金融中,变量之间往往呈现出相关关系而非明确的函数关系。例如,收入与消费之间的关系。凭直觉和常理,我们大概能推断收入越高的人往往消费越多,但这两个变量之间无法用确定的函数解析式表达。线性回归绕开了这一难题,从均值意义上确定变量之间的线性表达式,寻求隐藏在数据背后的相关关系。

考点聚焦

本章内容逻辑清晰,重点比较突出。考生需要重点掌握普通最小二乘法的原理、回归系数的含义、可决系数 R^2、模型假设条件、方差分析以及利用模型预测因变量等知识点。本章知识点考查形式既有定性题也有定量题。

本章框架图

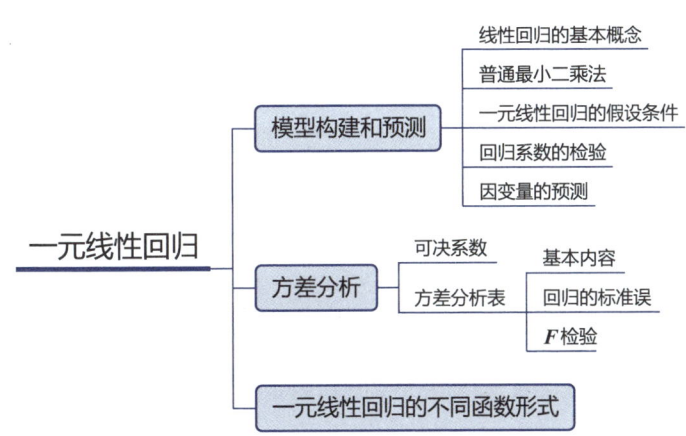

7.1 模型构建和预测

7.1.1 线性回归的基本概念

—考点要求—
描述（describe）
一元线性回归
模型（★）

金融分析师在工作中往往需要研究一个变量是否能够被另一个变量所解释，线性回归是一种常用的方法。线性回归的基本逻辑是假设两个变量之间存在一定的线性关系，然后用一个线性函数来表示两者之间的关系。例如，假设高顿教育集团需要对是否扩充培训师资团队做出决策，如果增加聘用老师的数量，那么每个老师需要教授的学员数量就会减少，即班级规模将变小。公司管理层需要根据班级规模对于学员成绩的影响做出最优决策。分析师收集了18个班级的数据，如表7.1所示。

表 7.1 班级规模及对应平均考试分数

班级	班级规模（人）	考试成绩（分）
1	15	90
2	19	86
3	23	86
4	24	82
5	25	89
6	28	85
7	29	81
8	31	79.5
9	33	84
10	34	79
11	36	84
12	38	79.5
13	41	75
14	42	74
15	44	72.5
16	50	72
17	51	95
18	55	74

首先描绘出表 7.1 中数据的散点图，见图 7.1。从散点图中可观察到考试成绩与班级规模有较明显的负的线性关系，即随着班级规模的扩大，考试成绩下降。

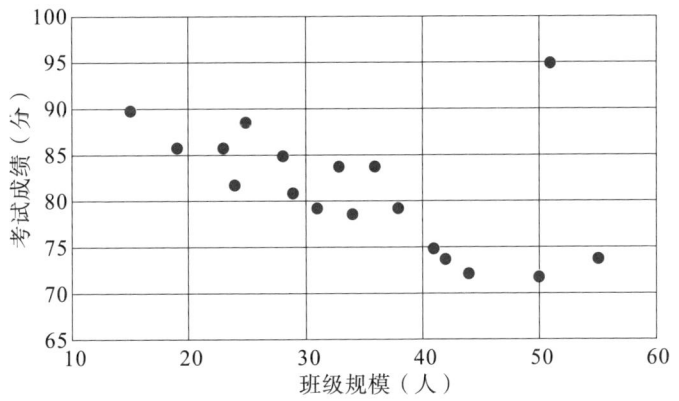

图 7.1 考试成绩与班级规模的散点图

对图 7.1 中的散点进行线性拟合,可得到一条直线,如图 7.2 所示。

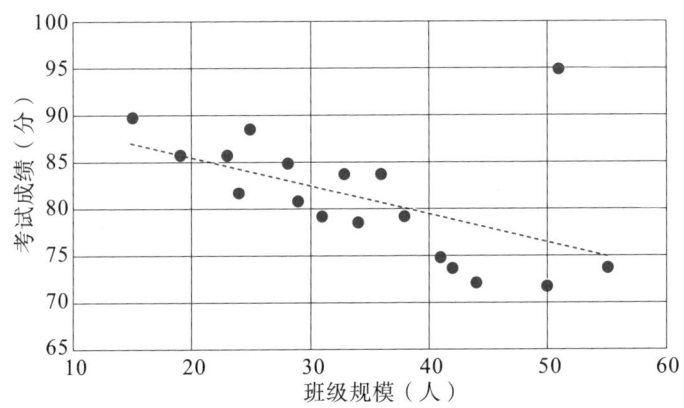

图 7.2 考试成绩与班级规模的线性拟合

图 7.2 中的拟合直线的解析式可表示为:

$$\hat{Y}_i = \hat{b}_0 + \hat{b}_1 X_i \tag{7.1}$$

其中,X_i 为 i 班的班级规模,$\hat{Y}_i$ 为 i 班考试成绩,$\hat{Y}_i$(头上带"帽子"符号)表示估计值。$\hat{b}_0$ 为直线截距(intercept),$\hat{b}_1$ 为直线斜率(regression coefficient),两者头上都带"帽子"符号表示其取值是根据样本(该例中样本容量为 18)计算得到的,所以公式(7.1)被称为样本回归方程(sample regression equation)。对于总体而言,考试成绩与班级规模的关系可表示为:

$$Y_i = b_0 + b_1 X_i + \varepsilon_i, i = 1, 2, \cdots, n. \tag{7.2}$$

公式(7.2)即为考试成绩与班级规模的总体线性回归方程(population linear regression equation)。其中,Y_i 是考试成绩,是被解释的变量(explained variable),被称为因变量(dependent variable),X_i 是解释变量(explanatory variable),被称为自变量(independent variable)。ε_i 为残差项(error term),是因变量的实际值 Y_i 与根据拟合直线

预测的估计值$\hat{Y}_i$的差值,表示因变量不能通过拟合直线所解释的部分。因为只有一个自变量,所以公式(7.2)被称为一元线性回归(simple linear regression)。实际中,用来描述总体的回归方程是确定而又未知的(如果是已知的,就无须收集数据做回归了),所以需要通过样本数据拟合得到样本回归方程,用$\hat{b}_i$对b_i进行估计。

> **备考小贴士**
>
> 考生需要区分因变量和自变量。有个记忆小技巧,英文 depend on 意味着取决于,故 dependent variable 是指因变量,这是因为因变量是取决于自变量的。又如,因变量是被自变量所解释的,因此因变量是被动语态,即 explained variable。利用上述技巧可清楚区分题目中描述的哪个变量是因变量,哪个变量是自变量。

> **知识一点通**
>
> 残差是因变量的实际值(Y_i)与用拟合直线预测的值($\hat{Y}_i$)的差值。如图 7.3 所示,当散点刚好落在拟合直线上时,残差项为 0;当散点落在直线上方,残差项大于 0;当散点落在直线下方,残差项小于 0。
>
>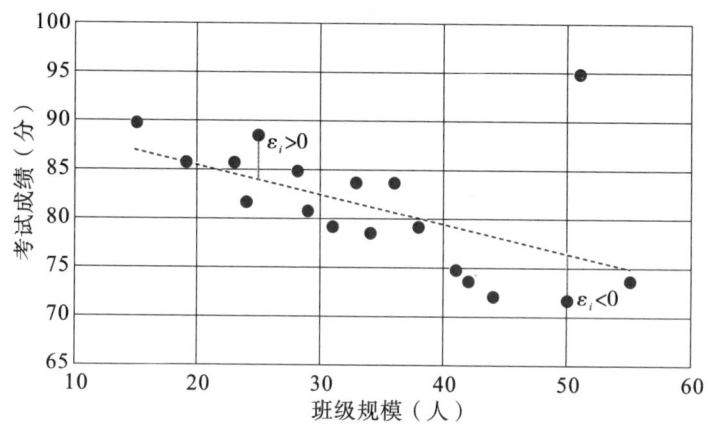
>
> 图 7.3 残差项示意图
>
> 通常可以通过调整截距项使得 $E(\varepsilon_i)=0$,即残差项的期望值为 0。如果 $E(\varepsilon_i)=0.01$,那么可以将截距下调 0.01,把残差项中期望不为 0 的部分放到截距项中,最终使得残差项的期望为 0。

回归分析主要使用两种类型的数据:横断面数据(cross sectional data)和时间序列数据(time series data)。例如,横截面模型可能会使用许多公司的数据来检验预测的每股收益增长率是否能解释特定时期市盈率的变化,通常将第 i 家公司的观察值表示为 $X_i, i=1,2,\cdots n$。时间序列模型可以使用一个国家多年的月度数据来检验其通货膨胀率是否能解释其短期利率的变化,我们通常将第 i 个月的观察值表示为 $X_i, i=1,2,\cdots n$。

7.1.2 普通最小二乘法 (Ordinary Least Squares, OLS)

估计样本回归方程最常用的方法就是普通最小二乘法(ordinary least squares, OLS), 其基本思想是使得所有样本点对应的残差的平方和(sum of squares error, SSE)最小。

$$SSE = \sum_{i=1}^{n} \varepsilon_i^2 = \sum_{i=1}^{n}(Y_i - \hat{Y}_i)^2 = \sum_{i=1}^{n}[Y_i - (\hat{b}_0 + \hat{b}_1 X_i)]^2 \quad (7.3)$$

要确定样本回归方程,只需要确定其截距和斜率。因此,最小二乘法就是要找到一组 $\hat{b}_0$ 和 $\hat{b}_1$ 使 SSE 最小。通过求导数算极值的方法可得:

$$\hat{b}_1 = \frac{\sum_{i=1}^{n}(X_i - \overline{X})(Y_i - \overline{Y})}{\sum_{i=1}^{n}(X_i - \overline{X})^2} = \frac{Cov(X,Y)}{Var(X)} \quad (7.4)$$

$$\hat{b}_0 = \overline{Y} - \hat{b}_1 \overline{X} \quad (7.5)$$

—考点要求—
描述(describe)普通最小二乘法及如何利用它估算回归系数(★★)
解释(interpret)回归系数的含义(★★)

其中斜率 $\hat{b}_1$ 的含义为因变量 Y 的取值对自变量 X 变化的敏感度,即表示 X 变动一单位, Y 变动 $\hat{b}_1$ 个单位, 当 $\hat{b}_1 > 0$ 时, X 和 Y 呈现正向变动关系, 当 $\hat{b}_1 < 0$ 时, X 和 Y 呈现负向变动关系; 截距 $\hat{b}_0$ 的含义为当自变量 X 取 0 时 Y 的取值。注意, $\hat{b}_0$ 不一定具有经济上的含义, 要视具体问题而定。

7.1.3 一元线性回归的假设条件

要使用一元线性回归模型分析因变量 Y 和自变量 X 之间的关系并得出有效结论, 需要满足以下四个核心假设条件。

假设一:因变量 Y 和自变量 X 关于回归系数是线性的(linearity)。

该假设条件要求关于回归系数即参数是线性的。例如,对于回归方程 $\ln Y_i = b_0 + b_1 \ln X_i + \varepsilon_i$ 而言,仍然是满足假设一的。虽然 $\ln Y_i$ 和 $\ln X_i$ 并非线性形式,但只要令 $Y'_i = \ln Y, X' = \ln X$,则方程可变为 $Y'_i = b_0 + b_1 X'_i + \varepsilon_i$,仍然是线性的。而对于方程 $Y_i = 1/(b_0 + 2b_1 X_i) + \varepsilon_i$ 而言,则不满足假设一。

该假设隐含的另一个要求是自变量 X 不能是随机的(non-stochastic)。如果自变量是随机的,因变量和自变量之间就不存在线性关系。实际上,我们希望回归模型中残差项是随机的,不应随着自变量的变化而呈现某种变化模式。

—考点要求—
解释(explain)一元线性回归模型的假设条件(★★)
描述(describe)如何通过残差项判断一元线性回归模型的假设是否被违背(★★)

假设二:同方差性(homoskedasticity)。

同方差指的是所有观测值的残差项的方差都相同,满足:

$$E(\varepsilon_i^2) = \sigma_\varepsilon^2, i = 1, \cdots, n \quad (7.6)$$

异方差(heteroskedasticity)指的是不同观测值对应的残差项方差不相同。异方差的存在会使得样本回归系数($\hat{b}_0$ 和 $\hat{b}_1$)的标准误被低估,从而使得回归系数显著性检验(见 7.1.4 小节)不可靠。

假设三：残差项之间相互独立（independence）。

一般假设观测值之间不相关，如果观测值之间存在相关性，则残差项之间也不独立。要求残差项之间相互独立，是为了保证正确估计样本回归系数（$\hat{b}_0$ 和 $\hat{b}_1$）的方差。残差项之间相互独立应满足：

$$E(\varepsilon_i \varepsilon_j) = 0, i \neq j \tag{7.7}$$

假设四：残差项服从正态分布（normality）。

假定残差项服从正态分布是为了便于对线性回归方程进行相关的假设检验。但是当样本容量足够大时，根据中心极限定理，即使残差项不服从于正态分布，回归流程产生的检验统计量依然是有效的，可以形成回归函数。

7.1.4 回归系数的检验

—考点要求—
阐述（formulate）和评估（evaluate）在简单线性回归中回归系数的检验（★★）

继续研究 7.1.1 小节中关于班级规模与考试成绩关系的例子。要分析班级规模对考试成绩的影响，关注的是回归方程中斜率 b_1 是否显著不等于零，而这需要用到假设检验的相关知识点。$\hat{b}_1$ 是对 b_1 的估计量。对回归系数 b_1 的双尾假设检验原假设和备择假设为：

$$H_0: b_1 = B_1 \text{ and } H_1: b_1 \neq B_1 \tag{7.8}$$

其中，B_1 是假设的总体回归斜率。

该假设检验为 t 检验，其检验统计量为：

$$t = \frac{\hat{b}_1 - B_1}{s_{\hat{b}_1}} \tag{7.9}$$

其中，$S_{\hat{b}_1}$ 是 $\hat{b}_1$ 的标准误（standard error of the slop coefficient）。该检验对应 t 分布的自由度为 $n-2$。

当检验统计量大于关键值上限或小于关键值下限时，拒绝原假设。还可以比较 p 值与显著性水平 α 来判断是否拒绝原假设，当 p 值 $< \alpha$ 时，拒绝原假设。

截距项 b_0 的检验和 b_1 的检验遵循同样的规则和步骤。

> **知识一点通**
>
> 在线性回归中，最常关注的是 b_1 是否等于零，即自变量对因变量是否具有最基本的解释作用。此时，公式（7.9）中的 t 检验统计量可以简化为 $t = \dfrac{\hat{b}_1}{S_{\hat{b}_1}}$。
>
> 从 p 值的角度出发，p 值越小，说明回归系数越显著不等于零。通常说"某个变量的系数是否显著"，实际就是在说"该系数是否显著不为零"。

—考点要求—
计算（calculate）在已知回归方程和自变量取值时对应的因变量预测值及其置信区间（★★）
解释（interpret）因变量预测值及其置信区间（★）

7.1.5 因变量的预测

当回归方程的系数均已估计出来后，只需将自变量 X_f 的取值代入拟合直线方程即可对因变量进行预测：

$$\hat{Y}_f = \hat{b}_0 + \hat{b}_1 X_f \tag{7.10}$$

$\hat{Y}_f$ 是对真实值 Y_f 的点估计，在给定显著性水平时，也可以构建 Y_f 的置信区间：

$$\hat{Y}_f \pm t_c \times s_f \text{ 或 } \hat{Y}_f - t_c \times s_f < Y_f < \hat{Y}_f + t_c \times s_f \tag{7.11}$$

其中，t_c 表示双尾检验下 t 的关键值，其自由度为 $n-2$；s_f 表示预测值的标准误（standard error of the forecast）。

> **备考小贴士**
>
> 构建因变量的置信区间与置信区间估计的逻辑是一样的。s_f 的计算很复杂，一般题目会直接给出；在实务中，电脑程序会自动计算给出。

7.2 方差分析（Analysis of Variance，ANOVA）

7.2.1 可决系数（Coefficient of Determination）

运用 OLS 方法，可将实际观测值 Y_i 写成拟合值（预测值）$\hat{Y}_i$ 与残差项之和，即：

$$Y_i = \hat{Y}_i + \varepsilon_i \tag{7.12}$$

—考点要求—
计算（calculate）、解释（interpret）可决系数（★★★）

类似的，也可以将因变量总的变异程度（total variation）进行分解。分别将总平方和（sum of squares total，SST）、解释平方和（sum of squares regression，SSR）与残差平方和（sum of squares error，SSE）定义如下：

$$SST = \sum_{i=1}^{n}(Y_i - \overline{Y})^2 \tag{7.13}$$

$$SSR = \sum_{i=1}^{n}(\hat{Y}_i - \overline{Y})^2 \tag{7.14}$$

$$SSE = \sum_{i=1}^{n}(Y_i - \hat{Y}_i)^2 \tag{7.15}$$

其中，SST 表示因变量总的变异程度，即度量了实际值 Y_i 的离散程度（实际上如果用 SST 除以 $n-1$ 就是样本方差）；同理，SSR 度量了拟合值（预测值）$\hat{Y}_i$ 的离散程度；SSE 度量了残差 ε_i 的离散程度。可以证明，实际值 Y_i 的离散程度可以分解为 OLS 模型估计出来的 $\hat{Y}_i$ 和残差 ε_i 的离散程度之和，即：

$$SST = SSR + SSE \tag{7.16}$$

将公式(7.16)两边同时除以 SST 可得 $1 = \dfrac{SSR}{SST} + \dfrac{SSE}{SST}$，其中，$\dfrac{SSR}{SST}$ 被定义为可决系数 R^2（coefficient of determination），即：

$$R^2 = \dfrac{SSR}{SST} \tag{7.17}$$

R^2 表示因变量总变异中能被自变量所解释的百分比。根据定义可以看出，R^2 位于 [0,1] 区间内，其取值越接近于1，说明自变量对因变量的解释力度越强，模型的拟合效果越好。

对于一元线性回归，R^2 有个非常重要的结论：

$$R^2 = r^2 \tag{7.18}$$

其中，r 表示因变量和自变量的样本相关系数。

备考小贴士

考生无须掌握公式（7.18）的推导过程，但该结论比较重要，在解题中经常用到。

7.2.2 方差分析表（ANOVA Table）

7.2.2.1 基本内容

—考点要求—
描述（describe）方差分析表在回归分析中的应用，解释（interpret）方差分析表的结果（★★）

方差分析表是用表格的形式将因变量总变异程度根据来源拆分情况及其相关信息表示出来。一般而言，标准的方差分析表的内容见表7.2。

表 7.2　方差分析表

方差来源	自由度	方差和（SS）	均方和（MS）
回归（被解释的部分）	k	SSR	MSR＝SSR/k
残差（不能解释的部分）	$n-k-1$	SSE	MSE＝SSE/$(n-k-1)$
总和	$n-1$	SST	—

知识一点通

表7.2中最主体的内容就是上一小节中介绍的SST、SSR和SSE。表7.2的第2列为自由度。对于SSR而言，其自由度等于自变量的个数 k，由于一元回归方程只有一个自变量，故自由度为1。对于SST而言，样本容量为 n，$\overline{X}$ 使其减少一个自由度，故自由度为 $n-1$。对于SSE而言，自由度为 $n-1$ 再扣除自变量的个数，故自由度为 $n-k-1$，一元回归SSE的自由度为 $n-2$。当自变量不止一个，即 $k \neq 1$ 时，对应的是多元回归，属于后续课程章节学习的内容。

—考点要求—
计算（calculate）一元线性回归的标准误（★★）
解释（interpret）一元线性回归的标准误（★）

7.2.2.2 回归的标准误（Standard Error of Estimate，s_e）

表7.2的第4列为方差和均值，是由第3列的平方和除以第2列的自由度得到。其中，MSE＝SSE/$(n-2)$ 被称为均方误（mean square error）。回归的标准误定义为均方误的平方根（root mean square error），其定义式为：

$$s_e = \sqrt{MSE} = \sqrt{\frac{\sum_{i=1}^{n}(Y_i - \hat{Y_i})^2}{n-2}} \tag{7.19}$$

根据s_e的定义可以看出,在其他情况相同的条件下,s_e越小,说明模型越好。

> **知识一点通**
>
> 根据定义,s_e有两层含义:一是残差的标准差,二是实际值偏离回归线的程度。这里需要注意的是,与一般的标准差公式不同,公式(7.19)中分母除以$(n-2)$而不是$(n-1)$。这是因为,在线性回归中,截距项与自变量的斜率减少了两个自由度。

7.2.2.3 F检验

方差分析的另一个作用就是构造F检验统计量。F检验是从统计学的角度检验回归模型整体的显著性,具体而言,就是检验回归模型中所有自变量的斜率系数是否同时为零。

F检验的原假设和备择假设分别为:

$$H_0: b_1 = b_2 = b_3 = \cdots = b_k = 0$$

H_a:至少有一个斜率系数不等于零。

对于一元线性回归,$k=1$,对应的F检验简化为:

$$H_0: b_1 = 0$$
$$H_a: b_1 \neq 0$$

F检验统计量的计算公式为:

$$F = \frac{MSR}{MSE} = \frac{SSR/k}{SSE/(n-k-1)}, df = (k, n-k-1) \tag{7.20}$$

对于一元线性回归,

$$F = \frac{MSR}{MSE} = \frac{SSR/1}{SSE/(n-2)}, df = (1, n-2) \tag{7.21}$$

从公式(7.21)可以看出,F检验统计量是因变量总变异中可以被自变量解释的部分与不能被解释的部分的比值,所以F检验统计量取值越大,说明从模型整体来看是越显著或者越有效的。因此,F检验的拒绝域在F分布右尾,是一个单尾检验,当F检验统计量大于对应关键值时拒绝原假设,意味着回归模型整体上是显著的。

对于一元线性回归,另一个比较有意思的特征是F检验与用于检验斜率系数是否为零的t检验是一致的,它们的原假设和备择假设是一样的,而且F检验统计量和t检验统计量也满足$t^2 = F$的关系。

> **例题 7.1**
>
> 某分析师为了分析我国城镇居民收入对消费的影响,收集了20××年我国31个省市的城镇居民人均可支配收入、城镇居民人均消费数据进行回归,得到结果见表1、表2、表3,请全面分析回归结果。

表 1　我国城镇居民收入与人均消费的回归统计

Multiple R	0.965 68
R Square	0.932 537
Adjusted R Square	0.930 211
Standard Error	1 482.247
Observations	31

表 2　我国城镇居民收入与人均消费的回归方差分析表

	df	SS	MS	F-Stat	Significance of F
回归	1	880 729 359.8	880 729 359.8	400.868 197 8	0.000 0
残差	29	63 714 586.43	2 197 054.705	—	—
总和	30	944 443 946.2	—	—	—

表 3　我国城镇居民收入与人均消费的回归系数表

	回归系数	标准误	t-Stat	p-Value
截距	1 164.122 0	1 090.832 6	1.067 2	0.294 7
城镇居民人均可支配收入(元)	0.655 9	0.032 8	20.021 7	0.000 0

名师解析

表 1 主要是对模型总体进行评估。其中,最重要的统计量是 R-Square,即可决系数 R^2,其取值为 0.932 537,说明因变量的变异程度中 93% 的变动可被自变量所解释。Standard error 是回归标准误 s_e,是残差的标准差,该指标越小越好。本例中 s_e 为 1 482.247,绝对值比较大,这是由于因变量和自变量本身的观测值比较大。

表 2 为方差分析表,即 ANOVA 表。其中,第 2 列反映了方差分解项的自由度。本例中,只有 1 个自变量 $k=1$,且样本容量 $n=31$,所以 SSR 的自由度为 1,SST 的自由度为 30,SSE 的自由度为 29。第 3 列 SS,从上至下分别是 SSR、SSE 和 SST 的取值。其中 SST=SSR+SSE,且 R^2=SSR/SST。第 4 列 MS,从上至下分别是 MSR 和 MSE 的取值,分别等于 SSR 和 SSE 除以各自的自由度。第 5 列 F 检验统计量为 400.868 197 8,恰好等于 MSR 与 MSE 的比值。最后一列 Significance of F 实际上是 F 检验的 p 值,其取值极小,四舍五入后约等于 0,说明 F 检验在 1%、5% 和 10% 的显著性水平下都可以拒绝原假设,模型是显著的。

表 3 给出了回归系数的结果。本例中,城镇居民人均可支配收入为自变量,其回归系数为 0.655 9,说明城镇居民人均可支配收入每增加 1 元,城镇居民的人均消费支出增加 0.655 9 元。第 3 列给出的是对应回归系数的标准误。将第 2 列的回归系数除以第 3 列的标准误,就可以得到第 4 列的 t 检验统计量。最后一列是关于第 4 列 t 统计量的 p 值。第 4 列的 t 统计量和第 5 列的 p 值对应的原假设均是"回归系数等于零"。如果拒绝原假设,则说明回归系数显著不为零。

7.3 一元线性回归的不同函数形式

在实务中,因变量和自变量本身不一定存在线性关系,但经过简单处理和转化后就呈现出线性关系,依然可以用线性回归模型进行分析。对数据进行转化的常见方式有取自然对数(natural logarithm)、取倒数(reciprocal)、取平方(square)和做差分(differencing),可以对自变量数据进行转化,也可以对因变量数据进行转化。不同的处理和转化对应的线性回归模型有不同的函数形式。本节主要介绍 3 种常见函数形式:对数—线性模型(log-lin model)、线性—对数模型(lin-log model)和对数—对数模型(log-log model)。

—考点要求—
描述(describe)一元线性回归的不同函数形式(★)

表 7.3　一元线性回归不同函数形式的对比

	对数—线性模型	线性—对数模型	对数—对数模型
函数形式	$\ln Y_i = b_0 + b_1 X_i$	$Y_i = b_0 + b_1 \ln X_i$	$\ln Y_i = b_0 + b_1 \ln X_i$
因变量形式	对数	线性	对数
自变量形式	线性	对数	对数
斜率系数含义	自变量的绝对变化(absolute change)引起因变量的相对变化(relative change)幅度	自变量的相对变化引起因变量绝对变化的幅度	自变量的相对变化引起因变量相对变化的幅度。所以该模型适合计算因变量对自变量的弹性(elasticities)

表 7.3 所描述的一元线性回归的 3 种形式都不能直接与传统的一元线性回归模型(自变量和因变量都是线性的,lin-lin model)相比较,因为本质上它们的变量是不一样的,不具有可比性。

在实务中,如何选择一个合适的一元线性回归形式取决于模型的拟合度和有效性,可通过可决系数 R^2、F 检验和回归标准误 s_e 来判断。也可通过回归的残差项是否满足随机性和正态分布来判断。一般来讲,一个合适有效的回归可决系数比较大、回归标准误比较小、F 检验显著、残差项呈现随机性且服从正态分布。

---备考小贴士---

该知识点主要是定性考查,考生须掌握三种一元线性回归形式的特点及其对比。如何选择合适的形式依赖于本章前面所学的统计量和方法。

练一练

7-1 Which of the following statements about the assumption of homoskedasticity in linear regression is most accurate? Homoskedasticity refers to that:
  A. the variance of the error term is the same for all observations.
  B. the error term is normally distributed.
  C. the error term is uncorrelated across observations.

7-2 The analysis of variance (ANOVA) of a simple linear regression is presented in the following table:

Source	df	Sum of Squares	Mean Square
Regression	1	0.068	0.068
Residual	25	0.025	0.001
Total	26	0.093	

The coefficient of determination is closest to:

A. 68.

B. 0.27.

C. 0.73.

7-3 An analyst runs a simple linear regression of the stock return (R_i) on the company size ($Size_i$, logarithmic form) as follows: $R_i = 0.04 - 0.15\ Size_i$. The regression results show that the coefficient of determination is 0.45. The correlation between the stock return and the company size is closest to:

A. -0.15.

B. 0.67.

C. -0.67.

7-4 An analyst analyzed the impact of China's household income on consumer spending. He collected the data of per capita disposable income (PCDI) and per capita consumption expenditure (PCCE) of 100 Chinese cities in 2020 to run a linear regression with PCCE as the dependent variable and PCDI as the independent variable, and obtained the following results:

	Coefficients	Standard Error	t-Statistic	p-Value
Intercept	1 353.231 6	680.342 3	1.989 0	0.000 1
PCDI (CNY)	0.785 6	0.026 4	29.757 6	0.000 0

Based on the regression results, if the per capita disposable income for a Chinese city is 43 834 RMB, the predicted per capita consumption expenditure is closest to:

A. 35 789.222 0.

B. 32 234.987 3.

C. 48 187.231 6.

7-5 An analyst used a linear regression model to analyze the relationship between the market capitalization (CAP) of public companies and their earnings per share (EPS). She collected data from 100 companies and set EPS as the independent variable and CAP as the dependent variable. The regression results showed that the p-values for F-statistic and t-statistic for the slope coefficient are 0.02 and 0.03, respectively. Which of the following statements is most likely correct?

A. The relationship between CAP and EPS is statistically significant at the 0.05 level.

B. The relationship between CAP and EPS is statistically significant at the 0.01 level.

C. The relationship between CAP and EPS is neither statistically significant at the 0.05 level nor at the 0.01 level.

7-6 Eric, CFA, analyzed the relationship between the height and weight of 1 000 college students. He set height (cm) as the independent variable (X) and weight (kg) as the dependent variable (Y), and ran a linear regression between them. The regression results are shown as follows:

	Coefficients	Standard Error	t-Statistic	p-Value
Intercept	0.215 6	0.013 6	15.852 9	0.000 0
Height	0.421 6	0.217 8	1.935 7	0.002 3

Based on the table, if a college student's height is 175cm, the expected weight of the college student is closest to:

A. 80.347 6kg.

B. 73.995 6kg.

C. 67.897 6kg.

7-7 An analyst runs a simple linear regression to explain the annual GDP in a country as a function of the annual total energy consumption. According to the regression results, the coefficient of determination is 0.011 9. It means that:

A. 1.19% of the variation in the annual GDP is explained by the variation in the annual total energy consumption.

B. the variation in the annual GDP explains 1.19% of the variation in the annual total energy consumption.

C. the annual growth in total energy consumption explains 1.19% of the annual growth in GDP.

7-8 With regard to regression statistics, the mean square error is:

A. the sum of squares error divided by its degrees of freedom.

B. the sum of squares regression divided by the number of independent variables.

C. the standard deviation of the standard error of the estimate.

7-9 The analysis of variance (ANOVA) of a simple linear regression is presented in the following table:

Source	df	Sum of Squares	Mean Square
Regression	1	28.960 7	28.960 7
Residual	35	260.000 2	7.428 6
Total	36	288.960 9	

The F-statistic used to test whether the slope coefficient is equal to zero is closest to:

A. 0.256 5.

B. 3.898 5.

C. 0.111 4.

7-10 Jones makes three statements about the assumptions of a simple regression as follows.

Statement I: The residuals are uncorrelated across observations.

Statement II: The relationship between the dependent variable and independent variable is linear in parameters.

Statement III: The independent variable is normally distributed.

How many statements are correct?

A. 1.
B. 2.
C. 3.

7-11 Eric, a leading quantitative analyst, conducts a simple linear regression of Alpha stock returns (Y_i) on the returns of a major market index (X_i) using the monthly data over the past ten years. Related data in the regression are given in the table below:

Average Returns of Alpha Stock $\bar{Y}$	Average Returns of Major Market Index $\bar{X}$	Sum of Cross-Product $\sum[(X_i-\bar{X})(Y_i-\bar{Y})]$	Sum of Squared Residual $\sum(Y_i-\hat{Y}_i)^2$
−0.017 292	0.006 487	0.087 457 8	0.069 224 6

According to the information above, the standard error of the estimate is closest to:
A. 0.024 22.
B. 0.035 66.
C. 0.037 20.

7-12 Gloria, a quantitative analyst, notices that the gross profit margin of a real estate developer is correlated with the GDP growth rate. Based on 20 observations, she conducts a simple linear regression using the gross profit margin as the dependent variable, and the GDP growth rate as the independent variable. The regression results are presented in the table below:

	Coefficient	Standard Error
Intercept	0.021 2	0.556
GDP Growth Rate	0.253	0.108

Notes:
① The absolute value of the critical value for the t-statistic with 18 degrees of freedom is 2.101 at the 5% level of significance.
② The standard error of the forecast (s_f) is 0.073 24.

If the forecasted value of the GDP growth rate is 2%, the 95% prediction interval for the actual gross profit margin is closest to:
A. −0.134 1 to 0.149 0.
B. −0.127 6 to 0.180 1.
C. −0.092 2 to 0.157 3.

第 8 章 大数据分析

知识引导

本章讲述了金融科技在投资管理中的运用,体现了 CFA© 协会对金融科技的重视。随着大数据、人工智能、机器学习等技术的发展,科技在金融行业中的运用越来越广泛,从而诞生了"金融科技"这一概念。金融科技(Fintech)的单词由金融(Finance)和科技(Technology)两个词组合而成,但金融科技并非两者的简单相加。实际中,数据科学的应用对金融服务行业产生了重大影响,具体包括投资上的数据可视化、文本分析和自然语言处理。

考点聚焦

本章所有考点的要求都是描述(describe),考生无须因不了解金融科技而过度担心。金融科技的运用本身是非常深奥及偏实务的,但从考试的角度来说,主要以定性结论考查为主。考生主要掌握大数据、人工智能、机器学习、数据可视化、文本分析与自然语言处理的基本思想即可。根据协会的考纲要求,本章没有涵盖任何复杂的数学推导和计算。

本章框架图

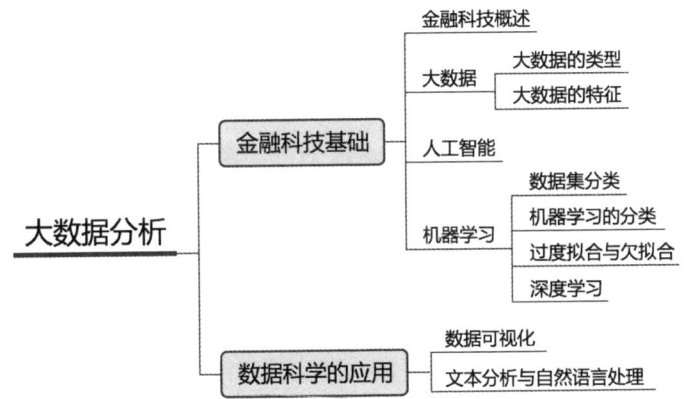

8.1 金融科技基础（Basics of Fintech）

8.1.1 金融科技概述（Introduction to Fintech）

—考点要求—
描述（describe）与金融数据收集和分析直接相关的金融科技各个方面（★）

金融科技（fintech）是金融（finance）与科技（technology）的结合。金融科技并非特指某一种技术，而是泛指大数据（big data）、人工智能（artificial intelligence，AI）、机器学习（machine learning，ML）等最新科技在金融服务行业中的运用。

例如，在投资咨询业务中，近年来机器人投顾（robo-advisers）风靡华尔街。诸如贝莱德、桥水等许多著名资本管理公司都用机器人投顾取代了人工投顾，并大幅裁员。机器人投顾利用人工智能等技术，可以为客户提供极具个性化的投资理财服务，并且大幅降低成本。

> **知识一点通**
>
> 部分刚接触金融科技的考生会简单地将金融科技与量化投资两个概念相等同。实际上，量化投资只是金融科技在投资管理中具体应用的一个方面而已。并且，金融科技在量化投资中主要运用大数据、人工智能和机器学习，与传统的量化投资方法（非学习型算法）还有所不同。

8.1.2 大数据（Big Data）

8.1.2.1 大数据的类型（Types of Big Data）

随着 IT 技术与金融行业的发展，不论在数据存储、处理还是分析方法上，金融行业对数据的要求都越来越高。

对于传统数据（traditional data），诸如股价、经济指标、财务报表等，分析师对数据量及精准度的需求越来越高。例如，在一些高频交易策略中，对数据刷新的频率要求至少是毫秒，乃至微秒级别（1 秒＝1 000 毫秒，1 毫秒＝1 000 微秒）。因此，无论是计算机硬件还是算法都必须具备处理海量数据的能力。

对于非传统数据（non-traditional data），也称为另类数据（alternative data），诸如社交媒体、传感器网络系统（sensor networks），需要运用特殊的数据存储及处理方法。例如，有些人工智能算法，会根据社交媒体中出现的积极词汇频率来对市场整体行情进行判断。然而，如何定义"积极词汇"、如何处理分析这些文本型的"积极词汇"（空间占用往往是巨大的），都必须运用到大数据分析技术。

大数据通常产生于金融市场、商业运作、政府行为、个体经济活动、传感器（如卫星数据等）、物联网（Internet of things）等。如前文所述，另类数据是大数据分析中常见的一类数据，其来源主要可分为以下三种，见表 8.1。

表 8.1 另类数据的分类

分类	含义	特征
个体(Individuals)	个体数据主要产生于社交媒体、新闻、网页搜索等	个体数据通常是文本、音频、视频、图片等非结构化数据的形式。其容量是非常大的,比如阿里巴巴公司,仅每天被浏览扫描的数据就相当于千万部高清电影的容量
商业过程(Business process)	商业过程产生的数据包括交易数据以及公司自身的相关数据	商业过程产生的诸如销售数据等,通常是结构化的数据形式。传统形式的商业过程数据,比如年报通常是滞后的。而另类数据中的商业过程数据,往往是企业运营的领先指标或实时指标
传感器(Sensors)	传感器数据包括卫星传输的数据、GPS 定位、物联网数据(Internet of things)	传感器数据通常依托于某电子设备(如智能手机等),通过网络连接起来,即现在很流行的概念"物联网"。这类数据的容量,随着电子设备的不断发展也呈现出指数增长的模式

8.1.2.2 大数据的特征(Big Data Characteristics)

在信息时代,随着各行业保存数据、获取数据以及使用数据的能力逐渐增强,催生了大数据分析在金融行业中的运用。如前文所述,传统数据可从财务报表、监管文件等渠道获得。而随着科技的进步,一些非传统的另类数据则可从微信、微博、邮件等渠道获得。

总体来看,大数据的特征可总结为"3V":volume(容量大)、velocity(速度快)、variety(多样性),见表 8.2。①

——考点要求——
描述(describe)
大数据的含义
(★)

表 8.2 大数据的特征

特征	含义
Volume(容量大)	需要处理的数据通常是海量的,数据容量从 MB、GB、TB、甚至到 PB 级。考生一般比较熟悉 MB、GB 的容量,TB、PB 的量级如下: 1 TB＝1 024 GB＝1 048 576 MB 1 PB＝1 024 TB＝1 048 576 GB
Velocity(速度快)	数据传输速度逐渐变快。从批量(batch)传输、到定期传输(periodic)、再到接近实时(near real time)传输,乃至实时传输(real time)
Variety(多样性)	数据多样性体现在来源多样性及格式多样性上。具体而言可分为以下三类: (1) 结构化数据(structured data):能以表格的形式存储在数据库中的数据,每一字段代表同类型的信息,如 SQL 或 CSV 格式的结构数据。 (2) 非结构化数据(unstructure data):不能以表格之类标准形式展现的数据,如视频信息数据。 (3) 半结构化数据(semi-structured data):介于结构数据与非结构化数据之间,如 HTML 格式

大数据在运用于投资分析时也面临着挑战,如数据的质量、数量以及适当性。在大多数情况下,数据在使用前必须进行预处理,这一步骤对于另类数据尤为困难,因为另类数据通常是非结构化的数据(如文本、图片和音视频)。

总而言之,对于传统数据,我们通常采用统计方法来对其进行分析与预测;然而,对于非传统的另类数据,必须采用特别的大数据分析方法,如下节将介绍的人工智能与机器学习。

---

① 按照维克托·迈尔-舍恩伯格及肯尼斯·库克耶编写的《大数据时代》,大数据具有 5V 的特点,还有两个 V 分别是 value(低价值密度)和 veracity(真实性)。这里我们遵照原版书的描述。

8.1.3　人工智能（Artificial Intelligence）

—考点要求—
描述（describe）人工智能与机器学习的含义（★）

人工智能（artificial intelligence, AI）试图让计算机模拟人类智能的方式进行决策分析。人工智能的运用范围非常广泛，包括语音识别、机器人技术、图像识别等。20世纪80年代，人工智能的方法，尤其是神经网络（neural networks）被引入了金融领域，在一定程度上得到了广泛运用。神经网络模拟类似于大脑神经突触联接的结构，接收信息，并进行处理得到结论。

8.1.4　机器学习（Machine Learning）

8.1.4.1　数据集分类（Classification of Datasets）

机器学习（machine learning, ML）是实现人工智能的重要途径。在机器学习中，通常把数据分为训练样本（training dataset）、验证样本（validation dataset）与测试样本（test dataset）三部分。通常机器学习算法会利用训练样本来发现输入变量（inputs）与输出变量（outputs）之间的关系。随后，再利用验证样本来验证这种关系。最后使用测试样本来测试模型对新数据的预测能力。如果测试通过，再利用得到的关系以及其他数据集来进行预测。

在整个学习过程中，如何得到输入变量与输出变量关系通常是个无法说明的"黑箱"（black box）。这也是为什么对于外行人来说，机器学习如此神秘的原因。

> **知识一点通**
>
> 人工智能、机器学习与传统的计算机程序最大的区别就在于"学习"。传统的计算机程序相当于一张既定的菜谱，计算机根据菜谱照方抓药，做出事先设定的菜肴。而机器学习则不同，我们并不会给计算机提供一张"固定"的菜谱，计算机在做菜的过程中会不断地根据每次做菜的味道，不断学习，调整改良菜谱。
>
> 在实际应用中，诸如语音识别（例如 iPhone 的 Siri）、无人机驾驶等技术是很难固定的程序来实现的，必须运用人工智能、机器学习的算法才能实现。人工智能最有名的例子莫过于，谷歌开发的 Alpha Go 先后击败李世石、柯洁等围棋世界冠军了。围棋虽然是一种完全信息博弈（19×19 的棋盘，理论上是可以穷尽所有可能的），但由于穷举的计算量巨大，Alpha Go 采用的是一种学习性的算法：它通过自己与自己下棋，不断学习，找到获胜概率最大的下法。然而，值得指出的是，机器学习的方法主要是靠归纳、综合，而不是演绎。即 Alpha Go 虽然赢得了比赛，但还无法完全诠释这样下的棋理。

8.1.4.2　机器学习的分类（Types of Machine Learning）

1. 监督学习（Supervised Learning）

监督学习，顾名思义，输出数据是被"监督的"，即是被事先分类打上标签的（label）。例如，我们根据中国各地的房源数据来预测未来房价趋势。其中，输入变量可以为房子面积、地段、是否带电梯等,输出变量为"上涨""下降"。这里输出变量的分类是被事先打上标签的,要么"上涨",要么"下跌"。因此要用监督学习类的算法来进行预测。类似地,判断债券是否会违约也可以使用监督学习的算法。

2. 非监督学习(Unsupervised Learning)

与监督学习相反,非监督学习的输出变量没有被事先打上标签。例如,我们可以在笔迹识别技术中使用非监督学习的算法。这时输入变量可以是千百万人的笔迹,而输出变量并没有事先给定。计算机会根据笔迹输入数据的不同特征将其自行归类(类别没有事先设定)。

> **知识一点通**
>
> 常见的监督学习算法包括线性回归、逻辑回归模型、Z-score 模型等;常见的非监督模型包括聚类分析、主成分分析等算法。原版书在这里没有任何展开描述,因此考生了解即可。

8.1.4.3 过度拟合与欠拟合(Overfitting and underfitting)

机器学习最重要的问题是**过度拟合**(overfitting)与**欠拟合**(underfitting)。

过度拟合是指在学习过程中,过度使用数据,把**数据中的噪声**(noise)**当作了真实参数**(true parameter),得到了一个看似非常符合数据的结论。但一旦换了个数据集,结论就不适用了。过度拟合在量化投资中非常常见,例如,一个根据历史数据拟合出的交易策略看似收益率极高,但在实际交易中却很难盈利。

欠拟合是指在学习过程中,**把真实参数当成了噪音**,从而得出了一个过于简单的模型。

具体我们可以通过图 8.1 来理解过度拟合与欠拟合。在图 8.1 中,X 与 Y 的真实关系实际上是实线所表示的二次函数关系。图中欠拟合的情形是用过于简单的一次线性函数来拟合 Y 与 X 的关系(短虚线),而过度拟合则是用了一个非常复杂的六次多项式来拟合 Y 与 X 之间的关系(长虚线)。六次多项式函数看似很好地穿越了每一个训练样本点,但无论在自然科学还是社会科学中,很难有两个变量刚好呈现出六次函数的关系。只要换一组训练样本,这个关系极有可能就不成立了。

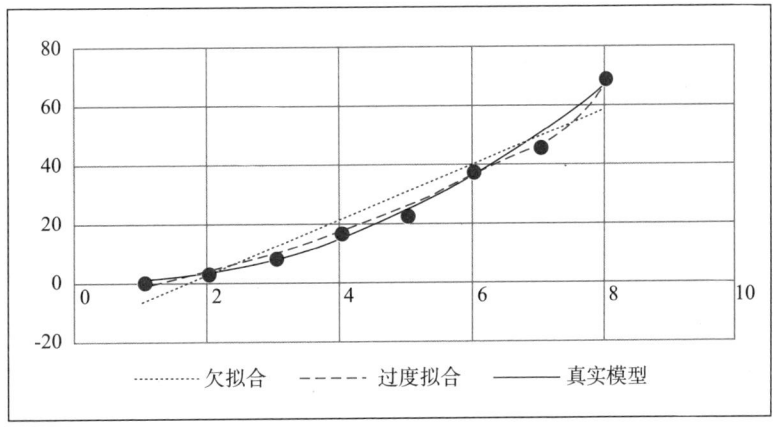

图 8.1 过度拟合与欠拟合

> **知识一点通**
>
> 过度拟合可以理解为"把偶然当成了必然"。例如,每次世界杯或者 NBA 总决赛等重要比赛之前,总会有各种诸如此类的报道:"在世界杯 88 年的历史中,夺冠球队的主教练一定是来自本国""世界杯逢 8 之年必出新冠军"。这些根据历史数据得出来的结论看似神奇,其实都是过度拟合的结果。

8.1.4.4 深度学习(Deep Learning)

深度学习算法同时运用了监督与非监督机器学习的算法。现在比较流行的深度学习模型是神经网络模型(neural networks)。神经网络模型在 20 世纪 50 年代就已经诞生,被广泛运用于各个领域。神经网络算法的基本思想是模拟人脑神经元对信息的处理方式。神经网络由神经元(也称节点)构成,不同神经元相互连接,传递信息。每个神经元都对应一个输出函数,并赋予相应权重,用于处理输入信息。神经元的层级越多,模型越复杂,这些层级相当于隐藏层(hidden layer),也就是通常说的黑箱。

8.2 数据科学的应用(Application of Data Science)

—考点要求—
描述(describe)大数据与数据科学在投资管理中的运用(★)

8.2.1 数据可视化(Data Visualization)

"一张图表胜千言"。数据可视化是指如何用图表的形式呈现、总结数据。对于传统的结构化数据,我们运用一般的软件(如 Excel)已可以非常精美且直观的反映数据特征。然而,对于非传统的非结构化数据则必须运用新的技术才能较好地呈现(如 3D 技术)。

图 8.2 的图形俗称"标签云"(tag cloud),就是数据可视化的一种应用。图中的词汇为我国四大名著之一《红楼梦》中的常用词汇,使用频率越高的词汇字体越大。

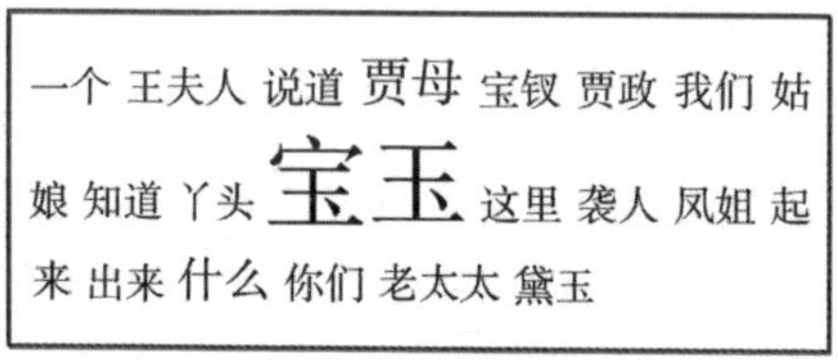

一个 王夫人 说道 贾母 宝钗 贾政 我们 姑娘 知道 丫头 **宝玉** 这里 袭人 凤姐 起来 出来 什么 你们 老太太 黛玉

图 8.2 《红楼梦》词频分析(部分)

> **知识一点通**
>
> 不少学者认为我国四大名著中的《红楼梦》八十回前后为不同作者所著,他们从考证的角度对比进行了论证分析。然而,大数据分析为这个问题提供了新的解决思路。已有不少论文从大数据词频分析的角度分析发现:《红楼梦》前八十回与后四十回在常用虚词的使用上发生了显著变化,论证了其前后实际上为不同作者所著的观点。

8.2.2 文本分析与自然语言处理（Text Analytics and Natural Language Processing）

文本分析（text analytics）是指通过计算机程序从非结构化数据中（如微博中的文本、音频文件）获取并分析数据。

自然语言处理（natural language processing）是指利用计算机程序分析处理人类的语言，是一门人工智能、语言学与计算机科学的交叉学科。自然语言分析是文本分析的深入应用。

例如，不少研究报告会分析美国总统在不同场合演讲稿的词频，以此分析政府政策的方向以及政府的态度。又如，传统的分析方法下，分析师仅根据财报数据来对公司的运营状况做出判断；而在自然语言处理下，可以对年报附注中的管理层对企业运营风险的描述中，分析其语言的运用，从而对企业运营状况进行深入解读。

练一练

8-1 Which of the following statements about machine learning is correct?
A. In supervised learning, inputs and outputs are not labeled.
B. A model overfitting the data means that it treats true parameters as if they are noise, and the model is too simplistic.
C. Deep learning may use supervised or unsupervised machine learning approaches.

8-2 Which of the following is an example of unstructured data?
A. Web searching records.
B. Daily closing stock prices.
C. Fundamental data from financial statements.

8-3 Which of the following is not the characteristic of big data?
A. Volume.
B. Velocity.
C. Value.

8-4 Which of the following statements about text analytics and natural language processing is least likely correct?
A. Text analytics includes using computer programs to perform automated information retrieval from different, unrelated sources to aid the decision-making process.
B. Natural language processing only analyzes annual reports, call transcripts and news for investment management because the reliability of data sources is important.
C. Models with natural language processing might incorporate traditional and non-traditional information to forecast coming trends that may affect investment performance in the future.

扫码查看
答案及解析

立即扫码添加【学习规划师】，助您本章学得更快更好！
问答服务 + 学习规划 + 课程分享

附 录
计算器使用说明

一、基本介绍

(一) 基本说明

在 CFA® 考试中,CFA® 协会指定使用两种专业计算器,即德州(Texas Instrument) BA II+专业版计算器、惠普(Hewlett Packard)12C 系列计算器。本书推荐考生使用德州 BA II+专业版计算器(英文全称:Texas Instruments BA II+Professional)。一方面,这款计算器功能强大、界面友好、易于上手;另一方面,这款计算器不仅是 CFA 考试指定计算器,还同时适用于其他各类主流财经证书考试。本书中所有关于计算器的使用都将以德州 BAII 专业版为示例,下文将德州 BAII+专业版计算器简称为计算器。

(二) 常用功能键说明

考生拿到计算器后,首先要熟悉界面。计算器界面可以分为四个区域:前两排按钮为第一个区域,主要是基本功能键;第三排按钮为第二个区域,用于计算现金流的货币时间价值;第四排开始围绕数字键的为第三个区域,主要是各种运算与存储功能;最后一个区域是数字键。计算器常用功能可见附表1,一些重要功能后文用到时会详细说明。

附表1 常用功能键说明

按键	功能	按键	功能
CPT	计算	PV	现值
ENTER(SET)	输入(设置)	PMT	单个复利周期的 cash flow(可用于计算年金)
2ND	启用第二项功能	FV	未来值
CF	进入 cash flow 的数据输入	$\sqrt{x}$	对前一个输入的数值开方
NPV	进入 NPV 的计算	x^2	对前一个输入的数值平方
IRR	进入 IRR 计算	$1/x$	对前一个输入的数值求倒数
→	删除	x^y	求 x 的 y 次方
N	复利周期的次数	STO	存储数据
I/Y	单个复利周期的利率	RCL	调用所存储的数据
↑↓	上下移动	CE/C	数据归零

(三) 常用组合键说明

计算器的许多按键都具备第二种功能。例如数字键"1"的正上方注明"DATE"字样,表明数字键"1"还具备日期相关功能。**启用第二项功能的方法是按"2ND"键**(位于第二排第一个按钮)。例如,若想启动日期功能,只需依次按"2ND"键与数字键"1",即可进入 DATE 功能界面。常见组合键功能可见附表 2。考试中常用的组合键功能会在下文详细说明。

附表 2　常用组合键说明

组合键	功能	组合键	功能
2ND+小数点	可设置计算结果的精确位数/设置计算法则	2ND+8	对输入的数据进行统计分析
2ND++/-	重新设置 Chn 和小数点位数	2ND+9	可计算 Bond 的相关数值
2ND+0	进入 memory 中所存储的数据	2ND+X	计算 $x!$(x 的阶乘)
2ND+1	进入日期设置	2ND+-	计算排列的数量
2ND+2	可计算 Nominal rate 或 Effective rate	2ND++	计算组合的数量
2ND+3	可计算盈利	2ND+CE/C	清零
2ND+4	可计算折旧	2ND+CPT	退回到标准计算器模式
2ND+5	可计算百分比变化值	2ND+ENTER	转换设置
2ND+6	可计算盈亏平衡点	2ND+PMT	转换 BGN 和 END 模式
2ND+7	可输入数据	2ND+=	显示上一次的计算结果

二、计算器的基本设置

考生在使用计算器之前,必须先对计算器进行基本设置,否则计算结果容易出错或不符合要求。

(一) 精度设置

计算器可以精确到 8 位小数。我们建议考生至少设置 6 位小数,以满足考试要求,设置方法见附表 3。

附表 3　精度设置方法

步骤	计算器显示
[2nd][.]	DEC=2.00
[6][ENTER]	DEC=6.000000
[2nd][CPT]	0.000000

本章接下来都会用上表的方式来介绍计算器使用方法。其中,第一列显示操作步骤,第二列显示该步骤操作后,计算器显示屏上出现的数字,考生可以以此对照自己的操作有没有错误。例如,上表中第一步操作[2nd][.]是调用"·"号键上方的 FORMAT 功能,此时计算器屏幕上显示 DEC=2.00,DEC 是英文小数的缩写,表明默认的小数位数是 2 位。第二步操作[6][ENTER],即输入数字 6 后,按 ENTER 键(该键位于第一排第二列,注意不是按"="键),将小数位修改成 6 位。最后一步是[2nd][CPT],即调用"QUIT"功能退出。

(二) 优先级算法设置

计算时不同符号的优先级是不同的,比如 3+5×4,乘法计算优先级高于加号,所以计算结果应为 23。然而，对于一般计算器来说都不具备识别优先级的功能，如果依次将上式输入，计算顺序是先加后乘，得出的结果是 32。不过 TI BA II 具备切换识别优先级的功能，在 CHN 模式下不考虑优先级，而在 AOS 模式下考虑优先级。由于计算器默认设置是 CHN 模式，我们需要将其调整为 AOS 模式。调整方法如附表 4 所示。

附表 4 优先级算法设置方法

步骤	计算器显示
[2nd][.]	DEC=2.00
[↓]按四次	Chn
[2nd][ENTER]	AOS

此外，在 AOS 模式下如果想要改变优先级，可以利用计算器中的"( )"键。计算器将优先计算括号中的表达式。

（三）每期现金流时点设置

每期现金流有可能在期初也有可能在期末，计算器可以分别在两种模式下计算现值与终值。计算器的默认模式是 END。BGN 功能可用于计算先付年金，设置方法如附表 5 所示。

附表 5 每期现金流时点设置方法

步骤	计算器显示
[2nd][PMT]	END
[2nd][ENTER]	BGN

> **备考小贴士**
>
> 考生一定要注意：如果考试中需要用到 BGN 功能，按照上述步骤调整后，计算器右上角会显示"BGN"字样，在用完"BGN"功能后一定要调回"END"模式，否则后面题目的计算都会出现错误！

三、存储与记忆功能介绍

考试中，有些计算题需要多个计算步骤，此时就非常有必要将不同步骤的计算结果储存下来，进行最后的计算。计算器最多可以存储 10 个数字，分别对应"1"到"9"数字键，储存方法如附表 6 所示。

附表 6 存储功能使用方法

步骤	计算器显示
[2.55]	2.55
[STO]	2.55
[1]	2.550000
[RCL][1]	2.550000

简言之,我们可以利用"STO"+数字键,将计算结果存储到对应数字键上;需要用时可以用"RCL"+数字键调用之前存储的结果。

> **备考小贴士**
>
> 这个功能在考试中非常好用,考生应充分利用。

四、专向功能介绍

(一)日期计算功能(Date Functions)

有些情况下,计息必须精确到具体天数,这就需要计算不同日期间的天数。例如,计算 2014 年 6 月 2 日到 2014 年 12 月 6 日间实际天数,计算步骤如附表 7 所示。

附表 7 日期计算功能计算步骤

步骤	计算器显示
[2nd][1]	DT1=12-31-1990(U.S.)
[6.0214][ENTER]	DT1=6-02-2014
[↓]	DT2=12-31-1990
[12.0614][ENTER]	DT2=12-06-2014
[↓]	DBD=0.000000
[CPT]	DBD=187.000000
[↓]	ACT(365-day mode)

计算日期时,有几点考生需要注意:

(1)日期输入方式:如 2017 年 5 月 30 日,计算器中输入时按月日年的顺序输入小数,即 5.3017。其中,年份只要输入末尾两位数即可(超过 50 表示 19××年,小于等于 50 表示 20××年),考试不会出现超出计算器范围的年份。

(2)两个日期的间隔天数与实际计息规则相同。例如,2017 年 1 月 1 日与 2017 年 1 月 2 日间,间隔 1 天而不是 2 天。

(3)ACT 表示计算实际天数(一年以 365 天计算),也可以用[2nd][set]键更改至 360 天模式。

> **备考小贴士**
>
> CPT 是计算键,在很多功能中都是按此键得出计算结果。考生切记运用各种计算功能模块时,先按[2nd][CE/C]调用 CLR WORK 清除之前的计算结果,否则容易出错。

(二)有效年利率与名义利率的转换(Effective and Nominal Interest Rate)

可以利用计算器之间转换有效年利率与名义利率。其中,"NOM"表示名义利率,"EFF"表示有效年利率,"C/Y"表示一年内计息次数,转换方法如附表 8 所示。

附表 8 有效年利率与名义利率的转换方法

步骤	计算器显示
[2nd][2]	NOM=0.000000
[6][ENTER]	NOM=6.000000
[↓][↓]	C/Y=1.000000
[4][ENTER]	C/Y=4.000000
[↑]	EFF=0.000000
[CPT]	EFF=6.136355

同样,可以在已知有效年利率的情况下计算名义利率,方法类似,考生可自行练习。

> **备考小贴士**
>
> 若想输入名义利率等于6%,只需输入数字6即可,无须在计算器中加百分号。

(三) 货币时间价值(Time Value of Money)

考试中使用计算器最频繁的功能就是计算货币的时间价值。该模块功能键位于第三排,每个按钮代表的含义如附表 9 所示。

附表 9 货币时间价值模块的功能键含义

步骤	计算器显示
N	计息期数
I/Y	计息期利率(Periodic rate)
PV	现值
FV	终值
PMT	每期年金数额

附表 9 中,只要知道 I/Y、PV、FV、PMT 与 N 五个变量中的任意四个就可以求剩下的一个,我们接下来通过例 1 至例 4 来展示。

例 1

假设当前投资 100 元,年利率为 5%,复利 10 年后终值为多少?

名师解析

按照题目条件,N=10、PV=−100、I/Y=5%、PMT=0,求 FV。

附表 10 例 1 计算步骤

步骤	计算器显示
[100][+/−][PV]	PV=−100.000000
[10][N]	N=10.000000
[5][I/Y]	I/Y=5.000000
[0][PMT]	PMT=0.000000
[CPT][FV]	FV=162.889463

上述计算过程中,考生应注意以下几点:

(1) 注意正负号,如果把期初 100 元投资看成现金流出,PV 就应该有负号,FV 是流入为正号,否则计算器会报错。

(2) 输入变量时,先输入数字再按相应变量键,而不是先按变量键再按数字键,否则将出错。

(3) 切记清空之前的内容。清空方法为依次按下[2nd][FV](即 FV 键上 CLR TVM 功能),而不是之前使用的[2nd][CE/C]。

上述步骤并没有严格顺序要求,先输入哪个变量的值不影响最终结果。

例 2

普通年金现值 某投资者彩票中奖,将在接下来 20 年每年年末收到 5 万元。在 10% 的折现率下计算该彩票的现值是多少?

名师解析

此例虽然是彩票形式,但实际现金流分布与普通年金无异。依据题目已知条件易得:PMT=50 000、N=20、I/Y=10%、FV=0,求现值 PV。注意虽然在最后一期有现金流 5 万元流入,但这已经包含在 PMT 中了,故 FV 为 0。本题现金流图如附图 1 所示。

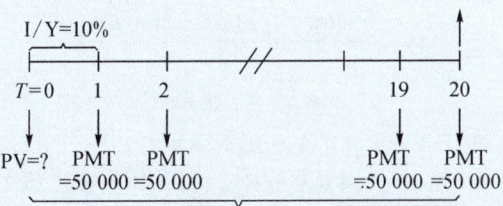

附图 1　例 2 现金流

附表 11　例 2 计算步骤

步骤	计算器显示
[50000][+/−][PMT]	PMT=−50000.000000
[20][N]	N=20.000000
[10][I/Y]	I/Y=10.000000
[0][FV]	FV=0.000000
[CPT][PV]	PV=425678.1860

例 3

先付年金终值 假设当前投资 1 000 元,并且在未来 3 年的每年年初均投资 1 000 元,年利率为 12%,问按复利计算在第 4 年年末投资者获得多少金额的回报?

名师解析

根据题目已知条件可得 PV=0、N=4、I/Y=12%、PMT=−1 000,求 FV。然而,注意到这道题中的 PMT 是在每期期初支付的而不是在期末,因此必须调整计算器计算模式,计算方法如附表 12 所示。

附表 12　例 3 计算步骤

步骤	计算器显示
[2nd][PMT]	END
[2nd][ENTER]	BGN
[1000][+/−][PMT]	PMT=−1000.000000
[4][N]	N=4.000000
[12][I/Y]	I/Y=12.000000
[0][PV]	PV=0.000000
[CPT][FV]	FV=5352.847360

其中,前两个步骤是将 END 模式转换为 BGN 模式,在计算完本题后考生应注意调回 END 模式,否则后续题目计算有可能出错。如果考生不喜欢使用 BGN 模式,也可以直接在 END 模式下计算,将结果乘以(1+I/Y)也能得出结论,可以通过现金流图理解原因。本题现金流图如附图 2 所示。

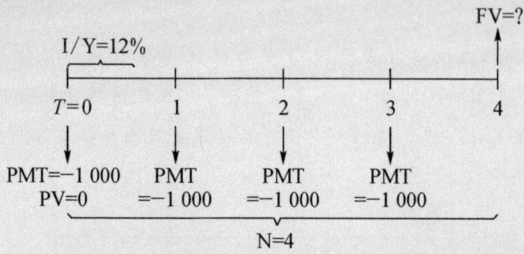

附图 2　例 3 现金流

在 $T=0$ 时间点上看,每期现金流是在期初;但若站在 $T=-1$ 的时间点上看,每期现金流就是在期末的(总共仍然 4 期,$T=3$ 是最后一期)。利用 END 模式,我们可以先计算 $T=3$ 时点的 FV=4779.328,再乘以(1+r)即 1.12 就可以换算到 $T=4$ 时点的 FV=5352.847360。

运用类似的操作,我们可以在已知 FV、PMT、I/Y 与 N 的情况下求 PV。

例 4

先付年金现值 假设当前投资 1 000 元,并且在未来 3 年的每年年初均投资 1 000 元,年利率 12%,问按复利计算该投资的现值是多少?

名师解析

此题计算方法与例 3 基本类似,不同之处在于此题 FV=0,求 PV。

附表 13　例 4 计算步骤

步骤	计算器显示
[2nd][PMT]	END
[2nd][ENTER]	BGN
[1000][+/−][PMT]	PMT=−1000.000000
[4][N]	N=4.000000
[12][I/Y]	I/Y=12.000000
[0][FV]	FV=0.000000
[CPT][PV]	PV=3401.831268

也可以在 END 模式下计算现值：以 $T=0$ 时间点上看，每期现金流是在期初；但若站在 $T=-1$ 的时间点上看，每期现金流就是在期末。利用 END 模式，我们可以先计算 $T=-1$ 时点的 $PV=3037.349347$，再乘以 $(1+r)$ 即 1.12 就可以换算到 $T=0$ 时点的 $PV=3401.831268$。

同理，可以运用类似的方法在已知其余四个变量的情况下，分别求 I/Y 或 N。这里不再赘述，考生可自行练习。

（四）资本预算(Capital Budgeting)

在资本预算中，计算 NPV、IRR，或者计算不规则现金流现值时都可以利用计算器 CF 功能。例如，假设折现利率是 10%，各期现金流分布为 CF0=−175、CF1=25、CF2=100、CF3=75、CF4=50，计算 NPV。（见附表 14）

附表 14　资本预算计算步骤示例

按键	计息期数
[CF]	CF0=0.000000
[175][+/−][ENTER]	CF1=-175.000000
[↓][25][ENTER]	C01=25.000000
[↓][↓][100][ENTER]	C02=100.000000
[↓][↓][75][ENTER]	C03=75.000000
[↓][↓][50][ENTER]	C04=50.000000
[NPV][10][ENTER]	I=10.000000
[↓][CPT]	[NPV]=20.871184

> **知识一点通**
>
> 在输入现金流 C01 后，按一次[↓]键后屏幕会出现"F01"的字样，F01 代表 C01 现金流的频率，默认为 1。由于 C01 现金流只出现了一次，F01 无须更改，故我们直接再按一次[↓]输入 C02。

在按下[NPV]键后，计算器会先显示 I(利率)，此时输入 10(无须加百分号)后下翻至 NPV 页，按[CPT]键后即可计算出 NPV 值。

亦可计算上述现金流的 IRR。输入现金流的过程与上例完全相同，再依次按下 [IRR][CPT]，可得 IRR=15.067416。

（五）统计量计算(Statistics)

在抽样调查中，常见的统计量可以利用计算器直接算出，无须按照公式一步步计算。

例如，假设一只股票在过去 3 年的收益率分别为 6%、8% 与 4%，计算样本均值与方差操作过程如附表 15 所示。

附表 15　统计量计算的操作过程

按键	含义
[2nd][7]	X01=0.000000

续表

按键	含义
[6][ENTER]	X01＝6.000000
[↓][↓][8][ENTER]	X02＝8.000000
[↓][↓][4][ENTER]	X03＝4.000000
[2nd][8]	Lin
重复按[2nd][ENTER]	直至出现 1-V
[↓][↓]	$\overline{X}=6$

以上操作有几点考生需要注意：

(1) 计算前先用[2nd][CE/C]清除之前计算结果。

(2) [2nd][7]是为了调出输入数据模式；[2nd][8]是为了调出显示统计量模式。

(3) 输入数据时，按一次[↓]会显示"Y01"，这是双变量输入时用的，这个例子用不到这个功能。

(4) 由于只有单变量，在倒数第二步反复按[2nd][ENTER]直至调出 1－V 模式。

(六) 排列与组合数(Permutation and Combination)

1. 计算阶乘数(n Factorial)

阶乘数公式为：

$$n!=n(n-1)(n-2)(n-3)\cdots 1$$

例如，计算 4!，依次按 4[2nd][X]即可。

2. 组合数

组合数公式为：

$$C_n^r=\frac{n!}{(n-r)!\ r}$$

例如，计算 C_5^3，可依次按 5[2nd][＋][3][＝]可得答案 10。其中[2nd][＋]号键是调用组合数功能。

3. 排列数

排列数公式为：

$$P_n^r=\frac{n!}{(n-r)!}$$

例如，计算 P_5^3，可依次按 5[2nd][－][3][＝]可得答案 60。其中[2nd][－]号键是调用排列数功能。

第 2 部分 经 济 学

考情分析

本部分内容丰富,共分为 7 个章节,但涉及的知识点数量不多,在一级考试中分值只占 6%～9%,共计 11～16 道题。经济学的常见考试题型为概念题、计算题和图表题,其中以概念题为主。概念题主要考查重要的经济学概念、理论和结论,涉及计算的知识点较少且考点相对固定;图表题可以看作概念题和计算题的综合体。相较于去年,今年"经济学"的考纲没有变化。由于已从考纲中删除的部分基础知识对于原版教材的理解仍非常重要,因此,我们在中文教材中将其作为"预备知识"来呈现,以供考生选择性学习。

本部分的 7 个章节涉及经济学的三个方面:微观经济学、宏观经济学和国际经济学。第 9 章属于微观经济学,主要研究厂商供给决策和四种市场结构。第 10 和第 11 章属于宏观经济学,主要介绍整体经济发展周期、特点以及政府对宏观经济的调控。第 12 至第 15 章属于国际经济学,主要探讨国际贸易、资本流动、汇率和地缘政治等问题。其中,宏观经济学和国际经济学为考试重点。近年来,协会正在逐渐弱化微观经济学的考点,并更加强调宏观经济学和国际经济学在考试中的重要性。

本部分框架图

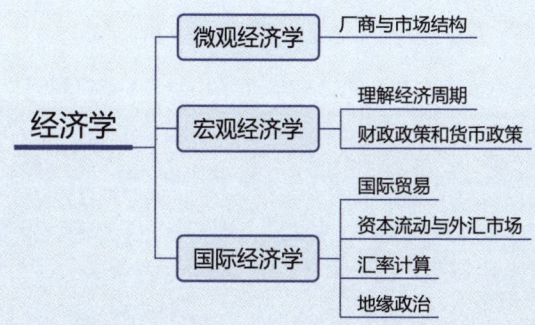

第 9 章 厂商与市场结构

知识引导

微观经济学(microeconomics),即从微观层面以单个个体为研究对象,研究消费者需求行为与厂商供给行为的社会科学。微观经济学分析不仅是宏观经济学的基石,其分析思维在国际贸易、国际金融领域还有着广泛的运用。在微观经济学中,厂商进行供给决策并构成了不同的市场:完全竞争市场、垄断竞争市场、寡头市场和垄断市场。本章将对厂商供给决策和每类市场逐一进行具体分析。

考点聚焦

本章的重要考点为厂商供给决策理论、四种市场结构的特征、每种市场结构下的均衡产量和定价,以及影响厂商短期和长期均衡利润的因素。同时,考生还需要掌握不同市场的特点。

本章框架图

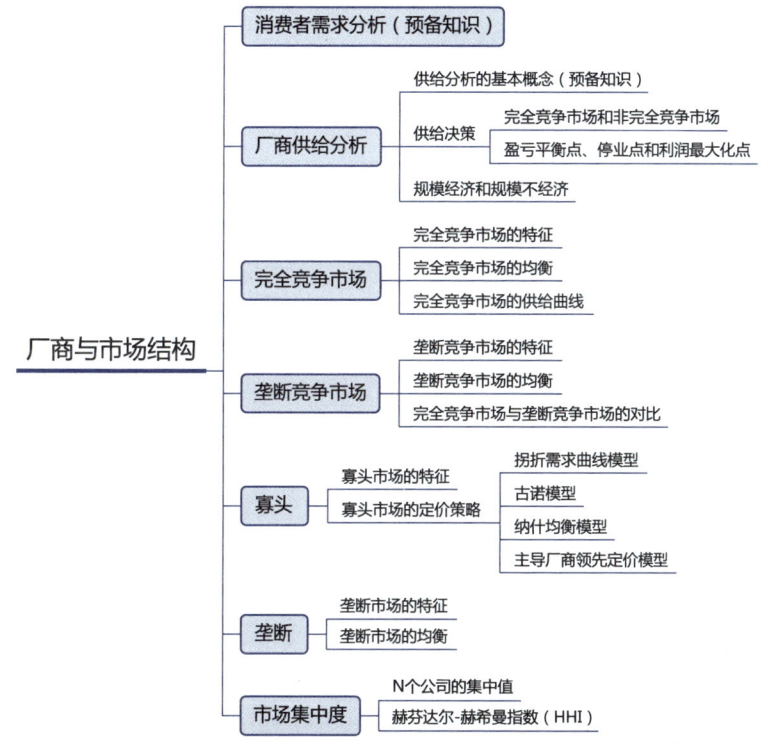

消费者需求分析

一、需求的相关概念

1. 需求（Demand）

需求在经济学里定义为消费者在特定价格水平下愿意且能够购买的商品或服务的数量。

2. 需求定律（Law of Demand）

需求定律是指对大部分商品而言，在其他条件不变的情况下，当商品价格上涨时，消费者购买该商品的数量下降；反之，消费者购买该商品的数量上升。

3. 需求函数（Demand Function）

除了商品自身价格是影响消费者购买量的主要因素之外，消费者的购买决策还受到其他因素的影响，如消费者收入、相关商品（替代品或互补品）价格、消费者对该商品的偏好、消费者预期、买家数量等。需求函数被用来描述这些因素对需求量的影响，即：

$$Q_x^d = f(P_x, I, P_y, \cdots)$$

其中，Q_x^d 为商品 X 的需求量；P_x 为商品 X 的价格；I 为消费者收入水平；P_y 为其他相关商品（替代品或互补品）Y 的价格。

4. 需求曲线（Demand Curve）

通过需求定律可知，商品的价格与需求量呈反比。需求函数可简化为：

$$Q_x^d = f(P_x)$$

需求曲线反映商品自身价格对其需求量的影响。

需求曲线表达式与需求函数公式互为反函数，被称为反需求函数（inverse demand function），即：

$$P_x = f(Q_x^d)$$

需求曲线是一条向下倾斜（斜率为负）的曲线，该曲线的斜率为价格的变化量（ΔP）与需求量的变化量（ΔQ）之比，即 $\dfrac{\Delta P}{\Delta Q}$。

例如，已知汽油价格及其需求量的需求函数为：$Q_x^d = 57 - 6.39 P_x$。其反函数为 $P_x^d = 8.92 - 0.156 Q_x$，对应的需求曲线如图所示。当汽油价格从 EUR 每升 2.48 下降到 EUR 每升 1.48 时，汽油的需求量从每月 41.15 升上升到每月 47.54 升。

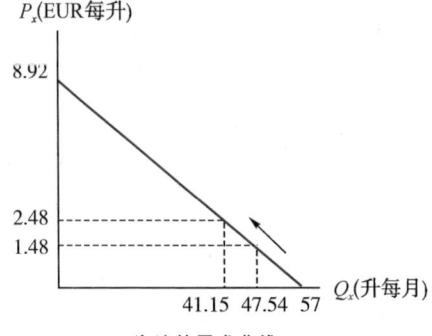

汽油的需求曲线

5. 消费者剩余

消费者剩余是指消费者消费一定数量的某种商品愿意支付的最高价格与这些商品实际市场价格之间的差额。消费者剩余在图像上表示为需求曲线以下、价格线以上的区域，见图中阴影部分三角形的面积。

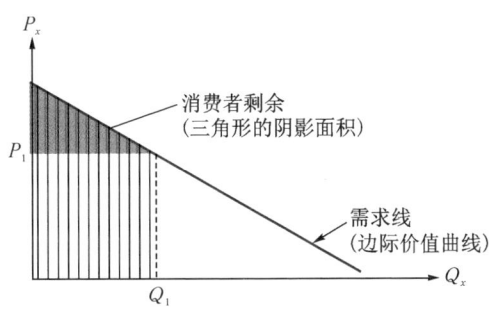

消费者剩余图

二、需求的自身价格弹性（Own-Price Elasticity of Demand）

1. 需求的自身价格弹性的定义

需求的自身价格弹性是衡量商品需求量对自身价格变化的敏感程度，数学表达式为需求量变化百分比与自身价格变化百分比的比值。需求的自身价格弹性用 $E^d_{P_x}$ 来表示，即：

$$E^d_{P_x} = \frac{\%\Delta Q^d_x}{\%\Delta P_x}$$

2. 需求价格弹性的类型

（1）富有弹性（elastic）：弹性的绝对值大于1，即 $|E^d_{P_x}| > 1$。当商品富有弹性时，商品需求量对价格变化较为敏感。当商品自身价格变化1%时，商品需求量的变化大于1%。

（2）缺乏弹性（inelastic）：弹性的绝对值小于1，即 $|E^d_{P_x}| < 1$。当商品缺乏弹性时，商品需求量对价格变化相对不敏感。当商品自身的价格变化1%时，商品需求量的变化小于1%。

（3）单位弹性（unit elastic 或者 unitary elastic）：弹性的绝对值为1，即 $|E^d_{P_x}| = 1$。这表明商品的需求量变化和自身价格的变化的幅度是一致的。

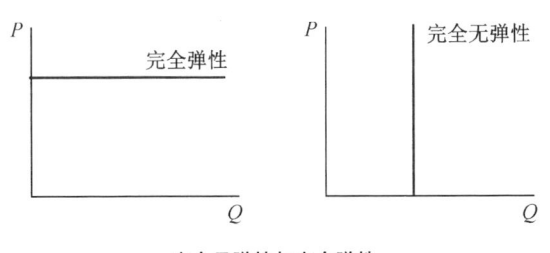

完全无弹性与完全弹性

（4）完全弹性（perfect elasticity）：当商品的价格是完全弹性时，需求曲线是水平的，此时弹性的数值为无穷大（见左图）。

（5）完全无弹性（perfect inelasticity）：当商品的价格是完全无弹性时，需求曲线是垂直的，此时弹性的数值为0（见右图）。

3. 影响需求价格弹性的因素

影响需求价格弹性的因素主要有以下四个。

(1) 替代品的可得性(availability of substitutes)与相似性(closeness of substitutes)：如果替代品越容易获得或越相似，那么消费者对商品价格变化的敏感程度越高，需求弹性越大。

(2) 该商品占消费者总预算的比例：如果该商品占消费者预算比例越高，该商品的需求弹性越大。例如，日常生活中，消费者对盐的价格变化不敏感，对房价的变化较为敏感。

(3) 价格变化后的反应时间：长期需求的价格弹性更高。商品价格上升后，反应时间越长，消费者越有时间去寻找替代品，从而降低对该商品的需求，因此需求的价格弹性就越大。

(4) 商品或服务的必需性：相对于必需商品(necessary)(如食品等)，可选商品(optional)(例如奢侈品)的价格弹性更大。

9.1 厂商供给分析

供给分析的基本概念

一、生产(Production)与产量(Product)

1. 生产函数(Production Function)

企业在生产和服务过程中的投入(inputs)被称为生产要素(factors of production)。例如：土地(land)、劳动力(labor)、实物资本(capital)和原材料(materials)等。在经济学中，为了简化分析，仅考虑劳动力与实物资本对产量的影响。因此，衡量产量的生产函数(production function)为：

$$Q=f(K,L)$$

其中，Q 为产量(output)；K 为实物资本，如厂房、设备、存货等有形资产；L 为劳动力。

在短期，经济学假设资本是固定的，可变的要素只有劳动力。因此，短期的生产函数为：

$$Q=f(L)$$

2. 总产量、平均产量和边际产量

不同企业的生产效率不同，而企业的生产效率可以由以下三种指标来衡量：

(1) 总产量(total product, TP)是企业在一段时间内所有劳动力生产的产量总和，即 Q。

(2) 平均产量(average product, AP)等于总产量除以总劳动力 $\left(\dfrac{TP}{L}\right)$，即每单位劳

动力的产出,用于衡量企业整体劳动力的效率。

(3) 边际产量(marginal product of labor, MP)又称为边际收益(marginal return),表示每增加一单位劳动力给总产量带来的增量 $\left(\dfrac{\Delta TP}{\Delta L}\right)$,用于衡量企业额外增加一单位劳动力的效率。

3. 边际收益递减规律(Diminishing Marginal Return)

短期内,由于资本水平是固定的,企业只能通过改变劳动力来影响产量。刚开始,随着劳动力的增加,企业对已有实物资产的使用率提高,边际产量会增加。但随着劳动力不断增加,由于受到资本的限制,从某个时点开始,边际产量递减。

如下图所示,在区域1,随着劳动力水平从 L_0 增加到 L_1,总产量从 0 增加到 Q_1,此时增速不断上升,区域1表现为边际产量递增;在区域2,随着劳动力水平从 L_1 增加到 L_2,总产量从 Q_1 增加到 Q_2,但此时增速却是下降的,这种现象称为边际产量递减。企业的总产量在 A 点达到最大值。在区域3,企业继续增加劳动力,总产量下降,边际回报为负。

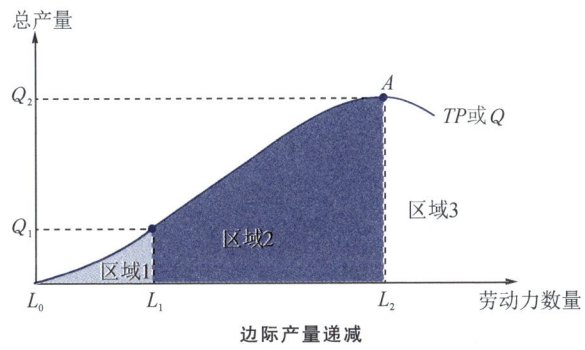

边际产量递减

二、收入(Revenue)

与收入有关的概念包括总收入、平均收入和边际收入。

(1) 总收入(total revenue, TR):对于生产单一产品且单一售价的公司而言,总收入为商品价格与商品销售数量的乘积,即 $TR = P \times Q$。

(2) 平均收入(average revenue, AR)等于总收入除以销量,即 $AR = \dfrac{TR}{Q} = \dfrac{P \times Q}{Q} = P$。

(3) 边际收入(marginal revenue, MR)等于每多销售一单位产品所增加的总收入,即 $\dfrac{\Delta TR}{\Delta Q}$。

三、成本(Cost)

1. 经济成本(Economic Costs)和会计成本(Accounting Costs)

经济学中提到的成本是广义的成本,和日常生活中所提到的成本不同。日常生活中提到的成本多为会计成本,即会计报表中损益表上的总成本。由于会计成本是看得见摸得着的,也称为显性成本(explicit costs)。例如,企业员工工资、办公楼租金费用、原材料费用等。经济学中提到的成本为经济成本,又称机会成本(opportunity costs),包括会计成本和隐性成本（implicit cost）。隐性成本是企业使用自身拥有的生产要素进行生产的经济代价。例如，企业投入50万元购买固定资产，因而放弃了50万元存到银行所能获取的利息收入。

虽然不管从经济学角度还是会计学角度，企业的收入都等于销售价格（P）与销售数量（Q）的乘积，即 $TR = P \times Q$。但是由于成本的不同，相应地存在会计利润（accounting profit）和经济利润（economic profit）。

会计利润或者财务报表上的净利润（net income）等于总收入减去总会计成本，即：

$$\text{Accounting profit} = \text{Total revenue} - \text{Accounting cost(Explicit costs)}$$

企业的经济利润（economic profit）等于总收入减去总经济成本，即：

$$\begin{aligned}\text{Economic profit} &= \text{Total revenue} - \text{Total economic costs} \\ &= \text{Total revenue} - \text{Explicit costs} - \text{Implicit costs} \\ &= \text{Accounting profit} - \text{Implicit costs}\end{aligned}$$

若隐性成本正好等于会计利润，则经济利润为零。此时的会计利润水平被称为正常利润（normal profit）。

2. 总成本、平均成本、边际成本、固定成本和可变成本

在经济学中讨论成本需要区分长期和短期。长短期的具体划分是根据企业能否进行规模调整而定。在短期，企业无法进行规模调整，因此存在固定成本（fixed costs）。在长期，企业有足够的时间进行规模调整，因此所有的成本都是可变成本（variable costs）。

具体而言，固定成本表现为费用金额固定，不会随着企业的产量增加或减少而发生改变，例如企业的办公楼租金。可变成本，顾名思义，会随着企业产量变化而变化，例如产品原材料。

总成本（total cost，TC）为总固定成本（total fixed cost，TFC）与总可变成本（total variable cost，TVC）之和，即：

$$TC = TFC + TVC$$

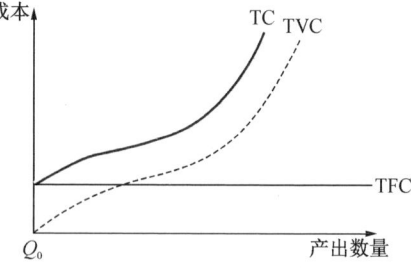

总成本、总可变成本、总固定成本

右图中，随着产量的增加，总固定成本（TFC）保持不变，始终是一条水平的直线。总可变成本（TVC）随着产量的增加而增加，总成本（TC）则是两者的总和，即将TVC的曲线向上平移TFC个单位。

总固定成本和总可变成本分别除以产量Q，可以得到平均固定成本（average fixed cost，AFC）和平均可变成本（average variable cost，AVC）：

$$AFC = \frac{TFC}{Q}$$

$$AVC = \frac{TVC}{Q}$$

平均总成本既可以通过总成本除以产量得到，也可以通过平均固定成本（AFC）和平均可变成本（AVC）两者相加得到，即：

$$ATC = \frac{TC}{Q}$$

或者

$$ATC = AVC + AFC$$

边际成本（marginal cost，MC）为每多生产一单位产品所增加的总成本，即 $\frac{\Delta TC}{\Delta Q}$。MC 曲线先下降后上升，呈 U 形。

随着产量的增加，工人的熟练程度提高，废品减少，生产效率也随之提高。这意味着在相同的资源投入下，厂商能够生产出更多的产品，从而降低了每额外多生产一单位产品的成本，导致 MC 先下降；当产量增加到一定程度时，某些生产要素（如土地、自然资源、劳动力等）的需求也会增加。由于这些资源的有限性，其价格往往会上涨，更高的生产成本由此推高了边际成本。另外，随着生产规模的扩大，厂商可能需要面对更为复杂的管理问题（如沟通协调成本上升、决策效率下降等），这些都可能导致边际成本的增加。因此，MC 后上升。

如下图所示，AFC 随着产量 Q 增加而下降。因为 AFC 等于 TFC 除以 Q，当 Q 增加时 TFC 保持不变，所以 AFC 随着 Q 增加而减少。

由于 ATC 等于 AVC 与 AFC 之和，所以 ATC 与 AVC 之间的距离为 AFC，即图中距离 A 和距离 B 是相等的，同理 X 和 Y 也是相等的。

S 点和 T 点分别代表 ATC 和 AVC 的最低点。边际成本曲线 MC 穿过 ATC 和 AVC 的最低点 S 和 T。

在 AVC 下降阶段，MC 也处于下降状态，且 AVC＞MC。这意味着每增加一单位产量，新增的成本（MC）低于当前的平均可变成本（AVC），因此 AVC 继续下降；当 AVC 降至最低点 T 时，MC 恰好等于 AVC；之后，随着产量的进一步增加，MC 开始上升并超过 AVC，导致 AVC 也随之上升。因此，MC 曲线穿过 AVC 曲线的最低点 T。

与 AVC 类似，ATC 也随产量的增加先下降后上升，呈 U 形。当 MC＜ATC 时，ATC 下降；反之，ATC 上升。MC 线穿过 ATC 线的最低点 S，意味着在 S 点上，新增一单位产量所带来的成本增加（MC）恰好等于当前的平均总成本（ATC）。之后，随着产量的增加，MC 的上升速度超过 ATC（由于 AFC 的下降速度逐渐减慢），导致 ATC 也随之上升。

综上，边际成本曲线 MC 会穿过 ATC 和 AVC 的最低点 S 和 T，如下图所示。

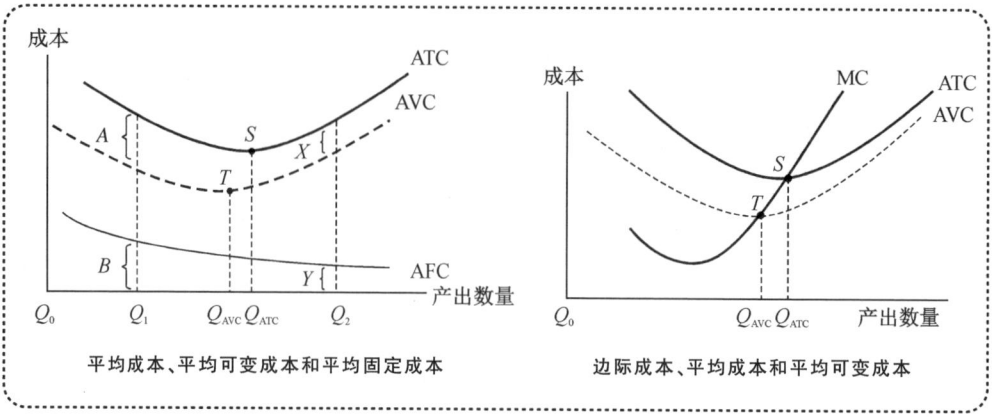

平均成本、平均可变成本和平均固定成本　　边际成本、平均成本和平均可变成本

9.1.1 供给决策

9.1.1.1 完全竞争市场和非完全竞争市场

在微观经济学中,根据企业间竞争程度,可以将市场分为完全竞争(perfect competition)和非完全竞争(imperfect competition)。

1. 完全竞争

在经济学中,完全竞争市场是一个非常理想的概念。在完全竞争市场中,假设有大量的卖家且其销售同质化(homogeneous)产品。那么,每一个卖家都是**价格接受者(price taker)**,都没有能力影响市场的价格。于是,完全竞争市场中的厂商面临的是一条水平的需求曲线(如图9.1所示)。

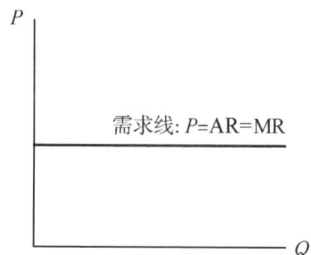

图 9.1 完全竞争市场厂商需求曲线

> **知识一点通**
>
> 在完全竞争市场中,价格线、需求曲线、平均收入线和边际收益线,四线合一。其中:
>
> $$\text{MR} = \frac{\Delta \text{TR}}{\Delta Q} = \frac{P \times \Delta Q}{\Delta Q} = P \tag{9.1}$$
>
> 公式(9.1)中,完全竞争市场中,厂商是价格接受者。由于价格不变,总收入的变化是由需求量的变化而引起的,即 $\Delta \text{TR} = P \times \Delta Q$。公式的推导过程不需要掌握,但是 MR=P 这个结论需要记住,后文还会涉及相关内容。

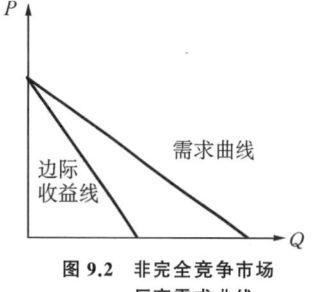

图 9.2 非完全竞争市场厂商需求曲线

2. 非完全竞争

与完全竞争市场相对应的是非完全竞争市场,该类市场的卖家数量并不多,甚至在极端情况下只有一个卖家(即垄断)。因为在这个市场产品是差异化的(heterogeneous),所以卖家是**价格制定者(price maker)**,具有一定的定价权(pricing power)。厂商制定的价格越低,消费者的需求量越大。因此,厂商的需求曲线是向下倾斜的,如图9.2所示。

> **知识一点通**
>
> 不同于完全竞争市场中的四线合一，非完全竞争市场中，需求曲线和边际收益曲线的纵轴截距相同，但斜率不同，边际收益曲线的斜率为需求曲线的两倍。这一结论需要记住，具体的推导过程如下（不需要掌握）：
>
> 设需求曲线的函数为：
>
> $$P = a - bQ$$
>
> 总收入为：
>
> $$TR = P \times Q = (a - bQ) \times Q = aQ - bQ^2$$
>
> 边际收入为：
>
> $$MR = a - 2bQ$$
>
> 对比需求曲线的函数与边际收入表达式，可以得出结论：需求曲线和边际收益曲线的纵轴截距相同，但边际收益曲线的斜率为需求曲线的两倍。因此，$AR = P > MR$。

9.1.1.2 盈亏平衡点、停业点和利润最大化点

基于产量、收入以及成本可以进行企业经营相关的决策分析。分析主要涉及三个重要决策点：盈亏平衡点、停业点和利润最大化点。

1. 盈亏平衡点（Breakeven Point）

盈亏平衡就是利润为零，总收入（TR）等于总成本（TC），即：

$$TR = TC \tag{9.2}$$

将公式（9.2）等式两边同时除以 Q，则 $AR = ATC$，即平均收入等于平均总成本。

> **知识一点通**
>
> 关于盈亏平衡点，有以下三个结论。
>
> （1）盈亏平衡点的条件：$TR = TC$ 或 $AR = ATC$。对于完全竞争市场，由于 $P = AR = MR$，所以盈亏平衡点的条件为 $P = AR = MR = ATC$。
>
> （2）企业盈亏平衡时，经济利润为零，此时的会计利润水平被称为**正常利润（normal profit）**。
>
> （3）企业盈亏平衡时，虽然经济利润为零，但是会计利润不一定为零。

> **备考小贴士**
>
> 上述三个结论是盈亏平衡点的重要结论，考试可能会直接考查概念题。

—考点要求—
决定（determine）
和解释（interpret）
企业盈亏平衡及
停业点（★★★）

2. 停业点（Shutdown Point）

当企业无法实现盈亏平衡时，即企业入不敷出时，是否关门停止营业也是企业需要面临的经营决策之一。

当总收入大于总成本,即 TR>TC 时:企业实现盈利,获得正的经济利润,不会停止营业,长期和短期都会留在市场中。

当总收入等于总成本,即 TR=TC 时:企业实现盈亏平衡。

当总收入小于总成本或平均收入小于平均总成本,即 TR<TC 或 AR<ATC 时,企业面临亏损。由于固定成本的存在,企业的经营决策需分长期和短期来考虑。

在短期:

(1) 若平均收入(AR)小于平均总成本(ATC)但是大于平均可变成本(AVC),即 AVC<AR<ATC 时:厂商应该继续经营,留在市场中(stay in the market)。此时,虽然利润为负,但是其收入可以覆盖所有的可变成本和部分的固定成本。但若厂商停业,则会亏掉所有的固定成本。

(2) 若平均收入(AR)小于平均可变成本(AVC),即 AR<AVC 时:厂商短期内应该停业。如果停业,厂商只会损失固定成本。但若厂商继续经营,收入不但无法覆盖固定成本,且每多生产一个,都会产生(AR−AVC)的单位损失。

在长期,没有固定成本和可变成本的区别,所有的成本都是可变成本。只要厂商的总收入小于总成本(TR<TC)或者平均收入小于平均总成本(AR<ATC),则应停止营业。因此,企业的长期停业点和盈亏平衡点重合。

> **知识一点通**
>
> 对于完全竞争市场而言,$P=MR=AR$,如图 9.3 所示。
>
> (1) P_1 为盈亏平衡(或长期停业)的价格水平:价格水平高于 P_1,企业长、短期都会留在市场中。
>
> (2) P_2 为短期停业的价格水平:价格水平低于 P_2,企业长、短期都会退出市场。
>
> (3) 介于 P_1 和 P_2 之间,企业短期会留在市场,长期会退出市场。
>
>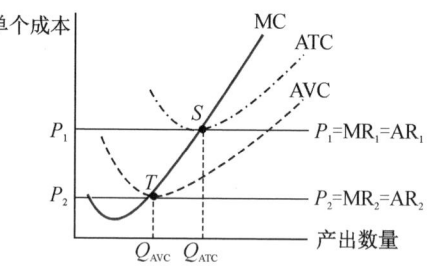
>
> 图 9.3 盈亏平衡点和停业点

完全竞争市场的停业点和盈亏平衡点的相关决策总结如表 9.1 所示。

表 9.1 停业点和盈亏平衡点总结

总收入与总成本关系	平均收入与平均成本关系	厂商行为—短期	厂商行为—长期
TR>TC	P>ATC	留在市场	留在市场
TR=TC	P=ATC	盈亏平衡点(长期停业点)	
TVC<TR<TFC+TVC	AVC<P<AVC+AFC	留在市场	退出市场
TR=TVC	P=AVC	短期停业点	
TR<TVC	P<AVC	退出市场	退出市场

3. 利润最大化(Profit Maximization)

企业经营的目标是为了获得盈利,实现利润最大化(**profit maximization**)。企业的经济利润为总收入与总经济成本之差，即：

$$\text{Economic profit} = \text{Total revenue} - \text{Total economic costs} \tag{9.3}$$

因此，当总收入和总经济成本之差最大时，企业实现利润最大化。如图9.4所示，利润最大化的产量为 $Q_{\max}$。此时，TR和TC之间距离最大。

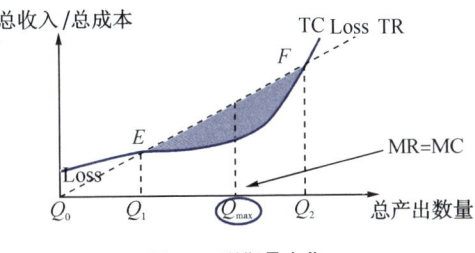

图9.4 利润最大化

以上是从总收入和总成本的角度去分析企业的利润最大化。然而在经济学里更多的时候是用边际分析法，即从企业的边际成本和边际收入着手。当企业的边际收入大于边际成本时，企业愿意多生产，因为多生产一件产品可以带来额外的利润；但如果边际收入小于边际成本，企业则不再愿意继续生产，因为此时多生产一件商品会带来额外的亏损。因此，**当边际收入等于边际成本时（MR＝MC），且边际成本（MC）不随产量下降，企业利润达到最大化（或亏损最小化）**。此时对应的产量为 $Q_{\max}$。

> **知识一点通**
>
> 无论面临完全竞争还是非完全竞争，企业利润最大的条件都是 MR＝MC（且 MC 向上倾斜），这是整个微观经济学中最重要的结论。

> **例题9.1**
>
> 在完全竞争市场中，短期停业在什么时候会发生？
> A. 价格等于平均成本
> B. 边际收入等于边际成本
> C. 边际收入小于平均可变成本
>
> **名师解析**
>
> 考生在碰到这类题型时，首先要看清楚是问的长期还是短期。这题描述的是短期，短期停业的条件是价格小于平均可变成本，在完全竞争市场，价格也等于边际收入，因此最终可以得出，完全竞争市场短期停业的条件是边际收入小于平均可变成本，选项C正确。

9.1.2 规模经济和规模不经济

9.1.2.1 长期平均总成本曲线

如图9.5所示，SRATC代表短期平均成本（short-run average total cost），而长期平均总成本线（long-run average total cost，LRATC）是由每条短期平均成本线的最低点连接而成的曲线。当企业产量从 Q_1 增加到 Q_3 时，企业的长期平均成本是下降的，即企业的平均总成本随着产量的增加而降低，这种现象被称为规模经济（economies of scale）。从 Q_3 增加到 Q_5 时，企业的长期平均成本是增加的，即企业的平均总成本随着产量的增加而增加，这种现象被称为规模不经济（diseconomies of scale）。企业的产量为 Q_3 时，长期平均成本最小，则 Q_3 被称为**成本最低有效规模（minimum efficient scale，MES）**。

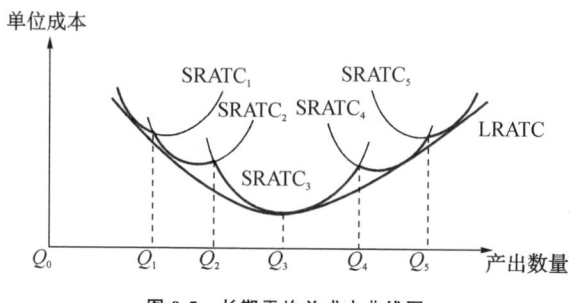

图 9.5　长期平均总成本曲线图

—考点要求—
决定（determine）和解释（interpret）规模经济与规模不经济对成本的影响（★★）

备考小贴士

成本最低有效规模（MES）是长期完全竞争条件下的最优厂商规模。考试时，重点考查厂商生产规模的决策：当厂商的生产规模大于成本最低有效规模（MES）时，实现规模不经济，此时应该降低生产规模达到最低有效规模。

9.1.2.2　规模经济的产生原因

（1）规模收益递增（increasing returns to scale）：若投入生产要素的数量都以相同的百分比增加，但产量增加的百分比大于该百分比，则该现象称为规模收益递增效应。

（2）劳动分工：专业化分工会提升效率。

（3）企业的规模增加，可以购买更高效的机器设备生产。

（4）可以有效地减少浪费，通过出售副产品来降低成本。

（5）企业管理层能更好地利用市场信息来做出决策。

（6）企业购买大量原材料时会有折扣。

9.1.2.3　规模不经济的产生原因

（1）规模收益递减（decreasing returns to scale）：若投入生产要素的数量都以相同的百分比增加，但产量增加的百分比小于该百分比，则该现象称为规模收益递减效应。

（2）企业管理效率低下。

（3）企业多个部门之间职能重复。

（4）供给限制导致企业采购原材料价格过高。

知识一点通

针对规模收益递增（递减）使得企业形成规模经济（不经济）这一知识点，让我们通过一个具体例子来帮助理解。

1. 规模收益递增促使形成规模经济

假设某新能源汽车制造厂商的生产要素为资本(K)和劳动力(L)。

投入与产出：当投入 100 单位资本和 100 单位劳动力时，年产量为 10 000 辆。

成本：每单位 K 的成本为 100 000 元，每单位 L 的成本为 100 000 元，则总成本 (TC) $= 100 \times 100\,000 + 100 \times 100\,000 = 2\,000$（万元）。此时平均成本 (AC) $= \dfrac{2\,000 \text{万元}}{10\,000 \text{辆}} = 2\,000$（元/辆）。

若扩大生产规模，且该厂商可以形成规模收益递增：

投入与产出：当 K 与 L 的投入增加 100% 时，总产出增加的比例**大于** 100%，假设为 150%。也就是说，当投入 200 单位 K 和 200 单位 L 时，年产量 $= 10\,000 \times (1 + 150\%) = 25\,000$（辆）。

成本：总成本 (TC) $= 200 \times 100\,000 + 200 \times 100\,000 = 4\,000$（万元），此时平均成本 (AC) $= \dfrac{4\,000 \text{万元}}{25\,000 \text{辆}} = 1\,600$（元/辆），$1\,600 < 2\,000$，形成了规模经济。

简单来说，**规模收益递增时，总产出的增速大于总成本的增速**，促使平均成本下降，形成规模经济。

2. 规模收益递减导致规模不经济

同理，若扩大生产规模，但该厂商正经历规模收益递减：

投入与产出：当 K 与 L 的投入增加 100% 时，总产出增加的比例**小于** 100%，假设为 80%。也就是说，当投入 200 单位 K 和 200 单位 L 时，年产量 $= 10\,000 \times (1 + 80\%) = 18\,000$（辆）。

成本：总成本 (TC) $= 200 \times 100\,000 + 200 \times 100\,000 = 4\,000$（万元），此时平均成本 (AC) $= \dfrac{4\,000 \text{万元}}{18\,000 \text{辆}} \approx 2\,222$（元/辆），$2\,222 > 2\,000$，形成了规模不经济。

简单来说，**规模收益递减时，总产出的增速小于总成本的增速**，导致平均成本上升，形成规模不经济。

9.2 完全竞争市场（Perfect Competition）

完全竞争市场有众多的买家和卖家，每家企业提供的产品都是同质化的，并且这个市场没有任何的进入和退出壁垒。基于这些特征，市场中的每家企业都没有定价权，是价格的接受者。此外，完全竞争市场中的企业也不会有非价格竞争的行为，例如广告宣传等。

> **知识一点通**
>
> 一般认为，农作物市场最贴近完全竞争市场。例如小麦市场中，有众多的买家和卖家。小麦这种商品基本没区别，厂商可以自由地进入或退出该市场。同时，每家厂商都没有定价权。因为只要其中一家厂商涨价，消费者就可以选择其他厂商的产品。类似地，也没有厂商有意愿降价。这是因为厂商可以按当前市场价格卖出所有的小麦，所以厂商是价格的接受者。

9.2.1 完全竞争市场的特征

—考点要求—
描述（describe）完全竞争市场的特征（★★★）

由于完全竞争市场的企业都是价格接受者（price taker），价格（P）由市场供求决定，故每家企业面临的需求曲线都是水平的，且和平均收入曲线（AR）、边际收入曲线（MR）和价格线重合，称为四线合一，即 MR＝AR＝P＝Demand Curve。这是完全竞争市场独有的特征。每家企业利润最大化的产量仍然是由 MR 等于 MC 来确定，见图 9.6。

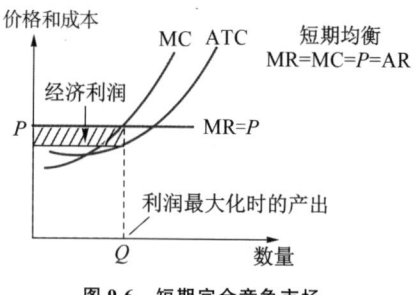

图 9.6　短期完全竞争市场

> **知识一点通**
>
> 完全竞争市场中，由于价格是固定不变的，故有 $MR = \dfrac{\Delta TR}{\Delta Q} = \dfrac{P \times \Delta Q}{\Delta Q} = P$，$AR = \dfrac{TR}{Q} = \dfrac{P \times Q}{Q} = P$。因此，完全竞争市场下，MR＝AR＝P＝Demand Curve，即四线合一。

例题 9.2

以下哪一种市场结构（market structure）下市场竞争者最不会通过广告来区分产品差异化？
A. 垄断市场
B. 完全竞争市场
C. 垄断竞争市场

名师解析

选项 B 正确。
完全竞争市场不会通过广告来体现产品差异化。然而其他两类市场会用广告来区分。

9.2.2 完全竞争市场的均衡

由本章 9.1 中对厂商的停业分析可得：当厂商满足 AVC＜AR＜ATC 条件时，短期厂商虽然会亏损但仍然会继续生产。因此，厂商的经济利润在短期有可能为正也有可能为负。然而**在长期，厂商的经济利润一定等于 0**。

由于完全竞争市场没有进入和退出壁垒，若该市场存在经济利润，则会吸引其他厂商进入市场，新进入者会蚕食利润，直到经济利润变为零。相反，如果

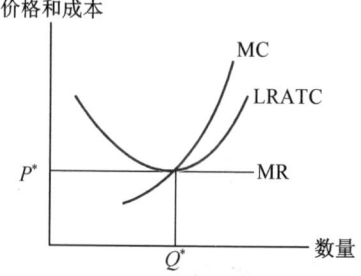

图 9.7　完全竞争市场的长期均衡

出现经济损失，厂商会退出市场。最终，既没有厂商愿意进入也没有厂商愿意退出。在这种状态下，市场达到长期均衡，完全竞争市场经济利润为 0，此时厂商只能获得正常利润。如图 9.7 所示，长期平均总成本曲线（LRATC）此时恰好穿过边际收益曲线（MR）和边际成本曲线（MC）的交点。

> **备考小贴士**
>
> 完全竞争市场没有进入和退出壁垒,长期经济利润为 0。考生应记住该结论,并与其他类型市场的特征区分开。

9.2.3 完全竞争市场的供给曲线

供给曲线代表企业在不同的价格下愿意供给的商品或服务的数量。**完全竞争市场的短期供给曲线正好与平均可变成本曲线(AVC)以上的边际成本曲线(MC)重合**。这是因为在完全竞争市场中,企业是价格的接受者,企业会选择 $P=MC=MR$ 条件下的产量来进行生产。如图 9.8 所示,P 位于 AVC 以上的部分,企业才会有产量;位于 AVC 以下的部分,企业不会生产。

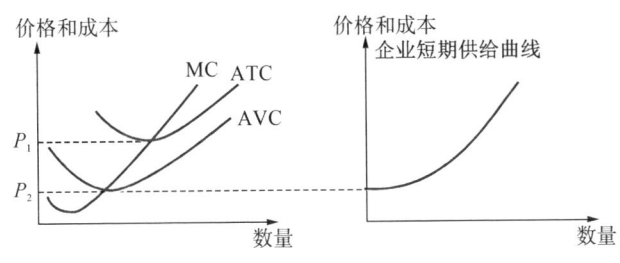

图 9.8 完全竞争市场供给曲线

> **知识一点通**
>
> 在本章停业分析里面提到,在短期,企业在价格低于平均可变成本(AVC)时会停止营业。因此,MC 只有在 AVC 之上的部分才有意义。

9.3 垄断竞争市场(Monopolistic Competition)

9.3.1 垄断竞争市场的特征

垄断竞争市场既包含完全竞争市场的一些特征又包含垄断市场的一些特征。

垄断竞争市场也有很多卖家和买家,且进入和退出该市场较为容易,这两点特征和完全竞争市场非常类似。然而,该市场中的每家企业所提供的产品是有一定差异化的,且企业会用一些非价格竞争的方法来体现产品的差异化。产品的差异化使得每家企业都会具有一定的定价权。

> **知识一点通**
>
> 快消品行业最贴近垄断竞争市场。例如市场上有大量不同品牌的洗发水且每种产品本质上是同质化的,但商家通过为自己的产品做广告宣传,使得消费者认为产品之间存在差异化。

9.3.2 垄断竞争市场的均衡

—考点要求—
描述（describe）垄断竞争市场特征，解释（explain）厂商的价格（P）、MC与MR之间的关系，以及长期和短期下的经济利润（★★★）

如图9.9所示，与完全竞争市场不同，垄断竞争市场的需求曲线和边际收入曲线（MR）都是向下倾斜的，且其边际收入曲线的斜率是需求曲线的两倍，更为陡峭。与完全竞争市场一样，垄断竞争企业也会通过 MR＝MC 来决定利润最大化的产量（Q），并基于该产量水平在需求曲线上的位置确定价格 P^*。图9.9中，左图代表垄断竞争厂商在短期可以获得经济利润，但是在长期，垄断竞争市场的经济利润为零，原因在于垄断竞争市场也几乎没有进入或退出壁垒。

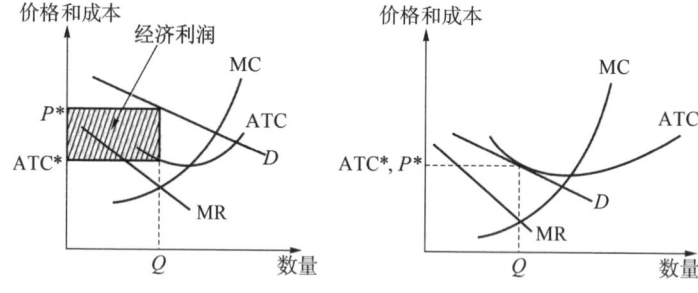

图9.9 垄断竞争市场

9.3.3 完全竞争市场与垄断竞争市场的对比

1. 相同点

两个市场几乎都没有进入和退出壁垒，所以两个市场中厂商的长期经济利润都为零。

2. 不同点

首先，完全竞争市场的需求曲线是水平的，并且是完全弹性的；而垄断竞争市场的需求曲线是向下倾斜的，需求的价格弹性较大。

其次，垄断竞争市场的长期均衡产量会小于完全竞争市场的长期均衡产量，价格会高于完全竞争市场的均衡价格。

最后，垄断竞争市场的产品存在差异化，但是完全竞争市场的产品是同质化的。

例题 9.3

若某市场结构中有多个卖家且产品有差异化。同时，每个卖家都有一定的定价权。请问该市场最有可能是哪种市场结构？

A. 寡头市场
B. 完全竞争市场
C. 垄断竞争市场

名师解析

选项 C 正确。

垄断竞争市场有多个卖家且产品具有差异化性，因此厂商有定价权。对于选项A，寡头市场中的卖家数量较少，且每个卖家的定价权很强。因此，该选项错误。对于选项B，完全竞争市场虽然有多个卖家，但是产品是同质化的，并没有差异。因此，该选项错误。

9.4 寡头(Oligopoly)

9.4.1 寡头市场的特征

寡头市场只有少数几个卖家,且进入该市场的壁垒很高。对于每家厂商而言,产品本质上区别不大,但是每家企业会通过品牌包装、广告等非价格竞争手段来区别自己的产品,通常寡头企业对自己的产品都有很强的定价权。由于寡头市场的厂商之间相互关联,造成定价策略复杂,生产决策将基于四种不同的模型进行分析。

—考点要求—
描述(describe)寡头市场特征,解释(explain)每种模型下的假设和定价策略(★★★)

9.4.2 寡头市场的定价策略

9.4.2.1 拐折需求曲线模型(Kinked Demand Curve)

拐折需求曲线模型的前提假设为:当几个寡头企业竞争时,若一家企业降价,其他企业则会随之降价;若一家企业涨价时,其他企业则不会随之涨价。因此,如图9.10所示,需求曲线是拐折的。在拐折点左侧的需求曲线富有弹性,在拐折点右侧的需求曲线缺乏弹性。

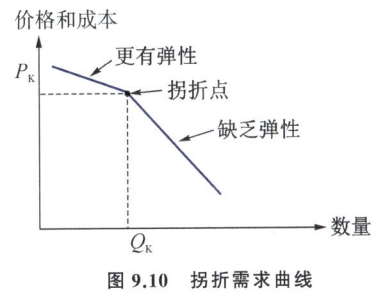

图 9.10 拐折需求曲线

> **知识一点通**
>
> 假设寡头市场上只有两家厂商,如麦当劳和肯德基。如果麦当劳降价,肯德基会跟随其降价,降价区域也就是拐点右边。麦当劳的需求曲线是缺乏弹性的。这是由于在对手也降价的情况下,麦当劳的降价不能换回销量的大幅度增加。反之,如果麦当劳涨价,肯德基不跟随其涨价,涨价区域也就是拐点左边。麦当劳的需求曲线是富有弹性的。这是由于在麦当劳涨价而肯德基不涨价的情况下,消费者会去购买更多的肯德基,麦当劳会失去大量的客户,销量大幅度减少。在拐点左右两侧的需求弹性不同导致需求曲线不是平滑的而是拐折的。

基于以上的假设,需求曲线是拐折的。拐折点左右两段需求曲线也存在相对应的边际收入曲线,且边际收入曲线的斜率是需求曲线的两倍,见图9.11中MR(虚线部分)。企业会通过 MR=MC 来确定自己利润最大化产量和定价。然而,拐折需求曲线模型会出现一个现象,即当边际成本从 MC_1 上升到 MC_3 时,利润最大化的产量 Q 和价格 P 始终保持不变,此时价格 P 称为**粘性定价**(sticky price)。

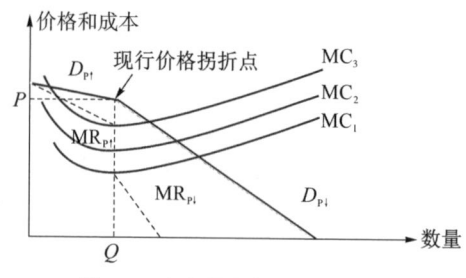

图 9.11 拐折需求曲线定价及产量

9.4.2.2 古诺模型(Cournot Model)

古诺模型由法国经济学家古诺提出,该模型也被称为"双寡头模型(duopoly model)"。古诺模型描述了两家厂商在已知对方产量的情况下(即假设对方产量不变),各自确定能够给自己带来最大利润的产量,即每个厂商都是消极地以自己的产量去适应对方已确定的产量。在长期均衡状态下,每家企业的产量和价格都不会改变。**此模型下的定价会高于完全竞争市场但低于垄断市场,产量则会高于垄断市场但低于完全竞争市场。**

9.4.2.3 纳什均衡(Nash Equilibrium)

1. 囚徒困境

纳什均衡源自经济学家约翰·纳什提出的**非合作**(non-cooperative)**博弈模型**,而囚徒困境是纳什均衡的经典案例。在囚徒困境中,假设有两个嫌疑人 A 和 B 联合作案被警察抓住。警方将两人分别置于不同的两个房间内进行审讯。若两人都坦白(confess)罪行,则两人被各判罚 2 年;若其中一人坦白而另一个保持沉默(silent),则保持沉默的嫌疑人被判罚 10 年,而坦白者会立即释放;若两人都保持沉默,两人都只能各判刑 6 个月。A 和 B 在不同策略下的结果见表 9.2。

表 9.2 囚徒困境

	囚徒 B 沉默	囚徒 B 坦白
囚徒 A 沉默	A:6 个月刑期 B:6 个月刑期	A:10 年刑期 B:获得自由
囚徒 A 坦白	A:获得自由 B:10 年刑期	A:2 年刑期 B:2 年刑期

基于表 9.2,分析两个嫌疑人的最优决策。首先,站在嫌疑人 A 的角度,在 B 保持沉默的情况下,若 A 认罪,则可以无罪释放;若 A 保持沉默,则会被判刑 6 个月。此时,A 会认罪。在 B 认罪的情况下,若 A 认罪,则仅判罚 2 年;若 A 保持沉默,则判罚 10 年。此时,A 也会认罪,因此,不论 B 沉默还是认罪,A 的最优决策均是认罪。同理,无论 A 沉默还是认罪,B 的最优决策也是认罪。囚徒困境的最终均衡状态为 A 和 B 均认罪且各判 2 年。但是,若 A 和 B 同时保持沉默,可实现"双赢"——被判刑年数的总和最小,即各 6 个

月,这就是所谓的"囚徒困境"。

2. 串谋(Collusion)

囚徒困境可以用来分析寡头市场的均衡问题。"认罪"相当于某一厂商单方面降价,"保持沉默"相当于"不降价",那么两个垄断厂商可以串谋避免价格战,从而减少现金流的不确定性,增加双方的利润。同时,两者对外也筑建了新的壁垒。

然而与"囚徒困境"面临的问题相同,寡头建立串谋的关系很容易被打破,因为"认罪"(单方面降价)在一轮博弈中是更优的选择。具体而言,影响串谋稳定性的因素有以下几项。

(1) 寡头企业的个数:寡头企业越少,串谋越稳定。

(2) 寡头厂商的规模分布:当某一企业占据主导地位,区别于其他企业的市场份额时,串谋更稳定。相反,当企业拥有相似的市场份额时,势均力敌的竞争力量往往会掩盖串谋带来的好处。

(3) 产品差异化程度:寡头企业间产品差异越小,串谋越稳定。

(4) 成本结构:寡头企业成本结构越相似,串谋越稳定。

(5) 订单的频率和金额大小:订单金额越小、频率越高,串谋越稳定。

(6) 违反串谋协议的惩罚力度:惩罚力度越大,串谋越稳定。

通过串谋,垄断企业提高了产品价格,从而也增加了外部竞争力。串谋本质上就是垄断厂商的单一定价机制。

> **知识一点通**
>
> 国际石油输出组织(OPEC)是著名的串谋组织,现有十三个成员国,包括沙特、伊拉克、伊朗、科威特、阿联酋等。其宗旨是协调和统一成员国的石油价格,形成"串谋"。

9.4.2.4 主导厂商定价领先模型(Dominant Oligopolist's Price Leadership)

主导厂商定价领先模型假设市场上有一个主导厂商(dominant firm)占据大部分市场份额,并具有成本优势及市场定价权,其他一些小规模的竞争厂商(other competitive firms)被动接受主导厂商的定价。

如图 9.12 所示,主导厂商通过自己的 MC_{DF} 和 MR_{DF} 的交点(即 $MC_{DF} = MR_{DF}$)来决定自己的利润最大化产量(Q_{DF})和价格(P^*),而其他竞争厂商只能接受该价格(P^*),并通过 $MC_{CF} = P^*$ 来决定自己的产量(Q_{CF})。

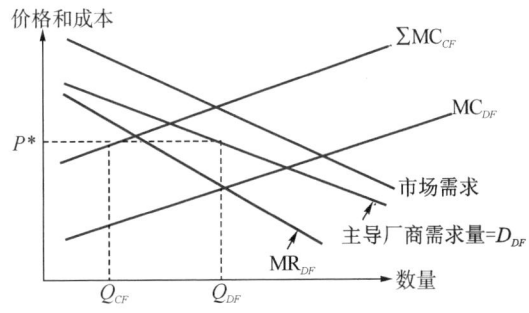

图 9.12 主导厂商模型

需要注意的是，市场需求曲线与主导厂商需求曲线之间的距离就是消费者对其他厂商的需求。短期内，由于其他厂商的边际成本高于主导厂商，因此当价格降低到其他厂商的平均可变成本之下时，一些缺乏竞争力的厂商会退出市场，更多的市场份额会被主导厂商所吞并。而长期内，主导厂商可以获得经济利润，但也会吸引其他厂商进入这个市场，导致主导厂商的市场份额逐渐下降。

> **知识一点通**
>
> 主导厂商模型实际上是融合了两种市场结构。主导厂商会按垄断厂商来定价，其他竞争厂商就像完全竞争市场厂商一样被动地接受主导厂商的定价。

例题 9.4

随着时间流逝，主导厂商的市场份额在寡头市场中会发生怎样的变化？
A. 增加
B. 下降
C. 不变

名师解析

选项 B 正确。

因为主导厂商可以获得经济利润，所以会吸引其他厂商进入这个市场，随着时间推移，这些新进入的厂商会寻找更高效的生产技术来降低自己的边际成本，导致主导厂商的市场份额逐渐下降。

9.5 垄断（Monopoly）

—考点要求—
描述（describe）
垄断市场的特征（★★★）

9.5.1 垄断市场的特征

垄断市场结构的特征为：进入或退出市场的壁垒极高、只有唯一一家厂商提供高度差异化的产品，即市场上没有类似的替代品。因此，在垄断市场中，单一的厂商垄断整个行业，并有极强的定价权。

9.5.2 垄断市场的均衡

由于没有替代品，垄断厂商的需求曲线缺乏弹性。在生产决策上，垄断厂商同样也会通过 MR＝MC 来确定自己利润最大化的产量（Q^*）和价格（P^*）。如图 9.13 所示，由于市场的进入和退出壁垒极高，因此不管是在短期还是长期，垄断厂商都可以维持经济利润，图中阴影部分即为经济利润。

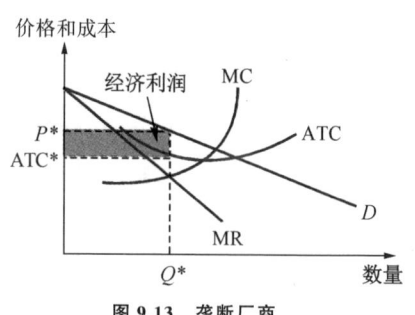

图 9.13 垄断厂商

9.6 市场集中度

经济学中通常会用市场集中度指标来衡量一个市场的垄断程度,下面会介绍两种具体的指标。

考点要求
描述(describe)市场集中度指标的缺点(★★)

9.6.1 N 个公司的集中值(N Firms Concentration Ratio,CR_N)

N 个公司的集中值为市场份额最大的前 N 家厂商的市场份额加总。

该指标存在三个缺点:

(1) 该指标并不能反映需求价格弹性的信息。

(2) 该指标不能反映行业进入门槛的高低。

(3) 当前两家企业合并后,指标计算结果与合并前相比,变化并不大。因此,该指标对兼并收购并不敏感。

9.6.2 赫芬达尔-赫希曼指数(Herfindahl-Hirschman Index,HHI)

赫芬达尔-赫希曼指数为前 N 家企业的市场份额平方之和。

HHI 依然具有 N 个公司的集中值指标的前两个缺点,即没有反映需求弹性信息和进入门槛信息。然而,HHI 对公司的合并非常敏感,合并前与合并后的指数存在明显变化。

例题 9.5

假设市场上有以下 6 家公司,各自的市场份额如下表所示。请分别计算 A 和 B 公司合并前与合并后,前 4 家公司的市场集中值与 HHI。

公司	市场份额(%)	公司	市场份额(%)
A	30	D	15
B	30	E	5
C	15	F	5

名师解析

(1) 如果需要计算前 4 家公司的市场集中值,只需将前 4 家的市场份额直接相加即可:

30%+30%+15%+15%=90%

但如果前 2 家公司合并之后再计算前 4 家公司的市场集中值,可得:

60%+15%+15%+5%=95%

与合并前的 90% 相比,市场集中值变化幅度为 5.56%,并未体现公司并购后,占据 60% 的市场份额对市场竞争格局的影响。

(2) 用 HHI 方式计算,可以得出在 A 与 B 合并前:

$30\%^2+30\%^2+15\%^2+15\%^2=22.5\%$

合并后 HHI 为:

$60\%^2+15\%^2+15\%^2+5\%^2=40.75\%$

合并后,HHI 显著上升(变化幅度为 81.11%),因此 HHI 对兼并收购更加敏感。

练一练

9-1 In the short run, which of the following statements is most accurate for a firm in a perfect competition market?

A. The firm will stay in the market if the marginal revenue is higher than the average variable cost.

B. The firm will stay in the market if the marginal revenue is lower than the average variable cost.

C. The firm will leave the market if the marginal revenue is lower than the average total cost.

9-2 In a monopolistic market, which of the following conditions must hold for a firm to maximize profit?

A. Price equals marginal cost.

B. Marginal revenue equals marginal cost.

C. Average revenue equals marginal cost.

9-3 Since Alice's home-brewed wine was popular with her friends, she decided to open her winery to produce and sell the home-brewed wine. After purchasing equipment with little capital, Alice opened the winery. To increase brand visibility, she put an advertisement in local newspapers. Due to the distinct taste of the wine and the successful advertisement, the demand had far outstripped the supply even though Alice increased the price of the wine several times. Alice most likely faced:

A. Perfect competition.

B. Monopolistic competition.

C. Monopoly.

9-4 FZ Cookie is a firm that takes the price set by the dominant company in an oligopolistic market. In an attempt to increase its market share in the industry, the firm instigates a price war by decreasing its price. Which of the following statements is most likely to be the result of the price war?

A. The market share of FZ Cookie will increase.

B. The market share of the dominant company will decrease.

C. The market share of FZ Cookie will decrease.

9-5 A firm is faced with perfect competition in the market and suffers from diseconomies of scale. To survive in the market, in the long run, which of the following strategies is the firm least likely to adopt?

A. Operate at minimum efficient scale.

B. Cut down on its production level.

C. Expand its production to benefit from economies of scales.

扫码查看
答案及解析

第 10 章 理解经济周期

知识引导

经济周期是指一国经济发展的周期性的变化。一个完整的经济周期包括四个阶段，分别是复苏期、扩张期、放缓期和收缩期，每个阶段的特点各不相同。本章将详细介绍经济周期相关内容，探讨信贷周期、房地产板块和国际贸易板块等等与经济周期的关系。此外，本章对宏观经济指标做了介绍，这些指标对于判断和预测经济周期起到了重要作用。

考点聚焦

本章主要考点以定性分析为主，包括经济周期的分类、各个阶段特点、信贷周期的含义、经济指标的分类等。

本章框架图

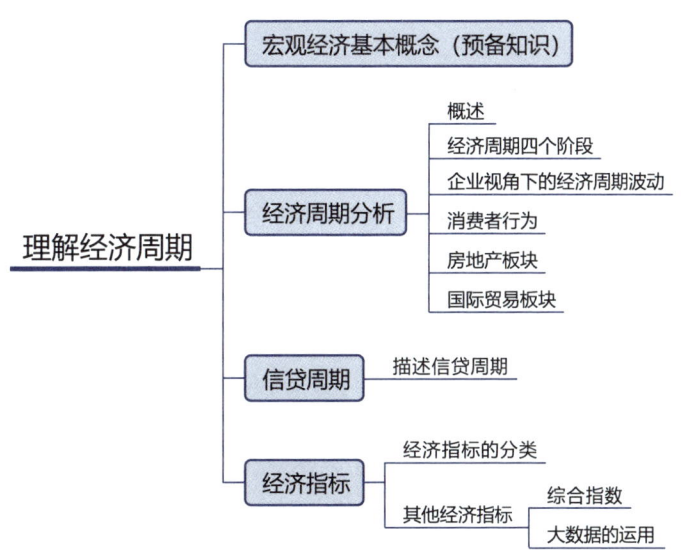

宏观经济基本概念

一、国内生产总值（Gross Domestic Production，GDP）

1. 相关的概念及联系

在宏观经济学中，一个国家的经济总量可由不同的指标来衡量，而其中最常用的指标是国内生产总值。国内生产总值是一个国家在一段时间内新生产出的最终商品或服务的市场总价值。但要理解 GDP，首先要理解和 GDP 相关的概念，这些概念都是从不同的维度来解释 GDP 的。

总产出（aggregate output）是指在一段时间内一个经济体产出的所有商品和服务的总价值。

总收入（aggregate income）是指在一段时间内一个经济体中所有生产要素参与生产商品与服务过程中所得报酬的总价值。一个经济体内，厂商为生产要素付费并将要素投入生产，最终得到总产出。因此，总产出等于总收入。

总支出（aggregate expenditure）是指一段时间内一国经济主体花费在一个国家所生产的商品和服务上的总费用。总支出也等于总产出和总收入，即 Aggregate output＝Aggregate income＝Aggregate expenditure＝GDP。

2. GDP 的解读

国内生产总值的定义看似简单，实际上需要强调以下六点。

第一，"一个国家"：GDP 是属地概念，衡量的是一个国家内的经济活动。因此，本国居民在国外的经济活动，不计入本国的 GDP。

第二，"一定时间内"：GDP 是一个流量而非存量的概念。GDP 中包含的所有商品或服务必须是对应的计量期间内生产出来的，比如一年或者一季度。

第三，"新生产出的"：必须是计量期间内新生产出来的商品或服务，和产品是否被销出去无关。因此，前一期间生产出来的产品不能计入计量期间的 GDP。

同时，政府的转移支付，如失业补偿或福利，也不包含在 GDP 中。因为政府的转移支付只是改变了社会财富的分配，并没有增加社会财富量，即政府的转移支付对 GDP 增减无影响。

第四，最终商品或服务：GDP 衡量的是最终商品或服务的市场价值。因此，中间产品（intermediate goods）不计入 GDP。

第五，市场价值：GDP 衡量的是最终商品或服务的市场价值。因此，要存在合法的市场来决定这些商品或服务的市场价值。诸如非法劳工或者军火走私等非法买卖不可计入 GDP。其次，非市场活动并不计入 GDP，如无酬劳的家务劳动或物物交换。

第六，特例：一般而言，GDP 只包括那些由市场决定的商品或服务的价值，然而政府服务和自用住宅这类商品即使没有在市场上销售，也被计入 GDP。政府通过警察、消防员、执法人员和其他政府人员所提供的服务，通常以其成本（例如工资）计入 GDP。当一个家庭（或个人）租住了一个房子，那么支付的租金可以看成购买房屋的服务。房东收到的租金会被计入 GDP 中。当这个家庭（或个人）购买了房屋，那么政府会估计该房屋隐含的租金价格并以租金形式纳入 GDP 计算中。

3. GDP 的核算方法

一个经济体的总产出、总收入和总支出三者相等。相应地，可以用产出法、收入法和支出法来核算一个经济体的 GDP。下文主要介绍支出法和收入法。

（1）支出法。

一个国家的经济大体可以划分为四大经济部门，分别是：居民部门、企业部门、政府部门和外贸部门，这四个部门的经济活动组成了 GDP。因此，支出法计算 GDP 的公式如下：

$$GDP = C + I + G + (X - M)$$

其中，C（consumption）为私营部门的消费（即国内消费者在最终商品和服务上的支出）；I（investment）为国内私营部门投资，包括企业在实物资本（如厂房和设备）上的投资以及存货投资（inventory investment）（即存货的变化）；G（government spending）为政府部门在最终商品和服务上的支出；$(X - M)$ 为净出口（net exports），其中 X（exports）为出口，M（imports）为进口。

（2）收入法。

收入法通过统计国内总收入（gross domestic income）来计算 GDP。根据国民总收入的流向，可以得出：

$$GDP = C + S + T$$

其中，C 为消费者的消费（consumer spending）；S 为私营部门的储蓄（household and business savings）；T 为净税收（net taxes），净税收为扣除了转移支付的税收。

（3）总收入和总支出的均衡。

根据总收入＝总支出可得：

$$Y = C + S + T = C + I + G + (X - M)$$

移项则可得到国内储蓄、投资、财政余额和贸易余额的基本关系：

$$S = I + (G - T) + (X - M)$$

如公式所示，国内私营储蓄有三大去向：投资性支出（investment spending）、政府赤字融资（financing government deficit，$G - T$）和贸易盈余时对外国的债权（financial claims against overseas economies，$X - M > 0$）。若 $X - M < 0$ 即出现贸易赤字（trade deficit）时，国外储蓄会流入国内来补充国内私营储蓄。

将上述公式继续变形，可得：

$$S - I = (G - T) + (X - M)$$

当 $S - I > 0$ 时，说明政府财政出现赤字或者本国贸易出现顺差。

二、失业

许多国家政府和央行在制定经济政策的时候，会重点考虑失业率和通货膨胀率。研究宏观经济问题的经济学家同样重点关注这两个变量。

1. 失业相关的专业术语

就业人口（employed）指的是有工作的劳动人口。要注意的是，就业人口不包括从事非正规工作的人,比如没有许可证的司机、打黑工的人等。

劳动力(labor force)指的是有工作的人以及正在积极找工作的人。劳动力不包括退休人士、全日制学生、儿童、家庭主妇/主夫等。

失业人口(unemployed)指的是当前没有工作而且在积极寻找工作的人。失业人口还可以进一步分类为长期失业和摩擦失业。长期失业(Long-term unemployed)指的是长时间没有找到工作但是依然在积极找工作的人。摩擦失业(frictionally unemployed)指的是已经结束上一份工作但还没有开始下一份工作的人,或者因为正在寻找和面试更加匹配自己能力、兴趣或者偏好而没有工作的人。摩擦失业本质上是短期的、暂时性的。

2. 失业率相关的计算

失业率(unemployment rate)指失业人口与劳动力人口之比。具体的计算公式如下:

$$失业率 = \frac{失业人口}{劳动力人口}$$

劳动参与率(participation rate or activity ratio)指劳动力人口与适龄工作人口之比。适龄工作人口是指16周岁以上,有劳动能力、未达到退休年龄的人口,不包含在校学生、残疾人等无劳动能力群体。具体的计算公式如下:

$$劳动参与率 = \frac{劳动力人口}{适龄工作人口}$$

三、通货膨胀

通货膨胀是衡量经济周期的另外一个重要指标。了解与通货膨胀相关的概念有助于我们理解经济周期。

通货膨胀(inflation)指的是经济体中整体物价水平持续地上涨。

通货膨胀率(inflation rate)指的是价格指数变化的百分比。换言之,指的是整体价格水平变化的速度。

通货紧缩(deflation)指的是经济体中整体物价水平持续地下跌,对应为负的通货膨胀率。

10.1 经济周期分析

10.1.1 概述

经济周期(business cycle)指的是影响经济体方方面面的重复发生的扩张及收缩的经济活动。通过其四个特点可以更好地理解经济周期。

(1) 经济周期主要受到商业企业活动的影响。在纯粹的农业社会或者中央集权社会中,并不存在经济周期。

(2) 经济周期中存在可被预期的阶段序列,即触底、扩张、顶峰、收缩。

(3) 每个阶段在经济体中的各部门发生时间大体一致。

(4) 经济周期会重复发生,但不是简单的重复发生:每个经济周期的强度和长度是不同的。

经济周期可以分成以下三种不同的类型:

(1) **古典周期(classical cycle)** 指的是经济活动的波动程度,而经济活动通常由 GDP 的总量来度量。从古典周期来看,经济收缩期持续的时间较短,而经济扩张期持续的时间会长很多。在学术界和业内,使用古典周期的人并不多,因为它最大的问题在于难以拆解 GDP 运动的短期波动和长期趋势。古典周期模型如图 10.1 所示。

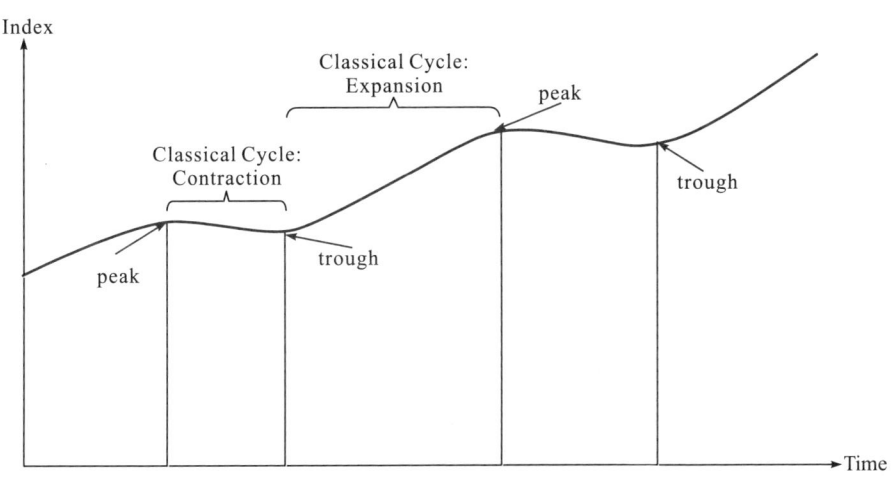

图 10.1 古典周期模型

(2) **增长周期(growth cycle)** 指的是围绕长期趋势 GDP 的经济活动的波动。其核心在于真实 GDP 到底在多大程度上高于或者低于 GDP 的趋势增长。主流的经济学家更喜欢使用该增长周期模型,是因为它把整体经济活动拆解成了由长期趋势驱动的部分和由短期波动影响的部分。和古典周期模型相比,顶峰会更早出现,底部会更晚出现,真实 GDP 高于趋势 GDP 和低于趋势 GDP 的时长相似。增长周期模型如图 10.2 所示。

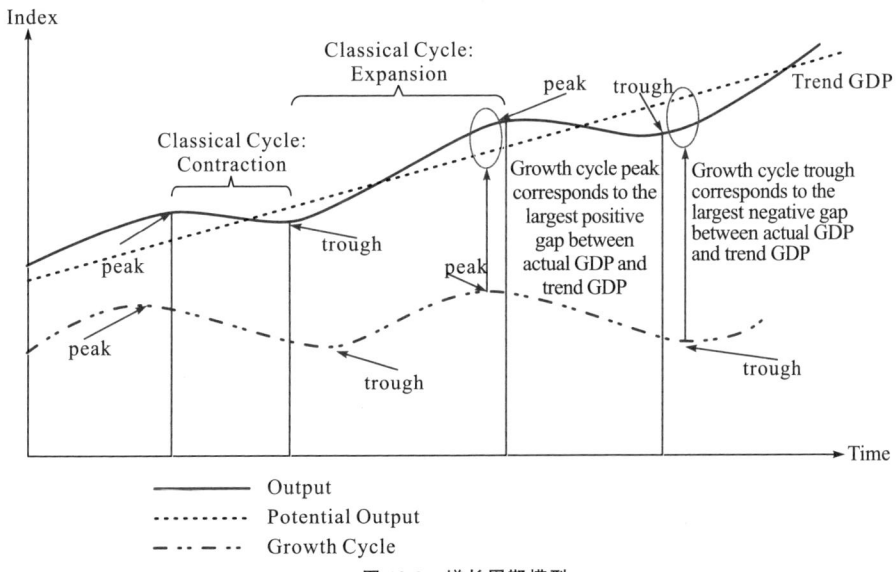

图 10.2 增长周期模型

（3）**增长率周期（growth rate cycle）**指的是经济活动的增长率的变动。和前面两个模型相比，在增长率周期模型中顶峰和底部会出现得更早。其最大优势在于，不需要首先预测和刻画出一条长期趋势 GDP 的增长路径。增长率周期模型如图 10.3 所示。

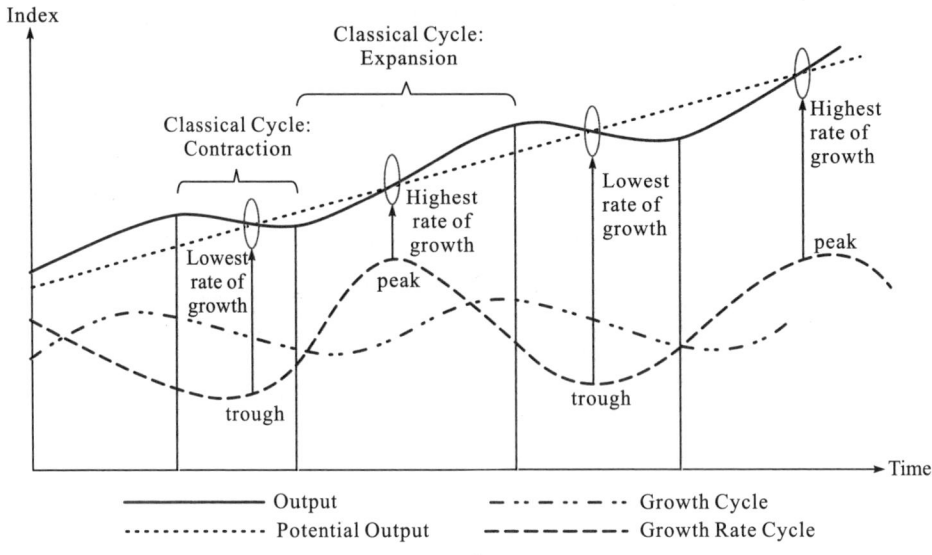

图 10.3　增长率周期模型

> **知识一点通**
>
> 需要注意的是，在实际研究工作中，经济学家和分析师可能会交替使用这三种经济周期的定义、概念和相关术语，从而引起误读。所以考生需要先弄清楚作者到底使用的是哪一种周期模型，再做进一步解读。

10.1.2　经济周期的四个阶段

一轮完整的经济周期一共有四个阶段，分别是复苏期（recovery）、扩张期（expansion）、放缓期（slowdown）和收缩期（contraction），它们对应的位置详见图 10.4。

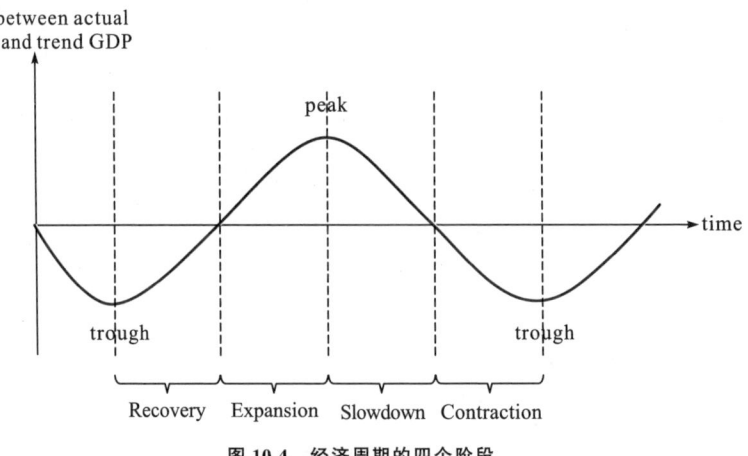

图 10.4　经济周期的四个阶段

每个阶段的描述、经济变量的变化情况总结如表10.1所示。

—考点要求—
描述（describe）经济周期的相关阶段（★★★）

表 10.1 经济周期四个阶段特点总结

	复苏期	扩张期	放缓期	收缩期
描述	经济走出底部；负的产出缺口缩小	经济上行；产出缺口变正	经济走出顶部；正的产出缺口缩小	经济走弱；产出缺口变负
消费者和企业的活动	活动程度低于潜在水平但开始上升	活动程度高于平均增速	活动程度高于平均但在降速	活动程度低于潜在水平
就业	裁员放缓；失业率维持高位	企业重新开始招聘；失业率下降	企业放缓招聘速度；失业率下降的速度放缓	企业先削减工时，冻结招聘后进行裁员；失业率上升
通货膨胀	持续温和	温和上涨	加速上涨	延迟后减速

资本市场的变化和投资者的行为也会随着经济周期不同阶段的变化而变化。

（1）在复苏期，风险系数高的资产价格会率先上涨，这是因为市场参与者预期未来企业可以得到更高的利润水平。通常而言，股票市场先于经济周期3～6个月的时间触底，所以股票市场的走势可以被认为是经济的先行指标。

（2）在扩张期，投资者有很强的信心，利润和信贷的增速也非常强劲。

（3）在放缓期，投资者会有通胀的担忧，从而导致更高的名义收益率的需求。

（4）在收缩期，投资者偏好安全系数高的资产，比如国债和公共事业行业的股票。

> **备考小贴士**
>
> 经济周期四个阶段的特点是考试重点，考生需要理解并且掌握消费者和企业的活动、就业情况以及通货膨胀的情况。

10.1.3 企业视角下的经济周期波动

投资是GDP组成部分中最具有顺周期性且波动最为剧烈的活动。企业的资本开支或投资决策不仅需要分析经济周期的变化，还需要分析商业环境、预期、产能利用率等因素，见表10.2的总结。

—考点要求—
描述（describe）经济体中企业行为如何变化（★★）

表 10.2 资本开支的变化

	复苏期	扩张期	放缓期	收缩期
企业预期	产能利用率较低；低利率环境有利于投资	产能利用率上升	利率上行，不利于投资	需求、盈利和现金流都下降
资本开支	较低水平但在上升；关注生产效率而非扩大产能；轻型生产设备的订单上升	关注产能扩张；新型设备开支上升	企业持续下达新订单，扩大产能	停止扩大产能；开支大幅削减，对于重型设备开支减少，进一步加剧经济收缩

库存（inventory）反映了销售增速和生产增速的差异，分析师往往使用**库存销售比（inventory-sales ratio）**来分析和判断当前经济在周期中所处的位置，见表10.3的总结。

表 10.3 库存波动的变化

	复苏期	扩张期	放缓期	收缩期
销售和生产	销售下降放缓后开始回升;生产滞后于销售的增加	销售上升;生产加快以追上销售增速;"补库存"	销售下降快于生产下降;库存增加	生产低于销售;"去库存"
库存销售比	下降;销售增加超过生产增加	稳定	上升;经济疲软的信号出现	下降至正常水平

—考点要求—
描述（describe）经济体中消费者活动如何变化（★★）

10.1.4 消费者行为

在大部分国家中,家庭部门（households）代表了最大的组成板块,因此,家庭部门的消费支出的变化比其他板块对整体经济活动产生更大的影响。研究消费者的支出行为时,分析师通常会把支出分成三类,分别是耐用品（durable goods）、非耐用品（non-durable goods）以及服务（services）。耐用品包括了汽车,家电,家具等商品,人们对于耐用品的支出具有明显的周期性。非耐用品包括了药物,食品等商品,人们对于非耐用品的支出则不具有明显的周期性。服务则包括了娱乐,通信等。消费者支出行为的特点,见表10.4的总结。

表 10.4 消费者支出的变化

	复苏期	扩张期	放缓期	收缩期
收入、就业及信心程度	失业率高于平均;消费者信心开始提升	企业重新招聘;失业率下降;消费者收入上升;信心增加	失业率继续下降;消费者收入继续增加且维持信心状态	失业率上升;消费者信心下降
耐用品支出	延迟消费	上升	高于平均水平	延迟消费,下降
非耐用品支出	没有明显变化			
服务支出	低于平均水平	上升	高于平均水平	下降

消费者往往需要有收入增加来匹配扩大的消费支出,所以收入的增速可以看成是未来消费支出的先行指标。经济学家和分析师会关注各种收入数据,比如可支配收入（disposable income）和持续性收入（permanent income）等。除了收入变化以外,通过储蓄率（saving rate）的分析,我们也可以得到一些有趣的结论。储蓄率上升,意味着消费者对未来经济并不看好,因此降低消费增加储蓄;储蓄率上升,还意味着未来哪怕消费者收入下降,但是未来消费的能力是上升的。所以,储蓄率上升从短期来看,对经济体不是好事,但是从中长期来看,表明经济体复苏的潜力。

—考点要求—
描述（describe）经济体中房地产板块如何变化（★★）

10.1.5 房地产板块

由于房地产板块往往会经历非常剧烈的波动,因此,它在整体经济运动中有着重要影响。此外,在许多国家,房地产价值的变动与消费者的财富和信心密切相关。

想要研究房地产板块,可以先从利率水平入手,因为房地产板块对于利率,尤其是房贷利率非常敏感;房贷利率降低会吸引人们买房,从而开发商也会建造更多的房屋。除了利率的影响以外,房地产板块会有自己的周期走势:当房屋售价和人们的平均收入的比率处于较低位置时,再假设房贷利率也比较低的情况下,拥有房屋的成本下降,导致人们对房屋的需求上升。当然,实践中房地产板块的分析并没有那么简单,还会有很多影响人们对于房屋需求的因素。举例而言,假设房屋的价格在过去几年上升非常迅速,人们预计未来房屋价格会继续上涨的情况下,就会基于盈利的目的去投资房产,从而进一步推升房屋的价格。同时,人口统计学相关因素,如家庭构成,也对房地产周期有影响。

10.1.6 国际贸易板块

每个国家国际贸易板块的金额大小和对经济体的影响程度都各不相同。通常而言,随着本国 GDP 扩大,消费者和企业对于商品和服务的需求上升,导致了进口上升。其他国家的经济情况则主要影响出口,因为他国的经济增长,带动他国对本国商品和服务的需求上升,从而拉动本国的出口。所以,研究国际贸易板块时,进口看国内的经济周期,出口看国外的经济周期,进、出口变化的总结如表 10.5 所示。

——考点要求——
描述(describe)经济体中国际贸易活动如何变化(★★)

表 10.5 进出口的变化

	复苏期	扩张期	放缓期	收缩期
出口	由外部需求驱动			
进口	低于平均水平,缓慢上升	上升	到达顶峰然后开始下降	下降到平均水平以下

汇率对于一国的国际贸易板块也会产生独立的影响。如果本币升值,那么本币的购买力增强,对国内民众来说,外国商品比本国商品更便宜,因此,在其他条件相同的情况下,进口上升;但是,本币升值使得以本币计价的出口商品在全球市场上更加昂贵,会削弱本国商品在全球市场的竞争力,出口则会下降。汇率的走势可能会波动巨大,有时甚至会非常极端,如果汇率产生持续的升值或贬值,对于一国的贸易和国际收支会产生很大的影响。

10.2 信贷周期

信贷周期描述的是信贷的可获得性及定价的变化。私营部门(家庭部门和企业部门)的信贷增速,对于企业投资和家庭购房行为具有深远影响。简单而言,当经济上行时,信贷是扩张的状态,经济下行时信贷往往是收缩的状态。信贷变化的特点决定了其在经济下行期会加剧资产价格的下跌,导致经济变得更加脆弱。

——考点要求——
描述(describe)信贷周期(★★)

和经济周期相比,信贷周期持续的时间更长、影响更深、波动更剧烈。投资者应该关注信贷周期,因为它不仅帮助我们了解房地产市场的发展,更好地评估经济扩张期和收缩期,也能更好地分析政策制定者的决策行为。

10.3 经济指标

10.3.1 经济指标的分类

―考点要求―
描述(describe)测量经济周期的经济指标(★★)

经济指标能够反映经济的发展状况。按照其自身的变化规律与经济周期的关系，经济指标通常被分为以下三类：

1. 领先型经济指标(Leading Economic Indicators)

领先型经济指标：拐点领先于总体经济的拐点，其价值在于预测经济未来的发展趋势。

常见的领先型指标：

(1) 股票市场走势(Stock market)；

(2) 房屋价格走势(House prices)；

(3) 零售额走势(Retail sales)；

(4) 长短利差(Interest spread between LT and ST rates)；

(5) 房屋建筑许可证(Building permits)；

(6) 消费者预期(Consumer expectations)；

(7) 制造业平均每周生产小时数[Average weekly hours (manufacturing)]；

(8) 制造业新订单数(Manufacturers' new orders)。

2. 同步型经济指标(Coincident Economic Indicators)

同步型经济指标：与总体经济变化拐点相同，其价值在于确定经济当前的走势。

常见的同步型指标：

(1) 工业生产指数(Industrial production index)；

(2) 个人实际收入(Real personal incomes)；

(3) 制造业和贸易部门的销售额(Manufacturing and trade sales)。

3. 滞后型经济指标(Lagging Economic Indicators)

滞后型经济指标：拐点落后于总体经济的拐点，其价值在于验证经济的历史情况。

常见的滞后型经济指标：

(1) 平均失业时长(Average duration of unemployment)；

(2) 库存销售比(Inventory to sales ratio)；

(3) 单位劳动成本变化(Changes in unit labor cost)；

(4) 通货膨胀(Inflation)；

(5) 银行平均优惠贷款利率(Average prime lending rate)；

(6) 消费者分期贷款收入比(Ratio of consumer installment debt to income)；

(7) 工商业贷款余额(Commercial and industrial outstanding loans)。

10.3.2 其他经济指标

10.3.2.1 综合指数

经济指标既可以由单一变量(如工业生产总值)组成，也可以是不同变量的组合，这些变量往往会一起变化,后者通常被称为综合指数(composite indicator)。传统上,衡量经济周期状态的大多数综合指数是由十几个精心挑选的变量组成,这些变量是由经合组织或国家研究机构等组织发布的。例如,美国的研究组织 Conference Board 发布的领先经济指数(Conference Board Leading Economic Indicator)是由 10 个部分组成的。在综合指数的基础上,可以进一步编撰扩散指数(diffusion index)。扩散指数反映了在综合指数中,各个组成部分指标(领先、同步和滞后指标)的移动是否与整体指数保持一致。分析师通常可以依靠扩散指数来衡量综合指数变化的广度。

> **知识一点通**
>
> 举例来说,假设一个指数由以下四个部分组成:股价、货币增长、订单量和消费者信心。扩散指数在每月的度量期间对每个上升超过 0.05% 的指标赋值 1.0,对每个变化小于 0.05% 的指标赋值 0.5,对每个下降超过 0.05% 的指标赋值 0。
>
> 本月,股市上涨 2.0%,货币增长 1.0%,订单量持平,消费者信心下降 0.6%。则它们将贡献 1.0+1.0+0.5+0=2.5,2.5 作为扩散指数的分子。则本月指标=2.5/4×100=62.5。
>
> 假设下个月股票价格下跌 0.8%,货币增长 0.5%,订单增加 0.5%,消费者信心增长 3.5%。则下个月指标=(0+1.0+1.0+1.0)/4×100=75。指数值增长了 20%(=75/62.5−1),这意味着综合指数中更多的成分指数正在上涨。

> **备考小贴士**
>
> 对于综合指数和扩散指数,考生只需要掌握相关概念即可。

10.3.2.2 大数据的运用

近年来,随着信息的大量增加和大数据学术的迅猛发展,综合指数变量的数量增加。大数据结合一些统计学的工具,比如主成分分析(principal component analysis)也会被应用到综合经济指标的分析中。

政策制定者和市场参与者还会利用对经济和金融变量的实时监测来持续评估当前经济状况。为了克服数据发布的延迟,预测"当前"的状况,业内还会使用大量数据进行实时预测(nowcasting),以估计关键的低频经济指标。

练一练

10-1 During the contraction phase of the business cycle, companies may use different methods to adjust their production. Which of the following strategies is least likely to be adopted by the companies?

A. To reduce the maintenance of its equipment.

B. To cut working hours of labor and freezes hiring.

C. To halt the installation of large and complex equipment immediately.

10-2 Country A is experiencing a high level of unemployment and moderate inflation. Business and consumer spending in this country begin to increase. Which of the following phases of business cycle is country A most likely experiencing?

A. Expansion.

B. Recovery.

C. Contraction.

10-3 Which of the following is the least cyclical part of consumer spending?

A. Durable goods.

B. Non-durable goods.

C. Services.

10-4 During the recovery phase of business cycle, inventory-sales ratio falls because:

A. sales recovery outpaces production.

B. production rises to replenish inventories.

C. unwanted inventories are disposed.

10-5 Which of the following firms most likely pay more attention to credit cycles?

A. Tishman Real Estate Company focusing on the construction of the property.

B. Happiness Food Company focusing on the sales of chocolate.

C. Golden Education focusing on vocational education.

第 11 章 财政政策和货币政策

知识引导

当经济衰退或过热时,政府可以通过财政政策或者央行可以通过货币政策进行干预。本章将详细介绍财政政策与货币政策的定义、工具、传导机制、基准及局限性。

考点聚焦

本章需要考生重点掌握财政政策和货币政策的工具及局限性。其中,与货币政策相关的考点多于财政政策。对于货币政策,考生要理解并掌握货币政策的目标、工具、传导机制及局限性;对于财政政策,考生需重点掌握关于国家高负债水平的探讨。

本章框架图

11.1 财政政策

11.1.1 财政政策和货币政策

1. 财政政策（Fiscal Policy）

财政政策是政府有关税收和财政支出的决策。政府可以通过扩张的财政政策，例如增加基础设施建设的投入等，促进就业，拉动经济发展。反之，也可以通过紧缩的财政政策，例如增加税收等，抑制过热的消费与投资环境。

2. 货币政策（Monetary Policy）

货币政策是中央银行控制货币流通量和信贷规模所采取的措施。央行通过施行货币政策调节国家的经济环境，确保国家能够以稳定的 GDP 增长率发展，并保持稳定的物价水平。相对稳定的经济环境，有利于增强企业和个人的信心，从而影响其生产和消费决策。

3. 预算盈余/赤字（Budget Surplus/Deficit）

若政府税收收入大于政府支出，则政府处于预算盈余。反之，若政府支出大于政府收入，则政府处于预算赤字。

11.1.2 财政政策的目标与表现形式

11.1.2.1 财政政策的目标

财政政策的主要目标是通过改变政府收入与支出间的差额来影响国民总产出（即实际 GDP）水平，从而实现对经济的影响。财政政策通过使用政府支出、改变税收收入从而影响以下经济方面：

（1）改变经济体中总需求水平来调节整体的经济活动。

（2）在不同人群之间实现收入和财富的再分配。

（3）在不同的经济部门和经济主体之间实现资源的分配。

11.1.2.2 财政政策的表现形式

财政政策有两种表现形式：相机抉择的财政政策和自动稳定器。

1. 相机抉择的财政政策（Discretionary Fiscal Policy）

相机抉择的财政政策指政府根据当前的经济状态进行的主动调控行为。在经济衰退时，政府可以采取**扩张性财政政策（expansionary/easy fiscal policy）** 来增加财政支出、降低税收，从而提高就业和产出。而在经济发展过热时，政府采取**紧缩性财政政策（contractionary/tight fiscal policy）** 来减少财政支出、增加税收，从而稳定经济。

2. 自动稳定器（Automatic Stabilizers）

自动稳定器是经济的自发调节机制。当经济发展缓慢、失业率上升时，政府福利性的支出（例如社会保险和失业补助的相关支出）自然而然地增加，私营部门（个人和企业）的消费和投资增加，从而实现总需求的增加。

> **知识一点通**
>
> 相机抉择的财政政策是政府主观的调控行为,而自动稳定器是指经济失衡状态下,经济自发的调节行为,与政府主动的财政政策无关。

11.1.3 财政政策工具(Fiscal Policy Tools)

11.1.3.1 财政政策工具的类型

财政政策工具分为两类:政府支出工具与政府收入工具。

1. 政府支出(Government Spending)工具

政府支出工具包括转移支付(transfer payments)、经常性政府支出(current government spending)和资本性支出(capital expenditure)。

(1) 转移支付是政府福利性的支出,属于财富再分配,包括政府的养老金、失业救济金、对贫困家庭的税收抵免(tax credit)等。

(2) 经常性政府支出是政府用于购买商品与服务的经常的、再发生的支出,包括医疗、教育和国防(defense)等。经常性支出会对一国技术水平和整体劳动生产率产生巨大影响。

(3) 资本性支出指政府对道路、医院、学校等基础设施(infrastructure)的投资。资本性支出会增加一国资本存量,并影响经济体的生产潜力。

2. 政府收入(Government Revenue)工具

政府收入以税收收入为主,税收收入又分为直接税和间接税。

(1) 直接税(direct taxes)是直接基于收入、财富和企业利润征收的税收,包括资本利得税(capital gains taxes)、国民保险税(national insurance taxes)和企业所得税(corporate taxes)等。

(2) 间接税(indirect taxes)是对消费者购买各种商品和服务所支付的金额征收的税收。间接税通常是在商品或服务的销售环节征收。例如,烟草税(duties on tobacco)、销售税(sales taxes)、增值税(value added taxes)等。

——考点要求——
描述(describe)财政政策的工具,包括其优点与缺点(★★)

11.1.3.2 财政政策工具的优、缺点

1. 财政政策工具的优点

(1) 间接税能够直接影响特定消费行为,起到快速调节作用。例如,对烟草征税,可以直接减小烟草的消费量。

(2) 政府能以较小成本获取更高的税收收入。

2. 财政政策工具的缺点

(1) 直接税牵涉的利益主体较多,且直接基于收入、财富和企业利润征收。一旦提高直接税税率,社会反弹较大,难以迅速调整。

(2) 政府资本性支出发挥效应需要更长时间。例如,基础设施建设的投资从规划、许可到最终的落地实施,少则几年,多则十几年的时间,无法取得立竿见影的效果。

11.1.4 财政政策的实施

11.1.4.1 财政政策的基准：结构性预算赤字

经济学家把结构性预算赤字作为判断当前政府财政立场的基准。结构性预算赤字（structural budget deficit）又称为周期调整预算赤字（cyclically adjusted budget deficit），是指充分就业（即潜在GDP）水平下的赤字。

当预算赤字小于结构性预算赤字时，政府采取的是紧缩性财政政策；反之，政府采取的是扩张性财政政策。

11.1.4.2 国家债务规模的讨论

当政府持续采取扩张性财政政策时，会造成财政赤字。当政府没有足够的财政收入时，政府一般通过向私营部门借款来弥补赤字。最终，造成大规模的债务。对于是否需要担忧大规模债务，分为以下两种观点。

1. 不需要担心国家债务规模

（1）当债务中大部分为内债时，较大的债务规模则相对不是严重问题。

（2）当国家借债用以长期的资本性支出或者提高人力资本，高负债能够促进未来的经济发展，从而增加未来的税收，减小财政赤字。

（3）严重的财政赤字会促进税收结构的调整，从而一定程度上优化现有税收结构。

（4）**李嘉图均衡**（Ricardian equivalence）认为财政赤字对经济并没有实质性的影响。当企业和个人基于目前的高额财政赤字预期未来的税收负担会增加时，他们会增加当期储蓄以应对未来更高的税收负担。于是，当期更高的储蓄就可以弥补过高的财政赤字。

（5）当一个国家过高的债务水平是由于大量资本性建设所导致时，往往能带动就业，降低失业率。

2. 需要担心国家债务规模

（1）过高的债务水平意味着政府需要更多的税收收入来弥补财政赤字，私营部门需要承担的税收负担将加重，会阻碍经济发展。

（2）若国债负担过高，市场会对政府失去信心，政府无法再融到资金。此时，中央银行就需要通过印制货币来弥补过高的负债，从而造成高通胀。

（3）过高的国债规模会导致**挤出效应**（crowding out effect）。由于政府大规模借款，占用大部分的资金资源，政府更大的资金需求使得私营部门在争夺有限的资金时面临更高的利率，即私营部门消费和投资的融资成本增加，从而投资和消费降低，总需求降低。

备考小贴士

关于财政赤字的考法主要有两种：一是给出观点，要求判断其是支持还是反对高债务规模。这个知识点的英语表述相对难以理解。例如，"Arguments against being concerned about national debt"理解为反对担心高负债的论据，即一国高负债不是严重问题。"Arguments for being concerned about national debt"理解为支持担心高负债的论据，即一国高负债是严重问题，需要关注。二是对李嘉图均衡和挤出效应的理解。

> **例题 11.1**
>
> 下列哪个选项的描述认为需要关注一国高负债的问题?
> A. 负债更多为内债
> B. 政府高负债会影响经济活动的发展和积极性
> C. 政府高负债用以资本投资或者人力资本的投资
>
> **名师解析**
>
> 　　选项 B 正确。过高的债务水平意味着政府需要更多的税收收入来弥补财政赤字,私营部门需要承担的税收负担将加重,会阻碍经济发展。
>
> 　　选项 A、C 描述的都是偏向无须过多关注政府的高负债,即认为高负债不是严重问题的言论。

11.1.4.3　财政政策的局限性

财政政策的实施存在自身的局限性。

1. 时滞性

财政政策具有明显的时滞,主要体现在以下三个方面。

(1) **识别滞后(recognition lag)**:政府决策的制定者无法实时完全掌握经济运行的状况,因而他们需要一段时间才能意识到经济发展过热或放缓。

(2) **行动滞后(action lag)**:当政府意识到经济需要重新调整后,政策从制定、讨论,到最后的确定也需要时间。

(3) **影响滞后(impact lag)**:从具体的财政政策的实施到其对经济产生的实际影响也需要时间才能显现出来。

> **知识一点通**
>
> 　　时滞性是常考点之一。考查方式:给出描述,判断财政政策的滞后类型。

2. 其他与财政政策相关的宏观经济问题

—考点要求—
解释(explain)财政政策的实施与局限性(★★)

(1) 当政府实施财政政策时,无法兼顾失业率和通胀率。例如,为了降低失业率,需要实行扩张性财政政策,从而造成物价进一步上涨。

(2) 政府的决策者在进行决策时会迟疑、不愿意改变,从而可能会实行错误的财政政策。

(3) 政府若实行过度的扩张性财政政策,往往会导致较高的负债水平,从而降低市场参与者对政府的信心。

(4) 财政政策的基准——结构性预算赤字——是充分就业水平下的赤字。然而,充分就业状态是理想化的概念,很难对其做出准确的预测,从而无法判断实际经济是否达到充分就业状态。

(5) 如果造成通胀的原因是总供给的缺乏而不是总需求的缺乏,相机抉择的财政政策非但无法有效改善总需求,反而进一步形成通胀压力。

(6) 当政府实施扩张的财政政策时,会造成财政赤字。当政府没有足够的财政收入时,通常会借款来弥补赤字。随着政府从有限的资金池中借款,会导致挤出效应,造成利率水平的提升,减少企业和个人的投资与消费。

11.2 货币政策

11.2.1 中央银行

> **考点要求**
> 描述（describe）中央银行的职能与目标（★）

11.2.1.1 中央银行的职能

中央银行是经济体中非常重要的金融机构。中央银行的主要职能有以下六项：

(1) 货币的垄断供应者(the monopoly supplier of the currency)：中央银行是唯一的法定货币发行者。

(2) 货币政策的执行者(the conductor of monetary policy)：由于中央银行是货币的垄断供应者，而货币政策主要针对经济体中货币量和信贷量的调控，因此央行是理想的货币政策执行者。

(3) 政府的银行(the banker to the government)和银行的银行(the bankers' bank)：因为中央银行能够印制和发行货币，所以它能够为面临资金短缺的政府和银行提供货币。

(4) **最终的贷款人(the lender of last resort)**：当商业银行出现资金短缺时，中央银行能为其提供流动性，防止银行发生挤兑现象。

(5) 支付系统的管理者和监管者(the regulator and supervisor of the payment system)：央行需要为国家的支付系统设定标准，确保标准稳定的支付系统。同时，央行也要引入新的流程以确保满足国际支付系统的要求。

(6) 银行系统的监管者(the supervisor of banking system)。

11.2.1.2 中央银行的目标

中央银行往往履行多重职能，但大多数情况下都会规定其首要目标，即**稳定物价(price stability)**。物价的稳定可以避免通货膨胀所带来的成本。

> **知识一点通**
> 由于中央银行通常是一国货币政策的执行者，中央银行的首要目标通常也就是货币政策的首要目标或总体目标。考生需将首要目标与后文中货币政策的具体目标制区分开。

11.2.1.3 中央银行的有效性

> **考点要求**
> 描述（describe）有效中央银行的特征（★）

中央银行对政策实施的有效性取决于其独立性、可信度和透明度。

1. 独立性(Independence)

中央银行在制定货币政策时应该独立于政府。若中央银行能够自由设定利率水平，则认为该中央银行具有操作独立性(operational independence)。实务当中还存在更高程度的独立性，即目标独立性(target independence)，是指中央银行可以自由设定目标通货膨胀率以及达到目标通胀率的时间等。

2. 可信度

中央银行的可信度能够影响其对预期通胀的控制。由于高负债的政府希望通过高通胀来降低债务的实际价值,因此导致人们对政府控制通胀的目的产生怀疑。而央行反而能够更好地承担起设置通胀目标的任务。可信度高的央行在设置通胀目标上往往有着自我实现(self-fulfilling)的功效,即经济主体会通过工资申请或者合同签订将央行设置的通胀考虑进去,使得最终通胀目标成为现实。

3. 透明度(Transparency)

央行能够建立可信度的途径之一就是保证自身货币政策的透明度。一国央行若能够定期披露现阶段的经济评估信息,或者通胀报告等,则该国政策透明度较高,公众认可程度也会更高。

11.2.2 货币政策工具(Monetary Policy Tools)

中央银行主要通过三种工具来实施其货币政策:公开市场操作、政策利率和准备金要求。

1. 公开市场操作(Open Market Operations)

公开市场操作是影响货币流通量最直接的方法之一。中央银行通过与商业银行或指定的做市商买卖政府债券来实现对流通货币量的控制。例如,**当中央银行向商业银行购买政府债券时**,商业银行的准备金增加,从而对企业和个人的可放贷量增加。通过货币乘数机制,经济体中的**货币供给量随之增加**。反之,**当中央银行将政府债券卖给商业银行时,货币供给量减少**。

—考点要求—
描述(describe)执行货币政策的三种工具(★★★)

2. 政策利率(Policy Rate)

中央银行会设定和宣布其政策利率(policy rate)或者官方利率(official interest rate),从而影响短期和长期利率,进而影响实体经济活动。不同国家的政策利率不同,名称也不相同。但通常情况下,央行设置的政策利率是央行愿意向商业银行提供贷款的利率。

若央行提高政策利率,则商业银行向央行贷款的融资成本增加,商业银行倾向于减少贷款量,经济体中的货币供给量减少。反之,若政策利率降低,商业银行向中央银行贷款支付的潜在费用相对下降,对外放贷增加,经济体中的货币供给增加。

调控政策利率的实现方式是通过签订**回购协议(repurchase agreement)** 来控制回购利率。当中央银行想要**增加货币的供给时**,可以向商业银行购买政府债券,约定在未来某一时刻回售债券。央行和商行签订的这份协议叫作回购协议,相当于商业银行以债券作为抵押,向央行借取了一笔抵押贷款,而央行作为贷款资金出借方(lender),以回购利率(repo rate)作为提供贷款的回报率。

在美国,政策利率是**联邦基金利率(federal fund rate)**,即银行间隔夜拆借的准备金利率。联邦基金利率作为美国政策利率重要的风向标,能够敏感地反映银行之间资金的余缺,进而影响整个国民经济。

> **知识一点通**
> 回购协议是难点,经济学中只是简单介绍,在"固定收益"中会详细讲解。若考生无法完全理解此处,可在学习完固定收益后,再次回顾该内容。

> **备考小贴士**
>
> 从考试的角度,经济学并不要求考生掌握回购的具体交易过程,只需要考生明确以下两点结论:
> 一是央行从商业银行那里先买入国债,会增加货币供给。
> 二是政策利率增加,货币供给减少;政策利率降低,货币供给增加。

3. 准备金要求(Reserve Requirement)

准备金要求与银行吸纳的存款当中可以放贷的比例有关。法定准备金要求(reserve requirement)指中央银行政策要求商业银行吸纳的存款中必须保留而不能用以放贷的金额。货币创造过程中,准备金要求决定了货币乘数的大小,进而影响货币供给。若将准备金要求调高,商业银行用以放贷的存款比率相对降低,则货币供给量减少;反之,则货币供应量增加。

> **备考小贴士**
>
> 货币政策的三种工具是本章的重要知识点,常见的考查方式为:给定具体货币工具的操作描述,要求考生判断货币量的变化情况,从而判断是扩张还是紧缩的货币政策(后文具体介绍:使得货币供给增加的是扩张性货币政策,使得货币供给减少的是紧缩性货币政策)。

11.2.3 货币传导机制(Monetary Transmission Mechanism)

—考点要求—
描述(describe)货币政策的传导机制(★★)

央行采取货币政策的最终目的是希望影响实体经济,而货币传导机制就是央行利用其制定的政策利率通过经济传导并最终影响实体经济的过程,具体传导过程如图11.1所示。

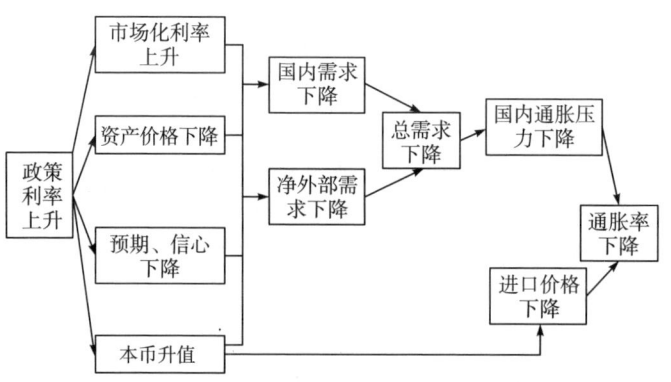

图 11.1 货币传导机制

—考点要求—
解释(explain)货币政策与经济增长、利率、汇率之间的关系(★★)

以紧缩的货币政策为例,若提高其政策利率,央行可以从以下四个途径来影响经济。

1. 银行贷款利率

当政策利率上升,商业银行向央行的融资成本增加,企业和个人向商业银行的融资成本(即银行贷款利率)随之增加,进而实物资本的投资减少。

2. 资产价值

当政策利率上升,整个市场的利率水平上升,金融资产定价时所使用的贴现率随之增加,金融资产(例如债券)的价值降低,居民的财富减少,储蓄和消费水平降低。

3. 市场预期

若央行提高利率,市场的参与者会预期未来经济发展受阻,从而减少投资和消费。

4. 汇率

当利率上升,本国的投资价值变大,因而对本币的需求上升,本币存在升值的压力,更有利于进口而不利于出口。

这四条路径互相联系,最终都会导致实体经济的总需求(aggregate demand)降低,从而对国内通胀产生向下压力,起到了调控物价水平的作用。

备考小贴士

货币传导机制是重要的知识点,考生需要能够判断在不同的货币政策下,这四条路径中的经济变量的变化。

例题 11.2

央行调低政策利率会导致下列哪项增加?
A. 投资
B. 银行同业拆借率
C. 本币相较于外币的价值

名师解析

选项 A 正确。

本题的考点为货币政策的传导机制。考生需要详细掌握货币政策传导机制的四条路径。若央行调低政策利率,企业的贷款利率降低,从而刺激投资。选项 B,银行间拆借率会随着政策利率的增加而增加。选项 C,利率降低,本国的投资价值降低,本币的需求减少,本币相较于外币贬值。

11.2.4 货币政策的形式与目标

11.2.4.1 货币政策的形式

根据货币政策对经济的影响,可将其分为两种形式:扩张性货币政策和紧缩性货币政策。

1. 扩张性货币政策(Expansionary/Easy Monetary Policy)

扩张性货币政策旨在通过增加货币流动性、降低目标利率来刺激经济。因此,若央行采取扩张性货币政策,货币供给量和信贷量增加,**利率下降,继而本币贬值、总需求(即 GDP)增加,经济的整体物价水平上升**。

2. 紧缩性货币政策(Contractionary/Tight Monetary Policy)

紧缩性货币政策旨在通过降低货币流动性、提高目标利率来抑制经济发展过热。因此,若央行采取紧缩性货币政策,货币供给量和信贷量减少,**利率上升,继而本币升值、总需求(即 GDP)减少,经济的整体物价水平下降**。

> **备考小贴士**
>
> 扩张性货币政策以及紧缩性货币政策是重要的考点,主要考查:一是结合前文的货币市场工具判断货币政策的类型;二是结合货币传导机制,判断不同货币政策对经济变量及经济活动的影响。

考点要求
区分(contrast)央行在扩张性或紧缩性货币政策中对通胀、利率与汇率目标的使用(★★)

11.2.4.2 货币政策的目标

大部分国家都以稳定物价为整体目标。然而,有些国家会锁定其他经济变量作为其货币政策的目标,总结如下。

1. 利率目标制(Interest Rate Targeting)

当一国央行以稳定利率为目标时,若该国当前利率高于目标利率,则央行会增加货币供给量,实施宽松的货币政策。反之,央行会减少货币供给量,实施紧缩的货币政策。

> **知识一点通**
>
> 可以将利率看成货币的"价格"来进行理解。当利率高于目标利率,意味着货币的"价格"较高,本国货币紧缺,因而央行会扩大货币供给。反之,如果利率低于目标利率,意味着货币的"价格"较低,本国货币过多,因而央行会减少货币供给。

2. 通胀目标制(Inflation Targeting)

当一国以稳定通胀率(即稳定物价)作为主导目标,若通胀率高于目标通胀率,央行会减少货币供给,即实施紧缩的货币政策;反之,央行会增加货币供给,即实施宽松的货币政策。

3. 汇率目标制(Exchange rate Targeting)

实行汇率目标制的国家往往将本国货币与其他外币或一组汇率挂钩,以维持固定汇率。当本币相较于挂钩的外币贬值时,为了维持汇率目标,需要货币当局卖出外汇储备购买本国货币,这会产生货币供应量减少和短期利率提高的效果,意味着央行正在实施紧缩的货币政策;反之,则需要货币当局卖出本币以维持固定汇率,这会产生货币供应量增加和短期利率降低的效果,意味着央行正在实施宽松的货币政策。

当一国采取固定汇率目标时,国内利率和经济状况为了适应这一目标,可能会使得利率和货币供应变得更加不稳定。

> **备考小贴士**
>
> 货币政策的目标以定性考查为主,要求考生能够判断在不同的货币政策目标制度下,央行具体货币政策措施的影响,并判断是紧缩性还是扩张性货币政策。

11.2.5 货币政策的实施

11.2.5.1 货币政策的基准:中性利率

经济学家把中性利率作为判断当前央行货币政策的基准。**中性利率(neutral interest rate)是指既不刺激也不抑制经济发展的利率水平**。尽管不同经济体的中性利率不同,但它都是由实际的经济趋势增长率(real trend rate of growth of the underlying economy)与

长期的预期通货膨胀率(long-run expected inflation)组成,即:

$$中性利率=实际趋势增长率+预期通货膨胀率 \quad (11.1)$$

当政策利率低于中性利率时,央行采取的是扩张性货币政策;反之,央行采取的是紧缩性货币政策。

> **备考小贴士**
>
> 中性利率既有可能考定性题又有可能考定量题。从定性的角度:一是考查对中性利率概念的理解;二是根据当前政策利率与中性利率的关系,判断货币政策类型。从定量的角度,根据公式(11.1),考查中性利率的计算。注意,有时候一道题目可能定性和定量同时考查。

11.2.5.2 货币政策的局限性

—考点要求—
描述(describe)货币政策的局限性(★★★)

在货币政策传导机制中,中央银行通过货币政策来影响货币量和短期利率,进而通过一系列经济传导过程,影响长期利率与实体经济的发展。在此过程中,央行无法实际控制消费者和企业愿意消费与投资的资金数量,也无法控制商业银行愿意放贷的规模。因此,在某些情况下,中央银行的意图并没有正确传导到实体经济中,具体表现如下:

1. 债市义勇军(Bond Market Vigilantes)

债市义勇军是一种特殊的债券市场参与者,他们的存在可能会造成长期利率和短期利率朝相反的方向变化。例如,当央行实行紧缩性货币政策,调高政策利率时,债市义勇军预期未来经济会急速衰退,继而增加对长期债券的需求,使得长期债券价格增加,推动长期利率的下降,造成短期利率上升、长期利率下降的局面。这与货币当局提高短期利率并推高长期利率的初衷相违背,致使货币政策失效。

2. 流动性陷阱

流动性陷阱(liquidity trap)是指在极端情况下,货币的需求完全弹性,即货币需求曲线是水平的。此时,即使向经济体中投放更多的货币,利率水平也不会下降,从而实体经济活动不受影响。

流动性陷阱通常与通货紧缩有关。当经济处于极度衰退时,货币当局试图采取扩张性货币政策,降低利率来刺激经济。然而,当名义利率下降到零时,即使继续采取扩张性政策,利率也无法进一步降低,从而形成流动性陷阱。此时,货币政策失效。因此,相对于可以通过紧缩性货币政策来治理的通货膨胀,通货紧缩更难治理。

> **知识一点通**
>
> 流动性陷阱的另一种解释为:当经济衰退时,由于商业银行担心贷款者无法偿还贷款,即使有足额的准备金,也不愿意向外发放贷款。若资金不发生借贷,就难以影响到市场利率。此时,货币当局希望采取扩张性货币政策来增加货币供给的意愿无法通过商业银行传达到实体经济中。

> **备考小贴士**
>
> 上面两种关于流动性陷阱的解释都有可能在考试中出现。

为了治理通货紧缩,央行会大量印制货币投放到经济体中,这种非常规的政策称为**量化宽松(quantitative easing)**。量化宽松政策类似于公开市场操作,但是量化宽松的规模更大,且央行的额外货币供给量可以用来购买任何资产。例如,国债、抵押贷款支持证券和其他高风险债券。

> **备考小贴士**
> 货币政策的局限性是重要考点,尤其是流动性陷阱。

11.2.6 货币政策和财政政策的组合

考点要求

解释(explain)货币政策与财政政策的组合运用(★)

货币政策和财政政策都能影响总产出水平,两者共同作用的具体结果如表 11.1 所示。

表 11.1　货币政策和财政政策的共同作用

财政政策	货币政策	利率	私营部门支出	公共部门支出	产出
扩张	紧缩	↑	↓	↑	不确定
紧缩	扩张	↓	↑	↓	不确定
紧缩	紧缩	↑	↓	↓	↓
扩张	扩张	↓	↑	↑	↑

> **知识一点通**
> 值得注意的是,财政政策更多的是影响政府支出,即公共部门支出;货币政策主要通过影响利率水平,从而影响私营部门的投资、消费行为。

1. 扩张的财政政策/紧缩的货币政策

在扩张的财政政策下,政府加大各项支出,刺激经济发展。紧缩的货币政策会使得利率上升,私营部门的投资与消费受到抑制,不利于经济发展。

因此在这组政策下,公共部门对经济发展的贡献比例上升,私营部门对经济发展的贡献比例下降。

2. 紧缩的财政政策/宽松的货币政策

紧缩的财政政策会使得政府支出下降,公共部门对经济的发展贡献份额降低。而在宽松的货币政策下,低利率水平有利于私营部门的投资与消费,从而刺激经济发展,私营部门对经济的贡献增加。

3. 宽松的财政政策/宽松的货币政策

宽松的财政政策和货币政策下,私营部门和公共部门都能促进经济发展,总需求上升,利率降低。

4. 紧缩的财政政策/紧缩的货币政策

紧缩的货币政策下,利率上升,私营部门投资与消费的需求下降。同时更高的税收和较少的支出导致公共部门需求下降,从而总需求下降。

> **知识一点通**
> 考虑财政政策时,要从公共部门的角度出发。而考虑货币政策时,则需要更多从私营部门的角度出发。

练一练

11-1 A central bank most likely conducts targeted monetary policy by changing：

A. the long-term interest rate.

B. the policy rate.

C. the inflation rate.

11-2 After the central bank decides to increase the official interest rate，the economy is most likely to experience：

A. a decrease in commercial interest rates.

B. a decrease in investment.

C. a depreciation of the domestic currency.

11-3 After systematic research，a financial analyst believes that country X is facing the problem of the liquidity trap. Assuming that the analyst's inference is correct，which of the following statements is most likely correct?

A. The country's money demand is perfectly inelastic.

B. There is a problem of hyperinflation in the country.

C. The country's loose monetary policy will fail.

11-4 Which of the following arguments is not one of those against being concerned about the national debt?

A. Government borrowing may divert private sector investment.

B. The debt raised by the government is actually for the enhancement of human capital.

C. Ricardian equivalence implies the impact to be insignificant.

11-5 The United States government and Federal Reserve have released some policies，leading to increase in both government spending and the interest rate. Which of the following combinations of policies is most likely to be released?

A. Contractionary monetary policy and expansionary fiscal policy.

B. Contractionary monetary policy and contractionary fiscal policy.

C. Expansionary monetary policy and expansionary fiscal policy.

扫码查看
答案及解析

第 12 章 国际贸易

知识引导

随着经济全球化的发展,国际贸易与资本流动成为国际投资者需要考虑的重要因素。国际商品市场和资本市场的竞争会对投资决策产生重大的影响。国内生产总值、货币和财政政策、贸易政策和竞争程度等因素的不同都造成了国与国之间的差异。本章将介绍国际贸易的相关概念和贸易政策,包括国际贸易的利弊、贸易限制、贸易集团和区域一体化等。

考点聚焦

本章在CFA®一级经济学中的占比相对较小,且重要知识点较少,主要考点集中于贸易限制、贸易集团和区域一体化等。

本章框架图

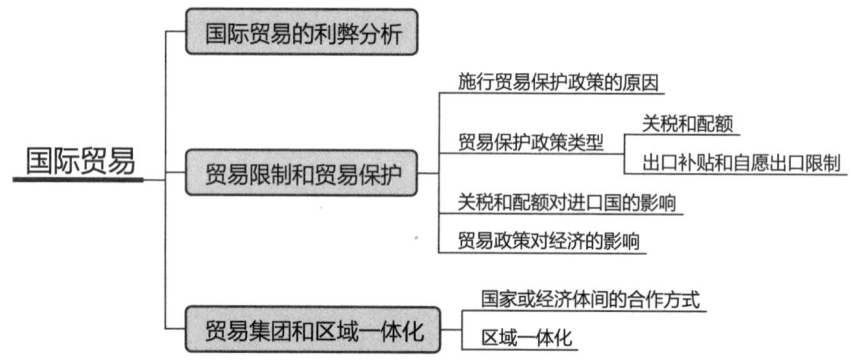

12.1 国际贸易的利弊分析

国际贸易对一个国家的经济发展有利有弊。

12.1.1 益处

国际贸易给一国经济带来的益处主要有:
(1) 专业化分工提高生产效率,促进资源的有效配置。
(2) 在更高的生产水平上实现规模经济:面对更广阔的国际市场,具有规模报酬递增的行业,其平均成本随着产出的增加而降低,继而从增加的市场规模中获益。
(3) 消费者和厂商有更多的选择:国与国之间的贸易使得广大消费者和厂商拥有更多的选择,从而促进了行业的良性竞争,增加了整个社会的福利。

12.1.2 弊端

国际贸易对一国经济带来的负面影响主要有:
(1) 收入不平等和失业:由于进口产品的竞争加剧,缺乏效率的企业可能会被迫退出市场,特别对于发达国家而言,可能会出现巨大的收入不平等和失业。
(2) 中短期成本增加:因行业衰退而失业的工人可能需要接受再培训,以便在增长行业中找到新的工作。这个过程可能会带来短期的经济和社会成本。

12.2 贸易限制和贸易保护

虽然自由贸易能够最大限度地促进资源的优化配置,但是在现实生活中,大部分国家都会采取贸易限制或者保护政策。

12.2.1 施行贸易保护政策的原因

一个国家施行贸易保护政策往往出于保护本国利益的初衷,具体原因如下:
(1) 保护国内已建立的行业(established industry)免受国外竞争的冲击。
(2) 保护国内新兴产业(infant industry)免受来自国外的竞争,确保产业能够发展成熟。
(3) 保护和增加国内就业。
(4) 出于国家安全的考虑,保护战略型行业(例如,移动通信、国防等)。
(5) 通过贸易保护,从关税中获得收入。
(6) 报复(retaliation)其他国家对其施加的贸易限制。

12.2.2 贸易保护政策类型

常见的贸易保护政策有关税(tariffs)、配额(quotas)、出口补贴(export subsidies)和自愿出口限制(voluntary export restraint)。

1. 关税和配额

关税是指进口国对特定的进口商品与服务征税。**配额**是指进口国对特定进口商品与服务的进口**数量**进行限制。这两种政策本质上都是**进口国**为了限制进口而施行的贸易保护。

2. 出口补贴和自愿出口限制

出口补贴是指出口国对于特定商品与服务的出口商给予的额外补贴。

自愿出口限制是指出口国自愿减少一些商品和服务的出口数量。然而事实往往是出口国迫于进口国的施压,不得不接受减少出口数量的条件。

这两种政策都是出口国实施的贸易保护政策,但出口补贴是促进出口,而自愿出口限制是限制出口。

> **备考小贴士**
>
> 考生需要理解这四种贸易政策的实施方、政策目的及其控制手段。

12.2.3 关税和配额对进口国的影响

1. 关税对进口国(小国)的影响

在这里我们讨论的是关税对小国的影响。小国指的不是国土面积小、人口少或者 GDP 低,而是在世界市场上作为某种商品的价格接受者,没有任何的定价权,无法影响世界市场价格。站在一个不施加关税的进口国(小国)的角度,假设目前国内市场价格为世界市场价格 P^*。P^* 的价格水平下,国内市场的供给量为 Q_1,而国内的需求量为 Q_4,国内的超额需求 (Q_4-Q_1) 通过进口来满足。此时,消费者剩余为本国需求曲线下方、

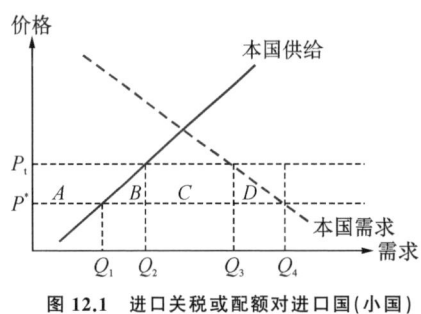

图 12.1 进口关税或配额对进口国(小国)社会福利的影响

世界价格线上方的区域,生产者剩余为世界价格线下方、本国供给曲线上方的区域,见图 12.1。

若进口国施加关税,使得商品价格从 P^* 上升到 P_t,则国内供给量增加至 Q_2,国内需求量下降至 Q_3,国内的超额需求下降为 (Q_3-Q_2)。关税的施加使得消费者以更高的价格消费更少的商品,从而消费者剩余减少,减少部分为图 12.1 中 $(A+B+C+D)$ 区域。同时,生产者以更高的价格卖出更多的商品,从而生产者剩余增加,增加区域为图 12.1 中的 A 区域。政府收取关税,关税收入为 $(P_t-P^*)(Q_3-Q_2)$,即图 12.1 中的 C 区域。因此,关税的施加使得国民福利(消费者剩余、生产者剩余与政府收入之和)减少了 $(B+D)$ 区域。国民福利的减少也被称为无谓损失(deadweight loss)。上述变化可总结为表 12.1。

表 12.1 进口关税对进口国(小国)的影响

	进口国(小国)
消费者剩余(consumer surplus)	$-(A+B+C+D)$
生产者剩余(producer surplus)	$+A$
关税收入(tariff revenue)	$+C$
国民福利(national welfare)	$-(B+D)$

2. 配额对进口国的影响

配额与关税都属于进口国采取的贸易政策,但是关税是直接影响进口商品与服务的价格,配额是限制进口数量。配额的实施可以有两种具体形式:政府拍卖进口许可证和简单地限制进口数量。

若政府拍卖进口许可,则可以获得配额租金(quota rents)。而外国厂商会将配额租金所产生的成本转嫁给国内消费者,使得商品价格从 P^* 上升到 P_t。此时,配额对进口国的影响与关税对进口国的影响类似,如表12.2所示。只不过,此时政府收到的不是关税收入,而是配额租金。

表 12.2　配额对进口国(小国)的影响(拍卖进口许可)

	进口国(小国)
消费者剩余(consumer surplus)	−(A+B+C+D)
生产者剩余(producer surplus)	+A
配额租金(quota rents)	+C
国民福利(national welfare)	−(B+D)

若政府不拍卖进口许可,而只是简单地将商品的进口数量限制为 $(Q_3 - Q_2)$。外国厂商根据国内的供需关系,仍然会将商品价格从 P^* 提升到 P_t。于是,区域 C 被外国厂商获得。此时,配额对进口国的影响如表12.3所示,进口国的国民福利损失增加。

表 12.3　配额对进口国(小国)的影响(不拍卖进口许可)

	进口国(小国)
消费者剩余(consumer surplus)	−(A+B+C+D)
生产者剩余(producer surplus)	+A
国民福利(national welfare)	−(B+C+D)

> **备考小贴士**
>
> 虽然此处的分析较为复杂,但是考试中主要以定性考查为主,考查在关税或配额的贸易政策影响下,进口国消费者剩余、生产者剩余、关税收入或配额租金以及国民福利的变化。

12.2.4　贸易政策对经济的影响

一般情况下,贸易限制会导致进口量减少(出口量增加)、国内商品价格升高、国内生产者剩余增加、消费者剩余减少且国民福利下降。贸易政策对经济的具体影响总结如表12.4所示。

—考点要求—
比较(compare)贸易限制对经济的影响(★★★)

表 12.4　贸易政策对经济的影响

	关税	配额	出口补贴	自愿出口限制
分析主体	进口国	进口国	出口国	进口国
生产者剩余	增加	增加	增加	增加

续表

	关税	配额	出口补贴	自愿出口限制
消费者剩余	减少	减少	减少	减少
政府收入	增加	不确定	下降	没有改变
国民福利	小国下降	小国下降	下降	下降
	大国可能增加	大国可能增加		
商品价格	升高	升高	升高	升高
国内消费量	下降	下降	下降	下降
国内生产量	增加	增加	增加	增加
贸易状况	进口减少	进口减少	出口增加	进口减少

备考小贴士

表12.4中的第二行为分析主体，其含义是站在哪一方的立场来分析贸易政策对经济的影响。由表可知，对于关税、配额和自愿出口限制都是站在进口国的角度分析，而出口补贴是站在出口国的角度分析。整张表格虽然看上去内容较多，但实际上变化规律相似，容易理解。考生可以先着重理解关税的影响，其他政策只需类比即可，不相同的部分再着重理解。

表12.4中关税与配额的大部分结论在之前的讨论中都已涉及，但以下两点仍需要特别注意。

1. 政府收入

(1) 收取关税可以增加政府收入。

(2) 配额的贸易政策下，政府收入不确定。若政府拍卖许可证，则政府收入增加；反之，政府收入不变。

(3) 出口补贴是政府支付给出口商的补贴，政府收入会下降。

(4) 自愿出口政策下，对进口国政府没有影响，政府收入不变。

2. 大国与小国的国民福利变化不同

国际贸易中的大国与小国不取决于面积、人口或GDP，而是取决于该国是否能影响商品的世界价格。国际贸易中的大国一般是指大的进、出口国，且对世界市场价格有一定影响力。而贸易小国则是世界市场价格的价格接受者。

对于贸易小国，实施关税或者配额的贸易政策后，消费者剩余的减少会超过生产者剩余与政府收入的增加，导致国民福利的减少。

对于贸易大国，实施关税或者配额的贸易政策后，外国出口商为了保持其市场份额，会采取降价的措施，使得进口国国内的市场价格维持在国际市场价格水平P^*。此时，对于贸易大国而言，国民福利非但没有下降，反而由于关税收入或配额租金而上升。

备考小贴士

考生无须死记硬背贸易政策对经济的影响，理解其变化（特别是对国民福利的影响）即可。

> **例题 12.1**
> 下列哪项贸易限制政策会导致进口国（小国）的国民福利损失最小？
> A. 关税
> B. 进口配额
> C. 自愿出口限制
>
> **名师解析**
> 选项 A 正确。
> 这道题的核心在于判断政府能否从贸易限制政策中获得收入从而抵减贸易限制带来的福利损失。关税带来的税收收入能一定程度上抵减福利损失，而配额则需要分情况考虑。若存在配额租金，则政府收入能抵减部分福利损失；反之，则不能抵减部分福利损失。自愿出口限制政策下，进口国政府没有任何收入，无法抵减福利损失。
> 综上所述，关税一定会带来最小的福利损失，配额可能带来最小的福利损失，自愿出口限制的福利损失一定最大。

12.3 贸易集团和区域一体化

—考点要求—
解释（explain）贸易集团、共同市场与经济联盟的动机与优点（★★）

12.3.1 国家或经济体间的合作方式

为了实现规模经济并寻求共同发展，国家或经济体间的合作逐渐加强，形成各类的贸易和经济联盟，具体类型有以下五种。

1. 自由贸易区（Free Trade Areas，FTA）

自由贸易区内，成员国之间不存在任何贸易限制和保护政策，商品与服务的流动没有任何壁垒。例如，美国、加拿大和墨西哥形成的北美自由贸易区。

2. 关税联盟（Customs Union）

关税联盟在自由贸易区的基础上，联盟内国家对非同盟国家保持一致的贸易政策，一体化的程度进一步提高。例如，海湾阿拉伯国家合作委员会（GCC）关税同盟。

3. 共同市场（Common Market）

共同市场在关税联盟的基础上，允许成员国之间所有的生产要素自由流动。例如，东非共同体。

4. 经济联盟（Economic Union）

经济联盟在共同市场的基础上，要求存在一个共同的经济机构且成员国之间经济政策得到协调。例如，欧盟。

5. 货币联盟（Monetary Union）

货币联盟在经济联盟的基础上，联盟成员国内部使用相同货币，例如，欧元区。

> **知识一点通**
> 这五种合作方式从自由贸易区到货币联盟，合作的密切度逐渐增加，存在层层递进的关系。在记忆时，可考虑小诀窍，由自由贸易区至共同市场，可快速记忆为"内部团结、一致对外、共同市场"。后两类可联系实务记忆，经济联盟可联系欧盟记忆，而货币联盟可联系欧元区来关联记忆，简化为"经济货币"。

> **备考小贴士**
>
> 这五种合作方式是本章考试的重点。考查形式主要有两种：一是给出某种合作方式，判断合作形式更紧密或者更不紧密的合作方式；二是给出描述，判断是哪种合作方式。

12.3.2 区域一体化

区域一体化在世界各地区非常流行，是因为区域一体化有以下优势：

（1）与世界贸易组织下的多边贸易谈判相比，区域内一小群国家间的政治争议更少，贸易和投资壁垒的消除更加容易和迅速。

（2）通过消除或减少贸易壁垒，成员国能够更好地实现资源优化配置并获取更大的市场份额。

（3）成员国之间的相互依赖和共存使得国家间的利益冲突减少，能更大程度地发挥协同效应。成员国之间能充分互相学习，发挥溢出效应。

（4）实现区域一体化的国家能够在多个经济领域和事务中紧密合作，实现更强的议价力，并且在国际舞台上拥有更强的政治影响力。

区域一体化会导致成员国比非成员国享有优惠待遇，并可能导致贸易格局的变化。关税同盟的形成可能会产生**贸易创造**（trade creation）和**贸易转移**（trade diversion）这两种经济效应。

贸易创造是指本国高成本的产品被其他成员国低成本的进口产品所取代的现象。**贸易转移**是指进口非成员国的低成本产品被进口成员国的高成本产品所取代的现象。在区域贸易协定中，贸易创造和贸易转移都可能发生。如果贸易创造大于贸易转移，则净福利效应为正。

练一练

12-1 Which of the following is not a typical benefit of international trade?
A. To benefit from economies of scale as the local businesses expand their product offerings to new markets.
B. To obtain a greater variety of products available to domestic households and firms.
C. To gain more prominent productivity from less competition and more proficient assignment of assets.

12-2 Which type of trade policies would most likely increase domestic welfare for a big country?
A. Tariff.
B. Export subsidy.
C. Voluntary export restraint.

12-3 After a small country carrying out import quota on imported automobiles, which of the following would most likely benefit from such trade protection?
A. Domestic automobile producers.
B. Government.
C. Domestic automobile consumers.

12-4　To make easier free-trading, several African countries set up a union and remove trade barriers between them, such as tariff and import quota. At the same time, a common external tariff is imposed on non-members of the union. Which of the following best describes such an organization?

A. Free trade areas (FTA).

B. Customs union.

C. Common market.

扫码查看
答案及解析

第13章 资本流动与外汇市场

知识引导

由国际贸易产生的资金流动必然涉及两国货币兑换的问题。本章主要介绍了有关外汇市场、资本限制的基础知识,包括外汇市场的功能和参与者、汇率相关的基本术语、标价方式、货币升贬值计算、汇率制度以及汇率对国际贸易和资本往来的影响等。

考点聚焦

本章内容为外汇学习的基础,既有定性考查,也有定量考查,整体难度不高。定性考查的内容主要包括外汇市场的功能与参与者、汇率制度、汇率对国际贸易和资本往来的影响、资本限制等。定量考查的内容主要为汇率标价方式、货币升贬值计算。

本章框架图

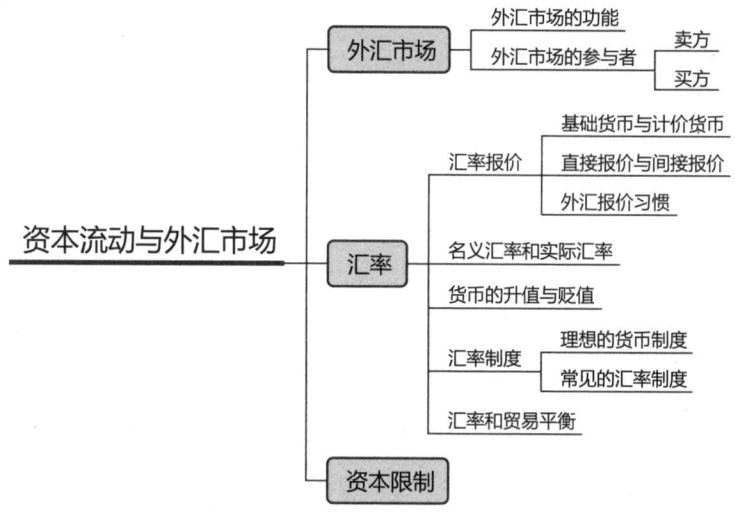

13.1 外汇市场

外汇市场(FX market)是各国货币的交易场所,也是迄今全球最大的交易市场,在经济金融中发挥着其重要的作用。

—考点要求—
描述(describe)外汇市场的功能以及参与者(★)

13.1.1 外汇市场的功能

对于商品市场,外汇市场促进了商品与服务的国家间贸易,帮助企业和个人实现外汇结算。

对于资本市场,外汇市场帮助个人和机构投资者实现套期保值(hedging)与投机(speculation)的目的。其中,**套期保值**是指投资者在自身面临外汇风险(即拥有外汇头寸)的情况下,通过外汇市场产品来对冲汇率风险;**投机**是指投资者自身并没有面临外汇风险,但意欲通过对未来汇率变动的预测参与到远期等外汇相关合约中,从而实现盈利。

> **知识一点通**
>
> 套期保值和投机的相关内容将在"衍生品"中介绍。此处简单举例说明。例如,一个企业在 3 个月后要支付一笔以外币计价的款项,则企业面临着外币升值的风险,即外汇风险。此时,企业可以通过买入外汇期货合约来锁定 3 个月之后的汇率,实现风险对冲,即套期保值。再如,一个投资者通过对市场的研究,认为在 3 个月之后某种外币相较本币升值,于是他根据自己的预测,购买相关的外汇产品,这属于投机行为。若未来汇率变动方向与其预测一致,则该投资者可从中获利。

> **备考小贴士**
>
> 考生须了解外汇市场的功能,能够根据描述判断外汇市场正在发挥哪项功能。

13.1.2 外汇市场的参与者

13.1.2.1 卖方(Sell Side)

外汇市场的**卖方**需要为不同客户提供丰富多样的外汇市场产品,通常为**外汇交易银行**。

13.1.2.2 买方(Buy Side)

外汇市场的买方则较广泛,主要有以下七类账户。

(1)公司账户(corporate accounts):公司往往涉及商品与服务的跨国购买与销售。此外,国际企业并购、企业对外国资产的投资和外汇借款也会带来跨国资本的流动。

(2)真实货币账户(real money accounts):包括保险公司、共同基金、养老基金、捐赠基金、交易所交易基金(ETFs)、其他机构投资者管理的投资基金等账户,这些账户通常在使用杠杆或金融衍生品方面受到限制。

（3）杠杆账户（leveraged accounts）：包括对冲基金、自营交易、商品交易顾问（CTAs）、高频算法交易员、银行自营交易部门等账户，这些活跃的交易账户会接受和管理外汇风险，以获取利润。

（4）零售账户（retail accounts）：个人和小型机构进行外汇交易的账户，通常用来换汇出境旅游、小型跨国贸易投机。

（5）政府（governments）：政府的外汇需求涉及在外国设立的领事馆的维持、军事物资的采购与投资政府发行的外币计价债券等。

（6）中央银行（central banks）：中央银行可以通过外汇市场操作来影响本国汇率水平和趋势。

（7）主权财富基金（sovereign wealth funds，SWFs）：主权财富基金通常以投资目的为导向，因此拥有经常账户盈余的国家会将其国际资本投到国家主权财富基金中，以实现投资盈利。

> **知识一点通**
>
> 关于外汇市场的买方和卖方，可以将买方理解为寻求金融服务的一方，而将卖方理解为提供金融服务的一方。

> **备考小贴士**
>
> 考生需要了解外汇市场的买方和卖方，能够判断个体或机构属于买方还是卖方。从考试的角度来看，只需要记住唯一的卖方（外汇交易银行），其他通常为买方。

13.2 汇率

13.2.1 汇率报价

汇率是两国货币之间的兑换比率，即一种货币相对于另一种货币的价格。

13.2.1.1 基础货币与计价货币

在进行外汇报价时，首先要明确基础货币和计价货币。其中，**基础货币（base currency）** 是指汇率报价中作为基础的货币，其报价的表达形式为**每一单位**的该货币可兑换多少别国货币，而**计价货币（price currency）** 是用来度量基础货币价值的货币。

> **知识一点通**
>
> 汇率计价通常用 P/B 的方式表示，即一单位的基础货币能够兑换多少计价货币。例如，假设目前汇率表明 7 元人民币与 1 美元等价，则可以记为 CNY/USD=7。在 CNY/USD 的计价下，美元就是基础货币，人民币就是计价货币，表明 1 美元值 7 元人民币（这与一斤苹果值 7 元人民币的含义类似，人民币用于计价）。

13.2.1.2 直接报价与间接报价

外汇报价方式有直接报价法和间接报价法两种。在**直接报价**(direct quotation)下,外国货币为基础货币,可简记为(D/F)。而在**间接报价**(indirect quotation)下,本国货币为基础货币,可简记为(F/D)。直接报价与间接报价互为倒数。

> **知识一点通**
>
> 通俗来讲,直接报价就是一单位的外币值多少本币,而间接报价就是一单位的本币值多少外币。例如,日常生活中直接对商品标价,7元人民币/斤苹果是对一斤的苹果直接标价,而0.14斤苹果/元人民币是间接标价法。将商品换成外国货币,站在中国的角度:CNY/USD=7,即1单位的美元等于7单位的人民币,就是直接报价法;而USD/CNY=0.14,即1单位的人民币等于0.14单位的美元,就是间接标价法。

> **备考小贴士**
>
> 考试时,题目一般都会有情境描述,此时考生首先要明确自己的立场,明确自己的本国是哪个国家。

13.2.1.3 外汇报价习惯

不同的外汇市场有不同的报价习惯,以欧元为基础货币、英镑为计价货币且1单位欧元等于0.85单位英镑为例,以下几种常见的报价形式的意义完全相同:

(1) GBP/EUR=0.85;
(2) 0.85GBP/EUR;
(3) EUR:GBP=0.85;
(4) 1EUR=0.85GBP。

> **知识一点通**
>
> 虽然第一种报价形式比较常见,但是上述四种报价形式都有可能在考试中出现,考生须全部掌握。遇到计算题时,无论题目中给出的形式是哪种,最好及时转换成直接标价法(D/F),方便之后的运算。

13.2.2 名义汇率和实际汇率

名义汇率(nominal exchange rate)是在社会经济生活中被直接公布和使用的兑换比率,即市场上的报价汇率。而**实际汇率**(real exchange rate)则是在名义汇率的基础上,基于物价水平调整后的汇率,反映了两国货币**实际购买力**的差异。名义汇率和实际汇率的转换关系为:

——考点要求——
辨析(distinguish)
名义汇率和实际利率(★★)

$$\text{Real}_{d/f} = \text{Nominal}_{d/f} \times P_f/P_d \tag{13.1}$$

其中，$\text{Real}_{d/f}$ 为直接报价法下的实际汇率；$\text{Nominal}_{d/f}$ 为直接报价法下的名义汇率；P_d 和 P_f 分别为本国和外国的物价水平，或者也可分别表示为本国和外国的典型的一篮子商品和服务的价格。

> **知识一点通**
>
> 由公式（13.1）可得，实际汇率与本国物价水平成反比，与名义汇率和外国物价水平成正比。
>
> 例如，假定目前汇率表明7元人民币与1美元等价，并且在中国一斤苹果售价7元，在美国一斤苹果售价1美元（假定苹果代表一篮子商品）。站在中国的角度，根据公式可得实际汇率为1，表明美元与人民币的实际购买力相同，都可以购买一斤苹果。
>
> 如果在中国发生通胀，苹果价格涨到了1斤10元，其他条件不变。根据公式，实际汇率将下降，表明美元的实际购买力下降，在美国1美元可购买1斤苹果，但在中国1美元兑换成7元人民币却只能购买0.7斤的苹果。

> **备考小贴士**
>
> 名义汇率与实际汇率的转换会从定性和定量两个角度来考查。从定量角度考计算，要求考生在给定实际汇率、名义汇率和两国物价水平四个要素中的三个要素下，求另一个要素。此时，考生须注意物价水平的处理，不要将物价水平算反。从定性的角度考概念，要求考生根据当前某个国家的物价水平的上升或者下降情况，判断实际汇率的变化方向。

13.2.3 货币的升值与贬值

—考点要求—
计算（calculate）并解释（interpret）一种货币相对于另一种货币的币值变动率（★★★）

汇率的变化是指一种货币相对于另一种货币的价值发生变化。若一种货币相对于另一种货币的价值增加，该货币升值（appreciation）；反之，该货币贬值（depreciation）。

例如，USD/EUR 的汇率报价从 1.25 变动到 1.3，则欧元相对于美元的升值幅度为：

$$\frac{1.3}{1.25} - 1 = 4\% \tag{13.2}$$

> **知识一点通**
>
> 在计算 A 货币相对于 B 货币升值或者贬值幅度时，一定要确保 A 货币是基础货币（单位为1），即转化成 B/A 的形式，才能直接进行计算。

美元相对于欧元的贬值幅度为：

$$\frac{1/1.3}{1/1.25} - 1 = -3.85\% \tag{13.3}$$

> **知识一点通**
>
> 计算美元相对于欧元的贬值幅度时，首先要转化成 EUR/USD 的形式，即取 USD/EUR 的倒数，然后再计算美元相对于欧元的贬值程度。通过公式（13.2）与（13.3）的计算可以看出，**A 货币升值的幅度 ≠ B 货币贬值的幅度**。

> **备考小贴士**
>
> 货币的升值与贬值通常是将定性与定量结合起来考。例如,给出两种货币的汇率变化,判断某种货币升值或贬值的幅度。此时,考生一定要明确以下三点:一是基础货币(单位为1)是哪种货币;二是题目中的条件是直接用还是取倒数再用;三是文字语言与数学表达的正确转换(贬值3%转化成数学语言为-3%)。

例题 13.1

在过去1个月,瑞士法郎(CHF)相对英镑(GBP)贬值了12%,那么英镑相对瑞士法郎的升值率是多少?

A. 12%
B. 小于 12%
C. 大于 12%

名师解析

选项 C 正确。

可以使用特殊值代数求解的方法解此题。假定初始 GBP/CHF=1,由于 CHF 贬值了 12%,则新的汇率为 GBP/CHF=0.88。欲求 GBP 的升值幅度,则需将 GBP 变为基础货币。初始汇率为 CHF/GBP=1,新的汇率为 CHF/GBP=1.136 4,则英镑相对瑞士法郎的升值幅度约为 13.64%,大于 12%。

13.2.4 汇率制度(Exchange Regimes)

> —考点要求—
> 描述(describe)
> 汇率制度(★)

13.2.4.1 理想的货币制度

理想的货币制度应该有以下三个属性:

(1) 可靠的固定汇率,消除商品和服务、实物和金融资产价格方面的不确定性。
(2) 货币完全可兑换,保证资本的流动不受限制。
(3) 完全独立的货币政策,以实现本国经济增长、目标通货膨胀等国内目标。

但是,这三个条件不能同时被满足。比如汇率是可靠的固定汇率,货币是完全可兑换的,那么实施独立的货币政策来影响利率、资产价格或者通胀是不可能实现的。因此,现实中不可能存在理想的货币制度。

13.2.4.2 常见的汇率制度

由于汇率的剧烈波动会带来经济的不稳定性,因此各国中央银行或多或少会主动管理本国的汇率。常见的汇率制度主要有以下八种。

1. 美元化(Dollarization)

美元化是指一个国家**使用他国货币作为法定货币**并且放弃独立的货币政策。理论上,一个国家可以使用其他任何一种货币作为本国的法定货币。然而在实务中,美元作为一种硬通货是常见的选择,因而称为美元化。

使用美元化的国家使用别国货币作为法定货币,虽然可以获取这种货币的公信力,但是国家政府本身的信誉无法得到保证。

2. 货币局制度(Currency Board System)

货币局制度是指一国政府**明文规定**本币和某种特定的货币以**固定汇率**进行兑换，并且货币当局**承诺兑换义务**。

中国香港的汇率制度就是货币局制度的典型实例。中国香港承诺固定汇率兑换的货币是美元。港币以固定汇率挂钩美元。

3. 传统固定钉住制度(Conventional Fixed Peg Arrangement)

该汇率制度下，汇率可以和单一的某种货币挂钩，也可以和一篮子主要贸易伙伴的货币挂钩。在**固定汇率的上下1%范围内**，汇率可以由市场决定并自由浮动。若汇率波动超过该范围，货币当局会买入或卖出外汇储备使汇率保持在这个区间范围内。

4. 水平区间钉住制度(Target Zone)

相较于传统固定钉住制度，汇率所允许的**自由波动区间更宽**。通常是固定平价的上**下2%波动范围**。在更宽的波动范围内，货币当局有更灵活的政策选择。

5. 爬行钉住制度(Crawling Pegs)

总体而言，爬行钉住制度下，货币当局会频繁地调整固定汇率目标。该汇率制度又细分为主动爬行钉住(active crawling pegs)和被动爬行钉住(passive crawling pegs)。在被动爬行钉住制度下，货币当局需要频繁调整汇率以赶上通胀速度。而在主动爬行钉住下，货币当局会提前公布下一周的汇率，然后逐渐对当前的汇率进行相应的调整使之接近目标汇率。通常来说，主动爬行通过提前公布汇率的方式来实现引导未来通胀预期的目的。

> **知识一点通**
>
> 如果是固定汇率，本国货币相对别国货币贬值，货币当局需要卖出外汇储备买入本币，使本国货币升值回到固定汇率水平下。这种调整方法存在巨大风险，若本币持续贬值，货币当局耗尽外汇储备，则无法重新调整其汇率至固定汇率水平。然而在被动爬行钉住制度下，如果本币持续贬值，货币当局会调整固定汇率目标以反映通胀预期，将不会面临外汇储备耗尽的风险。

6. 爬行区间固定平价制度(Fixed Parity with Crawling Bands)

该汇率制度下，国家可以将本币钉住某种外币，形成固定平价，从而影响通货膨胀预期。同时，货币当局也宣布汇率可以在固定平价上下一定范围内波动。通过逐渐放宽汇率的波动范围，政府可以使得汇率制度更灵活自由。该制度可视为固定汇率制向浮动汇率制的过渡。

7. 管理浮动制度(Managed Float)

政府干涉外汇市场往往是出于特定目标，例如稳定物价、降低失业率等。在管理浮动汇率制度下，这些目标往往是不公开的，各国在浮动汇率的前提下进行政府干涉。

8. 独立浮动制度(Independently Floating Rates)

在该制度下，汇率完全由市场决定。中央银行可以相对更加灵活地制定货币政策。美元、日元、英镑、澳元等主要货币通常被认为是自由浮动的。

> **备考小贴士**
>
> 汇率制度主要考定性,考查方式为给定某种汇率制度的具体描述,要求考生判定汇率制度类型。

13.2.5 汇率和贸易平衡(Exchange Rate and the Trade Balance)

—考点要求—
解释(explain)汇率对国家间贸易以及资本流动的影响(★)

我们在前文预备知识中讨论 GDP 的计算方法时提到,GDP 的收入法与支出法的核算结果应相同,因此:

$$Y=C+S+T=C+G+I+(X-M) \tag{13.4}$$

移项则可得到国内储蓄、投资、财政余额和贸易余额的基本关系:

$$X-M=S-I+(T-G) \tag{13.5}$$

一个国家的经常账户净值主要受净出口的影响,从而得出下列公式:

$$\text{Current account balance}=S_p+S_g-I \tag{13.6}$$

其中,S_p 为国内私营部门储蓄,即公式(13.5)中的 S;S_g 为公共部门储蓄,即公式(13.5)中的$(T-G)$。

由公式(13.6)可得,一个国家的经常账户净值取决于该国家的私营储蓄、公共储蓄和私营投资。

一国的贸易顺差可能反映为高私营储蓄、高公共储蓄(政府盈余)和低私营投资。贸易顺差意味着本国的储蓄足以为其投资提供资金,而过剩的储蓄则被用来积累对世界其他地区的金融债权。相反地,一个国家的贸易逆差可能反映为低私营储蓄、低公共储蓄(政府赤字)和高私营投资。贸易逆差意味着本国没有足够的储蓄为其投资支出提供资金,必须通过国外融资的方式获得资金,表现为资本账户的资金流入。因此,贸易逆差(顺差)必须与资本账户盈余(赤字)相匹配。

从短期和中期来看,潜在的和实际的资本流动是汇率变动的主要决定因素。但长期来看,随着支出和储蓄决策以及商品和服务价格的调整,贸易流动对汇率的影响变得越来越重要。

13.3 资本限制

—考点要求—
描述(describe)由政府实施资本限制的目的(★)

在现实中,很多国家的政府限制资本的流入和流出,主要有以下五点考虑。

1. 实现国内政策、战略或国防相关目标

资本自由流动对国家间的经济发展是有利的,但有时政府可能会限制资本流入或流出,以达成国内政策,或者完成与战略或国防相关目标。国防和电信等战略性行业往往会受到这种资本的限制。

2. 减少国内资产价格的波动

资本的自由流动很容易导致热钱的快速涌入和撤逃,使得该国国内各类金融资产的价格出现巨幅波动,不利于经济的稳定。

3. 保持汇率的稳定

若一个国家实行的是固定汇率制,政府往往会采取资本限制政策。资本的自由流动容易造成汇率的波动,使得本国货币相对外币升值或贬值,从而影响固定汇率。

4. 维持低利率

资本限制可以使得国内利率不受外部冲击,使该国拥有一定程度的货币政策自主权。同时,将国内利率维持在较低水平对于政府管理国内银行业和房地产行业非常重要。

5. 保护战略型行业

资本限制有利于保护关乎民生的战略型行业。资本限制一定程度上能减少外国资本的影响,从而将关乎经济命脉的重要行业掌控在本国资本手中。

> **备考小贴士**
> 资本管制的原因是一个考点,考生只需理解掌握上述五点即可。

练一练

扫码查看
答案及解析

13-1 An appreciation of the domestic currency would most likely cause a direct exchange rate quote to:
　　A. be unchanged.
　　B. increase.
　　C. decrease.

13-2 During the previous year, the nominal CAD exchange rate against the USD rose by 8%. Meanwhile, the annual inflation rate in the United States and Canada were 2.5% and 3.5%. What is the approximate change in the real exchange rate for CAD/USD?
　　A. 7%.
　　B. 9%.
　　C. 8%.

13-3 The USD exchange rate with JPY changes from JPY/USD 102 to 108. The USD has:
　　A. depreciated by 5.88 % and the JPY has appreciated by 5.88%.
　　B. appreciated by 5.88 % and the JPY has depreciated by 5.56%.
　　C. appreciated by 5.56 % and the JPY has depreciated by 5.88%.

13-4 Country A has been experiencing several years of current account deficit, which of the following least likely explains such a situation?
　　A. Low level of private savings.
　　B. High level of private investments.
　　C. High level of government savings.

立即扫码添加【学习规划师】,助您本章学得更快更好!
问答服务 + 学习规划 + 课程分享

第14章 汇率计算

知识引导

外汇市场促进了国际贸易和资本流动,因此了解汇率的计算很重要。本章主要介绍了有关汇率的计算,包括交叉汇率的计算、即期汇率和远期汇率、远期汇率的升水与贴水、利率平价理论等。

考点聚焦

本章是CFA®一级经济学中定量考查的重点章节,主要考点包括交叉汇率的计算、远期汇率的计算、远期汇率的升水与贴水、利率平价理论。本章的计算并不难,但要求考生做题细心。

本章框架图

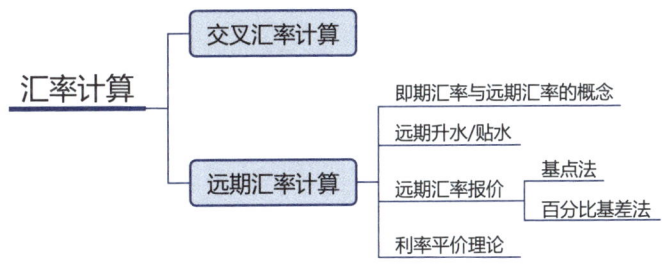

—考点要求—

计算(calculate)并解释(interpret)货币的交叉汇率(★★★)

14.1 交叉汇率计算

在外汇市场上,并非所有货币之间都有直接的外汇报价(比如一些小国的货币)。若假设三角套利(triangular arbitrage)中不存在无风险套利(riskless arbitrage)的机会,则可根据两个间接相关的汇率,求得直接相关的汇率,求得的汇率被称为**交叉汇率**(**cross rate**)。具体过程可通过下例说明。

假设市场上已有的报价为 USD/EUR=1.4、CHF/USD=0.9 和 USD/GBP=2,则可间接获得 CHF/EUR、GBP/EUR 的汇率。

1. CHF/EUR 的计算

为了获取 CHF/EUR,需要寻找一个**中间货币**。由于 CHF、EUR 与 USD 的报价均已知,故选取 USD 作为中间货币,连接 CHF 和 EUR。于是,CHF/EUR 可以通过 USD/EUR 和 CHF/USD 相乘得到,即:

$$\frac{CHF}{EUR}=\frac{CHF}{USD}\times\frac{USD}{EUR}=0.9\times1.4=1.26 \tag{14.1}$$

2. GBP/EUR 的计算

与上述过程类似,选取 USD 作为连接 GBP 和 EUR 的中间货币。但是,由于报价方法的不同,需要先将 USD/GBP=2 转换成 GBP/USD=1/2,再通过 GBP/USD 和 USD/EUR 相乘得到 GBP/EUR,即:

$$\frac{GBP}{EUR}=\frac{GBP}{USD}\times\frac{USD}{EUR}=\frac{1}{2}\times1.4=0.7 \tag{14.2}$$

知识一点通

三角套利为 CFA® 二级"经济学"科目的重点,一级考试中并不要求考生掌握。对于一级考生而言,交叉汇率的计算只需要通过中间货币进行简单换算即可,无须理解套利原理。

备考小贴士

交叉汇率的计算是重要考点,其计算过程并不复杂,但对题目已知信息的使用为易错点。遇到交叉汇率的题目,三步走:一是寻找中间货币,将求解过程写成类似公式(14.3)的形式;二是判断已知数据是直接使用还是需计算倒数,判断标准为是否能把中间货币通过相乘约掉;三是代入计算。

$$\frac{A}{B}=\frac{A}{中间货币}\times\frac{中间货币}{B} \tag{14.3}$$

14.2 远期汇率计算

14.2.1 即期汇率与远期汇率的概念

即期汇率(spot exchange rate)为现时外汇市场的汇率水平,交易双方达成外汇协议后,会在两个工作日内以该汇率进行交割。即期汇率的变化往往是由于货币的供需状况改变所造成的。

远期汇率(forward exchange rate)是指交易双方达成协议,约定在未来某一时间(通常合约期为 30 天、60 天、90 天、180 天或 1 年)进行外汇交割所使用的汇率。

14.2.2 远期升水/贴水(Forward Premium/Discount)

—考点要求—
解释(interpret)
远期升水/贴水
(★★)

点数(points, or "pips")是远期汇率与即期汇率的报价之差。

若远期汇率高于即期汇率,即点数为正,则基础货币远期升水(forward premium),而计价货币远期贴水(forward discount)。

若远期汇率低于即期汇率,即点数为负,则基础货币远期贴水,而计价货币远期升水。

> **知识一点通**
> 例如,即期汇率 CNY/USD=6.700 0,远期汇率 CNY/USD=7.000 0,在此种报价中,远期汇率大于即期汇率,USD(基础货币)远期升水,而 CNY(计价货币)远期贴水。

14.2.3 远期汇率报价

—考点要求—
计算(calculate)
远期汇率(★★★)

远期汇率的报价一般基于即期汇率,根据基差表示方法的不同,可分为:**基点法**(basis points)和**百分比基差法**(percentage points)。

1. 基点法(Basis Points)

基点法下,基差用基点表示,且 1 基点等于 0.000 1。而**日元**比较特殊,**1 基点等于 0.01**。于是,远期汇率和即期汇率之间的关系为:

$$即期汇率 + 0.000\ 1 \times 基点 = 远期汇率 \tag{14.4}$$

> **例题 14.1**
> GBP/EUR 的即期汇率报价为 0.855 2,1 个月的远期汇率相较于即期汇率的基点差为 −1.1,则 1 个月的远期汇率为多少?
>
> **名师解析**
> 基点法下,要将基点除以 10 000(因为 1 基点等于 0.000 1),使之与即期汇率保持一致。根据公式(14.4)可得:
>
> $$GBP/EUR = 0.855\ 2 + 0.000\ 1 \times (-1.1) = 0.855\ 1$$
>
> 则 1 个月的 GBP/EUR 的远期汇率为 0.855 1。

> **知识一点通**
>
> 国际外汇市场惯例中，主流货币对通常报价至 4 位小数，对应基点为 0.000 1，而日元货币对（如 USD/JPY）报价至 2 位小数，对应基点则为 0.01。
>
> 在 CFA® 一级考试中，考生需要特别注意汇率基点的确定规则：首先，协会默认考生知悉日元相关货币对的基点特殊惯例（1 point＝0.01）；其次，需要根据题干给出的汇率报价小数位数判定基点单位。例如，即使并非日元货币对，若题干显示某新兴市场货币对的汇率为 1.35（两位小数），则也要知晓 1 point 对应 0.01。

2. 百分比基差法（Percentage Points）

基差有时表示为即期汇率的百分比，则远期汇率等于即期汇率乘以 1 加升水或贴水的百分比，即：

$$即期汇率 \times (1 + 升水或贴水百分比) = 远期汇率 \tag{14.5}$$

> **例题 14.2**
>
> GBP/EUR 的即期汇率报价为 0.855 2，而 1 个月的远期报价百分比为 −0.29%，则 1 个月的远期汇率为多少？
>
> **名师解析**
>
> 由于题目给出的百分比为 −0.29%，即贴水百分比为 −0.29%。根据公式（14.5）可得：
>
> $$GBP/EUR = 0.855\,2 \times (1 - 0.29\%) = 0.852\,7$$
>
> 则 1 个月的 GBP/EUR 的远期汇率为 0.852 7。

> **备考小贴士**
>
> 这两种远期汇率的报价方式都可能考计算，第一种基点法考到的概率相对更高一些。主要题型有：一是单纯考计算，公式（14.4）和（14.5）中三个变量，已知两个，求解第三个；二是计算后，判断货币的升水/贴水情况。

14.2.4 利率平价理论（Interest Rate Parity）

14.2.4.1 利率平价公式的推导

利率平价描述了即期汇率、远期汇率和利率三者之间的关系。利率平价是两种不同投资组合在无风险回报率相等的前提下，对远期汇率的无套利定价。公式表述为：

$$\frac{F_{\text{forward}(D/F)}}{S_{\text{spot}(D/F)}} = \frac{1 + r_{DC}}{1 + r_{FC}} \tag{14.6}$$

其中，r_{DC} 为本国的无风险利率；r_{FC} 为外国的无风险利率。

> **知识一点通**
>
> 可以这样记忆公式(14.6)：当前的汇率标价法为(D/F)，等式两边分子分母正好呈现对应关系——等式右侧，r_{DC} 与 D 对应，r_{FC} 与 F 对应。有关该公式的理解可参见以下说明。
>
> 将公式(14.6)进行调整可得公式(14.7)：
>
> $$1 + r_{DC} = \frac{F_{\text{forward}(D/F)}}{S_{\text{spot}(D/F)}}(1 + r_{FC}) \tag{14.7}$$
>
> 等式左右两侧可视为两个不同的投资组合。等式左侧为 1 单位的本币投资于国内无风险利率后一年的到期本息和，即 $(1+r_{DC})$。等式右侧则是另一种投资方式：假设期初，1 单位的本币以即期汇率兑换成 $1/S_{\text{spot}(D/F)}$ 单位的外币，同时利用远期合约确定 1 年到期后的汇率。然后将 $1/S_{\text{spot}(D/F)}$ 单位的外币投资于外国无风险利率资产，1 年后的到期本息和为 $1/S_{\text{spot}(D/F)}(1+r_{FC})$ 单位外币。最后以约定好的远期汇率兑换成本币，则可得到 $\frac{F_{\text{forward}(D/F)}}{S_{\text{spot}(D/F)}}(1+r_{FC})$ 单位本币。
>
> 若等式左边不等于右边，则意味着两种方式下收益率不同，存在套利空间，国际投资者会不断地进行套利活动，直到利率平价成立。因此，根据无套利原则，两种投资组合的最终收益应相同，得到公式(14.7)。

14.2.4.2 利率平价理论的应用

1. 远期汇率定价

根据利率平价公式(14.6)，移项可得到无套利情况下远期汇率的定价公式：

$$F_{\text{forward}(D/F)} = S_{\text{spot}(D/F)} \times \frac{1 + r_{DC}}{1 + r_{FC}} \tag{14.8}$$

> **知识一点通**
>
> 公式(14.8)在计算时，需要注意时期的匹配：若合约期限小于 1 年，使用单利对利率进行调整；若合约期大于 1 年，则以复利进行调整。具体通过下例体现。

例题 14.3

GBP/EUR 的即期汇率为 0.828 5，EUR 和 GBP 的 180 天年化 risk-free rate 分别为 1.5% 和 1.8%，求 GBP/EUR 的 180 天远期汇率。

名师解析

由于题目中给出的是年化利率，而最终求的是 180 天的远期汇率，所以必须对年化利率进行调整。根据公式(14.8)可得：

$$F_{\text{forward(GBP/EUR)}} = S_{\text{spot(GBP/EUR)}} \times \left(\frac{1 + r_{\text{GBP}} \times \frac{\text{Actual}}{360}}{1 + r_{\text{EUR}} \times \frac{\text{Actual}}{360}} \right)$$

其中,"Actual"为远期合约的实际期限(以天计),即180,代入可得:

$$F_{\text{forward(GBP/EUR)}} = 0.828\,5 \times \left(\frac{1 + 1.8\% \times \frac{180}{360}}{1 + 1.5\% \times \frac{180}{360}} \right) = 0.829\,7$$

则 GBP/EUR 的 180 天远期汇率为 0.829 7。

—考点要求—
解释(explain)
即期汇率、远期汇率与利率之间的套利关系(★★★)

2. 无风险套利机会的辨别

若利率平价公式左右两侧不等时,存在套利机会。

若 $\frac{F_{\text{forward}(D/F)}}{S_{\text{spot}(D/F)}} > \frac{1+r_{DC}}{1+r_{FC}}$,即 $\frac{F_{\text{forward}(D/F)}}{S_{\text{spot}(D/F)}}(1+r_{FC}) > 1+r_{DC}$,投资者可通过国内借钱到国外投资来实现无风险套利。此时的投资收益(以本币计)为 $\frac{F_{\text{forward}(D/F)}}{S_{\text{spot}(D/F)}}(1+r_{FC}) - (1+r_{DC})$。

若 $\frac{F_{\text{forward}(D/F)}}{S_{\text{spot}(D/F)}} < \frac{1+r_{DC}}{1+r_{FC}}$,即 $\frac{F_{\text{forward}(D/F)}}{S_{\text{spot}(D/F)}}(1+r_{FC}) < 1+r_{DC}$,投资者可通过国外借钱到国内投资实现无风险套利。此时的投资收益(以外币计)为 $\frac{S_{\text{spot}(D/F)}}{F_{\text{forward}(D/F)}}(1+r_{DC}) - (1+r_{FC})$。

3. 升水/贴水计算

根据利率平价公式,可得到结论:远期和即期汇率的变化百分比大致等于两国利率差。根据公式(14.8)可得升水或贴水百分比为:

$$\frac{F-S}{S} = \frac{F}{S} - 1 = \frac{1+r_{DC} - (1+r_{FC})}{1+r_{FC}} = \frac{r_{DC} - r_{FC}}{1+r_{FC}} \approx r_{DC} - r_{FC} \tag{14.9}$$

—考点要求—
解释(interpret)
远期升水与贴水(★★)

由公式(14.9)可得出结论:利率较高国家的货币,远期汇率贴水;利率较低国家的货币,远期汇率升水。

> **知识一点通**
>
> 从另一个角度理解利率平价公式,将投资收益分为两部分,一个部分是利率带来的收益,一个部分是货币升值带来的收益。当其中一种收益相对较高,另一种收益就相对较低来维持平衡。如果本国货币相较于外国货币利率水平较高,从无套利角度考虑,本币就需要贬值,即远期贴水。

> **备考小贴士**
>
> 利率平价是重要考点,可从定性和定量两个角度考。从定量角度,上述三种与利率平价应用相关的计算都需要掌握。从定性角度,需要考生掌握利率平价相关的重要结论。利率平价公式将在 CFA® 三个级别的考试中反复出现。

练一练

14-1 A list of exchange rate quotes are stated as follows:

Paris	Spot Rate
JPY/USD	105.46
USD/GBP	1.324 4
GBP/CAD	0.573 5

The spot JPY/GBP cross-rate is closest to:

A. 139.67. B. 135.74. C. 136.37.

14-2 ASML Holding N.V., a lithography machine manufacturer in the Netherlands, will receive 5 million USD payment from Samsung Electronics. The spot exchange rate of EUR/USD is 0.839 8 and the 3-month forward rate quote is 25 points. Which of the following is closest to the 3-month forward rate of EUR/USD?

A. 0.846 5 B. 0.864 3 C. 0.842 3

14-3 The spot rate for USD in terms of CAD is 1.421 1 and the 90-day forward rate is 1.268 6. Relative to USD, the CAD is trading closest to a 90-day forward:

A. premium of 12.02%.

B. discount of 10.73%.

C. premium of 10.73%.

14-4 Bank of America currently quotes CNY/USD spot exchange rate as 7.070 1. At the same time, interest rate information is as follows.

Country	Interest rate (360-day basis)
China	1.5%
United States	0.2%

The 60-day forward exchange rate in CNY/USD is closest to:

A. 7.085 4.

B. 7.054 8.

C. Neither of the above.

14-5 According to interest rate parity theory, if the base currency is USD and trading at a forward premium relative to RMB, which of the following is most likely correct?

A. The interest rate of USD is higher than RMB.

B. The interest rate of USD is lower than RMB.

C. The interest rate of USD is equal to RMB.

扫码查看
答案及解析

立即扫码添加【学习规划师】,助您本章学得更快更好!

问答服务 + 学习规划 + 课程分享

第 15 章 地缘政治

知识引导

国际环境和国际局势对于资本市场和资产配置具有深远影响,而地缘政治(geopolitics)是影响国际环境和国际局势的关键因素之一。本章从地缘政治的基本形态入手,介绍了地缘政治的参与体及地缘政治工具,并站在投资者角度,探讨了如何衡量、评估、追踪及应对地缘政治风险,从而帮助投资者建立更完整的投资框架,提升投资业绩。

考点聚焦

本章内容逻辑清晰,以定性考查为主,同时重点突出,整体难度不高。在学习本章的过程中,应重点掌握政治合作及全球化这两种地缘政治形态、国际组织的作用、地缘政治的工具以及地缘政治风险的内容。

本章框架图

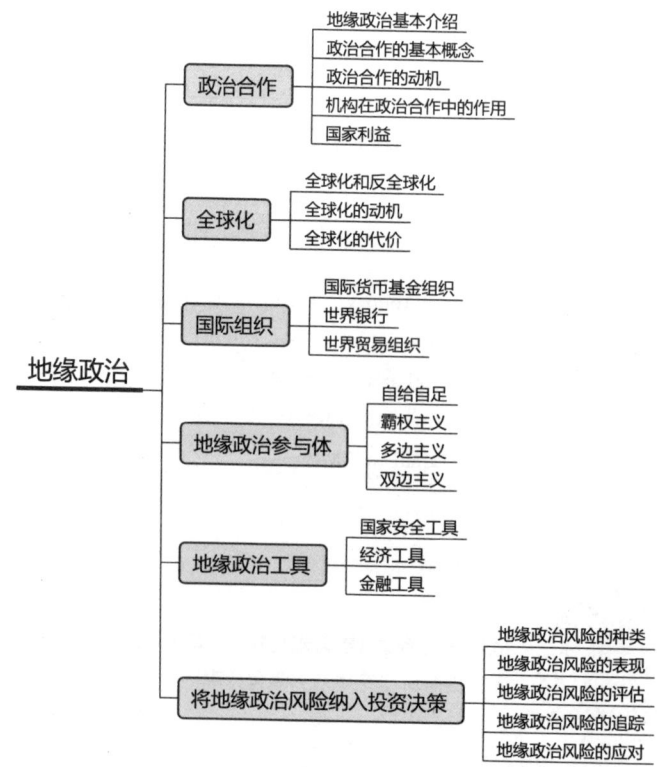

15.1 政治合作

15.1.1 地缘政治基本介绍

1. 地缘政治

地缘政治(geopolitics)是研究地理要素如何影响政治格局和国际关系的学说。地缘政治的参与体包括政府参与体(state actors)与非政府参与体(non-state actors)。这两类参与体不同的政治、经济、金融、文化等活动使地缘政治呈现了不同形态,对投资者的投资产生了深远的影响。

> **知识一点通**
>
> **政府参与体**通常是对国家安全和资源行使权利的国家机关、政治组织以及国家领导人。例如,南非总统、马来西亚的议会、英国首相都属于政府参与体。
>
> **非政府参与体**通常指参与全球政治、经济或金融事务,但非直接控制国家安全或国家资源的参与体。非政府组织、跨国公司、慈善机构,甚至商业领袖或文化偶像这类有影响力的个人,都属于非政府参与体。

2. 地缘政治风险

地缘政治风险(geopolitical risk)是指由参与体的某些行动或地区间的紧张局势所引发的影响国际间正常和平关系的风险。当对一个国家发展起支撑作用的地理和政治因素(如政权、国家政策、自然灾害、恐怖主义行为甚至战争等)发生变化时,地缘政治风险往往会上升。

地缘政治风险一般会从宏观经济和资产组合两个方面影响投资者的业绩。在宏观经济层面,地缘政治风险通过影响资本市场状况、利率变化和市场波动来影响投资者的资产配置决策以及对地理风险敞口的选择;在资产组合层面,地缘政治风险则会影响投资者目标、风险容忍度、预期收益率的调整和投资策略的改变。

15.1.2 政治合作的基本概念

政治合作(political cooperation)是指各国在国际交往中对交往规则和标准化达成一致的程度。

政治非合作(political non-cooperation)是指各国由于更注重政治自决(political self-determination)而在国际交往规则和标准上无法达成一致的程度。

随着科技的发展、全球化的提高,大多数国家都在一定程度、一定规则上采取合作,当然,也存在一些**极端不合作的国家**(extreme non-cooperative countries),对这些国家来说,政治自决居于国家利益之首。

—考点要求—
从合作(cooperation)和竞争(competition)两个角度描述(describe)地缘政治(★)

> **知识一点通**
>
> 极端不合作的情况非常少见,不仅是由于全球化是大势所趋,而且出于国际合作对于一些国家的重要性,这些国家可能会采取经济制裁、军事制裁等多种方式迫使极端不合作国家最终参与国际合作。

各个国家可以分为合作国家和非合作国家。

(1) **合作国家**(cooperative country)是指在制定和遵循国际规则方面积极参与、积极回应的国家。其特点包括:积极参与国际交往,在国际贸易、移民或监管上积极响应国际准则,允许信息自由流动和技术的国际转让等。

(2) **非合作国家**(non-cooperative country)是指在国际规则及标准化的制定和遵循方面不积极参与,甚至设置限制条款的国家。其特点包括:在制定国际交往规则上没有一致性,甚至具有随意性;对于商品、服务、人员和资本的国际流动设限;针对国际交往出现的摩擦不能积极解决甚至采取报复措施;缺乏国际科技交流等。

> **知识一点通**
>
> 政治合作和政治非合作本身描述的是一种参与国在政治方面合作以及不合作的程度,因此无论是政治合作还是政治非合作都有程度高低之分。
>
> 考生需要掌握哪些因素会让政治合作以及政治非合作的程度变高。一个国家越是积极参与国际规则标准化的制定,积极协调关税,在国际贸易、技术转让的自由流动程度越高,就越倾向于政治合作。越是设置限制条件,不能让国际贸易和技术转让自由流动,就越倾向于政治非合作。

15.1.3 政治合作的动机

一个国家与其他国家进行政治合作的动机主要有三方面:军事动机、经济动机和文化动机。

1. 军事动机

国防的主要目的是保护国家公民、经济和机构等免受外部威胁。地理因素对一个国家国防体系的塑造和政治合作的意愿有重要影响。一方面,由于地理因素而资源有限的国家可能更倾向于政治合作,以获得赖以生存的重要资源,促进未来经济增长;另一方面,内部资源丰富,或者拥有地理位置优势的国家,则可以利用其自然资源或地理优势作为其影响国际动态的权力杠杆。

2. 经济动机

经济利益也是国际合作的驱动因素之一。一方面,资源禀赋(resource endowment)的不同会带来贸易需求;另一方面,国际贸易又会带来标准化需求。

(1) **资源禀赋**是指一个国家的地理环境、气候状况以及粮食和水等资源的储藏量/蕴含量情况。由于各国资源禀赋不同,一些国家希望通过国际贸易获取重要资源。一般情况下,面对资源匮乏的国家,资源丰富的国家往往拥有更多的政治话语权。然而,丰富的资源也使这些国家更容易受到攻击,继而引发内部政权的不稳定性。

(2) **标准化**(standardization)是指为商品的生产、销售、运输或使用建立协议的过程。当交易各方同意共同遵循这些协议时,标准化就发生了。标准化有助于扩大跨境贸易,促进资本流动,而这些活动又有利于提高国家的经济增长和生活水平。因此各国政府有动力促进贸易、运输等方面的标准化。标准化有三种表现形式:监管合作、流程标准化以及操作同步。

监管合作(regulatory cooperation)的典型案例是**巴塞尔协议**(BCBS)。巴塞尔协议的制定使全球范围内的银行资本拥有了统一的风险监管标准。

流程标准化(process standardization)的典型案例是**国际资金清算系统**(SWIFT)。SWIFT 为银行的结算提供了安全、可靠、快捷、标准化、自动化的通讯业务,从而大大提高了银行的结算速度。

操作同步(operational synchronization)的典型案例是**集装箱化**(containerization)。集装箱化是指将零件货物集中装入大型标准化的货箱内,以简化装卸工作,加速货物运输的标准化过程。这种方式极大地加快了国际贸易的运输速度,降低了船运商品的经营成本。

3. 文化动机

一国与其他国家合作也可能出于文化上的考量。这种文化动机可能是基于长期政治关系、移民模式、共同经历或文化相似性这样的历史原因,也可能是基于"软实力"这样的文化战略。

所谓"**软实力**"(soft power),是指在不使用武力或胁迫的情况下对其他国家产生的影响力,如通过文化项目、广告、旅行赞助和大学交流等方式对他国产生影响力。

15.1.4 机构在政治合作中的作用

机构(institution)是指社会组织或文化实践主体。一个机构既可以是官方组织,如依法设立的大学、机构,也可以是非官方组织,如慈善机构、媒体等。强大的机构在政治合作中可以起到四方面作用:

(1) 有助于提升国家内部和外部政治力量的稳定性和持续性。

(2) 有助于在国际上打造更积极的形象,从而有更多机会发展国际合作关系。

(3) 有助于施行有效监督,加强政府问责,促进法律体系完善,保护公民各项权利,从而使该国获得更大的政治权威和国际独立性。

(4) 有助于整合社会多层次的关系,从而使国际合作关系更持久。

15.1.5 国家利益

1. 国家利益层级

国家利益(national interest)受到一个国家的一系列目标和野心的影响。不同国家的资源、目标和领导能力各不相同,这决定了每个国家**利益层级**(hierarchy of interests)可能不同。有些国家将地理因素(如民族边界、民族自决)放在国家利益的首位,有些国家则会优先考虑经济和社会因素。

各国政府会根据利益层级指导自己的行为。他们会在有利于国家利益时选择合作。当不同的需求导致合作策略冲突时,等级更高的国家利益将会被优先考虑。

> **知识一点通**
>
> 当一个国家处于军事冲突中,即使国际贸易和关税一体化可以带来潜在经济利益,但国防利益在该国处于更高的利益层级。此时该国可能会选择暂不或较少参与国际贸易。
>
> 值得注意的是,各国的利益层次不是一成不变的。对于投资者来说,了解不同国家的资源、目标和领导能力及其随着时间推移是否发生变化至关重要。当国家目标错位或发生变化时,可能会带来地缘政治风险,进而影响投资决策和投资收益。

2. 决策者权力

国家利益中的某些层级排序可能是比较明确的,比如确保获得食物和水可能比资助一个文化项目更重要。然而,随着社会基本需求得到满足,国家利益层级可能会变得更加主观,**决策者权力(power of decision maker)** 在其中起了重要作用。决策者权力对国家利益层级的影响主要通过政府差异和政治周期表现出来:

(1) 政府差异影响国家利益层级。本届政府可能将军事建设放在利益层级的首位,而下一届政府则可能将经济发展作为首要考量因素。各国政府如何权衡这些问题将决定国家政治层级的排序,进而决定政治合作的广度和深度。

(2) 政治周期影响国家利益层级。一个国家政治周期(political cycle)对于国家利益层级优先次序的确定有着重大影响。许多国家的政治周期只有几年,这意味着长期风险(如气候变化或收入不平等)的化解可能很难被放到国家利益层级的优先位置。其本质在于政府决策者往往有着自身的利益诉求和动机。

> **备考小贴士**
>
> 本部分主要定性考查国家利益在政治合作中的重要影响。考生除了应掌握国家利益层级和决策者权力的知识外,还需要注意三项内容:(1)国家利益层级不是一成不变的;(2)国家利益中的某些层级排序可能是比较明确的,一般情况下,文化利益的排序可能会靠后;(3)随着社会基本需求得到满足,国家利益层级可能会变得更加主观。

例题 15.1

下列关于政治合作的说法中,正确的是( )。

A. 地理因素不会对一个国家是否选择政治合作产生重大影响
B. 各国资源禀赋的不同,导致一些国家希望通过国际贸易来获取重要资源
C. 政治周期对于国家利益层级优先次序的确定没有影响

名师解析

选项 B 正确。一个国家出于经济利益进行国际合作主要考虑的两点因素分别是贸易需求和标准化。一方面,资源禀赋的不同会带来贸易需求;另一方面,国际贸易又会带来标准化需求。

选项 A 错误,地理因素对一个国家国防体系的塑造和政治合作的意愿有重要影响。一方面,由于地理因素而资源有限的国家可能更倾向于政治合作,以获得赖以生存的重要资源和未

来经济增长；另一方面，内部资源丰富，或者拥有地理位置优势的国家，则可以利用其自然资源或地理优势作为影响国际动态的权力杠杆。

选项 C 错误，一个国家政治周期对于国家利益层级优先次序的确定有着重大影响。许多国家的政治周期只有几年，这意味着化解气候变化或收入不平等这些长期风险，可能很难被放到国家利益层级的优先位置。其本质在于政府决策者往往有着自身的利益诉求和动机。

15.2 全球化

15.2.1 全球化和反全球化

—考点要求—
描述（describe）地缘政治与全球化的关系（★★）

全球化（globalization）是指世界范围内的公民、公司和政府之间进行互动和融合的过程。商品跨国贸易、信息跨国传输、文化跨国交流等都是全球化的表现形式。全球化的主要参与者是非国家行为体，如公司、个人或组织。

全球化的特征是充分的经济和金融合作，包括积极参与国际贸易、推动资本的国际流动、允许外汇的自由兑换以及文化与信息的自由交流等。

反全球化（anti-globalization），又被称作**民族主义（nationalism）**，是指为了本国利益而排斥或损害他国利益的行为方式。

反全球化的特征是有限的经济和金融合作，包括较少参与国际贸易、限制跨境投资和资本流动、限制货币兑换等。

全球化与政治合作可以是相互关联的，体现为政治合作可以加深全球化的程度；全球化也是一个独立的过程，体现为即使没有政府强有力的支持，私营部门也有足够的动力推动产品或服务的跨国交易。

例题 15.2

下列对于全球化的理解中，正确的是（　　）。

A. 全球化的主要参与者是政府

B. 如果没有政府的强有力支持，全球化的进程将会中断

C. 政治合作与全球化相互关联，一个倾向于政治合作的国家往往参与全球化的程度也会更高

名师解析

选项 C 正确。全球化与政治合作往往是相互关联的，政治合作往往可以增加全球化的程度。

选项 A 错误，全球化的主要参与者是非国家行为体，如公司、个人或组织。

选项 B 错误，全球化也是一个独立的过程，即使没有政府强有力的支持，私营部门也有足够的动力推动产品或服务的跨国交易。

15.2.2 全球化的动机

全球化的主要参与者是非政府参与体，如公司、投资者等，对于这些参与体来说，参与

全球化主要有三方面动机：增加利润、获得更多资源和市场以及内在收益。

1. 增加利润

全球化参与者可以通过增加收入与降低成本来增加自身利润。一方面，公司可以将销售范围从国内扩大到全球，获得更多的国际客户，增加销售额；另一方面，公司可以在全球范围内寻找价格更低廉的原材料和劳动力，或进入税收更低的市场进行生产和销售，从而降低自身成本。

2. 获得更多资源和市场

全球化可以让一些国家获得国内缺乏的人才或生产原料，从而在一定程度上改善在该领域的短板。

全球化还可以让一些国家进行跨国投资。当一个国家财富逐渐积累，而国内市场回报较低时，他们往往会将目光转向国外。对于专业投资人士来说，存在两种资本跨境流动方式：

（1）**组合资本流动（portfolio investment flows）**，是指对国外资产的短期投资，如股票、债券等。

（2）**外国直接投资（foreign direct investments）**，是指对国外产能的长期投资，如在国外直接建厂。

3. 内在收益

内在收益（intrinsic gain） 是指在全球化过程中所获得的超出利润本身的收益。内在收益本身难以衡量，但确实有助于全球化进程的加快，而且这种内在收益有助于增加行为体之间的同理心，会在一定程度上降低地缘政治威胁产生的可能性。

> **知识一点通**
>
> 内在收益的举例：个人出国留学的过程中获得了全新的地理和人文体验，增长了知识，扩展了视野；公司通过学习国外的先进技术提高了生产效率。

15.2.3 全球化的代价

全球化在带来很多好处的同时，也会对个别经济体或部门带来一定的损失或让其付出一定的代价。这些损失和代价主要有四方面：利益失衡，降低环境、社会和企业治理的标准，政治合作的倒退以及资源依赖。

1. 利益失衡

根据经济学理论，当所有行为主体都追求利润最大化和效率最大化时，社会总体经济活动将会得到发展。然而总体上的发展不意味着所有个体都发展。比如，一家公司将工厂搬到另一个国家，工厂将为新的国家创造就业，而对于国内的劳动力来说，则减少了就业机会。因此，在全球化的过程中，一些人和群体获益，而另一些人或群体利益可能受损。从而出现在全球化的过程中不同国家间利益失衡的现象。

2. 降低环境、社会和企业治理的标准

一个劳动力或原材料成本更低的国家，在环境保护、社会福利和公司治理方面（ESG）的标准往往更低，因此当企业选择在ESG标准更低的国家投资或建厂时，虽然在公司的

角度上获得了更高的利润,但对全球的社会环境和长远的发展可能产生负面的影响。

3. 政治合作的倒退

全球化所带来的利益失衡和对社会环境的负面影响,可能会进一步带来对政治合作的不利影响。全球化所带来的国家内部和国家之间的收入和财富的不平等分配,不仅可能导致一些国家减少经济合作,还有可能进一步带来政治合作的倒退。

4. 资源依赖

由于全球范围的金融和经济高度合作,某些国家或企业可能会对其他国家的供应链资源产生依赖。如果供应链由于一些原因断裂,比如自然灾害或者短时间内的政治不合作,企业可能无法自己生产商品,依赖这些资源的整个产业甚至会遭受打击。为了降低在关键商品和必需品上对其他国家的过度依赖,企业主要采取3种应对策略:必需品回流、全球化重构以及加大对关键市场的投入。

(1) 必需品回流(reshoring the essentials)。2019新型冠状病毒大流行凸显了在国内重建某些关键供应链以应对紧急情况的必要性。因此某些涉及国计民生必需品的企业,为了降低地缘政治事件所带来的制造和采购风险,可能会选择将公司或工厂迁回母国。

(2) 全球化重构(re-globalizing production)。为应对现有供应链上的国家出现生产中断、劳动力成本上升或地缘政治风险等情况,企业会复制或加强其供应链,降低对现有供应链的依赖性。

(3) 加大对关键市场的投入(doubling down on key markets)。企业会综合考虑多方面因素来确定关键市场,并加大对关键市场的投入。其考虑因素主要有劳动力成本、工人生产效率、市场规模、基础设施建设以及在其他地方重建供应链所需要的投资成本等。

> **备考小贴士**
>
> 考生需要掌握以下两点:
> (1) 全球化的四个代价:利益失衡,降低环境、社会和企业治理的标准,政治合作的倒退以及资源的依赖。
> (2) 为了降低在关键商品和必需品上对其他国家的过度依赖,企业采取的三种策略:必需品回流、全球化重构以及加大对关键市场的投入。

15.3 国际组织

当前世界范围内存在很多国际性组织,其中世界三大经济组织为:国际货币基金组织、世界银行以及世界贸易组织。

—考点要求—
描述(describe)世界三大国际组织的职能和目标(★★)

15.3.1 国际货币基金组织(International Monetary Fund,IMF)

国际货币基金组织的主要使命是确保国际货币系统、汇率制度以及国际支付系统的稳定,控制具体国家的市场风险和全球系统风险。其具体职能包括:

（1）提供关于国际货币问题进行合作的论坛。
（2）促进国际贸易增长和经济增长，减少贫困和失业率。
（3）积极维持汇率的稳定，鼓励开放有序的国际支付系统。
（4）向成员国提供临时性的外汇贷款，帮助成员国解决短期的贸易支付问题。

15.3.2 世界银行（World Bank Group）

世界银行的主要使命是**帮助发展中国家摆脱贫困并建立基本的经济基础设施**。其具体职能包括：
（1）加强政府职能和教育政府官员。
（2）鼓励各国施行有效的商法和司法制度。
（3）保护个人和财产权利，重视契约精神和合同制度。
（4）建立完整的金融系统，全方位覆盖从小额贷款到大型企业贷款的财务支持。
（5）抵制腐败贪污。

15.3.3 世界贸易组织（World Trade Organization，WTO）

世界贸易组织的主要使命是**通过建立全球贸易规则和监管框架来维护国际贸易秩序、调解贸易纠纷以及促进自由贸易**。其具体职能包括：
（1）执行并管理各类协议。
（2）提供谈判平台。
（3）积极解决各类贸易争端。
（4）确保成员国采取公开透明的贸易政策。

> **知识一点通**
>
> 　　这三大国际经济组织的职能间互有联系，甚至有些职能类似。因此，考生可以从其各自的主要使命来区分三大组织。总体上，国际货币基金组织的目标是为了国际金融体系的稳定，尤其是汇率的稳定。世界银行设立的初衷是为了战后的重建与发展，当前主要为发展中国家提供援助，包括最直接的资金援助、发展建议以及基础设施的建立等。世界贸易组织设立的目的是管理经济合作中的国际贸易。注意，国际货币基金组织和世界银行都能提供资金援助，但其区别在于，国际货币基金组织提供的是短期资金支持，而世界银行提供的是长期资金支持。

> **备考小贴士**
>
> 　　世界三大经济组织是重要考点，考试形式主要为职能与组织的匹配，即给定组织，让考生判断职能描述，或者给定职能描述，让考生判断组织名称。

―考点要求―
描述（describe）
地缘政治风险
（★★）

15.4 地缘政治参与体

根据前文所述，可以把地缘政治参与体通过政治合作、政治非合作、全球化、反全球化

4个维度进行划分。具体划分如图15.1所示：

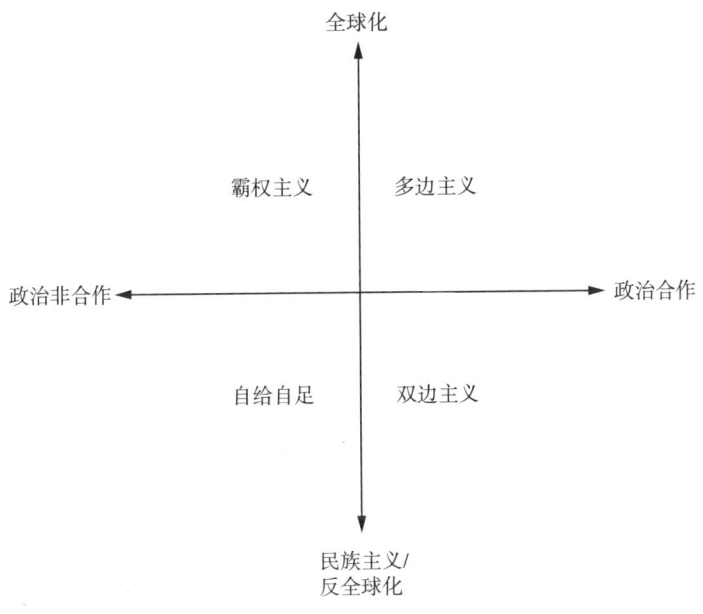

图 15.1 地缘政治参与体划分

图 15.1 展示了地缘政治参与体的 4 种典型国家行为：自给自足、霸权主义、多边主义和双边主义。

值得注意的是，以上所探讨的 4 个维度——政治合作与非合作、全球化与反全球化——都有程度高低之分，极少数的国家会是完全的全球化或反全球化，而且不同国家在不同时期对政治合作与全球化的参与程度都有可能发生变化。因此，我们在进行地缘政治相关风险分析时，也应该随时动态（dynamic）调整，而不应该在静止的状态下分析。

15.4.1 自给自足

自给自足（autarky）是指追求政治高度自决，经济上很少或几乎不参与国际贸易和资本流动的国家行为。国有企业控制着国内战略型行业。自给自足的国家往往拥有更强大的政治掌控力，在商品和服务的供应、技术和媒体等方面具有完全控制能力。

在某些情况下，由于政府对生产和服务市场具有高度掌控力，一个国家在自给自足时期可能获得一定程度的政治经济的发展，但在闭关锁国的情况下，经济、科技发展往往受限，同时全球化程度较深的国家在利益驱动下，往往会迫使自给自足的国家打开国门，参与到政治合作和全球化进程中。

15.4.2 霸权主义

霸权主义（hegemony）是指某些地区甚至全球的领导者利用自身对其他国家的政治或经济影响力来控制某些资源的国家行为。这种霸权体系一方面可以进一步增强霸权主义国家的政治和经济影响力，并使得和霸权主义国家保持规则和标准一致的追随者获得一定的政治经济回报；另一方面，随着霸权主义国家在国际体系中的影响力增强或被削弱，地缘政治风险可能也会随之增加。

15.4.3 多边主义

多边主义(multilateralism)是指广泛参与国际互利贸易,积极践行国际准则的国家行为。践行多边主义的典型国家是新加坡,新加坡被世界经济论坛评为世界上最开放的经济体。新加坡也在积极参与全球化的过程中获益良多,经济获得高速发展,2023年人均GDP排名居亚洲首位,世界第五位。

新加坡积极参与全球化并取得经济高速发展的原因可归纳为以下4点:

(1) 有限的资源禀赋。新加坡自然资源有限,这使它高度依赖国际合作和技术创新。

(2) 优越的地理位置。新加坡地处多条重要国际贸易路线的交汇处,这有助于它成为亚洲贸易中心之一。

(3) 多元融合的文化氛围。新加坡种族多样,文化高度融合,公民使用全球商业语言——英语,从而奠定了其参与全球经济合作的基础。

(4) 高度稳定的政治环境。政府积极促进经济发展,并致力于创造"商业友好"型治理制度。

15.4.4 双边主义

双边主义(bilateralism)是指两国之间在政治、经济、金融或文化方面达成合作的国家行为。践行双边主义的国家可能同时与许多不同的国家产生政治、经济或文化方面的合作,但它们一般每次只同一个国家进行合作,而不是和多个国家共同合作。

一般情况下,各国存在于双边主义和多边主义的状态之间。这种居中的状态被称作**地区主义**(regionalism),即区域内的国家相互合作,而且这种区域内的合作往往伴随着对该区域以外的国家增加壁垒。

> **知识一点通**
>
> 值得注意的是,完全符合双边主义模式的国家相对较少。一方面,加强与多个国家的政治经济合作有利于各国经济发展和参与体利益最大化;另一方面,科技创新、互联网等技术的发展,使各国公司更容易实现全球化。

> **备考小贴士**
>
> 考生需掌握地缘政治参与体参与国际政治经济合作时的4种国家行为:自给自足、霸权主义、多边主义及双边主义。需要注意的是,不同国家在不同时期或不同状况下所采取的国家行为可能会发生变化,因此在分析每种国家行为及其带来的影响时,也应采取动态(dynamic)眼光,而不应该在静止状态下分析。

—考点要求—
描述(describe)地缘政治工具及其对于地区和经济的影响(★★)

15.5 地缘政治工具

地缘政治参与者在不同的政治和经济政策选择下,会使用不同的地缘政治工具。地缘政治工具可以分为 3 类:国家安全工具、经济工具和金融工具。我们同样可以把地缘政治工具通过政治合作、政治非合作、全球化、反全球化 4 个维度进行划分。具体划分如图 15.2 所示:

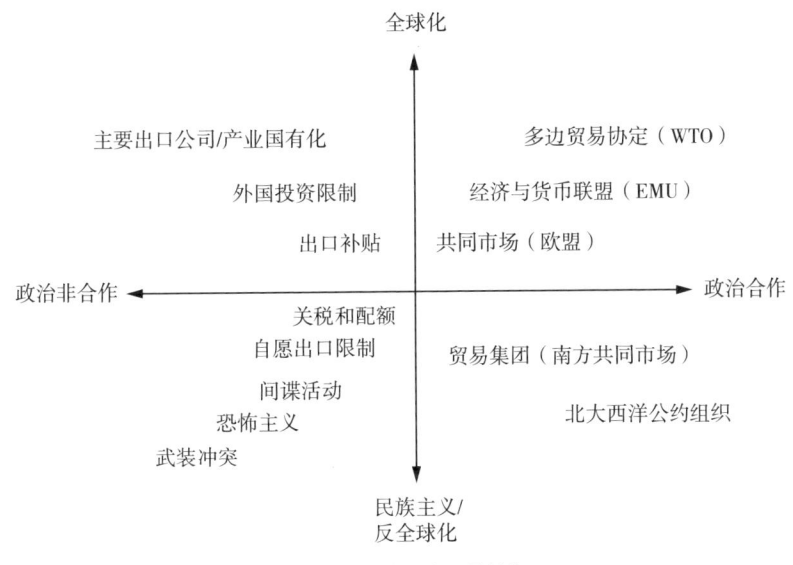

图 15.2 地缘政治工具划分

图 15.2 展示了地缘政治参与者在不同的政治经济政策下使用的不同地缘政治工具。值得注意的是,这 3 类工具中都有促进国际政治经济合作的子工具,也有抑制政治经济活动甚至使冲突升级的子工具。不同国家在不同时期选择的地缘政治工具也可能发生变化,而这种变化也会带来地缘政治风险的增加或减少。

15.5.1 国家安全工具

国家安全工具(national security tools)是指通过直接或间接影响一国资源、公民或国界,来达到影响或胁迫其他国家的工具。

促进国际合作的典型国家安全工具是**军事联盟**(military alliance),其宗旨是尽可能阻止冲突发生,或在军事冲突中提供军事援助的联盟;如由美国、欧盟、英国和加拿大组成的北大西洋公约组织(NATO),该组织成立之初旨在对抗苏联,现在则以减少核扩散,构建国际安全环境为主要目标。

抑制国际合作的典型国家安全工具是武装冲突和间谍活动。**武装冲突**(armed conflict)主要产生两个方面的影响:一是对基础设施的破坏和损毁;二是远离武装冲突地区的移民增多,并改变商品、服务、资本和劳动力的国际流动方向。**间谍活动**(espionage)是指利用间谍获取政治或军事信息的行为。

> **知识一点通**
> 国家安全工具还可以从直接和间接两个角度进行划分。前文所述的武装冲突属于直接的国家安全工具;间谍活动和军事联盟属于间接的国家安全工具。

15.5.2 经济工具

经济工具(economic tools) 是指以经济手段促进国际合作或抑制国际合作的工具。

促进国际合作的典型经济工具是多边贸易协定,如由世界贸易组织(WTO)推动的全球关税总协定。高度合作的经济工具还包括共同市场、共同货币。

抑制国际合作的典型经济工具是**国有化(nationalization)**,即将某种资源或行业从私营控制转为国家控制的过程,目的是加强一国政府对经济的管控,这在一定程度上阻碍了市场的自由活动,本质上属于非合作工具。除此之外,抑制合作的经济工具还包括自愿出口限制(voluntary export restraints)、国内含量要求(domestic content requirements)等。

> **知识一点通**
>
> 国内含量要求(domestic content requirements)是指由政府或相关机构规定的,对于某种出口产品或原材料中国产部分所占比例的要求。例如,要求建筑工程中使用的钢材、水泥等材料中必须包含一定比例的国产产品。这样可以促进本国产业的发展和技术提升,但也削减了国际经济合作的频率。

15.5.3 金融工具

金融工具(financial tools) 是指通过金融机制加强合作或抑制合作的工具。合作金融工具的示例有跨境货币自由兑换和允许外国投资。非合作金融工具的示例有限制跨境货币自由兑换和限制外国投资。

合作金融工具会促进政治、经济或金融领域的合作,并降低地缘政治风险。但是,如果过于依赖某一特定的金融工具或该工具过于占据主导地位,则可能在国际中制造新的不确定因素或给一些国家造成损失。比如,美元在国际银行间市场处于主导地位,各国使用美元进行货币自由兑换有利于促成更广泛的金融合作;但美元的重要地位也使得一些国家容易受到美国货币政策变化的影响。具体而言,当美国采取紧缩的货币政策时,就可能导致没有美元或美元储备不足的国家出现流动性危机。

当然,由于地缘政治的复杂性与多面性,地缘政治的参与体往往不会局限于使用一种工具,而是会同时使用多种工具。典型的示例是**沿海贸易权(cabotage)**,沿海贸易权是指外国公司在一个国家运输旅客或货物的权利。一国允许沿海贸易运输需要在国家安全和经济金融等多个领域进行协调,这是一个高度多边的过程,需要使用多种地缘政治工具。

> **例题 15.3**
>
> 下列关于地缘政治工具的理解中,错误的是( )。
> A. 地缘政治金融工具既可以促进国际合作,也有可能抑制国际合作
> B. 国家安全工具只具有非合作性
> C. 国有化目的是加强经济管控,因此是一种非合作经济工具
>
> **名师解析**
>
> 选项B正确。
> 国家安全工具既可以具有非合作性,如武装冲突或间谍组织;也可以具有合作性,如北大西

洋公约组织,作为国家安全工具,其当前主旨是降低核扩散,构建国际安全环境。选项B表述错误,符合题意。

地缘政治金融工具既可以用以促进国际合作,如允许外国投资;也可以用以抑制国际合作,如不允许外国投资。选项A表述正确,不符合题意。

国有化的目的是将某种资源或行业从私营控制转为国家控制,从而加强一国政府对经济的管控,会一定程度上阻碍市场的自由活动,本质上属于非合作工具。选项C表述正确,不符合题意。

> **备考小贴士**
>
> 考生需掌握3类地缘政治工具:国家安全工具、经济工具、金融工具,并注意两点:
> (1) 不同工具甚至同一种工具,都会因使用情景、时间及程度的不同而起到促进国际合作或抑制国际合作的作用。
> (2) 由于地缘政治的复杂性与多面性,地缘政治的参与体往往不会局限于使用一种工具,而是会同时使用多种工具。

15.6 将地缘政治风险纳入投资决策

15.6.1 地缘政治风险的种类

—考点要求—
描述(describe)地缘政治风险及其对投资的影响(★★)

地缘政治风险分为事件风险、外生风险和主题风险3类。

1. 事件风险

事件风险(event risk) 是指由地缘政治事件(如选举、新的立法或其他具有里程碑意义的政治纪念日等)引发的投资风险。政治事件具有可预测性,而且往往会导致投资者对一个国家合作立场的预期发生变化。

将事件风险纳入投资决策需要注意:

(1) 政治事件本身一般都是可预知的,但结果存在不确定性。若结果和普遍预测方向不一致,则资产走势将会发生变化。

(2) 政治事件的可预测性使投资者可以预测该事件的结果,虽然该预测并不一定会改变其发生的可能性、影响的速度和深度。但这种可预测性确实给了投资者更多的时间来准备和应对地缘政治风险。

2. 外生风险

外生风险(exogenous risk) 是指一种突然的或未预料到的风险,如自然灾害、武装突袭等。外生风险具有不可预测性,会对一个国家的政治合作和全球化程度产生影响。

> **知识一点通**
>
> 日本的福岛核事故就是一次典型的外生风险案例。2011年3月11日，日本福岛发生了大规模的地震海啸以及随之而来的严重核事故，日本在环境、人民生命安全、财产等各方面均遭受重大灾难。而且地缘政治风险给日本的资本市场也带来了不可估量的损失——日元贬值，股市持续下跌。然而，此次核灾难所带来的巨大环境问题，也让世界多个国家在环境治理问题上转变态度，积极采取合作立场。比如，德国和比利时分别决定在2022年和2025年之前完全淘汰核能，意大利、西班牙和瑞士等国宣布不再重新引入核能项目。

3. 主题风险

主题风险(thematic risks) 是指已知的并且在一段时间内不断演变和扩大的风险，气候变化、移民模式、民粹主义势力崛起以及持续不断的恐怖主义威胁等均属于主题风险。

> **知识一点通**
>
> 网络威胁也是主题风险的一个典型案例。网络威胁是指未经授权而在用户的计算机系统中试图暴露、更改、禁用、破坏或窃取用户信息的行为。这些威胁开始于互联网和计算机的使用和普及，并随着时间的推移，在攻击规模、复杂程度上不断扩大和加深。

> **备考小贴士**
>
> 本部分内容主要定性考查以下两点：
> (1) 3类地缘政治风险：事件风险、外生风险和主题风险。
> (2) 明确不同风险的可预期性：事件风险和主题风险是可预期的；外生风险是不可预期的。

15.6.2 地缘政治风险的表现

2019年，美联储理事会的两名分析师基于一系列涉及地缘政治紧张局势及其对经济事件影响的新闻和文章，建立了**地缘政治风险指数(GPR)**。该指数的目的是衡量媒体、公众、全球投资者和政策制定者所感知的实时地缘政治风险。通过GPR的构建，作者得出3个重要观察结论：

(1) 当地缘政治风险较高，如出现战争、恐怖事件等时，美国的投资、就业和股价水平会迅速降低。因此，高地缘政治风险会带来有形的(tangible)宏观经济影响。

(2) 相较于国家，单个企业对于地缘政治风险更为敏感，表现为更快地减少地缘政治风险行业相关的投资。

(3) 随着时间的推移，相较于地缘政治事件本身，地缘政治事件的威胁对于投资具有更大的影响。

15.6.3 地缘政治风险的评估

地缘政治风险时刻存在于投资过程中,并从宏观到微观层面来影响投资者的投资。因此投资者在构建自己的投资组合管理决策时,需要对地缘政治风险进行评估。一般而言,投资者会从可能性、速度和影响3个方面评估地缘政治风险。

1. 可能性评估

地缘政治风险的**可能性**(likelihood)就是地缘政治风险发生的概率。可能性评估颇具挑战,因为很多地缘政治风险难以预测,受到多方面因素的交织影响。总体而言,可以通过以下因素评估地缘政治风险的可能性:

(1) 政治合作和全球化程度。政治合作和全球化程度较高的国家,出现地缘政治风险的概率较低。但也正是因为高度密切的政治经济合作,一旦有一些国家出现地缘政治风险,其合作国也可能受到影响。

(2) 国家内部政治稳定程度、经济发展需要以及政府参与者动机等因素,也在很大程度上影响地缘政治风险发生的可能性。

> **知识一点通**
>
> 地缘政治风险可能性较低的国家更容易吸引优质的劳动力和资本,从而使该国在某些产业上更具有竞争力。而地缘政治风险可能性较高的国家则更有可能会遭受劳动力和资本的损失,投资者要求更高的风险补偿,提高了投资者在评估这些证券时使用的贴现率。这正是新兴市场和前沿市场的资产价格通常低于发达国家资产价格的一个重要原因。

2. 速度评估

地缘政治风险的**速度**(velocity)是指地缘政治风险影响投资组合的速度。本章主要探讨3种风险速度的影响,即短期(高速)影响,中期(中速)影响以及长期(低速)影响。

(1) 短期(高速)的地缘政治风险往往带来资产估值的迅速变化,以及行业、甚至整个市场的剧烈波动。外生事件风险或"黑天鹅"风险(black swan risk)就属于短期高速风险。黑天鹅风险是一种罕见的、难以预测的,但具有重要影响力的事件。面对此类风险,投资者往往选择迅速逃离(flight to quality),即在短期改变投资标的,转向其他优质资产。

(2) 中期(中速)的地缘政治风险可能会损害公司的流程、成本结构以及投资机会。中期风险往往针对特定行业,从而降低该行业相应资产的估值。面对此类风险,投资者会对相关板块或行业的投资策略进行调整。

(3) 长期(低速)的地缘政治风险会对社会、环境、治理以及投资者的投资等方面产生深远的影响。面对这种风险,投资者会对长期资产配置,包括资产类别和投资风格的选择进行相应调整。

> **知识一点通**
>
> 值得注意的是，一些地缘政治风险可能会涉及多种速度的风险评估。比如英国脱欧公投，该风险首先产生了短期高速的影响，英镑迅速贬值，市场大幅波动。随着时间的推移，该事件所带来的低速风险，比如更高的交易成本，以及英国与欧盟的很多贸易资本自由流动的政策的取消，将会在很长时间内给投资者带来深远的影响。

3. 影响评估

关于地缘政治的风险对投资组合的影响（impact），投资者可以从深度和广度两方面进行评估：

（1）深度评估，即纵向评估该地缘政治风险影响程度。影响较大的地缘政治风险，可能需要全面深入地分析其动机和主要参与者，影响较小的地缘政治风险则可能无此必要。

（2）广度评估，即横向评估该地缘政治风险影响范围。该维度上可以把影响划分为离散影响（discrete impact）和广泛影响（broad impact）。离散影响往往只影响一个公司或行业，而广泛影响则会波及行业、国家甚至全球经济。

> **备考小贴士**
>
> 本部分主要考查以下内容：
> （1）地缘政治风险评估的3个方面：可能性评估、速度评估以及影响评估。
> （2）在评估地缘政治风险时，应该综合考量以上3方面，并建立相应的投资策略。例如对于一个影响很大但发生概率很低的地缘政治风险，可能值得建立应对方案，但不需要定期监测和评估。

15.6.4 地缘政治风险的追踪

地缘政治风险很少以线性方式发展，单一的预测很难真正有效评估其可能性、速度和对投资组合的影响。对此，许多投资者采用的分析方法是情景分析和路标分析两种方法。

1. 情景分析

情景分析（scenario analysis）是指模拟未来可能发生的不同情景，并评估投资组合相应业绩的过程。通过模拟不同的情景，不仅可以帮助投资团队追踪风险，而且可以帮助他们在适当时刻做出投资选择。情景分析可以采用定性分析、定量分析或者两者兼有的形式。

（1）**定性分析**（qualitative analysis）。定性分析是指通过判断该风险性质模拟不同场景，并分析该场景下的风险和投资结果。比如该风险在最大影响下可能出现何种结果？这种结果发生的可能性有多大？在此基础上，投资者可以分析最好、居中和最坏的投资结果。

（2）**定量分析**（quantitative analysis）。定量分析是指通过量化分析模拟不同场景，并分析该场景下的风险和投资结果。比如以数学或统计学方法为基础建立模型，选择影响投资组合的关键因素（如利率、资产价格、汇率等）作为参数，分析其敏感性并加以调整，模拟出不同情景，并进一步分析投资结果。定量分析涉及大量数学模型，相较于定性分析，更为复杂。

2. 信号分析

信号（signposts）是表明市场或事件风险越来越大或越来越小的标志。可以把信号理解为指导分析师投资决策的红绿灯。如果定性或定量分析表明该地缘政治风险的可能性、速度或影响较低，那么该信号显示"绿灯"或"不行动"；如果定性或定量分析表明风险的可能性、速度或影响很大，那么该信号显示"红灯"，需要分析师采取行动防范风险。确定正确的信号需要注意以下两点：

（1）区分真正的信号和杂音（noise）。基本的经验法则是区分政治（politics）和政策（policy）。不同领导人之间的政治风格可能有很大差异，但他们制定的"政策"会对投资组合产生更大或更持久的影响。

（2）经济和金融市场的某些情境组合，是潜在风险的强烈警示。比如高通胀和不断恶化的就业状况，可能是政治动荡的信号。投资者应该关注这些数据，及早识别这些危险的信号。

15.6.5 地缘政治风险的应对

投资者不仅需要评估风险和追踪风险，而且需要考虑在风险真正来临时采取何种行动。因此将地缘政治风险纳入投资组合的最后一步就是讨论地缘政治风险的应对。投资者一般从以下3个层面应对地缘政治风险：

（1）在资产配置层面，采取自上而下分析方法的投资者将倾向于把更多资产配置在地缘政治风险预期较低的国家。比如，长期的多边主义国家可能被视为地缘政治风险更低的国家，而持续受到军事威胁的国家则被视为地缘政治风险更高的国家，投资者在进行资产配置时将会倾向于把更多资产配置在长期的多边主义国家。

（2）在投资组合管理层面，投资者会结合多种因素考虑地缘政治风险。比如，一位分析师在评估全球汽车制造商时，由于汽车零部件来自全球各地区，因此汽车制造行业可能面临更多的地缘政治风险，但由于有多种生产备选方案，停产的可能性较小。因此分析师会在综合考量后做出买入或卖出的建议。

（3）在投资者层面，应对地缘政治风险时还要考虑投资者目标、风险承受能力和投资时间范围。对于长线投资者来说，像外生冲击这样的地缘政治事件可能是一个买入的机会，而对于一个即将退休的投资者来说，同样的外生事件则可能对他们的投资组合产生重大的负面影响。

练一练

15-1 Which of the following perceptions is most likely appropriate in regards to geopolitical risk?

A. Geographical resource endowment can act as a stabilizing force, as sales of resources naturally benefit the nations evenly, and reduces the likelihood of geopolitical events.

B. A country wouldn't be considered cooperative if it refuses to reciprocate.

C. As institutions from different countries become stronger, they may engage in a dogfight, therefore destabilizing existing cooperation.

15-2 Which of the following statements about globalization is least accurate?

A. Globalization may improve the profits of companies.

B. The process of reducing barriers between global enterprises and organizations can reduce overall economic benefits.

C. Globalization can reduce the labor cost and raw material cost of the companies.

15-3 Which of the following archetypes is least likely to experience by a country when it actively participates in globalization?

A. Autarky.

B. Multilateralism.

C. Hegemony.

15-4 Which of the following statements about national security tools is most accurate?

A. National security tools are used to directly impact on country's resources, people, and border.

B. Using spies to obtain important information is a typical indirect national security tool.

C. National security tools are used in a non-cooperative way.

15-5 Which of the following events would least likely to be deemed as an exogenous risk?

A. Military invasion.

B. An election with an unexpected outcome.

C. The economy taking a sudden upswing.

扫码查看
答案及解析

第 3 部分 财务报表分析

考情分析

"财务报表分析"在 CFA® 一级考试中占比 11%~14%,为占比最多的科目。考生在学习这部分知识的时候一定要重视。首先,财务报表分析中各章的设置是循序渐进的,前面介绍的术语在后面还会有详细的解释与探讨。其次,由于财务报表分析本身自成体系,它是上市公司和报表使用人之间沟通的语言,所以学起来与学习外语有几分相似。在刚开始的学习中,本书会通过重复呈现中英文术语的方式来有效地帮助考生建立术语的中英文对照关系,使考生快速融入财务报表分析的知识体系。

"财务报表分析"一共分四大部分:第一部分是"扫盲"阶段,主要介绍财务术语等基本知识;第二部分更深入地讲解财务报表编制以及财务报表分析的方法;第三部分进一步地针对存在利润操纵空间的重点科目做了详细、深入的讨论;第四部分是前面三部分内容的综合应用,其中"财务报表建模导论"为新增章节,介绍了财务报表建模的基础知识。

其中,在考试中占比最大的是第二和第三部分,约占"财务报表分析"所有题目的 80% 以上,考生应重视这两部分内容,增加做题数量以提高正确率。

本部分框架图

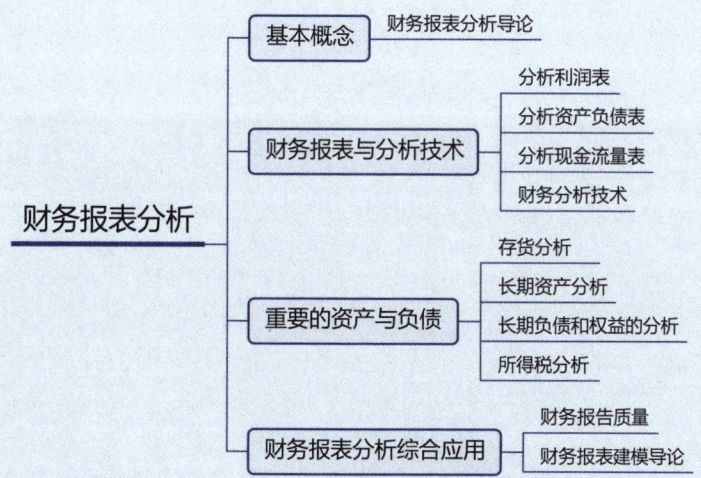

第16章 财务报表分析导论

知识引导

本章是财务报表分析的知识导入,主要介绍财务报告相关术语以及基本知识,帮助考生搭建财务报表分析的基本知识框架和体系。财务报表分析的学习如同学习一门外语——即公司和报告使用人之间沟通交流的语言,因此,本章的学习也可以类比于学习单词和语法。本章的内容不难,但为后续章节的学习打基础,考生在学习时应重点把握和理解财务报告相关术语,建立好中英文对应关系。

考点聚焦

本章的重点是掌握财务报告相关术语以及组成部分,能够辨析财务报告各组成部分披露的信息,能够描述获取分析数据的渠道,并且了解财务报告的分析流程以及监管机构。

本章框架图

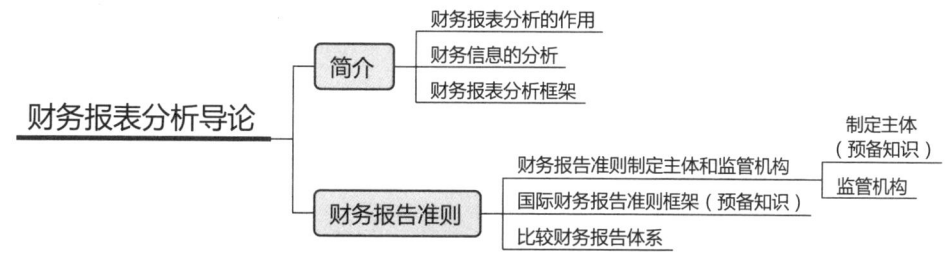

16.1 简介

16.1.1 财务报表分析（Financial Statement Analysis）的作用

—考点要求—
描述（describe）
财务报表分析
的作用（★）

利用公司提供的财务报告以及其他辅助信息，对公司过去、当前以及未来的经营业绩和财务状况进行评估，从而做出投资、信贷以及其他目的的经济决策（make economic decisions）。

那么，什么是经营业绩，什么是财务状况呢？接下来，我们用一个小故事帮助大家理解。

> **知识一点通**
>
> 美女小花去相亲，看到一位高颜值小伙（高小吉），心生好感。两人简单认识之后，在共进晚餐期间，小花切入主题，问了高小吉几个常规问题。第一个问题是：你有房有车有票子吗？高小吉说："截至目前，我有存款10万元，上海中环有套近百平方米的房子，价值600万元，还有一辆车，价值20万元。"小花听完对高小吉多了几分好感。接着又问了第二个问题：房和车都是全款买的还是？高小吉回答道："房贷500万元，车贷15万元。"
>
> 故事讲到这里我们了解到高小吉截至相亲这个时点他的财务状况（financial position）如下：高小吉持有的资产有现金、房产和汽车，总资产金额为630万元。另外高小吉同时背负500万元房贷和15万元车贷，总负债金额为515万元。实际上，高小吉的净资产，即真正属于高小吉的剩余价值是115万元（见图16.1）。不难理解，这些财富既不是1天获得的，也不是1年获得的，而是通过时间的推移一点点积累下来的。财务状况描述个人或者实体截至某个时点财富积累的程度，代表存量，是静态的（static）。
>
> 财务状况
> 截至相亲当日　单位：万元
>
> | 资产 | | 负债 | |
> |---|---|---|---|
> | 现金 | 10 | 房贷 | 500 |
> | 房产 | 600 | 车贷 | 15 |
> | 汽车 | 20 | 总负债 | 515 |
> | 总资产 | 630 | 净资产 | 115 |
> | | | 负债和净资产总额 | 630 |
>
> 图16.1　财务状况
>
> 我们继续刚才的故事，小花问高小吉第三个问题："去年1年你赚了多少钱呀？"高小吉回应说："我是做金融工作的，年薪50万元，但是我日常花销也比较大，1年的消费大概要40万元。"在了解了高小吉1年的经营业绩（financial performance）之后，小花心中盘算了一下，高小吉1年的净利润只剩下10万元。通常，我们用利润表描述个人或实体在一段时间内所获得的经营业绩，代表流量，是动态的（dynamic）。（见图16.2）。

	利润表
	过去一年里　　　单位：万元
收入	50
费用	40
净利润	10

图 16.2　利润表

聊到现在，两个人的晚餐也将近尾声了，但是高小吉迟迟不买单，小花对高小吉的印象大打折扣，终于忍不住说了句"我们结账吧"，高小吉难为情地对小花说："不好意思，我最近囊中羞涩，这顿饭你来结账吧。"小花不解地问道："你说你 1 年收入 50 万元，怎么连一顿晚餐都支付不起？"高小吉回答道："有一半收入是年终奖，要到下一年中旬才拿到现金。"故事讲到这里，我们知道收入和现金的收到是两个概念，我们不能光看企业或者个人的收入，还要看现金及财务状况在对应时间内的变动情况。

16.1.2　财务信息的分析

16.1.2.1　财务报告

财务报告（financial reports）由财务报表（financial statements）和补充信息（supplementary information）两大部分组成。详见表 16.1。

表 16.1　财务报告的组成

中文名称	英文名称
财务报表：	Financial statements：
资产负债表	Balance sheet
综合收益表	Statement of comprehensive income
现金流量表	Cash flow statement
股东权益变动表	Statement of changes in equity
财务报表附注	Financial notes /footnotes
补充信息：	Supplementary information：
管理层讨论与分析	Management's discussion and analysis（MD&A）
审计报告	Auditor's report

知识一点通

考生要区分财务报表（financial statements）和财务报告（financial reports）两个概念。财务报告包括财务报表以及其他补充信息，其中财务报表是经过审计的，而补充信息是没有经过审计的。财务报告和财务报表是从属关系。

1. 资产负债表(Balance Sheet)

资产负债表也被称为财务状况表(statement of financial position/statement of financial condition),列示了企业拥有的资产(assets)和背负的负债(liabilities),展现的是一个企业截止到某个时间点财富积累的状况,反映的是**存量**。资产负债表列示的内容见表16.2。

表16.2 资产负债表

截至20×2年12月31日

资产	Assets
流动资产	Current assets
现金	Cash
应收账款	Accounts receivable
有价证券	Marketable securities
存货	Inventory
长期资产	Non-current assets
固定资产	Property, plant & equipment
长期股权投资	Investments in affiliates
无形资产	Intangible assets
总资产	Total assets
负债	Liabilities
流动负债	Current liabilities
应付账款	Accounts payable
非流动负债	Non-current liabilities
总负债	Total liabilities
权益	Equity
实收资本	Paid-in capital
留存收益	Retained earnings
累计其他综合性收益	Accumulated other comprehensive income
总权益	Total equity
负债及权益总额	Total liabilities and equity

资产负债表反映了一个非常重要的关系,即:

$$资产 = 负债 + 所有者权益 \tag{16.1}$$

其中,**资产**(assets)指企业持有的资源(resources),这种资源能够为企业带来未来经济利益的流入。**负债**(liabilities)指企业对债权人负有的偿债义务(obligation)。企业持有的资产减去必须偿还的负债,剩余部分才是企业所有人的净资产(net assets),也称所有者权益(equity)。

另外,资产负债表将资产和负债分成流动性(current)和非流动性(non-current)两类。流动性资产也称短期资产,流动性负债也称短期负债。所谓流动资产,是指企业所持有的预期要在一个经营周期(operating cycle)和1年两者中较长的时间之内使用、出售或者变现的资源。简单讲,一个经营周期是从企业开始采购原材料到产成品出售收到客户货款整个过程所跨越的时间。通常来讲,企业的一个经营周期会短于1年。但也有一些生产制造企业的经营周期长于1年,如酿酒业、烟草业等。短期负债指预期要在一个经营周期或1年两者中较长的时间内清偿的负债。

以下简要介绍资产负债表中的部分重要科目。

(1) 应收账款(accounts receivable)是在销售活动中,企业已将货物交付客户而客户暂未支付货款的情景下,企业所确认的一项债权资产。这种销售方式叫赊销(credit sell)。例如,客户会在90天内支付货款,应收账款能为企业在短期内带来经济利益的流入,故属于短期资产。

(2) 有价证券(marketable securities)是企业持有的政府或其他企业发行的股票和债券。持有这些有价证券的目的可以是收取利息或分红,也可以是赚取买卖价差。

(3) 存货(inventory)是企业持有待售的货物和将用于生产成产成品的原材料、在产品等。比如巧克力工厂的仓库里存放的可可、白砂糖等原材料(raw materials),在生产线上处于加工阶段的半成品(称为在产品,work-in-process),以及包装完毕待售的成品巧克力(称为产成品,finished goods)。我们会在第21章详细介绍存货。

(4) 固定资产(property, plant&equipment)是企业为生产经营目的所购置的有形的长期资产,包括房产、厂房、机器设备、办公设备、车辆等。固定资产能为企业带来长期的经济利益流入,是长期资产类别下的科目。我们会在第22章详细介绍固定资产。

(5) 长期股权投资(investments in affiliates)是企业持有的其他企业发行的股权。该投资类别下持有被投资企业的股权份额较大,可以通过行使股东投票权对被投资企业的经营活动施加影响,从而获得各种利益。比如,巧克力生产商通过投资并影响上游原材料厂商,达到稳定购货渠道、获得更低进货价格的目的。

(6) 无形资产(intangible assets)是企业为生产经营目的所持有的不具有物理形态的长期资产,包括专利权、商标权、版权、特许经营权等。虽然无形资产不像固定资产一样有物理形态,但无形资产也代表一种资源,企业持有这种资源同样能带来未来经济利益的流入。例如,假设 Golden Investment Co.购买了麦当劳在上海地区20年的特许经营权,那么 Golden Investment Co.可以在特许经营权有效期间销售麦当劳的所有产品从而获利。我们会在第22章详细介绍无形资产。

(7) 应付账款(accounts payable)是企业在购货活动中,尚未支付给供应商的货款。比如巧克力公司要采购一批可可豆,供应商先发货,并允许巧克力公司在60天内支付货款。那么在巧克力公司采购活动发生的这个时点产生一个未来60天要清偿的债务,这就是巧克力公司的应付账款。

其他科目会在后续章节中介绍。此处考生须重点掌握以上术语中的英文对照以及基本含义。

> **知识一点通**
>
> 资产负债表反映的是企业财富累积的状况,即存量。例如,2×22 年 12 月 31 日企业的财务状况和 2×23 年 12 月 31 日企业的财务状况很可能是不同的。因为 2×23 年 12 月 31 日企业的财务状况应该等于 2×22 年 12 月 31 日企业的财务状况加上在 2×23 年一整年中财富的变化量。这里我们把 2×22 年 12 月 31 日的财务状况称为 2×23 年财务状况的期初余额(beginning balance);2×23 年 12 月 31 日企业的财务状况称为期末余额(ending balance);在 2×23 年中财富的变化量称为当期发生额。那么,发生额就包含财富的增加和财富的减少两个方向。故在资产负债表中有"期末余额=期初余额+当期财富的增加-当期财富的减少"这样的关系。

2. 综合收益表(Statement of Comprehensive Income)

国际财务报告准则(IFRS)允许企业用一张综合收益表披露企业的综合收益,另外,企业也可以通过两张报表进行披露——一张是利润表,另一张是综合收益表。下文分别介绍这两张报表。

利润表(income statement/statement of operations/profit and loss statement,P&L)列示了企业在过去一个会计期间(通常是 1 年)中取得的收入、发生的费用以及最终获得的利润,即经营业绩(financial performance),体现一段时间内的**流量**。利润表展现的是一个企业赚取利润的能力(盈利能力)。利润表包含两个会计要素,即收入(income)和费用(expenses),它们的关系是:

$$收入 - 费用 = 净利润(\text{net income / the bottom line}) \tag{16.2}$$

一个公司的收入主要有两种:主营业务收入(revenue)和其他收入(other income)。

其中,**主营业务收入**是指公司日常经营过程中出售货物或提供劳务所得的收入。比如,巧克力公司出售巧克力获得的收入即为主营业务收入。**其他收入**是指企业主营业务收入以外的、通过销售商品、提供劳务以及让渡资产使用权等日常活动中形成的经济利益的流入。比如,巧克力公司把一个闲置的厂房出租出去,赚取的租金收入是巧克力公司的其他收入,而非主营业务收入。又如,巧克力公司将一些闲置资金投资到债券市场和股票市场,买了苹果公司发行的公司债券和股票,那么在投资期间获得的债券利息以及股息都是巧克力公司的其他收入。

日常经营产生的成本和费用主要包括销货成本和销售、一般及管理费用。销货成本(cost of goods sold,COGS)是和生产直接相关的成本,如生产制造巧克力的原材料成本、生产车间工人工资、生产制造用机器设备的折旧费用等。销售、一般及管理费用(selling,general,and administrative expenses,SG&A)指企业为销售活动和管理活动所付出的成本,包括办公室的租赁费、物业费、水电费、非生产直接相关员工的工资、广告费等。下文简要介绍利润表(见表 16.3)。

表 16.3　利润表

2×22 年度	
Revenue	主营业务收入
Cost of goods sold(COGS)	销货成本
Gross profit	毛利润
Selling, general, and administrative expenses(SG&A)	销售、一般及管理费用
Operating income	经营利润
Non-operating income	非经营性收益
Earnings before interest and tax(EBIT)	息税前利润
Interest expense	利息费用
Earning before tax(EBT)	税前利润
Tax expense	税费
Net income(NI)	净利润

备考小贴士

这里考生需要熟悉利润表中所包含的项目，建立中英文对应关系。我们会在第 17 章详细介绍利润表。

综合收益表包含所有非股东之间交易产生的但会影响所有者权益的项目。利润表的净利润加上其他综合收益（other comprehensive income，OCI），称为综合收益总额（comprehensive income）。综合收益表反映的也是**流量**，即一段时间内企业取得的综合收益。

$$\text{Comprehensive income} = \text{Net income} + \text{Other comprehensive income} \tag{16.3}$$

知识一点通

如果企业用两张表披露综合收益，那么综合收益表是从净利润（net income）开始的，加上当期发生的其他综合收益（或减去其他综合损失），得到综合收益。其他综合收益会在后续章节有详细的介绍。这里，考生只需要掌握计算综合收益的方法和逻辑。

3. 现金流量表（Cash Flow Statement）

现金流量表列示了企业在过去一个会计期间现金的流入和流出情况，展现的是一个企业获取现金的来源和使用现金的方向，反映企业的现金在会计期间内的流量。我们把现金流分为三类：经营活动现金流（cash flow from operating activities，CFO），投资活动现金流（cash flow from investing activities，CFI）和融资活动现金流（cash flow from financing activities，CFF）。下文简要介绍现金流量表（见表 16.4）。

表 16.4 现金流量表

2×22 年度	
经营活动现金流	Cash flow from operations(CFO)
投资活动金流	Cash flow from investing(CFI)
融资活动现金流	Cash flow from financing(CFF)
现金及现金等价物①净增加/(减少)额	Net increase(decrease) in cash and cash equivalents
年初现金及现金等价物余额	Cash and cash equivalents at the beginning of the year
年末现金及现金等价物余额	Cash and cash equivalents at the end of the year

需要注意的是,现金流有两个方向:流入和流出。表 16.4 中列示的**每种现金流都是流入减流出的净变化量**。如果经营活动现金流出增多,流入不变,那么经营活动现金流当期发生额,即净变化量减少。反之,如果经营活动现金流入增多,流出不变,那么经营活动现金流当期净变化量增加。其余两类现金流也是一样的道理。将三种现金流当期净变化量加总得到现金及现金等价物当期净增加或减少额,再加上现金及现金等价物期初余额[即财务年度②开始第一天(也是上一个财年最后一天)现金及现金等价物的余额]得到期末现金及现金等价物余额。

> **知识一点通**
> 现金流量表和资产负债表之间存在勾稽关系,即现金流量表披露的年末现金及现金等价物余额一定与资产负债表中现金科目的期末余额相同。因为现金流量表就是对资产负债表中现金科目的"分解"。

4. 所有者权益变动表(Statement of Changes in Equity)

所有者权益变动表也称 statement of changes in owners' equity 或 statement of changes in shareholders' equity,反映企业在过去一个会计期间所有者权益的变化情况,也是一个流量表。其中,所有者权益两个基本组成部分是实收资本(paid-in capital)和留存收益(retained earnings)。

> **知识一点通**
> 所有者权益变动表和资产负债表之间存在勾稽关系,即所有者权益变动表披露的年末权益余额一定与资产负债表中权益的期末余额相同。因为所有者权益变动表就是对资产负债表中权益部分的"分解"。

---

①现金及现金等价物包括现金和能快速无损失地转换成现金的金融资产,比如短期国库券,购买的货币市场基金等。

②财务年度(fiscal year)是指一个国家或企业以法律规定为总结财政收支和预算执行过程的年度起止时间,通常以 365 天为 1 个财年。中国企业一般以 1 个日历年作为公司的财年,国外企业有的是以 6 月 1 日到下一年的 5 月 31 日为 1 个财年,也有的是 9 月 1 日到下一年的 8 月 31 日。

> **备考小贴士**
>
> 所有者权益变动表不是 CFA® 一级与二级财务报表分析科目考查的重点，所以此处不作过多讲解。

5. 财务报表附注（Financial Notes/Footnotes）

财务报表附注是对财务报表上的数字做出详细解释说明，其目的是让使用者了解财报数字的来龙去脉，更好地理解企业的财务状况、经营业绩。财务报表附注包含的项目以及解释详见表 16.5。

—考点要求—

描述（describe）监管机构要求的文件、财务报表附注、管理层讨论与分析和审计报告的重要性（★★★）

表 16.5 财务报表附注披露内容

披露内容	例如
编制财务报表的基本原则	企业财年是如何界定的，财务报告基于什么准则编制的，财报的数量级是百万还是千，货币单位是什么等
编制财务报表所使用的会计政策（Accounting policies）和会计方法（Accounting methods）	收入确认的原则、存货发出的计量方法等
编制财务报表所使用的会计估计（Accounting estimates）	固定资产使用寿命和残值的估计等
财务报表单项科目的详细解释	用表格、文字等形式详细解释财务报告中比较复杂或重要的科目
金融工具（Financial instruments）及其风险	指在金融市场中可交易的金融资产，如股票、期货、黄金、外汇等
或有事项（Contingencies）	企业过去的交易或者事项形成的，其结果须由某些未来事项的发生或不发生而决定的不确定事项
关联方交易（Related-party transactions）	关联企业之间的交易
经营分部业绩（Operating segment's performance）	例如，高顿教育有 CFA 项目、CPA 项目、ACCA 项目，在附注中应分别披露每个经营分部在整个财年内的经营业绩

财务报表（financial statements）包含四张报表以及附注。对此，考生要掌握一个非常重要的考点：**以上财务报表的所有内容都是经过审计师审计的，而接下来要介绍的补充信息通常都不经过审计师的审计。**

> **备考小贴士**
>
> 考生应该能够识别哪些信息会在附注中披露，而哪些不属于附注披露的范畴。

6. 管理层讨论与分析（MD&A）

管理层讨论与分析［management report(ing)/management commentary/ operating and financial review/management's discussion and analysis］是公司管理层对公司的业绩做的回顾（past results）和展望（future outlook），起到使报告使用者正确理解公司业务，并对未来业绩形成合理预期的作用。这部分的内容通常是不经过审计的。在美国，美国证券交易委员会（Securities and Exchange Commission, SEC）要求上市公司必须提供管理层讨论与分析，并对披露内容做了相应规定：

（1）管理层必须披露对公司流动性（liquidity）、资本来源（capital resources）和经营结果有影响的正面或负面的趋势、重大事件以及不确定性（significant events and uncertainties）。

（2）披露使得未来经营业绩或者财务状况显著不同于公司当前报告的财务信息的因素，包括通胀、价格波动和其他重大事件以及不确定性的影响。

（3）披露表外融资的债务（off-balance-sheet obligation）以及合同义务（contractual commitment），如采购义务（purchase obligation）。

例题 16.1

分析师在哪里能找到影响目标公司经营结果的重大趋势、事件和不确定因素的详细信息？
A. 财务报表附注
B. 资产负债表
C. 管理层讨论与分析

名师解析

选项 C 正确。

题目问分析师应该从哪个信息来源得知影响目标研究公司经营结果的重大趋势、事件和不确定性。根据上述针对财务报告各个部分的介绍，我们知道只有管理层讨论与分析会披露公司的资本来源、未来影响经营业绩的趋势、重大事件和不确定性。考生要注意管理层讨论与分析有几种别称，都要认识。

7. 审计报告（Auditor's Report）

审计报告是会计师事务所对公司财务报表进行独立（independent）审计后给出对财务报告是否公允、忠实表述（fair and faithful representation）的书面意见（opinion）。这个书面意见就是审计报告（audit report），作用是使报告使用者对财务报告的可信度产生合理预期。根据国际审计准则（International Standards for Auditing，ISAs），审计目标是：

（1）针对财务报表整体是否存在重大错报、舞弊或者错误，给出合理保证（reasonable assurance），从而在所有重大方面（in all material respects），审计师能够针对财务报表是否按照财务报告框架进行编制给出审计意见。

（2）针对财务报表给出审计意见，按照 ISAs 的要求与公司管理层沟通审计师的审查结果。

标准的独立审计报告包含如下几段：第一段是"介绍"段，描述财务报表是已审计的，并且说明被审计公司管理层以及独立审计师的责任。第二段是"范围"段，说明已实施的审计程序以及审计师出具审计意见的依据。第三段是"意见"段，针对已审计的财务报表是否公允陈述给出审计意见。在美国，基于萨班斯法案（Sarbanes-Oxley Act）的要求，审计师还需要对被审计公司的内部控制系统（internal control system）给出独立的审计意见，审计师可能会将对内控系统的意见单独形成一个报告，或者在财务报表的一个段落中进行阐述。

内控系统是公司为保障财务报告质量而制定的一系列业务流程、控制方法、措施和程序。公司高管应保证公司内控系统的有效性。

审计意见有下列四种。

（1）无保留意见（unqualified audit opinion / "clean" opinion）：当财务报表按照会计准则的要求公允陈述（**fairly presented**）或者财务报表给出真实且公允的表达（**true and fair view**）。

(2) 保留意见 (qualified audit opinion)：当财务报表没有完全按照会计准则的要求编制，存在一些例外情况 (exception) 或审计范围在一定程度上受到限制时，审计师会出具有保留意见。例外情况在审计报告中以解释性段落的形式予以说明，以便于分析师判断例外情况的重要程度。

(3) 否定意见 (adverse audit opinion)：当财务报表的重大内容严重偏离会计准则的要求 (materially depart from accounting standards) 并且财务报表不能公允陈述公司的经营业绩以及财务状况时 (not fairly presented)，审计师出具否定意见。

(4) 无法表示意见 (disclaimer of opinion)：由于审计师的审计范围受限 (scope limitation)，审计师不能获取充分的审计证据，且其可能产生的影响是重大而广泛的，此时，审计师出具的是无法表示意见。

> **知识一点通**
>
> 保留意见和无法表示意见都提到了"审计范围受限"。事实上，出具何种审计意见取决于审计范围受限的程度和对财务报表影响的重要性。保留意见适用于范围限制仅影响部分报表项目且不影响整体公允性的情况；无法表示意见适用于范围限制对报表有重大且普遍影响的情况。

> **例题 16.2**
>
> 如果审计师在审计程序中发现存在审计范围限制，最有可能发表的审计意见是：
> A. 否定意见
> B. 无保留意见
> C. 无法表示意见
>
> **名师解析**
>
> 选项 C 正确。
> 当审计过程中出现审计范围受限，审计师可能会出具无法表示意见。

> **知识一点通**
>
> 注意审计师审计的对象是财务报表 (financial statements) 而不是财务报告 (financial reports)。

> **备考小贴士**
>
> 考生应熟练掌握每种审计意见相应的关键词，会判断审计师在什么情况下应出具何种审计意见。在考试中，我们可以通过题干给出的关键词判断应该出具何种审计意见。

16.1.2.2 监管机构要求的文件

美国证券交易委员会 (Securities and Exchange Commission) 简称 SEC，是美国证券和资本市场的主要监管主体，遵守美国证券交易委员会监管的公司需要递交一系列标准化文件 (SEC filings)，这些文件也是重要的信息来源，详见表 16.6。

表 16.6　美国证券交易委员会标准化文件

文件名	说明	要求披露的信息
证券发行登记文件（Securities offerings registration statement）	新上市或者发新股的公司需要披露	(1) 发售证券的信息； (2) 新发行证券与其他证券的关系； (3) 在年度申报中一般需要提供的信息； (4) 经审计的和中期未经审计的财务报表； (5) 业务中涉及的风险因素等
Forms 10-K, 20-F, 40-F	每年披露	公司的业务、风险因素、财务披露、法律诉讼和管理相关的信息等
Forms 10-Q, 6-K	中期披露	未审计的财务报表、管理层讨论与分析、重大非经常性事件等
Form 8-K	重大事项发生时披露	重大事项，如收购和处置资产，公司治理和管理层的变化等
股东委托书（Proxy statement），也称 Form DEF-14A	召开股东大会前披露	股东投票的提案、管理层和主要股东的证券所有权细节、董事履历信息和高管薪酬等
Forms 3, 4, 5	由董事、管理层人员和持股 10% 以上人员填写	受益所有权的初始和变更情况 Form 3：初始申报表格 Form 4：信息变更申报 Form 5：年度报告
Form 144	事项发生时提前申报	拟出售限制性证券，或发行人关联方持有证券的通知
Form 11-K	每年披露	员工福利计划的信息

备考小贴士

考生应关注上述各个美国证券交易委员会标准化文件的编码和所披露的具体事项。题目中可能会对"Form 10-K"和"Annual Report"进行混淆表述，此时考生应能做出正确判断，即在标准化文件中所需披露的是"Form 10-K"，而非"Annual Report"。"Form 10-K"是美国证券交易委员会要求披露的标准化文件，而"Annual Report"则是通常所说的年度报告，这是公司为满足各种社会或营销需求所发布的报告，通常格式较为自由，且版面具有较强个性。"Form 10-K"中既披露了年度报告中的某些信息，又披露了年度报告中未涵盖的相关信息。

例题 16.3

以下哪个信息来源最不可能让分析师了解高级管理人员和董事会成员的薪酬情况？
A. 财务报表附注
B. 审计报告
C. 股东委托书

名师解析

选项 B 正确。

附注和股东委托书都会披露高管和董事会成员的薪酬相关信息。其中，股东委托书会详细披露高管和董事会成员薪酬的设置和构成。附注中会披露高管持有的股权等信息。审计报告中不会涉及高管和董事会成员薪酬信息。

> **知识一点通**
>
> 股东委托书中披露的公司高管以及董事会成员薪酬架构在财务报告中的附注中也会有所涉及。

16.1.2.3 其他信息来源

1. 发行者渠道

（1）财报电话会议（earning calls）：由高管、分析师和投资人参与的电话或网络会议。会议上，公司高管讨论和汇报公司的财务和经营状况，并回答参会者提问。

（2）公司的演讲和活动：如投资者日。

（3）访谈管理层、投资者关系或其他公司人员。

（4）访问公司网站和拜访公司。

2. 三方渠道

（1）公共的第三方渠道：如来自政府的行业白皮书或分析师报告、经济或行业指标。

（2）专有的第三方渠道：来自平台和咨询公司的分析报告和通信、报告和数据。

（3）专有的初级研究：如调查问卷、访谈，产品比较等。

—考点要求—
描述（describe）除了年度和中期财务报告外，分析师还可以使用哪些渠道的信息（★）

16.1.2.4 财务报表之间的勾稽关系

1. 利润表和资产负债表之间的勾稽关系

利润表的最后一行为净利润，公司可以选择将净利润留在公司增加留存收益（retained earnings），或者分红给股东。因此，留存收益当期发生额（即留存收益变化量）等于净利润减去分红。净利润体现在利润表中，而留存收益体现在资产负债表的所有者权益中，所以利润表和资产负债表存在勾稽关系。

资产负债表表示的是时点的数值，而利润表表示的是时段的数值。在资产负债表中，期初的留存收益加上时段内留存收益的变化量就等于期末的留存收益。如此，我们得到以下公式：

$$期初留存收益 + 净利润 - 分红 = 期末留存收益 \quad (16.4)$$

这就是BASE法则，资产负债表上期初的数值＋时段内增加的量－时段内减少的量＝资产负债表上期末的数值。

> **知识一点通**
>
> BASE法则由四个英语单词的首字母组成。B是Beginning，表示期初资产负债表的值；A是Addition，表示加上增加的量；S是Subtraction，表示减去减少的量；E是Ending，表示期末资产负债表的值。

2. 现金流量表和资产负债表之间的勾稽关系

现金流量表表示的是时段内现金的变化量，而期初和期末的现金金额体现在资产负债表中，因此，两张表之间存在勾稽关系。

$$\text{期初的现金金额}+\text{期间现金的变化量}=\text{期末的现金金额} \tag{16.5}$$

3. 股东权益变动表和资产负债表之间的勾稽关系

股东权益变动表表示时段内所有者权益的变化量,而期初和期末的所有者权益金额体现在资产负债表中,因此,两张表之间存在勾稽关系。

$$\text{期初的所有者权益金额}+\text{期间所有者权益的变化量}=\text{期末的所有者权益金额} \tag{16.6}$$

4. 财务报表之间的勾稽关系

牢记会计恒等式:资产=负债+所有者权益。其中,所有者权益属于股东的权益,等于来自股东资本投入(即期末的实收资本)加上期末公司的留存收益,上文用 BASE 法则展示留存收益,展开式中的净利润又等于收入减费用。

综上得到:

$$\text{资产}=\text{负债}+\text{实收资本}+\text{期初留存收益}+\text{收入}-\text{费用}-\text{分红} \tag{16.7}$$

16.1.3 财务报表分析框架(Financial Statement Analysis Framework)

—考点要求—
描述(describe)财务报表分析框架的步骤(★)

财务报表分析框架步骤如表 16.7 所示。

表 16.7 财务报表分析框架步骤

分析步骤	信息来源	数据输出
制定分析目标和背景	和客户或直线上级沟通,分析所需要的资源和问题; 特殊情况下可能需要参考相关政策法规	制定分析目标(purpose or objective); 列出分析师要回答的问题; 明确最终报告的性质和内容; 制定完成的时间表和预算
收集输入数据	财务报表,其他财务数据、调查问卷、行业或经济数据; 和目标研究公司的高管、供应商、客户和其他竞争者沟通; 调研考察	整理好的财务报表; 财务数据表格; 填写完整的调查问卷
处理数据	步骤二的输出数据	调整后的财务报表; 同比报表(common-size statements); 比率和图表; 预测数据
分析解释处理过的数据	已处理的数据	分析结果
沟通分析结论给出意见	第四步的输出数据和之前收集的报表	能够回答第一步提出的问题的分析结果; 给出投资建议
持续更新	定期重复以上步骤以判断是否要改变之前的投资建议	持续更新报告和建议

—备考小贴士—
考生需注意区分第二步、第三步和第四步的输入和输出信息。

16.2 财务报告准则

16.2.1 财务报告准则制定主体和监管机构

> **预备知识**
>
> **制定主体（Standard-Setting Bodies）**
>
> 1. 国际会计准则理事会（International Accounting Standards Board，IASB）
>
> 国际会计准则理事会（IASB）是独立的、制定国际财务报告准则（IFRS）的非盈利性组织，拥有对国际财务报告准则（IFRS）的最终解释权。
>
> 2. 美国财务会计准则委员会（Financial Accounting Standards Board，FASB）
>
> 美国财务会计准则委员会是美国证券交易委员会（SEC）官方认可的负责制定美国通用会计准则（US GAAP）的权威机构，但美国证券交易委员会（SEC）保留对准则制定的最终权力。

16.2.1.1 监管机构（Regulatory Authorities）

1. 美国证券交易委员会（Securities and Exchange Commission，SEC）

美国证券交易委员会是美国证券和资本市场的主要监管主体，在美国上市的公司要遵守美国证券交易委员会规定的准则，并且递交一系列标准化文件。

2. 欧洲监管组织

欧盟的证券监管组织有欧洲证券委员会（ESC）、欧洲证券和市场管理局（ESMA）等。组织本身没有强制处罚权，监管取决于各个成员国。欧洲证券委员会由成员国的高级代表组成，主要就证券市场的政策问题向欧盟委员会提供建议。欧洲证券和市场管理局是欧盟跨境监管组织，旨在协调对欧盟市场的监管。

3. 国际证监会组织（International Organization of Securities Commissions，IOSCO）很多国家的证券监督委员会或者类似的政府监管机构均是国际证监会组织（IOSCO）的会员。比如，前面提到的美国证券交易委员会（SEC）就是其会员之一。国际证监会组织对证券监管的原则把握主要基于以下三个目标：

第一，保护投资者（investors）的利益；

第二，确保资本市场运行的公平（fairness）、有效（efficiency）和透明（transparency）；

第三，降低系统性风险（systemic risk）。

> **知识一点通**
>
> 国际证监会组织本身并不是"监管机构"，因为国际证监会组织只是一个超国家组织，其本身不属于任何一个国家，故无法对一个国家的内政进行干预，但其会员多为各个国家的监管机构。

国际财务报告准则框架

1. 财务报告质量特征（Qualitative Characteristics）

财务报告共有六个质量特征：两个基础质量特征（fundamental characteristics），即相关性和忠实表述，以及四个增强质量特征（enhancing characteristics），即可比性、可验证性、及时性和可理解性。

财务报告质量特征具体含义见下表。

财务报告质量特征

质量特征	含义
相关性 （Relevance）	相关信息可帮助财务信息的使用者评估过去、审视现在和预测未来，从而确认或更正经济决策。上述具有相关性的信息须具重要性（materiality），即该信息的漏报或错报会对财务报告使用者所做的经济决策产生重大影响
忠实表述 （Faithful representation）	忠实表述主要体现在三个方面：完整性（complete）、无偏性（neutral）和准确性（free from error）。完整性是指所有相关的信息均已披露；无偏性意为信息的选取和呈现不会误导信息使用者做出经济决策；准确性即采用合适且合理的会计计量和审核流程，在描述经济现象时不存在故意添加或者遗漏信息的情况
可比性 （Comparability）	可比性要求信息具有横向可比性（同一经济环境不同报告主体之间可比）和纵向可比性（同一报告主体不同报告期间可比）
可验证性 （Verifiability）	可验证性允许具有相关信息的独立第三方能够认同财务报告所展现的经济信息，得出与报告财务信息相同（或相似）的结论
及时性 （Timeliness）	及时性主要是指信息使用者做出经济决策前能够保证相关信息是可获得的
可理解性 （Understandability）	可理解性主要指财务信息展现得简明清晰，使得对商业和经济活动有一定了解并愿意认真研究信息的用户可以理解财务报告所展现的经济内容。当然，复杂经济活动的说明仍应以报告信息的决策有用性为首要权衡标准

2. 财务报告的限制（Constraints）

财务报告所受到的限制主要有以下几方面：

第一，质量特征权衡。理想状态下，财务报告应兼具上述两个基本质量特征和四个增强质量特征，以最大限度地提供有用的财务信息，但现实中往往要对增强质量特征进行权衡考量。增强质量特征彼此之间没有绝对的主次顺序，优先考虑何种增强质量特征应视具体情况灵活把控。

第二，成本收益权衡。最优状态下，运用财务信息所获得的收益应超过提供和使用该信息所花费的成本。

第三，诸多非量化的信息（创新性、人力资源、企业文化以及客户忠诚度等）无法在财务报告中直接展现。

3. 财务报告的假设（Underlying Assumptions）

权责发生制（accrual accounting）和持续经营（going concern）是财务报告的两大基本假设。权责发生制假设要求，财务报表在反映经济事项时应以交易的发生而非现金的流入或流出为前提；持续经营假设是指在可预见的将来企业的经营活动会持续下去。

16.2.2 比较财务报告体系

尽管随着发展,国际财务报告准则和美国通用会计准则的趋同程度越来越高,但两者仍然存在差异,分析师应该时刻关注会计准则尚未趋同的部分。

国际财务报告准则和美国通用会计准则之间的一些主要差异体现在以下几点:

(1) 利息支出在现金流量表的处理。

(2) 存货的计量。

(3) 开发支出的处理。

(4) 存货减值转回的会计处理。

这些差异将在后续章节展开介绍,请考生重点关注。

> **考点要求**
> 描述(describe)使用不同的财务报告体系对财务分析的影响和关注财务报告准则发展的重要性(★)

练一练

16-1 Which of the following is not the function of the balance sheet?

A. It applies to a specific point of time.

B. It is a summary of a company's current financial condition.

C. It shows a company's profitability during a particular period.

16-2 Which of the following is least correct regarding the contents in footnotes?

A. Additional information provided in a company's financial statements.

B. Disclosure of accounting policies, methods and estimates.

C. An opinion on whether the information presented is correct and free from material misstatements.

16-3 Which of the following statements about the Management Discussion and Analysis (MD&A) portion of the financial reports is the least accurate?

A. In the United States, MD&A must provide information about off-balance-sheet obligations.

B. Under IFRS, management's objectives and strategies can usually be found in MD&A.

C. The MD&A is required to be reviewed by auditors before it is released to the public.

16-4 Which of the following is least likely to be found in an auditor's report under U.S. GAAP?

A. Reasonable assurance that there are no material errors in the financial statements.

B. An opinion on the company's internal controls.

C. Assurance that the management is capable of running the business.

扫码查看
答案及解析

立即扫码添加【学习规划师】,助您本章学得更快更好!
问答服务 + 学习规划 + 课程分享

第17章 分析利润表

知识引导

本章将学习财务报表主体中很重要的一张报表——利润表。利润表之所以重要,是因为它能够帮助分析师衡量一个公司的盈利状况和盈利质量。公司的盈利状况和盈利质量是公司估值分析的重要依据,也是判断公司是否具有按期还本付息能力的重要基础。

考点聚焦

本章的重要考点集中在收入的确认方法、基本和稀释每股收益的计算。其他的考点如利润表的版式、利润表中的特殊事项等会不时在考试中有所涉及。

本章框架图

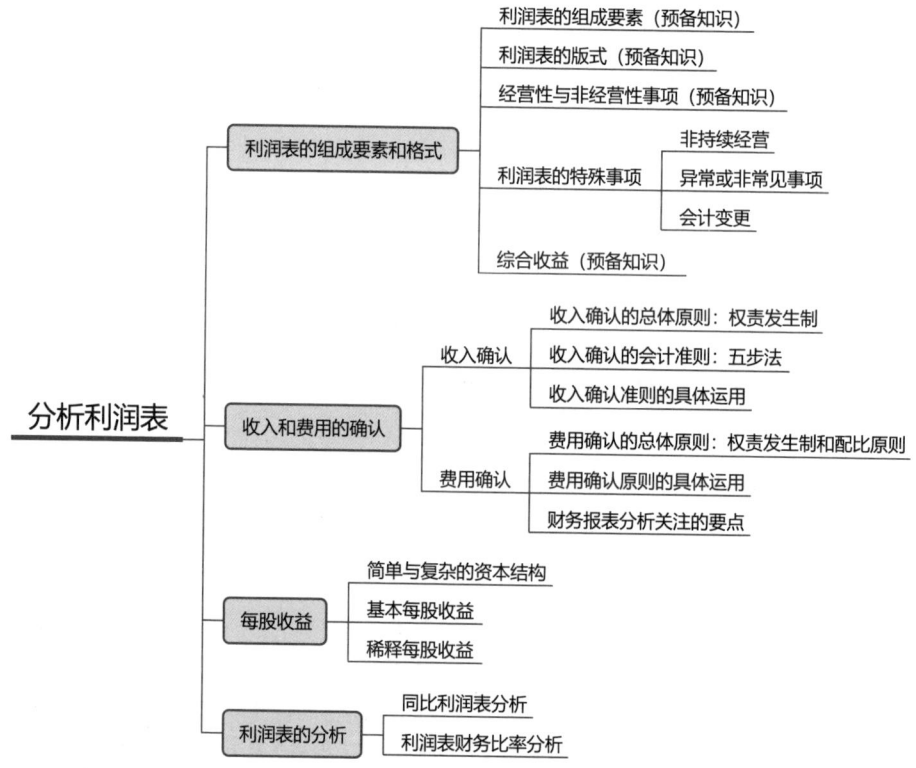

17.1 利润表的组成要素和格式

利润表(income statement)反映了一家公司在一个会计年度内的经营成果,列示了公司在一个年度中所有的收入(income)和费用(expenses)。利润表的英文同义表述包括 statement of operations、statement of earnings、profit and loss statement。

利润表的关系等式:

$$\text{Income}(总收入) - \text{Expenses}(总费用) = \text{Net income}(净利润)$$

英文中,以下词汇同 net income 的意思完全一致,均为"净利润"之义:net profit, net earnings。

一、利润表的组成要素

1. 销售收入(Revenue)

销售收入(revenue)是指在日常经营活动过程中销售商品、提供劳务所收到或预期可以收到的价款。销售收入总额扣减了折扣、折让以及预估的退回后得到净收入(net revenue)。

2. 费用(Expenses)

费用(expenses)反映了在商业经营过程中产生的经济利益流出,包括对资产的耗费或负债的产生。费用可以分为:主营业务成本(cost of goods sold, COGS),又叫"销货成本";销售、一般及管理费用(selling, general and administrative expenses, SG&A);利息费用(interest expense);所得税费用(income tax expense)等。

费用可以按照实质(nature)或者功能(function)进行分类。按照实质(nature)划分,例如,一台中央空调可能被用于生产部门,行政管理部门或者销售部门,但无论用于哪个部门,空调的折旧费用(depreciation)本质都是相同的,都反映固定资产经济寿命和使用价值的损耗,因此被统一计入"折旧费用(depreciation expense)"。而如果按照功能(function)划分,则应按空调折旧费用受益对象,分别计入销货成本(COGS)和销售、一般及管理费用(SG&A)中。此外,会计上把不直接与收入相关的费用统称为期间费用(period cost)。

3. 利得和损失(Gains and Losses)

利得和损失是指通常不属于日常经济活动产生的经济利益的增减变动。例如一家高科技公司处置一条电子产品生产线产生的利得或损失,一家公司的办公大楼失火造成的损失。无论是何种过程产生的,利得和损失都分别代表了经济利益的流入或流出。

二、利润表的格式(Presentation Formats)

利润表中除了净利润外,还可能包含各种分步小计的利润指标,如毛利润(gross profit)、经营利润(operating profit)、息税前利润(earnings before interest and taxes, EBIT)以及税前利润(earnings before taxes, EBT)。(见第 224 页的表 17.1)

1. 单步式利润表

在单步式利润表中,公司直接汇总所有的广义收入(主营业务收入、其他收入、利得)和所有的广义费用(主营业务成本、期间费用、损失),通过总收入减总费用一步算得净利润。

单步式利润表

Single-Step I/S (USD)	
Revenue	5 000
Total revenue	5 000
Purchase	(1 800)
Marketing expense	(800)
Depreciation	(400)
Interest expense	(500)
Tax expense	(3 00)
Total expense	(3 800)
Net Income	1 200

2. 多步式利润表

在多步式利润表中,先逐步计算各项小计的利润指标,最终算得净利润。一般认为只要利润表中出现了毛利润(gross profit),这张利润表就被视为多步式。

多步式利润表

Multi-Step I/S (USD)	
Revenue	5 000
Cost of goods sold (COGS)	(2 000)
Gross profit	3 000
SG&A	(1 000)
EBIT	2 000
Interest expense	(500)
EBT	1 500
Income tax expense	(300)
Net income	1 200

销售收入(revenue)出现在利润表的第一行,因此销售收入在英文当中也俗称为"the top line",而净利润(net income)通常出现在利润表的最后一行,因此净利润在英文当中也俗称为"the bottom line"。

三、经营性与非经营性事项(Operating and Non-operating Items)

通常情况下,会计准则要求公司在利润表中分开列示经营性与非经营性事项。国际财务报告准则没有对"经营性"活动进行明确定义,而美国通用会计准则规定:销售商品、提供劳务以及没有被归类在投资与融资类别的活动为经营性活动。

公司除了一般的经营活动以外,可能存在让渡资产使用权获得的收入,比如进行股权和债券类的投资从而获得股息、利息以及实现的资本利得等收入。对于非金融行业的公司而言,这些活动应该是非经营性活动,而对于金融行业公司,如银行、证券公司、基金、资产管理公司,可能就是经营性活动(因为这类公司的主营业务就是投融资活动),见下表。

经营性活动与非经营性活动性质划分

让渡资产使用权收入	非金融行业公司	金融行业公司
股息、利息、实现的资本利得(Dividends, interest, realized capital gain/loss)	非经营性活动(Non-operating items)	经营性活动(Operating items)

17.1.1 利润表的特殊事项

17.1.1.1 终止经营(Discontinued Operations)

终止经营(discontinued operations)是指不在公司未来经营计划当中的业务线。当一家公司处置或者已经有明确的计划要处置掉一条业务线时,国际财务报告准则(IFRS)与美国通用会计准则(US GAAP)都要求公司将该业务线的损益在利润表中单独列报。

因为终止经营在后续期间不会再给公司带来盈利和现金流,因此分析师在对企业进行财务报表分析时,尤其是在对公司估值、对公司未来的盈利作预测时,应该剔除终止经营的部分。

在"终止经营"被完全处置之前,其给企业带来的收入扣除费用后的净额应以**税后金额**(net of income tax)列示在公司**持续经营部分的净利润之后**,以示区分。

> **知识一点通**
>
> 业务线是指公司不同产品、服务或者流程。例如,索尼是一家拥有数条产品业务线的集团公司。处置业务线是指将某一条产品、服务或流程从现有的公司剥离。例如,索尼在评估后认为索尼爱立信手机业务线竞争优势不明显,长期处于亏损状态,那么管理层有可能计划将手机业务线处置掉,即从企业中剥离出手机相关的所有业务。

—考点要求—
描述(describe)非经常性事项(包括终止经营、异常或非常见事项)的财务报表处理方法与分析(★★)

17.1.1.2 异常或非常见事项(Unusual or Infrequent Items)

异常事项(unusual items)是指在企业所处环境下,显著与公司正常经营的业务相区分的事项。例如,因自然灾害毁损机器设备造成的损失。

非常见事项(infrequent items)是在企业所处环境下,在可预见的未来发生频率不高的事项。例如,公司的机器设备发生了减值。

国际财务报告准则(IFRS)要求对理解企业财务表现有重要意义、相关的异常或非常见事项单独列报。美国通用会计准则(US GAAP)规定,如果异常项目或非常见事项满足重要性的标准,则这些项目应该在利润表中单独列示。通常,重组成本(restructuring cost)——关闭工厂的成本、员工辞退成本、处置重要资产的利得或损失(gain or loss from disposal),诉讼收益(receipts from a legal case)和长期资产的减值(impairment of long-term assets)都属于异常或非常见事项。

下表为考虑了各种要素后的综合多步式利润表。

表 17.1　综合多步式利润表

Income statement
Net revenue
− Cost of good sold (COGS)
Gross profit
− SG&A
Recurring operating income
+/− Unusual or infrequent items
Operating income
+ Non-operating income
Earnings before interest & tax
− Interest expense
Earnings before tax
− Income tax expense
Net income from continuing operations
+ Income from discontinued operation (net of tax)
Net income

备考小贴士

该部分的知识点很重要,考生需要关注这些特殊事项包含哪些种类,是税前列示还是税后列示等。

17.1.1.3　会计变更(Accounting Changes)

会计变更涉及会计政策(accounting policies)、会计估计(accounting estimates)以及前期会计差错更正(prior-period adjustment)。

—考点要求—
描述(describe)
会计变更的财
务报表处理方
法(★★)

(1) 会计政策变更。如果变更已有的会计政策(例如,发出存货计价方法从 LIFO 变更为 FIFO),需要采用**追溯调整法(retrospective application)**,即对所有以前年度受到影响的财务数据按照变更后的方法进行追溯调整。

(2) 会计估计变更。会计估计变更是指在当下因为取得了更可靠的会计估计(比如,重新按照合理的信息估计了生产设备的使用年限和残值)而对相关的事项进行的变更。**会计估计变更采用未来适用法(prospective application)**,按照最新的会计估计进行调整即可。因为会计估计是为了在本期及后续期间为报表使用者提供更可靠更相关的信息,而并非对前期的会计处理进行否定,因此不需要调整以前年度的报表。

(3) 前期会计差错更正。前期会计差错更正是指本期发现了以前年度的会计差错,需要进行更正,因为差错对以前年度的数据和本年度报表的数据都会有影响,因此需要采用**追溯重述法(restatement)**进行调整处理。

> **知识一点通**
>
> 追溯调整法(retrospective application)与重述法(restatement)并没有本质区别，只是前者针对会计政策变更，后者针对前期差错进行更正。

> **备考小贴士**
>
> 记忆口诀：政策改变要追溯，估计改变向前看，发现错误及时改。

> **综合收益(Comprehensive Income)**
>
> 1. 概述
>
> 根据会计恒等式：资产＝负债＋股东权益，移项后可得：股东权益＝资产－负债。公司股东会非常关注股东权益的变化，而通过会计恒等式可以看出公司股东权益的变化来自资产和负债的变化，事实上资产与负债的变化对股东的影响并不是直接的，而主要是通过利润表科目并最终影响留存收益(retained earnings)来影响股东权益。
>
> 然而有些特殊的资产和负债的价值变动不能通过利润表予以反映，而是直接改变了股东权益，这种不通过利润表记录反映的变动主要是"浮盈浮亏"(unrealized gain or loss)。将这种资产和负债的价值变动反映到 equity 中需要用到一个特殊的会计科目——"其他综合收益"(other comprehensive income)进行记录。
>
> 2. 综合收益的计量
>
> 综合收益是影响股东权益但与所有者投入无关的项目，由记录在利润表的损益和不能通过利润表反映的其他综合收益组成。因此公司1年经营业绩中，综合收益反映为两部分：
>
> 综合收益 ＝ 净利润＋其他综合收益
>
> Comprehensive income＝Net income＋Other comprehensive income

17.2 收入和费用的确认

17.2.1 收入确认

17.2.1.1 收入确认的总体原则

> **—考点要求—**
> 描述(describe)
> 收入确认的一般确认方法(★★★)

收入确认时要遵循"权责发生制"原则，即不管有没有收到现金，只有赚取到(与商品有关的风险和报酬已经转移给客户)时才能确认收入，通常为送达货物或完成服务时。如果企业发生赊销业务，货物已经送达，但是客户还没有付款，这时厂商仍然要确认收入，同时记录一笔"应收账款"(一笔资产)。对于一些畅销的商品,厂商可能会要求客户先支付货款,此时因为厂商还没有交付货物,所以货款并不能被确认为收入,而应该被记作"预收账款"(一笔负债)。应收账款表明企业先交货后收款,是经营话语权较弱的表现;预收账款表明企业先收款后交货,是经营话语权较强的表现。

17.2.1.2 收入确认的会计准则

IFRS 和 US GAAP 在收入准则上趋同,都采用五步法来确认收入。这个五步确认法以原则为导向,适用于所有类型的收入确认。五步法的内容如下:

(1) 识别与客户的合同;
(2) 识别单项履约义务;
(3) 确定交易价格;
(4) 把交易价格分摊至单项履约义务;
(5) 履行义务后确认相应的收入。

我们可以通过收入确认准则中的第三步和第四步确认交易价格,通过第五步确定收入确认的时间。当收入金额不确定时,我们要以能够收到的最低金额来确认。下面将对上述收入确认的每一个步骤进行说明。

第一步:识别与客户的合同。

合同是交易双方签订的,当中包含各项义务权利以及付款事项的约定,包括书面形式、口头形式以及其他形式。

> **知识一点通**
>
> 有效的合同需要满足以下要求:具有商业实质,即履行合同将改变企业未来的现金流量的时间分布、风险和金额;合同各方已经批准并承诺履行该合同;明确了合同各方关于合同内容的权利与义务;合同中有明确的支付条款;企业因向客户提供商品或服务而有权收取的对价(consideration)很可能收回。

企业与同一客户同时订立或在相近时间内先后订立两份及以上合同时,如果满足下列任一情况,应当合并为一份合同:(1) 合同的商业目的相同并构成一揽子交易;(2) 其中一份合同的对价取决于其他合同的定价和履约情况;(3) 该两份或多份合同中的商品或服务构成单项履约义务(在下文中会提及)。

当客户和销售方同意以某种方式修改合同,比如修改合同价格、合同义务等,企业需要判断变更内容是一个新合同还是只是对原合同的修正。当满足以下两个条件时,变更内容属于新合同:(1) 合同变更增加了可明确区分的商品及合同价款;(2) 新增合同价款反映了新增商品单独售价的。如果不满足上述条件,则是原合同的修正合同,要相应地调整合同价格和收入。

例题 17.1

高顿公司与客户签订了商品销售合同,合同中约定,高顿公司将向客户提供 2 000 台 123 型电脑,每台 USD 1 000。在电脑全部交付之前,客户又和高顿公司约定另外购买 500 台 123 型电脑,每台 USD 900(反映了合同变更时的单独售价)。请问,另外购买 500 台电脑的内容属于新合同还是原合同的修正合同?

名师解析

由于重新签订的 500 台 123 型电脑反映了合同变更时的单独售价且是明确可区分的,所以此合同是一个新合同,不影响原合同的收入确认。如果本题题干改为客户要求高顿公司提供的电脑配备的鼠标由原来的有线鼠标换成蓝牙鼠标,并且每台电脑的价格增加 USD 20,此时鼠标的更换内容就属于原合同的修正合同,因为鼠标属于与电脑配套售卖且密不可分的组成部分。

第二步:识别单项履约义务。

企业向客户承诺提供的商品或服务满足下列条件的,可以被看作是单项履约义务:(1) 客户能够从商品本身或者与其他易得资源一起使用中受益;(2) 企业向客户转让该商品的承诺与合同中的其他承诺可以单独区分。比如,海尔公司向客户出售了 100 台电冰箱和 50 台洗衣机,此时海尔公司应该分别确认电冰箱和洗衣机的收入。下列情形表明商品或服务不能单独区分:(1) 商品或服务间是高度相关的,或者该商品将对合同中的其他商品进行重大修改或定制;(2) 该商品或服务将与其他的合同义务组合成一项产出。比如企业与客户签订为其建造职工宿舍的合同,在建造过程中,企业提供的钢筋、水泥等材料,这些材料虽然能够使客户从中单独受益,但是由于合同内容是建造职工宿舍楼这样一个需要把材料组合之后形成的产出,因此钢筋、水泥等不能被确定为单项履约义务。

第三步:确定交易价格。

交易价格是指企业因向客户提供商品或服务而有权收取的对价。合同价格并不一定等于交易价格。企业与客户的合同中约定的对价金额可能会因折扣、返利、退款、激励措施、索赔等因素而变化(即存在可变对价),此时企业应根据合同条款和以往经验来确定交易价格。为防止过高估计收入,公司只能以 极可能收到[日后不会发生因顾客退货而导致已经收取到的收入金额被要求退回(return)]的金额为限确认收入。

例题 17.2

如果高顿软件公司为 J 银行在 2022 年 9 月 1 日约定为其提供黄金交易软件和期货交易软件开发服务,合同价格为 USD 1 000 000,双方约定的完成时间为 6 个月后,并且 J 银行提出,如果高顿软件公司可以提前 1 个月完成该软件,将额外支付高顿软件公司 USD 140 000。高顿软件公司是一家专门从事软件开发业务的资深公司,按过往经验,其完成相似合同义务所需时间大约为 4 个月;J 银行是一家信用极好的银行,它承诺的金额极可能兑现。请问,高顿软件公司应该确定的交易价格是多少?

> **名师解析**
>
> 高顿软件公司可以将交易价格确定为 USD 1 140 000。按照高顿软件公司以往经验，它能够满足 J 银行提出的 1 个月前完成合同的条件，且该金额极有可能收到，因此可变对价 USD 140 000 可以作为交易价格的一部分。如果题干条件改为"不能满足提前一个月完成该软件"，则可变对价不可以作为交易价格的一部分。

第四步：把交易价格分摊至单项义务。

当合同中涉及多项履约义务时，企业应该根据商品和服务的单独售价按比例分摊至每一项履约义务。当合同价格发生变动时，应按照最初分摊价格的基础进行分配，商品或服务的独立售价在初始合同签订后发生变动的，在调整变动合同价格时，不予以考虑。

> **例题 17.3**
>
> 如上例中高顿软件公司与 J 银行签订的黄金交易软件市场价格为 USD 800 000，期货交易软件的市场价格为 USD 400 000 元，请问此时两种交易软件的交易价格分别是多少？
>
> **名师解析**
>
> 本题应该先按照黄金和期货交易软件的市场价格确认各自在总收入中的比重：
>
> 黄金交易软件的比重＝800 000/(800 000＋400 000)＝2/3
>
> 期货交易软件的比重＝400 000/(800 000＋400 000)＝1/3
>
> 然后把交易价格按照每种交易软件所占的比重进行分摊：
>
> 黄金交易软件的交易价格＝2/3×1 140 000＝USD 760 000
>
> 期货交易软件的交易价格＝1/3×1 140 000＝USD 380 000

第五步：履行义务后确认相应的收入。

企业在客户得到商品或服务的控制权（control）时确认收入。在判断客户是否已取得商品控制权时，应当考虑如下迹象：

(1) 企业拥有现时的收款权；

(2) 客户获得标的所有权；

(3) 客户实质占有标的；

(4) 客户已经取得商品所有权上的主要风险和报酬；

(5) 客户已经接受该资产。

—考点要求—
描述（describe）收入确认准则的具体运用及其对财务分析的启示（★★★）

17.2.1.3 收入确认准则的具体运用

1. 长期合同的收入确认

合同的履约义务可能是一个时点或一段时间内完成的。对于长期合同，在一段时间内履行的履约义务，要用投入法或者产出法确认收入。投入法是指根据已经履行的义务的投入确认履约进度，产出法是根据已经转移给客户的商品价值确定履约进度。

例题 17.4

接上例,如果高顿软件公司按照预计的进度和成本,在 4 个月内完成了两款交易软件的开发,且其之前的预计成本如下表所示。其中,黄金交易软件和期货交易软件的总收入分别为 USD 760 000 和 USD 380 000。

两款软件 9—12 月开发的预计成本

项目		9 月	10 月	11 月	12 月	总成本
成本	黄金交易软件	USD 106 400	USD 159 600	USD 159 600	USD 106 400	USD 532 000
	期货交易软件	USD 66 500	USD 79 800	USD 66 500	USD 53 200	USD 266 000

请问:高顿软件公司应该在什么时间确认多少收入?

名师解析

根据给出的条件,我们可以先采用投入法测算完工进度。

黄金交易软件 9 月份的完工进度 = 106 400/532 000 × 100% = 20%

黄金交易软件 9 月份应确认的收入 = 760 000 × 20% = USD 152 000

黄金交易软件与期货交易软件在 9—12 月份应确认的收入如下表所示。

项目		9 月	10 月	11 月	12 月
黄金交易软件	成本	USD 106 400	USD 159 600	USD 159 600	USD 106 400
	百分比	20%	30%	30%	20%
	收入	USD 152 000	USD 228 000	USD 228 000	USD 152 000
期货交易软件	成本	USD 66 500	USD 79 800	USD 66 500	USD 53 200
	百分比	25%	30%	25%	20%
	收入	USD 95 000	USD 114 000	USD 95 000	USD 76 000

例题 17.5

高顿软件公司与 J 银行在 2023 年 9 月 1 日签订了黄金交易软件开发合同,合同价格为 USD 1 000 000,双方约定完成时间是 6 个月,高顿软件公司预计合同成本为 USD 800 000。在 2023 年 12 月 1 日,软件开发成本已发生 USD 400 000,J 银行提出在原有的开发软件中,加入 "全量交易查询"模块,同时合同价格变更为 USD 1 200 000,高顿软件公司与 J 银行就新内容签订了合同。高顿软件公司预计因新内容导致开发成本将增加 USD 100 000,请问合同修正对收入确认有什么影响?

名师解析

合同修正前完工进度 = 400 000/800 000 × 100% = 50%

合同修正前确认的收入 = 1 000 000 × 50% = USD 500 000

合同修正后预计总成本 = 800 000 + 100 000 = USD 900 000

合同修正后完工进度 = 400 000/900 000 × 100% ≈ 44.44%

合同修正后应确认的收入 = 1 200 000 × 44.44% = USD 533 280

在修正合同日,即 2023 年 12 月 1 日,高顿软件公司应追加确认收入 = 533 280 − 500 000 = USD 33 280。

2. 主要责任人和代理人的收入确认

在确认收入时,合同的主要责任人(principal)应当按照收入全额进行确认,而提供中介或代理的代理人(agent)应按照其所能够收取的中介或代理费用(commission)确认收入,如携程旅行网。

> **例题 17.6**
>
> 高顿出行是一家高端旅游公司,该公司既自营各式旅游项目,也代理销售机票。高顿出行的自营旅游团业务本月销售收入为 USD 10 000,销售机票售价共 USD 8 000,其中代理佣金比例为10%。请问本月高顿出行应该如何确认收入?
>
> **名师解析**
>
> 高顿出行在自营业务上,应全额确认该业务销售收入 USD 10 000;在代理机票销售业务上为代理人,只确认10%的代理佣金 USD 800 作为收入。因此,本月高顿出行应该确认的收入总额为 USD 10 800。

3. 特许经营业务(Franchising/Licensing)的收入确认

会计准则要求,企业应区分特许经营费和自营门店收入:

(1) 企业自营门店的收入确认与一般销售收入确认相同。

(2) 企业收取特许经营门店的**前期服务费/加盟费**(upfront fees)时应确认为递延收入(deferred revenue),并在加盟期内以**直线摊销法**进行收入确认。

(3) 企业每期收取的**特许经营权使用费**(franchise royalties and fees)按加盟商销售收入的百分比计算并确认收入。

(4) 企业为加盟商提供原材料,机器设备的收入确认与一般销售收入确认相同。

> **例题 17.7**
>
> 高顿奶茶成立于2021年,该公司在中国各地自营奶茶店,同时也给予加盟商特许经营的权利。高顿奶茶要求每个加盟商支付奶茶店销售额6%的特许经营权使用费。在2022年,这些加盟门店的总销售收入达到100万元。在2022年初,公司还收到了新加盟商40万元的加盟费,这些新加盟商的加盟协议期分别为10年。同时,高顿奶茶的自营门店在2022年的总销售额为200万元,该公司在2022年应确认多少收入?
>
> **名师解析**
>
> 高顿奶茶自营门店的总销售额200万元全部确认为销售收入;加盟业务的特许经营权使用费按加盟商销售收入100万元的6%,即6万元确认收入;收取特许经营门店的前期服务费/加盟费按照10年直线摊销进行收入确认,即每年确认4万元收入。高顿奶茶在2022年应确认的收入为210万元。

4. 软件服务或授权的收入确认

如果企业向客户提供软件服务或授权,应先判断该服务或授权是否可以构成单项履约义务。如果构成单项履约义务,再判断是一次性确认收入还是在某一段时间内分摊确认收入。满足以下条件的,企业应在一段时间内确认收入,否则,应在转移软件时确认收入。

(1) 软件提供商将持续从事对该软件产生重大影响的活动,如软件更新。
(2) 这些活动对客户会产生有利或不利的影响。
(3) 这些活动不会导致向客户转移商品或服务。

5. 售后代管商品安排的收入确认

售后代管商品安排(Bill and Hold Arrangements)指当生产商已经根据订单完成生产并且目前已准备好实物转让给客户时,由于客户暂时没有储藏空间而让生产商代管商品。会计准则认为,当生产商满足以下四个条件时,商品的风险以及控制权已转移给客户,企业可以确认收入。

(1) 该售后代管商品安排必须具有商业实质。
(2) 属于客户的商品必须能够单独识别。
(3) 该商品可以随时交付给客户。
(4) 企业不能自行使用该商品或将该商品提供给其他客户。

6. 合同成本

取得合同以及履行合同的必要支出,如果预计未来可以收回的话,要在发生时资本化,计入资产。这里的合同取得成本是指增量成本(即企业不取得合同就不会发生的成本),比如,企业向销售人员承诺的在达成合同后支付的销售佣金,就属于合同取得成本。不论合同是否达成都会发生的调研费、投标费等费用,企业要将其计入当期损益。履行合同的成本,是指在完成合同过程中发生的直接材料(包括原材料、辅助材料、零配件等)、直接人工(直接完成合同义务的员工工资及福利费)以及制造费用(包括管理人员的工资、车间的水电费等)等。

> **知识一点通**
>
> 销售佣金等取得合同的增量成本在现行准则中被记作资产,而在会计准则修改以前记作费用。在其他条件相同的情况下,现行准则会使企业的盈利比率在合同取得时更高。

现行的收入确认五步法要求披露的内容很多,企业需要披露与收入确认相关的各种标准及其变化(包括拆分合同、收入确认时间和金额的标准)、剩余履约义务及其对应的交易价格等。

17.2.2 费用确认

—考点要求—
描述(describe)
费用确认的一般原则(★)

国际财务报告准则(IFRS)的概念框架中定义费用(expenses)为企业经济利益的流出,即公司资产的减少,或者负债的产生,从而减少股东权益(股票回购和利润分配等变动除外,这些因素不属于费用产生的结果)。

总收入减去总费用得到净利润,这里的总费用是广义概念,包括一般费用以及损失(losses)。损失通常是非日常活动产生的,但损失与其他的一般费用一样反映了公司经济利益的流出,因此损失在利润表当中并不作为一个单独的会计要素。常见的损失包括处置资产带来的亏损等。

17.2.2.1 费用确认的总体原则

费用应按照权责发生制和**配比原则**（matching principle）确认，即用于产生收入的费用应当与收入在同一会计期间确认。例如，公司在 2×22 年购进存货，但直到 2×23 年才发生销售从而产生收入，则存货成本应在 2×23 年才确认为销货成本（COGS），而不是在 2×22 年存货购进时确认。

销货成本（COGS）是直接能够与收入相挂钩的费用（directly tied to revenue），然而并非所有发生的费用都能够与收入挂钩，这些不与收入直接挂钩的费用被称为**期间费用**（period cost），这些费用包括销售、一般及管理费用（SG&A）、利息/财务费用等，这些费用应当在发生时予以确认。

—考点要求—
描述（describe）费用确认原则的具体运用及其对财务分析的启示（★）

17.2.2.2 费用确认原则的具体运用

下列事项为费用确认原则的具体运用。

1. 销货成本（COGS）

销货成本应在收入确认时进行确认。

2. 坏账费用（Bad Debt Expense）

公司在赊销时会产生应收账款，由于在销售发生时，公司并不能确定客户是否会违约，出于谨慎性原则，会计准则要求公司不能等到坏账实际发生（不能收回）时才确认，而应当在销售发生时以及后续期间，对可能发生的坏账费用做出合理的估计（主要依据过往销售经验判断，通常按照赊销收入的一定比例计提坏账费用）。

坏账的计提是一种会计估计（accounting estimation），具有很大的主观性，会导致当期坏账费用（bad debt expense）上升，坏账计提准备（bad debt allowance）上升。

3. 保修费用（Warranty expense）

实务中，公司在完成销售时，可能同时提供保修承诺。同样出于谨慎性原则，会计准则要求公司在销售发生时按照过往经验对可能发生的保修费用做出合理估计，在销售发生的会计期间予以确认，除非保修费用无法合理估计（此时可能导致销售收入不能确认而需要等到保修期满后方能确认）。保修费用的计提在很大程度上依赖于主观判断。

17.2.2.3 财务报表分析关注的要点

与收入的确认类似，在权责发生制下，费用的确认也具有相当程度的主观性。总体而言，提前确认费用被认为会计政策比较保守（conservative）；反之，延后确认费用被认为会计政策比较激进（aggressive）。

公司可以通过会计估计的改变来操纵费用确认的金额与时间，分析师在进行财务报表分析时需要关注公司涉及费用估计的重大变化，与同行业可比公司的会计估计是否存在重大差异。分析师需要判断这些会计估计的变化是为了提供更相关的会计信息还是出于操纵利润的目的。

公司会在报表附注中披露相关的会计政策与会计估计。

17.3 每股收益

每股收益（earnings per share，EPS），是指公司每年获得的净利润中，每一股普通股（common stock）应享有的份额。本节主要讨论在简单和复杂资本结构下基本每股收益以及稀释每股收益的差异和计算。

17.3.1 简单与复杂的资本结构

17.3.1.1 简单资本结构

简单资本结构（simple capital structure）是指公司的资本结构中只含有普通股、不可转换的优先股以及不可转换的负债，即公司的资本结构中不包含潜在的稀释性证券（potentially dilutive securities）。

—考点要求—
解释（interpret）简单资本结构与复杂资本结构(★)

17.3.1.2 复杂资本结构

复杂资本结构（complex capital structure）是指除了上述证券以外，公司还发行了一些可转换为普通股的证券，这些证券能够在满足某种条件后转换为普通股。这些证券包括：可转债（convertible bonds）、可转换优先股（convertible preferred stocks）、期权（stock options）以及认股权证（warrants）。

无论是简单资本结构还是复杂资本结构，公司均应该披露基本每股收益和稀释每股收益。

17.3.2 基本每股收益

在简单资本结构下，净利润扣减优先股股利后为普通股股东可分配的部分，基本每股收益的计算式为：

—考点要求—
描述（describe）并计算（calculate）每股收益(★★★)

$$基本每股收益 = \frac{净利润 - 优先股股利}{当期发行在外加权平均普通股股数} \quad (17.1)$$

$$\text{Basic EPS} = \frac{\text{Net income} - \text{Preferred dividends}}{\text{Weighted average number of common stocks outstanding}}$$

每股收益是归属于普通股股东的净利润，因此，在计算每股收益时，净利润中优先股股东享有的优先分配的部分需要从净利润中扣减。此外，在计算基本每股收益时，还需要考虑当期**新发行（new issue）**和**回购（repurchase）**的普通股、**股票股利（stock dividend）**以及**股票分割（stock split）**对基本每股收益计算中分母的影响（详见例题17.8）。

―考点要求―
计算（calculate）
基本每股收益
（★★★）

例题 17.8

高顿国际股份有限公司（以下简称"高顿公司"）是一家在深圳创业板上市交易的公司，公司 2×23 年实现净利润 21 000 万美元，其中归属于优先股股东的股利为 1 000 万美元，公司 2×23 年期初发行在外的普通股股数为 10 000 万股，要求计算下列不同情形下公司的基本每股收益。

情形一：考虑当期新发行的普通股（new issue）

假定高顿公司于 2×23 年 9 月 30 日向战略投资者定向增发 2 000 万股普通股，锁定期为 3 年，计算公司 2×23 年度的基本每股收益。

名师解析

基本每股收益需要计算归属于普通股股东的净利润（分子）以及当期发行在外的加权平均普通股股数（分母），新发行普通股股数要按在外流通时间加权平均。

第一步：归属于普通股股东的净利润＝21 000－1 000＝20 000（万美元）

第二步：当期发行在外的加权平均普通股股数：

(1) 期初已发行的股数：$10\,000 \times \frac{12}{12} = 10\,000$（万股）

(2) 加本期新发行的股数：$2\,000 \times \frac{3}{12} = 500$（万股）

综上，合计 10 500 万股（可以理解为本期新发行的股份只流通了 3 个月，因而这部分新股东只享有最后 3 个月的净利润）。

第三步：基本每股收益（Basic EPS）＝20 000÷10 500＝1.90（美元）

情形二：考虑当期回购的普通股（share repurchase）

假定高顿公司于 2×23 年 3 月 31 日向公司现有股东回购了 2 000 万股作为库存股，准备年底奖励给公司的核心管理层。计算公司 2×23 年度基本每股收益。

名师解析

基本每股收益需要计算归属于普通股股东的净利润（分子）以及当期发行在外的加权平均普通股股数（分母）。回购普通股的股数要按在外流通时间加权平均。

第一步：归属于普通股股东的净利润＝21 000－1 000＝20 000（万美元）

第二步：当期发行在外的加权平均普通股股数：

(1) 期初已发行的股数：$10\,000 \times \frac{12}{12} = 10\,000$（万股）（假定 10 000 万股存续到年末）

(2) 减本期回购的股数：$2\,000 \times \frac{9}{12} = 1\,500$（万股）

综上，合计 8 500 万股（可以理解为本期被回购的股份只流通了 3 个月，因此对于后 9 个月的净利润，这部分股东并不享有，应扣减）。

第三步：基本每股收益（basic EPS）＝20 000÷8 500＝2.35（美元）

情形三：考虑当期发放的股票股利（stock dividends）

假定高顿公司于 2×23 年 3 月 31 日向战略投资者定向增发 2 000 万股普通股，锁定期为 3 年。公司于 6 月 30 日进行 10 送 2 的送股（股票股利），并在 9 月 30 日回购 500 万份普通股。计算 2×23 年基本每股收益。

名师解析

基本每股收益需要计算归属于普通股股东的净利润（分子）以及当期发行在外的加权平均

普通股股数(分母)。调整股票股利发生之前所有在外流通普通股票数量。

第一步：综合考虑当期新发行和回购以及股票股利的加权平均股数为：

$$\left(10\,000\times\frac{12}{12}+2\,000\times\frac{9}{12}\right)\times(1+20\%)-500\times\frac{3}{12}=13\,675(万股)$$

注意，新发放的20%股票股利不需要考虑时间加权的影响，而是对股票股利发生之前的所有期初已发行的、本期新发行的、本期回购的股票统一做比例上的调整。

第二步：基本每股收益(Basic EPS)=20 000÷13 675=1.46(美元)

情形四：考虑当期发生的股票分割(stock splits)

假定高顿公司于2×23年9月30日向战略投资者定向增发2 000万股普通股，锁定期为3年，并于12月31日进行1拆2股票分割(two-for-one stock split)，计算2×23年基本每股收益。

名师解析

股票分割的处理方式与股票股利基本相同，都无须考虑时间加权，但股票分割对普通股股数的调整比例往往更大。

第一步：加权平均普通股股数 $=\left(10\,000\times\frac{12}{12}+2\,000\times\frac{3}{12}\right)\times(1+100\%)=21\,000(万股)$

第二步：基本每股收益(basic EPS)=20 000÷21 000=0.95(美元)

> **知识一点通**
>
> 需要关注股票分割在英文里的表述：从后往前念。例如，3-for-2为2拆3，2-for-1为1拆2。如果数字相反则操作刚好相反，2-for-3为3股并2股，1-for-2为2股并1股。计算方法：对于3-for-2的拆分结果，可先将for后面的初始数字按比例设定为1，即3-for-2可写成1.5-for-1，含义为1股拆分为1.5股。

> **备考小贴士**
>
> 基本每股收益的计算属于非常重要的考点，考生务必掌握在各种情形下基本每股收益的计算。

—考点要求—
计算(calculate)稀释每股收益(★★★)

17.3.3 稀释每股收益

稀释每股收益(diluted EPS)衡量的是如果稀释性证券(dilutive securities)被转换为普通股，公司的每股收益会变为多少。值得注意的是这种普通股的转换仅仅是一种假设，是为了告诉投资者假如潜在稀释性证券被转换为普通股，EPS最低会变为多少。

计算稀释每股收益，需要先明确**稀释性(dilutive)**和**反稀释性(antidilutive)**。对于证券，股票期权(stock options)、认股权证(warrants)、可转债(convertible bonds)以及可转换优先股(convertible preferred stocks)，如果转换为普通股会导致每股收益**降低**，则称这些证券具有**稀释性(dilutive)**；而如果转换为普通股会导致每股收益提高，则称这些证券具有**反稀释性(antidilutive)**。在计算稀释每股收益时，具有反稀释性的证券不予以考虑。

稀释每股收益的计算式：

—考点要求—
解释(interpret)稀释和反稀释证券(★★)

$$\text{稀释每股收益} = \frac{\text{净利润} - \text{优先股股利} + \Delta \text{分子部分调整项}}{\text{当期发行在外加权平均普通股份股数} + \Delta \text{分母部分调整项}} \quad (17.2)$$

如果某些复杂结构证券，在假设转换为普通股时，有：

$$\frac{\Delta \text{分子部分调整项}}{\Delta \text{分母部分调整项}} \geqslant \text{基本每股收益}$$

则认为这些证券具有**反稀释性**，在计算稀释每股收益时这些证券不予以考虑。

> **知识一点通**
>
> 稀释每股收益并不是潜在稀释性证券真正转化为普通股，而是计算假定上述稀释性证券在期初全部转换为普通股后的结果，因此稀释每股收益是一个理论值。

17.3.3.1 可转换优先股

可转换优先股（convertible preferred stocks）是拥有普通股转换权的优先股，可转换优先股的股东每个会计期间收到固定优先股股利。如果转换为普通股，会增加普通股股数，同时公司无须再支付优先股股利，因此，如果可转换优先股股东行使转换权，则有：

$$\Delta \text{分子部分调整项} = \text{因转换而节省的优先股股利}$$
$$\Delta \text{分母部分调整项} = \text{可转换优先股转换的普通股股数}$$

例题 17.9

高顿国际股份有限公司是一家在深圳创业板上市交易的公司，公司 2×23 年实现净利润 21 000 万美元，其中归属于**可转换优先股股东**的股利为 1 000 万美元，公司 2×23 年期初发行在外的普通股股数为 10 000 万股，可转换优先股 2 000 万股，每股可转换为一股普通股。假定公司不存在其他潜在稀释性证券，要求分别计算公司的基本每股收益及稀释每股收益。

名师解析

第一步：

$$\text{基本每股收益} = \frac{21\,000 - 1\,000}{10\,000 \times \frac{12}{12}} = 2.0 (\text{美元})$$

第二步，检验该可转换优先股是否具有反稀释性：

$$\frac{\Delta \text{分子部分调整项}}{\Delta \text{分母部分调整项}} = \frac{1\,000}{2\,000} = 0.5 (\text{美元}) < 2.0 \text{美元}$$

因此该证券不具有反稀释性。

第三步：

$$\text{稀释每股收益} = \frac{21\,000 - 1\,000 + \Delta \text{分子部分调整项}}{10\,000 \times \frac{12}{12} + \Delta \text{分母部分调整项}}$$

$$= \frac{21\,000 - 1\,000 + 1\,000}{10\,000 \times \frac{12}{12} + 2\,000} = 1.75 (\text{美元})$$

17.3.3.2 可转债

可转债（convertible bonds）是指在满足行权条件时，可以按照约定的转换比率转为普通股的债券,债券持有人在持有期间享有债券利息,同时公司因为支付债券利息可以减少当期的所得税费用(利息抵税作用)。因此,假如可转债转换为普通股,则有:

$$\Delta\text{分子部分调整项} = \text{因转换而节省的税后利息}$$
$$\Delta\text{分母部分调整项} = \text{可转债转换的普通股股数}$$

例题 17.10

高顿国际股份有限公司是一家在深圳创业板上市交易的公司,公司 2×23 年实现净利润 21 000 万美元,其中归属于优先股股东的股利为 1 000 万美元。公司 2×23 年期初发行在外的普通股股数为 10 000 万股,可转债 50 000 万美元,息票率 6%,总共可以转换为 5000 万股普通股。假定公司的所得税税率为 25%,且不存在其他潜在稀释性证券,要求分别计算公司的基本每股收益及稀释每股收益。

名师解析

第一步:

$$\text{基本每股收益} = \frac{21\,000 - 1\,000}{10\,000 \times \frac{12}{12}} = 2.0(\text{美元})$$

第二步,检验该可转债是否具有反稀释性:

$$\frac{\Delta\text{分子部分调整项}}{\Delta\text{分母部分调整项}} = \frac{50\,000 \times 6\% \times (1 - 25\%)}{5\,000} = 0.45(\text{美元}) < 2.0\text{ 美元}$$

因此该证券不具有反稀释性。

第三步:

$$\text{稀释每股收益} = \frac{21\,000 - 1\,000 + \Delta\text{分子部分调整项}}{10\,000 \times \frac{12}{12} + \Delta\text{分母部分调整项}}$$

$$= \frac{21\,000 - 1\,000 + 50\,000 \times 6\% \times (1 - 25\%)}{10\,000 \times \frac{12}{12} + 5\,000}$$

$$= 1.48(\text{美元})$$

17.3.3.3 股票期权与认股权证

股票期权(stock options)与认股权证(warrants)是指满足条件时可以以约定的执行价格购买普通股的权利,在计算因股票期权与认股权证行权而增加的普通股股数时,需要用到库存股法(treasury stock method)。

假设期权与权证的行权价格为 X,行权获得公司股票数为 S_0,公司股票平均市场价格为 P。

库存股法是指,当期权和权证投资者行权时,公司能够收到认购价款 $= X \cdot S_0$,若公司使用收到的全部认购价款在二级市场上回购自己的股票,则**可回购**股数:

$$S_1 = \frac{X \cdot S_0}{P}$$

两者股数差额的部分($\Delta = S_0 - S_1$)就是因为期权和权证行权而需要新发行的净新增股份数。

对于股票期权和认股权证而言,行权不会带来每股收益计算式中分子部分的变动,只

会导致分母部分加权平均普通股股数的增加,因此:

$$\Delta \text{分子部分调整项} = 0$$
$$\Delta \text{分母部分调整项} = \text{库存股法下增加的普通股股数} = \Delta = S_0 - S_1$$

例题 17.11

高顿国际股份有限公司是一家在深圳创业板上市交易的公司,公司20×6年实现净利润21 000万美元,其中归属于优先股股东的股利为1 000万美元。公司20×6年期初发行在外的普通股股数为10 000万股,股票期权5 000万股,期权的执行价格 $X = 80$ 美元,当前高顿公司股票平均价为 $P = 100$ 美元。假定不存在其他潜在稀释性证券,要求分别计算公司的基本每股收益及稀释每股收益。

名师解析

第一步:

$$\text{基本每股收益} = \frac{21\,000 - 1\,000}{10\,000 \times \dfrac{12}{12}} = 2.0 (\text{美元})$$

本例中股票平均价(100美元)高于期权执行价格(80美元),故期权具备稀释性。

第二步:库存股法计算普通股股数的增加。

$S_0 = 5\,000$(假定投资者全部行权)

公司收到的认购价款 $= X \cdot S_0 = 400\,000$(美元)

二级市场上可回购的股数 $S_1 = \dfrac{X \cdot S_0}{P} = \dfrac{400\,000}{100} = 4\,000$

$\Delta = S_0 - S_1 = 5\,000 - 4\,000 = 1\,000$

根据第一、二步,可求得:

$$\text{稀释每股收益} = \frac{21\,000 - 1\,000 + \Delta \text{分子部分调整项}}{10\,000 \times \dfrac{12}{12} + \Delta \text{分母部分调整项}}$$

$$= \frac{21\,000 - 1\,000 + 0}{10\,000 \times \dfrac{12}{12} + 1\,000} = 1.82 (\text{美元})$$

知识一点通

(1) 稀释性证券对普通股股数的调整:稀释性证券在假设转换为普通股时,需要对每股收益计算式中分母部分的当期发行在外加权平均普通股股数进行调整,然而上述例题在讲解时,稀释性证券转换为普通股并未考虑时间加权的影响,事实上这部分证券也应该考虑时间加权的影响,不过在 CFA® 考试当中都是假设从当期期初开始便已经存在稀释性证券,因此对于假设转换为普通股的时间权重都是 $\dfrac{12}{12}$。

(2) 对于库存股法的理解:当期权或权证投资者行权时,公司收到股票认购价款的同时,需要交付对应认购份额的股数。库存股法认为:投资者行权要求获得 S_0 份的普通股,公司收到价款 $X \cdot S_0$,因为投资者都是在执行价格 $X < P$ 时行权,公司收到的价款不足以购买到 S_0 份的股票,而只能买到 $S_1 (S_1 < S_0)$,因此两者差额部分是公司新发行的股数:$\Delta = S_0 - S_1$。

> **备考小贴士**
>
> 考生需要从定性角度理解稀释每股收益的内涵,稀释与反稀释的定义,以及从定量角度掌握不同种复杂结构证券稀释每股收益的计算。该部分属于极其重要的考点,考生必须掌握。

17.4 利润表的分析

—考点要求—
运用同比利润表及财务比率评估(evaluate)公司业绩(★)

本节主要介绍两种常用的利润表的分析方法:同比报表分析法(common-size analysis)和利润表财务比率(ratios)。利润表分析的主要目的是将分析的目标公司与其过去业绩以及同行业可比公司(cross-sectional)相比较。

17.4.1 同比利润表分析

同比利润表是把利润表中列示的每一项表示为主营业务收入(revenue)的百分比形式。同比利润表分析能够便于进行公司的纵向比较(分析时间序列数据)以及横向比较。因为这种标准化的处理方式(列示为收入的百分比)能够剔除不同公司规模带来的影响。

同比利润表分析法还能在一定程度上帮助分析师识别企业的竞争战略。比如毛利率很高的公司可能采用的是差异化(differentiation)战略,这种战略可能投入很高的研发费用来研究最新的技术,使得公司的产品相比于竞争对手产品有显著性的差异化特征或者技术优势,因此公司能够维持较高产品定价,从而提高毛利率。

例题 17.12

A 公司和 B 公司为同一行业的公司,20×3 年两家公司利润表如下:

(单位:万元)

	A 公司	B 公司
报告期	20×3 年	20×3 年
主营业务收入(Revenue)	100	1 000
销货成本(COGS)	30	300
毛利润(Gross profit)	70	700
净利润(Net income)	60	100

名师解析

分析师在做上述两家公司的横向比较(cross-sectional)分析时,不难发现 B 公司在毛利润和净利润指标上都远超 A 公司,但这并非意味着 A 公司不值得关注和投资。A 公司和 B 公司的业务体量显然是有差距的,为了消除规模的影响,分析师可以将上述利润表转化为同比利润表(即将利润表的科目转化为主营业务收入的百分比的形式):

(单位:万元)

	A 公司	B 公司
报告期	20×3 年	20×3 年
主营业务收入(Revenue)	100%	100%
销货成本(COGS)	30%	30%
毛利润(Gross profit)	70%	70%
净利润(Net income)	60%	10%

由同比利润表可知,A 公司和 B 公司的毛利率持平(均为 70%),但 A 公司的净利润率远超 B 公司。意味着尽管 A 公司净利润的绝对金额小于 B 公司,但 A 公司盈利能力反而更强,这可能源于 A 公司费用管理方面的优势,需要分析师进一步研究判断。

> **备考小贴士**
> 考生需理解同比利润表的计算方法,能够做简单的比较即可,该部分不是考试重点。

17.4.2 利润表财务比率分析

利润表财务比率分析为"财务分析技术"章节的重点内容,本节不再赘述。

练一练

17-1 Under U.S. GAAP, a gain that is both unusual and infrequent should be reported as which of the following?

A. Income from continuing operations.

B. Income from continuing operations, net of tax.

C. Net of tax, after discontinued operations.

17-2 Gordon Co. commenced a 3-year building contract with Silver Co. on 1 January 2023. At the end of the year 2023, Gordon disclosed the following information related to the contract:

	In $ millions
Total contract price	3 000
Cost incurred up to 31 Dec.2023	500
Expected further costs to completion	1 500

Assuming that costs incurred provide an appropriate measure of progress toward completing the contract, how much gross profit should Gordon Co. recognize for the year 2023 from the contract?

A. $ 300 million.

B. $ 150 million.

C. $ 250 million.

17-3 Rainer, a manufacturing company, issued convertible bonds and convertible preferred stocks before. Related to EPS of Rainer Company, which of the following is least accurate?

A. No matter complex structure or not, Rainer company needs to report basic EPS and diluted EPS.

B. Rainer Company would be required to report both basic EPS and diluted EPS if the capital structure contained no potentially dilutive securities.

C. If the convertible bonds and convertible preferred stocks are anti-dilutive securities, they will increase EPS, making diluted EPS higher than Basic EPS.

17-4 According to the following data, how many shares of common stock should be used to calculate diluted EPS?

Net income of $1 500 000, tax rate of 35%.

1 000 000 shares of common are outstanding at the beginning of the year.

10 000, 5% dilutive convertible bonds with each bond convertible into 10 shares of common stock outstanding.

The firm has 100 000 warrants outstanding all year with an exercise price of $25 per share. The average stock price for the period is $50.

A. 1 150 000.

B. 1 100 000.

C. 1 650 000.

17-5 Golden Inc, entered into a 5-year training service contract at the beginning of the year 2022. The sales commission in order to obtain the contract is about $200 000. If Golden expensed total amount of the commission, the net income in 2022 for Golden would be $840 000. All else being equal and ignoring taxation if Golden prepares the financial statements in accordance with the converged accounting standards on revenue recognition issued in May 2018, the net income in 2022 for Golden will most likely be:

A. $1 000 000.

B. $1 040 000.

C. $840 000.

第18章 分析资产负债表

知识引导

资产负债表是反映企业在某一时点财务状况的报表。资产负债表提供了企业资产、负债和所有者权益的信息,有助于报表使用者评估企业的资产总量及结构、清偿债务的能力以及资本保值、增值的情况,进而帮助投资者作出经济决策。资产负债表的基本等式是:资产＝负债＋所有者权益。

考点聚焦

本章要求掌握资产负债表的组成和格式,了解资产的六种计量属性,熟练掌握金融类资产的分类及计量。

本章框架图

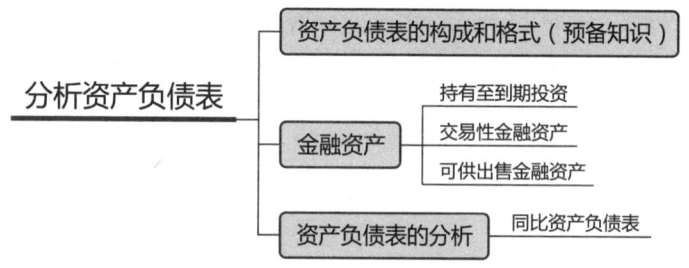

资产负债表的构成和格式

1. 资产负债表的要素(Element)

(1) 资产(Assets)。

资产是指由企业拥有或控制的、预期会给企业带来经济利益流入的资源。

常见的资产类科目包括现金及现金等价物、应收账款、存货、金融资产、预付费用、固定资产、无形资产等。

(2) 负债(Liabilities)。

负债是指预期会导致经济利益流出企业的现时义务。

常见的负债类科目包括应付账款、预收账款、应计费用(如应付工资、应付利息、应付所得税)、银行借款、企业债券、租赁负债等。

(3) 所有者权益(Equity)。

所有者权益是指企业资产扣除负债后,由所有者享有的剩余权益,也称净资产(net assets)。

常见的权益类科目包括实收资本、资本公积、留存收益、累积其他综合收益、少数股东权益等。

2. 资产负债表的格式(Format)

(1) 分层的资产负债表(Classified Balance Sheet)。

将资产科目分为流动资产和非流动资产、将负债科目分为流动负债和非流动负债的列示方式称为 classified balance sheet。

流动资产(current asset),指预期在1年或者一个经营周期两者中较长的时间内出售、使用,或转换成现金的资产。也可以理解成这些资产在企业内部的持有期间短于1年或者一个经营周期。常见的流动资产包括现金及现金等价物、短期金融投资、应收账款、存货、预付费用等。

非流动资产(non-current asset),指在超过1年或者一个经营周期两者中较长的时间才会被出售、使用的资产。常见的非流动资产包括固定资产、无形资产、长期金融资产等。

流动负债(current liability),指预期在1年或者一个经营周期两者中较长的时间内偿还的负债。常见的流动负债包括应付账款、应计费用、预收账款等。

非流动负债(non-current liability),指预期在超过1年或一个经营周期两者中较长的时间偿还的负债。常见的非流动负债包括银行借款、企业债券、租赁负债等。

绝大多数企业的资产负债表以这种方式列示。

Balance Sheet

Assets	$ '000	Liabilities	$ '000
Current assets		Current liabilities	X
Cash and cash equivalents	X	Accounts payable	X
Accounts receivables	X	Long term liabilities	X

续表

Assets	$ '000	Liabilities	$ '000
Inventory	X	Total liabilities	X
Financial assets	X	Equity	$ '000
Non-current assets	X	Paid-in capital	X
Property plant & equipment	X	Retained earnings	X
Investments in affiliates	X	Accumulated OCI	X
Intangible assets	X	Total equity	X
Total assets	X	Total liabilities & equity	X

(2) 基于流动性的资产负债表 (Liquidity-Based Balance Sheet)。

将资产和负债按流动性高低排序，在资产负债表上逐项列示且不将资产和负债区分为 current 和 non-current 类别的方式称为 liquidity-based balance sheet。

资产转换成现金的速度越快、价值损耗越小，则流动性越高；对于负债而言，到期日越临近，则流动性越高。

采用这种列示方式的企业主要是银行。

3. 资产的计量属性

资产的账面价值受所采用的计量属性影响。不同的计量属性适用于不同的资产和场景，六种计量属性如下：

(1) 历史成本 (Historical Cost)。

历史成本也叫历史取得成本，等于取得该项资产所付出的对价。大多数资产的初始入账金额都使用历史成本。

(2) 摊余成本 (Amortized Cost)。

摊余成本是指历史成本减去累计折旧、摊销以及减值准备后的金额。摊余成本是以历史成本入账后，对资产价值进行后续计量的方式。

(3) 当前成本 (Current Cost)。

当前成本是重新取得相同或类似资产所需付出的成本，也叫重置成本 (replacement cost)。当前成本使用的场景不多，在 CFA® 课程中只在美国准则下确定存货的减值金额时会用到。存货减值的相关内容，会在后面章节详细讲述。

(4) 公允价值 (Fair Value)。

公允价值是指资产在公允交易中的交易价格。所谓公允交易，是指交易双方自愿参与、对交易标的掌握充分的信息，且没有关联关系的交易。使用公允价值计量的资产主要是金融资产。

(5) 可变现价值 (Realizable Value)。

可变现价值是指在有序市场的情况下（即不是在急迫或受其他压力下）出售资产的价格。可变现价值主要在测试资产减值及确定减值金额时使用。

(6) 现值 (Present Value)。

现值是指资产预期产生的未来现金流的折现值。资产的现值有时也被用来作为资产的公允价值。资产现值使用的场景主要用于测试资产减值及确定减值金额。

18.1 金融资产

大部分资产负债表的科目已经在前面章节有过介绍,而一些重点的科目比如存货、固定资产、无形资产、企业债券、租赁负债会在后续章节详细讲述。本章主要学习三大金融资产的分类及其对报表数据的影响。

企业购买的其他公司发行的股票、债券就是企业持有的金融资产。但企业持有的长期股权投资(即能对对方公司实现重大影响或实现控制的股权投资)不在我们讨论范围之内,这部分内容是 CFA® 二级财务报表分析的重要内容。

—考点要求—
解释(explain)金融资产的会计处理与披露(★★★)

18.1.1 持有至到期投资(Held-to-Maturity Security,HTM)

如果一项金融投资,企业只为收取票息和收回本金,无意在到期日前出售赚取差价,那么在 US GAAP 下,这项金融投资应被划分为持有至到期投资。这类投资一般为债券。

持有至到期投资以购买价格作为初始入账价值,使用**摊余成本**进行后续计量,持有期间产生的利息收入计入利润表。这里的摊余成本,指的是在历史成本的基础上,每一期对债券溢价或折价进行摊销后所得到的账面价值。

比如,企业购买一张面值 1 000 元的债券,这张债券 5 年后到期,每年付息一次,票面利息率 6%。企业购买时的市场利率是 5%。那么企业购买这张债券的价格是 1 043.3 元(将债券的未来现金流按购买时的市场利率折现可得债券的市场价格),高出面值的 43.3 元就是债券溢价。按账面价值与购买时的市场利率可以计算出第一期的利息收入为 52.2 元(1 043.3×5%),而收到的票息是 60 元,多收到的 7.8 元实际上是债券发行方对购买方支付的溢价的返还。所以经过这样处理后,溢价还剩余 35.5 元(43.3-7.8),债券的账面价值(摊余成本)变成 1 035.5 元。具体摊销的过程如表 18.1 所示。

表 18.1 债券账面价值变化 (单位:元)

年份	期初余额	利息收入	收到的票息	期末余额
第一年	1 043.3	52.2	60.0	1 035.5
第二年	1 035.5	51.8	60.0	1 027.2
第三年	1 027.2	51.4	60.0	1 018.6
第四年	1 018.6	50.9	60.0	1 009.5
第五年	1 009.5	50.5	60.0	1 000.0

持有期间的利息收入(表 18.1 中第三列的金额)**计入利润表**。

在持有期间债券市场价格变动带来的浮盈浮亏(unrealized gain or loss)不做账务处理。

如果企业在到期日前将持有至到期投资出售,出售所得价款与账面价值之间的差额要确认为当期的损益,计入利润表。要注意的是,即便企业的意愿是持有至到期,但仍然可能会发生提前出售的情况,例如,企业资金紧张,不得已需要出售原本意图持有至到期的投资。该出售行为不影响持有至到期投资的分类。

IFRS 按照业务模式对金融资产进行分类。如果企业持有债券的目的是获取特定时间的现金流（只包含本金和利息）时，以摊余成本（amortized cost）计量，计量方式与 US GAAP 相同。

> **知识一点通**
>
> 对于每一期期末摊余成本的计算可以用这个公式：
> HTM beginning＋Interest income－Coupon received＝HTM ending

18.1.2 交易性金融资产（Trading Security，TS）

另有一类债权或股权投资，投资方的持有目的是为了在近期出售赚取差价。US GAAP 把这类投资分类为交易性金融资产。

> **备考小贴士**
>
> 在 US GAAP 下，所有的股权投资（能够对被投资企业产生重大影响或实现控制的除外）只能计入交易性金融资产。

交易性金融资产以购买价格作为初始入账成本，后续以**公允价值**计量。所谓后续以公允价值进行计量，是指在后续的每个会计期间终了，将该项资产的账面价值调整成当前的公允价值。产生的公允价值变动损益作为一项浮盈浮亏（unrealized gain or loss），计入**利润表**。

若持有期间收到股利或利息，作为股利收入或利息收入，也计入利润表。

当企业出售该项资产时，售价与上一期期末公允价值之间的差额确认为一项实盈实亏（realized gain or loss），计入利润表。

IFRS 下，除了分类为以摊余成本计量的金融资产和"以公允价值计量且其变动计入其他综合收益的"的金融资产，企业应将金融资产分类为"以公允价值计量且其变动计入当期损益"的金融资产（fair value through profit and loss，FVPL），计量方式类似 US GAAP 下的交易性金融资产。此外，为了消除或减少会计错配，IFRS 下企业可以将金融资产指定为"以公允价值计量且其变动计入当期损益"的金融资产。

> **知识一点通**
>
> 浮盈浮亏（unrealized gains or losses）指金融资产持有期间由于公允价值变动导致当前公允价值不等于账面价值时这二者之差，是"虚的"利得或损失。而实盈实亏（realized gains or losses）指金融资产出售时，出售的价格与本期期初公允价值这二者之差，是已实现的利得或损失。

18.1.3 可供出售金融资产（Available-for-Sale Security，AFS）

最后一类债权投资，投资方并没有持有至到期的意图，但同时也不是为了近期出售。这类投资，US GAAP 将其分类为可供出售金融资产。需要注意的是，US GAAP 不允许把股权投资划分为可供出售金融资产。

可供出售金融资产以购买价格为初始入账成本，后续以**公允价值**计量，持有期间产生的公允价值变动损益计入**其他综合收益(OCI)**。持有期间产生的公允价值损益计入其他综合收益(而非当期损益)是可供出售金融资产与交易性金融资产会计处理的重要区别。

若持有期间收到股利或利息,同样作为股利收入或利息收入,计入利润表。

当企业出售该项资产时,售价与当前账面价值之间的差额确认为实盈实亏,计入利润表。

IFRS 把既以获取合同现金流(本金和利息)为目的又以出售为目的的债权投资,划分为"以公允价值计量且其变动计入其他综合收益"的金融资产(fair value through other comprehensive income, FVOCI)。对于股权投资,若企业在后续期间不变更计量方式,也可以将其指定为"以公允价值计量且其变动计入其他综合收益"的金融资产。

三种金融资产的账务处理总结见表 18.2。

表 18.2 三种金融资产账务处理对比

	Held-to-Maturity(US GAAP)/Amortized Cost(IFRS)	Trading Securities(US GAAP)/FVPL(IFRS)	Available-for-Sale Securities(US GAAP)/FVOCI(IFRS)
初始确认与后续计量	Amortized cost	Fair value	
未实现损益	不确认	I/S	O.C.I(Equity)
已实现损益		I/S	
持有期间收到的利息、股利	Interest income only (I/S)	Interest income Dividend income(I/S)	

例题 18.1

Silver 公司当年净利润为 380 000 美元。截至当年年底,该公司可供出售金融资产的未实现收益为 100 000 美元,持有至到期投资的未实现收益为 60 000 美元,交易性金融资产的未实现亏损为 90 000 美元。该公司当年的综合收益为?(以美元表示)

A. 390 000

B. 630 000

C. 480 000

名师解析

选项 C 正确。

本题提到了所有三类金融资产,可供出售金融资产的浮盈 USD 100 000 计入其他综合收益,交易性金融资产的浮盈 USD 90 000 计入利润表,持有至到期投资不以公允价值计量,浮盈 USD 60 000 不确认在财务报表中。所以当期的综合收益为净利润与其他综合收益的总和 = 380 000 + 100 000 = USD 480 000。

备考小贴士

注意考试中的某些迷惑项。比如,此题中,有些同学可能会把 held-for-trading 的 USD 90 000 考虑进去,将净利润计算为 380 000 − 90 000 = USD 290 000,再加上可供出售金融资产的浮盈 USD 100 000,最终选择选项 A。实际上 held-for-trading 的浮盈早已包含在了净利润中。

18.2 资产负债表的分析

—考点要求—
计算(calculate)与解释(interpret)同比资产负债表及相关财务比率(★)

同比资产负债表是把每一项资产、负债和所有者权益表示为资产总额（total assets）的百分比（详见表18.3）。这样既有利于不同规模公司间的比较，也可以看出一家公司不同时期资产、负债的变化。

表 18.3　同比资产负债表

As of 12-31-2X23	USD Thousands	Common Size(%)
Current assets	710	61
Non-current assets	450	39
Total assets	1 160	100
Current liabilities	230	20
Non-current liabilities	310	27
Total liabilities	540	47
Total shareholders' equity	620	53
Total liabilities and shareholders' equity	1 160	100

> **备考小贴士**
>
> 同比资产负债表是以 total assets 为比较基准，考生应掌握此知识点，并能计算资产负债表所有科目占总资产的百分比。具体财务比率公式见"财务分析技术"章节。

练一练

18-1 Which of the following financial assets ignores unrealized gain and loss due to the fair value change?

A. Available for sale securities.

B. Trading securities.

C. Held to maturity.

18-2 Company A purchased Company B's shares for ＄50 000 on January 1，2023. During the year，Company B paid ＄10 000 cash dividend to Company A，at the end of 2023，the shares' value increased to ＄65 000. What is the effect on income statement if the shares were traded as an available-for-sale investment or trading securities?

A. ＄15 000 & ＄25 000.

B. ＄15 000 & ＄15 000.

C. ＄10 000 & ＄25 000.

18-3 Which of the following statements regarding available-for-sale securities is most likely to be correct?

A. They can be equity instruments expected to be traded in the near term.

B. Realized gains and losses associated with these securities are reported on the statement of other comprehensive income.

C. They are reported at fair market value on the balance sheet.

18-4 Common-size balance sheets show each item as a percentage of:

A. total assets.

B. total liabilities.

C. total cash inflows.

第19章 分析现金流量表

知识引导

利润表反映的是一个会计期间内经济利益的流入流出状况,现金流量表则反映了这个会计期间内现金的流入流出状况。现金流量表的信息对于报表使用人是非常重要的,一方面是因为现金流量展示了企业产生现金的能力和消耗现金的水平,有助于评判企业的流动性(liquidity)、偿付能力(solvency);另一方面也可以将经营活动现金流与根据权责发生制计量的净利润进行比较,评估净利润的质量。

考点聚焦

在本章学习中,考生要重点掌握不同会计准则对于现金流量分类的区别和三种现金流量的计算方法。此外,也要了解对现金流量的分析要点和自由现金流量的计算。

本章框架图

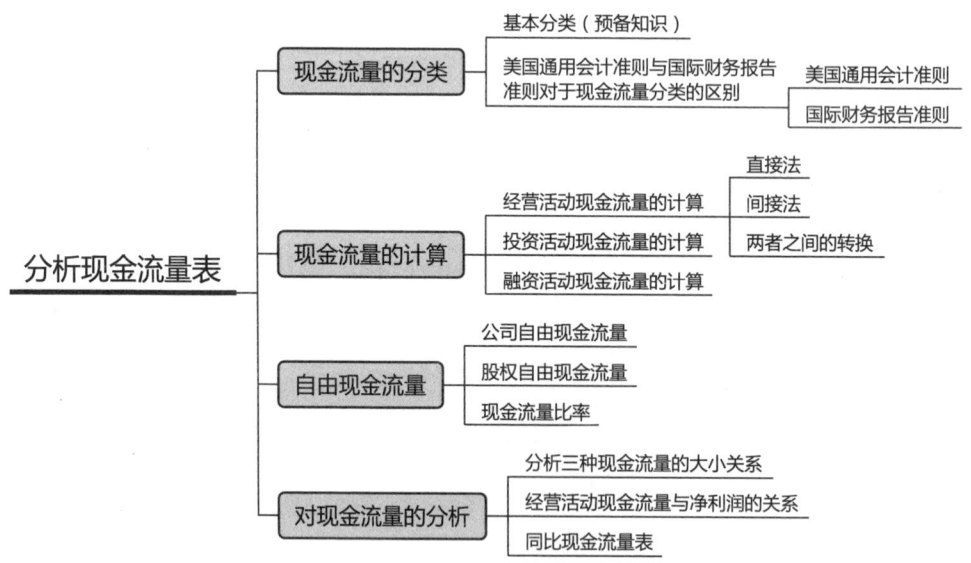

19.1 现金流量的分类

例题 19.1

在 2×23 期间,Golden Group 发生了以下现金交易:
- 支付供应商 300 万美元用于购买原材料。
- 支付员工工资 1 000 万美元。
- 支付供应商 1 500 万美元用于购买新机器设备。
- 支付税款 100 万美元。
- 支付股息 50 万美元。
- 收回应收账款 2 000 万美元。
- 收到银行贷款 1 500 万美元。

Golden Group 的经营活动现金流是多少?

名师解析

本例列举出了一家企业在一个会计年度里发生的现金交易,这些现金交易都可以归入某一类现金流。那么哪些是经营性现金流、哪些是投资性现金流、哪些是融资性现金流呢?我们学完下面的内容就可以解答了。

基本分类

一、经营活动现金流(Cash Flow from Operating Activities,CFO)

经营活动现金流是指企业经营性活动产生的现金流量。

对于工商企业来说,它的经营性活动就是出售商品或提供劳务,所以与此有关的购买原材料、支付员工工资、支付税款、收取货款等都是典型的经营活动现金流。

对于金融企业来说,比如银行,它的经营性活动是吸收存款、发放贷款,所以与之相关的钱款收付、利息收支是它的经营性活动现金流。

正是因为不同性质企业的经营活动的范围不同,国际财务报告准则(IFRS)对于收付的利息、股息,允许企业自主决定是否归入经营活动现金流;而美国通用会计准则(US GAAP)没有给予企业这个自由度。在这个问题上,两个准则间存在差异。具体的处理方法会在后面小节详细讲述。

二、投资活动现金流(Cash Flow from Investing Activities,CFI)

投资活动现金流是指企业投资性活动产生的现金流量。企业的投资活动包括对长期资产(固定资产、无形资产)的投资和对金融资产(股权、带息债权)的投资,但不包括对现金等价物和交易性金融资产的投资。对交易性金融资产的投资属于经营活动现金流。

投资活动的现金流入主要有:出售金融资产和长期资产获得的价款。

投资活动的现金流出主要有:购买金融资产和长期资产支付的价款。

对于金融资产带来的利息、股息收入,美国准则要求归入经营活动现金流(CFO),而国际准则允许归入投资活动或经营活动现金流(CFI 或 CFO)。

三、融资活动现金流（Cash Flow from Financing Activities，CFF）

融资活动现金流是指企业融资性活动带来的现金流。企业融资活动包括发行股票取得股权资本和借入带息负债两种。

融资活动的现金流入主要有：借入带息负债、发行股票所获得的款项。

融资活动的现金流出主要有：使用现金归还带息负债本金、回购股票。

对于带息负债产生的利息支出，美国通用会计准则归入经营活动现金流，而国际财务报告准则允许归入融资活动或经营活动现金流。

对于用现金支付股利，美国通用会计准则归入融资活动现金流，而国际财务报告准则允许归入融资活动或经营活动现金流。

—考点要求—

区分（contrast）两种准则下现金流分类的不同（★★★）

19.1.1 美国通用会计准则与国际财务报告准则对于现金流量分类的区别

19.1.1.1 美国通用会计准则

（1）收到的股息：经营活动现金流。
（2）收到的利息：经营活动现金流。
（3）支付的股息：融资活动现金流。
（4）支付的利息：经营活动现金流。
（5）支付的税款：经营活动现金流。

19.1.1.2 国际财务报告准则

（1）收到的股息：经营活动或投资活动现金流。
（2）收到的利息：经营活动或投资活动现金流。
（3）支付的股息：经营活动或融资活动现金流。
（4）支付的利息：经营活动或融资活动现金流。
（5）支付的税款：根据纳税活动的归类确定。比如，由于出售固定资产属于投资活动，出售固定资产的利得所缴纳的企业所得税归入投资活动现金流。

国际财务报告准则与美国会计准则对于现金流的不同分类如表 19.1 所示。

表 19.1 美国通用会计准则与国际财务报告准则对于现金流的不同分类

现金流项目	美国通用会计准则	国际财务报告准则
收到的股息	CFO	CFI 或 CFO
收到的利息	CFO	CFI 或 CFO
支付的股息	CFF	CFF 或 CFO
支付的利息	CFO	CFF 或 CFO
支付的税款	CFO	CFO，如能确定为投资或融资活动，可将部分税款归入 CFI 或 CFF

—— 备考小贴士 ——

现金流的分类属于重要考点，考生要注意美国通用会计准则和国际财务报告准则在分类上的异同。

回顾例题 19.1，其答案如表 19.2 所示。

表 19.2 Golden Group 的现金流量归类

交易	美国准则	国际准则
支付供应商 300 万美元用于购买原材料	经营活动现金流	经营活动现金流
支付员工工资 1 000 万美元	经营活动现金流	经营活动现金流
支付供应商 1 500 万美元用于购买新机器设备	投资活动现金流	投资活动现金流
支付税款 100 万美元	经营活动现金流	一般为经营活动现金流
支付股息 50 万美元	融资活动现金流	融资活动现金流或经营活动现金流
收回应收账款 2 000 万美元	经营活动现金流	经营活动现金流
收到银行贷款 1 500 万美元	融资活动现金流	融资活动现金流

19.2 现金流量的计算

―考点要求―
计算（calculate）直接法和间接法下的经营活动现金流（★★★）

19.2.1 经营活动现金流量的计算：直接法和间接法

19.2.1.1 直接法

直接法是指将企业的各类现金流入和流出加总到一起，从而得出经营活动现金流量的净额。直接法列示的项目见表 19.3。

表 19.3 直接法列示的项目

现金交易	基本计算式	调整后的计算式
Cash received from customers	A/R$_{期初值}$ + Sales − Cash received = A/R$_{期末值}$	Cash received = Sales − ΔA/R
Cash paid to suppliers	A/P$_{期初值}$ + Purchase − Cash paid = A/P$_{期末值}$ Inventory$_{期初值}$ + Purchase − COGS = Inventory$_{期末值}$	Cash paid = COGS + ΔInventory − ΔA/P
Cash paid to employees	Salary payable$_{期初值}$ + Salary expenses − Cash paid = Salary payable$_{期末值}$	Cash paid = Salary expense − ΔS/P
Cash paid for other operating expenses	Accrued liabilities$_{期初值}$ + Other operating expenses − Cash paid = Accrued liabilities$_{期末值}$	Cash paid = Other operating expense − ΔAccrued liabilities
Cash paid for tax	Tax payable$_{期初值}$ + Tax expenses − Cash paid = Tax payable$_{期末值}$	Cash paid = Tax expense − ΔT/P

用直接法计算经营活动现金净流量：

$$\text{CFO} = \text{Cash received from customers} - \text{Cash paid to suppliers} - \text{Cash paid to employees} - \text{Cash paid for other operating expenses} - \text{Cash paid for tax} \quad (19.1)$$

直接法列示的优点是提供了详细的流入流出的信息。

19.2.1.2 间接法

间接法**以净利润为起点**，通过调整非经营性的损益（non-operating activities）、非现金性的损益（non-cash items）、营运资本的变动金额（changes in working capital），得到经营活动现金流量净额。间接法列示的项目见表 19.4。

表 19.4 间接法列示的项目

间接法列示项目	对现金流的影响
Net income	
Non-operating gains/losses	减 gains/加 losses
Depreciation/Amortization expense	加
Increase in accounts receivables	减
Increase in inventory	减
Increase in accounts payables	加
Increase in accrued liabilities	加
Increase in tax payable	加

用间接法计算经营活动现金净流量：

$$CFO = \text{Net income} + \text{Depreciation/Amortization} - \text{Non-operating gains} /+ \\ \text{Non-operating losses} - \text{Change in working capital} \quad (19.2)$$

> **知识一点通**
>
> 这个算式与直接法计算 CFO 的算式本质上是统一的，我们可以将直接法各项现金流入流出加在一起，就得到了间接法的计算式。
>
> CFO＝Cash received from customers－Cash paid to suppliers－Cash paid to employees－Cash paid for other operating expenses－Cash paid for tax＝（Sales－COGS－Salary expense－Other operating expense－Tax expense）－ΔA/R－ΔInventory＋ΔA/P＋ΔAccrued liabilities＋ΔTax payable＝（Net income＋Depreciation－Non-operating gains/＋losses）－Change in working capital
>
> 间接法列示的优点是便于分析净利润与经营活动现金流之间差异的原因。

> **备考小贴士**
>
> 经营性现金流的计算属于重要考点，考生一定要掌握直接法下各项现金流入流出的计算，尤其是从客户收到的现金以及支付给供应商的现金，也需要记住间接法具体调整方法。

—考点要求—
说明（demonstrate）将间接法下的现金流量表调整为直接法下的现金流量表的转换方法（★★）

19.2.1.3 直接法和间接法之间的转换

对于使用间接法编制现金流量表的企业，将其现金流量表转换为直接法下的现金流量表的步骤如下：

（1）根据利润表，计算出企业的总收入（total revenues）、总支出（total expenses）、净利润（net income）。

（2）将非现金科目以及非经营性科目从总收入和总支出中扣除（一般情况下，要扣除处置长期资产的损益以及要加回折旧费用）。再根据编制直接法下的现金流量表的要求，对总收入和总支出进行分类，具体分类情况见表19.5。

表 19.5 总收入和总支出的分类

总支出的分类	销货成本（COSG）
	工资费用
	其他经营性费用
	利息费用
	公司所得税费用
总收入的分类	销售收入

（3）根据资产负债表，将每项收入和费用中的应收、应付部分扣除。

资产负债表中，资产＝负债＋权益，将资产分拆为现金和非现金资产后，得到：

现金＋非现金资产＝负债＋权益，等式两边取变化值 Δ，得到：

Δ 现金＝Δ 权益＋Δ 负债－Δ 非现金资产，进一步分解 Δ 权益，得到：

$$\Delta Cash = (Revenues - Expenses + \Delta Capital - Dividend) + \Delta Liability - \Delta \text{Non-cash asset}$$

在上面这个式子中，Revenues 和 Expenses 是利润表科目，其他项目都是资产负债表科目的变化值（Dividend 指宣告的股利，造成资产负债表上 Retained earnings 科目的减少），由此，我们发现现金流量 ΔCash 完全可以由利润表和资产负债表的金额勾稽出来。

19.2.2 投资活动现金流量的计算

投资活动现金流入主要来自出售长期资产/金融资产的价款，流出主要来自购买长期资产/金融资产的价款。即：

$$CFI \approx 变卖资产所得(Sales\ proceeds) - 购入资产支出(Purchase) \quad (19.3)$$

如何计算变卖资产所得（Sales proceeds）呢？我们知道：

$$Gain(Loss) = 变卖资产所得(Sales\ proceeds) - 变卖资产的账面价值(Book\ value\ of\ asset\ sold)$$

所以：

$$Sales\ proceeds = BV_{sold} + Gain(Loss) \quad (19.4)$$

如何计算购入资产支出（Purchase）呢？我们知道：

$$BV_{期初值} + Purchase - Depreciation\ expense - BV_{Sold} = BV_{期末值}$$

所以：

$$Purchase = Depreciation\ expense + BV_{Sold} + \Delta BV \quad (19.5)$$

将公式（19.3）（19.4）和（19.5）合并，可以得到：

$$CFI = BV_{Sold} + Gain(Loss) - Depreciation\ expense - BV_{Sold} - \Delta BV$$
$$= Gain(Loss) - Depreciation - \Delta BV \quad (19.6)$$

—考点要求—

计算（calculate）投资活动现金流（★★）

例题 19.2

Golden Machinery 在 2023 年的出售设备损失为 200 万美元。公司还报告了该年度 800 万美元的折旧费用以及用于购买新设备的支出 1 000 万美元。Golden Machinery 从设备销售中收到多少现金?

(单位:万美元)

资产负债表科目	2022 年 12 月 31 日	2023 年 12 月 31 日
固定资产	5 000	5 500
累积折旧	2 000	2 600

名师解析

本题要求的是资产变卖所得(Sales proceeds),根据公式(19.4),需要知道 BV_{sold} 和 Gain(Loss)。根据题干,已知出售设备的损失为 200 万美元,所以本题简化为求 BV_{sold}。

根据公式(19.5)整理得 $BV_{sold} = Purchase - Depreciation\ expense - (BV_{期末值} - BV_{期初值})$。

$BV_{期末值} = 5\ 500 - 2\ 600 = 2\ 900(万美元)$

$BV_{期初值} = 5\ 000 - 2\ 000 = 3\ 000(万美元)$

$BV_{sold} = 1\ 000 - 800 - (2\ 900 - 3\ 000) = 300(万美元)$

代入公式 19.4,Sales proceeds $= 300 + (-200) = 100(万美元)$

因此,Golden Machinery 从设备销售中收到 100 万美元现金。

19.2.3 融资活动现金流量的计算

—考点要求—
计算(calculate)
融资活动现金流(★★)

融资活动现金流入来自股票发行收款、债券发行收款、向银行借款等,流出去向为回购股票、发放现金股利、赎回债券、归还贷款本金等。这些流量的计算比较简单直观。需要注意与发放股利有关的现金流量计算。

股利发放有两步,第一步是宣告股利,第二步是用现金支付。第一步宣告股利的时候,增加了应付股利(dividend payable),这是一个流动负债科目。同时减少了留存收益(retained earnings),没有发生现金变动。第二步用现金支付的时候,付出了现金,同时相应减少应付股利,发生了现金变动。

$$Dividend\ payable_{期初值} + Dividend\ declared - Cash\ paid = Dividend\ payable_{期末值}$$

$$Cash\ paid = Dividend\ declared - \Delta Dividend\ payable \quad (19.7)$$

例题 19.3

Golden 公司 2023 年的净利润为 750 万美元,同比增长 50%。根据以下信息,2023 年 Golden 公司股东收到了多少股息?

(单位:百万美元)

资产负债表科目	2022 年 12 月 31 日	2023 年 12 月 31 日	变化量
留存收益	10	15	5
应付股利	5	6	1

名师解析

要求 2023 年发放的现金股利，需要套用公式(19.7)：

Cash paid = Dividend declare − ∆ Dividend payable

但 Dividend declare 未知，要从留存收益的变化来求：

Retained earning_{期初值} + Net income − Dividend declare = Retained earning_{期末值}

所以：

Dividend declare = Net income − ∆R/E = 7.5 − 5 = USD 2.5 million

代入公式(19.7)，可得：

Cash paid = 2.5 − 1 = USD 1.5 million

19.3 自由现金流量

—考点要求—
计算（calculate）
并解释（interpret）
自由现金流（★★）

19.3.1 公司自由现金流量（Free Cash Flow to Firm，FCFF）

公司自由现金流量是指公司在一个会计期间产生的运营活动现金流并扣除资本开支后的结果。从理论上说，这个现金流量可以全部用于对债权人和股东的分配。计算方法如下：

$$FCFF = CFO - FC\ Investment + Interest \times (1 - Tax\ rate)$$
$$= NI + NCC - WC\ Investment - FC\ Investment + Interest \times (1 - Tax\ rate)$$

(19.8)

FC Investment(fixed capital investment)为资本开支，即长期资产的净投入（购买长期资产与出售长期资产的差额）。

WC Investment(working capital investment)是指营运资本的净投入。

> **知识一点通**
>
> 在美国通用会计准则下，支付的利息已经从 CFO 中减掉，但它不能从 FCFF 中减掉，所以需要加回。如果是国际财务报告准则，支付的利息算作融资活动现金流出的情况下，本身就没有被从 CFO 中减掉，所以就不需要加回。

例题 19.4

Golden 集团按照美国通用会计准则（US GAAP）编制其财务报表。2023 年，经营活动中产生的现金流量为 USD 10 million。同年，Golden 集团支付 USD 1 million 利息，购买 USD 20 million 的新设备(PP&E)，以 USD 1 million 美元出售了旧设备。Golden 集团适用的税率为 25%，集团在 2023 年产生了多少自由现金流量(FCFF)？

> **名师解析**
>
> 自由现金流量是公司业务产生的现金流量,不包含与资本提供方之间交易所产生的现金流量。美国通用会计准则下,付给资本提供方的利息也算在 CFO 里,需要在算 FCFF 的时候加回。所以:
>
> $$\begin{aligned} FCFF &= CFO + Interest \times (1 - Tax\ rate) - Net\ FC\ Investment \\ &= 10 + 1 \times (1 - 25\%) - (20 - 1) \\ &= -USD\ 8.25\ million \end{aligned}$$

19.3.2 股权自由现金流量(Free Cash Flow to Equity,FCFE)

股权自由现金流量是在公司自由现金流量的基础上,调整与债权人(Debt holder)之间发生的现金流入流出后,得到的一个现金流量。从理论上说,这个现金流量可以全部用于向股东分配,计算公式如下:

$$FCFE = FCFF - Interest \times (1 - Tax\ rate) + Net\ borrowing \quad (19.9)$$

Net borrowing 是指从债权人处获得的净融资,即借入债务本金减去已偿还债务本金的差额。

> **备考小贴士**
>
> 从考试角度,自由现金流的计算为常考考点,主要是对公式的直接考查,考生记住并理解公式即可。

19.3.3 现金流量比率

—考点要求—
计算(calculate)并解释(interpret)用于分析企业经营业绩以及偿债能力的现金流量比率(★★)

现金流量比率可用于分析企业的经营业绩以及偿债能力。常见的现金流量比率见表 19.6 和 19.7。

表 19.6 用于分析企业经营业绩的现金流量比率

经营业绩比率	计算公式	意义
销售现金比率(Cash flow to revenue)	经营性现金流净额(CFO)÷净销售收入(net sales)	每一元净销售收入得到的净经营性现金流
资产现金流量回报率(Cash return on assets)	经营性现金流净额(CFO)÷平均总资产(Average total assets)	企业每一元资产获得现金的能力
净资产现金流量回报率(Cash return on equity)	经营性现金流净额(CFO)÷平均净资产(Average shareholders' equity)	企业每一元净资产获得现金的能力
现金经营性利润比率(Cash to income)	经营性现金流净额(CFO)÷经营性利润(Operating income)	企业通过经营性活动产生现金的能力
每股现金流	[经营性现金流净额(CFO)－优先股分红(Preferred dividends)]÷发行在外的普通股股数(Number of common shares outstanding)	每股普通股所获得的经营性现金流量净额

表 19.7　用于分析偿债能力的现金流量比率

偿债比率	计算公式	意义
现金有息负债率 (Debt coverage)	经营性现金流净额（CFO）÷总有息负债(total debt)	企业用经营性现金流量偿还有息负债的能力。该比率可以用于衡量企业的财务风险和财务杠杆情况
利息保障倍数 (Interest coverage)	［经营性现金流净额（CFO）＋利息(interest paid)＋税费(Tax paid)］÷利息(interest paid)	企业偿还利息的能力
再投资率 (Reinvestment)	经营性现金流净额（CFO）÷购买长期资产所需的现金（Cash paid for long-term assets）	企业经营活动所创造的现金流量净额满足长期资产投资的需求的能力
债务偿付比率 (Debt payment)	经营性现金流净额（CFO）÷本期需要用现金偿还的长期债务（Cash paid for long-term debt repayment）	企业经营活动所创造的现金流量净额偿还债务的额能力
现金股利支付比率 (Dividend payment)	经营性现金流净额（CFO）÷股利支付（dividend paid）	企业经营活动所创造的现金流量净额支付分红的能力
投资和融资比率 (Investing and financing)	经营性现金流净额（CFO）÷投资活动和融资活动产生的现金流出（Cash outflows for investing and financing activities）	企业经营活动所创造的现金流净额满足长期资产投资的需求、偿还债务以及支付分红的能力

> **知识一点通**
>
> 　　IFRS 中，分红支付可能会被包含在 CFO 中。因此，在 IFRS 下，计算每股现金流的分子时，需要先将企业的总的分红支付加回至 CFO 中，再扣除属于优先股的分红。
> 　　此外，在 IFRS 下，企业在编制现金流量表时可能并没有将利息支付包含在 CFO 的计算过程中。因此，在计算利息保障倍数时，分子上也不需要加回利息支付费用。

19.4　对现金流量的分析

19.4.1　分析三种现金流量的大小关系

　　经营活动现金流是一项持续性较高的现金流，所以经营活动现金流量高的企业，我们可以预期持续经营不存在问题。但是对于处在初创期、发展期的企业，一方面由于经营规模还未达到最大，另一方面由于开拓市场需要资金投入，所以经营活动现金流量不高也是正常的。

　　投资活动现金流量往往是现金的净流出。投资活动现金流出量大的企业，说明企业在扩大规模或者在进入新的行业。处于初创期、发展期的企业，往往这部分现金流出较大。而处于衰退期的企业，则可能由于缩减产能变卖业务而产生投资活动现金净流入。

　　融资活动现金流通常是现金的净流入。当企业有大量导致现金流出的投资活动，而经营活动产生的现金流量不足以支持这些投资活动时，就需要通过融资活动来获得资金。但如果企业并没有投资活动或投资计划，经营活动现金流量为负，要通过融资活动来获取资金，则企业的持续经营存在很大问题。

19.4.2 经营活动现金流量与净利润的关系

有的公司当年净利润很高,但经营活动现金流量很低甚至为负。这可能表示净利润的质量不高。

造成这种现象的情况有以下两种。

第一种,净利润主要来自非经营性损益的贡献。非经营性的损益往往都是一次性的损益,不具有可持续性,这样的高净利润自然也不具有可持续性。

第二种,净利润仍然主要来自经营性的损益的贡献,但是经营性损益的质量存在疑问。例如,一家公司虽然销售收入很多,但是绝大多数都还没有收到现金,只是应收账款。如果这些应收账款收款困难,就会造成经营活动现金流量很少。这样的销售收入,很容易在后续期间产生坏账损失。这样的高净利润不仅不具有持续性,还有财务造假的嫌疑。

19.4.3 同比现金流量表(Common-size Cash Flow Statement)

—考点要求—
分析(analyze)并解释(interpret)同比现金流量表(★)

同比现金流量表有以下两种格式。

第一种,分别将**现金总流入**、**总流出**作为分母,分别计算各项流入占总流入的比例、各项流出占总流出的比例。这样做的好处是,流入的主要来源、流出的主要去向一目了然。

第二种,将**净销售收入(net revenue)**作为分母,计算各项流入、流出相对于 net revenue 的比例。这样做的好处是,一旦有了对于 net revenue 的预测,就可以根据过往的比例做出现金流量的预测。

练一练

19-1 Selected financial data for Company ABC are shown below:

Cost of goods sold:$ 65 000

Accounts payable at the beginning of 2023 is $ 21 000

Accounts payable at the end of 2023 is $ 48 000

Inventory increases $ 3 000 during 2023

Based on the above information, cash paid to suppliers is closest to:

A. $ 95 000.

B. $ 41 000.

C. $ 30 000.

19-2 Under indirect method, which of the following will least likely decrease cash flow from operating?

A. Decrease in payable.

B. Decrease in inventory.

C. Increase in receivable.

19-3 Under US GAAP and IFRS respectively, which of the following classifications for dividends received is most accurate?

A. US GAAP:CFO only; IFRS:CFO or CFI.

B. US GAAP:CFI only; IFRS:CFO or CFI.

C. US GAAP:CFO only; IFRS:CFO only.

19-4 The following information is available for a company:

Cash flow from operations	$30 million
Interest expense	$1 million
Debt issued	$8 million
Debt repaid	$3 million
Machine purchased	$5 million
Equipment disposed	$2 million

If the tax rate is 40%, this company's free cash flow to the firm (FCFF) and free cash flow to equity (FCFE) are closest to:

A. $27.6 million and $32 million, respectively.

B. $28 million and $32 million, respectively.

C. $27.6 million and $35 million, respectively.

19-5 Golden Co., a manufacturer, recorded a loss of $2 million on disposal of a piece of equipment in 2023. Using the following information, how much cash did the company receive from the equipment sale?

Balance Sheet Item	12/31/2022	12/31/2023
Equipment	$110 million	$110 million
Accumulated depreciation—equipment	$44 million	$50 million

Item	2023
Depreciation expense	$10 million
Cash payment in equipment purchasing	$10 million

A. $2 million.

B. $3 million.

C. $4 million.

19-6 To analyze a company's cash flow statement better, an analyst should start from:

A. analyzing the comparability of cash flows.

B. identifying the primary sources and uses of cash.

C. assessing the determinants of operating cash sources and uses.

第 20 章 财务分析技术

知识引导

  财务分析是企业用来评估公司业绩和趋势的一种方法。本章讨论了几种财务报表的分析方法。通过分析一家公司的财务数据，分析师能更好地评估公司的经营战略、公司的竞争优势、行业和经济趋势对公司未来现金流的可能影响，以便提出更恰当的投资建议。本章首先介绍了一些常用的比率，随后会在此基础上介绍如何运用杜邦分解法进行深入的比率分析，并介绍如何应用这些比率对公司进行时间序列分析（趋势）及横截面分析（同行对比）。建议考生在学习完本章第 2~3 节与财务比率相关的计算之后，再学习第 1 节，按此顺序将会对财务分析技术的应用及局限有更深刻的理解。

考点聚焦

  CFA®一级考试中，比率的计算是考试的重点，在之后的学习过程中也会大量运用财务比率分析相关知识。因此，考生应重视本章的学习。另外，本章很多知识是基于对财务报表的理解，所以建议考生在阅读本章之前，需要先熟悉前述章节介绍的三张报表。本章的重点是关于四大财务比率的计算：活动比率、流动性比率、偿债能力比率和盈利能力比率。本章的公式较多，我们将通过图表帮助大家记忆公式。

本章框架图

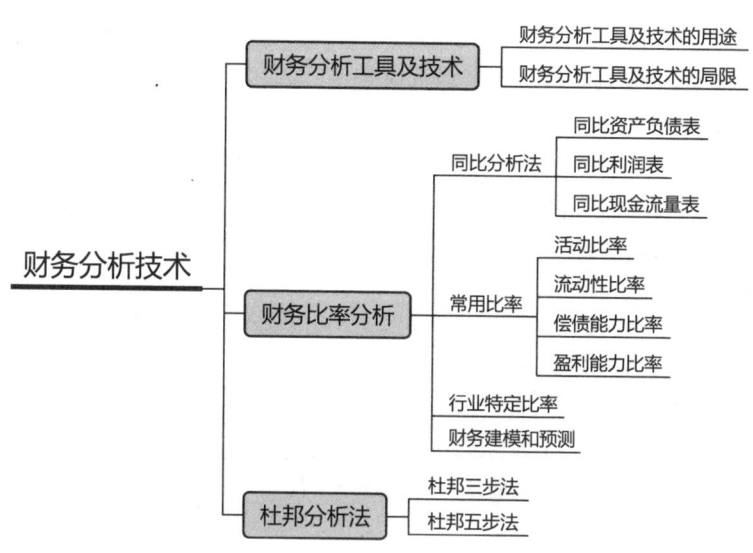

20.1 财务分析工具及技术

在财务分析中,分析师通常会用到本章第 2～3 节所讲到的各种财务比率。这些财务比率可以由分析师根据公司财务报表自行计算而得,也可以从数据库(如 Bloomberg, Compustat, FactSet 或 Thomson Reuters)中直接获取。

> —考点要求—
> 描述(describe)财务分析中使用的工具及技术,以及其用途和局限(★)

20.1.1 财务分析工具及技术的用途

(1) 分析公司内部的经济关系,预测公司未来盈利和自由现金流。
(2) 分析公司的财务灵活性,或即使出现意外情况也能获得发展和还债所需的现金的能力。
(3) 分析管理层的能力。
(4) 分析公司或行业随时间的变化趋势。
(5) 与同行业可比公司的对比,分析公司的行业地位

20.1.2 财务分析工具及技术的局限

(1) 很多公司涉及跨行业的多元化经营,很难找到有可比性的行业比率。
(2) 使用不同的比率得出的分析结论可能不同。
(3) 分析时需要分析师的经验判断。
(4) 公司可能更改会计方法,因此,以前年度的财务比率可能需经调整才能和当年相比。

20.2 财务比率分析

分析师在分析一家公司的时候,通常会考虑这些问题:这家公司今年的业绩怎么样?未来这家公司的业绩会如何发展?公司现在的股份能否反映公司的价值?通过一些财务分析工具对公司的财务报表进行分析,我们通常能够找到这些问题的答案。

> —考点要求—
> 描述(describe)比率之间的关系,并使用比率评估(evaluate)公司(★)

20.2.1 同比分析法(Common-size Analysis)

同比分析法又名百分比分析法,分为水平(horizontal)的同比分析和垂直(vertical)的同比分析。用同比分析法做出的同比分析表,有水平的同比分析表和垂直的同比分析表两种。

其中,水平的同比分析表是选定某一年的财务报表作为基期,将所有项目视为 100%,在此基础上,换算以后会计期间每张报表对应的科目百分比,以此分析某科目随时间的变化趋势。例如,选定某公司去年为基期,去年年末账面现金为 200 万元,今年年末账面现金为 300 万元。换算成水平的同比分析表,去年现金为 100%,今年现金为 150%。

垂直的同比分析表是将某期报表中的某一个科目作为比较基准(分母),比较其他科目占该基准科目的百分比,以显示不同项目的权重,以此分析某年财务报表的结构。

20.2.1.1 同比资产负债表(Common-size Analysis of the Balance Sheet)

对于资产负债表来说,垂直的同比分析法可以用来衡量公司的资产、负债、所有者权

益中的某一个科目占总资产的百分比。通过这个百分比,我们可以看到公司各项资产、负债的组成结构。

同比资产负债表的公式为:

$$\text{Balance sheet item \%} = \frac{\text{Balance sheet item}}{\text{Total asset}} \tag{20.1}$$

20.2.1.2 同比利润表（Common-size Analysis of Income Statement）

对于利润表来说,垂直的同比分析法是体现公司利润表上的某一科目占净销售收入(net revenue)的百分比,这样的比率分析有利于帮助公司判断不同报表项目对总收入的贡献,以及成本费用的结构。

同比利润表的公式为:

$$\text{Income statement item \%} = \frac{\text{Income statement item}}{\text{Net revenue}} \tag{20.2}$$

20.2.1.3 同比现金流量表（Common-size Analysis of the Cash Flow Statement）

对于现金流量表来说,垂直的同比分析法的计算有两种表达形式,一种是某项现金流入(或流出)占公司总现金流入(或总流出)的百分比,另一种是某项现金流量占公司净销售收入(net revenue)的百分比。这两种方法在第19章已介绍,这里不再展开。

> **备考小贴士**
>
> 注意区分垂直的现金流量表百分比法的两种表达形式,尤其是第一种方法:某项现金流入(或流出)占公司总现金流入(或总流出)的百分比,这里的分母是 total cash inflow 或者 total cash outflow,而不是 total cash flow。

20.2.2 常用比率

20.2.2.1 活动比率（Activity Ratio）

——考点要求——
计算（calculate）以及解释（interpret）活动比率（★）

活动比率,又称经营效率比率(operating efficiency ratio)。这个比率反映的是企业经营效率,以及企业的各种资源是否得到了充分利用。这里的资源既包含了营运资本(即流动资产减流动负债),也包含了长期资产。

活动比率通常可以分为两种类型:周转率(turnover)及周转天数(number of days)。周转率指的是一项资产或流动负债在1年中周转的次数,而周转天数指的是一项资产或流动负债周转一次所需的天数。例如,周转率是10倍,则周转天数=365/10=36.5(天)。

其中,周转率公式的分子均为利润表中的科目,分母则是资产负债表中的科目。由于利润表代表流量,而资产负债表代表存量,分子、分母口径不同,故在计算分母时,通常取资产负债表科目期初及期末余额的简单算术平均值,将其转化为流量,再与分子相匹配。具体的常用周转率及周转天数的总结如表20.1所示。

表 20.1　常用活动比率

活动比率	公式
存货周转率(Inventory turnover)	Cost of goods sold(COGS)/Average inventory
存货周转天数(Days of inventory on hand,DOH)	365/Inventory turnover
应收账款周转率(Receivables turnover)	Revenue/Average receivables
应收账款周转天数(Days of sales outstanding,DSO)	365/Receivables turnover
应付账款周转率(Payables turnover)	COGS/Average payables
应付账款周转天数(Number of days of payables)	365/Payables turnover
总资产周转率(Total asset turnover)	Revenue/Average total assets
固定资产周转率(Fixed asset turnover)	Revenue/Average net fixed assets
营运资本周转率(Working capital turnover)	Revenue/Average working capital

存货周转率衡量的是存货的周转速度，即 1 年中卖出的存货(COGS)与平均持有的存货(average inventory)之间的关系。存货周转率越高，意味着存货在公司的留存天数就越短。通常来说，存货周转率高有两种解释，一方面可能是公司存货管理效率高，另一方面也可能意味着公司的库存不足。要判断哪种解释更合理，需要结合公司销售收入的增长率综合分析。如果公司销售收入增长率低于行业平均，但是公司的存货周转率却高于行业平均，则说明公司库存不足；存货周转率低，通常意味着存货周转速度慢，这可能是技术过时或货品陈旧导致的。同样，需要结合收入的增长率综合分析。

应收账款周转率衡量的是企业收回应收款项的速度。应收账款周转率越高，意味着企业能够收回款项的速度越快。然而，这个指标也不一定越高越好，如果应收账款周转率高于行业平均，但销售增长率却低于行业平均，可能意味着企业的赊销条款过于严格（比如要求顾客很短的时间内付钱），这种情况，企业可能会失去一些销售机会。

应付账款周转率反映的是企业支付应付账款的速度，也是衡量占用供应商资金状况的指标。如果应付账款周转率较行业平均更高，即周转天数更低，意味着企业可能没有完全享受到赊购带来的"好处"，但也可能是因为公司主动选择提前还款，因为这样做可以获得供应商给予的折扣。若周转率过低，即周转天数过长，可能是公司在回款时遇到了问题，或者是公司在最大程度地利用赊购条款。

例题 20.1

高小吉公司在 2022 年 12 月 31 日的应收账款是 USD 50 000，2023 年 12 月 31 日的应收账款是 USD 150 000。公司 2023 年的销售收入为 USD 1 000 000。根据这些信息，计算公司 2023 年的应收账款周转天数。

名师解析

要计算应收账款周转天数，需要先计算应收账款周转率，即：

A/R Turnover＝Revenue/Average Receivables

第一步，先计算 2023 年的平均应收账款：

（期初＋期末）/2＝(50 000＋150 000)/2＝USD 100 000

第二步，计算应收账款周转率：

1 000 000/100 000＝10（次）

第三步，计算应收账款周转天数：

应收账款周转天数＝365/10＝36.5（天）

20.2.2.2 流动性比率（Liquidity Ratio）

—考点要求—
计算（calculate）以及解释（interpret）流动性比率（★★★）

流动性比率是衡量企业短期偿债能力的指标。由于流动性比率反映的是某个时间点企业的短期偿债能力，所以这里的分子分母对应的是资产负债表流动资产与流动负债科目。常用流动性比率计算公式见表20.2。

表20.2 常用流动性比率

比率名称	公式
流动比率（Current ratio）	Current assets/Current liabilities
速动比率（Quick ratio）	(Cash + Short-term marketable investments + Receivables)/Current liabilities
现金比率（Cash ratio）	(Cash + Short-term marketable investments)/Current liabilities
防御区间比率（Defensive interval ratio）	(Cash + Short-term marketable investments + Receivables)/Daily cash expenditures

下面将对这些公式进行逐一介绍。

(1) 流动比率：公式等于流动资产除以流动负债。这个比率越高，意味着企业使用流动资产偿还流动负债的能力越强。然而流动比率过高也不一定是好事，可能意味着企业有过多的资金投入在收益率较低的流动资产上。

同时，流动比率高，并不一定就意味着企业能有足够的可用于偿债的现金或银行存款。这是因为流动资产除了变现速度较快的现金及短期可交易的有价证券外（short-term marketable securities），还包含变现速度较慢的存货、应收账款等。所以，在分析短期偿债能力时，我们通常还会结合其他比率做参考。

(2) 速动比率：在流动资产中，变现能力相对较弱的是存货，所以对于存货流动性较低的企业或者行业来说，速动比率是个更好的衡量短期偿债能力的参考指标。速动比率的公式中，分母与之前的流动比率相同，但分子中包含三类流动资产，分别为现金、短期可交易的有价证券和应收账款。但同时请注意，速动比率的分子中不应包括预付费用（prepaid expense），因为预付费用是对流动性的消耗，而非流动性的来源。

(3) 现金比率：这是以现金类资产作为偿付流动负债的参考。现金类资产的流动性是最强的，计算公式中，分母与之前的流动比率和速动比率相同，分子中只包含了流动性最强的两类流动资产，即现金和短期可交易的有价证券。

(4) 防御区间比率：也叫安全偿付期，是用时间（天数）来说明企业偿付日常开支的能力。公式的分子与速动比率的分子相同，而分母则是每日经营预计开支（daily cash expenditures）。这个比率可以理解为企业在没有新增现金的情况下，如果仅用现有流动性较高的资产去支付企业平时的日常费用，企业可以维持经营的天数。

此外，还有两个流动性衡量公式，分别是经营周期（operating cycle）和现金循环周期（cash conversion cycle），见表20.3。

表 20.3 经营周期和现金循环周期

周期	公式
经营周期（Operating cycle）	Days of inventory on hand + Days of sales outstanding (DOH+DSO)
现金循环周期（Cash conversion cycle）	Operating cycle − Number of days of payable (DOH+DSO − Number of days of payable)

经营周期衡量的是企业从购买存货到收到销售货款之间的时间跨度，由两个期间相加构成：存货周转天数和应收账款周转天数。

现金循环周期指的是公司从支付进货的采购款，到收到销售款的时间跨度。企业通常运用这一指标作为供应链管理的参考。

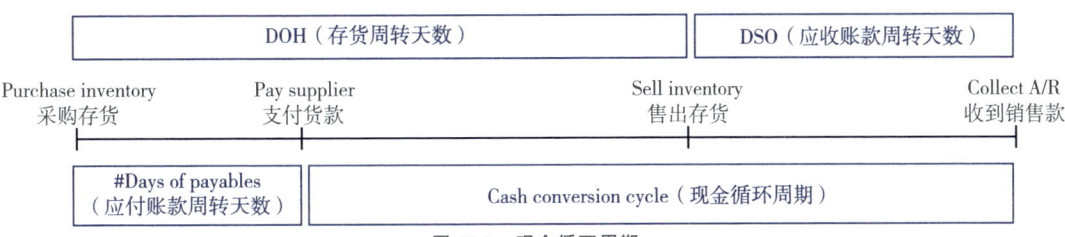

图 20.1 现金循环周期

> **知识一点通**
>
> 注意区分经营周期和现金循环周期，现金循环周期是在经营周期的基础上，还扣减了应付账款周转天数的影响。因此，现金循环周期也称净经营周期（net operating cycle）。从另一个角度看，现金循环周期的公式也反映了企业的现金回收和支出天数之间的净递延天数。

20.2.2.3 偿债能力比率（Solvency Ratio）

—考点要求—
计算（calculate）以及解释（interpret）偿债能力比率（★）

偿债能力比率反映的是企业履行其**长期**负债义务的能力，这个比率通常也是对于企业资本架构的一种分析。分析师需要了解企业的负债情况：其一是公司的负债反映了公司的资本架构，是评估公司风险和收益的重要指标；其二是公司的负债也是公司运用杠杆的一种体现，杠杆的运用反映固定费用（fixed cost）的增加（这里的固定费用特指有息债务产生的利息和租赁支付）。偿债能力比率中常用的公式如表 20.4。

表 20.4 偿债能力比率

偿债能力比率	公式
债务资产比率（Debt-to-assets ratio）	Total debt/Total assets
债务资本比率（Debt-to-capital ratio）	Total debt/(Total debt+Total shareholders' equity)
债务权益比率（Debt-to-equity ratio）	Total debt/Total shareholders' equity
财务杠杆比率（Financial leverage ratio）	Average total assets/Average total equity
利息保障倍数（Interest coverage ratio）	EBIT/Interest payments
固定费用偿付比率（Fixed charge coverage ratio）	(EBIT+Lease payments)/(Interest payments+Lease payments)

下面将对这些公式进行逐一介绍。

（1）债务资产比率：该比率反映的是公司债务占资产的百分比，通常债务比例越高，公司的偿债风险越大。

（2）债务资本比率：该比率反映的是公司债务占总资本的百分比，和债务资产比率类似，该比率越高，意味着公司的偿债风险越大。

（3）债务权益比率：该比率反映的是公司债务占所有者权益的百分比，若债务权益比率为1，意味着企业的债务和所有者权益相同，此时债务资本比率即50%。（资本＝所有者权益＋债务）

（4）利息保障倍数：该比率衡量的是公司的息税前利润（EBIT）是利息费用的多少倍。它是一个风险保障指标，表示企业靠在付息、缴纳所得税之前赚取的利润偿付贷款利息的能力，比率越高，企业的偿债能力越强，对于债权人（即借钱给公司的人）来说，他们借出去的钱就更有保障。

（5）固定费用偿债比率：该比率在利息保障倍数的基础上，分子分母同时增加了租赁支付。租赁的支付对于公司来说是典型的固定费用。若该比率越高，意味着企业偿还固定费用的能力越强。

> **知识一点通**
>
> 关于偿债能力比率，需要注意债务资产比率与债务资本比率的区别：资产等于负债加所有者权益，而资本则等于带息债务加所有者权益。这里要区分负债（liability）和带息债务（debt）两个概念：负债包含长期及短期带息（interest-bearing）债务和不带息债务。应付账款（accounts payable）属于不带息债务，而公司债券（bonds payable）为带息债务。
>
> 此外，注意财务杠杆比率的公式，分子是平均总资产，分母是平均所有者权益，不要颠倒顺序。杠杆的取值范围一定是大于等于1的。
>
> 注意固定费用偿付比率的公式，在利息保障倍数的基础上，分子和分母同时都加上租赁支付（lease payments）。

20.2.2.4 盈利能力比率（Profitability Ratio）

盈利能力比率反映企业赚取利润的能力，是企业生存发展的基础，是很多人都非常关注的指标。常用盈利能力比率见表20.5。

表20.5 盈利能力比率（Part 1）

—考点要求—
计算（calculate）以及解释（interpret）盈利能力比率（★★★）

盈利能力比率	公式
毛利润率（Gross profit margin）	Gross profit / Revenue
经营利润率（Operating profit margin）	Operating profit / Revenue
税前利润率（Pre-tax margin）	Earning before tax / Revenue
净利润率（Net profit margin）	Net income / Revenue

下面对这些公式进行逐一介绍。

（1）毛利润率：该比率反映的是企业的毛利润（即收入扣除销货成本）占总收入的百分比。该比率越高，通常是指产品售价相对较高，销货成本相对较低。

(2) 经营利润率：该比率反映的是企业的经营利润占总收入的百分比。通常来说，如果经营利润率的增长高过毛利润率的增长，意味着企业对经营费用的控制比较有效。

(3) 税前利润率：该比率反映的是企业的税前利润占总收入的百分比。该比率反映了企业的财务杠杆对公司盈利能力的影响。

(4) 净利润率：该比率反映的是企业的净利润占总收入的百分比。该净利润包含了企业所有的经营及非经营活动中所产生的利润，是衡量企业盈利能力的典型指标。

> **知识一点通**
>
> 以上的几个利润率的公式在记忆时，分子可以对应多步法利润表中的各项利润，分母统一都是销售收入。总体来说，利润率反映的是公司的利润占销售的百分比，它们可以直接从同比利润表中得到。

盈利能力指标中还有一组指标衡量的是使用公司的资产和股东权益赚取收益的能力，公式总结如表20.6所示。

表 20.6 盈利能力比率(Part 2)

盈利能力比率		公式
资产回报率 (Return on asset, ROA)	常用公式	Net income/Average total assets
	分析用公式	[Net income+Interest$(1-t)$]/Average total assets
资本回报率(Return on invested capital)		EBIT$(1-t)$/Average debt & equity
股东权益回报率或净资产回报率 (Return on equity, ROE)		Net income/Average total equity

下面将对这些公式进行逐一介绍。

(1) 资产回报率：该比率反映的是企业用资产创造回报(净利润)的能力。该比率越大，意味着企业用资产创造回报的能力越强。

(2) 投入资本的回报率：该比率反映的是企业用资本创造回报(税后的息税前利润)的能力。这里的投入资本包含长期及短期带息债务和所有者权益。

(3) 股东权益回报率：该比率反映的是企业用股东权益创造回报(净利润)的能力。股东权益回报率和资产回报率的更多内容，将在第20.3节(杜邦分析法)中进行讲解。

> **知识一点通**
>
> 考试中ROA的公式通常使用"常用公式"。但在分析师分析资产回报率时，往往使用"分析用公式"，因为公式中的分母表示债权人和股权人拥有的总资产，而净利润是给股东的回报，故要将净利润之前扣减的税后利息加回以调整债权人的回报，使得分子分母口径一致。

例题 20.2

以下哪项比率上升最可能被债权人看作负面消息？
A. 利息保障倍数
B. 债务资产比率
C. 资产回报率

名师解析

选项 B 正确。

对于债权人来说,选项 A 中的利息保障倍数上升,是一个利好的消息,意味着企业的偿债能力提高,对债权人的保障越高。选项 B 中债务资产比率上升,意味着公司的负债水平增加,加大企业的财务负担。对于债权人,这并不是一个好消息。选项 C 中,资产回报率上升,这是企业盈利能力增强的表现,对于债权人是个好消息。所以本题选项 B 正确。

20.2.3　行业特定比率

考点要求
描述(describe)行业特定比率的使用(★)

除前述的通用比率外,某些行业还关注自己的特定比率。例如,零售业会关注区分新店和老店的销售增长率(同店销售额),金融业会重视某些财务比率是否达到监管要求(资本充足率、准备金率等)。

20.2.4　财务建模和预测

考点要求
描述(describe)比率分析和其他技术如何用来建模和财务预测(★)

财务建模将在第 26 章"财务报表建模导论"中进行详细阐释。财务预测并不是孤立的点估计,而是需要估计未来的一系列可能性,常见以下三大类方法:

1. **敏感性分析**(Sensitivity analysis)

敏感性分析也称"假如"分析。假设一个变量变化,计算结果的变化。

2. **情景分析**(Scenario analysis)

在假定的几种情景下求出结果。例如,假设 3 种情景,好、差、正常。其中,差的情景可能意味着客户流失、供应链断裂或某项灾难事件发生,其他两种情况进行类比假定。分析师可以预估未来好、差、正常的情景发生的概率,以及在不同情景下求出对应的结果。

3. **模拟**(Simulation)

模拟是一种计算机生成的敏感性分析/情景分析,可能需要大量数据和计算。

20.3　杜邦分析法(Dupont Analysis)

杜邦分析法利用几种主要财务比率之间的关系,综合分析企业的财务状况,这种分析最早期是由美国杜邦公司提出的,故命名为杜邦分析法。其本质是将企业的净资产回报率(ROE)逐级分解为多项财务比率的乘积,这样有助于更好地分析企业的经营业绩。

20.3.1　杜邦三步法(Three-Step Analysis)

考点要求
说明(demonstrat)杜邦分析法的应用(★★★)

杜邦分解法能够更好地分析一家公司的净资产回报率变化的原因,同时,也能帮助企业管理层更清晰地认识企业的财务状况。

企业的净资产回报率(ROE),衡量的是所有者投入企业的净资产赚取收益的能力,分析师通过多种方法分解净资产回报率。首先,净资产回报率的公式为:

$$\text{ROE} = \frac{\text{Net income}}{\text{Average shareholder's equity}} \tag{20.3}$$

其次，通过乘法原则，可以将其分解为以下公式：

$$\text{ROE} = \frac{\text{Net income}}{\text{Revenue}} \times \frac{\text{Revenue}}{\text{Average assets}} \times \frac{\text{Average assets}}{\text{Average equity}} \quad (20.4)$$

通过分解，净资产回报率的公式变成了三项乘数的乘积，其中，第一项是盈利能力指标中的净利润率(net profit margin)，即反映了企业的盈利能力；第二项是总资产周转率(asset turnover)，即反映了企业的经营效率；第三项是财务杠杆比率(financial leverage)，即反映了企业的偿债能力。

> **知识一点通**
>
> 将三步分解法的前两项相乘（即净利润率乘以资产周转率），得到的是企业的资产回报率（ROA）。因此，ROE 的公式也可以分解为 ROE = ROA × Financial leverage。该公式反映了公司如何通过利用杠杆，对其原本的资产回报率进行改善。本章前文中曾提到，企业的财务杠杆一定大于等于1，当企业没有任何债务时，其杠杆比率等于1，这时资产回报率就等于净资产回报率；当企业有了贷款，企业也就是进行杠杆运营，所以其净资产回报率一定会比总资产回报率更高。

> **备考小贴士**
>
> 对于这个公式，考生不仅要掌握三步分解法下公式内有哪几项，还需要对每一个乘数属于哪种倍率有所掌握。考试出题时，也有可能会把公式做一些演变，比如公式前两个乘数的结果等于资产回报率，所以公式也可以表达成ROE=ROA×Financial leverage。

20.3.2 杜邦五步法（Five-Step Analysis）

在三步法的基础上，ROE 的公式还能再用五步法进一步地分解。在一些金融信息软件中，如 Bloomberg，通常就会用这个形式来分解公司的净资产回报率。相较三步法的计算公式，五步法除了保留了原来的资产周转率及财务杠杆外，将原先的净利润率(net profit margin)公式进一步地拆分为税务负担、利息负担及息税前收益率。

净利润的拆分公式如下：

$$\text{Net profit margin} = \frac{\text{Net income}}{\text{Revenue}} = \frac{\text{Net income}}{\text{EBT}} \times \frac{\text{EBT}}{\text{EBIT}} \times \frac{\text{EBIT}}{\text{Revenue}} \quad (20.5)$$

因此，完整的杜邦五步法的分解如下：

$$\text{ROE} = \frac{\text{Net income}}{\text{EBT}} \times \frac{\text{EBT}}{\text{EBIT}} \times \frac{\text{EBIT}}{\text{Revenue}} \times \frac{\text{Revenue}}{\text{Average assets}} \times \frac{\text{Average assets}}{\text{Average equity}} \quad (20.6)$$

通过分解，净资产回报率 ROE 的公式变成了五项乘数的乘积，其中，第一项是税务负担比率(tax burden ratio)，反映的是税收对于回报率的影响，税务负担系数越高，意味着企业的税率越低，ROE 越高；第二项是利息负担比率(interest burden ratio)，反映的是利息费用对于回报率的影响，利息负担系数越高，意味着企业的利息越低，ROE 越高；第三项是盈利能力指标中的息税前利润率(EBIT margin)，反映了企业的息税前盈利能力；第

—考点要求—
计算(calculate)并解释(interpret)杜邦分析法各组成部分的影响★★★

四项是总资产周转率（asset turnover），反映企业总资产的管理效率，总资产周转率越高，ROE 越高；第五项是财务杠杆比率（financial leverage），反映企业的偿债能力，财务杠杆率越低，企业的偿债压力越小。

> **知识一点通**
>
> 公式（20.6）中出现了两个概念，即税务负担（tax burden）及利息（财务）负担（interest burden）。如果税务负担比率的值越高，意味着公司能够"保留"的利润比例越大，也同时说明了公司的税率（tax rate）越低。税务负担比率和税率之间的关系可以用公式 Tax burden＝1－Tax rate 来描述。

练一练

20-1 Assuming there is no change in other variables, which of the following would decrease ROE?

A. A decrease in the effective tax rate.

B. A decrease in depreciation expense.

C. An increase in average equity.

20-2 An analyst gathered the following data from Golden Corporation：

	2023	2022
ROE	20%	18.8%
Tax burden	0.85	0.82
Interest burden	0.92	0.92
EBIT margin	15%	15%
Asset turnover	1.6	1.8
Financial leverage	1.07	0.92

Based on the data above, Golden's 2023 ROA was closest to：

A. 18.70%.

B. 20.43%.

C. 17.40%.

20-3 Which of the following would an analyst most likely be able to determine from a common-size analysis of a company's balance sheet over several periods?

A. An increase or decrease in sales.

B. An increase or decrease in financial leverage.

C. A more efficient or less efficient use of assets.

20-4 Which of the following statements is incorrect?

A. Turnover ratios could help to evaluate the liquidity management of a company.

B. Net operating cycle refers to the period from purchasing raw materials to receiving cash from sales.

C. A shorter operating cycle compared to the industry is an indication of effective working capital management.

20-5 Which of the following is the best measure of the ability to meet short-term obligations for a company?

A. Inventory turnover.

B. Debt-to-asset ratio.

C. Quick ratio.

第21章 存货分析

知识引导

本章开始学习资产负债表的重点科目——存货。本章主要围绕存货的计量展开讨论,内容涉及存货的初始确认、发出存货的计价方法、不同准则下存货的减值处理及存货的披露。

考点聚焦

本章在考试中的占比较大,是"财务报表分析"科目中比较重要的章节,考生须全面把握本章的知识点。

本章框架图

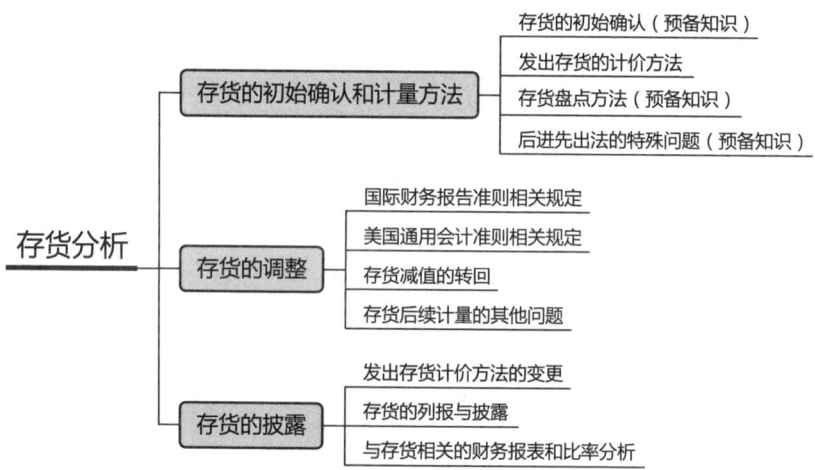

21.1 存货的初始确认和计量方法

存货的初始确认

一、简介

存货即一家公司主要销售的产品,比如农产品、机器设备、建筑材料、电子数码设备等。商贸类公司以及生产制造类公司(以下简称制造商)都是通过销售商品获得收入的。商贸公司的存货主要来自外购已经达到可售出标准的商品,而与之相对,制造商需要采购原材料并加工成产成品后才能出售。因此,相比商贸公司的存货中只包含商品,制造商的存货中可能包括原材料(raw materials)、半成品(work-in-progress)以及产成品(finished goods)。在 CFA® 的考试中主要涉及商品或产成品。

存货对于财务报表而言是极为重要的,因此分析师需要格外关注。

二、初始确认

存货的初始确认主要讨论哪些与存货相关的支出应当计入存货的初始入账成本,而哪些支出应当在发生当期一次性费用化计入利润表中。

1. 存货的初始入账成本

存货分为外购和自制。外购的存货初始入账成本包含采购成本(purchase cost)以及其他必要支出;而自制的存货初始入账成本包含原材料、直接人工、变动及固定制造费用(variable and fixed overhead)以及其他必要支出,其中直接人工加上制造费用又称为转化成本(conversion cost)。值得注意的是,原材料也是外购的,因此原材料成本的初始确认参照外购存货。

采购成本(purchase cost)包括买价(price)、运费(transport)、关税(import duties)、保险(insurance)以及装卸费(handling)等。值得注意的是,如果采购存货时享有折扣(discount)、折让、回扣和返利(rebates),应将其从采购成本中扣减。

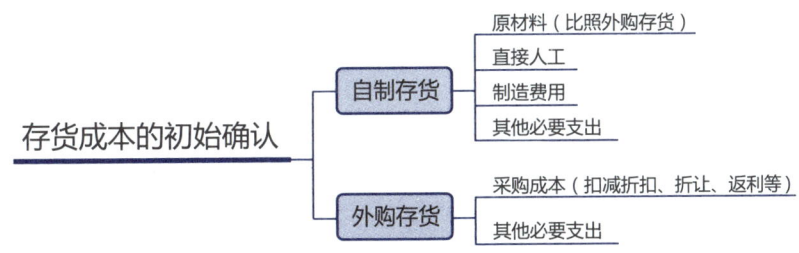

存货成本的初始确认

其他必要支出包括将存货运到当前地点和使存货达到当前可出售状态所发生的必要支出,比如满足条件的仓储费用以及测试费(testing fee)等。

> **2. 费用化支出**
>
> 并非所有与存货相关的支出都计入存货的初始入账成本，某些不满足条件的支出应当在发生当期计入期间成本（period cost）反映到利润表中，这些支出包括：非正常损耗的原材料、人工或其他转化费用（abnormal costs from waste of materials, labor or other production conversion inputs）；销售和管理费用（selling costs, administration overhead）等。

21.1.1 发出存货的计价方法

发出存货的计量主要是指存货卖出后如何确定当期的销售成本（COGS）以及期末剩余存货的成本。核心计算公式如下：

销售成本（COGS）＝期初存货（Beginning inventory）＋本期采购（Purchase）
　　　　　　　　－期末存货（Ending inventory）

根据费用确认的匹配原则，销售成本（COGS）应当在销售发生时确认，而在销售发生前应作为一项资产（即存货）列示在资产负债表中。

国际财务报告准则（IFRS）与美国通用会计准则（US GAAP）允许使用的发出存货计价方法基本相同。然而美国通用会计准则还允许使用"后进先出法"。两套准则各自认可的发出存货的计价方法如表21.1所示。

—考点要求—
计算（calculate）并解释（explain）存货的成本持续上涨和持续下跌是如何影响不同的发出存货计价方法下的财务报表数据以及相应的财务比率的（★★★）

表 21.1 发出存货计价方法

发出存货计价方法	个别计价法 (Specific Identification)	先进先出法 (First-in, First-out)	加权平均法 (Weighted Average Cost)	后进先出法 (Last-in, First-out)
IFRS	√	√	√	×
US GAAP	√	√	√	√

1. 个别计价法（Specific Identification）

公司在核算不能进行普通替代（interchangeable）的存货时，往往采用个别计价法。此外，当公司接到特殊订单需要交付定制存货时也可能采用这种方法。个别计价法是四种发出存货计价方法中最精确的，但是也因为这种精确核算导致花费的时间和人工成本比较高，因此，对于**批量生产**的，以及**同质化**的存货往往采用其他三种发出存货计价方法。可能采用个别计价法的存货包括：贵重首饰、珠宝等。

2. 先进先出法（First-in, First-out）

先进先出法（FIFO）假定公司最早生产或购进的存货被最先售出。因此，先进先出法下，当期销售成本（COGS）更多反映的是历史成本信息，而期末存货（ending inventory）则反映更靠近当前时点的成本信息。

在存货价格持续上涨期间，先进先出法下售出货物的单位成本要低于期末存货的单位成本。而在存货价格下降期间，情况则恰好相反。

3. 后进先出法(Last-in, First-out)

只有美国通用会计准则允许使用后进先出法(LIFO),后进先出法假定公司新生产或新购进的存货被最先售出。因此,在后进先出法下,当期销售成本(COGS)更多反映当前市场下存货的成本信息,而期末存货(ending inventory)则更多反映历史成本信息。

在存货价格持续上涨期间,后进先出法下,售出货物的单位成本要高于期末存货单位成本;而在存货价格持续下降期间,则恰好相反。

4. 加权平均法(Weighted Average Cost)

加权平均法需要先计算存货的单位成本,计算式如下:

$$单位成本 = \frac{期初存货成本 + 本期生产或购进存货成本}{期初存货数量 + 本期新增存货数量} \tag{21.1}$$

$$当期销售成本 = 单位成本 \times 当期存货销售数量$$

$$期末存货成本 = 单位成本 \times 期末结存存货数量$$

因此,无论是在存货价格持续上涨还是下跌的期间,当期售出货物与期末结存存货的单位成本都是相同的。**而当期销售成本和期末结存存货的价值都介于先进先出法和后进先出法之间**(重要结论)。

例题 21.1

一家公司分别于1月1日、2日、3日和4日购买了四个商品A、B、C和D,价格分别为5美元、6美元、7美元和8美元。假设A和C在1月30日售出,请使用四种成本流转方法(cost flow methods)分别计算销货成本(COGS)和期末存货价值(Ending inventory)。

名师解析

(1) 个别计价法(Specific Identification)。

个别计价法假定A、B、C、D四个存货能够彼此区分,因此当期售出的存货能精确区分是A、C被售出,而B、D结存。

因此 COGS = 5+7 = USD 12,Ending inventory = 6+8 = USD 14。

(2) 先进先出法(FIFO)。

先进先出法假定A、B、C、D中先购入的先卖出,因此A、B先售出,而C、D结存。

因此 COGS = 5+6 = USD 11,Ending inventory = 7+8 = USD 15。

(3) 后进先出法(LIFO)。

后进先出法假定A、B、C、D中后购入的先卖出,因此C、D先售出,而A、B结存。

因此 COGS = 7+8 = USD 15,Ending inventory = 5+6 = USD 11。

(4) 加权平均法(WAC)。

先计算单位成本:

$$单位成本 = \frac{5+6+7+8}{4} = USD\ 6.5$$

卖出两个,故有:

$$COGS = 6.5 \times 2 = USD\ 13$$

还剩两个,故有:

$$Ending\ inventory = 6.5 \times 2 = USD\ 13$$

5. 总结对比

在存货价格持续上涨期间，先进先出法（FIFO）和后进先出法（LIFO）对于财务报表以及财务比率的影响，相关重要结论总结如表21.2和表21.3所示。

考点要求

计算(calculate)并解释(explain)存货的成本持续上涨和持续下跌是如何影响不同的发出存货计价方法下的财务报表数据以及相应的财务比率的(★★★)

表 21.2　FIFO 和 LIFO 对于财务报表的影响

财务报表	LIFO	FIFO
利润表	COGS(更高)	COGS(更低)
	EBT(更低)	EBT(更高)
	所得税费用(更低)	所得税费用(更高)
	净利润(更低)	净利润(更高)
资产负债表	期末存货价值(更低)	期末存货价值(更高)
	营运资本(更低)	营运资本(更高)
现金流量表	经营活动现金流更高(支付的所得税更少)	经营活动现金流更低(支付的所得税更多)

假定其他条件保持不变，LIFO 和 FIFO 两种方法的对比如下。

（1）利润表：由于 LIFO 下 COGS 反映最近的价格，在物价上涨的环境下，LIFO 的 COGS 比 FIFO 的 COGS 更高。进而，LIFO 的 EBT 和 NI 比 FIFO 的值更低。另外，LIFO 下的 tax expense 比 FIFO 下的 tax expense 更低。

（2）资产负债表：由于 LIFO 下存货的期末余额反映最早的价格，在物价上涨的环境下，LIFO 的期末存货比 FIFO 的期末存货更低，进而 LIFO 的营运资本也低于 FIFO 的营运资本。

（3）现金流量表：LIFO 与 FIFO 仅对 COGS 和期末存货价值产生直接影响，而对现金流的影响是间接地通过当期实际支付的税费产生的。在美国，税法采用和会计一致的发出存货计价方法，因此，在 LIFO 下，税前利润更低，当期产生的所得税现金流流出更少，因此经营活动现金流更高。

表 21.3　FIFO 和 LIFO 对于财务比率的影响

财务比率	LIFO	FIFO
盈利能力比率	毛利率和净利润率(更低)	毛利率和净利润率(更高)
短期偿债能力比率	流动比率(更低)	流动比率(更高)
长期偿债能力比率	D/A, D/E(更高)	D/A, D/E(更低)
活动比率	存货周转率(更高)	存货周转率(更低)

假定其他条件保持不变，FIFO 和 LIFO 两种方法的对比如下。

（1）盈利能力比率：在 LIFO 下 COGS 更高，因此各项利润指标都更低。

（2）短期偿债能力——流动比率（流动资产/流动负债）：由于 LIFO 下期末存货价值更低，流动负债不受影响，因此流动比率更低。

（3）长期偿债能力比率：偿债能力中负债部分不受发出存货计价方法的影响，而在 LIFO 下，总资产和股东权益(equity)都更小，因此杠杆比率更高，偿债能力更弱。

（4）活动比率：在 LIFO 下，COGS 更高，而期末存货价值更低，因此存货周转率更高，但这只是会计上存货计价方法带来的差异，并不意味着公司的实际经营效率更高。

> **备考小贴士**
> FIFO 和 LIFO 的对比属于常考考点,考生应该掌握两种发出存货计价方法的实质、计算以及对财务报表和财务比率的重要影响,在能够理解会计关系的前提下记忆。

存货盘点方法

存货盘点方法包括定期盘存制(periodic inventory system)以及永续盘存制(perpetual inventory system)。其中,定期盘存制也称实地盘存制,永续盘存制也称账面盘存制。

发出存货的计量主要关注不同存货计价方法下可能对于当期销货成本(COGS)和期末存货账面价值(Ending Inventory)带来的影响,而事实上除了四种存货计价方法可能造成差异外,存货的盘点方法也可能会对发出存货的当期销货成本和期末存货账面价值带来影响。

定期盘存制假定存货的盘点在期末进行。公司通过采购账户(purchase account)记录期间新购进的存货,期间并不核算发出的存货,等到了期末进行仓库存货的盘点,最后通过期末盘点的存货数量和采购账户记录的新增存货数量,倒推出本期销售的存货数量,计算式如下:

销售数量=期初存货数量+本期采购存货数量-期末存货数量

例如,A公司采用定期盘存制按季度核算存货,期初存货50件,本期通过采购账户记录的新购进存货有120件,期末盘点时发现剩余70件,则

本期销售的件数=50+120-70=100(件)

定期盘存制下,每一期期末通过盘点,统一核算期末存货账面价值及对应的当期销货成本(**定期盘存先确定期末存货账面价值,再通过存货的 BASE 法则倒挤出当期销货成本**)。在先进先出法下,售出的存货从期初存货开始计算;在后进先出法下,售出的存货从**期间最后一次购进的存货**开始计算。

永续盘存制下,会计期间内每当有存货对外销售时,就结转销货成本(**永续盘存先确定当期销货成本,再通过存货的 BASE 法则倒挤出期末存货账面价值**)。在先进先出法下,售出的存货从期初存货开始计算;在后进先出法下,售出的存货从**每次销售发生前最近一次购进的存货**开始计算。

对比上述两段内容可知,先进先出法下永续盘存制和定期盘存制核算出的当期销货成本和期末存货账面价值是一致的,而后进先出法下永续盘存制和定期盘存制核算出的当期销货成本和期末存货账面价值可能是不同的。

试举一例,A公司1月份存货相关记录如下表:

日期	事项	数量(件)	单位成本(USD)
1月1日	期初存货	2	2
1月7日	采购存货	3	3
1月12日	销售存货	4	—
1月19日	采购存货	5	5
1月29日	销售存货	3	—

(1) FIFO 下定期盘存制和永续盘存制核算的当期销货成本与期末存货账面价值：
定期盘存制：

$$期末存货账面价值 = 3 \times 5 = 15$$

$$当期销货成本 = 2 \times 2 + 3 \times 3 + 5 \times 5 - 15 = 23$$

永续盘存制：

$$当期销货成本 = 2 \times 2 + 2 \times 3 + 1 \times 3 + 2 \times 5 = 23$$

$$期末存货账面价值 = 2 \times 2 + 3 \times 3 + 5 \times 5 - 23 = 15$$

(2) LIFO 下定期盘存制和永续盘存制核算的当期销货成本与期末存货账面价值：
定期盘存制：

$$期末存货账面价值 = 2 \times 2 + 1 \times 3 = 7$$

$$当期销货成本 = 2 \times 2 + 3 \times 3 + 5 \times 5 - 7 = 31$$

永续盘存制：

$$当期销货成本 = 3 \times 3 + 1 \times 2 + 3 \times 5 = 26$$

$$期末存货账面价值 = 2 \times 2 + 3 \times 3 + 5 \times 5 - 26 = 12$$

对四种存货计价方法，定期盘存制和永续盘存制的区别总结如下：

发出存货的计价方法	定期盘存制	永续盘存制
FIFO 或 个别计价法	COGS(定期) = COGS(永续)	
	End.Inv(定期) = End.Inv(永续)	
LIFO 或 加权平均法	COGS(定期) ≠ COGS(永续)	
	End.Inv(定期) ≠ End.Inv(永续)	

后进先出法的特殊问题

在美国，后进先出法被广泛采纳（大约 36% 的公司选择后进先出法作为发出存货计价方法），这是因为绝大部分商品随着宏观经济的变动，物价一般都呈现上涨趋势（除电子数码等特殊存货）。因此，采用后进先出法在物价上涨的大环境下能够减少企业应缴所得税额。此外，公司未来产生的现金流是公司估值的依据，较少的所得税能导致较大的现金流，一定程度上能够提升企业的估值。

美国税法规定了"后进先出统一原则"，凡是采用后进先出进行发出存货计价的公司，在缴税与会计记录上必须保持统一（报税基于 LIFO 则财务报表记录也必须基于 LIFO）。当存货价格处于持续上涨期间，采用后进先出法会导致利润表中销售成本更高，毛利更低，经营利润更低，应缴所得税更低，最后净利润也会更低；在资产负债表中则会导致更低的期末存货价值、营运资本、总资产、留存收益以及股东权益。而当存货价格处于持续下降期间时上述影响则刚好相反。因此，公司往往希望能够在存货价格持续上涨期间使用后进先出法而不是在价格下跌期间。

一、后进先出储备(LIFO Reserve)

对于采用后进先出法的公司,美国通用会计准则(US GAAP)要求公司在附注或者资产负债表中披露后进先出储备(LIFO reserve)。总体来说,后进先出储备即是采用先进先出法下记录的期末存货价值与后进先出法期末存货价值的差额。分析师在比较采用不同发出存货计价方法的公司时即可通过后进先出储备将后进先出法下记录的相关财务数据调整为先进先出法下的数据。

1. 资产负债表后进先出储备相关调整

$$期末存货_{FIFO} = 期末存货_{LIFO} + 后进先出储备$$

2. 利润表后进先出储备相关调整

$$销售成本_{FIFO} = 销售成本_{LIFO} - \Delta 后进先出储备$$

二、后进先出储备损耗①(LIFO Liquidation)

在存货价格持续上涨期间,采用先进先出法计量存货的公司,其期末存货价值同等条件下肯定高于采用后进先出法计量存货的公司期末存货的价值。一般认为,正常情况下,公司当期新增(采购或自制)存货数量往往会多于当期售出数量,因此正常情况下后进先出储备往往会逐年增大。

然而某些情况下,公司当期售出的存货可能要多于当期新增,此时除了当期新增的存货被悉数售出以外,早期留存的成本较低的存货也被售出,此时采用后进先出法的公司被认为发生了后进先出储备损耗(LIFO liquidation)。例如,本期售出100件存货,在正常情况下,该100件售出的存货均应为当期新购进的存货,因而单位成本较高;而在后进先出储备损耗发生时,可能其中70件当期新增的存货被全部售出,而另外30件则为更早期、单位成本较低的期初存货。因而,对于两种条件下的100件售出存货的销售成本,在产生后进先出储备损耗(LIFO liquidation)时,当期销售成本更低且不再反映当前市场价格,因此毛利润更高,净利润也更高。

后进先出储备损耗(LIFO liquidation)的发生可能有多种原因,比如工人罢工使得制造业无法在当期生产足够的存货,因此只能售出早期结存的存货;再比如在经济衰退时,实体经济对存货的需求下降,企业为了减少库存积压而刻意减产。

值得注意的是,分析师需要关注公司管理层是否刻意地通过后进先出储备损耗来人为地操纵利润。例如在业绩不好的年份,管理层可能故意通过后进先出来降低当期销售成本从而虚增当期毛利和净利润。因此分析师需要关注报表附注或资产负债表中后进先出储备的变化情况,来判断当期是否发生了后进先出储备损耗。如果后进先出储备对比上年降低,则意味着当期发生了后进先出储存损耗,此时分析师需要关注损耗发生的原因,同时做出相应的分析调整。

21.2 存货的调整

存货的后续计量主要关注期末存货应该以怎样的金额列示在资产负债表中,如果存货没有发生减值(write-down),则存货以发出存货计价方法中期末存货的金额计量;如果

---

① Liquidation 在中文中译为"清算",但 LIFO liquidation 想表达的是 LIFO reserve 的消耗/减少,故本文将 LIFO liquidation 翻译为"后进先出储备损耗"。

存货发生了减值，则应以减值后的金额计量。本节内容主要讨论国际财务报告准则（IFRS）和美国通用会计准则（US GAAP）对存货减值问题的处理。

21.2.1 国际财务报告准则相关规定

—考点要求—
描述（describe）存货减值的计量以及对财务报表和比率的影响（★★）

国际财务报告准则（IFRS）规定公司应采用存货成本与可变现净值孰低（the lower of cost and net realizable value）的原则作为存货后续计量的基础，即如果存货成本大于可变现净值，则存货发生减值，减值部分的金额计入资产负债表存货减值准备科目用于减少存货账面价值，同时计入利润表中的费用科目（通常计入销售成本，也可单独列示）；若存货成本小于可变现净值，则存货并未发生减值，不做会计调整。

商品或产成品（finished goods）的可变现净值计算式为：

$$可变现净值(NRV) = 预计销售价格 - 销售费用 \qquad (21.2)$$

半成品（work-in-progress）或原材料的可变现净值计算式为：

$$可变现净值(NRV) = 预计销售价格 - 销售费用 - 完工还需耗费的成本$$

21.2.2 美国通用会计准则相关规定

美国通用会计准则（US GAAP）规定公司应采用存货成本与"市场"孰低（the lower of cost and market）的原则作为存货后续计量的基础，即如果存货成本大于"市场"（market），则存货发生减值，减值部分的金额应计入资产负债表中的存货减值准备科目以及利润表中的费用科目（通常计入销售成本，也可单独列示）；若存货成本小于"市场"，则存货并未发生减值，不做会计处理。

"市场"被定义为当前的重置成本（replacement cost），但受到上限和下限的约束。上限是可变现净值（NRV），下限是可变现净值减去产品的正常利润（normal profit margin）。"市场"的具体确定方法如表21.4所示。

表 21.4 "市场"的确定方法

参考依据		比较原则	"市场"（Market）
①重置成本	②NRV ③NRV－Normal profit margin	①＞②	②
		③≤①≤②	①
		①＜③	③

例题 21.2

高顿商贸股份有限公司（以下简称"高顿公司"）2×23年有关存货的信息如下：
- 存货成本　　　　USD 410
- 预计销售价格　　USD 425
- 预计销售费用　　USD 22
- 重置成本　　　　USD 397
- 正常产品利润　　USD 12

问：高顿公司如果分别采用 IFRS 和 US GAAP，则期末存货应在资产负债表中列示的金额是多少？

名师解析

分别用 IFRS 和 US GAAP 的存货后续计量原则判断存货是否发生减值,如果减值则以减值后的金额列示在资产负债表中。

(1) IFRS 下的处理。

NRV=425−22=USD 403,而存货成本=USD 410,故存货发生了减值,减值金额为 USD 7,资产负债表中存货以 USD 403 列示。

(2) US GAAP 下的处理。

存货成本=USD 410,"市场"的确定如下:

① 重置成本=USD 397;
② NRV=425−22=USD 403;
③ NRV−Normal profit margin=403−12=USD 391。

因此有③≤①≤②,所以应将重置成本作为"市场"(market),而"市场"<存货成本。故减值金额=410−397=USD 13,期末存货以 USD 397 列示在资产负债表中。

21.2.3 存货减值的转回

存货减值之后如果后续期间有证据表明存货价值回升,国际财务报告准则规定减值的转回(reversal)是可行的,但以原来计提的减值金额为限。而美国通用会计准则则不允许减值转回。

例题 21.3

接例题 21.2,假如 1 年后,高顿公司的存货价值恢复,可变现净值(NRV)以及重置成本均上升了 USD 10,问:存货价值的恢复分别在 IFRS 和 US GAAP 下会对公司财务报表带来怎样的影响?

名师解析

减值回转在两大会计准则中的处理如下。

(1) IFRS 下的处理原则。

尽管存货的可变现净值(NRV)上升 USD 10,然而减值回转只能以原来计提的减值金额为限,因此只能转回 USD 7,即冲减原来计入的减值(减少当期的 COGS),从而增加当期的净利润,而剩余的 USD 3 不予以确认。

(2) US GAAP 下的处理原则。

减值的回转不能进行确认,但存货价值的上升在销售时会增加当期的净利润。

知识一点通

美国通用会计准则(US GAAP)的"市场"(market)确定,事实上核心依据是重置成本,只不过给重置成本的浮动区间设定了下限和上限(NRV-Normal profit margin,NRV),只要重置成本在浮动区间内则重置成本作为"市场",而当重置成本超过了浮动区间,则以上限或下限作为"市场"。

> **备考小贴士**
>
> 存货的后续计量减值相关问题属于考试重点,考生需要掌握两大会计准则下的处理方法和计算。

21.2.4 存货后续计量的其他问题

—考点要求—
解释(explain)
分析师所关注的存货相关问题(★)

存货一经减值可能会对资产负债表和利润表都带来负面的影响。此外,一些重要的财务比率(如盈利能力比率、短期和长期偿债能力比率)都会受到负面的影响。但是,活动比率中的存货周转率(turnover)可能会受到正面的影响,因为比率分子部分的销售成本(COGS)增大,而分母部分的平均存货的账面价值减小。分析师在分析时需要注意,这项指标的提高并不一定意味着存货管理效率的提升。

此外,《国际会计准则第2号——存货》不适用于农、林、矿产企业的相关存货,也不适用于大宗商品的做市商和经纪商。因为这些产品存在活跃交易市场,故可以按照可变现净值(市场公允价格扣减销售费用)计量,产品价值的实际变动随着市场的变动计入利润表。

> **备考小贴士**
>
> 该部分内容非考试重点,做一般了解即可。

21.3 存货的披露

21.3.1 发出存货计价方法的变更

发出存货计价方法的变更属于会计政策、方法的变更。当变更发生时,准则要求公司采用追溯调整法(retrospective application)调整以前年度及变更当期报表。

发出存货计价方法的变更应在报表附注中予以充分披露,分析师需要关注企业变更方法的理由是否恰当,是否为了降低所得税费用或是提高公司利润。

21.3.2 存货的列报与披露

两大会计准则要求列报和披露的内容基本上是相同的,但美国通用会计准则(US GAAP)不允许存货减值的转回(reversal)。需列报和披露事项如表21.5所示:

表 21.5 存货的列报和披露

—考点要求—
描述(describe)
存货相关的列报和披露(★)

序号	存货的列报和披露事项
A	存货计量的会计政策,包括发出存货的计价方法
B	存货总的账面价值以及明细类别的账面价值(比如:原材料、半成品等)
C	以公允价值减去销售成本计量的存货账面价值
D	当期计入销售成本(COGS)的存货价值

序号	存货的列报和披露事项
E	当期计提的存货减值的金额
F	当期作为减值转回冲减了销售成本（COGS）的金额
G	当期导致存货减值转回的环境或事项
H	作为债务抵押或质押的存货

21.3.3 与存货相关的财务报表和比率分析

分析师在分析存货相关的事项时，需要关注可能会受到发出存货计价方法影响的财务比率（见第 21.1 节），以及在存货后续计量过程中可能存在的存货减值和转回带来的影响（见第 21.2 节）。

此外，存货的增长率与销售增长率变动的关系，能够一定程度反映经济周期和预期未来企业盈利的增长。例如，公司原材料和半成品的迅速增长可能预示着市场强劲的需求，而产成品的增长速度高于原材料和半成品的增长速度可能意味着产品需求的下滑。

存货销售增长率高于存货的增长率可能预示着旺盛的需求，而反之可能预示着需求的下滑等。

—考点要求—
解释（explain）分析师在检视存货披露信息时应关注的问题（★）

> **备考小贴士**
> 该部分内容非考试重点，一般了解即可。

练一练

21-1 In an inflationary environment, which of the following is most accurate?
A. LIFO will result in higher gross profit margin than both FIFO and weighted average cost method.
B. FIFO will result in higher ending inventory balance than weighted average cost method.
C. Weighted average cost method will result in the highest ending inventory.

21-2 Which of the following is not a possible result when inventory is written down?
A. Carrying value of ending inventory is lower.
B. The total asset turnover is lower.
C. Net income is lower.

21-3 If the company uses LIFO inventory valuation method under perpetual system, its COGS in the end of year would be closest to:

Date	Units held /Purchase	Cost	Unit Sold
Dec.1	25 000	$ 35	
Dec.7	2 000	$ 36	
Dec.10			2 500
Dec.22	4 000	$ 39	
Dec.25			3 000

A. $ 206 500.
B. $ 210 000.
C. $ 192 500.

21-4 A company records its information related to inventory as below:

Date	Units held/Purchase	Cost	Unit Sold
Dec.1	500	$35	
Dec.7	200	$36	
Dec.10			250
Dec.22	400	$39	
Dec.25			300

If the company uses LIFO inventory valuation method under periodic system, its inventory in the end of year would be closest to:
A. $20 650.
B. $21 000.
C. $19 300.

21-5 MG, a manufacturing company, reports its financial statement under US. GAAP. Information related to its inventory is showed as follow ($ Millions):

Carrying amount of ending inventory	120
Selling price	125
Selling cost	15
Replacement cost	105
Normal profit margin	7

According to the information above, impairment loss in this period is most likely:
A. $15.
B. $0.
C. $17.

21-6 A company purchased an inventory item for $100 in Year 1. The inventory item was written down to $80 as of December 31, Year 1. As of December 31, Year 2, the inventory item had a selling price of $100, and a replacement cost of $90. The selling cost of the inventory item is $3. Normal profit margins for this company are 15 percent. Under US GAAP, what is the carrying value of the inventory item as of the December 31, Year 2?
A. 102.
B. 90.
C. 80.

扫码查看
答案及解析

第 22 章 长期资产分析

知识引导

长期资产包括固定资产和无形资产。企业持有长期资产的目的不是出售,而是要在较长期间内增加经营的效益。长期资产涉及的问题主要有:长期资产取得成本包括哪些、内部的研发支出是否可以作为无形资产入账、长期资产持有期间发生的折旧摊销如何处理、长期资产减值如何处理、长期资产终止的确认方式以及长期资产的不同计量模式。

考点聚焦

在本章的学习中,考生要重点掌握长期资产的取得、减值和终止的处理,以及长期资产的披露等几个内容。

本章框架图

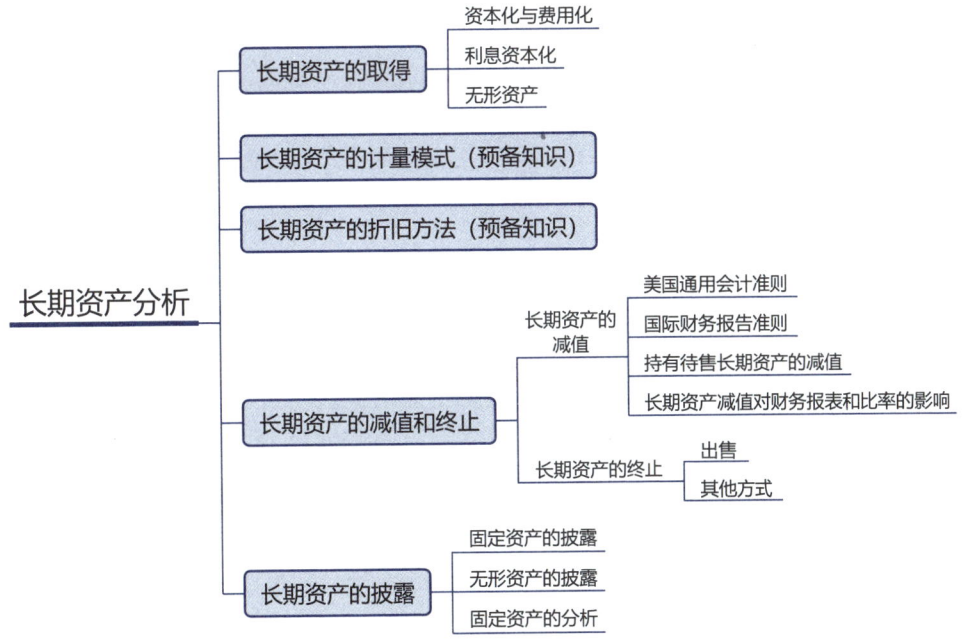

22.1 长期资产的取得

—考点要求—
区分(contrast)将支出资本化或费用化的影响(★★★)

22.1.1 资本化与费用化 (Capitalizing vs Expensing)

企业的一笔支出,可能以两种形式体现在财务报表上。如果能计入新增资产的价值,那这笔支出就被**资本化**了。如果不能,则计入当期的费用,称为**费用化**。

只要是在资产达到预定可使用(intended use)状态之前发生的必要支出都是资产的取得成本,所以这些支出都构成了资产的初始入账价值,需要被资本化。

比如一台机器设备的取得成本就包括购买价款、买方负担的运费、安装调试费等,这些都是使机器达到预定可使用状态前发生的必要支出。这些支出都构成了这台机器的初始入账价值。

而有些支出,比如员工的培训费、机器的修理费用,由于都不是机器达到预定可使用状态前发生的必要支出,所以都不能资本化,只能计入当期发生的费用。

> **知识一点通**
> 对于机器的改良支出,由于改良后,机器的用途、寿命等已经与之前不同,所以改良支出是机器达到新的预定可使用状态前的必要支出,也需要资本化。

资本化将支出在资产负债表中记为资产,在资产的使用年限内对其进行折旧,并在利润表中计入折旧费用,相当于把当期的支出分摊到将来。资本化的支出通常在现金流量中归属于投资活动现金流。

费用化将支出在当期利润表中记为费用,费用化的支出通常在现金流量表中归属于经营活动现金流。

相较于费用化,资本化一项支出使资产负债表中的资产价值更高。在当期利润表中,资本化一项支出使得费用较低,因此净利润较高。在以后年度,折旧费用导致利润表中的费用较高,净利润较低。

资本化与费用化对财务报表的影响见表22.1。

表 22.1 资本化与费用化对财务报表的影响

项目	资本化	费用化
资产	高	低
权益	高	低
杠杆比率	低	高
净利润(当年)	高	低
净利润(以后年度)	低	高
ROE、ROA(当年)	高	低
ROE、ROA(以后年度)	低	高
经营活动现金流量	高	低
投资活动现金流量	低	高

22.1.2 利息资本化

企业为购买或建造某项资产借入的款项,该项资产如果需要长时间以达到预定可使用(intended use)状态,则在此之前产生的借款利息一般要求资本化。

作为分析师需要注意的是:

(1) 在现金流量表中,资本化的利息支出在国际财务报告准则和美国通用会计准则下都被分类为投资活动现金流。费用化的利息支出在国际财务报告准则下被分类为经营活动现金流或融资活动现金流,在美国通用会计准则下被分类为经营活动现金流。

(2) 计算利息保障倍数(interest coverage ratio)时,在分析时应同时考虑资本化和费用化的利息,并去除折旧中资本化利息部分对息税前利润的影响。

> **知识一点通**
>
> 利息保障倍数 = $\dfrac{\text{息税前利润}}{\text{利息费用}}$。分析时,应当在分子部分加回因资本化而折旧的利息;在分母部分将资本化和费用化的利息同时包含进去。

22.1.3 无形资产

无形资产是没有物理形态的非货币性资产。常见的无形资产有专利权、商标权、版权、特许经营权等。无形资产的取得方式一般有外购、内部研发和企业合并这三种。

1. 外购的无形资产

对于外购的无形资产,初始入账成本就是买价和其他必要支出的总和。

2. 内部研发形成的无形资产

对于内部研发形成的无形资产,由于取得成本往往无法得知,所以一般不作为无形资产入账。大多数研发开支直接在发生当期计入研发费用。具体而言,IFRS规定,研究阶段(research phase)的支出不允许资本化,应计入当期损益;开发阶段(development phase)的支出,如果符合资本化条件(包括证明形成该无形资产的**技术可行性(technological feasibility)**、具有使用或出售该无形资产的意图),应当计入无形资产的成本。**US GAAP规定,研究阶段和开发阶段的支出都不允许资本化,应计入当期损益,但某些软件开发的支出除外**。对于对外销售软件(software for sale)的开发支出,需在证明该产品的技术可行性后才能被资本化;而对于自用的软件(software for internal use)的开发支出,只有在该产品被证明很有可能完成且可以按照预期使用后才能被资本化。

—考点要求—
比较(compare)由外购、内部研发和企业合并产生的无形资产的财务报告(★★)

> **知识一点通**
>
> 研发是研究阶段与开发阶段两个阶段的总称。研究阶段的成果是形成某种知识,而开发阶段是将研究阶段的成果转化成某项能带来经济利益的资产。在开发阶段的支出,只有发生在技术可行性被证实之后的可以被资本化。由于证实有技术可行性的时点往往已经处于开发阶段的后期,所以实际能资本化的开发支出很少。

> **备考小贴士**
>
> 此处主要考核研发费用能否资本化，怎样的研发费用可以资本化，另外要注意美国准则下能资本化的研发项目只限定于软件开发。

例题 22.1

Gordon Pharma，为 Gordon 集团在美国的全资子公司，研发的一款新药刚刚获得美国 FDA 上市许可。这款新药的研发支出高达 1 000 万美元，技术可行性时点达到后发生的支出为 100 万美元。计入无形资产的成本是多少？

名师解析

在国际财务报告准则下，研发费用中开发阶段发生在技术可行性被证明时点之后的支出可以资本化。但是这是家美国公司，根据美国通用会计准则，该项目是药品研发不是软件开发，所以相关研发费用不能被资本化。

3. 企业合并中取得的无形资产

有一些无形资产是在企业并购交易中才被确认的，这些无形资产又分为以下两种。

第一类是被购买企业原未确认的无形资产（例如，被购买方正在进行的内部研发项目）。如果满足无形资产确认的条件，则购买方应该将其确认为一项无形资产。

第二类是并购对价中包含的商誉（goodwill）。这是购买方的出价高于被购买方所有可辨认净资产公允价值的部分，是购买方对被购买方总体的评估溢价。

商誉属于不可单独辨认的无形资产，识别商誉通常有三步：

（1）确定收购目标公司的收购价格。

（2）计量被收购公司可辨认资产和可辨认负债的公允价值，两者之差即为被收购公司的可辨认净资产的公允价值。

（3）收购价格超过被收购公司的可辨认净资产的部分即为商誉。

一、长期资产的计量模式

就目前来说，长期资产在国际财务报告准则下涉及的计量模式有三种：成本模式（cost model）、重估模式（revaluation model）和公允价值模式（fair value model）。在美国通用会计准则下，长期资产的计量全部使用成本模式。

1. 成本模式

成本模式是以历史成本计量长期资产。在持有期间，使用寿命有限的长期资产会发生折旧或摊销。

$$账面价值＝历史成本－累积折旧/摊销－减值$$

这种模式使用最为广泛。美国通用会计准则下，所有的长期资产都使用成本模式计量。在国际准则下，成本模式也可以应用于任何一种长期资产的计量。

2. 重估模式

重估模式是以重估价值计量长期资产。具体来说，就是在每一个重估日，将资产的账面价值调整成重估价值。

$$账面价值＝重估日该资产的公允价值－重估日后的累积折旧/摊销$$

长期资产的重估是否影响损益(即是否计入利润表),取决于重估开始的时候,是调增还是调减该长期资产的账面价值,具体来说:

如果先发生了重估损失,该损失计入利润表,后发生重估收益,那么在重估损失金额范围内的重估收益看作是重估损失的转回,仍然计入利润表。超出部分才计入其他综合收益,名为重估盈余(revaluation surplus)。

如果先发生了重估收益,该收益计入其他综合收益,后发生重估损失,那么在重估收益范围内的重估损失看作是重估收益的转回,先减少其他综合收益中重估盈余的余额,超出部分的重估损失才计入利润表。

在国际财务报告准则下,重估模式可以用于除了投资性房地产之外的长期资产计量。而在美国通用会计准则下,重估模式不被允许。

例题 1

Gordon 集团按照重估模式报告其固定资产(PP&E)。2×21 年 1 月,该公司以 USD 10 million 购买了一块土地。2×22 年 1 月,该土地重估价值为 USD 8 million。2×23 年 1 月,土地重估价值为 USD 15 million。公司的上述情况对 2×22 和 2×23 年利润表有何影响?

名师解析

2×22 年,资产重估产生 USD 2 million 重估损失,要计入利润表损益。2×23 年,资产重估产生 USD 7 million 重估收益。但其中 USD 2 million 要先计入利润表,作为对前一年重估损失的转回。剩余 USD 5 million 计入其他综合收益。所以,2×22 年利润表记录 USD 2 million 损失,2×23 年利润表记录 USD 2 million 利得。

例题 2

Gordon 集团按照重估模式报告其固定资产(PP&E)。2×21 年 1 月,该公司购置了一台机器,成本为 USD 10 million。该机器采用直线折旧法,预计使用寿命为 10 年,无残值。2×23 年 1 月,该机器重估价值为 USD 12 million,重估日应报告多少重估盈余?2×23 年将产生多少折旧费用?

名师解析

重估日之前,资产的累计折旧是 USD 2 million,账面价值是 USD 8 million。重估日公允价值是 USD 12 million,所以重估收益是 USD 4 million,这 USD 4 million 要计入重估盈余(其他综合收益)。剩余的使用年限是 8 年,所以每年折旧费用 = 12÷8 = USD 1.5 million。

3. 公允价值模式

投资性房地产(investment property)在国际财务报告准则下可以使用成本模式或公允价值模式。

公允价值模式是在资产负债表日将资产账面价值调整成公允价值,产生的浮盈和浮亏都计入利润表的利得或损失。

所谓投资性房地产,有别于自用房地产。投资性房地产是被企业用来出租或者赚取买卖差价的房地产。但注意,房地产开发企业的商品房属于存货。

二、长期资产的折旧方法

1. 固定资产(Property, Plant and Equipment)的折旧方法

固定资产折旧,是指在固定资产使用寿命内,按照确定的方法对折旧额进行系统性分摊,反映固定资产由于使用而逐渐损耗的价值。

(1) 直线折旧法(Straight-Line Method)

直线折旧法,每一期的折旧金额是相同的,计算公式为:

$$当期折旧额 = (初始取得成本 - 预计残值) \div 预计使用年限$$

当固定资产各期负荷程度相同,采用直线折旧法较为合理。

(2) 加速折旧法(Accelerated Method)

加速折旧法中,常见的是双倍余额递减法(double-declining balance method, DDB method)。采用该法时,每一期的折旧金额是递减的,计算公式为:

$$当期折旧额 = 期初账面价值 \times 2 \div 预计使用年限$$

在加速折旧的计算中,不考虑预计残值。但折旧后账面净值达到残值时需要停止折旧。

(3) 产量折旧法(Units-of-Production Depreciation)

产量折旧法是根据机器设备的预计产能(capacity)和当期产量来计算折旧的方法。计算公式为:

$$当期折旧额 = (初始取得成本 - 预计残值) \times 当期产量 \div 预计产能$$

例题 3

Gordon Machinery 以 USD 10 million 购买了一台切割机。预计使用寿命为 7 年,残值为购买成本的 10%。如果采用双倍余额递减法,第四年年末的累计折旧余额是多少?

名师解析

此题可使用加速折旧法计算,每一年的折旧费用是 $2/7 \times$ 期初账面价值。因此,经过 4 年的折旧,资产在第四年年末的账面价值 $= 10 \times (1-2/7)^4 =$ USD 2.6 million,累计折旧 = 历史价值 - 第四年年末的账面价值 = 10 - 2.6 = USD 7.4 million。

2. 无形资产的摊销方法

无形资产的摊销,原理与固定资产的折旧相似,是指将无形资产的价值损耗在使用年限内分摊的做法。但无形资产没有物理形态,所以一般没有残值。无形资产摊销的计算方法是:

$$当期摊销额 = 初始取得成本 \div 预计使用年限$$

并不是每一项无形资产都需要摊销。对于使用寿命不确定的无形资产,比如商标权、企业合并中确认的商誉,是不需要摊销的。但这样的无形资产,每年都需要做减值测试。

22.2 长期资产的减值（Impairment）和终止（Derecognition）

22.2.1 长期资产的减值

长期资产减值包含两个步骤。第一步是做减值测试。第二步是做减值的会计处理。

对于使用寿命有限的长期资产，只有当出现减值迹象时才需要做减值测试。对于使用寿命不确定的长期资产，每年都需要做一次减值测试。

22.2.1.1 美国通用会计准则

美国通用会计准则下，判断资产是否发生减值的标准是，比较资产**未来产生的现金流总和**（**undiscounted future cash flow**）与资产的账面价值（carrying value），如果前者小于后者，那么认为资产发生了减值。

但是在计算减值金额时，以资产账面价值（carrying value）减去资产的**公允价值**（fair value）。两者之差计入利润表中的减值损失，同时资产的账面价值下调至公允价值。

在美国通用会计准则下，持有以供使用的长期资产的减值不能在后期转回。

22.2.1.2 国际财务报告准则

国际财务报告准则下，减值测试的方法是比较资产的**可收回价值**（recoverable amount）与资产的账面价值（carrying value），如果前者小于后者，则资产发生了减值。减值的金额是资产的账面价值减去可回收价值。同时，资产的账面价值下调至可回收价值。

可收回价值是资产的**可变现净值**（Net realizable value＝Fair value－Selling cost）与**使用价值**（Value in use＝Present value of future cash flow）**两者中较高**的那一个。

国际财务报告准则下，如果持有以供使用长期资产的可回收价值在减值后发生了上升，上升的金额在减值金额范围内的部分可以转回。

例题 22.2

Gordon 集团根据 IFRS 编制财务报表。2×22 年，该公司对一台机器设备计提了 USD 10 million 的减值。第二年，由于市场需求旺盛，该机器设备的可收回金额增加了 USD 15 million。这对该公司 2×23 年的财务报表有何影响？

名师解析

在国际财务报告准则下，以前年度的减值在资产的可回收价值上升后可以在减值金额范围内转回。本题中，2×23 年资产可回收价值上升 USD 15 million，但 2×22 年减值的金额是 USD 10 million，所以能够转回的减值是 USD 10 million。这笔转回会在资产负债表上增加资产的账面价值 USD 10 million，同时在利润表上记录一笔 USD 10 million 的利得。

22.2.1.3 持有待售（Held for Sale）长期资产的减值

如果长期资产满足（1）可立即出售，（2）出售极有可能发生，可以从持有以供使用的长期资产重分类至持有待售长期资产。例如，一个建筑不再被公司需要，公司决定将其出售，则应在重分类时对其进行减值测试。如果在重分类时，资产的账面价值大于资产的可变现价值，则将账面价值下调至可变现净值，利润表计入减值损失。重分类之后，不再对

—考点要求—

解释（explain）和评估（evaluate）固定资产以及无形资产的减值和终止如何影响财务报表和比率（★★★）

该资产进行折旧。在美国通用会计准则和国际财务报告准则下,持有待售长期资产的减值可以转回。

22.2.1.4 长期资产减值对财务报表和比率的影响

长期资产减值对财务报表和比率的影响见表22.2。

表 22.2　长期资产减值对财务报表和比率的影响

资产	降低
所有者权益	降低
负债权益比率(Debt/Equity)	升高
当前的净利润,总资产回报率(ROA),净资产回报率(ROE)	降低
未来的折旧费用	降低
未来的净利润,总资产回报率(ROA),净资产回报率(ROE)	升高
未来的资产周转率	升高
现金流	不变

22.2.2　长期资产的终止

22.2.2.1　出售

以出售方式终止确认长期资产,如做出出售决定的日期与实际出售日之间存在时间间隔,要将该资产重分类为持有待售长期资产。在出售日,记录出售得到的价款,并核销(write-off)该资产的账面价值(分别核销原值和累计折旧两个科目)。出售价款与该资产账面价值之间的差额计为利润表里的利得或损失。

22.2.2.2　其他方式

其他终止方式包括弃置(abandon)、交换(exchange)等。

在弃置方式下,弃置日前该资产需要继续折旧或摊销。在弃置日,核销该资产的账面价值。将核销的金额计为利润表里的损失。

在交换方式下,换出日前该资产需要继续折旧或摊销。在换出日,核销该资产的账面价值,以该换出资产的公允价值计为换入资产的入账价值(在换出资产的公允价值不可得的情况下,可以使用换入资产的公允价值)。两者的差额计为利得或损失。

例题 22.3

Gordon集团董事会批准通过以出售的方式处理一台机器。这台机器的原值为USD 10 million,累计折旧为USD 8 million。本月,公司以USD 1 million的价格成功出售了这台机器。这对该公司的财务报表有何影响?

名师解析

在董事会做出出售决议时,要将该资产重分类为持有待售长期资产,并立即停止折旧。在出售日,记录收到的现金USD 1 million,核销资产的账面价值USD 2 million,同时将两者的差额USD 1 million计入利润表的损失科目。

22.3 长期资产的披露

22.3.1 固定资产的披露

在国际财务报告准则下,对于每一类固定资产,公司须披露其计量基础、折旧方法、使用年限(或对应的折旧率)、总账面价值、期初和期末的累计折旧等。如果使用重估模式,则须披露重估日期、公允价值的取得方式、重估盈余、在成本模式下的账面价值等。

> ——考点要求——
> 分析(analyze)和解释(interpret)固定资产和无形资产的财务报表披露(★)

22.3.2 无形资产的披露

在国际财务报告准则下,对于每一类无形资产,公司需披露该资产是使用寿命不确定或使用寿命有限的无形资产。对于使用寿命有限的无形资产,须披露其使用寿命(或对应的摊销率)、使用的摊销方法、账面价值、期初和期末的累计摊销等。对于使用寿命不确定的无形资产,须披露其账面价值、分类为使用寿命不确定的原因等。

在美国通用会计准则下,公司须披露无形资产的总账面价值、累计摊销、未来五个财年的预期摊销费用等。

22.3.3 固定资产的分析

用于分析固定资产的比率包括固定资产周转率(fixed asset turnover ratio)和资产年限比率(asset age ratios)。

固定资产周转率等于总收入除以期初、期末固定资产的账面净值的平均数,比率越高表示该公司投资在固定资产的金额能帮公司产生更多的收入。

资产年限比率分为资产已使用年限和资产剩余年限。如果资产越老旧,或者剩余年限越短,表示公司可能更需要再投资以维持现有生产能力。资产已使用年限可以用固定资产的累计折旧除以每年的折旧费用进行估计;资产剩余年限可以用固定资产的账面净值除以每年的折旧费用进行估计。

练一练

22-1 Heller Corporation is considering expensing a specific expenditure. As compared to capitalizing the expenditure, which of the following will Heller Corporation report in the current period?

A. Lower debt-to-equity ratio.

B. Higher cash flow from investing.

C. Higher return on equity.

22-2 Tim Poly, CFA, states the following statements related to impairment for the long-lived asset as well as the intangible assets.

Statement 1: Intangible assets with indefinite lives are not amortized but tested for impairment at least annually.

Statement 2: If a long-lived asset is reclassified from held for use to held for sale, the asset should be tested for impairment and no further depreciation from the reclassification.

Statement 3: For long-lived assets held for sale, the loss can be reversed under both IFRS and US GAAP if the value of the asset recovers in the future.

Are Poly's statements accurate?

A. All statements are accurate.

B. Only one statement is accurate.

C. Two statements are accurate.

22-3 Hagar Company adheres to US GAAP, whereas Salome Company adheres to IFRS. It is most likely that:

A. For Salome Company, research costs should be expensed as incurred unless certain criteria are met, like technical feasibility of completing the intangible assets.

B. For Salome Company, development costs are expensed as incurred except for cost of software.

C. For both Salome Company and Hagar Company, research costs should not be capitalized.

22-4 Hagar Company adheres to US GAAP and Salome Company adheres to IFRS. Which of the following is most likely to be the appropriate impairment test for each company?

A. For Hagar Company, if the book value of an asset exceeds the discounted future cash flows generated by the asset, an impairment loss should be recognized.

B. For Salome Company, the carrying value of a long-term asset should be compared with its recoverable amount for impairment purposes.

C. For Salome Company, the recoverable amount of an asset is determined as the lower of its net realizable value and value in use.

第 23 章
长期负债和权益的分析

知识引导

企业的长期负债主要有银行借款、企业债券、租赁负债和养老金负债。关于银行借款、公司债券的会计处理相对简单,租赁负债和养老金负债则更加复杂。关于租赁,本章会分别站在承租人和出租人的角度,讨论租赁的初始确认和后续计量,并分析对租赁双方财务报表以及比率的影响。关于养老金负债,本章会简单介绍养老金计划的两大类型及相关披露要求。最后,本章会从权益结算和现金结算两个角度介绍基于股份支付的福利,并分析其对财务报表的影响。

考点聚焦

本章的内容是"财务报表分析"科目中较难的部分,在学习的过程中,建议考生先对知识点的定义做充分了解,再进一步学习计算。租赁部分,考生需要定性掌握融资租赁,承租人和出租人的财务处理方法以及相关财务报表分析;养老金负债部分,考生需要定性掌握养老金计划的类型和特征,以及相关披露要求。基于股份支付的福利部分,考生需要了解员工激励手段的不同形式和特征,并分析其对财务报表的影响。

本章框架图

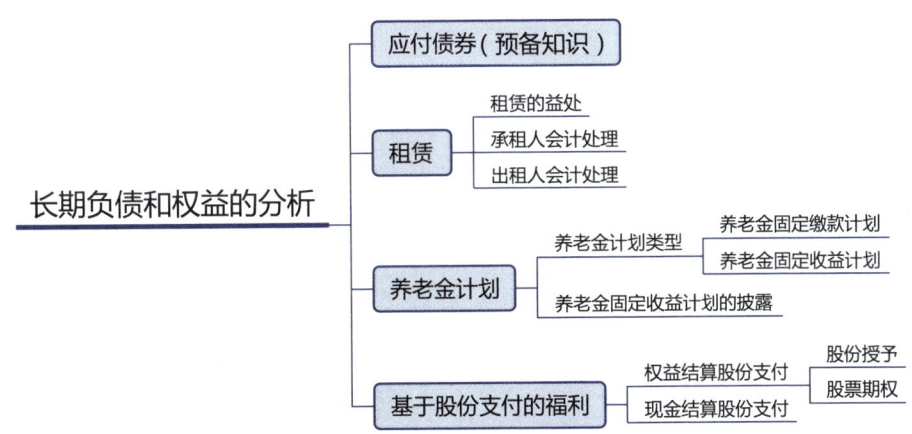

应付债券

本章讨论的应付债券(bonds payable)属于公司的长期负债,是指公司发行的偿还时间在1年以上的债券。

一、债券的相关术语(Terminology)

公司发行债券时,通常会包含以下信息:

(1)债券面值(face value):债券到期时,公司需要偿还给债券持有人的金额,即债券的面值(principal, par value or maturity value),面值也是债券到期日的价值。

(2)票面利率(coupon rate):债券上标识的利率,用来计算债券需要支付的票面利息(coupon)。

(3)票面利息(coupon payment/coupon):是每期支付给债权人的利息,由债券的面值乘以票面利率得到。根据债券合约,每期的票息通常是固定的。它有时候也被称为 interest payment。

(4)有效利率(effective interest rate):也称发行时的市场利率(market rate),债券的价格实际上就是对债券相应的未来现金流进行折现后的值,折现时所用的折现率,即有效利率。有效利率和票面利率可能相等,也可能不等,之后会进行具体学习。

(5)利息费用(interest expense):利息费用是根据权责发生制计算的,在利润表中披露,其计算公式等于债券期初的账面价值(bond liability)乘以债券发行时的市场利率。

(6)应付债券(bond payable):债券的账面价值就等于其未来现金流折现后的现值,注意这里的折现率用的是在债券发行时的市场利率。

此外,应付债券作为负债类科目,可以用 BASE 法则去计算其期末值:

期末的债券账面价值=期初的债券账面价值+利息费用-票面利息

以上几个概念之间的关系总结为下表。

债券的相关术语及公式

术语	公式
应付债券期末值	$BV_t = BV_{t-1} + \text{Interest expense}_t - \text{Coupon payment}$
利息费用	$\text{Interest expense}_t = BV_{t-1} \times \text{Effective interest rate}$
票面利息	$\text{Coupon payment} = \text{Coupon rate} \times \text{Par value}$

二、债券的发行和计量

了解债券的相关术语后,下面来讨论一下三种债券发行的方式。

1. 平价、溢价、折价发行(Issue at Par/at Premium/at Discount)

平价发行(at par)指债券面值和发行价相等,即 Bond price=Face value。平价发行的条件是票面利率等于市场利率。

溢价发行(at premium)指债券的发行价高于债券面值,即 Bond price > Face value。溢价发行的条件是市场利率低于票面利率。

折价发行(at discount)指债券的发行价低于债券面值,即 Bond price ＜ Face value。折价发行的条件是市场利率高于票面利率。

三种发行方式的归纳整理见下表。

债券发行的三种情况

发行类别	债券价格与面值比较	利率比较
At par	Bond price＝Face value	Market rate＝Coupon rate
At premium	Bond price＞Face value	Market rate＜Coupon rate
At discount	Bond price＜Face value	Market rate＞Coupon rate

> **知识一点通**
>
> 三种发行方式的不同在于债券价格与其面值间的大小关系。记忆时,可以将折价发行,当作打折出售,即价格低于面值。反之,如果价格高于面值,即为溢价发行。

2. 债券的摊销(Amortisation of Bond)

债券的摊销是将其折价、溢价部分分期摊销,以使其账面价值回归到债券面值的过程。在平价发行中,由于债券的价格和面值相等,所以不存在摊销;但对于折价或溢价发行的债券,由于发行时的价格低于或高于债券面值,我们需要对其进行调整,从而使得该债券在到期时的账面价值等于债券面值。

我们将通过三个例子来讨论平价、溢价和折价发行下公司是如何记账的。

情形一,平价发行:高小吉公司在 2021 年 1 月 1 日发行了一个 3 年期债券,票面利率为 10%,债券面值为 1 000 元,当时的市场利率为 10%。

由于该债券的票面利率等于市场利率,债券属于平价发行,发行价格等于债券面值。该债券的摊销过程中公司债券的账面价值、利息费用以及票面利息之间的关系见下表。

债券平价发行

(单位:元)

Year	Bond Liability BV 1st Jan.	Interest Expense (MR＝10%)	Coupon Payment (CR＝10%)	Bond Liability BV 31st Dec.
2021	1 000	100	(100)	1 000
2022	1 000	100	(100)	1 000
2023	1 000	100	(100)	1 000

可以用 BASE 法则记忆,即:

期末的债券账面价值＝期初的债券账面价值＋利息费用－票面利息

利息费用在利润表中披露;由于票面利息是实际每期支付给债权人的现金,故在现金流量表中披露;债券账面价值期末余额在资产负债表中披露。平价发行的债券中,由于实际融资成本与票面利息相等,故不存在摊销。

情形二，溢价发行：高小吉公司在 2021 年 1 月 1 日发行了一个 3 年期债券，票面利率为 10%，债券面值为 1 000 元，当时的市场利率为 8%。

由于该债券的票面利率高于市场利率，债券的发行属于溢价发行。债券的发行价格可以通过计算器求出（N=3，I/Y=8，FV=1 000，PMT=100，CPT：PV）。摊销过程中公司债券的账面价值、利息费用以及票面利息支付之间的关系见下表。

债券溢价发行

（单位：元）

Year	Bond Liability BV 1st Jan.	Interest Expense (MR=8%)	Coupon Payment (CR=10%)	Amortisation of Premiun	Bond Liability BV 31st Dec.
2021	1 051.54	84.12	(100)	(15.88)	1 035.66
2022	1 035.66	82.85	(100)	(17.14)	1 018.52
2023	1 018.52	81.48	(100)	(18.52)	1 000

观察上表可以发现应付债券的期末余额在 3 年中逐年下降，因为溢价发行时，公司在 2021 年 1 月 1 日融资了 1 051.54 元，但是在 2023 年 12 月 31 日，也就是债券到期时，偿还的本金部分只有 1 000 元（即债券面值）。

上表的第五列为债券每年的摊销金额，即债券账面价值期末与期初余额的差额（也可理解为付出去的票息和财务报表上记录的利息费用间的差额）。观察上表，还能发现利息费用逐年递减，这是因为摊销使得债券的期初账面价值不断下降。同时，摊销金额不断上升，摊销越来越快。

情形三，折价发行：高小吉公司在 2021 年 1 月 1 日发行了一个 3 年期债券，票面利率为 10%，债券面值为 1 000 元，当时的市场利率为 12%。

由于该债券的票面利率低于市场利率，债券的发行属于折价发行。债券的发行价格可以通过计算器求出（N=3，I/Y=12，FV=1 000，PMT=100，CPT：PV）。摊销过程中公司债券的账面价值、利息费用以及票面利息之间的关系见下表。

债券折价发行

（单位：元）

Year	Bond Liability BV 1st Jan.	Interest Expense (MR=12%)	Coupon Payment (CR=10%)	Amortisation of Discount	Bond Liability BV 31st Dec.
2021	951.96	114.24	(100)	14.24	966.20
2022	966.20	115.94	(100)	15.94	982.14
2023	982.14	117.86	(100)	17.86	1 000

观察上表可以发现应付债券的期末余额在 3 年中逐年上升，因为折价发行时，公司在 2021 年 1 月 1 日融资了 951.96 元，但是在 2023 年 12 月 31 日，也就是债券到期时，偿还的本金部分是 1 000 元（即债券面值）。

上表的第五列为债券每期的摊销金额。观察此表，还能发现利息费用逐年递增，因为摊销使得债券的期初账面价值不断上升。同时，摊销金额不断上升，摊销越来越快。

23.1 租赁

租赁是出租人与承租人约定在一定期间内让渡资产使用权并收取租金的合同。公司如果想要使用资产,可以选择购买或者租赁两种方式,在下面这个部分,我们将要讨论租赁对于公司的好处,租赁的两种不同形式,即融资租赁和经营租赁,以及两种租赁形式对承租人与出租人财务报表的影响。

23.1.1 租赁的益处(Advantages of Leasing)

任何租赁合同都会涉及租赁双方,一方是承租人(lessee)即寻求资产的人,而另一方则是出租人(lessor),即资产的出借方。租赁的本质是出租方将其所拥有的资产交于承租人使用,承租人向出租人支付租金。

相比于直接购买,承租人选择租赁的好处有:
(1) 无须首付款或只需要较少的首付款;
(2) 融资成本低(出租人有权在承租人无法支付租赁款时回收租赁资产,因此风险相对较低,所以要求的风险补偿,即融资利率,也相对较低);
(3) 更加方便,降低持有资产的风险。

相比于直接出售,出租人选择租赁的好处有:
(1) 赚取利息收入;
(2) 扩大产品市场。

> **备考小贴士**
> 考生务必分清出租人(lessor)和承租人(lessee)的英文。本章内容会分别针对lessor和lessee讨论融资租赁和经营租赁对其报表和财务比率的影响。考试时,考生一点要格外注意题目问的是lessor还是lessee。

23.1.2 承租人会计处理

不论是国际财务报告准则还是美国通用会计准则,承租人都要首先判断一项租赁是否属于**例外情况**。在美国通用会计准则下,如果租赁期不超过12个月,或在国际财务报告准则下,如果租赁期不超过12个月或租赁资产属于"低价值资产"(销售价格不超过5 000美元),即属于例外情况,此时承租人可以在租赁期内按照直线法确认费用而不确认租赁负债。接下来介绍排除例外情况的承租人的会计处理。

—考点要求—
从承租人的角度解释(explain)租赁对报表的影响(★★)

在美国通用会计准则下,承租人对租赁的会计处理取决于租赁的种类。如果与租赁标的所有权相关的风险和报酬都已经转移,那么该租赁就属于融资租赁。

具体而言,如果满足以下所列情况的任何一种,承租人应将该租赁作为融资租赁进行会计处理:
(1) 租赁期届满时,资产所有权转移给承租人;
(2) 存在租赁资产的优惠购买选择权;
(3) 租赁期占租赁资产使用寿命的大部分;

(4) 租赁开始时,全部租赁款的现值大于或等于租赁资产大部分的公允价值;

(5) 租赁资产对出租人没有其他用处。

如果上述任何一种情况都不满足,那么承租人应将该租赁作为经营租赁进行会计处理。

国际财务报告准则规定,承租人不再区分融资租赁和经营租赁,而是采取单一的会计处理模型。

除了上述租赁的**例外情况**,对于国际财务报告准则下的租赁和美国通用会计准则下的融资租赁,会计准则都要求承租人在租赁期初确认使用权资产(right-of-use asset,ROU asset)和租赁负债(lease liability),其账面价值为未来全部应付租赁款的现值。承租人在后续计量时,每一期都确认租赁负债的利息费用,同时,租赁负债以与公司债券类似的方式摊销,并逐期减少。而使用权资产则按照直线摊销法计提摊销费用。

> **知识一点通**
>
> 租赁负债的摊销和公司债券的摊销类似。
> Beginning lease liability + Interest expense − Lease payment = Ending lease liability

对于美国通用会计准则中的经营租赁,承租人在租期开始时确认使用权资产和租赁负债,其账面价值是所有应付租赁款的现值,在后续计量过程中采用直线法确认租赁费用,即按总租赁款直线平均后的金额确认。另外,企业还应采用有效利率法对使用权资产和租赁负债进行摊销。

> **知识一点通**
>
> 经营租赁中,企业不在利润表单独确认利息费用,利息费用被包含在租赁费用中。

美国通用会计准则和国际财务报告准则承租人对租赁业务处理方式的差异使租赁在两种准则下对利润表和现金流量表的影响不同,除美国通用会计准则的经营租赁外,二者都会确认利息费用和摊销费用,而美国通用会计准则在经营租赁下,承租人只确认租赁费用。租赁款利息部分在国际财务报告准则下可以划分为 CFO、CFF。美国通用会计准则下只能划分为 CFO。租赁对承租人财务报表的影响如表 23.1 所示。

表 23.1 租赁对承租人财务报表的影响

租赁类型	资产负债表	利润表	现金流量表
IFRS 租赁	确认使用权资产和租赁负债	确认使用权资产的摊销费用	利息部分 CFO 或 CFF
			本金部分 CFF
GAAP 融资租赁		租赁负债的利息费用	利息部分 CFO
			本金部分 CFF
GAAP 经营租赁		只确认租赁费用(直线法分摊)	CFO
例外情况	无影响	确认租赁费用	CFO

> **备考小贴士**
>
> 排除例外情况,对于承租人,IFRS 下的所有租赁和 US GAAP 下的融资租赁对财报的影响有:
>
> (1) 确认使用权资产和租赁负债(所有应付租赁款的现值);
> (2) 确认利息费用(有效利率法);
> (3) 确认租赁负债的摊销(摊销金额＝利息费用－租赁款);
> (4) 确认使用权资产的摊销费用(直线法);
> (5) 租赁款的本金部分归入 CFO;租赁款的利息部分需要区分不同准则,IFRS 下归入 CFF 或 CFO,US GAAP 下归入 CFO。
>
> 在 US GAAP 下,经营租赁对财报的影响有:
>
> (1) 确认使用权资产和租赁负债(所有应付租赁款的现值);
> (2) 确认租赁费用(采用直线分摊法,即用所有租赁款除以租期);
> (3) 确认使用权资产和租赁负债的摊销(有效利率法);
> (4) 租赁款全部归入 CFO。
>
> 综上所述,US GAAP 下,融资租赁与经营租赁在财报中的区别有:
>
> (1) 在资产负债表上,对使用权资产进行摊销时,融资租赁采用直线法摊销,而经营租赁采用有效利率法摊销;
> (2) 在利润表上,融资租赁需要确认利息费用和摊销费用,而经营租赁只确认租赁费用;
> (3) 现金流量表上,融资租赁需要区分租赁款的利息部分和本金部分,分别归入 CFO 和 CFF,而经营租赁的租赁款全部归入 CFO。
>
> IFRS 下,不再区分融资租赁与经营租赁,会计处理上没有区别。

23.1.3 出租人会计处理

> **—考点要求—**
> 从出租人的角度解释(explain)租赁对报表的影响(★★)

美国通用会计准则下,出租人可以把租赁分为融资租赁和经营租赁。在实务中,融资租赁还将细分成销售型融资租赁(sales-type)和直接融资租赁(direct-finacing),但在分析师视角并不作明显区分。

在国际财务报告准则下,出租人把租赁分为经营租赁和融资租赁。出租人判断租赁是融资租赁还是经营租赁要根据交易实质而不是表面形式。如果与租赁标的所有权相关的风险和报酬都转移给了承租人,就是融资租赁,出租人判断融资租赁还是经营租赁的方法与前文所述承租人的判断方法一致。

美国通用会计准则中的销售型租赁和直接融资租赁中,出租人要在租赁期初终止确认融资租赁资产,同时确认应租赁收款标的从资产负债表中移除,不再将其确认为资产。

销售型租赁中,出租人把租赁资产的未来应租赁收款与余值的现值确认为收入,按租赁资产的账面价值确认相应的销货成本,同时把二者之间的差额确认为销售利润;对于直接融资租赁,不确认收入、销货成本和利润。

后续计量利润表上,直接融资租赁和销售型融资租赁都需要确认利息收入;现金流量表上,都需要将所收租赁款归为 CFO。

对于经营租赁,国际财务报告准则与美国通用会计准则的处理方式相同,租赁资产还在出租人的资产负债表中,因此出租人在租赁期内除了确认租赁收入外,还要计提折旧费用,每期所收租赁款归为 CFO。租赁对出租人财务报表的影响如表 23.2 所示。

表 23.2　租赁对出租人财务报表的影响

租赁类型	资产负债表	利润表	现金流量表
IFRS&GAAP 经营租赁	继续保留资产	确认租赁收入和折旧费用	CFO
IFRS&GAAP 融资租赁	终止确认融资租赁资产;同时确认租赁应收款	确认应收租赁款的利息收入;确认销售收入(销售型融资租赁)	CFO

> **备考小贴士**
>
> 对于出租人,融资租赁对财报的影响有:
> (1) 在资产负债表中终止确认融资租赁资产;
> (2) 确认租赁应收款(按未来应收租赁款与余值的现值);
> (3) 确认收入、销货成本和利润(销售型融资租赁);
> (4) 确认利息收入(有效利率法)。
>
> 经营租赁对财报的影响为:
> 确认租赁收入,保留资产并计提折旧。
>
> 综上所述,经营租赁与融资租赁在财报中的区别有:
> (1) 资产负债表上,融资租赁终止确认融资租赁资产,并确认应收租赁款;经营租赁保留资产;
> (2) 利润表上,融资租赁不再对租赁标的计提折旧,经营租赁仍需计提折旧。

―考点要求―
解释(explain)
DB 和 DC 两种养老金计划对于报表披露的影响(★★)

23.2　养老金计划 (Pension Plan)

23.2.1　养老金计划类型

对于雇主,长期负债中的一个重要组成部分就是养老金计划,养老金计划的会计处理取决于公司用的计划类型。最常见的养老金计划有两种:一种是固定缴款计划(defined contribution plan, DC plan);另一种是固定收益计划(defined benefit plan, DB plan)。

1. 养老金固定缴款计划(Defined Contribution Plan, DC Plan)

DC Plan 在会计处理上相对来说比较直接,公司定期向员工的退休账户存入一笔钱,雇员将承担这笔钱的投资风险,公司对这笔养老金的未来价值和收益是不承担风险的。所以对于公司来说,利润表中披露每期产生的养老金费用,资产负债表中没有养老金的未来义务。

2. 养老金固定收益计划(Defined Benefit Plan, DB Plan)

DB Plan 的会计处理相对来说要复杂些。公司承诺员工退休后给予一定数量的养老金,通常按月发放直至受益人去世。比方说,公司承诺员工在其退休后,每年支付给该员工的养老金等于他(她)在退休时最后一年薪水的70%,并且将一直支付到他(她)死亡为止。公司通常会设立一个养老金信托基金(plan assets)并定期向这个信托基金投入资金,进行投资活动赚取投资收益,用以支付员工的退休金。因此,信托基金的投资风险是由公司承担的。

23.2.2 养老金固定收益计划的披露 (Disclosure of Defined Benefit Plan)

对于DB Plan,公司需要在财务报表中披露养老金资产(plan assets)的公允价值以及养老金负债(pension benefit obligation, PBO)的**净值**。若 plan assets > PBO,则在资产负债表中披露养老金净资产(net pension asset)。反之,如果 plan assets < PBO,则在资产负债表中披露养老金净负债(net pension liability)。

养老金成本是导致一个会计期间养老金净负债(净资产)增加(减少)的一个因素。养老金成本由服务成本(service cost)、净利息成本或收入(net interest expense/income)和重新计量产生的影响(remeasurement)构成。

23.2.2.1 服务成本

服务成本分为**当期服务成本(current service cost)**和**前期服务成本(past service cost)**。

1. 当期服务成本

员工退休后领取的养老金数额与其服务年限有关,每增加一年的服务期,退休后每年可领取的养老金就会增加。由此产生的养老金成本称为当期服务成本。

2. 前期服务成本

当养老金计划发生变更(例如,修改养老金的计算方式),员工因过去的服务所产生的养老金也会发生改变,由此所产生的成本称为前期服务成本。

对前期服务成本IFRS和US GAAP的披露要求有所不同:

(1) IFRS要求将当期服务成本和前期服务成本都计入利润表。

(2) US GAAP将当期服务成本计入利润表,前期服务成本计入当期的其他综合收益。在后续期间再根据受变更影响的员工平均预计剩余服务年限摊销入利润表。

23.2.2.2 净利息成本(或收入)

IFRS下,净利息成本(或收入)是养老金负债的利息成本(interest cost)和养老金资产的利息收入(interest income)的差额;而US GAAP下,净利息成本(或收入)是养老金负债的**利息成本(interest cost)**和养老金资产的**预期收益(expected return)**的差额。养老金负债由预计未来需要支付的养老金折现得来,具有时间价值。随着时间的推移,期初的养老金负债会产生应计的利息,进而增加养老金负债,所以养老金利息成本是期初的养老金负债与折现率的乘积。而养老金资产投资会产生收益,进而增加养老金资产。

对此IFRS和US GAAP有不同的披露和计量要求:

(1) IFRS要求披露净额,并且将净利息成本(或收入)计入利润表。在计算预期投资收益时,使用计算养老金负债时所假设的**折现率**作为资产预期投资收益率。即:

$$\text{净利息成本(或收入)} = \text{期初养老金负债} \times \text{折现率} - \text{期初养老金资产} \times \text{折现率}$$
$$= \text{期初养老金净负债或净资产} \times \text{折现率}$$

(2) US GAAP要求将养老金负债的利息成本和养老金资产的预期收益都计入利润表。同时,要求使用**预期收益率(expected rate of return)**而非折现率计算养老金资产的预期收益。即：

$$养老金负债的利息成本＝期初养老金负债×折现率$$
$$养老金资产的预期收益＝期初养老金资产×预期收益率$$

23.2.2.3 重新计量的影响

养老金资产和负债的重新计量会影响养老金成本，进而导致养老金净资产变化。资产的重新计量来自实际投资收益和预期投资收益的差额。负债的重新计量来自精算假设的调整。

1. 资产的实际收益与预期收益的差额

养老金资产的预期收益已经包含在上述净利息成本或收入中，但资产价值的实际变化来自其实际收益（actual return）而不是预期收益。对两者差额部分的调整就是对资产的重新计量，调整金额计入其他综合收益。

由于 IFRS 和 US GAAP 对资产预期收益的定义不同，导致预期收益和实际收益的差额计算也有所不同。

IFRS下，实际收益与预期收益的差额是：

$$实际收益－期初养老金资产×折现率$$

US GAAP 下实际收益与预期收益的差额是：

$$实际收益－期初养老金资产×预期收益率$$

2. 养老金负债的精算损益

精算假设的调整（例如，员工薪酬增长预期、员工退休后的寿命等）使得养老金负债需要重新计量，因此产生得利和损失在 IFRS 和 US GAAP 下都被称为**精算损益**，并计入其他综合收益。其中，US GAAP 下精算损益在后续期间摊销入利润表。

IFRS 和 US GAAP 下养老金固定收益计划的报表披露如表 23.3 所示。

表 23.3　IFRS 和 US GAAP 下养老金固定收益计划的报表披露

利润表	
US GAAP	**IFRS**
当期服务成本 利息成本 预期收益 前期服务成本摊销 精算损益摊销	当期服务成本 前期服务成本 净利息收入/成本
其他综合收益	
US GAAP	**IFRS**
未摊销前期服务成本 未摊销精算损益	资产实际收益与预期收益的差额 精算损益

> **备考小贴士**
>
> 养老金是 CFA® 二级财报部分的重要内容，在一级中只需要简单了解，不需要学习具体计算。根据一级的考纲要求，对于养老金，考生只需要掌握三个内容。第一，能区分 DC plan 和 DB plan，两种计划最大的不同在于 DC plan 的投资风险是由雇员承担，DB plan 的投资风险是雇主承担。第二，对 DB plan 来说，雇主需要确认养老金净资产或净负债（net asset/liability）。第三，考生需要区分 IFRS 和 US GAAP 对不同项目的确认方法，明确哪些项目记在 OCI 中，哪些项目记在 I/S 上。

23.3 基于股份支付的福利（Share-based Compensation）

—考点要求—
解释（explain）基于股份支付的福利对报表披露的影响（★★★）

企业给予员工的薪酬福利可以基于股份进行支付，这种福利的发放对象通常是企业的高管，它有利于绑定管理层和股东的利益，是一种长期的激励手段。主要形式包括：

(1) 股份授予（stock grants）。
(2) 股票期权（stock options）。
(3) 股票增值权（stock appreciation rights）。
(4) 虚拟股票（phantom shares）。

其中，**股份授予和股票期权**不需要通过现金结算而是通过权益（如公司的股票）结算，可以减少公司的现金支出，而**股票增值权**和**虚拟股票**要求使用现金结算。

IFRS 和 US GAAP 要求基于股份支付的薪酬应当以**公允价值**计量，并与其他薪酬福利一样确认为企业的费用。同时，准则要求在年报、股东委托书（proxy statement）中披露与高管薪酬有关的信息，内容包括：股份支付报酬的性质、该报酬公允价值的确定方法及其对利润、资产和负债的影响。

23.3.1 权益结算（Equity-settled）股份支付

23.3.1.1 股份授予

股份授予的形式包括非限制性股票、限制性股票和业绩股。

1. 非限制性股票（outright stock grant）

获得非限制性股票的员工可以在授予日立即获得股票的所有权。授予非限制性股票的企业应该在授予当期将其确认为费用，金额以**授予日**股票的公允价值计量，公允价值可以采用市场价格。

2. 限制性股票（restricted stock grant）

获得限制性股票的员工在符合一定条件时才可以获得该股票的所有权（如员工的服务期需要达到一定年限），如果提前离职，员工将返还被授予的股票。授予限制性股票的企业应该以授予日股票的公允价值计量费用，并将费用分摊至员工服务期内的每一年。

其中，**授予日**（grant date）指员工和公司达成股份授予协议的日期。**服务期**（service period）又称**等待期**（vesting period），指从授予日到可行权日，即可行权条件满足所需要的时间。

3. 业绩股（performance shares）

业绩股指员工所能够获得的股份数量由公司的业绩（如 ROE）、净利润等因素决定，并不以股价变化为考核指标，所以业绩股有可能成为管理层利润操纵的诱因。在估计授予业绩股的公允价值时，要考虑预期业绩的达成情况。业绩股授予后，费用记账方法参照限制性股票。

23.3.1.2 股票期权

作为薪酬支付给员工的股票期权通常要求员工达到一定的服务年限才可以行权，自授予日至**可行权日**（vesting date）之间的日期称为服务期或等待期，而员工实际行权的日期称为**行权日**（exercise date）。

在计量股票期权时，使用**授权日公允价值**进行计量，并在服务期内进行分摊。与股份授予不同的是，即使期权存在活跃市场的交易价格，会计准则也只要求使用恰当的估值模型来估计期权在授予日的公允价值，而不是使用市场价格，因为用于激励的股票期权和活跃市场上交易的期权特征不同，如流动性等。

会计准则并没有对模型的选择做出要求，可以使用 B-S 模型等定价方法。模型中的输入变量决定了期权定价的结果，也就直接影响支付股票期权相关费用的计量。这些变量主要包括行权价格、无风险收益率、股息收益率、股价波动率、期权的寿命（距行权日的时长）和可行权期权的最佳估计数等。其中，除了行权价格，其他变量都涉及主观的假设和估计。

股票期权为代表的权益结算股份支付有如下优点：
(1) 绑定股东与管理层/员工的利益；
(2) 通常不需要公司现金支出。

缺点有：
(1) 有可能会稀释每股收益；
(2) 对公司的市场价值影响有限；
(3) 可能造成员工风险厌恶（risk averse）或过度风险承担（excessive risk taking）。

23.3.2 现金结算（Cash-settled）股份支付

采用股票增值权和虚拟股票，员工获得与公司股价挂钩的报酬，公司并不需要向员工授予期权或股份，而是用现金向员工支付股价的增值金额。

用股票增值权和虚拟股票支付的薪酬以公允价值计量，并且在服务期内进行分摊。两者的不同之处在于虚拟股票不是公司真实发行在外的股票，它适用于股票没有在公开市场交易（私有企业）或者股票交易不活跃的公司（股票的公允价值较难获得）。采用股票增值权和虚拟股票可避免增发股份对原有股东股份的稀释，但需要支付现金，产生现金流流出。

练一练

23-1 On the end of 2021, ABC Company issued a 4-year, 6% annual coupon bond with a face value of $ 2 million. The market rate of interest was 8%. The interest expense in 2023 is closest to:
A. $ 151 753.
B. $ 154 293.
C. $ 120 000.

23-2 Which of the classification will allow leased assets continue to be depreciated and maintain on the balance sheet for a lessor?
A. A sales-type lease.
B. An operating lease.
C. A financing lease.

23-3 Golden Corporation has a defined benefit pension plan. The relevant information is presented in the following table (€ thousands):

	Mar. 31, 2023
Present value of pension liabilities	12 000
Fair value of plan assets	8 000

The reporting on Golden's balance sheet would be closest to which of the following?

A. €12 million liability, and €8 million asset disclosed separately.

B. €4 million is shown as retirement benefit obligations.

C. Only disclosed in footnotes, but no compulsory disclosure on the balance sheet.

23-4 Under U.S. GAAP, in order to account for the retroactive benefits of employees when a defined benefit plan is amended, companies should:

A. recognize an expense immediately in the income statement.

B. recognize an cost in other comprehensive income and amortize it overtime.

C. ignore the impact of past employment.

23-5 Which of following share-based compensation will increase the actual shares outstanding if the right holders exercise their right?

A. Stock grant.

B. Stock appreciation rights.

C. Phantom stock.

扫码查看
答案及解析

第 24 章 所得税分析

知识引导

本章主要介绍了企业所得税及其对财务报表的影响。本章是"财务报表分析"科目难点,考生应认真学习。公司在纳税申报时,税务报表上的当期应纳税额和利润表中的企业所得税费用不是同一概念。简单来说,除按照会计准则编制财务报表外,公司还要按照税法的要求重新编制税务报表计算应纳税所得额和当期应纳税额。考生应特别注意本章中的税法和会计准则的相关术语,以及两个体系之间的差异。

考点聚焦

本章在 CFA® 一级的考试中考点鲜明且集中,我们会在本章的讲解过程中一一揭秘。虽然本章从理解的角度难度比较大,但是,相对存货和长期资产,本章出题量较少,且考点集中,考生熟练掌握考点即可。

本章框架图

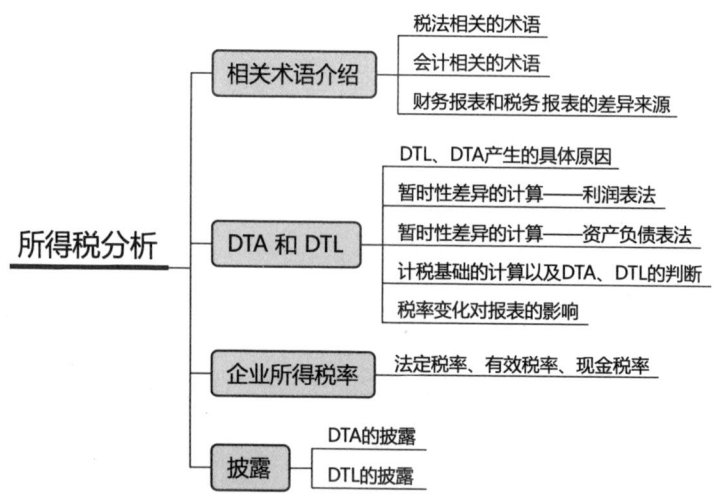

24.1 相关术语介绍

由于会计准则(IFRS、US GAAP)与企业适用的税法通常存在差异,企业在利润表中披露的税前利润(EBT)往往并不等于税务报表计算的应纳税所得额(taxable income)。接下来,我们就分别介绍税务报表相应术语以及财务报表相应术语,方便考生对比记忆和理解。

24.1.1 税法的相关术语

1. 应纳税所得额(Taxable Income)

应纳税所得额是公司按照当地税法的规定用应税收入(taxable revenue)减去税法规定的可抵扣费用(tax deductible expense)得到的应税利润。

$$\text{Taxable income} = \text{Taxable revenue} - \text{Tax deductible expense} \quad (24.1)$$

2. 当期应纳税额(Income Tax Payable)

当期应纳税额是公司实际应该交给税局的所得税金额。通常,企业要在下一个财年初缴清上一财年的应纳税额,故应纳税额是企业 current liability。当期应纳税额就等于应税收入乘以目前适用的税率。

$$\text{Income tax payable} = \text{Taxable income} \times \text{Current tax rate} \quad (24.2)$$

3. 实缴企业所得税(Income Tax Paid)

公司实际支付的企业所得税金额,是现金的实际流出。原则上,企业每一期实缴企业所得税金额(income tax paid)等于当期应纳税额(income tax payable)。

4. 计税基础(Tax Base)

计税基础是指税法规定资产和负债的计税标准或计税依据,相当于资产和负债在税务报表上的"账面价值"。

接下来,我们介绍财务准则关于企业所得税的术语。

---考点要求---
区分(contrast)会计利润和应纳税所得额、当期应纳税额和企业所得税费用、暂时性差异和永久性差异(★★)

24.1.2 会计的相关术语

1. 会计利润(Accounting Profit)

会计利润即按照会计准则编制的利润表列示的税前利润(EBT)。

2. 企业所得税费用(Income Tax Expense)

企业所得税费用即按照会计准则编制的利润表中 EBT 下面列示的企业所得税费用(income tax expense)。

3. 账面价值(Carrying Value / Book Value)

账面价值是会计资产负债表中**资产和负债**科目的账面净值。

在所得税分析中,会计上和税法上的术语对比、总结如下:

表 24.1 税会差异

财务报表—利润表	税务报表—利润表
收入（Revenue）	应税收入（Taxable revenue）
—费用（Expenses）	—税法规定的可抵扣费用（Tax deductible expenses）
=税前利润/会计利润（EBT/Accounting profit）	=应纳税所得额（Taxable income）
—企业所得税费用（Income tax expense）	—当期应纳税额（Income tax payable）
=净利润（Net income）	—

财务报表—资产负债表	税务报表—资产负债表
资产、负债科目的账面价值（Carrying value）	资产、负债科目的计税基础（Tax base）

> **知识一点通**
> 财务报表上的账面价值和税务报表上的计税基础都只针对资产和负债两类科目。

24.1.3 财务报表和税务报表的差异来源

税会差异有两类：永久性差异（permanent differences）和暂时性差异（Temporary differences）。

在永久性差异下，税法角度与财务会计角度计算的收入或费用之间的差异永远存在，不会在未来任何时候转回。永久性差异不会产生递延所得税资产和递延所得税负债。产生永久性差异的原因有：

（1）会计报表上的某些收入或费用在税法上不认为是应税收入（例如税法规定国债利息收入免征企业所得税，国债利息收入即为非应税收入）或可抵扣费用（例如税法规定行政罚款不得在企业所得税前扣除，行政罚款所产生的费用即税法上的不可抵扣费用）。

（2）税收优惠（tax credits），如财务报表上的某些支出在税法上允许加计扣除使得应纳税所得额减少（例如税法规定科技企业的研发费用按100%在税前加计扣除。假设某科技企业产生100万研发费用，在编制税务报表时，研发费用可按照200万列报）。

在暂时性差异下，税法角度与财务会计角度计算的收入或费用之间的差异会在未来期间转回。根据暂时性差异对未来期间应纳税所得额的影响，分为**应纳税暂时性差异**（**Taxable temporary differences**）和**可抵扣暂时性差异**（**Deductible temporary differences**）。

应纳税暂时性差异，是指未来由于该暂时性差异的转回，会增加转回期间的应纳税所得额和当期应纳税额。换言之，在企业形成应纳税暂时性差异的当期，企业少交税，但由于该差异只是暂时的（未来差异会转回），在未来转回期间，企业需要多交税。在应纳税暂时性差异形成的当期，**应确认**递延所得税负债（Deferred Tax Liabilities，DTL）。

Taxable temporary differences→ DTL

可抵扣暂时性差异，是指未来由于该暂时性差异的转回，会减少转回期间的应纳税所得额和当期应纳税额。换言之，在企业形成可抵扣暂时性差异的当期，企业多交税，但由于该差异只是暂时的（未来差异会转回），在未来转回期间，企业可以少交税。在可抵扣暂时性差异形成的当期，**符合确认条件的**，应当确认递延所得税资产（Deferred Tax Assets，DTA）。

Deductible temporary differences → DTA

递延所得税负债（DTL）、递延所得税资产（DTA）一般应当作为非流动负债、非流动资产在资产负债表中列报，且一般情况下，二者不能以抵销后的净额列报。

接下来介绍递延所得税负债（DTL）和递延所得税资产（DTA）产生的具体原因及相关计量。

24.2　DTL 和 DTA

24.2.1　DTL、DTA 产生的具体原因

24.2.1.1　递延所得税负债（DTL）产生的原因

（1）收入或利得先于税务报表在财务报表中确认。
（2）费用或损失先于财务报表在税务报表中抵扣。

递延所得税负债预期在未来能够转回（reverse），并导致企业未来应纳税所得额（taxable income）大于税前利润（EBT），进而导致未来应纳税额（income tax payable）大于企业所得税费用（income tax expense），未来支付给税务局的现金流出增加（未来经济利益的流出增加，产生负债）。

24.2.1.2　递延所得税资产（DTA）产生的原因

（1）收入或利得先于财务报表在税务报表上确认。
（2）费用或损失先于税务报表在财务报表上抵扣。
（3）税损结转（tax loss carryforwards）减少未来的应纳税所得额（taxable income）。

所谓税损结转，是指企业在某一纳税年度发生经营亏损，准予在其他纳税年度盈利中抵扣的一种税收优惠。换言之，企业在发生亏损之后的第二年如果实现盈利，即可以用上一年亏损额抵扣该年度的应纳税所得额，如果第二年所得不足时，可以逐年延续。但抵扣通常有一个有效期限（如 5 年），超过有效期限未抵扣完，则剩余尚未抵扣的部分作废。

例如，高小吉公司 20×4 年应纳税所得额为 −100 万元，即亏损 100 万元，20×4 年高小吉公司不用缴纳企业所得税。如当地税法规定，以前年度的亏损可以在未来 5 年内抵扣税应纳税所得额。假设高小吉公司预期未来 5 年可以实现盈利，则 20×4 年亏损额可以让高小吉公司在未来 5 年内享受少缴税的好处（future benefit），所以在 20×4 年形成递延所得税资产（DTA）。如果 5 年内，高小吉公司仅抵扣了 80 万元，剩余的 20 万元额度就作废了。

和递延所得税负债相似，递延所得税资产预期能够在未来转回，未来支付给税务局的现金流出减少（未来经济利益流出减少，符合条件的，确认为资产）。

24.2.2 暂时性差异的计算

24.2.2.1 暂时性差异的计算——利润表法

下面我们用一个具体的例子解释暂时性差异产生和转回（reverse）的过程。假设 Golden Service Inc.有原值为 USD 50 万的固定资产，财务上用直线法折旧，残值为零，使用寿命 5 年；税法要求用加速折旧法。假设 5 年内 Golden Service 每年的收入为 USD 60 万，SG&A 每年 USD 30 万，税率 30%。我们先从利润表的角度计算暂时性差异——income statement approach（见表 24.2）。

表 24.2 暂时性差异的计算——利润表法

（Amounts in USD）

Financial Reporting	Year 1	Year 2	Year 3	Year 4	Year 5	Total
Revenue	600 000	600 000	600 000	600 000	600 000	3 000 000
Other expenses	(300 000)	(300 000)	(300 000)	(300 000)	(300 000)	(1 500 000)
Depreciation expense	(100 000)	(100 000)	(100 000)	(100 000)	(100 000)	(500 000)
EBT	200 000	200 000	200 000	200 000	200 000	1 000 000
Income tax expense	60 000	60 000	60 000	60 000	60 000	300 000
Net Income	140 000	140 000	140 000	140 000	140 000	700 000
Tax Reporting	Year 1	Year 2	Year 3	Year 4	Year 5	Total
Revenue	600 000	600 000	600 000	600 000	600 000	3 000 000
Other expenses	(300 000)	(300 000)	(300 000)	(300 000)	(300 000)	(1 500 000)
Depreciation expense	(220 000)	(132 000)	(80 000)	(50 000)	(18 000)	(500 000)
Taxable income	80 000	168 000	220 000	250 000	282 000	1 000 000
Current tax payable	24 000	50 400	66 000	75 000	84 600	300 000
Net income	56 000	117 600	154 000	175 000	197 400	700 000

从表 24.2 可以看到，由于折旧方法不同，导致在 5 年使用寿命中的前两年，税务报表中的折旧费用比财务报表中的折旧费用高，当期应纳税额（income tax payable）低于企业所得税费用（income tax expense）。而从第 3 年开始上述关系发生反转（reverse），但 5 年内总共需要支付的税费都是 USD 30 万。我们把财务报表中的 income tax expense 和税务报表中的 income tax payable 单独列示出来进行比较和分析（见表 24.3）。

表 24.3 暂时性差异的计算——利润表法（续）

（Amounts in USD）

	I/S	Year 1	Year 2	Year 3	Year 4	Year 5	Total
财务报表	Income tax expense	60 000	60 000	60 000	60 000	60 000	300 000
税务报表	Income tax payable	24 000	50 400	66 000	75 000	84 600	300 000

续表

	I/S	Year 1	Year 2	Year 3	Year 4	Year 5	Total
当期发生额（增量）	ΔDTL	36 000	9 600	−6 000	−15 000	−24 600	0
	B/S	Year 1	Year 2	Year 3	Year 4	Year 5	
期末金额（存量）	DTL ending	36 000	45 600	39 600	24 600	0	

从表24.3可以看出，相比于财务报表计算的企业所得税费用，税务报表计算的实际应纳税费表明企业在前期少缴税，后期则要多缴税，即将之前少交的税补交给税局。因为企业在未来要多缴税，存在未来经济利益的流出，所以产生负债。我们把这种负债叫作递延所得税负债。从整个使用寿命期间看，无论是税务报表还是财务报表，企业总共的税费都是 USD 30 万。观察表24.3的最后一行，我们得知递延所得税负债期末余额在5年内的变化情况：递延所得税负债在第一年年末产生，先增加，然后逐渐降低，最后归零。充分体现了税法和会计准则之间的差异是暂时的，并且差异会在未来转回（reverse）。反之，如果企业在前期应纳税额大于企业所得税费用，表明企业前期多缴税，在纳税总金额不变的情况下，后期少缴税（future benefit），形成资产。我们把这种资产称为递延所得税资产。

> **知识一点通**
>
> 要在暂时性差异产生当期判断企业在未来要多缴税还是少缴税。如果企业在暂时性差异产生当期税法计算的应纳税额大于会计计算的企业所得税费用，意味着企业在暂时性差异产生当期多缴税，未来则少缴税，企业未来会有经济利益流入，故产生递延所得税资产（DTA）。之后年度通过税法计算的应纳税额低于企业所得税费用，使得 DTA 的余额逐渐减小，最终清零，暂时性差异转回（reverse）。这里考生需要注意，在产生 DTA 之后，每期应纳税额与企业所得税费用之间的差值（即 DTA 每期的发生额）只会影响 DTA 的余额，不会影响 DTL 的余额。反之亦然。

此例中每期财务上计算的企业所得税费用与税法计算出的当期应纳税额之差为每期递延所得税负债的发生额，代表流量。将每期新增递延所得税负债相加，便得到递延所得税负债在资产负债表中披露的期末余额，代表存量。由表24.3得到如下关系：

企业所得税费用 = 当期应纳税额 + 递延所得税负债当期发生额 − 递延所得税资产当期发生额

$$\text{Income tax expense} = \text{Income taxes payable} + \Delta \text{DTL} - \Delta \text{DTA} \tag{24.3}$$

> **知识一点通**
>
> 财务报表中的 income tax expense 与 DTL 当期发生额成正相关，与 DTA 当期发生额成负相关。这个关系和现金流量表章节中介绍的现金的变化量与负债的变化量正相关，与非现金资产的变化量负相关类似，可以类比记忆。

> **知识一点通**
>
> 这里我们可以把 income tax expense 理解为企业"名义上"要缴的税费，income tax payable 则是企业当年"实际"要缴的税费（现金支出金额），而 DTL 和 DTA 可以理解为暂时性差异下"名义"税费和"实际"税费之间"补差"的科目。例如，表 24.2 第一年税费相关的分录为：income tax expense 增加 60 000（即名义税费），income tax payable 增加 24 000（即实际税费），DTL 增加 36 000（即补差科目）。

> **备考小贴士**
>
> 公式（24.3）是本章的核心公式，考生务必掌握。

24.2.2.2 暂时性差异的计算——资产负债表法

资产负债表法计算递延所得税，是从资产负债表入手，计算资产和负债的账面价值（会计准则）以及计税基础（税法）之差，即暂时性差异（temporary difference）；暂时性差异乘以税率得到递延所得税资产或负债的期末余额。注意，与利润表法不同，资产负债表法计算的递延所得税即为资产负债表中披露的 DTA 或 DTL 的期末余额，代表存量。沿用上述例子，由于是固定资产（PP&E）折旧方法在税法和财务上的处理不同导致暂时性差异，从利润表的角度，我们分别计算了财务和税法两个体系下每期折旧费用（即利润表法）；从资产负债表的角度，我们就要计算每个财务期间固定资产的账面价值和计税基础（即资产负债表法）之间的差异。

第 22 章长期资产分析中介绍了长期资产的账面价值（book value/carrying value）等于原值减去累积折旧（此处不考虑减值）。同样的，计税基础等于原值减去累积折旧，但由于税法和会计折旧方法不同，使得两者的累积折旧金额不同。表 24.4 列示了 Golden Service Inc. 例中账面价值和计税基础的计算。

表 24.4 账面价值 vs 计税基础

(Amounts in USD)

B/S (Accounting)	Year 1	Year 2	Year 3	Year 4	Year 5
PP&E	500 000	500 000	500 000	500 000	500 000
Accumulated depreciation	(100 000)	(200 000)	(300 000)	(400 000)	(500 000)
Carrying value	400 000	300 000	200 000	100 000	0
B/S (Tax)	Year 1	Year 2	Year 3	Year 4	Year 5
PP&E	500 000	500 000	500 000	500 000	500 000
Accumulated depreciation	(220 000)	(352 000)	(432 000)	(482 000)	(500 000)
Tax base	280 000	148 000	68 000	18 000	0

通过表 24.4 对账面价值和计税基础的计算，我们知道该资产类科目 PP&E 在使用前期计税基础小于账面价值。从税务角度，企业**未来**的应纳税所得额高于会计角度的税前

利润,企业**未来**的应纳税额高于所得税费用,故产生递延所得税负债。反之,如果暂时性差异产生当期,资产的计税基础大于账面价值,使得企业**未来**的应纳税所得额低于税前利润,**未来**的应纳税额低于企业所得税费用,产生递延所得税资产。接下来,我们用资产负债表法计算递延所得税(见表24.5)。

表24.5 暂时性差异的计算——资产负债表法

PP&E	Year 1	Year 2	Year 3	Year 4	Year 5
Carrying value(USD)	400 000	300 000	200 000	100 000	0
Tax base(USD)	280 000	148 000	68 000	18 000	0
Temporary difference(USD)	120 000	152 000	132 000	82000	0
× Tax rate	×30%	×30%	×30%	×30%	×30%
DTL ending(USD)	36 000	45 600	39 600	24 600	0

对比表24.5和24.3最后一行,我们发现利润表法和资产负债表法得到的递延所得税负债期末余额是一致的。两种方法的区别在于利润表法是从利润表的角度先计算每期新增的递延所得税,通过累加每期新增递延所得税发生额得到对应的递延所得税科目的期末余额;而资产负债表法是从资产负债表的角度通过计算资产和负债的账面价值与计税基础之差直接计算每期递延所得税科目的期末余额。由表24.5可以得到:

资产负债表法:递延所得税期末余额＝暂时性差异×未来适用的税率 (24.4)

例题 24.1

Golden 服务公司于2023年年初购买了一辆商务车,购置成本为30万美元,使用年限为6年,会计报表上按直线法折旧,无残值。按照税法,该车应按4年直线折旧,无残值。公司税率每年为40%。该事项所产生的递延所得税在2024年年末的余额是多少?

A. 2万美元递延所得税资产

B. 6万美元递延所得税负债

C. 2万美元递延所得税负债

名师解析

选项C正确。

已知税法和财务角度都用直线法折旧,但使用寿命不同。由于财务角度估计长期资产的使用寿命为6年,而税法规定使用寿命为4年,暂时性差异产生当期账面价值大于计税基础,因此产生递延所得税负债,具体计算见下表。

暂时性差异的计算——资产负债表法(Golden Service Inc.)

年末值	2023	2024
财务报表账面净值(USD)	250 000	200 000
计税基础(USD)	225 000	150 000
暂时性差异(USD)	25 000	50 000
DTL期末余额(USD)	10 000	20 000

24.2.3 计税基础的计算以及 DTA、DTL 的判断

接下来我们分别介绍资产、负债的计税基础以及判断 DTA、DTL 的方法。

首先,容易出现账面价值与计税基础存在差异的资产类科目有固定资产(PP&E)、应收账款(accounts receivable)、研究支出(research costs)、开发支出(development costs);负债类科目有预收收入(customer advance)等。具体举例详见表 24.6。

表 24.6 账面价值 vs 计税基础

	科目	会计账面价值($ Million)	计税基础($ Million)	DTA 或 DTL
资产	应收账款	1 500	1 000	DTL
	开发支出	1 500	1 000	DTL
	研究支出	0	1 000	DTA
负债	预收客户款(预收收入)	1 500	0	DTA
	捐赠	0	0	不涉及
	贷款	500	500	不涉及

假设税率=30%

注:当会计账面价值和计税基础无差异,如表 24.6 中"捐赠""贷款"科目不会产生任何暂时性差异,因此不会产生 DTA 或 DTL。

表 24.6 中提到预收收入(负债类科目)的例子,由于预收收入的账面价值为 $1 500 million,而计税基础为 $0,即负债类科目账面价值大于计税基础,产生 DTA。暂时性差异为 $1 500 million - $0,假设税率为 30%,得到期末 DTA 余额为($1 500 million - $0)×30% = $450 million。

> **知识一点通**
>
> 此处考生务必清楚知道计税基础只针对资产和负债科目。财务报表和税务报表对资本化、费用化的标准不尽相同,所以会有一些科目在财务上不能资本化,而在税务上却要求资本化并在后期摊销。这种情况下,税务报表资产类项下相应科目就有计税基础,而相对应的财务报表资产类项下的账面价值为零(如研究成本)。反之,也会有一些科目在财务上是负债,但在税法上却并不认为是负债的科目。这种情况下,财务报表上相应负债的账面价值就是期末余额,而对应的计税基础则是零。

在了解计税基础如何计算之后,我们不仅可以通过比较当期应纳税额和企业所得税费用的大小判断暂时性差异产生递延所得税资产还是递延所得税负债;还可以通过对比资产、负债的账面价值和计税基础的大小来判断暂时性差异产生的是递延所得税资产还是递延所得税负债。(见表 24.7)

表 24.7 DTA、DTL 的判断

科目类别	Carrying Value > Tax Base	Carrying Value < Tax Base
Assets	DTL	DTA
Liabilities	DTA	DTL

表 24.7 可以帮助我们快速判断什么情况下产生 DTA 或 DTL。前面折旧的例子详细解释了当资产类科目（PP&E）的账面价值大于计税基础时，产生递延所得税负债（DTL）；反之，如果资产类科目账面价值小于计税基础，则产生递延所得税资产（DTA）。负债类科目当账面价值大于计税基础，则会产生递延所得税资产（DTA）；反之，如果负债类科目的账面价值小于计税基础，则会产生递延所得税负债（DTL）。**故考生只需要牢记左上角产生 DTL 的情况，其余三种情况可以由此推知。**

例题 24.2

Golden 公司在 2023 年年初的一个新项目的研究中花费了 60 万美元，按照会计准则，这些花费应全部计入当期费用。但按照税法，公司应将这些研究费用资本化，每年按 25% 比例直线摊销。到 2024 年年底，这项研究支出的计税基础是多少？

A. USD 450 000
B. USD 0
C. USD 300 000

名师解析

选项 C 正确。

税法要求企业将研究阶段的支出资本化，故 research cost 在税务报表上是一项资产。这项资产每期按 25% 的速度摊销，到第二年年末 Tax base = 600 000 − 600 000 × 25% × 2 = USD 300 000。

例题 24.3

根据上述信息，在 2023 年年底资产负债表上，递延所得税列示为：

A. 一项资产
B. 一项负债
C. 一项所有者权益科目

名师解析

选项 A 正确。

税法要求企业将研究阶段的支出资本化，故研究支出在税务报表上是一项资产。而财务上这笔研究支出在利润表中费用化了，也就是说财务上的资产负债表中是没有这项资产的，相应资产项下"研发"的账面价值为零。根据表 24.7，资产的账面价值小于计税基础会产生 DTA。

24.2.4 税率变化对报表的影响

公式（24.3）解释了财务角度计算的企业所得税费用和税务角度计算的当期应纳税额之间的关系。递延所得税中"递延"的含义是企业要在暂时性差异产生之后的年度中通过多交税（若期初产生 DTL）或者少交税（若期初产生 DTA）将初始的递延所得税科目余额转回并清零。所以 DTA 和 DTL 期末余额的计算实际应使用暂时性差异乘以未来的税率。在暂时性差异产生和转回的时间段内，如果企业适用税率不变，那么未来的税率就是当前税率。但是，如果税率在暂时性差异转回的期间有变化，**在计算当期 DTA 和 DTL 的时候应该使用未来新的税率。**而当期应纳税额表示企业当期应付给税务局的所得税，则应使用当期税率计算。

根据公式(24.4),**当未来税率上升,DTA 和 DTL 期末余额上升;反之,如果未来税率下降,DTA 和 DTL 期末余额下降**。DTA 下降使企业未来少缴税的金额下降(future benefit decrease),DTL 下降使得企业未来多缴税的金额下降(future liability decrease)。同理,DTA 上升使得企业未来少缴税的金额上升(future benefit increase),DTL 上升使得企业未来多缴税的金额上升(future liability increase)。沿用 Golden Service Inc.固定资产的例子(表 24.5),假设在第二年年末当地税务局实施新政,从第三年开始使用 40% 税率,则 Golden Service Inc.要根据新政调整 DTL 第二年以及之后每年的期末余额,见表 24.8。

表 24.8　税率变化对递延所得税科目的调整

PP&E	Year 1	Year 2	Year 3	Year 4	Year 5
Carrying value(USD)	400 000	300 000	200 000	100 000	0
Tax base(USD)	280 000	148 000	68 000	18 000	0
Temporary difference(USD)	120 000	152 000	132 000	82 000	0
× Tax rate	× 30%	× 40%	× 40%	× 40%	× 40%
DTL ending(USD)	36 000	60 800	52 800	32 800	0
ΔDTL(USD)	36 000	24 800	−8 000	−20 000	−32 800

从表 24.8 可以看出,税率的变化并不会影响每期资产和负债账面价值与计税基础之间的暂时性差异。根据公式(24.4)可知,**递延所得税科目余额与税率变化的方向一致**,另外,企业第二年得知第三年税率发生变化,第一年产生的 USD 36 000 递延所得税负债不会受之后年度税率变化的影响。**故当期递延所得税发生额(ΔDTA 和 ΔDTL)也与未来税率变化的方向一致**。

> **知识一点通**
>
> 注意,未来税率的变化并不会影响当期(上例指第二年当年)的应纳税额(income tax payable)。因为根据公式(24.2),Income tax payable = Taxable income × Current tax rate,而第二年当年的税率仍然为"老"税率(30%)。

未来税率的变化会影响企业当期的净利润。根据公式(24.3),未来税率上升,income tax payable 不变,DTL 和 DTA 均同比上升,从而影响当期 income tax expense,进而影响当期净利润(net income)。但是我们发现,DTL 和 DTA 的增加对 income tax expense 的影响是相反的,那么到底 income tax expense 如何变化呢?

根据公式 24.4,当未来适用的税率上升时,DTL 和 DTA 也会增加(ΔDTL>0,ΔDTA>0)。根据公式 24.3,可知此时企业所得税费用的变化方向是不明的,还需要进一步判断 DTA 与 DTL 的大小关系。假设 DTL>DTA,则所得税费用受到 DTL 变动影响更大(ΔDTL>ΔDTA),此时根据公式 24.3 可知所得税费用增加,相应地,净利润减少,所有者权益减少。

未来税率变化对财务报表的影响总结如表 24.9 所示:

表 24.9　未来税率变化对财务报表的影响

	所得税费用	净利润	所有者权益
未来税率上升且 DTL>DTA	增加	减少	减少

续表

	所得税费用	净利润	所有者权益
未来税率上升且 DTL<DTA	减少	增加	增加
未来税率下降且 DTL>DTA	减少	增加	增加
未来税率下降且 DTL<DTA	增加	减少	减少

例题 24.4

Golden 公司在 2023 年 1 月初购买了一辆商务用车，购置价为 30 万美元，2023 年适用所得税率为 40%。2024 年 2 月初，税务当局将 2024 年及之后的企业税率降至 35%。2023 年和 2024 年，该车辆的账面价值和计税基础如下图所示。Golden 公司 2024 年 12 月 31 日的递延所得税余额是多少？

车辆年末价值	2023	2024
账面价值	USD 270 000	USD 240 000
计税基础	USD 240 000	USD 192 000

2024 年年末
A. 递延所得税资产 USD 16 800
B. 递延所得税负债 USD 16 800
C. 递延所得税负债 USD 67 200

2024 年间变化额
USD 6 300
USD 4 800
USD 16 800

名师解析

选项 B 正确。

由于税务局在 2024 年年初宣布自 2024 年开始使用更低的税率，那么企业 2024 年的暂时性差异应乘以最新的税率得到当期递延所得税余额。题目已给出长期资产两年的计税基础和账面价值，由此可判断产生递延所得税负债。

2024 年年末 DTL = 暂时性差异 × 未来税率
$= (240\,000 - 192\,000) \times 35\% = USD\ 16\,800$

DTL 在 2024 年变化量：
$\Delta DTL_{2024} = DTL_{2024} - DTL_{2023} = 16\,800 - (270\,000 - 240\,000) \times 40\%$
$= 16\,800 - 12\,000 = USD\ 4\,800$

24.3 企业所得税率

在分析企业所得税时，分析师需要关注以下三大税率：

法定税率（statutory tax rate）：公司注册地的企业所得税率。

有效税率（effective tax rate）：等于利润表上的企业所得税费用除以税前利润。可用于预测未来的所得税费用。

现金税率（cash tax rate）：等于公司本年支付的企业所得税款除以税前利润。可用于预测未来的现金流。

其中，法定税率可能不等于有效税率。这可能源于以下原因：

（1）永久性差异。例如，因税收优惠（tax credits）、税法上无须纳税的收入，会造成一部分的会计利润永远不用纳税，导致实际有效税率与名义的法定税率不同。

（2）跨国公司经营涉及多国法定税率。若公司跨国经营，利润按照当地法定税率计

—考点要求—
计算（calculate）、解释（interpret）并区分（contrast）公司的有效税率、法定税率和现金税率（★★★）

算,则最终集团的有效税率为所涉及的各法定税率的加权平均。

例题 24.5

Golden 公司是一家美国的公司。2024 年,Golden 获得了 $30 million 税收优惠可以直接用于抵税。Golden 还披露了 2024 年的如下信息:

美国法定税率	20%
Golden 的税前利润	$500 million

假设 Golden 的法定税率与有效税率没有其他差异的情况下,计算 2024 年 Golden 的有效税率。

名师解析

有效税率(effective tax rate)的计算公式如下:

	$ millions
以法定税率计算的 Golden 公司 2024 年所得税费	500×20%=100
税收优惠	30
Golden 公司实际的企业所得税费	100−30=70

有效税率＝企业所得税费÷会计税前利润
　　　　＝$70 million÷$500 million＝14%

可见,当存在税收优惠这种永久性差异时,企业有效税率为14%,不等于法定税率20%。

例题 24.6

Golden 集团是一家总部在美国、在中国设立全资子公司的集团。Golden 披露了 2024 年如下的信息:

	中国子公司	美国总部
法定税率	25%	20%
税前利润	$1 000 million	$500 million

假设 Golden 的法定税率和有效税率之间没有其他差异,计算 2024 年 Golden 集团的综合有效税率。

名师解析

Golden 公司跨国经营,综合有效税率为所涉及的各国法定税率的加权平均,计算步骤如下:

	中国子公司	美国总部	合计
法定税率	25%	20%	
会计税前利润	$1 000 million	$500 million	$1 500 million
所得税费	$250 million	$100 million	$350 million

综合有效税率＝企业所得税费用÷会计税前利润
　　　　　　＝$350 million÷$1 500 million＝23.33%

可见,当存在跨国经营从而涉及多个法定税率时,企业有效税率为23.33%,不是某一国的法定税率20%或25%。

此外,有效税率可能不等于现金税率。若存在暂时性差异,则企业所得税费中的一部分并不需要当期缴清税款,导致实际有效税率不等于当期现金税率。

例题 24.7

Golden 公司披露了 2024 年的如下信息:

本年应交税款(Current tax provision)	$2 000 million
递延所得税费用($\Delta DTL - \Delta DTA$)	$500 million
税前利润合计(EBT)	$10 000 million

计算 Golden 公司 2024 年的有效税率和现金税率。

名师解析

有效税率=企业所得税费÷税前利润

$$= \frac{\text{本年交税(current tax provision)} + \text{递延所得税费(deferred tax expense)}}{\text{税前利润}}$$

$$= \frac{\$2\,000\text{ million} + \$500\text{ million}}{\$10\,000\text{ million}}$$

$$= 25\%$$

现金税率=本年缴纳的税款÷税前利润

$$= \frac{\text{本年交税(current tax provision)}}{\text{税前利润(earnings before taxes)}} = \frac{\$2\,000\text{ million}}{\$10\,000\text{ million}} = 20\%$$

可见,当存在递延所得税费的情况下,有效税率不等于本年现金税率。

24.4 披露

24.4.1 DTA 的披露

每个报表日,企业都要评估递延所得税资产的金额。如果递延所得税资产很有可能不能在未来全额转回,那么递延所得税资产的账面价值应减少至预计未来能够转回的金额。US GAAP 用递延所得税资产的备抵科目——减值准备(valuation allowance)计量预计未来不能转回的递延所得税资产。故递延所得税资产的账面价值等于递延所得税资产原值减去减值准备。

$$\text{Net DTA} = \text{DTA} - \text{Valuation allowance} \tag{24.5}$$

如果后续情况发生变化,使得企业能够转回的递延所得税资产金额增加,此时,企业可以减少减值准备的金额,使得 Net DTA 的金额上升。

回顾前文高小吉公司税损结转的例子,高小吉公司 20×4 年应纳税所得额为 −100 万元(亏损 100 万元),假设高小吉公司遵循 US GAAP 编制财务报表,且企业所得税税率为 25%,公司管理层预计未来 5 年(即税损结转有效期)的累积应纳税所得额将超过 100 万元,则 20×4 年末应确认递延所得税资产 25 万元(100×25%)。20×5 年,高小吉公司应纳税所得额为 0,且公司管理层预计未来 4 年(即税损结转有效期)只能实现 50 万的应纳税所得额,20×5 年末应确认递延所得税资产减值准备(valuation allowance)12.5 万元(50×25%),递延所得税资产账面净值(Net DTA)12.5 万元(Net DTA = DTA − Valuation allowance = 25 − 12.5)。假设 20×6 年高小吉公司应纳税所得额仍为 0,但预期在未来三年的税损结转有效期内可以实现 1 000 万元的盈利并可以将全部递延所得税资产转回,20×6 年末高小吉公司可以将递延所得税减值准备降为 0,同时增加递延所得税账面净值至 25 万元。

由上面的例子可以看出,由于企业高管对公司未来盈利能力的估计会影响 valuation allowance 的计提,因此,高管可能会利用这个机会来操纵利润。通常情况下高管会对公司的情况过于乐观,从而低估 valuation allowance,高估 net DTA 的期末余额。由于 Net DTA 的期初余额不变,ΔDTA 高估,income tax expense 低估,net income 高估。反之,当高管高估 valuation allowance,使得 ΔDTA 低估,income tax expense 高估,net income 低估。(见表 24.10)

表 24.10　Valuation Allowance 对财务报表的影响

Valuation Allowance	Net DTA	ΔDTA	Income Tax Expense	Net Income	Equity
低估	高估	高估	低估	高估	高估
高估	低估	低估	高估	低估	低估

> **知识一点通**
>
> 为帮助考生记忆,我们只需要记住表 24.10 中两个以"net"开头的科目之间的变化关系即可:net DTA 与 net income 一定是同方向变化的。

例题 24.8

Golden 公司在 2023 年账面的递延所得税资产总额为 30 万美元,并计 20 万美元的减值准备。2024 年,将上述减值准备的金额减少了 15 万美元。2024 年的账务处理最有可能表明:

A. 该公司的递延所得税负债在 2024 年降低了。
B. 公司的净利润下降了。
C. 公司预期未来盈利能力上升。

名师解析

选项 C 正确。

valuation allowance 是 DTA 的减值准备(备抵科目),代表预期不能转回的递延所得税资产部分。valuation allowance 调减意味着企业能够使用的递延所得税资产变多,回忆税损结转的例子,当企业未来盈利能力上升时,未来能够享受的递延所得税带来的好处就增多,递延所得税资产的减值准备减少,net DTA 增大。

> **备考小贴士**
>
> valuation allowance 对财务报表的影响是本章重要考点之一,请考生务必掌握表 24.10 列示的关系。

24.4.2 DTL 的披露

分析师分析企业的 DTL 时,要关注目标公司的 DTL 是否能够在可预见的未来转回。如果分析师经过分析,发现企业账面上的 **DTL 有一部分是不可能转回的**,此时,分析师应该将这部分预期不能转回的 **DTL 调整到 equity** 中(即减少 DTL 期末余额,增加 equity)。例如 Golden Service Inc.财务上使用 revaluation model 计量长期资产,PP&E 的账面价值会随着公允价值的变动而变化。而税法只允许用 cost model 计量长期资产。我们假设 Golden Service Inc.持有一栋办公楼,公允价值在不断攀升且升值的趋势不会在短期内扭转,故公司的资产负债表上办公楼的账面价值不断上升,但是税务报表上办公楼的计税基础逐年下降,产生 DTL,且 DTL 余额随着暂时性差异的增加而逐年增加。同时在可预见的未来,这部分 DTL 是不可能转回的。因此,分析师在做分析时要将这部分 DTL 调整到 equity 中。

如果分析师认为公司的 DTL 都可以在一定时间内转回,那么,分析师不会对 DTL 做任何调整。

最后,如果分析师通过分析,不能确定目标公司账面上的 DTL 是否能够转回以及能转回的金额,则分析师会**忽略**(ignore)公司资产负债表上 DTL 这个科目。

> **例题 24.9**
>
> 以下哪项是错误的?
> A. 如果递延所得税负债预计将转回,分析师应将 DTL 视为负债
> B. 如果预计递延所得税负债不会发生转回,则分析师应将其视为权益
> C. 如果分析师不确定递延所得税负债的转回时间和金额,则应将其视为负债
>
> **名师解析**
>
> 选项 C 符合题意。
> 当分析师不能确定企业的 DTL 转回的时间和金额时,需要忽略 DTL 这个科目。故选项 C 说法不正确。

> **备考小贴士**
>
> 考生要定性掌握分析师对 DTL 调整的三种情况。

练一练

24-1 Which of the following statements regarding to income tax is most likely accurate?
   A. Both temporary and permanent difference can result in the recognition of DTA or DTL.
   B. If there is no change of tax rate, the effective tax rate must be equal to statutory rate.
   C. Deferred tax asset could decrease in value due to falling future earning power under US GAAP.

24-2 Hurricane company is subject to 30% tax rate, and reported $200 000 for DTA and $100 000 for DTL at the end of this year. If the congress of this country announced a new tax rate of 25%, which would be effective at the beginning of next year, Hurricane company would report:

A. lower DTA, DTL and tax expenses.

B. lower DTA, DTL but higher tax expenses.

C. higher DTA, DTL and tax expenses.

24-3　Which of the following treatments of temporary differences is incorrect?

A. Carrying amount of asset ＞ tax base of asset, results in DTA.

B. Taxable income ＞ accounting income, results in DTA.

C. Carrying amount of liability ＜ tax base of liability, results in DTL.

24-4　Which of the following statements is incorrect regarding the valuation allowance?

A. According to US GAAP, if it is more likely than not that some or all of a DTL will not be realized, and then the DTL must be reduced by a valuation allowance.

B. The valuation allowance is a contra account that reduces the net balance sheet value of the DTA.

C. The increasing valuation allowance will increase income tax expense and decrease net income.

第25章 财务报告质量

知识引导

　　财务报告分析,除了对财务报表的数字进行分析外,还需要对财务报告本身进行分析。基于一份可信的财务报告做出的分析结果才有意义。实务中,有很多财务报告的质量低下,提供的信息不能客观真实地反映企业的经营业绩。有些财务报告中的信息甚至是虚假信息,故意误导投资者。本章探讨如何评判财务报告质量,以及如何识别低质量财务报告。

考点聚焦

　　了解财务报告质量的评判标准、识别财务报表被操纵的迹象。

本章框架图

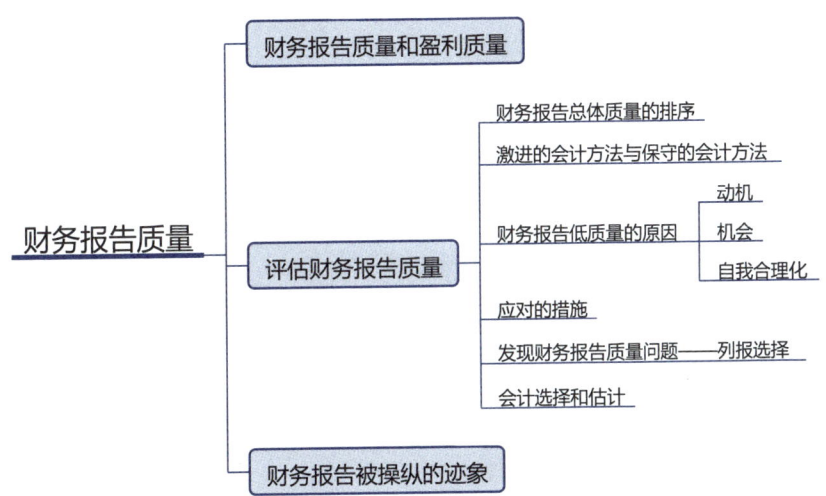

25.1 财务报告质量和盈利质量

—考点要求—
比较(compare)财务报告质量和盈利质量(★)

财务报告的作用是提供有用的信息。要达成这个目标,信息必须是相关(relevant)、忠实表述(faithful representation)的。这就是评判财务报告质量高低的标准。

盈利质量的高低,一方面看盈利本身的高低,另一方面还要看盈利的可持续性。比如,如果一家公司当年的利润很高,但是绝大部分来自变卖资产的利得,那么这样的盈利是不具有可持续性的。

毫无疑问,判断盈利质量高低要建立在高质量的财务报告基础上。如果财务报告本身质量低,提供的信息不相关、有误,甚至虚假,那么分析师根本无从判断盈利质量的好坏。具体见表25.1。

表 25.1 盈利质量与报告质量

盈利质量 \ 报告质量	低	高
低	低质量的报告导致无法评估盈利质量和公司估值	(1) 高质量的报告有利于评估盈利质量; (2) 低盈利质量降低公司估值
高		(1) 高质量的报告有利于评估盈利质量; (2) 高盈利质量增加公司估值

> **知识一点通**
>
> 报告质量决定盈利质量的评估(earning quality assessment)是否可行,盈利质量决定公司估值(company valuation)的准确度。

例题 25.1

"分析师可以相对准确地评估一家公司盈利质量,同时评估结果不利于公司的估值。"根据上述陈述,最有可能确认哪种质量特征?

A. 高财务报告质量和高盈利质量
B. 高财务报告质量和低盈利质量
C. 低财务报告质量和高盈利质量

名师解析

此类题目,考生只要把握"财务报告质量的高低是盈利质量能否准确判断的影响因素,而盈利质量的高低对公司估值产生影响"这一核心思想,便能较为准确地作答。对于本题而言,"分析师可以相对准确地评估企业的盈利质量",可判断财务报告具有高质量(high financial reporting quality);"分析师评估结果不利于公司的估值",则说明公司盈利质量较低(low earning quality)。因此,本题正确答案为选项B。

25.2 评估财务报告质量

25.2.1 财务报告总体质量的排序

有了财务报告质量与盈利质量的概念,我们就可以从这两个方面综合考虑一份财务报告的质量。按质量从高到低排序如下。

1. 财务报告按照会计准则编制(within GAAP)、提供有用的信息(Decision-useful)、盈利充足(Adequate)且可持续(Sustainable)

这是最高质量等级的财务报告(最高的财务报告质量+最高的盈利质量)。

2. 财务报告按照会计准则编制、提供有用的信息,但盈利不可持续或不充足

这样的报告,虽然报告质量没有问题,但是盈利的质量较低。盈利的质量低包含两个方面:一方面,盈利的可持续性低;另一方面,盈利不足以提供足够的投资回报。

3. 财务报告按照会计准则编制,但会计选择有偏向(Biased Accounting Choice)

有偏向地选择会计政策、会计估计,使得财务报告提供的信息不再是忠实表述的。从这里开始,财务报告本身的质量已经不高,从而也就无法再衡量盈利质量。

有偏向的会计选择表现为采用激进的或保守的会计选择(aggressive or conservative accounting)、平滑利润(earning smoothing)、使用非标准的会计指标(non-GAAP measure)等。

4. 财务报告按照会计准则编制,但存在盈余管理(Earnings Management)

盈余管理是指使用各种手段夸大或减少财务报表的数字。这是比会计选择有偏向的财务报告质量更低的报告。但是要区分盈余管理与有偏向的会计选择并不容易。总体来说,盈余管理存在更重大的**主观故意**。

5. 财务报告未按照会计准则编制(Non-compliant Acccounting)

未按照会计准则编制的财务报表是质量极低、不可采信的财务报告。这样的情形包括将本应费用化的支出资本化、将某些资产和负债通过复杂的处理从资产负债表移除、显著低估负债的金额等。

6. 虚假的财务报告(Fictitious Transaction)

虚假的财务报告里,资产、负债、收入和费用都可能是无中生有、虚构的。这样的财务报告与废纸无异。

> **备考小贴士**
>
> 考生要特别注意第1项和第6项。

25.2.2 激进的会计方法(Aggressive Accounting)与保守的会计方法(Conservative Accounting)

激进的会计方法表现为提前确认收入或延后确认费用,以达到增加当期利润的效果,然而这样做没有忠实地反映企业的经营业绩,同时还导致了未来期间收入减少、费用增

加、利润降低,当期的高利润并不具有可持续性。

保守的会计方法表现为延后确认收入或提前确认费用,这样的做法依然是不可取的,同样没有忠实地反映企业的经营业绩。采用保守的会计方法的动机可能是因为管理层在达到业绩指标后将一部分利润推迟到下一年确认,也可能是为了使下一年的业绩相比今年的业绩看起来有所增长。

---考点要求---
描述(describe)财务报告低质量的原因(★)

25.2.3 财务报告低质量的原因

一般来说,导致管理层编制低质量财务报告的原因有三方面:动机(motivation)、机会(opportunity)、自我合理化(rationalization),这三者有时被称为"舞弊三角"。三者往往缺一不可。

1. 动机

管理层的动机有:为使业绩达到资本市场的期望、使业绩达到指标以获得奖金,或者使业绩满足借款合同的特别要求等。

2. 机会

除动机外,以下情形往往为管理层提供了粉饰财务报告的机会:一般来说,如果一家公司的内部控制体系不完善、董事会没有尽到监督管理层的义务,或者公司的业务特别复杂的情况下,都会给管理层粉饰报表提供机会。

3. 自我合理化

如果能对粉饰报表的行为进行自我合理化,比如说"别的公司也是这么做的或者说我这么做是有苦衷的"此类理由,也大大增加了管理层这么做的可能性。

---备考小贴士---
考生要掌握导致管理层编制低质量财务报告的三个原因。

例题 25.2

以下哪项陈述最有可能是管理层提供发布低质量财务报告的机会?
A. 管理层有达到奖金标准的压力
B. 公司有健全的内部控制
C. 管理层有时采取超出董事会授权的行动

名师解析

此类题目可分两个步骤进行思考解答:首先,清楚题中考查的是哪一个导致财务报告展现为低质量的原因;其次,辨别选项的描述对财务报告质量的影响究竟是正向还是负向。对于本题而言,需要考生识别出"机会(opportunity)"这一导致财务报告为低质量的原因,那么:选项A描述的是管理层提供低质量财务报告的动机;选项B陈述的事项(健全的内部控制)有助于提高财务报告的质量;只有选项C,董事会在某些情况下并未尽到监督管理层的义务,这无疑会为公司提供低质量的财务报告创造机会。因此,本题正确答案为选项C。

25.2.4 应对的措施

—考点要求—
描述（describe）
应对措施（★）

应对低质量财务报告的措施包括以下三个方面：市场监管机构、审计师、资本提供者的监督。

市场监管机构，例如证监会，会发布多种措施要求上市公司遵守。

审计师对公司编制的财务报告进行审计，审计意见为财务报告使用者提供了一定程度的保证（如财务报告信息是否符合相关会计准则的编制要求）。

资本提供者，例如投资人和借款人，出于保护自身权益的目的，都会自发地监督公司编制高质量的财务报告。

25.2.5 发现财务报告质量问题——列报选择（Presentation Choices）

—考点要求—
描述（describe）
包括 non-GAAP 指标在内的列报选择对分析师的影响（★）

由于科技的进步，对于很多企业而言，传统的估值方法以及财报数据无法合理地评估企业的股价、反映企业的财务状况和经营业绩。例如，很多互联网企业早期都无法产生足够的收益来证明其股价使用传统的市盈率估值方法是合理的。因此，对于这些企业而言，就需要使用一些非公认的会计衡量指标（non-GAAP measures）去评估企业的股价、描述企业的经营业绩和财务状况。

常用的 non-GAAP 指标主要有 EBITDA（息税折旧摊销前利润），并且不同企业会根据自身的状况调整 EBITDA，构造属于自己版本的"adjusted EBITDA"。常见的调整方法就是在 EBITDA 的基础上加上以下科目：

(1) 租金费用；
(2) 股权激励；
(3) 收购相关的支出；
(4) 商誉（goodwill）以及其他无形资产的贬值；
(5) 长期资产的贬值；
(6) 诉讼费用；
(7) 债务清偿的损失/收益。

如果企业在填写美国证监会文件（SEC filing）时使用了 non-GAAP 指标，则企业需要使用美国准则对相关数据进行重新计算，并对两者的计算结果进行比对。同时，企业管理层还需要解释使用该方法的原因。同理，根据 IFRS，企业如果使用 non-IFRS 指标，也需要阐述原因并比对。

25.2.6 会计选择和估计

—考点要求—
描述（describe）
企业用于管理利润、现金流量和资产负债表科目的会计方法（★）

企业可以通过会计选择来影响财务报表及盈利数据。例如，相对于"FOB destination（企业把货送到目的地才能确认收入）"，企业使用"FOB shipping point"（即企业把货送到船边就可以确认收入）的收入确认政策时，企业就可以尽早确认收入，从而增加本期的盈利。

除此之外，企业也可以通过会计方法和会计估计影响财报和盈利数据。例如，相较使用加权平均成本法，如果企业使用 FIFO，在物价水平上升的情况下，企业的存货的账面价值更能体现企业真实的存货水平，但企业当期销货成本（COGS）偏低，利润水平被高估。

常见的影响财报和盈利数据的会计选择如表 25.2 所示。

表 25.2 常见的影响财报和盈利数据的会计选择

会计选择	注意事项
收入的确认	收入确认的时间：在收货时确认 or 在发货时确认？
	通过分销渠道销售的商品数量是否异常：可能是通过异常的折扣政策等来完成的
	退货是否异常
	企业是否通过"售后代管商品"交易（bill and hold）制造虚假销售额
	回扣，主要关注回扣对净收入的影响
	针对某些商品或服务，是否存在将其划分为多个商品或者服务，从而实现分段或者分步确认收入的情况？如果有，公司划分的依据是否合理。如果没有，确认相应交易的递延收入、收入和应收账款、现金转换等是否正常
长期资产：折旧政策	会计估计是否合理： (1) 预计的使用年限； (2) 如果使用年限发生了改变，其对利润的影响
	如果近期有长期资产的大幅减值发生，需要考虑长期资产的折旧政策是否合理
无形资产：资本化	资本化和费用化的政策是否合理：内部研发形成的无形资产的开发费用的资本化；由于兼并收购导致的研发支出；软件开发支出的资本化
	与竞争对手相比，资本化政策是否合理
	摊销政策是否合理
坏账准备	该账户本期是否有发生变化？
	在坏账的回收方面是否有异常？
	坏账的降低是否可能是行业困难和难以达到盈利预期的结果
存货的计价方法	存货计价方法是否合理： (1) 是否明显异于同行业竞争者； (2) 是否会导致存货或者销货成本被高估或者低估
	存货减值准备的异常
	是否存在"LIFO liquidation"现象？该情况下可能出现利润增加，但现金流不匹配的情况

—考点要求—
描述（describe）
财务报告被操纵的迹象（★★）

25.3 财务报告被操纵的迹象（Warning Signs）

由于财务报告的内容是一个有机整体，不同的报表、交易事项或者相关科目之间往往具有关联性，故财务报告质量被操纵时往往会留下蛛丝马迹，见表 25.3。

表 25.3 财务报告被操纵的迹象

迹象涉及方面	具体环节	迹象检查
与收入相关的迹象	收入确认	公司的收入确认政策是否易于提前确认收入（例如公司规定在承运开始时便立即确认收入）
		以物易物交易中，相关收入金额的估计是否准确（以物易物交易中，交换货物的公允价值往往难以确定）
		涉及销售退回的收入确认时是否能够做出较为合理的销售退回金额估计

续表

迹象涉及方面	具体环节	迹象检查
与收入相关的迹象	收入与其他指标的关系	公司收入增长是否与经济增长、行业增长抑或竞争对手增长态势相吻合
		公司近几年收入变化与应收账款变化关系是否合理
		公司资产周转率连续几年下降或低于竞争对手(或同行业)资产周转率水平可能表明公司运用资产创造收入的能力存在问题
与存货相关的迹象	存货与其他指标的关系	存货的增长水平与行业及竞争对手的存货增长水平是否相吻合
		较低的存货周转率往往说明公司存在存货过时或滞销的情况
与资本化/费用化选择相关的迹象	政策	关注公司的资本化政策与费用化政策,比如利息费用处理,尤其关注其政策与行业普遍适用办法的区别(如果公司是行业中唯一资本化某种费用的企业,那么该公司的利润很可能被高估)
与现金流相关的迹象	现金流和净利润的关系	计算经营活动产生的现金流与净利润的比率(如果该比率持续下降且小于1,则应重点关注公司权责发生制政策的合理性)
其他迹象	会计估计	比如,折旧中残值和预计使用年限估计的合理性
	关联交易	关联交易往往需要重点关注
	特殊事项	非经常性交易事项的处理是否合理

练一练

25-1 Which of the following companies would most likely be considered to have the lowest financial reporting quality, other things equal?

A. A company's financial reports reflect earnings smoothing.

B. A company complies with GAAP and provides high-quality information that is useful for decision-making but without sustainable growth of earnings.

C. A company that reports significant profits due to a favorable exchange rate movement.

25-2 Compared with financial reporting quality, earnings quality pays more attention to which of the following aspects?

A. Compliance to GAAP. B. Useful decision information. C. Sustainable growth rate.

25-3 Based on the following descriptions, will they overstate profits?

1. Capitalize expenditures that should be expensed.

2. Fail to recognize impairment for assets that has obsoleted.

3. Recognize operating expense as non-operating expense.

A. Only one of them overstates operating income.

B. Two of them overstate operating income.

C. All of the three overstate operating income.

25-4 Which of the following is most likely to overstate a company's current earnings?

A. Recognize deferred revenue as revenue in current year.

B. Estimate a lower salvage value of fixed asset.

C. Recognize prepayment as expense in the current period.

扫码查看
答案及解析

立即扫码添加【学习规划师】,助您本章学得更快更好!

问答服务 + 学习规划 + 课程分享

第 26 章 财务报表建模导论

知识引导

本章是"财务报表分析"科目的实操性章节。财务报表分析的主要目的之一是评估公司的价值。在估值之前,分析师需要对公司的未来盈利、现金流以及资产负债水平等进行详细预测。在预测过程中,分析师应当充分考虑行业竞争格局以及整体物价水平变动对公司所在行业的影响,进而评估公司收入、成本的变动。同时,分析师也需要认识到预测过程中可能产生的行为偏差以及采取相应的补救措施。

考点聚焦

本章内容逻辑清晰,整体难度不高,考点也较少。考试以定性考查为主。

本章框架图

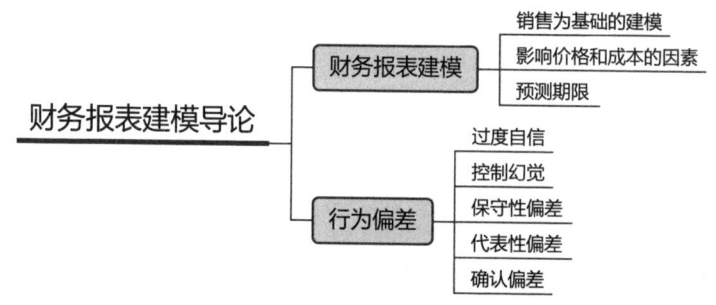

26.1 财务报表建模

财务报表建模是建立在充分理解公司的业务、管理、战略、外部环境以及历史业绩的基础上的,是评估公司价值及其发行的证券价值的重要步骤,具体包括对公司利润表、现金流量表和资产负债表的预测与构建。

26.1.1 销售为基础的建模

——考点要求——
说明(demonstrate)以销售为基础的财务建模的过程(★★)

财务报表建模通常先从利润表入手,因为公司的大部分价值主要来自其未来所能产生的现金流量,而现金流量又主要取决于公司的未来营业收入的情况。因此,财务报表建模将首先以销售收入为起点预测利润表,然后预测资产负债表,最后再基于现金流量表与利润表和资产负债表的勾稽关系完成现金流量的预测。

26.1.1.1 利润表预测

1. 收入预测

在预测销售收入时,可以按照公司不同地理位置、不同业务部门或者不同生产线进行细分,划分成不同的分部(business segments)分别预测,因为不同分部的销售收入的增长潜力可能是不一样的,例如,公司业务范围涉及不同的国家,公司的统一业务在某些国家可能表现出强劲的销售增长,而在其他国家的销售趋于饱和,销售增长表现疲软。

对于每个分部,销售收入的变化主要由销量、销售单价和汇率这三个因素驱动。分别预测销量和销售单价的增长率,可以获得单个分部销售收入的自然增长(organic growth)。例如,分析师预测某分部 2×24 年的销量增长率为 7%,产品的销售单价 2×24 年上浮 4%,则结合销量和销售单价的综合影响,该分部 2×24 年的销售收入预测自然增长通过 $(1+7\%)\times(1+4\%)-1$ 计算可得,为 11.3%。

如果公司业务涉及跨国经营,则销售收入变化还受到汇率波动的影响,在预测每个分部的销售收入时,也要预测汇率变化对销售收入增长产生的具体影响。

> **知识一点通**
>
> 销售收入的自然增长是指仅仅因为销量和销售价格的变化而导致的销售收入的变化,不包括以下三个因素造成的收入变化:
> (1) 收购其他公司导致销售规模的增长;
> (2) 公司剥离原有分部导致销售规模的下降;
> (3) 汇率变化产生的销售收入的变化。

2. 销货成本(COGS)预测

销货成本通常是公司生产和销售产品过程中产生的最大成本项,包括采购、生产和产品准备销售过程中发生的成本。

因为销货成本与销售收入存在着直接的关系,因此在预测销货成本时,通常将历史销货成本占历史销售收入的比重或者历史毛利率(1-历史销货成本/历史销售收入)作为基础,然后根据外部环境、公司自身战略、产品等因素的变化做出相应的调整。例如,公司某业务2×23年的毛利率为20%,分析师发现市场上出现了新的替代品,因此分析师预测该业务2×24年的毛利率会下调至15%。

3. 销售、一般和行政(SG&A)费用预测

SG&A费用是公司另一大运营成本。与销货成本不同的是,SG&A费用与销售收入并没有直接关系,因此无法直接通过历史SG&A费用占历史销售收入的比重来预测。

在预测SG&A费用时需要将其组成部分进行细分,其中销售及分销费用(selling and distribution expenses)主要是销售人员的工资和薪金,这部分通常会随着销售收入的增加而增加,因此可以通过对历史销售及分销费用占历史销售收入的比重进行相应调整来预测。其他包括办公楼租赁费用、IT费用、研发费用等在内的一般、行政费用与销售收入没有直接关系,且该部分变动较小,分析师可以在历史数据的基础上做出相应调整来进行预测。

4. 财务费用预测

财务费用是指公司利息支出扣除利息收入后的净额,其中利息收入取决于公司投资金额以及投资回报率;利息支出取决于资产负债表上的债务水平以及债务的利息率。对于非金融公司而言,利息收入通常远远小于利息支出,此时重点是预测利息支出。

5. 所得税预测

所得税主要是由公司在不同国家所产生的利润水平以及对应的所得税税率决定的。除此之外,公司业务的本质也会影响公司的所得税大小,如果公司从事的业务受政府扶持,可能会享受特殊的税收优惠待遇。例如,研发支出可以加计抵扣所得税,固定资产可以采用加速折旧的方法计提折旧等。

在利润表中列报的所得税费用与实缴企业所得税(income tax paid)之间会存在差异,这主要是因为会计准则规定与税法规定的差异产生了暂时性差异。分析师在预测所得税费用和实缴企业所得税时,关键是预测有效税率(effective tax rate)和现金税率(cash tax rate)。

6. 发行在外的普通股股数

发行在外的普通股股数是用来计算每股收益(EPS)和公司价值的关键要素,在利润表上列报的EPS包括基本每股收益(basic EPS)和稀释每股收益(diluted EPS)。

通常情况下,随着时间的推移,影响发行在外的普通股股数的常见因素有两种,一是与员工股权激励计划相关的股份的发行。当员工行使权利时,公司发行股份会导致发行在外的普通股数增加;二是公司在市场上回购股票,导致发行在外的普通股股数减少。

除了以上两种常见因素之外,发行在外的普通股股数也受某些重大交易的影响。例如,公司为完成并购行为发行股票,在二级市场增发股票融资,以及优先股或可转换债券转换成普通股等。

26.1.1.2 资产负债表预测

资产负债表的预测应首先预测资产的重要组成部分:营运资本和长期资产,其次通过预测公司资本结构完成长期负债与股东权益的预测。

1. 营运资本预测

存货、应收账款和应付账款是营运资本中的主要组成部分,因此这三项是营运资本预

测的重点,分析师可以依据公司的内外部环境变化对历史营运资本比率(存货周转率、应收账款周转率、应付账款周转率)做出调整,预测资产负债表上的存货、应收账款和应付账款水平。

2. 长期资产预测

长期资产的净增加额由两部分组成,分别是资本支出(capital expenditures,Capex)和当期发生的折旧、摊销费用。

资本支出的构成有两类,维持原有业务的资本支出(如更新旧设备、提高原有设备性能等)和业务扩张的资本支出(如建造新生产线、购买新设备等),因此,资本支出的预测主要取决于分析师对公司未来产能扩张的预测。

折旧、摊销费用通常可以利用历史长期资产水平以及历史折旧费用进行预测。

3. 资本结构(capital structure)预测

在完成资产负债表中资产的预测后,分析师可以利用杠杆比率预测公司的长期负债和股东权益水平,如债务占资本比重(debt-to-capital)、债务与股东权益比(debt-to-equity)等。

> **知识一点通**
>
> 资本结构是指公司资本构成比例,是长期负债和股东权益的构成比例。资本结构的内容会在公司发行人科目的"资本结构"中详细介绍,此处不再赘述。

26.1.1.3 现金流量表预测

在完成利润表和资产负债表的预测后,分析师可以利用现金流量表与它们的勾稽关系对经营现金流(CFO)、投资现金流(CFI)和融资现金流(CFF)进行预测。

分析师可以利用间接法(indirect method)预测经营现金流。首先从净利润出发,调整非经营性损益,然后加上未实际发生现金流出的项目,包括基于股份的薪酬费用和折旧、摊销费用等,最后减去营运资本的变化额。

投资现金流主要表现为公司的资本支出,即公司购买各种长期资产的支出。

融资现金流包括三个方面,分别为股份发行和回购、发放股利、债务发行和偿还。

现金流量表的预测流程见表 26.1。

表 26.1 现金流量表的预测流程

现金流	要素
经营现金流	净利润
	基于股份的薪酬费用
	折旧、摊销费用
	营运资本
投资现金流	资本支出

续表

现金流	要素
融资现金流	股份发行和回购
	股利
	债务发行和偿还

26.1.2 影响价格和成本的因素

26.1.2.1 波特"五力"分析

—考点要求—
解释（explain）基于波特"五力"分析的公司竞争地位对价格和成本的影响(★★)

销售收入和销货成本是影响公司财务业绩的关键因素之一，分析师可以利用波特"五力"分析框架分析公司在行业中的竞争地位以及公司销售价格和成本受到的影响，具体如下：

1. 替代产品的威胁（Threat of Substitute Products）

如果市场上存在大量替代品，并且客户转换成本很低时，替代产品的威胁较强，会削弱公司的定价权和盈利能力。

2. 现有公司之间的竞争程度（Intensity of Rivalry Among Incumbent Companies）

如果公司所处的行业内竞争非常激烈，具体表现为行业集中度很低、增长潜力有限、退出壁垒高、产品同质化程度高、固定成本高，那么公司的定价权和盈利能力会被削弱。

3. 供应商的议价能力（Bargaining Power of Suppliers）

如果供应商集中度较高同时原材料的替代品较少，那么供应商的议价能力较强，公司会面临较高的成本，导致公司的盈利能力被削弱。

4. 客户的议价能力（Bargaining Power of Customers）

如果客户集中度高，产品差异化程度低，客户转换成本低，客户的议价能力较强，公司无法通过提价获取较高的盈利水平，即定价权和盈利能力均较弱。

5. 新进入者的威胁（Threat of New Entrants）

如果行业盈利水平高于市场平均水平时，会吸引新进入者进入行业，公司会存在盈利能力下降的压力。相反，如果行业存在很高的进入壁垒时，新进入者进入行业的成本较高，公司的定价权较强同时能获得较高的盈利水平。

—备考小贴士—
考生应掌握波特"五力"分析的基本内容，并利用该分析方法判断公司所在行业的竞争格局，进而判断公司的定价权和盈利能力，注意定性考查。

26.1.2.2 通货膨胀和通货紧缩

—考点要求—
解释（explain）当面临通货膨胀或通货紧缩时，如何预测行业、公司的销售收入和成本(★★)

通货膨胀和通货紧缩是指整体物价水平的变动，即商品和服务价格的总体上涨和下跌。整体物价水平的变化对行业和公司的收入、成本均会产生影响，但是在不同公司之间，这种影响是存在差异的。

1. 物价水平的变化对行业和公司销售收入的影响

对于包括原材料和劳动力在内的产品投入价格上涨，公司常见的应对措施是提高最终产品价格，目的是将增加的成本转嫁给客户。

公司增加的成本是否能成功转嫁给客户，主要受到以下三个方面的影响：

（1）行业的竞争格局。如果公司所处行业集中度较高，内部竞争较弱；客户较分散，集中度低，客户议价能力较弱；产品的替代品较少，客户转换成本较大时，则公司拥有较强的定价权，可以通过提高产品价格的方式将成本转嫁给客户。

（2）产品的需求弹性。如果公司提供的产品需求具有价格弹性时，公司提高产品价格会导致销售量下降，因此公司需要在价格和销量中寻求平衡点。

在通货膨胀的环境下，公司如果过早提价，会损失销售量；如果过晚提价，则会因为成本增加而导致利润率降低。

（3）公司的战略。面对不断上涨的投入成本，公司有可能会通过提高产品价格将成本转嫁给客户，也有可能不提价或略微提价，牺牲一部分利润以获取更多的市场份额。

2. 物价水平的变化对行业和公司成本的影响

分析师应按不同的产品类别、不同的地理位置预测物价水平的变化对行业和公司成本的影响，重点关注以下三个方面：

（1）行业的采购特征。如果公司在采购中采用长期固定价格远期合约（long-term price-fixed forward contracts）和套期保值（hedge），则可以延缓投入要素价格上涨导致的成本增加。

（2）投入要素价格变化的潜在驱动因素。例如，天气状况会对农产品的价格产生重大影响，如果公司的主要投入要素为农产品，那么分析师在预测该公司的成本信息时应将特殊天气因素纳入考虑。

（3）行业的竞争环境。当投入要素价格上涨时，如果公司可以在市场上获得替代品投入或者能对供应商进行垂直整合（vertically integrated），那么就可以减轻因投入要素价格上升而产生的不利影响。如果公司找不到替代品，为了维持稳定的利润率，可能会减少广告等支出。

> **备考小贴士**
>
> 考生应掌握物价水平变化对公司收入和成本预测的影响，注意定性考查。

26.1.3 预测期限

26.1.3.1 预测期限的选择

在对公司进行前景预测时，分析师首先需要确定预测期限。预测期限的选择主要受投资策略、行业周期性、公司的特殊因素等影响。

（1）投资策略。大部分专业的股权投资策略会有明确的投资期限或是平均股票持有期限。在理想状态下，预测期限应与投资期限和股票的平均年换手率相匹配，例如 3～5 年的投资期限一般匹配 20%～33% 的平均年换手率。

—考点要求—

解释（explain）在选择预测期限时应考虑的因素以及分析师在长期预测时的选择（★★）

(2)行业周期性。原则上预测周期应该足够长,至少能覆盖一个行业周期。

(3)公司特殊因素。公司近期如果发生了并购行为,也会影响预测期限的选择。分析师会选择足够长的预测期,使得并购行为产生的影响能在公司的财务报表上得到反映。

26.1.3.2 长期预测

1. 正常盈利(Normalized Earnings)

虽然在综合考虑上述因素后可以确定相对合适的预测期限,但是分析师仍然倾向于选择长期的预测期限,主要原因是相比短期限的预测期,更长期限的预测期能更好地反映公司的正常盈利。

正常盈利是指在没有任何影响盈利能力的异常或临时因素下,公司可实现的中期(mid-cycle)预期盈利水平。这里的异常或临时因素可能对盈利能力产生积极作用,也有可能产生消极作用。例如,宏观经济周期处于扩张期或衰退期,公司近期发生的并购行为等。

2. 终止价值(Terminal Value)

分析师可以选择利用现金流量折现模型(DCF model)评估公司价值,DCF 模型下公司价值由详细预测期的价值和预测期后的终止价值两部分组成。其中,终止价值是指预测期结束后未来所有预期现金流量产生的价值。具体估算方法将在"权益投资"科目中详细描述,此处不再赘述。

3. 拐点(Inflection Points)

在计算终端价值时,分析师面临的一个挑战是预测**拐点**。拐点是指在预测期内发生的某个事件使得现金流与过去存在显著差异。常见的拐点表现为经济周期的变化、经济冲击(economic disruption)、政府监管和技术进步等。

大多数 DCF 模型中终止价值的估算依赖于永续增长,即它假设预测期最后一年的现金流量将会以恒定的速度在未来永续增长,因此预测期最后一年的现金流量是否代表正常化的(normalized)经营结果至关重要。如果分析师使用了经济繁荣年份的现金流作为永续增长的起点,则会高估公司价值;反之,如果使用了经济低谷年份的现金流,则会低估公司价值。

因此,在估算终止价值时,如果存在拐点,则需要对预测的现金流进行调整,使其代表正常化的、中期的结果。

> **备考小贴士**
>
> 考生应掌握选择预测期限时应考虑的因素以及对常见拐点的辨析,注意定性考查。

—考点要求—
解释(explain)行为偏差对财务预测产生的影响以及相应的补救措施(★★)

26.2 行为偏差

分析师在进行财务预测时会受到行为偏差的影响。为了更好地预测并做出理性的投资决策,分析师必须认识到行为偏差所产生的影响并采取相应的补救措施。财务预测中常见的行为偏差主要有过度自信偏差、控制幻觉偏差、保守性偏差、代表性偏差与确认偏差。

26.2.1 过度自信偏差

过度自信偏差(overconfidence bias)是指分析师对自己的能力表现出毫无根据的自信，高估自己成功的概率，把成功归功于自己的能力，而低估机遇和外部力量在其中发挥的作用，特别是在做出与常识相反的预测时表现尤为突出。

分析师可以通过以下方式降低过度自信偏差产生的影响：

(1) 定期记录与检查；

(2) 通过检查发现自身预测错误率很高时，应当扩大预测的置信区间(confidence interval)；

(3) 进行情景分析(scenario analysis)，考虑各种情况可能产生的结果及其影响，提高预测的准确度。

26.2.2 控制幻觉偏差

控制幻觉偏差(illusion of control bias)通常与过度自信有关，它指分析师会高估自己的能力，认为自己能控制那些实际无法被控制的事物。

由于这种偏见的存在，分析师认为以下两种方式可以提高预测的准确度，一是获取更多的专家意见和信息；二是预测过程中创建更加复杂的模型。然而事实上，这两种方式虽然在一定程度上可以提高预测的准确度，但是也存在着缺陷，不断增加的信息对预测准确度的提升实际是边际效益递减；复杂的模型中因为添加了非实质性的信息会导致过拟合，从而产生预测偏误。

分析师可以通过以下方式降低控制幻觉偏差产生的影响：

(1) 分析师应认识到不确定性是投资的固有特征，即无论采用多么严密的预测，最终结果一定存在不确定性；

(2) 将模型变量限制为公司定期披露的变量，并且只关注那些重要的变量；

(3) 在获取外界信息时只与那些有独特观点的人进行交谈。

26.2.3 保守性偏差

保守性偏差(conservatism bias)是指一旦形成某种观点或者预测，就不会轻易改变，不轻易采纳新的信息。

在财务预测中，如果分析师获取到的新信息与原先设定的预测相矛盾，例如，公司盈利结果、竞争对手的行为等，分析师不愿意采纳新信息并更新预测。

保守性偏差也被称为锚定与调整偏差(anchoring and adjustment bias)，分析师将原先设定的预测作为"锚"(anchor)，然后在此基础上经过一定的调整得出结果。在此种情况下，分析师对新信息的调整通常是不足的，也就导致更新后的预测结果和原先的预测结果相似。

分析师可以通过以下方式降低保守性偏差产生的影响：

(1) 定期检查预测和模型；

(2) 减少模型变量的数量,增加模型假设变更的灵活度;

(3) 减轻过度自信和控制幻觉产生的预测偏差,因为保守性偏差的产生通常和分析师过度自信以及存在控制幻觉有关。

> **知识一点通**
>
> 在组合科目中,保守性偏差和锚定与调整偏差是分开阐述的,但两者的相关性很强。

26.2.4 代表性偏差

代表性偏差(representativeness bias)是指分析师倾向于根据过去的经验和已知的分类对新信息进行分类,即根据信息的代表性特征做出判断。新信息看上去可能和已有的分类非常相似,但实际上从另外一个角度观察会发现二者存在很大的区别,从而产生偏差。例如,投资者观察到一家公司连续3年利润高增长,通常会对该股票做出买入操作,因为"连续3年利润高增长"是一家好公司的代表性特征,但是这样一家公司并不一定是好公司,因为很多其他信息是被忽略的。例如,这家公司近期出现高管大量减持股票的现象,高增长的业绩可能是通过人为调整得到的。

基本概率忽视(base-rate neglect)是代表性偏差在财务预测中的一种常见形式,它是指在预测中仅仅考虑了公司的特有特征信息,而忽略了公司所属的大类别特征即行业特征信息。

分析师在预测中可以通过同时考虑公司特有特征信息与公司所在的行业特征来降低代表性偏差产生的影响。

26.2.5 确认偏差

确认偏差(confirmation bias)是指当人们确立了某个观点时,会倾向于寻找支持该观点的证据,即很容易接受支持该观点的信息,而忽略否定该观点的信息。确认偏差与过度自信、代表性偏差密切相关。

在财务预测中,确认偏差表现为分析师只追求积极的信息或者缩小研究范围以支持已有的预测。例如,分析师只与持有相同观点的分析师或高管进行交谈,或者对目标公司的竞争对手仅作粗略的研究。

分析师可以通过以下方式降低确认偏差产生的影响:

(1) 与持有相反观点的分析师进行交谈或者阅读他们的研究报告;

(2) 与既没有实际投资,也没有在心理上投资目标公司的同事进行讨论,以获取他们的观点。

> **备考小贴士**
>
> 考生应掌握五种行为偏差的表现以及补救措施,注意定性考查。

练一练

26-1 Bella is forecasting Alta Company's COGS, she gets the following data from Alta Company's income statement:

Alta Company	2×23
Sales	$ 17 335
COGS	$ 6 934

Bella expects sales to grow at 10% per year, and the gross margin will remain the same. The forecasted COGS for 2×24 is closest to:

A. $ 6 934.0.

B. $ 7 627.4.

C. $ 11 441.1.

26-2 In order to forecast a company's value more accurately, Jim asks as many experts as he can about their opinions and incorporates all the perspectives into a complex model. Jim is most likely subject to which behavioral bias?

A. Illusion of control.

B. Conservatism bias.

C. Confirmation bias.

26-3 Lucy is analyzing a bread company using Porter's five forces. The company only produces basic bread which requires minimal skill and equipment. 80% of the bread is supplied to a supermarket, and the rest is supplied to local convenience stores. Based on the given information, the company's pricing power is most likely to be:

A. strong.

B. weak.

C. medium.

26-4 John is evaluating a green technology company that relies on debt financing. Which event is least likely to cause a change in the company's outlook?

A. Government is increasing subsidies in recent years for green technology companies, which is consistent with prior experience.

B. A substitute good has been invented by another company, and its market share grows rapidly.

C. The Central Bank has unanticipated raised the interest rates which didn't impact the economy negatively.

扫码查看
答案及解析

特许金融分析师考试备考用书 **2026**

CFA®
一级中文教材

公司发行人 | 权益投资 | 固定收益证券

高顿教育研究院　编著

中

文匯出版社

目 录

第4部分 公司发行人

第27章 组织形式、公司发行人特征和所有权 ⋯⋯⋯⋯⋯⋯⋯⋯⋯⋯⋯⋯⋯⋯ 347
  27.1 商业结构的类型 ⋯⋯⋯⋯⋯⋯⋯⋯⋯⋯⋯⋯⋯⋯⋯⋯⋯⋯⋯⋯⋯⋯⋯⋯ 348
    27.1.1 个人独资企业 ⋯⋯⋯⋯⋯⋯⋯⋯⋯⋯⋯⋯⋯⋯⋯⋯⋯⋯⋯⋯⋯⋯ 348
    27.1.2 普通合伙企业 ⋯⋯⋯⋯⋯⋯⋯⋯⋯⋯⋯⋯⋯⋯⋯⋯⋯⋯⋯⋯⋯⋯ 348
    27.1.3 有限合伙企业 ⋯⋯⋯⋯⋯⋯⋯⋯⋯⋯⋯⋯⋯⋯⋯⋯⋯⋯⋯⋯⋯⋯ 348
    27.1.4 有限公司 ⋯⋯⋯⋯⋯⋯⋯⋯⋯⋯⋯⋯⋯⋯⋯⋯⋯⋯⋯⋯⋯⋯⋯⋯ 349
  27.2 上市公司与非上市公司 ⋯⋯⋯⋯⋯⋯⋯⋯⋯⋯⋯⋯⋯⋯⋯⋯⋯⋯⋯⋯⋯ 351
    27.2.1 上市公司与非上市公司的区别 ⋯⋯⋯⋯⋯⋯⋯⋯⋯⋯⋯⋯⋯⋯⋯ 351
    27.2.2 非上市公司上市 ⋯⋯⋯⋯⋯⋯⋯⋯⋯⋯⋯⋯⋯⋯⋯⋯⋯⋯⋯⋯⋯ 352
    27.2.3 上市公司私有化 ⋯⋯⋯⋯⋯⋯⋯⋯⋯⋯⋯⋯⋯⋯⋯⋯⋯⋯⋯⋯⋯ 353

第28章 投资者和其他利益相关者 ⋯⋯⋯⋯⋯⋯⋯⋯⋯⋯⋯⋯⋯⋯⋯⋯⋯⋯⋯ 354
  28.1 利益相关者群体 ⋯⋯⋯⋯⋯⋯⋯⋯⋯⋯⋯⋯⋯⋯⋯⋯⋯⋯⋯⋯⋯⋯⋯⋯ 355
    28.1.1 公司治理的理论 ⋯⋯⋯⋯⋯⋯⋯⋯⋯⋯⋯⋯⋯⋯⋯⋯⋯⋯⋯⋯⋯ 355
    28.1.2 主要的利益相关者 ⋯⋯⋯⋯⋯⋯⋯⋯⋯⋯⋯⋯⋯⋯⋯⋯⋯⋯⋯⋯ 355
  28.2 债权人和股东 ⋯⋯⋯⋯⋯⋯⋯⋯⋯⋯⋯⋯⋯⋯⋯⋯⋯⋯⋯⋯⋯⋯⋯⋯⋯ 356
    28.2.1 债权人和股东的财务要求 ⋯⋯⋯⋯⋯⋯⋯⋯⋯⋯⋯⋯⋯⋯⋯⋯⋯ 356
    28.2.2 债权人和股东的风险和收益 ⋯⋯⋯⋯⋯⋯⋯⋯⋯⋯⋯⋯⋯⋯⋯⋯ 357
    28.2.3 债权人和股东的利益冲突 ⋯⋯⋯⋯⋯⋯⋯⋯⋯⋯⋯⋯⋯⋯⋯⋯⋯ 357
  28.3 环境、社会和治理考量 ⋯⋯⋯⋯⋯⋯⋯⋯⋯⋯⋯⋯⋯⋯⋯⋯⋯⋯⋯⋯⋯ 357
    28.3.1 ESG考量概述 ⋯⋯⋯⋯⋯⋯⋯⋯⋯⋯⋯⋯⋯⋯⋯⋯⋯⋯⋯⋯⋯⋯ 357
    28.3.2 ESG因素 ⋯⋯⋯⋯⋯⋯⋯⋯⋯⋯⋯⋯⋯⋯⋯⋯⋯⋯⋯⋯⋯⋯⋯⋯ 358
    28.3.3 评估ESG相关的风险 ⋯⋯⋯⋯⋯⋯⋯⋯⋯⋯⋯⋯⋯⋯⋯⋯⋯⋯⋯ 359

第29章 公司治理：冲突、机制、风险与收益 ⋯⋯⋯⋯⋯⋯⋯⋯⋯⋯⋯⋯⋯⋯ 360
  29.1 利益相关者之间的冲突 ⋯⋯⋯⋯⋯⋯⋯⋯⋯⋯⋯⋯⋯⋯⋯⋯⋯⋯⋯⋯⋯ 361
    29.1.1 委托代理关系 ⋯⋯⋯⋯⋯⋯⋯⋯⋯⋯⋯⋯⋯⋯⋯⋯⋯⋯⋯⋯⋯⋯ 361
    29.1.2 其他利益相关者之间的关系 ⋯⋯⋯⋯⋯⋯⋯⋯⋯⋯⋯⋯⋯⋯⋯⋯ 362
  29.2 公司治理机制 ⋯⋯⋯⋯⋯⋯⋯⋯⋯⋯⋯⋯⋯⋯⋯⋯⋯⋯⋯⋯⋯⋯⋯⋯⋯ 363
    29.2.1 公司报告和信息透明度 ⋯⋯⋯⋯⋯⋯⋯⋯⋯⋯⋯⋯⋯⋯⋯⋯⋯⋯ 364
    29.2.2 股东机制 ⋯⋯⋯⋯⋯⋯⋯⋯⋯⋯⋯⋯⋯⋯⋯⋯⋯⋯⋯⋯⋯⋯⋯⋯ 364

29.2.3　董事会和管理层机制 …… 366
29.2.4　债权人机制 …… 367
29.2.5　其他机制 …… 368
29.3　公司治理的风险与收益 …… 369
29.3.1　公司治理对公司经营的影响 …… 369
29.3.2　公司治理对法律、监管和公司声誉的影响 …… 369
29.3.3　公司治理对公司财务的影响 …… 369

第30章　商业模式 …… 371
30.1　商业模式的主要特征 …… 372
30.1.1　价值主张 …… 372
30.1.2　价值链（Value Chain） …… 374
30.1.3　盈利能力与单位经济（Profitability and Unit Economics） …… 375
30.2　商业模式的种类 …… 375
30.2.1　贴标或"合同"生产商（Private Label or "Contract" Manufacturers） …… 375
30.2.2　授权协议（Licensing Arrangements） …… 375
30.2.3　增值经销商（Value-added Resellers） …… 376
30.2.4　特许经营模式（Franchise Models） …… 376
30.2.5　平台商业模式（Platform Business Models） …… 376
30.2.6　众包商业模式（Crowdsourcing Business Models） …… 376

第31章　营运资本和流动性 …… 378
31.1　流动性 …… 379
31.1.1　流动性的主要来源与次要来源 …… 379
31.1.2　影响流动性的因素 …… 379
31.1.3　衡量和评估流动性 …… 379
31.2　现金转换周期 …… 380
31.2.1　经营周期（Operating Cycle） …… 380
31.2.2　现金转换周期（Cash Conversion Cycle） …… 381
31.2.3　内部 vs 外部融资（Internal vs External Financing） …… 381
31.3　营运资本的管理 …… 382
31.3.1　营运资本的概念 …… 382
31.3.2　营运资本的管理方法 …… 383
31.3.3　短期融资选择 …… 384

第32章　资本投资和资本分配 …… 385
32.1　资本项目的类型 …… 386
32.2　资本分配（Capital Allocation）的基本概念 …… 386

32.2.1	资本分配的含义和步骤	386
32.2.2	资本分配的基本原则	387

32.3 投资决策标准 ... 388
    32.3.1 项目评估方法 ... 388
    32.3.2 资本分配中的常见错误（Common Pitfalls）... 390

32.4 实物期权 ... 391
    32.4.1 期权种类 ... 391
    32.4.2 期权决策树 ... 392

第33章 资本结构 ... 395

33.1 加权平均资本成本（WACC）... 396
    33.1.1 基本概念 ... 396
    33.1.2 计算 ... 396

33.2 影响资本结构的因素 ... 396
    33.2.1 内部因素 ... 397
    33.2.2 外部因素 ... 398

33.3 影响资本成本的因素 ... 398
    33.3.1 自上而下因素（Top-down Factors）... 399
    33.3.2 公司个别因素（Issuer-specific Factors）... 399

33.4 MM理论 ... 400
    33.4.1 无税条件下的MM理论 ... 400
    33.4.2 有税条件下的MM理论 ... 401
    33.4.3 财务危机成本 ... 402

33.5 影响资本结构的其他因素 ... 403
    33.5.1 最优和目标资本结构 ... 403
    33.5.2 市场价值 vs 账面价值 ... 404
    33.5.3 信息不对称和优序融资理论 ... 404
    33.5.4 代理成本 ... 404

第5部分 权益投资

第34章 证券市场组织结构 ... 409

34.1 市场功能、分类和资产 ... 410
    34.1.1 金融系统功能 ... 410
    34.1.2 资产与市场分类 ... 411
    34.1.3 证券、货币、合约、大宗商品与实物资产 ... 412

34.2 金融中介 ... 414

34.3 头寸和报价单 ... 416

- 34.3.1 比较投资者头寸 ... 416
- 34.3.2 杠杆头寸 ... 418
- 34.3.3 执行、时效、结算指令及市价指令、限价指令对比 ... 419
- 34.4 一级市场和二级市场 ... 424
  - 34.4.1 一级市场 ... 424
  - 34.4.2 二级市场（Secondary Market） ... 425
  - 34.4.3 运转良好的市场 ... 427
  - 34.4.4 市场监督 ... 427

第35章 证券市场指数 ... 429

- 35.1 指数的定义和计算 ... 430
  - 35.1.1 证券市场指数 ... 430
  - 35.1.2 指数的值和收益率 ... 430
- 35.2 指数的构建和管理 ... 430
  - 35.2.1 构建方法 ... 430
  - 35.2.2 再平衡与重建 ... 435
- 35.3 指数的用途 ... 435
- 35.4 指数的类型 ... 436
  - 35.4.1 权益指数 ... 436
  - 35.4.2 固定收益指数 ... 437
  - 35.4.3 另类投资指数 ... 437

第36章 市场有效性 ... 440

- 36.1 有效市场假说 ... 441
  - 36.1.1 市场有效性介绍 ... 441
  - 36.1.2 市场价值与内在价值 ... 441
  - 36.1.3 影响市场有效性的因素 ... 441
  - 36.1.4 市场有效形式 ... 443
- 36.2 市场异常 ... 444
  - 36.2.1 时间序列异常（Time Series Anomalies） ... 445
  - 36.2.2 横截面异常（Cross-sectional Anomalies） ... 446
  - 36.2.3 其他异常（Other Anomalies） ... 446
- 36.3 行为金融 ... 446

第37章 权益证券概览 ... 449

- 37.1 权益证券类型 ... 450
  - 37.1.1 不同权益证券的特点 ... 450
  - 37.1.2 公开与非公开权益证券 ... 452

37.1.3 境外权益证券投资方法 ………………………………………… 453
37.2 权益证券的风险和作用 …………………………………………… 455
37.2.1 不同权益证券的风险、收益特征 ………………………………… 455
37.2.2 权益证券的作用 …………………………………………………… 455
37.3 权益证券的价值、收益率和成本 ………………………………… 455
37.3.1 市场价值与账面价值 ……………………………………………… 455
37.3.2 权益成本、ROE 与要求回报率 …………………………………… 456

第 38 章 行业分析和公司分析介绍 ………………………………………… 458

38.1 公司基本情况分析 ………………………………………………… 459
38.1.1 公司研究报告 ……………………………………………………… 459
38.1.2 确定商业模式（Determining the Business Model）……………… 460
38.1.3 收入分析 …………………………………………………………… 461
38.1.4 盈利能力和营运资本分析 ………………………………………… 463
38.1.5 资本投资和资本结构分析 ………………………………………… 465
38.2 行业与竞争策略分析 ……………………………………………… 466
38.2.1 行业分析的作用 …………………………………………………… 466
38.2.2 行业分类 …………………………………………………………… 467
38.2.3 行业调查（Industry Survey）……………………………………… 468
38.2.4 行业结构与外部影响 ……………………………………………… 469
38.2.5 竞争策略 …………………………………………………………… 471
38.3 公司分析：预测 …………………………………………………… 472
38.3.1 预测对象、原则和方法 …………………………………………… 472
38.3.2 收入预测 …………………………………………………………… 473
38.3.3 经营费用和营运资本预测 ………………………………………… 474
38.3.4 资本投资和资本结构预测 ………………………………………… 475
38.3.5 情景分析（Scenario Analysis）…………………………………… 475

第 39 章 权益估值：概念和基本工具 ……………………………………… 477

39.1 现金流折现模型 …………………………………………………… 478
39.1.1 判断是否合理定价 ………………………………………………… 478
39.1.2 现值模型（未来现金流折现模型）………………………………… 478
39.1.3 股利折现模型（Dividend Discount Model，DDM）……………… 478
39.1.4 股权自由现金流模型（Free-Cash-Flow-to-Equity Valuation Model）…… 481
39.1.5 优先股估值（Preferred Stock Valuation）………………………… 482
39.1.6 戈登增长模型（The Gordon Growth Model，GGM）…………… 482
39.1.7 多阶段股利折现模型（Multi-stage Dividend Discount Model）… 485
39.2 乘数模型（Multiplier Models）…………………………………… 487

		39.2.1 价格乘数	487
		39.2.2 企业价值乘数(Enterprise Value Multiples)	490
	39.3	基于资产的估值模型(Asset-Based Valuation)	492

第6部分 固定收益证券

第40章 固定收益证券 ... 497

40.1 债券的基本特征 ... 498
- 40.1.1 发行人/借款人(Issuer/Borrower) ... 498
- 40.1.2 到期时间(Maturity Date/Maturity) ... 498
- 40.1.3 面值(Par Value/Face Value/Maturity Value) ... 499
- 40.1.4 票息(Coupon) ... 499

40.2 债券契约(Bond Indenture) ... 500
- 40.2.1 还款来源 ... 500
- 40.2.2 条款(Covenants) ... 500

40.3 债券的现金流结构 ... 501
- 40.3.1 子弹型债券(Bullet Bond) ... 501
- 40.3.2 摊销型债务(Amortizing Debt) ... 502
- 40.3.3 可变利息债务(Variable Interest Debt) ... 504
- 40.3.4 零息债券结构 ... 505
- 40.3.5 递延债券结构(Deferred Coupon Structures) ... 505
- 40.3.6 或有条款(Contingency Provisions) ... 505

40.4 法律法规以及税相关 ... 507
- 40.4.1 法律法规 ... 507
- 40.4.2 税负考虑 ... 508

第41章 固定收益市场 ... 510

41.1 发行与交易 ... 511
- 41.1.1 市场分类 ... 511
- 41.1.2 债券指数 ... 512
- 41.1.3 债券市场 ... 513

41.2 公司发行人(Corporate Issuers) ... 515
- 41.2.1 非金融机构 ... 515
- 41.2.2 金融机构 ... 517
- 41.2.3 回购(Repurchase/Repo)与逆回购(Reverse Repurchase)协议 ... 518

41.3 政府发行人 ... 521
- 41.3.1 主权政府债券(Sovereign Bond) ... 521
- 41.3.2 政府相关债券(Government-Related Bond) ... 522

第42章 固定收益估值 524
42.1 价格与收益率 525
42.1.1 定价基础 525
42.1.2 到期收益率（Yield-to-Maturity，YTM） 526
42.1.3 报价及其计算 528
42.1.4 矩阵定价（Matrix Pricing） 529
42.2 利率的期限结构 531
42.2.1 即期利率（Spot Rates） 531
42.2.2 远期利率（Forward Rates） 531
42.2.3 平价利率（Par Rates） 532
42.2.4 利率的期限结构（Term Structure of Interest Rates） 533
42.3 收益率和利差的衡量 533
42.3.1 固定利率债券的收益率和利差 533
42.3.2 浮动票息债券的定价 537
42.3.3 货币市场工具收益率 538

第43章 利率风险 540
43.1 利率风险与收益 541
43.1.1 固定利率债券投资的收益来源 541
43.1.2 固定利率债券投资的利率风险 541
43.1.3 麦考利久期（Macaulay Duration） 542
43.2 收益率久期 544
43.2.1 久期的基本定义 544
43.2.2 修正久期（Modified Duration） 544
43.2.3 现金久期/美元久期（Money Duration/Dollar Duration） 545
43.2.4 久期的基本性质 546
43.3 收益率凸度 547
43.3.1 凸度的定义 547
43.3.2 凸度的影响与性质 549
43.3.3 债券组合的久期与凸度 550
43.4 基于收益率曲线的利率风险衡量指标 550
43.4.1 有效久期（Effective Duration） 550
43.4.2 有效凸度（Effective Convexity） 552
43.4.3 关键利率久期（Key Rate Duration） 552
43.4.4 实证久期（Empirical Duration） 553

第44章 信用风险 555
44.1 信用风险和信用评级 556

44.1.1　信用风险（Credit Risk） ··· 556
　　44.1.2　信用评级（Credit Rating） ······································ 556
　　44.1.3　利差分析（Yield Spread） ······································· 558
　44.2　政府发行人的信用分析 ·· 558
　　44.2.1　主权债券（Sovereign Bond） ···································· 558
　　44.2.2　主权信用分析（Sovereign Credit Analysis） ··················· 558
　　44.2.3　地方政府债（Municipal Debt） ································· 559
　　44.2.4　地方政府债的信用分析 ·· 559
　44.3　公司发行人的信用分析 ·· 559
　　44.3.1　公司信用分析 ·· 559
　　44.3.2　清偿顺序（Seniority Ranking） ·································· 560

第45章　资产支持证券 ·· 561
　45.1　证券化与住房抵押贷款（Securitization and Mortgage） ············ 562
　　45.1.1　资产支持证券概述 ·· 562
　　45.1.2　证券化流程 ··· 562
　　45.1.3　资产证券化的益处 ·· 563
　45.2　资产支持证券的类别 ·· 564
　　45.2.1　信用增强 ·· 564
　　45.2.2　其他类资产支持证券（Non-mortgage ABS） ····················· 565
　　45.2.3　资产担保债券（Covered Bond） ·································· 566
　45.3　住房抵押贷款支持证券（Mortgage-Backed Security） ··············· 567
　　45.3.1　住房贷款 ·· 567
　　45.3.2　居民住房抵押贷款支持证券（Residential MBS） ················· 568
　　45.3.3　商业住房抵押贷款支持证券（Commercial MBS） ················ 572

第 4 部分 公司发行人

考情分析

公司发行人介绍了不同的商业结构与商业模式,从公司高管的角度讨论如何选择好项目进行投资,如何做出资本结构决策。同时,在投资的过程中,公司会面临很多风险,作为公司高管,如何识别这些风险、如何衡量进而管理风险都是公司金融重点讨论的话题。

"公司发行人"在 CFA® 一级的考试中,占 6%~9% 的权重,是 CFA® 一级十门课中较为简单的课程之一,考生普遍得分较高。然而,考生在备考的过程中仍然要重视这门课,不要在简单的课程上丢分,失去竞争力。

本部分框架图

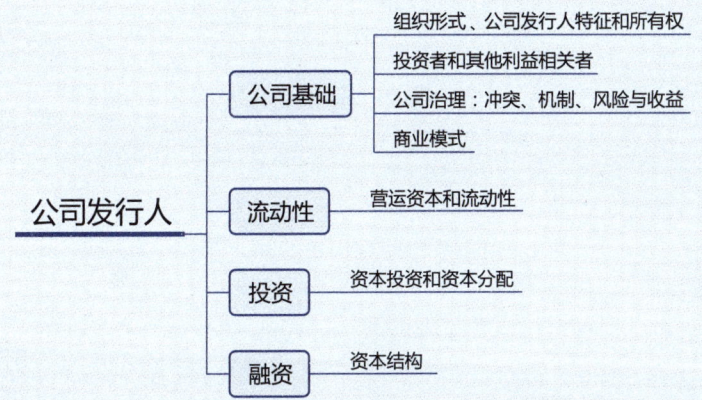

第 27 章 组织形式、公司发行人特征和所有权

知识引导

不同的商业结构形式存在多方面的区别,金融分析师与投资者需了解不同商业结构之间的对比。公司主要通过股权融资与债权融资的方式获得资金,不同的融资方式会给投资人和融资人带来不同的风险与收益。本章主要探讨了不同的商业结构形式、上市公司与非上市公司的区别、债权资本与股权资本在投资人与融资人视角下的不同风险与收益等。本章的学习有助于金融分析师与投资者更好地了解公司的商业结构与所有权。

考点聚焦

本章内容逻辑清晰,整体难度不高。在学习过程中,考生要关注不同商业结构在法律身份、承担的责任、税收等方面的区别以及投资人视角、融资人视角下的股权资本与债权资本的区别。其中,有限公司的特征、非上市公司上市、上市公司私有化是难点所在,股权市值与企业价值会涉及计算。本章以定性考查为主。

本章框架图

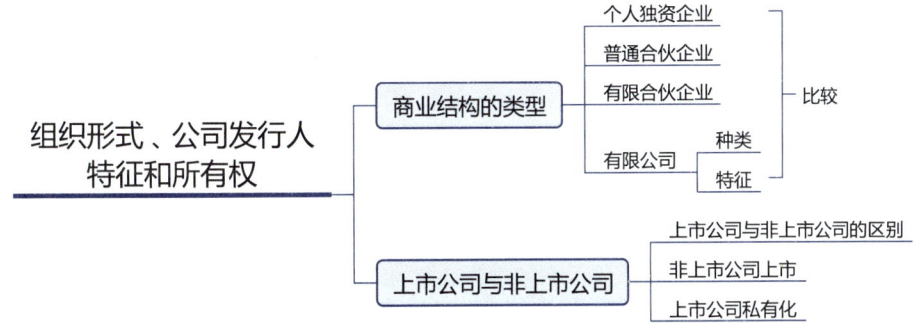

27.1 商业结构的类型

—考点要求—
比较(compare)不同的商业结构(★)

典型的商业结构有四种:个人独资企业、普通合伙企业、有限合伙企业以及有限公司。不同的商业结构在法人身份、所有者与经营者之间的关系、投资人对企业债务的责任、税收这四个方面存在着显著区别。

27.1.1 个人独资企业

个人独资企业(sole proprietorship)由一个自然人投资,财产为投资人个人所有,投资人享有对企业经营的控制权,同时对企业的债务承担无限责任。

个人独资企业具有以下特征:
(1) 缺乏法律主体资格;
(2) 所有者自己经营企业;
(3) 投资人享有所有收益并承担无限责任;
(4) 操作简单且灵活;
(5) 主要通过个人渠道获得融资,难以从外部获得大量资本;
(6) 业务的增长受限于投资人的融资能力和风险承受能力;
(7) 不需要缴纳企业所得税,按照个人收入缴纳个人所得税。

> **知识一点通**
> 投资人对企业债务承担无限责任是指当企业的损失超过投资人最初对企业的投资额时,需要用投资人个人的其他财产进行偿还。

27.1.2 普通合伙企业

普通合伙企业(general partnership)由两个或两个以上的普通合伙人(general partnership, GP)订立合伙协议,投入同等或相似金额的资金,共同经营,共享收益,共担风险。普通合伙企业通常是以专业知识和专业技能为客户提供服务的专业服务机构。例如,律师事务所、会计师事务所等。

普通合伙企业具有以下特征:
(1) 缺乏法律主体资格;
(2) 合伙人共同经营企业;
(3) 合伙人共同享有企业收益,并共同对企业的债务承担无限责任;
(4) 合伙人向企业投入资本以及专业知识;
(5) 业务的增长受限于合伙人获取资源的能力以及总体的风险承受能力;
(6) 不需要缴纳企业所得税,按个人收入缴纳个人所得税。

27.1.3 有限合伙企业

有限合伙企业(limited partnership)是一种特殊类型的合伙企业,有至少一名普通合伙人(general partnership，GP)负责企业的管理，其余合伙人为有限合伙人(limited partnership，LP)。普通合伙人对合伙企业的债务承担无限责任，而有限合伙人以其投资额承担有限责任。

有限合伙企业具有以下特征：

(1) 缺乏法律主体资格；

(2) 普通合伙人负责企业的经营，并对企业的责任承担无限责任，有限合伙人承担有限责任；

(3) 所有合伙人分享收益，且收益分配方式在合伙协议中约定；

(4) 合伙人向企业投入资本以及专业知识；

(5) 业务的增长受限于全体合伙人的融资能力与风险承受能力、普通合伙人的经营能力与诚信；

(6) 不需要缴纳企业所得税，按照个人收入缴纳个人所得税。

27.1.4 有限公司

27.1.4.1 种类

有限公司(limited companies)是有限合伙的一种发展模式，公司的投资人对公司债务承担有限责任。公司按照是否以营利为目的，可以分为非营利性公司与营利性公司两类。

1. 非营利性(Nonprofits)公司

与营利性公司相比，非营利性公司没有股东，也不分配利润，其成立是为了促进公共利益、宗教利益，或者慈善。非营利性公司虽然不以营利为目的，但也可能产生利润，产生的利润通常是免税的。

2. 营利性(For-profits)公司

大部分公司都是营利性公司，其目的是为股东创造利润。营利性公司按照是否上市，分为上市营利公司和非上市营利公司。判断一家公司是否属于上市公司，主要看其股东数量以及是否在证券交易所上市，在本章"上市公司与非上市公司"部分将详细讲述两者的区别，此处不再赘述。

27.1.4.2 特征

营利性公司的特征主要体现在法人身份、所有权与经营权分离、债务责任、资本融资、税收这几个方面。

1. 法人身份(Legal Identity)

公司与个人独资企业、合伙企业在法人身份上存在重大区别，公司是通过向监管机构提交章程而成立，具有独立的法人身份，可以从事许多经济活动。例如，公司可以独立与第三方签订合同，向银行借钱等。

2. 所有权与经营权分离(Owner-Manager Separation)

股东的所有权与管理者的经营权存在分离是大部分公司的一个主要特点，股东一般不参与公司的日常经营，而是由股东选举的董事会聘用管理层经营公司，同时董事会代表股东的利益，并间接地代表所有利益相关者的利益。

——考点要求——
描述(describe)
公司的主要特征(★)

所有权与经营权分离的优点是能吸引更多的投资人,这些投资人并不参与经营公司,也就不需要业务经营的专业知识。

经营者与所有者分离的缺点是可能会产生代理(agent)问题,经营者成为代理人,所有者成为委托人,代理人可能为了自身利益而损害委托人的利益,此时股东通常会使用其投票权来影响甚至改变经营控制权,以确保经营者与其自身利益保持一致。

3. 债务责任(Owner/Shareholder Liability)

公司内部的所有股东共享收益,同时共担风险,但是各个股东以其投资额为限承担有限责任。

4. 资本融资(External Financing)

因为公司的所有权与经营权相分离,因此,能更吸引投资人投资,能获得更多的资本。公司的资本来源有两种,分别是股权资本(ownership capital,equity)与债务资本(borrowed capital,debt)。股东可以通过购买公司发行的股票提供股权资本,同时获得公司的所有权,而债权人可以通过购买公司发行的债券或通过借款给公司提供债权资本。

5. 税收(Taxation)

不同国家对于公司利润的征税存在差异,大部分公司会面临着双重征税,首先,公司作为独立的法律主体对获得的利润需缴纳企业所得税;其次,公司将利润以股息的形式分配给股东,股东需要对此部分股息缴纳个人所得税。如果存在双重征税,税收负担(总税率)会更高。

假设 A 公司今年全年税前利润为 3 000 万美元,企业所得税税率为 20%,公司缴纳完所得税后将利润全部以股息方式分配给股东,股东股息所得税税率为 30%。那么:

公司需要缴纳的企业所得税＝3 000×20%＝600(万美元)

分配给股东的股息＝3 000－600＝2 400(万美元)

股东股息部分需要缴纳的个人所得税＝2 400×30%＝720(万美元)

总税率＝(600＋720)/3 000×100%＝44%

综上,以上四种商业结构在法人身份、所有权与经营权分离、业务责任、资本融资与税收上存在差异,具体区别见表27.1。

表 27.1 四种商业结构的区别

特征	个人独资企业	普通合伙企业	有限合伙企业	有限公司
有无法人身份	无	无	无	有
所有权与经营权是否分离	否	否	GP:否 LP:是	是
投资人承担的业务责任	无限	无限	GP:无限 LP:有限	有限
融资难易程度	高	高	高	低
是否存在双重征税	否	否	否	是

备考小贴士

考生要掌握四种商业结构的区别,表 27.1 的结论需要重点理解与记忆。

27.2 上市公司与非上市公司

27.2.1 上市公司与非上市公司的区别

上市公司与非上市公司的主要区别体现在交易所上市及股权转让、股份发行、注册及信息披露要求方面。

27.2.1.1 交易所上市及股权转让

上市公司通常在交易所上市并发行股票,交易所是二级市场,买卖双方可以通过在交易所交易完成股权的转让。股票的流动性越强,交易完成所需的时间越短。

> **知识一点通**
>
> 金融市场按照交易证券是否为初次发行,分为一级市场与二级市场。一级市场,也称发行市场或初级市场,是资本需求方将证券首次出售给公众时形成的市场。二级市场,也称流通市场或次级市场,是各种证券发行后在不同投资者之间买卖交易流通所形成的市场。

非上市公司不在交易所上市,股权没有透明的交易价格,买卖双方需要沟通协商来确定交易价格,因此股权转让并不容易实现。一般情况下,股东持有的非上市公司的股权是被锁定的,只有在公司被收购或上市时才能实现股权转让。

投资人通常会选择投资初创阶段的非上市公司,虽然投资风险较大,但是潜在的投资收益也非常大,而且通常要远高于投资上市公司产生的收益。

27.2.1.2 股份发行

上市公司可以通过在资本市场上增发股票获取大量融资金额,投资人可以在二级市场交易其获得的股票。

非上市公司只能从一级市场上获取小规模的融资,投资人可以通过**私人配售**(private placement)的方式购买非上市公司的股份。私人配售的相关条款,包括业务模式、发行条款以及购买股份所涉及的风险等均会在**私人配售备忘录**(private placement memorandum,PPM)中进行描述,并向投资人披露。

由于投资非上市公司股份的风险较大,投资人通常仅限于那些达到收入或资产要求、具有一定专业知识和投资经验的**合格投资者**(accredited investors)。合格投资者需要清楚了解投资非上市公司的风险,同时具有承担全部投资金额损失的风险承受能力。

27.2.1.3 注册及信息披露要求

上市公司需按照监管机构的规定在交易所进行注册。同时,因为股东的所有权与经营权存在分离,为了让投资者能更容易评估公司业务的风险、盈利能力以及偿债能力等,上市公司需要按要求定期公开披露财务信息与非财务信息。

非上市公司受到的监管程度要低于上市公司，且无须向社会公众披露财务信息。但是非上市公司如果计划融资，为了能筹集更多资金，一般会直接向投资者披露相关信息。

综上，上市公司与非上市公司在注册、信息披露、股票流动性等方面存在区别，具体内容见表 27.2。

表 27.2　上市公司与非上市公司的区别

内容	上市公司	非上市公司
交易所注册	√	×
所有权与经营权重叠	×	√
股权具有高流动性	√	×
披露财务信息	√	×
披露非财务信息	√	√
需要协商交易股权	×	√

> **备考小贴士**
>
> 考生要掌握上市公司与非上市公司的区别，表 27.2 的结论需要重点理解与记忆。

27.2.2　非上市公司上市

非上市公司的上市方式有首次公开发行股票（IPO）、直接上市（direct listing）和并购。

IPO 是非上市公司在满足交易所的上市要求的情况下第一次向公众发行股票，发行新股获得的资金归上市公司所有。公司 IPO 的过程需要由投资银行承销（underwrite），即投资银行代为销售股票或保证股票完成销售。

直接上市也是非上市公司在交易所上市的一种方式，但与 IPO 相比，存在两个主要区别：一是直接上市只是原有股东的股票在交易所上市，并不发行新股；二是直接上市不筹集新的资金，也不需要由投资银行承销。

非上市公司通过并购实现上市的方式主要有两种：一种是非上市公司被已上市的大公司收购实现上市；二是通过特殊目的收购公司（special purpose acquisition company，SPAC），完成并购交易以达成上市目的。SPAC 是一个已通过 IPO 完成上市的空壳公司（shell company），也被称为"空头支票"（blank check），其 IPO 的目的是在上市后某一预设时间内收购非上市公司，如果并购交易成功，非上市公司就实现公开上市；如果并购交易在规定的期限内没有成功，SPAC 会被清算，并将前期 IPO 筹集的资金返还给投资者。

> **知识一点通**
>
> 投资银行的承销方式分为包销和代销两种。包销是根据承销协议商定的价格，投资银行保证公司全部股票的发行，如果有部分股票未销售出去，则由承销方自行购买该部分股票，以确保公司全部股票的销售。代销是投资银行代售股票，并由此获取一定的佣金，但不承担股票未销售成功的风险。

27.2.3 上市公司私有化

上市公司私有化是指当上市公司的绝大多数股票被少数投资人持有时,上市公司可能会被摘牌退市,成为非上市公司。

如果投资人认为上市公司的股票价值被低估,同时融资成本又较低时,可以选择对上市公司私有化。同时,几年后如果投资人认为公司会有较高的上市估价时,会选择将私有化的公司再上市。

在新兴市场,上市公司的数量呈增加趋势,主要原因如下:
(1) 新兴市场经济增速较快;
(2) 新兴市场处于开放转型阶段;
(3) 外国资本大量流入。

在发达市场,上市公司的数量呈下降趋势,主要原因如下:
(1) 上市公司之间的并购较多;
(2) 存在充裕的私人资本以满足融资需要,如 PE、VC 等;
(3) 避免因上市带来的监管和合规成本;
(4) 现任的所有人、管理层寻求对公司的控制权。

练一练

27-1 Which of the following business structures is considered a legal entity?
A. Corporation.
B. Limited partnership.
C. Sole proprietorship.

27-2 Which of the following statements is least likely to be a key feature of general partnerships?
A. General partnership has no legal identity.
B. Some partners have no control over business operations and have limited liability.
C. Profits shared by partners are taxed as personal income.

27-3 Gordon, a private equity fund, decides to raise $100 million capital from its general partners and limited partners. Gordon is applying which of the following business structures?
A. General partnership.
B. Limited partnership.
C. Limited company.

27-4 Under the following three business structures, which one will result in double taxation to its investors?
A. Sole proprietorship.
B. Limited partnership.
C. Limited company.

立即扫码添加【学习规划师】,助您本章学得更快更好!
问答服务 + 学习规划 + 课程分享

扫码查看
答案及解析

第28章 投资者和其他利益相关者

知识引导

公司主要通过债务和股权来融资,这两种融资方式无论从投资人视角还是公司视角均存在很多不同,本章将会对两种方式的风险和收益特征进行探究和比较。此外,本章也将简单介绍利益相关者理论以及ESG理念。对本章的学习有助于考生理解公司的资本结构,而利益相关者理论和ESG有助于更全面地评估公司。

考点聚焦

本章内容整体难度不高。在学习过程中,考生应主要关注债权人和股东在财务要求、风险、利益方面的差异,以及公司的主要利益相关者包括哪些。本章以定性考查为主。

本章框架图

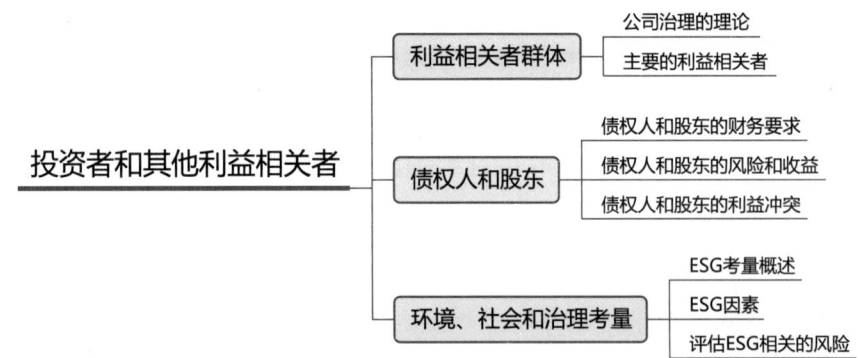

28.1 利益相关者群体

28.1.1 公司治理的理论

公司治理(corporate governance)是指公司为管理利益相关者之间的冲突,而做出的核查、权衡和激励的制度安排。

公司治理的理论随着实践的发展逐渐变化。**公司治理的股东理论**(shareholder theory of corporate governance)是传统的公司治理理论,该理论认为,公司管理层最重要的责任是最大化股东利益。随后出现的**利益相关者理论**(stakeholder theory of corporate governance)认为公司不仅要关注股东的利益,还要关注客户、供应商、雇员和其他利益相关者的利益,公司内外的利益相关者之间可能会存在利益冲突。

—考点要求—
描述(describe)公司的利益相关者群体(★)

—考点要求—
比较(compare)各群体的利益(★)

28.1.2 主要的利益相关者

公司的主要利益相关者(stakeholders)包括:投资人、董事会成员(董事)、管理层和雇员、客户、供应商、政府等。

1. 投资人(Investors)

公司的投资人包括股权投资人和债权投资人。

股权投资人,即股东(shareholders),是公司股份的所有者。股东关注的是公司利润的增长,重视股权价值、股价和股利的最大化,为追求更大回报愿意承担更高的风险。

债权投资人关注债务的违约风险,更重视公司业绩的稳定性。公司的债权人可进一步划分为**私人债权人**(private debtholders)和**公共债权人**(public debtholders)。私人债权人指银行和其他提供贷款、信贷工具、租赁服务的机构。私人债权人通常会持有债权投资至到期,通常对公司有很大影响力。公共债权人,也称**债券持有人**(bondholders),通常是机构投资者或资产管理公司。公共债权人通常对公司的运营影响很小,影响仅限于债券合约上条款的约定。

2. 董事会(Board of directors)

董事会由股东大会选举产生,代表股东利益。董事会的职责包括聘任公司首席执行官(CEO),评价和监督管理层等。董事会成员分为**内部董事**(inside directors)和**独立董事**(independent directors)。内部董事可能是公司创始人和管理层。独立董事则与公司之间不存在重要的关联关系,能够更好地代表少数股东利益。

> **知识一点通**
>
> 一元制(single-tier model)下公司的股东大会选举产生董事会,由董事会聘任管理层,没有监事会。二元制(two-tier model)下由股东大会选举产生监事会,监事会可以任命或解雇董事会成员。

交错选举董事会(staggered boards)通常将董事会分为 N 层,各董事分属于不同层级。每年只换选一个层级的董事,依次换选,这样最快需要 N 年才能将所有董事换掉。交错选举董事会可以避免不断评估和审核原有公司战略,从而不容易导致短期主义的公司战略。

3. 管理层(Managers)

公司高管负责实施公司战略,开展日常运营。其薪酬通常由基本工资、奖金、长期激励构成。

4. 雇员(Employees)

公司依赖于雇员的劳动和技能,提供商品和服务。雇员则寻求薪酬福利有竞争力、发展机会良好以及工作环境安全健康的公司。此外,员工可以通过股权参与计划(如股票期权等)成为公司股东。

5. 客户(Customers)

客户从企业获取商品和服务,同时向企业支付相应对价。机构客户对公司影响较大,而零售客户的品牌忠诚度和满意度亦影响公司的利润与增长。

6. 供应商(Suppliers)

企业的供应商包括原材料和中间产品的供应商,也包括提供外包服务的供应商,如呼叫中心、薪酬外包公司等。供应商向企业提供商品或服务,同时收取报酬,是公司最常见的短期债权人之一,因此他们关注公司能否及时偿付短期负债。

7. 政府(Governments)

政府一方面促进当地企业盈利,一方面对企业进行监管,向企业征收税收。企业为政府带来了税收,同时也是一方政府辖区内主要的经济主体,在为当地创造产出、资本流动、就业和社会福利等方面发挥重要作用。

―考点要求―
比较(compare)债权人和股东的财务要求和动机(★★)

28.2 债权人和股东

28.2.1 债权人和股东的财务要求

债权人与股东对公司的财务要求存在诸多不同:

(1)法定支付义务:公司与债权人之间存在合同关系,公司必须按约定支付利息归还本金;而公司对股东没有法定支付义务,股息的支付政策可由公司视具体情况决定。

(2)剩余资产求偿权:股东对公司资产享有在满足债权人、供应商、政府、员工等求偿之后的剩余求偿权(residual claim),而债权人没有剩余求偿权。

(3)费用的税前扣除:公司支付给债权人的利息可以在税前扣除,而支付给股东的股息不可以税前扣除。

(4)资本期限:债权资本通常期限有限且固定,公司需在到期日时偿还债务,而股权资本通常没有固定到期日。

(5)投票权:股东对公司的经营策略等有投票权,而债权人没有投票权。

(6)资本成本:债权人承担的风险低于股东,债权人的要求回报率低于股东,因此债权资本成本低于股权资本成本。

28.2.2 债权人和股东的风险和收益

从发行人(issuers)的角度分析,债权融资比股权融资成本低。原因在于:
(1) 发行人对债权人负有法定支付义务,需依照合同约定按期还本付息。
(2) 发行人还要遵守合同中设置的限制性条款(如债权人设置的最高财务杠杆比率、提前还款触发条件等)。

从投资者(investors)的角度分析,股权投资比债权投资风险高,原因在于:
(1) 股利支付多少,甚至是否支付并不确定。
(2) 如果经营欠佳,股东很可能损失所有投资。虽然债权投资者也以其投资额为限承担可能的损失,但债权的分配顺序优于股权。

股东和债权人的风险与收益特征见表28.1。

表 28.1 股东和债权人的风险与收益特征

	股权	债权
期限	不确定	确定期限(如3个月、10年)
潜在收益	无上限	有上限
最大损失	期初投资金额	期初投资金额
投资风险	高	低
期望结果	剩余资产价值最大化	本息及时偿付

> **备考小贴士**
> 考生要注意考题中的前提是发行人视角还是投资者视角,重点理解和记忆表28.1。

28.2.3 债权人和股东的利益冲突

由于投资风险和回报不同,股东与债权人之间存在利益冲突。

对股东而言,最大风险是损失初始投资额,但收益是无上限的,因此股东希望管理层投资高风险的项目,以期获取更大的收益。

对于债权人而言,即使公司利润丰厚,其收益也是有限的,但高风险投资导致的公司危机,却可能使他们损失全部投资金额。因此债权人更倾向于公司不冒风险,投资未来现金流相对确定的项目。这就使得债权人和股东在面对公司决策时,呈现相左的态度。

28.3 环境、社会和治理考量

—考点要求—
描述(describe)公司的环境、社会和治理因素(★)

28.3.1 ESG 考量概述

投资人进行投资决策或者公司在制定战略目标时,不仅考虑经济投入和产出,同时将环境(environmental)、社会(social)、治理(governance)三方面的因素纳入考量。对环境、社会和治理因素的考量,简称 **ESG 考量**(ESG Considerations)。

ESG 考量所包括的环境和社会问题,长期以来被视为企业造成的负外部性(**negative externalities**),体现为企业带来的、却不由企业承担的环境和社会成本。

随着利益相关者理念的深化,以及环境、社会方面监管的加强,促使公司将原来的负外部性内部化(internalize)为自身成本,并量化到企业财务报表上。

> **知识一点通**
>
> ESG 因素对公司和个体的影响日益明显,在年轻客户群体中尤为显著。更多年轻客户无论在财富传承还是养老金缴款选择上,都会考虑其选择的标的是否符合 ESG 考量要求的标准。

28.3.2　ESG 因素

1. 环境因素

常见的环境因素包括气候变化、环境污染、废物排放、资源和土地利用、生态足迹和生物多样性等。

> **知识一点通**
>
> 环境因素并非对所有的行业都有重大影响,只有当环境因素显著影响到了公司业绩或使得公司调整经营模式时,环境因素对企业而言才是重大的。一般来说,环境因素对自然资源密集型的行业有直接且重大的影响。

气候变化会引起物理风险(physical risks)或转型风险(transition risks)。物理风险指恶劣天气对资产的损害或破坏,该风险通常可以通过投保或分散投资来降低。转型风险是指气候变化导致监管规则或消费者需求的改变,进而引起的企业向低碳经济转型产生的损失。如传统经济向低碳经济转型时,煤炭生产商可能会由于客户转向消费可再生能源导致收入大幅下降。

转型风险的一个具体例子是**搁浅资产**(stranded assets)。搁浅资产指的是由于转型风险导致产能无法被正常利用的排放密集型资产。由于政策法规的不确定性,转型风险并不容易被识别和量化。

> **知识一点通**
>
> 搁浅资产常见于重资产型的行业,如石油天然气开采、金属冶炼等。例如,一个油井原计划未来 30 年年均生产特定数量的石油,但由于新低碳减排法规实施,油井产量不得不降低甚至停止生产。这种降低产量的油井就属于搁浅资产。

2. 社会因素

社会因素是指企业和人有关的行为实践及其产生的影响。常见的社会因素包括员工薪酬与健康、离职率、员工士气、员工多样性、客户数据隐私等。

降低社会风险对公司而言益处很多,例如,低社会风险的公司通常会拥有更高的员工劳动效率、更低的员工离职率以及更少的诉讼和更低的声誉风险。

3. 治理因素

公司治理关注与要解决的问题包括:公司所有权和投票权结构;董事会技能和经验

与当前和未来公司要求的相关性；管理层薪酬与公司业绩挂钩；公司股东权利相对于同行的优势；公司在管理长期风险和可持续性方面的有效性等。

> **备考小贴士**
> 考生要理解 ESG 三个因素的内涵，能定性判断考题给出的选项属于哪个因素。

28.3.3 评估 ESG 相关的风险

如果 ESG 因素对公司影响重大，那么应将这种影响反映在具体的财务指标中，如折现现金流指标。重大且长期的负面 ESG 事件对公司股东利益、股价均产生较大的负面影响，对债权人的影响相对较小。

除了 ESG 风险本身的大小，ESG 风险带来的影响大小也取决于受影响的资产的期限，该资产的期限与风险持续时间越一致，ESG 风险对该资产造成的影响也就越大。

练一练

28-1 From the perspective of debtholders of a company, which of the following rights do they have?

A. Residual claim against the company's cash flow.

B. Voting rights.

C. Receiving principal on prespecified dates.

28-2 B&A company raised 30 million by issuing common stock, payments to its common shareholders are：

A. Deductible for corporate income tax purposes.

B. At the discretion of the board.

C. Priority payments.

28-3 Which of the following statements relating to board structure is incorrect?

A. Staggered board elections can weaken the voting power of shareholders, who cannot replace the entire board in an election.

B. Independent directors may better represent the interests of minority shareholders.

C. Under the two-tier model, the board of directors may appoint or dismiss supervisory board members.

28-4 According to stakeholder theory, which of the following statements is least accurate：

A. Corporate governance is supposed to balance debtholders' and shareholders' objectives only.

B. ESG consideration is following stakeholder theory.

C. Corporate governance should balance multiple objectives and measure non-shareholder objectives.

第29章 公司治理：冲突、机制、风险与收益

知识引导

公司是一个复杂的结构，其利益相关者除了公司的所有者、债权人和管理层之外，还包括其他主体，如上游的供应商、下游的客户。公司治理包括建立并维护一个制衡和激励体系，从而解决这些利益相关者之间的冲突。本章的学习共分成三部分。第一部分，确定各方之间的关键问题所在，以及可能出现的潜在冲突；第二部分，理解有效管理冲突、解决争端降低风险的机制；第三部分，强调健全的公司治理结构和有效的利益相关者的管理带来的好处，以及薄弱的公司治理带来的风险及其对公司业绩产生的潜在影响。

考点聚焦

本章内容不难，整个章节围绕着公司治理展开，考试以定性考查为主。从备考角度来看，考生需重点掌握相关概念的含义，能够辨析即可。

本章框架图

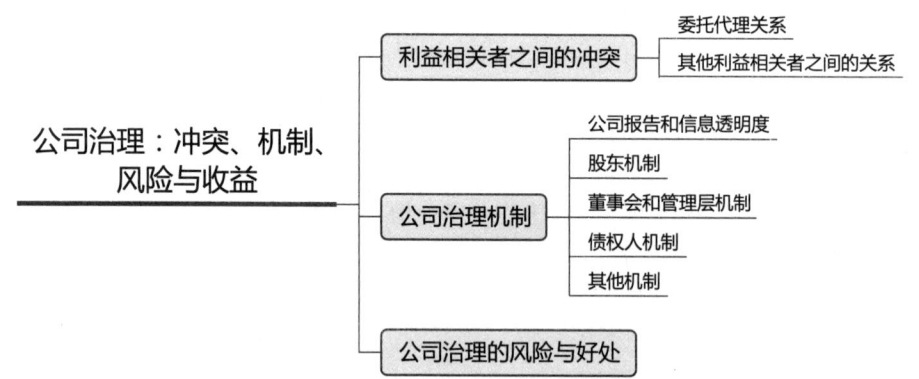

29.1 利益相关者之间的冲突

公司包含若干利益相关者(Stakeholders)，他们之间的关系错综复杂。公司利益相关者之间的关系包括合同关系、委托代理关系等。本部分将阐述其中常见的关系及其产生的冲突。

29.1.1 委托代理关系

委托代理关系(Principal-agent relationship)是指当**委托人**(principal)雇佣**代理人**(agent)执行任务时所产生的关系，这种关系可以不受合同的制约，但代理人应当以最大化委托人的利益为目标来做出行动。在公司中，股东是委托人，选举的董事会成员即为代理人，董事任命管理者为另一代理人，从而追求股东利益最大化的实现。

多数情况下，代理人比委托人拥有更多信息，即信息不对称，这意味着委托人往往无法直接核实代理人的行为是否符合委托人的最佳利益。当委托人和代理人的利益发生分歧时，就会产生冲突，从而产生**代理成本**(agency cost)。代理成本可以是直接的，比如聘请监督者(如审计师)的费用；也可以是间接的，比如由于分歧导致公司失去某些投资机会而损失的利润。当面临更大的信息不对称时，股东和债权人会担心产生更大的利益冲突，所以会要求更高的回报。因此，在委托代理关系里，信任、忠诚、勤勉显得至关重要。

> **知识一点通**
>
> 假设某公司正在考虑是否投资新的项目，这个项目可能给公司带来利润，同时对股价产生利好影响，但是投资此项目也有一定的风险；那么，公司的股东希望接受该项目，因为股价有可能上升；但是公司的管理层未必同意，因为该项目可能会带来风险，导致他们丢了工作。而真正决定是否投资的人是管理层，因此管理层若不接受该项目，该公司的股东们就会失去一个投资机会，这就是间接的代理成本。

与股东和债权人相比，董事会成员和管理层更了解公司的业绩、风险和投资机会，这种信息不对称使得股东难以评估董事会和管理层工作能力的好坏，削弱了他们识别和解雇业绩不佳者的能力。

薪酬是用来协调管理层和股东利益的主要工具。管理层薪酬旨在激励管理层帮助股东实现价值最大化，但管理层和股东之间的利益依然可能出现以下几种常见的冲突。

1. 不尽心尽力(Insufficient Effort)

管理层可能无法甚至不愿意全心全意地为公司服务，例如，帮助公司筛选优秀的投资项目、有效地管理成本、关闭亏损的业务线等；同时，他们也可能对员工缺乏监管，从而产生风险甚至导致法律诉讼；或是他们分配更多的时间给自己的私人事务，导致无法或不愿意对公司事务全力以赴。

2. 不当的风险偏好(Inappropriate Risk Appetite)

股票授予和期权发放是很多公司用来激励管理层的手段，但由于这些股票、期权的持有人只会因为股价的上行而受益，于是为了提高公司股价，管理层或董事会可能会激进地做出不利于股东价值的高风险决策。反之,那些没有或很少实行股票授予和期权发放的公司,管理层可能会做出故意规避风险的决策,导致公司无法获利,也无法吸引人才流入。

3. 高楼效应(Empire Building)

如果管理层的薪酬、地位与企业规模(如公司总收入、员工人数)挂钩,会导致管理层"为了增长而增长",例如,一味地进行收购、并购,但这些收购实际上根本不会增加股东价值。

4. 地位巩固(Entrenchment)

董事会和管理层为了保住自己的职务和地位,可能会抄袭竞争对手、刻意回避风险,甚至设立仅适合他们自己的复杂管理机制;当明知管理层决策可能会损害股东利益的时候,董事会也可能会避免直言反对管理层,从而减少矛盾。

5. 假公济私(Self-dealing)

管理层可能会利用公司资源来满足自己的利益,比如给自己超额补贴,或者挪用公司资产。管理层在公司的持股比例越小,他们承担这些成本的程度就越低,从而降低了他们最大化公司价值的动力。

> **知识一点通**
>
> 公司为了激励管理层而发放的期权通常都是看涨期权,因为只有当股价上涨时,管理层才会行权从而受益,继而将股东的利益与管理层的利益进行绑定。没有公司会给自己的员工发放看跌期权,因为看跌期权是持有人在股价下跌时获利。

> **备考小贴士**
>
> 考生需要理解各类冲突的定义,能够识别不同的冲突。

29.1.2 其他利益相关者之间的关系

29.1.2.1 控股股东和少数股东的关系

公司所有权一般分为分散的或集中的。分散所有权涉及多个股东,没有一个股东能够对公司行使绝对的控制权,这些股东被称为少数股东(minority shareholders)。相比之下,集中所有权反映的是一个股东或一个集团(集团可是一家或多家公司、一个家族、甚至政府组织),他们可以对公司行使完全的控制权,即控股股东(controlling shareholders)。

股东们看上去是利益共同体,但实际上,不同的股东往往拥有不同的目标。比如一个创始家族,他们的大部分财富实际都是公司的股票,因此希望管理层可以让公司多元化发展,以实现股价的长期稳定。相比之下,少数股东由于持有份额较少,他们希望管理层可以快速地最大化股价,从而出售股票迅速获得收益。所以,在投票选择管理层的时候,股东之间会相互沟通,形成投票阵营,给更有利于自己的管理层投票。

有时,持股比例并不一定能全面地反映公司的控制权是分散还是集中。不同的股票类型会拥有不同的投票权,从而导致股东之间存在不同程度的控制权。相比一股一票的单层股权结构来说,双层股权结构(dual-class structure)的企业可以同时发行 A 类和 B 类两种普通股。这两类股票都可以给股东带来收益,但投票权完全不同。A类股票(Class A)每股有一票投票权,通常可以公开交易,且由外部投资人持有;B类股票(Class B)每股有多票投票权,且只能由公司内部人士或者创业团队持有。双层股权结构允许某些股东在未持有多数股份的情况下,依然可以有效地控制公司。并且,即使公司发行新股,这些利益相关者的投票权也不会被稀释。

由于双层股权结构允许一些股东拥有强大的权力,他们可能为了自己的个人利益而投票,不利于整个公司甚至其所在地区的长期发展。因此,CFA©协会长期以来一直反对双重股权结构。

例题 29.1

以下哪一个选项错误地描述了双层股权结构的特点?
A. 双层股权结构在很长一段时间内难以改变
B. 与单层股权结构相比,管理层和控股股东之间的利益冲突更没有可能发生
C. 创始团队在持股比例较小的情况下,依然可能拥有更多的控制权

名师解析

正确选项为B。由于双层股权结构存在潜在的控制因素,使得管理层和控股股东之间的利益冲突比单一股权结构更有可能发生。选项B描述错误,符合题意;因此,正确选项为B。

对于选项A,因为在双层股权结构中,投票控制权实际完全由公司创始团队或内部人士持有,这些股东可以控制董事会选举、战略决策和其他重大事项,所以一旦采用,很难改变。因此,选项A描述正确,不符合题意。

对于选项C,在双层股份制下,公司创始人或内部人士在持股比例较小的情况下,依然可以控制董事会选举、战略决策和其他重大事项,所以拥有更多的控制权。因此,选项C描述正确,不符合题意。

29.1.2.2 股东和债权人的关系

由于债权人和股东各自拥有不同的目标,所以他们之间也会产生利益冲突。债权人希望公司拥有足够的现金流来偿还债务,因此,他们更倾向公司开展规避风险的业务或者通过发行股票来募集更多的资金;相反,股东则希望公司承担更高的风险获得更多的收益,而不是一味地发行股票(发行股票可能稀释他们的股权)。所以,股东和债权人之间存在着难以平衡的冲突。

对于长期债权来说,这种冲突会更明显。因为随着时间的推移,长期债权持有人将面临商业环境、公司战略和公司管理等方面的变化。因此,长期债权持有人更有可能利用借款合同去限制公司对杠杆的使用和对股东进行分红。

29.2 公司治理机制

在建立有效的治理结构时,必须考虑每个利益相关者的权利和责任,在实现公司目标的同时,也要平衡利益相关者的利益。

健全的公司治理结构需要完整的机制,既要遵守外部管理当局制定的法律条例,也要

—考点要求—
描述(describe)公司治理及管理利益相关者关系和缓解相关风险的机制(★)

满足内部利益相关方的需求。这些机制包括公司报告制度、召开股东大会和特别会议、薪酬制定、债务契约等。

29.2.1 公司报告和信息透明度

公司报告和信息透明度是公司治理的基本要素。如果一家公司缺乏公司报告或者信息透明度较低，那么外部的利益相关者很难了解到公司的情况和业绩，最终削弱了他们保护自身利益的能力。鉴于公司报告和信息透明度的重要性，法律强制要求上市公司（listed companies）定期披露相关信息。

投资者可以通过公司年报、股东委托书、公司信息披露、投资者关系等渠道获取上市公司的财务与非财务信息。这些信息包括公司的经营情况、战略目标、经审计的财务报表、治理结构、股权结构、薪酬政策、关联交易、风险因素等信息。大多数的地区和证券交易所都会要求上市公司的年度财务报表由独立第三方审计师审计。

对于非上市公司（private firms）来说，他们可选择自愿向公众披露相关信息（除非当地法律法规有要求）。当然，他们会向一些投资者私下进行信息披露，但内容和形式并非像上市公司那样标准化。多数地区不会强制要求非上市公司披露信息，或是接受独立第三方审计师的审计。但是，非上市公司可以主动要求接受审计，从而增加投资者对其的信任。

投资者则利用公司的所披露的报告和信息来做出以下判断：
（1）评估公司及其董事、管理层的业绩；
（2）对股票进行估值，并做出投资决策；
（3）对公司重大事项或变更进行表决；
（4）确保公司履行债务合同中的法律承诺。

29.2.2 股东机制

29.2.2.1 股东大会（Shareholder Meetings）

年度股东大会（annual general meeting-AGMs）通常每年举行一次，股东就未授权给董事会的事项和交易进行讨论和投票。在年度股东大会上，常见的投票事项包括：
（1）董事会成员的选举；
（2）独立审计师的任命；
（3）批准年度财务报表、股息的发放；
（4）批准薪酬计划，如董事会、管理层和外部审计师的薪酬；
（5）"薪酬话语权"（Say-on-pay）。

> **知识一点通**
>
> "薪酬话语权"是指高管根据其工作性质，自行决定薪酬，然后股东进行投票决定是否同意该薪酬安排。

当出现其他需要股东批准的事项时，或当要求召开会议的股东人数达到最低要求时，可以召开临时股东大会(extraordinary general meetings-EGMs)。在临时股东大会上,需投票表决的事宜较为特殊,通常包括以下内容:

(1) 董事会成员的**特别选举**(通常由股东提议);

(2) **公司章程的修订**(amendments to bylaws);

(3) 并购、收购和资产出售;

(4) 增资;

(5) 公司自愿清算。

无法出席会议的股东会授权另一方代表他们投票,称之为**代理投票**(proxy voting)。代理投票是投资者参与股东大会**最常见的形式**。

> **备考小贴士**
> 考生需要识别在年度股东大会和临时股东大会中投票表决的事宜有哪些。

29.2.2.2 股东积极主义(Shareholder Activism)

股东积极主义,是指股东积极主动地参与管理,使管理层按照其要求对公司进行管理;目的是为了快速地增加股权价值,从而获利。

积极股东会利用代理人之争(proxy fights)、提出股东决议和公开争议问题等策略向管理层施压,迫使管理层按照其要求做出行动。

对冲基金公司是主要的积极股东之一。因为对冲基金的收入大部分来源于投资回报,他们可以从成功的积极主义中获得巨大的利益。

29.2.2.3 股东诉讼(Shareholder Litigation)

积极股东也可能会采取更激进的策略,比如诉讼,一种典型的诉讼是**股东派生诉讼**(shareholder derivative lawsuits),是指当公司股东发现管理层或者其他控股股东不作为或做出有损公司利益的行为时,对他们提起的诉讼。

29.2.2.4 企业收购(Corporate Takeover)

通过股东或收购方的收购来改变公司控制权的方式有以下几种。

股东可以通过**代理权争夺**(proxy contest or proxy fight)去争取公司的控制权。**代理权争夺**是指由公司的不同股东组成的不同利益共同体,通过争夺投票权以获得对董事会的控制权,从而达到更换公司管理层或改变公司战略的行为。

当然,也可以通过**要约收购**(tender offers)或**恶意收购**(hostile takeovers)来控制公司从而达到替换管理层的目的。

(1) 要约收购(tender offers):指收购人通过向目标公司的股东发出收购公告,按照公告中规定的收购条件、价格、日期等事项依法收购该公司。目的在于拥有更多目标公司的股份从而控制公司,达到更换管理层或改变公司战略的目的。

(2) 恶意收购(hostile takeovers):指未经公司管理层同意而试图收购目标公司股票的行为。恶意收购者往往会高价收购目标公司的股票,目的在于拥有更多目标公司的股份从而控制公司，达到更换管理层或改变公司战略的目的。由于目标公司的股东可以高价将股票卖出，所以他们通常会同意"恶意收购者"的计划。

因此，为了防止被替换，管理层往往会努力使得股东财富增值，避免股东出售股份。**毒丸计划（poison pill）**是一种经典的反恶意收购的手段，当公司遇到恶意收购时，如果其他股东购买一定比例的公司股份，则该股东可以以折扣价购买额外股份，从而增加恶意收购者的收购成本。

> **知识一点通**
>
> 2005年，新浪庞大的用户群吸引了盛大网络去连续购买新浪的股票。在2005年2月10日左右，盛大已持有新浪总计19.5%的股份，并公开承认本次收购目的是为了影响新浪的控制权，此为恶意收购（hostile takeovers）。
>
> 新浪为了稳定军心，由投行摩根士丹利操刀，开始实行毒丸计划。如果盛大继续增持新浪股票导致比例超过20%，则其他股东都能获得一份"购股权"，股东就可以凭着手中的"购股权"，以当时股价的一半低价购买新浪股票，从而大大稀释了盛大网络的股份。最终，毒丸计划成功，盛大网络放弃收购新浪。

29.2.3 董事会和管理层机制

虽然董事会是公司治理结构的核心，但他们通常会将特定的职能委托给由其成员组成的**董事委员会**。

在设立董事委员会时，董事会不会将最终的决定权委托给委员会，因此委员会将定期向董事会提出建议和提交相关报告，而董事会则审查报告内容，并做出最终决定。

下文描述了三个最常见的董事委员会（也被称为**核心委员会，Core committees**），它们是多数公司治理准则所建议的，也是一些证券交易所要求的。

29.2.3.1 审计委员会（Audit Committee）

多数证券交易所规定，上市公司必须设立审计委员会，且该委员会应该由独立董事组成，且至少包括一名具备会计或财务管理专业知识的董事。审计委员会的职责包括：

（1）对公司的财务报告进行监督，确保财务报告的完整性和合法性；
（2）对公司内部审计进行监督，确保审计部门的独立性；
（3）负责建议任命独立的外部审计师，并就其薪酬提出建议；
（4）负责和外部审计师沟通，结合内部和外部的审计报告，针对突出问题提出补救措施；
（5）在某些情况下，也会监督公司信息技术安全。

29.2.3.2 提名与治理委员会（Nominating/Governance Committee）

提名与治理委员会通常也由独立董事组成，其主要职责包括：

（1）评估董事会和管理层的候选人，并监督董事会选举；
（2）制定提名程序的相关政策，包括董事的任职标准；

(3) 找寻符合条件的董事候选人；

(4) **监督**公司政策的制定和执行，包括公司治理标准、董事会及其委员会章程、道德规范、利益冲突的相关政策等；

(5) 定期审查上述政策，并根据最新市场情况及时做出调整。

29.2.3.3　薪酬委员会（Compensation/Remuneration Committee）

薪酬委员会主要负责为董事和核心高管制定薪酬政策，包括设定业绩目标和评估管理层业绩。多数地区的法律要求薪酬委员会的成员必须是独立董事（不能包含高管层，因为高管层不能去评判自己的业绩）。

薪酬计划（compensation plans）指薪酬委员会根据管理层的业绩表现，给予他们本公司的股票或者期权。管理层业绩越好，公司股价越高，管理层收益越高，管理层和股东能达成一致目标。然而，如果管理层以牺牲公司利益为代价提高个人收益，那么基于股票的薪酬计划就无法达到其目的。因此，越来越多的公司会设立**激励计划**（incentive plans），以防止管理层的"短期主义"或过度冒险。激励计划通常会向管理层发放**限售股**，即短期内无法出售的股票，如此，管理层为了能够获利，便会更努力地完成业绩，促使公司股价上涨，继而从中获利。

现在，也有越来越多的公司在年度股东大会上，让股东对公司高管的薪酬方案进行投票（即前文中提过的"薪酬话语权"），目的在于允许股东对高管薪酬发表意见，限制董事会对薪酬管理的权利。

29.2.3.4　其他委员会（Additional Committee）

根据公司所在行业特征的不同，各公司也可以设立多个其他董事委员会。例如金融行业的公司通常会设立**风险委员会**（Risk committees）去确定公司的风险状况和风险偏好，并确保公司拥有合适的风险管理系统，从而识别、评估、降低及管理风险。因此，风险委员会监督风险管理政策和风险管理计划的制定，并监督其执行情况。类似地，保险公司通常会设立**投资委员会**（Investment committees），以确保公司采用合理审慎的投资管理政策。

29.2.4　债权人机制

债权人，包括银行和其他公开发行债券的持有人，下列几种机制可以保护债权人的利益。

(1) **债券契约**（Bond Indenture）：债权人的权利会在与公司签订的债券契约或债券合同中确认。债券契约是描述债券结构、公司义务和债权人权利的法律合同。契约中的借贷条款会要求公司必须采取某些行动或禁止采取某些行动。债权人还可能要求发行人质押资产，以确保债务的偿还。

(2) **债权人委员会**（Creditor Committees）：在一些国家，一旦公司申请破产，就会立刻成立债权人委员会，尤其是针对无担保债权人。委员会成员会代表债权人，在重组或清算的过程中保护债权人的利益。

另外,当一家公司无法履行债券契约中的义务时,部分债权人可能会成立特别委员会(ad hoc committee),向该公司提供重组债券的建议。虽然特别委员会的成员并不能代表所有债权人,但他们的利益往往与大多数债权人的利益是一致的。

29.2.5 其他机制

29.2.5.1 员工管理机制(Employee Mechanisms)

公司需要妥善地管理员工关系,尊重员工的合法权利,避免违反国家的相关法律。有效的员工关系管理(employee relationship management),有时也称为人力资源管理,有助于公司吸引并留住人才,确保员工履行职责,为公司谋取利益。

各国的劳动法会保障员工的合法权利,劳动法明确了员工的权利与义务,公司需要根据本国的劳动法制定相关政策。在多数国家,员工有权组建工会,工会可以代表员工与公司商议薪酬等事项,为员工谋取利益。在某些国家,一些规模较大的公司的董事会或监事会中存在员工代表(如德国、奥地利的某些公司)。

另外,一些公司会施行员工持股计划(employee stock ownership plan-ESOP),目的在于留住员工,并进一步捆绑公司和员工的利益。

29.2.5.2 客户和供应商管理机制(Customer and Supplier Mechanisms)

对于公司来说,客户和供应商都会与其签订合同,并在合同中规定具体的产品和服务、价格、费用、支付条件和各方的权利与义务;合同还规定,当任何一方违反合同条款时,另外一方应采取的行动和可获得的追索权。

近些年来,客户等其他利益相关者会越来越多地利用社交媒体平台发声去保护他们的权益。例如,负面热搜可能会对公司或其管理层的声誉产生不利影响。通过社交媒体平台,这些利益相关者能够以较小的成本或精力迅速传播信息,从而更好地在影响公众情绪方面与公司管理层展开竞争。

29.2.5.3 政府管理机制(Government Mechanisms)

政府和监管机构会制定相关的法律法规,并监督公司遵守相应的规章制度。这些规定除了能够保护消费者或环境等特定群体的权利外,还保护了与财产及合同相关的权利。另外,对公众利益影响更大的行业,政府和监管机构对其的监管会更为严格(如金融服务、医疗保健、农业、食品和国防等)。

很多政府和监管机构会采用上市公司的公司治理原则作为蓝本去制定相关规定,其中就包括要求公司披露其采用的公司治理办法,或解释为何没有这样做,这种方法被称为"要么遵守,要么解释"(comply or explain)。例如,在日本,没有外部独立董事的公司,必须要证明任命外部董事是不合适的。

29.3 公司治理的风险与收益

公司治理和对利益相关者的管理,对于公司的成败起到了关键作用。若公司治理薄弱、利益冲突管理不善或存在不充分的利益相关者管理机制,可能会使公司在竞争中处于劣势。相应地,有效的公司治理和利益相关者之间的利益平衡往往能提高公司的竞争力和运营效率,最终提升公司业绩。

有效的公司治理和相关机制不仅能够降低公司的经营风险,还能降低法律、监管、声誉和财务等风险。

—考点要求—
描述(describe)薄弱的公司治理和利益关系管理带来的潜在风险,以及有效的公司治理和利益关系管理带来的好处(★)

29.3.1 公司治理对公司经营的影响

若公司缺乏有效的公司治理系统,就会导致公司经营、公司业绩甚至公司价值出现问题。在缺乏有效治理的情况下,一个利益群体可能会以牺牲其他群体的利益为代价获益。例如,当管理层获得的信息优于董事会或股东获得的信息、审计程序不完善或缺乏监督时,管理层可能会以自身利益出发,做出仅有利于自身的决策。

有效的公司治理,则需要在公司的所有层面进行适当的审查和控制。这种机制可以及时降低某些风险因素,至少能够在早期对其进行识别并加以控制。同时,在独立审计委员会的监督下,可以进一步加强对风险的控制。通过建立全面的监管体系,及时地汇报任何内部或外部的违规行为,降低公司面临监管机构审查或法律诉讼的风险及产生的成本。另外,有效的公司治理可以确定各方权利,让公司员工各司其职。

内部审计和风控合规等内控部门是公司治理的重要支柱,它们旨在确保每一个公司决策和行为都得到适当的监测,以防出现风险;它们能够使得高管层的决策和公司的经营更有利于股东,从而为公司的经营打下坚实的基础。

29.3.2 公司治理对法律、监管和公司声誉的影响

公司在实行监管时,如果出现了不符合法律机构要求的行为,就会使公司面临法律、监管或声誉风险。在这种情况下,公司可能会因违反法律法规而受到政府或监管部门的调查。同样,股东、员工、债权人或其他各方因公司给其利益带来损害而提起诉讼也会对公司造成损害。

29.3.3 公司治理对公司财务的影响

薄弱的公司治理很可能会影响公司的财务状况,损害公司的偿债能力;企业一旦出现违约,其影响范围不仅包括债权人和股东,也可能影响到管理层、员工、供应商,甚至社会和环境。

有效的公司治理可以改善债权人冲突,降低公司的违约风险。强有力的内控系统、高透明度的信息披露可以控制公司和投资者之间的信息不对称,进一步降低违约风险。而**较低的违约风险可以降低公司的债务融资成本(即债权人的要求回报率)**。

另外，拥有完善的董事会及其附属委员会等其他公司治理机制，有助于保障投资者参与讨论、表决重要事项，享受平等待遇的权利，并确保投资者资金得到良好的管理；及时披露与经营、财务和治理活动有关的重大信息，可以增强投资者信心，提高公司的信誉。因此，良好的治理结构会提高公司对投资者的吸引力，提高公司的估值和股价，**降低公司的股权融资成本**。

练一练

29-1 An equity analyst is examining the governance of a pharmaceutical company and discovers that the Chief financial officer is highly involved in establishing a cricket field since it belongs to his wife and it is opening soon. The CFO's activity will most likely result in which one of the following misalignments of interests between management and shareholders?

A. Empire building.

B. Insufficient effort.

C. Self-dealing.

29-2 Primary responsibilities of a nominating committee do not include：

A. supervises the internal audit function.

B. sets nomination producers and policies.

C. oversees the establishment of a code of ethics.

29-3 Which of the following statements about extraordinary general meetings (EGMs) of shareholders is least accurate?

A. EGM can be held several times per year.

B. The appointment of independent auditors occurs during an EGM.

C. An amendment to a corporation's bylaws occurs during an EGM.

29-4 Benefits of effective corporate governance do not include：

A. reducing the cost of debt.

B. reducing default risk.

C. avoidance of fraud.

扫码查看
答案及解析

立即扫码添加【学习规划师】，助您本章学得更快更好！
问答服务＋学习规划＋课程分享

第 30 章 商业模式

知识引导

商业模式是企业获得收入、赚取利润的方式,是公司长期存续和发展的关键因素之一。不同的公司有其不同的商业模式,不同的公司在供应链中所扮演的角色和创造的价值也是不同的。分析师和投资者须充分了解目标公司的商业模式,以此分析其盈利能力和竞争水平。本章包括两大主题——商业模式的特征和商业模式的类别,考生须掌握商业模式的基本含义和特征、组成要素、具体类别、细分策略等。

考点聚焦

本章难度不大,但概念和专有名词较多。本章考题主要为定性题目,考生须仔细阅读、理解和辨析大量词汇和术语的含义。学习时,应重点关注商业模式的基本要素、价值链和供应链的异同、网络效应和平台商业模式的内容、各种场景下的定价策略及其具体运用等。

本章框架图

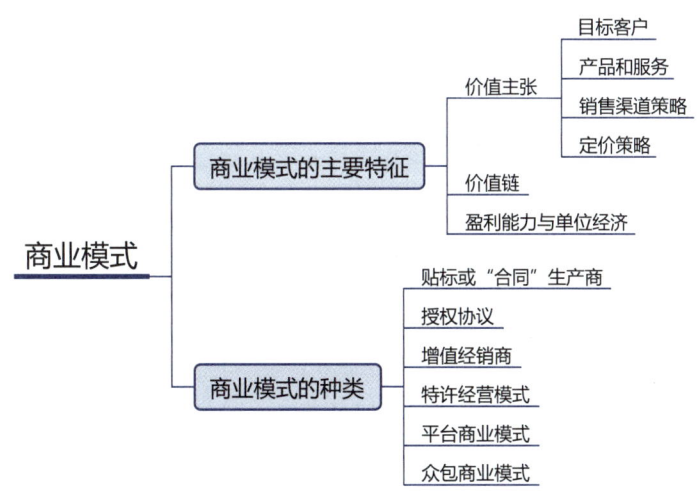

30.1 商业模式的主要特征

—考点要求—
描述（describe）商业模式的主要特征（★）

商业模式（business model）能够帮助分析师更好地了解企业的各个方面。虽然商业模式至今并无统一精确的定义，但商业模式所涉及的内容不外乎以下四个方面：客户（who）、产品和服务（what to offer）、营销渠道（where）、定价（how much/pricing）。通过分析这四个方面，分析师可以充分了解企业的经营策略、目标市场、关键客户和供应商、产品前景、风险状况等。

商业模式应包括商业要素和商业关系等基本内容框架，但不需要像商业计划（business plan）一样提供具体详细到执行层面的细节内容（如具体预算数字、支付方式、客户名单等）。商业模式和商业计划是不同的，前者侧重于基本商业分析框架的搭建，后者聚焦于具体执行层面的细节规划。

商业模式的主要特征为价值主张（value proposition）、价值链（value chain）、盈利能力与单位经济（profitability and unit economics）这三方面。

30.1.1 价值主张

价值主张是公司的目标客户关注的产品或服务的属性。价值主张可以让目标客户在给定价格的基础上选择该公司而不选择其竞争对手。不同公司的价值主张不尽相同，主要体现在目标客户（who）、提供的产品和服务（what）、销售渠道策略（where）与定价策略（how much）这几方面。

1. 目标客户

公司在确定目标客户时，通常考虑公司的服务对象是哪些地区、哪些细分市场、是商业客户（B2B）还是零售客户（B2C）等因素。当公司决定进入某个目标客户市场时，还需考虑可能面临的风险。例如，是否存在很高的进入壁垒、市场细分（segmenting）的程度和逻辑以及市场竞争是否激烈等。

2. 产品和服务

商业模式应该阐明公司为客户提供什么样的产品或服务，从而使它与竞争对手形成差异，这有助于分析师识别该公司面临的主要竞争对手以及风险。例如，公司产品和服务差异化程度是高还是低，是否容易被模仿，是否存在竞争壁垒等等。

3. 销售渠道策略

销售渠道策略是指公司用何种途径来接触客户，主要包括两个方面：一是向客户销售产品和服务（销售和营销），二是将产品和服务交付客户（分销和配送）。常见的销售渠道有传统销售渠道、直销、代销与全渠道。不同的渠道方式会对公司的收入、成本结构、盈利能力以及面临的风险因素产生不同的影响。

传统销售渠道的路径是产品从制造商到批发商（wholesaler）、零售商（retailer），最终到终端客户，这种渠道方式的参与者都进行了产品的购买，同时需要投入经营场所等设施。产品的最终价格是通过层层加价的方式确定的。

直销（direct sales）常见于复杂或高利润的产品和服务中，是制造商绕过批发商和零售商直接将产品销售给终端客户的销售模式，体现了"去中间化"（disintermediate）。简而言之,直销模式的产品销售路径可以概括为"生产商→终端客户"。虽然直销模式中企业可以绕过各个中间商将产品或服务直接送达客户手中,但直销模式未必是成本最优模式,因为直销模式要求企业投入大量人力物力培养销售人员和研发获客方式,而在当今数字技术蓬勃发展的时代,这些成本可以在一定程度上被减少或替代,但仍旧是直销模式须承担的主要成本。

直销模式有其自身优缺点。优点是企业可以直接与终端客户沟通对接,有利于建立紧密的客户服务关系从而进行精准营销;缺点是需要花费大量的前期成本,包括支付给销售人员的固定工资和业绩提成。

全渠道(omnichannel)模式是指公司综合使用线上渠道和线下实体渠道来完成销售。例如,客户在线上订购产品,然后在实体商店内取货。

4. 定价策略

定价策略包括三方面,一是与竞争对手相比,公司的价格是溢价(premium)、折价(discount)还是平价(parity);二是公司的定价是否合理;三是价格与成本的比较(盈利或亏损)。

如果公司提供的产品和服务与其他公司存在显著的差异,那么就可以成为价格制定者(price setter),采取溢价定价,获取高利润;反之,如果与其他公司不存在差异,那么只能作为价格接受者(price taker)。如果公司缺乏定价能力,那么,它的需求价格弹性是极高的,一旦价格发生微小变动,它的产品和服务的需求将受到极大的影响。因此,当缺乏定价权时,公司往往会强调其他方面的价值主张,比如利用成本优势或折扣策略,通过降低产品和服务价格来获取更大的市场份额。

> **知识一点通**
>
> 当公司产品与其他公司产品存在差异时,应采用溢价定价策略;当公司是价格接受者或者产品需求对价格变化呈现高敏感性时,应采用平价或折价定价策略。

价格与收入模型(Pricing and Revenue Models)可以分为常见定价模型、组合产品定价模型、高速增长定价模型、替代所有权定价模型四大类。

(1)常见定价模型。

分级定价(tiered pricing)指根据客户购买的产品数量或产品特征对客户收取不同的价格。例如,同一型号的轿车有基础款和豪华款的不同价格方案。

动态定价(dynamic pricing)指根据客户购买产品的时间不同区分定价。例如,销售旺季定高价,销售淡季定低价。

价值定价法(value-based pricing)指根据客户获取的价值来定价。因此,估计客户的机会成本在价值定价法中非常普遍。

拍卖/反向拍卖(auction/reverse auction models)指通过买方和卖方竞价策略方式确定销售价格。其中,拍卖是由多个买方对产品从低到高竞买,以最高价作为成交价格;反向拍卖是由多个卖方对产品的出售价格从高到低报价,以最低价作为成交价格。

(2)组合产品定价模型。如果公司销售复杂的商品或者多种商品时,会采用组合产品定价策略,主要有捆绑、"剃须刀与刀片"结合定价、任选产品定价。

捆绑（bundling）指将公司提供的多种产品和服务组合起来定价销售，以激励客户一起购买。适用于该策略的产品组合一般互为互补品，例如，酒店的房间与早餐服务组合销售。

"剃须刀与刀片"结合定价（razors-and-blades pricing）是公司同时提供两种互补商品时，对基本产品（如剃须刀）定低价，而对高频购买的消耗品（如刀片）采用高利润定价（high-margin pricing）的定价策略。

额外定价（add-on pricing）适用于客户在使用一个产品或服务的基础部分的前提下，购买该产品或服务的额外或可选成分的情形。企业通常允许客户轻而易举获得产品或服务的基础部分，待客户熟悉和适应后，对超额部分收费。典型例子为某软件公司允许用户长期免费使用其基础功能，但若欲使用额外的高级功能，则要求用户另付费用。企业须谨慎使用该策略，若过度使用，则可能引发客户不满，损害企业声誉。

（3）高速增长定价模型。公司为实现高速增长，可能会选取**渗透定价策略**（penetrating pricing），即牺牲毛利率以期望获得较高的销量和市场占有率。对于互联网行业，用户量增长是最核心的目标，因为客户订阅的边际成本很小，对应的边际收益却很大。用户快速增长的策略包括免费增值定价策略、隐性收入商业模式。

免费增值定价策略（freemium pricing）指公司给客户免费提供一个基础版本的产品和服务，以快速建立期初客户基础，客户在使用之后，如果需要更加个性化或功能更多的产品和服务时，需支付一定的费用。这种定价方式常见于互联网和软件行业。

隐性收入商业模式（hidden revenue business models）指公司免费为客户提供产品和服务，而从第三方获取利润。例如，在软件里提供广告投放服务获得收入：一方面，客户免费使用软件服务；另一方面，软件公司向在软件内投放广告的第三方收费。

（4）替代所有权定价模型。大部分商业模式是公司将产品和服务销售给客户，客户获得价值，但是在有的商业模式中，客户不是通过获得产品的所有权而获得价值。替代所有权定价策略主要包括重复收入/订阅定价、租赁、授权、特许经营。

重复收入/订阅定价（recurring revenue/subscription pricing）指客户可以订阅公司的产品和服务以替代一次性购买行为，同时客户可以随时取消订阅服务，对于公司而言，客户的订阅服务产生了重复性的收入。

租赁（leasing）指公司将产品出租给客户使用，客户定期支付租赁费。例如，房屋租赁、汽车租赁等。

授权（licensing）指公司将品牌名称、知识产权等无形资产授权给客户使用，以获取版税收入。

特许经营（franchising）指一种更全面的授权，公司授予第三方在特定区域销售或分销产品和服务的权利，同时提供营销和其他支持，以获取特许经营费收入。

30.1.2　价值链（Value Chain）

价值链是某公司自身为客户创造价值的系统和过程，它解释了公司如何（how）构建并向客户传递它的价值主张。

值得注意的是，价值链与供应链（supply chain）是存在区别的。供应链包含获得原材料、加工原材料形成产成品、将产成品送到客户手中的所有步骤。这些步骤所产生的价值不一定由单个公司提供，可能涉及外部第三方；而价值链只涉及单个公司提供的价值。

美国著名战略学家迈克尔·波特提出的"价值链分析法"将公司增加价值的活动分为基本活动（primary activities）和支持性活动（support activities）。基本活动涉及公司内部后勤（inbound logistics）、生产经营（operations）、外部后勤（outbound logistics）、市场销售（marketing and sales），以及服务（service）；支持性活动涉及公司基础设施（firm infrastructure）、人力资源管理（human resource management）、技术开发（technology development）、采购管理（procurement）。基本活动和支持性活动构成了企业的价值链。公司的价值链中，不是每个环节都能创造价值，实际上只有某些特定的价值活动才真正创造价值，这些创造价值的经营活动就是价值链上的"战略环节"。公司要保持竞争优势，实际上就是在价值链的战略环节上保持竞争优势。

> **备考小贴士**
>
> 考生要注意价值链与供应链的区别，价值链仅仅包括单个公司自身所执行的活动，不涉及外部第三方执行的活动。

30.1.3 盈利能力与单位经济（Profitability and Unit Economics）

在评估公司的商业模式时，还需分析公司的盈利能力，包括经营利润、盈亏平衡点、单位经济。

单位经济（unit economics）是指单位产品的销售收入与单位成本。

经营利润（operating profit）是销售收入扣减全部经营成本后的利润。

盈亏平衡点（break-even point）指企业实现盈亏平衡（总收入等于总成本）时所卖出的产品数量，此时利润为零，企业刚好回本。

30.2 商业模式的种类

一些商业模式已经存在了很长时间，如生产（manufacturer）、分销（distributor）、零售（retail）、经纪（broker）等。这些传统商业模式本身或其组合构成了现实世界中存在的商业模式。除此之外，还有一些特殊的商业模式，以下将作逐一介绍。

—考点要求—
描述（describe）商业模式的种类（★）

30.2.1 贴标或"合同"生产商（Private Label or "Contract" Manufacturers）

贴标或"合同"生产商模式指公司与其他公司签订合同，由公司生产商品，对方公司贴上自身的商标后进行销售。在该商业模式中，生产商公司只负责生产商品，并不负责销售。

30.2.2 授权协议（Licensing Arrangements）

授权协议是公司将品牌名称或知识产权授权他人使用，以换取版税。例如，一家休闲服饰公司向漫威（迪士尼的子公司）支付版税，获得漫威人物图像的使用权。

30.2.3 增值经销商（Value-added Resellers）

增值经销商与一般的经销商存在区别，在销售产品的同时，还提供复杂的产品安装、定制以及售后服务，常见于复杂的服务密集型产品中，如建筑机械、企业级软件等。例如，一家公司购买了微软原始的 Windows Server 系统，配上自己的云管理、数据备份工具，然后作为 IT 管理系统卖给医院。这家公司就是典型的增值经销商。

30.2.4 特许经营模式（Franchise Models）

特许经营模式下，特许经营者和特许人会建立严格的排他性的关系，特许经营人有权使用相关品牌并在特定区域内开展业务。

30.2.5 平台商业模式（Platform Business Models）

平台商业模式是以网络效应（network effects）为基础的，通过公司外部的网络创造价值。

网络效应指随着网络平台有越来越多的用户加入，网络对用户的价值会不断增加。网络效应的核心要义在于依靠用户数量的增加来创造商业价值。网络效应可以分为单边网络效应（one-sided network effects）与双边（two-sided）或多边（multi-sided）网络效应。单边网络效应适用于单一的、同质的用户，随着平台单边用户数量的增长，平台创造的价值会越来越高。以微信为例，使用微信的用户越多，微信对用户的价值也就越高。双边或多边网络效应适用于两个或两个以上不同类别的用户群体，不同类型用户之间产生正反馈效应而创造价值。以淘宝为例，商家越多便能吸引越多的消费者，消费者越多便能吸引更多的商家，那么消费者与商家作为平台的两个客户群体，产生双边网络效应。

30.2.6 众包商业模式（Crowdsourcing Business Models）

众包商业模式指用户能够直接对产品和服务做出贡献，成为内容创造者。例如，维基百科允许网民志愿者参与编写。

练一练

30-1 A company's business model attempts to answer all of the following questions except：

　　A. how is the company's business plan organized and executed?

　　B. who are the company's customers and how does the company serve its customers?

　　C. what pricing strategies should the company adopt?

30-2 In China, airline and high-speed railway fares tend to surge on such national vacations as National Day and Spring Festival and stay low on normal business days. This is an example of：

　　A. dynamic pricing.

　　B. value-based pricing.

　　C. tiered pricing.

30-3 Which of the following is not classified as a support activity of a business value chain?

　　A. Firm infrastructure.

　　B. Outbound logistics.

　　C. Technology development.

30-4 GD is a high-tech corporation that specializes in the R&D, design, and marketing of high-definition cameras for smartphones. However, it assigns the mass production of cameras to cost-effective factories located in the south and east of Asia. GD is executing a business model of:

A. licensing arrangement.

B. private label.

C. franchise.

第31章 营运资本和流动性

知识引导

本章重点介绍了公司资本的来源,包括流动性的概念、如何衡量公司流动性,以及流动性管理的目标和方法。虽然本章知识点和"财务报告与分析"科目中财务分析技术的学习有部分重合,但考生要关注衡量营运资本管理效率的指标计算及其解读。

考点聚焦

本章中,流动性的衡量是考试的重点,需要考生重视。

本章框架图

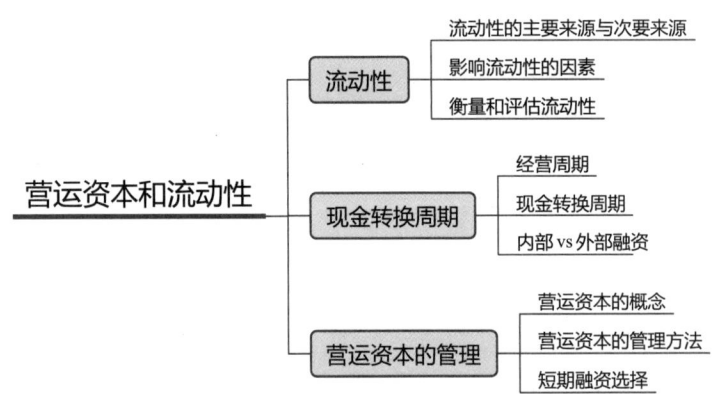

31.1 流动性

31.1.1 流动性的主要来源与次要来源

流动性（liquidity）是指公司偿付短期债务的能力。流动性来源分为两类，一类是流动性的**主要来源**（primary source），另一类是流动性的**次要来源**（secondary source）。

流动性的主要来源，是源自公司正常经营产生的现金流，主要包括：

（1）账面现金和可迅速变现的可交易证券。这种可交易证券可快速出售，且无需大幅降价；

（2）向银行或其他债权人的借款、供应商提供的贸易信用；

（3）经营中产生的现金流。如经营性现金流（CFO）、自由现金流（free cash flow）。其中，自由现金流＝经营性现金流（CFO）－投资长期资产的开支。但若此公式的 CFO 中已经扣除利息支出，有些分析师还会再加回利息，以更准确地衡量属于股东和债权人可以自由使用的现金流。

流动性的次要来源，正常情况下企业不会使用。从此类来源募集资金可能会显著地损害股东或债权人的利益，并暗示公司财务状况恶化。此类来源主要包括：

（1）暂停或减少支付股利。

（2）延迟或减少资本性支出，虽然近期节约了资金，但可能错失了好的投资机会，从长远来看使公司价值受损。

（3）发行新股。股数增加，但若盈利未能同比增加，则现有股东的利益将被稀释。

（4）重新谈判合同条款，如将短期债务再融资为长期债务等。

（5）变卖资产。

（6）申请破产保护和重组。在重组中可能涉及变卖资产及债务重组。

---考点要求---
解释（explain）流动性并比较（compare）同行业可比公司的流动性指标（★★）

31.1.2 影响流动性的因素

影响流动性大小的因素分为两类，"赚进"问题（drags on liquidity）和"漏出"问题（pulls on liquidity）。

"赚进"问题即现金流流入减少或减慢。例如，融资成本升高融资更难，应收账款无法收回（坏账），存货滞销，融资条件严格从而使得企业难以取得进一步授信。

"漏出"问题即因为现金流出金额更多或加快而对流动性造成的负面影响。例如，供应商要求提前支付账款或降低信用额度而挤压流动性。

无论"赚进"还是"漏出"问题，都会降低企业现金余额。

31.1.3 衡量和评估流动性

流动性的衡量评估即计算流动性的相关财务指标，在"财务报表分析"中已经重点学习过，此处做简单描述。

31.1.3.1 流动性比率（Liquidity Ratios）

$$流动比率(current\ ratio) = \frac{流动资产(current\ asset)}{流动负债(current\ liabilities)}$$

$$速动比率(quick\ ratio) = \frac{现金(cash) + 短期可交易证券(short\text{-}term\ marketable\ instruments) + 应收账款(receivables)}{流动负债(current\ liabilities)}$$

$$现金比率(cash\ ratio) = \frac{现金(cash) + 短期可交易证券(short\text{-}term\ marketable\ instruments)}{流动负债(current\ liabilities)}$$

通常情况下，流动性比率越高、公司的流动性越好。

31.1.3.2 周转率（Turnover Ratios）

$$应收账款周转率(receivables\ turnover) = \frac{赊销额(credit\ sales)}{应收账款平均额(average\ receivables)}$$

$$存货周转率(inventory\ turnover) = \frac{销货成本(cost\ of\ goods\ sold)}{存货平均额(average\ inventory)}$$

$$应付账款周转率(payables\ turnover) = \frac{销货成本(cost\ of\ goods\ sold)}{应付账款平均额(average\ account\ payable)}$$

通常情况下，应收账款周转率和存货周转率越高，应付账款周转率越低，表明公司营运资本管理效果越好。

31.1.3.3 周转天数（Number of Days）

$$应收账款周转天数(days\ sales\ outstanding) = \frac{365}{应收账款周转率(receivables\ turnover)}$$

$$存货周转天数(days\ of\ inventory\ on\ hand) = \frac{365}{存货周转率(inventory\ turnover)}$$

$$应付账款周转天数(days\ payables\ outstanding) = \frac{365}{应付账款周转率(payables\ turnover)}$$

通常情况下，应收账款周转天数和存货周转天数越低，应付账款周转天数越高，表明公司营运资本管理效果越好。

31.2 现金转换周期

31.2.1 经营周期（Operating Cycle）

衡量企业从获得原材料到收到销售货款所需时间，计算公式如下：

经营周期(operating cycle) = 应收账款周转天数(days sales outstanding) + 存货周转天数(days of inventory on hand)

经营周期越短，说明公司营运资本管理越高效。

31.2.2 现金转换周期（Cash Conversion Cycle）

衡量从支付原材料货款到销售商品收到销售货款所需时间，计算公式如下：

现金转换周期(cash conversion cycle)＝应收账款周转天数(days sales outstanding)＋存货周转天数(days of inventory on hand)－应付账款周转天数(days payables outstanding)

现金转换周期越短，说明公司营运资本管理越高效。

——考点要求——
解释（explain）现金转换周期，并与其他公司或与公司以前年度相比较（compare）（★★★）

31.2.3 内部 vs 外部融资（Internal vs External Financing）

现实中，公司可能会通过延长应付账款周转天数来改善现金转换周期，而供应商通常会为公司的及时付款提供折扣，例如供应商要求公司在 40 天内付款，但如果公司在 10 天内付款，则为公司提供 2％的折扣。如果一家公司放弃这个折扣而选择在 40 天内付款，那么它就隐含地以放弃的折扣为代价向供应商借款 40－10＝30 天。

向供应商借款的融资成本，按如下公式计算：

Effective annual rate (EAR) on the trade credit

$$=\left(\left(1+\frac{\text{Discount}\%}{100\%-\text{Discount}\%}\right)^{\frac{\text{Days in Year}}{\text{Payment Period}-\text{Discount Period}}}\right)-1 \tag{31.1}$$

其中，

Discount％代表先付款的贸易折扣％；

Days in Year 通常使用 365 天作为一年；

Payment Period 为最迟付款期天数；

Discount Period 为可享受付款折扣的最迟付款天数。

公司可以有两种选择：

一是以较低的利率向第三方（如银行）借款，提前付款给供应商以获得及时付款折扣，将来再偿还银行贷款；

二是放弃享受提前还款带来的价格折扣，将现金投资到收益率更高的项目上，将来再还供应商货款。

相关例子如下所示。

例题 31.1

供应商向 Golden 公司提供的赊账条件为 2/10，net 40。如果 Golden 在采购后第 40 天付款，与在第 10 天内付款相比，晚付款的有效年利率是多少？

A. 27.86％.　　　　　B. 20.23％.　　　　　C. 20％.

名师解析

答案：A

供应商给予 Golden 公司的赊账条件为 2/10，net 40，可以理解为若 Golden 公司在原材料进货之后 10 天内付款，可以享受采购款 2％的折扣（只支付采购额的 98％），若支付晚于 10 天，则需要全额支付，最晚需在进货后第 40 天支付。相对于第 10 天付采购款的 98％，第 40 天付采购款的 100％，晚付 30 天，多支付的(100％－98％)/98％视为融资成本。晚付 30 天的融资成本换算为有效年利率为：

Effective annual rate (EAR) on the trade credit

$$= \left(\left(1+\frac{\text{Discount}\%}{100\%-\text{Discount}\%}\right)^{\frac{\text{Days in Year}}{\text{Payment Period}-\text{Discount Period}}}\right)-1$$

$$= \left(\left(1+\frac{2\%}{100\%-2\%}\right)^{\frac{365}{40-10}}\right)-1$$

$$= 27.86\%$$

例题 31.2

以下是关于 Golden 公司及其所在行业的信息：

	Golden	行业
应收账款周转天数	30 天	35 天
存货周转率	4 次	3 次
应付账款周转率	9 次	10 次

与行业水平相比，Golden 的现金转换周期：
A. 更短
B. 更长
C. 与行业水平相同

名师解析

答案：A

	Golden	Industry
应收账款周转天数	30 天	35 天
存货周转天数 = $\frac{365}{\text{存货周转率}}$	$\frac{365}{4}$=91.25 天	$\frac{365}{3}$=121.67 天
应付账款周转天数 = $\frac{365}{\text{应付账款周转率}}$	$\frac{365}{9}$=40.56 天	$\frac{365}{10}$=36.5 天
现金转换周期＝应收账款周转天数＋存货周转天数－应付账款周转天数	80.69 天	120.17 天

31.3 营运资本的管理

31.3.1 营运资本的概念

总营运资本（total working capital）＝流动资产－流动负债

净营运资本（net working capital）＝（流动资产－现金及可交易证券）－（流动负债－短期带息负债）

在总营运资本基础上，剔除与现金转换周期不太相关的项目，如现金、有价证券和短期借债,即是净营运资本。

31.3.2 营运资本的管理方法

营运资本的管理方法可以分为以下三大类:

(1) 保守型(conservative),即公司持有更多的流动资产,短期还款能力更强。在此种管理风格下,公司长期资本(long-term debt & equity)占比更高,资金来源更稳定。尤其在压力情况下,持有大量的可交易证券,大大提高了资金灵活性。但长期资本往往需要较长时间才能借到,且融资成本较高,并非有需要才临时借款,因此,在需要前提前准备好,可能产生暂时闲置。长期债还会有较多限制条件,如对经营方面有约束。

(2) 激进型(aggressive),即公司持有更少的流动资产,短期还款能力更弱。在此种管理风格下,公司长期资产持有比例更大,以获得更高的投资收益率。与保守型相比,在此种管理风格下,公司短期资金来源更多,有需要才融资,避免资金闲置产生的不必要的利息费。但是短期融资并不能长时间锁定固定利率,公司会面临市场利率波动的风险,如果借款利率降低则更有利。此外,融资到期还需要续借,需频繁滚转(rollover)到期还款后再借,如果借不到资金,公司可能资金链断裂而破产。为了保证短期还款,可能需要增加现金回收而减少赊销,一些资金紧张的客户,本来能以赊账方式购买,现在要马上付现金可能就不愿购买了,导致销售额下降。

(3) 适中型(moderate)。介于保守型和激进型之间。在此种管理风格下,公司在利用低成本短期融资好处的同时,增加长期融资,增强营运资本来源的稳定性,权衡短期融资和长期融资的利弊,找到平衡点。

营运资本管理方法及特点具体见表 31.1。

—考点要求—
描述(describe)发行人的目标,比较(compare)管理营运资本和流动性的方法(★★)

表 31.1 营运资本管理方法及特点

方法	资金用途	融资来源	风险或收益
保守型	永久性的流动资产	← 长期债或股	更低
	波动性的流动资产	← 短期负债	
适中型	永久性的流动资产	← 长期债或股	适中
	波动性的流动资产	← 短期负债	
激进型	永久性的流动资产	← 长期债或股	更高
	波动性的流动资产	← 短期负债	

其中,永久性的流动资产(permanent current assets)是指无论经营情况好坏,任何时候都需持有的基本的流动资产,如基本的存货、应收账款等。

波动性的流动资产(variable current assets)是指如遇季节性销售高峰时,临时增加的额外存货、应收账款等。

31.3.3 短期融资选择

短期融资策略的主要目标包括：
(1) 确保有足够的能力满足高峰时期的现金需求；
(2) 维持足额且多渠道的信贷来源，以满足持续的现金需求；
(3) 确保获得的融资成本较低，融资条件具有竞争力；
(4) 确保同时考虑显性和隐性的成本。

此外，以下因素会影响一家公司的短期借款策略，包括公司规模和信用情况（size and creditworthiness）、法律法规的考量（legal and regulatory considerations）、资产的质量（asset nature）和借款的灵活性（flexibility of borrowing options）。

练一练

31-1 Which of the following is a primary source of liquidity?
A. A three-month investment portfolio.
B. Cash from liquidating assets.
C. Debt restructuring agreement.

31-2 Major pulls on liquidity include：
A. making a payment early.
B. uncollected receivables.
C. tight credits.

31-3 Lucy is the CEO of ABC company. Which of the following suggestions should Lucy employ to improve ABC company's liquidity position?
A. Accelerate the ABC company's payments on accounts payable.
B. Lower the average collection period on accounts receivable.
C. Decrease the company's inventory turnover.

31-4 JinSan's CFO has decided to pursue a moderate approach to funding the firm's working capital. Which of the following methods would best fit that particular approach?
A. Finance permanent and variable current assets with long-term financing.
B. Finance permanent and variable current assets with short-term financing.
C. Finance permanent current assets with long-term financing and variable current assets with short-term financing.

扫码查看
答案及解析

立即扫码添加【学习规划师】，助您本章学得更快更好！
问答服务＋学习规划＋课程分享

第 32 章
资本投资和资本分配

知识引导

本章从公司发行人的视角探讨了资本投资和分配的步骤、基本原则和方法,也辨析和比较了不同类型项目的投资特征和适用场景。此外,本章重点介绍了公司评估项目投资业绩的三种方法:NPV(净现值法)、IRR(内部收益率法)和ROIC(投入资本回报率法),并总结和比较了这些方法各自的优缺点。

考点聚焦

本章是公司发行人科目最重要的章节之一,考试重点聚焦于评估项目业绩的三种方法的计算、各自的优缺点和投资决策的依据,而熟练使用金融计算器计算净现值和收益率也是本章的要求之一。

本章框架图

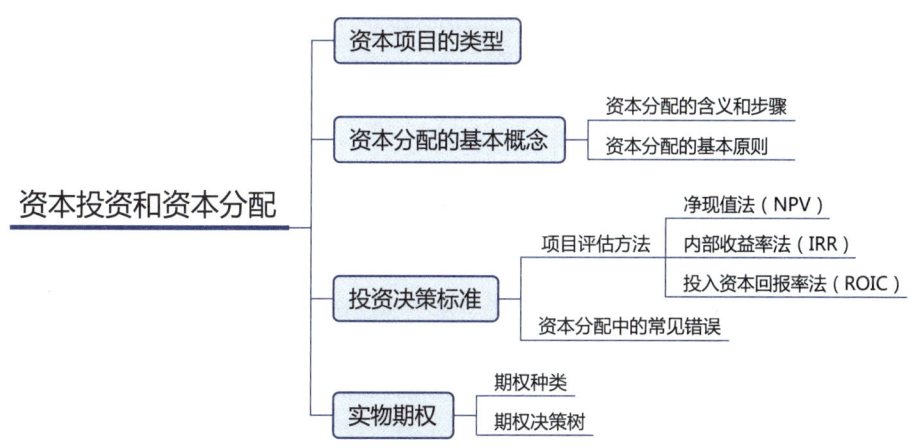

32.1 资本项目的类型

—考点要求—
描述(describe)资本项目的类型(★)

我们把资本项目分为四种类型：

1. 维持现状型项目（Going Concern Projects，或称 Maintenance Capital Expenditures）

此类项目用于维持公司当前的运营和保持公司当前的规模，具有风险较低、易于分析等特点。常见例子包括更新替换使用寿命接近末期的旧资产、维护硬件和软件设施、提升当前生产设施的效能等。

为了给此类项目提供资金，发行人通常寻求将融资的期限与新资产的寿命相匹配。例如，一家公用事业公司可能发行 30 年期债券，为购买使用寿命预计为 30 年的发电设备提供资金。这种匹配融资方法降低了融资风险。

2. 监管合规型项目（Regulatory Compliance Projects）

此类项目是行政管理部门要求企业必须执行的项目，不以企业的意志为转移。此类项目往往会增加企业的投资成本但不会产生相应的收入，但若企业拒绝执行，则可能面临罚款或被中止经营。

然而，此类项目对公司而言未必完全没有益处。若监管部门要求业内企业必须作出某些投资（比如政府要求当地核电站企业必须建造污染物过滤和净化设备），则这些额外投资要求会提高潜在竞争者的进入壁垒从而保护业内企业。此外，若业内企业能够与政策制定者共同制定行业标准或制度，则企业更有可能引导政策朝最有利于自己的角度来制定，从而获得竞争优势。有时，公司可能会以更高的价格将这些监管型项目的部分或全部成本转嫁给客户。

3. 现有项目扩张（Expansion of Existing Business）

扩张现有项目指增加当前项目的规模（scale or size），其主要风险包括新增生产投入、未知的生产和销售瓶颈、无法准确预估获客成本等。不同发展阶段的公司面临这些风险的程度是不同的，这会表现在公司的主要融资方式中。处于发展早期阶段的不成熟公司相对于较成熟的公司受上述风险的冲击程度更高，故前者倾向于使用股权融资，因为股权融资不需要偿还本金，而后者更倾向于使用债务融资，因为其更自信于自己的还款能力，且债务融资不会令股权被稀释。

投资者和分析师应充分了解公司的竞争水平和过往业绩来评估公司扩张项目取得成功的可能性。

4. 新产品线或其他项目（New Lines of Business and Other Projects）

投入新产品线会拓宽公司的投资领域（scope）。投资新产品线是对公司业务的横向拓展，投资对象是与当前业务关联极小或毫无关联的全新领域，这往往被视为公司寻求业务创新和业绩增长的尝试，其失败的风险通常也是最大的。

32.2 资本分配（Capital Allocation）的基本概念

—考点要求—
描述(describe)资本分配的过程(★)

32.2.1 资本分配的含义和步骤

资本分配是公司管理层和董事会评估各种潜在投资机会的过程，其基于多种因素综合作出投资决策，如为股东创造价值和包括环境、社会和公司治理等在内的其他因素。而资本投资（capital investments），亦称资本项目（capital projects），则是指投资寿命大于或等于一年的资本项目，其往往以"长期资产"科目出现在资产负债表上。

公司管理层作出投资决策时，不应站在孤立的角度，而应从全局战略最优的角度作出投资方案。有些资本项目站在纯粹会计或单一的角度看或许能创造短期经济价值，但从可持续发展角度看，这些项目可能损害公司长远价值（如一些以牺牲环境和破坏生态完整性为代价追求短平快经济业绩的项目），因此不应该投资这些项目。

管理层分析和评估项目的通用步骤可总结如下：

第一步：生成构思（idea generation）。充分的信息是成功投资的前提。管理层须充分了解项目的投资环境；公司当前的经营水平、财务状况和投资能力等。

第二步：投资分析（investment analysis）。在该步骤中，管理层须对单个投资项目逐一分析。管理层需要分析项目未来预期现金流的金额、发生时间、持续时长和波动性等参数来判断每个项目是否值得投资。

第三步：规划和确定优先级别（planning and prioritization）。完成项目单项分析、初筛出盈利项目后，管理层须基于投资预算作出最优投资组合。基本原则是只有投资收益超过其机会成本（opportunity costs）的项目才应该被投资。同时，管理层应在全局最优和风险调整后的基础上（on a risk-adjusted basis）选择和部署项目。

第四步：管理和事后总结复盘（monitoring and post-investment review）。管理层应对投资结果进行分析反馈并对后续投资作出调整，如扩大或缩减投资规模等。

32.2.2 资本分配的基本原则

资本分配的基本原则包括：

（1）基于税后现金流（after-tax cash flows）。管理层应从税后现金流的角度分析项目投资价值，而非基于会计利润或其他会计指标来分析。某些非现金费用（如折旧或摊销）对现金流所产生的扣税效果也应该纳入考虑。

（2）考虑增量现金流（incremental cash flows）。所有的决策均是站在当前视角针对未来作出的，故资本项目分析中，管理层仅仅应考虑未来预计发生的增量现金流；过去已经发生的成本——**沉没成本（sunk costs）**——已成既定事实，不会再对未来产生任何影响，因此过去的成本或费用在资本决策中不应被考虑。沉没成本的例子包括已发生和支付的咨询费、律师费、市场调研费、多年前购买的土地或建筑的历史价格等。

（3）从整体角度分析现金流（examine broadly）。资本决策不是孤立作出的，资本投资的结果会对整个公司其他业务产生影响。投资项目对公司的影响可能是正面的（positive），也可能是负面的（negative），两种结果都会影响未来现金流，故均应被考虑在内。

（4）考虑现金流发生的时间（timing of cash flows）。现金流的金额、发生时点、持续时长、波动性、流动方向（流入或流出）等因素均应被充分考虑。

——考点要求——
描述（describe）资本分配的基本原则（★★★）

32.3 投资决策标准

32.3.1 项目评估方法

—考点要求—
计算（calculate）净现值（NPV）、内部收益率（IRR）、投资资本回报率（ROIC），并区分（contrast）三者在资本分配中的用途（★★★）

项目投资评价标准有三种，接下来我们逐一解释。

32.3.1.1 净现值法（NPV）

净现值法（Net Present Value）是项目所有税后增量现金流的现值之和。

$$NPV = CF_0 + \sum_{i=1}^{n} \frac{CF_i}{(1+r)^i} \tag{32.1}$$

其中，CF_0 代表 initial outlay，即初始投资；$\sum_{i=1}^{n} \frac{CF_i}{(1+r)^i}$ 代表 present value of future cash flows，即未来现金流的现值之和。

> **备考小贴士**
>
> 计算 NPV 时要注意现金流运算符号的经济意义。比如项目初始要投资 1 000 万元，那么 CF_0 就是 −1 000 万元，因为这个 1 000 万元代表现金支出。

NPV 的折现率是项目的资金提供方（投资方）要求的回报率（required rate of return，RRR），等价于公司（项目发行方）的融资成本（cost of capital，COC）。

NPV 的决策逻辑简单且直观，NPV 直接反映了项目预期为公司产生的货币价值增量。若 NPV>0，说明项目产生正价值，因此可以投资；若 NPV<0，说明项目产生负价值，因此不可以投资；若 NPV=0，说明项目产生的预期未来现金流现值之和正好等于期初投资成本，此时项目恰好盈亏平衡。

需要说明的是，NPV 只是资本项目决策的考虑因素之一。单个项目的 NPV 大于 0，并不表明该项目一定值得被投资。例如，某项目自身能够产生正的 NPV，但从公司整体运营角度看，该项目可能又会阻碍其他项目实施从而导致整体业绩下降，则该项目就应该被摒弃。总而言之，NPV>0 只是项目应该被投资的必要条件而非充分条件。

NPV 直接体现公司预期价值的变化，而不足之处是 NPV 忽略了项目初始投资的规模。例如，有甲、乙两个备投项目，详细信息见表 32.1。

表 32.1 甲、乙项目相关信息

项目	NPV	CF_0
甲项目	100 万	−10 000 万
乙项目	100 万	−400 万

从 NPV 角度看，甲项目和乙项目没有任何区别。然而如果结合初始投资的规模评估两个项目，由于乙项目的资金使用效率更高，我们会选择投资乙项目，而不是甲项目。

32.3.1.2 内部收益率法（IRR）

内部收益率是使 NPV=0 的折现率，其本质是一个人为设定的理论值。

$$NPV = 0 = CF_0 + \sum_{i=1}^{n} \frac{CF_i}{(1+IRR)^i} \tag{32.2}$$

IRR 反映的是项目的预期收益率。

IRR 的决策标准如下：当 IRR ＞资本成本(cost of capital)时，该项目应该被投资；当 IRR ＜ 资本成本时，该项目不应该被投资。而由于资金需求方的资本成本从经济意义上而言等价于资金提供方的要求回报率(required rate of return)，故资本成本和要求回报率也被称为门槛收益率(hurdle rate)。

从定义而言，IRR 是当且仅当 NPV 等于 0 时的资本成本(资本成本以贴现率形式计于 NPV 公式的分母中)。假定预期现金流不变(这是一个重要且必要的假设，体现了控制变量法思想)，若实际资本成本小于 IRR(说明分母较低)，则 NPV 会上升，且上升到 NPV ＞ 0 的水平，此时项目变得可以投资。因此，从计算角度而言，IRR 的决策标准本质上可以"翻译"为 NPV 的决策标准。

IRR 的优点是直接反映项目的利润率。缺点有二：第一，针对非常规现金流①的项目，IRR 可能无解，也可能有多个解；第二，IRR 假设在项目投资的整个过程中各期的再投资回报率(reinvestment rate of return)都是 IRR，然而，实际情况未必如此。

32.3.1.3 投入资本回报率法（ROIC）

投入资本回报率(return on invested capital，ROIC)，也称为资本运用回报率(return on capital employed，ROCE)，是税后经营利润除以投入资本(包括长期有息负债、普通股、优先股和留存收益等)平均账面价值后的比率。这是一个财务指标，属于盈利指标 (profitability measure)，用以反映企业的综合投资收益。公式如下：

$$ROIC = \frac{\text{After-tax operating profit}}{\text{Average invested capital}} \tag{32.3}$$

ROIC 的知识要点总结如下：

(1) ROIC 是一个税后(after-tax)指标，其分子是税后经营利润而不是税后净利润。

(2) 解题时，若题目没有明确说明，则考生可合理认为经营利润(operating profit)等于息税前利润(earnings before interest and tax，EBIT)。当企业没有大量营业外收支时，经营利润与息税前利润是相同的。

(3) ROIC 的分母是资本投资(capital investment)。资本投资是一个长期投资概念，其对应的现金流出归属于融资活动现金流，因此分母不包括营运资本投资（working capital investment)内容；营运资本投资是针对流动资产和流动负债而言的，其本质上是经营活动的范畴，是一个短期经营的概念。总而言之，ROIC 的分母包括 long-term liabilities 和 equity，但不包括 short-term liabilities。

(4) 与计量单个项目价值的 NPV 和 IRR 不同，ROIC 是一个全局性指标(aggregate measure)，用以衡量整个公司的总体投资业绩。该指标对于外部投资者而言可能比 NPV

---

① 如果用"+"代表现金流入，用"－"代表现金流出，则非常规现金流指在项目过程中现金流的计算符号变化超过一次或不发生变化的项目。反之，常规现金流指在项目进行过程中现金流符号改变且只改变一次的项目。

和 IRR 更重要,因为外部投资者往往无法获得公司单个具体项目的详细数据(例如该项目的预估现金流、合适贴现率、成本费用等),因此只能依靠 ROIC 对总体业绩进行评估。

(5) ROIC 应该与资本成本(cost of capital)对比:若 ROIC 大于资本成本,说明公司总体上是盈利的,投资者可继续投资该公司;若 ROIC 小于资本成本,说明公司总体上是亏损的,无法收回投资成本,此时投资者应考虑从该公司撤资。

同其他投资指标一样,ROIC 也有自己的优缺点。

ROIC 的优势:

(1) 与 NPV 和 IRR 不同,计算 ROIC 所需的数据可获得性较强。ROIC 的计算数据均来自企业的财务数据(资产负债表、损益表、现金流量表或财务附注等),而财务数据是公开披露的信息,投资者可轻易获得,而不需要寻找或挖掘内部非公开信息。

(2) ROIC 的公式可被进一步拆分来帮助投资者探寻投资业绩产生的深层原因(类似于杜邦分析)。ROIC = 税后经营利润/平均投入资本 =(税后经营利润/主营业务收入)×(主营业务收入/平均投入资本),这样可以把 ROIC 拆分成利润指标(profit margin)和周转率指标(turnover)两项,投资者可据此分析 ROIC 数值产生的原因。

ROIC 的劣势:

(1) 与 NPV 和 IRR 等基于现金流的指标不同,ROIC 不是一个现金指标,而是一个会计指标,是根据权责发生制计算的,因此,ROIC 只能计量企业的账面业绩,而不能评判企业赚取现金的真实能力。一个公司的会计利润和产生的现金流往往是大相径庭的,因此,ROIC 与资本项目评估须基于增量现金流的原则相悖。

(2) ROIC 是一个滞后性(backward looking)指标而不是前瞻性指标。ROIC 是基于已经确定的财务数据计算而成,只用于反映和总结过去,而不能直接用于预测未来,而在资本分析中,预测趋势和变化是非常重要的。

(3) 由于 ROIC 是一个总体指标,无法对单个项目的可投资性进行分析,故该指标无法区分单个项目盈利与否。

32.3.2 资本分配中的常见错误 (Common Pitfalls)

—考点要求—
描述(describe)资本分配中的常见错误(★)

资本分配中的常见错误可分为两大类:认知错误(cognitive errors)和行为偏差(behavioral biases),前者包括计算和分析类错误,后者包括判断失误和认知盲点等,每个大类可被细分为若干具体表现。

1. 认知错误

(1) 内部预测错误(Internal Forecasting Errors)。

在公司自己作出的预测中,若存在轻微的差错,外部分析师往往很难察觉。若有严重错误导致项目回报显著低于预期,外部分析师才比较容易识别到。预测错误包括输入数据错误,例如,管理时间、信息技术支持、财务系统等间接成本(overhead costs)可能难以估计。另外,公司往往没有将竞争对手的反应纳入计划投资的分析中。

(2) 忽略内部融资成本(Ignoring Costs of Internal Financing)。

管理层往往错误地认为内部资金(如经营性现金流或留存收益等)没有融资成本,只有外部融资得到的资金(如发行债券或股票)才有融资成本。正确的理解是所有的资金来源均有融资成本(机会成本),在计算时都应予以考虑。

(3) 不一致地对待或忽略通货膨胀(Inconsistent Treatment of or Ignoring Inflation)。

通货膨胀(下称"通胀")是资本分配过程中应该被考虑的因素。通胀会对资本投资的结果产生显著影响。处理通胀的方式不一致和忽略通胀均是错误的做法。

在分析资本项目时,投资者必须采用相同的口径计算通胀。在 NPV 公式中,正确的做法是:分子(现金流)和分母(贴现率)均用名义金额(nominal value)计量或均用实际金额(real value)计量,而不能出现分子和分母其中一项用名义金额而另一项用实际金额计量的情形,这种分子和分母计算口径不一致的做法会导致计算结果不具备合理的经济意义。

2. 行为偏差

(1) 惯性(Inertia)。

多数公司当前年份的投资预算往往参照上一年投资额制定,次年的投资预算则基于当前年份投资额制定,以此类推。长此以往,管理层可能陷入决策惯性陷阱中。若出现投资规模逐年上升,但投资回报率却逐年下降的情况,分析师应该警惕:管理层可能并未充分考虑并选择最优项目。

(2) 基于会计指标(如 EPS)作出投资决策。

会计报表是资本市场获取公司信息的主要途径,因此管理层有动机通过会计操纵追求更加体面的会计利润、EPS 和 ROE 等盈利指标。然而对于资本项目决策来说,正确做法是以增量现金流作为评价依据,而非基于会计结果和权责发生制来判断。总之,过于执着于粉饰短期财务指标可能损害股东的长期利益。

(3) 宠物项目(Pet Projects)。

决策者可能并不按照项目评估流程对项目进行审慎分析而是根据个人喜好进行项目决策。对分析师而言,宠物项目往往难以发现和识别,因为公司的公开财务数据未必会对单个项目的明细进行披露。分析师只能通过关注公司内部组织治理结构来发现可能存在不合理投资的端倪。

(4) 未考虑其他可选项目(Failure to consider investment alternatives or alternative scenarios)。

虽然企业管理层在选择投资项目时应尽可能完整全面地考虑各种情形和变量,但人们的认知总是有限的,企业也可能忽略某些本应纳入考虑的因素从而导致决策不完善,或是因为缺乏充分的投资经验导致未能承担充分的风险从而错失高收益投资机会。

32.4 实物期权

—考点要求—
描述(describe)
实物期权种类
(★)

32.4.1 期权种类

实物期权是指资本项目给企业带来的可以在未来行使的权利(而非义务),使得企业在将来可以根据实际情况,做出更有利的选择。在使用 NPV 进行资本项目评估的时候,应该考虑因行使实物期权导致的现金流变化。

常见的实物期权包括以下几类:

(1) 择时权(timing options),即根据新信息的出现,作出新的决策。例如,房地产商购买土地后,可以根据房租及房地产政策的变化,决定何时在该土地上修建办公楼。

(2) 规模选择权(sizing options),包括退出权(abandonment options)和扩张权(growth options),即在未来根据实际经营结果决定退出或是扩大投资。

(3) 灵活期权(flexibility options),包括定价权(price-setting options)和灵活产量权(production flexibility options)。例如,当未来产品市场出现供不应求、需求超过正常产能时,可以选择涨价来提高收入,即行使产品定价权;或者通过增加工人劳动时间,来增加产销量和收入,即行使灵活产量权。

(4) 基础期权(fundamental options)。有些资本项目自身就是一项实物期权。例如,购买一个金矿,相当于购买了采矿权,可以根据当下黄金价格高低,决定是否开采黄金:金价高,开采;金价低,不开采。

$$\text{含有实物期权项目的 NPV} = \text{不考虑实物期权项目的 NPV} + \text{实物期权的价值} - \text{获得实物期权的成本} \tag{32.4}$$

32.4.2 期权决策树

决策树(decision trees)和期权定价模型(option pricing models)也是将实物期权嵌入资本项目时必须考虑的因素。

期权的价值取决于未来事件发生的不确定性。期权意味着选择余地,可以令管理者在面对市场的不确定性事件时更加游刃有余,从而提升项目价值。期权的现值一般由期权定价模型估算出,该模型的其中两个重要变量分别是**预期概率(probability)** 和**预期发生时间(timing)**,通过现金流发生的概率和时间来推算期权价值,进而计算项目 NPV。

下方例题介绍了期权决策树的计算和分析过程,并比较了对于同一个资本项目,不考虑期权和考虑期权时其 NPV 的差异。

例题 32.1

ABC 公司目前拟耗资 600 万元在当地建造一座海边核能研究基地,用于研发利用核能发电、供暖和开发新能源等项目。该项目具有一定的投资风险。经评估,该项目一年后顺利完工的概率约为 54%,若顺利完工,则一年后项目将产生 880 万元经济效益;若失败,则不产生任何经济效益,但在项目失败的条件下,ABC 公司可行使变更投资方向的权利,将项目投资于其他领域,投资期限仍为一年,一年后将再次评估投资结果。变更投资方向后的预估投资结果如下:

投资结果	概率	经济效益
成功	25%	710 万元
一般	35%	500 万元
失败,须低价出售项目	40%	20 万元

请画出上述项目投资的决策树,并分别计算不考虑和考虑项目变更期权情形下的 NPV。要求回报率(required rate of return)统一设定为 10%。

名师解析

(1) 决策树如下:

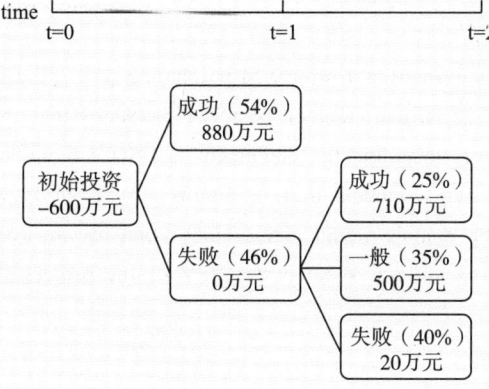

(2) 不考虑项目变更期权时的 NPV。

若不考虑项目变更期权,则仅需考虑第一年(t=1)的投资结果,不需考虑第二年(t=2)的投资结果。计算第一年的现金流时,应计算概率加权平均值:$CF_1 = 880 \times 54\% + 0 \times 46\% = 475.2$,则

$$\text{NPV without option} = -600 + \frac{475.2}{1+10\%} = -168$$

由于 NPV 为负数,故在不考虑变更期权的情况下,ABC 公司不应该投资该项目。

(3) 考虑项目变更期权时的 NPV。

考虑变更期权后,ABC 在第一年项目失败时,可以进行第二轮投资,于第二年年末再次评估投资结果。第二年年末现金流的概率加权平均值计算如下:$CF_2 = 710 \times 25\% + 500 \times 35\% + 20 \times 40\% = 360.5$。但需要说明的是,第二年的加权平均现金流产生是以第一年项目以失败告终(概率为 46%)作为条件概率的;若第一年项目成功(概率为 54%),则不会产生第二年的现金流。

$$\text{NPV with option} = -600 + \frac{475.2}{1+10\%} + \frac{360.5 \times 46\%}{(1+10\%)^2} = -30.95$$

考虑到变更后 NPV 为负数,公司不应该投资该项目。

练一练

32-1 ABC corporation is considering a project. The initial investment is USD 500 million with expected after-tax cash inflows of USD 130 million per year for the following 6 years and an additional after-tax salvage value of USD 30 million at the end of year 6. The cost of capital is 8%. What is the project's NPV?

A. USD 119.9.

B. USD 100.8.

C. USD 131.5.

32-2 ABC corporation is considering a project. The initial investment is USD 500 million with expected after-tax cash inflows of USD 130 million per year for the following 6 years and an additional after-tax salvage value of USD 30 million in year 6. The cost of capital is 8%. What is the project's IRR?

A. 14.6%.

B. 15.4%.

C. 16.3%.

32-3 Golden company is evaluating a project to purchase a new piece of equipment. The initial investment is USD 3 million. Golden company estimates that the present value of total annual earnings from installing the equipment is USD 2.5 million. The company is also considering purchasing a module that represents a real option with a cost of USD 0.8 million. Adding the module would give Golden company an additional present value of earnings of USD 1.8 million. What is the NPV of the project after considering the real option?

A. USD 0.6 million.

B. USD 0.5 million.

C. USD −0.5 million.

32-4 Companies may benefit from regulatory compliance projects in all of the following ways except that:

A. such projects may serve as a barrier to potential entrants.

B. such projects may increase companies' expenses more than revenue.

C. companies may cooperate with regulators to develop standards that best suit their benefits.

32-5 When planning and prioritizing to-be-invested projects, managers should:

A. evaluate profitable investment opportunities on an aggregate and risk-adjusted basis.

B. pick projects whose opportunity costs exceed potential return.

C. invest in any individual projects as long as they have a positive NPV.

32-6 ROIC (return on invested capital):

A. is also called return on equity, which is a profitability measure.

B. is an after-tax measure, whose numerator is after-tax operating profit.

C. is useful in analyzing the value of individual projects within a firm.

32-7 In calculation of NPV, using nominal value for after-tax cash flows (numerator) while using real value for discount rate (denominator):

A. is an example of behavioral biases.

B. is the correct way to calculate NPV.

C. is an example of cognitive errors.

第33章 资本结构

知识引导

企业管理层的首要任务是使公司价值最大化,进而实现股东利益最大化。企业的运营管理离不开资本的投入,而资本是有成本的资源,企业的资本结构和资本成本是分析企业价值的重要因素。本章重点介绍了加权平均资本成本(WACC)的概念和计算、探讨资本成本和公司价值关系的MM理论、影响资本结构和资本成本的其他因素等。

考点聚焦

本章考题包括概念定性理解和公式定量计算,对知识掌握的要求较高。考生除须熟练掌握与资本成本和企业价值相关的公式外,还须深刻理解各理论所依赖的前提假设、具体内容和逻辑。

本章框架图

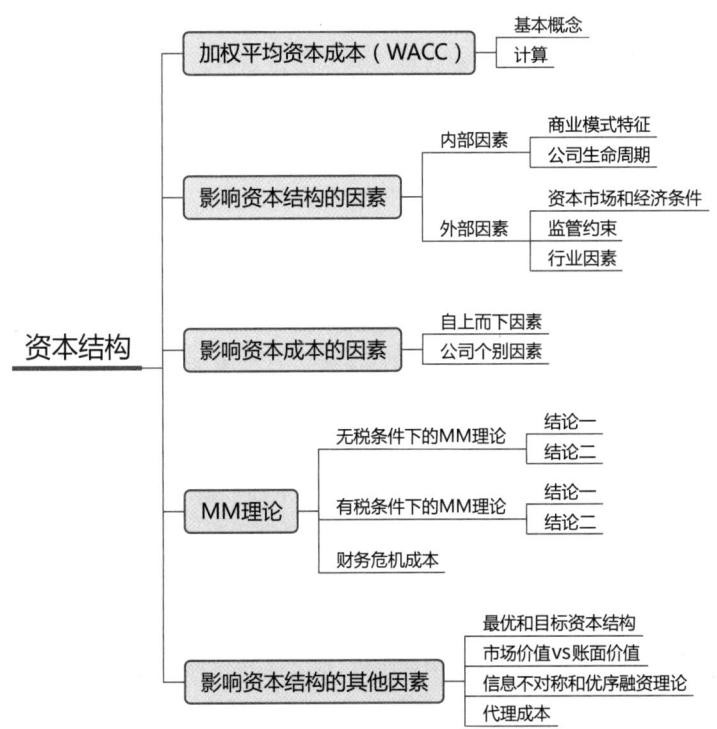

33.1 加权平均资本成本（WACC）

—考点要求—
计算（calculate）和解释（interpret）公司的加权平均资本成本（★★★）

33.1.1 基本概念

加权平均资本成本（weighted average cost of capital，WACC）讨论的是资产负债表事项，旨在对公司的资本结构作出分析。公司的融资渠道有两种：债权融资（debt）和股权融资（equity）。每种融资渠道都有相应的融资成本（下称"资本成本"）。资本成本与要求回报率是相同的概念，是同一个问题的两个方面，是资金融入方（需求方）需要支付的成本，也是资金提供方（供给方）要求的回报率，后者收到的回报正好是前者支付的成本。

公司的 WACC 受债务和股权在总体资本结构中的相对权重（weights）影响。例如，一个公司的总体资本分别由 500 万元债务和 860 万元股权组成，则债务占比（权重）约为 36.76%，权益占比（权重）约为 63.24%。权重一般由各融资渠道的当前市场价值或管理层设定的目标权重来确定。

33.1.2 计算

WACC 的计算公式如下：

$$\text{WACC} = w_d \times r_d \times (1-t) + w_e \times r_e \tag{33.1}$$

其中，w_d 代表债务融资的权重，w_e 代表股权融资的权重，两者权重之和正好等于 100%。r_d 代表债务融资的税前成本，r_e 代表股权融资的成本。t 是税率，用于抵扣债务融资成本，但不需抵扣股权融资成本。

此外，WACC 中的权重问题需要特别注意。债权和股权的权重（weights）有两种确定的方式：(1) 市场价值权重（market value weights），即通过债权与股权的市场价值比例确定权重；(2) 目标权重（target weights），即通过债权与股权的账面价值比例确定权重。市场价值权重更常用，因为市场价值反映了投资者的机会成本。

33.2 影响资本结构的因素

—考点要求—
解释（explain）影响资本结构的因素（★★）

资本结构（capital structure）讨论的是企业资产负债表的内容，指企业资本的构成，即债务资本（debt capital）和权益资本（equity capital）的相对比重。

资本结构分析的是债务资本和权益资本在总体资本中的权重。一般而言，股权相对于债务资本成本更高，但具有更大的财务灵活性。不同的融资方式各有其特点，但企业管理层制定融资方案的最终目标往往是最小化资本成本（进而最大化企业价值）和令融资期限和项目投资的期限相一致。

影响公司资本结构的因素可分别内部因素（internal factors）和外部因素（external factors），其中内部因素包括商业模式、企业生命周期阶段、现金流和盈利水平、资产类别和所有权情况等，外部因素包括资本市场和经济条件、监管约束、行业因素等。下文分别论述。

33.2.1 内部因素

33.2.1.1 商业模式特征

不同的商业模式具有各自的风险,对企业的偿债能力造成不同程度的影响,从而形成资本结构的差异化。其影响主要来自:

(1) 市场环境:企业的收入、利润和现金流受到市场环境的影响。

(2) 企业的资产类型:资产类型可以分为有形资产、无形资产,还可以根据资产的流动性大小进行分类。

(3) 企业的资本投入程度:如重资本模式(capital-intensive business)和轻资本模式(capital-light business)。

重资本企业往往拥有大量的有形固定资产,固定资产占其总资产的绝大部分——公用事业、交通运输、房地产、自然资源开采等领域的企业都是重资本企业。**此类企业一般具有以下财务特征:资产周转率很低、资本支出占销售额比重很高、运营净资本占销售额的比重很高**。此外,由于运营业务所需要的固定资产量庞大,重资本企业未必直接持有这些资产,而是可能通过合约经营和管理协议(如某酒店集团的酒店资产由第三方持有,集团自身则通过长期特许经营的形式直接运营这些酒店)或租赁等形式运营这些资产。最后,由于这些固定资产能够作为有效的抵押物,企业还能通过发行抵押债务(secured debt)的方式进行债务融资。

轻资本企业的资产主要由现金和无形资产(如商标、专利、版权等)构成,其固定资本占比很低。云计算、大数据、人工智能、区块链等科技型企业都属于轻资本企业。**此类企业一般具有以下财务特征:固定资产周转率很高、资本支出占销售额比重很低**。由于轻资本企业不具有充足有效的固定资产,因此此类企业偏重于权益融资——授予员工或管理层股权激励也是权益融资的方式之一,因为公司利用自己的股份换取职工的专业技能和工作时间,若公司绩效良好,则职工可从上涨的股份中受益,这相当于公司通过自己的职工而非从外部渠道获得股权融资。

33.2.1.2 公司生命周期

一家公司的生命周期一般包括初创期、成长期和成熟期。一般而言,在初创时期,企业风险较高,可以获得的债务融资很有限。随着公司发展成熟,商业风险下降,现金流由负转正,同时现金流可预测性上升,此时公司开始加大对杠杆的使用。不同阶段资本结构的具体特点如表 33.1 所示。

表 33.1 不同阶段资本结构的特点

项目	初创期	成长期	成熟期
现金流	负	改善	正且可预测
业务风险	高	中	低
债务资本可获得性	极其有限	较为有限	高

续表

项目	初创期	成长期	成熟期
债务融资成本	高	中	低
债务类别	可转债	抵押债	无抵押债

在初创期，公司债务融资来源极少，或者成本较高；在成长期，公司的债务融资来源逐渐增加；在成熟期，企业可以获得的债务资本逐渐增加。同时，在股权融资方面，在初创期和成长期，股权融资都是公司资本的主要来源；在成熟期，企业对股权融资需求减少，可能会选择提高股息或回购股票来回馈股东。

另外，相较于轻资产（capital-light）企业，资本密集型或重资产（capital-intensive）企业拥有更多的固定资产可用于抵押融资，因此普通具有更高的财务杠杆。

33.2.2　外部因素

33.2.2.1　资本市场和经济条件

企业的债务融资成本等于无风险收益率加风险溢价（risk premium）或信用利差（credit spread），而信用利差则体现了企业违约概率的大小。信用评级高、现金流可预测性强的公司，债务融资成本一般更低；反之，信用评级低、风险高、现金流波动性大的公司，债务融资成本一般更高。

市场宏观环境与市场利率在很大程度上影响企业的债务融资成本。一般来说，当宏观经济过热时，市场利率上行，信贷趋于紧缩，企业融资成本更高；相反，当宏观经济衰退时，市场利率下行，信贷趋于宽松，企业融资成本更低。

33.2.2.2　监管约束

一些特定行业或公司的资本结构会受到政府、监管机构的相应法律法规的约束，如银行受到银保监会关于巴塞尔协议对资本充足率的监督。

33.2.2.3　行业因素

处于同一个行业的企业，很可能具有类似的商业模式和资产类型，因此，彼此的资本结构也具有一定的可借鉴性。例如，房地产企业往往拥有大量有形资产和债务，且财务杠杆非常高。

33.3　影响资本成本的因素

资本成本包括债务资本成本和股权资本成本。影响融资成本的因素包括自上而下的金融市场宏观因素（top-down factors）和影响个体公司的微观因素（issuer-specific factors）。

33.3.1 自上而下因素（Top-down Factors）

自上而下因素包括金融市场状况和行业状况。金融市场状况会实时影响债务成本和股权成本。债务成本基于主权政府无风险利率来确定，而个体公司往往需要根据自身发展程度和风险水平确定其风险溢价，进而确定其债务成本。而诸如实际增长率、通货膨胀、货币政策和汇率变动，都有可能同时提高无风险利率和风险溢价。当经济衰退的风险增加时，债务成本更高。对股权融资而言，金融市场状况同样影响股权融资成本，股价高涨时，股权融资成本较低，企业倾向于增大股权融资规模。

行业状况的不同也会导致资本成本存在差异。例如，油价上涨对于原油生产商来说是有益的，其信用利差（风险溢价）下降，资本成本下降。而另一方面，油价上涨不利于航空业，因为油价是其一项重要的成本费用。

33.3.2 公司个别因素（Issuer-specific Factors）

对公司个体因素的分析属于微观层面分析。公司的债务和股权资本成本受行业、市场和财务等因素影响。

1. 销售风险（Sales Risk）

销售风险指和企业的产品或服务的定价和销量相关的风险，表现为市场条件的不确定性，这直接影响企业主营收入的稳定性和可预测性。同等条件下，成熟、稳健、所处行业周期性较低、客户群体比较分散的公司面临的销售风险较低，其收入规模和趋势的可预测性较强，这类公司的综合资本成本一般较低；而诸如汽车、重型设备生产和酒店旅游服务等周期性很强、收入和现金流波动性很强的公司则可靠性较低，其潜在违约概率较大，故其综合资本成本一般比较高。

2. 经营杠杆（Operating Leverage）

经营杠杆指公司的固定成本（fixed costs）占总成本的比重，该比重越大，说明公司的经营杠杆越大，其利润的稳定性就越差。经营杠杆的公式如下：

$$经营杠杆 = 固定成本 / 总成本 \tag{33.2}$$

经营杠杆越大，表明一个单位主营收入变化会导致现金流和利润发生更大的变化，由此增加公司业绩的波动性，其资本成本也会相应提高。

3. 财务杠杆（Financial Leverage）和利息保障倍数（Interest Coverage）

财务杠杆和利息保障倍数用于衡量企业当前的负债水平和未来偿债能力。同等条件下，一个财务杠杆系数已经很高的公司继续发行债务的难度是较大的，因此其潜在违约概率较大，若没有更高的收益率，投资者是不愿意把资本借给该公司的。而利息保障倍数则用于衡量企业用其经营利润偿还利息费用的能力，公式如下：

利息保障指数＝息税前利润（EBIT）/利息费用 (33.3)

同等条件下，该指标越大，说明企业偿还负债成本（利息费用）的能力越强。

4. 抵押（Collateral）和资产类型

抵押物是债务融资的重要条件，抵押物是评估企业还款能力的重要参考。一般来说，拥有更加充分有效的抵押物的企业更有可能进行债务融资。有效的抵押物一般具备以下特征：属于有形资产、价值稳定、价值较高、容易变现、能够产生现金流等。房屋、飞机、来自信用可靠客户的应收账款等均是有效抵押物的例子。

33.4 MM 理论

—考点要求—
解释（explain）
MM 理论（★★★）

MM 理论（Modigliani-Miller Propositions）是关于资本结构与公司价值关系的重要理论。该理论涉及以下前提假设：

（1）投资者对现金流的预期是相同的（homogeneous expectations）；

（2）资本市场是完美的（perfect capital markets），不存在交易成本、税收和破产成本，每个人能够获得的信息是相同的；

（3）投资者可以以无风险利率进行借贷；

（4）没有代理成本（agency costs），即管理层总是为股东利益最大化服务；

（5）融资决策和投资决策之间相互独立（independent）。

需要注意的是，上述每一条假设在现实中都是不成立的，正因如此，MM 理论才认为假如上述假设全部成立，则资本结构不会对公司价值产生影响，即下文将会讲述的资本结构无关性（capital structure irrelevance）。基于此，假如上述假设成立，我们可得出以下两个观点：

（1）短期来看，管理层无法通过仅仅改变资本结构来改变公司价值。

（2）公司价值等于未来预期现金流贴现到当前的现值之和，因此公司价值的主要驱动因素是未来现金流（future cash flows）而不是资本结构。

33.4.1 无税条件下的 MM 理论

基于以上假设，MM 理论有两个结论，结论一描述的是资本结构对加权平均资本成本和公司价值的影响，结论二描述的是资本结构对权益资本成本的影响。

结论一：在无税条件下，公司的资本结构不影响公司价值和加权平均资本成本（capital structure irrelevance），即：

$$V_{levered} = V_{unlevered} \qquad (33.4)$$

$$r_0 = r_{wacc} \qquad (33.5)$$

其中，$V_{unlevered}$ 表示不使用杠杆（全部使用权益融资）时公司的价值；$V_{levered}$ 表示使用杠杆时公司的价值；r_0 为公司不使用杠杆时的资本成本；r_{wacc} 表示公司使用杠杆后的加权平均资本成本。

公式（33.4）表示公司的价值不受资本结构的影响，公式（33.5）表示加权平均资本成本不受资本结构的影响。公司的价值可以通过未来现金流折现得到,因此,在现金流确定的情况下,只要折现率不改变,公司价值就不改变。所以公式(33.4)和公式(33.5)表达的观点是一致的。

> **知识一点通**
>
> 资本结构的改变,只会改变对公司价值的分配,即债务资本价值和权益资本价值的分配,不会改变公司整体的价值。如果公司预期的现金流和现金流的不确定性(风险)不变,那么公司整体现金流的现值也不变,即公司整体价值不变。

结论二:在无税条件下,权益资本成本 r_e 是 D/E(债务融资与权益融资比例)的函数,即:

$$r_e = r_0 + (r_0 - r_d)\frac{D}{E} \tag{33.6}$$

> **知识一点通**
>
> 根据公式(33.5),用 r_0 代替公式 $r_{wacc} = \left(\frac{D}{V}\right)r_d + \left(\frac{E}{V}\right)r_e$ 中的 r_{wacc}(其中 $V=D+E$),可推导得到公式(33.6)。

资本成本和资本结构的关系如图 33.1 所示:

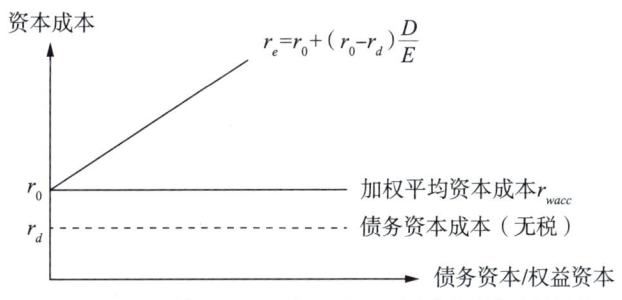

图 33.1 无税环境下 MM 理论——资本成本和资本结构的关系

由公式(33.6)和图 33.1 可知:
(1) 截距 r_0 表示当公司不使用债务融资时的成本,当债务融资为 0 时,$r_e = r_0 = r_{wacc}$。
(2) 随着债务融资比例的上升,权益融资的成本 r_e 上升。
(3) 随着债务融资上升,加权平均资本成本 r_{wacc} 始终保持不变。

其中,斜率 $(r_0 - r_d)$ 为正,因为权益资本的要求回报率大于债务资本的要求回报率,即 $r_0 > r_d$。

33.4.2 有税条件下的 MM 理论

解除 MM 理论的无税假设前提,即考虑企业所得税的情况下,MM 理论的结论一和结论二都将发生改变。

结论一:由于债务融资产生的利息在税前列支,债务融资相比股权融资具有抵税的优

势,因此,使用杠杆的公司的价值高于不使用杠杆的公司的价值,即:

$$V_{\text{levered}} = V_{\text{unlevered}} + t \times D \tag{33.7}$$

其中,t 表示边际税率;$t \times D$ 表示债务融资的税盾价值(现值)。

> **知识一点通**
>
> 因为债务融资产生的利息费用 $r_d \times D$ 在税前扣除,因此,使用债务融资使得企业可以少缴税的金额为 $r_d \times D \times t$,称为利息的税盾作用。假设债务融资成本 $r_d \times D$ 和税率 t 在企业的持续经营期间是固定不变的,利用现值计算公式可以得到:
>
> $$\frac{r_d \times D \times t}{r_d} = D \times t$$

结论二:有税条件下,权益融资成本为:

$$r_e = r_0 + (r_0 - r_d)(1-t)\frac{D}{E} \tag{33.8}$$

有税假设下,资本成本和资本结构的关系如图 33.2 所示。

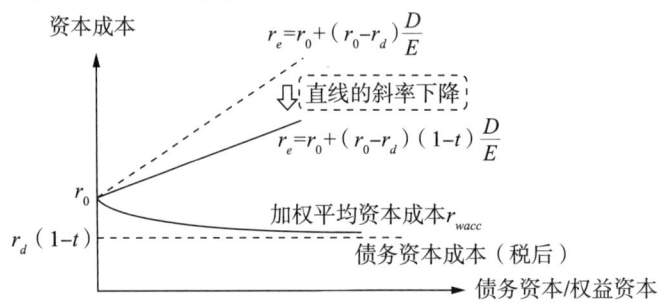

图 33.2　有税环境下 MM 理论——资本成本和资本结构的关系

由图 33.2 可以看出:

(1)在有税条件下,表示权益融资成本的直线斜率下降为 $(r_0 - r_d)(1-t)$。

(2)$r_{wacc} < r_0$,即不使用债务融资时的资本成本 r_0 大于使用债务融资时的加权平均资本成本 r_{wacc}。

(3)随着债务融资比例的增加,r_{wacc} 下降且逐渐接近 $r_d(1-t)$,因此公司的价值逐渐上升。

由此可知,根据 MM 理论,在有税条件下,使公司价值最大化的资本结构是完全使用债务融资——这是建立在 MM 理论的一系列假设之上的,这些假设并不符合现实。

> **知识一点通**
>
> 考试时经常以辨析题的形式针对 MM 理论在有税和无税条件下的结论进行考查,因此考生需要能够辨析不同条件下资本结构、企业价值与资本成本之间的关系。

33.4.3　财务危机成本

财务杠杆对企业风险具有放大作用,企业在经营不利的情况下,更容易陷入财务危机,因此,提高财务杠杆会增加财务危机的成本。

财务危机成本包括直接成本和间接成本。直接成本包括企业破产程序中产生的费用,如会计师费、律师费等。间接成本包括因为濒临破产而损失的投资机会、销售收入、客户资源、供应商等,以及破产进程中产生的债务代理成本(agency costs associated with the debt),如资产低价变卖所产生的损失。

33.5 影响资本结构的其他因素

评价资本结构对公司价值的影响时,除了需要考虑债务利息的税盾作用外,还需要考虑其他因素。

33.5.1 最优和目标资本结构

在考虑所得税对企业价值产生的影响后,我们将进一步把财务危机成本纳入模型中,分析财务危机成本对资本结构与企业价值的影响。

静态平衡理论(static trade-off theory):评估一定资本结构下公司的价值时,不仅要考虑债务融资的税盾作用,还需要考虑增加债务融资所带来的财务危机成本,效益和成本相互抵消后的结果才是企业的价值。

根据静态平衡理论,公司的价值为:

$$V_{\text{levered}} = V_{\text{unlevered}} + t \times D - PV_{\text{cost of financial distress}} \tag{33.9}$$

其中,$PV_{\text{cost of financial distress}}$ 表示财务危机成本的现值;$t \times D$ 是利息税盾的现值。

根据 MM 理论,考虑企业所得税的条件下,使企业价值最大化的资本结构是最大限度地使用债务融资。而纳入财务危机成本后,随着债务融资比例的提高,财务危机成本逐渐上升。在债务融资达到一定比例时,继续提高财务杠杆所带来的财务危机成本增加将超过税盾收益的增加,导致公司价值下降,该债务融资比例就是企业的最优资本结构(optimal capital structure)。如图 33.3 所示。

—考点要求—
描述(describe)最优资本结构和目标资本结构(★★)

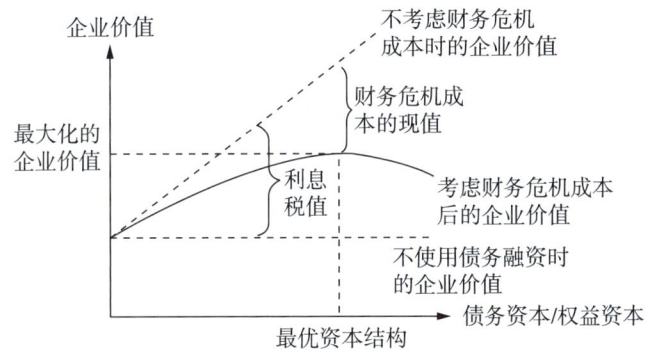

图 33.3 资本结构与公司价值

图 33.3 表示,在最优资本结构左侧,随着债务融资比率上升,公司价值上升;而在最优资本结构右侧,随着债务融资比率上升,公司价值下降。

在实践当中,公司管理层也许无法找到确切的最优资本结构,但是可以找到最优资本结构的范围。

如果企业有目标资本结构（target capital structure），并按照目标资本结构持续进行融资，那么可以直接用目标资本结构作为权重计算 WACC。但是，作为公司外部人员，比如分析师，通常不知道公司的目标资本结构。这种情况下，我们需要用如下方法计算权重：

（1）假设公司当前的资本结构就是该公司的目标资本结构，那么可以用当前资本结构（current capital structure）的市场价值计算每种融资渠道的权重。

（2）通过研究公司历史资本结构的趋势或者公司高管针对资本结构的相关言论，推断该公司的目标资本结构。

（3）使用可比公司（comparable companies）资本结构的平均值作为该公司的目标资本结构。

33.5.2　市场价值 vs 账面价值

虽然在计算最优资本结构的时候，需要使用权益和债务的市场价值，但是在计算公司目标资本结构时，常常会使用账面价值，原因如下：

（1）公司的股权价值可能在短期之内大幅波动，比如当股票价格大涨时，公司一般不会为了保持一定的 D/E 比率而增加借债，而是会增加权益融资。

（2）管理层首要关注的是公司投入资本的金额和类型，而不是获得资本的金额和类型。

（3）资本结构政策的目的是保证管理层能够用低成本借到钱，而债券投资人、贷款人和评级机构一般都更关注权益和债务融资的账面价值。

33.5.3　信息不对称和优序融资理论

信息不对称，指企业的管理层比企业的股东和债权人更了解企业真实的经营状况，更能把握企业的发展前景。

根据优序融资理论（pecking order theory，又译为"啄食顺序理论"），管理层最倾向于选择信息披露要求较少的内部融资，其次是债务融资，最后才是外部权益融资（公开发行），因为公开发行股票需要披露大量信息。该优先顺序表达如下：

内部融资（internal capital）＞债务融资（debt）＞外部权益融资（external equity）

管理层首先会选择使用企业内部留存的资金进行投资，在内部融资不能满足资本需求，需要向外部投资人融资的时候，会优先选择债务融资。由此可以推测，如果公司选择外部权益融资，说明其他资金渠道已经无法满足公司的需求，对公司股价有负面影响。

此外，当管理层认为公司股价被高估时，公司管理层倾向于权益融资。因此，发行股票融资通常被看成负面信号（negative signal）。选择发债融资，则表明公司对于支付固定的利息有信心，通常被视作正面信号（positive signal）。

33.5.4　代理成本

33.5.4.1　代理成本概念

代理问题是指在所有权和经营权分离的背景下，管理层（代理人）不为投资者（委托人）利益最大化服务的情况。代理成本是为了缓和委托代理关系中的问题而产生的成本。主要包括编制和审计年度财务报告的成本、董事会的开销、年度股东大会的开销，签订竞业禁止合同、实施股权激励等产生的成本等。

33.5.4.2 降低代理成本的理论

代理理论（agency theory）认为，提高债务融资比例可以降低代理成本。

根据 Michael Jensen 提出的**自由现金流假设（free cash flow hypothesis）**，相对于权益融资，债务资本有更优先的求偿权，因此对未来的现金流有更严格的约束，债务比例较高的公司甚至面临严苛的债务条款。比如，对现金使用的限制条款会降低公司的自由现金流，从而减少管理层滥用现金的机会。同时，可以促使管理层为了能够偿付利息和本金而提高管理效率。

练一练

33-1 A firm with a tax rate of 30% has a weighted average cost of capital of 7%. Before-tax cost of debt is 5% and cost of equity is 8%. The weight of debt in the firm's capital structure is closest to：

A. 22%. B. 78%. C. 67%.

33-2 Modigliani and Miller believe that essentially, the primary driver of a company's value is：

A. the taxation environment in which a company operates.

B. the capital structure (debt and equity financing) chosen by management.

C. its ability to generate future cash flows.

33-3 Which of the following is not an example of internal factors that affect a company's financing decisions?

A. Business model executed by management.

B. Types and ownership of productive fixed assets.

C. Changes in real economic growth or inflation rate.

33-4 Which of the following statements regarding capital structure is most likely correct?

A. A company would always choose a capital structure that is equal to the optimal capital structure.

B. Target capital structure is normally calculated based on the book value, rather than the market value, of debt and equity.

C. When the share price of a company rises sharply, the company should avoid using equity financing.

33-5 All else equal, companies in which of the following industries are most likely to have the lowest costs of financial distress?

A. Pharmaceutical. B. Financial education service. C. Airlines.

立即扫码添加【学习规划师】，助您本章学得更快更好！
问答服务 + 学习规划 + 课程分享

扫码查看答案及解析

第 5 部分　权益投资

考情分析

"权益投资"在 CFA® 一级考试中占比 11%～14%，占比较高，但学习难度较低，是 CFA® 一级性价比比较高的科目，虽然这一科目名为"权益投资"，但其中约有一半内容意在介绍整个证券市场，因此与其他科目内容有较多重复之处；另一半内容介绍权益投资，学习难度稍增。

权益投资工具是考生较为熟悉的金融工具，学习时主要注重基本概念的辨析。权益投资考查计算题的比重也较高，因此对于重要公式、常考题型，需要考生理解并掌握。

"权益投资"分为两部分，共六章。其中第一部分研究证券市场，分为三章，分别是证券市场的基本知识（what）、证券市场指数（measure）、证券市场有效性（evaluation）。第二部分研究权益投资，着重介绍权益投资品种和风险收益特征，以及在权益投资中选股的"三好原则"：好的行业、好的公司、好的价格。

本部分框架图

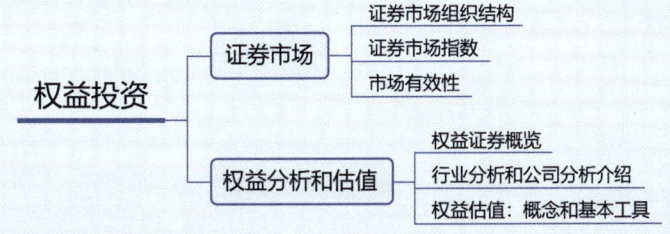

第 34 章 证券市场组织结构

知识引导

证券市场是国民经济的晴雨表。在介绍权益投资之前,我们先要学习整个市场的结构。了解所处的环境,才能帮助我们更好进行投资决策。在本章,我们需要了解市场的功能、理清市场和资产的划分、认识金融系统中介、研究市场中的头寸、探讨报价单,以及一级与二级市场的细分。

考点聚焦

本章是整个权益投资中内容最多、考查比重最大、概念最冗杂的部分。在学习过程中,考生一定要注意区分不同概念。资产与市场的划分、头寸、订单是本章的考查重点。考试出题方式主要以定性概念辨析为主,做空与杠杆头寸部分定量考查计算题的可能性也很大。

本章框架图

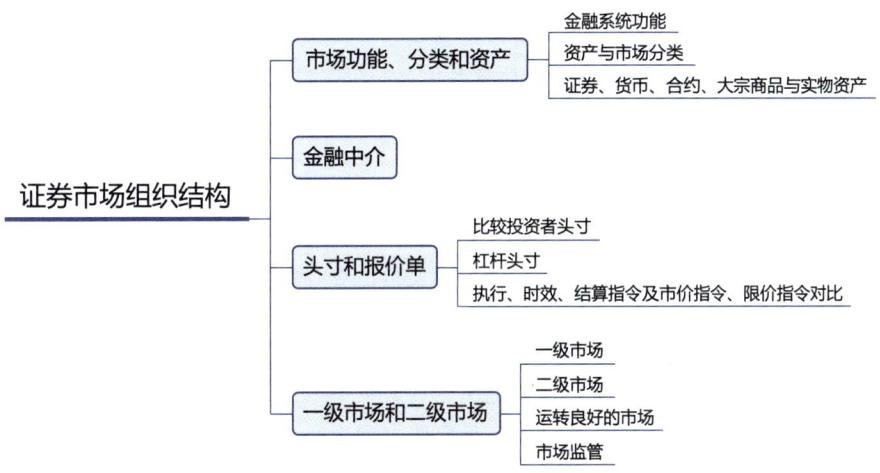

34.1 市场功能、分类和资产

34.1.1 金融系统功能

—考点要求—
解释（explain）金融系统的主要功能（★）

不同的分析师在不同的市场中做出经济决策,这些决策涉及证券、外汇、大宗商品和房地产等资产。因此,分析师必须了解其执行交易市场的特征。

金融系统主要三大职能如下：

（1）实现参与者目标,即满足市场参与者的要求（achieve purposes in using financial system）。

（2）发现和决定市场均衡利率（determine equilibrium interest rates of return）。

（3）实现资源的有效配置（capital allocation efficiency）。

下文依次展开论述这三大职能。

34.1.1.1 实现参与者目标

金融系统的参与者往往有多重目标。准确理解不同参与者的不同目标,有助于分析师理清头绪,从而做出正确投资决定。

1. 储蓄

个人或机构通过储蓄实现资产在时间上的转移。例如,员工可以为退休储蓄。企业为了满足未来的偿付需求、支付需求储蓄。

储蓄可以通过票据、大额存单、债券、共同基金,甚至是房地产等投资方式实现。

2. 借贷

当个人或机构试图超前消费时,可以通过借贷来实现。个人通过信用卡、抵押贷款、个人贷款借贷；公司通过公司贷、银行信贷额度、发行固定收益证券等方式借贷；政府通过发行国债借贷。借贷的个人或机构称为借款人（borrower）。

3. 募集股权资本

公司通过出售所有权获取股权资本,虽然通过股权募集的资金并不像债券那样有到期日,但是这种融资方式也可以被看作是一种将未来现金流转移到当前的方式。金融体系促进了股权资本的募集,投资银行帮助公司发行证券,满足融资需求。

4. 管理风险

金融市场参与者都不可避免地会面对各种金融风险,具体包括违约风险、利率风险、汇率风险、原材料价格风险等。金融市场为参与者提供不同的衍生品及合约工具,规避市场风险。这些工具包括远期、期货、期权、保险等。利用衍生品等各类工具进行风险对冲、风险管理的个人或机构称为对冲者（hedger）。

5. 在即期市场（Spot Market）中交换资产

在即期市场上,个人与企业可以购买他们认为更有价值或更便利有用的资产。

6. 基于信息进行交易

信息驱动交易者（information-motivated trader）通过收集、分析信息,或者利用模型做分析预测,寻找资产低估或高估的机会进行交易,期望获取更高的收益。

此外,要注意区分投资者（investor）和信息驱动交易者（information-motivated trader）。投资者的含义最广,凡是做投资的,都可以被称为投资者。投资者的动机和目的与信息驱动交易者的不同。投资者试图通过投资,将财富从现在转移到未来,获得正常水平的收益;而信息驱动交易者的动机和投资操作更具体,他们试图通过基于信息的分析获取额外的更高收益。

34.1.1.2 发现和决定市场均衡利率

储蓄、借贷和募集股权资本都是货币在时间上的转移,而金融学里面有一个基本的思想,即今天的钱和明天的钱不可以直接相加,度量货币的时间价值要用到利率这个工具。利率就像连接今天和明天的一座桥梁。

货币本身也像一种商品,利率是资金的"价格"。市场上既有需求方(融资方),也有供给方(投资方)。货币提供方放弃当前持有货币进行消费,会要求一定的回报率作为补偿。货币需求方要超前使用目前还未拥有的货币,需要付出一定的成本。类似经济学的供需均衡原理,金融系统将资金提供方和需求方撮合起来,当资金的需求与供给达到均衡,此时的利率即为均衡利率(equilibrium interest rate)。

34.1.1.3 实现资源的有效配置

资本是稀缺的资源,运转良好的金融系统能帮助投资者识别风险和收益,将资金用在最高效的项目上。投资者担心损失,会深思熟虑后再进行投资决策。对于风险更高的项目,投资时会要求更高的风险补偿。这一决策过程帮助市场识别、淘汰风险高、收益低的投资项目。

34.1.2 资产与市场分类

—考点要求—
描述(describe)资产与市场的分类(★)

34.1.2.1 资产分类

市场上交易最频繁的资产包括证券、货币、合约、大宗商品、实物资产。证券通常包括股票、债券及集合投资工具(pooled investment vehicles);货币是由各国货币管理当局发行的通货;合约是对于一系列资产在未来交易的约定,如期权、期货、远期、互换、保险合约等;大宗商品包括能源、贵金属、工业金属、农产品等;实物资产包括不动产、机器设备等。

本节主要讨论证券与合约的分类。

1. 证券分类

证券资产分类一般如表34.1所示。

表 34.1 证券资产分类

按照资产性质划分	股票	代表对公司的所有权
	债券	代表对公司的债权
	集合投资工具	间接投资形式:把投资者资金集中起来进行投资。份额代表该投资组合的一部分所有权
按照是否公开发行划分	公开证券	在公开市场注册、发行、交易的证券
	私有证券	所有非公开市场发行的证券

2. 合约分类

衍生品合约的价值由某一标的资产决定。根据标的资产类别,合约可分为实物合约和金融合约。其中,金融合约进一步细分为期权合约、股指合约、利率合约等。

34.1.2.2 金融市场分类

一般而言,金融市场可按如表 34.2 所示的四种方式分类。

表 34.2 金融市场分类

根据交割日期(Delivery date)	现货市场(Spot markets)	现货即时交付
	期货市场(Futures markets)	交付在未来发生
根据资金流向(Capital flow)	一级市场(Primary markets)	资金从投资者流向发行人
	二级市场(Secondary markets)	资金在投资者之间流动
根据资产期限(Maturity)	货币市场(Money markets)	期限(maturity)小于等于 1 年的投资品种市场
	资本市场(Capital markets)	期限大于 1 年的投资品种市场
根据资产种类(Underlying)	传统市场(Traditional markets)	股票、债券的多头寸投资市场
	另类市场(Alternative markets)	除传统投资外其他所有的资产、头寸投资市场

> **知识一点通**
>
> 货币市场和资本市场是以期限做区分的,而非到期日。例如,一个 5 年期国债,自发行日起已过去 4 年半,还剩半年到期,该国债也应归入资本市场,而非货币市场。

34.1.3 证券、货币、合约、大宗商品与实物资产

34.1.3.1 证券

考点要求
描述(describe)主要的证券、货币、合约、大宗商品,以及实物资产种类,包括它们的主要特征以及子分类(★★)

1. 固定收益证券(Fixed Income)

固定收益证券指按照约定期限还本付息的证券。

从业者一般根据期限长短,将这些证券划分为长期、中期、短期债券,但是并没有一个非常明确的划分。通常,我们将 1~2 年内到期的称为短期工具,超过 5~10 年到期的称为长期工具,到期时间在二者之间的称为中期工具。

期限 1 年以下的债券属于货币市场工具,包括存单(certificate of deposit)、商业票据(commercial paper)、回购协议(repurchase agreement)等。某些存单的期限可能会超过 1 年甚至更长。回购协议指借款方出售证券,并约定在未来某个时间以更高的价格买回,是借款人取得短期流动性的一种方式。部分回购协议期限可能会短至一夜(overnight repurchase)。

有些企业还会发行可转换债券(convertible bonds),该债券指可转债持有人有权以一定比例将债券转换成该公司股票。

2. 权益证券(Equity)

(1) 普通股(Common Share)。

普通股代表对公司的所有权,拥有公司经营决策的投票权,能够分享公司的经营成果(参与利润分配),公司破产清算时对公司资产有剩余求偿权(普通股股东的清偿顺序在债权人和优先股股东之后)。

(2) 优先股(Preferred Stock)。

优先股是指在普通股基础上有一定优先权利的股票,这些优先权利体现在利润分红及剩余财产分配等方面。优先股股东没有投票表决权,一般而言对公司的经营也没有参与权。优先股还有可参与型和可累积型,具体定义会在第37章详细讨论。

> **知识一点通**
>
> 优先股有两个"优先",两个"没有",分别是:优先派发股利、优先清偿;没有投票权、没有公司经营决策参与权。

(3) 权证(Warrant)。

发行方给予权证持有者一定权利,使权证持有者可以在未来某一特定日期或特定期间内以约定价格(exercise price)向权证发行方购买一定数量的证券,如普通股。

3. 集合投资工具(Pooled Investment Vehicles)

(1) 开放式(Open-ended)与封闭式(Close-ended)基金。

开放式基金可根据投资者的需求,随时向投资者出售或赎回基金份额。出售或赎回价格根据每份基金资产净值确定。

封闭式基金在一级市场上发行后,投资者不可再将基金份额售回发行方,但可以在二级市场上交易。交易价格往往低于每份基金资产净值。

交易型开放式指数基金(ETF),属于可以在二级市场交易的开放式基金。这种交易方式结合了开放式和封闭式基金的优点,其交易价格往往等于每份基金资产净值。

(2) 资产支持证券(Asset-backed Securities)。

这类证券的价值来源于资产池,例如抵押债券、信用卡负债、汽车贷款等。资产池产生的现金流用于向投资者支付本息。

(3) 对冲基金(Hedge Fund)。

对冲基金一般采用有限合伙制,监管和披露要求较低。基金一般有既定的投资策略,但并没有一个统一的策略来定义所有基金。此外,对冲基金的费用结构非常特殊,几乎所有这类基金投资者都需要支付管理费和激励费。

> **知识一点通**
>
> 对冲基金的范围非常宽泛,任何声称使用某一策略的基金都可以纳入对冲基金的范畴。

> **备考小贴士**
>
> 管理费和激励费的具体计算方法是CFA®一级考试重点,"另类投资"部分会另做讨论。

34.1.3.2 货币

货币是由各个国家或地区发行的通货。目前全球约有180种货币,其中有一些是世界储备货币,具有跨国支付和储值功能。最主要的储值货币为美元和欧元,其次有英镑、日元、瑞士法郎等。

34.1.3.3 合约

主要合约种类如表 34.3 所示。

表 34.3 主要合约种类

种类	主要特征
远期合约	双方约定在未来某一时间以确定价格买卖某种资产的合约
期货合约	由期货交易所发行的、标准化的远期合约
互换合约	双方约定在未来某一时间交换商品或现金流的合约
期权合约	给予购买者在未来某一时间买卖某种资产的权利
其他合约	信用违约互换、保险合约等

> **备考小贴士**
> 在"权益投资"部分,衍生品合约并非考查重点,相关内容将在"衍生品"部分考查。

34.1.3.4 大宗商品

大宗商品包括贵金属、能源、工业金属、农产品、碳排放量等。

大宗商品存在现货及期货市场。在现货市场交易的投资者一般是大宗商品的直接生产者或使用者,他们具有较强的交付及储存能力。信息驱动的大宗商品投资者更多选择在期货市场上交易,他们一般并不实际储存或生产商品,只是试图通过分析市场信息判断资产价格从而获利。

34.1.3.5 实物资产

实物资产包括房地产、机器设备、板材产品等。实物资产可以直接投资,也可以间接投资。

> **备考小贴士**
> 实物资产中学习掌握程度要求最高的是房地产,具体内容会在"另类投资"部分详细讨论。

—考点要求—
描述(describe)不同种类的金融中介(★)

34.2 金融中介

1. 经纪商(Broker)

经纪商接受客户委托,为客户寻找愿意与其交易的对手方,经纪商不直接与客户交易,更多是起撮合作用,与客户是委托关系,收取佣金作为报酬。

大宗经纪商(block broker)为客户执行大单交易。因为寻找大单对手方较为困难,大额买单一般会以溢价交易,大额卖单一般会以折价交易。大单会影响市场价格,因此,想要在稳定市场的前提下交易需要相当的技巧。

2. 投资银行（Investment Bank）

投资银行为机构和公司客户首次公开发行、增发及兼并收购提供建议与服务。

3. 交易所（Exchange）

交易所原本为经纪商和做市商提供交易场所。现今，交易所撮合交易双方的职能日渐突出，交易所与经纪商的界限日渐模糊。交易所区别于其他经纪商的明显特征在于，交易所需要承担一部分监管职能。

4. 另类交易系统（Alternative Trading System，ATS）

另类交易系统依据一定规则自动聚集并撮合投资者委托买卖证券指令。该系统属于场外交易场所。与传统交易所相比，其交易对象更广，交易流程更为便捷，交易规则特殊，不承担监管职能。

另类交易系统也被称为电子交易系统（electronic communications networks）或多边交易设施（multilateral trading facilities）。有些不显示行情数据和客户指令的另类交易系统被称为暗池（dark pool）。

5. 做市商（Dealer）

做市商通过双向报价，使用自有资金买卖证券，直接与客户交易，赚取买卖价差（bid-ask spread）。做市商为市场提供流动性，买卖双方无须等待撮合，直接由做市商出面担任对手方角色。

有些做市商也为客户提供经纪业务，这类从事交叉职能的金融市场中介被称为经纪交易商（broker-dealer）。

> **知识一点通**
>
> 做市商与经纪商的区别是重点。做市商会直接与客户交易，靠买卖价差盈利；而经纪商只起撮合作用，靠交易佣金盈利。在报价驱动制度下，做市商双向报价，投资者在此价格上和做市商交易。做市商能为市场提供流动性。

6. 证券化商（Securitizers）

证券化是指将购买资产放在一个特定池（pool）内，然后出售代表资金池份额的过程。在这个过程中，证券化商主要起打包出售的作用。最常见的资产证券化产品包括按揭贷款抵押债券（MBS）等。

有时，资产持有机构会将资产出售给特殊目的机构（special purpose vehicle，SPV；或special purpose entity，SPE）。SPV重新打包资产并以有价证券形式向市场发行。资产一经发行，便不再出现在持有机构的资产负债表上。

7. 储蓄机构（Depository Institutions）

储蓄机构的核心职能为吸收存款、发放贷款。这类机构包括银行、储蓄机构、信用合作社等。

8. 保险公司（Insurance Company）

保险公司与保单所有人（owner）签订保险合同。当被保方（insured）发生一定损失时，由保险公司向受益人（beneficiary）提供赔偿。保险合同将风险从保险方转移到保险公司。为了转移风险，保险公司会将其承担的部分保险业务转移给其他保险人，该过程称为再保险（reinsurance）。

9. 套利商（Arbitrageurs）

套利商通过发现相同资产在不同市场上的价差，在不同市场同时买卖相同资产获取无风险利润。套利商也为**市场提供流动性**，且有助于消除价格偏差，促进市场有效性。

10. 结算和托管服务（Settlement and Custodian Services）

清算所（clearinghouse）通过直接或间接方式为交易安排最终交割。同时，保障交易能在交易所内顺利进行。

托管人（custodian）负责托管客户的证券。托管服务通常由银行提供，保护客户的证券免受欺诈、疏忽或自然灾害而造成损失。托管服务也可由经纪交易商提供，且多以电子形式为主，以避免客户遗失。

34.3 头寸和报价单

―考点要求―
比较（compare）投资者的不同头寸（★★★）

34.3.1 比较投资者头寸

1. 头寸

头寸（position）是指持有或卖出某种资产的数量。持有多头头寸（long position），投资者可从资产价格的上涨中获利。反之，持有空头头寸（short position），投资者可从资产价格下跌中获利。

> **知识一点通**
>
> 衍生品合约的多、空头寸判断需特别注意。对于期货及远期合约，进入购买某种资产的合约一方为多头，卖出一方为空头。对于看涨期权合约（call option），买入看涨期权（long call）的一方为期权合约的多头头寸，对应的标的资产风险敞口也为多头；卖出看涨期权（short call）的一方为期权合约的空头头寸，对应的标的资产风险敞口也为空头。对于看跌期权合约（put option），买入看跌期权（long put）的一方为期权合约的多头头寸，但是对应的标的资产风险敞口为空头；卖出看跌期权（short put）的一方为期权合约的空头头寸，但是对应的标的资产风险敞口为多头。期权合约的头寸如表 34.4 所示。
>
> 表 34.4 期权头寸
>
> | 期权种类 | 合约头寸 | 标的资产风险敞口 |
> | --- | --- | --- |
> | 买入看涨期权 | 多头 | 多头 |
> | 卖出看涨期权 | 空头 | 空头 |
> | 买入看跌期权 | 多头 | 空头 |
> | 卖出看跌期权 | 空头 | 多头 |

2. 证券卖空/做空/融券

卖空者（short seller）通过借入证券并卖出实现空头头寸。卖空者从出借方（security lender）借入证券后，立刻在即期市场上卖出该证券，在未来某一约定时间从即期市场上买回该证券并归还出借方。如果证券价格在此期间下跌，则卖空者获利。

例如，卖空者借入 Gemini 公司（下称"G 公司"）股票，约定一个月之后归还。卖空者立即将借来的 G 公司股票以 30 元市场价格卖出。一个月后，如果 G 公司股价下跌为 25 元，则卖空者可以 25 元买回 G 公司股票并归还出借方。在此过程中，卖空者每股获利 5 元（不考虑手续费等费用）。

> **知识一点通**
>
> 空头头寸的潜在收益有限。如上例，G 公司股票在最极端的情况下跌至 0，这种情况下卖空者可实现的最大收益为 30 元。而空头头寸的潜在损失无限。若资产价格不降反升，则卖空者需以更高的成本买回证券。理论上来讲，股价的上涨并没有上限，如果 G 公司股价在 1 个月后涨至 1 万元甚至更高，卖空者的损失也将水涨船高。

如果该证券在借出期间支付分红或者利息，由于出借方把证券借给了卖空者，出借方并未获得该收入，因此卖空者需要把出借方本应获取的收入补偿给出借方。例如，若 Gemini 公司在 1 个月内每股支付 1.5 元红利，这笔收入应由卖空者支付给出借方。由于卖空方也未真正持有证券，这种安排称为**代替付款（payments-in-lieu）**。

在融券过程中，证券出借方需要承担一定风险，例如卖空方违约无法归还证券的风险，因此，出借方一般会要求卖空方提交出售借入证券获得的收入（proceeds）作为担保。下例中在即期市场出售获得的 G 公司每股 30 元收入即为卖空方需要提交给出借方的担保。这笔收入只做质押用，所有权归属卖空方，在质押期间，出借方会将这 30 元进行货币市场投资，收益以一定比例返还给卖空方。返还的投资利息称为**返利（rebate）**或**短期偿还利率（short rebate rate）**。返利与 30 元抵押收入的投资收益之间的差额即为证券出借方的回报。例如，投资 30 元的货币市场工具收益为 1.25%，返利给卖空者 1.05%，0.2% 差额即为出借方的回报。

> **知识一点通**
>
> 一般而言，返利定在银行间市场的隔夜拆借率的 10 个基点（bp）以下，收益率与返利之间的差额为出借方的回报，也是卖空方的成本。对于较难借到的资产，返利甚至可能是负的。图 34.1 可帮助考生更清楚地理解卖空过程。

T_0。 G 公司股价 30 元

T_1 G 公司股价 25 元

图 34.1　简化的卖空交易过程

> 备考小贴士
>
> 图 34.1 是简化版的卖空过程。在实务中,此过程里还有证券经纪商,但对于卖空头寸这一知识点,CFA®一级官方教材描述中没有涉及 broker,因此不要求考生掌握。"payments in lieu"与"rebate"这两个概念是这部分掌握的重难点,但是一般不会涉及计算,更多是概念辨析。

34.3.2 杠杆头寸

—考点要求—
计算(calculate)并解释(interpret)杠杆比率、杠杆头寸回报率,以及追加保证金价格(★★★)

杠杆头寸(leveraged position)指投资者借入资金(borrowed fund)购买资产的头寸。保证金交易/垫头交易/融资(buy on margin)属于杠杆头寸。其中,借入的资金也称为保证金贷款(margin loan)。借入资金所支付的利息称为借款利率(call money rate)。

> 知识一点通
>
> 杠杆头寸的借款利率通常高于短期国债利率。该利率是可协商的,大买家可获得比零售买家更优惠的利率。

一般杠杆头寸对投资者有自有资金(buyer's equity)比例要求。初始保证金要求(initial margin requirement)指首次交易中自有资金占比要求。

例如,投资者购买 1 000 元的 Golden Finance Inc.股票,50% 的初始保证金要求约定其中必须有 500 元是投资者自有资金,同时也代表两倍财务杠杆(financial leverage)。杠杆会使投资者的实际收益和损失比率放大两倍。例如,Golden Finance Inc.股价从 1 000 元上升 20% 至 1 200 元,资本利得是 20%,而投资者的自有资金由 500 元上升至 700 元,实际收益率是 40%。

> 备考小贴士
>
> 杠杆比率是简化后放大收益或损失的倍数。在实务中,投资者还需支付贷款利息及交易成本,投资资产也可能支付红利。计算杠杆头寸的综合收益时这几笔资金的考量,是考试重点。

例题 34.1

投资者用 50% 的初始保证金购买 Golden Finance Inc.股票 100 股,计划持有 1 年,贷款利率为 4%。期初,Golden Finance Inc. 每股 1 000 元。期间,Golden Finance Inc. 派息每股 2 元。1 年后,投资者以每股 1 080 元卖出 Golden Finance 股票。买卖 Golden Finance 股票的交易成本均为每股 0.25 元。求 1 年间,投资者的投资收益率。

名师解析

购买股票的成本 = 1 000 × 100 = 100 000(元)
自有资金 = 100 000 × 50% = 50 000(元)
借入资金 = 100 000 − 50 000 = 50 000(元)
利息费用 = 50 000 × 4% = 2 000(元)
期间股息收益 = 2 × 100 = 200(元)

卖出股票的收入 = 1 080 × 100 = 108 000(元)
买入时的交易成本 = 0.25 × 100 = 25(元)
卖出时的交易成本 = 0.25 × 100 = 25(元)
净收益 = −100 000 − 2 000 − 200 + 108 000 − 25 − 25 = 6 150(元)
期初总投资(包括购买的交易成本) = 50 000 + 25 = 50 025(元)
投资收益率 = 6 150/50 025 ≈ 12.29%

---备考小贴士---

此题的易错点在于：买卖均需支付交易佣金(交易成本)，买入证券时的交易佣金作为初始投资的一部分计入，在计算收益时买卖的交易佣金均需扣减。若题目没有明确指示，贷款利息在卖出时计算一次即可。

基于上述，如果 Golden Finance Inc. 股价下跌 20% 至 800 元，投资者自有资金由 500 元下跌到 300 元，跌幅 40%。假设 Golden Finance Inc. 股价进一步下跌至 400 元，投资者不但赔光了本金，而且亏掉一部分借入资金，资金出借方将面临投资者无法偿还本金的风险。为了避免该情形，资金出借方会规定一个最低自有资金占比，即维持保证金要求 (maintenance margin requirement)。

当自有资金比例低于维持保证金时，投资者会接到券商的追加保证金通知 (margin call)，要求投资者将自有资金补齐至维持保证金水平。

---备考小贴士---

与期货中规定的维持保证金不同，杠杆头寸是自有资金担保，因此追加保证金仅需补齐至维持保证金水平即可。

例题 34.2

投资者用 60% 的初始保证金购买 Golden Tech 公司股票，价格为每股 50 元，维持保证金要求为 25%，当 Golden Tech 公司股价跌至什么水平时投资者会接到追加保证金通知？

名师解析

该题可以简单用设未知数 P 的思想解答。假设 Golden Tech 公司股价跌至 P 时，会接到追加保证金通知。Golden Tech 公司初始价格为 50 元，60% 的初始保证金意味着其中 30 元为自有资金，20 元为借入资金。当 Golden Tech 公司股价为 P 时，自有资金为 $P-20$，当 $(P-20) \div P = 25\%$ 时，自有资金占总投资额的比例刚好为 25%，低于该水平则投资者需追加保证金，求解一元一次方程得到 $P = 26.67$ 元。

例题 34.2 这种考法很常见，考生需重点掌握。除了按照上例设未知数方法求解追加保证金价格 (margin call price)，还可使用公式 $P_c = P_0 \times \dfrac{1-\text{Initial margin}}{1-\text{Maintenance margin}}$ 求解。

34.3.3　执行、时效、结算指令及市价指令、限价指令对比

买家与卖家通过报价单与经纪商、交易所及做市商联系，报价单明确了交易的资产、

数量、价格及头寸。报价单会有额外的附加指令,更详细地规定了购买价格、成交时间及交割方式等。

通常在市场上,交易者愿意购入某种资产的出价称为买入价(bid price),交易者愿意卖出某种资产的出价称为卖出价(ask price/offer price)。如果卖家报更低卖价或买家报更高买价,则该出价更激进(aggressive)。整个市场上出价最低的卖价为最佳卖价(best ask),出价最高的买价为最佳买价(best bid)。最佳买价与最佳卖价之间的差值为市场价差(market bid-ask spread)。

报价单附加的指令主要有三类:执行指令、时效指令、结算指令。

34.3.3.1　执行指令(Execution Instruction)

执行指令规定交易执行的方式。最常见的执行指令为市价和限价指令。

1. 市价指令(Market Order)

交易者要求经纪商或交易所以当前市场最佳价格成交订单,如果当前市场上存在交易对手方,则交易可以立刻成交。

市价指令最大的优点是成交迅速。然而,市价指令可能会提高交易成本,尤其对于部分成交量较小的证券,或是当订单规模远大于日常交易量时。例如,一个大额买单下单后,会给市场造成上行压力,买入过程中,成本价格可能会越来越高。

2. 限价指令(Limit Order)

限价指令在市价指令的基础上增加了一个天花板或地板价格。买入限价(limit buy)指令规定了愿意接受的买入最高价,卖出限价(limit sell)指令规定了卖出的最低价。

> **知识一点通**
>
> 限价指令规定的价格并不是限制交易必须执行的价格。例如,"limit buy 25"指令表示"请立即以当前市场最优价格买入股票,但买入价格不可高于25元"。

限价指令可从一定程度上控制成本,但限价单可能无法成交或只有一部分能成交,如果当前资产市价已达到30元,一个25元的买入限价指令可能根本无法成交。投资者也可以选择规定一个高于最佳卖价的买入限价,这样一般至少有部分订单可以以最佳卖价成交,这种报价单称为可交易限价单(marketable limit orders)。

—考点要求—
比较(compare)
市价与限价指令(★★★)

> **知识一点通**
>
> 市价指令和限价指令的区别及优缺点是本部分需掌握的重点。表34.5对这两个概念进行了总结区分。

表34.5　市价指令与限价指令

	市价指令	限价指令
优点	交易迅速	一定程度上成本可控
缺点	流动性较差的证券,成交价格可能较高 交易量较大的订单,成交价格可能较高	一部分或全部交易单可能无法成交

基于限价单的特征，市场上并非所有限价单都能立即成交。这些等待成交的限价买单和卖单（standing limit order）共同构成了交易所的盘口数据，也被称为订单簿（order book），如图34.2所示。当新订单进入市场时，会根据其价格与当前盘口的相对关系形成不同的限价指令状态，主要有以下5种状态：

（1）吃单（take the market）：当限价买单出价在最佳卖价，或限价卖单出价在最佳买价时。例如，结合图34.2，当买单出价26元，或卖单出价24元时，新订单至少能部分立即成交。

（2）挂最优单（make the market）：当限价买单报价在最佳买价，或限价卖单报价在最佳卖价时。例如，当买单报价24元，或卖单报价26元时，新订单虽不能成交，但最佳买价/卖价订单数量变多。

（3）创设新单（make a new market）：当限价买单或限价卖单报价在最佳买价和最佳卖价之间时。例如，当买单报价24.6元，或卖单报价25.7元时，新订单创设了新的最佳买价/卖价。

（4）落后市场价格（behind the market）：当买单报价低于最佳买价，或卖单报价高于最佳卖价时。例如，当买单报价22元，或卖单报价29元时，新订单有很大概率在一段时间内难以成交。

（5）远离市场价格（far from the market）：当买单报价远远低于最佳买价，或卖单报价远远高于最佳卖价时。例如，当买单报价15元，或卖单报价35元时，该订单往往意图通过极端报价试探市场反应。

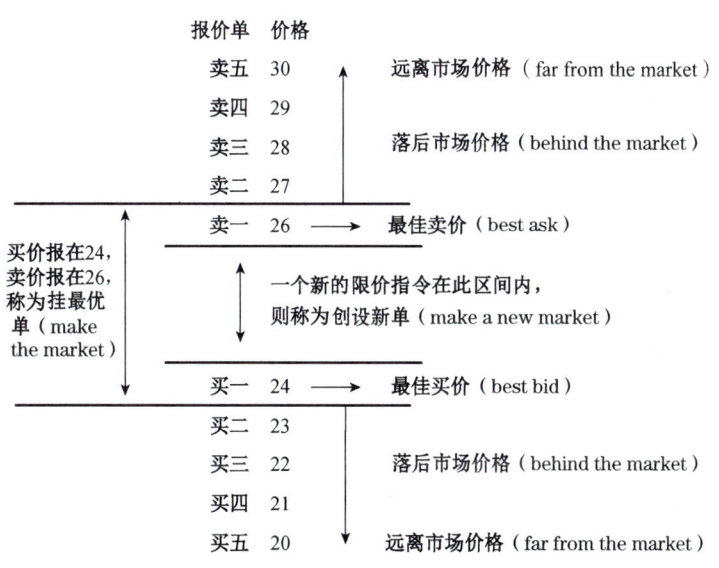

图34.2 等待成交的买单和卖单

备考小贴士

限价指令是CFA®一级"权益投资"部分考试的重难点，考生一定要注意区分五种指令状态，掌握如何通过订单簿数据和新订单报价来判断新订单的交易状态。

3. 其他指令

此外，还有一些执行指令特别添加了关于成交量的条款。

（1）全部成交或取消订单（All-or-Nothing Orders）。

全部成交或取消订单指只有在整个订单都能完全交易时才成交，否则交易取消。

> **知识一点通**
> 当交易佣金取决于成交单数而非成交额大小时，全部成交或取消订单使用较多。

（1）隐藏指令（Hidden Order）。

隐藏订单只将订单大小完全披露给经纪商或交易所，市场上其他交易者无法知晓该订单有关信息。

> **知识一点通**
> 交易员担心其他投资者知道当前有一个大单后，会策略性地针对这一信息进行交易，因此会使用隐藏指令。其他交易者下的订单如果能满足隐藏指令的成交量，才会发现该订单。

（2）冰山指令（Iceberg Order）。

冰山指令也是隐藏指令的一种。交易员会选择不向市场公布全部交易数量，而是设置一个显示数量（display size）。设置显示数量目的是让市场参与者知晓市场上有人愿意以此价位成交，感兴趣的交易者在拍下显示数量后，剩余的订单会组成小于或等于显示数量的新显示数量订单，供继续交易。

34.3.3.2 时效指令（Validity Instruction）

1. 止损指令（Stop Order）

止损指令是时效指令中最重要的一类，规定只有当规定的止损价格被触发时，指令才能生效。

对于买单，只有当股价大于或等于止损买入指令（stop buy order）规定的价格时，订单才开始成交。对于卖单，只有当股价小于或等于止损卖出指令（stop sell order）规定的价格时，订单才开始成交。

> **知识一点通**
> "stop 25, buy"指令的含义是"只有当股价高于或等于25时，才开始买入"。止损指令规定订单触发的价格，因此止损买入价格定于当前市场价格之下是没有意义的。相当于市价指令，立即成交。而"stop 25, sell"指令的含义是"只有当股价低于或等于25时，才开始卖出"。因此止损卖出价格定于当前市场价格之上是没有意义的。

> **备考小贴士**
> 很多考生误认为止损单里stop是规定从某一价格停止交易，其实记忆这种指令的别名stop-loss orders，会更容易理解；即当市场价格走向更不利情况时，及时出手止损。

止损指令订单可以用于头寸的损失控制。例如,空头头寸交易者借入股票并以 30 元市价卖出,一个月以后需归还股票。在此期间如果股价上涨则会蒙受损失。如果卖空者认为可以忍受的损失在 5 元范围内,则他可以利用"stop 35, buy"的指令止损。当股价涨至 35 元时,就开始买入日后需归还的股票,一定程度上损失可控。

> **知识一点通**
>
> 空头止损用 stop buy,多头止损用 stop sell。虽然上例中提出空头可以用"stop 35, buy"指令止损,但该指令并不能把损失完全控制在 5 元。如果市场价格上升非常迅速,订单可能刚刚触发,价格就飙升超过了 35 元。

为了解决该问题,我们可以将限价指令与止损指令组合使用:一个"stop 35, limit 35 buy"的指令,代表当股价上涨到 35 元时,开始买入股票,但买入价格不得高于 35 元。这从一定程度上控制了损失大小。然而该组合订单仍不可能精确地将损失控制在 5 元。当市场价格波动剧烈,一部分订单可能根本无法成交。若空头想精确地将买入价格控制在 35 元,则他可以买入一个行权价格(strike price)为 35 元的看涨期权(call option)。当然,期权价格较贵,实际操作中成本太高。

时效指令明确订单生效的时间。常见时效指令有以下几种。

2. 当日有效指令(Day Order)

该指令发布后在当日内都有效。

3. 一直有效指令(Good-till-Cancelled Order)

该指令只要不取消,一直有效。

4. 即时或取消指令(Immediate or Cancelled / Fill-or-Kill Order)

该指令只要无法立即成交,就会被取消。

5. 收盘有效指令(Good-on-Close / Market-on-Close Order)及开盘有效指令(Good-on-Open Order)

这类指令只能在收盘或者开盘阶段成交,并且通常会使用收盘或开盘价作为订单价格。

> **知识一点通**
>
> 共同基金特别青睐收盘有效指令,因为此类基金的估值一般就以收盘价格为准。

34.3.3.3 结算指令(Clearing Instruction)

结算指令规定订单的交割方式。

> **备考小贴士**
>
> 结算指令只指导交易完成,考试当中不做特别考查。

34.4 一级市场和二级市场

—考点要求—
定义(define)一级市场与二级市场(★★)

34.4.1 一级市场

按照资金的流向，市场可划分为一级市场（primary market）和二级市场（secondary market）。

在一级市场上，发行方直接向投资者出售证券，包括首次公开发行（initial public offering，简称 IPO）和增发（seasoned offering/secondary offering）。在二级市场上，资金直接在投资者之间流动。

34.4.1.1 公开发行（Public Offering）

如果发行方需要向公众募集资金，一般投资银行（investment bank）会在这个过程中扮演重要角色。投行帮助公司联系证券的意向认购者，这一过程称为询价（book building）。投行向客户及公众提供关于发行方的投资信息及估值意见。发行方需要针对本公司经营情况及风险做出完整的细节披露。

在时间紧迫时，欧洲发行人可能会通过加速询价（accelerated book build）方式发行证券。此时，投行需要在一到两天内安排发行，一般为折价销售。

投行承销的方式有两种，包销（underwritten offering）和代销（best effort offering）。

包销是更常见的一种承销方式，投资银行保证将发行的股票以发行价卖出，并且投行需以发行价格买下在发行过程中没有卖出去的股票，因此承担所有发行风险。此外，如果公开发行规模较大，可能会由几家投资银行组成承销团队，由其中一家牵头投行承担主承销商（lead underwriter）的角色。

采取代销方式，投资银行只承诺做出最大努力，而不承担发行风险。这时投行的角色更像是经纪商，帮助发行方寻找买家，按照实际募集资金的百分比收取佣金。

不论哪种承销方式，投行都需要为发行确定一个合理价格。如果价格过高，有可能会因认购不足（undersubscribe）发行失败；如果价格过低，有可能会超额申购（oversubscribe）。

> **备考小贴士**
>
> 联系 CFA®"伦理与职业道德"内容，其中准则"Standard Ⅲ（B）Fair Dealing"规定，当证券超额认购时，应当将证券分配制度披露给客户，并且按照认购比例（pro-rata basis）分配。

34.4.1.2 私下配售及其他发行方式

1. 私下配售（Private Placement）

私下配售是指发行方向小规模特定合格投资者（qualified investors）出售证券。一般这些特定合格投资者具有一定资质来识别和承担交易风险。私下配售的披露要求比公开发行低很多,因此发行成本较低,但投资者的要求回报率会更高,以补偿其较低的流动性。

2. 暂搁注册(Shelf Registration)

暂搁注册是指发行公司做好所有的公开披露与注册后,可以选择不马上发行,而是在接下来规定的时间内(一般是两年),自主选择发行时机和发行量。暂搁注册给予发行公司更多灵活性,还可以缓解大规模增发价格下行的压力。

3. 股息再投资计划(Dividend Reinvestment Plan,DRP)

股息再投资计划是指当前公司股东可以以所获股利购买上市公司新发行股票的计划。一般而言,DRP 也附带股东折价购买新股票的权利。

4. 配股(Rights Offering)

配股是指当前股东可按持股比例以某一固定价格购买公司股票。一般该固定价格低于当前市场价格。

> **知识一点通**
>
> 配股非常类似认股权证(warrant)。如果股东选择行使权利,就需要追加额外资本。如果不行权或不将行权资格转让给他人,股东会因股权稀释而蒙受损失。即股东需要追加额外资本才能行使配股权利以抵减股权稀释的损失,因此部分股东并不喜欢配股。

34.4.2 二级市场(Secondary Market)

二级市场可以为一级市场提供流动性。在流动性强的市场中,投资者的交易成本更低,如果投资者可以在二级市场顺利买卖证券,那他们就愿意在一级市场支付更高的定价。

二级市场可根据交易时段和交易方式两大维度进行划分。

—— 考点要求 ——
解释(explain)二级市场如何支持一级市场(★)

34.4.2.1 按交易时段(Trading Session)分类

1. 集合竞价市场(Call Market)

集合竞价市场只在特定的时间和地点交易。买家和卖家在一定时间内持续出价,所有的买单和卖单组合成市场上的供需表,最终确定的价格是满足市场交易量最大的价格。集合竞价市场的成交价只有一个,一般而言,该价格就是当日股市的开盘价格或收盘价格。

> **知识一点通**
>
> 在中国 A 股市场,9:15~9:25am 是开盘集合竞价时段,2:57~3:00 pm 是收盘集合竞价时段。

2. 连续交易市场(Continuous Trading Market)

连续市场上,交易不断进行,买卖双方不断下单委托券商买入和卖出,只要彼此条件吻合,就能以一定规则撮合成交,成交价格根据供需变化不断波动。

表 34.6 总结区分了集合竞价市场和连续交易市场。

表 34.6　集合竞价与连续交易市场

二级市场	优点	缺点
集合竞价市场	买家或卖家更容易找到合适的交易对手	交易者只能在竞价结束时交易
连续市场	有意向的买家和卖家可以在市场开放的任意时间交易	如果买家和卖家不在同一时段出现，则无法交易

34.4.2.2　按交易方式（Execution Mechanism）分类

—考点要求—
描述（describe）证券如何在报价驱动、指令驱动、经纪人市场交易（★★★）

按照交易方式分类，二级市场可细分为报价驱动市场、指令驱动市场、经纪人市场。

1. 报价驱动市场（Quote/Price-Driven Market）

报价驱动市场也称为做市商市场（dealer market）。该市场由做市商提供双向报价，交易者与做市商直接交易。由于交易通常在做市商的柜台成交，而非交易所，因此这类市场有时也被称为场外市场或柜台交易市场（OTC market）。

> **知识一点通**
>
> 债券与外汇市场都是典型的做市商市场。任何一个外汇 money exchanger 都有两个报价。例如，6.98～7.04 RMB/USD。6.98 代表 dealer 买入美元的价格，7.04 代表 dealer 卖出美元的价格。要用 1 万元人民币兑换美元，意味着应当从 dealer 那里买入美元卖出人民币（dealer 买入人民币卖出美元），用 10 000 RMB/7.04≈1 420 USD 得到可兑换的美元数量。如果立即又要将 1 420 USD 兑换回人民币，应当用 dealer 买入美元的价格 6.98×1 420 USD≈9 915 RMB。中间减少的 85 元人民币，就是 dealer 赚得的买卖价差。

2. 指令驱动市场（Order-Driven Market）

指令（或称"订单"）驱动市场根据一定规则撮合买单和卖单，几乎所有的交易所和自动交易系统都是指令驱动系统。

买单与卖单的撮合依赖于两套规划：订单（或称"指令"）匹配原则（order matching rule）和交易定价原则（trading pricing rule）。

（1）订单匹配原则。

买单和卖单依据该原则来排序匹配。排序的优先级别依次是价格、显示（display）、时间。价格有最高优先级，报价最高的买单和报价最低的卖单优先成交。对于价格相同的订单，完全显示的订单比隐藏订单优先交易。价格和显示都相同的订单，更早进入系统的订单优先交易。

例题 34.3

当前一个订单驱动市场上有以下买单(见下表),请问哪个订单优先成交?

订单撮合原则

Order	Bid Price	Time	Display
Gemini	14.16	10:25 am	—
Taurus	14.16	10:20 am	Hidden
Libra	14.16	10:27 am	—
Leo	14.15	10:19 am	—

名师解析

Gemini 会优先成交。首先,报价更高的买单优先成交,因此报价最低的 Leo 先排除。其次,对于报价相同的 Gemini、Taurus 和 Libra,遵循显示原则。完全显示的订单会比隐藏订单优先成交,所以 Taurus 也排除。最后,Gemini 和 Libra 之间,遵循时间优先原则,Gemini 最先成交。

(2) 交易定价原则。

订单撮合后,系统通过交易定价原则确定最终订单的成交价格。

常见的三种交易定价原则分别是:单一定价原则(uniform pricing rule)、歧视定价原则(discriminatory pricing rule)、衍生定价原则(derivative pricing rule)。

单一定价原则在集合竞价市场中使用,以成交量最大的价格定价;歧视定价原则一般在连续竞价市场中使用,规定先进入市场的交易单(挂单)价格是资产的交易价格。衍生定价原则是指订单以另一个市场的价格交易。

3. 经纪人市场(Brokered Market)

经纪人市场中,经纪人作为中间商撮合买家和卖家。典型的经纪人市场包括房地产、艺术品、大宗股权交易等。

34.4.3 运转良好的市场

一个运转良好的市场具备如下特征。

(1) 完整市场(complete market):市场运转完整有效,金融工具种类丰富,能帮助市场参与者实现目标。

(2) 运转有效市场(operationally efficient market):市场流动性较强,交易佣金、买卖价差较低。

(3) 信息有效市场(informationally efficient market):企业和政府披露要求较高,市场参与者能够准确估计资产内在价值。

(4) 分配有效市场(allocationally efficient market):市场价格能准确而理性地反映资产价值,从而保证资源用在最有效的项目上。

34.4.4 市场监管

市场监管有利于避免欺诈行为,促进市场的有效竞争,确保企业长期偿付能力,保护投资者权利。

练一练

34-1 Which of the following characteristics least likely belongs to market dealers?

A. They tend to buy low and sell high.

B. They provide services by charging commissions.

C. They are liquidity providers.

34-2 Regarding the main functions of the financial system, which of the following is least accurate?

A. Achieving purposes in using financial system.

B. Determining equilibrium rates of return.

C. Preventing insider trading.

34-3 Adam is considering selling a call option on 2 000 shares of the Tencent along with buying a put option on 2 000 Tencent's shares at the same time. If those two options have the same expiration date and exercise price, Adam's risk exposure to the Tencent's stock is:

A. neutral.

B. long.

C. short.

34-4 Smith holds a long position in stock A. He does not intend to sell the stock immediately but is worried about the decrease in stock price. Which of the following order is suitable for this situation?

A. Fill-or-kill order.

B. Stop sell order.

C. Limit sell order.

34-5 Which of the order precedence hierarchy is most accurate in an order-driven market?

A. Price priority, display precedence and time precedence.

B. Time priority, price priority and display precedence.

C. Price priority, time precedence and display precedence.

扫码查看
答案及解析

第35章 证券市场指数

知识引导

如果说证券市场是国民经济的晴雨表,证券市场指数就是该晴雨表的刻度标记。证券市场指数可以用来衡量整个市场的价格水平及变化、评估投资经理的业绩、反映投资者的信心。本章探讨指数的构建过程和方法,以及指数的再平衡与重建。此外,本章还介绍了不同证券市场指数的特征。

考点聚焦

本章中,价格加权、等权重加权、市值加权三种指数加权的计算是定量考查的重点。定性考查重点在于每种加权方法的特征、优缺点及适用场景。

本章框架图

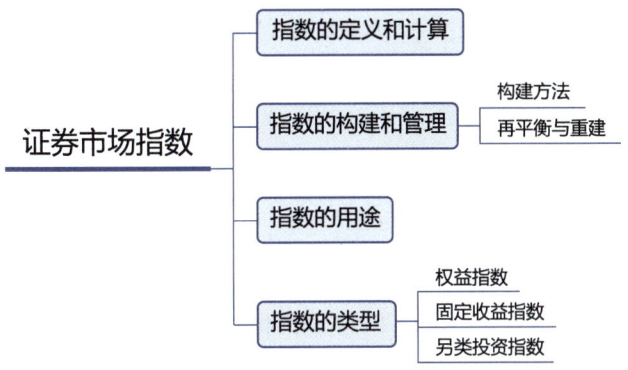

35.1 指数的定义和计算

35.1.1 证券市场指数

考点要求
描述（describe）证券市场指数（★）

证券市场指数可以反映某一个证券市场、板块或资产种类的价格水平及变动。指数本质上可认为是一个投资组合，构成指数的证券称为成分证券（constituent securities）。指数提供者定期更新指数，计算指数回报。

35.1.2 指数的值和收益率

指数总体有两种：价格回报（price return，PR）与总回报（total return，TR）指数。价格回报指数仅仅反映指数中成分股的价格变化，总回报指数不仅包括成分股价格变化，还包括所有收入（如红利、票息等）的再投资收益。

研究指数之前，首先需要了解收益的计算。

> **备考小贴士**
> 收益率的计算在其他章节知识点中也出现过，这里做一个总结展示，已熟知此知识点的考生可略过。

1. 单期收益（Single-Period Return）的计算

单期总收益与价格收益的计算见表 35.1。

表 35.1 单期总收益与价格收益

	价格收益	总收益
单只证券收益	$PR = \dfrac{P_1 - P_0}{P_0}$	$TR = \dfrac{P_1 - P_0 + Inc}{P_0}$
指数收益	$PR = W_1 PR_1 + W_2 PR_2 + \cdots + W_N PR_N$	$TR = W_1 TR_1 + W_2 TR_2 + \cdots + W_N TR_N$

其中，W_i 代表单只股票权重；Inc 代表单只证券持有期的总收入。

2. 多期收益（Multi-Time Periods Return）的计算

将单期收益按照时间链接（chain link）在一起，组成多期收益。

> **知识一点通**
> 这里的多期收益时间链接，和"数量分析方法"部分持有期收益通过时间链接是一样的。

35.2 指数的构建和管理

35.2.1 构建方法

考点要求
描述（describe）指数的构建过程（★）

指数构建首先要明确指数反映的目标市场、板块或资产种类，其次选择能反映目标的代表性成分股,最后确定成分股在指数中的权重。

确定权重的方法有很多,其中使用最多的方法是价格加权、等权重加权及市值加权。此外,我们还会研究基本面加权法。

35.2.1.1 价格加权(Price Weighting)

价格加权是最简单的加权方法之一,每只成分股的权重是其价格占所有成分股价格之和的比重,每股权重为:

$$w_i^p = \frac{P_i}{\sum_{i=1}^{N} P_i} \tag{35.1}$$

其中,w_i^p 代表单只股票权重;P_i 代表单只证券价格。

价格加权便于计算。日经225及道琼斯工业指数就是采取该方法进行加权的。

表35.2详细展示了价格加权法。

> ——考点要求——
> 计算(calculate)和分析(analyze)不同加权方法的指数价格与回报(★★★)

表35.2 价格加权法示例

股票	1月价格	1月权重	每股股利	2月价格	2月权重	价格回报	总回报
A	22	21.15%	0.5	25	23.37%	13.64%	15.91%
B	13	12.5%	0.6	12	11.22%	−7.69%	−3.08%
C	15	14.42%	0.85	15	14.02%	0%	5.67%
D	18	17.31%	0.12	16	14.95%	−11.11%	−10.44%
E	36	34.62%	0.6	39	36.45%	8.33%	10%
总计	104	100%	2.67	107	100%	2.88%	5.45%
指数值	20.8	除数:5	—	21.4	—	—	—

表35.2中,该指数中有A、B、C、D、E五只股票,以价格为权重。一月整个市场的价格水平之和为104。调整价格水平之和所用的数称为除数(divisor)。对于价格加权指数,除数的选取与成分股数量相同;对于其他加权方法,除数可以随意选择。在此例中,由于有5只成分股,因此除数选择5。一月原始价格水平之和为104,除以除数5,调整后的指数值为20.8。一个月后,整个指数的原始价格水平上升至107,调整除数后,指数值为21.4。指数的价格回报约为2.88% $\left(\frac{21.4-20.8}{20.8} \text{ 或 } \sum W_{iJan} \times PR_i\right)$。总回报约为5.45% $\left(\frac{21.4-20.8+2.67/5}{20.8}\right)$。

> **知识一点通**
> 简单来说,价格加权的构建原则就是"每只股票买相同股数"。计算指数值或指数回报时,仅需追踪每支股票价格变化。

价格加权法最大缺点在于,价高股所占的比重更大,因此对整个指数表现的影响更大。例如,上表中权重最大的E股与权重最小的B股价格同时上涨1%,E股对于指数总价格回报的加成是0.35%,而B股只有0.13%。

既然价格构成股票权重,这种加权法一般不需要再平衡。不过,拆股(stock split)会对指数产生较大影响,如果上例中 E 股票一股拆两股(2-for-1 split),每股价格从 36 元调整到 18 元,则新的指数原始值为 86,调整除数 5 后指数值等于 17.2。但是拆股前后 E 公司的股东财富并不变,指数值不应从 20.8 下跌至 17.2。因此,我们需要调整除数,使指数的值不变,新的除数等于 $4.13\left(\dfrac{86}{20.8}\right)$。

> **知识一点通**
>
> 价格加权概括为三点:①构建方法:每只股票买相同股数。②优点:简单。③缺点:受价高股影响大,受拆股影响。

35.2.1.2 等权重加权(Equal Weighting)

等权重加权中,每只成分股的权重相等。

$$w_i^e = \frac{1}{N} \tag{35.2}$$

其中,N 代表指数中的成分股数量。表 35.3 详细展示了等权重加权法。

表 35.3 等权重加权法示例

股票	指数股数	1月价格	股数×价格	1月权重	每股股利	2月价格	价格回报	总回报
A	45.45	22	1 000	20%	0.5	25	13.64%	15.91%
B	76.92	13	1 000	20%	0.6	12	−7.69%	−3.08%
C	66.67	15	1 000	20%	0.85	15	0	5.67%
D	55.56	18	1 000	20%	0.12	16	−11.11%	−10.44%
E	27.78	36	1 000	20%	0.6	39	8.33%	10%
指数原始值	—	—	5 000	20%	—	—	0.63%	3.61%
指数值	—	—	100	100	—	—	100.63	103.61

表 35.3 中第二列数据表示,等权重加权下指数中的股票数量。这时五只股票的权重均为 20%,类似用相同金额购买每只股票。此时,每只成分股收益对指数收益的贡献均为 20%。因此,指数回报等于每只股票回报之和除以 5,即所有成分股回报的算术平均。

虽然等权重加权法也较简单,但其缺陷也非常明显,具体缺陷有以下两点。

(1) 保持每只成分股权重相等并不容易。一旦指数中任何一只股票价格发生变化,其权重就不可能再保持 20%。表 35.4 展示了 2 月价格变化以后的五只股票权重。

表 35.4 价格变化对等权重加权法的影响

股票	股数	2月价格	股数×价格	权重
A	45.45	25	1 136.25	22.58%
B	76.92	12	923.04	18.34%
C	66.67	15	1 000.05	19.87%
D	55.56	16	888.96	17.67%

续表

股票	股数	2月价格	股数×价格	权重
E	27.78	39	1 083.42	21.53%
总计	—	—	5 031.72	

想要维持等权重，指数制定者**需要经常调整权重**，这会带来较高成本。

（2）不论股价、市值高低，每支成分股权重相等，这会导致真实市场中占比大的股票被低估，占比小的股票被高估。由于小盘股的股价波动更大，因此等权重指数存在明显的**小盘股偏差**，该类指数能更好地反映小盘股价格变动情况。

> **知识一点通**
>
> 等权重加权法总结为三点：①用相同金额买每只股票。②优点：简单。③缺点：小盘股对指数影响更大，需要经常再平衡。等权重加权指数回报的计算比较简单，只需要算出每只成分股的回报，再求出回报的算术平均值，即为指数回报。

35.2.1.3 市值加权（Market-Capitalization Weighting）

市值加权又称为**价值加权**（value weighting）。每只成分股的权重由其**市值所占总市值比重决定**。每股权重为：

$$w_i^m = \frac{P_i Q_i}{\sum_{i=1}^{N} P_i Q_i} \tag{35.3}$$

其中，w_i^m 代表单只股票权重；P_i 代表单只股票价格；Q_i 代表股票发行数量。表 35.5 展示了市值加权法。

表 35.5 市值加权法示例

股票	发行股数	1月价格	股数×价格	权重	2月价格	股数×价格	价格回报
A	100	22	2 200	10.53%	25	2 500	13.64%
B	400	13	5 200	24.88%	12	4 800	−7.69%
C	300	15	4 500	21.53%	15	4 500	0
D	200	18	3 600	17.22%	16	3 200	−11.11%
E	150	36	5 400	25.84%	39	5 850	8.33%
总计	—	—	20 900	100%	—	20850	−0.24%
指数值	—	—	100	100	—	9 9.76	—

在市值加权下的 A 股票权重＝(22×100)÷20 900×100%＝10.53%。A 股票的价格回报为 13.64%，按照权重加成后的回报＝13.64%×10.53%＝1.44%。指数回报＝(20 850÷20 900)×100%−1＝−0.24%。令初始指数值为100，除数为209，新的指数值＝20 850÷209＝99.76 或 100×(1−0.24%)＝99.76。

市值加权是使用最广泛的加权方法，其最大优点在于**股票权重与其在市场中的真实权重一致**；缺点在于**上涨速度快的股票在指数中权重会升高**，而下跌速度快的股票在指数中权重会降低。换言之，市值加权法会使被高估的股票权重更高，被低估的股票权重更低。这种加权方法对指数价格水平的影响类似于市场中的**动量效应（momentum effect）**。

市值加权下我们继续讨论两类方法：流通市值加权（float-adjusted market capitalization weighting）和自由流通市值加权（free-float-adjusted market capitalization weighting）。

计算市值时使用股票发行数量乘以价格，这里的股票数量值得另外考虑。公司发行在外股份数（shares outstanding）不一定等于每个市场参与者能够交易的股票数量。公司控股股东一般不会轻易卖出手上的股票。例如，在计算中石油的流通市值时，应扣除国有持股及其他非流通部分。一个公司的流通市值是普通投资者能够从公开市场中购买到的股票市值。

因此，**流通市值加权**指在市值加权的基础上，将发行在外股份数调整成**流通的股票数量（market float）**，则每只成分股的权重为：

$$w_i^m = \frac{f_i P_i Q_i}{\sum_{i=1}^{N} f_i P_i Q_i} \tag{35.4}$$

其中，w_i^m 代表单只股票权重；P_i 代表单只股票价格；Q_i 代表股票发行数量；f_i 代表流通的股票占发行在外股份数的比例。

自由流通市值加权是指在流通市值加权基础上进一步调整流通市值，剔除不允许国外投资者交易的股票。

表 35.6 归纳总结了以上阐述的三种加权方法。

—考点要求—
比较（compare）不同加权方法
（★★★）

表 35.6　三种加权方法对比

项目	价格加权法	等权重加权	市值加权
构建方法	每只成分股买相同股数	用相同金额买每只成分股	成分股买入数量等于发行数量
优点	简单	简单	股票权重与其在市场中的真实权重一致
缺点	受高价股影响大；受拆股影响	市值低的股票权重过高；需要经常调整	股价越上涨权重越大，股价越下跌权重越小

> 备考小贴士
> 这部分最常见的定量考核方法为指数回报计算，考生需看清题目要求计算的是价格回报还是总回报。最常见的定性考核方法为每种加权方法的优缺点。

35.2.1.4　基本面加权（Fundamental Weighting）

基本面加权使用基本面因素进行加权，如公司的账面价值、现金流、红利、甚至是公司员工数量等因素。该方法摆脱市场价格的影响，避免了被高估公司会对指数产生更大影响这一缺陷。

基本面加权有两个重要属性，分别为**价值倾斜**（value tilt）和**反转效应**（contrarian effect）。

价值倾斜是指指数中通常使用账面价值价格比、盈利价格比及红利价格比等基本面要素与价格的比率确定权重。而通常价值股的以上几种比例都更高，导致其权重也偏高。

反转效应是指当前价格显著上涨（或被高估）的公司权重会更低，价格显著下降（或被低估）的公司权重反而会更高。例如，公司股价越高，加权使用的股息收益率（dividend yield）或盈利价格比（earning/price）等就越低。

> **知识一点通**
>
> 股票的分类方法之一是分为成长股（growth stock）和价值股（value stock）。价值股对应发展较为成熟的公司，此类公司用留存收益来扩大生产增加利润的空间较小，因此会选择将净利润派发给股东。价值股的特征为高分红、低市盈率、低市净率等。成长股扩大生产的空间较大，将净利润投入下一期生产产生的回报较高，因此，该类公司选择不分红或少分红。成长股的特征为低分红、高市盈率、高市净率等。

35.2.2 再平衡与重建

指数的管理主要涉及两个方面，指数**再平衡**（rebalancing）与指数**重建**（reconstitution）。

再平衡是指当成分股权重偏离既定加权方法时，指数权重需要再平衡，以保持与原定加权方法一致。一般而言，价格加权无须调整权重，只是拆股时需要调整除数。市值加权法除涉及成分股公司兼并收购、清算等重大事件以外，一般也无须调整权重。等权重加权法需要经常再平衡。

指数重建是指当成分股不再满足指数构建要求时，指数制定者需要适当更换成分股。指数制定者在**重建日**（reconstitution day）审核现有成分股情况，决定哪些股票应当加入、去除或保留在现有指数中。

——考点要求——
描述（describe）指数的再平衡与指数重建（★）

35.3 指数的用途

指数的用途多样，具体有以下五个方面。

1. 反映投资者信心（Market Sentiment）

市场指数可以衡量当前市场总体价格水平。指数的上涨或下跌可以反映当前市场上投资者对市场的信心程度。

2. 衡量收益、系统性风险，以及风险调整后表现

使用资本资产定价模型（CAPM）计算股票收益率时，贝塔值（beta）反映个股相对整个市场的系统性风险（systematic risk），衡量股票对市场波动的敏感程度。计算 beta 时，需要个股和市场的回报两组数据，市场的回报由指数衡量。

3. 衡量大类资产表现，以进行资产配置

某一类证券的指数可以衡量该类证券的风险与收益，因此可以作为资产配置模型中

大类资产的代表。

4. 衡量基金经理表现

指数可以用来衡量主动管理的投资组合业绩水平。例如,一个投资全球小盘价值股的基金经理的投资业绩,应当选取合适小盘价值指数为基准比较其业绩高低。一个合适的指数基准才能正确衡量基金经理的业绩表现。

5. 模拟指数的投资组合

被动投资者可以复制大盘指数,包括指数共同基金等。

35.4 指数的类型

—考点要求—
比较(compare)不同证券指数类型(★)

这部分介绍三种常见的市场指数,主要分为权益指数、固定收益指数、另类投资指数。

35.4.1 权益指数

—考点要求—
描述(describe)权益指数种类(★)

1. 大盘指数(Broad Market Index)

大盘指数衡量整个股票市场的表现,通常包括市场中 90% 以上的股票。

2. 多市场指数(Multi-market Index)

多市场指数通常涵盖了多个市场的证券,用来衡量一个区域的市场表现和价格变动。常用的多市场指数包括 MSCI 全球市场指数等。

有时,多市场指数根据一国基本面信息对指数进行加权,称为**基本面加权的多市场指数**(fundamental weighting in multi-market index)。例如,GDP 加权,以一国 GDP 确定该国证券市值在指数中的权重。

3. 行业指数(Sector Index)

行业指数衡量一个行业的价格水平及市场表现,例如消费品、医疗、TMT 行业等等。投资者可以根据行业指数直观判断该行业在市场中的情况。

4. 风格指数(Style Index)

使用较多的风格指数有以下几类(见表 35.7)。

(1)根据市值分类:小盘股、中盘股、大盘股。

(2)根据成长/价值分类:成长股、价值股。

(3)市值与成长/价值混合分类。

表 35.7　风格指数混合分类

市值	价值股	成长股
大盘股	大盘价值股(large-cap value stock)	大盘成长股(large-cap growth stock)
中盘股	中盘价值股(mid-cap value stock)	中盘成长股(mid-cap growth stock)
小盘股	小盘价值股(small-cap value stock)	小盘成长股(small-cap growth stock)

35.4.2 固定收益指数

35.4.2.1 指数构建

虽然实务中固定收益证券投资风险比权益证券更低,但研究固定收益指数的挑战远大于权益证券指数。构建固定收益证券指数时,通常会面临以下两方面挑战。

1. 债券种类多、范围广、数量大

债券的发行主体不仅是公司,还可以是国家及政府机构等,每个发行主体可以发行多种债券。债券数量远多于股票数量。同时,债券有到期日,到期后需从原有指数中替换,因此固定收益指数的周转率较高。

2. 债券市场流动性较差,依赖做市商报价

债券市场一般由做市商双向报价,指数提供者需从做市商那里获取最新的债券价格。此外,债券市场流动性较差。某些长期债券,例如 30 年国债,交易不频繁,没有连续报价,只能依靠做市商根据类似债券最近的交易价格估算出价格。

以上两方面问题会导致债券指数产生偏差,无法真实反映债券市场信息。

35.4.2.2 种类

1. 可以考虑的分类方向

债券种类繁多,在编制固定收益指数时,可以考虑的分类方向包括以下几个方面。

(1) 发行主体(types of issuer):政府、政府机构、公司;
(2) 融资方式(types of financing):无抵押(general obligation)、有抵押(collateralized);
(3) 支付币种(currency of payment);
(4) 期限(maturity);
(5) 信用质量(credit quality);
(6) 是否抗通胀(inflation protection)。

2. 常见的债券指数种类

(1) 综合市场指数。
(2) 市场行业指数。
(3) 风格指数。
(4) 经济板块指数。
(5) 特定指数。如高收益、抗通胀、新兴市场指数。

35.4.3 另类投资指数

投资者关注另类投资以求降低风险或增加回报,本部分讨论三种另类投资指数:大宗商品、房地产、对冲基金,见表 35.8。

表 35.8　另类投资指数及特征

另类投资指数	特征
大宗商品指数	多种加权方式:商品没有统一的加权方式,因此不同的指数可能使用不同加权方法。这会导致不同的指数衡量出的收益、风险特征不同。 基于商品期货:大宗商品指数基于大宗商品期货,因此,这种指数反映的是期货价格变动,有时无法真实代表标的资产的价格变动
房地产指数	房地产交易不频繁,流动性较差,大多房地产指数的构建是基于估值(appraisal base)或基于重复交易(repeat sale)的价格数据计算的。 有时房地产指数依赖房地产信托基金构建
对冲基金指数	对冲基金指数具有一系列偏差,因此无法真实反映市场表现。例如,对冲基金披露要求低,指数提供者需依赖对冲基金主动提供业绩。表现更好的对冲基金更倾向于主动提供,这会导致指数高估市场业绩 对冲基金指数具有典型的幸存者偏差(survivorship bias),指数只衡量当前还幸存的基金,忽略了因业绩表现过差倒闭的基金,这也会导致指数高估业绩

> **知识一点通**
> 对冲基金指数的缺陷是 CFA® 一级考查重点,更多细节将在"另类投资"中讨论。

练一练

35-1 Constructing and managing a security market index is similar to constructing and managing a portfolio of securities. When creating a security market index, the first step is:
A. determining appropriate weighting method.
B. selection of constituent securities.
C. determining target market.

35-2 An equally-weighted index consists of 3 securities. At inception the prices of the 3 securities are $20, $25 and $30 respectively. One year later, the prices of the 3 securities become $24, $20 and $39 respectively. What is the price return of the index over the period?
A. 11.7%.
B. 10%.
C. 12%.

35-3 Market indexes can be used for a few purposes, except:
A. gauge of investor confidence or market sentiment.
B. proxy for measuring returns, unsystematic risk, and risk-adjusted performance.
C. model portfolios for index funds and ETFs.

35-4 Jason is a passive investor and trying to find some favorable indexes to follow. He observed two indexes which consist of the same securities, the price return of the market-capitalization weighted index is greater than that of the price-weighted index. This is most likely caused by:
A. outperformance of large-market-capitalization stocks.
B. stock splits.
C. outperformance of highly priced securities.

35-5 Which of the following statements regarding commodity indexes is least accurate?

A. The return of the index accurately reflects the return based on the changes in the prices of underlying commodities.

B. The constituent securities of commodity indexes are commodity futures contracts.

C. The risk-free interest rate can affect the return of the index.

第36章 市场有效性

知识引导

有关市场有效性的讨论起源于20世纪初,于20世纪70年代深化发展。对于股市波动规律的探索,一直是权益投资的一大未解难题。在此章节中,我们将学习有关金融资产定价和股票市场波动逻辑的代表性理论,包括有效市场假说、行为金融学等。本章内容将继续深化对证券市场的认识,评估市场的有效性。

考点聚焦

本章考查的比重并不是很高,侧重定性考查。其中,三种有效市场假说是重点,考生一定要注意概念区分。市场异常与行为金融中个别概念需要理解掌握。

本章框架图

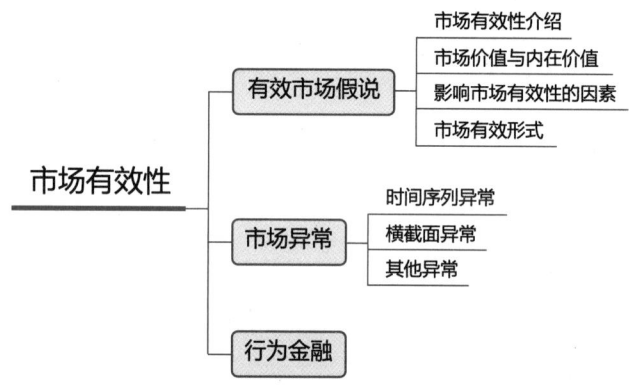

36.1 有效市场假说

市场有效性关注市场价格反映信息的程度。如果一个市场的价格并未完全反映信息，且投资者有信息优势，就可能有额外获利空间。价格对市场上所有参与者具有重要指导性作用。一个以市场为导向的经济体中，市场定价帮助投资者决定哪些公司和项目能够获得融资，从而达到资源的有效分配。

36.1.1 市场有效性介绍

—考点要求—
描述（describe）市场有效性及有关概念，包括其对市场参与者的重要性（★）

信息有效市场（informationally efficient market）指一个可以快速合理反映信息的市场。在有效市场中，所有过去和现在的信息都已经体现在资产价格中，市场只会对于未预期到的（unexpected/surprise）信息做出反应。

> **知识一点通**
>
> 当市场出现新信息时，可从交易时间的角度界定价格到底在哪个时间范围内做出反应算是"快速"。一般而言，这个时间段至少应当等于一个交易员执行交易的最短时间。发达国家的证券市场或外汇市场中，该时间一般小于等于1分钟。然而，市场是否有效并不是非黑即白的，在高度有效和完全无效之间有很大的空间，更多的市场则处于这个空间范围之内。

在高度有效的市场中，资产价格已反映所有信息，因此追求风险调整后的超额收益几乎是不可能的。于是在有效市场中，**成本更低的被动投资（passive investment）策略优于主动投资**（active investment）。

36.1.2 市场价值与内在价值

—考点要求—
区分（contrast）市场价值和内在价值（★）

市场价格是指当前某个资产的买卖价格。内在价值是指投资者对资产的投资属性全然知晓的前提假设下决定的资产价值。

如果市场是高度有效的，市场价值与内在价值应始终相等。如果市场是无效的，市场价格和内在价值之间存在价差。

> **知识一点通**
>
> 内在价值的估计是有一定挑战性的，"权益投资"的最后一章介绍了权益证券的三大类估值模型，利用这些估值模型都可以得出资产的内在价值。然而，任何一个估值模型都需要大量的假设与判断，也没有一个分析师是"全知全能"的。

36.1.3 影响市场有效性的因素

—考点要求—
解释（explain）影响市场有效性的因素（★）

以下因素会影响市场有效性。

1. 市场参与者

市场上投资者的数量越多，交易越活跃，投资者越可能对市场上的错误定价做出反应，通过投资者的交易行为最终使这种错误定价消失。

关注某种资产的分析师越多，该资产的信息越可能被充分发掘，市场价格会越贴近内在价值。

2. 信息的可获得程度及财务披露

信息的可获得性越高以及财务披露越充分越能够促进市场的有效性。在纽约、伦敦、东京等高度发达的市场中，参与者众多，信息传播速度快，披露要求高，市场也更有效。相比之下，在一些新兴市场或中小市场中，信息可获得程度是有限的，市场有效性较弱。

公平的信息披露是促进资本市场诚信的重要因素，其中关键在于所有投资者都能获得关于估算资产价值的必要信息。然而在很多场外交易市场中，针对不同投资者，做市商提供的信息质量和数量通常有很大区别，导致不同投资者掌握信息的程度不同，一定程度阻碍了市场对资产的公允定价。

3. 交易限制

套利者利用相似资产在不同市场之间的价差获得无风险收益。这一交易行为可增强市场有效性。随着套利行为的增加，市场定价的误差最终会消失，不同市场之间定价趋同。因此，限制套利行为会阻碍市场有效性。

卖空是实现投资收益的重要手段之一，卖空有助于市场更有效地发现价格。然而很多证券市场对卖空行为有一定限制。监管者可能会担心卖空给市场带来过大下行压力，致使被卖空证券崩盘。

4. 交易成本与信息获得成本

交易员在识别和利用潜在市场低效时所产生的成本，会影响市场有效性的解释，主要涉及交易成本和信息获取成本。

理论上，当套利者发现相同资产在不同市场上存在明显定价差异时，可以在高价市场卖出资产，在低价市场买入资产，两者价差即为套利利润。实操中，"有效"的定义应考虑交易成本。由于交易成本的存在，如果交易成本大于价差，套利也不会发生。此时两个价格在交易成本范围内还是有效的。

对于信息获取成本，现代观点认为，如果扣除信息获取成本后，主动投资能够获得超额回报，那么市场就是低效的。

所以，在评估市场有效性时，需要考虑交易成本和信息获取成本。

表 36.1 总结归纳了影响市场有效性的几种因素。

表 36.1 影响市场有效性的因素

因素	影响方向	与市场有效性的关系
市场参与者	+	参与者越多，市场越有效
信息的可获得程度及财务披露	+	信息可获得性越高，披露要求更高，市场越有效
交易限制	−	交易限制越多，市场越无效
交易成本与信息获得成本	/	评估市场有效性时要考虑交易成本和信息获取成本

36.1.4 市场有效形式

市场有效与否不是一个非黑即白的概念,更多实体经济市场处于完全有效和完全无效两个极端之间。经济学家尤金·法玛奠定了**有效市场假说**(efficient market hypothesis)的理论基石。在该理论框架中,有效市场分为**三种形式**:**弱式**、**半强式**、**强式有效市场**。

—考点要求—
区分(contrast)弱式、半强式、强式有效市场(★★★)

36.1.4.1 弱式有效市场(Weak Form Efficient Market)

在弱式有效市场中,市场价格信息已包含所有过去的**市场信息**(past market data),包括**历史价量信息**(historical price and volume information)。

—考点要求—
解释(explain)三种有效市场对技术、基本面分析的影响和主动被动投资的选择(★★★)

检验一个市场是否达到弱式有效的手段有两种,一是使用时间序列分析,检测证券收益数据是否存在**序列相关性**(serial correlation),如果存在,即证明历史价格有一定趋势可循。二是直接验证某价格模式(price pattern)下的交易规则是否能够获得超额收益(abnormal return)。

技术分析(technical analysis)主要研究市场上的价格模式,试图找出一系列价量变动规律,以期从中获利。在弱式有效市场中,如果资产价格已经包含了所有历史价量信息,技术分析是否能够获取超额收益需要辩证分析。很多技术分析师认为价格模式更多是由投资者心理因素造成的。任何一个有效市场中,都有可能存在短时间内的无效性。因此,弱式有效市场中,技术分析仍有可能获取超额收益,只是这种**超额收益不可能持续**。同时,技术分析促进价量信息被充分发掘,反映到资产价格上,维持弱式有效市场。

36.1.4.2 半强式有效市场(Semi-strong Form Efficient Market)

在半强式有效市场中,资产价格包含所有**公开信息**(publicly known and available information)。公开信息包括**财报信息**(financial statement data)以及市场信息(market data)。因此,半强式有效市场要求比弱式有效市场更高。

半强式有效市场中分析公开信息,如公司财务报告,是徒劳的。检测一个市场是否达到半强有效的方法之一是**事件分析**(event study)。例如,研究派发特殊股利(special dividend)的市场反应,可以设置一个样本期,观察计算样本期内特殊股利发布当日的实际收益率与预期收益率,判断 excess return 是否不等于 0。

基本面分析(fundamental analysis)通过研究市场中的公开信息,构建对于内在价值的预期。如果在半强式有效市场中,公开信息已包含在价格中,并不意味不再需要基本面分析。基本面分析帮助市场发现资产内在价值,促进半强式有效市场的形成。另外,如果能通过分析获取相对信息优势,也存在获取超额收益的机会,**只是这种超额收益不可持续**。

36.1.4.3 强式有效市场(Strong Form Efficient Market)

在强式有效市场中,所有的公开与非公开信息都包含在资产价格中。强式有效市场至少是半强式与弱式有效市场。在强式有效市场中,投资者无法再从内幕信息(insider information)中持续获取超额收益。市场有效形式见图 36.1。

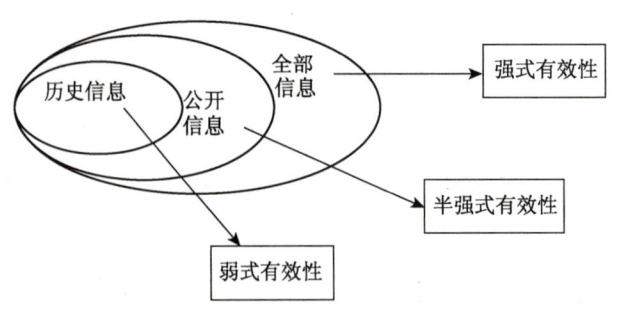

图 36.1 市场有效形式

> **知识一点通**
>
> 由于绝大部分证券法禁止内幕交易,无法通过交易使价格反映仅公司高管知悉的公司经营情况。因此没有证券市场是强式有效的。

表 36.2 总结了三种有效市场结构的特点。

表 36.2 三种市场有效结构

市场有效结构	市场价格反映			是否能持续获得超额收益
	历史市场信息	公开信息	内幕信息	
弱式有效	✓	—	—	技术分析开始失效
半强式有效	✓	✓	—	基本面分析开始失效
强式有效	✓	✓	✓	内幕交易开始失效

如果市场是有效的,意味着主动交易(active trading)无法持续获取超额收益。在长期,被动投资的表现优于主动投资。

然而,即便在主动投资失效的情况下,基金经理也不是无用的,其职责变成了确保投资组合符合客户的目标与个人情况,帮助客户做分散化投资。

36.2 市场异常

—考点要求—
描述(describe)
市场异常(★★)

虽然我们认为市场大体是有效的,但实际市场中仍然能够观察到不少无效或异常的现象。如果资产价格变动无关当前市场中的信息以及发布的新信息,则称其为**市场异常**(market anomaly)。

有些市场异常仅仅是**数据挖掘**(data mining/data snooping)的结果。市场异常现象具体分类如表 36.3 所示。

表 36.3 市场异常

	时间序列异常	横截面异常	其他异常
日历异常	一月效应	规模效应	封闭式基金折价
	跨月效应	价值效应	盈利惊喜
	周一效应	账面/价格比	首次公开发行
	周末效应	市盈率	危机证券效应
	假日效应	价值线之谜	拆股
动量异象与过度反应		—	超级碗

下文将针对表 36.3 中的几类重要市场异常现象具体展开。

36.2.1 时间序列异常（Time Series Anomalies）

36.2.1.1 日历异常（Calendar Anomaly）

日历异常是指证券市场回报与日期密切相关的现象。常提到的日历异常是**一月效应（January effect）**，有时称为跨年效应（turn-of-the-year effect），即 1 月的证券回报明显高于一年中的其他月份。这种现象在中小盘股的表现中尤其明显。

关于一月效应的解释有以下两方面。

(1) **纳税效应（tax loss selling）**，即投资者倾向于在 12 月卖出亏损的证券，实现损失用以抵减资本利得税。等到来年 1 月再将证券买回，使证券在 1 月回报高涨。一般小盘股波动更大，一月效应会更明显。

(2) **财务粉饰（window dressing）**，即很多基金经理会在年末业绩审查之前卖掉风险过高的资产，降低投资组合风险，等到来年 1 月再买回，使证券在 1 月回报高涨。

> **知识一点通**
>
> 表 36.4 列举了一些其他日历异常。
>
> 表 36.4 日历异常
>
> | 跨月效应 | 每个月最后一个交易日和次月前三个交易日收益高于平均水平 |
> |---|---|
> | 周一效应 | 周一收益低于其他四个交易日的收益水平 |
> | 周末效应 | 指周末前后的异常收益模式，周五收益较高（通常为正），而下周一收益较低（通常为负） |
> | 假日效应 | 假日前几天收益率高于平均水平 |

36.2.1.2 动量异象与过度反应（Momentum and Overreaction Anomalies）

动量异象是指股票价格在一段时间内延续其先前的走势，即过去表现良好的股票倾向于继续上涨，而过去表现较差的股票则继续下跌。

过度反应与动量异象密切相关。当利好（或利空）消息发布时，若投资者对未预料到的消息反应过度，持续买入（或卖出），股价往往会被过度推高（或打压），导致股价短期内偏离其内在价值。

36.2.2 横截面异常（Cross-sectional Anomalies）

最常见横截面异常是规模效应（size effect）与价值效应（value effect）。

1. 规模效应

规模效应是指小盘股风险调整后的收益高于大盘股收益。

2. 价值效应

价值股是指市盈率和市净率低于平均水平、股息收益高于平均水平的公司股票。价值效应是指价值股表现优于成长股。

36.2.3 其他异常（Other Anomalies）

此外，其他市场异常现象如表36.5所示。

表36.5 其他市场异常

市场异常	现象	产生原因
封闭式基金折价 (Close-ended fund discount)	封闭式基金的交易价低于单位基金份额净值（NAV）	有三种观点解释该现象：基金经理管理费；税收；流动性。但目前尚未有统一观点
盈利公布 (Earning surprise)	对于未预期到的盈利，市场有时难以及时反应	收益预期乐观的公司会产生超额收益；反之亦然
首次公开发行 (IPOs)	绝大部分IPO发行后价格会大幅上涨	投资者过于乐观

36.3 行为金融

—考点要求—
描述（describe）
行为金融及其对市场异常的解释（★★）

行为金融研究投资者的行为，在这门学科中，投资者不再是理性经济学人（rational economic man），而是具有很多认知、情感偏差的投资者。这些偏差造成买卖股票行为偏差，最终引起市场异常。

> 备考小贴士
>
> 行为金融是CFA®一级"投资组合管理"中的重要内容。本部分仅对部分重点概念进行介绍。

1. 损失厌恶（Loss Aversion）

传统经济学假设投资者是风险厌恶（risk averse）的，即投资者不喜欢风险。在承担高风险时会要求高收益以补偿。而行为金融学认为投资者是损失厌恶。他们对损失的厌恶超过对等量金额收益的喜欢，换言之，他们回避损失的动机超过追求收益。

> **知识一点通**
>
> 风险可以理解为波动或不确定性。传统的风险厌恶是指喜欢确定性多过不确定性,假设投资者面临两个选择:一是马上获得100元;二是掷硬币,正面朝上得200元,背面朝上得0元。两个选择的预期收益都是100元,然而绝大多数投资者会更倾向于第一个选择。因为他们更喜欢确定的收益。换言之,投资者会回避不确定的选项,这属于风险厌恶。
>
> 然而,损失厌恶是指投资者只是厌恶损失,并非厌恶不确定性,他们在收益与损失端对于风险的偏好是不对称的。如果投资者再次面临两个选择:一是马上失去100元;二是掷硬币,正面朝上失去0元,背面朝上失去200元。两种选择的期望收益都是-100元,但这时绝大部分投资者却会选择后者。这是由于损失带给投资者的痛苦大于同样金额的收益带给其的快乐,因此他们更倾向于面对不确定的损失。
>
> 面对收益,投资者是风险厌恶者,而面对损失,投资者是风险追求者。在实际投资中,损失厌恶也有所体现。当股票价格稍微上涨时,大部分投资者会倾向于卖掉股票实现收益,而股票价格下跌套牢时,投资者反而愿意多持有一段时间。

2. 羊群效应(Herding Effect)

羊群效应可以作为过度反应或反应不足的解释之一。其含义是指投资者忽略自己的情况和信息,盲目追随其他投资者。

3. 过度自信(Overconfidence)

过度自信会引起市场异常。如果投资者高估自己的投资能力,就算市场表现对其不利,他们也不会轻易调整自己的仓位。

4. 信息瀑布(Information Cascade)

信息瀑布与羊群效应有共通之处,但并非两个完全相同的概念。前者更侧重于信息的传导机制:从有信息优势的交易者传递到其他交易者。信息瀑布本身是一种理性行为,但也有可能发展为盲目的羊群效应。

5. 代表性偏差(Representative Bias)

投资者倾向于根据过去的经验和分类来处理新问题。

6. 心理账户(Mental Accounting)

投资者在内心会将不同投资的盈利和亏损分类为不同的心理账户,进行区别对待。

7. 保守主义(Conservatism)

投资者对新信息反应较慢,倾向于继续维持之前的观点或预测。

8. 狭窄框架(Narrow Framing)

在处理信息时,投资者会受到该消息表达方式的影响,并且会孤立地看待此消息。

练一练

36-1 Which of the following factors would lead to an improvement on market efficiency?

　　A. Number of participants decreases.

　　B. Restrictions on arbitrage are removed.

　　C. Information is less available.

36-2 John is a portfolio manager who mainly uses technical analysis to choose stock. If he is able to consistently gain abnormal profits, the market is said to be：

A. weak-form efficient.

B. semi-strong form efficient.

C. weak-form inefficient.

36-3 It is observed that small-cap stocks tend to outperform large-cap stocks on a risk-adjusted basis. This anomaly is called：

A. time-series anomaly.

B. cross-sectional anomaly.

C. earnings surprise.

36-4 If investors believe they can always process and interpret information precisely, they most likely exhibit：

A. Loss aversion.

B. Overconfidence.

C. Information cascades.

第 37 章
权益证券概览

知识引导

随着金融市场的开放程度不断加深,资本市场中可投资的产品类别也呈现出多样化的趋势。针对我们在第 34 章介绍过的权益证券,本章继续对其中重要的几类权益证券的特征作具体阐述,帮助考生辨别证券市场基本产品的概念、特点、风险收益比较等。

考点聚焦

考生需要特别关注本章三个重要考点:一是普通股的三种投票制度的比较;二是附加条款的特殊普通股和特殊优先股的概念区别及风险收益大小比较;三是存托凭证的概念及分类,注意参与型存托凭证和非参与型存托凭证的区别。

本章框架图

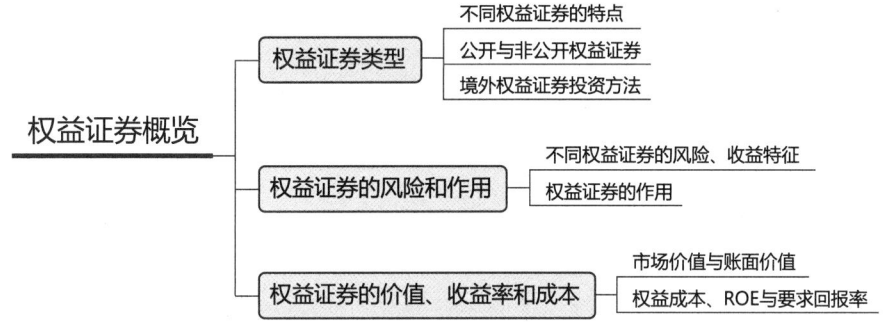

37.1 权益证券类型

37.1.1 不同权益证券的特点

考点要求
描述（describe）不同类型权益证券的特点（★）

37.1.1.1 普通股（Common Shares）

1. 普通股定义

普通股代表的含义是所有者权益（ownership interest），即投资者投入资金支持一家企业，成为该公司的股东。

普通股股东可以分享公司的成长。如果公司盈利，普通股股东可以获得一定比例的利润分配。然而普通股股东也需要承担更多风险。如果公司破产清算，普通股股东的清偿顺序在债权人和优先股股东之后，即剩余索取（residual claim）。此外，通过投票，普通股股东可以参与公司管理，选拔董事会成员，决议公司各项重大战略计划或经营决策。

2. 投票制度

考点要求
描述（describe）不同类型权益证券的投票权和其他所有权特征（★★）

现代公司法下的投票制度有三大类：一是代理/委托投票制（proxy voting），即若股东本人不出席股东大会，可以委托代理人代为行使投票权利；二是法定投票制（statutory voting），即一股一票；三是累计投票制（cumulative voting），即股东实际投票权总数等于股东所持股票数乘以应选董事人数。

> **例题 37.1**
>
> 假设 Golden Invest Inc. 股东 John 为控股股东，持 60% 的股份，剩下 8 位中小股东共持 40% 的股份，公司实际总股份数 1 000 股。公司董事会成员选举规定从 8 名候选人中选 5 名董事。请问，Golden Invest Inc. 分别采用法定投票和累计投票两种制度的投票分布差异？
>
> **名师解析**
>
> Golden Invest Inc. 若采用法定投票制，控股股东 John 提名他想要的 5 名董事候选，可给每人投 600 票，5 名全部当选；而中小股东提名的候选人则无人当选。
>
> 而 Golden Invest Inc. 若采用累计投票制，控股股东 John 手上有 3 000 票（600×5），剩下 8 位中小股东共有 2 000 票（400×5）。这时 8 位中小股东可以集中他们手上所有的选票，投给他们想要的 1 名候选董事，至少可以确保 1 名候选人当选。而控股股东 John 如果不能明智地进行投票，很有可能只能保证自己想要的 3 名候选人或更少的候选人当选。如下表所示。
>
> **Golden Invest Inc. 在累计投票制下的投票分布**
>
> | 控股股东 John 提名的董事候选名单 | 投票（3 000 票）分布 | 8 名中小股东提名的董事候选名单 | 投票（2 000 票）分布 |
> |---|---|---|---|
> | Ann | 1 200 | Bill | 680 |
> | Alex | 1 200 | Black | 660 |
> | Albee | 250 | Bob | 660 |
> | Kate | 250 | — | — |
> | Sam | 100 | — | — |

按上表的投票情况,前 5 名得票候选人依次为 Ann、Alex、Bill、Black 和 Bob,由此可见,8 名中小股东提名的 3 名董事候选将全部当选。而 John 股东虽然绝对控股,但他提名的 5 名董事候选中仅有 2 名当选。

> **知识一点通**
>
> 法定投票制表面上看较为公平,实际上存在明显的弊端。例如,控股股东可以以绝对比例垄断董事会所有席位,绝对控制公司。而累计投票制则在一定程度上打破了控股股东的垄断,保护了中小股东的权益。

> **备考小贴士**
>
> 考试时常考法定投票和累计投票这两种投票制度的概念辨析,考生需懂得区分。

实务中公司可能会采用不同的股权结构,比如发达国家市场中很多公司采用的双重股权结构(dual-share class),俗称 AB 股,即"同股不同权",对投票权而言,公司一般股东一股一票,但公司高管、创始团队成员等一股多票。A 类股投票权低,由一般股东持有;B 类股投票权高,由公司管理层持有。例如,Facebook、Google、LinkedIn 等著名的美国硅谷科技公司上市前均采用了 AB 股结构,主要目的是确保公司管理层或创始团队在公司进行了数轮外部融资或者上市之后所持股权的投票权不被稀释,达到对公司的绝对控制和管理。

3. 附加条款的特殊普通股

(1) 可赎回普通股(Callable Common Shares)。

通俗地讲,可赎回普通股就是一份普通股加上一份以普通股为标的的看涨期权的形式。需要注意,这份看涨期权是**给予上市公司的权利**。上市公司和投资者约定可能在未来一定时间以一定的买入价格从投资者手里买回股份。

(2) 可售回普通股(Putable Common Shares)。

与可赎回普通股的形式类似,可售回普通股就是一份普通股加上一份以普通股为标的的看跌期权的形式。不同之处在于,这份权利就不是给予上市公司的而是**给予投资者的权利**。投资者和上市公司约定可能在未来一定时间以一定的卖出价格把手里的股份卖回给上市公司。

> **备考小贴士**
>
> 考生需要掌握两类特殊普通股对投资者而言的风险大小。诀窍在于:该类股票对投资者是否有利?如果有利,那么投资者的风险就较小;反之风险就较大。
>
> 可赎回普通股对投资者不利,那么对投资者而言,风险较大;可售回普通股对投资者有利,那么对投资者而言,风险较小。

37.1.1.2 优先股（Preference Shares）

1. 定义

和普通股相比，优先股具有股息优先和清算优先两大特征。股息优先是指公司向优先股股东发放股利的顺序是优于普通股股东的；清算优先是指公司破产清算时的清偿顺序也是优于普通股股东的。优先股既有普通股的特征，又有固定收益证券的特征。

优先股的固定收益证券特征包括：

（1）优先股股息一般固定，因此投资者不能分享公司的成长；

（2）优先股股东一般没有投票权，因此投资者不能参与公司经营决策。

优先股的普通股特征包括：

（1）优先股本质上仍是股票，一般情况下无到期日；

（2）派息并不是公司的强制义务，如果公司某一年经营不善财务状况不佳，年末账面亏损，那么和普通股股东类似，公司无须强制付息给优先股股东；

（3）优先股也有可赎回和可售回的特殊形式。

> **知识一点通**
>
> 优先股并非所有一般个人投资者都能参与的，只有机构客户或高净值客户才可能参与到优先股的投资中，比如2008年金融危机时高盛向巴菲特出售的优先股方案。

2. 附加条款的特殊优先股

（1）可累计优先股（Cumulative Preference Shares）。

可累计优先股是指在过去公司由于种种原因未能当期发放给优先股股东的股利可累计到之后一起发放，公司在发放所有累计的优先股息之前，不可以向普通股股东派发股息。

（2）参与优先股（Participating Preference Shares）。

参与优先股股东可以在收到先前和上市公司约定好的那部分固定股利之外，再获得一笔额外分红，前提是公司的当期盈利超过预先设定水平。

（3）可转换优先股（Convertible Preference Shares）。

可转换优先股股东可以行使权利在未来某一时刻将手上的优先股股份以一定比例转换成普通股股份。

可转换优先股对于股东来说是"进可攻、退可守"的一类相对稳健的股票投资。它的优势在于：当公司经营好、盈利佳时，股东可以把自己手上的优先股转换成普通股从而享受更高的分红，并且有机会分享公司的成长；反之，当公司经营不佳时，那股东也可以不行使转换权，仍然可以获得约定的固定股利。因此，相比持有普通股，持有可转换优先股的未来收益不确定性更低，其股价的波动也就更小。

37.1.2 公开与非公开权益证券

— 考点要求 —
比较（compare）和区分（contrast）公开和非公开权益证券（★）

37.1.2.1 私募股权证券（Private Equity Securities）

前文所介绍的普通股和优先股都属于在公开市场发行和交易的权益凭证。然而，权益证券不仅可以是公开的,也可以是非公开的。通过非公开方式发行的权益证券称为私募股权证券,主要面对一些机构投资者。

对比公开权益证券,私募股权证券有以下几个特点。

(1) 没有交易活跃的二级市场,流动性较低。
(2) 透明度低。
(3) 投资者更看好私募股权证券长期获利的能力。
(4) 不用公开年报数据,报表披露成本低。
(5) 对投资者而言有更高的潜在收益。

私募股权投资有如下三种常见类型。

(1) 风险资本投资(venture capital,VC):企业在发展早期阶段(early stage)获得的投资为风投。

(2) 杠杆收购(leveraged buyout,LBO):企业在中后期,投资者通过借债收购的方式投资,即收购方用被收购企业的资产作抵押,举债购买一个实体企业的股权,被收购企业的未来现金流用来偿还收购方债务。收购方如果是公司现有管理层,则该收购称为管理层收购(management buyout,MBO)。

(3) 私有股权投资上市公司(private investment in public equity,PIPE):通常,迫切需要额外资本金的上市公司会通过这种方式将股权以一定的市场优惠价卖给共同基金、私募基金或其他高净值合格投资者,以此来扩大公司资本。

> **备考小贴士**
>
> 风投的概念和具体投资阶段会在第 48 章"另类投资概论"里详细介绍,不作为本章考点。

37.1.3　境外权益证券投资方法

37.1.3.1　存托凭证(Depository Receipts,DRs)

存托凭证作为一类权益证券,代表对一个外国企业的所有权,与在交易所交易的股票类似。

存托凭证有两种基本类型:参与型存托凭证(sponsored DR)和非参与型存托凭证(unsponsored DR)。表 37.1 展示了两类存托凭证的区别。

表 37.1　参与型和非参与型 DR 的对比

存托凭证(DRs)	外国企业是否直接参与 DR 发行	投票权的归属问题
参与型 DR	是	购买 DR 的投资者
非参与型 DR	否	存托银行

> **知识一点通**
>
> 2014 年在美国纽交所上市的中国互联网巨头阿里巴巴,通过向美国投资者发行美国存托凭证的方式募集资金 250 亿美元。

—考点要求—
描述(describe)
境外权益证券
投资方式(★★★)

> **知识一点通**
>
>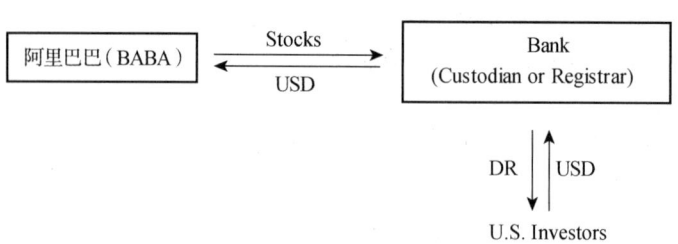
>
> 图37.1 阿里上市采用的存托凭证方式
>
> 对于美国投资者来说,阿里是一家外国企业,阿里在美国上市融资公开发行的就是参与型DR,即阿里向美国的一家存托银行主动提供股票(外国企业参与)。通过参与型DR去境外融资,比到主板上市交易门槛低,SEC监管低,融资来源更国际化。在这里考生注意与非参与型DR区分,即非参与型DR是存托银行在国际市场上买了一些股票(外国企业不参与)。

> **备考小贴士**
>
> 关于DR,有以下四个可能会出的考点需要考生注意。
> (1) 区别参与型与非参与型DR中的投票权归属于谁(参与型DR投票权属于投资者;非参与型DR投票权属于DR的发行机构)。
> (2) DR和二级市场的股票价格不一样,所以可能有套利机会。
> (3) 对购买外国企业发行的DR的美国投资者而言,当DR不是以美元计价而是以其他货币计价,美国投资者还存在汇率风险(currency risk)。
> (4) DR在二级市场交易,有一定的流动性。

1. 全球存托凭证(Global Depository Receipts, GDR)

GDR是在公司本国和美国以外的地区发行的存托凭证。

2. 美国存托凭证(American Depository Receipts, ADR)

和GDR原理一样,ADR是以美元计价的、与在美国交易所交易的普通股票类似的存托凭证。例如,阿里巴巴在纽交所发行上市的证券,携程在纳斯达克发行上市的证券等等其实都属于ADR。

37.1.3.2 全球注册股票(Global Registered Shares, GRS)

GRS是在全球范围内不同交易所、以不同货币进行交易的普通股。

37.1.3.3 一篮子上市存托凭证(Basket of Listed Depository Receipts, BLDRs)

BLDRs是一个代表存托凭证组合的ETF。

37.2 权益证券的风险和作用

37.2.1 不同权益证券的风险、收益特征

权益证券的投资收益构成主要有四个来源：
(1) 价格变化导致的资本利得/损失；
(2) 股利收入；
(3) 境外投资带来的汇兑损益；
(4) 股利再投资收益（复利）。

前两类是权益证券收益的主要来源，后两类则不是所有投资者都会拥有的收益来源。关于风险，主要讨论各类权益证券的风险对比。站在投资者的角度，风险对比如下：
(1) 优先股比普通股风险低；
(2) 可售回普通股（可售回优先股）比可赎回普通股（可赎回优先股）风险低；
(3) 可累计优先股（参与优先股）比非可累计优先股（非参与优先股）风险低。

——考点要求——
比较（compare）权益证券风险回报（★）

37.2.2 权益证券的作用

公司发行权益证券，主要可以起到以下几个作用。
(1) 企业兼并/收购的工具。
(2) 作为股权/期权的员工激励，更好地激励经营者和核心员工，降低代理成本，改善公司治理结构。
(3) 帮助企业实体运作融资。

——考点要求——
解释（explain）权益证券的作用（★）

37.3 权益证券的价值、收益率和成本

37.3.1 市场价值与账面价值

权益的账面价值（book value of equity）代表股东权益的会计反映，在资产负债表里体现为总资产减去总负债后的净资产价值。权益的市场价值（market value of equity）更大程度上反映的是市场对公司未来的预期。因此，权益的账面价值和市场价值很少一致。

公司管理层的行为会直接影响公司权益的账面价值，比如管理层通过增加/减少公司净利润来增加/减少权益账面价值，但可能并不会直接体现在公司权益市场价值上。

和市场价值相比，单看公司的账面价值可能存在一些问题。例如，公司的研发投入可能并不能完全反映在财务报表中，这是因为一般会计准则都要求研发必须达到了开发阶段并且具有一定商业价值才可以被资本化并体现在财务报表里。相应地，从账面价值出发，净资产价值很有可能被市场低估（undervalued）。

——考点要求——
区分（contrast）权益证券账面净值和市场价值两个概念（★）

37.3.2 权益成本、ROE 与要求回报率

1. 股东权益回报率

股东权益回报率(return on equity, ROE)是衡量一个公司股票好坏的重要指标之一。ROE 可以对管理层是否行之有效地利用权益资本产生利润作出判断。股东权益回报率等于公司净利润除以权益的账面价值,即:

$$\text{ROE}_t = \frac{\text{NI}_t}{(\text{BVE}_t + \text{BVE}_{t-1}) \div 2} \tag{37.1}$$

其中,分子(NI_t)为第 t 年的净利润;分母$[(\text{BVE}_t + \text{BVE}_{t-1}) \div 2]$为平均权益的账面价值,按第 t 年年初(第 $t-1$ 年年末)和第 t 年年末的账面价值加总平均计算。

如果是站在权益投资回报的角度,投资者要衡量期初投入的股权资本在期末带来了多少回报,分母使用 BVE_{t-1} 也是恰当的。

2. 权益成本

对于公司而言,发行权益证券会有相关成本。公司的权益成本(cost of equity)代表公司最低可以给到投资者的收益。公司希望权益成本最小化,而投资者要求的预期收益率(required return)越大越好。这两个收益率有时不一定相等。当投资者要求一个比公司权益成本更高的收益率时,他会卖出持有的该公司的股份,股票的市场供求关系发生变化,股价下跌,权益成本增加。

3. 要求回报率

另外,由于投资者在购买一家公司的股票时对于公司未来的预期是不确定的,所以投资者的要求回报率是需要估计的。一般我们用两种模型来估算权益成本,股利贴现模型(DDM)和资本资产定价模型(CAPM),后续章节会具体讲解。

> **知识一点通**
>
> 关于 ROE 的计算,在"财务报告与分析"中将结合 DuPont analysis 进行重点考查,在本章不是重要考点。

考点要求
比较(compare)权益回报率,投资者要求回报率和权益成本三个概念(★)

练一练

37-1 Which of the following shares are known to have residual claim?

A. The common shares.

B. The debt obligation.

C. The preferred shares.

37-2 Which of the following characteristic most likely belongs to the unsponsored depository receipts?

A. The foreign company has a direct involvement in the issuance.

B. Investors don't have voting rights.

C. Investors can convert unsponsored DRs into common shares.

37-3 A company is least likely to issue new shares for the purpose of:

A. making acquisitions for a peer company.

B. implementing ESOP (Employee Stock Option Plan).

C. increasing company's share price.

37-4 The value of equity securities can be measured by market value or book value. The market value:

A. is directly influenced by company's management team.

B. reflects investors' expectation of the company's future cash flows.

C. equaling book value is the ultimate goal of management.

第 38 章 行业分析和公司分析介绍

知识引导

在权益证券投资的分析方法中,很重要的一种方法就是基本面分析。其中,行业分析和公司分析是基本面分析的两个基本维度。

考点聚焦

本章考查以定性为主。考生需要理解和掌握从公司基本情况分析、到行业和竞争策略分析,再到基于公司和行业的分析,对公司未来财务报表进行预测,最终给出公司估值、投资建议和投资风险这一分析逻辑和框架,以及每一部分的分析要点和分析方法。

本章框架图

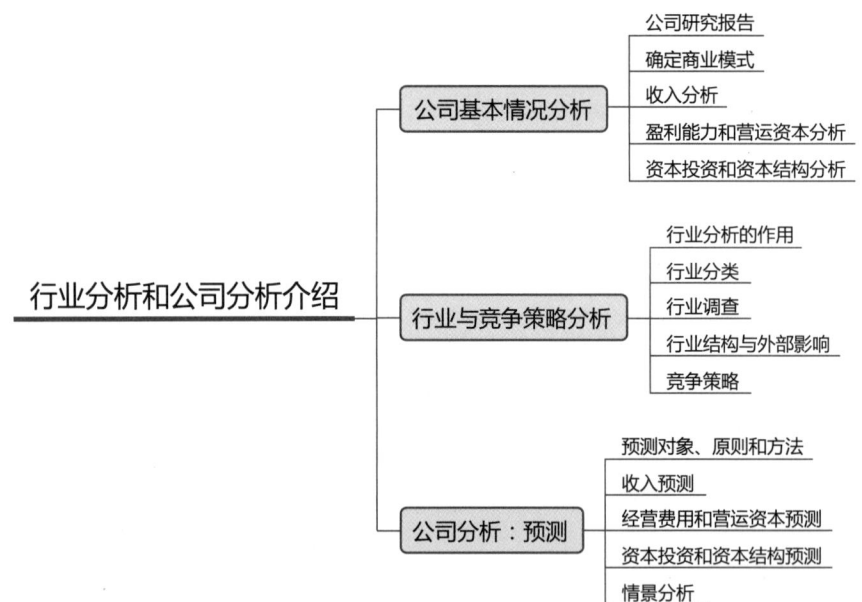

38.1 公司基本情况分析

公司研究报告(company research report)分析公司过去和现在的财务状况、行业和竞争对手的情况,进而对公司未来的财务报表进行预测,最终给出公司估值、投资建议(investment recommendation),并评估投资风险(investment risk)。

一份好的公司研究报告有助于投资者理解公司,进而做出更好的投资决策。本章首先介绍公司基本情况分析。主要内容包括:公司研究报告中包含的要素、公司商业模式的评估以及公司财务表现和财务状况的评估。

38.1.1 公司研究报告

分析师对公司和行业的分析、公司估值和投资建议,最终都呈现在一份公司研究报告中。公司研究报告一般分为较为详尽的首次覆盖报告和较为简短的后续跟踪报告。

—考点要求—
描述(describe)一份详尽的公司研究报告应该包含的要素(★)

38.1.1.1 首次覆盖报告

分析师首次研究某上市公司,且报告的目标受众是外部客户(称为"卖方报告")时,通常会写一份较为详尽的首次覆盖报告(initiating coverage/initiation)。

表 38.1 展示了一份对外发布的、首次覆盖报告的结构示例。这类报告的主要受众是那些对所研究的目标公司还不甚了解的客户。

表 38.1 首次覆盖报告中包含的要素

报告要素	具体内容或举例
前言(Front Matter)	公司名称和证券标识符,例如:CUSIP 是美国证券库斯普号码,用于辨认所有美国股票及注册债券的编号
	分析师的投资建议(买入、持有或卖出),以及目标的买入价或卖出价
	披露、免责声明和其他法律要求的信息
投资建议(Recommendation)	分析师详细的投资建议
	支持相应投资建议的核心依据的汇总
公司描述(Company Description)	讨论公司的商业模式和策略
	对于公司状况的解释性图表和数字,例如,按产品、地域等划分公司的收入和利润
行业概况 & 竞争地位(Industry Overview & Competitive Positioning)	行业规模、增长率、主要驱动因素、市场份额趋势、历史盈利能力、未来盈利能力的展望
	竞争分析,如利用波特五力模型开展的分析
	外部行业影响因素的分析,例如,政治、经济、社会、技术、法律和环境等("PESTLE"分析)
	公司在行业中的地位和策略的分析

续表

报告要素	具体内容或举例
财务分析与模型（Financial Analysis and Model）	评估公司收入、成本、盈利能力、现金流的驱动因素，以及公司资金的用途和来源
	对核心驱动因素的预测
	历史财务报表分析、财务报表预测
估值（Valuation）	对公司和证券价值的估计，给出目标价
	一般包括相对估值法和现值法（绝对估值法）
	对估值变动的讨论，如关键输入变量、情景分析及敏感性分析的讨论
环境、社会和治理（ESG）因素	评估 ESG 指标和风险
	股权结构和管理层构成
	管理层薪酬
风险（Risks）	评估重大下行和上行风险，并讨论如何在财务分析和估值中，考虑这些风险

38.1.1.2 后续跟踪报告

首次覆盖报告之后，对所分析公司的后续跟踪研究，通常体现为一些较为简短的报告，即后续跟踪报告（subsequent company research reports），例如，关于公司一些特定主题的分析报告，根据公司的新信息而更新的投资建议，或者分析师在公司年报后对公司的进一步分析等。这类报告的主要受众是对公司已经比较熟悉的客户。

例如，某公司刚刚发布了季度业绩，相应的跟踪报告包含的要素包括：

（1）前言：分析师姓名、公司名称、证券和交易所标识符、分析师的投资建议、当前股价和分析师的目标价、披露、免责声明和其他法律要求的信息。

（2）投资建议：分析师详细的投资建议、投资建议变更总结以及相应的依据。

（3）对新信息的分析（analysis of new information）：实际季度业绩和预期季度业绩的对比、分析师对新信息和预测变化的解读、历史财务报表和更新的财务报表预测。

（4）估值：对公司和证券价值的估计、对过往报告中估值变化的讨论。

（5）风险：更新过往报告中的风险因素，并讨论相应的变化。

38.1.2 确定商业模式（Determining the Business Model）

—考点要求—
决定（determine）公司的商业模式（★）

因为商业模式中包含了公司财务结果和行业竞争地位的重要驱动因素，确定商业模式是行业和公司分析的第一步，通常包含在公司研究报告的第一部分。了解这些重要驱动因素，可以让分析师专注于需要进一步研究的内容。

商业模式描述了一家公司的经营状况，通常包括的要素有：公司销售的产品或服务；客户和核心客户群；销售渠道，包括客户获取、产品或服务的交付机制；产品或服务如何定价和付费；有效运营需要的资源、供应商和合作伙伴。分析师研究公司商业模式所需要的信息按照来源可分为：公司、公开第三方、专有第三方、专有初级研究等。如表 38.2 所示。

表 38.2 确定商业模式所需信息的来源

信息来源	举例
公司（Issuer）	公司的年报、业绩电话会、投资者活动、公司官网等
公开第三方 （Public third-party）	行业白皮书、新闻、社交媒体等
专有第三方 （Proprietary third-party）	分析师的报告、彭博、咨询公司等的报告和数据
专有初级研究 （Proprietary primary research）	分析师自己或者委托他人做的调查、访谈、产品比较等

机构投资者（如资产管理公司）的分析师通常能够快速进行这种研究，因为他们自身可能有相关的行业知识和经验，也可以广泛接触到各类第三方信息、公司或行业的相关分析资料，以及公司投资者关系部门和管理层。

38.1.3 收入分析

38.1.3.1 收入的驱动因素

在确定商业模式后，分析师要对公司历史财务数据和竞争地位展开分析。这是下一步预测公司财务报表、进而进行公司估值的基础。对大多数公司而言，分析师都会从收入的分析入手。

分析时，首先要识别相应的收入**驱动因素（drivers）**，因为驱动因素解释了收入的水平和变化的原因。同时，还需要了解驱动因素随时间的演变情况。

分析师可以采取自下而上（bottom-up）或自上而下（top-down）的方法来确定收入的驱动因素。在实践中，两种方法通常会一起使用。

（1）自下而上的方法将收入分解为销量和价格等驱动因素，或者按照产品线、业务分部或区域来划分收入。

（2）自上而下的方法则将收入表示为公司市场份额、行业市场规模以及宏观GDP增长等驱动因素的函数。

—考点要求—
评估（evaluate）公司的收入、收入的驱动因素以及定价权（★★★）

38.1.3.2 定价权

对每个公司而言，价格都是收入的驱动因素。表面上看，产品和服务定价是管理层的单方面决定，但实际上，定价会受到公司**定价权（pricing power）**的限制。定价权是指公司在不影响销量的情况下，制定价格的能力。定价权主要受到市场结构和公司在行业中竞争地位的影响，如表 38.3 所示。

表 38.3 不同市场结构下企业的定价权

市场结构	市场特点	典型案例	公司定价权	公司定价策略
高度竞争市场	产品无差异化、壁垒低、有替代品、缺乏客户忠诚度、客户对产品的转换成本低	零售商、保险、食品、运输	无定价权，公司是价格的接受者（price taker）	价格由市场整体供需决定，所有公司通常都确定了相同的销售价格

续表

市场结构	市场特点	典型案例	公司定价权	公司定价策略
竞争相对较弱的市场	产品存在差异化、进入壁垒较高、缺乏替代品、客户忠诚度高、客户对产品的转换成本高	公用事业、品牌消费品、专利药品、软件	有一定的定价权	基于价值或成本定价，实施价格歧视策略

> **知识一点通**
>
> 高度竞争的市场，往往并不是一开始就竞争激烈的，而是随着新公司的不断进入，公司之间互相模仿，创新趋缓，最终导致产品同质化，缺乏创新，竞争也就变得更加激烈。这一过程被称为产品同质化（commoditization）。

分析师评估一家公司的定价权，不仅要考察其在一段时间内的价格或相对于竞争对手的价格，还要比较该公司的价格与成本，即利润率。例如，某公司价格每年提升3%，但如果与此同时，公司的成本每年上升了5%，最终导致盈利能力下降，这就表明该公司无法将成本的上涨转嫁给客户，即公司的产品或服务的价格虽然在提升，但实际上公司是没有定价权的。

没有定价权的公司无法在成本上升的情况下去提高价格，因为存在替代品，客户可以很容易地在该商品和其替代品间转换。例如，电影院就无法按照成本的提升来相应的提高价格，因为作为替代品的流媒体平台更便宜，一旦电影院大幅提价，很可能就会造成客户流失。

因此，定价能力的一个重要标志是公司的盈利能力能够随着时间的推移而提升。

> **知识一点通**
>
> 贵州茅台在价格提升的同时，销量也在持续增加，与此同时，毛利率保持在较高水平（80%～90%），展示了其强大的定价能力。如图38.1所示。
>
>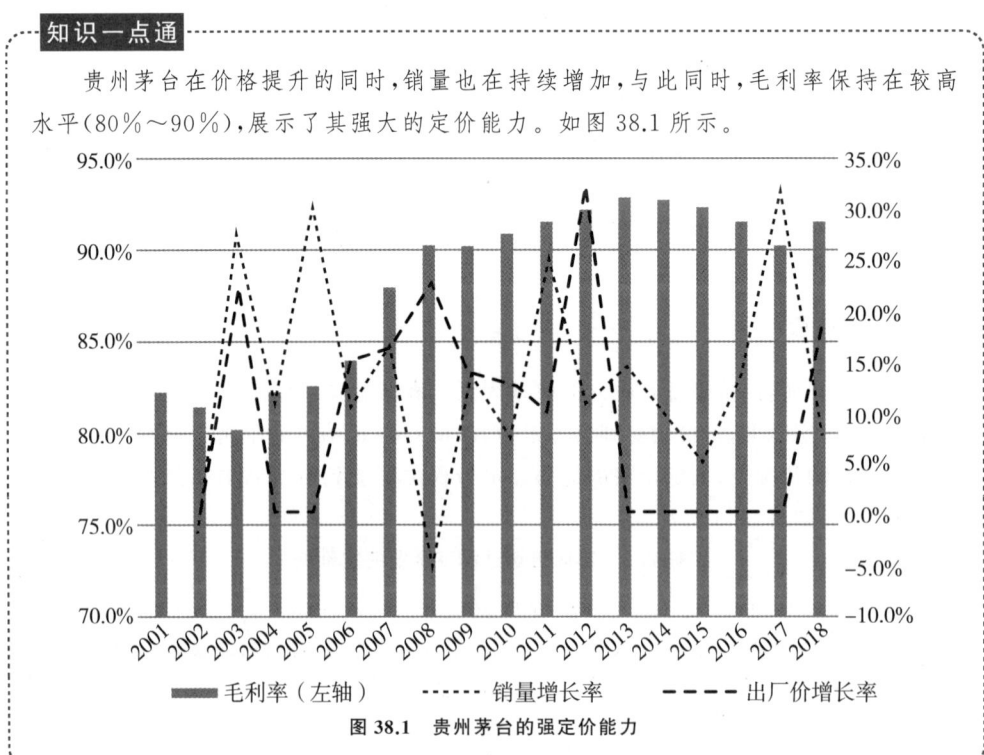
>
> 图38.1 贵州茅台的强定价能力

38.1.4 盈利能力和营运资本分析

38.1.4.1 经营成本及其分类

一般来说,经营成本是在产生当期收入的过程中发生的,包括获取、生产、销售和运送商品、提供服务的成本,经营活动的管理成本等。经营成本之外,还有投资成本和融资成本。投资成本与长期资产的建造和获取有关,长期资产包括厂房、设备等有形资产和软件、商标、专利等无形资产。融资成本包括支付给债权和股权投资者的款项。

对于大多数公司来说,经营成本是公司成本中的主要组成部分,由公司的规模和商业模式所决定。公司的经营成本可以通过三种方式进行分类和分析,如表38.4 所示。

—考点要求—
利用核心指标评估(evaluate)公司的盈利能力和营运资本(★★)

表 38.4 经营成本的分类

分类标准	分类情况
按照是否随产量变化	可变成本(随产量变化)
	固定成本(不随产量变化)
按照性质	员工薪酬
	原材料
	商品
	办公用品
按照功能	销货成本
	销售和市场营销费用
	管理费用
	研发费用

1. 按照是否随产量变化的成本分类

按照是否随产量变化,经营成本有:固定成本与可变成本。

固定成本与可变成本在经营成本中的比例,会影响公司经营利润的稳定性和可预测性。在这一分类标准下,经营利润的定义如式 38.1 所示。

$$经营利润(Opreating\ profit) = [Q \times (P - VC)] - FC \quad (38.1)$$

其中:Q 是一段时期内销售商品的数量;P 是单位商品的价格;VC 是单位商品的可变经营成本,如零售商的商品成本,制造商的原材料成本;FC 是固定经营成本(以总量计,不以单位产品计),短期内在一定产量范围内保持不变,例如,折旧和摊销、软件和 IT 费用等。

从式 38.1 中可以看出,一家公司要想盈利,那么 $(P-VC)$ [或者叫作**边际贡献(contribution margin)**]必须为正,且 Q 要足够高,以使得 $Q \times (P-VC)$ 能大于 FC。

> **知识一点通**
>
> 边际贡献有助于分析和理解公司的成本结构。根据边际贡献和经营利润的定义,边际贡献的大小决定了公司需要销售多少产品才能覆盖固定成本并开始盈利。公司管理者可以通过分析边际贡献和成本结构的关系,制定相应的经营策略,优化产品组合、定价策略和成本控制,从而提升企业的盈利能力。

经营成本中固定成本的金额和比例,体现为公司的经营杠杆,经营杠杆既有好处,也有风险。如果营业成本中绝大部分为固定成本,那么边际贡献为正,营业利润会随着 Q 的增加而迅速增加。但反之如果 Q 下降,由于固定成本不变,会导致营业利润下降。

如式 38.2 所示,可以通过经营杠杆率(degree of operating leverage,DOL)来衡量和比较企业的经营杠杆。

$$DOL = \frac{\%\Delta \text{Operating Profit}}{\%\Delta \text{Sales}} = \frac{\frac{\Delta EBIT}{EBIT}}{\frac{\Delta Q}{Q}} \tag{38.2}$$

其中,%ΔSales 是收入变化的百分比,在价格 P 固定不变的情况下,也相当于销量 Q 变化的百分比。

式 38.2 可进一步化简为式 38.3:

$$DOL = \frac{Q \times (P-V)}{Q \times (P-V) - \text{Fixed operating costs}} = \frac{EBIT + \text{Fixed operating costs}}{EBIT} \tag{38.3}$$

其中,Q 代表销售商品的数量;P 代表固定商品价格;V 代表单位商品变动成本;Fixed operating costs 代表固定经营成本。

根据以上两式可知,在 $EBIT$ 为正的情况下,只要有固定成本,DOL 必然大于 1。企业可以通过增加固定成本、减少可变成本来提升经营杠杆。

2. 按照性质和功能的成本分类

IFRS 和 US GAAP 要求公司根据性质或功能的分类标准来披露成本。绝大多数公司会选择功能分类的标准。这种方法下,虽然各个公司的商业模式可能有很大差异,但利润表在结构上看起来都很类似,都分为各个功能相关的成本项:如"销货成本""销售及管理费用"和"研发成本"。

38.1.4.2 盈利能力的衡量

我们在分析和预测中,会使用到一些核心的盈利能力的衡量指标。上述依据功能对成本进行分类,便有助于这些盈利能力指标的计算和区分,如表 38.5 所示。

表 38.5 盈利能力衡量指标

盈利能力衡量指标	公式
毛利率(Gross Margin)	Gross profit / Revenue
息税折旧摊销前利润率(EBITDA Margin)	EBITDA / Revenue
经营利润率(Operating Margin)	Operating profit / Revenue

盈利能力的衡量,还需要考虑行业盈利能力、规模经济和范围经济。我们将在行业分析部分阐述行业盈利能力。**规模经济(economies of scale)** 指随着产量的增长,单位成本的下降。**范围经济(economies of scope)** 是指随着产品种类或业务线数量的增加,单位成本的下降。

> **知识一点通**
>
> 盈利能力的衡量相关内容在财务报表分析部分的"财务分析技术"中详述,此处不再赘述。

38.1.4.3 营运资本

营运资本管理的主要衡量指标,是活动比率(activity ratio)。活动比率决定着现金转换周期(cash conversion cycle)、净营运资本和收入的比例。现金转换周期越短,公司通过销售商品回收资金的速度就越快,公司的运营需要的外部资金也就越少。净营运资本的要求,决定着资本投资之外所需投资的最低水平。如果净营运资本为负,意味着供应商是公司融资的来源之一。

> **知识一点通**
>
> 营运资本及活动比率、现金转换周期等相关内容在财务报表分析部分的"财务分析技术"中详述,此处不再赘述。

38.1.5 资本投资和资本结构分析

股权和债权投资者对公司进行投资,公司获得相应的资本后对外投资,以期获得高于投资者要求回报率的收益。公司分析的一个重要方面,就是评估公司长期而言是否达到或超过了投资者的要求回报率,以及与资本结构相关的风险和机会,例如,财务杠杆的使用。

要对公司进行上述的评估,首先要了解公司资本的来源和用途,如表38.6所示。

—考点要求—
评估(evaluate)公司的资本投资和资本结构(★)

表38.6 公司资本的来源和用途

资本来源	经营活动现金流
	发行债券
	发行股票
	资产处置
资本用途	现金和投资(有价证券的投资)
	净营运资本(如为正)
	长期资产、无形资产的投资
	收购(股权的投资)
	偿还债务
	分红和股票回购

长期而言,公司投资资本的回报,是否达到或超过投资者的要求回报率,可以衡量公

司管理层对资本的使用是否明智。分析师无法接触到公司自身在评估项目时用到的IRR、NPV等指标,所以需要使用更加综合的指标来判断公司是否在创造价值。

资本结构相关的风险,可以通过杠杆比率和债务覆盖比率、信用评级,以及净利润对经营利润变化的敏感性,即财务杠杆率(degree of financial leverage, DFL)来衡量。财务杠杆率的公式如下:

$$DFL = \frac{\%\Delta \text{Net income}}{\%\Delta \text{Operating income}} = \frac{EBIT}{EBIT - \text{Interest expense}} \tag{38.4}$$

财务杠杆率是由融资成本决定的。利息费用越高,财务杠杆率越高。

以 ROIC(资本回报率)或资产回报率衡量的无杠杆回报,通过财务杠杆的增加,从而产生杠杆回报或净资产回报率。

> **知识一点通**
>
> 净资产回报率及其分解可以作为衡量公司盈利能力的综合指标,相关内容在财务报表分析部分的"财务分析技术"中详述,此处不再赘述。

—考点要求—
描述(describe)行业与竞争分析的作用及步骤(★)

38.2 行业与竞争策略分析

分析师需要了解公司所处行业的情况。例如,公司的收入增长是由宏观经济的扩张或者行业整体增长驱动,还是由公司的自身因素(如市场份额的增加)驱动。这对于公司的预测和估值都很重要。

行业和竞争分析包括如下几个步骤:

(1) 行业分类:例如,利用第三方行业分类系统进行行业分类。
(2) 行业调查:行业规模、增长率、盈利能力、市场份额趋势等的研究。
(3) 行业结构分析:例如,利用波特五力模型进行分析。
(4) 外部影响分析:"PESTLE"——分析政治、经济、社会、技术、环境等因素对行业的影响。
(5) 公司竞争策略分析:成本领先策略、差异化策略、聚焦策略。

38.2.1 行业分析的作用

长期而言,竞争会把公司的盈利能力"拉"到行业的基准水平。通过行业与竞争分析,可以用来估计这一基准水平及其决定因素。短期而言,通过分析公司的相对优势和劣势,可以确定公司短期盈利能力相较行业基准水平的高低。

1. 提升预测的准确性

竞争对手、替代品、供应商和消费者,都会影响公司的产品定价、成本和市场份额,进而影响公司的盈利能力。从行业的视角看,分析师可以更好地理解这些驱动因素,进而提升预测的准确性。

如果没有更广阔的视角,分析师可能会低估公司所面临的竞争,高估公司自身的掌控力。

2. 识别投资机会

行业分析帮助公司识别出有发展前景的行业。在评估一家公司相对行业其他竞争者的优势和劣势时,也可能会发现一些之前并未留意到的、有吸引力的投资标的。此外,有些投资者出于风险的考量,并不想投资于某一家公司,而是想要投资于行业内的一篮子公司,这就需要对行业进行分析。

38.2.2 行业分类

38.2.2.1 第三方行业分类系统

通常，销售相似产品和服务的公司被定义为一个行业。但是否把涉足多个行业的公司纳入某个行业，以及随着公司商业模式的更新，对行业分类进行更新，这些都是行业分类所面临的挑战。

在投资管理领域里广泛使用的第三方行业分类系统，能够帮助分析师应对这些挑战。第三方行业分类系统从早期的政府分类体系，已发展到如今广泛使用的商业分类体系。

早期的政府分类体系，依据供给端产品和服务的相似性进行分类。例如，标准产业分类体系（SIC）、NACE 等。但这种分类体系更新不及时，且随着新技术、新商业模式的出现，以及公司和投资者的日益全球化，这类分类体系已越来越不实用。

如今广泛使用的商业分类体系依据需求端产品和服务的相似性进行分类。例如，全球行业分类标准（Global Industry Classification Standard，GICS）、行业分类基准（Industry Classification Benchmark，ICB）和路孚特商业分类体系（The Refinitiv Business Classification，TRBC）。这种分类体系是全球性的，而且至少每年更新一次。GICS、ICB 等商业分类体系是严格的等级分类方法，类似于生物学中的"种""属""科"。一个公司先被归类为某个"物种"，进而被自动分配到一个"属"、一个"科"等其他层级。例如，在 GICS 分类体系下，由上至下分为 11 个经济部门（sector）、25 个行业组（industry group）、74 个行业（industry）以及 163 个子行业（sub-industry）。

> **知识一点通**
>
> 在常见的商业分类体系中，GICS 和 ICB 涵盖上市公司，而 TRBC 同时涵盖非上市公司、非营利组织和政府部门。

第三方行业分类体系也存在一定的局限性。

（1）对商业模式不同或销售替代品的公司进行分类，可能会过于狭隘或过于宽泛。例如，将杀毒软件和数据处理软件均归类到"软件"行业，这种分类就过于宽泛，因为两者从产品到客户都差异较大。

（2）多产品公司只能被划分到某一单个行业类别。

（3）因为服务行业区域间差异较大，所以对以服务为导向的公司来说不太适用。

（4）分类随时间的变化可能会影响不同阶段行业统计数据的可比性。

38.2.2.2 其他行业分类方法

在行业分析之外的其他应用场景，例如，指数构建和业绩评估等，常使用的分类方法如下：

（1）按照地理分类：按公司所在/所属国家对公司进行分类，然后将各个国家归结为发达市场、新兴市场和前沿市场等类别。例如，根据公司注册地、上市地等进行分类。但要注意，通常不会按照收入的地域构对公司进行分类。例如，丰田通常被归类为日本公司，但其营业收入最大的市场是北美。

（2）按照对商业周期的敏感性分类：分为防御型（defensive）行业和周期型（cyclical）行业。防御型行业是指销售增长、盈利能力和估值受宏观经济变化影响较小的行业，例如，消费必需品（consumer staples）、公用事业（utilities）等。而周期型行业则相反，例如，金融、可选消费（consumer discretionary）等。

（3）按照统计相似性分类：依据财务比率、公司投资收益的相关性等进行分类。

（4）按照ESG特征分类：如碳排放与收入的比例。

—考点要求—
决定（determine）行业规模、增长特征、盈利能力和市场份额趋势（★★）

38.2.3 行业调查（Industry Survey）

行业分类之后，行业和竞争分析的下一步是通过估计行业规模、行业历史增长率、评估行业增长特征、衡量行业盈利能力，来确定行业主要参与者和市场份额的趋势。行业调查是行业和竞争分析的基础手段。

1. 行业规模和历史增长率

行业规模通常是该行业产品的年度总销售额。行业历史增长率，可以用每年的同比增长率，也可以用一段时间内的复合增长率。

除了一些由大型的上市公司主导的行业（如汽车、手机等），许多行业规模通常会包含大量未上市的小公司的营业收入，而这部分数据是很难获得的。对于这种情况，通常需要使用政府机构公布的经济指标、第三方咨询公司的调查数据等来估计行业规模。

2. 行业增长特征

一个行业的历史增长模式，可以用其增长率的大小和对商业周期的敏感性来表征。描述行业增长的一种方法是风格箱（style box），也就是根据成熟型/成长型、周期型/防御型两个维度，将行业分为如下四种类型：

（1）成熟防御型行业：例如，公用事业、饮料等；

（2）成熟周期型行业：例如，原油、天然气等；

（3）成长防御型行业：例如，生物科技、软件等；

（4）成长周期型行业：例如，半导体、金融科技等。

成长型行业（growth）是指市场尚未完全饱和的、渗透率还有提升空间的行业。通常受益于一项新兴的技术。对分析师来说，关键是要分析历史的高增长能否持续，峰值的渗透率会是多少。

相反，成熟型（mature）行业的渗透率已达到峰值。行业增长率要么与宏观经济基本保持一致，要么随着客户需求迁移到替代品而下降。对于成熟行业的投资者来说，要关注的问题包括毁灭性的威胁、竞争强度的变化等。

对商业周期（cyclical）的敏感性是由公司的商业模式决定的，例如，是必须消费品还是可选消费品、产品是耐用品还是消耗品、商业模式的利率敞口等。

防御型（defensive）行业是销售增长、盈利能力等受宏观经济变化影响较小的行业，例如，消费必需品、公用事业等。

风格箱的方法也有其局限性，例如，严重的经济衰退可能会对所有公司产生负面影响,其次,一个行业内处于不同阶段的公司,在成长性、防御性和周期性方面可能存在重大差异,例如,基于一种新兴技术的成长型公司可能处在一个周期性的行业中,但其受经济衰退的影响却要小得多。

3. 行业盈利能力的衡量

衡量行业盈利能力的最佳方法,是投资资本回报率分布的时间序列,它捕捉了每一美元投资资本的税后运营利润的变化情况。但是,除了由上市公司主导的行业,其他行业的这类数据很难获取。

实践中,有两种常见的方法:其一,衡量上市公司的盈利能力,并假设非上市竞争对手的盈利能力与上市公司类似。其二,使用政府机构或第三方咨询公司的各种数据来估计非上市公司的盈利能力。

显然,盈利能力更强,意味着行业表现更好。但行业的盈利能力是上升还是下降,这种趋势也非常重要。

4. 市场份额趋势和行业主要参与者

市场份额是指一家公司的年收入占行业规模的比例。同样,公司市场份额的变化趋势更为重要,因为这种趋势可以反映出消费者是否更认可该公司的产品。收购竞争对手,会增加公司的市场份额,但更重要的是收购之外,公司自身的市场份额是在增加还是减少。

行业的集中度,也是需要考虑的因素。市场集中度较低,通常意味着竞争较为激烈。集中度的提高,通常伴随着竞争强度的下降和盈利能力的提升。衡量行业集中度的常用指标是**赫芬达尔-赫希曼指数(Herfindahl-Hirschman Index,HHI)**,其计算方法为行业内各家公司市场份额的平方和:

$$HHI = \sum_{i=1}^{\infty} s_i^2 \tag{38.5}$$

其中,s_i 是市场参与者 i 的市场份额,例如,市场份额是 50%,对应的 $s_i=50$,

例如,一个行业包含 4 家公司,市场份额分别为 30%、30%、20%、20%,那么 HHI 为 $30^2+30^2+20^2+20^2=2\,600$。

垄断行业的 HHI 是最大的,其值为 $100^2=10\,000$。一些国家的反垄断监管机构认为,HHI 指数在 1 500 至 2 500 时,意味着市场是适度集中的,而如果 HHI 指数超过 2 500,则认为市场是高度集中的。一般而言,在高度集中的市场进行收购,如果使 HHI 指数提高 200 点以上,往往就会存在监管方面的挑战。

38.2.4 行业结构与外部影响

38.2.4.1 波特五力模型和行业结构

波特五力模型是评估行业结构的一个常用的框架,而行业结构决定着行业的**长期盈利能力**。

波特五力模型包含的五个要素及其评估如表 38.7 所示。

—考点要求—
分析(analyze)行业结构(波特五力模型)和外部影响(PESTLE框架)(★★★)

表 38.7 波特五力模型的要素和评估

五个要素	评估内容
行业内部现有公司间的竞争 (Rivalry among existing competitors)	行业内是否有过价格战？ 是否有大量规模相似的竞争者？ 产品是否存在差异化？ 退出壁垒是否高？ 行业增长是否缓慢？
新进入者的威胁 (Threat of new entrants)	近年来是否有大量的新进入者？ 产品或服务是否存在网络效应？ 消费者是否存在品牌忠诚度？ 消费者是否有较高的产品转换成本？
替代品的威胁 (Threat of substitutes)	是否有满足客户需求的类似产品？ 替代品是不是更便宜？ 消费者切换替代品的难易程度？
客户的议价能力 (Bargaining power of customers)	行业客户是否为少数的集中的客户群？ 产品是否标准化？ 产品是否对客户非常重要？ 产品消费额占客户预算的比例是多少？
供应商的议价能力 (Bargaining power of suppliers)	行业是否是少数的、集中的供应商？ 转换供应商的成本是否很高？ 供应商是否存在差异化？ 供应商产品是否存在替代品？

如果某行业的上述五个因素比较强，那么行业内的公司就很难获得较高的资本回报。

通过波特五力模型对行业结构进行分析，不仅是衡量行业的盈利能力，更重要的是以定性的方式描述盈利能力的驱动因素。此外，在不同的行业，上述五个因素的重要性是不同的，分析师需要根据具体行业具体分析，判断哪些因素是最重要的。

38.2.4.2 PESTLE 分析和行业外部影响

除了研究行业本身，还需要研究影响行业的外部因素。PESTLE 分析是常用的一种外部分析的框架。前述波特五力模型关注的是行业盈利能力的影响因素，而 PESTLE 分析更关注的是行业的增长率和市场份额的变化。

PESTLE 的 6 个字母，分别是如下 6 个外部因素的英文首字母。具体如表 38.8 所示。

表 38.8 PESTLE 分析

PESTLE 分析的 6 个因素	说明及案例
政治影响 (Political influences)	财政政策和货币政策、监管、地缘政治等对行业的影响。例如，政府的医疗改革，会影响医疗保健行业
经济影响 (Economic influences)	GDP、通胀、利率、汇率等对行业的影响。例如，经济不景气时，消费者对汽车的购买需求会延迟
社会影响 (Social influences)	文化和消费趋势、人口变化、生活方式的变化等对行业的影响。例如，随着社交媒体和高端摄像头的发展，人们对外貌的要求进一步提升，促进全球美容行业快速增长

续表

PESTLE 分析的 6 个因素	说明及案例
科技影响 （Technological influences）	技术变革可以创造出崭新的产品，或者改进现有的产品，进而从根本上改变了行业和公司。例如，有线电视的传输、视频质量等的持续改进（有线电视的持续创新）、互联网流媒体平台的发展（有线电视的颠覆创新）
法律影响 （Legal influences）	包括法律和监管层面的变化。例如，烟草行业，其制造、营销、销售和使用都有着广泛的法律法规的监管
环境影响 （Environmental influences）	环境影响通常与法律影响密切相关，包括与低碳经济转型、废物和土地利用、环境保护等有关的风险和机会。例如，能源、汽车等涉及碳排放的领域，在低碳经济转型之下存在很多风险和机会

> **知识一点通**
>
> 对于科技影响中的颠覆式创新，现有企业往往会面临**"创新者的困境"**（innovator's dilemma），即现有企业要么自己投资颠覆式创新，导致现有的丰厚利润被蚕食，现有业务加速下滑，但可以努力使公司不失去市场份额；要么忽视创新，失去市场份额，但在中短期内能够继续产生丰厚利润。

38.2.5 竞争策略

—考点要求—
评估（evaluate）公司的竞争策略和竞争地位（★★★）

如果能创造经济利润、为股东创造价值，那么相应的竞争策略就是有效的。但这种有效性的评估，在事后才能判断。为了前瞻性地衡量一个竞争策略，分析师可以从以下三个维度进行评估：

(1) 该策略抵御波特五力模型五个方面影响的能力。
(2) 该战略和 PESTLE 分析中的外部影响相冲突的程度。
(3) 公司的资源和能力确保该策略执行的可能性。

常见的三种有效竞争策略，包括成本领先、差异化和聚焦，可以分别从执行策略的方式、有效性、行业适用性和策略风险四个维度来分析。

第一种策略：成本领先（cost leadership）。

(1) 执行策略的方式：固定成本带来的规模经济；有效的原材料获取渠道；严格把控成本的文化；为了销量而激进定价；低成本分销体系；范围经济。

(2) 有效性：资本要求和规模优势使新进入者望而却步；客户只能把价格降低到产品的边际成本，给成本领先者留有利润空间；竞争对手无法与成本领先者就价格层面进行竞争。

(3) 行业适用性：资本密集型；对价格敏感的客户；客户不关注产品的差异；行业创新少。

(4) 策略风险：成本通胀；技术变革导致成本领先或市场份额的丧失；顾客对高端化的诉求。

第二种策略：差异化（differentiation）。

(1) 执行策略的方式：广告、品牌、服务；商标、专利的保护；品质卓越，功能独特；强大的客户体验文化;产品溢价;服务、软硬件的结合。

(2) 有效性:依靠客户忠诚度抵御新进入者和替代品的威胁;客户不能或不愿意切换产品或服务;公司可以把价格上涨转嫁给消费者。

(3) 行业适用性:价格不是客户最在意的;客户注重产品独特性;行业创新,产品各有特色。

(4) 策略风险:竞争对手模仿;买家不再要求较高的服务水平;溢价过高,客户无法接受;客户注重独特性,这会使公司难以获得过高的市场份额。

第三种策略:聚焦(focus)。

(1) 执行策略的方式:贴近客户,深度理解客户需求;聚焦于某一特定客户群。

(2) 有效性:客户忠诚度能够抵御新进入者和替代品的威胁;客户不能或不愿意切换产品或服务。

(3) 行业适用性:竞争者服务该部分客户群很难,或者不经济。

(4) 策略风险:规模较大的竞争者在价格层面更有优势;策略聚焦的客户群和行业整体客户群的需求差异缩小;买家不再要求较高的服务水平。

> **知识一点通**
>
> 沃尔玛是实施成本领先策略的典型案例。基于"天天平价,始终如一"的经营策略,沃尔玛在零售这一微利行业坚持成本领先,力求比竞争对手更节约开支,在采购、存货、销售等各个环节尽可能地降低成本,从而得以在零售行业保持领先。
>
> 苹果公司是实施差异化策略的典型案例。依靠独特的创新设计、持续的技术研发和投入,并通过叠加广告、品牌等市场营销,整合软件、硬件和服务,苹果公司创造出独特的产品,建立起强大的客户体验文化。
>
> 针对老年群体的各类保健品则是聚焦策略的典型案例。这类产品从产品定位、产品功能及广告营销等各个层面均聚焦于老年人这一特定的客户群体。

38.3 公司分析:预测

分析师利用对公司财务报表的预测,对公司进行估值,并给出投资建议。

38.3.1 预测对象、原则和方法

—考点要求—
解释(explain)
公司财务结果和状况预测的原则和方法(★★)

由于分析师、商业模式等因素的不同,预测方法也会不同。在这部分内容中,我们以一个关注长期视角的分析师的角度,对商业模式相对简单的上市公司进行预测。

1. 预测对象

(1) 对各财务报表科目的驱动因素进行预测。比如一个连锁商店,其收入取决于商店数量和每家商店的平均收入。对这两个驱动因素进行预测,而不是直接预测收入,可以提高预测的准确性。

(2) 直接对财务报表中的科目进行预测。这类预测方法通常用于没有明确驱动因素或者不太重要的科目。例如,分析师可能会直接咨询管理层对该指标的估计,或者简单地

假设未来某个期间该科目与过去相同。

（3）直接预测一些总结性的财务报表科目，如自由现金流、每股收益、总资产等。这种预测方法的好处是效率高，但透明度较低，且难以对预测的准确性进行核实。只有当总结性的指标是稳定的、可预测的，或者公司数据披露受到严重限制时，才适合使用这种方法。

（4）对一些临时性的、尚未在过往财务报告中出现过的科目进行预测。例如，和公司相关的税务纠纷或自然灾害等。

预测中，重点关注公司定期披露的科目，或者可以使用定期披露内容直接计算得到的科目。例如，连锁商店的收入、商店数量、每家商店的平均收入等。

2．预测方法

对于各类预测对象，常见的预测方法有四种。在实践中，四种方法通常会结合起来使用。

（1）**以过往历史为基准**：使用过去的披露数据或计算数据进行预测。这是最简单的方法，即认为未来会和历史相似。例如，预测功能饮料的市场规模时，假设功能饮料所属的非酒精饮料市场未来继续维持过去3%的增长，且功能饮料与运动饮料类似，能达到非酒精饮料市场20%的份额，那么用预测的非酒精饮料市场规模乘以20%，就可以得到功能饮料的市场规模。但未来的环境和历史可能不同，且对于周期性行业，这种方法也不太适合。

（2）**未来会收敛到历史基准增长率**：使用行业较长时期内的平均值或中位数，或者GDP的增长率，作为预测对象在一段时间内将会达到的"**基准增长率**"。这种方法适用于银行、零售商等成熟行业，不适用于新兴行业、周期性行业以及行业龙头公司。

（3）**管理层指引**：上市公司的管理层可能会给出公司下一季度、一年或更长时间内的收入、利润目标，这被称为管理层指引。这类指引的重要性在于其**前瞻性**，但对于对商业周期高度敏感的公司，不太建议使用管理层指引，因为管理层对宏观层面的预测并不存在信息优势。

（4）**分析师酌情预测**：其他的所有预测方法都可以归类为分析师的酌情预测，包括基于调查、定量模型、概率分布等。这种方法适用于周期性公司、缺少可比对象的公司以及正在经历深层次转变的公司。例如，新能源汽车行业没有任何历史观测数据可以参考，分析师需要根据政府减排承诺等，进行酌情预测。

3．选定预测的时间范围

预测时间范围的选择，取决于投资策略、行业周期性、公司特定情况等因素。例如，长期导向的基金经理可能主要关注未来三到五年，而短期导向的基金经理可能更关注未来一到两个季度。

38.3.2 收入预测

38.3.2.1 收入的预测对象

收入的预测对象，通常是自上而下或者自下而上的收入驱动因素。

1．自上而下的驱动因素

常见的自上而下的预测对象包括"相对于GDP的增长""市场增长和市场份额"。

—考点要求—

解释（explain）公司收入预测的方法（★★）

(1) 相对于 GDP 的增长。分析师首先预测名义 GDP 的增长率,然后对被预测公司的增长率与名义 GDP 增长率进行比较。例如,分析师预计某公司收入增长率将比 GDP 增长率高出 200 个基点,如果 GDP 预计增长率为 4%,那么公司收入预计增长率为 4%＋200/10 000＝6%。

(2) 市场增长和市场份额。分析师首先预测公司产品所在市场的整体增长率,然后预测该公司市场份额的变化。例如,整体市场规模预计从 100 亿增长到 120 亿,公司市场份额预计从 10% 提升到 15%,那么公司收入将从 $100×10\%=10$ 亿增长到 $120×15\%=18$ 亿。

2. 自下而上的驱动因素

(1) 销量和平均价格:对公司产品的销量和价格分别进行预测,进而得到收入的预测。

(2) 产品线和业务线:对不同产品线、业务线或不同区域的收入分别进行预测,然后汇总得到总收入的预测。

(3) 基于生产量进行预测:例如,在零售业中,根据门店数量和平均每家门店的销售额,对收入进行预测。

(4) 基于收益率进行预测:例如,银行的净利息收入,可以用贷款额乘以平均利率,减去存款额乘以平均利率。

同时使用自上而下和自下而上的方法,有助于**互相验证**,发现问题。例如,使用自下而上对收入进行预测,同时核实这种预测结果意味着市场规模和公司市场份额会如何变化,以验证预测的合理性。

此外,在收入预测时,要将经常性收入和非经常性收入分开,对非经常性项目要单独考虑,如汇率变动的影响、各种"一次性"的收入等。

38.3.2.2 收入的预测方法

上文提到的四种预测方法:以过往历史为基准、未来会收敛到历史基准增长率、管理层指引、分析师酌情预测,都可以用来对收入进行预测。具体方法的选择,取决于分析师的判断、公司的商业模式等因素。

在收入预测中,分析师需要纳入他们对关键风险因素的看法(或正面或负面)。常见的四个风险因素是:竞争、商业周期的变化、通货膨胀或通货紧缩,以及技术的发展。

—考点要求—
解释(explain)
公司经营费用
和营运资本预
测的方法(★)

38.3.3 经营费用和营运资本预测

公司对经营成本的披露通常没有收入那么详细。分析师一般无法对成本进行分区域、分业务的预测,只能进行整体性的预测,如销货成本(COGS)、销售及管理费用(SG&A)等。

1. 销货成本和毛利率

销货成本通常是公司最大的一项成本。因为它与销售收入直接相关,所以可以通过预测销货成本占销售收入的百分比(即相当于预测毛利率)来预测销货成本。

销货成本是一项很大的成本,即使毛利率预测中一个基点的变动都可能对经营利润和自由现金流的预测产生较大影响。因此,分析师需要尽可能地对成本进行更详细的分析,例如,按业务线、产品分拆成本,或者按量和价对成本进行拆解,以更好地验证成本预测的合理性。

2. 销售及管理费用

销售及管理费用是另一项主要的经营成本。与销货成本相比，销售及管理费用与收入往往不太有直接的关系。

但某些销售及管理费用可能比其他费用变化更大。具体来说，销售费用、分销费用通常有很大的可变成分，这些部分可以用占销售收入的百分比来预测。对于其他一些相对固定的成本，基于预期工资通胀的固定增长率来预测更为合适。

3. 营运资本预测

营运资本的预测通常使用效率比率（efficiency ratios）作为预测对象，并与销售收入和成本的预测相结合，以得到应收账款、存货、应付账款和其他流动资产和负债的预测。

38.3.4 资本投资和资本结构预测

—考点要求—
解释（explain）公司资本投资和资本结构预测的方法（★）

对长期资产的预测，要考虑现金流量表和利润表。因为资产负债表上的净固定资产账面价值（net PP&E）和无形资产主要因资本支出而增加，因折旧和摊销而减少。

资本支出可以分为维持当前经营所需的**维持性资本支出**和扩大业务所需的**增长性资本支出**。

（1）维持性资本支出的预测：该部分的预测通常基于历史折旧和摊销费用，然后小幅向上调整，以考虑到通货膨胀的影响。对于固定资产周转率较低的企业，维持性资本性支出会比较高。

（2）增长性资本支出的预测：该部分的预测有更多的酌情裁定空间，且与管理层的扩张计划以及收入增长相挂钩。

分析师还需要对公司未来的资本结构做出预测。杠杆比率常被用来预测未来的债务和所有者权益。在预测未来资本结构时，分析师应考虑公司的历史实践、管理层的财务战略以及资本支出假设所隐含的资本需求。管理层可能会对目标资本结构、债务比率和资本支出给出指引。

38.3.5 情景分析（Scenario Analysis）

—考点要求—
描述（describe）情景分析在预测中的作用（★）

行业和经营风险可能导致未来的实际结果与预期不同。所以，预测的最后一步，是根据关键风险因素的分析，考量不同结果发生的可能性。

常见的关键风险因素包括：商业周期的变化、竞争、通货膨胀或通货紧缩以及技术的发展。分析师不能只做单一结果的估计预测，而是要根据关键风险因素的分析，对可能发生的不同结果、不同情景进行预测。

当分析师在估计一些依赖于很多变量的、难以估计的项目时，可以通过改变一些假设，生成一系列的估计结果，并分析结果对这些因素的敏感性。

练一练

38-1 Which of the following statements regarding initiation reports is least accurate?

A. The primary audience is those who are not already knowledgeable about the issuer or security.

B. The report may include a competitive analysis such as a Porter's Five Forces analysis.

C. The reports require an update based on new information and analyses or a change in the analyst's recommendation.

38-2 Firms that operate in a highly competitive market tend to have little or no pricing power, which means that firms lack the ability to set prices and other economic terms without affecting their sales volumes. All the following would result in a highly competitive market except:

A. little product differentiation.

B. low barriers to firm entry.

C. high switching costs for customers.

38-3 A company named GA is a branded electric appliance producer which has over 3 000 dealers to sell its productions. Meanwhile, the company has over 500 suppliers to provide raw material and non-core components. The market share of GA is 30% and shares of other competitors are relatively small. According to the information above, which option is consistent with this situation?

A. The bargaining power of customers is high.

B. The bargaining power of suppliers is high.

C. The rivalry among existing companies is low.

38-4 Which of the following is mostly consistent with a cost leadership strategy?

A. Brand loyalty.

B. Economies of scale.

C. Strong understanding of a small group of customers.

38-5 Feng is asked to forecast revenue for Golden Company, which is a leading enterprise operating in a mature industry and has a low sensitivity to the business cycle. Which approach is most suitable for Golden?

A. Analyst's discretionary forecast.

B. Historical base rates and convergence.

C. Historical results.

38-6 Which of following is *most likely* an example of a top-down driver of revenues for an e-commerce retailer?

A. Average sales per customer.

B. Number of customer accounts.

C. National retail sales.

第 39 章 权益估值:概念和基本工具

知识引导

权益投资遵循"三好原则",上一章节探讨了如何选出好的行业和好的公司,本章节讨论如何找出好的价格,即权益估值。权益证券投资者在选择投资某家公司时,会衡量公司股权最合适的买入价格,这就需要分析师对不同公司的股权做出合理估值。

考点聚焦

本章考试题型结合定性分析和定量分析,是"权益投资"部分中非常重要的一章。定量侧重考查以下几类估值模型的计算:股利贴现模型(DDM)、戈登增长模型(GGM)和价格乘数中的市盈率(P/E);定性侧重考查不同估值模型的概念、假设、适用场景和优缺点,考生需要能正确辨析。

本章框架图

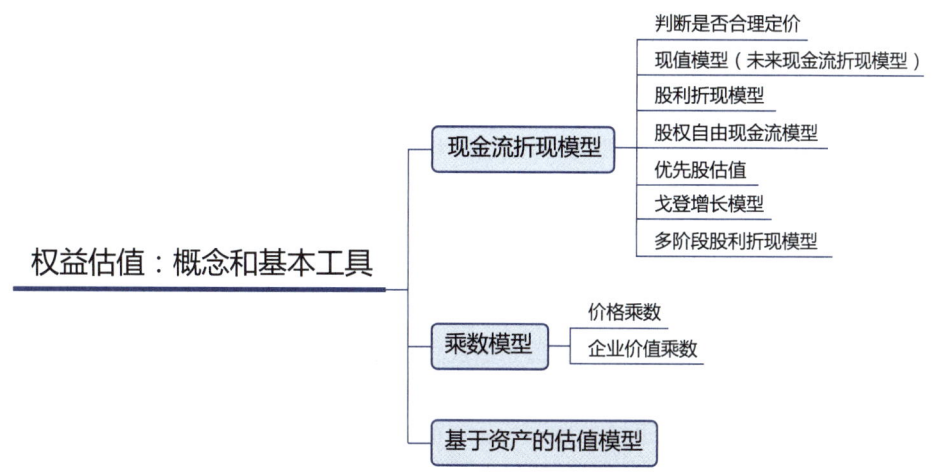

39.1 现金流折现模型

39.1.1 判断是否合理定价

—考点要求—
基于权益证券的估价和市价评估（evaluate）该证券是否被合理定价（★）

估值是一门艺术，如同一千个读者心中有一千个哈姆雷特，不同分析师运用不同的估值方法可以得出不同的公司价值。分析师利用估值模型估算的企业"价值"是其内在价值（intrinsic value/underlying value/inherent value/fundamental value）。

当企业发行的权益证券在二级市场流通交易后，该权益证券会有一个市场价格，市场价格主要是由二级市场的供求关系决定的。从长期看，市场价格始终要回归内在价值。比较权益证券的内在价值和市场价格，分析师可以得出以下三个结论中的任意一个：

—考点要求—
描述（describe）股权估值模型的主要类别和优缺点（★）

（1）内在价值＞市场价格，证券被低估（undervalued/underpriced）；
（2）内在价值＝市场价格，证券被合理定价（fairly valued/priced）；
（3）内在价值＜市场价格，证券被高估（overvalued/overpriced）。

39.1.2 现值模型（未来现金流折现模型）

—考点要求—
诠释（explain）现值模型的原理（★★）

现值模型（present value models），亦称为未来现金流折现模型（discounted cash flow models），是传统金融投资理论中的基本估值模型。该模型基本原理可归纳为以下两个方面：一是投资者现在投资并期望未来能得到回报；二是投资价值等于未来预期现金流的折现值。

下文针对五大类型现值模型做具体论述。

39.1.3 股利折现模型（Dividend Discount Model，DDM）

39.1.3.1 股息基本概念

股票收益主要包括两部分：股息（dividend）和资本利得（capital gain）。

—考点要求—
描述（describe）常规股息、特殊股息、股票股息、拆股、并股、股票回购（★★）

股息（又称股利或分红）是公司支付给股东的回报，属于公司利润的一部分。当公司获得利润以后，既可以把资金留下来再投资（称为留存收益），也可以把钱分配给股东。分配方式主要包括现金股息和股票股息。

1. 现金股息（Cash Dividend）

现金股息是指以现金形式支付给股东的股息，具体包括**常规股息**（regular dividend）和**特殊股息**（special dividend/extra dividend）。

（1）**常规股息**是指公司定期发放一定比例的利润。例如，工商银行每年6月固定派息。长期固定或稳定增长的股息被视为财务稳健的信号。

（2）**特殊股息**是指公司在常规股息之外对投资者一次性增发的股息。周期性行业的公司盈利波动较大，无法保持较高额的稳定派息率，因此公司常常在盈利较好时增加特殊股息。例如，苹果公司CEO蒂姆·库克上台伊始就发放了100亿美金的股息，这就是典型的特殊股息。

> **知识一点通**
>
> 派发股息并非上市公司的法定义务，派发股息由董事会裁决批准。在一些特殊国家，例如日本，股息政策由股东决定。由于特殊股息是不能被预期的，所以股息折现模型使用现金股息，对其进行贴现求和，获得公司的内在价值。

2. 股票股息

股票股息是指公司以新股作为股息而非现金作为股息，其支付形式为送股(stock dividend/bonus issue of shares)。

送股是指公司向股东无偿派发额外股票以代替现金作为股利。送股后虽然股东持有的股份数量增加，但由于股东每股权益被稀释，因此股东在公司中占有的总权益份额和价值均保持不变。

3. 拆股(Stock Split)

拆股是指将现有的股票拆分成更多数量的股票，同样不影响股东的总财富额。并股(reverse stock splits)又称为反向拆股，即多股股票合并成为一股。

> **知识一点通**
>
> 通过拆股可以使高价股的流动性上升。例如，每股 1 800 元的茅台可能会将投资金额不高的中小投资者拒之门外，从而影响其流动性。因此，通过拆股降低每股股价，可以有效增加流动性。反之，并股往往传达出上市公司避免因股价过低而被迫退市进行自救这一负面信号。例如，福汇集团为了避免因股价跌破 1 美元而被迫从纳斯达克(NASDAQ)退市，在 2015 年 9 月 30 日采用了 10 股合并为 1 股的方案进行并股。

> **备考小贴士**
>
> 考生在做题时需要注意："three-for-two stock split"意味着将原先的 2 股拆成 3 股，而非 3 股变成 2 股。

4. 股票回购(Stock Repurchase)

股票回购与现金股利支付方式基本等同，指公司使用自有盈余资金(即内部融资)，在市场上购买股票的行为，资金流向都是从公司内部流向股东。股票回购有很多附加好处：一是回购能给市场带来积极信号，即当前公司管理层认为本公司股票是被低估的；二是回购比现金股利更加灵活，公司能够自主选择回购的时间和数量；三是回购具有税收优势，在收入税(income tax)高于资本利得税(capital gain tax)的国家，回购有利于投资者节税；四是公司可以利用回购吸收员工股权激励计划中增加的股票。

39.1.3.2 股息支付时间安排表

股息支付时间安排表(chronology)：一旦公司董事会表决通过股利支付政策，公司需要遵循统一标准的股息支付时间表来实施。

首先是宣布支付股息日(declaration date)，简称宣布日，即股息分配政策在股东大会审核同意后宣布发放方案的日期。在宣布日，公司需要将应该支付的股利确认为负债，具体会计科目为"应付股利"。

> —考点要求—
> 描述(describe)
> 股息支付时间安排表(★★)

其次是除息日(ex-dividend date/exdate)，指不含股息的股票交易首日。按照美国市场的准则，若在除息日前一天买入股票，该交易后的第二或第三个交易日才能完成股票资产账户的清算(T+2是美国的，T+3是英国的)，即把买方资金划归卖方账户，将卖方股票划归买方账户。除息日前一天买入股票，可得到将要发放的股息；而除息日当天或之后购买的股票则无权得到该次发放的股息。由于之后交易的股票不含股息，当日交易价格往往低于之前的交易价格。因此，除息日对股票价格有显著影响。

除息日之后购买股票的投资者无权获得股息，因此除息之后股价下跌的幅度和股息派付金额相等。如图39.1所示，除息前一天股价为20元，除息日当天每股付息1元，除息日开始交易时，股价下跌1元至19元。若不存在税收，现金股息不会影响股东财富。

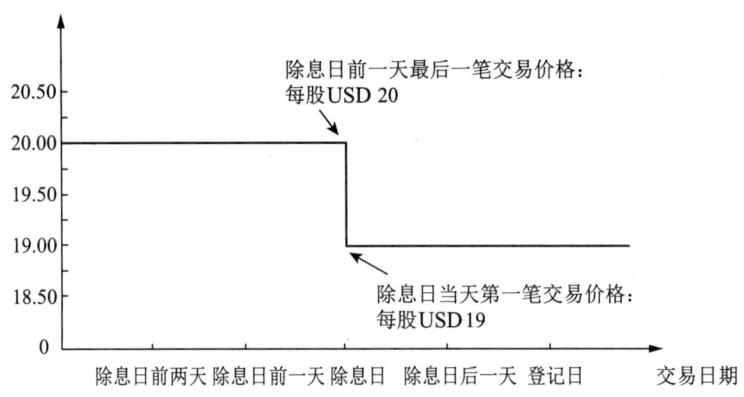

图39.1 除息日股票价格变化

再次是登记日(holder-of-record date/the owner of record date/shareholder-of-record date/record date/date of record/date of book closure)。只有在登记日名列股东名单的投资者，才能获得此次发放股利的权利，此后登记在册的股东无权获得本次发放的股息。在美国或英国市场，登记日往往是除息日后的第一或第二个交易日。

最后是发放日(payment date/payable date)，即公司实际发放股息的日期。

图39.2具体展示了股息派发时间表。

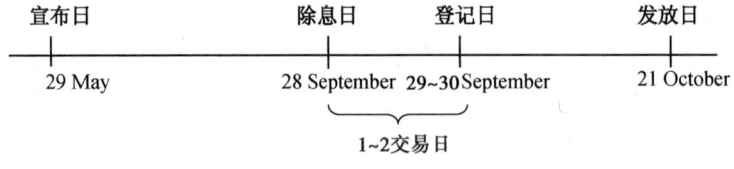

图39.2 股息支付时间表

39.1.3.3 股利折现模型

—考点要求—
解释(explain)
股利折现模型
和股权自由现
金流折现模型
(★★)

股利折现估值模型的重要假设是公司永续经营(going-concern)，公司股票的内在价值等于未来预期股利的现值，即：

$$V_0 = \sum_{t=1}^{\infty} \frac{D_t}{(1+r)^t} \tag{39.1}$$

其中，V_0是股票在$t=0$时刻的价值；D_t是第t年预测的股利，假设股利为年末支付；r是投资者的要求收益率。

> **知识一点通**
>
> 基于 N 个持有期的现值折现模型可推导出 DDM 公式。在估值时需要考虑两方面要素：一是未来现金流的构成；二是折现率的选取。股票的未来现金流主要由两部分构成：股利和卖出股票获得的现金收入。折现率选择投资者的预期收益率，可通过马科维茨的资本资产定价模型（Capital Asset Pricing Model，简称 CAPM）求得，即：
>
> $$r_e = r_f + \beta(r_m - r_f) \tag{39.2}$$
>
> 其中，r_f 为无风险收益率；r_m 为市场回报；β 衡量个股相对整个市场的波动情况。
>
> 假设投资者持有一股票到第 n 年并在该年年末卖出股票，则该股票在 $t=0$ 时刻的价值为：
>
> $$V_0 = \frac{D_1}{(1+r)^1} + \ldots + \frac{D_n}{(1+r)^n} + \frac{P_n}{(1+r)^n} \tag{39.3}$$
>
> 其中，V_0 是股票在 $t=0$ 时刻的价值；D_n 是第 n 年的预期股利，假设股利年末支付；r 是投资者的要求收益率；P_n 是第 n 年年末股票的卖价，称为终值（terminal value）。
>
> 根据公式（39.3），若要求得 V_0，必须知道每期的股利 $D_1,\cdots,D_n$，同时还要知道期末股票的卖出价格 P_n。如果加上永续经营这个重要前提假设，即 n 无穷大时，公式最后一项 $\dfrac{P_n}{(1+r)^n}$ 对 V_0 的影响可忽略。DDM 公式化简为公式（39.1）。

DDM 的优点是模型能够较为精准地揭示公司股票的内在价值。缺点是正确地估计参数比较困难。例如，公司未来每一笔红利的预测是一项大工程。

39.1.4 股权自由现金流模型（Free-Cash-Flow-to-Equity Valuation Model）

DDM 适用每年都发放股利的公司。若公司不分红，则可以采用另外一种现值折现模型，即股权自由现金流模型，简称 FCFE 模型。此模型与 DDM 基本原理类同，FCFE 模型折现的未来现金流是预期的公司股权自由现金流，折现率是股东的要求回报率，即：

$$V_0 = \sum_{t=1}^{\infty} \frac{\mathrm{FCFE}_t}{(1+r)^t} \tag{39.4}$$

一般情况下，股权自由现金流（FCFE）指公司资金满足日常经营管理和资本开支等项目以后能有效分配给股东的现金流。

计算股权自由现金流可以从营运现金流（operating cash flow）出发，在此基础上扣减固定资本投资（fixed capital investments，FCInv.），再加上净借款（net borrowing，NB），即：

$$\mathrm{FCFE} = \mathrm{CFO} - \mathrm{FCInv.} + \mathrm{NB} \tag{39.5}$$

其中：

$$\mathrm{CFO} = \mathrm{Net\ income} + \mathrm{Depreciation} - \mathrm{WCInv.} \tag{39.6}$$

公式（39.6）中，WCInv. 指运营资本投资。该公式也是"财务报告与分析"中 CFO 的间接法计算公式。

> **备考小贴士**
>
> FCFE 的公式计算是 CFA® 二级考试重点，也是 CFA® 一级"财务报告与分析"的考点之一，需要考生掌握其计算和概念。

FCFE 是度量公司分红能力（dividend-paying capacity）的指标，但同时 FCFE 模型也适用于一些并不会发放红利的公司估值。

39.1.5 优先股估值（Preferred Stock Valuation）

—考点要求—
计算（calculate）普通优先股的内在价值（★★）

对于不附加任何特殊条款、每期发放固定股利的普通优先股而言，其估值采用的方法同样基于现金流折现的思想。模型假设要求回报率恒定，即：

$$V_0 = \frac{D}{r} \tag{39.7}$$

39.1.6 戈登增长模型（The Gordon Growth Model, GGM）

戈登增长模型是股利折现模型的特例，除了永续经营的前提假设，又增加了两条重要假设：一是股利以永续增长率无限期增长，二是股利增长率比要求回报率小。公式如下：

$$V_0 = \frac{D_1}{r-g_c} = \frac{D_0(1+g_c)}{r-g_c} \tag{39.8}$$

—考点要求—
计算（calculate）并解释（interpret）戈登增长模型下权益证券的内在价值（★★★）

其中，D_0 为 $t=0$ 时刻的股利；D_1 为 $t=1$ 时刻的股利；g_c 为恒定的股利增长率；r 为要求回报率或折现率。

> **知识一点通**
>
> 为了进一步理解 GGM 公式，此处简单演示一下公式（39.8）的推导过程。
>
> 首先，基于该模型的假设，利用股利折现思想，公式如下：
>
> $$V_0 = \frac{D_0(1+g)}{(1+r)} + \frac{D_0(1+g)^2}{(1+r)^2} + \cdots + \frac{D_0(1+g)^n}{(1+r)^n} \tag{39.9}$$
>
> 将公式（39.9）右侧提取公因式 D_0 可得：
>
> $$V_0 = D_0 \times \left[\left(\frac{1+g}{1+r}\right)^1 + \left(\frac{1+g}{1+r}\right)^2 + \cdots + \left(\frac{1+g}{1+r}\right)^n \right]$$
>
> 由于 $r > g$，因此 $\frac{1+g}{1+r} < 1$，$\left[\left(\frac{1+g}{1+r}\right)^1 + \left(\frac{1+g}{1+r}\right)^2 + \cdots + \left(\frac{1+g}{1+r}\right)^n \right]$ 是公比为 $\left(\frac{1+g}{1+r}\right)$ 的收敛的无穷等比数列。因此，根据收敛的无穷等比数列求和公式，可得：
>
> $$V_0 = D_0 \times \frac{\frac{1+g}{1+r}}{1-\frac{1+g}{1+r}} = D_0 \times \frac{1+g}{r-g} \tag{39.10}$$
>
> 即：
>
> $$V_0 = \frac{D_0(1+g)}{r-g} = \frac{D_1}{r-g}$$

GGM 公式里有三个参数的计算是需要重点掌握的。

1. 股利（D_0）

关于股利 D_0 的计算，结合"财务报告与分析"部分的知识，公司损益表的净利润（net income）一部分作为股利分配给股东，剩下的作为留存收益（retained earnings）留作未来公司经营发展备用。公式如下：

$$D_0 = (1-b) \times \text{EPS} \tag{39.11}$$

其中，D_0 作为公司已发放的每股股利；b 为留存收益率（earnings retention rate）；$1-b$ 为股利支付率（dividend payout ratio）；EPS 为每股净收益（earnings per share）。

2. 股利增长率（g）

股利永续增长率 g，等于留存收益率乘以股东权益回报率，即：

$$g = b \times \text{ROE} \tag{39.12}$$

其中，b 为留存收益率。

> **知识一点通**
>
> 股利永续增长率公式假设每年公司股本（equity）的变化只与留存收益有关，变相说明公司没有新发股份、股票回购，不受其他综合收益（OCI）的影响。故有公式：新增股本 Equity×g=R/E=NI×b，其中，R/E 为当年留存收益，NI 为净利润。整理公式，得：
>
> $$g = \frac{\text{NI}}{\text{Equity}} \times b = \text{ROE} \times b$$

3. 要求回报率/折现率（r）

关于折现率 r 的计算，联系前文 DDM 涉及的公式（39.2）CAPM 可得。

> **知识一点通**
>
> CAPM 计算折现率时，考生需要注意：其中的无风险收益率 r_f 是名义利率。有时题目实际无风险收益率已知，此时需先将实际利率调整通货膨胀率，得到名义利率后再代入公式计算。

例题 39.1

根据下表 GC 公司的财务数据，用无限期的股利现金流折现模型评估该公司的股票价值（计算结果保留两位小数）。其中名义无风险收益率采用复利。

GC 公司的财务数据

总资产（Total assets）	USD 680 000
权益（Equity）	USD 350 000
收入（Sales）	USD 8 000 000
利润（Earnings）（第 1 年年末）	USD 100 000

续表

股利支付率(Dividend payout ratio)	50%
实际无风险收益率(Real risk free interest rate)	4%
预期通胀率(Expected inflation rate)	2%
预期市场收益率(Expected market return)	12%
股票贝塔值(Stock beta)	1.8
已发行股份数(Shares outstanding)	50 000

名师解析

由 DDM 公式 $V_0 = \dfrac{D_1}{r-g}$,依次计算出其中的参数并代入公式求解。

首先,已知盈利和股利支付率,可求得第一年年末的每股股利 D_1,即:

$$D_1 = \dfrac{\text{Earnings} \times \text{Dividend payout ratio}}{\text{Shares outstanding}}$$
$$= \dfrac{100\ 000 \times 50\%}{50\ 000}$$
$$= \text{USD } 1$$

其次,折现率通过 CAPM 公式可得。

需要注意,题干信息已知实际无风险收益率和预期通胀率,这时应先计算出名义无风险利率(复利),公式如下:

$$\text{Nominal } r_f = (1 + \text{Real } r_f) \times (1 + \text{Expected inflation}) - 1$$
$$= (1 + 4\%) \times (1 + 2\%) - 1$$
$$= 6.08\%$$

再次,将名义无风险利率、贝塔值和预期市场收益率三个参数代入 CAPM 公式,求得折现率,即:

$$r_e = r_f + \beta(r_m - r_f)$$
$$= 6.08\% + 1.8(12\% - 6.08\%)$$
$$= 16.74\%$$

最后,基于股利增长率公式,依次计算出公式中的参数:

$$b = 1 - \text{Dividend payout ratio} = 1 - 50\% = 50\%$$
$$\text{ROE} = \dfrac{\text{Net income}}{\text{Equity}} = \dfrac{100\ 000}{350\ 000} = 28.57\%$$

b 和 ROE 再代入股利增长率公式,得:

$$g = b \times \text{ROE} = 50\% \times 28.57\% = 14.29\%$$

这时,将 D_1、r 和 g 分别代入 DDM 公式,即:

$$V_0 = \dfrac{D_1}{r-g} = \dfrac{1}{0.167\ 4 - 0.142\ 9} = \text{USD } 40.82$$

39.1.7 多阶段股利折现模型（Multi-stage Dividend Discount Model）

绝大部分公司的股利呈多阶段增长。例如，在第一阶段，公司保持股利高速增长。第二阶段，公司发展逐渐成熟，股利开始以一个较低的永续增长率增长。这种情况下，使用两阶段股利折现模型（two-stage DDM）对公司股权做估值相对更合理。公式如下：

$$V_0 = \sum_{t=1}^{n} \frac{D_0(1+g_h)^t}{(1+r)^t} + \frac{V_n}{(1+r)^n} \quad (39.13)$$

$$V_n = \frac{D_{n+1}}{r-g_l} \quad (39.14)$$

—考点要求—
计算（calculate）并解释（interpret）两阶段股利折现模型下权益证券的内在价值（★★★）

公式（39.13）中，前一项 $\frac{D_0(1+g_h)^t}{(1+r)^t}$ 代表公司处于高速增长阶段的股利现金流折现，其中，g_h 为该阶段的股利高速增长率；后一项 $\frac{V_n}{(1+r)^n}$ 代表公司处于永续增长阶段的现值，其中，V_n 是公司高速增长期期末（即股利开始永续增长的第 n 期）的终值。公式（39.14），即 GGM 公式，可求得 V_n。其中，g_l 为长期股利的永续增长率。

> **知识一点通**
> 两阶段的 DDM 本质上就是将 GGM 运用到终值的求解。

例题 39.2

依据下表的具体信息，根据两阶段股利折现模型，计算该公司的普通股每股价值是多少？（计算结果保留两位小数）

Golden Inc. 财务数据指标等信息

已发行股份数（Number of outstanding shares）	10 million
股东权益收益率（Return on equity）	12%
资产周转率（Asset turnover）	24%
杠杆比率（Leverage ratio）	5
预期收入（Expected sales）	USD 300 million
股利支付率（Dividend payout ratio）	30%
预期在第二年至第四年的股利增长率（Dividend growth rate expected during year 2 to 4）	20%
第四年之后的预期股利增长率（Dividend growth rate expected after year 4）	5%
投资者的要求回报率（Investors' required return）	10%

名师解析

本题是两阶段估值模型的基本题型。做题时可通过画图解题，如下图所示。

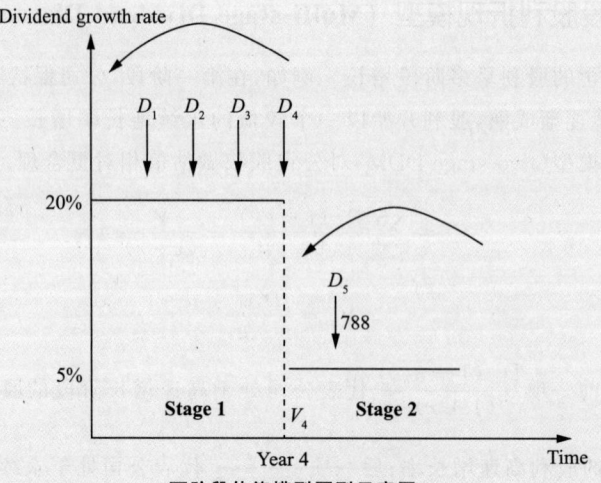

两阶段估值模型题型示意图

首先考虑如何计算每期股利。

根据题目已知条件，股东权益收益率、资产周转率、杠杆比率等几个已知的财务指标可以联想到净利润可以由杜邦三分解公式得到，即：

$$\text{ROE} = \frac{\text{Net income}}{\text{Sales}} \times \frac{\text{Sales}}{\text{Assets}} \times \frac{\text{Assets}}{\text{Equity}}$$

已知条件 ROE、Sales、Asset turnover、Leverage ratio 代入上式，反求 Net income，即：

$$12\% = \frac{\text{Net income}}{300} \times 24\% \times 5$$

Net income = USD 30 million

得出净利润后，每期股利根据股利支付率和每期股利预期增长率计算得出，公式如下：

$$\text{Dividend per share} = \frac{\text{Net income} \times \text{dividend payout ratio}}{\text{Number of outstanding shares}}$$

依次计算出后几年的股利：

$$D_1 = \frac{30 \times 0.3}{10} = \text{USD } 0.9$$

$$D_2 = 0.9 \times (1 + 0.2) = \text{USD } 1.08$$

$$D_3 = 0.9 \times (1 + 0.2)^2 \approx \text{USD } 1.3$$

$$D_4 = 0.9 \times (1 + 0.2)^3 \approx \text{USD } 1.56$$

$$D_5 = 0.9 \times (1 + 0.2)^3 \times (1 + 0.05) \approx \text{USD } 1.63$$

这里要注意第二阶段的永续增长，先计算出股利开始永续增长之后的终值再去折现。这里注意易错点：计算的终值是 V_4。

$$V_4 = \frac{D_5}{r - g} = \frac{1.63}{0.1 - 0.05} \approx \text{USD } 32.66$$

$$V_0 = \frac{0.9}{1.1} + \frac{1.08}{1.1^2} + \frac{1.3}{1.1^3} + \frac{1.56 + 32.66}{1.1^4} \approx \text{USD } 26.06$$

> **备考小贴士**
>
> 使用戈登增长模型求终值的两阶段股利折现模型是本章重要考点之一,考生必须掌握相关计算。考生可通过画图的方式,计算其中对应的参数,方便高效地计算,避免错误。

> **知识一点通**
>
> 现值估值模型的归纳总结如表 39.1 所示。
>
> **表 39.1 现值估值模型**
>
> | 现值估值模型 | DDM | FCFE Model | GGM |
> |---|---|---|---|
> | 假设 | (1)公司永续经营;
(2)要求回报率恒定不变 | — | (1)公司永续经营;
(2)股利增长恒定不变;
(3)要求回报率恒定不变;
(4)股利增长率小于要求回报率 |
> | 适用公司情况 | 分发股利 | (1)不发股利;
(2)公司作为收购目标 | 分发股利 |
> | 公式 | $V_0 = \sum_{t=1}^{\infty} \dfrac{D_t}{(1+r)^t}$ | $V_0 = \sum_{t=1}^{\infty} \dfrac{FCFE_t}{(1+r)^t}$
FCFE = CFO − FCInv.+ NB | $V_0 = \dfrac{D_1}{r-g_c} = \dfrac{D_0(1+g_c)}{r-g_c}$
$D_0 = (1-b) \times EPS$
$g = b \times ROE$
$r_e = r_f + \beta(r_m - r_f)$ |
> | 优缺点 | 优点:能较精确揭示公司内在价值。
缺点:如何正确确定参数比较困难 | | |

39.2 乘数模型（Multiplier Models）

—考点要求—
诠释（explain）价格乘数模型（★★★）

常见的乘数模型有两类:一类是价格乘数模型,即用公司的股价除以公司的基本面信息,例如市盈率、市销率、市净率、市现率等;另一类是企业价值乘数模型。

39.2.1 价格乘数

1. 常见价格乘法

(1) 市盈率(Price-to-Earning,P/E)。

—考点要求—
计算（calculate）并解释（interpret）前四种价格乘数（★★）

一般情况下,市盈率是指市场价格除以公司净利润得到的比率。例如,Golden Finance 的股价为每股 USD 10,年末 Golden Finance 公司的每股盈利为 USD 10,则公司市盈率为 1 倍。这代表着,投资者平均花 USD 10 买 Golden Finance 公司每股 USD 10 的净利润。

(2) 市净率(Price-to-Book,P/B)。

市净率是指市场价格除以公司每股净资产账面价值得到的比率。

和市盈率相比,市净率估值的优点是:若公司年末账面有亏损,盈利为负,这时再用市盈率估值就不可能了。然而公司股权的账面价值很少为负,因此大多数公司可以采用市净率估值。

由于重资产公司的账面价值比较容易获得,市净率估值一般适用于有大量有形资产的公司，而有些无形资产的账面价值很难计量，例如研究与开发（research and development，R&D），因此市净率估值不适用于有大量无形资产的公司。

（3）市销率（Price-to-Sales，P/S）。

市销率是指市场价格除以公司的每股销售额得到的比率。

和市盈率、市净率相比，市销率估值的优点是：公司销售额一般为正，对于没有盈利，或资产账面价值不好计量的公司，也可以计算出一个有意义的价格乘数。另外，销售额比较稳定，不易被操纵。

（4）市现率（Price-to-Cash-Flows，P/CF）。

市现率是指市场价格除以公司每股现金流得到的比率。

2. 实际和预期的价格乘数

—考点要求—
诠释（explain）基于基本面的市盈率和基于市场数据的价格乘数（★★）

由于使用的数据来源不同，价格乘数可分为实际（trailing）价格乘数和预期（leading/forward）价格乘数。实际价格乘数指乘数分母使用的是过去或现在的实际数据，而预期价格乘数指乘数分母使用的是未来预期的数据。

虽然价格乘数估值方法并不涉及未来现金流折现，但价格乘数的应用往往通过现金流折现原理和公司基本面相关联实现，例如，结合GGM和基本面数据计算出价格乘数，估算公司的内在价值。

> **知识一点通**
>
> 以市盈率为例，基于使用的盈利数据不同，市盈率可分为预期市盈率和实际市盈率。
>
> 预期市盈率（leading P/E）公式如下：
>
> $$\frac{P_0}{E_1} = \frac{D_1/E_1}{r-g} = \frac{1-b}{r-g} \tag{39.15}$$
>
> 实际市盈率（trailing P/E）公式如下：
>
> $$\frac{P_0}{E_0} = \frac{\frac{D_0(1+g)}{r-g}}{E_0} = \frac{\frac{D_0}{E_0} \times (1+g)}{r-g} = \frac{(1-b)(1+g)}{r-g} \tag{39.16}$$
>
> 对于乘数分子，基于使用的价格数据不同，市盈率可进一步分为市场市盈率（market P/E）和内在市盈率（intrinsic P/E）。
>
> 市场市盈率指分子使用的是当期市场价格，又称为基于市场数据的价格乘数（price multiples based on comparables）。内在市盈率指分子使用的是估算得出的公司价值，即 V_0，而 V_0 可由GGM得出。
>
> 公式（39.15）和（39.16）展开式计算的市盈率都属于内在市盈率，又称为基于基本面的价格乘数（price multiples based on fundamentals）。

> **备考小贴士**
>
> 有时基于基本面的预期市盈率又称为合理的预期市盈率（justified forward P/E），考生需了解概念的同义表达。

通过分析公式（39.15）中各参数的关系，可以得出以下两个重要结论。

(1) 市盈率和要求回报率负相关,和股利增长率正相关。

(2) 市盈率的股利支付率之间的关系不明确(ambiguous)。从公式(39.15)中直观可得,股利支付率上升,市盈率上升,两者正相关。然而由公式(39.12)中可知,更高的股利支付率可能会导致较低的增长率。通过公式(39.15)进一步推出下降的市盈率。因此股利支付率上升,市盈率可能也会下降,两者则负相关。

市盈率指标反映了市场对于公司战略是否正确的看法,如果看法积极则享受高市盈率,如果消极则为低市盈率。而公司的分红政策在不同的生命周期阶段,对于股东价值的增值有影响,在成长期可以少分红以求高增长,而在成熟期之后,应该多分红,提高资金使用效率。所以,分红政策在企业不同阶段应该不同,继而在公式中体现为分红多少和市盈率高低关系不明确。

> **备考小贴士**
>
> 市盈率 P/E 是几个价格乘数中相对更重要的乘数,考生需重点掌握市盈率的概念、计算、使用场景和优缺点,可结合在"财务报告与分析"部分的相关知识加以理解巩固。

实务中,运用价格乘数对公司估值需要结合宏观经济、行业发展与公司基本面情况具体分析。在市场出现较大波动时,一些价格乘数(如市盈率、市净率)的变动幅度也较大,可能误导对公司的价值评估。

3. 应用

比较法(the method of comparables)是指以价格乘数为基础的常用估值方法,其背后隐含的经济原理是一价定律(law of one price),即相同资产应具有相同价格。比较法将公司的价格乘数和选取基准(benchmark)进行比较,判断公司资产是合理定价、被低估还是被高估。可选基准包括:可比公司乘数或行业平均乘数,也可以使用历史乘数数据作为基准。

—考点要求—
诠释(explain)比较法的估值的运用(★★)

前文举例的两家公司市盈率,Golden Finance 公司为 1 倍,Pingo 为 10 倍。假设又有一家 Alex Tech 公司市盈率为 30 倍,若判断 Alex Tech 公司股价是被低估还是被高估,仅仅看 30 倍的市盈率没有意义,因为缺少了一个基准。若已知这些公司所在行业的平均市盈率为 50 倍,以行业平均为比较基准,AlexTech 公司 30 倍的市盈率是被低估的。

> **知识一点通**
>
> 依据表 39.2 信息,我们通过 2016 年美国几家科技龙头股的价格乘数和企业价值乘数数据具体分析一下比较法的运用。
>
> **表 39.2　2016 年美国科技龙头股市盈率、市净率、企业价值乘数对比**
>
> | Company | P/E | P/B | EV/EBITDA |
> | --- | --- | --- | --- |
> | Baidu(BIDU) | 35 | 9.6 | 24 |
> | Google(GOOG) | 30 | 4.5 | 19.3 |
> | Facebook(FB) | 105 | 10 | 37.8 |
> | LinkedIn(LNKD) | 940 | 10.5 | 139 |
> | Yahoo!(YHOO) | 30 | 2.8 | 29.3 |
> | Amazon(AMZN) | 610 | 18 | 43.2 |

> 由于表39.2没有行业基准的信息,因此在用比较法分析不同公司的价值大小时可以选取一个或几个可比公司为基准。
>
> 从市盈率角度分析,LinkedIn和Amazon估值过高,市盈率分别为940和610。
>
> 从市净率角度分析,LinkedIn和Amazon依然估值偏高,市净率分别为10.5和18。
>
> 从企业价值乘数角度分析,LinkedIn和Amazon估值偏高,分别为139和43.2。

例题 39.3

在公司价值分析中分析师经常采用市盈率估值。以快消行业的三家知名品牌为例,比较下表中的几家公司,请问哪家公司股票最具投资价值?

2023年快消品行业三大公司市盈率比较

	宝洁	联合利华	强生
P/E	16	27.6	22.36
Industry Average P/E		25.5	

名师解析

题目已知三家快消品公司的市盈率数据和行业平均市盈率,判断哪家公司股票最有投资价值,只需要判断哪家公司价值被低估的幅度最大。数据显示,宝洁和强生两家公司的市盈率低于行业平均,所以其价值被低估。其中宝洁公司价值被低估的幅度更大,因此宝洁公司股票最具投资价值。

4. 优缺点

价格乘数模型的优点是:既可以对同一时间的不同公司做横向比较,又可以对不同时间的同一公司做纵向比较。

价格乘数模型的缺点如下。

(1) 用价格乘数模型得出的估值结论很可能与用现金流折现模型得出的结论不一致。

(2) 不同的会计准则或计算方法的差异会导致含基本面信息的乘数很难比较。例如用市盈率估值时,研发费用选择资本化或是费用化,会对净利润产生很大的影响,会使得在比较时会有差异。

(3) 周期型公司的价格乘数可能会较大程度上受现有经济状况影响。

(4) 价格乘数大多只反映了公司的历史表现。

—考点要求—
描述(describe)
企业价值乘数和其在股权估值中的运用(★★)

39.2.2 企业价值乘数 (Enterprise Value Multiples)

企业价值乘数是指企业价值(EV)除以息税折旧摊销前利润(EBITDA)得到的比率,即:

$$\text{Enterprise value multiple} = \frac{\text{Enterprise value}}{\text{EBITDA}} \tag{39.17}$$

和价格乘数相比,该乘数公式涉及分子分母两个全新的参数。企业价值等于普通股、优先股和债务的市场价值减去现金及现金等价物,即:

$$\text{Enterprise value} = \text{Market value of common stock} + \text{Market value of preferred stock} + \text{Market value of debt} - \text{Cash and cash equivalents}$$

从另一个角度解释企业价值,EV 可理解为收购一家公司所付出的全部成本。

在企业价值乘数中,分子用企业价值代替市场价格的好处是:当比较资本结构完全不同的公司价值时,企业价值是有意义的。例如,比较 Alex Tech.和 Golden Fin.这两家公司,其中 Alex Tech.的资本结构杠杆比率较高。因此直接比较两家不同资本结构公司的股票价格不合适,前者的运营结果是高负债下的产物,但企业价值是考虑到债务价值的,可以比较他们的企业价值。

在企业价值乘数中,分母用息税折旧摊销前利润代替净利润的好处是:公司盈利有可能为负,而息税折旧摊销前利润通常是正的。

> **知识一点通**
>
> 在计算企业价值时,"现金及现金等价物"是扣除项,这是因为:当收购方收购一家企业时,被收购企业账上本身可能还有现金或短期投资金额,这部分资金应作为实际收购成本的抵减项。企业价值等于收购企业所用的实际金额。

> **备考小贴士**
>
> 企业价值的计算是本部分考查重点,若债务的市场价值无法获得,可以用其账面价值替代。

> **知识一点通**
>
> 乘数模型的重点归纳总结如表 39.3 所示。

表 39.3 乘数模型

乘数模型	P/E	EV Multiple
适用情况	公司有盈利	(1)公司间资本结构不同; (2)资本密集型(Capital-Intensive)公司
公式	Price multiples based on comparables: Leading P/E: $\dfrac{P_0}{E_1}$ Trailing P/E: $\dfrac{P_0}{E_0}$	Price multiples based on fundamentals: Leading P/E: $\dfrac{P_0}{E_1} = \dfrac{D_1/E_1}{r-g} = \dfrac{1-b}{r-g}$ Trailing P/E: $\dfrac{P_0}{E_0} = \dfrac{D_0(1+g)/(r-g)}{E_0}$ $= \dfrac{(1-b)(1+g)}{r-g}$	$\dfrac{\text{Enterprise value}}{\text{EBITDA}}$ EV = Market value of common stock + Market value of preferred stock + Market value of debt − Cash and cash equivalents
优点	(1)计算简单、流行; (2)可以横向或时间序列比较公司		

乘数模型	P/E	EV Multiple
缺点	（1）和现金流折现估值方法的结论可能相反； （2）不同会计准则导致乘数较难比较； （3）周期性公司的价格乘数会受经济条件的高度影响； （4）价格乘数大多只反映了公司过去的表现	

—考点要求—
描述（describe）基于资产的估值模型和其在股权估值中的运用（★）

39.3 基于资产的估值模型（Asset-Based Valuation）

基于资产的估值模型，其原理是：利用公司的资产负债表中资产和负债的市场价值估计公司权益的市场价值，即：

$$\text{Market value of equity} = \text{Market value of assets} - \text{Market value of liabilities}$$

该估值方法适用的公司情况如下：

（1）多用于非上市公司（private company）；

（2）有大量有形短期资产（tangible short-term asset），且资产的市场价值易得的公司；

（3）正进行破产清算的公司。

当公司符合以下条件之一时，运用该估值方法会存在问题。

（1）公司大部分资产的市场价值不易得，例如地产、厂房设备（PP&E）等。

（2）公司资产和负债的公允价值（fair value）和账面价值存在差异。

（3）由于公司总资产中的无形资产较难估算，在核算公司资产负债表中的全部资产和负债的价值时就有可能无法正确反映这些无形资产的价值。此外，公司的很多价值并未反映在资产负债表上，例如员工的人力资本、公司的品牌形象等。使用基于资产的估值模型会导致公司的价值被低估。因此，使用该模型估值时会给予资产一个地板价（"floor" value），一般设定为公司破产清算时的最低值。

（4）恶性通胀（hyper-inflationary）环境下资产的价值更难估算。

备考小贴士

基于资产的估值模型定性和定量的考查都有可能涉及。定性主要考查适用该模型的公司情况。定量考查计算公司的权益价值，考生需注意：有市场价格用市场价格，没有则用账面价值。

练一练

39-1 Based on the following information, the intrinsic value of the stock is closest to:

Dividend per share this year	$2.4
Expected dividend growth for year 1	20%
Expected dividend growth for year 2	15%
Expected stock value at the end of year 2	$36
Investors' required rate of return	11%

A. $31.61.
B. $34.05.
C. $34.50.

39-2 An investor gathered the following information data to estimate the value of the company's preferred stock:

Par value of preferred stock offered at a 5% dividend rate	100
Company's sustainable growth rate	8%
Yield on comparable preferred stock issues	12%
Investor's marginal tax rate	15%

Meanwhile, the preferred stock is trading at $50. The company's preferred stock appears to be:

A. undervalued.
B. overvalued.
C. fairly valued.

39-3 Compare with dividend discount model (DDM), the free cash flow to equity (FCFE) is a measure of:

A. dividend-paying capacity.
B. sustainable growth rate.
C. required rate of return.

39-4 William has collected three firms' P/E multiples to explore the investment opportunities in terms of valuation. These three firms are in the same industry and have similar financial data. Firm X's P/E ratio is 12x. Firm Y's P/E ratio is 15x. Firm Z's P/E ratio is 20x. According to the information about comparable companies, which firm is said to be overvalued?

A. Firm X.
B. Firm Y.
C. Firm Z.

39-5 Which of the following statements regarding enterprise value multiple is least accurate?

A. Enterprise value is calculated by adding up market value of common stock, cash and debt.
B. Enterprise value multiple is preferred when comparing companies with different capital structure.
C. Enterprise value can be used as the cost of takeover.

39-6 The asset-based valuation model is most appropriate to value a company which:
A. is a public listed company with solid financial performance.
B. is a top company in the industry and has sufficient cash flow every year.
C. is a private company and announced to be liquidated.

第 6 部分 固定收益证券

考情分析

"固定收益证券"在 CFA® 一级考试中的分值占比为 11%~14%,在整个课程体系中占比位居中上游。根据 CFA® 协会统计,"固定收益证券"属于难度较高的科目。一方面,固定收益证券在各种投资工具中相对专业和晦涩,投资主体以机构为主,个人投资者对此相对陌生;另一方面,过去 30 年"异军突起"的资产支持证券具有与传统债券截然不同的特征,即全新的"收益—风险"结构。鉴于本部分内容与其他科目的关联性,考生在学习本部分内容之前,需要熟练掌握数量分析方法、投资组合和衍生品的相关知识。对于本部分内容,考生需要清晰地理解并辨析大量专业术语词汇与概念,理解各类固定收益证券(特别是资产支持证券)的特征与区别,掌握计算题的常见模式和方法,忽略证明与推导。

"固定收益证券"共 6 章,可以划分为三大部分:产品与市场、估值与风险,以及资产证券化。首先,产品与市场包含债券与债券市场的介绍,为后续学习奠定基础。其次,估值与风险包含债券定价的基本计算与收益风险分析;收益风险分析的核心内容是利率风险,包括各种久期与凸度的计算,既是考试重点又是难点,考生需要分配较多的学习时间;对于信用风险,考生对核心概念和考法熟悉即可。最后,资产证券化包含资产支持证券的相关介绍。

本部分框架图

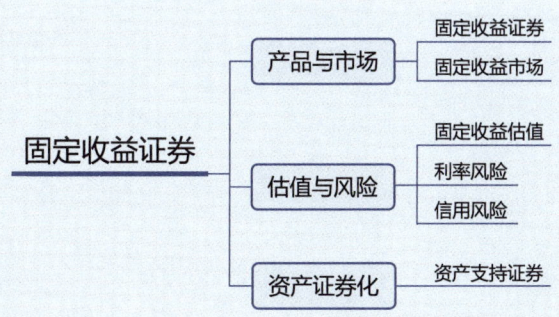

第40章 固定收益证券

知识引导

　　固定收益证券是金融产品中非常重要的一种。与权益类投资相比，固定收益证券的现金流结构相对"固定"，其风险收益更容易量化，因而在各类机构投资者的资产配置中扮演着重要角色。本章主要介绍固定收益证券（主要是债券）的基本特征、现金流结构以及相关的法律、税务知识。

考点聚焦

　　债券的基本特征和现金流结构为本章重点。债券的基本特征是考生理解债券现金流结构以及债券定价的基石。其中，面值和票息两个概念尤为重要。此外，绘制债券现金流图是后续学习债券定价的基础，考生应牢牢掌握。最后，法律、税务的相关知识点不是考试重点，稍微留意本币债券（national bond）和欧洲债券（Eurobond）的区别对比、债券利息收入与资本利得的税务处理等个别知识点即可。

本章框架图

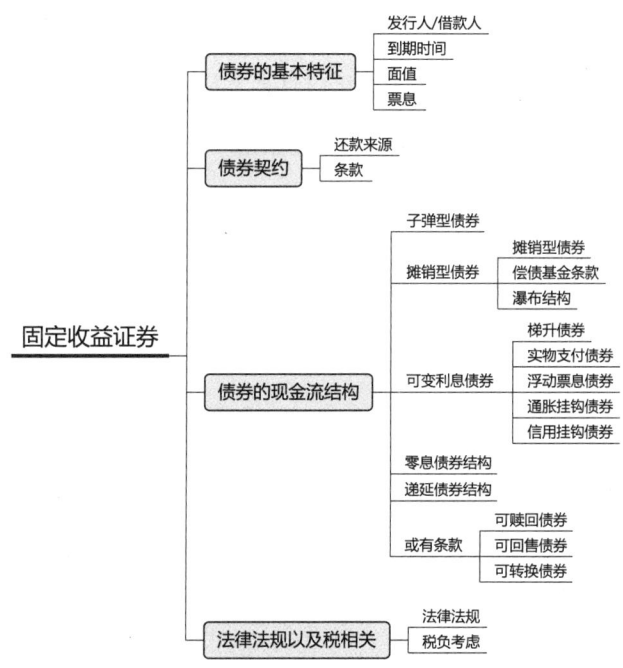

40.1 债券的基本特征

固定收益证券是最常见的一种融资工具。它反映了企业、政府或其他固定收益证券的发行人与投资者之间的债务关系。固定收益证券分为债券（bonds）和优先股（preferred stock），优先股在 CFA 权益投资科目中展开。CFA 固定收益证券科目围绕债券展开讨论。债券具有若干个基本要素，包括发行人、到期时间、面值、票息、清偿顺序、或有条款、收益率、收益率曲线等，其中清偿顺序、或有条款、收益率、收益率曲线在后文中详细探讨，以下分别探讨前四个基本要素。

40.1.1 发行人/借款人（Issuer/Borrower）

—考点要求—
描述（describe）固定收益证券的特征（★）

债券的发行人即融资方，通过发行债券的方式向债券投资人筹措资金，并承诺在将来支付利息、归还本金。以下介绍债券五类主要的发行人。

40.1.1.1 超国家组织（Supranational Organizations）

超国家组织由多个主权国家共同组建，如世界银行（World Bank）、国际货币基金组织（IMF）和亚洲开发银行（Asian Development Bank）等。它们通常通过发行债券来筹集资金，这些资金用于为成员国提供贷款或进行投资。

40.1.1.2 主权（国家）政府（Sovereign/National Governments）

由主权政府发行的债券，例如美国国债或中国国债。主权债券不仅可以采用主权国家的本币发行，也可以采用外币发行。

40.1.1.3 非主权（地方）政府（Non-sovereign/Local Governments）

由地方政府发行的债券，例如美国的纽约州州政府发行的债券。

40.1.1.4 准政府机构（Quasi-government Entities）

在美国，典型的准政府机构是由政府自主成立的机构（Government sponsored entity, GSE），例如"两房"，即房利美（Fannie Mae）和房地美（Freddie Mac）。尽管准政府机构不是政府，但是也有和政府接近的信用水平。

40.1.1.5 公司（Companies）

公司包括金融机构（银行、保险公司等）和非金融机构两类主体。

40.1.2 到期时间（Maturity Date/Maturity）

和股票不同，债券具有到期时间。债券发行人须及时足额还本付息，否则就属于违约。需要区分到期时间（maturity）和剩余时间（tenor）两个概念，例如，一张 10 年期的债券，如果距离发行时间过去了 3 年，那么这张债券的 maturity 还是 10 年，而 tenor 是 7 年。

债券的常见到期时间从 0 到 30 年甚至更长。按照发行时债券的到期时间,可以进行如下归类,见表 40.1。其中,永续债券没有明确到期日,通常具有高票息、附加赎回条款与利率调整条款等特点。

表 40.1 按照到期时间分类的债券

到期时间	分类
≤1 年	货币市场证券(Money market security)
>1 年	资本市场证券(Capital market security)
没有明确的到期时间	永续债券(Perpetual bond)

40.1.3 面值 (Par Value/Face Value/Maturity Value)

债券的面值等于本金,即在债券到期日发行人承诺支付给投资人的金额。对于绝大多数债券而言,一经发行,每张债券的面值都是固定值。无论债券交易价格如何变化,债券面值永远保持不变。

> **备考小贴士**
>
> 在考试中一张债券面值一般是 100 元或 1 000 元,交易价格接近 100 元的债券面值往往为 100 元,而接近 1 000 元的债券面值往往为 1 000 元。

40.1.4 票息 (Coupon)

票息是债券发行人在债券存续期间定期向投资人支付的利息。票息的计算公式如下。

$$\text{Coupon} = \text{Par} \times \text{Coupon rate} \tag{40.1}$$

其中,Par 是面值;Coupon rate 是票息率。

根据票息分类,常见的债券包括固定票息债券、浮动票息债券、零息债券。浮动票息债券和零息债券将在后文作详细探讨,以下讨论的是固定票息债券的票息。

票息率是一个年化的利率。例如某 3 年期的债券,面值为 1 000,票息率为 5%,每年支付一次票息,则每次支付的票息为 50(1 000×5%),如果付息频率为每半年支付一次,则每次支付的票息是 25(1 000×5%÷2)。**计算票息时一定要考虑付息频率**。

> **备考小贴士**
>
> 按季度(pay quarterly)付息的债券,票息额为 Par×Coupon rate÷4。按月(pay monthly)付息的债券,票息额为 Par×Coupon rate÷12。如果题目没有说明债券的付息频率,默认为每半年付息一次。这个付息频率与全球主要国家付息频率一致,这些国家包括美国和英国。
>
> 值得注意的是,票息和本金(面值)是投资人在购买了债券后,在将来会收到的现金流,而债券的估值和它未来的现金流紧密相关。我们可以使用时间轴描述现金流的方法进行理解。

例题 40.1

某 3 年期的债券,面值为 100 元,票息率为 5%,每半年支付一次票息,画出现金流的时间轴。

名师解析

半年付息的情况下:票息=100×(5%÷2)=2.5(元),本金=100 元。3 年期债券一共支付 3×2=6 次票息,最后一次支付时还要同时归还本金,其现金流图可见下图。绘制债券现金流图的方法对后续学习债券定价非常有帮助。

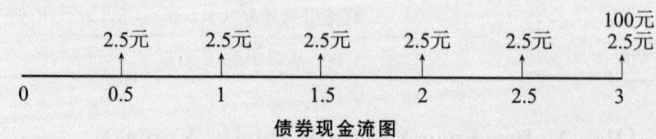

债券现金流图

40.2 债券契约(Bond Indenture)

考点要求:描述(describe)债券契约的内容(★)

债券契约是规定债券发行人和投资人权利义务的法律合同。合约里会规定该债券的特征,如面值、到期日以及相关的或有条款。通常债券的持有人数量众多,发行人无法和每一个持有人一一签订合约,所以一般由一个受托人(如银行的信托部)作为债券持有人的代表来处理债券契约中的相关事务。在一份债券合约中,持有人应当特别关注的内容包括发行人的还款来源、发行人对债券持有人做出的所有承诺、增强发行人偿还债务能力的条款等。

对于发行人的身份,主权债的发行方一般是负责国家预算的部门,比如各个国家的财政部。公司债券的发行方是公司法人。还有一类特殊的发行人称为特殊目的实体(special purpose entity,SPE),在第 45 章会详细讲解。

40.2.1 还款来源

不同发行人的还款来源可见表 40.2。

表 40.2 不同发行人的还款来源

债券类型(按发行人分类)	主要还款来源
主权债	税收,印钞
非主权政府债	地方政府税收,融资项目的收入,特殊税收或地方收费
公司债	经营现金流
资产支持证券	资产自身的现金流

为了降低信用风险,许多发行人在发行债券时还会附有抵押品。有抵押品的债券称为**担保债券**(secured bonds),没有抵押品的债券称为**无担保债券**(unsecured bonds)。由于无担保债券的持有人没有特定的抵押品,所以在债券违约时清偿顺序劣后于担保债券,只能从发行人的未抵押资产清算中挽回损失。

40.2.2 条款(Covenants)

考点要求:对比(contrast)肯定条款和否定条款(★★)

条款(covenants)是债券双方同意的强制性条款,分为肯定(affirmative)和否定

(negative)两种。**肯定条款,也称为正面条款,就是要求发行人必须做到的事情,否定条款就是禁止发行人做的事情。**

常见的肯定条款包括发行人必须按时支付利息,必须维持一定的利润率,以及按照债券合约规定的途径使用融资资金等。其他肯定条款的例子还有:平等条款(pari passu clause),也称为同等权益条款,确保有相似的债权清偿优先级的投资人在发生债务清偿时被同等对待;交叉违约条款(cross default clause)意味着如果发行人对其他债务违约,则本债务也视为违约。

否定条款即禁止发行人的行为。因为发行人一旦涉及这些行为,就可能降低其还款能力或者担保的安全性,这会影响投资人的利益。这些否定条款会限制发行人的部分商业行为,可能会对其商业活动产生些许影响。常见的否定条款包括限制变卖资产、限制发行优先级更高的债券(negative pledge)、限制再融资、限制杠杆率、限制投资等。

> **备考小贴士**
>
> "财务比率"值得关注,因为有些财务比率是肯定契约,而有些是否定契约,要根据字眼来判断其属于肯定还是否定。如果要求保证维持某一财务比率是肯定契约,如果要求某一比率不能低于多少或高于多少时,则为否定契约。
>
> 否定条款高频词:not,prohibit,limit。

40.3 债券的现金流结构

—考点要求—
描述(describe)
固定收益证券
常见的现金流
结构(★★★)

40.3.1 子弹型债券 (Bullet Bond)

子弹型债券的所有本金都在到期日当天支付,而在债券存续期间发行人只支付利息,不偿还任何本金。

> **知识一点通**
>
> 顾名思义,子弹型债券的现金流结构类似一颗子弹,本金偿还全部集中于期末。

例题 40.2

某只 5 年期的债券,票息率是 6%,面值是 1 000 元,每年支付一次票息。这只债券以面值发行。它的现金流模式如下表所示。

子弹型债券现金流(投资人视角)

Year	Cash Flow	Interest Payment	Principal Repayment	Outstanding Principal
0	−1 000			1 000
1	60	60	0	1 000
2	60	60	0	1 000
3	60	60	0	1 000
4	60	60	0	1 000
5	1 060	60	1 000	0

名师解析

投资人期初以1 000元购买债券,每年收到的票息=本金(面值)×票息率=1 000×6%=60元,一共5笔。本金1 000元全部在最后一期收回。

40.3.2 摊销型债务(Amortizing Debt)

40.3.2.1 摊销型债券(Amortizing Bond)

摊销型债券在每期支付一笔现金,该现金流同时包含了本金和利息。这是一种本金逐渐降低的偿还模式。摊销型债券又分为完全摊销和部分摊销两种:完全摊销型债券的本金逐渐降低直到最后一期变为零,部分摊销型债券的本金同样会逐渐降低,但在最后一期仍有剩余部分本金需要偿还。

例题 40.3

某只5年期的债券,票息率是6%,面值是1 000元,每年支付一次票息。这只债券以面值发行,本金完全摊销。它的现金流模式如下表所示。

完全摊销型债券现金流(投资人视角)

Year	Cash Flow	Interest Payment	Principal Repayment	Outstanding Principal
0	-1 000			
1	237.4	60	177.4	822.6
2	237.4	49.36	188.04	634.56
3	237.4	38.07	199.33	435.24
4	237.4	26.11	211.28	223.96
5	237.4	13.44	223.96	0

名师解析

完全摊销型债券的现金流模式是每期收到相等数目的现金(即237.4元),可以被当作年金处理。

每期支付金额的计算方式:PV=-1 000,FV=0,I/Y=6,N=5,CPT:PMT=237.4(最后一期完全摊销,故FV为0)。

其中,每期支付的237.4元既包含本金又包含票息。

例如,第一期:票息=本金×票息率=1 000×6%=60(元),故偿还的本金=237.4-60=177.4(元),期末未偿还本金=期初本金-偿还本金=1 000-177.4=822.6(元)。

第二期:未偿还本金为822.6元,故票息=822.6×6%=49.36(元),偿还的本金=237.4-49.36=188.04(元),期末未偿还本金=822.6-188.04=634.56(元)。(注意:第二期的本金不再是面值1 000元,而是822.6元,因为本金已经被归还了177.4元。按照此方法,直到最后一期,所有的本金都被还清。)

> **知识一点通**
>
> 完全摊销型债券类似等额本息模式的按揭贷款(房贷中常见),只不过按揭贷款时我们是债务人(发行人),而投资摊销型证券时我们是债权人(投资人)。摊销型债券的现金流在"财务报告与分析"中有全面阐释,其方法即摊余成本法(amortization method)。

例题 40.4

某只 5 年期的债券,票息率是 6%,面值是 1 000 元,每年支付一次票息。这只债券以面值发行,本金部分摊销,最后一期本金剩余 200 元。它的现金流模式如下表所示。

部分摊销型债券现金流(投资人角度)

Year	Cash Flow	Interest Payment	Principal Repayment	Outstanding Principal
0	−1 000			
1	201.92	60	141.92	858.08
2	201.92	51.48	150.43	707.65
3	201.92	42.46	159.46	548.19
4	201.92	32.89	169.03	379.17
5	401.92	22.75	379.17	0

名师解析

部分摊销型债券的现金流模式是除最后一期外,每期收到相等数目的现金。与完全摊销不同,最后一期仍有一笔本金要偿还,其数额为 200 元,称为 balloon payment(气球支付)。

于是,我们可计算出每期收到的现金额为 201.92 元。其计算方式为:PV=−1 000,FV=200,I/Y=6,N=5,CPT:PMT=201.92。

值得指出的是:每一笔现金流 201.92 元中既包含本金又包含票息。

例如,第一期:票息=本金×票息率=1 000×6%=60(元),偿还的本金=201.92−60=141.92(元),期末未偿还本金=期初本金−偿还本金=1 000−141.92=858.08(元)。

第二期:票息=858.08×6%=51.48(元),偿还的本金=201.92−51.48=150.43(元),期末未偿还本金=858.08−150.43=707.65(元)。

按照此方法,直到最后一期,在 201.92 元的基础上再加上剩余的本金 200 元,所有的本金都将被还清。

40.3.2.2 偿债基金条款(Sinking Fund Provision)

偿债基金条款也是一种使投资人提前收回本金的方式。在债券发行时,债券合约规定发行方成立一笔专项基金,用于**定期提前偿还部分本金**,例如,每年偿还本金初始发行额的 6%。发行方将这笔基金交由独立的第三方,通常是信托机构(trustee)来进行运作和本金的偿还。对于有偿债基金条款的债券,投资者将有机会获得本金的提前清偿,这可以降低发行人到期无法偿还本金的风险,即降低信用风险(credit risk)。然而,这对投资人来说也有不利之处,**提前收回的本金需要进行再投资(reinvestment)**,如果市场利率下降,再投资收益可能无法达到原先债券的收益率。

40.3.2.3 瀑布结构（Waterfall Structure）

在瀑布结构下，不同优先级层级的投资者在获取现金流的时候先后顺序是不同的，优先等级最高的层级的投资者最先获取对应的现金流，越次级的层级的投资者顺序越靠后，并要承担更多的信用风险。

40.3.3 可变利息债务（Variable Interest Debt）

40.3.3.1 梯升债券（Step-Up Coupon Bonds）

票息率在债券合约约定时期上升的债券称为"梯升债券"，在市场利率上升时，这种债券能够对投资人提供一定的保护。

40.3.3.2 实物支付债券［Payment-in-Kind（PIK）Coupon Bonds］

该类型证券支付的票息不是现金，而是实物资产。实物资产最为常见的形式是用同等价值的债券或股票来代替现金。一般来说，实物支付债券的信用风险较大，投资者会要求更高的收益率以弥补风险。

> **知识一点通**
>
> 正常债券票息理应使用现金支付，无法使用现金支付而采用替代方案时往往暗示现金紧张，因而信用风险更大，自然投资者也就会要求更高的收益率。

40.3.3.3 浮动票息债券（Floating-Rate Notes/FRN）

与固定票息率的债券相比，浮动票息债券（以下简称 FRN）的票息率在每个付息日是不确定的。浮动票息率和某个市场参考利率（Market Reference Rate，MRR）有关，FRN 的票息率公式如下：

$$\text{Coupon rate} = \text{MRR} + \text{Quoted margin (Spread)} \tag{40.2}$$

Quoted margin 称为报价利差，在发行时根据发行人的信用水平确定：信用越高，报价利差越小。报价利差一般情况下是一个固定值，以基点（basis point）为单位，一个基点为万分之一，即 0.01%。例如，某债券的报价利差为 100 基点，则票息率在参考利率的基础上加 1%。

大多数的 FRN 都按照季度付息。MRR 随着市场变化而浮动，通常是每季度更新。而报价利差则是在发行时就固定下来的，在偿还期内保持不变。

40.3.3.4 通胀挂钩债券（Inflation-Linked Bonds）

通胀挂钩债券是指数挂钩债券中的一种。对于指数挂钩债券，其债券本金或票息的金额随着某个指数的变动而变动。常见标的指数包括消费者价格指数（consumer price index，CPI）。价格指数的变动反映通货膨胀率，故这类债券直接和通货膨胀率挂钩，即通胀挂钩债券。美国财政部发行的通货膨胀保障债券（US treasury inflation-protected securities，TIPS）是一类典型的指数挂钩债券，TIPS 的本金和通货膨胀率挂钩，票息率不变，发生通货膨胀时本金的金额会提高，从而票息会提高，以弥补投资人所面临的通货膨胀风险。

40.3.3.5 信用挂钩债券（Credit-Linked Coupon Bonds）

该类债券的票息率和发行人信用水平有关，如果发行人的信用评级下降，票息率会上升。信用挂钩条款在一定程度上可以保护投资者的利益，但提升票息率也会进一步加重发行人的负担，有可能导致其信用水平进一步下滑。

40.3.4 零息债券结构

票息率固定是最为常见的一种债券形式。对于固定票息债券而言，票息率一旦确定，在整个债券的存续期间都不会改变。其中，票息率为零的固定票息债券称为零息债券（zero-coupon bond）。零息债券在存续期间不支付任何票息，只在最后在到期日偿还本金。由于没有形式上的票息，故零息债券发行时会折价（即价格低于面值）发售，而到期时归还面值金额。面值和发行价之差就是零息债券的利息。基于折价发行的性质，零息债券也被称作纯贴现债券（pure discount bond）。

40.3.5 递延债券结构（Deferred Coupon Structures）

递延债券一般在期初几年不会支付任何票息，在后期才开始支付票息，且后期的票息会比正常情况下支付的票息更高。

> **知识一点通**
>
> 发行方采取递延债券的形式，可能暗示了前期现金流比较紧张，信用风险也较高。另外一种情况是，某个新项目在前期不产生现金流，比如研发阶段或试运营阶段，后期大规模生产时才开始产生现金流，这样的项目在融资时可能采取递延债券的方式。零息债券可视为一种极端情况下的递延债券，所有的票息都推迟到到期日支付。

40.3.6 或有条款（Contingency Provisions）

或有条款指将来如果发生特定事件触发的条款，但特定事件发生与否并不确定，内嵌期权（embedded option）是一种典型的或有条款。内嵌的含义指这些期权不能从债券中分割出来单独销售，而必须是债券的一部分。按照权利的不同种类可以将债券分为可赎回债券，可回售债券以及可转换债券。

—考点要求—
对比（contrast）有利于发行人和投资者的现金流或有条款（★★★）

40.3.6.1 可赎回债券（Callable Bonds）

可赎回债券包含的权利属于债券发行人，在债券到期之前，发行人可以提前赎回全部或者部分债券，即发行人拥有提前归还本金的权利。在利率下降的时候发行人会行使此权利，因为此时发行人可以赎回债券后以更低的利率重新发债融资，从而降低融资成本。

可赎回债券对于发行人有利，但对于投资人却不利。这是因为在利率下降时投资人提前收回本金后面临的再投资利率较低。因此，可赎回债券的价格要比相同条件的不可赎回债券低一些，或者说投资人会要求可赎回债券的收益率更高一些。可赎回债券的价格等于同等条件的不可赎回债券的价格减去期权的价格。

可赎回债券双方会约定赎回价格（call price），以及具体可赎回的时间。如果随时可赎回，则称为美式期权（American-style call），如果只有一个赎回日则称为欧式期权（European-style call），如果有多个赎回日则称为百慕大期权（Bermuda-style call）。

> **知识一点通**
>
> 在美国的公司债券市场有一种可赎回的含权债券称为 make-whole call，赎回价格由未支付的票息和未偿清的本金决定，折现率是基于与债券剩余期限相同的国债收益率，赎回价格比债券的市场价格高，所以这种债券对于投资人的不利影响比普通可赎回债券小一些。

> **备考小贴士**
>
> 几种内嵌期权是考试重点，且多是定性考查，考生务必要理解权利的含义，对谁有利，何种情况下会行使权利，价格和收益率会呈现什么状态。

40.3.6.2　可回售债券（Putable Bonds）

可回售债券包含的权利属于债券投资人，即在债券到期之前，投资人可以提前把债券卖还给发行人。在利率上升时投资人会行使此权利，因为此时投资人可以通过回售债券提前取回本金，以更高的利率再将本金贷出。

由于可回售债券对投资人有利，所以价格要比相同条件的不可回售债券高，或者说投资人会要求可回售债券的收益率更低一点。可回售债券的价格等于同等条件下的不可回售债券的价格加上期权的价格。

同样地，债券双方还会约定回售价格（put price）以及具体可回售的时间。

40.3.6.3　可转换债券（Convertible Bonds）

可转换债券简称可转债，赋予债券持有人把其持有的债券转换为发行公司股票的权利（conversion option）。可转换债券可被视为**不可转债券加上股票的看涨期权（call option on equity）**的组合，从而兼具了债券和股票的性质。由于可转换条款对投资人有利，尤其是股票价格上涨时投资人会将债券转换为股票从而获得更高收益；所以**可转换债券的价格比相同条件下的不可转换债券要高，或者说投资人会要求可转债的收益率更低一些**。

可转换债券合约中会约定具体的**转换价格（conversion price）**，即持有人可按每股多少钱将手里的债券转为股票。如果股票的市场价格超过转换价格，那么债券持有人可以从转股中获益，即有以低于市场价购买股票的权利，此时可转债的性质也更偏股票一些；反之，如果股票的市场价格一直低迷，持有人则不会选择转股，而是将继续收取票息，此时可转债的性质更偏债券一些。因此，可转换债券可视为混合证券（hybrid security）。此外，即便股票的价格一直下跌，股票看涨期权的价格也下跌，可转债的价格也不会低于同等条件的不可转债的价格,这是因为期权的价值恒大于零。

如果一只可转债的转换价格是25元,面值是1 000元,市场价格是28元,那么一张可转债可以转40股(1 000÷25)股票,40股称为转换比例(conversion ratio)。转换价值(conversion value)是1 120元(28×40)。

其他类型的有转股特色的产品还包括认股权证(warrant)以及应急可转债(contingent convertible bonds,以下简称为CoCos)。权证同样提供给债券持有人转股的权利,但权证可以和债券分割开来单独交易。因此,权证属于附加期权(attached option),而不是内嵌期权。CoCos是一种应急条款,一般由银行发行,当银行的核心资本充足率低于监管要求的时候,会触发转股条件,自动将银行的债券转为普通股。

40.4 法律法规以及税相关

40.4.1 法律法规

40.4.1.1 债券市场

不同债券市场受制于不同的法律法规并由不同的监管部门进行监管。表40.3展示了不同市场的债券以及分类依据。本币债券(national bond)包含了所有机构和个人在本国以本币发行的债券。欧洲债券(Eurobond)是指在欧洲债券市场发行和交易的债券(此处两个"欧洲"均非描述地理位置,解释详见后文)。

欧洲债券根据发行的货币种类又可以细分。例如欧洲美元债券(Eurodollar bond)是指在美国境外发行的以美元计价的债券,欧洲日元债券(Euroyen bond)是指在日本境外发行的以日元计价的债券。由于没有使用主权国的本币,欧洲债券受到的监管最弱。

如果在欧洲债券市场和至少一个本国债券市场(domestic bond market)同时发行债券,则这种债券被称为全球债券(global bond)。

—考点要求—
描述(describe)法律、监管以及税对债券发行和交易的影响
(★★)

表40.3 不同市场的债券以及分类依据

不同市场的债券		分类依据
本币债券 (National bond)	国内债券 (Domestic bond)	发行地和发行货币一致,发行人也一致。 例如,万科在中国发行人民币计价的债券
	外国债券 (Foreign bond)	发行地和发行货币一致,发行人不一致。 例如,沃尔玛在中国发行人民币计价的债券
欧洲债券 (Eurobond)		发行地和发行货币不一致(对发行人无要求)。 例如,沃尔玛在中国发行美元计价的债券

> **知识一点通**
>
> 欧洲债券不是地缘概念,而是债券品类概念。欧洲债券源于石油美元。通过向美国出口石油,使得中东石油商拥有很多美元现金,他们更希望能够把这些钱投资在地缘更近的欧洲,而不是远隔重洋的美国。同时,冷战时代,苏俄担心资产被美国冻结,也不愿意把美元投资在美国。作为世界货币的美元,在欧洲同样有丰富的投资机会,于是,欧洲美元应运而生。由于美元并非欧洲各国的本币,因此监管也比较宽松,这就是欧洲美元的历史。即便到了几十年后的今天,欧洲美元债券在欧洲债券市场中依旧是首屈一指。就本质而言,欧洲债券就是离岸发行和交易的债券,和"欧洲"并无关联。

> **备考小贴士**
>
> 考生应能够从题目的描述中判断出债券类型,并掌握它们的性质。

40.4.1.2 不记名(Bearer Bonds)和记名债券(Registered Bonds)

过去大部分的欧洲债券都是不记名债券,受托人(trustee)并不会登记债券所有人的姓名,这反映了其监管宽松性。现在大部分的欧洲债券和本币债券都是记名债券,债券所有人的名称会被登记,安全更高,但也处于更严格的监管环境下。

40.4.2 税负考虑

不同的债券面临的税制是不同的。一般来说,利息收入的税率和个人所得税税率一样,但也有部分可以免利息税的债券,例如美国地方政府发行的市政债(municipal bond)可以免收联邦税和州税。如果一只债券没有持有到期而是期间转手卖出,卖出价格和账面价值之间可能有差异,如果卖出价格高,可以获得资本利得(capital gain),如果价格低,则存在资本损失(capital loss)。资本利得的税率往往和利息税率不同,债券期限长短往往会对资本利得税率有影响,一般长期债券的资本利得税率更低,短期债券的资本利得税率和利息税率一样,均相对较高。然而,以上并非定论,不同债券在不同国家的法规各不相同。

> **知识一点通**
>
> 法律和税务的知识在CFA®体系中并非重点。有一个知识点需注意:原发折扣债券(original issue discount bond,OID bond),类似于零息债券,打折出售且期间不产生现金流,最后一期获取一笔资本利得(面值和发行价的差额)。但OID bond在OID税务条款下,在财务处理时把发行价和面值之间的差额摊派到整个存续期,期间按照利息税收税,在期末就不存在资本利得,也不再收取资本利得税。

练一练

40-1 Jessica bought a corporate bond issued by a U.S. company last month, the bond has a face value of $100 and a coupon rate of 8%, and the coupon is paid quarterly. The amount Jessica can receive from each coupon payment is:

A. $8.

B. $4.

C. $2.

40-2 Which of the following is an affirmative covenant?

A. The debt-to-asset ratio cannot exceed 0.3.

B. Some industries are not allowed to invest.

C. The promise of making the contractual payments.

40-3 Bruce invested in a 5-year corporate bond issued by a high-tech company three months ago. The bond makes a fixed payment annually and the bond's outstanding principal amount is reduced to zero by the maturity date. The bond is best described as a:

A. deferred coupon bond.

B. bullet bond.

C. fully amortizing bond.

40-4 With respect to convertible bonds, which of the following is incorrect?

A. The conversion provisions are beneficial to the issuers.

B. Convertible bonds are hybrid securities with both debt and equity features.

C. Compared with an equivalent straight bond, the price of a convertible bond is higher.

40-5 Compared with an equivalent option-free bond, a putable bond always has a(n):

A. higher yield.

B. lower yield.

C. the same yield.

第41章 固定收益市场

知识引导

本章按照不同的标准对固定收益市场进行分类,并介绍了债券的一级市场与二级市场,即发行市场与交易市场。此外,本章还介绍了不同主体(如政府、公司、银行等)的主要融资方式,即这些主体所发行的债券和货币市场工具。

考点聚焦

本章属于固定收益证券科目的非重点章节,所以本章重点在不同主体的融资方式上,考题均为定性题,即考查定义与特征。考生应了解债券的分类方式、发行方式、交易方式,债券指数以及政府及政府相关主体发行的债券,公司发行的商业票据、公司债券、中期票据,银行的融资方式(包括中央银行基金、银行间资金、定期存单等)和回购。

本章框架图

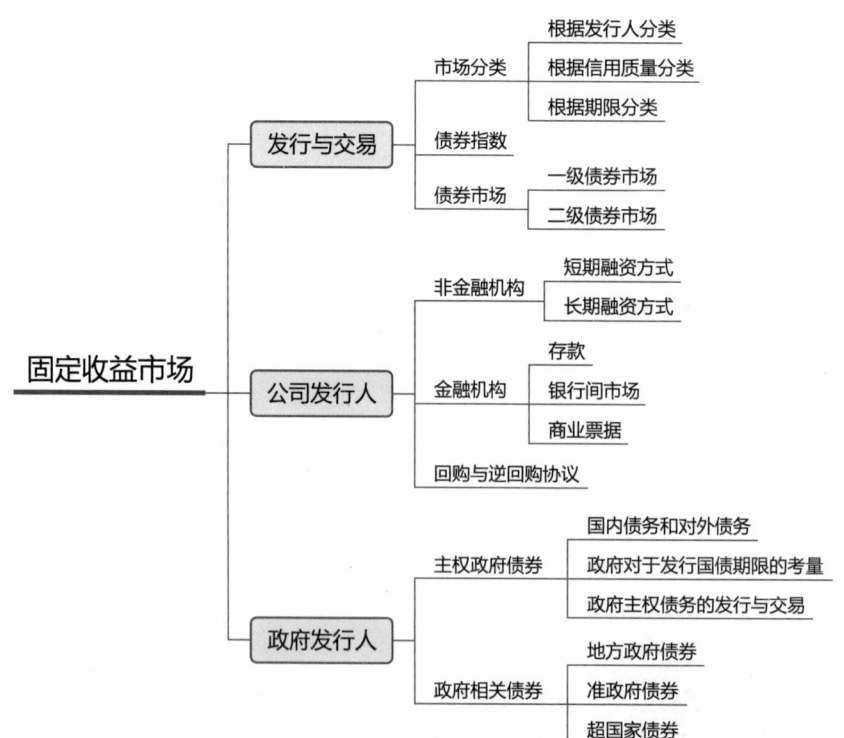

41.1 发行与交易

41.1.1 市场分类

41.1.1.1 根据发行人分类

按照发行主体或债务承担主体的类型,可将全球的债务市场分为以下几类:

(1) 非金融类公司(non-financial corporates);

(2) 政府(government);

(3) 金融机构(financial institutions)。

无论是成熟市场还是新兴市场的债务,都可以利用以上三类进行进一步分析。相比于成熟市场,新兴市场的非金融类公司的债务比重较大,金融机构的债务比重较小。而根据2019年的经济数据,在发达国家,如美国、日本以及英国,其政府债务占国家GDP的比重均超过100%。

—考点要求—
描述(describe)固定收益市场的分类及其发行人与投资者(★)

41.1.1.2 根据信用质量分类

信用评级机构根据债券的信用风险对债券进行信用评级,一个债券的信用风险越高,信用质量越差,信用评级也就越低。按照信用评级结果,**债券市场分为投资级(investment grade)债券和投机级(speculative grade)债券**。

> **知识一点通**
>
> 投机级债券无论收益还是风险均高于投资级债券。因其高收益,投机级债券又被称为高收益债券(high yield bond);因其高风险,又被称为垃圾债券(junk bond)。

全球三大信用评级机构包括标准普尔公司(S&P)、惠誉(Fitch)和穆迪(Moody's),其中标普和惠誉共用一套评级标识体系,穆迪有另外一套标识体系。标普和惠誉评级BBB−及以上或穆迪评级Baa3及以上级别的债券为投资级债券。相应地,投机级债券指BBB−以下和Baa3以下级别的债券。一个债券的评级会随着债券信用质量的改变而被更改,但多数债券在较长的时期内往往保持稳定的评级。

> **备考小贴士**
>
> 投资与投机的级别标识是一个常考点,记住它们的分水岭:标普和惠誉的BBB−以及穆迪的Baa3。

41.1.1.3 根据期限分类

固定收益市场根据债券发行时的原始期限长短可以分为货币市场证券和资本市场证券。货币市场证券是指原始期限小于或等于1年的证券,包括美国的短期国库券(treasury bills, T-bills)、商业票据(commercial paper)、定期存单(CDs)等。资本市场证券是指原始期限大于 1 年的证券,包括美国的中期国债(treasury notes,T-notes)、长期国债(treasury bonds,T-bonds)等。其中,发行期限超过 1 年且最长可达 10 年的为中期(intermediate-term)债券,发行期限大于 10 年的为长期(long-term)债券。

例题 41.1

一个债券在发行时的期限是 10 年,现在时间过去 9 年半了,这个债券属于资本市场证券还是货币市场证券?

名师解析

该债券是资本市场证券。注意判断标准是发行时的原始期限,10 年大于 1 年。

41.1.2 债券指数

—考点要求—
描述(describe)
债券指数的类型(★)

41.1.2.1 债券指数的特征

债券指数(fixed-income index)反映债券市场、板块或债券种类的回报水平及变动,它与权益课程中的股票指数类似。债券指数用于评估债券市场或某个债券投资组合的表现,可作为基金经理表现的衡量基准,并构成指数化投资策略的基础。但其与股票指数有三点区别:

(1)**债券指数通常比股票指数拥有更多的成分证券**。这是因为某一债券发行方可能有多个不同的在外流通的债券,只要符合指数构建标准,该发行方的所有债券都会包含在指数中。例如,截至 2021 年底,苹果公司有 80 多个在外流通的债券作为固定收益市场融资工具,但只有普通股这一个权益市场融资工具。

(2)不同于股票,债券的发行期限有限,新发行频率较高。**因此,债券指数的成分证券的周转率高于股票指数,再平衡更频繁**。债券指数通常每月更新。由于其成分证券的复杂水平,投资者不可能像复制股票指数一样去完全复制一个债券指数投资组合。

(3)**股票指数通常以发行人股票市值作为权重,而债券指数通常以发行人债券的市值作为权重**。随着时间推移,债券指数的变化反映债券市场构成的变化。由于政府债券占总市场的规模较大,故在债券指数中所占的市值权重较大。

41.1.2.2 债券指数的分类

债券指数总体有两种:综合指数(aggregate index)与窄基指数(narrower index)。综合指数包含广泛全面,成分证券数量众多。而窄基指数侧重于一些特定的筛选标准,如发行人类型、板块、信用质量、到期时间、发行所在地、ESG 因素等。

投资人或基金经理在选择指数作为衡量债券组合收益的基准时,需选择与该债券组合或投资策略相匹配的。换言之,如果某债券基金侧重短期投资级债券,则应选择相匹配的反映短期投资级的债券指数作为衡量基准。

以下介绍常用的几种指数及其用途。

1. 全球综合债券指数(Global Aggregate Bond Index,全名为 Bloomberg Barclays Global Aggregate Index)

全球综合指数涵盖全球的发达资本市场和新兴资本市场的 28 个主要发行人发行的

投资级的固定票息债券,包括美国、欧洲、亚太地区等。该指数中,债券的到期时间至少在一年以上。指数成分主要计价币种包括美元、欧元、日元、英镑等。该指数特点是综合全面,是世界范围内最重要的综合指数之一。

> **备考小贴士**
>
> 在选择相匹配的指数来衡量债券基金时,当题目的关键词有"综合的"(comprehensive)"投资级"(investment-grade)"更长的到期时间"(longer-term bonds)时,倾向于全球综合债券指数。
>
> 若某基金集中投资于一个单一的债券市场,例如日本债券市场,则可排除全球综合债券指数。

2. 常用的窄基指数

(1) 新兴市场美元债券指数(Emerging Markets Bond Index,全名为 J.P. Morgan Emerging Markets Bond Index Plus,简称 EMBI+指数)。

EMBI+指数包括仅以美元计价的新兴市场的主权政府债券,且信用评级等于或低于 Baa1/BBB+。对比于发达国家的政府主权债,新兴国家政府主权债信用质量较低,投资者承担的风险更大,因此回报可能更高。

(2) 公司 SRI 欧元债券指数(Corporate Sustainable Socially Responsible Investments SRI Bond Index,全名为 Bloomberg Barclays MSCI Euro Corporate Sustainable SRI Index)。

> **备考小贴士**
>
> 当题目的关键词有"新兴市场"(emerging market)、"将 ESG 因素(ESG consideration)纳入投资决策"时,倾向于窄基指数。

最终,以上三种指数的具体特点及适用范围总结如下,详见表 41.1。

表 41.1 三种指数对比表

名称	全球综合债券指数	新兴市场美元债券指数	公司 SRI 欧元债券指数
发行人	发达及新兴市场的多类发行人:主权政府、公司等	新兴市场的主权政府	公司
计价币种	多种货币	仅美元	仅欧元
信用质量	投资级	信用评级等于或低于 Baa1/BBB+	投资级
到期时间	至少一年以上	至少 2.5 年以上	至少一年以上
特点	综合全面,涵盖广泛	新兴国家主权债	定期筛选和排除不符合某些最低 ESG 标准的发行人

41.1.3 债券市场

41.1.3.1 一级债券市场

一级债券市场是债券的发行市场,即发行主体首次出售新债券的市场。债券发行分

—考点要求—
比较(compare)一级和二级债券市场与权益市场(★★)

为公开发行和私募发行，公开发行是面向广泛且不特定的投资者发行，而私募发行是面向少数特定的投资者发行。

1. 公开发行(Public Offerings)

最常见的公开发行机制包括投资银行承销（又分为包销和代销）与拍卖。

(1) 包销(Underwritten Offering)。

包销是指投资银行即包销人承诺从发行主体手中买入所有新发行债券，并承担所有后续向投资者销售债券的风险。参与包销的投行可以只有一家，也可以是多家，多家投行共同包销的情况称为辛迪加或银团发行(syndicated offering)。

(2) 代销(Best Effort Offering)。

代销是指债券发行主体委托投资银行代其向投资者销售债券。投行在代销中的角色是经纪人，并不承担债券无法售出的风险，投资银行往往按销售额提取佣金。

(3) 拍卖(Auctions)。

在许多金融市场较发达的国家，国债都是通过拍卖的方式发行的。美国国债的发行方式为单一价格拍卖，所有赢得拍卖的投资者付出相同的价格并获得相同票息率的国债。拍卖是由美国财政部发起的，拍卖时的竞价是国债收益率，所以竞拍者只有报出不高于最终竞价的收益率才能竞得债券。

(4) 储架注册(Shelf Registration)。

储架注册是指发行主体只需提交一份注册材料，但可发行多次债券。换言之，后续发行不需要提供新的注册材料。只有具有一定财务实力的高质量发行主体才有资格采取储架注册的方式发行债券。

(5) 续发(Reopening)。

续发是指对已发行债券的后续增加发行。续发时，债券编码、发行利率等方面与首次发行时完全一致，但是续发价格可能会和债券面值差别较大。

> **知识一点通**
>
> 储架注册的特点是一次注册多次发行，好处是更好地协调资金需求时间，同时节省费用。

2. 私募发行(Private Placement)

私募发行可以由发行主体直接面向投资者完成，也可以通过投资银行销售债券给投资者。

41.1.3.2 二级债券市场

二级债券市场是债券的交易市场，是指已经发行的债券在投资者之间进行交易流通的市场。债券的二级市场分为交易所市场(exchange)和场外市场(over-the-counter, OTC)。交易所市场是买卖双方进行债券交易的有形场所，而 OTC 是一个无形市场，买卖双方分散在不同地点，通过通信网络进行连接，做市商(dealers)在电子交易平台上买卖债券以满足投资者的需求。在全球债券交易实务中，绝大多数的债券都是通过 OTC 市场交易的。二级市场的流动性越强，则买卖价差(bid-ask spread)越小，成交价格越接近市场公允价格,反之亦然。

在交易发生后,卖方把债券交给买方,买方把钱支付给卖方的过程称为债券交割(settlement)。政府债券一般采用 $T+1$ 或 $T+2$ 的交易方式,即交割在交易发生一天或两天后进行。公司债券一般采用 $T+2$ 的交易方式,而货币市场证券一般为 $T+0$(即交割和交易在同一天进行)或 $T+1$ 的交易方式。

> **知识一点通**
>
> 一级市场是债券的发行市场,分为公开发行和私募发行;二级市场是债券的交易市场,分为交易所交易和场外交易。交易所因为有固定场所,所以交易所交易又称场内交易。

以上介绍了债券的一级、二级市场,可以看出,其与权益市场有共性也有不同:

第一,对于首次发行债券或股票的发行人而言,募集资金的方式不同。在权益市场,公司通过首次公开募股(Initial Public Offering,IPO)将股份第一次向公众出售,从而实现股份所有权的转移;而在债券市场,公司通过首次(debut)发行债券来募集资金,之前这些新发行者可能通过银行贷款或其他形式来融资,但现在选择通过发行债券来融资,这可能是因为债券市场为他们提供了更有利的条件。

第二,对于陷入财务困境的发行人而言,其债券通常一直处于可交易状态,直到发行人破产清算或重组;而一旦发行人不再满足股票交易所特定的要求,其股票将被迫从交易所退市。因此,对于陷入财务困境的发行人而言,其债券停止交易的时间通常晚于股票。

41.2 公司发行人(Corporate Issuers)

本节介绍债券市场中的公司发行人,具体可以分为两类:非金融机构与金融机构。以下将逐一探讨各发行人的短期和长期融资方式及特征,最后介绍回购协议。

41.2.1 非金融机构

非金融机构通过外部融资方式来满足其资金需求,保持流动性。融资方式按时间期限,分为短期融资和长期融资。

41.2.1.1 短期融资方式

常见的短期融资方式按发行时有无担保,可分为以下两大类。

1. 外部无担保贷款(External Loan Financing,Unsecured)

常见的工具包括:

(1)未承诺的授信额度(Uncommitted Lines of Credit)。

"授信额度"(credit line)是公司可从银行获得的最高贷款金额。在无担保的基础上,借款人向银行申请一定的授信额度,由于银行在放款之前仍需审核,并有权拒绝提供申请,因此该贷款被称为未承诺的授信额度。

对于此融资方式,通常银行与借款人已存在一定业务关系,如公司在银行已保持稳定

——考点要求——
比较(compare)公司和金融机构的短期融资方式(★)

的存款。银行通过审批并发放授信额度,一方面可以维持发展业务关系,监控公司的经济活动,另一方面可以赚取贷款收益。

对借款人而言,此方式是最灵活、成本最低的资金来源。首先,借款无须担保,在提取之前需要的资本储备最少。其次,融资成本一般为某个市场参考基准利率(MRR)再加上基于公司信用水平等独有因素的利差。

但该融资方式的缺点是具有不确定性,如果公司的经济状况恶化,那么银行有权拒绝贷款。因此,公司不能依赖未承诺的授信额度作为主要的融资渠道。

(2) 承诺的授信额度(Committed Lines of Credit)。

承诺的授信额度,也称为常规的授信额度(regular lines of credit)。因为这类贷款的额度具有银行的正式书面承诺,所以比未承诺的授信额度更常规也更可靠。

此方式也是无担保的融资,但和未承诺的授信额度相比,费用往往稍高,通常需包括承诺相关的前期成本,例如0.50%的承诺费。

(3) 循环信用证(Revolving Credit Agreements)。

循环信用证,简称为"revolvers",是最可靠的短期贷款资金来源。

这类银行贷款是到期后自动循环,同时银行会对借款人进行严格的长期条款约束,以保证信贷安全。

> **知识一点通**
>
> 对公司来说,未承诺的授信额度是最不可靠的资金来源,因为银行可拒绝放贷。承诺的授信额度因为有书面承诺,故更可靠。循环信用证是最可靠的短期资金来源。
>
> 从融资成本来看,未承诺的授信额度是最灵活、成本最低的资金来源。承诺的授信额度和循环信用证的融资成本更高。

2. 外部担保贷款(External Loan Financing, Secured)

(1) 担保贷款(Secured Loans)。

担保贷款也称为资产担保贷款(asset-based loans),是指借款人必须以资产的形式提供抵押品,如该公司的应收账款、存货或者证券。当借款人的信用风险较高时,会采用抵押品来增强其信用度,同时降低融资成本。

(2) 保理安排(Factoring Arrangement)。

保理安排是担保贷款的一种特殊形式,即公司以自身的应收账款作为贷款抵押品。

3. 商业票据(Commercial Paper)

商业票据是短期的无担保债券,期限为1天到1年不等,是一种相对灵活且低成本的融资方式,可以无担保地筹措短期资金,也可以作为一种过渡融资(bridge financing)的手段,即先满足暂时的资金需求,再在市场条件成熟的情况下进行长期融资。

对于一些信用评级较高的大型公司来说,从融资成本的角度考虑,发行债务一般比向银行贷款的费用更低,因此这些公司会更倾向于通过发行商业票据来融资。不同信用质量的公司都可以发行商业票据,但信用风险越高的公司发行商业票据的成本也相应越高。

需要注意的是,发行人经常通过发行新的商业票据来获得偿付先前发行的商业票据的资金来源,即借新还旧(roll over the paper)。

> **知识一点通**
>
> 商业票据在借新还旧的过程中,由于市场条件发生变化或发行人本身信用质量下降等情况,可能无法以较低的成本持续发行新的商业票据,而此时若发行人也没有足够的现金流偿还前期发行的商业票据,就会出现借新还旧的风险(rollover risk)。发行人可以提前向银行申请备用的信用额度(backup line of credit),从而在风险发生时,能及时获取资金,避免发生流动性枯竭的情况。

41.2.1.2 长期融资方式

— 考点要求 —
区分(contrast)投资级和投机级债券发行人的长期融资方式(★)

之前介绍了债券根据信用质量可以分为投资级(investment-grade)和投机级(high-yield)债券。以下对两者进行分析对比。

无论是投资级还是投机级债券,对于特定发行人而言,期限更长的债券具有更高的收益率和更大的信用利差。

两种债券的区别在于,一般情况下,无论是投资人获得的收益还是所承担的风险,投资级债券一般都低于投机级债券。投资级债券的发行人出现违约的可能性较低,并且发行人能提供稳定的现金流,因此投资级债券的投资人所承担的信用风险较低,债券相应的信用利差较低,所以投资人获得的收益率较低。另外,由于投资级债券的信用风险较低,一般来说对发行人的限制更少。

41.2.2 金融机构

— 考点要求 —
比较(compare)公司和金融机构的短期融资方式(★★)

41.2.2.1 存款(Deposits)

存款是银行的一种重要融资来源。存款账户主要分为三类。

1. 活期存款账户(Demand Deposits/Checking Accounts)
存款人随时可以取出的存款,一般不会支付利息。

2. 定期存款账户(Savings Account)
给存款人支付利息的存款,但是它没有活期存款交易灵活。

3. 定期存单(Certificate of Deposit)
定期存单(certificate of deposit, CD)是指注明特定存款金额、期限和利率的金融工具。对于不可转让的定期存单,若持有人要在到期前提取存款,需支付一笔提前取款的罚金;而可转让定期存单则允许持有人在公开市场上交易还未到期的定期存单。可转让定期存单有大额和小额的区分,小额可转让定期存单是一种零售产品,而大额可转让定期存单的投资者多为机构投资者,金额大于等于 100 万美元。

41.2.2.2 银行间市场(Interbank Market)

银行间融资可分为以下两种。

1. 中央银行基金(Central Bank Funds)
准备金是指商业银行库存的现金按比例存放在中央银行的存款。法定存款准备金是中央银行要求的最低准备金额度,超额存款准备金指超出法定准备金的部分。一些准备金没达到法定要求的商业银行可以通过中央银行基金市场(central bank funds market)向具有超额准备金的银行借款。

2. 银行间资金(Interbank Funds)

银行之间可直接借贷资金,这类借贷通常是无抵押的。银行通常会提供两个报价,一个是它愿意借出资金的利率,另一个是它愿意借入资金的利率。

41.2.2.3 商业票据(Commercial Paper)

上文介绍了商业票据是非金融机构的融资方式之一。除了非金融机构以外,商业票据的发行由金融机构主导。

一般来说,金融机构发行的商业票据是短期的无担保票据,用于满足短期借款需求。与非金融机构一样,金融机构也面临借新还旧的风险(rollover risk)。

此外,银行等金融机构也发行资产支持商业票据(asset-backed commercial paper,简称 ABCP),即使用资产作为担保形式的商业票据。发行这类票据使得银行拥有了在资产负债表以外的融资渠道(an off-balance-sheet financing alternative)。ABCP 的本质是银行将短期贷款进行资产证券化,以短期贷款的资产池作为抵押担保来发行商业票据。

41.2.3 回购(Repurchase/Repo)与逆回购(Reverse Repurchase)协议

—考点要求—
描述(describe)回购协议及其用途、收益和风险(★★)

回购是指一方在出售证券的同时签订一份协议,约定在未来特定时间以特定价格购回该证券。回购不是银行特有的融资方式,其他市场参与者也可以进行回购操作。回购可以看成是一种抵押贷款,所出售的证券就是抵押品。

期限为 1 天的回购称为隔夜回购(overnight repo),大于 1 天的称为期限回购(term repo)。回购协议所规定的利率称为回购利率(repo rate),即根据证券售出价和购回价计算出的隐含利率。回购利率受到以下几个因素的影响。

(1) 回购期限越长,回购利率越高。
(2) 抵押证券的信用质量越低,回购利率越高。
(3) 抵押证券没有交付给借出方,则回购利率更高。
(4) 抵押证券需求越少或供给越多,回购利率越高。
(5) 其他货币市场融资方式利率越高,回购利率也越高。

回购中所出售证券的市值一般大于出售价,它们的差值称为回购价差(repo margin/haircut),回购价差的影响因素与回购利率类似。

(1) 回购期限越长,回购价差越高。
(2) 抵押证券信用质量越低,回购价差越高。
(3) 融资方信用越低,回购价差越高。
(4) 抵押证券需求越少或供给越多,回购价差越高。

开始出售证券、借入资金的一方称为回购方;开始买入证券、借出资金的一方称为逆回购(reverse repo)方。

普通抵押回购(general collateral repo)是将特定的一组证券(例如特定期限的政府债券)作为抵押品的回购交易。

具体的回购协议流程如图 41.1 所示。

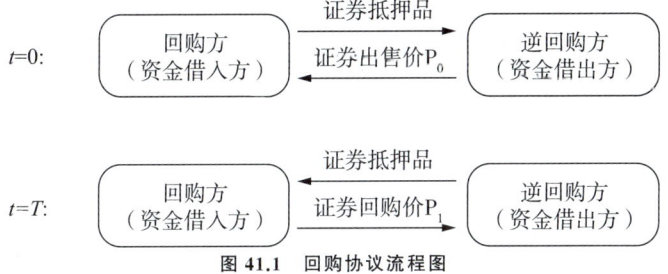

图 41.1 回购协议流程图

> **知识一点通**
>
> 回购协议的本质是以所出售的证券为抵押的借款。因为协议初始，回购方（资金借入方）以出售价（purchase price）将证券出售（抵押）给逆回购方（资金借出方），证券出售价就是借款金额，证券的市值代表抵押品的价值。
>
> 在回购协议到期时，回购方以回购价（repurchase price）将证券购回（还款）。
>
> 因此出售价和回购价所隐含的利率就是该贷款利率（repo rate）。
>
> 通过图 41.1 理清回购协议的初始和到期时两方资金和证券的走向，是理解回购协议的关键。

在介绍了回购协议的一些相关概念后，再来介绍相关计算。

初始保证金（initial margin）是指回购协议中抵押证券的初始市值超过协议中约定的证券出售价的比率，计算公式如下：

$$\text{Initial margin} = \frac{\text{Security Price}_0}{\text{Purchase Price}_0} \tag{41.1}$$

其中，Security Price$_0$ 代表回购协议中抵押证券的初始市值，Purchase Price$_0$ 代表初始时刻的证券出售价（即回购协议中的借款金额）。

100% 的初始保证金表示具有完全抵押的回购协议。初始保证金越高，意味着初始时刻抵押品给逆回购方所带来的保护越大。实务中，如果抵押证券价格下跌，回购方可能需要提供额外的抵押证券从而维持一定的初始保证金水平。

回购价差比率（haircut）是证券出售价相对于抵押证券的初始市值的差额之比，公式如下：

$$\text{Haircut} = \frac{\text{Security Price}_0 - \text{Purchase Price}_0}{\text{Security Price}_0} \tag{41.2}$$

回购利率（repo rate）是回购协议里约定的借款利率，是根据证券售出价和购回价计算出的隐含利率。回购利率和回购价格的钩稽关系如下：

$$\text{Repurchase price} = \text{Purchase price}_0 \times \left(1 + \frac{\text{repo term}}{360} \times \text{repo rate}\right) \tag{41.3}$$

其中，Repurchase price 代表回购协议到期时的证券购回价，即还款金额。Repo term 代表回购期限。

最后，介绍回购协议的应用与风险。

1. 回购协议的应用

通常回购协议用于以下目的:

(1) 对于回购方(资金借入方),以证券为抵押品,获得灵活的短期融资来源。

(2) 对于逆回购方(资金借出方),目的一是通过抵押贷款来赚取短期的利息收益,目的二是保留回购期内抵押证券的所有权,从而在有必要的时候可做空(short sell)证券。例如,某对冲基金作为逆回购方,借出资金的同时获得对抵押证券在回购期限内的所有权,如果该基金预期抵押证券未来的价格会下降,可以做空该证券。

2. 回购协议的风险与风险管理

一般来说,回购协议的参与者承担的风险有五种:

(1) 违约风险(default risk):每个回购协议的参与者都面临另一方无法履行协议中的义务而造成经济损失的风险,如回购方无法足额地支付利息或本金或是逆回购方无法定期地归还抵押证券。这是回购协议中最主要的风险。

(2) 抵押品风险(collateral risk):在回购方违约的情况下,作为抵押品的证券无法快速有效地进行清算。

(3) 保证金风险(margining risk):回购方无法及时地追加保证金并适当地维持保证金要求。具体而言,当抵押证券的市场估值大幅下降,造成保证金账户中出现差额时,回购方需及时追加变动的保证金差额。一旦当市场情况进一步恶化,回购方无法补足保证金要求时,可能会被迫使进一步地清算抵押证券。

(4) 法律风险(legal risk):回购协议中,各参与者的合法权利无法按照协议条款来保证执行。

(5) 净额结算风险(netting and settlement risk):回购协议到期时,回购协议的净额结算或结算流程无法按预期运行的风险。

通常,回购协议的参与者可以通过聘请第三方代理机构(third-party agent)来管理以上风险。双边回购(bilateral repos)是在协议双方之间直接进行的回购,此时协议双方完全暴露在上述的风险敞口之中。于是,为了管理风险,回购协议的双方都同意使用第三方代理机构进行交易,而第三方代理机构并不改变回购参与者之间的信用风险关系,这便是三方回购(triparty repos)。

总的来说,在回购协议的风险管理中,第三方代理机构通过同时参与多个回购协议,能管理更大的抵押证券资产池,并聘请专业人员来从事抵押证券的估值和托管,从而进行有效的风险管理。

例题 41.2

回购协议可以看成是哪一种借贷?

A. 有抵押借入资金　　B. 有抵押借出资金　　C. 无抵押借入资金

名师解析

A 选项正确。回购是一种抵押贷款,且为借入资金,即融资。

注意,回购是出售证券、借入资金,即融资,逆回购是买入证券、借出资金。回购期限越长、证券质量越差,回购利率和回购价差越高。

回购是本章重要的考点,需要区分回购和逆回购,以及辨别各种因素对回购利率和回购价差的影响。

41.3 政府发行人

本节介绍政府及政府相关债券的种类及特征。

41.3.1 主权政府债券（Sovereign Bond）

主权政府债券是以国家名义发行的国债，其还款来源主要是主权政府的税收。国债可以用本币发行，也可以用外币发行，但本币债信用评级更高，这是因为发行国可以印本币还债，而无法印外币还债。

在市场上最新发行的国债称为新发行国债（on-the-run），新发行国债是二级市场中交易最活跃的国债。发行时间越早的国债交易也越不活跃。新发行国债也通常作为基准债券（benchmark issue），用于和其他主体发行债券进行比较。

美国国债是由美国财政部发行的，根据债券原始期限长短，又把美国国债分为三类：原始期限小于等于 1 年的短期国库券（treasury bills，T-bills）、原始期限在 1 年和 10 年之间的中期国债（treasury notes，T-notes），和原始期限大于 10 年的长期国债（treasury bonds，T-bonds）。

> **知识一点通**
>
> 在现实市场中，只有 T-bills 是零息债券，T-notes 和 T-bonds 都是付息的，且付息频率一般为一年两次。

—考点要求—
描述（describe）主权政府的融资选择（★）

对于新兴市场的主权债券，需要进一步区分国内债务和对外债务：

（1）国内债务（domestic debt）是指以本币发行的并通常由国内投资者持有的债券。

（2）对外债务（external debt）代表了对外国债权人的欠款，包括超国家金融组织的贷款以及以外币计价的被国外私人投资者持有的债券。

汇率的变动会影响新兴市场主权债券的发行人获取足够外币收入进而偿还外币债务的能力。因此发达市场投资者在投资新兴市场的对外债务（以外币计价）时，虽然无须承担与新兴市场本币主权债务相同的直接汇率风险（direct currency risk），但是依旧会面临汇率波动的间接（indirect）影响。

政府对于发行国债的期限选择主要有两个考量：

（1）政府发行人应尽可能缩短国债的到期时间，从而减少利息支出，以实现融资成本的最小化。

（2）跨期限分配。如果政府过度地依赖短期国债，会增加借新还旧风险（rollover risk），即旧债务到期后，不能及时通过增发新债来偿还旧债务。因此在实务中，政府通常对国债进行跨期限分配，从而降低借新还旧风险。

最后介绍政府主权债务的发行与交易。

（1）政府主权债务的发行。

不同于公司债务主要通过投资银行承销发行，主权债务通常以国家财政部领导的拍卖形式进行公开发行。拍卖方式分为两种：单一价格拍卖（single-price auction）和多价格

—考点要求—
对比（contrast）政府和公司的固定收益工具的发行及交易（★）

拍卖(multiple-price auction)。

拍卖按从价格高到低(收益率从低到高)对发行人的出价进行排名,将各发行人计划购买的证券数量进行加总,直到总量达到本次发行的总规模。两种拍卖方式的区别在于,单一价格拍卖中,所有中标者支付相同的价格,获得相同的票面利率;多价格拍卖中,中标者需支付自己的投标价,导致对同一债券的支付价格不同。

历史数据表明,单一价格拍卖可能会降低发行人的资金成本,有更多的投资者能获得债券分配。

在政府进行国债拍卖时,潜在的投资者可提交竞争性投标(competitive bids)或非竞争性投标(non-competitive bids)。

竞争性投标是指投标人指定购买价格和计划购买的债券数量。如果拍卖价格高于投标人的出价,竞争性投标人将不会获得任何债券。相比之下,非竞争性投标中,投标人同意接受拍卖最终确定的价格,以确保获得债券。

> **知识一点通**
>
> 美国国债的发行方式为单一价格拍卖,即所有赢得拍卖的投资者付出相同的价格并获得相同票息率的国债。

(2)政府主权债务的交易。政府主权债券的投资者一般有非经济目的。这点与公司债券的投资者不同,他们购入债券是为了赚取票息收益而达到经济目的。具体而言,例如美联储是美国国债的主要投资者,其通过进行美国国债的回购和交易作为政府货币政策的宏观调控手段。另外,其他国家政府或中央银行通过持有美国国债作为美元外汇储备。

41.3.2 政府相关债券(Government-Related Bond)

—考点要求—
描述(describe)非主权政府、准政府机构和国际组织的融资选择(★)

41.3.2.1 地方政府债券(Local Government Bond)

地方政府债券是指由主权政府以下级别的政府发行的债券,如省政府、州政府、市政府等。美国的州和地方政府发行的债券称为市政债券(municipal bonds)。地方政府债券一般比主权政府债券收益率更高,价格更低。

41.3.2.2 准政府债券(Quasi-Government Bond)

准政府债券是指由主权政府建立或资助的机构发行的债券,又叫机构债券(agency bonds)。准政府债券的还款来源主要是准政府机构未来产生的现金流。最典型的准政府债券是由美国的房利美(Fannie Mae)和房地美(Freddie Mac)发行的债券,它们拥有主权政府的隐性担保,所以信用评级很高。

41.3.2.3 超国家债券(Supranational Bond)

超国家债券是指由如世界银行(World Bank)和国际货币基金组织(IMF)一类的国际组织发行的债券,此类债券的信用评级也很高。

练一练

41-1 Which of the following bonds is not named based on credit quality?
A. Investment-grade bond.
B. Government bond.
C. Junk bond.

41-2 Regarding the underwritten offering, the underwriter's revenue is:
A. the difference between the purchase price of the new bond issue and the reselling price to investors.
B. the commission from the bond issuer.
C. the negotiated offering price.

41-3 As a prevalent source of flexible and relatively low-cost financing, the commercial paper is least likely:
A. paid with the proceeds of new issuances of commercial paper.
B. protected by a backup line of credit from banks against rollover risk.
C. a bridge financing for short term funds.

41-4 In practice, a repurchase agreement can be regarded as a/an:
A. secured bond.
B. collateralized loan.
C. interbank loan.

41-5 Which of the following statements related to short-term funding to banks is or are correct?
Statement 1: The interbank funds market is the market of loans and deposits between banks.
Statement 2: In the central bank funds market, banks run short of required reserves can borrow money from other banks that have a surplus of funds.
A. Only statement 1 is correct.
B. Only statement 2 is correct.
C. Both statements are correct.

第 42 章 固定收益估值

知识引导

本章的主要内容是债券估值,即对债券进行定价。债券估值的核心方法是现金流折现法。折现方法既包含在不同时点采用单一折现率(如到期收益率),也包含在不同时点采用多个折现率(如即期利率和远期利率)。此外,本章还介绍了固定收益市场的一些惯例,如天数计算方式、债券报价方式、货币市场工具报价形式等。最后,本章简要介绍了债券收益率相对于基准收益率的利差。

考点聚焦

本章是固定收益证券中极其重要的一章。固定收益证券科目中的常考点大量分布在本章,且考查方式以计算为主。考生应掌握利用到期收益率、即期利率和远期利率对债券定价的方法,掌握即期与远期利率的互相转换,学会使用计算器计算到期收益率、赎回收益率、债券全价、应计利息和净价,并掌握货币市场收益率计算和几种主要收益率利差的定义与计算。

本章框架图

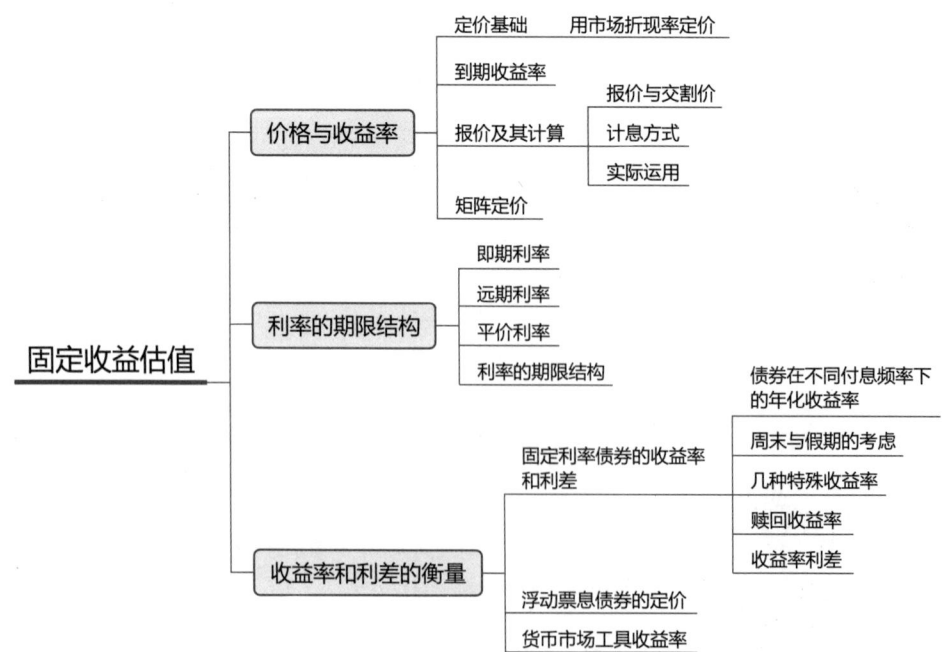

42.1 价格与收益率

42.1.1 定价基础

债券定价的基本思想非常简单:债券的价格应等于未来所有现金流的现值之和,即为所有未来现金流折现求和。这里所使用的折现率称为市场折现率(Market Discount Rate),同时也是投资者的要求收益率。这个收益率与债券风险相关,风险越大,投资者要求的收益率就越大,以补偿其所承担的风险。利用市场折现率为债券定价的公式可表示为:

$$P = \sum_{t=1}^{n} \frac{\mathrm{PMT}_t}{(1+r)^t} + \frac{F}{(1+r)^n} \tag{42.1}$$

其中,PMT 为每期支付的票息;F 为到期支付的面值;r 为市场折现率;t 为现金流所对应的时期。需要注意的是,市场折现率通常都是年化的,折现时要把年化利率转换成期间利率。例如,年化 8%、每季付息一次的债券,其期间利率应为 2%(8%÷4)。

由于市场折现率出现在公式的分母上,故与债券价格呈现反向相关性,<u>折现率越大债券价格越低,折现率越小债券价格越高</u>。

根据债券票息率与市场折现率的大小关系不同,债券价格有以下三种情况:

(1) 当债券的票息率小于市场折现率时,债券价格小于面值,称为<u>折价债券</u>(discount bond);

(2) 当债券的票息率等于市场折现率时,债券价格等于面值,称为<u>平价债券</u>(par bond);

(3) 当债券的票息率大于市场折现率时,债券价格大于面值,称为<u>溢价债券</u>(premium bond)。

例题 42.1

假定某 5 年期每年付息一次的债券,其面值为 100 元,票息率为 5%,市场折现率为 6%,求这个债券的价格。当票息率分别为 6% 与 7% 时,债券价格又分别是多少? 它们分别是折价、平价还是溢价债券?

名师解析

用计算器分别输入已知信息,可求得 PV 值(即为债券价格),见下表。

用计算器计算债券价格

票息率(CR)	N	I/Y	PMT	FV	CPT: PV	利率比较	平价与否
5%	5	6	5	100	−95.788	CR<r	折价
6%	5	6	6	100	−100	CR=r	平价
7%	5	6	7	100	−104.212	CR>r	溢价

计算此类题目时,<u>考生一定要注意将年化折现率期间化</u>。给定市场折现率计算债券价格相对简单,考试时一般不会单独考查,但可能作为解题的一个中间步骤。

此外,考生应能根据 r 与债券票息率的大小关系,判断债券是折价、平价或溢价。考生可以这样记忆结论:由于 r 与 P 反向相关,即 r 越大 P 越小,那么当 r 大于债券票息率时,r 大导致 P 小,即折价;当 r 小于债券票息率时,r 小导致 P 大,即溢价。

---考点要求---
根据预期的未来现金流,计算(calculate)并理解(interpret)债券的现值(★★)

---考点要求---
根据给定的债券现值和现金流,计算(calculate)并理解(interpret)隐含收益率和要求收益率(★★)

42.1.2 到期收益率（Yield-to-Maturity，YTM）

42.1.2.1 到期收益率的计算

—考点要求—
识别（identify）债券价格、票息率、期限和到期收益率之间的关系（★★★）

到期收益率（YTM）是一种隐含的或观察到的市场折现率，其本质是债券现金流的内部收益率（IRR）。在已知债券价格的情况下，我们可以用债券定价公式反求出 YTM：

$$P = \sum_{t=1}^{n} \frac{\text{PMT}_t}{(1+\text{YTM})^t} + \frac{F}{(1+\text{YTM})^n} \tag{42.2}$$

公式（42.2）与公式（42.1）的区别仅在于用 YTM 替换了 r。

> **知识一点通**
>
> YTM 通常也是年化的，计算时要将其期间化。利用计算器计算 YTM 时，特别要注意 PV 的符号应与 PMT 和 FV 的符号相反，以表明不同的现金流向。如果计算器出现 Error，往往是因为没有考虑正负号。

—考点要求—
在给定到期收益率的情况下，计算（calculate）债券的价格（★★★）

到期收益率只是一种理想状态下的债券收益率，若要使债券的真实收益率恰好等于 YTM，有三条重要的前提假设：
（1）投资者持有债券至到期；
（2）债券发行人没有违约；
（3）票息再投资的收益率等于 YTM。

YTM 与债券价格呈反向相关性，YTM 越大债券价格越小，YTM 越小债券价格越大。把两者放在同一张图中表示，如图 42.1 所示。

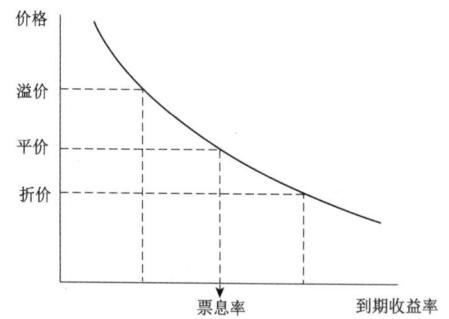

图 42.1 债券价格收益曲线

图 42.1 中纵坐标为债券价格，横坐标是 YTM，向下倾斜的曲线表明两者之间的反向相关关系。债券价格的三种情况在图中更加直观。纵轴从上到下三个点分别对应溢价债券、平价债券和折价债券。

> **例题 42.2**
>
> 一个 5 年期的零息债券 YTM 为 4%，面值为 100，求债券价格。
>
> **名师解析**
>
> 用计算器计算：N=5×2=10，I/Y=4÷2=2，PMT=0，FV=100，CPT：PV=−82.035。
> 注意未说明付息频率，都按 1 年付息两次计算，对于零息债券也是一样。所以对于期间数 N，要把年数乘以 2，而 I/Y 是期间利率，所以要把 YTM 除以 2。

例题 42.3

有一个 3 年期的每半年付息一次的债券,票息率 6%,价格为 105,求这个债券的 YTM。

名师解析

用计算器计算:N=3×2=6,PV=-105,PMT=100×6%÷2=3,FV=100,CPT:I/Y=2.104,则 YTM=2.104%×2=4.208%。

其中,I/Y 是期间利率,所以计算 YTM 还要乘以 2。

债券价格在到期时等于面值,所以在 YTM 恒定不变的情况下,对于发行时价格大于面值的溢价债券来说,其价格是随着时间流逝不断减小的;对于发行时价格小于面值的折价债券来说,其价格是随着时间流逝不断增大的。这种现象被称为回归面额(pull to par effect),如右图所示。

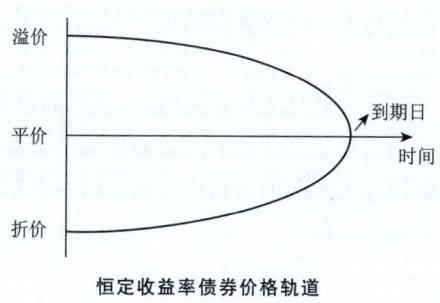

恒定收益率债券价格轨道

例题 42.4

一个 10 年期的零息债券 YTM 为 6%,面值为 100 元,假设 YTM 恒定不变,3 年之后,债券价格变化多少?

名师解析

此题分三步计算。首先,我们计算债券发行时的价格:

N=10×2=20,I/Y=6÷2=3,PMT=0,FV=100,CPT:PV=-55.368

其次,我们计算 3 年之后的债券价格:

N=7×2=14,I/Y=6÷2=3,PMT=0,FV=100,CPT:PV=-66.112

最后,两个时期的价格相减即价格变化:

66.112-55.368=10.744(元)

价格上升 10.744 元。

通过此题可以看出,一个折价债券在 YTM 恒定的情况下,其价格随着时间的流逝是上升的。

备考小贴士

有关 YTM 的计算,以下几点性质考试中经常出现。

(1) YTM 是使得未来现金流的现值等于债券价格的折现率,在使用计算器时要注意,PV 符号为负表示现金流出,I/Y 是期间收益率且输入时不带%。

(2) 要使债券真实收益率等于 YTM 需要满足三大假设:持有到期,没有违约,债券票息再投资收益率等于 YTM。

(3) 债券价格与 YTM 反向相关,当 YTM 大于债券票息率时,债券折价;当 YTM 小于债券票息率时,债券溢价发行。

(4) 债券价格在到期日等于面值,YTM 恒定时,溢价债券价格随时间递减,折价债券价格随时间递增。

42.1.3 报价及其计算

42.1.3.1 报价与交割价

我们在交易行情软件中看到的债券报价与实际交割价格是不同的。这是因为：如果债券在两个利息支付日之间的某个时刻进行交割，交割价实际应包括两个组成部分：报价与**应计利息（accrued interest，AI）**。其中，应计利息是指归属于前一持有人的那部分票息。

在下一利息支付日来临时，债券的票息将全部支付给债券新持有人。然而，从上一支付日到交割日之间的利息按理应属于债券的前一持有人，因此这部分利息的价值要包含在新持有人付出的价格中。即在债券交割时，由新持有人支付给前一持有人。应计利息的计算公式如下：

$$AI = \frac{t}{T} \times PMT \tag{42.3}$$

其中，t 表示从上一付息日到交割日之间的天数；T 表示两个付息日之间的天数；PMT 表示两个付息日之间的票息。

> **知识一点通**
>
> 既然应计利息包含在交割价中，为什么在债券交易中不直接报交割价，从而避免区分报价与交割价呢？这是因为：相比交割价，报价更能反映债券本身价格的变化情况。如果在交易时采用交割价作为报价，假设债券本身价格不变，在两个付息日之间，随着时间的推移，债券的交割价必然缓慢上升。于是，单单使用交割价，交易者们就无法快速区别债券价格的上升究竟有多少属于债券本身价格上涨，有多少属于应计利息的累积效应。通过引入报价，抛开应计利息累积效应的影响后，我们可以更准确地分析债券价格本身的涨跌情况。

由于交割价格等于报价加上应计利息，**故交割价格又称为全价（full/dirty price）**，报价又称为净价（flat/clean price），公式如下：

$$\text{Full/Dirty price} = \text{Flat/Clean price} + \text{Accrued interest} \tag{42.4}$$

前文中，我们由折现求得的债券价格是债券的全价，即债券在交割日的全价等于上一付息日的价格按照折现率大小的收益率复利到交割日的价值：

$$\text{Full price} = \left[\frac{PMT}{(1+r)^1} + \frac{PMT}{(1+r)^2} + \cdots + \frac{PMT + FV}{(1+r)^n} \right] \times (1+r)^{t/T} \tag{42.5}$$

公式（42.5）的前一部分表示折现求得的上一付息日的价格，后面一部分表示按折现率复利从上一付息日到交割日的债券价值增加。

42.1.3.2 计息方式

对于 t 和 T 所表示天数的计算主要有两种惯例：政府债券的天数计算方式一般为真

实天数/真实天数(actual/actual),即按包含的真实天数计算;而公司债券的天数计算方式为 30/360,即按一年 360 天,一个月 30 天计算。

例如,从 2014 年 1 月 1 日到 2014 年 3 月 15 日,真实的天数为 73 天(可用计算器的 DATE 功能计算),按 30 天计算的天数为 74 天($2\times30+14$)。

42.1.3.3 实际运用

例题 42.5

一个债券面值为 100,票息率为 6%,每半年付息一次,要求收益率为 5%,债券的付息日为每年的 3 月 15 日和 9 月 15 日,并在 2025 年 9 月 15 日到期。假定债券在 2017 年 6 月 18 日交割(95 天/184 天),求交割这一天的债券报价。

名师解析

债券报价即净价,所以这道题是要求债券在 2017 年 6 月 18 日的净价,即全价减去应计利息。

(1) 用计算器计算债券在 2017 年 3 月 15 日的价格:

$N=17, I/Y=2.5, PMT=3, FV=100, CPT: PV=-106.856$

2017 年 3 月 15 日到 2025 年 3 月 15 日为 8 年 16 期,但到期日为 9 月 15 日,故加上 1 期为 17 期。

(2) 再求债券在 2017 年 6 月 18 日的全价:

$$106.856 \times \left(1+\frac{5\%}{2}\right)^{95/184} = 108.227$$

(3) 计算应计利息:$3\times(95\div184)=1.549$

(4) 计算净价:$108.227-1.549=106.678$

> **备考小贴士**
>
> 求 flat price 三步走:
> (1) 求 full price:未来现金流折现求和得到 P_0,再按折现率计算到交割日的价格 P_t,即全价;
> (2) 求 AI:直接代入公式(42.3);
> (3) 求 flat price:等于 full price 减去 AI。

> **备考小贴士**
>
> 对于概念题,要记住报价是 flat price,交割价是 full price;对于计算题,可能会单独考查 AI 的计算,即公式(42.3),也有可能是 flat price 的计算(即用三步走的方法)。

42.1.4 矩阵定价 (Matrix Pricing)

对于交易不活跃或还没有发行的债券来说,我们没办法知道它们的合理价格,这时要用到一种相对定价方式来计算债券的市场折现率和价格,这种相对定价方式称为**矩阵定**

—考点要求—
描述(describe)
矩阵定价法(★★)

价。矩阵定价利用交易更活跃的可比债券对不活跃债券进行定价。其中,可比债券是与不活跃债券具有类似风险特征的债券。具体定价步骤如下。

(1) 根据已知可比债券的信息求出可比债券的市场折现率。

(2) 用线性插值法求出该交易不活跃债券的市场折现率。

(3) 用市场折现率求出债券价格。

矩阵定价也可以计算相对于基准利率的要求收益利差。其中,基准利率通常是期限相同的国债 YTM,收益利差就是所要定价债券的 YTM 与基准 YTM 的差值,这部分利差反映了相对于基准债券该债券在信用风险、流动性风险、税收情况等方面的不同。

例题 42.6

现要对一个 4 年期、票息率 5%、每年付息一次、面值为 100 的交易不活跃债券定价。已知一些可比债券的信息如下表所示。求根据矩阵定价法,这个交易不活跃债券的价格应等于多少?

可比债券信息

债券	期限	票息率	价格
1	3 年	3%	98
2	3 年	5%	102
3	6 年	2%	90
4	6 年	4%	99

名师解析

本题中所求不活跃债券为 4 年期,而题目已知条件仅给出了 3 年期与 6 年期债券相关信息,因而必须利用插值法转化为 4 年期。具体步骤如下:

(1) 利用计算器可得可比债券 YTM,债券 1~4 的 YTM 分别等于:3.717%、4.276%、3.902%、4.192%。

(2) 分别把 3 年期的两个债券和 6 年期的两个债券 YTM 取平均,以代表 3 年期和 6 年期活跃债券的平均 YTM:

$(3.717\% + 4.276\%) \div 2 = 3.997\%$

$(3.902\% + 4.192\%) \div 2 = 4.047\%$

(3) 用线性插值法求 4 年期不活跃债券 YTM:

$3.997\% + (4-3)/(6-3) \times (4.047\% - 3.997\%) = 4.014\%$

这里线性插值法的思想是,债券 YTM 应随着期限的增加而增加。故以 3 年期的平均 YTM(3.997%)为基准,4 年期债券的 YTM 应该更高。增加幅度为 3 年期与 6 年期 YTM 的差值乘以期限差的比重,即 $(4-3)/(6-3) \times (4.047\% - 3.997\%)$。

(4) 根据前 3 步的已知条件,即可求 4 年期不活跃债券价格:

$N=4, I/Y=4.014, PMT=5, FV=100, CPT: PV=-103.578$

42.2 利率的期限结构

42.2.1 即期利率（Spot Rates）

即期利率是指在当下时间点描述未来某段时间的利率，它是零息债券的 YTM，所以又称零利率（zero rates）。在用即期利率给债券定价时，每一个时间点对应现金流所使用的折现率（即期利率）彼此不同，也就是要用一系列的即期利率为债券定价。此时定出的价格称为无套利价格，当市场价格偏离该无套利价格时，就会出现套利机会，一般假设市场不存在套利机会，因此，用即期利率折现计算债券价格反映了无套利定价的思想。定价公式如下：

$$P = \sum_{i=1}^{n} \frac{\text{PMT}_t}{(1+Z_t)^t} + \frac{F}{(1+Z_n)^n} \tag{42.6}$$

其中，PMT 为每一期的票息；F 为本金，第一期的现金流用第一期即期利率 Z_1 折现；第二期现金流用第二期即期利率 Z_2 折现，以此类推。

> **考点要求**
> 定义（define）即期利率并用即期利率计算（calculate）债券价格（★★★）

例题 42.7

已知 1 年期即期利率为 3%，2 年期即期利率为 4%，3 年期即期利率为 5%。求一个 3 年期、每年付息一次、票息率为 6%、面值为 100 的债券价格。

名师解析

根据题目已知条件代入公式（42.6）可得：

$$P = \frac{6}{(1+3\%)^1} + \frac{6}{(1+4\%)^2} + \frac{106}{(1+5\%)^3} = 102.939$$

注意，即期利率是站在 0 时间点，看未来某段时间利率是多少。

用即期利率给债券定价是重要考点，关键是找到每笔现金流对应的即期利率，然后对未来现金流折现求和即可。

42.2.2 远期利率（Forward Rates）

42.2.2.1 远期利率与即期利率

与即期利率不同，远期利率是在未来某一时间点看"更未来"某段时间的利率，它是远期市场（forward market）上所使用的利率。所谓远期市场，即在当前时点签订合约，但在未来交割证券的市场。远期利率的通常表达方式为 $ayby$，例如，3y2y 指的是 3 年后的 2 年期利率。

隐含远期利率（implied forward rates）可通过已知即期利率计算得出，它是无套利均衡条件下的再投资利率。即期利率与隐含远期利率的关系如下：

$$(1+Z_A)^A \times (1+\text{IFR}_{A,B-A})^{B-A} = (1+Z_B)^B \tag{42.7}$$

我们通过一个例题可对公式（42.7）有个更直观的理解。

> **考点要求**
> 定义（define）远期利率；用远期利率计算（calculate）即期利率，用即期利率计算远期利率；用远期利率计算债券价格（★★★）

例题 42.8

已知 1 年期零息债券的 YTM 为 3%，2 年期零息债券 YTM 为 4%，3 年期零息债券 YTM 为 5%，求隐含远期利率 2y1y。

名师解析

零息债券 YTM 就是即期利率，所以该题是已知 2 年期和 3 年期即期利率，求 2 年后的 1 年期远期利率，即 2y1y。

站在 0 时间点时，由于已知 2 年期与 3 年期零息债券的 YTM，我们可分别可求得 2 年后、3 年后零息债券的价值为：$\left(1+\frac{4\%}{2}\right)^4$ 与 $\left(1+\frac{5\%}{2}\right)^6$。这两个价值的区别仅在于时间价值，因此如果按照 2y1y 的远期利率把两年后的零息债券价值换算到 3 年后应与 3 年后的价值相等，即：

$$\left(1+\frac{4\%}{2}\right)^4 \times \left(1+\frac{2y1y}{2}\right)^2 = \left(1+\frac{5\%}{2}\right)^6$$

上式即为公式(42.7)的运用，可反解出 2y1y 等于 7.015%。注意，没有说明付息频率时要按一年付息两次计算，且利率都是年化的。

42.2.2.2 远期利率的定价

远期利率定价的思路与即期利率相同，同样利用无套利定价原理，只是把公式(42.6)中的即期利率用公式(42.7)转换成远期利率表示。

例题 42.9

已知 0y1y=3%，1y1y=4%，2y1y=5%，求 3 年期的每年付息一次、息率为 4%、面值为 100 元的债券价格。

名师解析

本题采用远期利率对债券定价：

$$P = \frac{4}{(1+3\%)} + \frac{4}{(1+3\%)\times(1+4\%)} + \frac{104}{(1+3\%)\times(1+4\%)\times(1+5\%)}$$
$$= 100.082(元)$$

远期利率是站在未来某一时间点，看"更未来"某段时间的利率是多少。远期利率与即期利率的关系殊途同归。例如，在本题中，一次性投资 2 年的收益应该等于先投资 1 年后再投资 1 年所获得的总收益。对于第二年的现金流而言，我们可以按照两年期的即期利率折现，也可按照 1 年期的即期利率与 1y1y 的远期利率的乘积来折现（即 1.03×1.04）。

42.2.3 平价利率 (Par Rates)

> **—考点要求—**
> 定义(define)平价利率；用即期利率计算(calculate)平价利率(★★★)

平价利率(par rate)是能够让债券的价值等于面值的票息率，根据债券的定价规则可知，当债券价值等于面值时，票息率也等于到期收益率。平价利率的计算原理用以下公式来展示。

$$Par = \frac{PMT}{1+Z_1} + \frac{PMT}{(1+Z_2)^2} \cdots\cdots + \frac{PMT+Par}{(1+Z_n)^n} \qquad (42.8)$$

该公式假设债券每年付息一次，Z_1、Z_2、…、Z_n 为适用于该债券各期现金流的即期利率。通过公式(42.8)可用于求解每期支付的票息(PMT)，再根据公式(42.9)可求出平价利率。

$$\text{Par rate} = \frac{\text{PMT}}{\text{Par}} \qquad (42.9)$$

42.2.4 利率的期限结构（Term Structure of Interest Rates）

—考点要求—
比较（compare）即期曲线、平价曲线和远期曲线（★）

利率的期限结构即刻画利率与到期时间的关系的曲线。其纵坐标为利率，横坐标为到期时间。付息债券的利率曲线（yield curve）是一条反映付息债券 YTM 与到期时间关系的曲线。

即期曲线（spot/zero/strip curve）是一条反映零息政府债券 YTM（即政府债券的即期利率）与到期时间关系的曲线。

平价曲线（par curve）反映的是一系列平价利率与时间的关系。债券的平价利率是债券在当前即期利率市场环境下，想要能够以平价面值发行，所采取的票息率。因其为平价债券，所以债券票息率等于 YTM，这条曲线也可以看作是平价债券 YTM 与对应期限的关系。

远期曲线（forward curve）反映的是一系列远期利率与时间的关系。

> **备考小贴士**
>
> 总而言之，利率曲线的纵坐标是利率，横坐标是时间，根据曲线名字即可知道纵坐标表示什么利率。
>
> 如果即期曲线向上倾斜，则平价曲线位于即期曲线下方，远期曲线位于即期曲线上方。
>
> 如果即期曲线向下倾斜，则平价曲线位于即期曲线上方，远期曲线位于即期曲线下方。

42.3 收益率和利差的衡量

42.3.1 固定利率债券的收益率和利差

42.3.1.1 债券在不同付息频率下的年化收益率

对于不同付息频率的债券，当我们计算它们各自的 YTM 的时候，金融计算器给出的 I/Y 值为期间利率。而 YTM 是年化的收益率，因此，YTM 等于期间利率乘以每年的付息频次。例如，如果是半年付息一次的债券，那么其 YTM＝I/Y×2。

为了让不同付息频率债券的 YTM 可以进行公平对比，需要人为将它们调整为相同复利频次，这个过程被称为周期转化或复利转化（periodicity/compounding conversion），公式如下：

—考点要求—
计算（calculate）债券在不同付息频率下的年化收益率（★★★）

$$\left(1+\frac{APR_m}{m}\right)^m = \left(1+\frac{APR_n}{n}\right)^n \qquad (42.10)$$

其中，APR_m 代表每年付息频次为 m 的债券的 YTM；APR_n 代表每年付息频次为 n 的债券的 YTM。由此可见，此公式可人为地将一年付息 m 次的债券的 YTM 转化为一年付息 n 次的债券的 YTM。

从公式(42.10)中可发现一条规律：m 大且 APR_m 小等价于 n 小且 APR_n 大。这一规律可用于快速判断年化收益率的大小。最后，如果 APR_m 为负数，也同样可以代入公式，计算出负的 APR_n。

——考点要求——
比较(compare)、计算(calculate)并理解(interpret)固定利率债券的收益测量方式(★★)

> **例题 42.10**
>
> 已知债券 A 为半年付息一次的债券，其持有至到期收益率为 5%。请问债券 A 的年化收益率在以下两种情况下分别是多少？
>
> (1) 季度复利。
> (2) 每月复利。
>
> **名师解析**
>
> 利用复利转化公式转化。
>
> (1) 季度复利，则 $n=4$，将已知条件代入公式(42.10)，可得：
>
> $$\left(1+\frac{0.05}{2}\right)^2 = \left(1+\frac{APR_4}{4}\right)^4$$
>
> 解得：
>
> $APR_4 = 0.0497 = 4.97\%$
>
> (2) 每月复利，则 $n=12$，将已知条件代入公式(42.10)，可得：
>
> $$\left(1+\frac{0.05}{2}\right)^2 = \left(1+\frac{APR_{12}}{12}\right)^{12}$$
>
> 解得：
>
> $APR_{12} = 0.0495 = 4.95\%$
>
> 因此，在季度复利的情况下，债券 A 的年化收益率是 4.97%；在每月复利的情况下，债券 A 的年化收益率是 4.95%。此题也再次验证了上文提到的规律，m 大且 APR_m 小等价于 n 小且 APR_n 大。

42.3.1.2 周末与假期的考虑

在计算债券收益率时，如果按合同约定的付息时间计算天数，而不避开周末或假期，这种方式称为**惯例收益率(street convention yield)**。反之，在遇到周末或假期时，把付息时间递延到下一交易日的方式称为**真实收益率(true yield)**。**真实收益率永远不可能大于惯例收益率**。这是因为，对同样一笔票息，收到时间越迟，收益率越小。

> **知识一点通**
>
> street convention yield 直译为"街惯例收益率"，而这里的"街"就是华尔街的简称。华尔街的惯例自然会渐渐成为金融业的共识和惯例，故我们将其翻译为"惯例收益率"。
>
> 实际上，没有考虑周末与假期的惯例收益率和考虑了周末与假期的真实收益率计算结果相差不大，我们在实务中一般计算更简单直接的惯例收益率。

42.3.1.3 几种特殊收益率

1. 当前收益率

当前收益率(current yield)等于1年期票息除以债券净价。由于没有考虑付息频率和应计利息,当前收益率是一个极为粗略的债券收益率估计方法。

2. 简单收益率

对于一个折价或溢价债券来说,债券投资人还存在一部分利得或损失。简单收益率(simple yield)将这部分利得或损失考虑在内,等于1年期票息加上直线摊销的利得或损失后再除以债券净价。

> **知识一点通**
>
> 假设一个3年期债券的价格是USD 97,票息率10%,每年付息一次,那么它的当前收益率 $= \dfrac{10}{97} \times 100\% = 10.31\%$,简单收益率 $= \dfrac{10+(100-97) \div 3}{97} = 11.34\%$。与当前收益率不同的地方在于简单收益率把价格和面值的价差USD 3直线摊销到3年,故每年是USD 1。关于溢价或折价的摊销,"财务报告分析"中长期负债章节有详细论述。

> **备考小贴士**
>
> 计算当前收益率时,需要注意,分子是1年的票息,而不是一期的票息。

42.3.1.4 赎回收益率(Yield to Call)

内嵌期权的固定利率债券使用不同的收益率测量方式。对于可赎回债券来说,它的行权日一般设在利息支付日当天。假设一个可赎回债券的发行人在可赎回日按照事先约定的行权价格把债券赎回,从发行到赎回这段时间的现金流的内部收益率就是赎回收益率。因此,赎回收益率与到期收益率的本质是一样的,只不过持有期限不同:到期收益率是一直持有至到期的,而赎回收益率则是持有至赎回的。

可赎回债券的行权日可以不止一个,故选择在不同行权日行权的赎回收益率是不同的。在第一个行权日赎回的赎回收益率称为第一赎回日收益率(yield-to-first-call),在第二个行权日赎回的赎回收益率称为第二赎回日收益率(yield-to-second-call),以此类推。所有不同赎回日收益率与到期收益率相比,最小的那一个收益率称为最差收益率(yield-to-worst),最差收益率为投资者提供了一个最保守的收益率估计。

例题 42.11

有一个8年期每年付息一次的可赎回债券,票息率为6%,价格是110。有如下赎回条款:第一个可赎回日在发行4年后,赎回价是105;第二个可赎回日在6年后,赎回价是101。求这个债券的到期收益率、第一赎回日收益率、第二赎回日收益率,以及最差收益率。

名师解析

利用计算器可计算YTM、第一、第二赎回收益率,见下表。

用计算器计算债券收益率

	N	PV	PMT	FV	CPT：I/Y	收益率
YTM	8	−110	6	100	4.485	4.485%
YT1C	4	−110	6	105	4.390	4.390%
YT2C	6	−110	6	101	4.228	4.228%

比较三种收益率，最低为 Yield-to-Second-Call 的 4.228%，即 Yield-to-Worst。

考生应注意：赎回收益率的计算与 YTM 类似，不同之处在于输入计算器时的 N 和 FV：对于 YTM，N 是到期期限，FV 是面值；对于赎回收益率，N 是赎回期限，FV 是赎回价 call price。

42.3.1.5　收益率利差（Yield Spread）

—考点要求—
比较（compare）、计算（calculate）并理解（interpret）固定利率债券收益率利差（★★★）

收益率利差是指两个不同债券的收益率之差。**债券的收益率可以分解为两个部分：基准收益率和利差**。基准收益率通常采用政府债券收益率，利差就是债券收益率超过基准收益率的部分，又称基准利差。**基准收益率反映了宏观经济因素**，例如 GDP、CPI 和银根松紧情况等，宏观因素影响整个市场的所有债券；**利差反映了微观因素**，例如某只债券的信用风险、流动风险和税收情况等，微观因素影响某一特定的债券。

采用不同的基准收益率，得到的收益率利差是不同的。

（1）以**政府债券的收益率**作为基准的利差称为 **G-Spread**。

（2）以标准互换利率（swap rate）作为基准的利差称为 **I-Spread**。

（3）以政府债券的即期利率曲线为基准的利差称为 **Z-Spread**，Z-Spread 可以通过下列公式计算而得：

$$PV = \frac{PMT}{(1+z_1+Z)^1} + \frac{PMT}{(1+z_2+Z)^2} + \cdots + \frac{PMT+FV}{(1+z_N+Z)^N} \quad (42.11)$$

其中，z_i 表示政府债券的各期即期利率；Z 表示恒定的 Z-Spread。

除了以上三种利差之外，还有一种特殊的利差称为**期权调整利差**（option-adjusted spread，OAS），它是在 Z-Spread 的基础上剔除期权价值后的利差，即：

$$OAS = Z\text{-Spread} - Option\ value(\%) \quad (42.12)$$

例如，一个可赎回债券（callable bond）对于发行人而言它的期权价值大于零，所以其 OAS 小于 Z-Spread；对于一个可回售债券（putable bond），对于发行人而言它的期权价值小于零，所以 OAS 大于 Z-Spread。

例题 42.12

假如，一个美国公司债的期限是 5 年，票息率 6%，每年付息一次，价格为 102；还有一个相同期限的美国国债，票息率 3%，每年付息一次，价格为 101，求公司债的 G-Spread。

名师解析

（1）求国债 YTM：N=5，PV=−101，PMT=3，FV=100，CPT：I/Y=2.783。

(2) 求公司债 YTM：N=5，PV=−102，PMT=6，FV=100，CPT：I/Y=5.531。

(3) 求 G-Spread：公司债 YTM−国债 YTM=5.531%−2.783%=2.75%=275bp。

> **备考小贴士**
>
> 有关收益率的利差，考试中会考查 G-Spread 的计算，即用计算器算出两个债券的 YTM，然后做差；还有 OAS，要注意 option value 的正负号，此处的 value 是对于发行人而言的价值。对于概念题，要注意各种利差的基准收益率是什么。

42.3.2 浮动票息债券的定价

—考点要求—
计算（calculate）
并理解（interpret）
浮动票息债券的
利差测量方式
(★★)

浮动票息债券的票息率等于市场参考利率加上**报价利差（quoted margin）**。其中，市场参考利率会定期重置，而报价利差通常固定不变。报价利差反映债券在发行时的风险，报价利差越大风险越大。

除了报价利差，还有一种利差称为**要求利差（required margin）或者折现利差（discount margin）**，它是浮动利率债券市场折现率的一部分，即浮动利率债券的市场折现率等于市场参考利率加上要求利差。**要求利差是变化的**，它的变化体现该浮动利率债券相对于基准债券风险的变化，相对风险变大，要求利差也变大；相对风险变小，要求利差也变小。

根据票息率与折现率的大小比较，债券有折价、平价和溢价之分，那么报价利差和要求利差分别作为票息率和折现率的一部分，它们的大小关系同样决定债券是折价、平价或是溢价：

（1）当报价利差小于要求利差时，债券的价格小于面值，即折价债券；

（2）当报价利差等于要求利差时，债券的价格等于面值，即平价债券；

（3）当报价利差大于要求利差时，债券的价格大于面值，即溢价债券。

> **备考小贴士**
>
> 对于浮动利率债券，记住两个公式：Coupon rate = Reference rate + Quoted margin，Discount rate = Reference rate + Discount margin。其中，quoted margin 是票息率的一部分，固定不变；discount margin 是折现率的一部分，会随着债券自身风险变化而变化。
>
> 对于概念题，要能根据 quoted margin 和 discount margin 大小关系判断出债券是折价、平价或溢价。这里的逻辑并不复杂。所谓 quoted，就是发行人主观设定的回报，这相当于固定利率债券里的票息；而所谓的 discount 或者 required，就是市场对于这只债券要求的回报率，这相当于固定利率债券里的市场要求回报率。根据与固定利率债券的对应关系，记忆溢价、平价和折价关系会事半功倍。
>
> 对于计算题，可能会要求计算 discount margin，可以两步走：第一，用计算器算出 discount rate；第二，Discount margin = Discount rate − Reference rate。

42.3.3 货币市场工具收益率

—考点要求—
计算(calculate)并理解(interpret)货币市场工具的收益测量方式(★★)

货币市场工具的利率报价形式主要分为两种,**折扣率(discount rate, DR)和附加率(add-on rates, AOR)**。具体而言,商业票据和美国短期国库券一般采用折扣率的形式,而银行定期存单和回购一般采用附加率的形式。这里需要特别注意,尽管英文拼写相同,但折扣率与本章第一节所讲的折现率是不同的。折扣率在货币市场中有特殊含义,是一种特别的报价形式。

一个用折扣率报价的货币市场工具的价格可由公式(42.13)表示:

$$PV = FV \times \left(1 - \frac{Days}{Year} \times DR\right) \quad (42.13)$$

从公式(42.13)可以推出:

$$DR = \left(\frac{Year}{Days}\right) \times \left(\frac{FV - PV}{FV}\right) \quad (42.14)$$

一个用附加率报价的货币市场工具的价格可以由下列公式表示:

$$PV = \frac{FV}{\left(1 + \frac{Days}{Year} \times AOR\right)} \quad (42.15)$$

从公式(42.14)可以推出:

$$AOR = \left(\frac{Year}{Days}\right) \times \left(\frac{FV - PV}{PV}\right) \quad (42.16)$$

当一年天数为 365 天时的 AOR 称为债券等值收益(bond equivalent yield, BEY),其公式为:

$$BEY = \left(\frac{365}{Days}\right) \times \left(\frac{FV - PV}{PV}\right) \quad (42.17)$$

例题 42.13

有一个 150 天期银行定期存单,面值为 100,折扣率(Discount rate)为 5.35%(按每年 360 天计算),求它的债券等值收益率(Bond Equivalent Yield)。

名师解析

综合运用公式(42.14)与公式(42.17)可解此题。

(1) 把已知条件带入 DR 公式,可以求出 PV:

$$DR = 5.35\% = \frac{100 - PV}{100} \times \frac{360}{150}$$

解得:
PV=97.771

(2) 再把 PV 带入 BEY 公式,求出 BEY:

$$BEY = \frac{100 - 97.771}{97.771} \times \frac{365}{150} = 5.548\%$$

> **备考小贴士**
>
> 货币市场工具的利率报价形式分为折扣率和附加率,分别对应公式(42.14)和公式(42.16)。两个公式的差别在于分母,我们可以这样记忆:FV 比 PV 大,折扣是在大数基础上打折,所以 DR 分母是 FV;附加是在小数基础上增加,所以 AOR 分母是PV。特别地,BEY 是 1 年计 365 天的 AOR。
>
> 虽然此处考点概念与公式繁杂,但实际上考生无须记忆每个公式。考生只需记住 AOR 的公式,即公式(42.16),DR 和 BEY 都是在这个公式基础上稍作调整,考试时会考查 DR 和 AOR 的转换,代入公式即可。

练一练

42-1 Sukey, a financial analyst, is evaluating a 5-year corporate bond with a coupon rate of 7% and interest paid quarterly. Given that the yield-to-maturity is 5%, the bond price is closest to:
A. 108.66. B. 108.80. C. 109.21.

42-2 Anna Gu, CFA, intends to estimate the value of a 3-year annual coupon bond with a 6% coupon rate. Given a series of spot rates as followings, the price of this bond is closest to:

1-year	2.6%
2-year	3.4%
3-year	4.2%

A. 104.78. B. 104.43. C. 105.15.

42-3 A 6% annual coupon bond with 5 years remaining until maturity is currently trading for 101. The bond is first callable in 3 years at price 103 and second callable in 4 years at price 102. The bond's annual yield-to-first-call is closest to:
A. 5.76%. B. 6.17%. C. 6.56%.

42-4 Which of the following statements describing matrix pricing is least likely accurate?
A. Matrix pricing is used to price a bond that is not actively traded.
B. Matrix pricing is based on the yield-to-maturity or the yield spread of actively traded bonds.
C. Matrix pricing is used to price actively traded bonds.

42-5 A floating-rate note with a quoted margin 102 bps and required margin 170 bps. According to the information, the floater is traded at a:
A. discount. B. premium. C. par.

扫码查看
答案及解析

立即扫码添加【学习规划师】,助您本章学得更快更好!
问答服务 + 学习规划 + 课程分享

第 43 章 利率风险

知识引导

由于固定收益证券的收益模式与股票相比较为"固定",因此固定收益证券更适合用量化的方法进行分析。事实上,固定收益证券组合也确实比股票更早地运用了量化工具对其收益和风险进行分析。常见的分析指标包括久期和凸度,而这两种指标又可分为不同的类型。这满足了不同场景下、不同类型的收益与风险的分析需求。理解久期和凸度的定义、计算方法与应用推论,能够更加全面透彻地分析固定收益证券的价格与收益率的相关关系。

考点聚焦

本章是"固定收益证券"一科中的重点和难点,且以定量考查为主,同时也存在一些定性考查的题目。本章的重点和难点就是久期与凸度。熟练掌握久期和凸度的计算,无论对目前的一级考试还是未来的二级考试都有着很大的帮助。本章的学习基于前续章节,采用定量思维描述收益率和债券价格的关系。准确区分固定收益证券的收益来源,熟练掌握久期和凸度的计算公式与应用推论,以及利用久期和凸度定量描述债券风险,都是本章考查的重点。

本章框架图

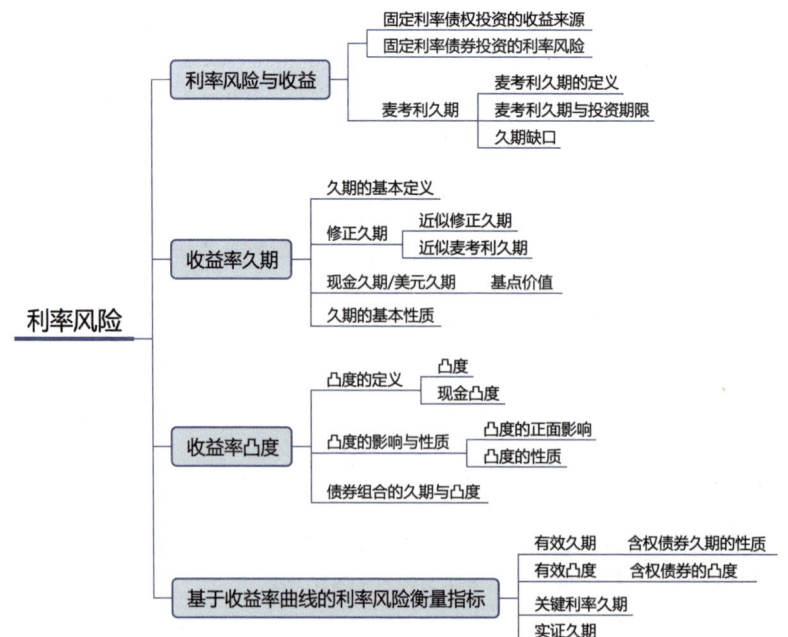

43.1 利率风险与收益

43.1.1 固定利率债券投资的收益来源

投资者持有固定利率债券获得的收益有三个来源：

（1）**票息和本金**。

（2）**票息的再投资收益**：票息的再投资收益是投资者将定期收到的票息收入进行再投资所获得的收益，收益大小取决于再投资时的市场利率水平。

（3）**到期前出售该债券能够获得的利得或损失**：提前出售债券获得的利得或损失是债券售价和其账面价值（carrying value）之差。债券的账面价值是位于**固定债券收益率价格轨道**（constant-yield price trajectory）上的一个点，即债券历史价值加上折价摊销或减去溢价摊销后的价格。回顾第 42 章，在收益率不变的情况下，债券的价值随着时间的推移会回归面值（pull to par），参考图 42.2。因此，提前出售债券的利得或损失也是债券售价与同一时间固定债券收益率价格轨道上价值的差额。

—考点要求—
计算（calculate）并理解（interpret）固定利率债券的投资收益来源（★★）

> **知识一点通**
>
> 举例说明，如果某债券 1 年付息一次，票息率 10%，面值 1 000 元，期限为 3 年，当前该债券持有至到期收益率（YTM）为 8%。通过定价公式不难得出此债券的现值为 1 051.54 元，即溢价发行。1 年后，由于溢价逐渐被摊销，其现值为 1 035.66 元；两年后，现值为 1 018.52 元；3 年后到期，则刚好按照票面价值 1 000 元归还本金。

此例中，由于已知当前 YTM 是 8%，我们可以完全刻画出债券价值在不同时间点的变化轨道，即固定收益率价格轨道。同时，由于购买债券后其价格变化轨道已知，所以购买后任何一个时间点上这只债券的账面价值就是该时点对应轨道的价格。比如 1 年后的账面价格就是 1 035.66 元，2 年后是 1 018.52 元。

43.1.2 固定利率债券投资的利率风险

如果市场利率发生变化，这将影响票息再投资收益和到期前出售债券时的售价。**票息再投资收益的不确定性称为票息再投资风险，而到期前出售债券售价的不确定性被称为市场价格风险**。如果利率上涨，到手的票息就能以更高的利率再投资，因而利率越高，再投资回报率也越大。与之相反，如果利率上涨，因为必要回报率即折现率上升，故而债券价格下降。反之，如果利率下降，则再投资回报率下降，同时债券价格上升。

对于票息再投资风险和市场价格风险，由于债券持有时间长短不同，故主要风险也有所不同。**如果投资期限较短，市场价格风险将占主导地位，因而利率越低则总收益越大，即期间收益和利率负相关**；如果投资期限较长，票息再投资风险将占主导地位，因而利率越高则总收益越大，即期间收益与利率正相关。

> **备考小贴士**
>
> 关于不同期间何种风险占主导地位这个问题,我们可以假设两种极端情况。其一,如果持有时间足够短,比如在第一次支付票息之前就卖出该债券,则完全不存在票息再投资的问题,也就不存在票息再投资风险,所以市场价格风险占主导;如果持有时间足够长,比如持有至到期,则完全不存在市场价格风险,所以票息再投资风险占主导。

43.1.3 麦考利久期(Macaulay Duration)

—考点要求—
定义(define)、计算(calculate)并理解(interpret)麦考利久期(★★★)

43.1.3.1 麦考利久期的定义

麦考利久期的定义为未来现金流的加权平均回流时间,权重为每期现金流现值占总现值(即债券价格)的比重,通常以年为单位。麦考利久期也可以用来反映债券价格对利率变化的敏感度,麦考利久期越大的债券,其价格对利率变化往往越敏感。麦考利久期的计算公式如下。

$$\text{MacDur} = \frac{\sum_{t=1}^{n} t \times \text{PVCF}_t}{\sum_{t=1}^{n} \text{PVCF}_t} \tag{43.1}$$

其中,PVCF_t 表示时期 t 现金流的现值;公式中的分母代表所有折现现金流之和(即债券价格 P);分子代表各期现金流按照时间 t 加权求和。

> **知识一点通**
>
> 由于麦考利久期反映的是折现现金流的加权平均回流时间,零息债券的票息率为 0,到期前无现金流回流,故其麦考利久期就等于债券的期限;附息债券通常最后一期(即到期日)的现金流最大(相应权重越高),因此麦考利久期通常略低于债券的期限。于是,麦考利久期往往随着期限增加而增加。此外,由于时间越靠后现金流折现程度越大,于是最后"还本付息"这笔现金流的权重程度在逐渐下降。因此,随着债券期限的增加,麦考利久期的增加程度会越来越小。
>
> 假定观察当前市场情况,票息率 4.5%,半年付息,市场必要回报率 4% 的 5 年期国债麦考利久期为 4.54,10 年期国债麦考利久期为 8.08,15 年期 11.19,20 年期 13.63,而 30 年期 17.30。不难发现,20 年期比 10 年期多 5.55 年,而 30 年期比 20 年期仅仅多 3.67 年。即麦考利久期随着期限的增加而上升,但增幅逐渐递减。

特别地,对于永续债券,其麦考利久期计算可简化为 $\dfrac{1+r}{r}$。其中,r 表示期间收益率。

> **知识一点通**
>
> 对于永续债券，根据其现金流支付模式，其定价公式为：
>
> $$P = \frac{D}{r}$$
>
> 其中，D 表示每期支付的现金流（永续支付）；r 表示期间利率；P 表示永续债券的价格。

根据麦考利久期的定义，麦考利久期实际上类似于经济学中所学的"弹性"概念，我们对永续债券公式两边同时求导后代入麦考利久期的"弹性公式"，即可得出永续债券的麦考利久期为 $\frac{1+r}{r}$。考生无须掌握证明过程，记住此处结论即可。

对于浮动票息债券，它的票息率和某个市场参考利率挂钩，由于市场参考利率定期重置（reset），因此，在衡量浮动票息债券的利率风险时，其麦考利久期为 $\frac{T-t}{T}$。其中，T 表示一个重置周期的天数，t 表示从上一个重置日到当天的天数。那么麦考利久期的计算 $\frac{T-t}{T}$ 代表当天距离下一个重置日剩余的天数占重置周期的比例。

例如，某浮动票息债券所挂钩的市场参考利率的重置周期为 180 天，从上一个重置日到当天有 67 天，那么距离下一个重置日还有 113 天，该债券的麦考利久期为 $\frac{180-67}{180}=0.63$ 期，相当于 $\frac{0.63}{2}=0.315$ 年。

43.1.3.2　麦考利久期与投资期限

如果投资者对某只债券的**投资期限**与这只债券的**麦考利久期相等**，则此时债券票息的**再投资风险**（coupon reinvestment risk）和债券价格的**市场价格风险**（market price risk）正好可以**互相抵消**。

上述结论成立有严格的前提条件：即利率变化是一次性的平行移动（parallel shift）。换言之，利率只能变化一次，且对所有期限结构变化程度都相等。比如利率上升或者下降一次，而且无论短期、中期、长期都增加或减少了 75 bps。

具体而言，当利率上升时，债券的票息再投资将由于利率上升而获益，债券价格将由于利率上升而受损。如果投资期限等于麦考利久期时，票息再投资的获益正好等于债券价格下跌的损失。

反之，当利率下降时，债券的票息再投资将由于利率的下降而受损，而债券价格将由于利率下降而获益。如果投资期限等于麦考利久期时，票息再投资的损失正好等于债券价格上升的获益。

综上所述，我们可以得出以下三条结论。

（1）当投资期限（investment horizon）大于麦考利久期时，票息再投资风险就会超越债券的市场价格风险，这时投资者所面临的主要是利率下降的风险。

（2）当投资期限（investment horizon）小于麦考利久期时，债券的市场价格风险就会超越票息再投资风险，这时投资者所面临的主要是利率上升的风险。

—考点要求—
描述（describe）债券持有期收益、麦考利久期和投资期限之间的关系（★★）

(3) 当投资期限（investment horizon）等于麦考利久期时，债券的市场价格风险和票息再投资风险正好抵消，这时利率无论是上升还是下降，对投资者都没有实际的影响。

> **知识一点通**
>
> 如果投资期限大于麦考利久期，这意味着在投资期限到来前，从久期的角度来看，投资者已收回投资资金，从而面临将收回资金再投资的风险；反之，如果投资期限小于麦考利久期，意味着投资者直到到期还未收回投资资金，再投资风险相应较小。

43.1.3.3 久期缺口（Duration Gap）

久期缺口定义为**麦考利久期减去投资期限**的时间，所以以上三条结论也可以这样表述：

(1) 当久期缺口小于 0 时，票息再投资风险就会超越债券的市场价格风险，这时投资者所面临的主要是利率下降的风险。

(2) 当久期缺口大于 0 时，债券的市场价格风险就会超越票息再投资风险，这时投资者所面临的主要是利率上升的风险。

(3) 当久期缺口等于 0 时，债券的市场价格风险和票息再投资风险正好抵消，这时利率无论是上升还是下降，对投资者都没有实际的影响。

43.2 收益率久期

—考点要求—
定义（define）、计算（calculate）并理解（interpret）修正久期（★★★）

43.2.1 久期的基本定义

久期（duration）用于衡量债券价格对利率（或基准利率）变动的敏感程度。值得指出的是，在使用久期的时候，我们往往假设除了到期收益率或基准利率以外的因素都保持不变，仅仅分析利率这个变量的改变对于债券价格的影响。

久期可以分成收益率久期（yield duration）和收益曲线久期（curve duration），前者反映债券价格变化对于债券自身到期收益率（YTM）的变化的敏感程度，后者反映债券价格变化对于债券基准利率曲线变化的敏感程度。其中，收益率久期有**麦考利久期**（macaulay duration）、**修正久期**（modified duration）、**现金久期/美元久期**（money duration/dollar duration）以及**基点价值**（PVBP）四种具体的计算方式；而收益曲线久期最常见的体现形式是**有效久期**（effective duration）。下面我们将逐一介绍这几种不同类型的久期。

43.2.2 修正久期（Modified Duration）

修正久期（ModDur）即对麦考利久期进行简单修正后的久期，其定义如下：

$$\text{ModDur} = \frac{\text{MacDur}}{1+r} \tag{43.2}$$

其中，r 是**期间收益率**，而不是**年化收益率**。例如，如果债券 1 年两次付息，那么这里的 r 就是年化收益率除以 2。

修正久期还可以用于到期收益率（YTM）的变化导致债券价格变化百分比的线性估计，即：

$$\%\Delta \text{Price} \approx -\text{ModDur} \times \Delta \text{Yield} \tag{43.3}$$

例题 43.1

某债券的修正久期为 8.43，如果市场收益率上升 100 个基点（100bps），请问该债券价格变化了多少？

名师解析

$\%\Delta P = -8.43 \times 0.01 = -0.0843 = -8.43\%$，即市场收益率上升 100 基点后债券价格下跌 8.43%。

实际上有时候已知信息不足，无法使用定义式直接计算修正久期，也可使用近似修正久期的方法来计算，公式如下：

$$\text{Approx ModDur} = \frac{P_- - P_+}{2 \times (\Delta \text{Yield}) \times P_0} \tag{43.4}$$

其中，P_0 是需要计算久期这一点所对应的债券价格；P_- 是收益率减少一定程度债券价格上升时的价格；P_+ 是收益率增加同样程度债券价格下降时的价格。而 ΔYield 就是收益率变动的程度。当然，近似麦考利久期也可以用近似修正久期求得，计算公式是：

$$\text{Approx MacDur} = \text{Approx ModDur} \times (1+r) \tag{43.5}$$

43.2.3 现金久期/美元久期（Money Duration/Dollar Duration）

现金久期或美元久期衡量当 YTM 发生变化时的债券的价格变化。值得指出的是，修正久期衡量的是 YTM 变化时债券价格的变化率，即价格变化的百分比；但现金久期衡量的是 YTM 变化时债券价格的变化额，直接考查现金金额的变化。根据定义，现金久期的公式如下：

—考点要求—
定义（define）、计算（calculate）并理解（interpret）债券的美元久期和基点价值（★★★）

$$\text{MoneyDur} = \text{ModDur} \times \text{Price}^{\text{Full}} \tag{43.6}$$

注意，公式(43.6)中现金久期等于修正久期乘以**债券的全价（full price，而非净价）**，即包含应计利息的价格。特别地，面值为 100 元债券的现金久期，等于修正久期乘以面值为 100 元债券的全价。

既然现金久期可以衡量债券的价格变化，那么某只债券全价的变化，就等于现金久期乘以收益率的变化。

$$\Delta \text{Price}^{\text{Full}} \approx -\text{MoneyDur} \times \Delta \text{Yield} \tag{43.7}$$

我们定义收益率的变化为万分之一（0.01%）时，即一个基点（basis point），债券全价变化为**基点价值（price value of basis point，PVBP；或 dollar value of 1 basis point，DV01）**。

> **知识一点通**
>
> 一个基点指 0.01%。根据定义，PVBP 也就等同于 DV01，二者仅仅是表述方式不同，并无实质性差异。

由于收益率上升一个基点和下降一个基点所带来的债券全价变化是不同的,所以我们经常采用平均价格的方式来表达 DV01,即:

$$\text{PVBP} = \frac{P_- - P_+}{2} \tag{43.8}$$

其中,P_- 意为收益率下降一个基点时的价格,而 P_+ 意为收益率上升一个基点时的价格。

> **知识一点通**
>
> 由于收益率和价格呈反向关系,因而 P_- 大于 P_+。为了避免出现负数,所以公式中的分母是用 P_- 减去 P_+。

例题 43.2

某债券尚有 10 年到期,面值为 1 000 元,每年支付票息一次,票息率为 6%。该债券目前市场价格为 1 042 元,请问每千元面值的 PVBP 是多少?

名师解析

此类题目根据定义逐步求解即可。

第一步,先求出该债券的市场收益率:

N=10,PV=−1 042,FV=1 000,PMT=60;CPT:I/Y=5.44

第二步,计算 FV=1 000 的情况下,I/Y 增减 0.01% 时的债券价格。

该债券目前市场收益率是 5.44%。所以增减 1 个 bp,收益率分别为 5.43% 和 5.45%,于是我们分别求解:

N=10,I/Y=5.43,FV=1 000,PMT=60;CPT:PV=−1 043.11,即 P_-;

N=10,I/Y=5.45,FV=1 000,PMT=60;CPT:PV=−1 041.56,即 P_+。

第三步,PVBP=(1 043.11−1 041.56)÷2=0.78。

因此,市场收益率变动一个基点,该债券价格变动 0.78 元。

43.2.4 久期的基本性质

考点要求
解释(explain)到期时间、票息、收益率如何影响债券的利率风险(★★★)

(1) 期限效应(Maturity effect):债券的期限越长,久期就越大。

> **知识一点通**
>
> 在一定的时间范围内,同等情况下,债券时间越长,加权平均回款期限就越长。

(2) 票息效应(Coupon effect):债券的票息率越高,久期就越小。

> **知识一点通**
>
> 债券息票率越高就意味着有更多的钱"更早"回流,所以同等情况下,债券票息率越高,久期就越小。

(3) 债券的 YTM 越高,久期就越小。

> **知识一点通**
>
> YTM 即为市场折现率,越久远的现金流折现程度越大。所以随着 YTM 的增加,远端现金流的折现越大。换言之,其权重占总折现现金流的比例越低。例如,YTM 为 1% 的情况下,本金和最后一期利息占总折现现金流的比例为 90%;YTM 为 5% 的时候,本金和最后一期利息占总折现现金流的比例可能只有 75%。于是,远端现金流的权重随着折现率的上升而降低,近端现金流的权重在相对提高。因此,久期就随着 YTM 的增加而减少。

> **备考小贴士**
>
> 记忆久期的三种情况:"息低"(票息率较低)、"折少"(YTM 较低)、"时间久"。

43.3 收益率凸度

43.3.1 凸度的定义

43.3.1.1 凸度(Convexity)

—考点要求—
计算(calculate)和理解(interpret)凸度并且描述(describe)凸度调整(★★)

根据前文描述,修正久期衡量 YTM 变化对债券价格变化的一阶影响。而凸度则衡量 YTM 变化对债券价格变化的二阶影响。如图 43.1 所示,**久期**只能反映收益率微小变化时债券价格变化的**线性影响**,而当收益率变化较大时,价格收益曲线的"**凸性**"(**即二阶影响**)必须通过**凸度**来度量,才能更准确地反应收益率变动对债券价格变动的影响。

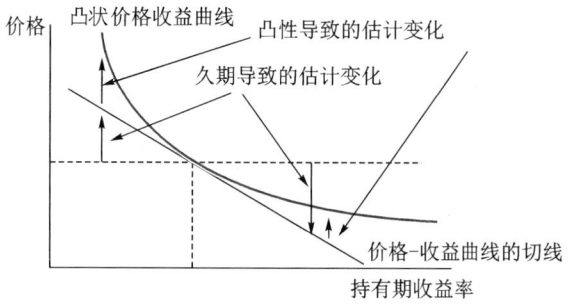

图 43.1 凸度对债券价格收益率曲线的影响

> **知识一点通**
>
> 如果 YTM 变动幅度较大,从图 43.1 可以看出,仅仅考虑久期时的价格变化和真实价格变化相差较大。从几何角度上说,距离切点越远,曲线和切线差距越大。所以此时必须同时考虑久期和凸度的影响,才能准确反应 YTM 变化对债券价格变化的影响。

—考点要求—
给定久期和凸度,计算(calculate)在收益率变化时,债券价格变化的百分比(★★★)

如果同时考虑久期和凸度时,债券价格的变化百分比可由公式(43.9)描述:

$$\%\Delta \text{Price}^{\text{Full}} \approx [-\text{ModDur} \times \Delta \text{Yield}] + \left[\frac{1}{2} \times \text{Con} \times \Delta \text{Yield}^2\right] \quad (43.9)$$

从公式(43.9)可以看出，当凸度为正时，等式右边的第二项，即收益率变动对债券价格的二阶影响恒为正。

> **知识一点通**
>
> 传统债券的凸度恒为正。对于非传统债券，例如可赎回债券和 MBS，由于赎回权和提前还款权(本质都是看涨期权)的影响，其凸度在某些情况下为负。

类似于近似久期的思想，近似凸度(approximate convexity)同样也是将利率降低带来的价格增加与利率上升带来的价格下降进行平均。其计算式如下：

$$\text{Approx Con} = \frac{P_- + P_+ - 2P_0}{(\Delta \text{Yield})^2 \times P_0} \quad (43.10)$$

例题 43.3

如果某债券的修正久期为 32.45，而凸度为 854.74。如果 YTM 下跌 10 个 bp，只考虑久期，以及考虑久期和凸度时，债券价格的变化分别为多少？

名师解析

如果只考虑久期，可以利用公式(43.3)，债券价格的变化为：

$$\%\Delta P = -32.45 \times (-0.001) = 3.245\%$$

如果同时考虑久期和凸度，利用公式(43.9)，债券价格的变化为：

$$\%\Delta P = -32.45 \times (-0.001) + 0.5 \times 854.74 \times (-0.001)^2 = 3.288\%$$

不难看出，当收益率下降时，同时考虑久期和凸度比单纯只考虑久期其价格变化更大。

43.3.1.2 现金凸度（Money Convexity）

与现金久期相对应，现金凸度(money convexity)衡量 YTM 变化对债券现金额变化的二阶影响。

因此，现金凸度(money convexity)与凸度(convexity)的关系可以用如下公式来表达：

$$\text{MoneyCon} = \text{Convexity} \times \text{Price}^{\text{Full}} \quad (43.11)$$

换言之，现金凸度(money convexity)等于凸度(convexity)乘以债券的全价。

> **备考小贴士**
>
> 现金凸度等于凸度乘以债券全价，现金久期也等于修正久期乘以债券全价，这两个公式的逻辑相同，可一起记忆。

使用现金久期和现金凸度，可以计算出债券价格现金额度的变化，公式如下：

$$\Delta \text{Price}^{\text{Full}} \approx (-\text{MoneyDur} \times \Delta \text{Yield}) + \left(\frac{1}{2} \times \text{MoneyCon} \times \Delta \text{Yield}^2\right) \quad (43.12)$$

43.3.2 凸度的影响与性质

43.3.2.1 凸度的正面影响（Benefit）

凸度更大的债券,无论在利率上升或下降时,其表现都优于凸度较小的债券,见图43.2。具体而言：

(1) 当YTM下降时,债券价格上升,但凸度更大的债券价格上升更多;

(2) 当YTM上升时,债券价格下降,但凸度更大的债券价格下降更少。

> **知识一点通**
>
> 凸度的这个优点常常反映在债券的价格中,同等情况下,凸度更大的债券一般价格更高,即隐含的到期收益率（YTM）更低。

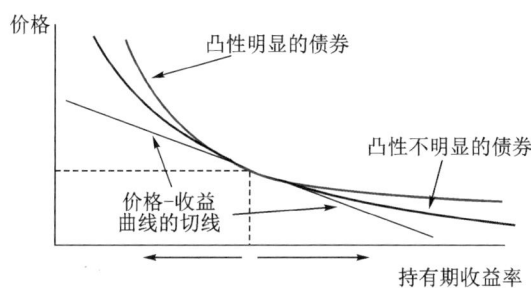

图43.2 凸度对债券价格收益率曲线的正面影响

43.3.2.2 凸度的性质

影响债券凸度的因素和影响久期的因素大体相似。前文所述三种导致更大久期的因素,同样会导致更大的凸度,即有：

(1) 到期时间越长,久期越大,凸度也越大;

(2) 票息率越低,久期就越大,凸度也越大;

(3) YTM越低,久期就越大,凸度也越大;

除此之外,**现金流在时间上分布越分散,凸度就越大**。

> **知识一点通**
>
> 凸度反映了债券在既定久期情况下现金流的集中程度,对不含权债券而言,现金流越集中,凸度就越小。比如零息债券,只有到期时刻这一期的现金流,其凸度就相对较小,仅用久期就可以准确地描述其利率与价格的关系。然而,如果要描述一个30年期、半年付息的国债,那么单一久期就很难全面描述YTM和价格的变化关系,如果对每个现金流时点都使用关键利率久期,需要60个关键利率久期。于是,此时YTM变化稍大就需要采用"久期＋凸度"的方式来近似计算债券价格的变化关系。总而言之,现金流在时间上分布的分散程度就是凸度。

43.3.3 债券组合的久期与凸度

—考点要求—
计算（calculate）债券组合的久期与凸度，解释（explain）这些指标的局限性（★★★）

前文论述的均为单只债券的久期与凸度计算，如何衡量含有多只债券的债券组合的久期呢？

按照久期的基本定义，债券投资组合的久期，就是这个组合中包含的所有现金流的折现加权平均回流时间。然而，直接按照定义计算债券组合的久期，实务中操作起来比较复杂。

另一种解决办法是对这个组合所包含的全部债券分别求解久期，然后求得加权平均久期，此时的权重即为各种债券市场价值的占比，其公式为：

$$投资组合久期 = w_1 \times D_1 + w_2 \times D_2 + \cdots + w_n \times D_n \tag{43.13}$$

其中，w_i 代表债券 i 的权重；D_i 代表债券 i 的久期。

同理，对于组合的凸度，其公式为：

$$投资组合凸度 = w_1 Con_1 + w_2 Con_2 + \cdots + w_n Con_n \tag{43.14}$$

其中，Con_i 代表该债券的凸度。

然而，这种方法同样存在局限。该方法存在一个前提假设，即收益率曲线是平行移动的，而现实中收益率曲线还存在非平行移动。

43.4 基于收益率曲线的利率风险衡量指标

前文描述了收益率久期，即自身收益率变化对债券价格变化的影响。接下来我们需要描述收益曲线久期，即考虑收益曲线变化如何影响债券价格。

43.4.1 有效久期（Effective Duration）

—考点要求—
解释（explain）有效久期和有效凸度作为度量含权债券利率风险指标最合适的原因（★★★）

有效久期描述基准收益曲线变化时，债券价格的敏感程度。换言之，有效久期衡量在收益曲线平行移动时（不同期限利率变化幅度相同）的利率风险。有效久期的定义式如下：

$$\text{EffDur} = \frac{P_- - P_+}{2 \times (\Delta \text{Curve}) \times P_0} \tag{43.15}$$

其中，P_- 意为收益率下降时的价格；而 P_+ 意为收益率上升时的价格；P_0 意为收益率变化之前的价格；而 ΔCurve 则意为收益率曲线平行变化的幅度。

值得注意的是，无论是麦考利久期还是修正久期，都包含收益率改变时**现金流保持不变**的前提假设。这种假设对于普通债券较为合适，但对于含权债券就不现实。因为如果含权债券中有期权行权，现金流就有可能发生变化。因此我们才需要用模型估算出 P_- 和 P_+。另一方面，现金流的不确定性导致含权债券的 YTM 难以实现，所以需要采用市场基准收益率曲线的变动，即 ΔCurve 代替 ΔYTM。同时考虑收益率曲线变动和现金流变动计算出的久期称为有效久期。综上所述，**衡量含权债券时往往使用有效久期**。

例题 43.4

某可赎回债券价格为 100.48 元,当政府平价曲线上升 10 个 bp 时,全价变为 99.76 元;收益率下降 10 个 bp 时,全价变为 101.68 元。计算该可赎回债券的有效久期。

名师解析

政府平价曲线(government par curve)通常会作为基准收益率曲线。

通过有效久期公式计算即可:

Effective duration $= (101.68 - 99.76) \div (2 \times 0.001 \times 100.48) = 9.55$

43.4.1.1 含权债券久期的性质

如图 43.3 所示,如果一只债券属于可赎回债券,则其包含看涨期权。那么,随着利率下降,债券价格会逐渐上升,超过行权价时,发行方会执行期权,赎回此债券。因此,由于存在提前行权的可能,含有看涨期权的债券有效久期较低,在低利率时尤为显著。

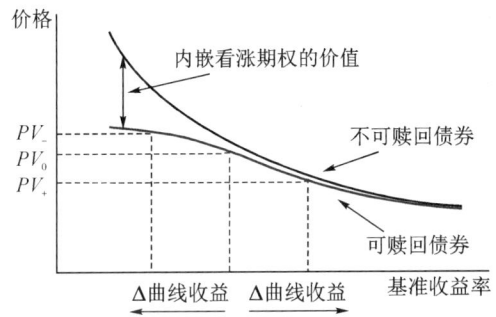

图 43.3 可回赎债券与不可回赎债券的价格收益率曲线

如图 43.4 所示,如果一只债券属于可回售债券,则其包含看跌期权。那么,随着利率上升,债券价格会逐渐下降。低于行权价时,投资者会执行期权,向发行人售出此债券。同理,由于存在提前行权的可能,含有看跌期权的债券有效久期较低,在高利率时尤为显著。

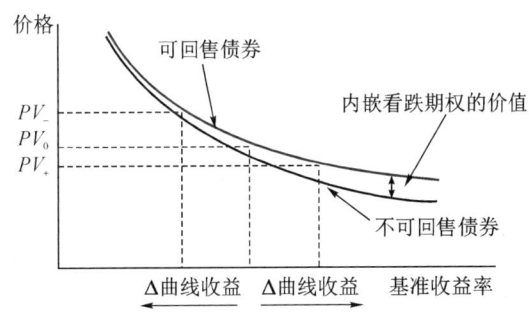

图 43.4 可回售债券与不可回售债券的价格收益率曲线

43.4.2 有效凸度（Effective Convexity）

有效凸度衡量基准收益率曲线的变动对债券价格变动的二阶影响。与有效久期对应，有效凸度可以衡量在现金流和基准收益曲线同时发生变化时债券价格的变化。因此，有效凸度往往可应用于含权债券的计算，并常配合有效久期一起使用。

有效凸度的公式为：

$$\text{EffCon} = \frac{P_- + P_+ - 2P_0}{(\Delta \text{Curve})^2 \times P_0} \tag{43.16}$$

使用有效久期和有效凸度，可以计算在收益率曲线变化时，债券价格变化的百分比，公式如下：

$$\%\Delta \text{Price}^{\text{Full}} \approx (-\text{EffDur} \times \Delta \text{Curve}) + \left[\frac{1}{2} \times \text{EffCon} \times (\Delta \text{Curve})^2\right] \tag{43.17}$$

—考点要求—
给定有效久期和有效凸度，计算（calculate）在收益率曲线变化时，债券价格变化的百分比（★★★）

43.4.2.1 含权债券的凸度

当利率较低时，可赎回债券往往呈现出负凸度（或称凹度）；当利率较高时，可回售债券往往呈现更大（符号为正）的凸度。

> **知识一点通**
>
> 凸度可以直观理解为债券的真实价格和只考虑久期时价格（切线的现值）的价差。可赎回债券在低利率时容易被发行人赎回，故其实际价格往往低于切线描述的价格，所以此时凸度为负；可回售债券在高利率时容易被投资人以相对高价出售给发行人，即高利率时，可回售债券的价格会高于无回售条款债券的价格。普通债券凸度尚且为正，可回售债券凸度显然比普通债券更大。所以，利率较高时，可回售债券往往呈现更大的凸度。

43.4.3 关键利率久期（Key Rate Duration）

关键利率久期衡量在特定期限上基准收益曲线变化时，债券价格的敏感程度。这种久期便于识别债券收益曲线形状变化的风险。换言之，关键利率久期能够有效衡量收益曲线非平行移动时（不同期限利率变化幅度不同）的价格变化。三类久期的对比如下：

—考点要求—
定义（define）关键利率久期，描述（describe）关键利率久期在债券对于基准收益率曲线形状变化敏感性方面的应用（★★）

表 43.1 三类久期对比表

名称	收益率久期	有效久期	关键利率久期
定义	YTM 变化时价格的敏感程度	基准收益曲线变化时价格的敏感程度	特定期限的收益率改变时价格的敏感程度
包含	麦考利久期、修正久期和现金久期	有效久期	关键利率久期
假设	现金流保持不变情况下收益率改变	现金流改变、收益率改变，收益率曲线平行移动	收益率曲线非平行移动

43.4.4 实证久期（Empirical Duration）

前文中，使用数学公式估计久期和凸度的统计方法被称为分析久期。分析久期通常假设政府债券收益率和利差是互不相关的独立变量。

分析久期在许多情况下提供了价格与收益关系的合理估计，但固定收益市场的专业人士经常在统计模型中使用历史数据去计算实证久期。实证久期结合了不同利率环境下的历史数据，为固定收益投资组合的决策过程提供了依据。

例如，在"安全投资转移"（flight to quality）的情景下，在市场动荡期间投资者倾向于出售风险资产，购买无违约风险的政府债券。这时不同债券的分析久期和实证久期是有区别的。一方面，对于信用风险很小或没有信用风险的政府债券，债券价格的变化主要取决于基准收益率的变化，分析久期和实证久期是相似的。另一方面，由于预期违约风险的增加，在市场压力情境下推动政府债券收益率下降的宏观经济因素将导致高收益债券信用利差扩大，即信用利差和基准收益率是负相关的。信用利差扩大将部分或全部抵消政府基准收益率的下降，导致高收益债券的实证久期低于分析久期。

—考点要求—
描述（describe）实证久期和分析久期的区别

练一练

43-1 Which of the following statements about the capital gains on the sale of bonds is most accurate?

　　A. Capital gains arise when the selling price is higher than the carrying value.

　　B. Capital gains arise when the selling price is higher than the original purchase price.

　　C. Capital gains arise when the selling price is lower than the original purchase price.

43-2 Given a bond has a modified duration of 6.5 and is currently priced at 1 000，how would the bond's value change if its yield to maturity decreases by 20 basis points?

　　A. Decrease by 13.

　　B. Increase by 13.

　　C. Increase by 130.

43-3 Which of the following statements with respect to the duration is/are most accurate?

　　Statement 1：Effective duration is applicable to the valuation of a bond with an embedded option.

　　Statement 2：Modified duration is not applicable to the valuation of a bond with an embedded option.

　　A. Statement 1.

　　B. Statement 2.

　　C. Both statement 1 and statement 2.

43-4 Convexity is the second-order effect and indicates the change in the modified duration given a change in the yield-to-maturity. Holding all other things constant，convexity is greater when：

　　A. the bond has a shorter time-to-maturity.

　　B. the bond offers a lower coupon rate.

　　C. the bond has a higher yield-to-maturity.

43-5 A positive duration gap indicates that:

A. the investment horizon is greater than the bond's Macaulay duration.

B. the investor is at risk of higher interest rates.

C. coupon reinvestment risk dominates market price risk.

第44章 信用风险

知识引导

固定收益市场的最大风险是信用风险,而实务中对信用风险的分析往往依赖评级机构给出的评级。因此,了解信用风险、明确违约后的清偿顺序、读懂信用评级,对于分析固定收益证券风险至关重要。此外,了解基本的信用评级方法,如利差分析法,以及不同类型债券的信用分析特点,也有助于我们进一步认识固定收益市场。

考点聚焦

本章属于"固定收益证券"一科中的非重点章节,难度相对较低,仅仅要求了解信用风险的基础知识,考查方式主要是定性考查。本章分为两大部分,第一部分是信用风险和信用评级,核心是了解信用风险、利差分析法及信用评级。其中,部分知识前文中已涵盖,这里进一步强化记忆即可;第二部分是信用分析,其中,考生需着重了解公司发行人的信用风险和清偿顺序,并对主权债券和地方政府债券各自的信用分析特点有一定了解。

本章框架图

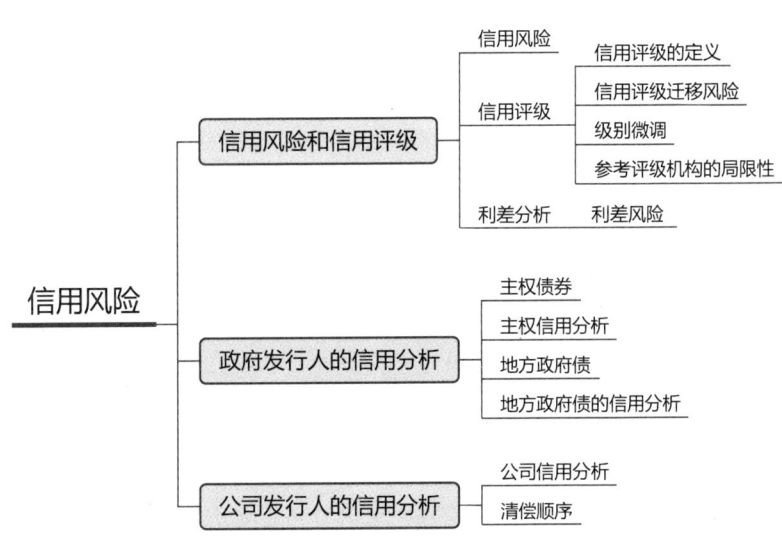

44.1 信用风险和信用评级

44.1.1 信用风险（Credit Risk）

—考点要求—
描述（describe）信用风险及其组成部分：违约概率和损失严重度（★）

信用风险是指借款人（债券发行主体）因各种原因未能按照契约中的义务，足额地向债权人支付利息或本金而造成经济损失的风险。

信用风险包括以下两个组成部分。

（1）违约风险/违约概率（default risk/default probability）：即借款人违约的可能性。所谓违约，即借款人未能按照约定契约中的义务，及时、足额地向债权人支付利息或本金。

（2）损失严重度/违约损失率（loss severity/loss given default）：即借款人一旦违约，将给债权人造成的损失数额，反映损失的严重程度。对信用风险的研究不应只关注违约概率，而忽略违约损失率。

与信用风险相关的两个概念如下。

1. 预期损失率（Expected Loss）

$$预期损失率 = 违约概率 \times 损失严重度$$

预期损失率全面反映了信用风险水平。它将违约概率和损失严重度两者结合在一起，构成了完整的信用风险水平测度。

2. 违约后可回收率（Recovery Rate）

$$违约后可回收率 = 1 - 违约损失率$$

违约后可回收率通过止赎权或破产程序等收回的金额，以债务工具面值的百分比来表示。

> **知识一点通**
> 违约概率和违约损失率还可以用来评估公司债的信用利差（G-Spread）是否合理，公司债的信用利差应该约等于违约概率与违约损失率的乘积，这时投资者承担对应的信用风险得到了合理的补偿。

44.1.2 信用评级（Credit Rating）

44.1.2.1 信用评级的定义

债券信用评级是以企业或经济主体发行的债券为对象进行的信用评级。债券信用评级大多针对企业债券进行评级，是对具有独立法人资格企业所发行某一特定债券，按期还本付息的可靠程度进行评估，并标示其信用程度等级的活动。这种信用评级，为投资者购买债券及流通转让活动提供信息服务。

—考点要求—
描述（describe）信用评级机构的用途（★★）

目前国际上公认的最具权威性的信用评级机构，主要有美国标准普尔公司、穆迪投资服务公司和惠誉国际公司。它们负责评级的债券很广泛，包括地方政府债券、公司债券、外国债券等,他们所做的信用评级具有很高的权威性。

标普和惠誉共用一套评级标识体系,穆迪有另外一套标识体系。投资级债券(investment grade bonds)指的是标普和惠誉的BBB－及以上级别债券,和穆迪的Baa3及以上级别债券。投机级债券(non-investment grade bonds/junk bonds/high yield bonds)指的是低于BBB－和Baa3级别的债券。

44.1.2.2　信用评级迁移风险

信用评级迁移风险(credit migration risk/downgrade risk):当债券发行人的信用评级恶化时,该债券的违约风险也相应增加,从而导致债券收益率与基准债券收益率之差增大。此时,该债券必要回报率增加,从而使得其价格降低。

44.1.2.3　级别微调（Notching）

对于一些公司债券来说,评级机构往往会对发行债券的企业和债券本身分别进行评级。因此,信用评级按照评估对象来分,可以分为企业信用评级和债券信用评级。

（1）企业信用评级(issuer rating)即对企业生产经营状况、盈利能力、偿债能力等要素做出整体的信用分析。

（2）债券信用评级(issue rating)即结合企业发行的债券产品结构化、是否具备担保、留置资产的质量等要素做出针对性的产品信用分析。

由于评估对象不同,企业发行的不同债券的信用评级会存在差异,企业信用评级和其发行的债券信用评级也会存在差异。一般来说,企业信用评级和该企业发行的优先无担保债券信用评级一致。

> **知识一点通**
>
> 对于一些自身评级较低的企业而言,往往采用信用增级的方式发行评级相对较高的债券。比如一个企业评级为BB＋,它可以通过信用增级的方式,如提供抵押或担保,以此发行评级为BBB－的债券。这样一来,这家企业就可以避免发行投机级债券,而可以发行投资级债券了。

44.1.2.4　参考评级机构的局限性（Risks in Relying on Agency Ratings）

金融市场对评级机构非常关注,特别是对国际三大评级公司的评级行为及结论给予高度关注。然而,从最初的次贷危机发展到全球金融危机,再到欧洲主权债务危机,全球金融市场对评级机构并不满意。人们本希望评级机构能够事先发现重大潜在问题,但事实上评级公司并没有及时发现。究其原因,主要包括以下三点。

（1）评级机构得出的结论也有出现错误的可能性。

（2）信用评级很难考虑到一些所谓偶发性风险或者是事件风险的情况,比如企业遭遇司法诉讼、环境灾害、商业周期、管理层异动等。

（3）信用评级往往会滞后于市场对于信用风险的定价。

—考点要求—
描述(describe)信用评级机构评级的局限性(★)

44.1.3 利差分析（Yield Spread）

—考点要求—
描述（describe）宏观经济、市场以及发行人特定因素对利差水平与其波动性的影响（★★）

1. 利差构成

利差是指某只有违约风险债券与相同期限的无违约风险债券（通常是国库券）的收益率之差，主要由**信用利差和流动性溢价**构成，其公式为：

$$利差 = 信用利差（Credit\ spread） + 流动性溢价（Liquidity\ premium）$$

2. 影响利差大小的因素

所有企业债券的利差会受到以下三个因素的影响而变化。

（1）宏观经济因素。信贷周期（credit cycle）进入紧缩阶段，企业融资困难，利差扩大。其中，高收益债的利差扩大幅度更显著。

（2）市场因素。市场流动性会影响债券的信用利差。当金融危机发生时，市场流动性枯竭，做市商的买卖价差扩大，债券利差增加。

（3）发行人因素。发行人的财务表现不佳，如杠杆比率过高，偿债比率过低，也会导致企业债券的利差增加。

3. 发行主体对利差的影响

由于信用评价较差的发行人违约可能性较高，这些主体发行的债券会经历更大的利差波动。利差风险（spread risk）是指由于利差波动引起债券价格波动的风险，主要受两方面的影响：债券的修正久期和凸度、利差波动的幅度。具体而言，

当利差波动较小时：$Price\ impact \approx -ModDur \times \Delta Spread$

当利差波动较大时：$Price\ impact \approx -(ModDur \times \Delta Spread) + \frac{1}{2} Convexity \times (\Delta Spread)^2$

44.2 政府发行人的信用分析

—考点要求—
解释（explain）对于主权债及地方政府债发行主体和债券产品的信用评估时，需特别注意的情况（★）

44.2.1 主权债券（Sovereign Bond）

分析主权债券时，要关注以下两个方面。

（1）政府支付能力。

（2）政府支付意愿。

用本币支付的主权债券的信用至少好于用外币支付的主权债券，因为政府有"印钱"的权利，在一定程度上增强了信用。

44.2.2 主权信用分析（Sovereign Credit Analysis）

对主权债券进行信用分析时，有以下两个维度。

1. 定性因素

重点需要考虑政府机构办事效率及其政策，政治风险，经济结构和增长预期。还需考虑主权债券在外部流动性以及在国际投资中的地位，国家的财政收支的灵活性和债务总量，以及货币政策的有效性。

2. 定量因素

（1）政府的财政实力：例如债务与收入之比。

(2) 经济的增长和稳定程度。
(3) 外部稳定性:外汇储备占 GDP 之比。

44.2.3 地方政府债 (Municipal Debt)

地方政府债券可以分为一般义务债券和项目收益债券。

1. 一般义务债券(GO Bond)

一般义务债券是指获得政府隐形背书及"征税权力"作为保障的无担保债券。

2. 项目收益债券(Revenue Bond)

地方有关机构或委员会为特定项目融资而发行的一种地方债券,这种债券的发行者只以经营该项目本身的收益来偿还债务,因此这种债券的风险通常比一般义务债券要高。发行这类债券所筹措的资金,多用于修建铁路、桥梁、机场等大型公共设施和基础设施。

44.2.4 地方政府债的信用分析

1. 一般义务债券信用分析(GO Bond Credit Analysis)

一般义务债券的信用与某些主权信用债券相似,只是一般义务债券没有影响货币政策的权利。

2. 项目收益债券信用分析(Revenue Bond Credit Analysis)

项目收益债券信用分析针对收益项目本身以及收益项目的财务状况。其中,对于收益项目本身的分析需综合考虑需求、经济基础和项目效用;对于财务状况的分析类似于一般的公司债券,需考虑债务覆盖比率(DSCR)。债务覆盖比率越高,则信用程度越好。

44.3 公司发行人的信用分析

—考点要求—
描述(describe)公司发行人信用评估时的定性及定量因素(★)

44.3.1 公司信用分析

公司发行人的信用风险可以使用定性和定量标准进行评估。其中,定性因素主要有以下四个维度。

(1) 商业模式(business model):评估发行人经营模式的盈利能力和抗风险能力。

(2) 行业与竞争(industry and competition):研究影响行业盈利增长的宏观经济因素,以及发行人的竞争对手的情况。

(3) 公司治理(corporate governance):评估发行人的公司治理能力。

(4) 商业风险(business risk):研究发行人在经营过程中商业决策失误或市场整体表现不及预期的风险。

定量分析主要通过财务指标分析(financial ratio analysis):重点研究公司杠杆比率和盈利能力。一般来说,我们需要简要分析以下三种比率:

—考点要求—
计算(calculate)并理解(interpret)信用分析中使用的财务比率(★)

第一,盈利能力(profitability)衡量公司产生现金流的能力,越高越好。例如息税前利润(EBIT)、息税折旧及摊销前利润(EBITDA)、运营现金流(FFO)。

第二,杠杆比(leverage)衡量公司经营杠杆的大小,越低越好。例如债务资本比率(debt/capital)、债务对 EBITDA 比率(debt/EBITDA)。

第三,偿债能力系数(coverage)衡量公司产生的现金流覆盖利息支出的能力,越高越好。例如:利息覆盖率(EBITDA/interest)、已获利息倍数(EBIT/interest)。

—考点要求—

描述（describe）公司破产时债券清偿资格排序及其对信用评级的影响（★）

44.3.2 清偿顺序（Seniority Ranking）

在公司破产时，债务人优先于股权持有者取得企业资产的清偿，但并非所有的债务都享有平等的受偿级别，具体受偿顺序如下：

优先留置权贷款＞担保债权＞优先无担保债权＞优先次级债权＞次级债权＞劣后次级债权

在有担保的债券中，最高受偿级别是优先留置权贷款（first lien loan）或第一抵押权贷款（first mortgage loan），前者的担保物是实体资产，后者的担保物可以是房屋也可以是专利、品牌等资产。此外，还有第二抵押权债券、第三抵押权债券等，其对担保资产的请求权依次靠后。换句话说，如果发生违约，第一抵押权贷款优先受偿；如果尚有盈余，则第二抵押权受偿，然后第三抵押权债券受偿，抵押权越靠后则风险越大。

在无担保债券中，受偿级别最高的是优先无担保债券（senior unsecured bond），这也是公司债的常见类型。接下来依次是优先次级债券、次级债券、劣后次级债券，这些级别的债券在清偿时仅有少量补偿甚至没有任何补偿。

练一练

44-1　The claims of investors holding senior subordinated debts rank：

　　A. above that of senior unsecured creditors.

　　B. below that of senior unsecured creditors.

　　C. below that of investor holding junior subordinated debts.

44-2　The credit ratings from rating agencies have been widely used in the world. However，there are limitations and risks relying on agency ratings not including that：

　　A. rating agencies are not infallible.

　　B. rating agencies would capture all risks in credit ratings.

　　C. credit ratings tend to lag the market pricing of credit risk.

44-3　Under weakening economic conditions，yield spreads tend to：

　　A. widen.

　　B. remain the same.

　　C. narrow.

44-4　Which of the following least likely affects expected loss?

　　A. Loss given default.

　　B. Probability of default.

　　C. Current account balance of the country.

44-5　Consider the Fitch rating scale，a bond with a rating of BBB may be known as：

　　A. a high-yield bond.

　　B. an investment-grade bond.

　　C. a speculative bond.

扫码查看
答案及解析

立即扫码添加【学习规划师】，助您本章学得快更好！
问答服务＋学习规划＋课程分享

第 45 章 资产支持证券

知识引导

资产支持证券是一类特殊的固定收益证券,而住房抵押贷款支持证券则是其中最重要的一类。本章从住房贷款本身的性质出发,详细介绍了其证券化的流程,以及如何进行结构化处理。此外,本章还介绍了不同类资产支付证券的性质以及特征对比。

考点聚焦

本章着重定性理解。考生应了解证券化的流程并明确其中重要角色的作用,熟悉两种结构化的方式(时间分层、信用分层)以及分层后的产品特征。其中,考生应重点掌握居民住房抵押贷款支持证券的性质和结构化特征,并能够对比掌握几种不同资产支持证券的异同。由于本章专业性相对较强且生词较多,主要又以美国市场为蓝本展开介绍,多数考生会感觉一头雾水。因此,在学习过程中,我们一方面须掌握知识本身,了解"是什么";另一方面应熟悉英文表达方法,掌握"怎么说"。做到这两点,在考试中就能游刃有余了。

本章框架图

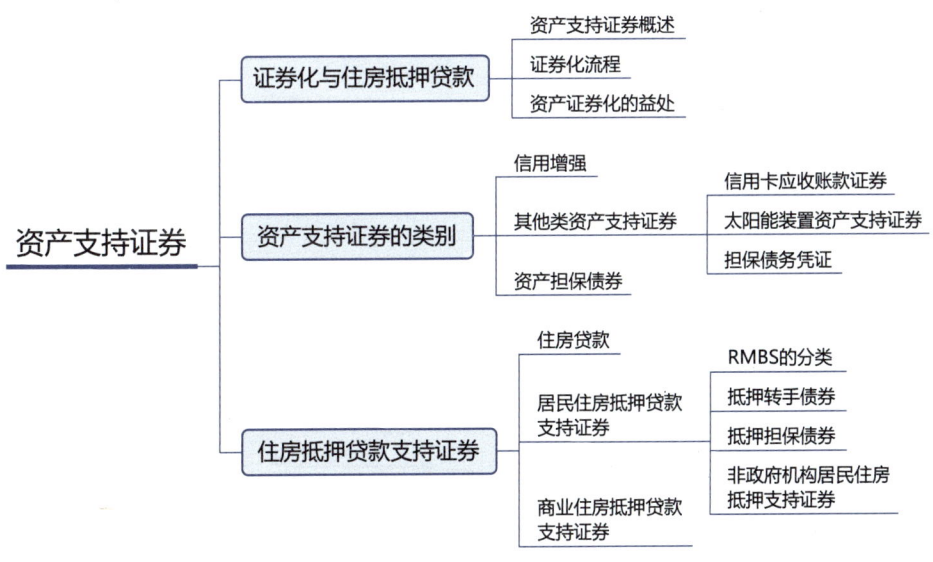

―考点要求―
描述（describe）证券化与证券化过程中各方的参与方式以及它们扮演的角色（★★）

45.1 证券化与住房抵押贷款（Securitization and Mortgage）

45.1.1 资产支持证券概述

资产支持证券（asset-backed security，ABS）是一类较复杂的固定收益证券。它以特定的资产作为抵押，将来再以特定的资产自身所产生的现金流作为支付票息和本金的来源。特定资产一般由原始所有者卖给特殊目的机构（special purpose entity，SPE），再由 SPE 去发行 ABS。

常见的特定资产包括住房贷款（mortgage）、汽车贷款、学生贷款、应收账款等。以房贷为例，因其在将来会产生现金流入（房屋贷款人向银行归还的利息和本金），房贷在银行的资产负债表上属于资产类。银行将房贷卖给 SPE，SPE 将房贷的现值以现金形式支付给银行。SPE 把这些房贷汇集在一起形成一个资产池（mortgage pool），以此资产池作为抵押发行 ABS，其他投资人则向 SPE 购买 ABS。这些投资人将来收到的利息和本金则来源于住房借款人归还的利息和本金。这种以房贷作为抵押品发行的证券有一个更准确的名字：**住房抵押贷款支持证券（mortgage-backed security，MBS）**。以其他类型资产为抵押发行的证券则统称为 ABS。

> **知识一点通**
>
> MBS 属于广义 ABS 中最大的子类，因此单独称其为 MBS。对于剩余一些相对规模较小的 ABS 子类，则统称为狭义 ABS。一般情况下提及 ABS，没有明确说明时，往往指狭义的 ABS。

45.1.2 证券化流程

在 45.1.1 中已经以房贷为例描述了证券化流程，在这个过程中，SPE 扮演了重要的角色。为了便于理解，我们再举一个 ABS 的例子。

假设 A 公司以制造并销售大型专业机械设备为主业，由于设备价格高昂，多数客户无力一次性支付货款。于是，A 公司以自己贷款给客户的方式出售，客户在未来 3 年还本付息。在会计角度，该贷款属于资产。假设目前 A 公司有 1 亿元此类贷款，如果 A 公司存在资金需求，它就可以采取以该贷款为抵押发行 ABS 融资的方式。如图 45.1 所示，A 公司

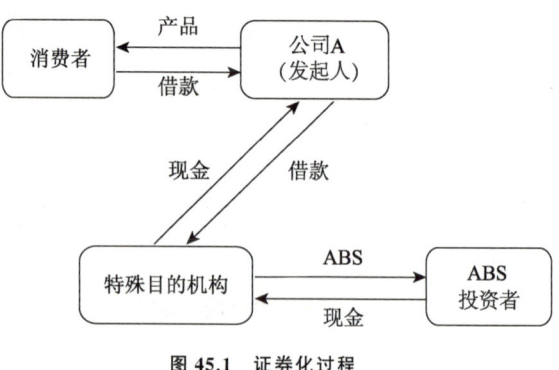

图 45.1 证券化过程

（也称为发起人，originator）将贷款卖给 SPE，SPE 将等值的现金支付给 A 公司，这时该笔贷款的所有权不再属于 A 公司，而是属于 SPE。**SPE 有一个重要的性质：破产隔离**

(bankruptcy remote)。即如果 A 公司破产，由于该笔贷款已经属于 SPE 所有，故而 A 公司的债权人不能将该笔贷款列入清偿范围，以此即可达到保护 ABS 投资人的目的。SPE 再以这些贷款为抵押，向市场发行 ABS，而 SPE 支付给 A 公司的现金，正是市场上的投资人认购 ABS 的资金。

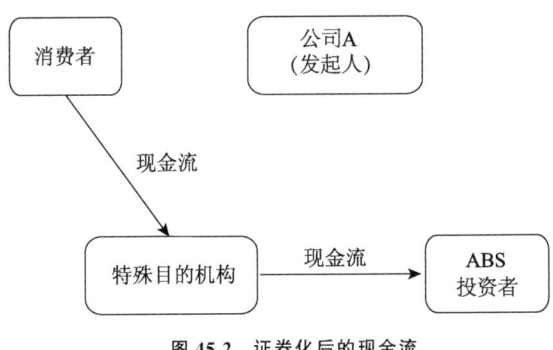

图 45.2　证券化后的现金流

此后，ABS 的投资人每期收到的利息和本金则源于 A 公司的客户偿还设备贷款的利息和本金，如图 45.2 所示。图中的特殊目的机构 SPE，也称为服务机构（servicer），可以是 A 公司，但实务中普遍由专业服务机构充任。他们负责收取资产的收益，并将收益分配给 ABS 投资人。

实务中，SPE 一般是专业从事发行 ABS 的子公司，其资产来源往往是其母公司。通过一些信用增强手段（详见本章后文），发行 ABS 的融资成本比公司直接发行债券要低很多。SPE 有很多其他的名字，如 special purpose vehicle（SPV）、special purpose company（SPC）等。

除了设立 SPE 外，银行或者企业也可以直接把资产卖给投资银行，由投资银行去发行 ABS。

备考小贴士

考试要求需要熟记证券化流程中每个角色的名称和功能。例如，A 公司是整个流程的发起人，称为 originator，在我国也称为原始权益人，它将 loan 卖给 SPE，所以 A 公司也叫 seller 或者 depositor。SPE/SPV/SPC 是 ABS 的发行人，称为 issuer，它同时有一个重要的 bankruptcy remote 的性质。Investor 是购买 ABS 的人。最后需要由服务机构来收取资产池的收益，并将其分配给投资人。当违约事件发生时，服务机构还会负责处置坏账。服务机构可以是发行人本身，也可以是完全独立的第三方专业服务机构。另外，此例中的消费者是贷款的借款人，考题中通常称为 borrower。

45.1.3　资产证券化的益处

资产证券化有多种好处。

（1）对于发起人而言，通过把流动性差的住房贷款卖给 SPV，提高了自身资产负债表上的金融资产的流动性，从而提高了盈利能力和资本效率。

（2）对于借款人而言，降低了融资成本。整个证券化流程减少了融资的中间环节，建立起借款人和 ABS 投资者之间的直接联系，消除了两者之间的借贷壁垒，例如，原本作为金融媒介的商业银行，从而实现了脱媒（disintermediation），因此能降低融资成本。

（3）对于投资者而言，资产证券化增加了市场上的投资品类，促使投资者可以更好地选择适合自己的风险目标、收益目标以及投资期限的产品。

(4) 相比于传统的信贷资产，ABS 产品的流动性更高，因此，在一定程度上，资产证券化丰富了投资品类，提高了金融市场的有效性。

> **知识一点通**
>
> 如同电商实现了"厂商—客户"的商业模式，资产证券化也极大地缩减了中间环节。无论是商品交易还是金融交易，中间商都需要"分得一杯羹"。如果能减少中间商的参与，势必可以降低融资成本。

> **知识一点通**
>
> 没有资产证券化产品时，如果投资者想增加住房贷款的风险敞口，往往只能通过投资于银行端资产的方式进行，比如银行存款、购买银行票据或购买银行股票。这种投资同时必然会使其暴露于其他风险敞口处（因为银行的业务不只有住房贷款）。然而，通过购买 MBS，投资者可直接获得住房贷款的风险敞口。这对于投资者定向选择风险多有裨益。

45.2 资产支持证券的类别

45.2.1 信用增强

为了降低信用风险以增加资产支持证券的吸引力，同时降低融资成本，ABS 发行人通常会采取一些措施增强债券的信用度。信用增强有内部和外部两种方式。

45.2.1.1 内部信用增强

最常见的内部信用增强方式分为以下三种。

1. 结构化（Subordination）

—考点要求—
描述（describe）在资产证券化中典型的信用增强结构（★★★）

结构化也称为信用分层（credit tranching），即把一只债券分割成多组信用风险不同的债券。信用风险低的债券归为优先级（senior），信用风险高的债券归为次级（subordinated）。这种分层方式也称为瀑布式结构（waterfall structure）。如果发行人进行清算，清算获取的资金优先偿还优先级的投资人，如果资金不足，那么次级投资人会首先承担损失。通过这种方式，优先级的信用得到增强。次级投资人承担的信用风险更大，投资回报率也更高。

2. 超额抵押（Over-collateralization）

超额抵押的方式即提供比抵押要求价值更高的抵押品。比如债券的本金是 10 亿元，抵押品的价值是 11 亿元，那么超额抵押就是 1 亿元。

3. 利差储备（Excess Spread）

利差储备指的是抵押品产生的收益与支付给 ABS 投资者的利息之间的差额，这部分差额将被存储起来以备不时之需。

45.2.1.2 外部信用增强

常见的外部信用增强形式有银行和保险公司提供的保证、信用证和现金担保账户。由于承诺的银行或保险公司也可能违约，因此会存在较大的第三方风险。现金担保账户（cash collateral account）稍有不同，第三方把担保金借给债券发行方，发行方直接将担保金投资于短期高评级产品。这样的方式类似于把担保金存储起来。现金担保的第三方风险小于上述几种方法，毕竟"一诺"不如"千金"。

45.2.2 其他类资产支持证券（Non-mortgage ABS）

以其他类型的资产（不是住房贷款）为抵押发行的证券，统称为资产支持证券（ABS）。

—考点要求—
描述（describe）其他类资产支持证券的类型和特点，包括每种类型的现金流结构和风险（★）

45.2.2.1 信用卡应收账款证券（Credit Card Receivable-Backed Securities）

信用卡应收账款证券是指以信用卡应收账款为抵押发行证券，其现金流来源于偿还的本金、未偿付本金余额的利息（finance charge）和卡费等。其中，由未偿付本金余额所产生的利息，其计息模式可能固定也可能浮动。

> **知识一点通**
> 多数国家都有针对"高利贷"的相关法律，即限制信用卡应收账款的最高利率。

信用卡应收账款证券的投资人每期收到的只有利息（来自未偿付本金余额的利息和卡费等）而无本金。虽然信用卡账款的本金回收期普遍较短（一般一个月左右），但是本金收回后不会直接支付给投资人，而是将其再投资于信用卡应收账款。因此投资人在一段时间内无法收回本金，这段时间叫锁定期（lockout period）。

有些信用卡应收账款证券会通过增加提前摊销本金的条款来降低信用风险。这些条款称为提前摊销（early amortization）或者快速摊销（rapid amortization）。

45.2.2.2 太阳能装置资产支持证券（Solar ABS）

太阳能装置资产支持证券是指以太阳能装置贷款或租赁合约形成的资产池作为抵押发行的证券。这种 ABS 的发起人是住宅式太阳能装置的供应商，他们向业主提供太阳能装置的贷款或租赁服务，而后将多笔贷款集合的资产池出售给信托公司。信托公司作为 SPE，利用太阳能装置贷款发行 ABS。

这种 ABS 的特殊之处在于，存在"预融资期"（pre-funding period），即先筹集资金，再购买贷款池从而进一步完成证券化过程。具体情况是，在资产证券化完成之后的一段时间内，信托公司仍可追加资金，继续购买符合进入 ABS 资产池条件的额外贷款，从而扩大 ABS 产品的发行规模。

近些年来，美国政府鼓励住房所有者安装太阳能装置用于住宅的供电，达到清洁能源、减少碳排放的目的，并给予一定的贷款、税收等经济优惠。这种贷款的兴起与普及促使了金融市场 ABS 产品的推陈出新。

45.2.2.3 担保债务凭证（Collateralized Debt Obligation）

担保债务凭证（CDO）是以债务（debt obligation）作为抵押发行的证券。资产池里的抵押品可以是任意种类的债务，比如公司债券、MBS、银行贷款等。因此，CDO只是一个统称，按照不同的债务形式还有更具体的名字。

CDO由SPE发行，购买抵押品的资金源于发行CDO的融资。和ABS不同，CDO会有一个专门的资产管理经理（collateral manager）来负责资产池里债务的管理。CDO的还款来源由三部分组成：抵押品产生的利息、抵押品到期获得的资金以及抵押品出售获得的资金。

CDO在发行时也会进行结构化，典型的层级包括优先级（senior bond tranche）、夹层级（mezzaine bond tranche）以及权益级（equity tranche）。其中，权益级又称为次级层（subordinated bond tranche）或剩余层（residual tranche）。通常来说，优先级和夹层级的投资者获取的是固定回报（夹层级投资者对应的固定回报比优先级更高），而权益级投资者获取的回报形式类似于权益资产，预期收益是最高的。这几层的信用风险依次上升。权益级投资者本质上是在进行杠杆投资，目标是通过承受更大的风险获取更高的收益。

45.2.3 资产担保债券（Covered Bond）

资产担保债券（covered bond）是金融机构发行的优先债务债券，由独立的资产池支持，资产池通常由商业或住宅抵押贷款或公共部门资产组成。资产担保债券起源于250多年前的普鲁士，目前已被欧洲、亚洲和澳大利亚的发行人所采用。

如果发生违约，资产担保债券存在赎回机制，尽可能使投资者收到现金流的日期与原来日期接近。赎回机制分成以下几种：

(1) 硬子弹（Hard bullet）：如果不按照原计划付款，则会即刻触发债券违约，处置资产担保债券，使债券支付尽可能加快。

(2) 软子弹（Soft bullet）：如果不按照原计划付款，不会即刻触发债券违约，而是提供一定的缓冲期，延缓债券违约，暂时不处置担保池内的抵押物，同时设立一个新的债券到期日（通常是原到期日后的一年之内）。

(3) 条件性转手（Conditional pass-through）：如果不按照原计划付款，则将资产担保债券转成转手证券（pass through securities）。

资产担保债券类似于资产支持型证券（ABS），但为债券持有人提供双重追索权——即发行金融机构和标的资产池。在ABS的案例中，发放贷款的金融机构将证券化资产转移到SPV，具有破产隔离的性质。但资产担保债券中的基础资产池仍在该金融机构的资产负债表上，资产担保债券持有人保留对这些资产的优先索取权。

资产担保债券与ABS的另一个区别在于担保池的动态性。ABS的抵押贷款池是静态的，投资者面临提前还款风险；资产担保债券的担保池发起人必须替换掉非标准的资产（即无法产生足够承诺现金流的资产），以确保有足够的现金流直至资产担保债券到期。

资产担保债券长期以来一直是一种相对稳定和可靠的资金来源，因为它具有双重追索权性质、动态担保池等好处。因此,与其他类似的 ABS 相比,资产担保债券的信用风险通常更低,收益率也更低。

45.3 住房抵押贷款支持证券（Mortgage-Backed Security）

住房贷款按照不同的用途可以分为居民住房抵押贷款（residential mortgage,标的是住宅物业,如居民小区）以及商用住房抵押贷款（commercial mortgage,标的是商用物业,如写字楼）。**以居民住房贷款为抵押而发行的 MBS 简称为 RMBS(residential MBS),而以商用住房为抵押发行的 MBS 简称为 CMBS(commercial MBS)。**

45.3.1 住房贷款

在进一步讲解 MBS 之前,先补充一些关于住房贷款的知识。

住房贷款以住房（自用或者商用）为抵押品,借款人（borrower）需要定期支付现金（金额提前确定,每期的还款额既包含利息也包括本金,类似摊销型债券）给贷款人（lender,如商业银行）。

—考点要求—
描述(describe)住房贷款的基本特点(★★)

> **知识一点通**
>
> 贷款买房在我国与美国有很大的不同。中国的房贷往往采用浮动利率贷款,而美国更多人采用固定利率贷款。CFA®考试主要针对美国。固定利率贷款条件下等额本息贷款(self-amortizing loan)即每个月还款额度相同,同时包含本息两部分。随着时间推移,归还的本金越来越多,利息占比越来越少;同时由于每个月归还额度相同,所以还款中越来越多的部分用来归还本金。

住房贷款有一个重要的比率,称为贷款—抵押品价值比率（loan-to-value ratio,LTV）。例如,借款人向银行借钱 70 万元,去购买价值 100 万元的住房,以该住房为抵押品,则 LTV＝70/100。其中,30 万元为借款人自有资金。从贷款人角度看,LTV 越低,借款人自有资金占比越高,借款人违约的概率越低。

一般来说,银行会赋予借款人提前还款的权利（prepayment option）。常见的房贷的时间从 15 年到 30 年不等,在到期之前,借款人可以选择提前归还本金而不必受罚。然而,对于银行而言,这种提前还款权可能导致未来收到的现金流存在不确定性,即可能面临提前还款风险（prepayment risk）。有的银行也会限定提前还款的时间,例如在贷款开始后 5 年内不能提前还款,否则会有罚金（penalty）,有的甚至把时间延长到整个贷款周期。多数情况下,提前收回贷款对银行并非好事,因为这会产生资金再投资的压力和风险,但提前还款条款可以增强银行贷款对于借款人的吸引力。

> **知识一点通**
>
> 房贷市场存在激烈的竞争,无论中外概莫能外。提前还款权作为重要的合同条款,往往成为购房人选择贷款银行时的重要参考。如果 A 银行要求贷款开始后 5 年内不能提前还款,而 B 银行只要求贷款开始后 1 年内不能提前还款,在其他条款相似的前提下,B 银行毫无疑问存在着巨大的竞争优势。因此,为了保持银行的竞争力,在房贷产品很难根本性推陈出新时,各个银行往往倾向于采用类似的提前还款条款。由于中国人普遍有"无贷一身轻"的传统观念,因而在条件允许的范围内,更喜欢提前还款。一般而言,外资行比内资行要求更长的禁止提前还款期,大银行比小银行要求更长的禁止提前还款期。为了争取客户,城商行等小银行往往会设定更优惠的提前还款条款。

如果借款人违约,即没有及时足额归还借款,贷款人有权取消其赎回抵押品的权利(foreclosure),即贷款人可以通过处置抵押品以弥补因借款人欠款而导致的自身损失。然而,如果处置抵押品回收的资金仍不够抵消借款人违约的部分,此时就要看该笔贷款是否有追索权(recourse)。如果是无追索权的贷款(non-recourse loan),银行可回收部分就只限于抵押品的变卖所得;反之,如果是含追索权的贷款(recourse loan),除了将抵押品变卖之外,银行还可以继续向借款人索取差额。因此,无追索权贷款的违约概率更高一些。

> **知识一点通**
>
> 多数国家的法律均禁止"流押"条款,即禁止借款人违约时将抵押品"赔偿"给贷款人。这是因为,该条款有可能导致道德风险,即借款人会利用所谓的贷款违约,在事实上形成对抵押品的销售,尤其是对原本难以变现的资产或者滞销的货物。

> **备考小贴士**
>
> 几个关于 mortgage 的关键词(foreclosure、loan-to-value ratio、prepayment risk、recourse)的含义需要牢记。

45.3.2　居民住房抵押贷款支持证券(Residential MBS)

—考点要求—
描述(describe)居民住房抵押贷款支持证券的类型和特点,包括抵押转手债券和担保抵押债券,并且解释(explain)每种类型的现金流结构和风险(★★★)

45.3.2.1　RMBS 的分类

RMBS 的发行有两大类,如表 45.1 所示。由联邦机构(federal agency)以及政府支持机构(government sponsored entity,GSE)发行的称为政府机构居民住房抵押贷款支持证券(agency RMBS)。其中,联邦机构本身代表了政府,而 GSE 是由政府支持设立的,所以 agency RMBS 背后都有政府的隐性背书,这类证券的信用程度非常高。由非政府机构,例如商业银行、投行发行的 RMBS,称为非政府机构居民住房抵押贷款支持证券(non-agency RMBS),这类证券的信用程度参差不齐,主要面临的是信用风险(没有政府背书)。

第 45 章 资产支持证券

表 45.1 RMBS 按发行人分类

类别	发行人	
政府机构居民住房抵押贷款支持证券	政府关联机构	联邦机构，如吉利美（Ginnie Mae）
		政府支持机构，如房利美（Fannie Mae）、房地美（Freddie Mac）
非政府机构居民住房抵押贷款支持证券	私人机构	如美银美林（Bank of America Merrill Lynch）

能够作为 agency RMBS 的抵押品的住房贷款必须要满足政府机构规定的条件。这些条件会详细规定住房贷款的最大额度、LTV 比率、必要文件等。符合规范的贷款称为标准住房贷款（conforming mortgage），而不符合的称为非标准住房贷款（non-conforming mortgage）。

45.3.2.2 抵押转手债券（Mortgage Pass-through Security，MPS）

RMBS 主要有两种形式，分别是抵押转手债券（mortgage pass-through security MPS）以及担保抵押债券（collateralized mortgage obligations CMO）。我们首先介绍 MPS。

1. MPS 的基本概念

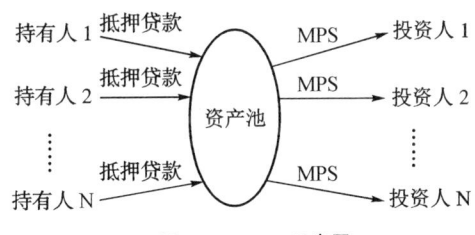

图 45.3 MPS 示意图

如图 45.3 所示，MPS 的资产池（mortgage pool）的现金流来源于借款人每月归还的房贷。其中包括利息、本金以及提前归还的本金（prepayment）。这些现金在扣除服务费、管理费后将直接流向 MPS 的投资人。每一个 MPS 投资人的收益与风险相同。

MPS 中有一些专业术语需要注意，如表 45.2 所示。其中，WAC 和 WAM 的权重均为每笔房贷的价值/所有房贷的价值之和。

表 45.2 MPS 的相关术语

术语	解释
Pass-Through Rate	MPS 投资人收到的票息率，是扣除了服务费和管理费后的净收益率，也叫 net coupon / net interest
Weighted Average Coupon Rate(WAC)	资产池里所有房贷利率的加权平均值
Weighted Average Maturity (WAM)	资产池里所有房贷的剩余到期时间加权平均值

例题 45.1

某 MPS 的资产池由 4 笔房贷构成，它们的特征如下表所示，计算其 WAC、WAM。

四笔房贷相关参数

	Mortgage Rate(%)	Outstanding Mortgage Balance(USD millions)	Remaining Life(month)
1	2	1.5	300
2	3	0.8	250
3	3	1.2	100
4	4	1.0	200

> **名师解析**
>
> WAC 与 WAM 的权重相同。计算权重我们只需计算每笔房贷的占比即可。
> 所有房贷的总价值 $=1.5+0.8+1.2+1.0=4.5$ million，根据定义即可得：
>
> $$WAC = 2\% \times \frac{1.5}{4.5} + 3\% \times \frac{0.8}{4.5} + 3\% \times \frac{1.2}{4.5} + 4\% \times \frac{1.0}{4.5} = 2.89\%$$
>
> $$WAM = 300 \times \frac{1.5}{4.5} + 250 \times \frac{0.8}{4.5} + 100 \times \frac{1.2}{4.5} + 200 \times \frac{1.0}{4.5} = 216 \text{ months}$$

—考点要求—
定义（define）提前还款风险（★★）

2. 提前还款风险分类

MPS 主要面临的风险之一是提前还款风险（prepayment risk）。由于提前还款的存在，MPS 的生命周期会比预定时间（scheduled time period）更短，因此衡量 MPS 投资者的实际投资期限使用的是平均生命周期（weighted average life，WAL）。WAL 主要取决于提前还款速率，提前还款速度越大，WAL 越短。

提前还款风险可进一步分为缩期风险（contraction risk）和延期风险（extension risk）。

当利率下降时，MPS 的生命周期将短于预定时间，从而产生缩期风险。具体而言，由于市场利率下降，大量借款人会以市场当前的低利率进行再融资（refinance）以偿还过去的贷款，因此提前还款速度会比预定的更快，此时 WAL 也比发行初期预定时间更短，从而发生缩期风险。这对于 MPS 投资者来说是不利的：一是提前收回的资金只能以低利率再投资；二是利率下降时，尽管 MPS 价格会上升，但由于提前还款权利是一个对于 MPS 投资者不利的条款，含有提前还款权利的 MPS 价格上升幅度小于不含有提前还款权利的 MPS。

当利率上升时，MPS 的生命周期将长于预定时间，从而产生延期风险。具体而言，当市场利率上升，而此时借款人依旧能按照期初预定的较低利率还款，故提前还款速率会比预定的更慢，WAL 比发行初期预定时间更长，从而发生延期风险，甚至会触发违约。

—考点要求—
描述（describe）证券化中时间分层结构及其目的（★★★）

45.3.2.3 担保抵押债券（Collateralized Mortgage Obligations，CMO）

第二种 RMBS 是担保抵押证券（collateralized mortgage obligations，CMO）。CMO 其实是一种结构化的 MPS，因此我们先了解下结构化（structuring）的含义。

结构化又称分层（tranching）是指使用同一个资产池来发行级别不同的证券。前文介绍的 MPS 不存在分层，所有的投资人购买的是同种证券。分层是提升 MPS 信用度的一种方式，其主要目的是使不同级别的产品有不同的风险—收益水平，从而也能适应不同类型投资人的需求。

分层的方式主要有以下两种。

1. 时间分层（Time Tranching）

时间分层主要针对含有提前还款风险的证券（如 MPS），通过分层使不同级别的证券具有不同类型的提前还款风险（prepayment risk）。

2. 信用分层（Credit Tranching）

信用分层也称 subordination/senior/subordinated structure，主要针对含有信用风险的证券，如 non-agency RMBS、CMBS、CDO 等。信用分层使得不同级别的证券具有不同程度的信用风险。由信用级别低的层级先吸收信用违约风险，从而对信用级别高的层级提供信用保护。

> **备考小贴士**
>
> 分层只能重新分配风险，并非消除风险。其结果是使得某些层的风险更高，某些层的风险更低。时间分层分配的是提前还款风险，信用分层分配的是信用风险。

CMO 是把 MPS 分层后的一类证券，如图 45.4 所示。把 MPS 汇在一起形成新的资产池，再进行分层。

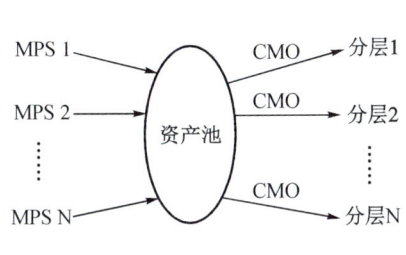

图 45.4　CMO 示意图　　　　图 45.5　Sequential-Pay CMO

CMO 的具体形式多种多样，主要包括以下三种。

1. 顺序支付 CMO 结构（Sequential-Pay CMO Structures）

顺序支付 CMO 的结构如图 45.5 所示。每一层（tranche）的投资人同时收到利息，但是本金会首先归还层级一（tranche 1），直到层级一的投资人收回全部本金后，才开始归还层级二的投资人，最后归还层级三的投资人的本金。

> **备考小贴士**
>
> 三个层级的提前还款风险是不同的，层级一的投资人最先收到本金，所以其延期风险最低，但是缩期风险最高。比如提前还款速率高于预期时，提前归还的本金也会首先分配给层级一投资人。相反，层级三的投资人缩期风险最低，延期风险最高。

2. 浮动利率结构（Floating-Rate Tranches）

MPS 一般提供固定的票息率，浮动利率结构层将固定票息率分为两层：一层是浮动票息率；另一层是逆浮动票息率。投资人如果认为未来利率会上涨，就可以认购浮动层，反之亦然。当利率发生变动时，这两层的收益是相反的，但合并起来依然是固定票息。

> **知识一点通**
>
> 比如，原来的资产池提供 10 亿元本金，每年 8% 的固定利率，我们可以将其改造成为两款产品：一款是 5 亿元本金，以 MRR 为浮动利率；一款是 5 亿元本金，16%－MRR 浮动利率。这样一来，无论浮动利率怎么变化，不考虑违约风险的情况下，资产池提供的利息都足以支持这两款产品的浮动利率要求。

3. 计划摊销级结构与支持级结构（Planned Amortization Class "PAC" Tranches and Support Tranches/Companion Tranches）

计划摊销级结构与支持级结构分为 PAC 层和支持层（support）。PAC 层的投资人在某个提前还款速率的范围内不承担提前还款风险，全部由支持层来承担，因此，支持层的期望收益也相应地高一些。但如果提前还款速率在规定的范围之外，PAC 层也要承担超过支持层承担能力部分的提前还款风险，所以，支持层提供的保护是有限的。

45.3.3 商业住房抵押贷款支持证券（Commercial MBS）

—考点要求—
描述（describe）商业住房抵押贷款支持证券的特点和风险（★）

由商业地产作为资产池发行的 MBS 称为 CMBS。常见的商业地产包括写字楼、购物中心、仓库、酒店等。借款人的还款来源来自这些地产项目未来运营收入。

一般情况下，商业住房抵押贷款支持证券的抵押品集中于几笔商业地产贷款，若其中的某一笔贷款发生违约，对整体现金流的影响较大，因此，商业住房抵押贷款支持证券的投资者面临着显著的集中风险（concentration risk），其信用风险也更大。衡量借款人信用质量的指标有两个：一是 LTV 比率；二是 debt-service-coverage（DSC）比率。LTV 在前文已有介绍。DSC 比率等于当年的收入（net operating income）除以当年偿还金额（利息和本金和）的比率。DSC 越大代表收入相对于偿还金额更高，从而偿还能力也更强，信用质量也更高。

CMBS 主要面临的是信用风险，所以结构化的 CMBS 也通常按照信用分层。当发生违约时，信用级别最低的一层（一般叫 first-loss piece、residual tranche、equity tranche）首先承担本金损失；当遇到提前还款时，信用级别最高的一层首先收回本金。

> **知识一点通**
>
> 可能有考生产生这样的疑惑：按此方法分层，信用级别最高的层级岂不是要承担很高的提前还款风险？实际上，CMBS 面临最大的风险是违约风险，管理这种风险才是首要目标，提前还款风险相对来说就成为次要目标。下文即将提到的赎回保护（call protection）还能提供提前还款风险的保护。

CMBS 有专门限制提前还款的措施，称为**赎回保护（call protection）**，即资产池里的商业地产抵押贷款含有限制借款人提前还款的条款，其主要形式有四种。

（1）提前还款锁定（prepayment lockout）：在某个时间段内不允许提前还款。

（2）提前还款罚金（prepayment penalty points）：如果提前赎回将收取罚金。

（3）报酬率维持法则（yield maintenance charge/make whole charge）：由于借款人在利率下降时会提前还款，以较低的利率再融资。故在此法则下，如果借款人提前还款，贷款人会收取罚金,且罚金数额恰好可抵消借款人以低利率再融资带来的好处。

(4)废止条款(defeasance):要求借款人购买一系列国债,这些国债产生的现金流正好和借款人每期应该偿还的本息是相等的,那么通过国债的现金流来直接支付每期的本息,就可以避免提前偿还风险,此外,构建这个国债组合的成本就是清偿商业地产抵押贷款的成本。

CMBS的一个特征是用来抵押的商业地产贷款大多是部分摊销的,即最后一期会余留部分未摊销的本金,称为 balloon payment。一般情况下,最后一期未偿还的本金金额较大,借款人存在无法及时偿还的可能性,所以投资人面临气球风险(balloon risk),即大额本金无法按时归还的风险。此时,贷款人可能会要求修改贷款合约,延长还款时间让借款人去筹措资金(延长时间称为 workout period)。不难看出,气球风险是一种延期风险(extension risk)。

> **备考小贴士**
>
> 赎回保护、气球风险和集中风险是区别 CMBS 和 RMBS 的重要特征,需记住几种赎回保护的方式。

练一练

45-1 Securitization could lower the funding cost of borrowers, because of:

A. tranching.

B. disintermediation.

C. prepayment.

45-2 Which of the following characteristics of a mortgage loan would be most beneficial to lenders in the presence of strategic defaults by borrowers?

A. Recourse loan.

B. Non-recourse loan.

C. Prepayment option.

45-3 An investor is going to invest in residential mortgage-backed securities (RMBS) and is willing to take less credit risks. Which of the following is most suitable for him?

A. The underlying is a non-conforming mortgage.

B. The RMBS is issued by Goldman Sachs.

C. The RMBS is guaranteed by Ginnie Mae.

45-4 Archana made the following statements about covered bonds and asset-backed securities (ABS):

Statement 1: Both covered bonds and ABS offer investors dual recourse.

Statement 2: Compared to a similar ABS, covered bonds provide a lower yield.

Statement 3: Covered bonds have a static cover pool, while ABS have a dynamic asset pool.

Which of the following statements about covered bonds and asset-backed securities (ABS) is most accurate?

A. Statement 1.

B. Statement 2.

C. Statement 3.

45-5 Which of the following roles is a bankruptcy remote vehicle?

A. The originator.

B. The special purpose entity.

C. The servicer of the loans.

特许金融分析师考试备考用书 **2026**

CFA®
一级中文教材

衍生品 | 另类投资 | 投资组合管理 | 伦理与职业标准

高顿教育研究院　编著

下

文匯出版社

目 录

第 7 部分 衍生品

第 46 章 衍生品市场和工具 …… 577
- 46.1 衍生品基础 …… 578
  - 46.1.1 衍生品的特征(Derivative Features) …… 578
  - 46.1.2 衍生品的标的资产(Derivative Underlyings) …… 579
  - 46.1.3 衍生品市场(Derivative Markets) …… 579
  - 46.1.4 衍生品类别(Types of Derivatives) …… 581
- 46.2 远期、期货和互换 …… 582
  - 46.2.1 远期(Forwards) …… 582
  - 46.2.2 期货(Futures) …… 583
  - 46.2.3 互换(Swaps) …… 586
- 46.3 期权和信用衍生品 …… 588
  - 46.3.1 期权(Options) …… 588
  - 46.3.2 信用衍生品(Credit Derivatives) …… 593
- 46.4 衍生品的优势、风险和应用 …… 595
  - 46.4.1 衍生品的优势 …… 595
  - 46.4.2 衍生品的风险 …… 595
  - 46.4.3 发行人对衍生品的应用 …… 596
  - 46.4.4 投资者对衍生品的应用 …… 597

第 47 章 衍生品定价与估值基础 …… 599
- 47.1 衍生品的定价理论 …… 600
  - 47.1.1 套利 …… 600
  - 47.1.2 复制 …… 601
  - 47.1.3 标的资产的持有成本和收益 …… 602
  - 47.1.4 定价和估值的区别 …… 603
- 47.2 远期、期货和互换的定价与估值 …… 603
  - 47.2.1 远期的定价与估值 …… 603
  - 47.2.2 利率远期合约 …… 605
  - 47.2.3 期货的定价与估值 …… 608
  - 47.2.4 互换的定价与估值 …… 611
- 47.3 期权的定价与估值 …… 612
  - 47.3.1 期权价值 …… 612

47.3.2	期权的套利和复制	615
47.3.3	期权平价公式	616
47.3.4	一期二叉树模型(One-period Binomial Model)	618

第8部分 另类投资

第48章 另类投资的基本概念 ········ 625

48.1 另类投资的特征、投资方法与结构 ········ 626
- 48.1.1 另类投资的定义和特征 ········ 626
- 48.1.2 另类投资的类别 ········ 626
- 48.1.3 另类投资的投资方法 ········ 627
- 48.1.4 另类投资的所有权结构 ········ 628
- 48.1.5 费用结构概述 ········ 629

48.2 另类投资的业绩表现与回报 ········ 629
- 48.2.1 绩效评估 ········ 629
- 48.2.2 费用结构 ········ 631

第49章 另类投资的资产类型 ········ 639

49.1 私募资本(Private Capital) ········ 640
- 49.1.1 私募股权投资 ········ 640
- 49.1.2 私募债务投资 ········ 644
- 49.1.3 私募资本的风险、收益与分散化 ········ 645

49.2 房地产与基础设施(Real Estate and Infrastructure) ········ 645
- 49.2.1 房地产 ········ 646
- 49.2.2 基础设施 ········ 649

49.3 自然资源(Natural Resources) ········ 651
- 49.3.1 生地、林地和农地 ········ 651
- 49.3.2 大宗商品 ········ 653

49.4 对冲基金(Hedge Fund) ········ 655
- 49.4.1 对冲基金的特征 ········ 655
- 49.4.2 对冲基金的投资策略 ········ 656
- 49.4.3 对冲基金的投资形式 ········ 660
- 49.4.4 对冲基金的收益特征 ········ 661

49.5 数字资产(Digital Assets) ········ 661
- 49.5.1 分布式账本技术的基本概念 ········ 662
- 49.5.2 数字资产的特征 ········ 664
- 49.5.3 数字资产的投资形式 ········ 665
- 49.5.4 数字资产的风险、收益与分散化 ········ 667

第9部分 投资组合管理

第50章 组合管理:概述 ... 673
50.1 组合管理的流程 ... 674
50.1.1 计划(Planning) ... 674
50.1.2 执行(Execution) ... 674
50.1.3 反馈(Feedback) ... 675
50.2 投资者类型 ... 675
50.2.1 个人投资者(Individual Investors) ... 675
50.2.2 机构投资者(Institutional Investors) ... 676
50.3 集合投资(Pooled Investments) ... 678
50.3.1 共同基金(Mutual Funds) ... 678
50.3.2 交易所交易型基金(Exchange-Traded Funds) ... 680
50.4 资产管理行业 ... 681

第51章 组合风险与收益:Ⅰ ... 683
51.1 主要资产类别的风险与收益 ... 684
51.2 效用理论在投资组合中的运用 ... 685
51.2.1 风险偏好(Risk Preference) ... 685
51.2.2 效用理论(Utility Theory) ... 686
51.2.3 无差异曲线(Indifference Curve) ... 686
51.3 有效前沿 ... 687
51.3.1 组合的收益与风险 ... 687
51.3.2 有效前沿(Efficient Frontier) ... 690
51.4 资本配置线(Capital Allocation Line,CAL) ... 691
51.4.1 无风险资产和单个风险资产组合的资本配置线 ... 691
51.4.2 资本配置线上的最优组合(Optimal Portfolio) ... 692
51.4.3 最优资本配置线(Optimal Capital Allocation Line) ... 693

第52章 组合风险与收益:Ⅱ ... 696
52.1 资本市场理论 ... 697
52.1.1 资本市场线(Capital Market Line,CML) ... 697
52.1.2 系统性风险和非系统性风险(Systematic & Nonsystematic Risk) ... 698
52.1.3 收益率生成模型(Return Generating Model) ... 700
52.2 资本资产定价模型(Capital Asset Pricing Model,CAPM) ... 702
52.2.1 CAPM的基本思想 ... 702
52.2.2 CAPM的前提假设 ... 702
52.2.3 证券市场线(Security Market Line) ... 703
52.2.4 CML和SML的对比 ... 705
52.2.5 CAPM的应用 ... 705

第 53 章 组合的计划与构建 ... 710
53.1 组合的计划 ... 711
53.1.1 投资策略说明 ... 711
53.2 组合的构建 ... 714
53.2.1 战略性资产配置(Strategic Asset Allocation) ... 714
53.2.2 资产类别 ... 714
53.2.3 构建组合的步骤 ... 714
53.3 ESG 投资在组合管理中的运用 ... 715

第 54 章 个人投资者的行为偏差 ... 717
54.1 行为偏差的分类 ... 718
54.2 认知错误 ... 718
54.2.1 信念固着偏差 ... 718
54.2.2 信息处理错误 ... 721
54.3 情感偏差 ... 726
54.3.1 损失厌恶偏差(Loss-Aversion Bias) ... 726
54.3.2 过度自信偏差(Overconfidence Bias) ... 727
54.3.3 自我控制偏差(Self-control Bias) ... 728
54.3.4 维持现状偏差(Status Quo Bias) ... 728
54.3.5 禀赋偏差(Endowment Bias) ... 728
54.3.6 后悔厌恶偏差(Regret-Aversion Bias) ... 729
54.4 行为偏差对金融市场的影响 ... 730
54.4.1 市场异象(Market Anomalies) ... 730
54.4.2 动量(Momentum) ... 731
54.4.3 泡沫和崩盘(Bubbles and Crashes) ... 731
54.4.4 价值(Value) ... 732

第 55 章 风险管理基础 ... 734
55.1 风险管理框架 ... 735
55.1.1 风险管理的基本概念 ... 735
55.1.2 风险治理(Risk Governance) ... 737
55.2 风险识别、度量与修正 ... 738
55.2.1 风险识别:金融风险与非金融风险 ... 738
55.2.2 风险度量 ... 741
55.2.3 风险修正(Risk Modification) ... 742

第 10 部分　伦理与职业标准

第 56 章 投资行业中的道德与信任 ... 747
56.1 道德的相关概念 ... 748

56.2 职业与信任 ······ 749
56.2.1 职业的定义与特征 ······ 749
56.2.2 职业获取信任的方法 ······ 749
56.3 投资管理中的专业性 ······ 750
56.3.1 投资管理中的信任 ······ 750
56.3.2 投资管理专业组织：CFA® 协会 ······ 750
56.4 实践道德行为所面临的挑战 ······ 751
56.5 道德与法律标准 ······ 751
56.6 道德决策体系 ······ 753

第57章 道德操守和职业行为准则 ······ 754
57.1 职业行为项目的组织结构 ······ 755
57.2 道德和准则的执行 ······ 755
57.2.1 五种受调查的情况 ······ 755
57.2.2 三种调查（处分）结果 ······ 757
57.2.3 对调查结果存疑 ······ 757
57.3 道德操守的六个组成部分 ······ 758
57.4 七大职业行为准则 ······ 759

第58章 CFA® 职业行为准则 ······ 761
58.1 准则Ⅰ：职业操守（Professionalism） ······ 762
58.1.1 Ⅰ(A) 法律知识（Knowledge of the Law） ······ 762
58.1.2 Ⅰ(B) 独立性和客观性（Independence and Objectivity） ······ 764
58.1.3 Ⅰ(C) 曲解（Misrepresentation） ······ 767
58.1.4 Ⅰ(D) 渎职（Misconduct） ······ 770
58.1.5 Ⅰ(E) 专业能力（Competence） ······ 771
58.2 准则Ⅱ：资本市场的信誉（Integrity of Capital Market） ······ 774
58.2.1 Ⅱ(A) 重大非公开信息（Material Nonpublic Information） ······ 774
58.2.2 Ⅱ(B) 操纵市场（Market Manipulation） ······ 776
58.3 准则Ⅲ：对客户的责任（Duties to Clients） ······ 778
58.3.1 Ⅲ(A) 忠诚、审慎和谨慎（Loyalty, Prudence, and Care） ······ 778
58.3.2 Ⅲ(B) 公平对待（Fair Dealing） ······ 781
58.3.3 Ⅲ(C) 适当性（Suitability） ······ 783
58.3.4 Ⅲ(D) 表现介绍（Performance Presentation） ······ 785
58.3.5 Ⅲ(E) 保密（Preservation of Confidentiality） ······ 786
58.4 准则Ⅳ：对雇主的责任（Duties to Employers） ······ 788
58.4.1 Ⅳ(A) 忠诚（Loyalty） ······ 788
58.4.2 Ⅳ(B) 其他报酬安排（Additional Compensation Arrangements） ······ 791

58.4.3　Ⅳ(C)作为上司的责任(Responsibilities of Supervisors) ······ 793
　58.5　准则Ⅴ：投资分析、建议和行为(Investment Analysis, Recommendation, and Actions) ······ 795
　　　58.5.1　Ⅴ(A)尽职和合理原则(Diligence and Reasonable Basis) ······ 795
　　　58.5.2　Ⅴ(B)与客户和潜在客户沟通(Communication with Clients and Prospective Clients) ······ 797
　　　58.5.3　Ⅴ(C)保留记录(Record Retention) ······ 800
　58.6　准则Ⅵ：利益冲突(Conflicts of Interest) ······ 802
　　　58.6.1　Ⅵ(A)避免或披露冲突(Avoid or Disclose Conflicts) ······ 802
　　　58.6.2　Ⅵ(B)交易优先权(Priority of Transactions) ······ 804
　　　58.6.3　Ⅵ(C)介绍费(Referral Fees) ······ 806
　58.7　准则Ⅶ：CFA® 会员或 CFA® 考生的责任(Responsibility as a CFA® Institute Member or CFA® Candidate) ······ 807
　　　58.7.1　Ⅶ(A)CFA® 协会各项目参与者的行为(Conduct as Participants in CFA® Institute Programs) ······ 807
　　　58.7.2　Ⅶ(B)关于 CFA® 协会、CFA® 名衔和 CFA® 课程(Reference to CFA® Institute, the CFA® Designation, and the CFA® Program) ······ 809

第 59 章　全球投资业绩标准(GIPS)简介 ······ 812
　59.1　GIPS 的建立 ······ 813
　　　59.1.1　误导性的业绩展示 ······ 813
　　　59.1.2　建立 GIPS 的初衷 ······ 813
　59.2　GIPS 的关联方 ······ 813
　　　59.2.1　GIPS 的适用主体 ······ 813
　　　59.2.2　遵守 GIPS 的益处 ······ 814
　59.3　GIPS 的基本概念 ······ 814
　　　59.3.1　公司的定义 ······ 814
　　　59.3.2　组合群的定义 ······ 814
　　　59.3.3　遵守 GIPS 准则的验证 ······ 815

第 60 章　职业行为准则应用 ······ 817
　60.1　Ⅰ(D)渎职(Misconduct) ······ 818
　60.2　Ⅱ(A)重大非公开信息(Material Nonpublic Information) ······ 818
　60.3　Ⅲ(C)适当性(Suitability) ······ 819
　60.4　Ⅳ(A)忠诚(Loyalty) ······ 819
　60.5　Ⅴ(A)尽职和合理原则(Diligence and Reasonable Basis) ······ 820
　60.6　Ⅵ(B)交易优先权(Priority of Transactions) ······ 821
　60.7　Ⅶ(A)CFA® 协会各项目参与者的行为(Conduct as Participants in CFA® Institute Programs) ······ 822

第 7 部分

衍 生 品

考情分析

"衍生品"在 CFA® 一级考试中的分值占比为 5%~8%,属于占比较低的部分。多数非金融背景考生,因为对衍生品这一资产类别相对陌生,故而心生畏惧,甚至"战略性"放弃,但这种做法不可取。首先,衍生品虽然分值占比较低,但近年来,考纲要求和考试难度均有逐年下降的趋势,在 CFA® 一级中,属于复习"性价比"较高的科目。只要投入一定时间,掌握该部分知识并获得高分相对容易。其次,虽然衍生品在实务中大量使用复杂的量化工具与方法,但在 CFA® 一级考试中,很多题目均采用定性考查的方式,而且考试题目也相对简单。再次,基于衍生品在现代投资工具大类中的重要地位,在二、三级考试中,衍生品的重要性和考查难度均会大幅上升,因此在一级打好基础也至关重要。

衍生品共两章,第 46 章重点介绍衍生品的基本概念和衍生品市场的基础知识,其内容均为定性知识,难度较低;第 47 章则介绍了衍生品的估值和定价基础,虽有定量知识,但亦属入门级难度,属于"衍生品"的重要章节。

本部分框架图

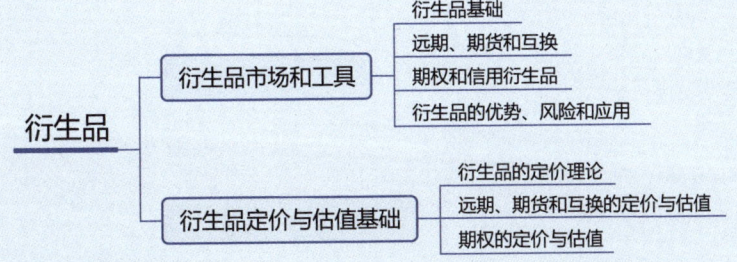

第 46 章
衍生品市场和工具

知识引导

衍生品是一种特殊的金融工具,是指基于基础标的资产派生出来的金融产品,与现金市场(cash market)或现货市场(spot market)中交易的现货价格(spot price)相比,衍生品涉及未来现金流的交换,其价值来源于或基于标的资产的价值。全球衍生品市场在过去的几十年中得到飞速发展,在金融领域中的地位也越来越重要。然而,随着衍生品市场井喷式的发展,市场对衍生品的诟病也层出不穷。许多学者与业内人士都将滥用衍生品归结为导致 2007 年次贷危机的原因。但衍生品本质上是一种非常有效的风险管理工具,只是通常被投资者不当使用才导致灾难性的后果。

考点聚焦

本章主要介绍衍生品的基本概念。考生要掌握衍生品四大种类,即远期、期货、期权与互换的基本概念和各自特点。此外,考生要能区分场内及场外衍生品交易。最后,考生应对衍生品的优势和风险以及在市场中的实际应用有所了解。

本章框架图

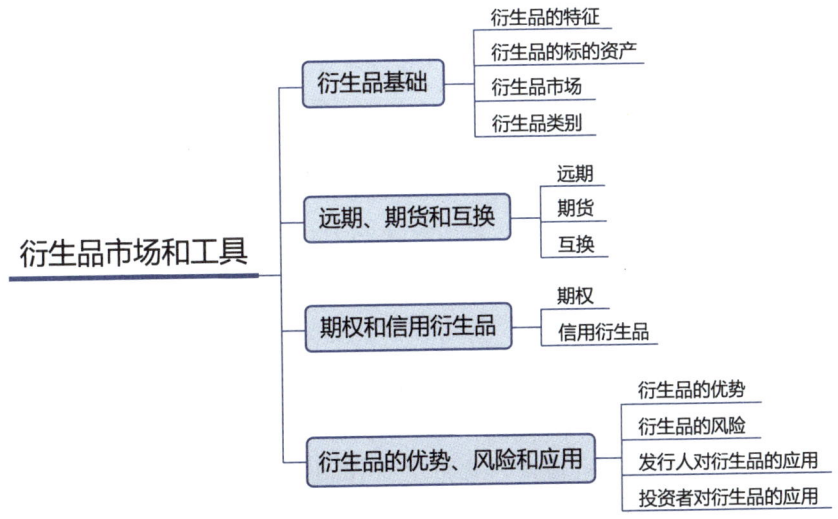

46.1 衍生品基础

―考点要求―
定义（define）衍生品并描述（describe）衍生工具的基本特征（★★）

46.1.1 衍生品的特征（Derivative Features）

衍生品是一种特殊的金融工具，是指基于其**标的资产（underlying asset）**派生出来的金融产品，其价值来源于**标的资产**的表现（performance of an underlying asset）。例如，我们通常听到的股票期权，就是基于股票派生出来的衍生品。衍生品的价格依赖于其对应的基础资产。基础资产涵盖范围广阔，股票、债券、大宗商品、利率、信用指数等，甚至气温或衍生品自身等都可以作为基础资产。我们通常把衍生品所对应的标的资产市场称为**现货市场（spot market）或现金市场（cash market）**，与衍生品市场相对应。其中，金融资产包括权益（equity）、固定收益（fixed income）、货币（currency）等；实物资产包括软商品（soft commodity）、硬商品（hard commodity）（在下文"衍生品的标的资产"中会展开讲解软商品和硬商品）；其他还有市场利率（market reference rate）、信用（credit）、天气（weather）、寿命（longevity）、其他衍生品（other derivative）等。

衍生品并不直接传导（pass through）标的资产的收益，而是转化（transform）标的资产的业绩表现。衍生品交易需要在两个交易对手（counterparty）之间进行，因此可能会面临交易对手风险（counterparty risk）。交易对手风险指的是交易对手无法履行其在合同项下的财务义务的可能性，该风险是衍生品合约的一个重要考虑因素。

> **知识一点通**
>
> 从本质上看，传统金融资产如股票或债券其定价模型均为未来现金流折现模型。然而，衍生品则有所不同。其定价逻辑是根据基础资产的相关数值，如价格、收益率、气温等来确定，即由其他资产的价格"衍生"出其价格。正是由于这种定价逻辑，故被称为"衍生品"。衍生品对应的英文 derivative，其词根 derive 即有"获得""衍生"的意思。

单看衍生品的定义容易形成这样一个误区：即只要存在标的物的金融产品即为衍生品。实际上并非如此。例如，共同基金和 ETF 也都存在标的物，但一般我们不将其视为衍生品。当投资者签订衍生品合约时，标的物资产的风险会转移。

衍生品合约（derivative contract）是交易对手之间签订的法律协定，约定了交易期限（maturity）、交割日期、标的资产、买方（long）和卖方（short）各自的权利和义务、合约的规模（contract size）。买方，也叫多方，希望标的资产价格上升；卖方，也叫空方，希望标的资产价格下降。其中，独立衍生品（stand-alone derivative），如股票衍生品或债券衍生品，可以在市场上进行直接的交易，而嵌入式衍生品（embedded derivative），如可赎回债券（callable bond）、可回售债券（putable bond），可以在一些证券中内嵌衍生品合约，需附加于某个标的资产，不能进行单独交易。

衍生品交易成本通常较低，而且往往比现货市场的标的资产流动性更好。

46.1.2 衍生品的标的资产（Derivative Underlyings）

衍生品标的资产的类型丰富多样。根据标的资产类型的不同，常见的衍生品可以分为以下几类：

1. 股票衍生品

通常以单只股票、多只股票或者股票指数作为其标的资产。投资者可通过股票衍生品的交易来增加或减少对股票市场或者是对某些特定股票头寸的敞口，而无须交易股票指数或个股。股票期权还常常被用作对公司管理层或员工的薪酬激励。例如权证（warrant），公司可以发行认股权证，一种授予员工或出售给公众的期权，允许持有人在未来以固定价格直接从发行人处购买股票。

2. 固定收益衍生品

通常以债券作为标的资产，或直接使用利率作为标的资产。在即期市场上，利率是无法作为单独的资产进行交易的，但在衍生品市场上，利率可作为标的资产被交易。例如，利率互换常常会使用市场参考利率（market reference rate，MRR）作为标的资产，如以美国国债为抵押的担保隔夜融资利率（Secured Overnight Financing Rate，SOFR）、欧元短期利率（Euro Short-term Rate，ESTR）、英镑隔夜平均指数（Sterling Overnight Index Average，SONIA）等。

3. 外汇衍生品

以不同国家的货币或者直接以汇率作为标的资产。市场参与者常通过外汇衍生品对冲其在商业活动中或金融交易中所面临的汇率风险。

4. 大宗商品衍生品

以大宗商品作为标的资产，包括软商品（soft commodities），即牲畜、粮食等农产品；以及硬商品（hard commodities），即原油、金属等自然资源。很多投资者购买大宗商品衍生品是为了对冲持有的实物资产的价格波动。

5. 信用衍生品

以信用违约事件作为标的。如债券发行人违约时，投资者如果提前购买了相应的信用衍生品，如信用违约互换（credit default swap，CDS），则可以在一定程度上抵消发行人潜在违约的信用风险。

6. 其他衍生品

未来天气、总统竞选，甚至人的寿命长短，凡带有不确定性的事件都可以作为衍生品标的。

46.1.3 衍生品市场（Derivative Markets）

衍生品包括远期、期货、互换和期权，通常在交易所或场外交易，下文将分别阐述。

46.1.3.1 交易所交易衍生品市场（Exchange-Traded Derivative，ETD）

交易所交易衍生品市场也被称为"场内市场"，该市场主要是指证券交易市场或期货交易市场，是流通市场的核心。交易所交易必须根据国家相关证券法律规定，有组织地、规范地进行。

—考点要求—
描述（describe）衍生品市场的基本特征并对比（contrast）场内市场和场外市场（★★）

其交易特征如下。

1. 标准化（Standardized）合约

标准化合约是指交易的商品品种、数量、规格等都是预先由交易所在合约中规定好的。标准化合约交易费用更低，市场流动性和透明度更好。

2. 没有违约风险（Default risk）或交易对手风险（Counterparty risk）

"场内交易"由交易所扮演所有交易的对手方角色。因此，即便买卖双方有一方出现违约，交易所将代替违约方实行履约。此外，交易所的每日无负债结算制度与保证金制度（后文会详细介绍）也有效地规避了违约风险。

3. 监管严格（Regulated）

证券监管部门会对证券交易的各种活动进行严密监管，以保证场内交易市场合法、高效、有序地运行。

4. 信息透明（Transparent）

所有的交易信息均会向交易所及监管机构完整披露。

5. 流动性更高（May be more liquid）

场内交易由于有固定的交易场所且交易的合约品种较为标准，故流动性比较高。

场内交易衍生品包括期货、部分期权。

> **知识一点通**
>
> 透明化与标准化并不一定就是优点。比如，交易透明化就意味着投资者投资意图容易被暴露，标准化合约就意味着交易灵活度下降。

46.1.3.2 场外市场（Over-the-Counter markets，OTC）

场外市场也被称为"OTC 市场"，该市场可以是纳斯达克（NASDAQ）等正式组织，也可以是相互买卖的非正式各方网络，如美国固定收益市场。它主要由买卖双方议价交易。在 OTC 市场中，交易商（dealer）或金融中介机构（financial intermediaries），如商业银行或投资银行，扮演着很重要的角色。被称为做市商（market maker）的场外交易商通常会彼此进行抵消性的双边交易，将风险转移给其他方。做市商创建衍生品合约，并向想要做多和做空的客户提供报价（quoted price）。最终用户（end users）通常是寻求转移现有风险（transfer an existing risk）的公司或机构。最终用户通过做市商达到交易衍生品进行风险管理等目的。

OTC 市场的交易特征如下。

1. 合约个性化或定制化（Customized）

场外市场的合约由合约双方自由协定，以匹配交易双方预期的风险敞口。合约模板不固定，交易商品的品级可以根据双方的需要量身定做（tailored），灵活性（flexibility）更高，而且私密性（privacy）也更好，这种灵活性对于有特定风险敞口对冲需求的最终用户来说非常重要。

2. 存在违约风险/交易对手风险（Default risk/Counterparty risk）

场外市场一般没有固定、集中的交易场所，并且买卖双方缺少对交易对手的深入了解，也缺乏如场内市场的严格保证金制度，故违约风险/交易对手风险很大。

3. 监管更少(Less regulated)

比起交易所市场,场外市场的监管要宽松得多。由于场外交易市场分散,缺乏统一的组织和章程,不易管理和监督,其交易效率往往也不及交易所市场。2008年金融危机后,美国推出了(多德-弗兰克法案),加强了对场外衍生品的监管。

4. 交易不透明(Less transparent)

场外市场由于其交易的自由性,一方面合约条款设定更加自由,另一方面为了保证私密性,该类合约也存在很强的不透明性。通常除了交易双方,其他人很难从公共平台中获得其合约的细节性内容。

5. 交易的流动性较低(May be less liquid)

出于没有固定的交易场所等原因,场外市场的产品流动性不高。

场外交易衍生品包括远期、互换和部分期权。

46.1.3.3 中央清算(Central Clearing)

衍生品市场的大量交易都是在场外市场中进行的。场外市场由于缺少监管干预极易引发系统性的风险。2008年金融危机后,全球的金融监管机构纷纷出台政策,将有金融中介机构参与的场外衍生品合约纳入中央清算,即由中央对手方(central counterparty, CCP)介入原有双方的买卖合约,同时充当原买方的卖方和原卖方的买方,集中承担衍生品交易对手之间的信用风险。

做市商、中央对手方和最终用户的关系如下:做市商在集中的交易平台(trading platform)撮合最终用户进行交易,交易细节(transaction details)会分享给中央对手方,中央对手方通过更新过程(novation process)替换原有交易,并为大多数的衍生品交易提供清算和结算。

中央清算的模式既保留了场外市场的定制化和灵活性特点,又能提供类似于场内市场的结算、清算服务和信用保障。但是,中央清算的模式也存在隐患:将市场中原本分散化的交易信用风险全部转移到CCP,会使这部分风险更加集中。

46.1.4 衍生品类别 (Types of Derivatives)

衍生品合约的基本种类包括远期、期货、期权、互换四种,即业内通常俗称的"四大金刚"。此外,还可以根据合约双方的义务,将四种衍生品归为远期承诺与或有索取权两大类。

---考点要求---
对比(contrast)
远期承诺和或
有索取权(★)

46.1.4.1 远期承诺(Forward Commitment)

远期承诺,也被称为"双务合同"。其要求交易双方在当前时间节点签订合约,约定在未来结算时(at settlement)按照事先约定(pre-determined)的条款进行交易。在合约到期时刻,一方有义务提供货物,另一方有义务支付约定的金额。因此权利和义务对等。通常,远期、期货和互换都属于远期承诺。

46.1.4.2 或有索取权(Contingent Claim)

或有索取权,也被称为"单务合同"。其结果基于标的资产的价格或收益(payoff)。一方有权利但没有义务,而另一方有义务但没有权利。因此权利和义务并不对等,由交易双方中的其中一方来决定交易是否以及何时进行结算(determined whether and when a trade will settle)。**通常,期权属于或有索取权**。

> **知识一点通**
>
> 既然是权利,那么权利的所有者当然可以选择放弃。所以远期、期货和互换都不能放弃执行,因为这既是权利又是义务;但期权可以选择放弃。

衍生品市场扩大了市场参与者获取或修改风险敞口的机会:
(1) 投资者可以**卖空(sell short)**,从预期标的资产的价值下跌中获利。
(2) 投资者可以使用衍生品作为**分散投资(diversification)**组合的工具。
(3) 发行人和投资人可以使用衍生品来增加或减少,即**抵消(offset)**金融市场敞口。如对冲或套期保值。
(4) 市场参与者可以相对**较小的现金支出(small cash outlay)**使标的资产产生较大的风险敞口。
(5) 衍生品与现货市场相比,**交易成本较低(lower transaction cost)**,而且往往**流动性更好**。

46.2 远期、期货和互换

远期、期货和互换是常见的远期承诺衍生产品。这类衍生合约的共同特点是:
(1) 有一定的合约规模。
(2) 有一定的标的资产。
(3) 在未来某个或多个特定日期,进行一次或多次现金流或标的资产的交易。
(4) 交易的价格是事先商定(pre-agreed)的。
尽管这三类衍生产品有上述相似之处,但它们也有各自不同的特点。

46.2.1 远期(Forwards)

46.2.1.1 基本概念

—考点要求—
定义(define)远期合约并比较(compare)其基本特征(★★★)

远期是一种场外(OTC)衍生品合约。签约时买卖双方约定在未来某一时刻,买方(buyer)会向卖方购买标的资产,卖方(seller)会得到合约签订时约定的固定价格。标的资产的类别品级、交易数量、交易方式、交易价格以及具体的交割时间均在合约中事先约定。其中,**交易价格是事先约定的固定价格,也称为"远期价格"(forward price)**。

> **知识一点通**
>
> 例如,在2×23年1月1日投资者A和B签订了一份远期合约。合约约定在2×23年10月15日,A按照每吨1 200元从B处购买100吨动力煤,合约还具体规定了交易动力煤必须符合的质量标准。在这份合约中,A约定要在合约到期时买入动力煤,因此A持有一个远期多头头寸(long forward position)也称为多头(long);B持有一个远期空头头寸(short forward position)也称为空头(short)。此外还需注意,A和B签订远期合约的日期是2×23年1月1日,但合约的执行时间在2×23年10月15日。

46.2.1.2 收益（Payoff）

远期合约的多头受益于标的资产的价格上涨，空头受益于标的资产的价格下跌。具体而言，假设远期合约在 0 时刻签订，合约双方约定在 T 时刻时，以 $F_0(T)$ 价格交易标的资产。如果到 T 时刻，标的资产的现货价格高于合约约定价格，即 $S_T > F_0(T)$，那么远期多头可以按照合约约定的价格 $F_0(T)$ 买入一个实际上价值 S_T 的资产，从而获利 $S_T - F_0(T)$。同理，如果到 T 时刻，标的资产的现货价格低于合约约定价格，即 $S_T < F_0(T)$，那么远期空头可以按照合约约定的价格 $F_0(T)$ 卖出一个实际上只值 S_T 的资产，从而获利 $F_0(T) - S_T$，见图 46.1。

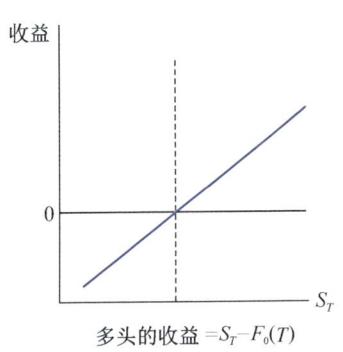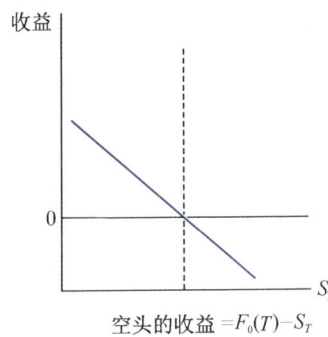

图 46.1 多空双方收益图

图 46.1 显示了多头与空头的收益与到期现货资产价格 S_T 的关系。不难看出，到期现货价格 S_T 越高，多头收益越高；反之，到期现货价格 S_T 越低，空头收益越高，远期的收益与标的资产的价格呈现线性关系，因此也叫"线性衍生品"（linear derivatives）。**由于衍生品是一种"零和博弈"：在不考虑交易费用的情况下，一方获得的收益必定等于另一方的亏损，即多头与空头的收益和必然为 0。**

在远期合约到期的 T 时刻，如果 $S_T = F_0(T)$，此时远期合约的多头和空头的收益都为 0，这就是合约在没有任何交易成本的情况下，远期合约买卖双方的盈亏平衡点（breakeven point）。

> **知识一点通**
>
> 接上例，如果到了 2×23 年 10 月 15 日这一天，现货市场动力煤的价格为 1 300 元每吨，那么根据合约，A 可以按照 1 200 元的价格买入 100 吨实际上在现货市场价值 1 300 元的动力煤。于是，A 的收益 = (1 300 - 1 200)×100 = 10 000（元），相应地，B 亏损了 10 000 元。反之，如果 10 月 15 日动力煤价格仅为 1 000 元每吨，那么根据合约 A 必须以 1 200 元的价格买入 100 吨实际上在现货市场上只值 1 000 元的动力煤。于是，A 的亏损 = (1 200 - 1 000)×100 = 20 000（元），相应地，B 获得收益 20 000 元。

46.2.2 期货（Futures）

46.2.2.1 基本概念

期货是一种特殊的远期合约，它是**一个标准化的（standardized）**且在期货交易所中交

—考点要求—
定义（define）期货合约并比较（compare）其特征（★★★）

易的合约。其中,标准化意味着在期货交易所中交易的合约关于合约标的资产的种类、品级、交割时间、交割数量,以及交割方式都是标准化的。注意,与期货合约不同,远期合约不是标准化的而是个性化的(customized)。远期合约可以根据买卖双方的实际需求设计合约,并且在场外交易。标准化及场内交易的特征使得期货合约流动性更好,并且不容易违约。

> **知识一点通**
>
> 例如,某铜加工商对铜的品级与纯度有特殊需求。如果在远期市场上,该铜加工商则可根据自己的特殊需求,寻求出售匹配自己需求的铜厂商,签订远期合约。然而,在期货市场上,上海期货交易所的铜期货合约约定交易的铜必定是符合国标 GB/T467—1997 的阴极铜,纯度不低于 99.95%。虽然上期所的铜合约和该铜加工商的需求有所差异,但由于同种类铜价格之间价格变动联动性较高,该铜加工商仍可以选择在上期所购买铜期货合约规避未来铜价上涨的风险。

46.2.2.2 基本术语

1. 期货价格(Futures Price)

期货价格与远期价格类似,是合约中约定标的资产在未来某一时刻交易的价格。

> **知识一点通**
>
> 无论远期合约还是期货合约的价格,一经确定即保持不变,这一条始终未变。
>
> 在远期市场上,由于场外交易的特征,我们通常难以便捷地观察到后续类似合约的签约价格,而且后续"类似"合约的"类似"程度也相对较低,即先前签订的合约和之后签订的合约,无论是交易规模(如交易多少吨)还是标的质量(符合何种国标)均有较大差异,彼此的参考性比较有限。
>
> 然而,期货合约属于场内合约,先前签订的合约和之后签订的合约,除了签约价格之外,其他特征完全相同,因此前后签约价格就有更好的对比性。同时,场内市场的透明度较高,也能为前后合约的价格变动提供直接参考。如果在签订合约后,我们观察到之后签订的类似期货合约价格上升,就能得知之前我们所签订的合约价格相对更低。于是,预计未来将根据先前这个更低价格购买资产的交易者(即合约多头)就捡到了便宜货,即多头盈利;预计只得以之前这个更低价格出售资产的交易者(即合约空头)就贱卖了资产,即空头亏损。当然,我们也可以根据"零和博弈"的原则,在判定多头盈利的时候,直接得出空头亏损的结论。

2. 盯市制度(Mark-to-Market,MTM/Daily Settlement)

每日盯市制度也称每日无负债结算制度,或每日结算,是期货市场所特有的一种制度。远期合约仅在合约到期时结算一次,而期货合约则有所不同。为了避免违约风险,每个交易日结束后期货结算机构都会根据当日盈亏状况对投资者的期货保证金账户(futures margin account)进行结算,并根据当天的**结算价格(settlement price)**来确定收益,确保"当日无负债"。

注意，结算价与大家通常熟知的收盘价是两个不同的概念。收盘价指当日交易时段内最后成交的价格。而结算价指期货合约在当日交易时间最后成交的平均价。例如，中国金融期货交易所规定，结算价格一般指的是期货交易日最后一小时按照成交量为权重的加权平均成交价。不同国家不同合约对结算价的最后时段规定不同。每日盯市制度是以结算价而不是收盘价来计算当日盈亏。

3. 每日价格最大波动限制（Price Limit）

每日价格最大波动限制实际上就是我们俗称的"涨跌停板"。涨跌停板是基于前一天的结算价格计算的，要求当天的交易价格不能向上超过涨停界限（limit up），也不能向下低于跌停界限（limit down）。如果交易价格突破上限/下限，交易所则会暂停交易，俗称"熔断"（circuit breaker）。

4. 保证金制度

期货交易实行保证金制度。在期货交易时，买卖双方在开仓时必须按期货合约规定在期货保证金账户中缴纳期货合约价值一定比率的金额作为初始保证金（initial margin）。期货保证金账户用于每日的结算。

在持仓过程中，客户保证金账户的金额必须要高于维持保证金（maintenance margin）的要求金额（维持保证金要求比例通常显著低于初始保证金）。如果保证金账户余额低于了维持保证金要求，则会接到交易所保证金催缴要求（margin call）。此时须补充追加保证金（variation margin）至初始保证金要求。如果客户没有在规定时间内及时补充保证金，交易所则会对其强行平仓来规避违约风险。

期货合约必须由专门的金融中介机构执行，这些金融中介机构代表交易对手在交易所内进行清算（clearing）和结算（settlement）。

> **例题 46.1**
>
> 假定某客户开仓的初始保证金要求为 1 000 元，维持保证金要求为 800 元。第一日结算时，客户亏损 100 元；第二日结算时又亏损了 200 元。问该客户何时需要追加保证金，追加保证金的金额为多少？
>
> **名师解析**
>
> 假设某客户的初始保证金要求为 1 000 元，维持保证金要求为 800 元。第一日结算时，客户当日亏损 100 元，故保证金余额为 900 元高于 800 元的维持保证金要求，不需要补交保证金。第二日结算时，客户当日又亏损了 200 元，此时保证金余额仅剩 700 元低于 800 元的维持保证金要求。此时，需要补交保证金至初始保证金要求 1 000 元，即追加 300 元保证金（而不是 100 元！）。

5. 平仓（Offset/Close-Out）与交割

期货合约到期之前，交易者可以在市场上买入（卖出）与其所持期货合约的品种、数量以及交割月份相同但交易方向相反的期货合约来平仓，清算所根据当前交易价格与上日结算价格进行平仓结算；期货合约到期时（at maturity），尚待执行的合约（outstanding contracts）即未平仓合约（open interest）根据合约规定进行现金或实物交割（cash or physical delivery）。

> **知识一点通**
>
> 在远期市场中,买卖双方根据合约规定到期进行实物交割或现金交割;期货市场则有所不同,大多数期货合约并不会持有到期,而是在合约到期前反向平仓以了结头寸。

46.2.2.3 远期与期货对比

远期与期货合约一个非常重要的共同特征是:**在买卖双方刚签订合约时(即 0 时刻),买卖双方之间不发生任何现金流的转换(即合约是公平签订的,在 0 时刻合约对于双方来说价值均为 0)**。随着时间流逝,合约价值会发生变化。比如,如果在 T 时刻,现货价格 S_T 高于合约约定价格 $F_0(T)$,那么对于多头来说合约价值大于 0,而对于空头来说合约价值小于 0。

然而,远期与期货合约的不同之处在于:**远期合约是在到期时才完全实现收益和损失,而期货是每日盯市实现收益和损失**。由于远期到期时才一次性兑现所有的收益支付,相对金额较大,而远期市场又缺乏场内交易的安全保障机制,因此违约风险相对较大。反之,期货合约实行每日盯市制度,确保"当日无负债"过夜,违约风险大大减小。而且,保证金制度本身就已经解决大多数潜在违约的损失可能性了。

> **知识一点通**
>
> 虽然通常人们认为衍生品是风险极高的金融产品,但是无论远期还是期货都是非常有效的风险管理工具。例如,农民担心未来大米价格下跌,就可以卖出一份大米远期或期货合约。如果未来大米价格真的下跌,虽然农民在现货大米市场上亏钱了,但却可以通过在期货市场上大米期货合约的空头头寸获益。期货市场的收益弥补现货市场的亏损,从而降低了自身风险。

—考点要求—
定义(define)互换合约并比较(compare)其基本特征(★★★)

46.2.3 互换 (Swaps)

46.2.3.1 基本概念

互换也称为"掉期",诞生于 20 世纪 80 年代。如今互换合约已成为被最广泛使用的衍生品。互换合约双方约定了未来一系列现金流的交换。互换合约的双方依照不同参照标准支付现金流。例如,一方按照浮动利率支付现金流,另一方按照固定利率支付现金流。

46.2.3.2 基本特征

1. 自定义工具

互换合约双方可根据自身需求确定标的资产、支付日期以及支付流程等合约细节。

2. 场外交易

与远期合约类似,互换合约也是在场外(OTC)交易的。

3. 无监管（Largely Unregulated）

由于互换合约在场外交易，所以监管相对宽松。

4. 有违约风险

只要是场外交易的衍生品，都一定存在违约风险。与远期合约一样，互换合约的交易双方都有可能发生违约。

46.2.3.3 利率互换（Interest Rate Swap）

利率互换主要分为两类：一类是浮动利率与固定利率互换；另一种是浮动利率与浮动利率互换。其中，浮动利率与固定利率的互换是所有互换品种中最常见的类别。

例如，假设某公司向银行贷款，银行要求该公司按照浮动利率支付利息。该公司不想承担利率波动的风险，更愿意按照固定利率支付利息。于是该公司即可通过一个利率互换实现自己的目的，见图46.2。图中，由于该公司向银行贷款，故存在每期浮动利率的现金流出。此时，公司在互换市场上根据贷款金额签订一份支付固定利息、收取浮动利息的互换协议。根据互换协议，公司会定期收到浮动利率现金流入，这与公司定期向银行支付的浮动利率流出刚好抵消。于是，考虑贷款和利率互换后，公司的净头寸就仅剩下互换协议中定期支付固定利率的部分。该公司通过一个利率互换协议将其浮动利率风险敞口转换为了固定利率风险敞口。

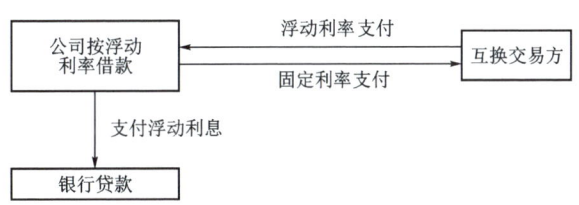

图46.2 固定与浮动利率互换的合约

> **知识一点通**
>
> 利率互换中，支付浮动利率的一方，通常参考市场利率MRR，按照30/360的习惯计息。

例题 46.2

假定一个2年期半年付息一次的利率互换。其名义本金为10 million，浮动利率每期按照MRR支付，固定利率按6%支付。假定MRR在每个互换日分别为5%、5.8%、6.2%与6.6%。求互换协议中浮动利率与固定利率支付者在每期支付的具体金额。

名师解析

利率互换中，固定利率支付者每期的支付金额相对简单，分别在第0.5年、第1年、第1.5年与第2年时支付10 000 000×6%×180/360＝300 000即可（不要忘记是每半年付息一次，一定要乘以180/360）。

对于浮动利息支付者,则现金流每期根据市场报价发生变化,如 0.5 年时,市场 MRR 为 5%,于是浮动利息支付者将在第 0.5 年时支付 10 000 000×5%×180/360=250 000。由于互换协议是净额结算,在第 0.5 年最终是由固定利率支付者(Fixed Rate Payer)向浮动利率支付者(Floating Rate Payer)支付(300 000−250 000)=50 000 即可。

同理,其余各期现金流互换如下:

在第 1 年,由固定利率支付者向浮动利率支付者支付:

$(0.06 - 0.058) \times (180/360) \times (10 \text{ million}) = 10\ 000$

在第 1.5 年,由浮动利率支付者向固定利率支付者支付:

$(0.062 - 0.06) \times (180/360) \times (10 \text{ million}) = 10\ 000$

在第 2 年,由浮动利率支付者向固定利率支付者支付:

$(0.066 - 0.06) \times (180/360) \times (10 \text{ million}) = 30\ 000$

本题,每期利率支付情况可见下图:

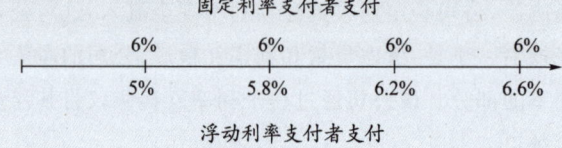

考生在解此类互换题目时一定要注意:如无特别说明,题目给出的利率一定是年化利率,在具体计算时一定要根据支付次数调整。

有关利率互换还有以下几点需要注意。

(1) **利率互换并不涉及本金(principal)互换**:尽管每期我们会依据名义本金(notional principal)计算浮动利率与固定利率支付的具体金额,但在整个互换过程中并不涉及本金的互换。

(2) **互换等同于一系列的远期合约**:互换是一系列现金流的流入流出,如果仅仅考查一期现金流流入流出,实际上就是一个远期合约。买卖双方在刚签订合约时(即 0 时刻),不发生任何现金流的转换,合约价值都为 0。随着市场条件的变化和时间的推移,合约的价值将偏离 0,导致一个交易对手的合约价值为正值,而另一个交易对手的合约价值为负值。

46.3 期权和信用衍生品

与远期、期货和互换不同,期权和信用衍生品属于或有索取权。

46.3.1 期权 (Options)

—考点要求—
定义(define)期权并比较(compare)其基本特征(★★★)

46.3.1.1 基本概念

期权是唯一一种既可能在场内交易也可能在场外交易的衍生品合约。购买期权的一方需要支付权利金,也叫期权费(premium),给期权的出售方,以获得未来可以买入或卖出某标的资产的**权利**。当期权的买方决定要行使其权利时,卖方有义务以约定的价格卖出或买入该标的资产。

> **知识一点通**
>
> 与远期合约、期货合约不同,期权赋予的是买卖某种资产的权利而非义务。在远期或期货合约中,当合约到期时双方均有义务按照约定的价格履行合约;而期权则不同,合约到期时,购买期权的一方有权利按照合约约定价格购买或卖出标的资产。权利意味着拥有权利的一方可以选择履行合约,也可以选择放弃自己的权利(即放弃购买或卖出标的资产)。为了拥有这种权利,期权购买者必须为此支付期权费,即权利金(premium)。

46.3.1.2 相关术语与特征

1. 权利金(Option Premium)

权利金又称期权费,即期权的价格(option price),由期权的买方支付给卖方。权利金是期权买方的沉没成本,即无论期权买方最终是否行使了自己的权利,权利金均已在购买期权时支付给了期权的卖方。

2. 看涨期权(Call Option)

看涨期权赋予期权购买者在未来按照约定价格买入某种资产的权利。看涨期权的买方(long position)需要支付一笔期权费以获得这个权利;看涨期权的卖方(short position)期初收取期权费并在买方行权时有义务按约定价格卖出该标的资产。

3. 看跌期权(Put Option)

看跌期权赋予期权购买者在未来按照约定价格卖出某种资产的权利。看跌期权的买方(long position)需要支付一笔期权费;看跌期权的卖方(short position)期初收取期权费并在买方行权时有义务按约定价格买入该标的资产。

> **知识一点通**
>
> 注意看跌期权的买方持有看跌期权的多头头寸,拥有了一个当标的资产价格下跌时,以固定价格出售标的资产的权利。当标的资产价格下跌时,该多头获利,实则看空看跌期权的标的资产。

4. 执行价格(Exercise Price/Strike Price)

执行价格即看涨/看跌期权合约约定的交易价格,该价格在合约签订时就已经确定了,其概念与远期价格、期货价格类似。

> **知识一点通**
>
> 执行价格是期权合约双方根据需求约定的,原则上可以约定为任意价格。执行价格的大小会影响到期权的定价,在有效市场中期权价格就是期权的权利金。

5. 欧式期权(European Option)

这类期权只能在合约约定的到期日当天行权。

6. 美式期权(American Option)

美式期权可以在**合约到期前的任意时点行权**。相对于欧式期权,该种期权灵活性更高,因而其期权费也比欧式期权更贵。

> **知识一点通**
>
> 美式期权与欧式期权的名称与地名无关。欧式期权并非只在欧洲发行,美式期权也并非只在美国发行。

7. 违约风险

由于期权的买方拥有的是权利而非义务,即合约到期时既可以选择履约也可以选择不履约,因而期权的买方在任何情况下都不可能违约。相反,期权的卖方没有权力而必须履行义务,故期权的卖方有违约可能。**因此,期权的买方面临违约风险(卖方可能违约),而期权的卖方不面临违约风险(买方绝对不会违约)**。

> **知识一点通**
>
> 在违约风险上,期权与远期、期货和互换不同。后三者买卖双方都有可能违约,交易双方都面临违约风险;而对于期权,只有卖方有可能违约,因此只有买方面临违约风险。

46.3.1.3 期权的收益(Payoff)和利润(Profit)

—考点要求—
决定(determine)
买入/卖出看涨/
看跌期权的到期
收益和利润(★
★★)

在期权中,我们将要学习到四种期权的头寸。考生需要掌握计算这四种头寸的收益和利润以及对应图形。为方便叙述,下文将针对欧式期权展开探讨(美式期权的结论类似),并使用如下符号:S_T 表示到期日 T 的标的资产价格;X 表示期权执行价格;c_0 表示看涨期权的权利金;p_0 表示看跌期权的权利金。

1. 买入看涨期权(Long a Call)

买入看涨期权即看涨期权的多头。这意味着当期权可行权时,可选择是否按约定的执行价格 X 买入价值 S_T 的标的资产。如果到期标的资产价格 S_T 高于执行价格 X,多头会选择行权,并获益 $S_T - X$;如果到期标的资产价格低于行权价。多头将选择不行权,获益 0。故看涨期权买方的收益可归结为公式(46.1):

$$\text{收益(Payoff)}: c_T = \max(0, S_T - X) \quad (46.1)$$

如果将买方支付的期权费也考虑在内,则有:

$$\text{利润(Profit)}: \pi = \max(0, S_T - X) - c_0 \quad (46.2)$$

> **备考小贴士**
>
> 考试中,考生一定要看清考题中是求收益(payoff)还是利润(profit)。计算前者时无须考虑期权费,而计算后者时必须考虑期权费。

看涨期权多头的收益与利润如图 46.3 所示。其中,横轴表示到期标的资产价格 S_T,纵轴表示看涨期权多头的收益。从公式(46.1)中不难看出,当 $S_T < X$ 时,多头选择不行权,收益恒为 0;而当 $S_T \geqslant X$ 时,收益为 $S_T - X$,在图上为向上倾斜的直线。看涨期权多头

的利润就是收益扣除期权费,故利润图实际上就是收益图形向下平移 c_0 个单位。从图中不难看出,看涨期权多头的收益不存在上界,只要 S_T 不断上升,收益也将持续上升;而其下界为 0。

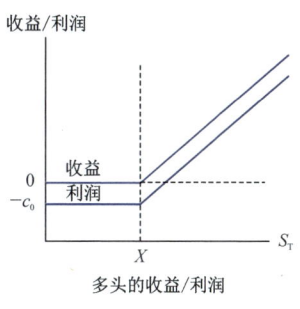

图 46.3 看涨期权多头的收益与利润

例题 46.3

例如,假设看涨期权的执行价格为 USD 40,期权费为 USD 10。如果在 T 时刻,标的资产价格 S_T 为 USD 45,求看涨期权的买方是否会行权,其收益与利润分别为多少?

名师解析

根据题目已知条件 $S_T=45$、$X=40$。这意味着看涨期权的多头能够以 USD 40 的价格买入实际上价值 USD 45 的标的资产,多头会选择行权。其收益为 $45-40=$ USD 5,利润为 $45-40-10=-$ USD 5。不难看出,只要 S_T 高于 X,尽管此时利润为负数,看涨期权的多头仍然会选择行权,因为如果不行权,则利润为支付的期权费,即 $-$ USD 10。

2. 卖出看涨期权(Short a Call)

卖出看涨期权即为看涨期权的空头,它的交易对手方就是看涨期权的多头。注意期权市场亦是"零和博弈",故在不考虑交易成本的情况下,看涨期权的空头与多头收益或利润之和必定为 0。因此,看涨期权空头的收益与利润实际上就是公式(46.1)与公式(46.2)上加上一个"负号":

$$收益(Payoff):-c_T=-\max(0,S_T-X) \quad (46.3)$$

$$利润(Profit):\pi=-\max(0,S_T-X)+c_0 \quad (46.4)$$

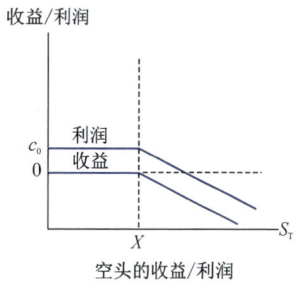

图 46.4 看涨期权空头的收益与利润

同理,看涨期权空头的收益与利润图形实际上就是多头图形关于 X 轴的对称图形,见图 46.4。从图中不难看出,看涨期权空头的潜在亏损很大。

知识一点通

可能有的考生会产生这样的疑惑:既然看涨期权的空头亏损这么大,为什么还会有人愿意卖出看涨期权呢?实际上,卖出看涨期权的风险确实是很大的,但是若将卖出看涨期权与其他策略进行组合就能规避这样的风险。这将涉及二、三级考试的内容。此处不详细展开。

例题 46.4

例如，假设看涨期权的执行价格为 USD 40，期权费为 USD 10。如果在 T 时刻，标的资产价格 S_T 为 USD 45，求看涨期权卖方的收益与利润分别为多少？

名师解析

根据题目已知条件 $S_T=45$，$X=40$。这意味着看涨期权的多头能够以 USD 40 的价格买入实际上价值 USD 45 的标的资产，多头会选择行权，其收益为 $45-40=$ USD 5，利润为 $45-40-10=-$USD 5。多头的收益与利润即为空头的损失，因此看涨期权空头的收益与利润分别为 $-$USD 5 和 USD 5。

3. 买入看跌期权（Long a Put）

买入看跌期权即看跌期权的多头。这意味着当期权可行权时，可选择是否按约定的执行价格 X 卖出价值 S_T 的标的资产。如果到期标的资产价格 S_T 高于执行价格 X，行权意味着以 X 的价格卖出实际上值 S_T 的标的资产，因而多头不会选择行权，获益为 0；如果到期标的资产价格低于行权价，多头将选择行权，获益 $X-S_T$。故看跌期权买方的收益可归结为公式(46.5)：

$$收益(Payoff): p_T = \max(0, X-S_T) \tag{46.5}$$

如果将买方支付的期权费也考虑在内，则有：

$$利润(Profit): \pi = \max(0, X-S_T) - p_0 \tag{46.6}$$

看跌期权多头的收益与利润如图 46.5 所示。从公式(46.5)中不难看出，当 $S_T<X$ 时，多头选择行权，收益为 $X-S_T$，即向下倾斜的直线；而当 $S_T \geqslant X$ 时，收益恒为 0。看跌期权多头的利润就是收益扣除期权费，故利润图实际上就是收益图形向下平移 p_0 个单位。从图 46.5 中可以看出，看跌期权多头的潜在损失有下界，但其获得的收益也有上界（因为标的资产的价格最多跌至 0，不可能为负数）。购买看跌期权的作用与购买保险十分相似。

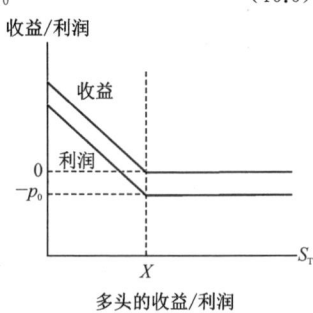

图 46.5 看跌期权多头的收益与利润

例题 46.5

例如，假设看跌期权的执行价格为 USD 40，期权费为 USD 10。如果在 T 时刻，标的资产价格 S_T 为 USD 35，求看跌期权的买方是否会行权，其收益与利润分别为多少？

名师解析

根据题目已知条件 $S_T=35$，$X=40$。这意味着看跌期权的多头能够以 USD 40 的价格卖出实际上只值 USD 35 的标的资产，多头会选择行权，其收益为 $40-35=$ USD 5，利润为 $40-35-10=-$USD 5。

4. 卖出看跌期权（Short a Put）

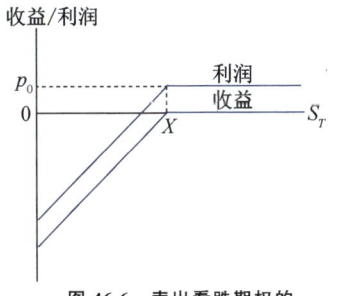

图 46.6 卖出看跌期权的收益与利润

卖出看跌期权即为看跌期权的空头，它的交易对手方就是看跌期权的多头。同样，由于期权市场是"零和博弈"，故在不考虑交易成本的情况下，看跌期权的空头与多头收益或利润之和必定为 0。因此，看跌期权空头的收益与利润实际上就是公式（46.5）与公式（46.6）上加上一个"负号"：

$$收益（Payoff）:-p_T=-\max(0,X-S_T) \quad (46.7)$$

$$利润（Profit）:\pi=-\max(0,X-S_T)+p_0 \quad (46.8)$$

同理，看跌期权空头的收益与利润图形实际上就是多头图形关于 X 轴的对称图形，见图 46.6。

例题 46.6

例如，假设看跌期权的执行价格为 USD 40，期权费为 USD 10。如果在 T 时刻，标的资产价格 S_T 为 USD 35，求看跌期权卖方的收益与利润分别为多少？

名师解析

根据题目已知条件 $S_T=35$、$X=40$。这意味着看跌期权的多头能够以 USD 40 的价格卖出实际上只值 USD 35 的标的资产，多头会选择行权，其收益为 $40-35=$ USD 5，利润为 $40-35-10=-$ USD 5。多头的收益与利润即为空头的损失，因此看跌期权空头的收益与利润分别为 -5 与 5。

通过上文对四种头寸的收益与利润分析不难看出，买入看涨期权意味着对标的资产未来持上涨的观点；而买入看跌期权意味着对标的资产的未来持下跌的观点。此外，**与远期、期货不同，期权的收益和利润图是折线型，即非线性的（non-linear），具有非对称（asymmetric）的特点**。

46.3.1.4　实值期权、虚值期权与平值期权

根据看涨期权与看跌期权标的资产价格和执行价格的大小关系，可将期权区分为实值/价内期权（in the money）、平值/平价期权（at the money）及虚值/价外期权（out of the money）三种。

看涨期权与看跌期权的实值、平值与虚值关系如表 46.1 所示。

表 46.1　实值、平值与虚值期权的关系

	看涨期权（Call Option）	看跌期权（Put Option）
实值（In the Money）	$S>X$	$S<X$
平值（At the Money）	$S=X$	$S=X$
虚值（Out of the money）	$S<X$	$S>X$

46.3.2　信用衍生品（Credit Derivatives）

20 世纪 90 年代初，金融市场对管理信用风险的需求越来越大，而传统的信用保险类金融产品监管严格，不够灵活，于是信用衍生品应运而生。

信用衍生品同样是一份合约。合约涉及的交易双方包括：一是信用保护的买方（credit protection buyer）；另一是信用保护的卖方（credit protection seller），当合约中约定的信用事件（credit event）发生时，前者由于信用风险产生损失，后者将给予前者补偿。

信用违约互换（credit default swap，CDS）是信用衍生品市场中最常见的品种。该合约允许投资者将发行人违约带来的损失风险与债券分开管理。

在 CDS 合约中，有两个交易对手，信用保护买方 A 和信用保护卖方 B。信用保护买方 A 购买了企业 C 发行的债券，为了规避企业 C 的违约风险，信用保护买方 A 支付一系列的款项给信用保护卖方 B。

如果企业 C 未发生信用风险事件（credit event），信用保护卖方 B 则无须向信用保护买方 A 作出补偿；如果企业 C 的信用质量下降，债券信用利差扩大虽然会导致债券价值下降，但是违约风险的扩大使得 CDS 价值上升，帮助 A 缓释了债券的信用风险；如果企业 C 发生违约，信用保护卖方 B 则需支付给信用保护买方 A 一定金额，以弥补企业 C 违约给 A 带来的损失，见图 46.7。由此可见，信用保护卖方 B 实际上是在"赌"企业 C 不会违约，从而可以无成本地向信用保护买方 A 收取"保护费"。

在 CDS 合约中，信用利差（credit spread）是指信用保护买方 A 为取得信用保护卖方 B 的承诺（承诺在债券违约时，给予 A 补偿），支付给信用保护卖方 B 的溢价。从概念上讲，CDS 信用利差类似于债券的信用利差，即承担信用风险的补偿。

信用利差由债券发行人的违约概率、违约损失率决定。信用利差越高，说明债券发行人越有可能陷入财务困境，债券的价格就越低。

信用保护买方可以用 CDS 对冲信用风险的敞口。没有相应固定收益敞口的信用保护买方买入 CDS，可以从较高的信用利差中获利，这是在做空信用风险。

> **知识一点通**
>
> 值得指出的是，仅当由信用风险事件导致买方损失时，卖方才会赔付。其他由诸如市场风险导致的损失，CDS 卖方不会进行赔付。CDS 的合约中将详细约定什么事件属于信用风险事件。

> **知识一点通**
>
> CDS 的特征与看跌期权类似，标的物为企业 C。风险保护买方实际上是看跌期权的多头，风险保护卖方是看跌期权的空头，而买方支付的"保费"就是期权费。

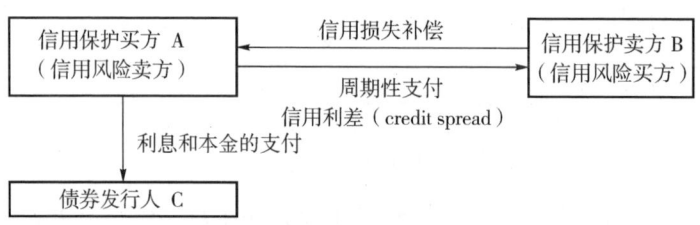

图 46.7　信用违约互换

46.4 衍生品的优势、风险和应用

46.4.1 衍生品的优势

1. 风险的分配、转移和管理(Risk Allocation, Transfer and Management)

在衍生品市场诞生以前,如果一个股票持有人想要降低其股票头寸的风险,只能通过出售股票来实现。然而,通过衍生品工具,投资者可在不卖出股票的情况下实现风险管理。例如,上市公司的创始人可通过卖出看涨期权或买入看跌期权,在不出售自己股权的前提下实现风险转移和分散化投资的目标。

2. 信息发现(Information Discovery)

提供有关预期价格和预期风险的信息。以期货为例,期货市场的一大功能为价格发现。作为集合各种信息和资源的集中化交易市场,期货的价格包含了林林总总、各自分散的相关信息。期货价格就是人们对未来现货价格的最佳预测,比如3个月以后的黄金价格,我们往往可以通过3个月后到期的黄金期货价格进行预判。

3. 操作优势(Operational Advantage)

相比于现货市场的产品,衍生品交易具有的操作优势涉及以下几个方面:

(1) 交易成本。衍生品的交易成本通常较低,可以提高资金使用效率。例如,大宗商品交易不需要对实物资产进行运输、保险和储存,导致其交易成本较低。

(2) 流动性。衍生品市场通常具有更大的流动性,因为交易衍生品所需的资本比等额标的资产更少。

(3) 前期现金要求。衍生品交易期初的现金要求一般较低。例如,期货初始保证金、期权的期权费与现货市场购买标的资产的现金相比,初始保证金和期权费较低。

(4) 易于卖空。衍生品市场建立空头头寸相对容易,而在现货市场中相对难以实现。

4. 市场有效(Market Efficiency)

根据无套利原则,市场中不可能持续存在套利机会。衍生品市场为投资者提供更加高效和低成本的套利策略,使得套利机会更容易被消除,从而促进整个金融市场的有效性。

46.4.2 衍生品的风险

1. 大量投机用途(Speculative Use)

衍生品的构建只需缴纳少量的初始保证金,其内嵌的高杠杆吸引了众多投机者参与交易。然而过高的杠杆率放大了风险,极易使交易者陷入财务困局。

2. 缺少透明度(Lack of Transparency)

有的衍生品结构复杂、层层嵌套,投资者很难准确拆解其标的资产和构建逻辑,常常因此承担了过量的风险。

3. 基差风险(Basis Risk)

衍生品常被用来对冲标的资产的价格波动。但在真实的市场上,衍生品的价格波动不总是和底层资产完全一致,而只是比较接近。二者之间的差异会为对冲交易带来不确定性,影响对冲的效果。

4. 流动性风险（Liquidity Risk）

当衍生品的价值下跌时，盯市制度和保证金制度会要求投资者在极短的时间内补足保证金，这给投资者带来极大的流动性风险。一旦投资者手头暂时缺乏资金，就会触发衍生品被强制平仓，将浮亏坐实。

> **知识一点通**
>
> "投机教父"尼德霍夫——华尔街的传奇人物，曾是索罗斯的顾问和操盘手，他管理的对冲基金年回报率平均达到惊人的35%。该基金有一项重要的经营策略——卖出大量标准普尔500指数的深度价外看跌期权，靠收取期权费获利。这种策略背后的一个假设是，市场单日跌幅超过5%的情况非常罕见。然而，1997年10月，股票市场单日下跌超过7%，在这种冲击下，市场流动性枯竭，由于无法满足超过5 000万美金的追加保证金要求，尼德霍夫旗下的基金被爆仓清盘，投资者1亿多美元的资产损失一空。

5. 交易对手信用风险（Counterparty Credit Risk）

衍生品交易是一种"零和游戏"，一方盈利必然对应着另一方亏损。对于场内交易的衍生品，如期货和期权，交易所通过盯市、限价、保证金、中央清算等多项制度降低了交易者的信用风险，但对于大量的场外交易衍生品，由于缺少信用保护机制，交易中盈利一方必然要面临交易对手的违约风险。

6. 不稳定性和系统风险（Destabilization and Systemic Risk）

衍生品的高杠杆和高风险会给市场带来很大的不确定性，甚至引发系统性风险，从而伤害整个金融系统。例如，美国的次贷危机本来只是美国房地产市场的问题，但通过衍生品的传导和放大，最终导致2008年全球金融危机的爆发。

---考点要求---
比较（compare）发行人和投资者对衍生品的应用（★）

46.4.3 发行人对衍生品的应用

衍生品的发行人常常需要使用不同的衍生品去管理他们的资产、负债和利润，以及对冲价格波动的风险。发行人常见的衍生品对冲会计（hedge accounting）类型包括以下几类：

1. 现金流对冲（Cash Flow Hedge）

公司可利用衍生品来对冲未来现金流的不确定性。例如，常见的利率互换或者汇率互换产品，可将交易者未来支出或收到的不确定现金流变成固定的现金流。

2. 公允价值对冲（Fair Value Hedge）

公司可使用衍生品对冲资产或负债的公允价值变动。例如，债券的发行人如果发行的是一个固定票息债券，那么随着市场利率变化，债券的公允价值会有较大的波动。如果债券的发行人签订一个付浮动收固定的利率互换，就可以把债券的价值波动进行对冲。另外，大宗商品的生产商也可通过签订远期或期货合约，对冲商品价值的变动风险。

3. 净投资对冲（Net Investment Hedge）

对于一些海外投资者，常常面临着投资收益被汇率的不利变动所侵蚀的局面，这时可使用一些衍生品工具，如汇率远期或汇率互换，对冲汇率变动，保护投资的净收益。

46.4.4 投资者对衍生品的应用

1. 复制头寸

投资者可以通过购买衍生品，仅需少量的现金即可复制出理想的头寸。例如，投资者想要获得某股票指数的头寸，无须全额将该指数买入，而是可购买相应的衍生工具，如股指期货，即拥有了股票指数的头寸，期初只需支付少量的保证金。同时，衍生品市场的高流动性使得交易也更容易实现。

2. 对冲价格变化

投资者可以通过购买衍生品，对冲资产价格的不利变化，降低风险。例如，持有股票的投资者可通过购买看跌期权，对冲股票下跌的风险。

3. 调整头寸

投资者通过购买衍生品，无须在市场上进行资产的买卖，即可调整头寸的大小。如股票投资人想降低手上的股票头寸，可通过签订互换协议，将股票的收益换出去，换入固定的收益。

练一练

46-1 An over-the-counter agreement to buy or sell a stock in three months at a specified price is a：

A. stock forward contract.

B. stock futures contract.

C. stock call option.

46-2 Which of the following statements is incorrect about the credit default swap (CDS)？

A. Buyers of credit protection should make a series of payments to sellers.

B. Sellers of credit protection should make a final payment to buyer at maturity.

C. The seller provides protection against the default risk.

46-3 Regarding futures contracts，which of the following statements is least accurate？

A. The maintenance margin is less than the initial margin.

B. Upon receiving a margin call，an investor is required to bring the account balance back to the maintenance margin.

C. Some futures contracts contain a price limit provision which establishes the price band based on previous day's settlement price.

46-4 The advantages associated with using derivatives do not include：

A. more effective risk management.

B. potential contribution to financial contagion.

C. information discovery.

46-5 Michael Baker makes following statements：

Statement 1："A derivative instrument is a contract that derives its value from another security，index，or interest rate."

Statement 2: "Derivatives have little counterparty default risk as most of them are exchange-traded."

Which statement(s) is or are most likely correct?

A. Both statements.

B. Statement 1.

C. Statement 2.

第47章 衍生品定价与估值基础

知识引导

现金流折现方法是所有金融资产定价的核心理论,但衍生品的定价思想有所不同。由于衍生品的独有特征,相比于债券、股票,衍生品的定价更加复杂。值得注意的是,持有衍生品头寸与持有对应的标的资产在风险收益结构上存在差异,因此需要注意两者在定价过程中在持有成本和持有收益上的差异处理。

考点聚焦

定价与估值是本章的主题。考生应掌握远期、期货、互换与期权四种衍生品定价模型与估值原理,并区分衍生品中的价格与价值两个概念。

本章框架图

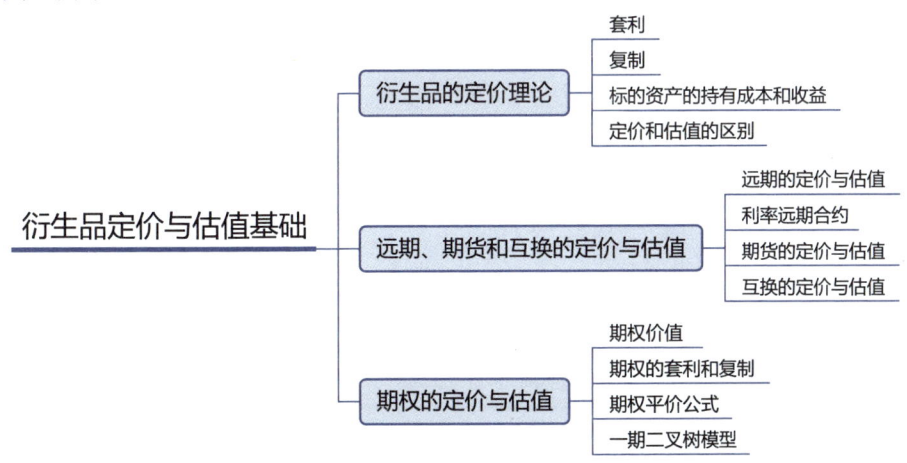

47.1 衍生品的定价理论

47.1.1 套利

—考点要求—
解释（explain）套利和复制在衍生品定价中的应用（★★）

1. 一价定律（Law of One Price）和套利（Arbitrage）

一价定律是指在有效运转的市场中，如果交易成本较低，并且市场流通不存在障碍，那么同样的资产应当有相同的价格。

> **知识一点通**
>
> "一价定律"指的是当两个资产产生的未来现金流一致时，它们在 0 时刻的定价也应该是一致的。例如，债券 A 是一支两年期债券，票面价值 1 000 元，票息 6%，每年付息，那么投资者一共可以收到两笔现金流，分别为第一年年末 60 元，第二年年末 1 060 元。而投资组合 B 包含票面价值为 60 元的一年期零息债券和票面价值为 1 060 元的两年期零息债券。那么债券 A 和组合 B 的期初定价就应该是一致的，如果定价不同，则存在套利机会。

如果一价定律不成立，即两个金融资产未来能产生相同的现金流，目前却有着不同的定价时，投资者就有了套利机会。

投资者可在期初买入价格低的资产并卖出价格高的资产，获得净收益；期末时，由于两个资产产生的现金流一致，盈亏完全抵消。

假如，资产 A 和资产 B 在 T 时刻价值一致，但在 0 时刻，资产 A 价格低于资产 B 价格，则具体套利方式如表 47.1 所示。

表 47.1 套利的实现

0 时刻	T 时刻
A 资产价格 $S_0^A <$ B 资产价格 S_0^B	A 资产价格 $S_T^A =$ B 资产价格 S_T^B
以 S_0^A 价格买入资产 A	以 S_T^A 价格卖出资产 A
以 S_0^B 价格卖出资产 B	以 S_T^B 价格买入资产 B
现金流 $= S_0^B - S_0^A (>0)$	现金流 $= S_T^B - S_T^A (=0)$

对于套利者而言，所有的盈亏在期初即已确定，后续不再承担任何风险。所以当套利机会出现时，市场参与者往往会迅速反应，买入低价资产并卖出高价资产。低价资产由于被大量买入，价格提升；而高价资产由于被大量卖出，价格降低，最终导致价格的趋同（converge），套利空间消失。

2. 衍生品的套利

一般情况下，不同资产很难保证产生完全一致的投资结果，但由于衍生品的到期收益是由其底层资产的到期价格决定的，因此衍生品可用来对冲其底层资产的价格波动。

还有一种套利的情况，即考虑与衍生品定价相关的套利，当已知未来价格的资产没有以其未来价格的现值进行交易时，即产生套利机会。资产未来价格（FV）和现值（PV）的互算按照复利的规则，有两种方法：一般复利和连续复利。

一般复利：$FV_N = PV(1+r)^N$

连续复利：$FV_T = PVe^{rT}$

投资者买入底层资产并同时卖出其对应的衍生品（如远期），就能构建一个完全无风险的对冲头寸，因此它的到期收益就应该等于无风险收益，如表47.2所示。

表47.2 对冲头寸的构建

0时刻	T时刻
买入底层资产，卖出对应的衍生品	资产收益－衍生品收益＝无风险收益

如果这个对冲头寸的收益率高于市场上的无风险收益，套利者就会在市场上以无风险收益借款来构建这个头寸，既不需付出资金也无须承担风险，即可在期初锁定收益。最终，套利者的大量交易会推动价格回到平衡，使这个对冲头寸只能获得市场无风险收益率。

因此，基于市场无套利假设，如果资产未来的交易价格是确定的（如远期），那么经过无风险收益率折现至0时刻，就应该等于资产此时的价格，即 $S_0 = S_T(1+r)^{-T}$。

47.1.2 复制

复制（replication） 就是利用套利的交易机制，衍生品的现金流可以通过买入/卖出标的资产，借入/借出现金组合来重新构造。三种不同头寸的复制方法如下：

买入资产 ＋ 卖出衍生品 ＝ 买入无风险资产（借出现金）

买入资产 ＋ 卖出无风险资产（借入现金）＝ 买入衍生品

卖出衍生品 ＋ 卖出无风险资产（借入现金）＝ 卖出资产

复制出来的头寸和原有资产的现金流完全一致，那么定价也应该是一致的。由此可以对衍生品进行定价。例如，0时刻签订一份远期合约，可以通过0时刻卖出无风险资产（借入现金）并买入底层资产来复制，那么远期合约的定价应满足公式(47.1)：

$$F_0(T) = S_0(1+r)^T \tag{47.1}$$

> **备考小贴士**
>
> 通过底层资产、衍生品和无风险资产两两组合复制出另外一个资产是考试的重点，需要重点注意不同资产的交易方向，可使用一条基础公式："资产－衍生品＝无风险资产"，在此基础上进行多种变形。

如果市场上所有的资产都是无套利准确定价的，那么这种复制将不能给交易者带来任何收益补偿。但有时通过复制获得某些资产的头寸，其成本会低于直接在市场上买入该资产。例如，可通过买入股票指数的衍生品，再买入无风险资产，复制出股票指数的头寸，这样的构建方式比在市场上直接买入股票指数需要的成本会更低。

> **例题47.1**
>
> 假设某客户的投资组合跟踪沪深300指数，购买了大量成分股，现在客户IPS更新后需降低股票的仓位，配置无风险资产。客户可通过什么策略达成调仓目标，并尽量降低交易成本？
>
> A. 直接卖出股票并买入无风险资产
> B. 卖出沪深300指数衍生品
> C. 买入沪深300指数衍生品

名师解析

选项 B 正确。

客户如果直接在市场上大量卖出股票再投资到无风险资产,必然会产生大量的成本,并且交易的时效性较难保证。为了节省成本,客户可以采用复制策略,卖出沪深 300 指数的衍生品,与手上的资产对冲,构建出无风险资产。

47.1.3 标的资产的持有成本和收益

—考点要求—
解释(explain)标的资产即期价格和期望价格的区别,以及资产的持有成本(★)

一个投资者可以选择在 0 时刻买入资产还是在未来的某个时刻买入资产,在这两种选择下,资产即期价格和未来期望价格的差异应主要反映持有资产的成本和收益。

1. 持有资产的机会成本(无风险收益,r)

如果一个投资者直接持有标的资产,就会失去投资无风险资产的机会,因此对于资产持有者,需要对这一部分机会成本进行额外补偿,使对资产未来价格的定价要高于其 0 时刻的价格。

2. 其他持有成本(Other Costs of Ownership,C,c)

很多资产在持有过程中会产生一些额外的成本,如大宗商品会涉及仓储、运输保险、变质腐败等成本支出。这一部分支出作为资产持有者的额外成本,也应在定价中给予补偿,使得资产持有者在持有期结束后能够收到更高的价格。

3. 持有收益(Benefits of Ownership,I,i)

很多资产在持有期间可为投资者带来额外的收益,如股票分红、债券票息、便利收益率(convenience yield)。便利收益率指的是持有实物商品相较于持有衍生品的一种非现金收益。这些额外的收益抵减其持有成本,降低对未来价格的补偿。

资产的持有成本扣除持有收益,常被称为"**净持有成本**"(cost of carry)。

比较资产未来预期价格 $F_0(T)$ 和即期价格 S_0 的差异,总结如下:

若资产的持有机会成本 + 其他持有成本 > 持有收益,则 $F_0(T) > S_0$。
若资产的持有机会成本 + 其他持有成本 < 持有收益,则 $F_0(T) < S_0$。
若资产的持有机会成本 + 其他持有成本 = 持有收益,则 $F_0(T) = S_0$。

在市场公允无套利条件下,资产的未来价格应满足公式(47.2)(年化复利)或公式(47.3)(连续复利)。

$$F_0(T) = [S_0 - PV_0(I) + PV_0(C)](1+r)^T \tag{47.2}$$

$$F_0(T) = S_0 e^{(r+c-i)T} \tag{47.3}$$

备考小贴士

公式(47.2)和公式(47.3)是站在市场公允无套利角度来确定资产的未来价格,适用于直接对远期和期货进行定价,而互换合约则是一系列的远期合约构成,在此定价理论基础上还需将多笔现金流进行加总。期权是或有索取权,对于未来的现金流有较大不确定性,其定价的方法会更复杂。

47.1.4 定价和估值的区别

对于远期、期货还有互换合约，**定价(pricing)**是指在期初确定标的资产的未来交易价格，这个价格是无套利定价的结果。**估值(valuation)**则是计算衍生品合约带给衍生品头寸持有者的价值，即投资者持有这个衍生品合约所能带来的收益和损失。

对于期权产品，估值和定价是相同的概念，类似于股票或者债券，都是找到期权的合理交易价格。

> **知识一点通**
>
> 衍生品的价格对于远期、期货和互换而言，就是合约中约定的标的资产交易价格；对于期权而言，则是指期权费。而衍生品的价值指的是衍生品头寸带给持有者的收益或损失。
>
> 例如，假设投资者手头拥有的股票市场价为 100 元/股，同时投资者在期货市场上签订卖出期货合约，约定 1 年后以 105 元/股的价格卖出该股票。对于该投资者来说，期货合约中约定的卖出价格 105 元即为期货价格。期货合约在期初的价值为 0 元。此例中，期货合约的价格为正数，价值为 0。两者显然是不同的概念。

47.2 远期、期货和互换的定价与估值

47.2.1 远期的定价与估值

本节开始，我们将基于衍生品的多头头寸探讨不同种类衍生品的定价与估值。根据零和博弈的原则，空头头寸只需在多头头寸的结论上加一个"负号"即可。

47.2.1.1 远期合约签订时的估值与定价

在 $t=0$ 时，即远期协议签订的初期，双方均没有任何现金流支付，即合约对于签订协议双方的价值都为 0（交易双方必须在完全平等的条件下才能达成一致，并签订合约），故有：

$$V_0(T)=0 \tag{47.4}$$

为了保证在合约签订时合约价值对于双方都是 0，双方约定远期价格必须满足无套利，并考虑了资产持有期间的机会成本、其他持有成本和持有收益，常用前文中的公式(47.2)为远期产品定价。

—考点要求—
解释（explain）远期在期初，期中和到期时的价值和价格（★★★）

47.2.1.2 远期合约到期时的估值

假定签订远期合约时，标的资产价格为 S_0，约定的远期价格记为 $F_0(T)$；远期合约到期时的价值记为 $V_T(T)$，标的资产价格为 S_T。按照合约约定，到期时远期合约的多头将以 $F_0(T)$ 的价格买入市场上价值为 S_T 的标的资产，故对于多头来说，远期合约价值为：

$$V_T(T)=S_T-F_0(T) \tag{47.5}$$

> **例题 47.2**
>
> 大宗商品铜的现货价格是 50 000 元/吨,持有铜现货时,每年持有成本现值是 1 500 元/吨,没有持有收益。如果年化无风险收益率为 4%,1 年后的铜远期交易价格应该是多少?
>
> **名师解析**
>
> 此题本身并不难,根据远期的定价模型公式将数字代入即可:
>
> 远期价格=(50 000+1 500)×(1+4%)=53 560(元/吨)
>
> 然而,在代公式过程中必须注意的是:要"加成本、减收益",而不是"加收益、减成本"。

47.2.1.3 远期合约存续期的估值

尽管在合约签订初期远期合约价值为 0,但在合约存续期远期合约的价值(MTM value)会发生变动。在合约到期前的任意时刻 t,远期合约的价值等于现货交易价格(spot price)减去远期价格折现到该时刻的价值,同时考虑净持有成本的扣除。估值模型如下:

$$V_t(T)=[S_t-PV_t(I)+PV_t(C)]-F_0(T)(1+r)^{-(T-t)} \quad (47.6)$$

其中,T 代表合约到期时间;$T-t$ 表示在 t 时刻合约剩余到期时间;$V_t(T)$ 表示远期合约在 t 时刻的价值。

当净持有成本为 0 时,公式(47.6)简化为:

$$V_t(T)=S_t-F_0(T)(1+r)^{-(T-t)} \quad (47.7)$$

> **知识一点通**
>
> 公式(47.6)适用于合约存续的任意时点 t,包括 $t=0$ 与 $t=T$ 时期。在 t 时刻,远期合约约定在 T 时刻以 $F_0(T)$ 价格买入在 t 时刻价值 S_t 的标的资产。故远期合约在当期价值应为现货价格减去远期价格折现到当期的价值,再加上已经过去 t 期产生的净持有成本。注意,远期价格折现对应的是 $(1+r)^{-(T-t)}$,而持有成本(C)和持有收益(I)则是计算它们在 t 时刻的现值,不要弄混。

47.2.1.4 外汇远期的定价与估值

外汇的价格涉及两个不同币种的价值关系。外汇即期价格 $S_{0,f/d}$ 和远期价格 $F_{0,f/d}$ 分别代表在 0 时刻以及未来约定时刻,一单位本币可兑换的外币数量。

汇率即期价格与远期价格的关系反映了外币无风险利率 r_f 和本币无风险利率 r_d 之间的差异(r_f-r_d),见公式(47.8):

$$F_0(T)=S_0\,e^{(r_f-r_d)T} \quad (47.8)$$

利率差异(r_f-r_d)的变化反映了两个货币的相对机会成本变化。利率差异变大,则外币远期贬值(depreciation),本币远期升值(appreciation)。利率差异变小,则外币远期升值,本币远期贬值。

> **知识一点通**
>
> 假设某公司想要将 1 000 美元投资于欧洲市场。0 时刻市场上 EUR/USD 的汇率为 0.87,市场上的美元无风险收益为 0.65%,欧元无风险收益为 0.33%。
>
> 在 0 时刻,该公司可进行如下交易:
>
> (1) 借入 USD 1 000,借款一年期,借款利率为 0.65%。
>
> (2) 将美元以市场即期汇率 0.87 换成 EUR 870。
>
> (3) 将欧元投资于欧洲市场,投资收益率为 0.33%。
>
> 假设一年后的 EUR/USD 汇率为 S_T,那么一年后:
>
> (4) 公司的欧元资产合计 = $(1\,000 \times 0.87)\,e^{0.33\%}$ = EUR 872.88。
>
> (5) 将欧元资产按照市场此时的即期汇率兑换成美元。
>
> (6) 偿还美元本息 $1\,000\,e^{0.65\%}$ = USD 1 006.52。
>
> 如果是在无套利条件下,公司在期初并没有投入任何资金,所以这个投资是不会有任何收益的。那么通过第(5)步将欧元换成美元后,应刚好偿还美元本息而没有其他的损益。所以,$S_T = \dfrac{\text{EUR } 872.88}{\text{USD } 1\,006.52} = 0.867\,2$。
>
> 由此,无套利交易就可以推出外汇远期的定价公式:$F_0(T) = S_0\,e^{(r_f - r_d)T}$。

47.2.2 利率远期合约

47.2.2.1 即期利率和远期利率

—考点要求—

解释(explain)如何决定利率远期合约中的远期利率,并描述(describe)其用途(★)

我们在"固定收益"科目里学习了即期利率和远期利率的关系。绝大多数的固定收益工具在持有期间都会产生持续的现金流,利率衍生品的定价则是基于每一笔未来现金流的价格进行计算的,因此需要首先将每一笔现金流使用其对应期限的即期利率进行折现。如对 n 年期债券进行定价时,不同期限的即期利率分别记为 Z_t,则根据无套利原理,债券的定价公式为:

$$P = \frac{PMT}{1+Z_1} + \frac{PMT}{(1+Z_2)^2} + \cdots + \frac{PMT+C}{(1+Z_n)^n} \tag{47.9}$$

未来的单位货币在 0 时刻的价格也叫**折现因子(discount factor)**,折现因子 DF_i 的计算公式为:

$$DF_i = \frac{1}{(1+Z_i)^i} \tag{47.10}$$

远期利率市场与即期利率市场不同的是,它是站在未来的某个时间点上去关注"更未来"的利率。如 2 年后 3 年期利率(第 2 年年末开始计息,第 5 年年末到期)一般记作"2y3y"远期利率,或 $F_{2,3}$。

隐含远期利率(implied forward rate, IFR)是指在无套利均衡条件下的再投资利率,可通过不同期限的即期利率计算出来。即期利率和隐含远期利率的关系如下:

$$(1+Z_A)^A \times (1+IFR_{A,B-A})^{B-A} = (1+Z_B)^B \tag{47.11}$$

> **例题 47.3**
>
> 已知一年期即期利率为 3%，2 年期即期利率为 4%，3 年期即期利率为 5%。求一年期之后的 2 年期隐含远期利率。
>
> **名师解析**
>
> 根据题目已知 $Z_1 = 3\%$，$Z_2 = 4\%$，$Z_3 = 5\%$，求隐含远期利率 $IFR_{1,2}$。
>
> 假设一个投资者直接进行 3 年期投资，投资收益为 $(1+Z_3)^3$。如果该投资者先投资一年期，本息和为 $1+Z_1$，然后再投资 2 年期，3 年的投资总收益为 $(1+Z_1)(1+IFR_{1,2})^2$，从市场无套利的角度上，这两种投资的结果应该相同，所以：
>
> $$(1+Z_1)(1+IFR_{1,2})^2 = (1+Z_3)^3$$
> $$(1+3\%)(1+IFR_{1,2})^2 = (1+5\%)^3$$
> $$IFR_{1,2} = 6\%$$

对于短期的市场利率，计算隐含远期利率时还需先将不同期限的利率统一成相同的复利频次。我们将复利 n 期的年化收益率（即 $1/n$ 年期的报价利率）记为 APR_n，对于复利 m 期的利率，则需先进行如下转换：

$$\left(1+\frac{APR_m}{m}\right)^m = \left(1+\frac{APR_n}{n}\right)^n \tag{47.12}$$

> **例题 47.4**
>
> 已知半年期的市场参考利率为 2%，三个月的利率为 1.5%，求 3 个月后的 3 月期隐含远期利率。
>
> **名师解析**
>
> 首先将半年复利的利率转化为三月复利的利率：
>
> $$\left(1+\frac{2\%}{2}\right)^2 = \left(1+\frac{APR_4}{4}\right)^4$$
> $$APR_4 = 1.995\%$$
>
> 根据隐含远期利率的计算公式，可以求出 3 个月后 3 月期利率 $IFR_{3m,3m}$。
>
> $$\left(1+\frac{Z_{3m}}{4}\right)\left(1+\frac{IFR_{3m,3m}}{4}\right) = \left(1+\frac{Z_{6m}}{4}\right)^2$$
> $$\left(1+\frac{1.5\%}{4}\right)\left(1+\frac{IFR_{3m,3m}}{4}\right) = \left(1+\frac{1.995\%}{4}\right)^2$$
> $$IFR_{3m,3m} = 2.49\%$$

> **知识一点通**
>
> 计算短期的远期利率时，一定要注意：市场上报价的即期利率不能直接使用，因为不同期限报价的利率，复利的频次是不同的，需要首先统一其复利频次，才能通过无套利再投资的方式进行计算，否则计算出来的结果会不准确。

47.2.2.2 远期利率协议（Forward Rate Agreement，FRAs）

标的资产为利率的远期合约称为**远期利率协议（FRAs）**。与一般远期合约不同，

FRAs 的标的资产利率严格来说不是一种"资产"。但由于几乎所有企业的利润都受到利率变动的影响,FRAs 是一种非常常用的、用于利率风险管理的衍生品工具。

具体而言,FRAs 的多头可以看作在未来以合约约定的利率借入一笔虚拟贷款的借款方(资金借入方),FRAs 的空头可以看作一个在未来以合约约定的利率放出一笔虚拟贷款的贷款方(资金借出方)。FRAs 通常以现金结算,支付合约约定利率与参考市场利率之间的利率差额与名义本金的乘积。换而言之,FRAs 是通过"补差价"的方式来结算合约,而非真正借贷。

> **知识一点通**
>
> 此处称其为虚拟贷款的原因是这笔所谓的贷款并不实际发生,多空双方通过 FRAs 来锁定利率风险。

下面通过一个具体实例来体会 FRAs 的含义。

例题 47.5

现有 1×4 FRAs 一份,期限为 30 天,名义面值为 100 万元,参考市场利率为 90 天期 MRR,协议利率为 7%,协议签订过后 30 天,90 天期 MRR=8%,问 30 天后,该利率协议的多头头寸方的资金结算收入是多少。

名师解析

我们先来了解下 1×4 FRAs 合约的含义。

FRAs 的买方想要借款,但担心未来利率上升,借款成本升高;而卖方作为资金出借方,担心未来利率下降,利息收益下降。于是,双方为了规避利率风险签订 FRAs 合约。1×4 FRAs 中的数字"1"表明合约约定 1 个月后(30 天记为 1 个月)FRAs 的多头按照约定利率 7% 向空头借款,数字"4"表明这笔借款的期限为 4−1=3 个月(即 90 天)。

这笔借款并不会真的在买卖双方之间发生,而是在 30 天后根据实际 MRR 的 90 天利率结算现金差额。根据题设,30 天后参考利率 MRR 为 8% 高于协议利率 7%,这意味着 FRAs 的多头可按 7% 的利率借款 90 天,而此时市场上 90 天的借款利率成本 MRR 为 8%。于是多头有正收益:

虚拟借款损益值($t=120$)=(8%−7%)×(90/360)×1 000 000=2 500(元)

然而,需要注意的是,FRAs 的结算日就是利率协议的到期日,本例中就是签订后 30 天,但涉及的虚拟借款则是在 30+90=120 天后方才结算。换言之,虚拟借款的还本付息现金流发生在协议签订日后 120 天的时刻点上,即 120 天后才结算借款的损益。因此,在协议结算时($t=30$),需要把虚拟借款损益现金流进行折现,折现到 t 时刻上进行协议资金的结算。

折现到 $t=30$ 时的多头收益=2 500/(1+8%×90/360)=2 450.98(元)

此类题目计算有两个地方容易犯错,考生一定要注意:一是无论 MRR 还是协议利率均是年化利率,计算时切记要根据实际情况按 30/360 的计息方式调整;二是虚拟借款的结算日期是在 120 天后,而我们计算的是 $t=30$ 时的收益,因而必须将收益折现。

47.2.3 期货的定价与估值

47.2.3.1 期货的定价与估值方法

—考点要求—
比较（compare）远期和期货的定价和估值（★★）

1. 期货的定价

期货是标准化的远期合约，单从定价原理的角度看，远期合约的定价模型同样适用于期货合约。

在合约签订初期，期货的价值为 0：

$$V_0(T) = 0 \tag{47.13}$$

对于期间不产生持有成本和持有收益的标的资产，其签订时的期货价格为：

$$f_0(T) = S_0(1+r)^T \tag{47.14}$$

若标的资产为外汇或其他需使用连续复利计算的资产，期货价格为：

$$f_0(T) = S_0 e^{rT} \tag{47.15}$$

若标的资产持有期间产生其他持有成本（C）或持有收益（I），期货价格为：

$$f_0(T) = [S_0 - PV_0(I) + PV_0(C)](1+r)^T \tag{47.16}$$

2. 期货的估值

远期合约只在到期时才进行结算，而不同的是，期货合约通过交易所平台进行**每日无负债结算**（mark-to-market），因此在合约到期日前，相同要素（标的资产、到期时间等）的远期合约和期货合约的持有者在账户上的资金数额会有差异，远期合约的损益在到期时才会明确，而期货合约的损益每日都会反映到保证金账户上。

> **知识一点通**
>
> 其他条件不变的情况下，相同要素（标的资产、到期时间等）的远期和期货合约价格通常一致，同时远期到期时的价值和期货的累计价值也是大致相同的，但是两者在存续期内的价值并不相同。对于期货合约，由于每日都将当日盈亏进行结算，因此任意一天终了结算后，期货的合约价值都会归零。

例题 47.6

某公司分别买入一份原油的远期和期货合约。两份合约的期限均为一年，标的资产完全一致，且标的资产的现价为 USD 1 000。目前市场上的无风险收益为 5%。交易所要求的期货初始保证金为 USD 100，维持保证金要求为 USD 80。

一天后，原油现货价格暴跌 6%。期货价格跌了 USD 60。

分别求远期和期货的价格以及一天后的合约价值。

名师解析

期货和远期的定价公式是一样的，题目中没有考虑其持有成本和持有收益，故合约价格均为 $f_0(T) = S_0(1+r)^T = 1\ 000 \times (1+5\%) = USD\ 1\ 050$。

一天后,原油价格下跌,合约价值 $V_t(T) = S_t - F_0(T)(1+r)^{-(T-t)} = 1\,000 \times (1-6\%) - 1\,050 \times (1+5\%)^{-\frac{364}{365}} = -\text{USD}\,60$。

对于远期合约,其当前的合约价值为 $-\text{USD}\,60$,这部分浮亏需合约到期时累计结算。

对于期货合约,需每日在保证金账户中进行无负债结算,结算完当日盈亏后,合约的价值重新归零。因此期货的合约价值为 0。因为期货价格跌了 USD 60,期货保证金账户余额为 USD 40,低于维持保证金要求,需要追加保证金 USD 40。

3. 期货和远期的定价差异

期货和远期的定价虽然在原理上是一致的,但期货的保证金制度、逐日盯市制度导致两种合约存续期间的现金流不同,也会影响其定价,主要有以下三种情况:

（1）当利率保持不变或利率与期货价格不相关时,期货合约价格与同样标的资产的远期合约价格相同;

（2）当利率与期货价格变动呈正相关时,期货合约的价格高于同样标的资产的远期合约的价格,多头期货合约比多头远期合约更有吸引力;

（3）当利率与期货价格变动呈负相关时,期货合约的价格低于同样标的资产的远期合约的价格,多头远期合约比多头期货合约更有吸引力。

——考点要求——
解释（explain）远期和期货的价格差异（★★）

> **知识一点通**
>
> 由于期货每日结算,而远期只在到期结算一次。于是,若考虑到期前各期的货币时间价值,期货价格有可能与远期不同。然而,若到期前利率为常数或期货价格与利率不相关,那么相同标的期货价格与远期价格相同。
>
> 当利率与期货价格变动正相关时,期货合约价格更高的原因如下:如果期货价格上升,多头方在每日结算时有正收益（多头赚钱）,此时利率也更高（正相关）,于是多头拿出账户中赚来的钱进行再投资,其收益也相应更高,即此时多头获利更多;如果期货价格下降,多头需要借钱来满足保证金要求,但此时更低的利率意味着更低的融资成本,即此时多头亏损更少,因此多头期货合约更具吸引力。
>
> 概括来说,当利率与期货价格变动正相关时,期货多头方可以获益多、亏损少,因而相比远期,期货多头更具优势,故而也就更愿意为这种优势支付更高的价格。作为零和博弈的另一方,期货空头在期货多头占据优势时,自然难免处于劣势。于是更高的价格（能卖更贵赚更多）,也可以看成对空头（卖方）的一种补偿。
>
> 类似地,当利率与期货价格变动负相关时,期货合约价格更低的原因如下:如果期货价格上升,多头方在盯市结算时有正收益（多头赚钱）,但此时利率更低（负相关）,多头仍会拿出账户中赚来的钱进行再投资,但再投资收益难免更低,此时多头获利更少;如果期货价格下降,多投方在盯市结算时有负收益（多头亏钱）,但此时利率却更高（负相关）,多头需要借钱来满足保证金要求,而此时更高的利率则意味着更高的融资成本,此时多头亏损更多。
>
> 概括来说,当利率与期货价格变动负相关时,期货多头方获益少但亏损多,因而相比远期,期货多头处于劣势,故而只肯为此支付更低的价格。作为零和博弈的另一

> 方,期货空头在期货多头处于劣势时,自然也就拥有了优势。于是更低的价格(只能卖便宜点)也可以看成空头为获得优势而作出的让步。

随着场外市场交易的衍生品被逐步要求通过中央对手方进行集中清算,期货和远期合约存续期间的现金流差异变小,双方的价格也逐步趋同。

47.2.3.2 利率期货合约

1. 利率期货的定价与估值

类似于利率远期协议(FRAs),利率期货合约也是以利率为标的资产的衍生工具。但与 FRAs 不同的是,利率期货合约的报价是基于市场参考利率(market reference rate,MRR)的资产价格:

$$f_{A,B-A} = 100 - (100 \times MRR_{A,B-A}) \tag{47.17}$$

其中 A 和 B 分别代表的是借款时间和还款时间,$B-A$ 代表借款的时长,$MRR_{A,B-A}$ 则是合约对应的借款利率。

利率期货这种(100-利率)的标价方式反映了价格和折现率之间的反向关系。合约的买方(贷款人 lender)在 A 时刻收到合约中约定的 MRR,市场 MRR 下跌时会获利;相反,合约的卖方(借款人 borrower)在 A 时刻支付合约中约定的 MRR,市场 MRR 上涨时会获利。

利率期货每日结算是基于每份合约的基点价值(futures contract BPV),其计算方法如下:

$$BPV = 本金 \times 0.01\% \times 期限 \tag{47.18}$$

例如,一个本金为 USD 1 000 000,期限为 3 个月,MRR 为 3% 的利率期货合约,其报价 = 100 - (100 × 3%) = USD 97。该合约的 BPV 为 USD 25(1 000 000 × 0.01% × 3/12)。那么当市场 MRR 每发生一个基点的变动时,该期货合约的价值变动为 USD 25。

2. 利率期货和利率远期协议(FRAs)

由于利率期货的定价方式是价格而不是利率,因此利率期货和 FRAs 的多头和空头是不同的,具体如表 47.3 所示。

表 47.3 利率期货和远期利率协议(FRAs)

合约类型	合约多头	合约空头
利率期货	贷款人(lender) 利率下降获利	借款人(borrower) 利率上升获利
远期利率协议(FRAs)	借款人,付固定收浮动 利率上升获利	贷款人,收固定付浮动 利率下降获利

受到凸度基差(convexity bias)的影响,利率期货和利率远期的定价往往也会存在差异。市场利率上升或下降同样幅度时,期货合约的价值呈现出线性变化,而 FRAs 在 MRR 下降时的价格变化百分比大于 MRR 上升时的价格变化百分比。

47.2.4 互换的定价与估值

47.2.4.1 互换和远期的异同

互换协议涉及多笔资金的结算,而远期合约仅涉及一笔资金的结算。从现金流的层面来看,互换现金流的期限结构可以看作多个不同期限远期合约的组合。

互换和远期在期初都不需要交换现金流,不同的是,在不同时间点上签约的远期合约会分别定价,分别为 F_t,但互换协议的价格是期初签订的,始终为 S_0。常见利率互换合约与远期利率协议的现金流发生的时间也是不同的,远期利率协议的现金流发生在借款期初,而利率互换的现金流发生在每一期的期末。

—考点要求—
描述(describe)互换协议和远期合约的异同(★★)

47.2.4.2 互换的估值和定价

与远期合约的定价一样,互换的定价也是标的资产的固定交易价格,合约期间始终不变。而互换合约的价值则会随着标的资产的价格波动而变化。

—考点要求—
区分(contrast)互换的价值和价格(★★)

> **知识一点通**
>
> 前文讲述了如何通过市场的即期利率计算隐含远期利率。而利率互换的定价(也就是互换协议中的固定利息)也是基于同样的无套利原则,即互换中收浮动利息一方所有的浮动利息折现求和,与支付的固定利息的折现求和在期初应该是一样的。也就是:
>
> $$\sum PV(浮动利息) = \sum PV(固定利息)$$
> $$\sum_{i=1}^{N} \frac{IFR}{(1+Z_i)^i} = \sum_{i=1}^{N} \frac{S}{(1+Z_i)^i}$$
>
> 根据市场即期利率可以先得出不同时间点上的隐含远期利息 IFR,这是预期的未来的浮动利息。而互换合约的定价 S 则是 i 期互换合约的未来每期的固定利息。根据无套利定价的原则,合约双方未来收到的现金流折现求和应相等,就可以求出利率互换的公允价格。利率互换的定价计算为 CFA® 二级考查的重点内容,一级的考生主要掌握其定价的基础逻辑即可。

在协议签订日,互换协议对交易双方的价值都为 $0 [V_0(T)=0]$。

而在合约的存续期内,随着市场参考价格的变化,互换协议的价值也会发生变化。如果标的资产的价格上升,互换协议的固定价格支付方(即浮动价格收取方)会获得正的收益;反之,如果标的资产价格下降,互换协议的固定价格支付方(即浮动价格收取方)会遭遇损失。

对于利率互换协议支付固定一方,互换合约的价值为:

$$期间结算价值 = (MRR - S_N) \times 本金 \times 时间期限 \quad (47.19)$$

$$MTM 价值 = \sum PV(浮动利息) - \sum PV(固定利息) \quad (47.20)$$

利率互换合约也可以理解为,收浮动付固定一方是买入一个浮动利率债券并卖出一个固定利率债券,而收固定付浮动一方则是买入一个固定利率债券并卖出一个浮动利率债券,由于双方的本金一致,因此相互抵消后只需交换利息。

47.3 期权的定价与估值

47.3.1 期权价值

> **—考点要求—**
> 解释（explain）期权的时间价值、行权价值和价值状态（★★）

与远期、期货和互换不同，期权买卖双方权利与义务是不对等的，因此期权在期初就拥有价值，其价格和价值是一致的（都等于期权的权利金，即期权费）。期权的价值大小主要取决于期权的执行价格，以及随着时间的推移，标的资产价格的可变性对期权到期行权损益的影响。

47.3.1.1 期权的行权价值

期权的行权价值是指期权到期前的任意 t 时刻，期权如果立即行权会带来的价值，对于欧式期权来说，此时需要比较标的资产的现价和执行价格的折现价格：

$$\text{看涨期权的行权价值} = \max(0, S_t - X(1+r)^{-(T-t)}) \tag{47.21}$$

$$\text{看跌期权的行权价值} = \max(0, X(1+r)^{-(T-t)} - S_t) \tag{47.22}$$

47.3.1.2 期权的价值状态

期权的价值状态（monyness）也称货币性，是指期权的总价值和执行价格之间的关系。对于实值期权（in the money，ITM），到期时执行的可能性大，期权价值更高，而虚值期权（out of money，OTM）相反，到期执行的可能性小，期权价值更低。

期权价值状态的程度也会影响其价值随标的资产价格变化的敏感性。对于深度实值期权（deep-in-the-money option），其价值对于标的资产价格变化的敏感程度接近 1，而对于深度虚值期权（deep-out-of-the-money option），由于其执行的概率极低，因此对于标的资产的价格变化并不敏感。平值期权（at the money，ATM）的标的资产价格相对较小的变动即可决定期权是否行权。

期权价值状态主要用来比较标的资产相同但是执行价格或期权到期日不同的期权价值。

47.3.1.3 期权的时间价值

期权的行权价值指的是期权立即行权会带来的价值，而期权到期之前的剩余时间本身也是有价值的，因为更久的时间给了标的资产价格更大的波动潜力。

期权当前的价值等于行权价值或内在价值（instrinsic value）加上时间价值（time value）。

看涨期权：

$$c_t = \max(0, S_t - X(1+r)^{-(T-t)}) + \text{时间价值} \tag{47.23}$$

看跌期权：

$$p_t = \max(0, X(1+r)^{-(T-t)} - S_t) + \text{时间价值} \tag{47.24}$$

期权的时间价值通常都是正的，但是会随着时间的流逝不断下降，这种现象也称为"时间价值衰减"（time value decay）。

例题 47.7

虚值看涨期权的价格由哪些部分构成？

名师解析

所有期权的价格均由两部分构成，一个是内在的行权价值，一个是时间价值。由于此处是一个虚值期权，根据期权的收益公式，其内在价值为 0，所以期权价格中包含的是期权的时间价值部分。

47.3.1.4 影响期权价值的因素

影响期权价值的主要因素有 6 个，分别是标的资产价格、执行价格、无风险收益率、标的资产价格的波动率、期权合约的存续期、标的资产的持有成本和收益。

1. 标的资产价格(S_t)

对于看涨期权，标的资产价格越高，期权价值越高；对于看跌期权，标的资产价格越高，期权价值越低。

> **知识一点通**
>
> 标的资产价格越高，看涨期权到期行权的概率越大，行权后的收益越大，所以看涨期权的价值也就越高；反之，看跌期权的价格随着标的资产价值的升高而降低。
>
> 标的资产价格变化对远期合约的影响类似于其对期权的影响。对于买入远期(long forward)，标的资产价格越高，远期(forward)的价值就越高；对于卖出远期(short forward)，标的资产价格越高，远期(forward)的价值就越低。
>
> 远期合约和期权的区别是，在给定的标的资产价格变化下，远期合约的价值是标的资产价格的线性函数，但期权价值和标的资产价格是非线性关系。

2. 行权价格(X)

对于看涨期权，行权价格越高，期权价值越低；对于看跌期权，行权价格越高，期权价值越高。

> **知识一点通**
>
> 行权价格越高，看涨期权行权的概率越低(标的资产价格必须涨很多才能获得利润)，行权后获得的收益也越低，从而看涨期权价值也就越低；反之，看跌期权的价格随着行权价格的升高而升高。

3. 期权的存续期($T-t$)

对于所有的看涨期权和**绝大部分**看跌期权，存续期越长，期权价值越高。

首先，对于看涨期权来说，较长的存续期意味着提供了额外的时间段让标的资产价格超过执行价格，从而增加了期权价值(虽然较长存续期同样意味着提供了额外的时间段让标的资产价格跌破执行价格，但在这种情况下，期权的买方可以选择放弃行权，故不会对期权价值产生负面影响)。

同样的逻辑可以运用在看跌期权上。存续期越长，看跌期权行权的潜在可能性越高，从而价值也越高。然而，对于看跌期权来说，存续期越长同样有可能产生负面因素：看跌

—考点要求—

识别(identify) 影响期权价格的因素并描述(describe)这些因素是如何影响期权价格的

(★★★)

期权行权时，期权多头将以执行价格 X 卖出标的资产。于是存续期越长，意味着多头收到 X 的现值越低。当这种负面因素超过正面因素时，存续期越长就有可能导致更低的看跌期权价值。**特别对于无风险利率较高、存续期长的深度实值看跌期权，负面因素更有可能超过正面因素。**

> **知识一点通**
>
> 标的资产的价格从理论上来说，最低只能是 0。深度实值看跌期权意味着标的资产的价格非常接近于 0，期权的内在价值极大。如果到期时间较短，期权持有人可以马上行权获得大量现金，进而投资无风险资产获得更多收益；反之，如果到期时间很长，期权持有人必须等待很久才能获得现金，这样就失去了获得大量无风险收益的机会。注意这种负面因素对看涨期权的多头来说并不存在。因为多头是执行价格 X 买入标的资产，存续期越长，X 的现值越低，从而多头要支付的现值也越低，对于期权价值来说是正面因素。

4. 无风险收益率（R_f）

对于看涨期权，无风险收益率越高，期权价值越高；对于看跌期权，无风险收益率越高，期权价值越低。

> **知识一点通**
>
> 与存续期一样，无风险收益率对期权价值的影响同样可以从执行价格 X 的现值来考虑。存续期越长，X 的现值越低，对于看涨期权而言，行权价值的现值也越高。

5. 标的资产的价格波动率（σ）

无论看涨期权还是看跌期权，标的资产价格的波动率上升，都会使期权价值上升。

> **知识一点通**
>
> 标的资产波动率加大，同时增加了看涨期权和看跌期权的时间价值和期权行权的可能性，所以波动率升高，期权价值都会上升。

6. 标的资产的持有收益（I）和持有成本（C）

对于看涨期权，标的资产的持有收益越高，期权价值越低；对于看跌期权，标的资产的持有收益越高，期权价值越高。

> **知识一点通**
>
> 持有收益上升（如分红或支付利息）会降低标的资产的期望价格，而由于看涨期权买方并未真正拥有标的资产，这些收益并没有流入看涨期权买方手中，所以看涨期权价值将降低。反之，持有收益上升，看跌期权价值上升。

对于看涨期权，标的资产的持有成本越高，期权价值越高。对于看跌期权，标的资产的持有成本越高，期权价值越低。

> **—知识一点通—**
> 与持有收益相反,持有成本的上升会增加标的资产的期望价格,从而提升看涨期权的价值,降低看跌期权的价值。

期权价值的影响因素归纳如表 47.4 所示。

表 47.4 期权价值的影响因素

影响因素	看涨期权	看跌期权
标的资产价格上升	上涨	下跌
行权价格上升	下跌	上涨
无风险收益率上升	上涨	下跌
波动率上升	上涨	上涨
存续期拉长	上涨	上涨(个别除外)
持有成本上升	上涨	下跌
持有收益上升	下跌	上涨

> **—备考小贴士—**
> 通常题目会问,以下哪个因素会使得看涨期权或看跌期权价值上涨?需要同学准确掌握这张表格的每一个内容。

47.3.2 期权的套利和复制

47.3.2.1 套利

在前文中我们学习了如何通过"一价定律"为衍生品定价。对于远期承诺类的衍生品,由于其收益是对称的,因此 0 时刻的定价一般为到期收益通过无风险收益率折现的现值。

但期权是一种或有索取权,其到期收益是不对称的。只有当期权到期时为实值状态,期权才有价值,否则价值为 0。根据无套利原理,我们可以得出期权价值的变动范围。

对于看涨期权:

$$\max(0, S_t - X(1+r)^{-(T-t)}) < c_t \leqslant S_t \tag{47.25}$$

$$c_{t,\text{下边界}} = \max(0, S_t - X(1+r)^{-(T-t)}) \tag{47.26}$$

$$c_{t,\text{上边界}} = S_t \tag{47.27}$$

对于看跌期权:

$$\max(0, X(1+r)^{-(T-t)} - S_t) < p_t \leqslant X \tag{47.28}$$

$$p_{t,\text{下边界}} = \max(0, X(1+r)^{-(T-t)} - S_t) \tag{47.29}$$

$$p_{t,\text{上边界}} = X \tag{47.30}$$

—考点要求—
区分(contrast)
远期承诺和或
有索取权的套
利和复制定价
(★★)

47.3.2.2 复制

前文我们学习过如何通过标的资产和无风险收益复制出远期承诺类衍生品的现金流。对于期权来说，如果到期时期权是实值状态，则其现金流可通过远期合约相同的方式进行复制，如果是虚值状态则没有任何现金流产生，如表 47.5 所示。

表 47.5 期权的现金流复制

价值状态	实值状态	虚值状态
看涨期权	$S_T > X$ 0 时刻，借入无风险资产 $X(1+r)^{-T}$，买入标的资产 S_0；T 时刻，以 S_T 卖出标的资产，归还期初借入的无风险资 X	$S_T < X$ 无须复制
看跌期权	$S_T < X$ 0 时刻，投资无风险资产 $X(1+r)^{-T}$，卖出标的资产 S_0；T 时刻，以 S_T 买入标的资产，归还期初借入的标的资产，收到期初投资的无风险资产 X	$S_T > X$ 无须复制

由于期权到期时的价值状态是不确定的，在进行复制的时候一般会根据期权到期的行权概率进行**部分复制**。由于期权的行权概率也是不断变化的，因此其复制头寸也需进行动态的调整。

47.3.3 期权平价公式

47.3.3.1 期权平价公式（Put-call Parity）

—考点要求—
解释（explain）
欧式期权平价公式（★★★）

期权的平价公式是基于衍生品定价中的无套利定价原理得出的。通过构造两个资产组合，保证两个组合无论在什么样的未来环境下，都能获得相同的收益。

假设一位投资者在 0 时刻买入一个价格为 c_0、执行价格为 X 的看涨期权，同时买入一份到期面值为 X 的无风险债券，其花费成本为 $c_0 + X(1+r)^{-T}$。这种策略又叫"受托买入"（fiduciary call）。

如果该投资者在 0 时刻买入标的资产 S_0，同时买入一份价格为 p_0、执行价格为 X 的看跌期权，其成本为 $p_0 + S_0$。这种策略又叫"保护性卖出"（protective put）。

虽然两个策略的构建思路并不相同，但到期日两个策略的现金流却是一致的，如表 47.6 所示。

表 47.6 期权平价策略

	受托买入 看涨期权＋无风险债券	保护性卖出 看跌期权＋标的资产
$S_t \leqslant X$	$0 + X = X$	$(X - S_t) + S_t = X$
$S_t \geqslant X$	$(S_t - X) + X = S_t$	$0 + S_t = S_t$

根据无套利原理，可以推导出期权的平价公式：

$$S_0 + p_0 = c_0 + X(1+r)^{-T} \tag{47.31}$$

> **例题 47.8**
>
> 现有一只股票,股票市价为 53 元,现在该股票的行权价为 55 元的 1 年期欧式看涨期权价格为 1.5 元,无风险利率为 5%,问该股票的行权价为 55 元的 1 年期欧式看跌期权价格是多少?
>
> **名师解析**
>
> 本题是期权平价公式的常见考法,对应的欧式看跌期权的价格可以直接根据平价公式推导得出,经过等号左右两边移项,看跌期权的价格=1.5+55/1.05-53=0.88(元)。

47.3.3.2 基于平价公式的期权策略

根据期权的平价公式,我们可以利用看涨期权、看跌期权、标的股票和无风险资产中的任意三种资产头寸合成出另外一种资产头寸。

$$合成看涨期权:c_0 = S_0 + p_0 - X(1+r)^{-T} \tag{47.32}$$

$$合成看跌期权:p_0 = c_0 + X(1+r)^{-T} - S_0 \tag{47.33}$$

$$合成标的资产:S_0 = c_0 + X(1+r)^{-T} - p_0 \tag{47.34}$$

$$合成无风险资产:X(1+r)^{-T} = S_0 + p_0 - c_0 \tag{47.35}$$

> **知识一点通**
>
> 合成资产是期权平价公式的重要应用,这意味着任一资产都可由其他三种资产合成,并且结果是一个无套利定价。换言之,倘若一个资产的价格偏离了由平价公式得出的结论,那么必定存在着套利空间。
>
> 例如,一只股票现价为 53 元,其对应的行权价 55 元、期限 1 年的看涨期权的价格为 1.8 元,看跌期权的价格为 0.88 元,无风险利率为 5%。此时就存在套利空间,因为由平价公式得出的看涨期权的合理定价为 1.5 元,该看涨期权价格 1.8 元超过了合理定价,此时可以卖出看涨期权,同时持有另外三项资产的对应合成头寸即可套利,套利利润=1.8-1.5=0.3(元)。

47.3.3.3 远期平价公式(Put-call Forward Parity)

如果用一份远期合约来替代标的资产,同样可以得到一个平价公式,即远期平价公式:

$$F_0(T)(1+r)^{-T} + p_0 = c_0 + X(1+r)^{-T} \tag{47.36}$$

投资者可选择在 0 时刻买入一份远期,同时买入一份看跌期权,这种策略叫"**合成保护性卖出**"(synthetic protective put),它的 0 时刻现金流和未来现金流都与保护性卖出策略完全一致。

将远期平价公式变形可得到:

$$p_0 - c_0 = [X - F_0(T)](1+r)^{-T} \tag{47.37}$$

—考点要求—
解释(explain)
欧式期权远期平价公式(★)

47.3.3.4 期权平价公式应用：公司价值

假设一家公司在 0 时刻的市值为 V_0，其中包含面值为 D 的零息债务以及公司权益 E_0，那么则满足：$V_0 = E_0 + PV(D)$。

到了 T 时刻债券到期日，如果 $V_T > D$，则公司能够偿还债务，债权价值为 D，股权价值 $E_T = V_T - D$；如果 $V_T < D$，则公司无法足额偿还债务，债券价值为 V_T，股权价值 $E_T = 0$。

因此，公司股东的收益为 $\max(0, V_T - D)$，其收益下限为 0，无上限；债权人的收益为 $\min(V_T, D)$，其收益下限为 V_T，上限为 D。

以上收益结构可以通过期权策略构建如下：

股东的到期收益为 $\max(0, V_T - D)$，可认为股东是持有公司价值的看涨期权。

债权人到期收益为 $D - \max(D - V_T, 0) = D + \min(V_T - D, 0) = \min[(V_T - D) + D, 0 + D] = \min(V_T, D)$，可认为债权人是持有无风险债券并卖出公司价值的看跌期权。

根据期权平价公式，得到公司价值为：

$$V_0 = c_0 + PV(D) - p_0 \tag{47.38}$$

> **知识一点通**
>
> 由于公司的债权人需要承担违约风险，因此其收益是在无风险债券的基础上加上卖出看跌期权的收入，这部分可以认为是债权人的风险溢价。当公司的违约风险上升时，债权人要求的风险溢价也会提高。
>
> 使用期权平价公式来刻画公司价值，有助于对公司的信用风险进行量化分析。因为公司一旦违约，也就意味着看涨期权不会执行，所以通过分析期权的执行概率可以计算公司违约的概率。

47.3.4 一期二叉树模型（One-period Binomial Model）

47.3.4.1 使用一期二叉树模型给期权定价

期权作为一种金融工具，其合理的价格等于未来现金流回报的折现值。由于期权的现金回报取决于标的资产价格在到期日的状态，因此我们常用二叉树来对标的资产的未来价格进行模拟。

以股票看涨期权为例，我们假设 0 时刻股票价格为 S_0，上涨因子为 $R^u(>1)$，下跌因子为 $R^d(<1)$。当 $t = 1$ 时，股票如果上涨，则价格为 $S_1^u(S_0 \times R^u)$；若股票下跌，则价格为 $S_1^d(S_0 \times R^d)$。假设一个看涨期权，其执行价格满足 $S_1^d < X < S_1^u$。

我们可构建一个股票和期权的组合，通过一期二叉树来计算期权的价值。该组合买入 h 份股票并卖出一份看涨期权，则组合的价值在 0 时刻和 $t = 1$ 时分别满足：

$$V_0 = hS_0 - c_0 \tag{47.39}$$

$$V_1^u = hS_1^u - c_1^u = h \times R^u \times S_0 - \text{Max}(0, S_1^u - X) \tag{47.40}$$

$$V_1^d = hS_1^d - c_1^d = h \times R^d \times S_0 - \text{Max}(0, S_1^d - X) \tag{47.41}$$

图 47.1、图 47.2 和图 47.3 分别向我们展示了一期二叉树模型的构建。

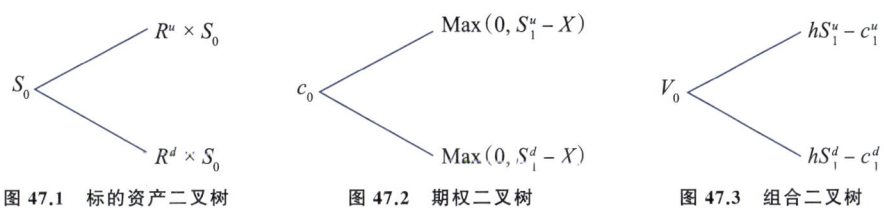

图 47.1　标的资产二叉树　　图 47.2　期权二叉树　　图 47.3　组合二叉树

根据无套利原理，如果我们构建的组合无论股价上升还是下降，在到期日价值都是一致的，即 $V_1^u = V_1^d$，也就是 $hS_1^u - c_1^u = hS_1^d - c_1^d$，则可以求出一个**对冲比率（hedge ratio）** h^*。

$$h^* = \frac{c_1^u - c_1^d}{S_1^u - S_1^d} \tag{47.42}$$

h^* 能使投资该组合没有任何风险，故其收益率必然也是无风险收益率。因此 $t=1$ 时满足：

$$V_1 = h \times R^u \times S_0 - c_1^u = h \times R^d \times S_0 - c_1^d$$

使用无风险收益折现，得到：

$$hS_0 - c_0 = \frac{V_1}{1+r}$$

由此可以求出看涨期权在 0 时刻的价值：

$$c_0 = h \times S_0 - V_1 (1+r)^{-1} \tag{47.43}$$

例题 47.9

现有一家公司的股票，基于无套利理论，利用以下条件通过一期二叉树来计算该股票 1 年期看涨期权的价值。现价 $S_0 = 50$，行权价 $X = 55$，无风险利率 $r = 5\%$，股票预估的未来上涨幅度为 1.25，下跌幅度为 0.8。

名师解析

首先，构建一个股票和期权的组合，该组合买入 h 份股票并卖出一份看涨期权。股票价格在 1 年时上涨为：$S_1^u = R^u \times S_0 = 1.25 \times 50 = 62.5$。股票在 1 年时下跌为：$S_1^d = R^d \times S_0 = 0.8 \times 50 = 40$。

基于无套利理论，该组合在 1 年期的上涨价值和下跌价值相等。由 $V_1 = h \times R^u \times S_0 - c_1^u = h \times R^d \times S_0 - c_1^d$，有：$h \times 62.5 - \max(0, 62.5 - 55) = h \times 40 - \max(0, 40 - 55)$，可得 $h = 0.33$。

把该组合使用无风险收益率折现，可得组合在 0 时刻的价值：$V_0 = \frac{0.33 \times 62.5 - 7.5}{1 + 5\%} = 12.5$，即 $h \times S_0 - c_0 = 12.5$，有 $0.33 \times 50 - c_0 = 12.5$，可得：$c_0 = 4$。

47.3.4.2　风险中性

使用一期二叉树模型对期权定价时，并不需要考虑资产实际上涨或下跌的概率，而是利用无套利理论复制出无风险的资产组合。

—考点要求—
描述（describe）
衍生品定价中
风险中性的概
念（★★）

在风险中性理论下,我们假设资产上涨的概率为 π,下跌的概率为 $1-\pi$,那么风险中性下的期权价值应该等于未来收益的期望值通过无风险收益折现,即满足:

$$c_0 = \frac{\pi c_1^u + (1-\pi) c_1^d}{(1+r)^T} \tag{47.44}$$

风险中性概率(risk-neutral probability, π)是指在通过二叉树模型为期权定价时,标的资产的期初价格刚好等于未来上涨及下跌情形下价格(S_1^u 和 S_1^d)期望值的现值时所隐含的标的资产上涨概率。风险中性概率的计算公式为:

$$\pi = \frac{1+r-R^d}{R^u - R^d} \tag{47.45}$$

风险中性概率仅考虑资产未来上涨幅度 R^u、下跌幅度 R^d 以及无风险收益率,因此在对期权进行定价时,无须考虑投资者的风险偏好,也不需要加任何风险溢价。这种衍生品的定价方式叫"风险中性定价"(risk-neutral pricing)。

例题 47.10

现有一家公司的股票,利用以下条件对该股票的1年期看涨期权进行定价。现价 $S_0 = 50$,行权价 $X = 55$,无风险利率 $r = 5\%$,股票预估的未来上涨幅度为1.25,下跌幅度为0.8。

名师解析

根据题目给出的条件,可以求出股票上涨的概率即风险中性概率:

$$\pi = \frac{(1+0.05-0.8)}{1.25-0.8} = 56\%$$

股票下跌的概率为 $1-56\% = 44\%$,如右图,代入公式有:

$$c_0 = \frac{0.56 \times 7.5 + 0.44 \times 0}{1.05} = 4$$

上涨概率56% → Max(0, 62.5−55)
下跌概率44% → Max(0, 40−55)

练一练

47-1 Suppose an asset bears a cost of carry of zero. At the inception of the forward contract on that asset, what is the relation between the forward price and the forward value?

A. The forward price is greater than the forward value.

B. The forward price is equal to the forward value.

C. The forward price is less than the forward value.

47-2 Which of the following differences between forward rate contracts (FRAs) and futures contracts is least correct?

A. The futures contracts are more liquid and standardized.

B. To hedge the floating rate liability, an investor could long FRA contracts or buy interest rate futures.

C. Interest rate futures are traded on a price basis while FRAs are traded directly on interest rate.

47-3 Which of the following factors is positively correlated with the value of a put option?

A. Time to expiration.   B. Exercise price.   C. Cost of holding the asset.

47-4 The swap value is calculated by:

A. adding up the present value of the fixed payments in the future.

B. adding up the present value of the floating payments in the future.

C. adding up the present value of the net cash payments in the future.

47-5 Which of the following statements is correct regarding the binomial option pricing model?

Statement 1: Actual probabilities of up-and-down-moves in the underlying are required.

Statement 2: Risk-neutral probabilities that derive from the size of up-and-down-moves and the risk-free rate are required.

A. Statement 1.　　　　B. Statement 2.　　　　C. Neither is right.

47-6 Consider a European call option with one month to expiration and an exercise price of $100 sold for $5. The current price of the underlying stock is $102 and the risk-free interest rate is 4%. If the put-call parity holds, the value of the corresponding put with the same exercise price is closest to:

A. $2.67.　　　　B. $2.32.　　　　C. $2.09.

扫码查看
答案及解析

第 8 部分

另类投资

考情分析

"另类投资"在 CFA® 一级考试中的分值占比为 7%～10%，出题量为 13～18 题。本科目在 CFA® 一级考试中的难度和权重都不高，但是在 CFA® 二级中的难度大幅提升。CFA® 三级中私募市场（Private Markets）方向的内容也与另类投资息息相关。因此，考生需要在一级学习中打好基础。

相较于去年，今年 CFA® 一级"另类投资"部分的考纲和内容均没有变化。本科目一共分为两章。第一章的主要内容为另类投资的基本概念，要求考生掌握另类投资的特征、投资方法、投资结构和业绩评估方法。第二章的主要内容为另类投资的资产类型，要求考生掌握私募股权、私募债务、房地产、基础设施、土地、大宗商品、对冲基金和数字资产 8 种另类资产的特征、投资方式、风险和收益。本科目的主要考查形式为定性考查，在费用结构的内容中会出现定量考查。

本部分框架图

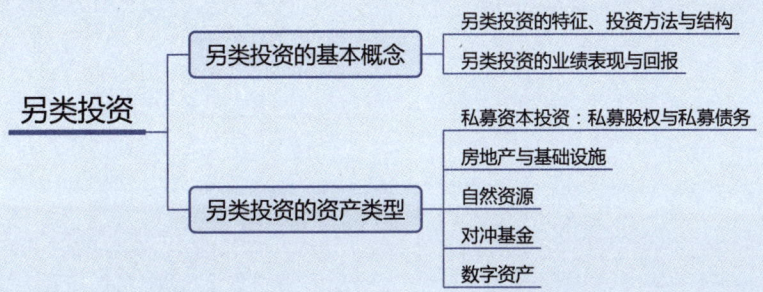

第48章
另类投资的基本概念

知识引导

另类投资是相对于传统投资的一种投资类别。近年来,另类投资占全球投资的比重呈现出爆炸式增长趋势。本章主要介绍另类投资的基本特征、投资方法以及其独特的组织结构。在其独特的组织结构下,投资者面对的是特殊的费用支出和业绩评估方法。

考点聚焦

本章主要涉及定性考查,但也涉及部分定量的计算。在定性内容上,考生需要掌握另类投资与传统投资的区别、另类投资的三种投资方法以及另类投资的组织结构。在定量内容上,考生需要掌握另类投资的薪酬结构及其相关条款,以及相关条款限制下的回报率的计算方法。薪酬结构及其计算是本章的重难点内容,考生应当熟练掌握本书中的经典例题。

本章框架图

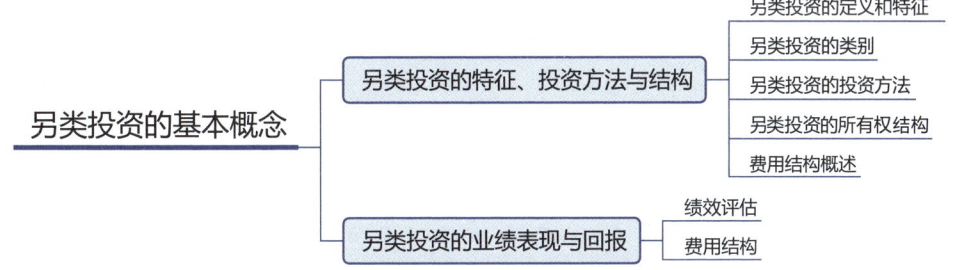

48.1 另类投资的特征、投资方法与结构

48.1.1 另类投资的定义和特征

—考点要求—
描述（describe）
另类投资的特征和类别（★★）

另类投资是区别于传统投资的一种投资类别。传统投资通常仅投资于公开交易的股票、公开交易的债券和现金；而另类投资的投资范围更加广泛，投资结构更加特殊，因此具备传统投资所不具备的一些特质和特征。

从内在特质来看，和传统投资相比，另类投资主要有以下 5 点不同：

(1) 另类投资需要专业知识（specialized knowledge）来评估投资过程中的现金流和风险。

(2) 另类投资的回报与传统投资的回报通常呈低相关性（low correlation）。

(3) 另类投资要求较多的初始资本投入（large capital outlays）。

(4) 另类投资的投资期限较长（long investment time horizons）。

(5) 另类资产的流动性较差（illiquidity）。

正是因为这些不同的内在特质，使得另类投资表现出 3 点独有的特征：

(1) 采用直接投资的方法投资另类资产是很有挑战性的，因此另类投资衍生出多种投资结构，例如，有限合伙制（limited partnership structure）、公共私营合作制（public-private partnership，PPP）等。

(2) 为了消除基金管理人和投资者之间的信息不对称，在间接投资方式之下，投资者需要支付激励费给基金管理人。

(3) 评估另类投资的回报表现也具有挑战性。由于另类投资基金的业绩数据是自我披露的，因此业绩数据可能存在幸存者偏差（survivorship bias）和回填偏差（backfill bias），导致投资者不能客观地、有效地评估基金表现。

> 知识一点通
>
> 考生应理解，特质（features）更多地强调另类投资的内在特点，而特征（characteristics）更多地强调另类投资的外在表现。以上几点特质和特征只是笼统的简单描述，在后续介绍具体的另类投资产品时会详细展开讨论。

48.1.2 另类投资的类别

尽管另类投资的类别细分在学术领域仍存在争议，至今还没有达成共识，但另类投资主要有以下几种形式，如图 48.1 所示。

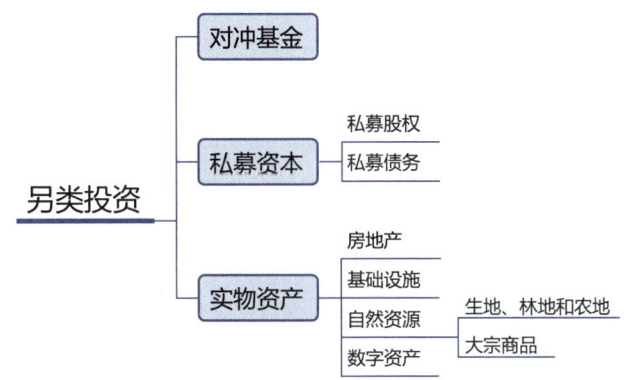

图 48.1　另类投资的类别

48.1.3　另类投资的投资方法

另类投资主要有直接投资（direct investment）、共同投资（co-investment）和间接投资（fund investment）三种投资方法，他们具有不同的优势和劣势，并各自适用于不同的投资产品。

直接投资是指投资者将资金直接用来购买标的资产，不需要经过任何的中间商或媒介（intermediate）；间接投资（基金投资）通常是指投资者通过基金来投资标的资产，在这种形式下，投资者不能决定投资的方向和策略，只能通过对管理人的尽职调查来选择是否要投资该只基金；共同投资是指投资者在进行基金投资的同时，将部分资金放在基金本身投资的标的资产中进行直接投资。三种投资形式的具体表现如图 48.2 所示。

—考点要求—
比较（compare）直接投资、共同投资和间接投资三种另类投资方法（★★）

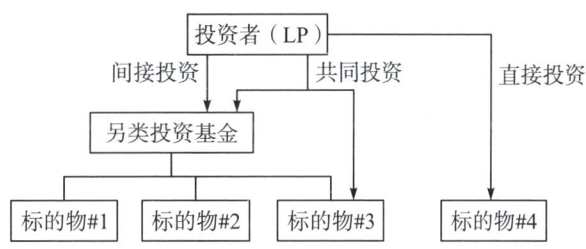

图 48.2　另类投资的三种投资形式

48.1.3.1　间接投资的特征

当投资者初次接触到另类投资时，通常会将间接投资方式作为第一选择。原因很简单，通过间接投资，投资者不需要拥有与另类资产相关的专业知识和投资经验。但是这一特征也使得投资者对于基金投资什么样的另类资产没有决定权，且无法影响基金经理人的决策。另外，投资者还需要向基金经理人支付管理费和激励费。

和投资传统资产的基金相比，另类投资基金具有一些特殊的特征。第一，某些另类投资基金会要求投资者在基金成立前作出预先投资金额承诺（pre-commitment），以便于经理人预估总投资金额并决定未来可能的投资方向。第二，另类投资基金的投资者为了激励经理人并减少利益冲突，会支付比传统基金更高的管理费，且会额外支付激励费，因此另类投资基金的费用结构更复杂。第三，另类投资基金的信息披露是非强制性的，很多经理人不会定期披露收益率和持仓情况，因此另类投资基金的透明度更低。

48.1.3.2 共同投资的特征

共同投资方式通常是投资者从间接投资过渡到直接投资过程中的一种选择。相较于间接投资,共同投资可以让投资者增加有关另类投资的知识、技能和经验。另外,由于部分资金直接投资于某标的资产,投资者直接拥有这部分资产的控制权(control)且不需要支付费用,因此总的投资费用也会更低。

经理人愿意开放某些投资标的,从而吸引共同投资人的原因有:
(1) 当某些基金募集不足时,开放共同投资可以加快募集进程,使基金尽快成立;
(2) 更大的资金规模可以拓宽可投资的范围;
(3) 拓宽的投资范围可以提高基金的分散化程度。

48.1.3.3 直接投资的特征

对于规模较大,比较成熟,拥有足够技能、知识和监督能力的投资者而言,其不需要通过基金等中间媒介进行投资,直接投资是最好的选择。直接投资下,投资者可以拥有对资产最高的控制权,可以掌握对投资方向、资产选择、策略制定的最大的灵活性(flexibility),同时可以避免高昂的管理费和激励费。

48.1.4 另类投资的所有权结构

—考点要求—
描述(describe)另类投资中常用的所有权结构和费用结构(★★)

许多私募(股权或债权)基金和对冲基金都采取**有限合伙制(limited partnership)**的法律结构,即由普通合伙人(general partner,GP)和有限合伙人(limited partner,LP)共同出资组建,具体的组织结构如图 48.3 所示。其中,普通合伙人负责基金的管理及运营,对基金的债务承担无限连带责任;有限合伙人提供基金所需要的主要资金,但是不负责具体的管理及运营,对基金的债务仅以出资额为限承担有限责任,同时基金中的有限合伙人数量较为有限,而且通常必须是机构或者满足一定的最低监管净值要求的个人,也就是所谓的合格投资者。

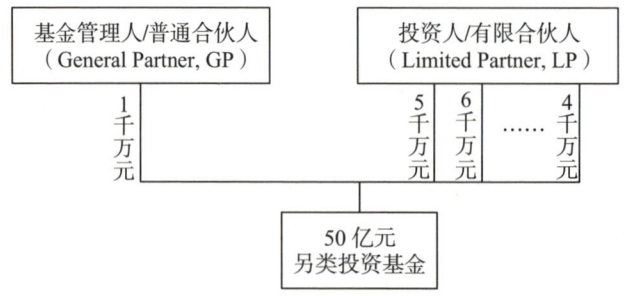

图 48.3 有限合伙制出资结构

为保障双方的权利和义务,普通合伙人和有限合伙人会签订有限合伙协议(limited partnership agreement,LPA)。此协议中规定了利润和亏损的分配机制,基金管理人的角色和职责,转让、赎回和解除协议等相关条款。此外,有时会对有限合伙条款进行调整,以满足特定投资者的有关法律法规或报告的独特要求。在这种情况下,普通合伙人和一个或多个有限合伙人之间存在一份补充文件,称为**附属协议(side letter)**,其条款覆盖或修改了原始的 LPA 条款。附属协议可能:

(1) 提高投资者将投资转移到相关基金或后续基金的能力。

(2) 包含优先购买权(first right of refusal),即一旦 GP 开设一个新的基金,原来的 LP 拥有优先投资的权利。

(3) 给予 LP 放弃合同出资的能力,也称为免责权(excusal right)。

(4) 给予 LP 接收额外投资报告的能力。

(5) 包含"最惠国"条款("most favored nation" clause),即确保与其他投资者协商的、任何更优惠的条款也适用于特定的 LP。

除有限合伙制外,另类投资还有公共私营合作制(public-private partnership,PPP)的组织结构,即政府部门和私人部门共同合作投资基础设施项目,具体的组织结构如图 48.4 所示。

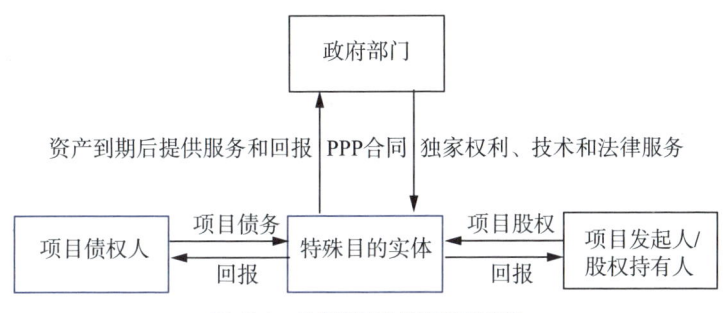

图 48.4 公共私营合作制组织结构

房地产或自然资源基金通常采用业主有限合伙制(master limited partnership,MLP)的组织结构,该结构和上述有限合伙制类似,区别在于业主有限合伙制的另类投资是一种流动性更强的投资,并且经常公开进行交易。

48.1.5 费用结构概述

另类投资基金的管理人通常会收取管理费和激励费,常用的费用结构为"**2 and 20**"(或表示为"2/20"),意为收取 2% 的管理费和 20% 的激励费。另类投资基金的费用计算比较复杂,涉及多种费用条款,详见 48.2.2 费用结构。

48.2 另类投资的业绩表现与回报

48.2.1 绩效评估

在评估另类投资的绩效时,需主要关注以下 4 个方面:投资的生命周期阶段、借入的资金量、资产估值和费用结构。

48.2.1.1 投资的生命周期阶段

另类投资的生命周期通常较长，大致可以分成 3 个阶段：

(1) 资本投入阶段（capital commitment）：投资者可以一次性或者分阶段投入资本，也称为资本认购（capital call），这一阶段的投资回报通常为负，因为费用是在资本部署之前立即产生的，而资产在该阶段可能产生很少的收入或者根本没有收入。

(2) 资本部署阶段（capital deployment）：基金管理人将资金投资于各个项目中，在该阶段投资所产生的现金流出通常超过现金流入。

(3) 资本分配阶段（capital distribution）：如果投资成功，基金的回报会迅速增加，为了实现大量的资本利得，基金可能进行清算或者退出投资。

另类投资的回报率与投资期限之间存在一种被称为 **J 曲线效应（J-curve effect）** 的关系。由于在资本投入阶段收益率很低，而投资者不断地投入资本（包括缴纳管理费等），使得整体回报率在投资前期不断"恶化"。而后，随着投入资本的减少、项目回报的增多，整体回报率不断改善，投资者最终获得大量的投资收益。现金净流入在整个投资过程中呈现字母 J 的形态（先降后升），故而被称为 J 曲线效应。

另类投资的收益率可以用内部收益率（IRR）衡量，如果内部收益率较高，GP 理应获得更多的激励费，内部收益率的计算已在"公司发行人"部分进行了更深入的介绍。由于内部收益率的计算较为复杂，有时也用投资资本的**投资收益倍数（multiple of invested capital，MOIC）**衡量另类投资的收益率，投资收益倍数也称货币乘数（money multiple），是一个静态指标。

MOIC ＝（投资已实现收益＋投资未实现收益）/投资资本总额

其中，投资资本总额等于总资本投入减去管理费和基金费用。

内部收益率适用于衡量长期另类投资的收益率，因为它考虑了现金流的时间价值，但是它对机会成本和再投资收益率的假设不符合现实，而且内部收益率的计算更为复杂；投资收益倍数适用于衡量短期私募股权基金和房地产基金的收益率，它最大的优点是计算简单、意义清晰，但是不能体现回报率的时间价值。

> **知识一点通**
>
> 假设某私募股权基金 LP 的承诺资本为 1 亿元，10 年后基金的价值变为 5 亿元，则 MOIC＝5，但是这种方法不能体现回报率的时间价值。例如，存在另一只私募股权基金，LP 的承诺资本也为 1 亿元，该基金仅仅用了 5 年的时间就使得资产价值变为 5 亿元，则该基金的 MOIC＝5，尽管两只基金的投资收益倍数相同，但是对于 LP 而言，第二只基金的投资策略比第一只更成功。

> **备考小贴士**
>
> 内部收益率的计算不是"另类投资"科目的考查点，考生需要关联"公司发行人"科目的内容进行知识体系的搭建。

48.2.1.2 借入的资金量

可以通过借入资金即加杠杆的方式增加另类投资的收益,但是需要注意,杠杆能放大收益也能放大损失,应该谨慎使用。

$$r_L = r + (V_b/V_c)(r - r_b)$$

其中,r_L 表示加杠杆后的收益率,r 表示未加杠杆的收益率,r_b 表示借款利率,V_b 表示借款总额,V_c 表示自有资金总额。

对冲基金可以通过使用衍生品或者从主经纪商(prime broker)那里借入资金,给组合增加杠杆。

48.2.1.3 资产估值

另类投资的流动性较差,缺少公允的市场价值,一般情况下,依次使用以下3种方法对资产进行估值:

(1) 相似资产在活跃市场中的报价;
(2) 定价模型,以直接或间接观察到的数据作为输入变量;
(3) 定价模型,以无法观察到的数据作为输入变量。

48.2.1.4 绩效评估中存在的风险

由于对冲基金和私募股权基金的业绩评估都依赖于基金的自我披露(self-reporting),所以相应的基金指数(fund index)的编制会存在偏差,主要包括**幸存者偏差(survivorship bias)**和**回填偏差(backfill bias)**。

1. 幸存者偏差

基金指数基于市场中的"幸存者"进行编制,相对而言,这些经过市场检验并存活下来的基金其业绩表现更为优秀,因为业绩表现较差、已经被清盘的基金并没有被包含在基金指数中,所以基金指数的回报率相对于整个市场的真实回报率虚高,该现象被称为幸存者偏差。

2. 回填偏差

另类投资的监管力度较小,基金经理没有定期披露业绩的义务,因此基金指数的编制主要基于那些主动报告业绩的基金主体。由于一旦某只基金主体主动报告业绩,其历史业绩也要加入相应的基金指数中,所以业绩表现较佳的基金更倾向于主动报告业绩,那么基金指数更有可能加入过多业绩表现优秀的基金,从而使得基金指数的回报率被高估。

以上两种偏差除了会使基金指数的回报率被高估外,还会导致对冲基金或私募股权基金的波动性被低估,继而另类投资与其他投资的**相关系数被低估**。

48.2.2 费用结构

48.2.2.1 管理费(Management Fee)

管理费是LP支付给基金管理人GP的管理报酬,并且与基金的回报无关,即无论基金当期的业绩表现如何,LP都需要向GP支付管理费,对冲基金的管理费基于**资产管理**

—考点要求—
计算(calculate)和解释(interpret)另类投资扣除费用前的回报率和扣除费用后的回报率(★★★)

规模(asset under management，AUM)收取，既可以基于期初资产管理规模，也可以基于期末资产管理规模，而私募股权基金的管理费基于**承诺资本(committed capital)**收取。

> **知识一点通**
>
> 私募股权基金的LP一般不会立即一次性将承诺资本全额支付给GP，而是在未来的3~5年内，GP有明确投资目标的时候，再将承诺资本陆续投入基金。

> **例题 48.1**
>
> 某个私募股权基金的LP的承诺资本为1 000万元，目前实际投入资本为300万元，该私募股权基金的费用结构是2/20，请计算当期LP需要向GP支付的管理费金额。
>
> **名师解析**
>
> 管理费=1 000×2%=20(万元)
>
> 在实务中，这种管理费的计费模式广受诟病，因为投资人是按照项目要求和基金运营需求分次向GP缴纳出资，并非一次性缴纳全部承诺金额，即GP在某一段时间内仅积极管理LP的部分承诺资本，但却按照100%的承诺资本来收取管理费，这意味着即使GP不积极进行管理也可以坐享管理费，因此该计费模式下GP和LP之间存在利益冲突。

48.2.2.2 激励费(Incentive Fee)

激励费，又称业绩奖金(performance fee)或者收益分成(carried interest)，是GP获得的基于投资利润的提成。

为了保障LP的利益，激励费的核算有时会附带以下两种补充条款。

1. 门槛回报率(Hurdle Rate)

门槛回报率是LP要求的最低回报率，只有对冲基金的业绩达到或者超过该标准时，LP才会向GP支付激励费。一般情况下，门槛回报率等于无风险利率加上一定的风险溢价。门槛回报率可以分为两种：

(1) **温和型门槛回报率(soft hurdle rate)**：基金的回报率只要超过门槛回报率，LP就对**全部利润支付激励费**。

(2) **硬性门槛回报率(hard hurdle rate)**：LP只对**超出门槛回报**的利润支付激励费。

> **知识一点通**
>
> 例如，X对冲基金的LP要求5%的门槛回报率，费用结构为"2 and 20"，而且管理费和激励费单独核算。期初基金的规模为100亿，当期回报率为20%。
>
> (1) 如果该门槛回报率为温和型门槛回报率，则LP需要支付激励费的利润基数为20亿元(100×20%=20)，那么LP需要支付的激励费为4亿元(20×20%=4)。
>
> (2) 如果该门槛回报率为硬性门槛回报率，则LP需要支付激励费的利润基数为15亿元(20−100×5%=15)，那么LP需要支付的激励费为3亿元(15×20%=3)。

2. 高水位(High-water Mark)

高水位指基金扣除过费用以后的历史最高净值，LP只需要为超出高水位部分的收益支付激励费,高水位的设置有效防止了 LP 为相同的收益重复支付激励费。

例题 48.2

XYZ 对冲基金的具体情况如下:

情形一

① 年初,基金组合的价值为 400 万元。

② 本年度 XYZ 获得了 25% 的收益。③ XYZ 基于组合的年末价值收取 2% 的管理费和 20% 的激励费。

④ 管理费和激励费独立核算(calculated independently)。

请计算对冲基金投资者的有效回报率(effective return)。

名师解析

(1) 由于今年 XYZ 的回报率为 25%,因此年末基金组合的价值(AUM)为:

$AUM = 400 \times (1 + 25\%) = 500$(万元)

(2) 管理费基于组合的年末价值(AUM)计算,因此:

管理费 $= 500 \times 2\% = 10$(万元)

(3) 20% 的激励费与 2% 管理费独立核算,因此:

激励费 $= (500 - 400) \times 20\% = 20$(万元)

(4) 总费用(total fees)为:

总费用 = 管理费 + 激励费 $= 10 + 20 = 30$(万元)

(5) 有效回报率为:

有效回报率 $= (500 - 400 - 30)/400 = 17.5\%$

情形二

① 年初,基金组合的价值为 400 万元。

② 本年度 XYZ 获得了 25% 的收益。

③ XYZ 基于组合的年末价值收取 2% 的管理费。

④ 对扣除管理费后的收益收取 20% 的激励费。

请计算对冲基金投资者的费后净收益率(net-of-fees return)。

名师解析

(1) AUM 和管理费的计算与"情形一"相同,可得:

$AUM = 400 \times (1 + 25\%) = 500$(万元)

管理费 $= 500 \times 2\% = 10$(万元)

(2) 由于基金公司对扣除管理费后的收益收取 20% 的激励费,因此:

激励费 $= (500 - 400 - 10) \times 20\% = 18$(万元)

(3) 总费用(total fees)为:

总费用 = 管理费 + 激励费 $= 10 + 18 = 28$(万元)

(4) 费后净收益率为:

费后净收益率 $= (500 - 400 - 28)/400 = 18\%$

情形三

① 年初,基金组合的价值为 400 万元。

② 本年度 XYZ 获得了 25% 的收益。

③ XYZ 基于组合的年末价值收取 2% 的管理费和 20% 的激励费。

④ 管理费和激励费独立核算(calculated independently)。

⑤ 温和型门槛回报率(soft hurdle rate)为 6%。

请计算对冲基金投资者的费后净收益率(net-of-fees return)。

名师解析

温和型门槛回报率即只要本年度的投资回报率高于门槛回报率,就可以对全部收益收取激励费,因为 25%＞6%,所以 GP 可以收取激励费。其余计算过程完全与"情形一"相同。

情形四

① 年初,基金组合的价值为 400 万元。

② 本年度 XYZ 获得了 25% 的收益。

③ XYZ 基于组合的年末价值收取 2% 的管理费和 20% 的激励费。

④ 管理费和激励费独立核算(calculated independently)。

⑤ 硬性门槛回报率(hard hurdle rate)为 6%。

请计算对冲基金投资者的费后净收益率(net-of-fees return)。

名师解析

(1) AUM 和管理费的计算与"情形一"相同,可得:

$AUM = 400 \times (1+25\%) = 500$(万元)

管理费 $= 500 \times 2\% = 10$(万元)

(2) 虽然激励费与管理费独立核算,但是存在硬性门槛回报率,因此投资者只为超过门槛回报率的那部分收益按比例支付激励费,因此:

激励费 $= (500 - 400 - 400 \times 6\%) \times 20\% = 15.2$(万元)

(3) 总费用(total fees)为:

总费用 = 管理费 + 激励费 $= 10 + 15.2 = 25.2$(万元)

(4) 费后净收益率为:

费后净收益率 $= (500 - 400 - 25.2)/400 = 18.7\%$

情形五

① 年初,基金组合的价值为 400 万元。

② 本年度 XYZ 获得了 25% 的收益。

③ XYZ 基于组合的年末价值收取 2% 的管理费。

④ 对扣除管理费后的收益收取 20% 的激励费。

⑤ 硬性门槛回报率(hard hurdle rate)为 6%。

请计算对冲基金投资者的费后净收益率(net-of-fees return)。

名师解析

(1) AUM 和管理费的计算与"情形一"相同,可得:

$AUM = 400 \times (1+25\%) = 500$(万元)

管理费 $= 500 \times 2\% = 10$(万元)

(2) 由于只对扣除管理费后的收益收取 20% 的激励费,且存在硬性门槛回报率,因此:

激励费 $= (500 - 400 - 400 \times 6\% - 10) \times 20\% = 13.2$(万元)

(3) 总费用(total fees)为:

总费用 = 管理费 + 激励费 $= 10 + 13.2 = 23.2$(万元)

(4) 费后净收益率为：

费后净收益率＝(500－400－23.2)/400＝19.2%

情形六

① 年初，基金组合的价值为 400 万元。
② 本年度 XYZ 获得了 25% 的收益。
③ XYZ 基于组合的年末价值收取 2% 的管理费和 20% 的激励费。
④ 管理费和激励费独立核算(calculated independently)。
⑤ 硬性门槛回报率(hard hurdle rate)为 6%。
⑥ 当前的高水位为 450 万元。

请计算对冲基金投资者的费后净收益率(net-of-fees return)。

名师解析

(1) AUM 和管理费的计算与"情形一"相同，可得：

AUM＝400×(1＋25%)＝500(万元)

管理费＝500×2%＝10(万元)

(2) 虽然激励费与管理费独立核算，但是存在 6% 的硬性门槛回报率和 450 万元的高水位，因此：

激励费＝[500－450×(1＋6%)]×20%＝4.6(万元)

(3) 总费用(total fees)为：

总费用＝管理费＋激励费＝10＋4.6＝14.6(万元)

(4) 费后净收益率为：

费后净收益率＝(500－400－14.6)/400＝21.35%

知识一点通

考生在遇到此类题目时，一定要按照收费逻辑进行计算，同时注意以下 4 点：

(1) 管理费是基于年末(end-year valuation)还是年初(beginning-year valuation)的 AUM 收取的；

(2) 激励费是独立于管理费(independent of management fee)还是扣除管理费(net of management fee)以后收取的；

(3) 门槛回报率是温和型的(soft)还是硬性的(hard)；

(4) 是否存在高水位(high-water mark)。

备考小贴士

对冲基金的费用计算和回报计算为重要考点，考生需要熟练掌握，例题 48.2 中六种情形的难度从上至下依次递增，考生需要全部掌握。

48.2.2.3 追赶条款（Catch-up Clause）

基于"2 and 20"费用结构中 20% 的激励费，有些私募股权基金会设置追赶条款，在追赶条款下 GP 和 LP 之间都能够按照 2/8 比例进行每一次的利润分配，即追赶条款保证

GP能够真实收到基金收益的20%。

> **知识一点通**
>
> 假设某私募股权基金LP的承诺资本为10亿元，按照条款，GP收取20%的激励费，硬性门槛回报率为8%。整个项目的内部收益率(IRR)为18%。
>
> 情形一：没有追赶条款
>
> 在没有追赶条款的情形下，收益会按照以下步骤进行分配：
>
> ① 8%的硬性门槛收益会先分配给LP；
>
> ② 剩下10%(18%－8%＝10%)的收益按照2/8原则进行分配，因此，LP可以分到8%(10%×80%＝8%)的收益，GP可以分到2%(10%×20%＝2%)的收益。
>
> 所以，最终GP一共分得2%的收益，LP一共分得16%(8%＋8%＝16%)的收益，那么分配比例实际为1.1/8.9，不符合2/8分配原则。
>
> 情形二：有追赶条款
>
> 在有追赶条款的情形下，收益会按照以下步骤进行分配：
>
> ① 8%的硬性门槛收益会先分配给LP；
>
> ② 为了使得GP能够与LP刚分得的8%的收益保持2/8分配原则，剩下10%(18%－8%＝10%)的收益中将拿出2%(8%÷80%×20%＝2%)分配给GP；
>
> ③ 18%的内部收益率中已经分配了8%和2%，因此只剩下8%，该8%的收益需要按照2/8原则进行分配，因此，LP可以分到6.4%(8%×80%＝6.4%)的收益，GP可以分到1.6%(8%×20%＝1.6%)的收益。
>
> 所以，最终GP一共分得3.6%(2%＋1.6%＝3.6%)的收益，LP一共分得14.4%(8%＋6.4%＝14.4%)的收益，符合2/8分配原则。

48.2.2.4 瀑布式收益分配制度（Waterfalls）

每一个项目退出时，私募股权基金都会分配投资收益，通常有两种收益分配制度：

1. 按项目分配模式/美式收益分配制度(Deal-by-deal/American Waterfalls)

任意项目在任意年份退出后都会将收益的20%作为激励费分配给GP，之后如果其他项目亏损，LP再通过回拨条款(clawback provision)将之前支付给GP的激励费收回，以最大限度地保护LP的利益，但是由于GP可以先得到激励费并进行再投资，所以这种收益分配制度对GP更有利。

> **知识一点通**
>
> 为了简化计算，假设某私募股权基金只有2个投资项目并且该基金的投资期限只有3年(实务中通常是8年以上)，基于美式收益分配制度，该基金的投资情况如表48.1所示。

表 48.1 美式收益分配

年份	投资项目	投资金额	退出项目	退出金额	投资收益	激励费(20%)
1	#1	1 000 万元	无	0	0	0
2	#1、#2	1 500 万元(1 000+500=1 500)	#1	1 200 万元	200 万元	40 万元
3	#2	500 万元	#2	300 万元	−200 万元	回拨条款下退回40 万元激励费
合计	—	1 500 万元	—	1 500 万元	0	0

2. 本金优先返还模式/欧式收益分配制度（Whole-of-fund/European Waterfalls）

基金退出所有项目后所得到的退出金额使得 LP 回本或者超过门槛收益率后，GP 才能从剩下的收益中按照 20%的分配比例获得激励费。这种收益分配制度**对 LP 更有利**。

> **知识一点通**
>
> 为了简化计算，假设某私募股权基金只有 2 个投资项目并且该基金的投资期限只有 3 年（实务中通常是 8 年以上），基于欧式收益分配制度，该基金的投资情况如表 48.2 所示。
>
> 表 48.2 欧式收益分配
>
> | 年份 | 投资项目 | 投资金额 | 退出项目 | 退出金额 | 投资收益 | 激励费(20%) |
> |---|---|---|---|---|---|---|
> | 1 | #1 | 1 000 万元 | 无 | 0 | 0 | 0 |
> | 2 | #1、#2 | 1 500 万元(1 000+500=1 500) | #1 | 1 200 万元 | 200 万元 | 0 |
> | 3 | #2 | 500 万元 | #2 | 300 万元 | −200 万元 | 0 |
> | 合计 | | 1 500 万元 | | 1 500 万元 | 0 | 0 |
>
> 所有项目退出后基金没有盈利，因此 GP 无法获得激励费。

48.2.2.5 定制化费用结构

尽管我们所熟知的费用结构是"2/20"（2 and 20），但是实际上对冲基金会针对不同的投资者或视不同的情况对费用结构进行定制化调整，主要有以下 3 种调整方法：

（1）根据流动性条款和投资规模进行调整：基金经理对不同的投资者采用不同的费用结构。例如，对投资金额较大的投资者以及能够帮忙介绍新客户的投资者实行费用折扣，一般情况下管理费可以折扣到 0.5%～1.5%，激励费可以折扣到 10%～15%。

（2）发起人股份（founders shares）：为了激励投资者早点投入承诺资本（commitments），基金经理会采取以下两种方法给费率打折，一是按照投资时间的先后顺序对投资者进行排序,例如,前1亿元资金的投资者可以享受"1.5/10"的费用结构,具体的资金临界值和折扣由基金经理自行决定;二是基金达成业绩目标后给予最先投资的投资者一定的费率折扣。

(3)"非此即彼"的费用结构(either/or fees):基金经理每年要么收取1%的管理费,要么在回报率超过门槛回报率之后收取30%的激励费,二者取其高进行收费,例如,某基金第一年的业绩亏损,那么基金经理收取1%的管理费用于覆盖基本支出,如果第二年业绩突出,回报率(如20%)远远超过门槛回报率(如8%),则基金经理针对收益部分收取30%的激励费。

练一练

48-1 Alternative investments include all of the following features, except：

A. illiquidity of underlying investments.

B. small capital outlays.

C. low correlation of returns with those of traditional investments.

48-2 The information about two hedge funds X and Y are given below.

	X	Y
AUM at the beginning of the year	100 million	100 million
AUM at the end of the year	120 million	125 million
Management fee (based on year-end AUM)	2%	2%
Incentive fee (net of management fee)	20%	20%
Hard hurdle rate	10%	12%

Which of the following statements is least accurate?

A. Fund X would charge a lower management fee.

B. Fund X has a higher net of return.

C. Fund Y would charge a higher incentive fee.

48-3 A private equity investor agrees to distribute a committed capital of $500 million to the general partner in Star Capital. The general partner can receive $200 million at the first year, and the remaining $300 million will be distributed evenly within the next three years. How much management fees could the general partner earn in the third year under a fee structure of 2/20?

A. $10 million.   B. $4 million.   C. $2 million.

48-4 Which of the following is most likely related to the fee structure of a private equity fund?

A. High-water mark.   B. Clawback provision.   C. Hurdle rate.

扫码查看
答案及解析

立即扫码添加【学习规划师】,助您本章学得更快更好！
问答服务＋学习规划＋课程分享

第49章 另类投资的资产类型

知识引导

另类投资的资产类型非常丰富,投资者可以根据自己的投资目标选择不同的另类资产。将投资组合中的部分资金投入另类资产可以获得较高的潜在收益,同时对冲传统资产风险并获得分散化的好处。本章将分别对私募资本、房地产和基础设施、自然资源、对冲基金和数字资产五大类资产进行介绍。

考点聚焦

本章涉及的资产类别较多,主要介绍并要求掌握 5 类另类资产的特征、投资特点及其分散化效益等,不同的另类资产具有不同的特征和投资方法,考生需要注意区分。本章考试以定性考查为主,考生需要在理解的基础上加以记忆。其中,私募股权和对冲基金是本章的重难点内容,考生应重点掌握。总体而言,CFA® 一级"另类投资"部分对考生的要求是理解每种另类资产的基本内容,而更深入的研究将在 CFA® 二级和 CFA® 三级中进行讨论。

本章框架图

```
                            ┌─ 私募股权投资
                私募资本 ────┼─ 私募债务投资
                            └─ 私募资本的风险、收益与分散化

                                    ┌─ 房地产
                房地产与基础设施 ────┤
                                    └─ 基础设施

                            ┌─ 生地、林地和农地
                自然资源 ────┤
                            └─ 大宗商品
另类投资的资产类型 ─┤
                            ┌─ 对冲基金的特征
                            ├─ 对冲基金的投资策略
                对冲基金 ────┤
                            ├─ 对冲基金的投资形式
                            └─ 对冲基金的收益特征

                            ┌─ 分布式账本技术的基本概念
                            ├─ 数字资产的特征
                数字资产 ────┤
                            ├─ 数字资产的投资形式
                            └─ 数字资产的风险、收益与分散化
```

49.1 私募资本（Private Capital）

私募资本指的是从公开市场和传统机构（政府或银行）以外的渠道募集到的资金。私募资本分为两种类型，私募股权和私募债务。如果是以股权投资的形式向一些公司提供资金，即私募股权投资。如果是通过贷款或是债务的形式向公司提供资金，则称为私募债务投资。

49.1.1 私募股权投资

---考点要求---
解释（explain）私募股权的特点与投资特征
（★★★）

根据所使用的策略的不同，私募股权投资主要分为3类：风险投资（venture capital，VC）、成长资本（growth capital）和杠杆收购（leveraged buyouts，LBOs）。其中，风险投资关注起步阶段的公司（start-up business），成长资本关注正在从起步阶段过渡到成熟阶段的公司（more established business），而杠杆收购关注成熟公司（mature business）。

49.1.1.1 私募股权投资的类型

（一）风险投资（Venture Capital，VC）

1. 风险投资的概念

风险投资又称创业投资。广义上，风险投资指私有权益投资。狭义上，风险投资主要投资于企业的创业阶段或产业化早期，为企业提供研发或运营基金。从公司初步形成阶段到公司上市的所有阶段都可进行风险投资。

2. 风险投资的阶段

风险投资是发展高新技术的催化剂。根据一项高新技术产业化的过程，企业的融资可分为5个阶段，如表49.1所示。

表49.1 企业融资的各个阶段

阶段	特点及资金用途
天使投资期 （Angel investing/ pre-seed capital）	企业融资是为了将商业理念（idea）转化成基本的商业计划书（business plan），并评估该理念的市场潜力。 该阶段的投资参与者多为个人（家人或朋友）、企业创始人、天使投资者，投资金额大致在5 000美元到50万美元之间
种子期 （Seed-stage financing/ seed capital）	企业融资是为了支持产品研发（product development）或营销（marketing）工作。 **种子期是风险投资（VC）最早介入的阶段。该阶段的投资参与者多为种子基金和天使投资者，投资金额大致在2 500美元到500万美元之间**
早期 （Early-stage/start-up stage）	该阶段位于产品量产和销售之前。 企业融资是为了形成初步商业化生产（initial commercial production）和销售
后期 （Later-stage financing）	该阶段产品和盈利模型基本确定。 企业融资是为了扩大再生产并提升销售额。早期和后期阶段的投资参与者多为风险投资者、企业风险基金、私募股权投资者、战略投资者，投资金额大致在500万美元以上

续表

阶段	特点及资金用途
成熟期 (Mezzanine-stage financing)	IPO 前最后一轮融资。 例如,过桥融资(bridge financing),即公司在正式 IPO 前为确保经营活动顺利推进所进行的短期贷款

> **知识一点通**
>
> 根据每个阶段不同的风险特征,VC 投资者的预期收益也不同。总体而言,风险投资介入企业越早,其承担的风险越高,对预期回报的要求也相应较高。因此,相对于后期投资者,早期投资者的预期回报更高。
>
> 考生可以动态流程化来记忆不同阶段的融资目的。从天使投资期到成熟期,企业的融资目的逐渐从市场评估、产品研发、初步商业化生产、进一步扩大再生产,变为最后的为上市作准备。

> **备考小贴士**
>
> 考生需重点掌握每个细分阶段的特征,能够根据题中所描述的企业特征及融资目的,判断企业当前所处的阶段。

(二)成长资本(Growth Capital)

成长资本,也称为"成长股权"(growth equity)或"少数股权投资"(minority equity investing),通过持未达控制权的少量股权来投资较为成熟、正在寻求资本用于规模扩张、重组业务、开发新市场或兼并收购的公司。这种投资方式通常是由被投资公司(investee company)的管理层主动发起的,他们的目的是在公司上市前通过出售部分股份来获得资金实现收益的同时,仍然保留自己对公司的控制权。

成长资本通常投资于未上市公司,但有时也投资上市公司,称为私募股权上市公司(private investments in public equities,PIPE)。

> **知识一点通**
>
> PIPE 是私募基金、共同基金或者其他的合格投资者以市场价格的一定折价率来购买上市公司股份以扩大公司资本的一种投资方式。PIPE 主要分为传统型和结构型两种形式。传统型 PIPE 由发行人以设定好的价格向 PIPE 投资人发行优先股或普通股来扩大资本,而结构型 PIPE 则是发行可转换债券。

(三)杠杆收购(Leveraged Buyouts)

1. 杠杆收购的定义

杠杆收购又称融资并购,是指私募股权公司出资建立收购基金,举债收购上市公司或非上市公司。杠杆收购**上市公司**也被称为公司私有化(going-private transaction)。

私募股权公司通常只投资较少的自有资金,其余大部分资金来自银行的抵押贷款,或者发行的债券。这些贷款和债券通常由目标企业的资产、未来现金流或收益作为担保,用以还本付息。

2. 杠杆收购的分类

杠杆收购策略可以分为两类，如表 49.2 所示。

表 49.2 杠杆收购策略的分类

杠杆收购策略	特征
管理层收购 （Management buyouts，MBOs）	公司内部管理层主动发起。 管理层举债收购本公司的股份，实现对公司所有权结构、控制权结构和资本结构的改变。 管理层实现以所有者和经营者合一的身份控制重组公司。 管理层通过改善企业的运营状况而获得收益。
管理层换购 （Management buy-ins，MBIs）	外部收购方发起，替换被收购方的现有管理层。 收购方将直接参与到被收购方的经营管理当中。 收购方通过改善企业的运营状况而获得收益

49.1.1.2 退出机制

投资私募股权（以下简称 PE）的最终目的是通过出售投资对象的股权，实现资本增值。因此，退出方式的选择关系到投资者的最终利益。退出方式（exit strategy）是指 PE 投资变现和资金回收的方式。私募股权的主要退出方式有以下 7 种。

1. 首次公开发行（Initial Public Offering，IPO）

PE 基金最理想的资金退出方式是目标企业 IPO 后，通过公开市场逐渐退出。具体操作为：PE 基金将持有的全部或部分目标企业的股份，通过公开市场向公众出售，实现资金回收和资本增值。

IPO 退出存在相应的优势和劣势，其优势包括以下 2 点：

（1）可能获得**最高的退出价格（highest price）**：目标企业上市后，股权流动性提高，其价值被充分挖掘，从而给 PE 基金带来丰厚的回报。

（2）管理层认同：企业获得了持续融资的渠道，管理层获得了相对独立的地位。

其劣势包括以下 4 点：

（1）上市的成本较高：公司上市需要投资银行和律师的协助，需要支付高昂的费用。

（2）上市前的前置期（lead time）较长。

（3）面临股价波动所带来的风险。

（4）公司存在更高的披露义务。

2. 直接上市（Direct Listing）

直接上市是指 PE 基金将持有的股份在没有承销商的情况下直接在公开市场中上市，从而**降低了复杂性和交易成本**。

3. 业内转手（Trade Sale）

业内转手是指 PE 基金将持有的股份出售给第三方，如战略投资者、管理层等。战略投资者可能是目标企业的竞争对手，也可能是公司的上游或下游企业。通过购买目标企业的股份，战略投资者可以获得**协同效应（synergy）**。虽然与 IPO 相比，PE 基金以业内转手的方式退出所获得的回报相对较低，但是程序较 IPO 更加简单，所需成本远远低于 IPO。

4. 二次出售（Secondary Sale）

二次出售是指 PE 基金将持有的股份出售给其他的 PE 基金。不同的私募股权基金所擅长的行业和领域不同，所以对同一项目的了解程度和前景预期不同。

> **知识一点通**
>
> 相对于二次出售，业内转手所涉及的战略投资者会获得协同效应，所以愿意以相对较高的价格购买 PE 基金所拥有的目标企业的股权。因此，业内转手的价格一般高于二次出售。

5. 特殊目的收购公司（Special Purpose Acquisition Company, SPAC）

PE 基金通过 SPAC 退出的流程：首先由发起人成立一家壳公司，该壳公司只有现金，没有其他任何业务。然后，该壳公司向监管机构申请 IPO 发股募资，旨在用募集来的"盲池资金"收购一家非上市公司。非上市公司通过被壳公司并购的方式实现上市，并购交易必须在规定的期限内完成（通常为壳公司上市后的 24 个月内），否则 SPAC 将被摘牌并清算，资金也需返还给投资者。适合 IPO 的目标公司通常也是 SPAC 的并购对象，但两者的估值方法存在差异。

SPAC 退出方式存在相应的优势和劣势，其优势包括以下 4 点：

（1）有较长的时间向潜在投资者披露公司的发展前景，引起投资者的兴趣。

（2）估值较为固定，从而降低股价的波动性和投资风险。

（3）交易结构较为灵活。

（4）SPAC 发起人通常拥有较强的知名度、丰富的投资经验以及广泛的资源网络。

其劣势包括以下 4 点：

（1）SPAC 发起人通常拥有 SPAC 部分股权，一定程度上稀释了其他股东的权益。

（2）由于股权稀释，股权的真实价值和公布的估值之间可能存在差异。

（3）SPAC 的投资者享有赎回权，潜在赎回风险提高了交易和资金风险。

（4）并购发生后的数月内，仍有大量股东悬而未决。

6. 清算（Write-off/Liquidation）

公司解散和清算是 PE 基金最不得已的退出方式。若目标企业经营不善，无法达到预期的发展目标，同时也找不到愿意购买目标企业的买家时，PE 基金只好选择以清算的方式退出来减少投资损失。

7. 资本结构调整（Recapitalization）

资本结构调整是指以目标企业的名义发行债券，所获资金用于分红，从而实现 PE 投资者的部分回报。由于 PE 基金仍保留对目标企业的控制权，因此这种方式本质上并不算真正的退出。当利率比较低时，即融资成本较低时，资本结构调整非常受欢迎，且资本结构调整往往是 PE 基金退出的前兆。除此之外，资本结构调整常被 GP 用来操纵内部收益率（internal rate of return, IRR）。

> **知识一点通**
>
> 这 7 种退出机制中，只有前 6 种是真正的退出，最后一种并非真正的退出。

> **备考小贴士**
>
> 考生应大致了解不同退出机制的特点,着重掌握两点:
> (1) 最优的退出机制是 IPO,而最差的退出机制是清算;
> (2) 业内转手的价格通常会高于二次出售。

49.1.2 私募债务投资

—考点要求—
解释（explain）
私募债务的特
点与投资特征
（★★）

私募债务投资主要有 5 种类型:直接借贷(direct lending)、夹层债务(mezzanine debt)、风险债务(venture debt)、危机债务(distressed debt)和集合分层债务(unitranche debt)。

49.1.2.1 直接借贷（Direct Lending）

直接借贷是贷款人(lenders)直接向借款人(borrowers)提供资金,并约定利息率、付息频率、还本付息期限的投资形式。因信用评级不达标或其他原因导致无法以传统方式(通过银行)借款的公司通常会选择直接借贷来融资,同时会以较高的利息率(higher-yielding)补偿贷款人。

直接借贷有时会使用杠杆进行融资(leverage loan),即贷款人先向传统机构借钱,再用借来的资金和部分自有资金进行债务投资,企图获取利息与杠杆的加倍收益。

> **知识一点通**
>
> 考生应注意,虽然直接借贷的还本付息方式与传统债券(bonds)非常类似,但直接借贷是私募资本投资的一种形式,与传统债券向公众(不特定对象)募集资金并可以在二级市场交易的特征不同,直接借贷是借款人(borrowers)与贷款人(lenders)私下达成借贷合约的投资形式。

49.1.2.2 夹层债务（Mezzanine Debt）

夹层债务是一种优先级低于高级有担保债务(senior secured debt),但是高于股权(equity)的债务形式。由于其优先级较低,债权人通常会要求更高的收益率。另外,夹层债务通常还**伴随着附加权利**,例如,期权(options)、认股权证(warrants)和转股权(conversion rights)。

49.1.2.3 风险债务（Venture Debt）

风险债务特指刚起步(start-up)的公司或处于前期阶段(early-stage)的公司企图在不稀释股权(diluting)的情况下采取的一种融资手段。这种债务融资方式往往也**伴随着附加权利**,例如,在特定情况下,允许债权人购买公司股票或将债权转换为股权。

49.1.2.4 危机债务（Distressed Debt）

危机债务投资于陷入财务危机甚至是破产清算的成熟公司,以债务的方式为其注资,并在之后积极参与管理,企图使公司转危为安,最终实现债务价值增加。

49.1.2.5 集合分层债务（Unitranche Debt）

集合分层债务是一种**混合结构债务**，将不同风险层级的担保债券和未担保债券放入一个贷款组合中，并将这个组合作为一个整体打包销售。集合分层债务的风险和利息介于担保债券和未担保债券之间。

49.1.3 私募资本的风险、收益与分散化

总的来说，私募债务投资的风险高于传统类型债券投资所面临的风险。另外，私募股权投资的风险整体也会高于普通股权投资所面临的风险（如优先股、普通股等），还会面临流动性不足（illiquidity）和杠杆风险（leverage risk）。将私募资本投资的所有类型按风险收益大小进行比较，可得到图49.1。

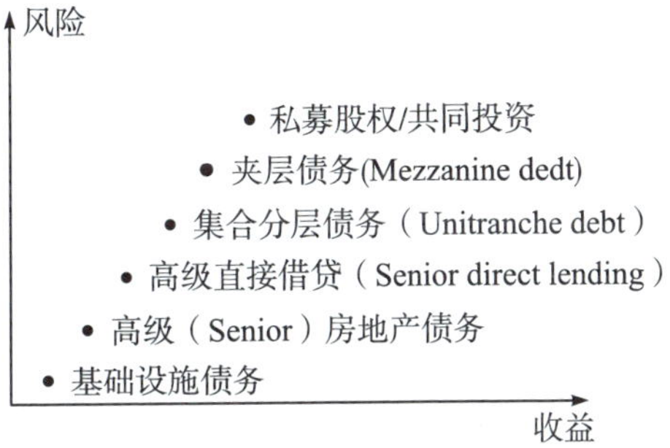

—考点要求—
描述（describe）
私募资本为投资组合带来的分散化的好处
（★）

```
风险
 │
 │         • 私募股权/共同投资
 │        • 夹层债务(Mezzanine dedt)
 │       • 集合分层债务（Unitranche debt）
 │      • 高级直接借贷（Senior direct lending）
 │     • 高级（Senior）房地产债务
 │  • 基础设施债务
 │                                    收益
 └─────────────────────────────────→
```

图49.1 私募资本的风险收益对比

私募资本的投资业绩在很大程度上取决于公司的生命周期阶段，投资一家初创企业比投资一家成熟企业所面临的风险更大，同时，如果投资一家处于衰退行业的企业，在更长一段时间内都不太可能获得正回报。投资私募基金可以为公开交易的股票和债券的投资组合增加适当的分散化收益。

年份（vintage year）对于将私募股权基金与同一年的其他基金进行比较具有非常重要的作用，每只私募股权基金都有一个年份，通常定义为该基金首次投资的年份。由于业务和估值环境的变化，某些年份的基金具有在低估值、低风险偏好、经济复苏阶段启动的优势，并且受益于经济复苏的浪潮，而某些年份的基金可能将大部分资本投资于市场崩溃或长期经济收缩之前的高估值环境中，所以投资者应该通过投资多个年份的基金来追求年份分散化。

49.2 房地产与基础设施（Real Estate and Infrastructure）

房地产具有一些独有的特征，包括异质性（没有两处房产是相同的）、寿命长以及固定的地理或物理位置；用于农业和林业的原始土地和欠发达土地被归类为自然资源投资；基础设施投资涉及公共部门或公共部门和私人部门为经济用途而合作开发的土地、建筑和其他固定资产。

49.2.1 房地产

49.2.1.1 房地产的分类

—考点要求—
解释（explain）
房地产的特点
（★★）

房地产投资是指直接或间接获得房地产的所有权，通常有两种类型：住宅房地产（residential/housing）和商业房地产（commercial）。住宅房地产主要包括普通住宅、公寓、别墅等，且住宅房地产只能用作居住用途；商业房地产主要包括写字楼、零售购物中心和仓库等，主要用作商业出租用途。目前的投资市场住宅房地产市场规模远远超过商业房地产市场规模。

> **知识一点通**
>
> 考生需要注意房地产的分类应基于持有目的，当拥有住宅房地产（无论是公寓还是别墅）的目的是出租、租赁或出租该物业以产生收入时，该房地产将被归类为商业房地产。

49.2.1.2 房地产投资的特征

—考点要求—
解释（explain）
房地产投资的
特征（★★★）

（1）需要大量的初始资金投入。
（2）异质性，从位置、租户信用、租赁期限、房龄等因素来看，世界上没有两处完全相同的房地产。
（3）有多种投资选择，如直接投资或间接投资，流动性投资或非流动性投资。
（4）很难实现对所有类型房地产的投资。
（5）复制房地产投资的非公开市场指数不可用于直接投资。

49.2.1.3 房地产投资的价格发现机制

（1）历史价格可能无法反映当前的市场状况。
（2）交易成本通常较高，买卖房地产可能是一个耗时的过程，会涉及房地产专业人士、银行、律师和其他促成这些交易的人员。
（3）交易市场不活跃。

49.2.1.4 房地产投资的方式

房地产投资的方式可以从两个维度来划分，具体如表49.3所示。

表49.3 房地产投资的方式

	债务类（Debt）	权益类（Equity）
非公开 （Private）	（1）抵押债务（mortgage debt）。 （2）建筑贷款（construction loans）。 （3）夹层债务（mezzanine debt）	（1）直接拥有房地产的所有权（direct ownership）： ① 独立产权（sole ownership）； ② 合资（joint ventures）； ③ 有限合伙（limited partnerships）。 （2）间接拥有房地产的所有权（indirect ownership）： ① 房地产基金（real estate funds）； ② 私募的房地产投资信托基金（private REITs）

续表

	债务类(Debt)	权益类(Equity)
公开 (Public)	(1) 抵押贷款证券化(mortgage-backed securities, MBS)。 (2) 商业房地产抵押贷款支持证券(commercial mortgage-backed securities, CMBS)。 (3) 抵押担保债券(collateralized mortgage obligation, CMO)。 (4) 担保债券(covered bonds)。 (5) 持有抵押贷款的房地产投资信托基金(**mortgage REITs**)。 (6) 持有抵押贷款的ETF基金(mortgage ETFs)	公开交易的股票： ① 建筑公司(construction)； ② 房地产运营公司(operating)； ③ 房地产开发公司(development)； ④ 公募的房地产投资信托基金(public REITs)； ⑤ 集体投资可转让证券(UCITS)； ⑥ 公募基金(mutual funds)； ⑦ 交易型开放式指数基金(ETFs)

> **知识一点通**
>
> 任意的房地产投资都可以从两个维度来划分：债务或股权，公开或非公开。
> (1) 债务/股权：
> ① 若拥有全部或部分所有权，则是权益类；
> ② 若涉及债务约束，则为债务类。
> (2) 公开/非公开：
> ① 无论以哪种形式（股权或债权）投资，只要能够通过在二级市场中买卖金融工具或产品来实现房地产投资的都属于公开类投资；
> ② 只有特定对象通过特定方式才能进行的房地产投资属于非公开类投资。

> **备考小贴士**
>
> CFA®一级并不要求考生了解这些房地产投资方式的具体内容，只需要考生能够对某一投资方式的投资维度作出判断（如例题49.1所示）。

例题 49.1

下列哪项属于非公开的房地产投资方式？
A. 房地产有限合伙(Real Estate Limited Partnership)
B. 住房抵押贷款证券(MBS)
C. 公募基金(Mutual Funds)

名师解析

选项A正确。
房地产有限合伙属于非公开的权益类投资，符合题意，因此选项A正确。
选项B，住房抵押贷款证券属于公开的债务类投资，不符合题意，因此选项B错误。
选项C，公募基金属于公开的权益类投资，不符合题意，因此选项C错误。

1. 直接投资房地产

房地产的直接投资是指投资者通过非公开市场，直接购置住宅、酒店、写字楼等实体房地产。对于直接投资房地产的投资者来说，其拥有该房地产的所有权。直接投资房地产有一些显而易见的优势。

（1）拥有控制权。业主可以自行决定何时购买、出售房产，根据信用情况、自己的偏好来选择租户，决定在合约中加入哪些租赁条款。

（2）税收优惠。业主可以使用非现金财产折旧费用（non-cash property depreciation expenses）和免税利息费用（tax-deductible interest expenses）来减少其应纳税所得额。

（3）分散投资组合的风险。从历史数据来看，房地产与其他资产的相关性较低，将其添加到投资组合中可以降低组合的整体风险。

但同时，直接投资房地产也存在一些劣势。

（1）过于复杂。首先，直接购买房地产是个相对复杂的过程，业主需要进行房产选择、谈判条款、尽职调查、合同审查、房产检查和产权办理等。其次，购置完成后业主还需要花费时间进行房产管理和维护。

（2）需要专业知识。业主需要了解当地房地产市场的特征和情况。

（3）需要投入大量资本。直接投资房地产需要大量的初始资本支出，因此业主往往还需要通过债务融资来完成购置。

（4）集中投资所面临的风险。资金量较小的投资者往往无法创建多样化的房地产直接投资组合，从而导致投资风险较为集中。

（5）缺乏流动性。直接投资下，想要快速购买或出售房地产通常比较困难，因此房地产市场流动性较差。如果想要在短时间内购买房产，通常需要支付比市场平均价格更高的价格；如果想要在短时间内出售房产，通常需要接受比市场平均价格更低的价格。

2. 间接投资房地产

房地产的间接投资是指投资者通过间接投资工具来进行房地产投资。间接投资工具可以是在公开市场交易的，也可以是非公开的。常见的房地产间接投资工具有：房地产公募基金、房地产投资信托基金（real estate investment trusts，REITs）、交易型开放式指数基金（exchange-traded funds，ETFs）、房地产公司股票等。其中，最受关注的投资方式之一是房地产投资信托基金。

房地产投资信托基金以发行收益凭证的方式汇集投资者的资金，由专门的投资机构进行房地产投资经营管理，并将投资综合收益按比例分配给投资者。监管通常要求房地产投资信托基金将每年90%~100%的收入进行分红，因此免征企业所得税，只向投资者征收个人所得税，从而**消除了双重赋税**。

除此之外，公开交易的房地产投资信托基金相比非公开房地产投资还有以下4点优势。

（1）其透明度更高。

（2）投资者不需要直接买卖房产。

（3）一般不会遇到大规模赎回，不需要被迫出售标的房产。

（4）投资者不需要拥有专业的房地产投资知识。

然而，REITs的基金份额可以在公开市场自由交易的特征，也导致其具有一个显著的劣势，即与非公开房地产投资相比，REITs与公开权益市场的相关性更高。

3. 房地产投资策略

房地产投资基金通常有以下4种投资策略。

（1）**核心型房地产策略（core real estate strategies）**：投资处于核心地段的、高质量的、租赁状况良好的商业和住宅房地产。

（2）**核心加强型房地产策略（core-plus real estate strategies）**：投资处于非核心地段的，但租赁风险较低，不太需要翻新或重建的房地产。

（3）**增值型房地产策略（value-add real estate strategies）**：投资需要适度重建（modest redevelopment）、出租空置房间，或重新定位（repositioning）以提升其价值的房地产。

（4）**机会型房地产策略（opportunistic real estate strategies）**：投资需要进行大规模改造或翻新的房地产，这些房地产可能存在大量空置空间；或从土地征用阶段开始，对全新的房地产项目进行投资。机会型投资者还可以预测房地产市场状况，如预测市场状况会显著改善，则进行投机。

公开投资基金通常采取核心型或核心加强型策略，而私募投资基金通常采用增值型或机会型策略。

49.2.1.5 房地产投资的风险收益图谱

低风险/低回报部分：由相对低风险的优先债务组成，如首次抵押贷款和投资级商业房地产抵押贷款支持证券（commercial mortgage-backed securities，CMBS），由于基础资产是债务，因此其风险和回报与债券的风险和回报类似。

第二部分：由主要的、能产生稳定收入的REITs组成，与低风险的优先债务相比回报率相对较高，因为回报主要来自长期租赁付款，所以仍然与债券类似。

第三和第四部分：主要回报来源于租赁，但是获得这些租赁以及维护和更新底层房地产的成本可能会变得很高，尤其当房地产需要翻新和再开发时，对于增值房地产来说，回报越来越像股权，价格升值的部分也变得越来越有意义。

第五部分：以承担最高风险为代价获得最大的回报，不断增加的股权性质的回报反映出房地产开发所面临的特殊风险，包括监管问题、施工延误和成本超支等。

49.2.1.6 房地产投资的收益特征

（1）实现租金（income generation）和资本增值（capital appreciation）的双重收益；
（2）由于房地产投资和其他传统投资的相关性较低，因此可以有效分散投资组合的风险；
（3）稳定的租金收入能够在经济震荡时期降低未来现金流的不确定性。

49.2.2 基础设施

49.2.2.1 基础设施投资的基本概念

基础设施投资的标的资产为资本密集型（capital intensive）、寿命较长的（long-lived）实物资产（real assets）。基础设施原本应由政府出资建设，但如果政府遇到财务困境，可能会引入私人部门的资金形成**公私合营结构（public-private partnership，PPP）**。一方面，私人部门的资金解决了政府财务问题；另一方面，私人部门获得了较好的投资机会，整个社会的福利得到提高。

—考点要求—
解释（explain）基础设施的特点及其投资特征（★）

49.2.2.2 基础设施投资的分类

1. 基于基础设施的性质分类

根据基础设施的性质，可以将其分为社会型基础设施（social infrastructure）和经济型基础设施（economic infrastructure）。社会型基础设施是指专为**人类活动**提供支持的设施，如学校、医院、监狱、政府大楼等。经济型基础设施是指专为**经济活动**提供支持的设施，可以进一步被细分为运输资产、信息和通信技术资产、公用事业和能源资产三种类型。

(1) 运输资产（transportation assets）：运输资产包括道路、桥梁、隧道、机场、海港以及城市铁路系统。投资运输资产将面临市场风险（market risk），因其收入来源是通行费、火车票、机票等，而这类费用的高低常常由公共交通的需求决定。

(2) 信息和通信技术资产（information and communications technology，ICT）：ICT资产包括电信塔和数据中心等与信息传输有关的设施。

(3) 公用事业和能源资产（utility and energy）：公用事业和能源资产包括生产、存储和传输电力、自来水和天然气的设施。该类资产还包含对环境友好、具备可持续发展特征的能源，例如，可再生技术（renewable technologies）、太阳能、风能和垃圾焚烧发电（waste-to-energy power generation）。

2. 基于标的资产的发展阶段分类

基于标的资产的发展阶段分类的基础设施投资，如表49.4所示。

表49.4 基于标的资产的发展阶段分类的基础设施投资

绿地投资 （greenfield investment）	运营第二阶段投资 （operational secondary-stage investments）	棕地投资 （brownfield investment）
投资正在建设或准备建设中的基础设施。 投资者盈利方式： (1) 持有或经营标的资产； (2) 将标的资产出租或卖给政府。 风险：相对较高。 回报：相对较高	投资于投资期内无须进一步投资或开发的已有的或充分运营的基础设施。 优势：即刻产生现金流和回报。有些资产不会达到这一阶段，因为它们需要持续的投资和开发。 风险：最低。 回报：最低	投资现已存在的已有（existing）基础设施。 政府目的： (1) 资产私有化； (2) 出租拥有的资产； (3) 卖出后再将资产租回。 优势：资产本身拥有财务和运营的历史记录，对其估值相对简单。 风险：相对较低。 回报：相对较低。投资者追求长期（long-term）、稳定（stable）的回报

基础设施投资可以分成绿地投资阶段、运营第二阶段和棕地投资阶段。运营第二阶段产生稳定的、类似债券的现金流，风险最低；棕地投资阶段是对现有基础设施的重新开发，风险较高；而绿地投资阶段风险最高。

基础设施投资与其他投资的相关性较低，从而可以增加投资组合的多样化，同时，投资基础设施可以在一定程度上抵御通货膨胀的影响。

> **备考小贴士**
>
> 两种基础设施投资的类型及其特点需要着重掌握，考生需要：
> (1) 根据给定特点判断基础设施投资的类型；
> (2) 判断给定基础设施投资类型的特点。

49.2.2.3 基础设施投资的方式

投资者可以通过各种直接或间接的方式来投资基础设施。但出于流动性、投资门槛

和管理难度等方面的考虑,投资者更倾向于通过间接的方式来投资基础设施。常见的间接投资形式有:

(1) 公开交易的基础设施证券;

(2) 业主有限合伙制(master limited partnerships,MLPs)。

49.3 自然资源(Natural Resources)

自然资源是一类非常特殊的投资产品,它的价值不仅体现在自然资源本身上,还体现在随着时间的流逝自然资源会产生附加价值上。例如,土地可以用于开采和种植,其种植产物也能够进行买卖。自然资源主要可以分为两类:大宗商品(commodity)、生地、林地和农地(raw land,timberland and farmland)。

49.3.1 生地、林地和农地

49.3.1.1 生地、林地和农地的定义

生地即完成土地征用但是未经开发、不可直接作为建筑用地的农用土地或荒地;林地即由成片的天然林、次生林和人工林覆盖的土地;农地即依法用于农业生产的土地。

投资者对林地和农地的所有权不仅仅是地表使用权(land-use rights)和土地上建筑物的使用权(building-use rights),还包含了用该土地种植后所得产物的所有权,甚至包含空气权(air rights)和矿产权(mineral rights)。

—考点要求—
解释(explain)生地、林地和农地的特点及其投资特征(★★)

> **知识一点通**
>
> 近十年来,随着人口增长、天气和水资源管理的流行、对 ESG(environmental, social, and governance)投资的重视程度的增加,林地和农地在投资组合中的比例也越来越高。另外,土地上生长的植物在生命周期中可以消耗碳排放,因此它们的价值不仅体现在最后的出售价格上,还体现在抵消人类在碳排放活动对地球造成的负面影响上。

49.3.1.2 生地、林地和农地的投资方式

(1) 生地:直接投资(direct investing),拥有土地实物(physical land),这种方式可以获得土地上的产物,但土地的价格信息常常不透明,并且土地实物资产流动性极差。

(2) 林地:直接投资;房地产投资信托基金(REITs),这种方式可以获得较好的流动性;林地投资管理组织(timberland investment management organizations,TIMO)。

(3) 农地:直接投资;房地产投资信托基金(REITs)。

49.3.1.3 生地、林地和农地的收益来源

(1) 生地:土地本身的价格(price of land)。

(2) 林地:土地上产物的增长(biological growth)、产量(harvest quantities)、木材的价

格(lumber prices)、土地本身的价格。

（3）农地：大宗商品的价格、产量、土地本身的价格。

> **知识一点通**
>
> 对于收益来源的理解，可以从假设拥有一片10亩地开始。假设这片土地用于种植玉米，随着时间的推移，玉米苗会越长越高，果实也会越结越多，实现了第一种收益。如果玉米的现货价格在不断地增加，那么售卖玉米所得的收入会增加。如果土地持有者打算在收割玉米之前加入远期或期货合约，那么合约价格的上涨也能保证玉米在未来可以卖一个好价钱。最后，土地本身的价格上涨也会使持有者最终以高价卖掉土地的使用权。

49.3.1.4　生地、林地和农地的投资风险

—考点要求—
分析（analyze）自然资源的风险、收益与分散化（★）

生地的投资风险主要体现在土地用途的选择上。

林地和农地的投资风险主要体现在以下4个方面：

（1）**恶劣天气**：干旱和洪水（drought and flooding）常常会导致土地产物大面积损失，而天气变化是外部因素（exogenous），难以进行人为控制。

（2）**国际竞争格局**（international competitive landscape）：由于土地的产物通常会在全球范围内进行交易，世界贸易格局的变化会导致产物的价格急剧变化。

（3）**负的现金流**（negative cash flow）：由于土地需要照料，种植产物也需要投入金钱成本和时间成本，投资的固定成本很高，同时，产物在成熟前没有任何现金流入，因此投资林地和农地会出现负的净现金流。

（4）土地实物资产的流动性极差。

> **备考小贴士**
>
> 考生需要重点掌握风险因素(1)和(2)，涉及这两种风险因素的时候，题目常会出现的表述为"两个最重要的风险因素"或"两大风险因素"，即primary。

林地和农地的主要特征的对比如表49.5所示。

表49.5　林地和农地的主要特征的对比

	林地	农地
交易单位	交易单位更大	交易单位更小
投资灵活性	**投资灵活性更高**，因为树木的存活周期较长，投资者可以决定砍伐树木的时间	投资灵活性更低，因为农作物成熟后必须当季收割
收益来源	（1）土地上产物的增长； （2）土地上产物的期货价格与现货价格的变化； （3）土地本身价格的变化	
投资风险	（1）流动性差； （2）固定成本高； （3）恶劣天气（主要针对农地投资）； （4）国际竞争格局的变化（主要针对农地投资）	

49.3.2 大宗商品

49.3.2.1 大宗商品的定义

广义的大宗商品（commodity）指可进入非零售环节的流通领域、具有商品属性、可用于工农业生产或消费使用的、大批量买卖的实物商品；狭义的大宗商品指同质化、可交易、被广泛作为工业基础原材料的商品。

大宗商品还可以进一步被细分为"软性商品"（soft）和"硬性商品"（hard）。硬性商品指的是需要被开采或是被提炼的物品，如原油或铜；软性商品指的是需要时间生长的物品，如玉米或咖啡。

—考点要求—
解释（explain）大宗商品的特点及其投资特征（★★）

49.3.2.2 大宗商品的特点

大宗商品具有以下 4 个特征。

（1）持有大宗商品不会产生现金流（cash flow）（如利息、红利或租金），大宗商品的投资收益来源于其价格的改变（changes in price）。

（2）持有大宗商品现货会产生运输费（transportation costs）和储藏费（storage costs）。因此，投资者往往会选择投资以大宗商品为标的资产的衍生品（commodity derivatives）。

（3）大宗商品投资收益与传统投资收益的相关性较低，故将大宗商品加入投资组合能实现风险的分散。

（4）大宗商品的投资表现与整体物价息息相关，故而投资大宗商品能够抗通胀（hedging inflation）。

49.3.2.3 大宗商品的投资方式

投资者可以通过多种方式进行大宗商品投资，例如：
（1）购买大宗商品衍生品（commodity derivatives）；
（2）购买大宗商品交易型开放式指数基金（commodity exchange-traded fund）；
（3）直接购买大宗商品现货；
（4）购买与大宗商品相关的公司的股票；
（5）购买管理期货基金（managed futures fund），也被称为"CTAs"；
（6）购买专注于大宗商品部门的专业基金（specialized fund）。

49.3.2.4 大宗商品期货

投资者可以通过上述多种途径参与大宗商品投资，其中，持有大宗商品期货合约是一种相对便于操作的投资方式。

1. 大宗商品期货的特点
（1）期货合约在交易所进行交易，流动性较强，安全性较高；
（2）期货合约并不强制要求交割标的资产，大大降低了交易成本；
（3）期货交易通常以保证金的形式进行，形成杠杆交易，使投资者可以用少量的资金参与投资，放大了投资收益率。

2. 大宗商品期货的定价

根据大宗商品的特征,大宗商品期货的定价公式为:

$$F = Se^{(r+c-i)T} \tag{49.1}$$

公式中,F 为大宗商品期货的价格;S 为大宗商品现货的价格;r 为短期无风险收益率;c 为持有成本;i 为便利收益(convenience yield);T 为期货合同到期的时间。

(1) 现货价格与期货价格。

若忽略持有成本和便利收益,公式(49.1)可以简写为:

$$\text{Futures price} \approx \text{Spot price}(1+r) \tag{49.2}$$

该公式为无风险定价公式。若该等式不成立,则存在套利机会。

> **知识一点通**
>
> 假设白银的现货价格为 20 美元/盎司,无风险收益率为 3%,期限为 6 个月的白银期货合约价格为 23 美元/盎司。投资者可以按照当前 20 美元的价格买入大宗商品现货,持有 6 个月后利用期货合约以 23 美元的价格卖出。该交易策略可以获得的套利利润为:
>
> $$23 - 20 \times \left(1 + 3\% \times \frac{1}{2}\right) = 2.70 \tag{49.3}$$

(2) 持有成本。

持有成本是持有、储存和运输大宗商品时产生的成本,通常包括仓储费、损耗费、运输费和保险费。当大宗商品的现货持有成本较高时,投资者更倾向于选择期货合约来避免该成本,这种需求的增加会导致期货合约价格上升。

(3) 便利收益。

便利收益(convenience yield)是持有大宗商品现货的便利性所带来的收益。例如,若企业持有大宗商品现货,则能够对生产决策和生产规模进行灵活调整,若企业持有期货则放弃了这一优势,所以期货的价格需要减去便利收益。

49.3.2.5 期货价格与现货价格的关系

期货价格可能会高于或者低于现货价格。若当前期货市场中:

(1) 期货价格高于现货价格,则称之为**期货溢价(contango)**市场,此时**便利收益较低,且持有成本超过便利收益,大宗商品远期收益率曲线向上倾斜(upward sloping)**。

(2) 现货价格高于期货价格,则称之为**现货溢价(backwardation)**市场,此时**便利收益较高,且便利收益超过持有成本,大宗商品远期收益率曲线向下倾斜(downward sloping)**。

> **知识一点通**
>
> 考生可以通过下列方法来理解记忆上面的两条结论：
> ① 正常情况下，期货交割在未来发生，夜长梦多，风险较高。因此，为了补偿风险，期货价格应该高于现货价格。若现货价格高于期货价格，有种市场向后退(back)的感觉，所以是现货溢价(backwardation)。
> ② 结合公式(49.1)，便利性收益率和期货价格呈反向变化关系。若便利收益较高，投资者持有现货的意愿更强烈，持有期货的意愿更薄弱，则期货的价格会大幅度下降，最后低于现货价格。因此，高便利收益出现在现货溢价(backwardation)市场中。

> **备考小贴士**
>
> 现货价格与期货价格的关系是重要考点，考生需要理解记忆上述两条结论且能够：
> ① 判断给定的市场中便利收益的高低；
> ② 根据便利收益的高低，判断当前期货市场的情况或期货价格与现货价格的关系。

49.4 对冲基金（Hedge Fund）

49.4.1 对冲基金的特征

对冲基金泛指一类投资范围非常广泛、投资策略相对激进、追求高收益、面向机构投资者和高净值客户的私募集合投资工具(private pooled investment vehicles)。

对冲基金和传统投资基金有较大的区别。对冲基金主要有以下 7 个特征：

（1）激进的投资风格。对冲基金往往会投资于有较高信用风险、流动性风险或其他风险的资产，以追求高的风险溢价。

（2）灵活的投资策略。对冲基金不同于传统公募基金，可以相对自由地做空和使用衍生品工具。

（3）较高的杠杆使用。

（4）广泛的投资范围。

（5）较少的法律和监管限制。

（6）较高的费用成本。投资者投资于有限合伙制结构的对冲基金时，同时涉及管理费和激励费的支付。

（7）严格的流动性限制条款。对冲基金对其投资者制定了严格的赎回限制，具体体现为：

① 锁定期(lockup period)。在基金刚开始运作的一段时间内，LP 不被允许向基金公司申请赎回自己的资产，这段时间被称为锁定期，不同对冲基金的锁定期不同。有的对冲基金会允许 LP 在锁定期内提出赎回，但需要 LP 支付高昂的赎回费，这种情况被称为**软锁定期(soft lockup)**。

② 通知期(notice period)。在锁定期结束之后，基金处于可赎回状态时，若 LP 意欲

> **考点要求**
>
> 解释（explain）对冲基金的投资特征并将其与其他资产类别进行区分（contrast）（★★★）

赎回其资产，需要提前一段时间通知 GP，该时间段被称为通知期，通常为 30~90 天。

③ 赎回费。LP 赎回其持有的基金份额时，可能需要支付一定的赎回手续费。这部分手续费通常不会交给基金管理人，而是被放回基金资产中用以补偿其他投资者因资金波动影响策略实施而遭受的损失。

> **知识一点通**
>
> 　　对冲基金起源于美国，由阿尔弗雷德·温斯洛·琼斯（Alfred Winslow Jones）创立于 1949 年，因此琼斯也被称为"对冲基金之父"。在创立初期，琼斯就对这类新型基金的投资策略作了 3 条规定：① 一定要保持空头头寸；② 一定要使用杠杆；③ 对获利部分要收取 20% 的激励费。这 3 条规定奠定了当代对冲基金的投资风格。
>
> 　　从名字上看，"对冲基金"是"风险对冲"的含义，主要因为对冲基金一定会同时持有多头头寸和空头头寸，因此整体投资组合对于市场风险（market risk）相对中性。但实际上因为对冲基金在投资过程中包含做空、使用杠杆、投资衍生品或房地产等策略，所以对冲基金的总体投资风险是较高的。

> **备考小贴士**
>
> 　　考生需要掌握对冲基金的基本特征，能够区分对冲基金与普通基金的区别。

例题 49.2

以下哪项描述不是对冲基金所具有的特征？
A. 对冲基金拥有较严格的赎回机制，存在锁定期和通知期
B. 对冲基金通常是被动管理，最常见的投资策略是跟踪指数
C. 对冲基金的投资门槛较高，通常仅向有限的投资者开放

名师解析

选项 B 正确。

对冲基金的管理策略是主动管理而不是被动管理，通常会在全球区域内投资且投资多种资产，而不是跟踪指数。因此选项 B 描述错误，符合题意，为正确选项。

选项 A，对冲基金拥有较严格的赎回限制，存在锁定期、通知期和赎回费，因此选项 A 描述正确，不符合题意，为错误选项。

选项 C，对冲基金的投资门槛较高，通常仅向有限的投资者开放，且期初要求的投资金额较大，因此选项 C 描述正确，不符合题意，为错误选项。

49.4.2　对冲基金的投资策略

　　对冲基金的分类方法多种多样且并非一成不变，其中一种方法就是按照对冲基金的投资策略进行分类。对冲基金的投资策略可以分为 5 大类，分别为：权益对冲策略、事件驱动策略、相对价值策略、机会导向策略和多管理人策略。5 种策略大类中又存在许多细分策略，如图 49.2 所示。从最近 30 年的投资策略全球占比的变化来看，事件驱动和相对价值策略逐渐受到基金经理人的青睐，而全球宏观和权益对冲策略的流行性正在下降。

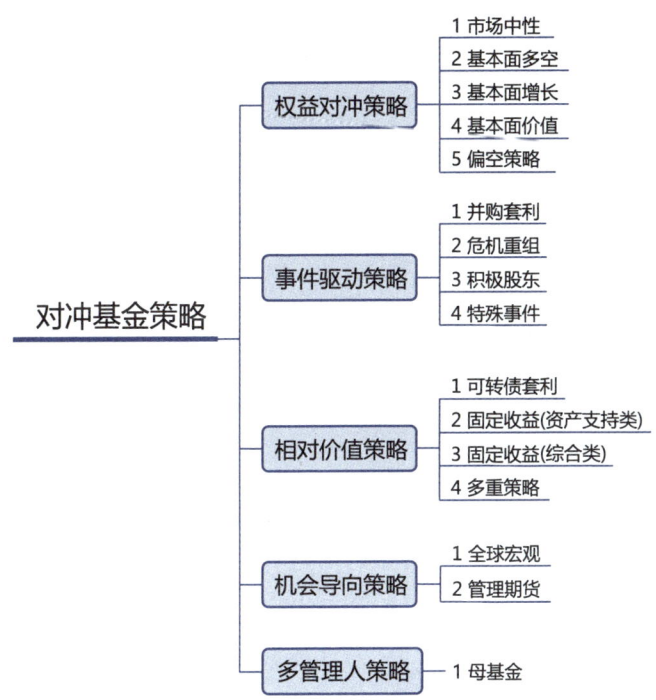

图 49.2 对冲基金策略的分类

> **备考小贴士**
>
> 对冲基金的投资策略可能会从以下两个角度来考查：①分类，判断子策略的归属；②给出描述，判断应用的是哪种投资策略。
>
> 由于母基金策略更偏向于对冲基金的结构性调整，因此该子策略将会在投资形式小节进行介绍。

49.4.2.1 权益对冲策略

权益对冲策略属于**自下而上（bottom-up）**的投资策略，通过持有或卖空股票、衍生品来构建组合。权益对冲策略被细分为以下 5 类策略。

1. 市场中性策略（Market Neutral）

该策略首先通过量化技术或基本面分析的方法判断股票价格被低估还是被高估；之后，对冲基金买入价值被低估的股票，卖空价值被高估的股票。如此构造的投资组合，净市场头寸为零，投资组合的 Beta 近似于零，其收益表现与市场风险（market risk）无关，此时，无论市场是涨是跌，投资组合都可以获得持续的收益。

2. 基本面多空策略（Fundamental Long/Short）

对冲基金做多那些与潜在内在价值相比交易价格较低的公司，并做空那些价格被高估的公司，目的是获得阿尔法收益。

3. 基本面增长策略（Fundamental Growth）

该策略基于基本面分析，识别预计拥有高成长（high growth）及高资本增值（high

capital appreciation）的股票并做多此类股票，同时，识别预计未来收入不会持续并面临下行风险的股票并做空此类股票。从总的头寸来看，基本面增长策略会更倾向于净多头头寸（net long）。

4. 基本面价值策略（Fundamental Value）

该策略基于基本面分析，识别价值被市场低估的股票并做多这类股票，同时，做空价值被高估的指数 ETF 基金或者是价值被高估的股票。

5. 偏空策略（Short Biased）

该策略首先通过量化技术或基本面分析识别价值被高估的股票，然后对冲基金做空此类股票，待股价下跌后获得相应回报。例如，美国的浑水研究公司（Muddy Waters Research）就多次通过空头策略获得巨额回报。

> **备考小贴士**
>
> 在 5 类权益对冲策略中，考生需重点掌握市场中性、基本面增长和基本面价值这 3 种子策略。

49.4.2.2 事件驱动策略

事件驱动策略试图利用影响目标企业价值的特殊事件来获利。该策略是否能够获得较高收益，取决于特殊事件是否发生。典型的特殊事件包括公司并购、资产重组、股票回购、破产清算等。由于该策略从公司层面开始分析，因此遵循**自下而上的分析方法（bottom-up analysis）**。根据所用投资工具和投资技巧的不同，事件驱动策略又被细分为以下 4 类。

1. 并购套利策略（Merger Arbitrage）

在相关公司宣布兼并或收购后，并购套利策略会在买入被收购公司股票的同时，做空收购公司的股票，企图从股票的交易价差（deal spread）中获利。该策略最大的风险在于并购事件发生的不确定性。若最后并购并没有发生，对冲基金可能会面临损失。

> **知识一点通**
>
> 一家公司（X）收购另外一家公司（Y）。X 为收购公司（acquirer），Y 为被收购公司，又称目标企业（target company）。收购公司一般都是溢价收购目标企业，即以超过市场均价的水平收购。因此，若并购发生，目标企业的资产价值会上升，并购套利者能够从做多被收购公司的股票中获利。同时，收购方买入目标企业会带来资本结构的变化，可能增加债务。因此，收购公司的股票价格会下跌，并购套利者能够从做空收购公司的股票中获利。

2. 危机重组策略（Distressed/Restructuring）

该策略关注濒临破产的公司，一种方式是投资濒临破产公司的高级债券（senior debt），高级债券在破产清算的流程中可以优先得到资产清偿，另一种方式是基金经理人使用支点债券（fulcrum debt）企图从处于破产保护的公司的重组中获利。

> **知识一点通**
>
> 破产分为两种,一种是破产清算,一种是破产保护。
>
> 破产清算的顺序是:有担保的(secured)高级(senior)债券、有担保的低级(junior)债券、无担保的(unsecured)高级债券、无担保的低级债券、优先股、普通股。
>
> 另外,濒临破产的公司可以申请破产保护,在破产保护期间,债权人不得强制要求还债。申请破产保护的公司可以通过资产的重新整合与运作,以及剥离不良资产等方法,使公司重新走上正轨,甚至变得比以前更加强大。

3. 积极股东策略(Activist)

积极股东购入公司足够多的股票,从而取得该公司的实际经营控制权,影响公司的政策或方向。不同于私募股权基金,该策略投资于公开权益市场。

4. 特殊事件策略(Special Situation)

不同于并购套利和危机重组策略,该策略投资正在经历重组(restructure)的公司的权益证券。重组事件包括证券发行(security issuance)、证券回购(security repurchase)、专项资产分配(special capital distribution)、救助融资(rescue finance)以及资产的出售与分拆(asset sales/spin-off)。

> **备考小贴士**
>
> 在4类事件驱动策略中,考生需重点掌握前两种策略,即并购套利策略和危机重组策略。

49.4.2.3 相对价值策略

相对价值策略基于价值回归的思想,试图从相关证券的短期价格差异(pricing discrepancy)中获利。相对价值策略可以被细分为以下4类。

1. 可转债套利策略(Convertible Bond Arbitrage)

该策略属于一种市场中性策略(market-neutral)。基金经理通过买入可转换债券的同时卖空该公司的普通股,创建一个零贝塔(zero beta)组合。此时,基金经理既可以获得可转换债券的固定收益,又可以获得卖空股票的收益。

2. 资产支持类固定收益策略(Fixed-income Asset Backed)

该策略试图利用资产支持类证券(asset-backed securities,ABS)的错误定价(mispricing),从不同的资产支持类证券或者抵押贷款支持证券(mortgage-backed securities,MBS)之间的价差获利。

3. 综合类固定收益策略(Fixed Income General)

该策略关注固定收益市场中证券的相对价值。基金经理交易不同市场主体发行的固定收益产品,买入价值被市场低估的证券,同时卖出价值被高估的证券,从低买高卖中获利。

4. 多重策略(Multi-Strategy)

该策略并不局限于某一种投资工具或资产,而是根据市场的变化,通过不同资产以及投资工具之间的相对价值来进行套利。

> **备考小贴士**
>
> 在 4 类相对价值策略中，考生需重点掌握两种：可转债套利策略和市场风险策略。

49.4.2.4 机会导向策略

1. 全球宏观策略（Macro）

宏观策略遵循自上而下的分析方法（top-down approach），是基金经理根据宏观经济状况、立足全球经济动态制定的投资策略。该类基金通常同时在外汇市场、股市、债市和期货市场上进行投资，通过所持有头寸的市场价格的变动来获取利润。例如，基金经理买入美元和日元股指，同时卖空欧元和美国短期国债。著名的老虎基金、索罗斯的量子基金都属于全球宏观策略对冲基金。

2. 管理期货策略（Managed Futures）

管理期货策略又被称为商品交易顾问策略（commodity trading advisers，CTAs），该策略对大宗商品、股票、固定收益证券、外汇等投资标的走势作出预判，通过期货期权等衍生品进行做多、做空或多空双向的投资操作，为投资者获取来自传统股票、债券等资产类别之外的投资回报。管理期货策略通常使用量化投资方法，即借助模型和计算机算法来衡量不同时间范围内的趋势和动量。管理期货策略不仅有分散化的优势，还被证实无论是在市场势头强劲的时期还是在市场面临下行压力的时期，都表现出比其他对冲基金策略更好的投资业绩。

49.4.3 对冲基金的投资形式

—考点要求—
描述（describe）对冲基金的投资形式和投资工具（★★）

对冲基金最常用的组织结构为私人有限合伙企业（private limited partnerships）或有限责任公司（limited liability companies）。投资者在投资对冲基金时可以选择直接投资形式或间接投资形式。直接投资形式包括主联结构（master-feeder structure）和独立管理的账户（separately managed account，SMA），间接投资形式包括基金中的基金（funds of hedge funds）和交易型开放式指数基金（hedge fund replication ETFs）。

49.4.3.1 基金中的基金的定义

基金中的基金又被称为"母基金"，是以对冲基金为投资标的的一种基金，被投资基金也被称为"子基金"。FOF 的投资结构如图 49.3 所示。

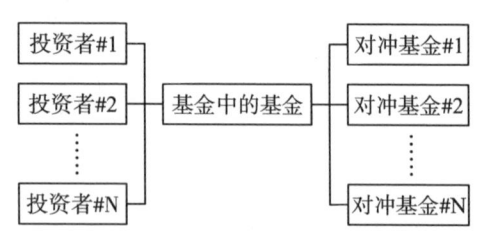

图 49.3 FOF 的投资结构

49.4.3.2 投资 FOF 的优缺点

基于 FOF 的特殊结构，投资 FOF 相比于直接投资对冲基金而言，存在一些优点和缺点。

1. 投资 FOF 的优点

① 更低的投资门槛：基金中的基金降低了对冲基金的投资门槛，使得中小投资者能够参与其中。

② 更专业的尽职调查（due diligence）：FOF 的基金经理能够更专业地针对对冲基金进行尽职调查，继而将表现优异的对冲基金加入投资组合中。

③ 更有利的赎回条款（better redemption terms）：相比个人投资者，FOF 的基金经理能够争取到更有利的赎回条款，减少或降低赎回条款所带来的限制或成本。

④ 更好的分散化（diversification）：通过投资多元资产（即投资不同的对冲基金），FOF 可以更好地分散整个组合的风险，从而显著降低投资对冲基金所面临的风险。

2. 投资 FOF 的缺点

多层费用结构（multi-layered fee structures）：FOF 涉及多层费用结构，即在收取标的对冲基金的费用基础上，FOF 自身再收取一层管理费和激励费（an extra layer of fees）。

> **知识一点通**
>
> 结合 FOF 投资结构图可知，FOF 涉及两层基金管理：一层是 FOF 的基金经理，另一层是 FOF 所投资的各个对冲基金的基金经理。因此投资者需要同时为两层的基金管理支付管理费和激励费。通常 FOF 层的费用结构为"1/10"，即额外支付 1% 的管理费及 10% 的激励费给 FOF 经理人。

49.4.4 对冲基金的收益特征

对冲基金的收益主要来源于三个方面：市场回报（market beta）、策略回报（strategy beta）和基金经理的能力（alpha）。

由于对冲基金的业绩评估都依赖于基金的自我披露，所以相应的基金指数的编制会存在偏差，主要包括幸存者偏差（survivorship bias）和回填偏差（backfill bias）。以上两种偏差除了会使基金指数的回报率被高估，还会导致对冲基金或私募股权基金的波动性被低估，继而另类投资与其他投资的相关系数被低估。

最初，对冲基金的主要策略是市场中性策略，通过持有多头和空头头寸使得投资组合的贝塔为 0，试图以最小的市场风险敞口为投资者创造价值。随着时间的推移，对冲基金的策略已经从投资这些与股票市场相关性很小或根本没有相关性的股票，演变为投资各种资产类别的复杂策略。虽然对冲基金策略差异很大，但在市场低迷期间，市场中性策略、相对价值策略和事件驱动策略往往能够跑赢股票市场。

——考点要求——
分析（analyze）对冲基金的风险、收益与分散化（★）

49.5 数字资产（Digital Assets）

数字资产是一种相对较新的资产类别，是基于创新的分布式账本技术或区块链技术，通过电子方式创建、存储和传输，并且具有相关所有权或使用权的资产，如加密货币、代币和数字收藏品等。

49.5.1 分布式账本技术的基本概念

49.5.1.1 基本概念

—考点要求—
描述（describe）分布式账本技术在金融领域中的应用（★）

1. 分布式账本技术

分布式账本（distributed ledger）是一种可以在网络上、无数成员之间共享、复制并同步的数据库。分布式账本使得每个成员都有一份数据库副本，该副本记录着已经通过验证的所有交易。

分布式账本技术（distributed ledger technology，DLT）是基于分布式账本，在点对点（peer to peer，P2P）的基础上创建、交换和跟踪金融资产所有权的一种手段。DLT网络改善了金融服务的交付以及金融记录存储的方式，例如，加快了资产所有权的转让，提升了信息保存的准确性、透明度和安全性等。然而，该技术并不完全安全，隐私和数据被侵犯的可能性依旧存在。

DLT网络的基本要素包括数字分类账（digital ledger）、用于确认新增记录的共识机制（consensus mechanism）和参与者网络（participant network）。其中，共识机制是网络中的计算机（节点）就账本的状态达成共识的过程，一般包括两个步骤：交易验证和网络中各成员节点就账本更新达成共识，即每次新增交易信息时，必须向所有成员节点进行广播并验证，这就意味着账本中的数据和信息是透明的，且能够被参与者实时访问，但同时又是不可更改的。

> **知识一点通**
>
> 人类社会信任架构演变，是从熟人间的"点对点"，到如今基于中介的陌生人之间的"点对点"，即在信任架构中引入中介，如甲和乙都信任丙，丙便作为信任服务的提供者，帮助形成陌生人之间"点对点"的信任。
>
> 但随着社会的发展，中介由于掌握了巨大的资源和话语权，引发了深层次的信任危机，技术极客们便开始对信任架构的变革进行深入思考和大胆实践。DLT网络正是这一波思考和实践的直接产物，也就是把中介的"他们"换成"它们"，用建立在数学、算法基础之上的信任来代替对串接在信任流程中的"人"的信任，实现陌生人之间"点对点"的信任。这就是DLT技术的由来。

2. 区块链

区块链（Blockchain）便是一种典型的DLT的应用形式。信息（如所有权的变化）被有序地记录在区块内，然后将区块链接在一起，并使用加密方法予以保护。

每个区块包含一组交易信息以及与前一个区块联系的安全链接（称为"哈希"，即hash）。只有通过一种共识机制的验证，新的交易才会被插入区块链中。

> **知识一点通**
>
> 在国内，分布式账本技术的概念常与"区块链"（blockchain）技术混同。实际上，区块链是分布式账本技术的一种运用形式，而比特币则是区块链技术具体运用的一种情形。

49.5.1.2　工作量证明（Proof of Work）vs 权益证明（Proof of Stake）

区块链的本质是一种软件协议，它使参与的各方在不必相互信任的情况下，基于共同的假设和认知进行交互。当交易进入区块链的一个节点时，它们被捆绑成"块"，并以密码学的方式"链接"在一起。共识协议（consensus protocol）就是一套决定区块如何链接在一起的规则，并使得这种链接不可更改。共识协议主要有两种类型。

（1）"工作量证明"共识协议（The Proof of Work Protocol，PoW Protocol）。

在工作量证明共识协议下，每次交易发生时，网络上的一些计算机（称为"矿工"，即miners）使用强大的计算能力来解决复杂的算法难题，以验证并将交易块锁定到区块链中，在这个过程中为自己赚取加密货币。这一过程需要大量的计算能力，使得单个第三方难以操纵历史数据，成本也极其高昂，这就是著名的51%攻击阈值。即使网络的大部分计算能力可以在瞬间被控制，可被改变的区块链的长度也会受到网络算力被控制时间的限制。所以工作量证明共识协议一直是数字资产中使用最广泛的共识协议。

（2）"权益证明"共识协议（The Proof of Stake Protocol，PoS Protocol）。

该协议要求网络上选定的参与者，即验证者，以质押资本的方式为区块的有效性提供担保。当有验证者提出新的区块时，其他验证者对该区块的有效性进行验证。验证者从区块的提出和验证中均能获益。这种共识协议建立在一组利益相关者以及他们质押的权益的基础上，这些利益相关者控制着网络的计算能力，并保护网络的访问不会被恶意控制。

两种共识协议下，对交易的验证都有回报，那就是采矿（mining）。成功验证交易的矿工会获得一种新的数字资产，即加密货币或者代币。

49.5.1.3　需经许可网络 vs 无须许可网络

DLT 可以采用无须许可网络或需经许可网络的形式。

无须许可网络（permissionless networks） 对网络中的所有成员开放，交易的有效性通过相关的共识机制来验证，因此无须依赖集中的权威机构，故其有去中心化的特征。这也意味着不存在单点故障（single point of failure），因为每个节点都存储着一个数据库的副本。比特币（Bitcoin）就是一种典型的无须许可网络。

在**需经许可网络（permissioned networks）**中，成员参与交易会受到一定的限制。从参与者添加交易到监管机构只能查看交易，再到只能查看交易的部分细节而不能查看完整记录，参与者会被限制进行不同级别的访问。

> **知识一点通**
>
> 单点故障（single point of failure，SPOF）是指在一个系统中，如果某个组件、设备或个体因故障停止工作，整个系统就无法正常运行。单点故障的存在会增加系统整体的脆弱性，因为它意味着系统对特定组件的依赖性极高。

需经许可区块链和无须许可区块链的主要特点对比如表 49.6 所示。

表 49.6 需经许可区块链和无须许可区块链的主要特点对比

	需经许可区块链	无须许可区块链
速度	更快,因为只有少数成员参与或被授权进行交易验证	较慢,因为大量成员必须达成共识,会降低网络的速度和可扩展性
成本	成本效益高,因为每笔交易只需少数成员参与验证	成本效益低,因为需要很多成员来验证每笔交易,需要更多的计算机处理能力和网络带宽
去中心化	部分去中心化,因为链中的成员数量有限	去中心化,因为所有成员都可以访问网络
访问	会员资格有限	会员资格不限
治理	由一个集中的组织来治理	治理是去中心化的,由成员来维护

49.5.2 数字资产的特征

49.5.2.1 数字资产的分类

1. 加密货币(Cryptocurrency)

加密货币是最常见的数字资产,可被用于转移或存储价值。加密货币没有具体的物理载体,可以实现实时交易,且无须银行之类的传统金融中介。

最知名的加密货币就是比特币(BTC 或 XBT)。基于与比特币类似的技术,还有很多其他的加密货币,统称为山寨币(altcoins),如以太币(Ether)、稳定币(Stablecoins)、模因币(Meme coins)等。

为了保证其价值,许多加密货币会控制它们的发行量。然而,由于加密货币没有政府的支持或监管,且缺乏基本面价值而导致其价格波动较大。

加密货币不由政府背书或监管。不过,各地央行逐步认识到加密货币的潜在好处,正在研究央行数字货币(CBDCs)来作为实物货币的替代品。

2. 代币(Tokens)

在房地产、奢侈品和大宗商品等涉及实物资产的交易中,其产权验证和实物转移的过程较为烦琐。通过资产代币化(tokenization),即利用分布式账本来代表和记录实物资产的所有权,可以大大简化流程,并强化交易的安全性。

常见的代币包括:非同质化代币(non-fungible token,NFT),常用于交易数字艺术品;证券代币(security tokens),将公开交易证券的所有权数字化。一些公司还会通过初始代币发行(initial coin offering,ICO)的方式来进行融资,与传统 IPO 相比,ICO 发行成本更低,融资时间更短,但大多数 ICO 通常没有投票权。

此外,还有功能代币(utility tokens),可以支付网络内的服务费用、网络费用等;治理代币(governance tokens),通过类似投票的形式,决定网络的运行方式。

数字资产的分类如表 49.7 所示。

表 49.7 数字资产的分类

数字资产 (Digital assets)	加密货币 (Cryptocurrency)	比特币(Bitcoins)
		山寨币(Altcoins),如以太币(Ether)、稳定币(Stablecoins)、模因币(Meme coins)等
		央行数字货币(Central bank digital currencies, CBDCs)
	代币 (Tokens)	非同质化代币(Non-fungible token,NFT)
		证券代币(Security tokens)
		功能代币(Utility tokens)
		治理代币(Governance tokens)

49.5.2.2 数字资产的特征

数字资产与传统金融资产存在着显著差异,其主要区别体现在资产的内在价值、交易的确认、用作交换媒介、法律和监管保护等方面,如表49.8所示。

—考点要求—
解释(explain)数字资产的投资特征(★★)

表 49.8 数字资产与传统金融资产的主要区别

	数字资产	传统金融资产
内在价值	无基本面价值或未来现金流,价值基于其总量限制下的稀缺性而带来的预期增值	资产的价值由未来产生的现金流决定
交易确认	通常记录在去中心化的、无须许可的数字分类账上,使用相关的加密技术和算法	记录在中央机构维护的私人分类账本上
用作交换媒介	很少有数字资产被直接用作交换媒介,主要针对大规模商业活动的支付层面	不直接用作交换媒介,但可以随时进行交易并兑换成现实世界中广泛使用的传统法定货币
法律和监管保护	没有统一、标准的法律条款,框架不断演变;一般不受监管。在一些国家,是非法的	具有成熟的法律、监管和商业标准,在所有司法辖区都是清晰的、可预见的

—考点要求—
区分(contrast)数字资产与其他资产类别(★★)

> **知识一点通**
>
> 特斯拉的CEO埃隆·马斯克是加密货币和代币的高调支持者。特斯拉曾投资15亿美元比特币以实现公司账面现金的多元化,也曾接受比特币作为其车辆的支付方式。然而,在矿机挖矿的过程中会消耗大量的电力。为了获得价格低廉的电力,矿场通常选择电力过剩且采用火力发电的地区设址,而火力发电涉及煤炭的使用。因此,马斯克而后宣布,因担心比特币的开采和交易过程中使用到化石燃料而停止接受该支付方式。

49.5.3 数字资产的投资形式

对数字资产的投资可以采取直接投资和间接投资两种形式。直接投资是指直接投资于区块链、加密货币等数字资产;间接投资是指通过对交易所相关产品和对冲基金的投资来实现对数字资产的投资。

—考点要求—
描述(describe)数字资产的投资形式和投资工具(★★)

49.5.3.1 直接投资

数字资产的直接投资是在各种数字交易所(digital exchange)进行的。一旦交易达成,就会在区块链上进行验证,并创建一个该交易的永久性记录。

目前有两种不同类型的数字交易所。

1. 中心化交易所(Centralized exchanges)

这是当下最为流行的交易所类型。这类私人持有的交易所为加密货币提供交易平台、流动性和透明的价格。交易是电子化的直接交易,无须任何经纪商或做市商。但由于中心化交易所托管在私人服务器上,这会使得交易所及其客户暴露在安全漏洞之下,一旦交易所的服务器被入侵,整个系统就可能瘫痪。

2. 去中心化交易所(Decentralized exchanges)

去中心化交易所参照区块链的去中心化协议,在没有中央协调或控制的分布式平台上运行,其运作方式类似于比特币的运作方式。这类交易所的好处是,如果网络上的一台计算机受到攻击,交易所仍然可以正常运行。但由于不受单独的个人或组织所控制,因而很难监管,潜在的非法活动也较多。

因为没有受到严格的监管,中心化交易所和去中心化交易所都可能面临欺诈和操纵市场的风险,并引发关于投资者保护方面的担忧。

直接投资加密货币存在若干风险:首先是欺诈风险,如各种"拉高出货"(pump and dump)计划、市场操纵、盗窃等。其次,由于加密货币通常被存放在一个只能使用唯一密钥访问的加密货币钱包(cryptocurrency wallet)中,一旦失去对密钥的访问权限,钱包中持有的加密货币便无法找回。据报道,大约20%的比特币被存放在丢失或废弃的钱包中。

此外,许多较小的加密货币可能主要由少数人所持有,这些持有者被称为"鲸鱼"。"鲸鱼"是加密货币圈的术语,指那些持有足够多的加密货币进而可以操纵加密货币价格的个人或组织。

> **知识一点通**
>
> 加密货币的"拉高出货"(pump and dump)指的是某一资产的早期投资者会对该资产大肆吹捧,以鼓励其他人购买,从而推高其价格,然后抛售获利,同时使不知情的投资者蒙受巨大的损失。加密货币的炒作以及数字资产的监管缺失,使得"拉高出货"在加密货币领域较为普遍。

49.5.3.2 间接投资

除了投资区块链、加密货币等直接投资形式,还可以通过一些间接投资形式实现对数字资产的投资敞口,如表49.9所示。

表49.9 数字资产的间接投资

	间接获得加密货币敞口的方式	特点/示例
加密货币信托基金 (Cryptocurrency coin trusts)	投资者在场外市场(OTC)交易,并通过持有大量加密货币的基金份额实现投资	投资者无须创建一个数字钱包和使用加密密钥来投资加密货币。特点:类似于封闭式基金的运作;额外的交易透明度;高额的费用;可能以高于或低于其资产净值的价格进行交易

续表

	间接获得加密货币敞口的方式	特点/示例
加密货币期货合约 (Cryptocurrency futures)	指未来特定日期以特定价格买入或卖出特定数量加密货币的协议。通过投资这类期货合约,获得加密货币的敞口	特点:通常采用现金结算,没有实质的加密货币的交易。与传统期货市场相比,加密货币期货市场发达程度较低,流动性较差,波动性更高
加密货币交易所基金 (Cryptocurrency exchange-traded funds)	投资于各类寻求复制数字资产投资回报的交易所交易产品,如 ETFs	这些 ETFs 通常不直接投资于加密货币,而是通过现金和加密货币衍生品来获得对加密货币价值的敞口
加密货币股票 (Cryptocurrency stocks)	投资于业务活动与加密货币相关的公司的股票	例如,接受加密货币的支付提供商,投资加密货币或挖掘加密货币的公司,开发和制造挖矿专用计算机的公司等
投资加密货币的对冲基金 (Hedge funds investing in cryptocurrencies)	各种策略的对冲基金,已经成为间接投资数字资产的主力军。投资于这类对冲基金,间接获得加密货币的敞口	例如,一些对冲基金通过积极地挖掘比特币,以期产生更高的回报

49.5.3.3 非数字资产的数字化投资

非数字资产的数字化投资是指投资产品的底层是非数字资产,但投资形式类似数字资产的数字化形式。例如,资产支持代币(asset-backed tokens)的本质是实物资产或金融资产所有权的数字化。常见的代币化资产包括黄金、原油、房地产和股票等。

资产支持代币可以实现高价资产(如房屋、艺术品、贵金属等)的部分所有权转移,即允许多个投资者分别拥有同一资产的部分权益,这种方式可以提升高价资产的流动性。此外,所有权的数字化使得所有权信息和所有权转移信息不可变更,从而增加交易的透明度,同时减少交易、中介和记录存储等方面的成本。

49.5.4 数字资产的风险、收益与分散化

49.5.4.1 数字资产的风险和收益

—考点要求—
分析(analyze)数字资产投资的风险、收益与分散化(★)

加密货币没有潜在的未来现金流,其价值完全基于未来可能的资产增值。而加密货币的有限供应是其价格的重要驱动因素。例如,按照最初的设计,比特币的供应量被限制在 2 100 万枚。此外,加密货币的价格还受市场接受度、监管发展、投机和市场风险偏好等因素所驱动。

自 2009 年推出以来,比特币表现出高回报、高波动性以及和传统资产相关性较低的特点。

从 2010 年中期到 2021 年 11 月 10 日,比特币价格从 0.05 美元上涨到 68 789 美元的历史峰值。虽然在随后出现崩盘,价格大幅下跌,但早期投资者在其惊人的价格飙升中已然获得了巨大的回报。

高回报的同时也伴随着高波动性。虽然比特币及其他加密货币的历史相对较短,但其波动性远远高于传统金融资产。

由于价格的驱动因素、法律和监管等层面存在的不确定性,其他加密货币也能观察到类似比特币的价格和回报模式。

49.5.4.2 数字资产的分散化效益

鉴于加密货币价格的驱动因素与传统资产的不同，其与传统资产回报的相关性较低。比特币和基准资产的月度对数回报间的相关性如表49.10所示。

表49.10 比特币和基准资产的月度对数回报间的相关性（2011/01－2022/01）

	比特币（美元）	标准普尔500指数总回报	摩根士丹利全球指数回报	彭博全球综合债券指数
比特币（美元）	1	—	—	—
标准普尔500指数总回报	0.21	1	—	—
摩根士丹利全球指数回报	0.22	0.97	1	—
彭博全球综合债券指数	0.14	0.25	0.33	1

注：标准普尔500指数总回报、摩根士丹利全球指数回报和彭博全球综合债券指数为2011/01－2022/01的对数回报。均以美元计。

由于与传统资产回报的相关性较低，加密货币有着潜在的分散化效益。不过，这种相关性似乎在增加，其分散化效益还有待观察。

练一练

49-1 Which of the following investments would give investors the lowest liquidity premium?
A. Hedge fund.
B. Private equity fund.
C. Real estate investment trusts.

49-2 Diane intends to add infrastructure assets in her portfolio for diversification purpose. Her financial advisory suggests that she choose brownfield investments instead of greenfield investments, because brownfield investments least likely have:
A. higher expected risks.
B. fewer growth opportunities.
C. steady cash flows.

49-3 Jason is an investor who focuses on alternative investments. Compared with a single hedge fund, he shows more interest in a fund of funds. This is because:
A. a single hedge fund has a more complex fee structure.
B. a single hedge fund has better redemption terms.
C. a fund of funds has expertise in conducting due diligence.

49-4 Which of the following least likely belongs to a category of private equity?
A. Leverage buyouts.
B. Growth capital.
C. Activist shareholder.

49-5 Which of the following statements is most correct?
A. Digital assets do not have fundamental value or future cash flow generation.
B. Digital assets are generally recorded in private ledgers maintained by central intermediaries.
C. Legal and regulatory standards for digital assets and trading are well developed and are often comparable across national borders.

49-6 An investor who wants to invest digital assets indirectly can choose the following tools except:

A. cryptocurrency futures.

B. cryptocurrency coin trusts.

C. a newly created cryptocurrency.

第 9 部分

投资组合管理

考情分析

"投资组合管理"在 CFA® 一级考试中分值占比为 8%～12%，难度和权重都不高。然而这门科目的比重在 CFA® 二、三级中会逐渐增加，因此考生必须在一级的时候打好基础。本门科目需掌握的是组合管理中分散风险的核心思想，以及如何构建组合的思路，里面涉及的有效前沿、资本配置线、资本市场线、证券市场线等既是学习的难点，也是考纲的重点。本门科目涉及计算的部分很简单，考生不必担心。

"投资组合管理"一共六章，涉及的内容包括组合管理概述、组合风险与收益、组合的计划与构建、个人投资者的行为偏差、风险管理。其中组合管理概述属于框架性、总结性内容；组合风险与收益将具体讲解构建组合的思路，需要重点掌握；个人投资者的行为偏差介绍个人投资者的一些非理性偏误，只作定性考查，知识条理清晰。组合的计划与构建、风险管理只涉及概念和基本方法的定性介绍，比较简单。

本部分框架图

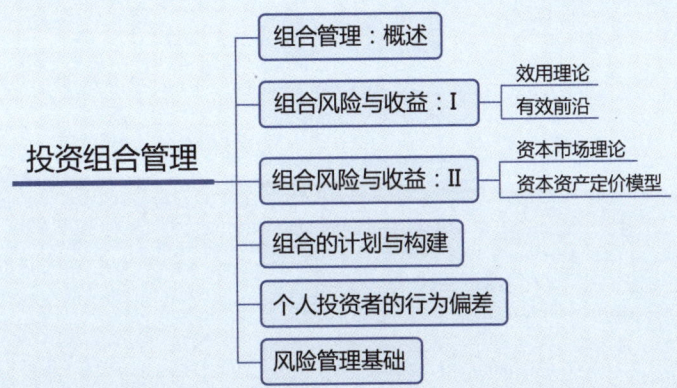

第 50 章 组合管理：概述

知识引导

本章作为投资组合管理的开篇章节，概括性地讨论了组合管理相关的基础概念，内容相对比较杂乱，彼此之间并无关联：本章首先将讨论组合管理在投资中的重要性，并简单描述构建投资组合的三个主要步骤；其次，会把投资者进行分类，并阐述不同投资者的特性和需求；接着介绍市场中可供选择的投资产品；最后介绍资产管理行业的发展趋势。

考点聚焦

在本章学习中，考生应能描述组合投资方法，区分不同类型投资者的特征和需求，熟记组合管理的三大步骤及每个步骤所包含的内容，描述不同类型的集合投资工具。

本章框架图

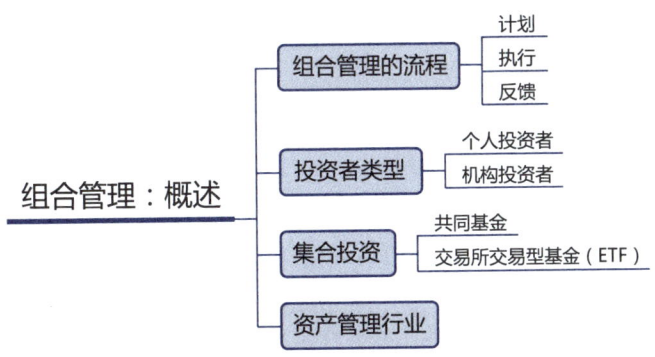

50.1 组合管理的流程

> —考点要求—
> 描述（describe）投资组合管理方法、组合管理的步骤（★★）

投资组合能够提供风险分散的好处。通过合理配置投资组合，投资者可以在预期回报不变的前提下降低投资风险。因此，在组合管理的视角下，我们不再孤立地考虑单一资产的风险和收益，而是评价其对整个组合风险和收益的贡献。但需注意的是，在金融危机或市场失灵、各类资产价格几乎同步变动时，投资组合降低下行风险的效果也十分有限。

从专业的资产管理人的角度，组合管理的步骤可以划分为计划（planning）、执行（execution）、反馈（feedback）三个阶段。

50.1.1 计划（Planning）

投资组合管理的第一步是了解客户的需求，包括客户的投资目标和限制条件并由此形成投资策略说明（investment policy statement，IPS）。如果没有事先了解客户需求，投资经理很难取得令客户满意的结果。投资策略说明是一份描述客户投资目标和限制的书面文件，并以此为指导来构建投资组合。投资策略说明里应当设定一个业绩的比较基准，例如 S&P 500 的收益率。由于投资环境、投资人的需求和限制条件可能随着时间发生改变，投资策略说明也应该定期检查、及时更新。

50.1.2 执行（Execution）

投资经理在完成投资策略说明后，接下来要按照方案执行投资操作，包含三个步骤：资产配置（asset allocation）、证券分析（security analysis）、组合构建（portfolio construction）。

1. 资产配置

资产配置是指在不同类别的可投资资产之间分配资金的过程。在投资策略说明的指导下，投资经理需要根据当时的经济环境、市场预期为投资人选择适当的资产类别，包括权益类证券，固定收益类证券，现金以及另类投资（如房地产、大宗商品、对冲基金以及私募股权）等，并同时确定每种资产类别的投资比例。

投资经理可能会使用自上而下（top-down）的分析思路，依据经济趋势进行资产配置。例如，经济繁荣阶段股权投资的表现往往会优于债权投资，投资经理可以在这一时期多配置股权类资产。

2. 证券分析

分析师可以结合自上而下和自下而上的分析的方式，利用自身对于某些行业或公司的深度了解，来判断是否对某个具体证券进行投资。

3. 组合构建

在资产配置和证券分析完成之后，投资经理结合 IPS 中陈述的客户需求，通过在市场中进行交易（trading），最终形成投资组合。一般交易的过程是委托给交易部门来执行的。整个组合的构建期间，投资经理都会进行风险管理（risk management）以保证投资组合与客户的风险容忍度相一致。投资经理应当以分散化投资组合的角度（diversified portfolio perspective）去考虑问题，将所有的投资作为一个整体去衡量风险，而不是单独地衡量每笔投资的风险。

50.1.3 反馈（Feedback）

投资组合构建完成后并非一劳永逸，需要持续监控，并根据市场环境和客户自身条件的改变作出调整。由于投资组合中证券价格的变化及基本面因素的变化，组合内各类资产的配置比例随时间推移会偏离预定的目标，此时应对资产配置进行再平衡（rebalancing），使其回到目标比例。例如，假设原有60万元股票与40万元债券，股债配置比例为60∶40。一段时间后，股票投资收益为50%，变为90万元，债券投资收益率为10%，变为44万元。此时股债配置比例约为67∶33。此时应卖出股票买入债券，将比例调回至60∶40，这一操作称作再平衡。此外，当客户的自身条件发生显著改变时，亦应对投资组合作出调整，以满足客户的最新需求。最后，还应该定期对投资组合的业绩进行评估和报告，确认是否达到了客户的要求。

> **备考小贴士**
>
> 组合管理具体步骤属于较为重要的考点，但对知识深度要求不高，考生看到描述能够分辨属于哪一步骤即可。

例题 50.1

组合的执行步骤包括：
A. 完成资产配置
B. 检测组合的业绩
C. 准备投资策略说明

名师解析

选项 A 正确。
选项 B 属于反馈阶段，选项 C 属于计划阶段，选项 A 属于执行阶段。

50.2 投资者类型

50.2.1 个人投资者（Individual Investors）

以自然人身份在金融市场中进行投资的投资者一般称为个人投资者。个人投资者进行投资的目的千差万别，具体包括：筹集旅游经费、支付日常开销以及创业项目启动资金等等。更多的个人投资者则是为了将来退休后能够获得经济来源。许多员工通过参与**缴费确定型养老金计划**（defined contribution pension plan）来进行投资。

有些个人投资者的投资目标是为了资产增值，所以会选取有成长性的投资标的；有些个人投资者是为了得到收入来源，所以会投资固定收益类证券或者股息率较高的股票。个人投资者在作出投资决策时应考虑个人的财务状况以及职业生涯前景，在做长期投资之前，投资者也会考虑开设一个现金账户或者购买一定额度的保险来进行风险的分散。

> —考点要求—
> 描述（describe）投资者类型及其特征与需求，描述（describe）缴费确定型和收益确定型养老金计划（★★★）

> **知识一点通**
>
> 养老金计划是指员工在工作期间每月将一定比例的工资存入养老金账户进行投资管理,以期在退休后能从中获取收入或者遗赠给后代。缴费确定型养老金计划中,员工工作期间缴存金额确定,但退休后获得的退休金不确定,员工自行决定如何进行养老金投资,因此投资的风险和收益由员工个人承担。

50.2.2 机构投资者(Institutional Investors)

机构投资者的种类众多,也是金融市场的主要参与者。常见的机构投资者有收益确定型养老金计划(defined benefit pension plan)、捐赠基金(endowments)、基金会(foundations)、银行、保险公司、主权财富基金(sovereign wealth funds)、投资公司等。

50.2.2.1 收益确定型养老金计划

收益确定型养老金计划是指雇主在员工退休之后,有义务(obligation)定期向退休员工支付预先确定的养老金。也就是说,该计划参与者退休后期能获得的收益(退休工资)是事先确定的,收益的具体数目和员工退休前的工资水平、工作年限等有关。为了能够在将来拿出相应的资金去支付退休员工的退休金,雇主一般会定期向养老金计划里缴纳资金,并决定如何投资,因此,该基金的投资风险由雇主承担。如果投资的收益不足以支付养老金费用,不足的部分将由雇主来补足。

收益确定型养老金计划的特征和需求是:

(1) 投资期限长;
(2) 流动性需求低;
(3) 风险承受度(或称风险容忍度)高;
(4) 收益需求对于成熟养老金较高,对于成长阶段的养老金较低。

> **知识一点通**
>
> 考虑到不断有新员工的加入,一般养老金计划的投资期限可以认为是无限的,即使没有新员工参与,现存的养老金计划依然被认为是长期投资者。

50.2.2.2 捐赠基金和基金会

捐赠基金和基金会一般通过社会捐赠形成,由非营利机构进行管理,以满足特定开支要求(如支持大学运营、慈善资助等)。一般这种基金的投资目标是,在完成资助目标的同时,还要维持经通胀调整后的本金价值。多数捐赠基金和基金会都以永久运行为目标设立。

捐赠基金和基金会的特征和需求是:

(1) 投资期限长;
(2) 流动性需求低;
(3) 风险承受度高;

(4)收益需求较高,需满足承诺的开支。

50.2.2.3 银行

银行吸收存款并发放贷款,主要利润来自存贷息差。银行不可能将所有存款都借出去,而是保留部分现金作为准备金,其中超过法定准备金的超额准备金(excess reserves)可以用于投资赚取收益。因为银行需要较多的流动资金来应付可能出现的提款和贷款需求,所以对流动性需求高,投资期限也较短。它的收益目标是超过银行获得资金的成本,即提供给储户的利率。银行业面临的监管非常严格,能够承担的风险很低,主要投资于短期的固定收益类、货币市场的金融工具。

银行的特征和需求是:
(1)投资期限短;
(2)流动性需求高;
(3)风险承受度低;
(4)收益需求较低,但需满足支付利息和运营的需要。

50.2.2.4 保险公司

保险公司收取保费并支付保险赔偿,投资目标是收益超过或然事件发生时保险公司支付的赔偿金。由于赔付事件随时可能发生,保险公司流动性需求高,能承担的风险水平较低。保险公司的账户通常分为一般账户和盈余账户,其中一般账户资金用于向保单持有人支付赔偿,以保守的固定收益投资为主;盈余账户存放超过负债的多余资金,用于投资风险较高的资产类别,如股票或另类投资,以期获得更高的回报。

根据业务类型,保险公司可以进一步分为人寿保险公司和财产及意外(property and casualty,简称 P&C)保险公司,此外还有其他专业型保险公司(如再保险)。人寿保险公司在投保人死亡时赔付;P&C 保险公司在发生财产损失或意外事件时赔付,与人寿保险公司相比赔付更频繁,因此 P&C 保险公司的投资期限较短。

保险公司的特征和需求是:
(1)人寿保险公司投资期限较长,P&C 保险公司投资期限较短;
(2)流动性需求高;
(3)风险承受度低;
(4)收益需求低。

50.2.2.5 主权财富基金

主权财富基金是国有的投资主体,单个基金可能规模极大。根据设立目的的不同,不同的主权财富基金有不同的投资目标和期限,个体差异明显,在这一点上与个人投资者类似。

50.2.2.6 机构投资者的特征和需求总结

各类机构投资者的特征与需求总结如表 50.1 所示。

表 50.1　机构投资者的特征和需求总结

	投资期限	流动性需求	风险承受度
收益确定型养老金计划	长	低	强
捐赠基金和基金会	长	低	强
银行	短	高	弱
保险公司	寿险长；财产及意外险短	高	弱

> **备考小贴士**
> 机构投资者特征属于较为重要的考点，建议根据机构业务性质进行理解掌握，需要考生根据题目给出的特征描述对应机构类型。

例题 50.2

风险承受能力强，投资期限长，流动性需求低是下列哪一类机构投资者的投资特征？
A. 保险公司　　　　B. 银行　　　　C. 收益确定型养老金

名师解析

选项 C 正确。

养老金计划的投资期限一般较长，流动性需求低，风险承受度高。保险公司和银行风险承受度低，流动性需求高。其中财产保险公司和银行投资期限一般较短。

50.3　集合投资（Pooled Investments）

—考点要求—
描述（describe）共同基金，并与其他类型的集合投资进行比较（compare）（★★）

由于投资人的需求不尽相同，市场中也存在各种不同的投资产品。个人投资者可以开设账户选择不同的证券进行投资，大型机构则可以聘请投资经理进行专门管理。除了单独投资，投资者也可以通过资产管理公司（基金公司）的集合投资产品（pooled investment）进行投资。比如共同基金（mutual funds）和交易所交易型基金（exchange-traded funds），投资人只需少量资金就可以参与；对冲基金（hedge fund）和私募股权基金（private equity fund）具有较高的投资门槛，只适合高净值人群参与；**独立管理账户(separately managed account, SMA)** 专门服务于拥有大规模资产的投资者。投资人可用资金的多少、期望收益率以及流动性需求等因素会直接影响到他们可投资的产品类型。

50.3.1　共同基金（Mutual Funds）

共同基金是一种集中所有投资人的资金进行组合管理的方式，投资人通过认购该基金的份额来获取相应比例的收益。共同基金的价值被称为资产净值（net asset value），根据该组合投资的各种证券的收盘价计算，每日公布。

> **知识一点通**
>
> 例如,共同基金 A 以 1 元/份的价格发行了 1 000 万份基金产品,那么共同基金 A 总共募集了 1 000 万元的资金并且发行了 1 000 万份基金。随后该基金经理使用募集到的资金在金融市场上购买各类有价证券,一段时间后由于证券市场价格的波动,共同基金 A 的资产净值变为 1 100 万元,那么对应的每份基金的资产净值为 1.1 元/份。

50.3.1.1 根据基金规模分类

根据基金规模是否可变,共同基金可分为开放式和封闭式两种。

1. 开放式共同基金(Open-End Mutual Funds)

开放式共同基金的特点体现在投资人可以在基金存续期间不断申购新的基金份额或赎回已有的基金份额,申购或者赎回的价格按照当日的基金净值结算,所以开放式共同基金的总份额是随着申购和赎回变化的。为了应对可能的赎回要求,该基金必须留存部分现金而无法做到完全投资。投资开放式共同基金的费用包括管理费、前端费、赎回费等。

2. 封闭式共同基金(Close-End Mutual Funds)

封闭式共同基金一旦开始运行便不再接受新的投资,存续期间投资人也不能赎回其份额,所以基金总份额是不会变化的。

新的投资人可以通过购买已存在份额的方式进行投资,持有基金份额的投资人则通过卖出份额的方式来变现。这样的结果是,封闭式基金在投资人之间的买卖价格受供需关系的影响,可能会和基金的资产净值不等,出现溢价或折价销售的情况。

封闭式基金可以将其全部资金进行投资,但由于不能再增发新的份额,它的规模增长可能性有限,而开放式基金的规模则能快速扩大。同时,由于开放式基金需要应对投资者不定期的赎回,因此对基金经理的现金管理能力要求更高。

> **知识一点通**
>
> 封闭式共同基金与开放式共同基金的主要区别在于基金的份额能否发生改变。在封闭式共同基金中基金的份额是守恒的,在基金存续期间已有的基金份额只能在投资者之间相互流转,而总份额不变,只是从原有投资者手中转移到新投资者手中;在开放式共同基金中基金的份额是随时变化的,如果投资者申购或者赎回基金份额,那么该基金的总份额则相应的增加或者减少。

50.3.1.2 根据投资标的分类

根据投资标的不同,共同基金可以分为以下四种。

1. 货币市场基金(Money Market Fund)

货币市场基金是一种开放式基金,具有风险低、流动性好的特点,收益通常比短期的银行存款高。与银行存款不同的是,货币市场基金不受存款保险制度保障。很多货币基金的净值固定为 1 美元(或当地币),收益以新增份额的形式体现,也有一些货币基金的净值是可变的。货币市场基金投资于短期货币市场工具,如短期国库券、大额存单、商业票据等,投资的产品期限一般为隔夜至 90 天。

> **知识一点通**
>
> 投资人一般将货币市场基金视为银行存款的替代品,在投资人眼中基本等同于持有现金。但是货币市场基金并不是完全无风险的,当遭遇重大金融危机时,货币市场基金也可能遭受损失。

2. 债券型基金(Bond Funds)

债券型基金主要投资公开市场交易的各类债券,包括政府债券、公司债券以及高收益债券等,有些债券型基金的投资品类还包括上市公司的优先股。债券型基金的投资门槛也很低,投资人只需少量资金就可以认购基金份额,因此债券型基金能很好地分散投资风险。该基金的净值等于组合里所有债券的价值之和除以基金总份额。债券型基金投资的债券期限一般短至 1 年,长至 30 年。

3. 股票型基金(Stock Funds)

股票型基金主要投资于股票市场,相比其他类型的共同基金而言,股票型基金有着较高的风险与收益。按照投资风格划分,股票型基金有两种类型。一种是主动管理型,基金经理通过在组合中纳入自选个股的方式以寻求优异业绩。另一种是被动管理型,这种基金的收益目标是追踪某个指数的收益。一般来说,由于主动管理型股票基金需要为自主选择股票承担额外的调研成本,因此主动型股票基金往往会收取更高的管理费用,同时也有较高的交易频率,在产生资本增值的同时也会带来更多的税费。

4. 混合/平衡型基金(Hybrid/Balanced Funds)

混合型或平衡型基金是投资于债券和股票的共同基金,所以同时具备债券基金和股票基金的特点。这类基金只占美国共同基金总投资的一小部分,但在欧洲更为常见。

50.3.2　交易所交易型基金(Exchange-Traded Funds)

交易所交易型基金(ETF)结合了封闭式和开放式共同基金的特点。ETF 基金在二级市场的交易类似于股票或封闭式共同基金,都是从一个投资者手中交易到另一个投资者手中。ETF 基金与开放式共同基金类似之处在于其基金份额可变,新的投资者可以向 ETF 基金的发起人申购新的基金份额,所以当申购完成后,ETF 基金的份额将相应增加。

ETF 基金一般属于被动管理型基金,目的在于追踪某一指数的收益。在 ETF 的认购阶段,ETF 的基金发起人首先决定每份 ETF 基金所对应的一篮子证券,之后基金发起人会联系投资者,投资者把一篮子证券交付给发起人,作为回报,投资者得到相应份额的 ETF 基金。只有被授权的机构投资者才会参与 ETF 的申购。这些 ETF 可以由机构投资者通过二级市场出售给公众,机构投资者也可以通过归还 ETF 基金份额的方式再向基金发起人赎回原有的一篮子证券。开放式共同基金与 ETF 的主要区别在于,共同基金的投资人是在一级市场申购基金份额,其价格由基金净值决定,而普通投资人购买 ETF 基金是在二级市场中进行,交易价格可能和 ETF 基金净值不一样。不过一般情况下 ETF 的价格和净值不会相差太远,否则在一级和二级市场之间会有套利机会的存在。另外二者还在股息处理方式上有所差异,在共同基金中股息往往被再次投资,而在 ETF 基金中股息会直接发放至投资人手中。此外,ETF 基金的起投金额一般比共同基金更低。最后由于 ETF 基金的申购和赎回都是通过一篮子证券进行的,不会立刻发生资本利得税,所以 ETF 基金有着一定的税收优势。

50.4 资产管理行业

资产管理公司通常被称为买方(buy-side),即购买服务的一方。而证券经纪人/做市商(broker/dealer)则被称为卖方(sell-side),他们提供交易及投资研究等服务。根据提供的服务类型,资产管理公司可以分为专业型(specialist,专注于某种资产或某种投资风格)、全服务型(full-service,有各种资产类型和投资风格)、集成型(multi-boutique,母子公司模式,一家控股公司持有多家专业型资产管理公司)。根据管理策略,资产管理可以分为主动管理和被动管理。主动管理以收益超过某个基准为目标,被动管理以复制基准指数的收益为目标。根据投资的产品,资产管理公司可以分为传统型和另类型。传统资产管理公司采用多头投资,多元化配置股票、债券等资产,收入主要是基于资产规模的管理费;另类资产管理公司更侧重于投资对冲基金、私募股权等资产,收入来源除管理费外,通常还有业绩提成。从组织架构上看,大多数资产管理公司是私有的,通常以有限责任公司或者有限合伙的形式设立。公开上市的资产管理机构一般是大型综合金融机构的一部分,如许多上市银行、保险公司等都有从事资产管理的分支机构。

随着社会经济形势的变化、投资者需求的转变、科技的进步,以及全球资本市场的扩张,资产管理行业呈现出以下三个趋势。

—考点要求—
描述(describe)资产管理行业的各个方面(★)

1. 被动投资策略快速发展

2017 年数据显示,全球资产管理规模(asset under management,AUM)中有约五分之一采用被动投资策略。被动策略实际上被少数大型资产管理人所采用且集中在权益策略中。被动投资策略的盛行主要源于两点:其一,对于投资者,被动投资策略的成本比主动投资策略要低很多。其二,主动投资策略往往要求获得事前的超额回报(ex ante alpha),这在美国大盘股市场等高度有效的市场上是非常困难的。

2. 大数据在投资过程中被使用

大数据时代已到来,每分每秒都有海量的实时的数据被创造。这些数据来源于社交媒体、传感器等不同领域,拥有不同形态(结构化、半结构化、非结构化),包含着财务报表和经济指标未能覆盖的重要信息。因此,获取高质量的大数据对投资决策的制定意义非凡。在实务操作中,第三方研究机构正在不断为金融行业提供高质量的大数据,用于时间序列分析和模型预测。资产管理人员也已经开始利用先进的统计和机器学习技术,不断对新数据进行加工处理和分析。是否能够快速地根据这些数据构建出能够获得超额收益的投资组合,是每一个市场参者当前所面临的挑战。

3. 智能投顾不断扩充财富管理渠道

智能投顾,又称机器人理财,是虚拟机器人基于客户自身理财需求,通过算法和产品来实现以往人工提供的理财顾问服务,是一种新型的资产管理方式。根据客户的投资目标和风险偏好,智能投顾利用算法为客户进行投资规划、资产配置、税收亏损收割(tax loss harvesting),以及投资策略选择。智能投顾的兴起源于资产管理行业中的一些新趋势。首先,资产管理行业更加大众化、年轻化。传统意义上,资产管理行业的目标客户多为高净值客户,普通人往往由于相对较低的财富水平而无法获得周到的服务。利用智能投顾的高效率,广大中产阶层和年轻客户群体如今也能够获得个性化、专业化的投资建议。其次,资产管理行业更加低费率化。智能投顾有着更低的顾问费,并且往往采用成本更低的被动投资策略,使得其总体费率远低于传统投顾。最后,资产管理行业出现更多的新进入者。智能投顾的进入门槛较低,除传统的资产管理公司以外,也迎来了更多非传统型参与者,包括保险公司、科技公司等。

练一练

50-1 According to the investment objectives, Tom, a portfolio manager, decided to increase the weight in venture capital funds to 80% and decrease the weight in cash and short-term debt securities to 20%. This asset allocation was *most likely* suitable for the:

A. endowment fund.

B. money market fund.

C. banks' excess reserves.

50-2 Melli, a fund manager of Axe Capital, is making decisions on security selection for her portfolio. Which step of portfolio management is Melli implementing?

A. The planning step.

B. The execution step.

C. The feedback step.

50-3 Bombard Capital Fund allocates 80% of its investment into 90-day Treasury Bills. Based on the allocation, Bombard Capital Fund is *most likely* a:

A. money market fund.

B. hedge fund.

C. private equity fund.

50-4 Which of the following features is *most* accurate to describe life insurance companies?

A. Low liquidity requirement.

B. Long investment horizon.

C. High risk tolerance.

扫码查看
答案及解析

第51章 组合风险与收益：Ⅰ

知识引导

投资者为了防范投资过于集中而可能产生的巨额亏损,通常应将资金按一定比例投资于多个资产中,以此构建分散化的投资组合(portfolio)。"不要把所有的鸡蛋都放在一个篮子里"便是对投资组合最为通俗形象的解释。要为投资者构造一个合适的投资组合,其过程分为两步:一是确定组合中风险资产的构成;二是决定这个风险资产组合和无风险资产的资本配置比率。本章我们便从风险与回报之间的权衡着手并通过风险资产有效前沿来寻求对于每个投资者而言的最优投资组合。

考点聚焦

理解最小方差组合以及有效前沿,重点掌握根据体现投资者风险偏好的效用函数以及资本配置线来寻求最优投资组合的过程,并会计算组合的风险,即标准差或方差。

本章框架图

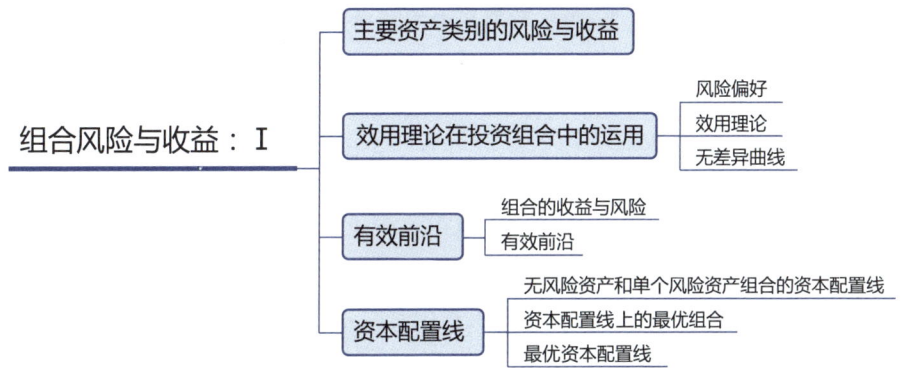

51.1 主要资产类别的风险与收益

—考点要求—
描述（describe）主要资产类别的特征，计算（calculate）和解释（interpret）资产收益率的均值、方差、协方差（★）

在构建最优组合之前，需要了解市场上可以购买到的主要资产类别及其重要特征。常见的资产类别有股票、公司债券和政府债券，具体又可以细分为大盘股、小盘股、长期公司债、短期公司债、长期政府债、短期政府债等等。

投资组合理论采用均值-方差分析框架，以收益率的算术平均值衡量回报、以收益率的方差（或标准差）衡量风险。因此为了构建投资组合，首先要计算各资产的收益和风险。

需要注意的是，在投资时人们关心的其实是资产的期望收益率而不是历史收益率，因为期望收益率才能代表预期将来能获得的回报。在实践中，通常以历史平均收益率代表期望收益率，此时需要考虑历史收益率是否具有代表性。

对于单个资产来说，历史平均收益率计算公式如下：

$$R = \frac{R_1 + R_2 + \cdots + R_n}{n} \tag{51.1}$$

其中，R 表示某资产的平均收益率；R_i 表示该资产在过去第 i 期的收益率；n 表示数据期数。

类似地，可以使用一段时间内历史收益率的方差来估计资产的风险。回顾"数量分析方法"科目的内容，样本方差计算公式为：

$$s^2 = \frac{\sum_{i=1}^{n}(X_i - \bar{X})^2}{n-1} \tag{51.2}$$

其中，s^2 表示样本方差；X_i 表示数据集中的某一数据；$\bar{X}$ 表示样本均值；n 表示数据集中数据的个数。在这里，X_i 即为资产在过去第 i 期的收益率。

为便于解释和计算，有时也使用标准差度量风险。标准差又称为波动率（volatility），等于方差的平方根。样本标准差用 s 表示，计算公式如下：

$$s = \sqrt{\frac{\sum_{i=1}^{n}(X_i - \bar{X})^2}{n-1}} \tag{51.3}$$

除了单个资产的收益和风险，在构建投资组合时，我们还关心资产间的相互关系，即协方差。样本协方差的计算公式如下：

$$s_{XY} = \frac{\sum_{i=1}^{n}(X_i - \bar{X})(Y_i - \bar{Y})}{n-1} \tag{51.4}$$

其中，s_{XY} 表示数据集 X、Y 的协方差，X、Y 中包含的数据量相等，均为 n；$(X_i - \bar{X})$ 表示数据集 X 中的第 i 个数据与均值 $\bar{X}$ 的差；$(Y_i - \bar{Y})$ 表示数据集 Y 中的第 i 个数据与均值 $\bar{Y}$ 的差。在投资组合计算中，公式中的 X 和 Y 分别代表两种资产的一组历史收益率。关于资产间的协方差对组合整体表现的影响，后文还会进一步说明。

大量历史数据表明,资产的风险越高,通常其收益率也会越高,收益和风险存在着正向关系。比如相比于债券,股票的风险高一些,同时股票的历史平均收益率一般也会高一些。如果市场是有效的,那么投资者不可能在增加某个或某类资产收益率的同时降低其风险。这也就意味着,风险和收益之间有着权衡(trade-off)关系,如果要获得高收益,通常就要承担高风险。所以承担风险可以让投资者获得额外的收益,这部分高于无风险利率的收益被称为风险溢价(risk premium)。

> **备考小贴士**
>
> 资产收益率均值、方差、协方差的计算与"数量分析方法"科目考点重合,在此不过多介绍,相关知识可参考"数量分析方法"科目内容。

51.2 效用理论在投资组合中的运用

51.2.1 风险偏好（Risk Preference）

风险偏好反映的是投资者在面对不确定性情况下的行为和态度,通常可以分为风险厌恶、风险中性、风险喜爱三类。举一个简单的例子来区分这三种风险态度,假如某人面临两个选项:一是确定收入100元,二是50%的概率收入200元而50%的概率收入为0,两个选项的预期收入都是100元,但选项一是100%确定的收入,没有任何风险,而选项二是具有不确定性的,即存在风险,从投资者作出的选择就可以看出其对风险的态度。

51.2.1.1 风险厌恶（Risk Averse）

如果投资者选择的是选项一,即确定的100元,他便是一个风险厌恶者。在面对相同的预期收益时,风险厌恶者希望尽量降低风险,而在面对相同的风险时,希望获得最大的预期收益。如无特殊说明,组合理论都假设投资者是风险厌恶者。

> **考点要求**
>
> 解释（explain）风险厌恶及其对于组合选择的影响（★★）

> **知识一点通**
>
> 风险厌恶型投资者并不是完全不接受风险,而是在接受风险的同时要求相应的补偿,即高于无风险利率的预期收益,也就是风险溢价。

51.2.1.2 风险中性（Risk Neutral）

如果选项一和二对投资者是无差别的,换句话说只要预期收益一样,有无风险都不影响选择,那就意味着该投资者是一个风险中性者。一个风险中性者只关心收益,不关心风险,所以收益越高越好,即使要承担较大的风险。

51.2.1.3 风险喜爱（Risk Seeking）

如果投资者选择选项二,他便是一个风险喜爱者,在预期收益相同的情况下,宁愿选择有风险的项目,可见风险给他带来了额外的效用(utility)。出于风险带来的额外效用,投资者甚至可能会选择预期收益更低且同时风险更高的资产。

51.2.2 效用理论（Utility Theory）

在上面的例子中，投资者如果选择了确定的 100 元，说明这个选项带给他的效用更大。在投资中，效用是指投资者从不同的投资组合里获得的满意度。

根据风险和预期收益率，我们可以把投资者个人的满意度量化为效用值并通过效用函数体现。效用函数的使用存在着前提假设：投资者永远偏好更高的收益；此外，投资者能根据自己的偏好对不同的组合进行排名，并且排名具有一致性（例如，相比 Y 偏好 X，相比 Z 偏好 Y，那么 X 和 Z 中就一定偏好 X）。

效用函数的公式通常可表达为：

$$U = E(R) - \frac{1}{2}A\sigma^2 \tag{51.5}$$

其中，U 是投资者的效用值；$E(R)$ 是投资资产或组合的预期收益率；σ^2 是方差，代表风险。

在公式(51.5)中，A 代表的是风险厌恶系数，对于风险厌恶者来说，$A > 0$ 意味着增加（减少）风险会降低（增加）效用值。A 的经济含义是为了维持效用不变，投资者每多承担一单位风险而要求的边际收益。一个投资者越厌恶风险，其 A 值会越大。关于公式(51.5)，还需要掌握以下内容。

(1) 效用值没有上限和下限。

(2) 预期收益率越大，效用值越大。

(3) 在风险厌恶的假设下，风险越大，效用值越小，且减小程度会通过 A 值放大。

(4) 效用值的大小可以用来对同一投资者面临的不同组合进行排名，但不同投资者的效用不能进行比较。

如果对 A 值进行进一步拓展：

当 $A = 0$ 时，投资者是风险中性者，风险的变化不会影响效用。

当 $A < 0$ 时，投资者是风险喜爱者，风险的增加可以增加效用。

当 $A > 0$ 时，投资者是风险厌恶者，风险的增加可以降低效用。

另外，一个无风险资产对于所有投资者的效用都是相同的，因为此时 $\sigma^2 = 0$，即 $U = E(R)$。

51.2.3 无差异曲线（Indifference Curve）

将公式(51.5)移项变为 $E(R) = \frac{1}{2}A\sigma^2 + U$ 后，就能得到效用的无差异曲线。同一条曲线上的每个点都对应了一组风险与预期收益率，投资者对于这些风险与收益率的组合是无差别的，因为它们提供了相同的效用值。

图 51.1 展示了某位风险厌恶投资者的一系列无差异曲线。a 点和 b 点对于这位投资者是一样的。b 点的风险和收益都比 a 点高，高风险带来的负效用通过高收益进行了弥补，因此它们在同一条无差异曲线上。

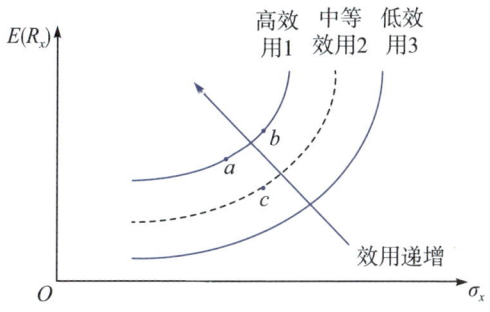

图 51.1　风险厌恶者的无差异曲线

图 51.1 中，b 点和 c 点的风险相同，但 b 点的预期收益率更高，所以 b 点的效用比 c 点更大。根据无差异曲线的性质，曲线 1 的效用比曲线 2 要高。当曲线往左上方向移动的时候，效用会逐渐增大。因此，效用最大化的投资者会尽量选取处于左上方曲线上的投资组合。

图 51.2 展示了 5 类投资者的无差异曲线。根据前面的解析，风险厌恶者在风险增大时要求更高的收益率，故图中的 1、2、3 代表了风险厌恶者，其风险厌恶的程度决定了曲线的斜率，斜率为正值，从高到低依次是 1＞2＞3。风险中性的投资者无所谓风险的大小，故 4 代表了风险中性者，曲线斜率为 0；风险喜爱的投资者在风险增大时获得额外效用，愿意接受更低的收益率，故 5 代表的是风险喜爱者，曲线斜率为负值。

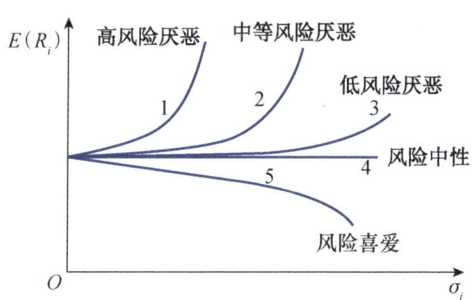

图 51.2　不同类型投资者的无差异曲线

> **知识一点通**
>
> 风险厌恶程度高（A 越大）的投资者，其无差异曲线更为陡峭（steep），而风险厌恶程度低（A 越小）的投资者，其无差异曲线更加平坦（flat）。

51.3　有效前沿

51.3.1　组合的收益与风险

一个投资组合至少需要两个资产构成，这里我们先研究最为简单的两个风险资产构成的组合。

51.3.1.1 以两个风险资产构成的组合的收益率

组合的收益率是组合中各个资产收益率的加权均值,对于两个资产的组合来说,其公式是:

$$R_p = w_1 R_1 + w_2 R_2 = w_1 R_1 + (1-w_1) R_2 \tag{51.6}$$

其中,w_1 是资产 1 的权重,即资产 1 的价值占组合总价值的比例;R_1 是资产 1 的收益率;w_2 是资产 2 的权重;R_2 是资产 2 的收益率。

51.3.1.2 以两个风险资产构成的组合的风险

—考点要求—
计算(calculate)并解释(interpret)组合的标准差(★★★)

组合的风险,即组合收益率的不确定性,通过组合的标准差或方差来衡量。包含两个风险资产的组合的标准差如下:

$$\sigma_p = \sqrt{w_1^2 \sigma_1^2 + w_2^2 \sigma_2^2 + 2 w_1 w_2 \text{Cov}(R_1, R_2)} \tag{51.7}$$

或

$$\sigma_p = \sqrt{w_1^2 \sigma_1^2 + w_2^2 \sigma_2^2 + 2 w_1 w_2 \rho_{1,2} \sigma_1 \sigma_2} \tag{51.8}$$

其中,σ_1 和 σ_2 分别代表资产 1 和资产 2 收益率的标准差;$\text{Cov}(R_1, R_2)$ 是资产 1 和资产 2 收益率的协方差;$\rho_{1,2}$ 是资产 1 和资产 2 收益率间的相关系数。

— 知识一点通 —

从公式(51.7)里能够看出,一个组合的标准差取决于各个资产方差以及资产之间的协方差。所以在向一个组合里新增资产的时候,不仅要考虑新增资产的方差对组合风险的影响,还要考虑新资产和已有资产之间协方差的影响,尤其是当组合中资产的数目增多时,协方差的影响会更加明显。

— 备考小贴士 —

组合的标准差公式(51.8)属于非常重要的考点,必须熟记,考生易忽略协方差项前面的系数 2。

—考点要求—
描述(describe)投资不完全相关的资产对组合风险的影响(★★)

现在我们来探讨一下 $\rho_{1,2}$ 对组合标准差的影响:

(1)当 $\rho = 1$ 时,资产 1 和资产 2 的收益率呈完全线性正相关,收益率的移动方向一致,此时组合的标准差为:

$$\sigma_p = \sqrt{w_1^2 \sigma_1^2 + w_2^2 \sigma_2^2 + 2 w_1 w_2 \sigma_1 \sigma_2} = w_1 \sigma_1 + w_2 \sigma_2 \tag{51.9}$$

因此,组合的标准差等于两个资产标准差的加权平均值,又由于组合收益率是两个资产收益率的加权平均值,可得到:

$$R_p = w_1 R_1 + w_2 R_2 \text{(和 } \rho_{1,2} \text{ 无关)}$$

此时形成的组合效果和原来投资单一资产的效果是一样的,把完全正相关的两个资产放在一起,并不能起到降低风险的作用。

(2)当 $\rho < 1$ 时,资产 1 和资产 2 收益率不是完全正相关,此时组合的标准差为:

$$\sigma_p = \sqrt{w_1^2\sigma_1^2 + w_2^2\sigma_2^2 + 2w_1w_2\rho\sigma_1\sigma_2} < w_1\sigma_1 + w_2\sigma_2 \tag{51.10}$$

可以看出组合的风险降低了,从而达到了分散风险的目的。

> **知识一点通**
>
> 如果把完全负相关($\rho=-1$)的两个资产组合到一起,投资组合的风险能够被最大幅度地降低,通过适当的配比甚至可以构建出一个无风险的组合($\sigma_p=0$)。

例题 51.1

一个投资组合含有两个资产,它们的标准差相同,权重也相同。如果这两个资产间的相关系数下降,组合的风险会如何变化?

A. 上升　　　　　　B. 不变　　　　　　C. 下降

名师解析

选项 C 正确。

两个资产的相关系数变小,其他变量不变,整个组合的标准差会变小,代表组合的风险降低。

现在我们来考虑另一个问题:当两个资产收益率间的相关系数 ρ 已知时,通过改变两个资产的权重 w_A、w_B,我们可以得到一系列相应的新组合。如图 51.3 所示,A 点代表资产 A(组合里 $w_A=100\%$,$w_B=0\%$),B 点代表资产 B(组合里 $w_B=100\%$,$w_A=0\%$)。

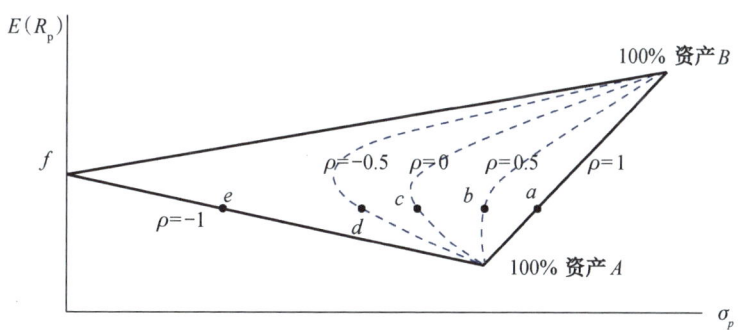

图 51.3　组合的收益-风险关系图

当 A 和 B 的 $\rho=1$ 时,它们按照不同权重形成的一系列新组合位于连接 A、B 两点的直线上。当 $\rho<1$ 的时候,这一系列组合构成的是一条曲线(图中的虚线,ρ 取不同值时,曲线弯曲程度不同)。当 $\rho=-1$ 时,这一系列组合构成的是一条折线。

从图中我们可以得出几条重要的结论。

(1)在组合收益率相同的情况下,随着相关系数的减小,组合的风险越来越小(a、b、c、d、e 代表了 5 个收益率相同但风险依次下降的组合)。

(2)两个资产 $\rho<1$ 时,通过分配适当的权重,可以获得一个风险比原单一资产风险都更小的组合,如图中 c、d 点代表的组合,其标准差比 σ_A、σ_B 都小。

(3)当两个资产 $\rho=-1$ 时,所形成的一系列组合是与 y 轴相交的折线,交点 f 所代表的组合是一个无风险资产,$\sigma_p=0$。

> **知识一点通**
>
> 每个点代表一个由资产 A 和资产 B 形成的组合,越靠近 A,组合里 A 的权重越大,B 的权重越小,反之亦然。

当 $\rho=1$ 时,A 和 B 形成组合落在 A、B 两点的连线上。推导如下(不需要掌握):

① 组合收益率 $R_P = w_A R_A + w_B R_B$

② 组合标准差 $\sigma_P = w_A \sigma_A + w_B \sigma_B$

③ $w_A + w_B = 1$

由第②、③公式可以推导出 $w_A = \dfrac{\sigma_P - \sigma_B}{\sigma_A - \sigma_B}$,再带入第①公式,得到:

$$R_p = \frac{R_A - R_B}{\sigma_A - \sigma_B}\sigma_p + \frac{\sigma_A R_B - \sigma_B R_A}{\sigma_A - \sigma_B}$$

可以看出 R_p 和 σ_p 是线性关系,R_p 和 σ_p 具体的值取决于组合里 w_A、w_B 的比例。

51.3.2 有效前沿(Efficient Frontier)

—考点要求—
描述(describe)并解释(interpret)风险资产的最小方差前沿、有效前沿与全球最小方差组合(★★★)

51.3.2.1 风险资产的最小方差前沿(Minimum Variance Frontier)

前文介绍了两个风险资产构成的组合,如果在这个组合里再继续加入新的风险资产,那么便可以形成更多组合,而这些新资产与原有组合的关系则取决于两者之间的相关系数。随着可投资的资产数量增多,可能构成的投资组合也更多了,这便形成了投资可行集(investment opportunity set)。在投资可行集中包含了所有可投资的单个证券或组合,但并非所有组合都会被投资者考虑。作为风险厌恶的投资者,在相同收益的情况下只会选择风险最小的组合,也就是投资可行集最左的边界/前沿(图 51.4 中实线和虚线部分)。这一前沿被称为风险资产的最小方差前沿。而最小方差前沿上最左的点,即所有可投资组合中风险最小的组合,则被称为全球最小方差组合(global minimum-variance portfolio)。

51.3.2.2 风险资产的有效前沿(Efficient Frontier)

投资者在追求低风险的同时还会追求高收益,最小方差前沿下沿所对应的组合(图 51.4 中虚线部分)相比上沿所对应的组合(图 51.4 中实线部分)在风险相同的情况下会提供更低的收益,不会被投资者所选择。因此,投资者真正会考虑的就只有最小方差前沿在全球最小方差组合以上的部分,其被称为马科维茨有效前沿(Markowitz efficient frontier)。

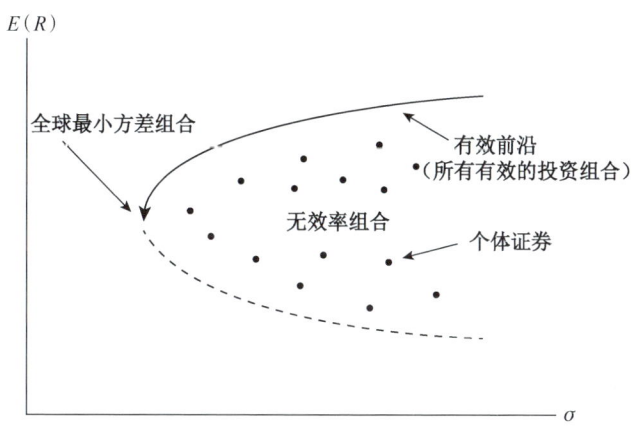

图 51.4　最小方差前沿、有效前沿、最小方差组合

> **知识一点通**
>
> 有效前沿上的每一个点都代表最小方差前沿内的风险资产形成的组合，不同的点说明每个组合内各个风险资产的配置比例不同。有效前沿以上的风险组合是无法获得的（unattainable），有效前沿以下的风险组合或单一资产都是非有效的（inefficient），所以每个投资者的最优风险组合是在有效前沿上寻求。

> **备考小贴士**
>
> 有效前沿及最小方差前沿属于较为重要的考点，考生应定性掌握其描述及其应用，理解有效前沿上方和下方的点分别对应不可得和不有效。

51.4　资本配置线（Capital Allocation Line，CAL）

—考点要求—
描述（describe）无风险资产与一系列风险资产构建组合的影响（★★）

有效前沿代表的只是一系列风险资产构成的组合，但是现实中还有无风险资产，所以现在我们开始考虑无风险资产和多个风险资产构成组合的问题。

51.4.1　无风险资产和单个风险资产组合的资本配置线

无风险资产意味着其标准差为 0，因而无风险资产和风险资产之间的相关系数也为 0。考虑这两条重要的性质，可得到如下公式：

$$E(R_p) = w_i E(R_i) + w_f R_f \tag{51.11}$$

$$\sigma_p = w_i \sigma_i \tag{51.12}$$

其中，$E(R_p)$ 代表投资组合的期望收益率；σ_p 代表投资组合收益率的标准差；w_i、w_f 分别代表组合中风险资产和无风险资产的权重；$E(R_i)$ 和 R_f 分别代表风险资产期望收益率和无风险收益率；σ_i 代表风险资产的标准差。

将以上两个公式进行整理，我们可以得到组合的收益与风险的关系式：

$$E(R_p) = R_f + \frac{E(R_i) - R_f}{\sigma_i}\sigma_p \qquad (51.13)$$

该公式反映了一条以无风险收益率 R_f 为截距，以夏普比率 $\frac{E(R_i) - R_f}{\sigma_i}$ 为斜率的直线，这条直线便是**资本配置线**（以下简称为 CAL），如图 51.5 所示。图 51.5 中横轴为组合收益的标准差，代表总风险水平，纵轴为组合的期望收益率。CAL 线显示当无风险资产和风险资产进行组合时，最终收益和风险呈线性关系。所有可得组合的收益和风险所对应的点都会落在 CAL 线上。组合点越靠近无风险

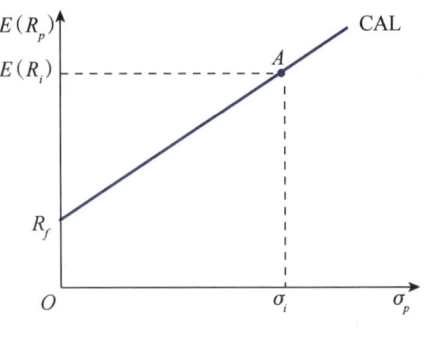

图 51.5 资本配置线

资产，则表示组合中无风险资产所占比重越大。如果某组合落在了风险资产（图 51.5 中 A 点）右上直线部分，则代表该组合中风险资产的比重超过 100%，而无风险资产的比重为负数。即表明投资者以无风险利率借款，加杠杆投资到风险资产中。

51.4.2 资本配置线上的最优组合（Optimal Portfolio）

有了资本配置线以及投资者的效用函数，我们便可以寻求能使投资者效用达到最大化的最优组合。

如图 51.6 所示，曲线 1 的效用最高，但是它与 CAL 没有任何交点，即投资者无法获得此效用。落在 CAL 上的 b、m、a 三个点中，m 点的效用最高，因而是最优组合点。我们由此可以得出结论：最优组合点实际是投资者效用的无差异曲线与 CAL 相切的切点，即图中 m 点。该点为投资者的最优投资组合。

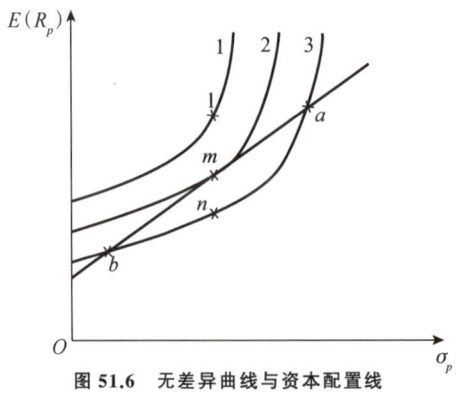

图 51.6 无差异曲线与资本配置线

不同的投资者由于对风险厌恶的程度不同，其无差异曲线自然不同，切点也自然不同。如图 51.7 所示，这两个投资者，一个投资者其风险厌恶系数 $A=4$，另一个投资者其风险厌恶系数 $A=2$。这意味着 $A=4$ 的投资者比 $A=2$ 的投资者对风险的容忍度更低，

厌恶度更高,所以 $A=4$ 的投资者其无差异曲线更为陡峭。对于风险厌恶系数高的投资者,其最优的投资组合一定在离无风险资产更近的位置,即图 51.7 中的 j 点,代表会配置更多的无风险资产。同理,风险厌恶程度越低的投资者,其最优投资组合会在离无风险资产更远的位置,代表会配置更少的无风险资产。

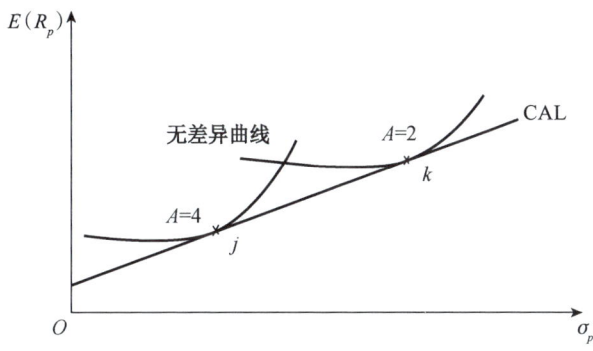

图 51.7 不同投资者的效用曲线与 CAL

例题 51.2

和一个无差异曲线较为陡峭的投资者相比,一个无差异曲线较为平坦的投资者的最优投资组合拥有:
A. 较低的风险和收益
B. 较高的风险和收益
C. 相同的风险和收益

名师解析

选项 B 正确。

投资者的效用曲线越平坦,说明风险厌恶程度越低,所以无差异曲线和 CAL 的切点会位于风险更大的地方,相应的收益也越大。

51.4.3 最优资本配置线 (Optimal Capital Allocation Line)

现实中存在不止一种风险资产,每种风险资产或风险资产的组合都能与无风险资产构成一条 CAL,因此存在无数条 CAL。但投资者只会选择其中最优的 CAL 进行投资。在图 51.8 中,CAL(P) 与风险资产有效前沿相切,切点为 P。可见,在任意给定风险水平上,位于 CAL(P) 上的组合期望收益率都大于投资可行集内任何其他风险资产组合所在的 CAL,如 CAL(A)、CAL(B)。因此,对于风险厌恶型投资者,CAL(P) 提供的效用最大,投资者只会投资 CAL(P) 上的组合,即同时投资无风险资产和风险组合 P。我们将 CAL(P) 这样与风险资产有效前沿相切的 CAL 称为最优资本配置线(optimal CAL),将切点 P 称为**最优风险组合(optimal risky portfolio)**。CAL(P) 也是所有 CAL 中斜率最大的(斜率更大的 CAL 与投资可行集不再有交点、无法实现),说明最优资本配置线上的投资组合夏普比率最大。

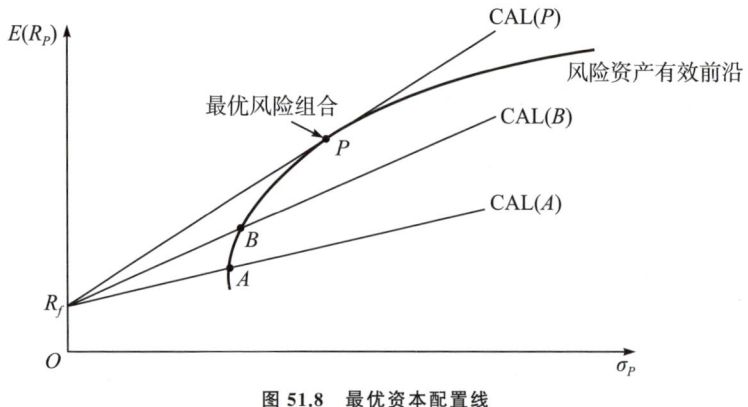

图 51.8　最优资本配置线

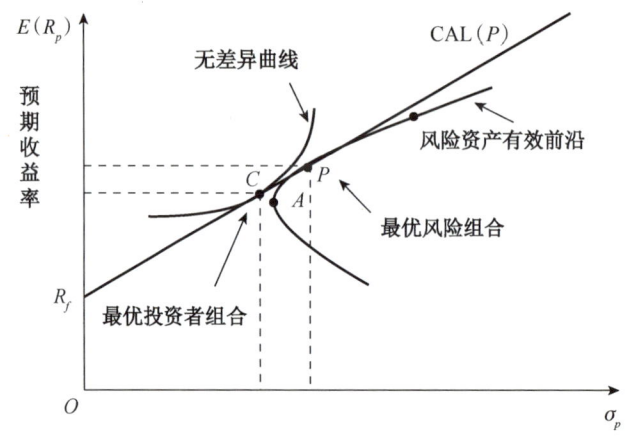

图 51.9　最优风险组合和最优投资者组合

得到最优 CAL 后,投资者将进一步选择在最优 CAL 上的哪个点进行投资,最终选择与每个投资者的风险偏好有关。如图 51.9,单个投资者的无差异曲线和 CAL 的切点 C,便是该投资者的**最优投资者组合**(optimal investor portfolio),由无风险资产和最优风险资产组合 P 所组成。点 C 各个资产的投资比重就是资产配置最终要找到的结果。

> **知识一点通**
>
> P 点代表的是 100% 的资金投资于风险资产,不投资任何无风险资产的组合。若投资者的组合落在最优 CAL 上的 P 点以右,意味着投资者以无风险利率借入资金并全部投资于风险资产的组合;若投资者的组合落在 P 点以左,便意味着投资者分别配置一定比例的资金在无风险资产和风险资产上。

> **备考小贴士**
>
> 最优组合属于较为重要的知识点,考生容易混淆最优投资者组合和最优风险组合,应掌握两者之间的差异,并且熟练掌握两者分别由哪两条线相切而成。

练一练

51-1 There are two comments about risk-averse investors:

Comment 1: Risk-averse investors will minimize the risk for a certain level of return.

Comment 2: Risk-averse investors do not concern about the return for a certain level of risk.

Are the two comments correct?

A. Yes.

B. No, only Comment 1 is correct.

C. No, only Comment 2 is correct.

51-2 The shape of indifference curves of investors with less degree of risk-aversion will be:

A. downward sloping and flatter.

B. upward sloping and steeper.

C. upward sloping and flatter.

51-3 A fund consists of 35% asset A and 65% asset B. The standard deviations of A and B are 0.25 and 0.18, respectively. If the correlation between two assets is 0.7, the standard deviation of the fund is closest to:

A. 0.168 9.

B. 0.188 9.

C. 0.204 5.

51-4 Which of the following statements about the capital allocation line (CAL) is most accurate?

A. The tangent of CAL and the efficient frontier of risky assets is the optimal investor portfolio.

B. The optimal CAL is tangent to the efficient frontier of risky assets.

C. The tangent of CAL and the indifference curve is the optimal risky portfolio.

51-5 Which of the following statements about the investor's optimal portfolio is most accurate?

A. It is the tangent point of the investor's indifference curve and the efficient frontier if we don't consider the risk-free asset.

B. It provides the investor with the highest expected return among all investable portfolios.

C. All investors share the same optimal portfolio.

扫码查看
答案及解析

第52章 组合风险与收益：Ⅱ

知识引导

组合风险与收益：Ⅰ中我们讨论了马科维茨的现代投资组合理论。本章在其基础之上，利用资本配置线的特例——资本市场线以及系统性风险的概念来进一步研究风险资产与其预期收益率之间的关系，并得到一个更精准的预测模型，该模型为资本资产定价模型（CAPM）。CAPM模型是现代金融经济学的奠基石，为评估各项投资提供了一个基准的收益率。

考点聚焦

考生需要理解资本配置线与资本市场线的关联，掌握系统性风险与非系统性风险的区别；了解收益率生成模型；理解资本资产定价模型以及证券市场线的含义。重点掌握并会计算衡量系统性风险的 β 值，会利用资本资产定价模型计算组合的预期收益率，并会应用资本资产定价模型计算风险调整后的四种绩效值，即夏普比率、特雷诺比率、M-squared 以及詹森阿尔法。

本章框架图

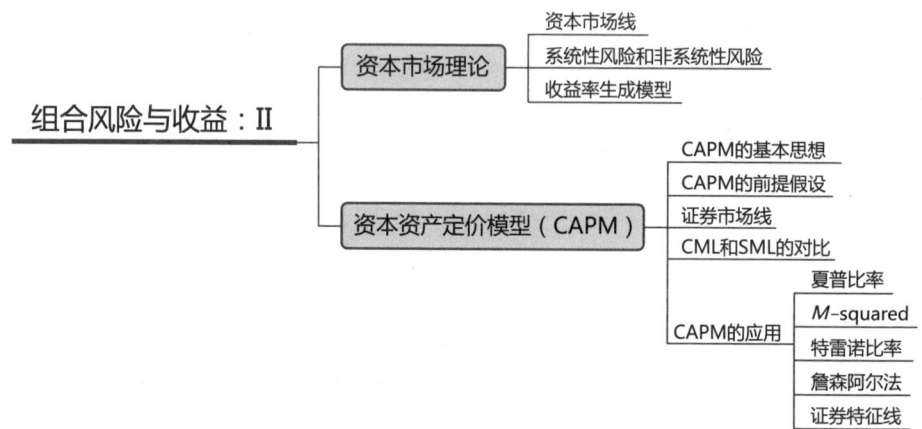

52.1 资本市场理论

52.1.1 资本市场线（Capital Market Line，CML）

资本市场线（以下简称 CML）是一条特殊的资本配置线（CAL），它仍是一条从无风险资产出发并与有效前沿相切的切线，但增加了**两个前提假设**：

（1）所有资产都是可投资的，因此所有投资者的投资可行集相同；

（2）所有的投资者对这些风险资产具有同质预期（homogeneous expectation）。

—考点要求—
解释（explain）资本配置线（CAL）和资本市场线（CML）（★★）

在这两个前提假设下，所有投资者都具有相同的有效前沿和相同的最优风险组合，即市场组合 M（market portfolio）。无风险资产与市场组合 M 构成的最优 CAL 就是 CML，该线如图 52.1 所示。M 点意味着该投资组合中 100% 的资金配置于市场组合，0% 配置于无风险资产。

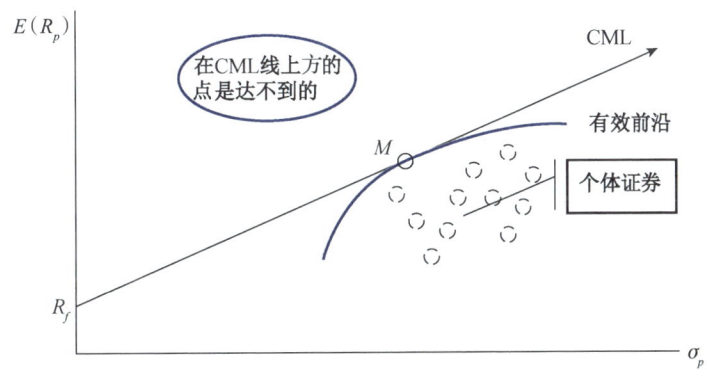

图 52.1 资本市场线 CML

市场组合里包含了所有的风险资产，所有的投资者都依据市场投资组合 M 按比例复制自己的风险资产组合，所以它是一个风险被充分分散化（Well-diversified）的组合，但这并不意味着市场组合没有任何风险。任何风险资产的总风险由系统性风险和非系统性风险组成，其中能被分散掉的风险是非系统性风险，而不能被分散的风险则是系统性风险。这两种风险在下节会详细解释。

CML 线同样描绘了组合预期收益率与风险之间的线性关系。根据公式（51.13），我们可以得到 CML：

$$E(R_p) = R_f + \frac{E(R_m) - R_f}{\sigma_m} \times \sigma_p \tag{52.1}$$

其中，$E(R_p)$ 是任意组合的预期收益率；σ_p 是投资组合的标准差；$E(R_m)$ 是市场的预期收益率；R_f 是无风险收益率。CML 的斜率是市场组合的夏普比率。

> **知识一点通**
>
> 当投资者投资可行集不同,或者对风险资产的预期不同时,不同投资者所得到的有效前沿是不同的,切点的最优风险组合也会是不同的。只有在相同预期和相同投资可行集的前提假设下,所有投资者才能得到相同的结果,即为市场组合。所有投资者都会在市场组合和无风险资产中进行资产的配置,因此市场组合包含了市场上所有的风险资产,做到了最完全的分散化(市场组合不包含的风险资产不会有人选择,也就不会存在于市场当中)。
>
> CML 上的所有点都是无风险资产与市场组合共同构成的组合。当 CML 处于均衡时,充分分散/有效的投资组合都会落在 CML 这条直线上。

> **备考小贴士**
>
> 包含所有风险资产的组合只是理论上的存在,在现实中我们往往以某个指数组合作为市场组合的代表,如标普 500 指数。考试中如果出现 S&P500 的收益率,即默认为市场组合的收益率。同样,现实中也没有真正的无风险资产,考试时可能用美国短期国债作为代表。

52.1.2 系统性风险和非系统性风险(Systematic & Nonsystematic Risk)

——考点要求——
解释(explain)
系统性风险与
非系统性风险
(★★)

52.1.2.1 系统性风险

系统性风险是不可被分散(non-diversifiable)的风险,或者叫作市场风险(market risk)。它是由政治、经济等宏观因素所造成的风险,包括利率涨跌、通货膨胀、经济周期、战争、大规模自然灾害等。这些因素会影响整个市场,投资者无法通过在资产类别之间进行分散化来减少或消除系统性风险。因此,承担系统性风险必须获得更高的收益率作为补偿。

——考点要求——
解释(interpret)
并计算(calculate)
β 值(★★★)

52.1.2.2 贝塔值(Beta,β)

系统性风险可以通过资产的 β 值来衡量,$β_i$ 代表了任意资产 i 的收益率 R_i 对于整个市场组合收益率 R_m 的敏感系数,即每个风险资产对市场不确定性的敏感度,其公式为:

$$\beta_i = \frac{\text{Cov}(R_i, R_m)}{\text{Cov}(R_m, R_m)} = \frac{\text{Cov}(R_i, R_m)}{\sigma_m^2} \tag{52.2}$$

或

$$\beta_i = \frac{\rho_{i,m} \sigma_m \sigma_i}{\sigma_m^2} = \frac{\rho_{i,m} \sigma_i}{\sigma_m} \tag{52.3}$$

其中,R_m 是市场组合的收益率;σ_m^2 是市场组合收益率的方差;R_i 是资产 i 的收益率;$\rho_{i,m}$ 是 R_i 和 R_m 之间的相关系数。

根据公式(52.2)和(52.3),我们可得出以下几个重要的结论。

(1) β 衡量的是风险资产的系统性风险。

（2）β＞0，代表该风险资产的收益率与市场收益率的变化方向是相同的；β＜0 代表该风险资产收益率与市场收益率的变化方向是相反的。

（3）由于市场组合自身的协方差等于其方差，因此，市场组合的 β＝1。

$$\beta_m = \frac{\text{Cov}(R_m, R_m)}{\sigma_m^2} = \frac{\sigma_m^2}{\sigma_m^2} = 1$$

（4）风险资产的 β＞1，说明其系统性风险比市场组合更大，也就是说其收益率的波动比市场组合的波动大（比市场组合更敏感）；0＜β＜1，风险资产的系统性风险比市场组合小，其收益率的波动更小。例如，某风险资产的 β＝1.2，则意味着当市场收益率上升 1%，该风险资产的预期收益率平均将上涨 1.2%。

（5）包含多个风险资产组合的 $\beta = \sum_{i=1}^{n} w_i \beta_i$，它是每个风险资产 β_i 的加权平均值。

> **知识一点通**
>
> 对于 CML 上的任意一个组合点 P，$\beta_p = \frac{\sigma_p}{\sigma_m}$。这是因为，总风险＝系统性风险＋非系统性风险：$\sigma_p^2 = \beta_p^2 \sigma_m^2 + \sigma_e^2$，而如 52.1.1 所述，CML 线上的组合都是风险完全分散化的组合，这意味着 $\sigma_e^2 = 0$，所以 $\sigma_p^2 = \beta_p^2 \sigma_m^2$，可得 $\beta_p = \frac{\sigma_p}{\sigma_m}$。

> **备考小贴士**
>
> β 值属于重要考点，考生需定性掌握其敏感度的含义，更要定量掌握其计算，尤其注意不要把分子和分母搞反。

52.1.2.3 非系统性风险

非系统性风险也叫作公司特有风险（firm-specific risk）或可分散风险，是指总风险中扣除了系统性风险以外的那部分偶发性风险，它可以通过资产组合的分散化来降低或消除。非系统性风险只能影响到某个行业或公司。例如，某公司新产品研发失败、发生罢工等。特别注意：由于非系统性风险可以通过组合多样化分散，因此承担非系统性风险是不会获得回报的。

> **知识一点通**
>
> 假设非系统性风险能产生回报，意味着非系统性风险越高的资产价格越低（价格和收益率呈负相关）。所有投资者都会选择以低价购买非系统性风险高的资产，然后通过分散化消除这部分风险，最终在不承担非系统性风险的同时又能获得额外收益。投资者的操作会使得对非系统性风险的需求越来越高，导致对应价格越来越高，收益率越来越低并且最终趋近于 0。这与非系统性风险能产生回报的假设矛盾。因此，在有效市场中只有承担系统性风险才能产生回报，风险厌恶的投资者通常只愿意持有充分分散化的组合。

> **例题 52.1**
>
> 只能影响某个公司或者行业的风险是：
> A. 市场风险
> B. 系统性风险
> C. 非系统性风险
>
> **名师解析**
>
> 选项 C 正确。
>
> 只能影响公司或者行业的是公司特有风险，也叫作非系统性风险。而系统性风险就是市场风险，因此，A 和 B 代表的是同一种风险。

52.1.2.4 分散非系统性风险

某个风险资产的总风险（total risk）通过方差 σ^2 来体现，总风险里包含了系统性风险和非系统性风险，所以，Total variance = Systematic variance + Nonsystematic variance。图 52.2 展示了风险分散化的过程，即风险随组合资产数量增加而下降的过程。从图中不难看出，当新资产加入时，总风险在不断下降，但其实真正下降的只有总风险中非系统性风险的部分，而系统性风险维持不变。并且，风险降低的效果会随着资产数量的增加逐渐减弱。当组合中已经包含大量的资产时，加入新资产只能降低微量的非系统性风险。当资产数量足够大时，非系统性风险趋近于 0，组合最终只剩下系统性风险。

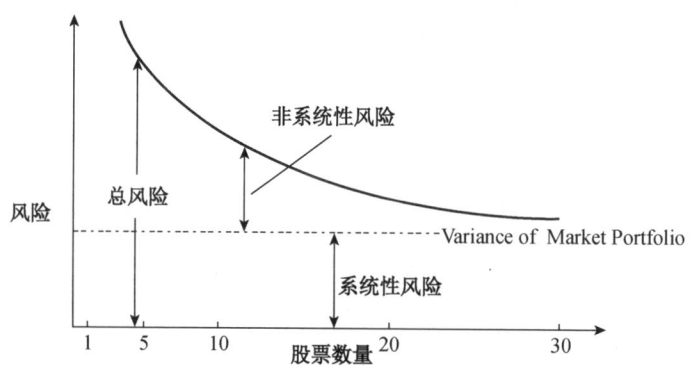

图 52.2　系统性风险与非系统风险

52.1.3　收益率生成模型（Return Generating Model）

—考点要求—
解释（explain）
收益率生成模型（含市场模型）及应用（★★）

研究风险资产系统性风险的目的是找出市场均衡状态下资产的理论预期收益率，其本质是一个风险定价（pricing of risk）过程。通过多个因素建立起的收益率模型叫作多因子模型（multi-factor model），只包含一个因素的模型叫作单因子模型（single-index model）。

52.1.3.1 多因子模型

多因子模型的表达形式如下：

$$E(R_i) - R_f = \beta_{i,1} E(\text{Factor 1}) + \cdots + \beta_{i,k} E(\text{Factor } k) \tag{52.4}$$

其中，$\beta_{i,k}$ 是风险资产 i 的超额收益率 $E(R_i) - R_f$ 相对于某个因子 k 的敏感性。

这些因子可以包含：

(1) 宏观经济因子：如 GDP 增长、利率、通货膨胀率等。

(2) 基本面因子：如利润、利润增长、广告投入、研发费用、专利等与公司相关的基本面因素。

(3) 统计因子：通过统计方法研究历史收益率而找到的可以用来解释影响收益率波动的因子。这些因子在统计上有意义，但未必在现实中有意义，同时也有可能出现数据挖掘(data mining)的问题。

> **知识一点通**
>
> 对于风险厌恶的投资者，要吸引他们投资风险资产，必然要提供超过无风险资产的收益来对风险作出补偿。因此，确定超额预期收益率的高低，本质上就是对风险因子定价，需要分析有多少能产生回报的风险因子以及每个风险因子贡献的补偿大小。

52.1.3.2 单因子模型

单因子模型是最为简单的收益率生成模型，仅考虑一个因子。单一指数模型(single-index model)假设市场因子是唯一影响资产 i 收益率的因子，表达式为：

$$E(R_i) - R_f = \beta_i [E(R_m) - R_f] \tag{52.5}$$

即资产 i 的超额收益率(或者风险溢价)是该资产对市场的敏感系数与市场组合超额收益率的乘积。

在 52.1.1 中，我们知道落在 CML 上的组合都是由无风险资产和充分分散的市场组合(market portfolio)组合而成的，换句话说就是只有市场风险，它们的预期收益率如公式(52.1)所示，我们将公式(52.1)稍作变动可以得到：

$$E(R_P) - R_f = \frac{\sigma_p}{\sigma_m} \times [E(R_m) - R_f] \tag{52.6}$$

将公式(52.6)和(52.5)进行对比，不难看出充分分散的投资组合的 $\beta = \sigma_p / \sigma_m$，因此，以市场为唯一因子的单因子模型与 CML 是完全相符的。

单因子模型的另一个应用是市场模型(market model)，以市场收益率为唯一的因子，该模型的表达式为：

$$R_i = \alpha_i + \beta_i R_m + e_i \tag{52.7}$$

基于市场模型，在实务中，可以通过将资产 i 的历史收益率 R_i 与市场组合的历史收益率 R_m 进行线性回归来估计 β 值。

52.2 资本资产定价模型 (Capital Asset Pricing Model, CAPM)

—考点要求—
解释(explain)资本资产定价模型(CAPM)，计算(calculate)和解释使用 CAPM 得到的预期收益率(★★)

52.2.1 CAPM 的基本思想

资本资产定价模型(以下简称 CAPM)是单因子模型，该模型对风险资产与其预期收益率之间的关系给出了精准的预测。我们将公式(52.5)稍作转变便可得到 CAPM 的公式：

$$E(R_i) = R_f + \beta_i [E(R_m) - R_f] \tag{52.8}$$

公式(52.8)的含义：**一个资产的收益率包含两个部分，一部分是无风险收益率，另一部分则是承担系统性风险(市场风险)而应获得的额外收益率。其中系统性风险由 β 值来衡量**。CAPM 模型认为资产预期收益率仅随系统性风险的变化而变化，具有相同 β 值的资产，他们的预期收益率也应该相同。特别注意，CAPM 用于给任意资产的系统性风险定价，自然包括充分分散和非充分分散的资产/组合。

由 CAPM 计算得到的资产预期收益率可用于证券选择，判断资产价格是否被高估或低估；或者作为投资者预期的收益率来给资产估值；又或者在资本预算时作为计算 NPV 的折现率等。

> **备考小贴士**
> 考生需熟练掌握 CAPM 公式(52.8)的计算，并且能结合前文的 β 计算公式一起使用。

—考点要求—
解释(explain) CAPM 模型的假设(★★★)

52.2.2 CAPM 的前提假设

CAPM 共有 6 个假设。

(1) 投资者都是风险厌恶者，并且都是追求效用最大化的理性投资者。注意，投资者对风险的态度是厌恶的，但并不要求每个投资者的风险厌恶程度一样。效用最大化意味着投资者总是希望获取高收益，追求更多的财富。

(2) 市场是**无摩擦**的，交易没有任何卖空限制以及交易成本、税费等费用。

(3) 投资者都计划进行相同时长的**单期**投资。

(4) 投资者具有**相同的预期**。所有投资者都会选择同一个最优风险组合，即市场组合。

(5) 投资可以被无限分割，意味着不管投资者资金量有多少，都可以进行任何多样化的投资，从而实现充分分散。

(6) 投资者是价格的接受者，他们的交易行为对资产价格不产生影响。

> **备考小贴士**
> 六个假设为重要考点，需定性掌握，尤其在看到某条描述时要能够分辨其是否为 CAPM 的假设之一。

52.2.3 证券市场线（Security Market Line）

公式(52.8)实质给了我们一条以无风险利率 R_f 为截距，市场风险溢价为斜率的直线，这条直线被称为证券市场线（以下简称 SML）。

如图 52.3 所示，SML 的横轴为 β 值，纵轴为资产的预期收益率 $E(R_i)$。SML 的斜率是市场风险溢价（market risk premium, or excess market return, $R_m - R_f$）。

CAPM 模型的表现形式就是 SML。例如，某个资产 β＝1.2，无风险收益率为 3%，市场收益率为 6%，则 $E(R_i) = 3\% + 1.2 \times (6\% - 3\%) = 6.6\%$。在图 52.3 中该资产对应的是 A 点。市场组合的 β 为 1，则对应图中的 M 点。当市场是均衡的时，风险资产或组合所对应的点都应落在 SML 上，代表资产是被合理定价的。

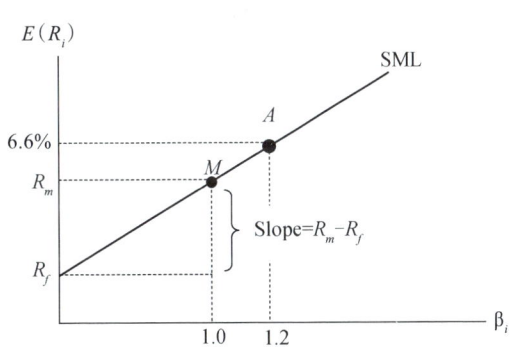

图 52.3　证券市场线 SML

—考点要求—

解释（explain）证券市场线（SML），描述（describe）和说明（demonstrate）CAPM 及 SML 的应用（★★★）

例题 52.2

证券市场线的斜率是由以下哪一项所贡献的收益率？
A. 总风险
B. 市场风险
C. 可分散风险

名师解析

选项 B 正确。

SML 的斜率是市场风险溢价 $R_m - R_f$，它是市场收益率减去无风险收益率，代表的是承担系统性风险（市场风险）所能获得的额外收益率补偿。

CAPM 模型是市场均衡模型，通过 SML 获得的资产预期收益率自然是市场处于均衡状态下的预期收益率，其对应的价格是该资产的理论价格，通常又可称为理论市场均衡价格。分析师可以应用 CAPM 获得的资产理论市场均衡价格与资产的实际市场价格对比，来帮助投资者判断该资产的价格是否被高估（overpriced）或者低估（underpriced），从而进行证券的选择。

处于 SML 上方的任何资产或投资组合，如图 52.4 点 B，市场预期收益率高于 CAPM 给出的理论收益率，即市场给出的回报高于理论回报，说明该资产值得买入，其价值被低估。

处于 SML 下方的任何资产或投资组合，如图 52.4 点 A，市场预期收益率低于 CAPM 给出的理论收益率，即市场给出的回报低于理论回报，说明该资产应该卖出，其价值被高估。

落在 SML 上的任何资产或投资组合，如图 52.4 点 C，市场预期收益率等于 CAPM 给出的理论收益率，说明该资产的定价合理，可以继续持有。

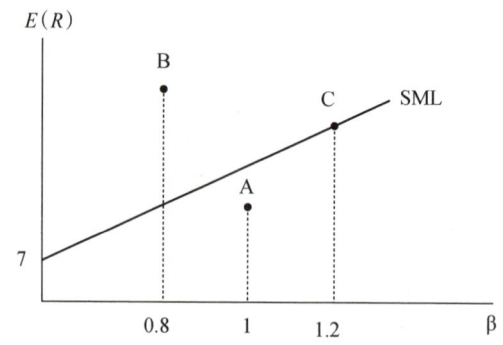

图 52.4 市场预期收益率与 CAPM 预期收益率

> **知识一点通**
>
> 一个资产的价格和它的收益率呈反比关系,因为资产的价格就是将来现金流的现值,收益率(折现率)越大,现值就越低。所以,当资产的预期收益率比 CAPM 计算出的合理收益率高时,说明在当前市场上该资产的价格比其合理价格低,资产的价格被低估,应当买入。反之亦然。

例题 52.3

假设某个分析师通过长期跟踪三个股票,预测它们在 1 年后的价格和股息如下表所示。已知无风险利率 R_f 为 6%,市场组合的预期收益率为 16.5%,这三个股票现在的市场价格是否合理?

股票	现价	1 年后预期价格	1 年后股息	β
A	28	31	1	1
B	43	49	2.5	0.9
C	25	29	0.65	1.2

名师解析

首先应用 CAPM 计算出三个股票的理论预期收益率。

$E(R_A) = 6\% + 1 \times (16.5\% - 6\%) = 16.5\%$

$E(R_B) = 6\% + 0.9 \times (16.5\% - 6\%) = 15.45\%$

$E(R_C) = 6\% + 1.2 \times (16.5\% - 6\%) = 18.6\%$

然后使用持有期回报率的公式,计算三个股票的市场预期收益率。

A:(31+1−28)/28=14.29%

B:(49+2.5−43)/43=19.77%

C:(29+0.65−25)/25=18.6%

对于 A,市场收益率<理论收益率,价值被高估,应该卖出。

对于 B,市场收益率>理论收益率,价值被低估,应该买入。

对于 C,市场收益率=理论收益率,合理定价,可以继续持有。

52.2.4 CML 和 SML 的对比

CML 和 SML 之间的区别，如表 52.1 所示。

表 52.1　CML 和 SML 的对比

	CML	SML
定义	有效的投资组合	所有合理定价的资产或组合
横轴	总风险 σ	系统性风险 β
斜率	市场组合的夏普比率	市场风险溢价
应用	资产的配置	证券的选择

52.2.5 CAPM 的应用

—考点要求—
计算（calculate）并解释（explain）夏普比率、M-squared、特雷诺比率、詹森阿尔法（★★★）

评价基金经理业绩最直观的方法就是看其所管理的组合的收益率。这里我们将介绍四种同时考虑投资收益率与风险这两个因素的评价指标，即风险调整后的收益率（risk-adjusted return）。之所以叫作风险调整后的收益率，是因为这些收益率中剔除了风险因素。风险的存在本身会带来更高的收益，高风险高收益的基金并不意味着比低风险低收益的基金更好。因此，对比多个基金的业绩时只看绝对收益率是不够的，剔除风险后的相对收益率才能更好地帮助投资者进行筛选。除业绩评价外，本节还将介绍利用证券特征线描述某个证券相对于市场的业绩表现。

52.2.5.1 夏普比率（Sharpe Ratio）

夏普比率又叫作报酬-波动性比率，它是每承担一单位总风险（标准差）所获得的超额收益率或风险溢价，其公式为：

$$\text{Sharpe ratio} = \frac{R_p - R_f}{\sigma_p} \tag{52.9}$$

> **知识一点通**
>
> （1）夏普比率就是 CAL 的斜率。
>
> （2）它考虑组合的总风险。
>
> （3）在对比多个组合的业绩时，夏普比率越大越好。分子风险溢价必须是正的，否则投资者便不会考虑。如风险溢价为负，夏普比率将导致错误的业绩排序。
>
> （4）夏普比率本身没有经济意义。一个组合的夏普比率需要与其他组合的夏普比率进行对比，才能反映出该组合的业绩好坏。
>
> （5）夏普比率计算简便，因此应用非常广泛。投资公司普遍使用夏普比率来衡量组合的业绩表现。

52.2.5.2 M-squared

M-squared（M^2）又称风险调整业绩（risk-adjusted performance，RAP），是夏普比率的延伸，它也是以总风险 σ 为基准。M-squared 通过调整组合 P 与无风险资产的配置比例来构建新的组合，直到构成的新组合的总风险与市场组合的总风险一致，而这个模仿市场组合风险的新组合我们用 P' 表示（图 52.5 中 P'）。

以公式来表示，M-squared 就是新组合 P' 的收益率：

$$M\text{-squared} = R_f + \frac{R_p - R_f}{\sigma_p} \times \sigma_m \tag{52.10}$$

而将 M-squared 减去市场组合的收益率所得到的值被称为 M-squared alpha，代表组合 P 承担和市场组合相同的总风险时收益率高于市场组合的部分。

$$M\text{-squared alpha} = M\text{-squared} - R_m = \frac{R_p - R_f}{\sigma_p} \times \sigma_m - (R_m - R_f) \tag{52.11}$$

> **知识一点通**
>
> （1）M-squared 考虑组合的总风险。
>
> （2）在对比多个组合的业绩时，M-squared 给出的绩效排序和夏普比率给出的是一样的。
>
> （3）夏普比率的数值需要几个一起作对比才有意义，而单个 M-squared 可以直接和市场组合收益率进行比较：
>
> M-squared＞R_m，该组合比市场组合好；
>
> M-squared＝R_m，该组合与市场组合一样；
>
> M-squared＜R_m，该组合比市场组合差。

> **知识一点通**
>
> M-squared 是由 Franco Modigliani 与其孙女 Leah Modigliani 一起提出的，所以该指标被命名为 M^2。

> **备考小贴士**
>
> 公式（52.11）记忆方法：$\frac{R_p - R_f}{\sigma_p}$ 代表被考察组合 P 的单位风险的超额收益，$\frac{R_p - R_f}{\sigma_p} \times \sigma_m$ 代表承担 σ_m 份风险所对应的总超额收益率。$(R_m - R_f)$ 代表市场组合的超额收益，市场组合的风险也是 σ_m。所以 $(R_p - R_f)\frac{\sigma_m}{\sigma_p} - (R_m - R_f)$ 减号前后项都是在相同风险水平下的收益率。

52.2.5.3 特雷诺比率（Treynor Ratio）

特雷诺比率或特雷诺指数与夏普比率唯一的区别在于，特雷诺比率考虑的是组合的系统性风险,而不是总风险,**它衡量承担单位系统性风险所获得的超额收益率**。同样地,在考察多个组合时,特雷诺比率越大的组合表现越好。特雷诺比率要求分子和分母均为正数。

$$\text{Treynor ratio} = \frac{R_p - R_f}{\beta_p} \quad (52.12)$$

52.2.5.4 詹森阿尔法(Jensen's Alpha,α)

詹森阿尔法与特雷诺比率都是以β值作为风险衡量的基准。**α 衡量的是组合实际收益率与其 CAPM 理论收益率之间的差值**(如图 52.6 所示)。

$$\alpha = R_p - [R_f + \beta_p (R_m - R_f)] \quad (52.13)$$

如果投资组合的 α>0,那么该组合的业绩比市场业绩好;如果投资组合的 α<0,则说明该组合的业绩比市场业绩差。所以,α 越大,投资组合的业绩就越好。

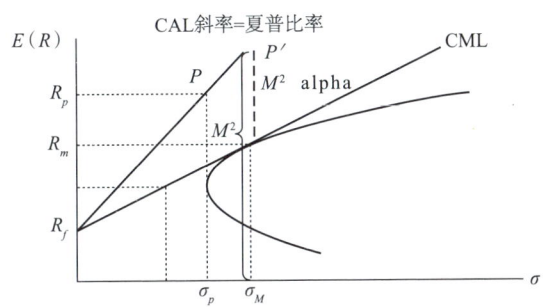

图 52.5 夏普比率和 M-squared

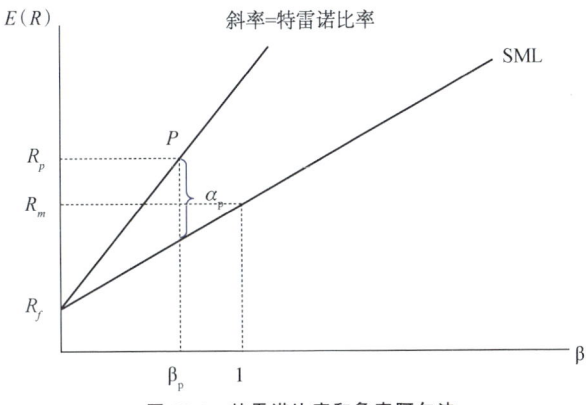

图 52.6 特雷诺比率和詹森阿尔法

备考小贴士

四个风险调整后的收益率属于较为重要的考点,考生需重点分辨每个指标分别用 σ 还是 β 来衡量风险也要掌握每个指标的计算。

例题 52.4

下列哪一项业绩评价指标依赖的是系统性风险而不是总风险？
A. M-squared
B. 夏普比率
C. 特雷诺比率

名师解析

选项 C 正确。

特雷诺比率计算的是组合每单位 β 对应的超额收益率，而 β 衡量的是系统性风险。

52.2.5.5 证券特征线（Security Characteristic Line，SCL）

SCL 描述了某个证券的超额收益率与市场的超额收益率的关系，一般使用历史收益率回归得到，如图 52.7 所示。证券 i 的 SCL 表达式为：

$$R_i - R_f = \alpha_i + \beta_i (R_m - R_f) \tag{52.14}$$

SCL 的横坐标是市场风险溢价 $R_m - R_f$，纵坐标是证券 i 的风险溢价 $R_i - R_f$，斜率代表证券 i 的系统性风险 β，截距代表证券 i 的詹森阿尔法。

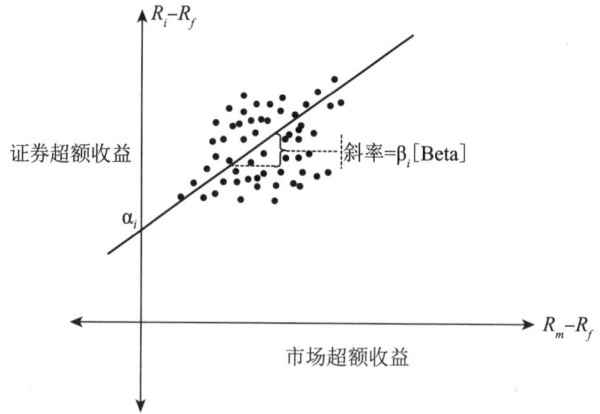

图 52.7 证券特征线 SCL

练一练

52-1 The intercept for the Capital Market Line (CML) is most likely to be the:

A. risk-free rate.

B. beta.

C. market risk premium.

52-2 There are two comments about the capital market line (CML).

Comment 1: The CML is a special form of capital allocation line (CAL).

Comment 2: The CML is determined by the market portfolio and the coordinate origin which represents the risk-free asset.

Are the two comments correct?

A. Yes.

B. No, comment 1 is wrong.

C. No, comment 2 is wrong.

52-3 There are two risky assets held by ABC Fund, and the detailed information is shown in the table:

	Market value (in million)	Beta
Asset I	3.5	1.4
Asset II	7.5	1.8

The total market value of the fund is currently 12 million, and the rest of the investable capital is deposited in a bank account to earn a risk-free return of 1.5%. The fund's beta is closest to:

A. 1.53.

B. 1.67.

C. 1.66.

52-4 Which of the following statements is a correct assumption of capital asset pricing model (CAPM)?

A. All investors are price takers.

B. All investors have multi-period investment horizons.

C. All investors can meet the minimum investment requirements for any assets.

52-5 The performance measure that does not reflect the influence of systematic risk is:

A. Jensen's alpha.

B. M-squared (M2).

C. Treynor ratio.

第53章 组合的计划与构建

知识引导

本章中我们将在之前内容的基础上继续讨论组合管理的流程,更详尽地描述投资策略说明(IPS)相关知识,以及组合构建的过程。

考点聚焦

熟知IPS各组成部分的主要内容,描述投资者的收益和风险目标及五个投资约束。判断投资者的风险承受度。说明资产类别的划分依据,能够区分战略性资产配置和战术性资产配置。

本章框架图

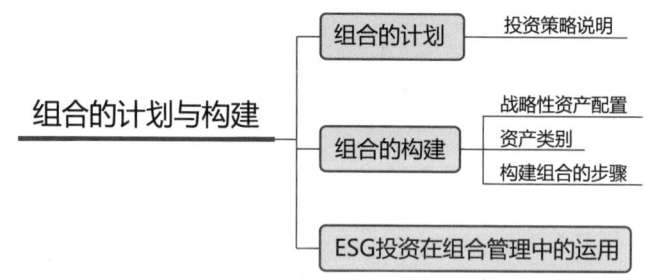

53.1 组合的计划

计划阶段是组合构建前的重要步骤,主要是为了确定投资人的投资目标与约束,计划阶段围绕着制定投资策略说明(以下简称 IPS)进行。

53.1.1 投资策略说明

形成书面的 IPS 往往是投资过程的第一步,投资经理必须充分了解客户,并且以客户满意的方式实现客户的投资目标。

―考点要求―
描述(describe) IPS 的主要内容(★★)

53.1.1.1 IPS 的主要内容

(1) 简介(introduction):描述客户详情。

(2) 目的(statement of purpose):写 IPS 的目的。

(3) 责任与义务(statement of duties and responsibilities):明确具体的客户(投资人)、托管方、投资方的责任与义务。

(4) 步骤(procedures):更新 IPS 以及应对突发情况的步骤。

(5) 投资目标(investment objectives):投资人的目标(包括收益目标和风险目标,以下详讲)。

(6) 投资约束(investment constraints):限制投资组合构建的因素(以下详讲)。

(7) 投资方针(investment guidelines):对投资策略的具体说明,例如能否使用杠杆、衍生品以及哪些标的是可以投资的等。

(8) 评估和审查(evaluation and review):评估一定时期内投资组合的表现,并将投资结果反馈给投资人。

(9) 附录(appendices):包含战略性资产配置(strategic asset allocation)和再平衡政策。

53.1.1.2 为什么需要 IPS

―考点要求―
描述(describe) 写作 IPS 的原因(★)

IPS 是一份用于指导投资过程的策略书。它由投资者和投资经理沟通合作完成,可以帮助投资者制定一个切实的投资目标,有助于投资经理按照该目标更好地进行投资,并帮助投资者明确自己真正的需求而不是盲从于投资经理。投资者和投资经理应当在投资目标、投资约束以及投资者的风险承受度之间进行协调,以确定该投资目标是可实现的(注意,这并不意味着投资经理保证目标一定能实现)。

IPS 也是一份保护投资者和投资经理的文书。不管是投资者还是投资经理的行为受到质疑,都可以参见 IPS 来进行确认。

投资经理可能也会跳槽或升职,一份清晰的 IPS 能够帮助新任的投资经理快速、正确地继续开展工作。

―考点要求―
描述(describe) 收益和风险目标及客户如何制定这些目标(★)

53.1.1.3 收益目标(Return Objective)

收益目标一般以收益率来表示,表达形式可以是绝对的,也可以是相对的。

(1) 绝对收益目标(absolute return objective)，一般以某个固定值作为收益率比较基准，例如客户希望达到10%的年化收益率。

(2) 相对收益目标(relative return objective)，一般以某个不固定的外部参数作为收益率比较基准，例如，每年投资的收益率比S&P 500指数收益率高5%或者要求基金经理的投资回报率高于同行业平均收益率。

投资经理应该确保这个投资目标是可实现的，可实现是指能够满足投资者的约束和风险偏好，以及当前的市场环境。收益率的数值可以是税前/后，扣除管理费前/后，名义/真实等，无论采用哪一种形式，投资者和投资经理都应该事前达成一致。

53.1.1.4 风险目标（Risk Objective）

风险目标反映的是投资者的风险承受度(或称风险容忍度，risk tolerance)，表现形式可以是绝对的，或者相对的。

(1) 绝对风险目标(absolute risk objective)。例如，客户要求本金不要遭受任何损失，或者一段时间内本金的损失不超过5%。实际中更常见的表达形式是加入概率，例如，一段时间内，95%的概率本金的损失不超过5%。

(2) 相对风险目标(relative risk objective)是指相对于某个基准的风险目标。例如，要求基金经理在未来1年中收益与S&P500指数的跟踪风险不能超过1%。

跟踪风险(tracking risk)有时也叫跟踪误差(tracking error)，是度量相对风险目标的手段。跟踪误差是指组合的收益率和基准收益率之差的标准差。

> **知识一点通**
>
> 相对的风险目标一般是基于某个市场指数而言的。市场上有一类投资者是被动投资者，他们的目标就是追踪指数，希望组合的收益率和市场的收益率能够有相同的变化趋势，不希望出现市场收益率升高而组合收益率下降的情况，这样的目标就是相对风险目标。追踪误差是指组合收益率和基准（指数）收益率之差的标准差，如果追踪误差为0，则代表组合收益率与基准收益率之差恒定，两者有着完全相同的变化趋势（当基准收益率下降1%时，组合收益率也会下降1%）。因此，追踪误差是衡量相对风险的一个常用指标，追踪误差越小，代表相对风险越小。此处应注意，经常有人将追踪误差错误地理解为组合收益率和基准收益率之差，而实际上，这一差值衡量的是相对收益，在金融中常常被称为主动收益(active return)。

—考点要求—
解释(explain)风险承受能力与风险承受意愿之间的差异(★★)

风险承受度是投资者风险承受**意愿**(或者风险态度)和风险承受**能力**的综合考虑。例如，高于平均值的风险承受能力和意愿可以推出高于平均值的风险承受度，低于平均值的风险承受能力和意愿可以推出低于平均值的风险承受度。

承受风险的能力一般是由客观因素决定的，比如投资期限、有无保险、收入水平、财富、负债情况等。

承受风险的意愿一般是由主观因素决定的，比如客户的个性、心理状态、对风险的认知水平等。投资经理通常使用风险评估问卷来衡量客户承受风险的意愿。

投资经理应分析客户的风险承受能力和风险承受意愿是否一致，如果投资者承受风险的意愿强而承受风险的能力弱,实际投资的风险承受度应该根据风险承受能力设定;如果投资者承受风险的能力强而承受风险的意愿弱,投资经理应先向投资者说明二者的冲突,即承担较低的风险也意味着较低的回报,教育投资者他是有能力承担风险来获得高回报的。但是这并不是为了改变投资者的风险态度,只是为了避免投资者因为理解有误而错误地表达了承受风险的意愿。总之,风险承受度应该和二者中较低者保持一致。

> **例题 53.1**
>
> 下列哪一项影响的不是投资人的风险承受能力?
> A. 投资期限
> B. 个性
> C. 预期收入
>
> **名师解析**
>
> 选项 B 正确。
> 个性影响的是投资人的风险承担意愿。

53.1.1.5 投资约束

—考点要求—
描述(describe)五类投资约束,以及它们对于组合选择的影响(★★)

除了投资目标外,IPS 里面还要说明投资的限制性条件,主要包含以下五类。

1. 流动性(Liquidity)

如果某个资产能以公允价值快速变现,那么该资产有较好的流动性。在制定投资策略时,投资经理必须要考虑到投资者的流动性需求,即如何应对突发的现金需求。例如就保险公司而言,其投资目的为应对投保人的索赔,由于索赔的发生时间以及索赔金额的大小都存在不确定性,因此就要求保险公司的资产有良好的变现能力。通常投资经理在构建投资组合时会包含一些流动性较好的资产来满足投资者的流行性需求。

2. 法律法规(Legal and Regulatory)

投资过程是受到严格监管的,法律法规会限制机构和个人的投资行为。比如内幕交易的限制,以及有些国家会限制养老金投资某些高风险资产的比例。法律法规在不同国家之间差异很大,具体操作时需要咨询相关专家。

3. 投资期限(Time Horizon)

IPS 里要陈述投资者的投资期限,也就是整个投资的持续时间。一般来说,流动性不好、风险高的资产不适合短期投资者,因为短期很难弥补投资损失。

4. 税务考虑(Tax Concerns)

税负在国与国之间,个体与个体之间的差异都很大,这是一项非常复杂的约束,在一级里不作具体讨论。

5. 特有情况(Unique Circumstances)

投资者特有的道德观念、宗教信仰、个人想法等也可能会对构建投资组合形成限制,如和平爱好者可能要求自己的投资组合中不涉及军工类行业。ESG(环境、社会和治理)方面的考虑也通常包括在这部分(ESG 相关内容将在 53.3 节进一步讨论)。

> **备考小贴士**
>
> IPS 包含的主要内容可记忆为 RRTTLLU，即 return、risk、tax、time horizon、liquidity、legal、unique needs。

53.2 组合的构建

53.2.1 战略性资产配置（Strategic Asset Allocation）

在 IPS 完成后，投资经理会根据投资目标和约束来构建组合。构建组合的第一步是战略性资产配置，即在不同的资产类别间进行资源配置。资产类别是指具有相似特征的一类资产的总和。例如，固定收益类证券、权益类证券等都是单独的资产类别。

进行战略性资产配置时，一方面要考虑 IPS 中的目标和投资约束，另一方面要考虑各个资产类别的长期资本市场预期（即资产的期望收益率、风险、相关性等），再使用优化模型或者模拟方法（最常用的优化模型就是我们在前两章学过的马科维茨均值-方差优化模型）将二者结合起来，得到投资者的最优投资组合。战略性资产配置得到的投资组合又被称为政策组合（policy portfolio），组合的构成会记录在 IPS 中，作为实际组合构建和再平衡的基准。

---考点要求---
解释（explain）资产配置中对资产类别的要求（★★）

53.2.2 资产类别

战略性资产配置是以资产类别为基础的。在定义资产类别时，需要满足一定的标准。同一个资产类别内的资产应具有相似性，收益和风险类似、相关系数较高。而不同资产类别间的资产应有差异，相关系数应尽量低。资产类别应能覆盖足够多的可投资资产，同时彼此互斥，即一个资产不能同时被划分在两个类别中。

---考点要求---
描述（describe）组合构建的原则，结合 IPS 描述资产配置的作用（★）

53.2.3 构建组合的步骤

在战略性资产配置的基础上，投资经理在实际投资的过程中还可能调整资产类别或者单个证券的权重，这就涉及战术资产配置（tactical asset allocation）和证券选择（security selection）。投资经理可以通过风险预算（risk budgeting），将 IPS 中的总风险目标分配到战略性资产配置、战术资产配置、证券选择三个部分中，设定每部分的风险限额，从而将主动调整的幅度限制在合理的范围之内。

投资过程中，投资经理可能会主动暂时偏离战略性资产配置里的资产类别的配比，这一过程叫作战术资产配置。战术资产配置的原因一般是投资经理预测市场中某些资产类别将在短期内表现较好，因此通过增加这些资产的比例来提升组合的表现。但是配置比例只能是暂时地、小范围地变化，最终仍需回到战略性资产配置。

战术资产配置改变的是资产类别的比例。如果投资经理进一步调整了资产类别内部各具体证券的比重、买入或卖出特定的证券，这个过程叫作证券选择。证券选择可以利用证券市场线（SML）进行（详见 52.2.3）。这一步是主动管理的过程。投资经理如果决定不进行证券选择，则可以采用被动投资策略，直接复制代表某个资产类别的指数。

在组合构建完成后，投资经理还应当持续监测组合的表现。随着资产的价格变化，组合里资产的比重会随之变化，这时需要通过再平衡政策把比例调回战略性资产配置。如果各类资产的资本市场预期发生了改变，或者客户情况和目标发生了变化，则需要调整战略性资产配置。

> **例题 53.2**
>
> 某投资经理认为股票投资可以增加组合的回报,因此决定暂时在组合里增加超过 IPS 规定的股票投资。此决定属于:
> A. 再平衡
> B. 战术资产配置
> C. 战略性资产配置
>
> **名师解析**
>
> 选项 B 正确。
>
> 战术资产配置是因为市场中某些资产表现优异,通过暂时增加这些资产的比例以追求更优异的表现。

53.3 ESG 投资在组合管理中的运用

—考点要求—
描述(describe)环境、社会、公司治理如何与组合构建相结合(★)

越来越多的投资者在进行组合构建的过程中会剔除一些与个人价值观或偏好相悖的投资品,这个趋势促使了 ESG 投资的快速发展。区别于主要依赖财务指标的传统投资,ESG 投资是一种以充分考虑环境(environment)、社会(society)和公司治理(governance)三大核心要素来引导资金流向相关绿色企业的投资策略。其中,环境指标包括气候变化、碳排放、空气、水源污染和沙漠化等。社会指标包括客户满意度、隐私保护等。公司治理指标包括董事会构成、审计委员会架构等。

在投资组合构建过程中,可以采用负面筛选(negative screening)、正面筛选(positive screening)、ESG 整合(ESG integration)、股东参与(shareholder engagement)、主题投资(thematic investing)和影响力投资(impact investing)等方式选择出在环境、社会和公司治理这些指标中最佳的证券。在实务中,ESG 策略的执行会影响到投资组合经理的投资范围、投资管理方式、投资基准的构建,以及投资组合的风险与收益。与此同时,市场上也出现了很多第三方机构,为金融行业提供相关的 ESG 数据。

> **知识一点通**
>
> 从国际上来看,ESG 投资确实发展迅速。晨星数据显示,截至 2018 年年底,ESG 主题基金规模合计达 890 亿美元,连续 6 年保持资金高速净流入。尤其在 2018 年,S&P500 指数下跌 6.24%,权益和债券型基金资金净流入急速降低,而 ESG 资产却逆势获得高速增长。而对于中国而言,2018 年 6 月 A 股正式纳入 MSCI 新兴市场指数和 MSCI 全球指数是一个标志性事件。因为 MSCI 需对所有纳入的中国上市公司进行 ESG 研究和评级,不符合标准的公司将会被剔除,因此促进了国内各大机构与上市公司对 ESG 的研究探索。

练一练

53-1 Which of the following situations is most likely to increase a client's ability to bear risk?

A. The client has paid off his outstanding mortgage loan since last month.

B. The client desires to purchase a new car.

C. The client tends to think independently.

53-2 According to the current outstanding equity market performance, a portfolio manager temporarily increases the proportion of stock in his portfolio from 45% to 60%. This decision is an example of:

A. strategic asset allocation.

B. security selection.

C. tactical asset allocation.

53-3 A good classification of asset classes should meet the following criteria except that:

A. assets within one class should have high paired correlations.

B. the returns of different asset classes should have high correlations with each other.

C. one asset class consists of the assets with similar risk and return expectations.

53-4 The most suitable case of a client's willingness to take risks rather than the ability to take risks is that:

A. the client owns two pension plans from both his employer and the government.

B. the client is young and will retire in 25 years.

C. the client pays more attention to the safety of the principal rather than the potential gains.

扫码查看
答案及解析

第54章 个人投资者的行为偏差

知识引导

前文所述理论均建立在投资者是理性人的前提假设上,市场参与者在决策过程中考虑所有可获得的信息,理性行事,从而获得最优结果,并使市场更有效。但研究表明,当人们在面对复杂的情形时,往往依靠基本的判断和偏好来简化信息,而不是完全理性地行动。本章将探讨行为金融学的一个基本概念——行为偏差。投资专业人士可以通过理解这些行为偏差,认识自身和他人存在的不理智行为,并学习缓解、纠正这些偏差的方法,从而更接近理性人的最优决策。

本章重点讨论两大类行为偏差:认知错误和情感偏差。对每类行为偏差均从定义、潜在的后果、缓解或纠正偏差的方法这三个方面展开。最后,将讨论市场异常现象,本质上,这是金融市场参与者们个人行为偏差的群体表现。

考点聚焦

本章内容逻辑清晰,整体难度不高,有利于考生抓住学习重点。在学习本章的过程中,注意区分每个行为偏差产生的原因、潜在的后果以及纠正方法。本章内容仅作定性考查。

本章框架图

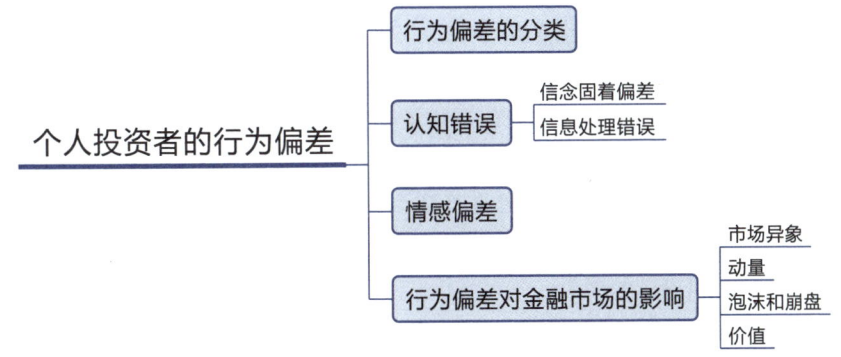

54.1 行为偏差的分类

—考点要求—
比较（compare）并对比（contrast）认知错误和情感偏差（★）

行为偏差一般分为两类：认知错误（cognitive errors）和情感偏差（emotional biases）。认知错误源于认知和推理过程中的错误，可以通过获取更全面的信息和教育纠正；情感偏差源于难以控制的直觉和冲动，通常不能纠正，只能适应（adapt）。不同于传统金融理论中的"理性人"假设，这两种类型的偏差都可能导致行为人作出非理性的投资决策。

54.2 认知错误

—考点要求—
探讨（discuss）每个行为偏差的定义及其对决策的影响（★★）

认知错误分为两类：信念固着偏差（belief perseverance bias）和信息处理错误（processing errors）。

信念固着偏差指人们倾向于坚持自己以前的观点。它源于当新信息与行为人之前持有的信念或认知发生冲突时产生的心理不适，这种不适被称为认知失调（cognitive dissonance）。本章将要讨论的信念固着偏差包括保守性偏差（conservatism bias）、确认偏差（confirmation bias）、代表性偏差（representativeness bias）、控制错觉偏差（illusion of control bias）和后见之明偏差（hindsight bias）。

信息处理错误指人们非理性及不合逻辑地处理和使用信息，导致金融决策出现偏差。它与行为人对信息本身处理方式的缺陷密切相关。本章将讨论的信息处理错误包括锚定和调整偏差（anchoring and adjustment bias）、心理账户偏差（mental accounting bias）、框架偏差（framing bias）和易得性偏差（availability bias）。

54.2.1 信念固着偏差

54.2.1.1 保守性偏差（Conservatism Bias）

保守性偏差指行为人对最初预测值赋予了过高的权重，对新的信息反应不足，未能理性地利用新信息改变原有的观点和行为。

1. 保守性偏差的后果

具有保守性偏差的行为人遇到新信息或复杂的信息时，无法及时更新观点或预测。

2. 检测以及克服保守性偏差的方法

（1）意识到偏差的存在，对新信息进行适当的重视和分析，特别是对抽象信息、技术信息、统计信息，因为处理这些形式的信息所涉及的认知成本（cognitive cost）更高，人们更可能因为困难而回避这些信息。

（2）当新信息出现时，根据新信息更新观点，问自己："这些信息对我的预测有什么影响？"

（3）如果信息难以被解释或理解，应建议行为人向专业人士进行咨询，对新信息进行解读，帮助行为人更新固有的观点。

54.2.1.2 确认偏差（Confirmation Bias）

确认偏差指人们在收集和分析信息时体现出强化原有观点的倾向。受到确认偏差影响的行为人更愿意寻找和重视能证实自身观点的信息，忽视或轻视对立的信息。

1. 确认偏差的后果

具有确认偏差的行为人可能会表现出以下行为：

（1）对于已有的投资，只考虑正面信息，忽略负面信息。

（2）过度遵循一套筛选标准（screening criteria），忽略对该标准的质疑或其他可能的标准，导致纳入一些不适合的投资或投资选择受限。

（3）持有不够分散化的投资组合。行为人可能相信某个资产的价值并不断强化这种观点，导致对其投资比重超过适当的比重。例如，投资人可能对雇主公司的股票投资比重过高。

2. 检测以及克服确认偏差的方法

（1）主动寻找与现有观点相反的信息。

（2）从其他角度或信息源验证投资决策。例如，如果基于公司财务指标看好某只股票，行为人可以从行业、估值等角度进行研究。

54.2.1.3 代表性偏差（Representativeness Bias）

代表性偏差指人们倾向于认为新信息中的某些特征具有代表性，继而根据过去的经验和分类对新信息进行简单分类。代表性偏差主要的表现形式有两种：基础概率忽视（base-rate neglect）及样本量忽视（sample-size neglect）。基础概率忽视指只关注某个类别内部的特征，忽略该类别在总体中的概率，导致将新信息归类到整体概率很小的类别中；样本量忽视指认为某个小样本对总体具有代表性。

例题 54.1

壮哥投资咨询公司的投资经理 John Niu 正在分析一家光伏组件企业 Green Future。注意到该公司近期取得多项技术突破、新产品具有竞争优势，John Niu 十分看好 Green Future 的前景，向客户强烈推荐买入该公司股票。然而，近年光伏行业整体发展受限、利润率低，即使是行业内最领先的企业也面临业绩下降的处境。

请识别 John Niu 存在的行为偏差，并解释原因。

名师解析

John Niu 的行为体现了代表性偏差。他忽视了该行业表现好的整体可能性较低（基础概率忽视），而基于个别特征将其简单归类为优质股票。

1. 代表性偏差的后果

具有代表性偏差的行为人可能会表现出以下行为：

（1）基于个体、特定信息或小样本做预测。

（2）通过简单分类来更新观点，对复杂信息分析不足。

2. 检测以及克服代表性偏差的方法

（1）客观分析和评价新信息，思考"该投资属于 A 和 B 两种分类的概率分别是多少"，其中 A 和 B 分别代表基于经验的分类和基于概率统计的分类。

（2）对基础概率作更多分析或者扩大样本观测量，以减少基础概率忽视和样本量忽视的可能性。

54.2.1.4 控制幻觉偏差（Illusion of Control Bias）

存在控制幻觉偏差的行为人倾向于高估自己对结果的控制程度。典型的例子是，在购买彩票时，人们更喜欢自选彩票号码，而非机选彩票号码，幻想可以凭借自选数字提高中奖概率。但从理性人的角度分析，无论是用自选号码，还是电脑随机生成的号码，中奖概率都是一样的。

> **例题 54.2**
>
> 投资经理 John Niu 的一名客户的投资组合中，有 40% 是其雇主公司的股票。该公司的一家竞争对手具有先进技术和营销渠道，被市场看好，而该公司则承担着较大的竞争压力，前景不佳。John Niu 建议客户减少雇主公司的股票比重，分散投资于其他公司或领域。但该客户不愿意改变原有的投资组合，他认为公司将在他和同事的努力下越来越好。
>
> 请识别客户存在的行为偏差，并解释原因。
>
> **名师解析**
>
> 客户存在控制幻觉偏差。客户认为他和他的团队可以控制公司的业绩和股价，不愿意相信财富顾问的观点。

1. 控制幻觉偏差的后果

具有控制幻觉偏差的行为人可能会表现出以下行为：

（1）投资组合分散化不足。投资者可能过多地投资他们认为自己能够控制的公司或行业，比如他们就职的公司或行业。

（2）交易过度频繁，导致交易成本上升，投资回报下降。

（3）作过于详细的金融分析、建立过于复杂的预测模型。但复杂的模型并不能控制投资结果。

2. 检测以及克服控制幻觉偏差的方法

（1）意识到投资是一种概率活动，投资的结果始终具有不确定性。

（2）寻求相反的观点，与持相反观点的人交谈，在投资决策时自省是否充分考虑了风险。

54.2.1.5 后见之明偏差（Hindsight Bias）

后见之明偏差指行为人相信过去的事情是可以预测的。行为人站在事后的角度对事前的预测作出评价，一些原本不合理的预测只要事后证明正确，就会被认为决策英明；合理的预测只要事后结果不佳，就会被认为是本可以避免的错误。

> **例题 54.3**
>
> 壮哥投资咨询公司的投资经理 John Niu 正在准备一份行业研究报告。在报告中，他写道："我们不该对该行业目前面临的困境感到惊讶。早在数年前，根据人口结构和消费习惯的变化，我们就可以预测出行业泡沫的破裂必将发生。"
>
> 请识别 John Niu 存在的行为偏差，并解释原因。
>
> **名师解析**
>
> John Niu 的评论体现了后见之明偏差。行业衰退在事后可能看起来是显而易见的，但几乎从未被准确地预测过。

1. 后见之明偏差的后果

具有后见之明偏差的行为人可能会表现出以下行为：

（1）高估自己对投资结果的预测能力（与后文中的过度自信偏差有关）或者高估投资结果的可预测性。

（2）不公正地评价投资业绩。行为人基于事后实际发生的情况评价投资决策，而不是根据当时对市场的预期作出评价。

2. 检测以及克服后见之明偏差的方法

（1）书面记录每次的投资决策以及作出决策的过程和依据，以便事后进行客观的追溯和评价。

（2）意识到后见之明偏差的存在，思考"当时我能获得的信息是什么？我基于此作出的投资预期是什么？"

> **知识一点通**
>
> 后见之明偏差也被称为"事后诸葛亮"。

> **备考小贴士**
>
> 考生可以通过"RICH C"（富含维生素 C）的小技巧记忆信念固着偏差。R 代表"Representativeness Bias"，I 代表"Illusion of Control Bias"，C 代表"Conservatism Bias"，H 代表"Hindsight Bias"，最后一个 C 代表"Confirmation Bias"。
>
> 考生应能够区分每个行为偏差的概念、具体的行为表现，以及纠正方法。

54.2.2 信息处理错误

54.2.2.1 锚定和调整偏差（Anchoring and Adjustment Bias）

锚定和调整偏差指行为人在进行预测或投资决策时，通常先设定一个初始默认值（即锚点），然后在该点的基础上进行上下调整，而不是充分吸收可获得的信息后作出新的判断。这种基于锚点的调整常常是不充分的，无论是上调还是下调。从成因上说，锚定和调整偏差与保守性偏差密切相关。

> **例题 54.4**
>
> 投资经理 John Niu 掌管的投资组合中有一支名为 Faods Elevator Co. Ltd.的股票。Faods Elevator 主要经营的产品是工业电梯。该公司的业务对宏观经济状况很敏感,尤其是非住宅建筑活动。去年,Faods Elevator 报告每股收益为 10 美元。Niu 要更新他对今年每股收益的预测。非住宅建筑活动去年非常活跃,而今年以来活跃度大幅下降,一些经济学家担心可能会出现衰退。因此,Niu 预测 Faods Elevator 每股收益将比去年下降 5%,并发布了今年每股收益 9.5 美元的预测。
>
> 请识别分析师 John Niu 存在的行为偏差,并解释原因。
>
> **名师解析**
>
> John Niu 的估计体现了锚定和调整偏差。Niu 将锚定在前一年 10 美元的每股收益上,在此基础上仅做了小幅调整,然而,该公司未来的业绩可能发生重大变化。结合新的信息,Niu 在锚的基础上调整不足。

1. 锚定和调整偏差的后果

具有锚定和调整偏差的行为人可能会表现出以下行为:

(1) 在作出预测时调整不足,无法充分反映新信息。

(2) 持有资产的时间过长,以期达到某个锚定价格,比如初始的买入价。

2. 检测以及克服锚定和调整偏差的方法

意识到锚定和调整偏差的存在,反思"我的预测是否是基于默认值或者过去的值?"以及"我一直持有这只股票是否只是为了达到某个预期价格?"

> **知识一点通**
>
> 从理性人的角度分析,公司在特定时期的收入和收益反映了该时期的状况。如果未来的情况与过去不同,收入和收益可能也会不同,甚至有时差别很大!同样地,证券价格反映了投资者在某一特定时间点对未来的看法。初始投资成本、过去的市场水平,以及过去的其他条件往往是无关紧要的。

54.2.2.2 心理账户偏差(Mental Accounting Bias)

心理账户偏差指行为人在心理上建立多个"账户",并将钱划分在不同的心理账户中进行管理。但从理性人的角度,无论哪个渠道赚到的钱,它们都是可以相互替代的(fungible)。传统金融理论假设投资者从投资组合**整体**的角度考虑风险与回报。而行为金融学发现投资者先将财富分层(layers),以一个分层的金字塔形式(layered pyramid format)构建投资组合,每一层的资产解决一个具体的投资目标。

> **知识一点通**
>
> 分层金字塔式组合构建模型见图 54.1。
>
> 在金字塔的底层,投资目标是财富保值(wealth preservation),防止自己变穷或生活水平骤然下降,保证基本的生活需求。由于该投资目标对投资者而言重要性最高,所以,他们愿意承担的投资风险最低,配置的资产均为低风险资产,如现金及现金等价物、自住房屋、国债等。
>
> 在金字塔的中层,投资目标是赚取收益(income generation),维持客户当前的生活水平,并保障退休后的生活水平。配置的资产应能够为客户赚取平均市场回报,比如,股票、公司债等。
>
> 在金字塔的顶层,投资目标是财富大幅升值(wealth accumulation),主要由高风险高收益的资产构成,比如客户集中持有的雇主公司的股票、期权、原始股、投资性房地产等。由于顶层的资产预期收益率高于市场平均水平,客户承受巨大的亏本风险。
>
> 投资者将不同层的资产分别看作单独的心理账户,每一层(每一个心理账户)就是一个子组合(sub-portfolio),服务于单独的投资目标,承担相应的投资风险。这种组合构建模型的缺点是忽略了多个子组合之间的相关性。从财富整体的角度,资产配置并没有达到最优组合。
>
>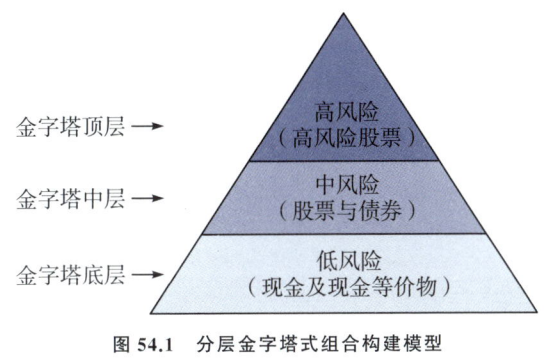
>
> 图 54.1 分层金字塔式组合构建模型

例题 54.5

投资经理 John Niu 的一名客户成功参与了一只新发行股票的认购。该股票上市后表现优异,客户卖出股票后取得了超过本金数倍的收益。该客户下一步希望投资一家初创科技公司。John Niu 提示该客户,该投资风险很大,可能导致巨大的损失,但该客户称:"我将只使用上次卖出股票获得的收益来投资。由于这本来就是额外获得的钱,所以即使损失了对我的经济状况也没有影响。"

请识别该客户存在的行为偏差,并解释原因。

名师解析

该客户表现出心理账户偏差。他根据资金来源将来自过往投资收益的资金归类到一个心理账户中,认为是意外之财(天上掉馅饼),因此愿意用这笔钱冒更高的风险,就算投资失败,也不会在心理上产生巨大的痛苦或者懊悔情绪。

但从理性人的角度,无论财富的来源如何,投资人应将所有财富看作一个整体,在可接受的风险容忍度水平下,投资预期回报率最高的组合(应用 Mean-variance optimization method 对资产整体进行配置)。

1. 心理账户偏差的后果

具有心理账户偏差的行为人可能会表现出以下行为：

(1) 从整体的角度分析，投资组合分散化不足，并不是传统金融学理论下的最优投资组合。

(2) 不合理地区分来自期间收入的回报和来自资本升值的回报。投资者往往片面追求期间收益，导致长期资本升值不足或本金风险过大，超过投资者的风险容忍度。

(3) 不合理地将财富分成投资本金和投资回报，对被划为投资回报的部分进行过高的风险配置。

> **知识一点通**
>
> 具有心理账户偏差的行为人区别对待本金和期间收入，热衷于投资高分红股票、高息债券等。垃圾债券指的是评级低、价格低、收益率高的债券。这类债券支付很高的票息，利用高利息吸引投资人。但是，由于垃圾债信用评级低，违约率高，发行人违约后债券的本金得不到偿还，会导致投资人血本无归。类似地，一般而言，高分红股票由于其所处行业成熟度高，盈利增长慢，股价上升空间小，总体投资收益并不高。

2. 检测以及克服心理账户偏差的方法

行为人应意识到自身存在心理账户偏差，将所有资产作为一个整体做资产配置。

54.2.2.3 框架偏差（Framing Bias）

框架偏差指行为人根据提问方式（框架）不同，对本质一样的问题作出不同的回答。决策者所采用的框架，主要受到问题表述方式的控制，同时也受决策者自身思考习惯和对信息处理方式的影响。框架偏差在客户填写风险容忍度测试问卷（risk tolerance questionnaire）时比较常见。

> **知识一点通**
>
> 框架就是话术，成语"朝三暮四"就是利用话术欺骗猴子。养猴人早上给猴子3个果子，晚上给4个果子，猴子不开心。于是养猴人决定早上给4个果子，晚上给3个果子。果子的总数量并没有变化，但是猴子更喜欢早上吃4个果子，就不再闹了。同样的方案，用不同的方式来表述，就会导致不同的结果，这就是框架效应。

> **例题 54.6**
>
> John Niu 是理财顾问，Handsome Wen 是受框架偏差影响的客户。Niu 向 Wen 推荐一套投资方案，根据量化金融的模型计算，该方案有 20% 的可能会亏损 10%，另外 80% 的可能会赚 20% 的回报。Niu 向 Wen 推荐该投资方案时，刻意避免提及 20% 的亏损概率，只是反复强调有 80% 的概率能赚 20% 的回报。Wen 认为该方案有 80% 的概率能赚钱，非常符合自己的风险偏好，欣然接受了该方案。
>
> 请识别个人投资者 Wen 存在的行为偏差，并解释原因。
>
> **名师解析**
>
> 投资者 Wen 存在框架偏差。同一项投资有 80% 的概率会赚钱，20% 的概率会亏损，用赢（gain）或亏（loss）两种不同的角度向框架偏差的行为人表达，则得到不同的结果。换个角度来看，假如 Niu 在向 Wen 介绍该投资方案时，反复强调该方案有 20% 的概率会亏损，Wen 就会认为亏损的概率 20% 也不低，该投资方案不符合自己的风险偏好，便会放弃该方案。

框架偏差中还包括狭窄框架(narrow framing),指人们只基于某些特征分析和评价信息,忽略整体。例如,投资者在评价公司时只依据利润水平而忽视其他方面。又如,投资者过度关注近期的价格变化或者投资组合中某一个资产的情况,而忽视长期的、整体的表现。

1. 框架偏差的后果

框架偏差可能产生以下负面影响:

(1) 错误识别客户的风险容忍度,因为风险容忍度测试问题的提问方式会影响客户的回答结果。

(2) 过度关注短期价格波动,从而忽视长期投资目标。

2. 检测以及克服框架偏差的方法

(1) 自省:"我的投资决策是基于净收益或是净损失的结果而作出的吗?"

(2) 在作投资决策时,行为人应该关注投资的未来前景,并在解读投资相关信息时尽量保持中立和开放的心态。

54.2.2.4 易得性偏差(Availability Bias)

易得性偏差指人们根据回忆信息的难易程度来估计事件的可能性或重要性。易得性偏差有四种来源:可追忆性(retrievability)、分类记忆(categorization)、狭窄的经验范围(narrow range of experience)和共鸣(resonance)。

可追忆性是指最先被想起来的结论往往被认为更正确或发生概率更大。

> **知识一点通**
>
> 研究人员做过一项行为金融学实验,给参与实验的人看一份人名单。名单上有男名和女名,其中,男性都是名人,而女性不是名人。看完名单后,研究人员请参与实验的人判断名单上的男女比例哪个更高。由于大部分参与实验的人立刻能回想起男性名人的名字,因此认定名单上男性更多。但实际上,该名单上女性名字更多,只不过女性都不是名人,参与实验的人无法快速回忆起来,就出现了认知偏差。

分类记忆是指当解决问题时,人们从他们认为相关的搜索集合(search sets)中收集信息。不同的问题需要不同的搜索集,这些搜索集通常基于熟悉的分类。如果很难想出一个相关的搜索集,那么,行为人可能会低估事件的概率。

> **知识一点通**
>
> 例如,在判断"乒乓运动员多,还是棒球运动员多"这个问题时,行为人就会快速在脑海中搜索熟悉的乒乓球运动员名单,邓亚萍、刘国梁……每个名字都如雷贯耳,但是在搜索棒球运动员名字时,行为人几乎想不起来任何具体的名字。行为人根据熟悉度进行分类检索(familiar categorizations),得出的结论就是乒乓球运动员数量大于棒球运动员数量。

狭窄的经验范围是指具有易得性偏差的行为人在作判断时,参照的是自身较为狭窄的经验范围,受认知局限性影响,作出的判断不够全面。

> **知识一点通**
>
> 例如，甲仅在对冲基金工作过，缺乏对其他金融领域的了解。在工作中，甲身边的同事都是CFA®持证人，甲就认为在对冲基金行业工作的CFA®持证人是最多的。而现实却未必如此。甲受限于自身的经验，得出不全面的结论。

共鸣是指具有易得性偏差的行为人在作判断时，会倾向于选择与其个人的自身情况有更高相似度的选项。例如，正是因为有共鸣，爵士乐爱好者会高估爵士乐爱好人群的数量。

1. 易得性偏差的后果

具有易得性偏差的行为人可能会表现出以下行为：

（1）分散化不足。投资者可能错失一些好的投资机会，投资局限于熟悉的领域、行业或板块，或对熟悉的公司或行业过度投资。

（2）根据广告或新闻报道选择投资产品或投资顾问。

2. 检测以及克服易得性偏差的方法

投资者应制定一个适当的投资策略，在作出投资决策之前仔细研究和分析，关注长期历史数据，并自省："我是根据对国家或行业的熟悉程度来选择投资的吗？是因为在文章或研究报告中看到它们，所以才投资的吗？我选择这项投资是因为我喜欢这些公司的产品吗？"

> **知识一点通**
>
> 考生可以通过"FAMA"（联想Fama-French三因子模型）的小技巧记忆信息处理偏差。F代表"Framing Bias"，A代表"Anchoring and Adjustment Bias"，M代表"Mental Accounting Bias"，A代表"Availability Bias"。
>
> 考生应重点区分每个行为偏差的概念、具体的行为表现，以及纠正方法。

54.3 情感偏差

54.3.1 损失厌恶偏差（Loss-Aversion Bias）

—考点要求—
探讨（discuss）每个行为偏差的定义及其对决策的影响（★★）

损失厌恶偏差指行为人避免损失的强烈倾向。理性人应该承受更多的风险以增加收益，而不是减少损失。矛盾的是，在现实生活中，行为人反而倾向于承担更多的风险来避免损失，而不是获取收益。损失厌恶导致行为人持有亏损股时间过长以避免确认损失，卖出盈利股过快以锁定利润，这种现象被称为处置效应（disposition effect）。

> **知识一点通**
>
> 前景理论由肯尼曼和特沃斯基于1979年提出的著名的行为金融学理论,它挑战了传统金融学的期望效用理论。前景理论指行为人在作判断时会先找到一个参考点(即行为人当前所处的情形或状态),在此基础上再去区分盈利(gains)或亏损(losses),并对盈利或亏损采取不同的态度。行为人在作决策的时候通常是患得患失的:人们喜欢更加确定的盈利,希望盈利能够尽快落袋为安,对待风险持厌恶态度(risk averse);但是人们厌恶损失,不希望账面亏损变现,则会过久地持有账面亏损的投资,承担过高的风险以期回本。所以,面对确定的损失,行为人更倾向于赌一把,对待风险持偏好态度(risk seeking)。

损失厌恶偏差非常常见。当投资者打开他们的月度账户报表,并浏览账户中的盈利股和亏损股时,看到一些投资亏了钱,而另一些投资赢了钱,因为不愿意承受割肉的痛苦,投资者很可能会继续持有损失的投资,直至达到盈亏平衡。

相反,盈利股在赚钱。厌恶损失的投资者倾向于尽快出售这些投资,实现收益,以避免看到收益蒸发。通过出售投资,不仅消除了未来损失的可能性,而且也消除了未来收益的可能性。将持有亏损股的额外风险与卖出盈利股丧失的潜在收益相结合,可能会使投资者的投资组合不如基于基本面分析的投资组合有效。

1. 损失厌恶偏差的后果

具有损失厌恶偏差的行为人可能会表现出以下行为:

(1) 持有亏损的投资时间过长,希望它们能恢复盈亏平衡。

(2) 由于担心收益会被侵蚀,卖出盈利的投资过快。

2. 检测以及克服损失厌恶偏差的方法

投资者要有纪律地进行投资。

54.3.2 过度自信偏差(Overconfidence Bias)

在过度自信偏差的影响下,行为人对自身能力的信心超出自己的实际能力。过度自信偏差有两种表现形式:预测性过度自信(prediction overconfidence)和确定性过度自信(certainty overconfidence)。

预测性过度自信指行为人进行预测时,认为结果的波动范围过小(置信区间过窄)。典型的例子是投资经理在预测投资收益率时往往低估标准差。确定性过度自信指行为人高估某个预测结果发生的概率。例如,投资经理可能认为某只股票价格已经跌到底部,接下来一定会反弹。无论哪种形式,行为人都是基于直觉和愿望作出自信的预测,而不是基于理性的分析作出决策。

一个与过度自信相关的概念是自我归因偏差(self-attribution bias)。自我归因偏差指行为人倾向于将成功归功于自己,将失败归咎于他人。过度自信偏差与自我归因偏差可能相互激化,加剧行为人的不理智行为。例如,过度自信的投资者常常混淆牛市和投资决策的影响,将牛市中成功的投资归功于自己。

1. 过度自信偏差的后果

具有过度自信偏差的行为人可能会表现出以下行为:

（1）高估回报，低估风险。
（2）持有不够分散的投资组合。
2. 检测以及克服过度自信偏差的方法

过度自信偏差属于情感偏差，但兼具认知错误的特点，收集更全面的信息往往有助于减轻过度自信偏差。投资者应做好交易记录、计算长期的投资业绩（至少两年），客观评价成功或失败的投资及作出决策的原因。

54.3.3 自我控制偏差（Self-control Bias）

自我控制偏差指人们由于缺乏自律，只追求短期的满足，而在追求长期、首要的目标时不采取行动。与此相反，传统金融学下的理性人会竭尽所能实现他们的长期目标，而不是满足短期的消费欲望。

1. 自我控制偏差的后果

具有自我控制偏差的行为人可能会表现出以下行为：

由于储蓄不足，投资者为了获得更高的回报而在投资组合中承担过多风险，或者过度借贷来满足当前的消费。

2. 检测以及克服自我控制偏差的方法

投资者应制定适当的书面投资计划（包括战略性资产配置）以及个人消费预算，并定期回顾。

54.3.4 维持现状偏差（Status Quo Bias）

维持现状偏差指人们比起作出改变，更愿意什么都不做，即使改变是必要的。这种偏差产生的原因是人类与生俱来的惰性（inertia），而不是有意而为之，因此难以克服。典型的案例是有些投资人买入股票债券之后不再作任何买卖的交易（buy and hold），即使市场上出现新的信息。

1. 维持现状偏差的后果

具有维持现状偏差的行为人可能会表现出以下行为：

（1）持有与当前的市场环境或个人情况不符的投资组合。
（2）错失好的投资机会。

2. 检测以及克服维持现状偏差的方法

（1）财富顾问应利用专业知识教育和引导客户，使客户尽可能接近理性人。
（2）量化目前不恰当的投资组合的风险以及合理配置资产的好处。例如，考虑当某个资产价值发生变化时，整个组合可能损失多少钱；评估改变投资组合后可能的损失将下降多少钱，或预期收益率将提高到多少。具体数字往往会给投资者留下更深的印象。

54.3.5 禀赋偏差（Endowment Bias）

禀赋偏差指人们在拥有某项资产时，会比不拥有这项资产时高估它的价值，即舍不得卖出拥有的资产。传统经济学理论认为，一个人愿意为一件商品支付的价格应该与他愿意出售同一件商品的价格相等。然而，在禀赋偏差的影响下，当行为人出售拥有的资产时,可接受的卖出价格将高于可接受的买入同一资产的价格,也就是说所有权"赋予"了资产附加价值。

1. 禀赋偏差的后果

具有禀赋偏差的行为人可能会表现出以下行为:

(1) 坚持持有不适合的资产(如继承的证券)。

(2) 过长时间持有熟悉的资产。行为人可能认为他们了解已经拥有的投资,不愿意购买他们不熟悉的资产。熟悉度增加了所有者对证券的感知价值。

(3) 维持不适合投资者风险承受能力和投资目标的资产配置。

2. 检测以及克服禀赋偏差的方法

(1) 对于继承的资产,考虑它们是否是一个恰当的投资组合,思考:"如果收到的不是资产而是等值的现金,我会如何投资?"

(2) 对于购买的资产,自省:"我愿意按照它现在的市场价格买入更多吗?"

54.3.6 后悔厌恶偏差 (Regret-Aversion Bias)

后悔厌恶偏差指人们由于担心自己作的决定会有糟糕的结果,从而避免作任何决定。行为人会对两种情况感到后悔:一个是后悔作了某个决定,另一个是后悔没有作某个决定。前者给行为人带来的负面情绪比后者更强烈,所以人们倾向于不作决定。

1. 后悔厌恶偏差的后果

具有后悔厌恶偏差的行为人可能会表现出以下行为:

(1) 由于过去糟糕的投资业绩,行为人为避免重蹈覆辙,在投资选择上过于保守,选择低风险工具,导致长期业绩不佳。

(2) 羊群行为(herding behavior)。羊群行为指行为人盲目跟风,认为随大流选择知名的股票或投资经理可以增加安全系数,将自身的责任降低,不因为选择错误承担后果。

2. 检测以及克服后悔厌恶偏差的方法

(1) 应该量化合理的资产配置,减少风险和提高回报的程度。

(2) 权衡投资风险和收益,关注长期目标而不是短期波动。投资都是有风险的,但适当承担风险有助于提升长期收益。

> **知识一点通**
>
> 后悔厌恶会导致行为人出现两种截然相反的行为:一个是维持原来的头寸不作任何买卖决策,另一个是盲目跟风、追涨杀跌,别人怎么投,自己就怎么投(羊群行为)。如果题目中有描述类似于"市场上的其他投资人买入某只股票的热情高涨,某个客户跟风买入这只股票"的情景,则说明该客户存在羊群效应。反之,如果题目中并没有描述市场上的其他人如何如何,而仅仅描述某个客户由于担心自己的决策失误而避免作投资决策,则说明该客户会按兵不动,维持原有的头寸不作任何调整。

> **知识一点通**
>
> 维持现状偏差、禀赋偏差和后悔厌恶偏差通常会放在一起讨论,因为这些偏差的结果都有可能导致行为人不作任何决策,继续持有当前的头寸。但是,他们背后的原因是完全不同的。存在维持现状偏差的行为人由于惰性而维持当前的头寸。存在禀赋偏差的行为人由于认为自己持有的证券比市场上的公允价值更值钱,而维持当前的头寸。存在后悔厌恶偏差的行为人由于害怕自己作的投资决策是错的,而维持当前的头寸。

> **备考小贴士**
>
> 考生可以通过"LOSSER"(联想"损耗元件"的英文,注意,或是"LOSER"加一个S)的小技巧记忆情感偏差。L 代表"Loss-Aversion Bias",O 代表"Overconfidence Bias",S 代表"Self-Control Bias",S 代表"Status Quo Bias",E 代表"Endowment Bias",R 代表"Regret-Aversion Bias"。
> 考生应重点区分每个行为偏差的概念、具体的行为表现,以及纠正方法。

54.4 行为偏差对金融市场的影响

—考点要求—
描述(describe)投资者行为偏差如何导致金融市场异象(★)

前文介绍了市场上的参与者自身可能存在的行为偏差,而市场是由所有参与者组成的,因此,金融市场也存在很多与传统金融学理论相悖的现象。

54.4.1 市场异象(Market Anomalies)

市场异象指出现持续不等于零的异常收益(abnormal return),这显然是有别于传统有效市场假说(有效市场不应该存在异常收益)的。但是,并非所有异常收益都代表着市场存在异象。人们可能会错误地作出市场存在异象的判断,原因包括:错误选择资产定价模型、统计问题、暂时的非均衡状态。

在判断是否存在持续的异常收益时,需要将实际收益与"正常收益"相比较。"正常收益"往往由资产定价模型求得。因此,异常收益的存在可能只是因为资产定价模型选择错误,导致"正常收益"计算错误,并不能证明存在市场异象。

另外,异常收益可能是由于小样本、幸存者偏差、数据挖掘偏差等统计问题导致的,亦不能证明存在市场异象。

最后,市场上可能会出现持续一段时间的非均衡现象,但这种现象最终会消失,不应被归类为市场异象。典型的例子包括一月效应(January effect)、周末效应(weekend effect)。一月效应指小盘股一月的回报往往较高,该现象的解释包括投资者年终进行税收损失收割、基金经理在年底清仓业绩较差的股票粉饰业绩报告、公司在一月公布业绩促进投资者购买等。周末效应指股票周一的回报率往往较低,该现象的解释包括公司倾向于在周五收盘后公布负面消息、投资者周末乐观情绪消退等。近期的数据表明,一月效应和周末效应在不同细分市场有不同的表现,但都不再明显。这些效应是短期现象,会随着金融市场演变和投资者策略调整而消失,也有观点认为它们只是一种巧合,一开始就不存在。

54.4.2 动量(Momentum)

动量指价格的趋势性。过去和未来的价格变动常常体现出正相关关系,涨价的股票继续涨价,下跌的股票继续下跌。动量效应是一种中短期现象,可能持续数月,一般不超过两年,此后价格会出现均值复归(mean reversion)。

在一定程度上,动量是由易得性偏差、后见之明偏差和损失厌恶偏差导致的。

具有易得性偏差的投资者可能错误地使用基于最近经验的模型作投资决策,这种情况下,易得性偏差也被称为近期效应(recency effect),即倾向于更清晰生动地回忆起最近的事件,并高估近期事件的权重(或发生的概率)。研究表明,个人投资者在推断未来资产价格趋势时更容易受到近期效应的影响。

投资人与好的投资机会失之交臂时,就会产生悔不当初的感觉。后悔是一种后见之明偏差的表现,反映了人们倾向于认为已经发生的事件是可以提前预测的。当市场波动时,投资者感到他们本可以提前预测到重大的市场走势,从而增加利润或减少损失,但是事实上他们并没有做到,此时这种后悔情绪会特别强烈。当共同基金或股票在前一年表现良好时,投资者却后悔没有在那时持有它们,他们可能会在情绪上想要弥补这种遗憾。这些行为偏差可以解释金融市场短期年复一年的趋势,以及投资人过度交易的原因。

54.4.3 泡沫和崩盘(Bubbles and Crashes)

在市场泡沫中,资产价格严重偏离内在价值。泡沫和崩盘的存在对市场效率的概念提出了挑战,比如1999~2000年的科技泡沫、2007年左右由于次贷问题引起的全球性金融海啸。

泡沫可能有合理的解释。例如,一些投资者可能预测到未来的崩盘,但不知道它的确切时间。在一段时间内,由于卖空的成本高、投资者不愿承担更大的损失,或者仅仅是没有合适的工具,有效的套利可能并不存在。此外,一些基金经理的绩效考核基于短期回报,为了获得奖金或者避免被处罚,他们在业绩压力下可能会参与市场泡沫,追涨杀跌。

从行为金融的角度来看,市场泡沫中常常出现过度自信、自我归因、确认偏差、后见之明、后悔厌恶等行为偏差。

在市场泡沫时期,投资者往往表现出过度自信偏差。他们过度交易,低估风险,分散化不足,拒绝与自己观点相反的信息,导致投资回报低于市场平均投资回报。过于自信的投资者会进行更多的主动投资,在高风险市场中不仅跑输主动程度低的投资者,也会跑输大盘。

确认偏差和自我归因偏差也与导致泡沫的过度自信和过度交易有关。在上涨的市场中,即使盈利股被过早卖出,也通常是获利的。投资者会误以为是自己高超的投资能力获得的超额收益,进而把成功归功于自己。后悔厌恶偏差还会驱使投资者积极地参与市场泡沫,因为他们害怕错失随着股票升值而带来的获利机会。

当泡沫开始消失时,市场可能反应不足,投资者由于锚定偏差不能充分更新他们的观点。在泡沫消失的早期阶段,投资者可能会出现认知失调(cognitive dissonance),他们会忽视损失,并试图为这种损失寻找借口。最终,投资者会扎堆卖出标的,从而加速价格下跌。

54.4.4 价值(Value)

价值型股票的典型特征是低市盈率(price-to-earnings ratios)、高账面市值比(high book-to-market equity)和低股价股息比(low price-to-dividend ratios)。成长型股票的特征通常与价值型股票的特征相反。许多研究表明,价值型股票的长期业绩表现优于成长型股票的长期业绩表现。Fama 和 French 发现,在 1975~1995 年期间 13 个主要市场中的 12 个,价值型股票表现优于成长型股票。一种观点认为,价值型和成长型股票的收益率差异可以被解释为对风险的合理补偿。其依据是在 Fama 和 French 使用三因子定价模型后,这种市场异象消失了。另一种观点认为,如果从行为金融角度分析,则有以下可能。

光环效应(halo effect)属于一种代表性偏差,将对某些特性的良好评价延伸到其他方面。比如,一家有着良好成长记录和股价持续飙升的公司可能会被视为一项好的投资标的。这是由于投资人受代表性偏差影响。这些涨幅大的成长股多数是高科技行业的明星股,受市场追捧。投资人过度自信,认为高速增长的盈利是可持续的,在股价高位持续买入,导致成长股被严重高估。

情感因素会影响投资者对价值的判断。成长型公司更受投资者关注,被赋予正面的情感评价,股价因而易被高估。情感因素的一个例子是本土偏差(home bias),即在全球投资组合的背景下,行为人表现出对国内或本地证券的强烈偏好。这种偏差主要源自相对信息优势(informational advantage),对公司管理层的接近带来了心理的舒适感,或者一种对当地社区的投资愿望。

> **备考小贴士**
> 考生应重点掌握导致各种市场异常现象的偏差分别是什么。

练一练

54-1 Which of the following behavioral biases most likely leads to excessive trading?
  A. Illusion of control bias.
  B. Anchoring and adjustment bias.
  C. Conservatism.

54-2 Which of the following statements is least accurate?
  A. Keeping records of investment decisions and the reasoning behind them can help overcome hindsight bias.
  B. Herding behavior of investors is a potential implication of overconfidence bias.
  C. Self-control bias could be presented by borrowing excessively to finance present consumption.

54-3 An investor who holds investments in a loss position for too long and sells investments in a gain position too soon most likely exhibits:

A. loss aversion.

B. gambler's fallacy.

C. mental accounting.

54-4 Which strategy would best mitigate or prevent endowment bias?

A. Actively seeking out information that challenges existing beliefs.

B. When new information is presented, asking "How does this information change my forecast?"

C. Asking "Would you buy this security today at the current price?"

第55章 风险管理基础

知识引导

　　风险是指企业在经营生产中面临的不确定性。高收益通常伴随着高风险。对于企业来说,如何确定自身风险承受能力、如何识别风险、如何选择承受风险的类别、如何在风险承受范围内追求收益最大化是非常重要的课题,同时这也是风险管理的基本内容。值得注意的是,企业的风险管理并不是要完全"消灭"风险,而是在衡量自身特点后,有选择性地接受部分风险。

考点聚焦

　　本章知识框架相对独立。由于本章是对风险管理的基本思想与方法作介绍,因此涉及的基本概念较多。考生应对相关概念有所了解并能进行辨析,并且解释风险容忍度如何影响风险管理,但无须深入研究。此外,本章考纲没有对计算作出要求。

本章框架图

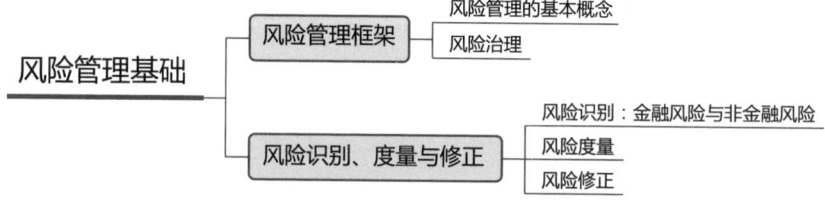

55.1 风险管理框架

55.1.1 风险管理的基本概念

55.1.1.1 风险（Risk）

简单地说，风险就是指不确定性（uncertainty），可用于描述一切由外部环境变化而导致的不确定性。收益与风险是对孪生兄弟，不承担任何风险只能获得无风险收益率，通常满足不了投资收益目标；反之，投资过程中只注重收益而忽视风险则会导致灾难性后果。风险应该被谨慎地选择、理解及管理，在风险可控的情况下实现收益最大化。

> **知识一点通**
>
> 广义上看，风险是指不确定性，这既包括产生损失的可能，也包括获取更大收益的可能。而有些情形下我们使用风险的狭义定义，即风险仅指产生损失的可能性。

55.1.1.2 风险敞口（Risk Exposure）

风险敞口是指未加保护的风险头寸，是投资者实际所承担的风险。具体而言，当投资者持有的资产或债务价值有可能因潜在环境变化而改变时，投资者就存在风险敞口。

> **知识一点通**
>
> 例如，某中国企业购买了美国公司的债券。如果该企业没有对美元汇率对冲，那么该企业就存在人民币兑美元的汇率风险敞口。同样，如果该中国企业没有对冲美国公司的信用风险或利率风险，那么该企业还存在信用风险敞口与利率风险敞口。

55.1.1.3 风险管理（Risk Management）

风险管理是指组织或个人决定目标风险水平（风险容忍度），度量自身承担的风险水平，并调整实际承担的风险以实现最大化公司、资产组合价值或者最大化个人效用的过程。换言之，风险管理包括在承担一定水平风险的情况下，任何有关实现组织或个人目标的决策与行动。风险管理并不是一味地最小化风险，而是在可以接受风险的前提下，平衡收益与风险的关系。在实施风险管理的过程中，要随时量化并监控风险，及时调整风险敞口。风险管理不是预测未来可能发生的风险事件也不是避免或者转移企业所承担的全部风险，而是当风险事件发生时，其造成的结果已经在事前考虑过，并有相应的应对措施。

—考点要求—
定义（define）风险管理（★）

> **知识一点通**
>
> 即便最有效的风险管理也不能完全杜绝风险。有效的风险管理虽然不是百分百避免损失，但可以识别出企业决策过程中面临的各种风险，并在风险事件实发时迅速启动应急响应措施。

—考点要求—
描述（describe）
风险管理管理
框架的特征（★）

55.1.1.4　风险管理框架（Risk Management Framework）

风险管理框架是前文介绍的风险管理的逻辑延伸，是对风险管理的基础、流程与分析方法的规范。每个企业的风险特征各不相同，因而风险管理不存在对任何企业都适用的统一范本。然而，在构建风险管理框架时，企业通常都会面临几个关键因素，如图55.1。

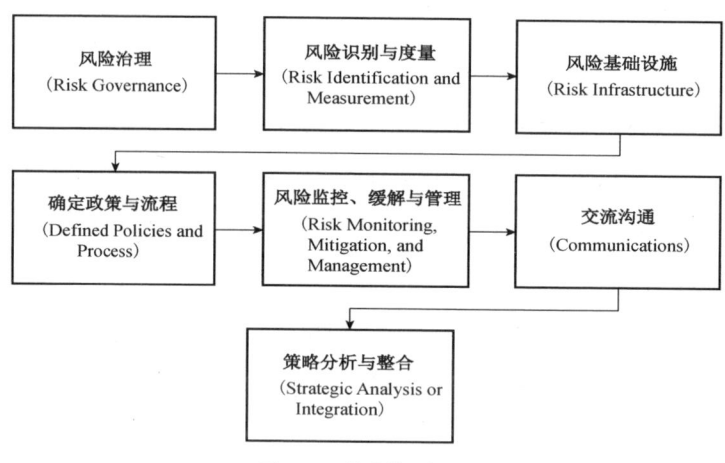

图55.1　风险管理框架

1. 风险治理（Risk Governance）

风险治理是指整合企业的风险管理活动使其与公司的目标相一致。风险治理政策一般是自上而下制定的，由公司的董事会牵头起草，旨在协调公司风险与企业愿景。这一概念会在下一部分详细讨论。

2. 风险识别与度量（Risk Identification and Measurement）

风险识别与度量的核心内容是量化风险，除此之外还包括对风险的定性评估以及对风险源的识别。在风险识别的过程中既要发现已存在的风险源同时也应注意潜在的风险；既要考虑来自金融市场的风险，又要包含非市场性风险。

3. 风险基础设施（Risk Infrastructure）

风险基础设施指在监控风险敞口或者量化风险过程中涉及的人员与系统。随着计算机系统的日益复杂以及金融数据的庞大，企业的风险管理者在测试数据以及风险建模方面投入了更多资源，但与此同时复杂的计算机系统和金融数据库也成为公司面临的潜在风险源之一。

4. 确定政策与流程（Defined Policies and Processes）

企业的风控政策与流程目的在于把企业的风控目标落实到日常经营与决策之中，确保企业的日常活动满足预设的风险容忍度。对于金融企业而言，风险控制体现在公司的方方面面，从资产配置到股票选择，因此好的风控政策应该是公司运营的重要组成部分之一。

5. 风险监控、缓解与管理（Risk Monitoring, Mitigation, and Management）

风险监控系统应该是实时且全面的，能够及时发现风险并识别潜在风险源。当风险超过公司的容忍度时，及时调整风险敞口使总风险处于公司可控的范围内。

6. 交流沟通（Communications）

当危机发生时影响的往往不是公司的一个部门，而是整个公司甚至整个行业，所以在危机发生时不同部门间的交流沟通尤为重要。此外，风险控制的政策也需要清晰明确的表述，以确保组织部门间能准确无误地理解公司的风控目标。最后，在风控措施的执行步骤，要及时报告风险指标、讨论风险变化，还应建立向上反馈机制。

7. 策略分析与整合（Strategic Analysis and Integration）

风险管理与创造收益的活动并不是相互独立的。通过分析与整合，风险管理可以辅助投资决策或者企业战略制定，提升业绩。

55.1.2 风险治理（Risk Governance）

55.1.2.1 企业视角（Enterprise View）

风险治理指从自上而下的角度指导和监督风险管理活动，以支持整个企业运作。风险治理通常采用企业视角，从整个企业角度进行风险分配，而不是单独考察某个业务的风险。主要包含两部分，首先明确企业的目标，并把实现企业目标作为一切风险治理措施的基础和前提条件。其次阐明企业的风险偏好（风险容忍度），明确哪些风险是可以接受的，哪些风险要尽量避免以及何时调整风险敞口等。

—考点要求—
定义（define）风险治理并描述（describe）有效风险治理的要素（★）

> **知识一点通**
>
> 从企业视角进行风险治理，主要是要将不同业务之间的相关性考虑在内。企业总体风险一般小于单个业务风险的加总。例如，某公司同时生产太阳镜与雨伞。从单一业务上看，太阳镜或雨伞业务的风险都很高，其销售额取决于来年下雨天数。然而从公司整体角度来看风险其实有限，不管来年下雨天数多少，公司在两个业务上至少有一个可以赚钱。
>
> 企业也不是一味地回避所有风险，很多时候企业反而会去主动承担风险以换取更高的收益，比如某银行主要面向 A 地区的中小企业发放贷款，现决定扩大业务线同时向 B 地区的中小企业发放贷款，这时该银行就是主动承担了风险以期日后获得更高的收益。

55.1.2.2 风险容忍度（Risk Tolerance）

确定风险容忍度是风险治理中的关键环节，这属于治理层（董事会）层面的决策。各项经营活动和投资决策都伴随着风险，企业需要选择恰当的风险活动，以实现在给定风险水平下的价值最大化。对企业来说，有的风险可以接受；有的完全不能接受；有的可以在一定程度上接受，需要有限度地开展风险活动。风险容忍度明确了哪些风险是可以接受的，哪些是不可接受的，以及企业整体可以承担多大的风险，是企业后续风险管理的基础。从另一个角度说，风险容忍度也反映了企业是否能够容忍无法实现目标，或者愿意在多大的程度上遭受损失。

在决定风险容忍度时，企业需要综合考虑自身的优势与不足（"内部"视角）和面临的不确定因素（"外部"视角）。各项活动的风险应与收益相匹配，对于与核心竞争力有关、能创造价值的领域，企业可以允许较高的风险，而对于不擅长的、非核心的领域，则应该严格限制或者消除风险。风险容忍度没有固定的公式，与之相关的因素包括企业目标、专长、战略、应对负面事件的能力、能承担的损失额、竞争环境、政策和监管环境等。

—考点要求—
解释（explain）风险容忍度对风险管理的影响（★）

> **知识一点通**
>
> 例如,某贸易公司主营进出口石油,则该公司面临石油价格风险与汇率风险。由于该公司长期经营石油贸易,对石油价格预测有较强能力,于是该公司就可以接受石油价格风险,不进行对冲。如果该公司将石油出口至日本与巴西,则面临日元与巴西雷亚尔的汇率波动风险。因为巴西属于新兴市场国家,汇率较不稳定,而日本属于发达国家,币值相对稳定。该公司就可能决定部分接受日元风险,只对一部分风险敞口进行对冲,而完全对冲所有巴西雷亚尔的头寸。

—考点要求—
描述(describe)风险预算及其在风险治理中的作用(★)

55.1.2.3 风险预算(Risk Budgeting)

风险预算是风险容忍度付诸实践的手段,着眼于如何承担风险。在企业风险管理框架中,风险预算将高层级的治理层决策与许多较低层级的管理层决策联系起来。风险预算通过特定的指标来量化风险,并在不同的业务或资产之间分配可容忍的风险。量化风险的指标可以是单一的(如标准差、贝塔等),也可以是更复杂或多维度的(如基于风险因子模型分配风险)。风险预算的过程迫使决策者权衡风险,如果企业所有希望开展的活动的总风险大于可容忍的风险,企业将优先向每单位风险带来收益最大的活动分配资源。另外,除了运用在企业管理中,风险预算也能用于投资组合管理。

> **备考小贴士**
>
> 风险管理部分有较多名词概念需要考生了解,但并非考试重点,建议考生可通过一些关键词进行记忆,比如,风险治理对应的是整体(overall)风险的管理,风险基础设施对应的是人力(people)和系统(system)。

> **例题 55.1**
>
> 在风险管理的框架中,下列哪一项设定了风险管理的整体大环境?
> A. 风险治理
> B. 风险基础设施
> C. 政策和流程
>
> **名师解析**
>
> 选项 A 正确。
> 风险治理是站在企业总体角度自上而下进行风险管理,风险基础设施与政策流程虽然也是风险管理框架的重要组成部分,但并不符合题设要求。

—考点要求—
识别(identify)金融风险和非金融风险并描述(describe)其如何互相影响(★)

55.2 风险识别、度量与修正

55.2.1 风险识别:金融风险与非金融风险

风险治理为企业的风险管理提供顶层指导。在此基础上,企业将实施具体的风险管理活动,第一步就是要识别风险。风险归为两类:一是金融风险(financial risk),即由金融市场波动导致的风险;二是非金融风险(non-financial risk),即由金融市场以外的原因所导致的风险,如环境变化、政策改变、供应商与客户变化等。风险的总体分类可见图55.2。每种风险的具体含义将在下文介绍。

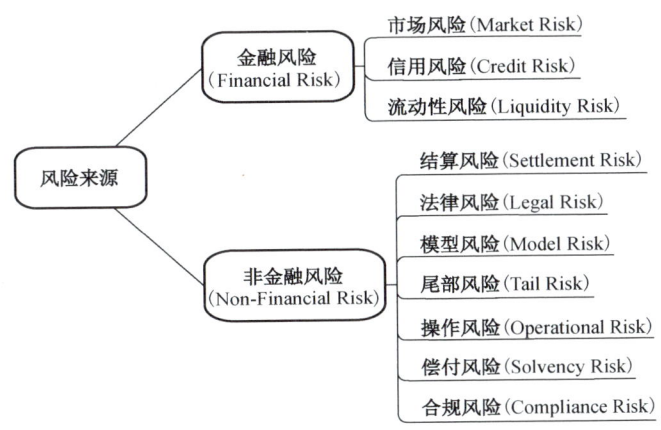

图 55.2　风险类别

> **知识一点通**
>
> 考生应会区分金融风险与非金融风险。考生只需记住市场风险、信用风险与流动性风险属于金融风险即可,其余风险都属于非金融风险。

55.2.1.1　金融风险

1. 市场风险(Market Risk)

市场风险,是指由利率、股票价格、汇率以及大宗商品价格波动导致的风险。市场风险通常源于经济基本面改变或是经济、产业以及特定公司的突发事件。市场风险是个人与多数企业最常面临的风险。

2. 信用风险(Credit Risk)

信用风险是指合约一方无法履行义务而造成损失的风险,故也称为违约风险(default risk)或对手方风险(counterparty risk)。例如,在借贷关系中,只有一方面临信用风险,因为借款方(borrower)存在无法按约定支付利息或本金的可能性,故只有贷款方(lender)面临信用风险。而在有些衍生品交易中,双方都面临信用风险,如互换(swap)等。

> **知识一点通**
>
> 在借贷关系中,只有贷款方面临信用风险,而借款方没有信用风险。这是因为一旦把钱借出去后,只有贷款方承担对方不还钱的风险。

3. 流动性风险(Liquidity Risk)

流动性风险是指在需要迅速变现资产时,不能以公允价值出售资产,而是以显著低于资产价值的价格出售资产的风险。例如,在流动性较好的股票市场,股票通常能够按照当前市价出售;但如果在急需用钱时变卖房产,通常不得不按低于市价的低价抛售,这就是流动性风险。在金融市场中,流动性风险通常可以通过买卖价差(bid-ask spread)来衡量。

> **知识一点通**
>
> 在有些金融市场中,会有做市商(dealer)为市场提供流动性。通俗理解,做市商就是我们通常说的"中间商",通过连接买家与卖家来赚取中间差价。这个中间差价就是买卖价差(bid-ask spread)。如果市场流动性好,买家卖家容易配对,中间商收取的买卖价差就小;反之,市场流动性差,买卖价差就大。

55.2.1.2 非金融风险

1. 结算风险(Settlement Risk)

结算风险与违约密切相关,特指结算时一方无法履约而造成损失的风险,发生在违约之前。例如,企业 A 与企业 B 签订了一份外汇互换,在合约到期时,企业 A 应支付 8 亿欧元,而企业 B 应支付 10 亿美元。在合约到期结算时,企业 A 将 8 亿欧元按期汇出,但企业 B 恰好宣布进入破产清算程序,则企业 A 在短期内既无法收到企业 B 应支付的 10 亿美元,也无法收回先前按期汇出的 8 亿欧元,产生了损失。

> **知识一点通**
>
> 结算风险与信用风险类似,只不过特指由于结算流程导致的违约。不过考纲里特别把结算风险归类为非金融风险。考生需要注意。

2. 法律风险(Legal Risk)

法律风险是指企业被起诉的风险或合同不被法律支持的风险。例如,投保人与保险公司就索赔金额无法达成一致而起诉保险公司,或者在互换协议中由于违约事件的发生,受损失的一方状告违约一方等情况都属于法律风险的范畴。

3. 合规风险(Compliance Risk)

合规风险同样与法律密切相关,主要是指法律法规、会计准则与税收相关制度改变带来的风险。

> **知识一点通**
>
> 法律风险与合规风险均与法律相关,但有所不同。法律风险指金融风险管理中,交易合法性有可能受到质疑的风险;而合规风险指法律法规变动带来的风险。

4. 模型风险(Model Risk)

模型风险指不正确地使用模型造成的风险。**模型风险包括两个方面,一个是选择的模型不恰当,一个是使用模型的方法不正确**。例如,使用多元回归模型进行分析时,在模型建立的过程中遗漏了重要变量,就会引发模型风险。

5. 尾部风险(Tail Risk)

尾部风险与模型风险密切相关,是指在模型假设的概率分布中,极端值(尾部事件)发生的可能性低于实际可能性。实际上,历史上发生的多次金融危机都是由于对于极端事件发生的可能性估计不足导致的。

6. 操作风险（Operational Risk）

操作风险是指在生产经营过程中由于人员、操作流程或者计算机系统失败导致的风险，比如著名的"光大乌龙指"事件就是由于员工输错交易量导致。操作风险也可能来自外部，如公司网站受到黑客攻击，或极端天气、自然灾害、恐怖活动等导致的业务中断。

7. 偿付风险（Solvency Risk）

偿付风险是指尽管企业可能具备偿付能力，但由于当前现金流不足以支付当期债务而不得不破产的风险。 例如，在 2008 年的金融危机中，雷曼兄弟由于过度使用杠杆而倒闭。实际上，雷曼兄弟面临的流动性危机在第二天就能解决，很多头寸将获得巨额收益。然而，由于当前现金流不足，解决不了偿付风险，不得不倒闭。

上述各类风险并不是相互独立的，而是存在相关性。尤其当经济金融危机发生时，有可能相互影响和加剧（interactions of risks）。

> **例题 55.2**
>
> 下列哪一项属于金融风险？
> A. 利率上升
> B. 交易违法
> C. 个人操作不受限制
>
> **名师解析**
>
> 选项 A 正确。
> 市场风险指由利率、股票价格、汇率以及大宗商品价格波动导致的风险，属于金融风险。
> 选项 B 与选项 C 分别代表法律风险与操作风险，属于非金融风险。

55.2.2 风险度量

风险度量（measurement of risk）主要是指衡量风险敞口的量化指标，如表 55.1 所示。

——考点要求——
描述（describe）度量风险的方法（★）

表 55.1 主要风险度量指标

风险度量指标	简要说明
市场风险：	—
概率（Probability）	度量不同结果发生的可能性
标准差（Standard deviation）	度量资产的波动性
贝塔（Beta）	资产收益率对市场收益率的敏感性，用于衡量权益工具的市场风险
衍生品的希腊字母	Delta、Gamma、Vega、Rho： Delta 衡量标的资产价格变动对衍生品价格变化的影响； Gamma 衡量标的资产价格变动对 Delta 的变化影响； Vega 衡量标的资产的波动性变化对衍生品价格的影响； Rho 衡量无风险利率的变化对衍生品价格的影响
久期（Duration）	固定收益证券价格对利率的敏感性
在险价值 VaR	资产组合在一定时期内、一定概率下预期的最小损失
条件 VaR（CVaR）	条件 VaR 用于衡量损失超过 VaR 的均值

续表

风险度量指标	简要说明
极值分布 (EVT, Extreme value theory)	度量极端值的概率分布
情景分析与压力测试 (Scenario analysis and stress testing)	压力测试是假定企业或者资产组合处于某一极端市场中,例如某国货币升值25%,然后测试该机构或者投资组合在极端市场中的表现。情景分析可以看成一系列的压力测试,主要分析如果多个市场因素变动的情形下,资产组合价值的变动。比如,假定利率下降到0%且股票市场大跌20%,资产组合价值会变动多少
信用风险:	—
信用评级	穆迪(Moody)、惠誉(Fitch)与标普(S&P)评级
财务比率	流动比率、现金流覆盖率、资产回报率、资产负债率等
其他信用风险指标	信用VaR、违约概率、违约的期望损失、信用评级改变的概率
事前风险成本(Ex ante risk cost)	CDS、看跌期权、奇异期权、保险合约等金融工具价格中隐含的风险成本

> **知识一点通**
>
> 例如,假定某资产组合在一个月内5%的VaR为10 000元。此时,VaR的含义为:该资产组合一个月内有5%的概率至少损失10 000元,或者是在95%的置信水平上,一个月内损失不会超过10 000元。VaR有一个缺点,即不能告诉我们损失超过10 000元后预期损失有多大,这一缺陷可由CVaR弥补。

> **备考小贴士**
>
> 上述度量风险指标在相关章节中会详细描述,在此处考生有个印象即可。

55.2.3 风险修正(Risk Modification)

—考点要求—
描述(describe)修正风险的方法及如何选择方法(★)

风险修正(risk modification)是指企业将实际风险调整至目标风险敞口的过程。值得注意的是,风险修正与风险降低(risk reduction)迥然不同。例如,某基金当前资产配置是50%现金与50%股票。通过分析,企业认为未来股市向好,因此提高股票配置比例。这个过程就是风险修正,在此过程中企业提高了自身承受的风险。

下文将介绍四类风险修正方法。各方法并无优劣之分,即使对于相同的风险,不同企业也可能适合不同的应对措施。在选择方法时,应当权衡修正风险的成本以及能获得的收益,结合企业的风险容忍度,使实际承担的风险与企业整体风险管理目标相一致。这些方法也并不是互斥的,企业可以结合多种方法开展风险管理。

55.2.3.1 风险防范与规避(Risk Prevention and Avoidance)

风险管理的一种方法就是完全规避。例如,担心飞机失事的风险,最直接的方法就是出行从不坐飞机。然而,完全的风险规避是有代价的,任何情况下都不坐飞机就必须付出时间成本。在投资中也一样,如果完全规避对某类资产的投资,那将完全失去获取这类资产期望回报的可能性。

55.2.3.2 风险接受（Risk Acceptance）

风险接受是指根据自身情况，通过自我承担（self-insurance）的方法承担一部分风险敞口。另一种风险接受的方法是分散化（diversification），如通过分散化投资不同行业的股票可以减少整体投资的非系统性风险。

55.2.3.3 风险转移（Risk Transfer）

风险转移是将风险承担者从自身转移到另一个主体。风险转移的典型例子就是保险合同。投保者通过支付保费将自身不愿承担的风险转移给保险公司。

55.2.3.4 风险改变（Risk Shifting）

风险改变是指通过策略改变风险结果的概率分布，最典型例子就利用衍生品对冲风险。例如，大豆生产企业通过购买大豆期货对冲大豆价格波动风险，则企业的利润在不同天气或不同市场情形下的概率分布与没有购买期货时是不同的。

练一练

55-1 Which of the following activities is consistent with the objective of risk management?
   A. Reduce the risk exposure of specific investments to match the organization's risk tolerance level.
   B. Avoid all possible risks which the organization faces.
   C. Take as little risk as possible to ensure the safety of the organization.

55-2 Which of the following risks has the *closest* relationship with the model risk?
   A. Tail risk.
   B. Operational risk.
   C. Liquidity risk.

55-3 In risk management, the element that quantifies and allocates the tolerable risk is:
   A. risk budgeting.
   B. risk tolerance.
   C. risk appetite.

55-4 Which of the following financial instruments is widely used to transfer risk?
   A. Insurance.
   B. Derivative.
   C. Bank account.

扫码查看
答案及解析

立即扫码添加【学习规划师】，助您本章学得更快更好！
问答服务 + 学习规划 + 课程分享

第 10 部分

伦理与职业标准

考情分析

"伦理与职业标准"在 CFA® 一级考试中的分值占比是 15%～20%，会出 27～36 道单选题。本部分共有五章，但考题主要集中在第 58 章"CFA® 职业准则"。第 56 章主要介绍投资行业中的道德和信任，第 57 章介绍 CFA® 道德操守和职业行为准则，第 58 章详细解释 CFA® 职业准则，第 59 章介绍全球投资业绩标准（GIPS）的基本特征，第 60 章举例说明职业行为准则的应用。"伦理与职业标准"是 CFA® 所有科目中最具特色的一门课，因为它是唯一会在三个级别考试中重复考核相同内容的科目。本科目最常见的题型是场景分析题，即假定一个涉及职业道德的工作情景，要求考生判断案例中的行为是否违反 CFA® 职业行为准则，或给出避免违反准则的建议。考生应掌握本书归纳的重要考点，仔细阅读和理解"经典案例分析"。

本部分框架图

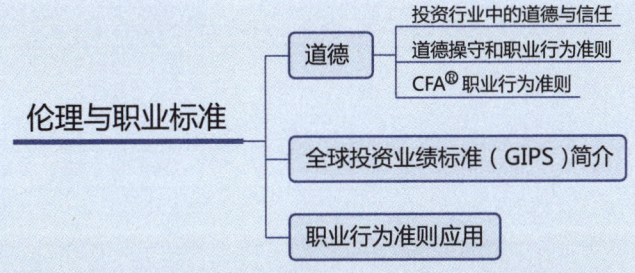

第56章 投资行业中的道德与信任

知识引导

金融的基石是基于信任的合作。因此,信任对于整个投资行业而言至关重要。公开、透明、符合道德要求的商业行为是投资经理赢得客户信任的关键。本章将围绕信任,介绍道德操守、行为准则等基本概念,探讨职业与专业性,解释道德行为所面临的挑战,辨析法律法规与道德准则的区别并阐述道德决策体系。

考点聚焦

虽然本章一贯并非重点考查章,整体上考点较少。但是,考生需重点掌握道德操守和行为准则的定义、实践道德行为所面临的挑战以及法律法规与道德准则的区别。

本章框架图

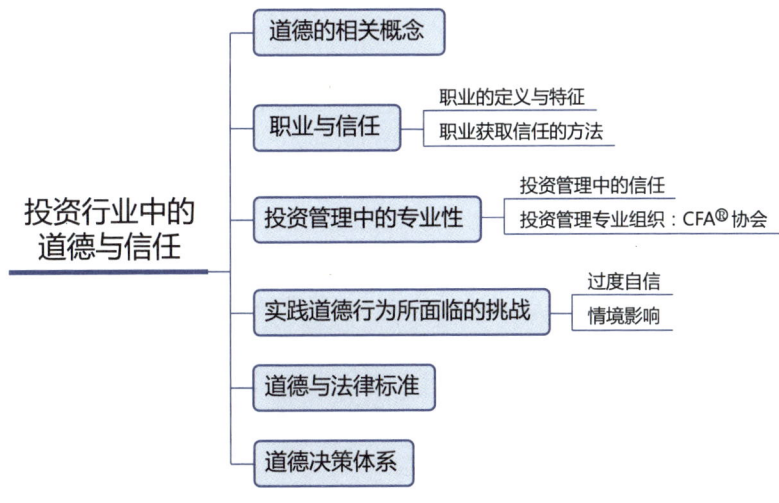

56.1 道德的相关概念

—考点要求—
解释(explain)
道德操守(★★)

在投资行业中，从业人员的决策和行为会直接或间接影响其他**利益相关者**(stakeholders)。常见的利益相关者包括同事、客户、雇主、生活和工作中的团体、投资行业、同业协会、监管者以及其他金融市场的参与者。

从业者的行为可能对不同的利益相关者产生不同的影响。例如，某投资银行的一名分析师为了公司的利益，对公司投行部门所承销的股票给出不适合的买入评级，误导投资者的行为在短期对发行股票的客户公司(subject company)有利。然而在长期，由于该行为损害了投资者的利益，分析师及投资银行会失去客户的信任。最终，分析师本人会因此失去工作，而这家投资银行可能因失去客户而面临破产倒闭。因此，金融行业需要一系列符合职业道德的准则和规范来约束市场参与者的行为，维护资本市场的诚信与正常运行。

道德(ethics)是指导人们行为的一系列道德准则(moral principles)。**道德准则**(moral principles/ethical principles)是告诉我们哪些行为是好的、被接受的或是有履行义务的，哪些行为是恶的、不被接受或是被禁止的。广为接受的道德准则包括诚实、坦诚、公平或正义、勤勉以及尊重他人的权利。

道德操守(code of ethics)是特定的团体或社会组织对其工作或生活中必须履行(obligatory)或禁止(forbidden)的行为进行整理，最终所形成的书面准则。道德操守一方面反映了组织的价值观，一方面被视为组织成员的行为总纲(general guide)，表明了组织对成员行为的期望。

行为准则(standards of conduct)是对道德操守的进一步解释和拓展，被视为组织成员底线行为(minimally acceptable behavior)的基准。

> **知识一点通**
>
> 道德操守与行为准则的主要区别在于，前者是抽象的价值观或信念，而后者是具体的行为指南。例如，作为全球投资行业的专业组织，CFA®协会制定的道德操守中有一条要求是其持证人、考生和会员把客户的利益置于个人利益之上。为了指导大家遵守这条内容，CFA®协会制定了具体的行为准则，比如，要求持证人、考生和会员，如果和客户交易同一种股票，必须先让客户完成交易，个人账户再进行交易。

> **备考小贴士**
>
> 道德、道德操守和行为准则的概念需要重点掌握。尤其是后两者：道德操守是行为总纲，行为准则是底线行为的基准。

练一练

56-1 Which of the following is most likely the beliefs about obligatory and forbidden conduct in a written set of principles for specific communities or social groups?

A. Laws.

B. Code of ethics.

C. Standards of conduct.

扫码查看
答案及解析

56.2 职业与信任

56.2.1 职业的定义与特征

职业(profession)在这里指某些特定的职业团体。社会对该团体的信任、尊重和认可来源于其拥有的特定教育背景、专业知识以及行为体系。

区别于传统的手工业行会(craft guilds)和商业行会(trade bodies),职业拥有以下三个特征:

(1) 职业受到执照的专业资格(licensed status)和技术标准(technical standards)的约束;

(2) 职业要求其成员共同遵守高标准的道德标准;

(3) 职业的使命是服务社会,制定并实施从业者的行为准则。

56.2.2 职业获取信任的方法

一个职业可以通过以下十种方法获得客户的信任。

(1) **标准化从业人员的行为**:监管者鼓励并支持行业制定相关的道德操守。通过制定行业的道德操守来标准化从业人员的行为,有利于体现行业的专业性,从而进一步获得客户的信任。

(2) **为社会提供服务**:通过在相应的行业提供服务,职业团体可以促进社会对其建立信任,从而为经济活动提供支持。

(3) **以客户为本(client focused)**:在道德操守的指引下,从业者会将客户的利益置于个人利益之上,履行信托责任(fiduciary duty),即为了保障客户的利益,从业者保持高标准的责任心、勤勉和专业水平,为客户尽职尽责。

(4) **设置高准入门槛**:职业团体可以通过研发课程来帮助从业者提升自身竞争力。同时,会员制的实施有利于向市场传递行业高标准服务的信号。

(5) **拥有丰富的专业知识**:可以借助由经验丰富的从业者所共建的知识库,将高效且符合道德操守的最佳实践方法分享给所有成员,使其拥有丰富的专业知识,获得客户的信任。

(6) **鼓励和促进继续教育**:为了与时俱进、保持竞争力,职业团体会对其会员作出新知识的再教育要求。

（7）**监督职业行为**：职业团体通过监督和惩治从业者的不当职业行为，维护整个行业的诚信与声誉。

（8）**团体共治（collegial）**：即使处于竞争关系，团体成员也要尊重彼此的权利、尊严和自主权。

（9）**成为被认可的监督机构**：尽管大多数职业团体属于非营利性组织，但是它们可以通过不断为成员提供教育资源、制定纪律规则等手段成为被认可的监督机构。

（10）**鼓励成员保持密切的交流与联系**：通过会员制等方式促进会员之间的交流与联系，实现信息和资源的互通，进而增加会员的知识、技能和人脉。

> **备考小贴士**
> 简单了解职业获取信任的方法即可，无须死记硬背。

---考点要求---
解释（explain）投资管理中的专业性（★★）

56.3 投资管理中的专业性

56.3.1 投资管理中的信任

人们相信投资管理专家对金融领域的知识、技术与法律法规拥有更深入的了解，能够运用其丰富的知识与技能进行专业判断，从而帮助投资者更全面地了解冲突、风险和费用等专业问题。

为了维持客户和市场的信任，投资管理从业者和投资管理公司必须相互依存。当雇主和监管者的规范要求不同时，投资行业的专业人士应该指导从业者如何处理该分歧。

56.3.2 投资管理专业组织：CFA®协会

CFA®协会是全球最大的投资管理专业组织，其使命是：以最高标准的道德、教育和专业技能的要求来带领全球投资业专业人士为社会的终极利益而奋斗。具体而言，CFA®协会从以下四个方面践行这一使命。

（1）为了促进CFA®持证人保持诚信、树立道德行为模范，CFA®协会制定了相关的道德操守与行为准则，并且要求其考生和持证人必须达到CFA®协会、监管者和雇主所要求的最高标准。

（2）基于实践分析（practice analysis）过程，CFA®协会持续更新CFA®协会全球投资知识体系（Global Body of Investment Knowledge，GBIK）和考生知识体系（Candidate Body of Knowledge，CBOK）。

（3）CFA®协会鼓励持证人积极主动地参与专业团体组织或活动。

（4）CFA®协会要求其持证人和考生必须每年在声明上签字，证明其持续遵守道德操守。

56.4 实践道德行为所面临的挑战

在投资工作实践中,以下几类挑战使大家实践道德行为变得更为困难。

1. 过度自信(Overconfidence)

过度自信是一种人们倾向于认为自己的道德标准高于平均水平的现象。通常来说,人们在遇到一些复杂场景或问题时,更倾向于高估自己的道德水平和行为。

过度自信是一种内在(internal)心理因素,会使人们过分看重自己的内在特质(intrinsic traits)和内在动机(intrinsic motivations)。相关学术研究显示,在特定情境下,内在特质并不是决定一个人的行为是否符合道德标准的主要因素。

2. 情境影响(Situational Influence)

情境影响是指影响人们思维、决策或行为的环境和文化氛围等外部(external)因素。人们通常会低估这些外部因素对投资决策的影响。

旁观者效应(bystander effect)是情境影响的一种,是指对于同一项工作,若需个人独自完成,其责任感会较强并作出积极响应;若是群体共同完成,群体中个人的责任感会较弱且面对困难或需要担负责任时会退缩。比如,老人在大街上跌倒没有路人去搀扶就是一种旁观者效应的体现:在群体中个体的责任感较弱,每个个体期望别人多承担责任,从而没有一个人去扶老人。

其他常见的情境影响因素包括金钱、名誉和对雇主或同事的忠诚。丰厚的名利回报(包括个人的薪水、奖金和投资收益,以及晋升和名誉激励等)会诱使从业者谋取私利,使其更关注短期利益而忽视长期潜在风险。此外,对同事和雇主的绝对忠诚也会迫使人们妥协或作出不符合道德的决策。比如,员工忠诚于一家没有道德操守的公司最终将导致他们做出有损客户利益的事。

—考点要求—
辨识(identify)实践道德行为面临的挑战(★★)

备考小贴士

重点掌握导致不道德行为的因素:过度自信、情境影响(旁观者效应、金钱、名誉、忠诚)。需要注意,如果题目出现"某某因素是最重要的影响因素",则是错误的表述,因为同样的因素对不同人造成的影响程度是不一样的。

练一练

56-2 Which of the following is least accurate?

A. Corporate cultural influence, such as a rigid compliance system does not help to drive an ethical decision.

B. Situational influences are internal factors, such as dishonesty.

C. Situational influences drive us to focus more on the short or immediate-term interest.

56.5 道德与法律标准

道德行为和法律(legal)行为并不完全重合。如图 56.1 所示,虽然大多数行为既符合道德标准又符合法律标准,但有些行为不能同时满足这两个标准。比如,在过去的中国,夫妻生两个小孩可能会违反国家相关法律,但这种行为通常不违反道德标准。又如,上班时间酗酒违反了职业道德,但通常并不违反法律。

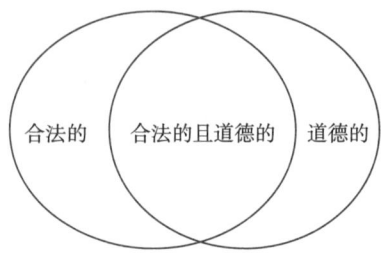

图 56.1 法律与道德的关系

实际上,法律并不是约束不符合道德行为的最佳机制:

(1) 法律通常滞后于问题的发生,政府制定法律往往是为了解决历史和当前出现的问题。例如,房价上涨后才出现了控制房价的相关法规。

(2) 法律可能会衍生出新问题。比如,控制房价的相关法规颁布之后,为了实现购房的目的,社会上出现了"阴阳合同"和"假离婚"等现象。

(3) 不同国家和地区的法律存在差异,这将导致个人或企业选择法律法规相对宽松的国家从事其他国家法律不允许的行为。

(4) 法律执行效果取决于市场参与者的解读和遵守,市场参与者会从对自己有利的角度去解读法律或者推迟遵守的时间。比如,在打官司的过程中,控方和辩方都会从对各自有利的角度去辩护,一旦判决,输掉的一方可能会选择拖延执行时间。

由于以上原因,法律不足以保证投资行业市场参与者的道德行为。实际上,道德行为超越了法律要求,即便在法律缺失的地方,市场参与者仍然需要遵守道德标准。

—考点要求—
比较(compare)和区分(contrast)道德和法律标准(★)

> 备考小贴士
>
> 主要考点有两个:
> (1) 辨析道德和法律标准的异同;
> (2) 道德行为超越了法律要求。

练一练

56-3 Which of the following statements regarding conflicts between laws and ethical standards is most accurate?

A. Stricter laws and regulations are sufficient to ensure ethical conduct.

B. Some countries may not have laws prohibiting insider trading, while the ethical behavior prohibits it.

C. Laws go beyond what ethically required.

56-4 Which of the following statements about the Code of Ethics is least accurate?

A. Some illegal behavior may be ethical.

B. The mission of the CFA Institute is to lead the investment profession globally, by promoting the highest standards of ethics, education, and professional excellence for the ultimate benefit of society.

C. Sanctions that CFA Institute may impose on a member or candidate under the Professional Conduct Program include suspension from employment in the financial services industry.

56.6 道德决策体系

道德决策体系贯穿整个决策流程，它能够帮助从业者进行多角度思考和评估各项决策的潜在行为和结果，避免人们忽略一些重要因素。应用该体系能够减少或避免意外的道德疏忽和不良结果，提升我们的判断和决策能力。表 56.1 展示了通用的道德决策体系。

表 56.1　道德决策框架

步骤	内容
识别 （Identify）	相关的事实； 利益相关者及责任； 道德准则； 利益冲突
考虑 （Consider）	情境影响； 额外指导； 替代行为
决定和执行 （Decide and act）	—
反思 （Reflect）	结果是否符合预期； 符合或不符合预期的原因有哪些

—考点要求—

描述（describe）道德决策体系（★）

备考小贴士

该考点非重要考点，简单了解即可。

练一练

56-5 Which of the following approaches will lead to good choices rather than bad ones when making decisions?

A. A framework of identify，consider，decide，and reflect.

B. Pay more attention to short term interest rather than long term risks.

C. Ignore the effects of situational influences.

第57章 道德操守和职业行为准则

知识引导
本章主要介绍CFA®职业行为项目的组织结构、CFA®职业行为准则的执行,以及CFA®道德操守和职业行为准则的内容。

考点聚焦
本章不是重点考查章,题量不多,考点比较集中。重点掌握五种面临CFA®协会职业行为调查的情况、三类调查(处分)结果、陪审团概念以及六条CFA®道德操守。

本章框架图

```
                              ┌── 职业行为项目的组织结构
                              │
                              │                      ┌── 五种受调查的情况
道德操守和职业行为准则 ───────┼── 道德和准则的执行 ──┼── 三种调查(处分)结果
                              │                      └── 对调查结果存疑
                              │
                              ├── 道德操守的六个组成部分
                              │
                              └── 七大职业行为准则
```

57.1 职业行为项目的组织结构

职业行为项目（Professional Conduct Program，PCP）的组织结构如表 57.1 所示。

表 57.1 职业行为项目的组织结构

组成	职责
CFA® 协会治理委员会 (the CFA® Institute Board of Governors)	• 监督职业行为项目的施行； • 对职业行为项目负责
纪律审查委员会 (the Disciplinary Review Committee)	• DRC 是由 CFA® 特许证人组成的志愿委员会（volunteer committee） • 执行道德操守和行为准则
职业行为调查工作人员 (Professional Conduct Staff)	• 根据 CFA® 协会指定官员（CFA® Institute designated officer）的命令进行执业行为调查并确定调查（处分）结果（调查结果共三种，会在下文详细阐述）

—考点要求—
描述（describe）CFA® 职业行为项目（PCP）的组织结构（★★）

> **备考小贴士**
> 考生需掌握职业行为项目（PCP）组织架构的构成，并知晓每一个部门的责任。

—考点要求—
描述（describe）CFA® 职业行为项目的执行过程（★★）

57.2 道德和准则的执行

57.2.1 五种受调查的情况

57.2.1.1 自我披露（Self Disclosure）

考生和会员的自我披露是职业行为调查的来源之一，具体情况包括：考生在注册 CFA® 考试时需填写职业行为的问卷调查；会员必须在每年的职业行为声明（Professional Conduct Statement，PCS）中披露所有关于他们职业行为的调查。

> **知识一点通**
> 考生和会员的自我披露如果涉嫌违反 CFA® 职业行为准则，将会面临 CFA® 协会的职业行为调查。

> **备考小贴士**
> 在考试中，要特别注意职业行为声明（PCS）。会员一旦接受过职业行为的相关调查，无论调查结果如何，必须在职业行为报告中披露。比如，某 CFA® 会员曾经被举报涉嫌内幕交易，但调查后被证实子虚乌有，该会员仍然需要在 PCS 中披露该事件。

57.2.1.2 书面投诉（Written Complaints）

他人可向 CFA® 协会提交关于 CFA® 考生或会员的书面投诉，一旦收到投诉，CFA® 协会将对被投诉的考生或会员展开调查。

> **知识一点通**
>
> 原则上任何人都可以向 CFA® 协会投诉考生或会员。注意，任何人都可以投诉，而不仅仅是客户、同事或雇主。

57.2.1.3 可疑行为的迹象（Evidence of Questionable Conduct）

如果 CFA® 协会职业行为调查人员从媒体、监管机构或其他公共渠道发现考生或会员的可疑行为的迹象，随即会对该考生或会员展开职业行为调查。

57.2.1.4 违反考试规定的报告（A Violation Report）

考生在参加 CFA® 考试时，必须遵守考试相关规定，如"考生守则"。如果违反这些规定，考官会提交违反报告。

> **知识一点通**
>
> CFA® 考试相当严格，建议考生在考前阅读"考生守则"，避免违反相关考试规定。特别需要注意的考试规定包括如下几项：
> （1）按时入场。
> （2）不能携带进考场的物品包括：手机、钱包、有储存功能的手表、食品或饮料和草稿纸。
> （3）必须或可以带入考场的物件包括：准考证、护照、规定的计算器和药品。
> （4）考试时间结束，必须立即停止答卷。
> （5）绝对不能作弊。

57.2.1.5 对考试分数和考试材料的分析（Analysis of Scores and Exam Materials）

CFA® 协会通过对考生分数和考试材料的分析以及考后对社交媒体的监控等手段，调查是否存在考生作弊或泄露考试信息的行为。

练一练

57-1 Which of the following is most likely the way that Professional Conduct staff detect the disclosure of confidential CFA exam information?
A. Professional questionnaire survey.
B. CFA Exam registration survey.
C. Social media.

57.2.2 三种调查（处分）结果

职业行为调查会产生三种调查（处分）结果，如表 57.2 所示。

表 57.2 职业行为调查（处分）结果分析

调查结果	解析
无纪律处分 （no discipline sanction）	意味着没有违反任何 CFA® 职业行为准则
警告信 （issue a cautionary letter）	该警告信是**非公开的**，一般适用于相对不太严重的违反行为
纪律处分 （a disciplinary sanction）	适用于较严重的违反行为，具体处分包括： • 公开谴责（public censure）； • 暂停会员资格或使用 CFA® 称号资格（suspension of membership and the use of the CFA® designation）； • 收回 CFA® 证书（revocation of the CFA® charter）； • 暂停参加 CFA® 考试资格（suspension from further participation in the CFA® Program）

> **备考小贴士**
>
> 记住这三种调查结果以及四个关键词"cautionary""censure""suspension""revocation"。对此的主要考查方式是辨别正确或错误的调查（处分）结果。

57.2.3 对调查结果存疑

如果会员或者考生不认同指控和惩罚措施，可以向 CFA® 协会申诉（appeal）。CFA® 协会接受申诉后，将成立**陪审团**（hearing panel）进行最终裁定。关于陪审团，主要有以下几点需要掌握。

（1）陪审团通常由纪律审查委员会成员（DRC members）组成；

（2）陪审团对职业行为调查人员和被调查的考生或会员提交的材料和陈述进行审查；

（3）陪审团的目的是确定是否发生了违背道德操守或者行为准则的事情；

（4）陪审团的决议是**最终的决定**（the final decision）。

> **知识一点通**
>
> 被调查的考生或会员必须接受陪审团的裁定。比如，某 CFA® 考生因为作弊被终身禁止参加 CFA® 考试，他不认同此处分，向 CFA® 协会申诉后，陪审团裁定维持原处分。这意味着他必须接受该处分。

> **备考小贴士**
>
> 主要考点是陪审团概念。记住"hearing panel"以及"hearing panel's conclusion is the final decision"。

---考点要求---
识别（identify）道德操守的六个组成部分（★★）

57.3 道德操守的六个组成部分

CFA®道德操守（Code of Ethics）的6个组成部分如下。

（1）Act with integrity, competence, diligence, and respect and in an ethical manner with the public, clients, prospective clients, employers, employees, colleagues in the investment profession, and other participants in the global capital markets.

坚持正直、胜任、勤勉、尊重的做事原则，以合乎职业道德的方式对待公众、客户、潜在客户、雇主、雇员、同事以及全球资本市场的其他参与者。

（2）Place the integrity of the investment profession and the interests of clients above their own personal interests.

将投资行业的诚信和客户利益置于个人利益之上。

（3）Use reasonable care and exercise independent professional judgment when conducting investment analysis, making investment recommendations, taking investment actions, and engaging in other professional activities.

在进行投资分析、提供投资建议、参与投资或其他专业活动时，应保持合理的谨慎，作出独立的专业判断。

（4）Practice and encourage others to practice in a professional and ethical manner that will reflect credit on themselves and the profession.

遵循并鼓励其他人履行职业道德操守，彰显其自身和行业的信誉。

（5）Promote the integrity and viability of the global capital markets for the ultimate benefit of society.

提升资本市场诚信度和活力，实现社会最终利益。

（6）Maintain and improve their professional competence and strive to maintain and improve the competence of other investment professionals.

保持并提高专业胜任能力，努力保持和提高其他投资专业人员的胜任能力。

> **备考小贴士**
>
> 熟悉CFA®道德操守的6个组成部分的内容。常见的考查方式是让考生辨别关于道德操守的描述是否正确。比如，"CFA®考生和会员可以忽视其他同行的不道德行为（unprofessional conduct）"就是错误的描述。

练一练

57-2 Which of the following is not belong to the CFA Institute Code of Ethics?

A. Promote the integrity and viability of the global markets for the ultimate benefit of society.

B. Place the integrity of the investment profession and the interests of clients above their interests.

C. Members and Candidates must use reasonable care and judgment to achieve and maintain independence and objectivity in their professional activities.

扫码查看
答案及解析

57.4 七大职业行为准则

—考点要求—

解释（explain）
七大职业行为准则，包括每个准则下的细则
（★★）

七大职业行为准则如表 57.3 所示，每个准则的详细内容将在第 58 章阐述。

表 57.3 七大职业行为准则

准则	细则
Ⅰ.职业操守 (Professionalism)	(A)法律知识(Knowledge of the Law)； (B)独立性和客观性(Independence and Objectivity)； (C)曲解(Misrepresentation)； (D)渎职(Misconduct)； (E)专业能力(Competence)
Ⅱ.资本市场的信誉 (Integrity of Capital Markets)	(A)重大非公开信息(Material Nonpublic Information)； (B)操纵市场(Market Manipulation)
Ⅲ.对客户的责任 (Duties to Clients)	(A)忠诚、审慎和谨慎(Loyalty, Prudence, and Care)； (B)公平对待(Fair Dealing)； (C)适当性(Suitability)； (D)表现介绍(Performance Presentation)； (E)保密(Preservation of Confidentiality)
Ⅳ.对雇主的责任 (Duties to Employers)	(A)忠诚(Loyalty)； (B)其他报酬安排(Additional Compensation Arrangements)； (C)作为上司的责任(Responsibilities of Supervisors)
Ⅴ.投资分析、建议和行动 (Investment Analysis, Recommendations and Actions)	(A)尽职和合理原则(Diligence and Reasonable Basis)； (B)与客户和潜在客户沟通(Communication with Clients and Prospective Clients)； (C)保留记录(Record Retention)
Ⅵ.利益冲突 (Conflicts of interest)	(A)避免或披露冲突(Avoid or Disclose Conflicts)； (B)交易优先权(Priority of Transactions)； (C)介绍费(Referral Fees)
Ⅶ.CFA®会员或 CFA®考生的责任 (Responsibilities as a CFA® Institute Member or CFA® Candidate)	(A)CFA®协会各项目参与者的行为(Conduct as Participants in CFA® Institute Programs)； (B)关于 CFA®协会、CFA®名衔和 CFA®课程(Reference to CFA® Institute, the CFA® Designation, and the CFA® Program)

练一练

扫码查看
答案及解析

57-3 Which of the following statements is most accurate considering the code of ethics and standards of conduct?

A. Standards of conduct acts as benchmarks for minimally acceptable behaviors.

B. The code of ethics can help to clarify the standards of conduct.

C. Standards of conduct conveys the beliefs about obligatory and forbidden conduct.

第 58 章
CFA® 职业行为准则

知识引导

本章介绍和解释七大 CFA® 职业行为准则,每条准则包含若干细则,共二十三条细则。尽管每条细则会有其专门强调的领域,但细则之间会存在相关性。本章将会归纳和总结每个细则的考点及相关性,并通过场景分析帮助考生理解 CFA® 职业行为准则的运用。

考点聚焦

本章是重点考查章,"伦理与职业标准"部分多数题目出自本章。最常见的题型是场景分析题。例如,场景中描述某位 CFA® 会员或考生的职业行为,考生需判断主人公是否违反 CFA® 职业行为准则、违反哪些细则或者如何避免违反准则。另外一种占比较小的题型是要求考生把细则进行归类。例如,"公平交易"这条细则属于哪个准则。

本章框架图

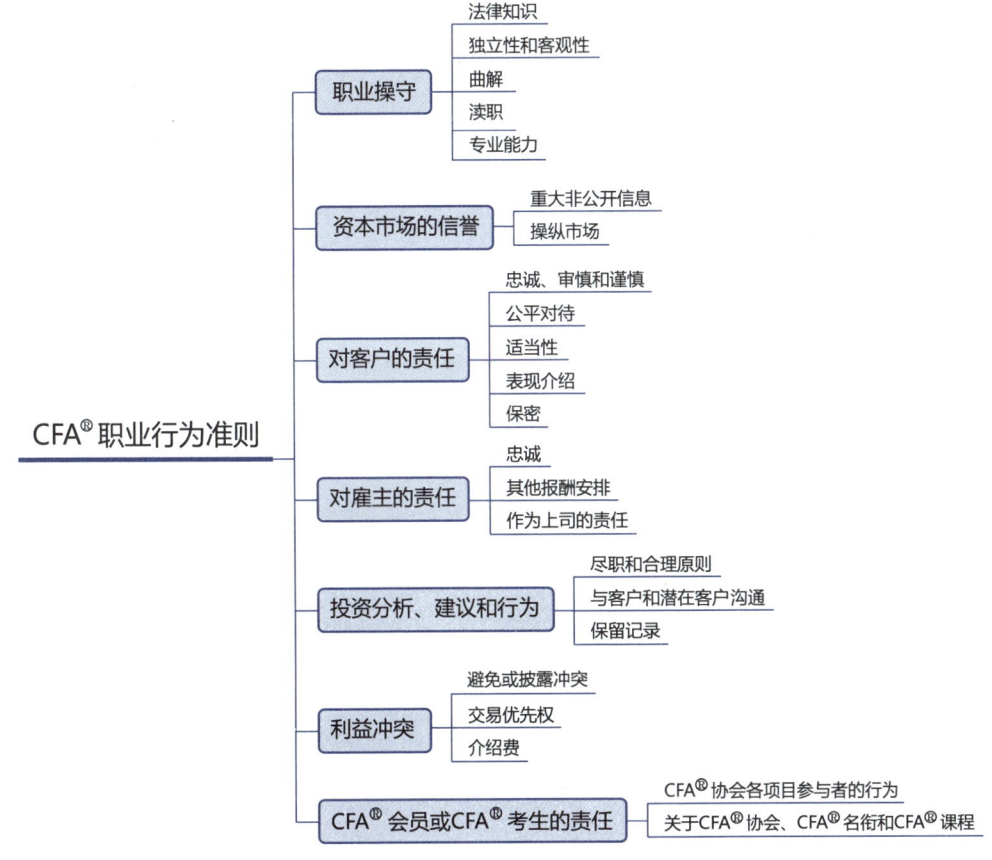

58.1 准则Ⅰ:职业操守(Professionalism)

58.1.1 Ⅰ(A)法律知识(Knowledge of the Law)

58.1.1.1 内容(Content)

（1）会员和考生必须理解并遵守政府、监管机构、执照颁发处和职业协会出台的管理其执业行为的法律、制度、监管条例以及 CFA® 协会的道德操守和行为准则。

（2）当上述规定发生冲突的时候，会员和考生必须遵守更为严格(more strict)的法律、制度或规定。

（3）会员和考生禁止故意地违背或者协助他人违反法律、制度或是监管条例的规定，并且必须脱离(dissociate)违反上述规定的行为。

58.1.1.2 细则指引(Guidance)

本章将以表格形式呈现每个准则下的细则规定，考生须掌握每个准则对应表格中的具体细则指引。法律知识细则考点指引如表 58.1 所示。

表 58.1 知法守法细则考点指引

细则指引分类	细分考点及易错点
理解法律	• CFA® 职业行为准则要求理解的是所有理应知道的与职业相关的法律法规以及 CFA® 道德操守和行为准则。 • 遵守所有理应知道的法律法规和 CFA 行为准则
遵守法律	• 遵守所有理应知道的法律法规和 CFA 行为准则。 • 若业务所在地与客户所在国家之间的法律相冲突，遵循更为严格的法律。 • 将选出的更为严格的法律再与 CFA® 职业行为准则相比较，进一步选出最为严格的规定(详见表 58.2)
发现他人违背法律法规或 CFA® 职业行为准则	• 向上级或者合规部门(compliance department)报告。 • 必须脱离(dissociate)违反法律和行为准则的行为。 • 不作为(inaction)视同参与，也违反 Ⅰ(A)Knowledge of the Law。 • 最极端的情况下可能需要会员或考生辞职。 • 该细则并未要求向政府部门举报他人违反法律法规的行为。 • 该细则鼓励但不要求向 CFA® 协会举报其他考生或会员违反 CFA® 职业行为准则的行为。 • 如果怀疑他人出现违法违规的情况，本细则建议会员和考生咨询合规部门或法律专家，但如果因为咨询所得结果错误而出现违规行为，不能免责
投资产品	• 了解产品诞生地和销售地的法律法规。 • 核实销售金融产品的联营公司是否遵守相关法律法规
不需要成为法律专家	• 协会并没有要求会员对所有相关法律——精通

遵守法律情况如表 58.2 所示。

表 58.2 遵守法律情况

成员国家	公司所在地	客户所在地	应遵守的法律	会员应遵守
NS	LS	—	LS	道德和准则
NS/LS	MS	—	MS	MS
LS	NS	—	LS	道德和准则
MS	LS	—	MS	MS
LS	NS	—	LS	道德和准则
LS	MS	—	MS	MS
MS(要求遵守商业所在国法律)	LS	—	LS	道德和准则
MS(要求遵守客户国家法律)	LS	LS	LS	道德和准则
MS(要求遵守客户国家法律)	LS	MS	MS	MS

注：表 58.2 中"NS"表示该国家没有相关法律法规；"LS"表示该国家相关法律法规，且不如 CFA® 职业行为准则严格；"MS"表示该国家相关法律法规，且比 CFA® 职业行为准则严格。"—"表示没有给出相关法律法规。

58.1.1.3 经典案例分析

例题 58.1

Yuan 是一名投资顾问，他的商业活动涉及三个国家。在他的居住国，相关法律并未要求从业人员持有投资顾问执照，但要求对客户尽信托责任(fiduciary duty)。在第二个国家，相关法律要求从业人员必须持有投资顾问执照，但不要求对客户尽"信托责任"。在第三个国家，相关法律法规要求从业人员持有投资顾问执照，又要求对客户尽"信托责任"，请问 Yuan 在哪个国家需要遵守 CFA® 职业行为准则？

名师解析

这道题考查了"法律知识"这条细则中很重要的考点：当相关法规、制度和 CFA® 职业行为准则有冲突时，要遵守其中更严格的法规、制度或 CFA® 职业行为准则。题目没有直接告诉我们每个国家的相关法律与 CFA® 职业行为准则相比哪一个更严格，我们需要根据题目的信息进行判断。CFA® 职业行为准则要求会员和考生对客户尽"信托责任"，但并未要求持有相关从业执照。依据这个关键知识我们可以发现：Yuan 的居住国法律与 CFA® 职业行为准则相似，第二个国家的法律没有 CFA® 职业行为准则严格，第三个国家的法律比 CFA® 职业行为准则更严格。因此，Yuan 在第二个国家需要遵守更严格的 CFA® 职业行为准则。

例题 58.2

Yuan 在券商 Golden Finance 的投行部工作。Golden Finance 是某企业股票首次公开发行(IPO)的承销商。Yuan 发现该企业隐瞒了上一财年西南分公司的运营亏损，并没有在招股说明书上进行披露。根据 CFA® 职业行为准则的要求，Yuan 该如何处理这一发现？

名师解析

该企业没有在招股说明书上披露西南分公司的亏损，这会误导投资者。根据 CFA® 职业行为准则要求，Yuan 应该向上级主管或者 Golden Finance 的合规部门(compliance department)汇报。如果主管或合规部没有纠正此问题，Yuan 应该拒绝参与与承销相关的任何工作。需要注意，CFA® 职业行为准则并没有要求会员或考生主动向政府部门举报(report to authorities)。

练一练

58-1 A CFA charterholder is asked to review her firm's soft dollar policies. She has found that the firm failed to make proper uses of soft dollar as required by the local law. She does not report the firm's violation to the regulatory authority or CFA Institute. Does she most likely comply with the CFA Standards of Professional Conduct?

A. Yes.

B. No, with regard to not reporting to the regulatory authority.

C. No, with regard to not reporting to the CFA Institute.

58-2 Louis Wei, CFA, is a senior manager at Universal Investment. He has found reasonable basis to believe that his colleague, Jason Morris, is undertaking inside trading and such activities are subject to the violation of local securities laws. Wei is not the supervisor of Morris and they do not work in the same department. Based on the Code and Standards, the recommended course of action is for Wei to:

A. report Morris to the local regulatory organization.

B. take no actions.

C. report Morris to his supervisor or compliance department.

扫码查看
答案及解析

58.1.2　Ⅰ(B)独立性和客观性(Independence and Objectivity)

58.1.2.1　内容(Content)

(1) 会员和考生在工作中必须保持独立性和客观性。

(2) 会员和考生禁止给予、索取或是接受任何可能会合理地被认为影响了其个人或他人独立性和客观性的礼物、补贴、薪酬或奖金。

58.1.2.2　细则指引(Guidance)

独立性和客观性细则指引如表 58.3 所示。

表 58.3　独立性和客观性细则指引

细则指引分类	细分考点及易错点
买方客户 (Buy-side clients)	• 买方(如基金经理)会从卖方(sell-side,如券商的研究所)购买证券研究报告。 • 当卖方研究员对买方客户(如基金经理)所投资的证券给予卖出评级时,会导致证券价格下跌,买方投资业绩下滑,投资经理的薪酬也可能会减少。因此,买方客户可能会向卖方研究员施压。卖方研究员必须顶住压力,保持独立性和客观性
基金经理和托管关系中的 道德行为规范 (Fund manager and custodial relationships)	• 负责聘请外部投资经理和第三方托管机构的会员和考生(例如养老金体量庞大,且需要作全球的分散化投资,因此负责该养老金的基金经理会聘请外部投资经理专门针对部分资金进行投资),不应该接受可能影响其决策的礼物或其他资助(例如旅行资助)。这是为了确保他们的决策是独立客观的,不受任何外部利益的影响。 • 基金经理或第三方托管人经常组织教育和营销活动,向他人介绍他们的业务战略、投资流程或托管服务。参与这些活动的会员和考生,在接受邀请前需要谨慎评估活动的价值,以确保时刻保持自己的独立性和客观性

续表

细则指引分类	细分考点及易错点
业绩归因 (Performance measurement and attribution)	• 负责投资业绩分析和归因的专业人员要独立作出判断，避免内部和外部的干扰
上市公司 (Public companies)	• 上市公司通常不接受股票研究员的负面评级：一方面是因为公司的公众形象会受影响，另一方面是因为管理层所持的股票会贬值。因此，上市公司可能会影响研究员的独立性，甚至报复给予其负面评级的研究员（例如，禁止其参加有关电话会议或管理层报告等重要活动）。但是，面对施压和报复，研究员不能妥协
投行业务关系 (Investment banking relationships)	• 通常券商内部会设有投行部门及研究部门，由于证券发行企业是投行部门的客户，当券商研究员对雇主承销的证券进行研究时，投行部门相关人员可能会要求研究员对客户公司的证券给予正面评级。 　◦ 研究员不能妥协，可以建议公司将该证券放入限制性清单（restricted lists）。对公司限制性清单上的证券，研究员只需要陈述事实，无须发表个人观点。 　◦ 研究员的薪酬不能与投行部业务直接挂钩。 　◦ 研究员需要披露相关利益冲突。 　◦ 在投行部和研究部之间建立防火墙（firewall） 　◦ 研究员可以和投行部门的同事共事，但如果有利益瓜葛，需要对外披露，以保证独立客观的形象不被损害
信用评级机构意见 (Credit-rating agency option)	• 债券评级机构给出的债券评级会影响债券发行方的融资成本或债券价格，评级人员必须保证独立性和客观性
发行方付费研究报告 (Issuer-paid research)	• 一些上市公司为了提升关注度，会花钱雇佣研究员写研报。这类发行方付费的研报并不是纯粹的独立报告，要求： 　◦ 研究员披露利益冲突。 　◦ 预先确定报酬，可以对研究报告收取固定费用（flat fee）。**尤其注意，报酬不能和研究报告结果挂钩**
差旅费用 (Travel funding)	• 研究员去上市公司作尽职调查（due diligence），不能让上市公司支付差旅费用。要求： 　◦ 最好的方式是自己或雇主公司支付差旅住宿费用。 　◦ 如果是缺乏公共交通的偏远地区，可以接受对方安排的一般商务招待，但必须披露给雇主公司和购买研究报告的客户。如果题目出现"distant""remote""far away""not easily accessible""out of the way"等词汇，说明是偏远地区

续表

细则指引分类	细分考点及易错点
基金经理选拔或采购过程中可能出现的影响因素 (Influence during the manager selection/procurement process)	• 本部分描述的"基金经理选拔"与"基金经理和托管关系中的道德行为规范"部分所讲的概念不同。考生可通过以下案例理解本部分"基金经理选拔"的含义： 　○ 一家汽车制造公司握有大量的员工养老金，但是汽车制造公司内部没有员工可以管理养老金，因此汽车制造公司的养老金委员会就聘请一名养老基金经理来管理该公司的养老金。 　○ "基金经理和托管关系中的道德行为规范"中提到的"托管"是指养老基金经理在管理养老金的过程中，聘请外部投资经理来协助管理。 • 作为一名CFA的会员和考生，无论自己是处于招聘方还是被招聘方，都有责任保持独立性和客观性。 • 在招聘或解雇那些提供其他商业服务的人员时（例如供应商或经销商），也不可以受到任何外部因素的影响
礼物/利益的特例 (Exception to gifts/benefits)	• 不能接受任何影响独立性和客观性的贵重礼物或招待安排，但有以下特例。 　○ 可以接受价值不高的礼物或一般性的商务招待，最好披露。题目中如果出现"token items"或"customary ordinary business-related entertainment"，说明可以接受。注意：由于国家的经济发展水平和风俗习惯存在差异，CFA®协会并没有规定礼物价值和招待标准。但是，国家相关法律和公司规定可能会制定具体的标准。 　○ 可以接受客户提供的礼物或好处，无论价值高低，此类礼物或好处都被看成额外报酬(additional compensation)，需要事先向雇主和其他利益相关方披露。如果有些礼物或临时的招待安排在事前无法披露，也允许事后披露。 • 总结：调研对象的贵重礼物不能收、客户的礼物可以收（看作客户对工作的奖励）但必须披露

58.1.2.3 经典案例题分析

例题 58.3

Yuan是投资银行Golden Finance研究部的一名研究员。经过深入研究，Yuan相信上市公司M&S的股票目前是被高估的。M&S与Golden Finance投行部有着长期良好的业务关系，Golden Finance参与了M&S过去10年的所有并购交易。实际上，M&S正在考虑是否聘用Golden Finance作为其近期股票增发的承销商。由于担心Yuan的研究报告会破坏M&S与Golden Finance投行部的良好关系，投行部主管要求Yuan改变研究推荐。Yuan应该如何回应投行部主管的要求？

名师解析

此案例表明投资银行的投行部与研究部之间存在利益冲突。上市公司M&S是投行部的客户，故而投行部希望维护与M&S的良好合作关系。但身为研究员，Yuan必须坚守其研究工作的独立性和客观性，任何来自公司内部或外部的压力都不应影响其研究结果。因此，Yuan应该拒绝投行部主管的要求，遵守更严格的CFA®职业行为准则。

> **例题 58.4**
>
> Yuan 是投资银行 Golden Finance 研究部的一名研究员。Yuan 受邀去参访一家上市矿产公司位于内蒙古偏远地区的采矿场地。上市公司主动提出支付 Yuan 的所有差旅费用,包括从上海到呼和浩特的机票以及从呼和浩特到采矿场的交通安排。当 Yuan 完成参访之后,上市公司为 Yuan 安排了呼伦贝尔精品游,并支付了所有旅行费用。请问 Yuan 的哪些行为是不恰当的?
>
> **名师解析**
>
> 此案例涉及差旅安排和额外好处。身为研究员,Yuan 应该保持其研究的独立性和客观性,不受上市公司的影响。Yuan 只能接受偏远地区的差旅安排和一般性的商务招待或好处。呼和浩特并不偏远,Yuan 不应接受从上海到呼和浩特的机票。但是,Yuan 可以接受从呼和浩特到偏远采矿场的交通安排(但需要向雇主和客户披露)。同时,呼伦贝尔精品游已经超出了一般商务招待的范畴,Yuan 不能接受上市公司的旅行费用支付。

练一练

58-3 Dave Koz,CFA,works as an investment associate in the investment banking department of Ace Group. Currently, he is soliciting a prospective client and ensure a favorable research report for that client's firm. Does Dave comply with the CFA Institute code and standards?

A. No,he violates the Standard I(B) Independence and Objectivity.

B. Yes.

C. No,he violates the Standard V(B) Communication with clients and prospective clients.

58-4 Larry Yuan,CFA,is an investment manager of Golden Securities. Golden Securities is also the controlling shareholder of Camman Inc., a public food company. Recently, Yuan has been asked by his supervisor to recommend Camman's stock to his clients. Although Yuan is very optimistic about Camman's development prospects, he still feels that this is not a good time to buy Camman stocks based on his thorough analysis. Which of the following actions is the most accurate, according to the CFA Institute Code of Ethics and Standards of Professional Conduct?

A. Recommend Camman's stock as the supervisor request.

B. Do extra research and then recommend Camman's stock.

C. Not recommend Camman's stock.

58.1.3 Ⅰ(C)曲解(Misrepresentation)

58.1.3.1 内容(Content)

会员和考生在投资分析、建议、行动或其他职业活动中禁止作出不符合事实的、有信息遗漏的或者具有误导性的表述。

> **知识一点通**
>
> 在职业活动中作出的表述要完整,不能够故意隐瞒,同时要真实,不能够作假,不能夸张或扭曲。

扫码查看
答案及解析

58.1.3.2 细则指引（Guidance）

曲解细则指引如表 58.4 所示。

表 58.4 曲解细则指引

细则指引分类	细分考点及易错点
资历和服务 （Qualifications and services）	• 禁止夸大自身或雇主公司所拥有的资历和可以提供的服务。比如，某投资经理实际只擅长股票投资，但他告诉客户自己也擅长债券投资。注意，除非题目中有明确说明，通常情况下，若题目出现与"we can provide all the services that you need"类似的表述，则违反了该细则。 • 不可以夸大自己的教育或职业背景、头衔和执业资格。比如，某CFA®会员的最高学历是硕士，但欺骗客户他有博士学位
业绩报告 （Performance reporting）	• 准确（accurate）：不能扭曲历史业绩。 • 除非题目给出明确证据（比如，持有到期的零票息短期国债），一般禁止承诺风险投资产品的未来回报。 • 禁止用过去的业绩表明未来也可以取得相似的业绩。 • 完整（complete）：报告业绩的时候不能只挑业绩优异的基金向客户展示。 • 要报告已经被终止和清算的账户（terminated/liquidated accounts）。 • 使用适当的指数作为业绩比较基准
遗漏 （Omissions）	• 禁止遗漏量化模型的重要参数和假设。 • 禁止将模型的结果陈述为事实。 • 禁止遗漏与其他利益相关方真实关系的披露
剽窃 （Plagiarism）	• 禁止在未注明资料来源或作者身份的情况下抄袭或使用他人编写的材料。 • 从专业杂志或者平台上获得的信息，引用要标明**第一作者**。例如，使用在《华尔街日报》上看到某知名研究员的研究报道，第一作者是该知名研究员而不是《华尔街日报》。 • 使用自己公司的同事（甚至是已经离职的）的成果，并不算抄袭，因为这些成果是公司财产。 • 使用公共机构公开发布的信息或数据不算是抄袭。例如，股票价格、失业率、GDP值、通货膨胀值等

58.1.3.3 经典案例题分析

例题 58.5

分析师 Yuan 最近阅读了其他公司分析师发表的关于一家上市公司的深度研究报告。Yuan 非常认同该分析师的观点，于是在自己的研究报告中引用了该同行收集的数据和信息，但并未注明来源，请问 Yuan 是否违反了 CFA® 职业行为准则？

名师解析

这是抄袭行为，Yuan 违反了曲解（Misrepresentation）这一细则。当使用他人的研究成果或观点时，必须给予注明。但是，如果引用同事的研究成果或公认机构公布的公开信息不算抄袭。

例题 58.6

Yuan 是投资管理公司 Golden Finance 的理财顾问实习生。在接待一位潜在高净值客户时，Yuan 告诉该潜在客户"我们是业内的知名投资公司，能提供任何您需要的产品和服务。过去 10 年，我们的平均年化投资回报率超过 15%，明显高于行业平均水平。身为高级理财顾问，我能向您提供专业的理财服务"。实际上，Golden Finance 过去 10 年的年化投资回报率低于 10%。请问 Yuan 是否违反了 CFA® 职业行为准则？

名师解析

Yuan 违反了曲解（Misrepresentation）这一细则。CFA® 会员和考生不得作出关于服务范畴、投资业绩和资历的不当陈述。Golden Finance 是一家投资管理公司，而 Yuan 却向客户保证能提供任何客户所需的服务，这是关于服务范畴的错误陈述。同时，由于 Golden Finance 过去 10 年的年化投资回报率低于 10%，因而 Yuan 夸大了实际历史投资回报率。此外，Yuan 只是实习生，但他却告诉客户自己是高级理财顾问，这是关于资历的错误陈述。

练一练

58-5 Time Johnson，CFA，is an investment advisor，manages several clients' portfolios. He is very proud of his past investment performance. When talking to prospective clients，he always says that "During the last four years，my clients got more than 20% returns on average. You won't be regret if you choose me as your investment advisor." However，Johnson only has three clients，and two of them open a non-discretionary account，the main duty of Johnson is to execute the orders when clients set up new orders. Only one account is discretionary. The annual return of the discretionary account is only 5%. The 20% return mainly comes from the performance of the non-discretionary accounts. Did Johnson most likely violate the Code and Standards?

A. No，since the performance of a non-discretionary account can represent the investment skill of Johnson.

B. No，since Johnson's statement regarding the 20% average return has data as supporting materials.

C. Yes，related to I(C)-Misrepresentation.

58-6 Tina Keith，CFA，works at ANZ Value Fund as an analyst. Keith currently is writing a research report of Boeing Corporation，she quotes the GDP figure and the inflation rate from the National Bureau of Statistics of the United States and some charts & graphs from an unrecognizable Finance website. She does not state the source for all quotations in her report，Keith has：

A. violated standard V（A）Diligence and a reasonable basis because Keith does not make sure the information from the National Bureau of Statistics of the United States is accurate.

B. violated standard I（C）Misrepresentation because Keith does not state the source of those charts &graphs from the unrecognizable finance website.

C. violated standard I（C）Misrepresentation because Keith does not state the source of the information from the National Bureau of Statistics of the United States.

扫码查看答案及解析

58.1.4　Ⅰ(D)渎职(Misconduct)

58.1.4.1　内容(Content)

会员和考生禁止有不诚信的、欺骗(deceitful)的或是欺诈(fraud)的职业行为,并且禁止做出任何会对职业形象、职业信用或是职业能力有负面影响的行为。

58.1.4.2　细则指引(Guidance)

渎职细则指引如表58.5所示。

表58.5　渎职细则指引

细则指引分类	细分考点及易错点
职业生涯 (Professional life)	• 该细则规范会员和考生的职业行为,与职业道德无关的个人行为,不算渎职。例如,由于政治、文化、宗教等信仰参加游行抗议(protest)。 • 工作不尽职尽责是渎职。例如,研究员在缺少足够研究和依据的情况下,胡乱得出研究结论
渎职与法律	• 渎职行为不一定违法。例如,上班期间酗酒的行为通常没有违法,但属于渎职。 • 违法行为不一定属于渎职。例如,闯红灯违反交通法规,但不一定属于渎职
个人破产 (Personal bankruptcy)	• 由于职业行为不端导致的个人破产是渎职,需要披露。例如,因参与内幕交易被处以巨额罚款导致个人破产,则需要披露
欺骗/欺诈/偷窃	• 诚信是投资从业人员的重要品质,无论是否与职业相关,会员和考生的任何欺骗、欺诈和偷窃行为一概属于渎职。例如,恶意使用信用卡套现

58.1.4.3　经典案例题分析

例题 58.7

Yuan在基金公司Golden Finance担任基金经理。由于工作的强度高,Yuan习惯在工作的午间休息时间到公司附近的酒吧喝几杯以缓解工作压力。有几次,同事和客户发现Yuan到办公室时已有醉意。请问Yuan是否违反了CFA®职业行为准则?

名师解析

Yuan违反了渎职(Misconduct)这一细则。上班期间过量饮酒有损其专业形象,客户也会质疑其工作能力。同时,此行为不仅有损其个人声誉,也会损坏雇主声誉。

例题 58.8

Yuan 是私募基金公司 Golden Finance 的研究员。听闻居住的社区附近要建垃圾处理厂，Yuan 与社区住户一起到垃圾厂的建设工地进行游行抗议。Yuan 最近还碰见一件烦心事，一家竞争公司投诉 Yuan 没有公布其 8 年前的个人破产。8 年前，Yuan 依靠助学贷款完成了学业。但刚工作没多久，其母亲住院做手术便花光了 Yuan 的所有积蓄，以至 Yuan 不能按时偿还助学贷款，不得不申请个人破产，请问 Yuan 是否违反了 CFA® 职业行为准则？

名师解析

Yuan 没有违反 CFA® 职业行为准则。参加抗议修建垃圾处理厂的游行活动属于与工作无关的个人行为，没有违反渎职这一细则。此外，Yuan 的个人破产并未涉及任何不诚信的欺骗行为，尽管没有披露给雇主和客户，但不违反渎职这一细则。

练一练

58-7 Colin Rodriguez, CFA, works at Golden Sachs as a financial analyst. One day, after the meeting with a client, Rodriguez finds the client's purse is left in his office. Half an hour later, he receives a call from the client and asks him whether to find the purse or not. Rodriguez tells the client that he does not find any purse in his office. Does Rodriguez violate Standard I(D) Misconduct?

　A. No, this dishonesty behavior is unrelated to the investment profession.

　B. No, the behavior of Rodriguez breaks the law but does not violate the Standards.

　C. Yes, the behavior of Rodriguez is related to dishonesty and stealing.

58-8 William Chen, CFA, works as a portfolio manager in Morgen Investments. When he was a college student eight years ago, he applied for personal bankruptcy because he couldn't pay high medical bills. But Chen doesn't disclose the bankruptcy filing to her current clients. Does Chen's conduct most likely violate any CFA Institute Standards of Professional Conduct?

　A. No.

　B. Yes, related to Misconduct.

　C. Yes, related to Misrepresentation.

58.1.5　I(E)专业能力（Competence）

58.1.5.1　内容（Content）

会员和考生应当具备并持续保持与其专业职责相匹配的专业能力。

58.1.5.2　细则指引（Guidance）

专业能力细则指引如表 58.6 所示。

表 58.6　专业能力细则指引

细则指引分类	细分考点及易错点
基本原则（Basic guidance）	• 会员和考生必须具备在工作岗位中**胜任工作**所需的**知识**、**技能**和**专业能力**

扫码查看
答案及解析

续表

细则指引分类	细分考点及易错点
知识、技能和专业能力的多样性 （Various of knowledge, skills and abilities）	• 会员和考生会在行业中不同的岗位上工作，因此胜任工作所需的知识、技能和专业能力会因工作性质而异。 • 不同的工作性质所需"能力"有所不同，具体需要什么能力取决于每个会员和考生所面临的具体情况和环境。例如，风控岗位的会员和考生，可以没有证券评级岗位所需要的知识、技能和专业能力
专业能力与工作结果的关系 （Competence and professional outcomes）	• 专业能力可以为会员和考生提供成功的机会，**但失败并不足以证明会员和考生缺乏专业能力**。例如，一个有能力的投资经理并不总是能作出盈利的投资决策；同样，尽管进行了认真且彻底的分析，一个称职的证券分析师可能仍然无法准确预测投资的未来前景
专业能力的评估 （Evaluation of competence）	• 专业能力的评估**不仅仅基于**会员和考生的**教育水平**，而是涵盖了多个方面，**包括经验、与具体任务相关的技能和知识等**
岗位责任的变化 与能力的发展 （Change and development of professional responsibilities）	• 随着职业生涯的发展，会员和考生需要不断学习并精炼知识、技能和专业能力。例如，某证券分析师转岗，则要获得所转入岗位需要的新知识、技能和专业能力，否则违反本细则。 • 该细则不仅要求会员和考生达到岗位所需的专业能力水平，还要求他们保持这种能力，这就强调会员和考生**需要不断保持或提高其岗位所需的专业能力**。 • 该细则并**没有强制要求**参加特定的继续教育计划或专业发展计划。会员和考生可以通过多种方式获得并保持履行其岗位职责所需的专业能力

58.1.5.3 经典案例题分析

例题 58.9

Yuan 是 Golden Finance 的一名风险管理人员，他以其出色的数据分析和风险评估能力获得了管理层的认可。近期，他有意转岗到公司的资产管理部门，担任投资顾问。然而，成为投资顾问需要通过一项涵盖投资策略、市场分析和客户关系管理的专业考试。

尽管 Yuan 在风险管理领域有着深厚的专业知识和经验，但他对于投资策略和客户关系管理的了解相对较少。他认为自己的数据分析能力足以让他在考试中取得出色成绩，因此并没有系统地学习考试涵盖的新领域的知识。他只是粗略地浏览了一些相关资料，便参加并通过了该考试。请问 Yuan 是否违反了 CFA® 职业行为准则？

名师解析

Yuan 违反了专业能力（Competence）这一细则。该细则要求随着职业生涯的发展，会员和考生需要不断学习并精炼知识、技能和专业能力。本题中，投资顾问的岗位不仅要求从业者具备市场分析能力，还需要深入了解投资策略和客户关系管理。这些知识和技能是 Yuan 在之前的工作中较少涉及的。虽然他通过了考试，但这并不足以证明他完全具备了担任投资顾问所需的所有能力。这个案例强调了在职业转型或角色变化时，仅仅依靠过去的知识和经验是不够的。为了在新的岗位上取得成功，个人需要系统地学习和掌握新领域的知识和技能。Yuan 应该更加深入地学习投资策略、市场分析和客户关系管理等方面的知识，以确保自己能够胜任新的岗位。

例题 58.10

Yuan 是一位资深的财富管理顾问，负责为超过 100 位高净值客户提供资产配置建议。在详细分析了 30 位客户的财务状况、投资目标和风险承受能力后，他推荐这些客户投资一家名为 SafeHarbor 的资产管理公司发行的债券基金。Yuan 选择 SafeHarbor 是因为该公司长期以来信用评级较高，业绩表现稳定，且有着多年的资产管理经验。然而，不到两年的时间里，由于 SafeHarbor 内部的风险控制失效和市场突发的"黑天鹅"事件，该基金遭受重大损失，导致许多投资者的本金大幅缩水。Yuan 的客户纷纷质疑他的专业能力，认为他推荐的基金不安全。请问 Yuan 是否违反了 CFA® 职业行为准则？

名师解析

Yuan 没有违反专业能力（Competence）这一细则。该细则要求，会员和考生必须具备在工作岗位中胜任工作所需的知识、技能和专业能力。专业能力可以为会员和考生提供成功的机会，但失败并不足以证明会员和考生缺乏专业能力。Yuan 作为一位资深的财富管理顾问，在为客户提供投资建议时进行了详尽的分析，并基于公司的历史业绩、信用评级和管理经验，推荐了 SafeHarbor 资产管理公司的债券基金。然而，由于市场不可预测的风险和公司内部风险控制机制的失效，该基金遭受了重大损失，这超出了 Yuan 的预期和控制范围。即便进行了详尽的研究和分析，Yuan 作为财富顾问仍可能面临外部不可控因素带来的风险。在这种情况下，虽然客户遭受了损失并对 Yuan 的专业能力提出了质疑，但这并不意味着他是不称职的或违反了专业能力这一细则。

练一练

58-9 Jay Yuan, CFA, a newly promoted team leader in a financial analysis team, was confident in his financial knowledge and analytical skills. However, he lacked experience in team management and effective communication with senior executives and clients. Believing that high-quality investment advice could be provided as long as team members followed his analytical logic, Yuan did not invest much time in improving his management and communication skills in the early stages of his promotion. Shortly after taking up the new role, Yuan struggled to coordinate differences among team members during the analysis process and found it challenging to clearly and convincingly present the team's analysis and investment recommendations to clients and senior management. According to the CFA Institute Standards of Professional Conduct, which of the following statements is least likely to be correct?

A. Yuan violates the I(E) Competence.

B. Yuan does not violate any rules as long as he maintains his financial knowledge and analytical skills.

C. Yuan violates the Professionalism.

58-10 Considering that cryptocurrency investments align with the client's long-term investment strategy and risk tolerance, Jay Yuan, CFA, as a portfolio manager, decides to invest in a heavily promoted cryptocurrency product for his clients. However, despite believing that this product is suitable for his clients, Yuan himself does not have a deep understanding of the specific operations and market dynamics of cryptocurrency. He makes this investment decision primarily based on marketing promotions and clients' expectations for short-term high returns, without conducting thorough research and due diligence. According to the CFA Institute Standards of Professional Conduct, which of the following statements is the most accurate?

A. Yuan's behavior is reasonable because he is responding to client demands and believes that cryptocurrency investments are suitable for them.

B. Despite Yuan's belief that cryptocurrency is suitable for clients, he has violated the CFA Institute Standards of Professional Conduct due to his limited understanding of the field.

C. Yuan has not violated any standards because he is acting within the scope of the client's interests, and cryptocurrency investments themselves do not violate any standards.

扫码查看
答案及解析

58.2 准则Ⅱ:资本市场的信誉(Integrity of Capital Market)

58.2.1 Ⅱ(A)重大非公开信息(Material Nonpublic Information)

58.2.1.1 内容(Content)

会员和考生在掌握足以影响标的资产价格的重大非公开信息的情况下,禁止自己使用或是让他人使用这个重大非公开信息来交易获利。

> **知识一点通**
>
> 会员和考生既不能使用重大非公开信息为自己、雇主或他人获利,也不能擅自泄漏重大非公开信息。

58.2.1.2 细则指引(Guidance)

重大非公开信息细则指引如表 58.7 所示。

表 58.7 重大非公开信息细则指引

细则指引分类	细分考点及易错点
重大(material)的含义	• 一旦披露会对证券价格产生影响的信息,或者是理性投资者希望在作投资决定前掌握的信息。 • 信息来源可靠。 • 包括但不限于公司盈利、收购兼并、资产处置、产品、制作流程和新发明,公司获取产品许可证、专利、注册商标,公司管理层变更
非公开(nonpublic)的含义	• 还未向公众披露的信息,包括只向某一群体披露的信息。 • 社交媒体或互联网上的信息不一定算公开消息。例如,会员制网站上的部分信息只针对会员,就不算公开信息。 • 工作期间获取的重大非公开信息只能用于工作本身,不能用于个人和协助他人交易获利。例如,向客户公司提供兼并收购咨询服务期间获得的非公开信息不能泄漏给不相关的个人或组织
马赛克理论 (mosaic theory)	• 通过分析重大公开信息(material and public information)和非重大的非公开信息(nonmaterial and nonpublic information)得到的与事实相符的结论。 • 例如,某研究员通过重大公开信息和非重大的非公开信息准确地预测出两公司合并,此行为并不违反此细则

续表

细则指引分类	细分考点及易错点
使用行业专家 (Using industry experts)	• 从相关行业专家获取信息是可行的,但必须判断是否为公开信息
知名分析师的结论 (Investment research reports)	• 当一个知名分析师发布报告或更改其建议时,仅这一信息就可能对市场产生影响,因此可能被视为"重大信息"(material information)。这是因为市场参与者可能会基于这位分析师的观点或建议作出投资决策,导致市场变动的方向与分析师的预判一致。 • 理论上,根据该细则的要求,此类报告在分发给客户时必须公开。 • 不过,分析师很可能是基于马赛克理论并运用自己的专业知识进行解读从而撰写报告的。他们并没有获取到重大非公开信息,而是利用自己的专业知识和经验来分析已经公开的信息。因此,研究报告是分析师的劳动成果,尽管分析师的结论可能对公众很重要,但这并不意味着分析师必须将其工作成果公开。 • 结论:知名分析师的研报若是根据马赛克理论及自己的专业知识和经验撰写而成,只需要第一时间发给自己的客户,无须披露给公众

58.2.1.3 经典案例题分析

例题 58.11

Yuan 是投资银行 Golden Finance 的研究员。在对上市公司 Super Stores 作尽职调查时,Super Stores 的 CEO 告诉 Yuan 公司上一财年的利润远超市场预期。回到办公室后,Yuan 在网上搜索关于 Super Stores 上一财年的财务报告,并未发现任何相关披露。Yuan 在研究报告中公布了 Super Stores 的利润数据,并向客户推荐买入 Super Stores 股票。请问 Yuan 是否违反了 CFA® 职业行为准则?

名师解析

Yuan 违反了重大非公开信息这一细则。既然 Yuan 在互联网上没有搜索到相关披露,说明 Super Stores 的上一财年的利润数据是重大非公开信息,Yuan 不能在 Super Stores 未向市场公布前使用该信息。

例题 58.12

Yuan 在北京出差期间,在一家有名的餐厅就餐时,看见靠窗的座位上坐着两位客人。Yuan 之前在工作场合碰见过这两位客人,他们是两家互联网公司的创始人。尽管 Yuan 没有听到这两位创始人的谈话内容,但 Yuan 凭直觉怀疑这两家公司可能会合并。回到上海的办公室后,Yuan 收集了相关公开信息,尽管这两家公司从建立至今收获用户良好的口碑,但由于激烈的市场竞争,各自的发展均面临瓶颈。在完全深入研究后,Yuan 向客户推荐买入这两家互联网公司的股票,一个月后,这两家互联网公司正式向市场公布刚刚完成的合并谈判,两家公司的股票当日随即涨停。请问 Yuan 是否违反了 CFA® 职业行为准则?

名师解析

此案例涉及马赛克理论(mosaic theory)。Yuan 在餐厅看见两位创始人就餐时,没有听见他们的谈话内容,这属于非重大非公开信息。之后,Yuan 通过收集和研究公开信息最终成功预测了这两家互联网公司的合并交易。Yuan 的研究结论并未依靠任何重大非公开信息,所以Yuan 没有违反 CFA® 职业行为准则。

练一练

58-11 Jenny Hopkins, CFA, is the equity research analyst that focuses on the technology sector. Hopkins has attended a meeting held by Panda Technology. The CEO of Panda has mentioned an upcoming shutdown of a factory at the meeting. Which of the following actions is most appropriate according to the CFA Institute Code and Standards?

A. Hopkins should disclose this information since it's not considered as material.

B. Hopkins should disclose this information to their clients.

C. Hopkins should urge the management of Panda to make full disclosure of the plant shutdown.

58-12 Ryan Wallace, CFA, is the research analyst covering Lemon Brothers Manufacturing. Lemon Brothers has involved in a lengthy lawsuit with a group of customers because of product defects. The recommendation on Lemon Brothers issued by Wallace has always been "Sell". In a recent media interview, the CEO of Lemon Brothers said that "we are very close to the settlement with our clients and we believe it will be favorable for both parties." According to the CFA Institute Code and Standards:

A. Wallace may adjust his recommendation on Lemon Brothers.

B. Wallace can not use the information because it is from Lemon Brothers' insider.

C. Wallace should not change his recommendation until the settlement result has been announced by the court officially.

扫码查看
答案及解析

58.2.2　Ⅱ(B)操纵市场(Market Manipulation)

58.2.2.1　内容(Content)

会员和考生禁止通过扭曲市场价格或者人为做大交易量的方式误导其他市场参与者。

> **知识一点通**
>
> 操纵市场指以获取利益或减少损失为目的,利用资金、信息等优势,影响证券市场价格、制造证券市场假象、误导投资者以及扰乱证券市场秩序的行为。

58.2.2.2　细则指引(Guidance)

操纵市场细则指引58.8所示。

表58.8　操纵市场细则指引

细则指引分类	细分考点及易错点
基于市场信息的操纵 (Information-based)	• 散播谣言或不真实信息误导市场参与者。 • 题目中如出现"rumors""false/untrue information"等关键词,通常违反此细则

续表

细则指引分类	细分考点及易错点
基于交易手段的操纵 （Transaction-based）	• 通过非法交易手段操纵交易量和价格。例如，期货市场中采用的"逼仓"就是一种市场操纵手段。 • 合规的交易策略不是市场操纵。例如，卖空（short selling）、大宗交易（block trading）、套利（arbitrage）等

58.2.2.3 经典案例题分析

例题 58.13

Yuan 是一名专职投资者，在卖空某上市公司股票后，Yuan 在微博个人账号上散布这家公司海外投资失败的谣言，导致这家公司的股票价格大跌。请问 Yuan 是否违反了 CFA® 职业行为准则？

名师解析

Yuan 通过散布不真实的谣言误导投资者，扰乱了证券市场秩序，违反了操纵市场（Market Manipulation）这一细则。

例题 58.14

Yuan 是基金公司 Golden Finance 的基金经理。Yuan 手上管理着三只创业板基金。Yuan 通过在这三只基金之间重复买入和卖出某只创业板股票，最终吸引其他投资者也买入该股票。当股票价格因受到市场关注而上涨后，Yuan 随即卖出该股票并收获超过 50% 的投资收益。请问 Yuan 是否违反了 CFA® 职业行为准则？

名师解析

Yuan 通过在其管理的三只基金之间买卖股票，造成该股票交易活跃的市场假象，误导了其他投资者，并从中收获可观收益。因此，Yuan 违反了操纵市场（Market Manipulation）这一细则。

练一练

58-13 Kenny Davis, CFA, works at Bridge Fund as a fund manager. Currently, Davis holds a large short position in Tesla Corporation, as he believes that the stock is overvalued dramatically. However, during the last two weeks, a $20 million loss has occurred. To deflate the stock price of Tesla, Davis posts a rumor in a well-known financial forum, which says the Shanghai division of Tesla is facing a serious legal dispute with local government. The price of Tesla then decreases by 25% as the rumor spreads. Does Davis least likely violate which of the following Standards?

A. Ⅲ(A) Loyalty, Prudence and Care.

B. Ⅱ(A) Market Manipulation.

C. Ⅰ(D) Misconduct.

58-14 Carrie Berenson, CFA, is the CEO of Golden Brother, a public listed corporation. Recently Berenson hired Homeland Securities as the underwriter of Golden Brother's private placement. Homeland Securities has communicated with some potential investors; however, they all believe the current subscription price is too high. Berenson intends to speed up the private placement and issue the shares as much as possible. Which of the following actions by Berenson is most likely a violation of the CFA Institute Standards of

Professional Conduct?

A. Berenson can instruct Homeland Securities to place buy orders through the proprietary trading account to enlarge the daily trading volume of Golden Brothers' stocks.

B. Berenson can announce a strong earning expectation for the coming season, after confirming the data with Golden Brothers' CFO.

C. Berenson can instruct Homeland Securities to lower the subscription price of the private placement.

扫码查看
答案及解析

58.3 准则Ⅲ：对客户的责任（Duties to Clients）

58.3.1 Ⅲ（A）忠诚、审慎和谨慎（Loyalty，Prudence，and Care）

58.3.1.1 内容（Content）

（1）会员和考生负有对客户忠诚的责任，并且在进行投资活动的时候要以合理审慎的判断作为依据；

（2）会员和考生必须做到客户利益至上，将客户利益放在雇主和自己的利益之前。

> **知识一点通**
>
> 会员和考生对客户应尽信托责任（fiduciary duties），尽职尽责，客户利益优先。然而，客户利益至上的原则不能违背资本市场诚信的原则。例如，对客户忠诚并不意味着包庇客户的违法行为。

58.3.1.2 细则指引（Guidance）

忠诚、审慎和谨慎细则指引如表 58.9 所示。

表 58.9 忠诚、审慎和谨慎细则指引

细则指引分类	细分考点及易错点
识别真正的客户 （Identifying the actual clients）	• 对于养老基金管理者，客户是养老金受益人（beneficiaries），并非聘用该管理者的个人或实体。 • 为个人、家族或机构管理资产时，该个人、家族或机构就是客户。 • 管理集合投资工具[比如共同基金（mutual fund）]时，很难确定具体客户的身份和情况。此时应按照该产品的投资目标、限制、策略和要求进行管理
为客户创建投资组合 （Developing portfolios for clients）	• 投资推荐与交易必须和客户的目标和状况相匹配。 • 要关注会员和考生或其雇主公司与客户的利益冲突，尽量避免利益冲突。如果不能避免，应向客户披露利益冲突。例如，若会员向客户推荐其他公司或个人的产品或服务时收到好处费，应事先向客户披露。 • 从客户总体的投资组合的角度作出投资决策。这里的总体投资组合包括客户的所有财产，如不动产、证券和实业等

续表

细则指引分类	细分考点及易错点
软佣金政策 （Soft commission policies）	• 投资经理通常可以自由选择执行交易的经纪人（broker），并向其支付佣金。而投资经理支付给经纪人的佣金，实际来源于客户支付给投资经理的佣金。经纪人通常为了保证自己的竞争力，在提供交易服务的同时，也会提供给投资经理额外的服务。这种额外的服务通常称为"软美元"（soft dollar）或"软佣金"（soft commission）。所以，简单来说，软美元是指客户支付的佣金的返佣。 • **软美元属于客户的资产，因此软美元必须使客户受益**。例如，若使用客户佣金的返佣购买的研究报告有助于管理客户资产，则此研究报告是正确的软美元使用方法。但若会员使用客户佣金的返佣支付个人 CFA® 考试费用，则是错误的软美元使用方法。 • 客户指定经纪费（client directed brokerage），即客户对于如何使用经纪费有明确的要求。按照客户要求使用经纪费没有违反 CFA® 职业行为准则。 • 当会员或考生为客户选择经纪人时，要考虑： 　◦ 是否能提供最佳的交易执行（best trade execution）； 　◦ 交易费是否最合理（best transaction costs）。 • 注意，交易速度越快，成交价格对客户越有利（低价买入，高价卖出），交易执行能力越强。最合理的交易费是指，如果两个经纪人的交易执行一样，选择交易费用最低的。 • 软美元（soft dollar）、软经纪费（soft brokerage）与软佣金（soft commission）是同义词
代理投票 （Proxy voting）	• **代理投票指会员或考生在客户授权下代替客户行使股票表决权**。所以在行使代理投票权的时候，必须站在客户利益的角度进行投票。 • 虽然行使表决权与客户利益相关，但也会产生成本（例如，去股东大会举办地的差旅费和相关调查研究费用）。在行使代理投票前，应进行收益成本分析（benefit-cost analysis）。**当成本大于收益时，不应行使代理投票**。因此，若题目中出现"participate in all proxy votings"，通常是错误的

58.3.1.3 经典案例题分析

例题 58.15

Golden Finance 是 M&S 公司养老金计划的受托人。Yuan 在 Golden Finance 担任投资经理。最近 M&S 正面临竞争公司恶意收购的威胁。为了抵挡恶意收购，M&S 管理层劝说 Yuan 在二级市场为该公司的员工养老金账户买入 M&S 股票。尽管 Yuan 认为 M&S 股票的当前价位被高估，正常情况下不会买入，但他担心失去 M&S 养老金计划的受托人资格。于是，Yuan 买入了大量 M&S 股票，导致股价进一步上涨，最终 M&S 的竞争公司放弃了收购计划，请问 Yuan 是否违反了 CFA® 职业行为准则？

名师解析

Yuan 违反了忠诚、审慎和谨慎（Loyalty, Prudence, and Care）。Yuan 的真正客户是 M&S 员工（M&S 的养老金计划受益人），而非 M&S 管理层。Yuan 需要站在养老金受益人的利益角度作出独立客观的投资决策。既然 Yuan 相信 M&S 的股价被高估而不适合投资，买入 M&S 股票就是不负责任且不谨慎的投资决定。同时，由于 Yuan 的投资决策受到 M&S 管理层的影响，Yuan 也违反了独立性和客观性（Independence and Objectivity）这一细则。

例题 58.16

Yuan 为客户管理股票投资,客户的投资组合只包括境内股票。Yuan 不仅用软美元购买了一份关于境外股票市场的研究报告,还购买了一台高档咖啡机用于招待客户。此外,Yuan 通过两家经纪人——Number One 和 Top One 为客户执行股票交易。其中,Number One 收取的经纪费比其他经纪人高,也不能提供最佳的交易执行,但会为 Yuan 的个人股票交易提供经纪费折扣。Top One 的经纪费比 Number One 低,且能提供最佳交易执行。请问 Yuan 是否违反了 CFA® 职业行为准则?

名师解析

此案例涉及软美元(soft dollar)和选择经纪人(selection of brokers)的考点。软美元是客户资产,要以服务客户利益作为使用目的。由于客户的投资组合只包括境内股票,因此用客户的经纪费买境外股票市场的研究报告不是软美元的正确用途。同样,尽管购买咖啡机美其名曰是为了招待客户,但不能用软美元购买,Yuan 或者其雇主应自行承担购买费用。此外,Yuan 不应为了个人利益而选择不合适的经纪人。经纪人 Number One 不仅收取高昂的经纪费,还不能为客户提供最佳交易执行(best trade execution)。因此,选择 Number One 也违反了忠诚、审慎和谨慎(Loyalty, Prudence and Care)。相反,Top One 符合最佳交易执行(best trade execution)和交易费最合理(best transaction execution)的标准,选择它没有违反 CFA® 职业行为准则。

练一练

58-15 Helen Swift, CFA, recently has been promoted as the head of the trading desk in a large investment management firm that specializes in domestic equities. While reviewing the firm's trading operations, she notices clients give discretion to the manager to select brokers based on their overall services to the management firm. Despite the client directive, Swift would most likely violate Standard Ⅲ(A) Loyalty, Prudence, and Care if she pays soft commissions for which of the following services from the brokers?

A. Equity research reports.

B. Investment conference attendance.

C. Database services for offshore investments.

58-16 Vanessa Lam, CFA, is a portfolio manager of Golden Trust Management. The portfolios that Lam is responsible for include a non-discretionary trust account which belongs to Peggy Kim, a high-net-worth individual client. Although Kim makes each investment decision herself, Kim does allow Lam to vote all proxies on behalf of her account. Most of the holdings in Kim's account are small-cap growth stocks which the management teams are the main shareholders. Lam generally votes in consistence with the management but she never obtains consent from Kim before the voting. According to the CFA Institute Standards of Professional Conduct:

A. Lam has violated the Standards because she cannot vote the proxy on behalf of Kim since the portfolio is a non-discretionary account.

B. Lam has violated the Standards because she must obtain consent before making the vote.

C. Neither of the above is correct.

58.3.2　Ⅲ(B)公平对待(Fair Dealing)

58.3.2.1　内容(Content)

会员和考生在提供投资分析、作投资建议、采取投资决策或是其他活动的时候要公平、客观地对待所有的客户。

> **知识一点通**
>
> 会员或考生要公平对待所有客户,不能歧视任何客户。需明确的是,**公平(fair)不等于平等(equal)**。每个客户有其特有的需求和目标,可以根据客户额外支付的报酬提供更深度和个性化的投资服务,但是必须披露这个服务的安排且不能够对其他客户产生负面影响。

58.3.2.2　细则指引(Guidance)

公平对待细则指引如表 58.10 所示。

表 58.10　公平对待细则指引

细则指引分类	细分考点及易错点
投资建议 (Investment recommendations)	• 成员和考生在提供投资建议时,需公平对待所有客户。例如,先将投资建议告知大客户,再告知小客户,则违反此细则。 • 可以使用不同的方式沟通。例如,email、电话、视频会议等。 • 如果存在不公平对待客户的现象,即使客户同意,也违反此细则。 • 当投资建议有所更新时,要及时告知客户,保证他们有公平利用此建议进行决策的机会。 • 如果客户没有意识到投资建议的变化,应当在接受其交易订单前告知投资建议的变化。
投资行为 (Investment actions)	• 给客户做投资要考虑客户的目标和状况。 　◦ 当证券发行出现超额认购时(oversubscribed),应按照客户申购资金比率(prorated based on order size)进行公平分配;并非按照客户资产比率(prorated based on asset size)进行分配。 　◦ 为了保证客户的投资需求,会员和考生自己不得参与交易。 　◦ **若亲属是客户,也视为普通客户。需要做到一视同仁。**例如,投资经理的哥哥是他的一名普通客户,该经理为了避嫌,先给所有其他客户做交易,最后给自己的哥哥做交易,违反了该细则。

58.3.2.3 经典案例题分析

例题 58.17

Yuan 是一名投资经理。在为客户账户分配股票时,Yuan 总是先将股票分配给大客户,再将剩余的股票分配给小客户。所有客户都在授权书上署名并同意 Yuan 的股票分配做法。请问 Yuan 是否违反了 CFA® 职业行为准则?

名师解析

尽管客户在授权书上署名并同意 Yuan 的股票分配做法(这是题目中常出现的陷阱信息),但这改变不了 Yuan 区别对待客户这一事实。无论是大客户还是小客户,只要满足适合性投资原则,都应公平对待。因此 Yuan 违反了公平对待(Fair Dealing)这一细则。

例题 58.18

Yuan 是 Golden Finance 是一名研究员。最近 Yuan 更新了上市公司 M&S 的投资评级,将其从原来的"买入"调整到"卖出"。Yuan 的岳母是 Golden Finance 的客户。由于担心其他客户质疑其职业操守,Yuan 将投资建议先披露给其他客户后才告知岳母。按公司规定,Yuan 通过电子邮件披露投资建议,一位客户由于没有查看电子邮件所以并不知道投资建议已经更新。这位客户要求 Yuan 继续买入 M&S 股票,Yuan 立即为此客户执行了买入订单。请问 Yuan 是否违反了 CFA® 职业行为准则?

名师解析

Yuan 违反了公平对待(Fair Dealing)这一细则。既然岳母是客户,Yuan 应一视同仁,既不能优待也不能歧视岳母。此外,由于客户没有意识到投资建议已改变,在接受客户交易请求前,Yuan 应提醒客户。

练一练

58-17 Rachel Jacob, CFA, is a senior investment advisor of many clients, including her little brother. She uses e-mails to inform new investment recommendation to all her clients, but strictly avoids making this recommendation to her brother. Then she makes phone calls to her VIP clients for detailed discussion.

Does Jacob most likely comply with the CFA Standards of Professional Conduct?

A. Yes.

B. No, with regard to making phone calls to VIP clients.

C. No, with regard to avoiding making this recommendation to her brother.

58-18 Ray Wyan, CFA, is a broker of Ming Asset Management (MAM), a comprehensive asset management company that also provides its own research analysis. MAM just issued a "Sell" recommendation on Kangaroo Media but on the following trading day a client called Wyan and asked him to purchase 1 000 shares of Kangaroo Media. Wyan executed the order immediately. According to the CFA Institute Standards of Professional Conduct:

A. Wyan has violated the Standards because he should not execute the order.

B. Wyan has not violated the Standards because his firm had already informed the clients about the change in recommendation.

C. Wyan has violated the Standards because he should mention the client that the recommendation on Kangaroo Media had been changed.

扫码查看
答案及解析

58.3.3 Ⅲ(C)适当性(Suitability)

58.3.3.1 内容(Content)

当会员和考生向客户提供投资咨询或管理服务的时候,他们必须:

(1) 在作出投资建议或是进行投资之前,仔细调查客户或者潜在客户的投资经验、风险和收益目标以及一些财务方面的限制条件,并且必须定期评估,更新这些信息;

(2) 在作出投资建议或是进行投资之前,确定投资与客户的财务状况、目标、委托和限制条件相一致;

(3) 基于客户的整个投资组合判断其投资的适合性。

在会员和考生负责管理特定的投资组合期间,给出的投资建议或进行投资时,必须和投资组合的目标以及限制条件相匹配。

> **知识一点通**
>
> 虽然每个客户的情况不尽相同,但是要确保投资建议适合于客户。不合适的投资建议即使能让客户获利,仍然违反适当性原则。

58.3.3.2 细则指引(Guidance)

适当性细则指引如表 58.11 所示。

表 58.11 适当性细则指引

细则指引分类	细分考点及易错点
投资政策说明 (Developing IPS)	• 根据客户信息写投资政策说明(investment policy statement,IPS)。 • 从投资组合的整体角度判断具体的投资是否适当。 • 如果客户拒绝提供相关信息(如个人风险偏好等),仍可基于客户所提供的信息管理客户资产。 • 严格按照 IPS 进行投资,建议至少**每年**更新 IPS
管理指数基金或特定投资指令 (Managing to an index or mandate)	• 有的基金经理不是为个人管理资金,而是负责管理一个基金,以追踪某个指数或达到特定的投资指令。例如,有些基金的目标是追踪标普 500 指数,那么基金经理的任务就是尽量使基金的表现与该指数相匹配。 • 这些基金经理的责任是按照规定的投资指令进行投资。这意味着他们的投资策略和选择必须与基金的目标或指令(mandate)保持一致,无须考虑单个客户的投资适当性。 • 单个客户应根据自身需要和基本信息自行决定该基金的投资适当性
当客户提出不当投资要求时 (Addressing unsolicited trading requests)	• 若对客户的投资组合影响不大,在提醒客户后,可以遵从客户的要求。 • 若对客户的投资组合影响重大,则要求更新 IPS,如果客户拒绝更新 IPS,就要考虑是否终止投顾关系

58.3.3.3 经典案例题分析

例题 58.19

Yuan 是投资管理公司 Golden Finance 的理财顾问。为了给潜在客户制定投资方案，Yuan 询问潜在客户的投资经验、财务情况、风险和回报目标。尽管潜在客户告诉 Yuan 他有丰富的投资经验，但却不愿意透露其风险偏好。请问 Yuan 如何处理该潜在客户的回应？

名师解析

尽管适当性(Suitability)要求会员和考生在为客户制定投资方案或采取投资行动前先了解客户的具体信息和情况(财务状况、风险和回报目标、投资经验等)，但是否提供这些信息取决于客户。Yuan 仍然可以基于客户所提供的相关信息为客户提供投资建议，但需要提醒客户不完整的信息会影响投资建议的适合性。

例题 58.20

Yuan 是投资管理公司 Golden Finance 的理财顾问。Yuan 为客户李明管理证券投资账户。由于李明已退休，他希望投资账户在保证本金安全的同时能为其提供稳定的投资收益。某日，Yuan 通过同事了解到一家在创业板上市的公司即将完成一笔收购交易。收购交易的信息一旦被公布，股票价格极可能上涨。因此，Yuan 为李明的投资账户买入了这只股票。请问 Yuan 是否违反了 CFA® 职业行为准则？

名师解析

Yuan 同时违反了适当性(Suitability)和重大非公开信息(Material Nonpublic Information)细则。客户希望在保本的同时能够获得稳定的投资收益，说明客户的投资风险偏好保守。创业板股票是高风险投资，因此并不适合该客户。同时，收购交易还未向市场公布，这是重大非公开信息，不能利用该信息做出任何投资交易。

练一练

58-19 Jay Yuan, CFA, is a wealth management advisor. The credit rating of TOT Group has just been downgraded from "AAA" to "AA+" yesterday. A client called Yuan up this morning saying that he wants to buy the latest bond issue of TOT Group. According to the CFA Institute Standards of Professional Conduct, Yuan should most likely:

A. assess whether the impact of the purchase is material.
B. place the order for the client as soon as possible.
C. change the IPS before placing the order.

58-20 Which of the following statements is most likely correct according to Standard Ⅲ(C)-Suitability?

A. The investment policy statement must be updated once the client's circumstance has materially changed.
B. Once a client's IPS has been established, the IPS cannot be changed within one year unless the client's circumstance has changed.
C. The investment policy statement should be modified when the economic circumstances and financial market conditions have changed significantly.

扫码查看
答案及解析

58.3.4　Ⅲ(D)表现介绍(Performance Presentation)

58.3.4.1　内容(Content)

在陈述业绩信息的时候,会员和考生必须保证这些信息是公正、准确以及完整的。

> **知识一点通**
>
> 对于此细则,会员和考生要注意以下几点:
> (1) 不能扭曲实际业绩;
> (2) 不能仅仅披露优异的业绩而遗漏不良的业绩;
> (3) 不能遗漏已被终止或清盘账户的业绩;
> (4) 不能向客户承诺风险投资产品的未来业绩;
> (5) 如果违反表现介绍(Performance Presentation)细则,一定也违反曲解(Misrepresentation)细则,但反之未必。

58.3.4.2　细则指引(Guidance)

表现介绍细则指引如表 58.12 所示。

表 58.12　表现介绍细则指引

细则指引分类	细分考点及易错点
准确性 (Accuracy)	• 不可以错误地陈述业绩; • 不可以用过去的业绩暗示未来的业绩; • 除非特别说明,否则向客户承诺未来业绩违反该细则
完整性 (Complete)	• 披露业绩时不能选择性披露; • 业绩陈述的时候要包含已被终止或者是清盘的账户

58.3.4.3　经典案例题分析

例题 58.21

Yuan 是投资公司 Golden Finance 的理财顾问。Yuan 告诉一名潜在客户:Golden Finance 旗下的一只股票基金拥有傲人的投资回报记录,该基金过去 3 年的年化投资回报率均超过 25%。但是,Yuan 没有将这只基金在 3 年前由于激进的投资策略曾经遭受过巨额亏损的事实告诉客户。Yuan 同时还向客户承诺无论投资 Golden Finance 的任何基金产品,均能保证至少 10% 的投资回报率。请问 Yuan 是否违反了 CFA® 职业行为准则?

名师解析

Yuan 同时违反表现介绍(Performance Presentation)和曲解(Misrepresentation)细则。在展示投资业绩时,应确保信息是正确和完整的。Yuan 没有告知潜在客户 Golden Finance 旗下的这只股票基金过去曾经受巨额亏损的事实。因此这些信息没有满足完整性原则。同时,Golden Finance 旗下管理的基金是风险投资,不能向客户作出投资回报的承诺。除非该基金保证:如果实际回报率低于 10%,公司自掏腰包补偿客户。

练一练

58-21 Chase Lee, CFA, works at Stone Fund as a fund manager. Lee manages many clients' portfolios, during the last year, the net return he generated for his clients is 25%. When he talks with one of his clients, Buzz Hank, he says "You can expect a higher return, even above 30% this year based on my last year's performance, if you have any friends wants to invest, you can refer your friend to me. High return, low risk." However, Lee does not mention to his client that the market return is 28% last year. Is this a violation of Standard Ⅲ(D) Performance Presentation?

A. No, Because Lee states the truth.

B. Yes, Because the return presentation overestimates Lee's actual performance.

C. Yes, if Lee mentions the market return, he will not violate Standard Ⅲ(D) Performance Presentation.

58-22 George Miller, CFA, makes the following statements regarding the performance presentation:

Statement Ⅰ:Cherry picking is strictly forbidden conduct made to clients.

Statement Ⅱ:Fees must be excluded in the return calculation.

Statement Ⅲ:Simulated returns must not be reported to the clients.

Which of the statement most likely comply with CFA Institute Standards of Professional Conduct?

A. Statement Ⅰ.

B. Statement Ⅱ.

C. Statement Ⅲ.

扫码查看
答案及解析

58.3.5　Ⅲ(E)保密(Preservation of Confidentiality)

58.3.5.1　内容(Content)

会员和考生不能泄漏以前、当前和潜在客户的信息,除非:

(1) 客户涉及违法事件;

(2) 法律要求披露信息;

(3) 客户同意披露信息。

> **知识一点通**
>
> 此细则强调客户信息保密。如果泄漏客户的重大非公开信息,既违反保密(Preservation of Confidentiality)细则,也违反重大非公开信息(Material Nonpublic Information)细则。但是,如果泄漏的不是客户信息(例如,泄漏雇主信息),则没有违反此细则。

58.3.5.2　细则指引(Guidance)

保密细则指引如表58.13所示。

表 58.13 保密细则指引

细则指引分类	细分考点及易错点
客户的状态	• 会员和考生应该保护所有客户的信息，包括前客户(former clients)、当前客户(current clients)及潜在客户(potential clients)
客户涉及非法活动	• 如果信息涉及客户进行违法活动的证据，可以披露
法律要求	• 如果法律要求披露，可以披露。 • 如果法律明确禁止披露客户信息，不能披露。例如，瑞士银行曾经实行保密制度，规定银行为客户保密
客户同意披露	• 客户同意披露，可以披露
协助 CFA® 协会调查	• 当客户是 CFA® 会员或考生，在当地使用的法律法规没有明确禁止的情况下，配合协会调查客户时披露客户信息没有违反此细则

58.3.5.3 经典案例题分析

例题 58.22

Yuan 是一名基金经理，他的一位客户是上市公司 M&S 的 CEO。在与这位客户打高尔夫时，Yuan 获知 M&S 最近的新产品出现了严重技术缺陷，预计产品上市时间会大幅延后，但外界还不了解这些问题。Yuan 随后通知客户卖出 M&S 股票。请问 Yuan 是否违反 CFA® 职业行为准则？

名师解析

Yuan 同时违反了保密(Preservation of Confidentiality)和重大非公开信息(Material and Nonpublic Information)细则。CFA® 会员和考生不能向任何不相关人士或组织泄露客户信息，除非涉及客户的违法调查、客户同意披露，或者法律明确要求披露。Yuan 通知客户卖出 M&S 股票，属于内幕交易，违反了重大非公开信息(Material and Nonpublic Information)。

例题 58.23

Yuan 的一位客户也是 CFA® 持证人，最近 CFA® 协会正在针对该客户的职业行为投诉展开调查。CFA® 协会联系 Yuan，希望能获知该客户的相关信息。请问 Yuan 是否可以向 CFA® 协会披露客户信息？

名师解析

保密(Preservation of Confidentiality)细则没有禁止会员和考生配合 CFA® 协会针对的调查。Yuan 如果向 CFA® 协会披露客户信息，没有违反保密(Preservation of Confidentiality)细则。

练一练

58-23 Jessica Jade, CFA, is a financial analyst of Golden Investment, and also a board of director of Homeless Children, which is a non-profit charity organization. This organization is preparing its annual fundraising to support homeless children in Africa. Jade knows some of her high-net-worth clients regularly make donations to charity organizations to cut income taxes. She makes phone calls to these clients and introduces the fund-raising activity to them, and she also discloses her position in this non-profit organization.

A. Jade violated the Code and Standards since she cannot work for Golden and Homeless Children in the same time.

B. Jade violated the Code and Standards by misappropriating clients' confidential information.

C. Jade complies with the Code and Standards.

58-24 Rob Richardson, CFA, is a wealth manager working at a commercial bank. One of Richardson's clients says that she just received a large amount of financial support from her parents and she will move the asset to the investment account soon after. Richardson contacts Tom Vanor, who is in charge of the fixed-income investment for the client's wealth management, and tells him about the upcoming investment demand. Vanor talks to Richardson that according to the suspicious transaction records in the client's account, he suspects the so-called financial support is actually part of a money-laundering activity. Richardson did his investigation but he could not determine whether an illegal activity has occurred. Then he decides to report the client's information to the bank's compliance department. Which of the following statements is most likely correct according to the CFA Institute Standards of Professional Conduct?

A. Richardson has violated the Standards by sharing client information with Vanor.

B. Richardson has complied with the Standards.

C. Neither of the above is correct.

扫码查看
答案及解析

58.4　准则Ⅳ：对雇主的责任（Duties to Employers）

58.4.1　Ⅳ(A)忠诚（Loyalty）

58.4.1.1　内容（Content）

会员或考生必须根据雇主利益行事，不得利用自身专业优势剥夺雇主权利，不得泄露机密信息，不得从事其他损害雇主利益的行为。

> **知识一点通**
>
> 要对雇主忠诚，不能损害雇主利益，雇主利益在会员和考生个人利益之上，与雇主的利益冲突需要披露。然而，一旦雇主损害客户利益或者违反法律法规，应以客户利益和维护法律为重。

58.4.1.2　细则指引（Guidance）

忠诚细则指引如表 58.14 所示。

表 58.14　忠诚细则指引

细则指引分类	细分考点及易错点
雇主的职责 (Employer responsibilities)	• 雇佣关系要求雇主与雇员都承担相应的责任与义务。 • 对于雇主来说,有义务为雇员创造一个良好的工作环境,包括完善的职业道德管理制度
自行执业 (Independent practice)	• 自行执业指与雇主业务相竞争的兼职,或与雇主有潜在利益冲突的兼职。 • 与雇主有潜在利益冲突:无论额外兼职是否获得报酬,必须事先向雇主披露兼职的内容(type of service)、兼职的持续时间(duration of service)、兼职所获得的报酬(compensation),并征得雇主的书面同意(written consent)才行。 • 与雇主无潜在利益冲突的普通兼职,不属于自行执业,无须向雇主披露。但要注意额外兼职是否影响工作状态。例如,某分析师的额外兼职是在非营利机构担任独立董事,但这些兼职活动每个月要占用 8 个工作日,影响了正常工作,因此需要事先向雇主披露并获得同意
离职 (Leaving an employer)	• 离职时可以带走的东西:除了学到的知识技能和工作经验,其他东西都是属于原雇主的且不能带走,除非雇主书面同意。例如,在职时撰写的研究报告、构建的模型资料、客户名单等都不能带走。 • 在正式离职前,不能引诱客户离开雇主;**但正式离职后,可以利用公开信息找到客户并说服客户转到新公司。** • 将要离职的员工在终止与雇主的关系之前,可以利用业余时间准备下一份工作(包括与现雇主业务相竞争的工作),只要这些准备不违反员工的忠诚义务。 • 如果与原雇主签署了禁止竞业协议(noncompete agreement),必须遵循竞业协议的相关规定。 • 不能盗用原雇主的商业机密,涉及商业机密的信息离职后仍然要保密(一般在雇佣前雇主会约定好什么是商业机密)
社交媒体的使用 (Use of social media)	• 离职时不可带走社交媒体中的客户清单,但可以通过公共平台获取客户的联系资料。 • 公司的社交媒体账号(如微博公众号和企业 QQ)是公司财产,离职时应交还或清除这些账号,不能擅自继续使用
告密与揭发 (Whistleblowing)	• 对雇主的忠诚不能超出法律范围。若雇主有违法行为,必须揭发(**但揭发雇主的出发点必须是为了维护客户利益和资本市场诚信,不能出于私怨**)
雇佣关系的性质 (Nature of employment)	• 除了正式员工以外,实习生或临时工也必须遵守对雇主忠诚的相关义务

58.4.1.3　经典案例题分析

例题 58.24

Yuan 是投资管理公司 Golden Finance 的基金经理。Yuan 利用业余时间管理亲戚和朋友的投资组合。由于其良好的投资业绩,越来越多的亲友让 Yuan 管理他们的证券账户,以至于 Yuan 不得不投入其大部分的业余时间。因为没有向亲友收取任何报酬,Yuan 没有向 Golden Finance 披露这些个人业余时间的活动。请问 Yuan 是否违反了 CFA® 职业行为准则?

名师解析

此案例涉及自行执业(independent practice)。Yuan 在业余时间的工作与本职工作都是投资管理,与雇主利益存在潜在利益冲突,无论 Yuan 是否从中收取费用和报酬,都应事先告知并获得雇主的书面同意(written consent)。因此,Yuan 违反了忠诚(Loyalty)这一细则。相反,如果 Yuan 的兼职活动与雇主不存在利益冲突,且不影响工作状态,则不需要向雇主披露。

例题 58.25

Yuan 是一名投资分析师，在 Golden Finance 工作刚满 6 年。入职时，Yuan 与 Golden Finance 签署了禁止竞业协议（noncompete agreement）。该协议禁止 Yuan 在离职后两年内招揽 Golden Finance 的客户。最近，Yuan 计划离开 Golden Finance 创办自己的研究公司。Yuan 开始利用业余时间为创业作准备，例如：寻找未来创业的办公场地、面试员工等。在正式离职前，因担心触犯相关法律法规，Yuan 向一名法律顾问咨询竞业协议的相关法律问题。该法律顾问告诉 Yuan："The noncompete agreement is illegal"。离职时，Yuan 带走了在 Golden Finance 工作期间完成的研究报告。离职后，Yuan 成功地说服两位 Golden Finance 的客户将业务转移到他的新公司。请问 Yuan 是否违反了 CFA® 职业行为准则？

名师解析

Yuan 利用下班业余时间为创业所作的准备工作没有损害雇主利益，可以不向雇主披露，也没有违反忠诚（Loyalty）细则。考生要正确理解"The noncompete agreement is illegal"。这句话并不是指竞业协议是违法的，而是指协议没有法律效应。CFA® 职业行为准则要求会员和考生要守诚信，Yuan 离职后应遵守与前雇主签订的竞业协议。因此，Yuan 离职后招揽 Golden Finance 的客户违反了忠诚（Loyalty）这一细则。同时，在工作期间完成的工作记录（研究报告、量化模型等）是雇主的财产，Yuan 离职时擅自带走研究报告违反了忠诚（Loyalty）细则（除非事先获得雇主书面同意）。

练一练

58-25 Gary Yuan, CFA, develops a valuation model when working in Golden Finance, an advisory firm. The evaluation model is very successful, especially suitable for manufacturing enterprises. Yuan decides to start his own career now, using the evaluation model to drum up business. Yuan is most likely：

A. in violation of Codes and Standards because the valuation model belongs to Golden Finance.

B. not in violation.

C. in violation of Codes and Standards because the valuation model can not be applied to all types of enterprises.

58-26 Aidan Henry, CFA, a senior analyst for Star Investment Management Corporation. He has accumulated more than 15 years' experience in the investment industry. Henry plans to open his own business. Before his business starts, he sends the resignation letter to his supervisor with a one-month notice. Before leaving, Henry uses his own time to set up the new company. The new company will provide clients with similar services and products as his current employers' since he does not sign any non-compete agreement with Star Investment. After leaving, one of his clients in Star Investment contacts Henry and hopes to transfer his account in Star Investment to Henry's new company. Henry is very happy with the client's joining. Henry：

A. violate Standard IV(A) Loyalty, because he accepts the former client's joining.

B. violate Standard IV(A) Loyalty, because he starts setting up his own company before leaving.

C. does not violate any Codes and Standards.

58.4.2　Ⅳ(B)其他报酬安排(Additional Compensation Arrangements)

58.4.2.1　内容(Content)

除非得到所有相关方的书面许可，会员或考生不得接受有可能导致与雇主利益冲突的礼物、好处、补偿或报酬。

58.4.2.2　细则指引(Guidance)

本条细则内容不多，故直接用文字阐述。该准则要求会员与考生在接受有可能导致与雇主利益冲突的好处之前，必须得到雇主的书面同意。其中，所谓的"好处"是指从客户那得到的直接好处或是第三方给予的间接好处，"书面同意"是指任何可以被记录下的文字形式(包括电子邮件)。

> **知识一点通**
>
> 应注意，客户的额外奖励与"行贿受贿"无关，是客户对分析师服务满意的体现。例如，客户对某分析师的股票推荐非常满意，额外单独奖励了该分析师一辆轿车。对于分析师来说这辆汽车是可以收的，但必须事先征得雇主的书面同意。

> **备考小贴士**
>
> 在运用该细则时，考生需要注意以下三点。
>
> (1) 来不及征得雇主同意的情形：某分析师与客户进行惯例交流，分析师到场后意外的发现客户在某高档餐厅请他吃饭。在这种情况下，分析师无法事先征得雇主同意，接受客户的"好处"是不违反该细则的，但事后需要向雇主披露。
>
> (2) 接受不会与雇主利益冲突的"好处"：某分析师业余爱好是健身，于是兼职做健身教练，健身房相应支付分析师一定报酬。此类"好处"无须强制向雇主披露，因为做健身教练收到的报酬与雇主没有利益冲突。但是，如果分析师业余时间为别的证券公司写研究报告，就必须事先征得雇主同意了。因为写研究报告是与雇主相竞争的同业业务。
>
> (3) 不要混淆与雇主利益有冲突的额外报酬和影响独立性的好处。与雇主有利益冲突的额外报酬，如果获得雇主事先书面同意，可以接受。影响独立性的好处，除了价值不高的一般性礼物或者偏远地区的差旅费，都不能接受。

58.4.2.3　经典案例题分析

例题 58.26

Yuan 是投资管理公司 Golden Finance 的投资顾问。Golden Finance 的一位客户向 Yuan 提议：任何一年只要 Yuan 的回报率超过 20%，他将奖励 Yuan 及其家属参加海南豪华深度游，且承担所有费用。Yuan 没有将此奖励告知 Golden Finance。请问 Yuan 是否违反 CFA® 职业行为准则？

名师解析

这位客户提供的好处可能会损害其他客户的利益（Yuan 可能会区别对待这位客户和其他没有给予好处的客户），进而损害雇主利益。Yuan 没有事先告知并获得雇主的书面同意，违反了其他报酬安排（Additional Compensation Arrangements）细则。注意，Yuan 收到的是非现金好处，在向雇主披露时，应该披露这些好处的评估金额（estimated amount）。

例题 58.27

Yuan 的主职是 Golden Finance 的高级投资顾问。Yuan 也在酒店业上市公司 M&S 担任独立董事。M&S 向 Yuan 和其家人提供无限会员特权。当满足适当性（Suitability）原则时，Yuan 会向客户推荐 M&S 股票。Yuan 没有向 Golden Finance 披露从 M&S 收到的好处。请问 Yuan 是否违反了 CFA® 职业行为准则？

名师解析

Yuan 在 M&S 担任董事收到额外好处的同时，也向客户推荐 M&S 股票，这两个角色之间存在利益冲突。Yuan 没有向雇主 Golden Finance 披露这些额外好处，违反了其他报酬安排（Additional Compensation Arrangements）细则。在向雇主披露时，应该包括这些非现金好处的评估金额（estimated amount）。

练一练

58-27 Ralph Boner, CFA, is a portfolio manager. One of Boner's clients would offer him a bonus scheme to motivate his portfolio investment performance in the future. Boner informed his supervisor by email about this offer, and the supervisor replied with confirmative permission. According to the CFA Standards of Professional Conduct:

A. Boner has violated the Standards because he should also get permission from his other clients.

B. Boner should decline this offer because it will disadvantage his other clients.

C. Boner is in compliance with the Standards.

58-28 Dusan Bale, CFA, works for Dongzheng Trust Company as a portfolio manager. One of Dusan clients is his best friend, Emily Bing. Dongzheng Trust has strict policies on gifts and benefits: Any gifts' value higher than $500 dollars and received from clients must reported to the compliance department by employers. Bing's portfolio achieved more than 30% return this year and Bing sent a membership card of a golf club which cost $5 000 to Bale. Bale received this gift as a gift from good friends, thus he did not disclose to the compliance department. According to the Codes and Standards, which of the following statement is most likely correct?

A. Bale complies with the Code and Standards.

B. Bale must return this gift to Bing since it is too expensive.

C. Bale must disclose this gift to the compliance department.

扫码查看
答案及解析

58.4.3　Ⅳ(C)作为上司的责任（Responsibilities of Supervisors）

58.4.3.1　内容（Content）

管理者必须采取合理的努力以监督下属，确保下属遵守有关法律、法规、条例以及CFA道德操守以及职业行为准则。

> **知识一点通**
>
> 此细则适用于承担管理工作的会员和考生。管理者要建立监管制度和政策，严格履行管理责任。除此之外，需要定期检查管理制度和政策。若发现不完善和不合理的地方，应进行改进。

58.4.3.2　细则指引（Guidance）

作为上司的责任细则指引如表 58.15 所示。

表 58.15　作为上司的责任细则指引

细则指引分类	细分考点及易错点
管理系统 （System for supervision）	• 上司应尽最大努力促成公司建立充分、合理的管理合规制度。制度必须成文，并广泛告知所有相关人员，督促其遵循，形成有效监督体系。 • 合规制度不能违反法律法规及 CFA® 职业行为准则，并且至少要达到行业最低标准。 • 当上司发现雇员违反法规时，必须立刻作出反应，进行调查评估。同时，应采取措施确保违反行为不会重复出现，限制该雇员的行为并加强管理。以下是不充分管理的体现： 　◦ 仅汇报上级或口头警告； 　◦ 仅依赖雇员口头陈述； 　◦ 仅依赖雇员保证不再违反
主动监察的管理 （Supervision includes detection）	• 上司必须尽自己最大努力主动去监察是否出现违规行为，定期审查公司制度是否合理并作出改进。 • 如果上司已经尽职尽责地把该做地都做到了，仍然有雇员暗地违反规定，此时上司不违反此准则。 • 如果上司不作为，没有尽职尽责地作好管理，即使没有雇员违法，上司仍然违反此细则
晋升 （Promotion）	• 会员和考生接受管理职责或晋升时，若公司没有管理制度和政策，或者这些制度和政策不充分，应以书面形式拒绝管理职责，直到公司采取整改措施
授权行使管理职责 （Delegating supervisory duties）	• 如果上司把监管职责授权给他人，需要教育被授权者如何行使监管权利。如果出现雇员违法事件，上司不能免责

58.4.3.3 经典案例题分析

例题 58.28

Yuan 在投资银行 Golden Finance 的研究部担任主管，Yuan 发现部门首席研究员 Wang 最近总是先将研究报告披露给大客户后再披露给小客户。Yuan 找 Wang 了解具体情况，Wang 回应道："公司没有相关政策禁止这种行为。"Yuan 口头提醒 Wang 今后要停止这种行为。事后，Yuan 立即制定了相关管理制度。请问 Yuan 是否违反 CFA® 职业行为准则？

名师解析

Yuan 违反了作为上司的责任（Responsibilities of Supervisors）。尽管 Yuan 事后制定了管理制度，但为时已晚。Yuan 应事先建立充分的合规制度，并广泛告知所有相关人员，督促其遵循。Yuan 需要定期检查监管制度和政策，如发现不完善的地方，应加以改进。同时，口头警告不是充分监管，Yuan 应立即展开深入调查，并采取措施确保此类行为不会重复出现。Wang 由于没有公平对待客户，违反了公平对待（Fair Dealing）细则。

例题 58.28（续）

由于突出的工作表现，公司高层提议任命 Yuan 担任投资部主管。为了避免违反 CFA® 职业行为准则，Yuan 应采取什么行动？

名师解析

Yuan 在接受管理职责或晋升时，应事先了解公司的监管制度和政策。如果公司没有监管制度和政策，或者这些制度和政策不充分，应以书面形式拒绝管理职责，直到公司采取措施。

练一练

58-29 Julien Chris，CFA，is an analyst who is working for Velmon Research Company. His supervisor, Davis Brown, CFA, is the head of research department. Chris's main work is to take research on pharmaceutical firms and issues monthly reports after his Brown's review. In the latest report, Chris copied a statistical table and a plotting picture from an infamous analyst's report without the reference. Brown approved to issue this report after review. Which of the following statement is most accurate?

A. Brown violated I(C)-Misrepresentation.

B. Brown violated VI(C)-Responsibilities as Supervisor.

C. Brown and Chris did not violate any standards.

58-30 Larry Jason, CFA, has been working as an equity analyst for almost 6 years. Recently, he started to work for a new firm named Skyscraper Investment as the head of research department. In the first week of working, Jason found that one of the subordinates, El Brown, recommended Fun Furniture stock in the latest report without diligent and thorough analysis. Jason should：

A. fire Brown immediately.

B. take a thorough investigation.

C. report to the CEO directly.

扫码查看
答案及解析

58.5 准则Ⅴ：投资分析、建议和行为（Investment Analysis, Recommendation, and Actions）

58.5.1 Ⅴ（A）尽职和合理原则（Diligence and Reasonable Basis）

58.5.1.1 内容（Content）

（1）在进行投资分析、提出投资建议、采取投资行动的时候，要做到谨慎、独立、全面。

（2）任何投资分析、建议或者行动，都必须建立在勤勉、合理的基础和依据上，并有适当的研究和调查作支撑。

> **备考小贴士**
>
> 在给出任何投资推荐前，都必须事先进行独立、客观的研究调查，否则就违反该细则。此细则常与独立性和客观性（Independence and Objectivity）、曲解（Misrepresentation）等细则结合起来考查。例如，利用道听途说的小道消息为客户投资，在时间紧迫的情况下推荐股票等。考生判断是否违反此细则的关键点在于当事人是否对投资建议或行为自行科学地研究验证过。

58.5.1.2 细则指引（Guidance）

尽职和合理原则细则指引如表 58.16 所示。

表 58.16 尽职和合理原则细则指引

细则指引分类	细分考点及易错点
尽职和合理原则的定义 （Defining diligence and reasonable basis）	• 研究与分析的深度取决于具体投资理念、产品和服务，会员和考生在投资决策流程中的角色，以及雇主提供的资源和支持等因素。例如，首席研究员需要的尽职和研究深度高于助理研究员。 • 注意，**尽职和合理原则并没有保证投资结果不会出现亏损，也不意味着投资观点和预测一定正确**
使用二手或第三方研究报告的尽职和合理要求 （Using secondary and third party research）	• 二手研究报告（secondary reasearch）指由公司同事完成的研究报告。第三方研究报告（third-party research）指由第三方机构提供的研究报告。 • 在使用二手或第三方研究报告时，会员和考生必须确定研究报告的来源和质量，检查的因素包括研究的严谨性、客观性和独立性，以及研究时间
量化研究的尽职和合理要求 （Using and developing quantitatively oriented research）	• 对于量化模型的使用者来说，**并不要求其成为**建模的专家，但至少应对模型的**基本假设、局限性**以及如何运用模型作出决策有所了解。 • 对于量化模型的开发者来说，必须了解模型各方面的知识和技能。在推广模型前必须充分测试，尤其是，必须注意**极端市场状况**下的可能结果范围
选择外部投资顾问的尽职和合理要求 （Selecting external advisors and subadvisors）	• 公司可以聘用外部投资顾问以满足自身或客户的一些特定资产配置要求。 • 涉及聘用外部投资顾问时，必须审查该投资顾问的： 　○ 道德操守； 　○ 合规和内控程序与制度； 　○ 投资业绩质量； 　○ 投资流程及是否遵循投资策略

细则指引分类	细分考点及易错点
团队研究与决策 (Group research and decision making)	• 当会员和考生是研究团队的成员时，团队报告或建议代表团队最终研究结果；有时候即使报告中包含成员和考生的姓名，也不一定代表会员和考生的个人意见。 • 参与团队研究时，若会员和考生的个人意见与最终结论不一致，只要确保最终结论的研究过程是审慎的、合理的、独立客观的，即可在最终研究报告中署名。 • 最终的结论代表团队研究成果，一旦公布，会员和考生不得私自与客户沟通与之相悖的内容

58.5.1.3 经典案例题分析

例题 58.29

分析师 Yuan 把研究报告的初稿递交给部门主管，主管批准后，Yuan 根据收到的最新消息下调报告中的利润预期。Yuan 基于新信息更新了报告，并重新递交给主管。但 Yuan 很快发现主管准备发布缺乏合理和充分依据的初稿。为了避免违反 CFA® 职业行为准则，Yuan 应采取什么行动？

名师解析

报告的初稿缺乏合理和充分的依据，Yuan 应坚持公布包含了最新利润预期的报告。如果主管不同意，Yuan 应该要求不在缺乏依据的报告上署名。注意，这个做法符合法律知识（Knowledge of the Law）的要求——如果发现不当行为，应与之脱离。

例题 58.30

公司要求分析师 Yuan 写一篇关于未来一年按揭贷款抵押债券利率的研究报告。完成报告后，按照公司要求，Yuan 将报告递交给公司固定收益投资委员会进行检查。虽然部分委员会成员同意 Yuan 的结论，但大部分成员持不同意见。委员会最终否决了 Yuan 的研究结论。请问 Yuan 是否应该要求不在报告上署名？

名师解析

此案例涉及团队研究与决策的考点。在团队研究中，即使基于相同的事实证据，不同成员仍可能会得到不同的研究结论和观点。只要委员会的最终决定符合充分和合理依据、独立性和客观性不受影响的要求，即使报告的最终观点与 Yuan 的不一致，Yuan 也不必要求从报告中除名。如果研究报告缺乏充分和合理的依据、独立性和客观性受到影响，Yuan 应坚持不署名。

练一练

58-31 Emily Law, CFA, works for the investment management division at Golden Investment. Golden Investment relies on external advisors for commodities investments. Related information is clearly disclosed to Golden's clients. One day, one of Law's old friends, and MBA classmate, Bobby Fang, made a phone call to Law. Fang has set up a new firm specializing in the commodities investments and discussed the potential business development with Golden Investment. Law decides to add Fang's firm as the qualified external advisors list right after the call because Law remembers that Fang is the cleverest boy in the MBA class. Which of the following statement is most accurate?
A. Law violates Standard V(A): Diligence and Reasonable Basis.

B. Law violates Standard IV(C): Responsibilities of Supervisors.

C. Law does the right thing for her company since this is a win-win.

58-32 Sara Williams, CFA, is an analyst who is working for Ace Investment. Williams recently is assigned a task to predict the possible path of the neutral interest rate. Williams writes in her report, "I estimate that the neutral interest rate will increase by 30 basis points in the next quarter." Unfortunately, most of the investment committee do not agree with her opinion in this report. Ultimately the report is changed significantly and after reviewing it, Williams is confident that this process has a reasonable basis. Which of the following actions is most likely appropriate?

A. Williams should refuse any modifications to her results.

B. Williams should ask to remove her name from the final report in the case of modifications.

C. Williams does not need to dissociate from the report.

扫码查看
答案及解析

58.5.2　Ⅴ(B)与客户和潜在客户沟通(Communication with Clients and Prospective Clients)

58.5.2.1　内容(Content)

（1）向客户和潜在客户披露所提供服务的性质，以及与客户相关的服务成本。例如，如果会员和考生是财务顾问，则需要向客户说明将为其提供投资建议、资产配置、税务规划等服务，还需要告知客户这些服务将产生的费用。

（2）向客户和潜在客户披露投资分析、证券选择、构建投资组合等投资过程中的基本形式和一般原则。一旦出现任何可能对这些过程产生重大影响的变化，都要及时告知客户和潜在客户。

（3）向客户和潜在客户充分披露投资过程中的风险及局限性。

（4）根据合理的判断来确定影响投资分析、推荐和行动的重大因素，并将这些因素披露给客户或潜在客户。

（5）在展示投资分析与投资推荐时，注意区分观点(opinion)与事实(fact)。

> **备考小贴士**
>
> 与客户沟通要全面，禁止考生或会员故意隐瞒一些负面或不利的信息。此细则常与曲解(Misrepresentation)、适当性(Suitability)结合起来考查。一般情况下，违反了与客户和潜在客户沟通(Communication with Clients and Prospective Clients)细则，也会违反曲解(Misrepresentation)细则。此外，此细则与Ⅴ(A)尽职和合理原则(Diligence and Reasonable Basis)有所不同：Ⅴ(A)尽职和合理原则更多的是对专业工作质量的要求，即研究和投资是基于科学合理分析的；而Ⅴ(B)与客户和潜在客户沟通更多强调的是诚信、透明，向客户充分披露，不能刻意隐瞒。

58.5.2.2　细则指引(Guidance)

与客户和潜在客户沟通细则指引如表58.17所示。

表 58.17　与客户和潜在客户沟通细则指引

细则指引分类	细分考点及易错点
向客户和潜在客户披露服务性质和服务成本（Disclosing nature of services and information about costs to clients and prospective clients）	• 会员和考生在与客户和潜在客户沟通时，需要**适当、准确、及时**且**完整地**告诉他们**将获得的服务**以及将产生的**相关费用**。这是为了确保客户在充分了解的基础上，对是否选择该服务作出决策。 • 费用是指**预期由客户承担**的费用。会员和考生需要**提供有关费用的合理的、详细的信息（而不是单纯提供具体金额）**；然而，这并不意味着会员和考生必须提供具体的金额。例如，一家公司根据管理的资产市场价值向客户收取季度费用，在这种情况下，从业人员无法提前预知具体金额，因此无须向客户提供报价，只需要告诉客户该收费依据即可。 • 总结：单纯提供具体金额违反该细则，需要提供依据；但是，当无法提供具体金额时，可以只提供依据。 • **费用披露的范围**包括将收取的**所有费用**，包括关联公司在向客户提供服务或产品时所产生的费用。会员和考生不得以投资过程过于复杂为由，拒绝提供费用信息。但是，信息可以根据每个客户的知识水平和投资过程的复杂程度进行调整。 • **费用的披露是持续的**，在与客户建立关系时进行的初次披露可能无法满足标准的要求。如果**服务或成本发生变化**，会员和考生必须**及时更新披露的信息**，并及时向所有受影响的**客户和潜在客户提供更新后的信息**。 • **披露的方式由会员和考生自行决定**，只要披露适当、准确、及时且完整即可。**协会建议，最好的披露方式是书面形式**。 • 在大型公司中，向客户收费的相关披露标准通常由公司政策决定。会员和考生可以根据公司的要求进行披露，但应确保这些披露结果符合CFA®职业行为准则的要求。当会员和考生在公司政策下无法遵守CFA®职业行为准则时，他们有责任提醒公司进行改正，并在披露的过程中补充相关信息。若无法纠正或补充，应记录并脱离相关项目
告知客户投资流程（Informing clients of the investment process）	• 充分向客户和潜在客户披露会对最终投资决策产生积极和负面影响的因素，包括投资的**基本特征**，以及过程中的**重大风险和限制**。有助于客户判断该投资是**否符合自己**。 • **及时**告知客户和潜在客户会对投资流程、投资结果产生**重大影响**的事宜。 • 在使用**外部投资顾问**时，必须充分披露该投资顾问的**特长**
不同的沟通方式（Different forms of communication）	• 不论采取何种沟通形式，一定要确保信息沟通对所有客户是公平的。 • 可以针对不同客户采取不同的沟通方式。如客户拒绝公司认定的最有效沟通方式，应警示其风险。例如，若客户拒绝提供电子邮箱（email）或电话号码，会造成沟通滞后。 • 当提供简略信息（in capsule form）时[例如，在推荐列表（recommendation list）中只给出买入（buy）、卖出（sell）或持有（hold）建议，但没有提供依据]，应告知客户存在相关的背景材料或数据可供客户随时查阅（available upon request）
确定风险与局限（Identifying risk and limitations）	• 风险大小因人而异，但一般而言，涉及杠杆（leverage）或衍生品（derivatives）的投资属于高风险投资，应向客户充分披露。其他常见的风险还包括利率风险、价格波动风险、通货膨胀风险、违约风险、国家风险等。 • 局限性包括流动性（liquidity）与最低投资额。 • 若没有披露在做出投资推荐或决策时未知的风险和局限性，并不一定违反本细则，但可能违反准则Ⅴ(A)尽职和合理原则

续表

细则指引分类	细分考点及易错点
报告呈现形式 (Report presentation)	• 报告必须呈现对研究分析和结论有**重大影响**的因素。 • 报告可以着重强调某些重要内容,简要介绍其他内容,并忽略某些不重要的内容。 • 基于量化模型得到的投资建议,必须有相关资料的支持,并且保持方法与资料所述的方法一致;如果方法变动,必须告知客户
区分报告中的事实与观点 (Distinction between facts and opinions in report)	• 区分观点与事实,以免误导投资者。 • 研究报告的投资推荐和结论属于观点,不是事实。 • 关于未来的预测是观点不是事实,要与过去的历史数据(属于事实)区分出来。 • 注意,"will"用于表述未来事实。例如,He is 17 years old this year and will be 18 years old next year。如果题目中用"will"表述关于未来预测肯定违反此细则。"expect""predict""estimate""think""believe"等词汇是用于表述观点的常用词汇

58.5.2.3 经典案例题分析

例题 58.31

Yuan 是汽车行业研究员。最近 Yuan 刚完成关于上市公司 M&S 的研究报告。基于 M&S 的利润预期,Yuan 相信当前股价被低估了 10%。在报告中,Yuan 写到"based on the fact that the stock price is undervalued by 10%, I strongly recommend you to buy"。请问 Yuan 是否违反 CFA® 职业行为准则?

名师解析

Yuan 违反了与客户和潜在客户沟通(Communication with Clients and Prospective Clients)细则。股价被低估 10% 是 Yuan 的研究观点,并非事实。在陈述时(口头或书面),不应把观点当成事实,否则会误导客户。考生在阅读题目时要特别留意这类表述。在表达关于未来的预期观点时,使用"will"是错误的。常用的词汇包括 expect、predict、estimate、think、believe 等。

例题 58.32

投资管理公司 Golden Finance 采取的策略是主动增长股票投资(active growth-style equity investing)。最近,由于首席投资经理离职,Golden Finance 决定将策略改为主动价值股票投资(active value-style equity investing)。同时 Golden Finance 还决定:将过去由首席投资经理独自负责投资决策的政策,改为由 4 位高层经理共同决策。Golden Finance 的总裁 Yuan 并未将这些改变告知客户。请问 Yuan 是否违反了 CFA® 职业行为准则?

名师解析

Yuan 违反了与客户和潜在客户沟通(Communication with Clients and Prospective Clients)细则,无论是投资策略的改变还是投资决策流程的改变,都会给客户带来实质性影响,应立即告知客户。

练一练

58-33 Steve Cohen, CFA, is an analyst in a global investment bank. Recently, he heard a rumor about Marco Group, a traditional manufacturing enterprise that Marco Group would receive a large order from a foreign customer. If the rumor is true, the net income of the company would increase by 10%. Steve also expected that the dividend distribution would increase by $2 per share. 5 days later, the rumor was verified and disclosed by the CEO of the Macro Group. Later, Steve wrote in his report, "$2 increase in the dividend per share will boom Marco Group's price by $10 per share by the end of the following year." According to the Standards:

A. Steve did not violate the Standards.

B. Steve violated the Standards by recommending investment actions on material nonpublic information.

C. Steve violated the Standards because he didn't distinguish between facts and opinions.

58-34 Which of the following statements about Standard V(B)-Communication with Clients and Prospective Clients is most accurate? Members and Candidate should:

A. exclude terminated accounts older than ten years when presenting performance history.

B. provide both net-of-fees return and gross-of-fees return to clients.

C. immediately inform clients and prospective clients about the significant changes to the investment process.

扫码查看
答案及解析

58.5.3　V(C)保留记录(Record Retention)

58.5.3.1　内容(Content)

会员或考生必须记载和保留适当的记录，以支持投资分析、建议、行动以及与客户和潜在客户沟通的投资相关事项。

> **知识一点通**
>
> 做投资凡事要留下记录，以备事后检验。这些记录信息是公司财产。

58.5.3.2　细则指引(Guidance)

保留记录细则指引如表 58.18 所示。

表 58.18　保留记录细则指引

细则指引分类	细分考点及易错点
新媒体的记录保留 (New media records)	• 随着互联网科技发展，与客户交流信息形式越来越多种多样，包括电子邮件、微博、微信、推特等形式； • 法律法规可能滞后于信息交流形式的发展，但这并没有免除保留与客户交流信息的责任
记录是公司财产 (Records are property of the firm)	• 保存的记录为公司财产，未经雇主允许，在离职时不可以带走； • 离职后，在新公司使用原雇主的模型、研报、文件等记录，既违反了 Ⅳ(A) Loyalty，也违反了 V(C) Record Retention； • 题目中常见的记录包括研究素材和报告、客户清单、量化模型、非公开的投资业绩等

细则指引分类	细分考点及易错点
当地要求 (Local requirements)	• 若没有相关法律或公司规定，协会推荐记录至少保留 7 年； • 如果有相关法律和公司规定，则以法律和公司规定为准（可以不足 7 年）

58.5.3.3　经典案例题分析

例题 58.33

分析师 Yuan 曾对大量家电制造商进行过深度研究。Yuan 的研究信息和数据来自多种渠道。例如，与公司管理层、供应商、行业专家的面谈笔记、生产现场调查、用户问卷调查、第三方研究报告等。Yuan 保存了所有研究记录。尽管 Yuan 所在的国家和公司没有针对记录保存的年限进行任何具体规定，但 Yuan 总是同时以纸质形式（hard copy）和电子形式保存 7 年以上时间。请问 Yuan 是否违反了 CFA® 职业行为准则？

名师解析

Yuan 没有违反任何 CFA® 职业行为准则。根据保留记录（Record Retention）细则，任何支持投资分析、建议、行动以及与客户和潜在客户沟通的相关记录都应保留。在没有相关法律和公司规定时，记录至少保留 7 年。

练一练

58-35 Emily Campbell, CFA, is the Chief Compliance Officer of Golden Brothers Asset Management. Recently Campbell amended the firm policies in accordance with the latest state law and regulation. The new policies include:

(1) Files supporting firm research reports must be kept in the company electronic database for 7 years, and hard copies of the same material will be maintained for 3 years only.

(2) The records of all trade confirmations received from clients must be kept on file for 5 years.

The state law and regulation require investment management firms to maintain all their files and records for at least 5 years either in hard copy or electronic form.

Regarding Standard V(C)-Record Retention:

A. neither of Campbell's policies violates the Standard.

B. one of Campbell's policies violates the Standard.

C. both of Campbell's policies violate the Standard.

58-36 Josh Kent, CFA, often works at home in his spare time. Kent saves his overtime work and communication records with clients on his personal laptop. Recently, Kent wants to try to find a new job secretly. Kent uses the files saved on his personal laptop to show his professional abilities and client resource to the prospective employer. Which of the following statements is least likely correct?

A. Kent may violate Standard III(E)-Preservation of Confidentiality by showing his clients' information to his prospective employer.

B. Kent has violated Standard V(C)-Record Retention by saving the working files on his personal laptop without his employer's consent.

C. Kent has violated Standard IV(A)-Loyalty.

58.6 准则Ⅵ：利益冲突（Conflicts of Interest）

58.6.1 Ⅵ(A)避免或披露冲突（Avoid or Disclose Conflicts）

58.6.1.1 内容（Content）

（1）对于任何可能影响其履行对雇主、客户或者潜在客户应尽职责或影响其独立性、客观性的事项，会员或考生必须避免利益冲突或在无法合理避免利益冲突时，向其雇主、客户和潜在客户完整、公正地披露。

（2）必须确保披露的信息是相关的，使用平实的语言，并且有效地传递相关信息。

> **知识一点通**
>
> 正所谓"瓜田不纳履，李下不整冠"，为了避免不必要的误会，会员或考生应尽量避免利益冲突，当无法合理避免利益冲突时，则需要披露利益冲突。披露时不仅要披露明显的利益冲突，也要披露任何潜在的利益冲突。此细则与独立性和客观性（Independence and Objectivity）、忠诚（Loyalty）、其他报酬安排（Additional Compensation Arrangement）密切相关。只有充分披露了所有可能的利益冲突，雇主与（潜在）客户才能判断投资推荐或行为是否违反独立性和客观性以及是否损害其利益。

58.6.1.2 细则指引（Guidance）

在投资行业中，利益冲突的情形较为常见，主要体现在客户利益、雇主利益与从业人员自身利益之间的冲突。根据**最佳实践原则**（best practice principle），从业人员应当**尽可能地避免**任何实际或者潜在的利益冲突。若确实无法合理避免相关冲突，则必须通过清晰、完整的信息充分披露，从而有效减少冲突可能造成的影响。

冲突披露细则指引如表58.19所示。

表58.19 冲突披露细则指引表

细则指引分类	细分考点及易错点
向客户披露利益冲突 （Disclosure to clients）	• 与客户的利益冲突包括： ◦ 会员或考生是上市公司的董事会成员、向上市公司提供咨询服务，或持有股票等。 ◦ 会员或考生的雇主与上市公司存在商业关系。例如，股票发行承销、做市（market-making）、兼并收购顾问等。 ◦ 与客户有利益冲突的费用安排：介绍费（referral fee）、激励费（incentive fees）、回扣（rebate）、基于业绩的奖金等

续表

细则指引分类	细分考点及易错点
向雇主披露利益冲突 (Disclosure of conflicts to employer)	• 与客户的利益冲突也必须向雇主披露。 • 任何有可能损害雇主利益的行为都要披露，联系忠诚(Loyalty)、其他报酬安排(Additional Compensation Arrangement)等知识点。例如，兼职、收取客户礼物等
跨部门的利益冲突 (Cross-departmental conflicts)	• 作为卖方分析师，写分析报告时有可能受到上市公司或投行部的压力。 • 作为买方分析师，可能受到市场部门的压力(因为市场部门要维护与上市公司的业务关系)
股权的利益冲突 (Conflicts with stock ownership)	• 最常见的一种利益冲突就是分析师自己持有其推荐的股票。 • 如果分析师自己持有其推荐的股票，要求分析师披露所有持股信息
作为董事成员的利益冲突 (Conflicts as a director)	• 若分析师同时作为上市公司的独立董事(非上市公司管理层)，其利益冲突主要体现在以下三个方面： 　◦ 对客户的职责与对上市公司股东的职责存在利益冲突。 　◦ 其获得的报酬可能与上市公司股票相关。 　◦ 有可能获得上市公司重大非公开消息，要避免泄漏，不能做内幕交易

58.6.1.3　经典案例题分析

例题 58.34

Yuan 是 Golden Finance 一名资深分析师。Yuan 的研究对象包括上市公司 M&S。同时，Yuan 也在 M&S 担任独立董事。M&S 授予 Yuan 公司股份作为报酬。Yuan 没有在研究报告中披露这些信息。请问 Yuan 是否违反 CFA® 职业行为准则？

名师解析

Yuan 违反了避免或披露冲突(Avoid or Disclose Conflicts)这一细则。Yuan 既在 M&S 担任独立董事，又在写关于 M&S 的研究报告。这种双重角色产生了利益冲突。一方面，Yuan 身为分析师要对客户负责；另一方面，Yuan 身为董事要对 M&S 股东负责。同时，Yuan 因为担任独立董事获得 M&S 的股份，这让他与客户之间也产生了利益冲突。Yuan 可能会利用自己分析师的工作优势，夸大 M&S 的投资价值，抬高股价。Yuan 自己和 M&S 的股东可以从中获利，但代价却是损害了客户利益。因此，Yuan 应当先尽力避免利益冲突，拒绝接受董事职位和股份报酬，或将 M&S 公司放入研究限制清单。如果实在无法避免，则应该将相关信息及时、完整地披露给客户和雇主。

例题 58.35

Yuan 在 Golden Finance 担任信用评级师。业余时间里，Yuan 在一家投资公司担任债券投资顾问。作为报偿，Yuan 每月可收到一笔奖金。但 Yuan 没有向雇主披露。Yuan 是否违反 CFA® 职业行为准则？

名师解析

Yuan 同时违反了避免或披露冲突(Avoid or Disclose Conflicts)、忠诚(Loyalty)和其他报酬安排(Additional Compensation Arrangement)细则。Yuan 的兼职工作与雇主利益产生冲突，Yuan 在接受兼职工作前，应向雇主披露并获得雇主书面同意。

练一练

58-37 Joy Lopez, CFA, is a sell-side analyst in Golden Securities. Lopez has been covering a public listed company Pandafone Communications for over 5 years. Lopez recently purchased some TMT mutual funds which only disclose the general range of the investment but no information on the exact holdings of individual stocks. When Lopez issuing the next research report on Pandafone Communications, she:

A. does not need to disclose the holding of her TMT funds in the research report on Pandafone Communications.

B. should disclose her holdings of the TMT mutual funds in the research report on Pandafone Communications.

C. could liquidate her holdings of the TMT mutual funds before publishing her research report on Pandafone Communications.

58-38 Carrie contacted her broker Sean Timberlake, CFA, to purchase 100 shares of Tequila Corporation. Timberlake's firm is the market maker of Tequila Corporation. Before executing the trade, Timberlake should:

A. consult with the compliance department of his firm.

B. obtain consent from his employer.

C. disclose the relationship between Tequila Corporation and his firm.

扫码查看
答案及解析

58.6.2　Ⅵ(B)交易优先权(Priority of Transactions)

58.6.2.1　内容(Content)

在交易同一只证券标的时，交易的先后顺序为客户、公司、个人。

> **知识一点通**
>
> 有交易机会优先给客户，然后是雇主，最后才轮到自己。

58.6.2.2　细则指引(Guidance)

交易优先权细则指引如表58.20所示。

表58.20　交易优先权细则指引

细则指引分类	细分考点及易错点
避免潜在冲突 (Avoiding potential conflicts)	• 会员和考生的个人交易不能损害客户利益。例如，诱惑客户买股票，但自己却卖股票，或者有好股票先给自己买，然后才给客户买。 • 必须遵从当地法规相关要求
个人交易次于客户交易 (Personal Trading Secondary to Trading for Clients)	• 客户和雇主的交易必须优先于会员或考生的个人交易。 • 该准则目的是防止个人交易对客户或雇主的利益产生负面影响。 • 某些客户为了保证利益的一致性，会要求会员或考生与其拥有相同的股票或共同投资(Co-investing)。 • 即使客户要求会员或考生共同投资，会员或考生的个人交易以及雇主的交易仍然要放在客户交易之后

续表

细则指引分类	细分考点及易错点
关于非公开信息 (Standards for Nonpublic Information)	• 与细则Ⅱ(B)一致,禁止使用重大非公开信息给客户、雇主及个人账户做交易
对所有关联账户的影响 (Impact on all accounts with beneficial ownership)	• 直系亲属账户是指配偶及未成年子女的账户,视为会员或考生的个人投资账户对待。 • 若其他家庭成员的账户是普通客户账户,应该与其他客户账户一样对待,不可因为家庭关系而受到特殊或不公平待遇

58.6.2.3 经典案例题分析

例题 58.36

Yuan 是一名基金经理,在 Golden Finance 管理着一只价值投资基金。Yuan 以他夫人的名义在几家经纪公司的持有多个证券账户。当 Yuan 作出买入某只股票的决定时,Yuan 让经纪公司先为他夫人的账户买入股票,再为他所管理的基金买入该股票。请问 Yuan 是否违反了 CFA® 职业行为准则?

名师解析

Yuan 违反了交易优先权(Priority of Transactions)这一细则。Yuan 将自己夫人的账户交易放在基金之前,可以使他夫人账户的股票购买成本更低,而在基金的买股票之时,又可能推高股价,这些做法将让他夫人的账户获利,损害了基金客户和雇主的利益。

例题 58.37

Yuan 刚向客户推荐一只流动性不高的创业板股票。10 分钟以后,Yuan 也为自己的个人证券账户买入同一只股票。请问 Yuan 是否违反 CFA® 职业行为准则?

名师解析

Yuan 违反了交易优先权(Priority of Transactions)这一细则。Yuan 向客户推荐的是一支流动性(liquidity)不高的投票,这意味着客户需要较长时间才能完成买入交易。但 Yuan 推荐给客户后不久就为自己买入同一只股票,虽然个人交易时间是在推荐发布之后,但客户在这么短的时间内很难完成购买。当 Yuan 向客户推荐证券时,应评估证券的流动性,确保客户有足够时间完成交易。

练一练

58-39 Jack Li, CFA, currently works on the global investment management team. In recent days, Jack finds that a pharmaceutical company which is significantly undervalued. Jack tells his wife immediately and buys 10 000 shares of this company in his wife's account. Afterwards, he instructs brokers to buy shares for his clients' accounts. Jack has violated:

A. Standard Ⅵ(B)-Priority of Transactions.

B. Standard Ⅲ(C)-Suitability.

C. Standard Ⅱ(A)-Material Nonpublic Information.

58-40 Sirius Black, CFA, is the supervisor of the investment research department at Golden

扫码查看
答案及解析

Finance. He doubts that one of the subordinates, Hannah Abbott who is also a CFA member, damages the interest of clients and employers by instantly buying stocks for her personal account before the publication of the related reports. Abbott explains she did nothing wrong because there is no limitation policy about personal trading in Golden. Who most likely violates the CFA Institute Standards of Professional Conduct?

A. Hannah.　　　　　　B. Sirius.　　　　　　C. Both.

58.6.3　Ⅵ(C)介绍费(Referral Fees)

58.6.3.1　内容(Content)

会员和考生必须向雇主、客户和潜在客户披露因推荐产品或服务而收受或支付他人的佣金、利益或好处。

> **知识一点通**
>
> 此准则实际上是Ⅵ(A)冲突披露的特殊情况。注意，拿介绍费行为本身是允许的，但一定要事先披露。披露介绍费使得客户和雇主能评估适合性、潜在的利益冲突、产品和服务的真实成本。

58.6.3.2　细则指引(Guidance)

关于介绍费的披露，需要注意以下两方面。

(1) 披露时间必须在与客户签订正式协议之前(先让客户签协议，然后再告诉客户自己拿了好处是违反该细则的)。

(2) 披露介绍费必须全面，包括介绍费形式和内容。例如，介绍费是按比例提成模式还是一次性固定费用模式，是现金形式还是非现金形式。注意，如果是非现金的好处，应披露其评估价值的金额。

58.6.3.3　经典案例题分析

例题 58.38

Yuan 是一名理财顾问。他与某税法专家签订了客户推荐协议。根据该协议，若 Yuan 向税法专家推荐客户，则 Yuan 将会收到免费的个人所得税管理服务。Yuan 总是在潜在客户签订了正式合同后，才向客户披露推荐协议以及收到的好处。请问 Yuan 是否违反了 CFA® 职业行为准则？

名师解析

Yuan 违反了介绍费(Referral Fees)。Yuan 因为推荐客户给税法专家收到免费的专业服务，这使得 Yuan 与客户之间存在利益冲突。Yuan 可能会因为收到免费专业服务而向客户推荐不合适或者昂贵的服务。Yuan 应该在与客户签订正式合同前就披露介绍费安排，并且要披露收到的免费专业服务的评估价值的金额。披露介绍费方便客户评估服务的真实成本和适当性。

练一练

58-41 Jasmine Kawai, CFA, runs a private wealth management firm independently. She has kept a close friendship with her neighbors whose professions are lawyers, accountants and dentists. For a quite long time, Jasmine and her neighbors have introduced clients to each other. Even though, they haven't taken any cash compensation for referring clients, they do keep a record to make sure that the number of clients referred cancel each other. In Jasmine's communication with her clients, she never mentions about this arrangement. Does Jasmine violate the Code and Standards?

A. Yes, related to Communication with Clients.

B. Yes, related to Referral Fee.

C. No.

58-42 Emily Yang, CFA, works as a pension fund manager for Elite Pension Management. Yang is in charge of the management of many pension plans, including Golden Group. In appreciation of the long-term good service provided by Yang, Golden Group has recently introduced several business partners' pension plans to Yang. In return, Golden Group will receive a discount on the current year's fund management fee. Which of the following statement is most likely accurate?

A. Yang does not need to inform the new clients about the discount of pension fund management fee offered to Golden Group, as long as their long-term business relationship has been fully disclosed.

B. Yang would violate VI(C)-Referral Fees if the new clients were not informed about the discount of the fund management fee.

C. Neither of the above is accurate.

扫码查看
答案及解析

58.7 准则 Ⅶ：CFA®会员或 CFA®考生的责任（Responsibility as a CFA® Institute Member or CFA® Candidate）

58.7.1 Ⅶ(A) CFA®协会各项目参与者的行为（Conduct as Participants in CFA® Institute Programs）

58.7.1.1 内容（Content）

会员和考生不得从事任何损害 CFA®协会声誉、信用的行为，亦不得损害 CFA®考试的信誉、有效性和安全性。

> **知识一点通**
>
> 作为群体的一员，必须严格要求自己，不能有抹黑组织形象的行为。此外，考试当然是不能作弊的，也不能泄露考题信息。

58.7.1.2 细则指引（Guidance）

CFA®协会各项目参与者的行为细则指引如表 58.21 所示。

表 58.21　CFA®协会各项目参与者的行为细则指引

细则指引分类	细分考点及易错点
常见的违反行为 （Examples of violations）	• 违反考场规定和考生公约。例如携带禁止物品进入考场、提前答卷、未按时停止答卷等。 • 考试作弊。 • 泄漏考题信息。不能泄露关于考试中涉及的任何考点、公式及具体题目信息（即使说某个知识点或公式没有考也不行）。讨论有关教材等非保密信息的内容是允许的。 • 在职业行为声明（Professional Conduct Statement，PCS）中作出不当陈述。例如，没有披露个人的违法行为和调查
观点的表达 （Expression of opinions）	• 会员和考生发表关于协会和考试的个人观点没有违反此细则（前提是没有泄漏协会和考试的内幕信息）。例如，考生说考试很难或者说持证要求太苛刻，这些行为都没有违反

58.7.1.3 经典案例题分析

例题 58.39

Yuan 是 CFA®一级考生。在进入考场时，Yuan 携带以下个人物品：胃药、草稿纸和手机。考完试之后，同事问候 Yuan 考试情况，Yuan 回应道"今年的难度整体不大，但职业道德考得挺偏，独立性和客观性这个准则今年居然没有考。"请问 Yuan 是否违反 CFA®职业行为准则？

名师解析

Yuan 违反了 CFA®协会各项目参与者的行为（conduct as participants in CFA® institute program）细则。CFA®考生必须严格遵守考场规定和考生公约。不得携带禁止物品进入考场（草稿纸、手机、钱包、有摄像功能的眼镜、食品、饮料等）。可以携带进入考场的物品包括：准考证、护照、笔、橡皮擦、计算器（德州仪器的 BA II Plus 或者 Professional 版、惠普的 12C 或者 Platinum 版）和必备药品。考生不得泄露任何考试信息。无论是讨论出现在考试中的具体内容，还是没有出现在考试中的，都违反此准则。但发表不涉及考试内容的个人观点通常不违反此准则。例如，"这次考试难度很大"。

例题 58.40

Yuan 是 CFA®持证人。由于涉嫌操纵股票市场，Yuan 受到证券监管委员会调查。但调查结果表明 Yuan 没有违反任何法规。Yuan 在职业行为声明（Professional Conduct Statement，PCS）中没有披露此项调查。请问 Yuan 是否违反了 CFA®职业行为准则？

名师解析

Yuan 违反了 CFA®协会各项目参与者的行为（Conduct as Participants in CFA® Institute Program）细则。CFA®会员和持证人需要向 CFA®协会递交 PCS，在 PCS 中需要披露涉及个人职业行为的调查（无论调查结果如何，只要被调查，都需要披露）。

练一练

58-43 Patrick White took the CFA level I exam recently. He is confident about this exam. One of his friends who plans to register for the same exam in the upcoming year asks him about the level of difficulty of the exam. White replies that most questions are much easier than his expectation, especially that some of the difficult topics such as LIFO reserves are not tested. A few days later, White logs on to his blog and writes down a diary, he mentions that "by preparing the CFA Level I exam, I acquire much more financial knowledge than I did in universities, it is a pleasant learning experience…". White mostly likely violated the CFA Institute Standards of Professional Conduct by discussing:

A. the excerpts from his blog diary.

B. the difficult topic areas.

C. the fact that most questions were much easier than expected.

58-44 After taking the CFA Level I exam, John Lau complained on a social media website saying that the exam questions about Economics and Derivatives were too tough. According to the CFA Institute Standards of Professional Conduct, Lau:

A. has violated the Standards by discussing the CFA exam on social media.

B. has not violated the Standards.

C. has violated the Standards by disclosing confidential information about the CFA exam.

扫码查看
答案及解析

58.7.2　Ⅶ(B)关于CFA®协会、CFA®名衔和CFA®课程(Reference to CFA® Institute, the CFA® Designation, and the CFA® Program)

58.7.2.1　内容(Content)

在提及或引用CFA®协会、CFA®名衔、CFA®课程时,不能错误陈述或夸大其词。

> **知识一点通**
>
> 不能错误陈述CFA®考生、会员和持证人的资格要求。要正确引用CFA®考生、会员和持证人身份。不能利用CFA®考生、会员和持证人身份做出任何夸大陈述的行为。

58.7.2.2　细则指引(Guidance)

关于CFA®协会、CFA®名衔和CFA®课程细则指引如表58.22所示。

表58.22　关于CFA®协会、CFA®名衔和CFA®课程细则指引

细则指引分类	细分考点及易错点
CFA®协会会员 (CFA® Institute membership)	• 保持CFA®会员资格有两个必要条件: 　○每年签署并递交职业行为声明(Professional Conduct Statement, PCS)。 　○每年支付会费(停缴会费导致CFA®会员资格失效,重新缴纳会费可使CFA®会员资格恢复)

续表

细则指引分类	细分考点及易错点
使用 CFA® 名衔 (Using the CFA® designation)	• 获得 CFA® 持证资格的前提条件：通过 CFA® 三个级别考试且至少 3 年相关工作经验，签署并提交职业行为声明 (Professional Conduct Statement，PCS) 及缴纳年会费。 • 只有 CFA® 持证人 (charterholder) 才能使用 CFA® 名衔。 • CFA® 持证人同时也是 CFA® 会员，如要继续使用 CFA® 名衔，必须满足保持 CFA® 会员资格的要求 (递交 PCS，交会费)。 • 不能错误陈述或夸大 CFA® 持证资格。例如，CFA® 持证人可以说自己通过 CFA® 项目提高了自身资产管理技能，但不能说由于自己通过了 CFA® 项目，自己的投资业绩会高于他人。 • **在使用 CFA® 名衔时，必须放在持证人姓名后面，不能通过任何手段突出 CFA® 名衔** (字体不能大于持证人姓名、不能加粗、不能附带标点符号等)。CFA® 名衔必须是大写或者全称 Chartered Financial Analyst，且只**能作为形容词而不是名词**，正确使用方式为 "Jie Yuan, CFA" "Jie is a CFA charterholder"。错误使用方式包括 "CFA, Jie Yuan" "Jie, Yuan, cfa" "Jie Yuan, C.F.A." "Jie is a CFA"
CFA® 考生 (Referring to candidacy in the CFA® program)	• CFA® 考生是指已报名注册 CFA® 考试的考生。考生资格有效时间从考试报名被协会接受开始，到收到考试成绩截止。 • **注意，如果通过某一级别考试，但却不报名参加下一级别考试，则不能称为 CFA® 考生。** • 考生可以表述自己一次性通过了三个级别的考试 (前提是属实)，但不能声称由于自己一次性通过了三个级别的考试，所以自己的能力高于他人。 • 不能表明或暗示获得部分持证资格 (partial designation)。例如，如果通过 CFA® 一级考试，不能说自己持有 CFA® 一级证书，也不能在简历上作出 "Jie Yuan, CFA Level 1" 类似表述。考试结束后，协会只披露考试结果，且考试结果只披露考生的每个科目的正确率区间，不会披露每个科目的具体分数

58.7.2.3 经典案例题分析

例题 58.41

Yuan 是一名刚工作满两年的理财顾问。通过 3 年努力，Yuan 在 CFA® 三个级别考试中都一次性通过。在一次出差旅途中，Yuan 与同一航班上的邻座聊天时说道："我一次性通过所有 CFA® 考试，已具备申请持证的资格。CFA® 持证人都是行业精英，如果您有理财需求，欢迎咨询我，相信我一定能为您提供满意的投资回报。"请问 Yuan 是否违反了 CFA® 职业行为准则？

名师解析

Yuan 违反了关于 CFA® 协会、CFA® 名衔和 CFA® 课程 (Reference to CFA® Institute, the CFA® Designation, and the CFA® Program) 细则。Yuan 错误陈述申请持证资格，Yuan 尽管已通过 CFA® 三个级别考试，但工作刚满 2 年，而申请 CFA® 持证需要至少 3 年相关工作经验。同时，无论说 CFA® 持证人都是行业精英 (elite)，还是借由 CFA® 持证向客户保证投资回报，这些都是夸大 CFA® 持证含义的行为。

例题 58.42

Yuan 是 CFA® 持证人。Yuan 今年没有支付 CFA® 会员费。公司在提供给潜在客户的宣传册上写道:"Yuan is a CFA"。Yuan 的个人名片上也写道:"Yuan, CFA"。请问 Yuan 是否违反了 CFA® 职业行为准则?

名师解析

Yuan 违反了关于 CFA® 协会、CFA® 名衔和 CFA® 课程(Reference to CFA® Institute, the CFA® Designation, and the CFA® Program)细则。如果 CFA® 会员或持证人没有支付会员费,将失去使用会员和名衔的资格。因此 Yuan 不能在公司宣传册和名片上使用 CFA® 名衔。同时,CFA® 只能作为形容词使用(不能作为名词),"Yuan is a CFA"是错误表述。在书面表达中,CFA(或 Chartered Financial Analyst)名衔要放在姓名后面,且不能采用任何方法突出 CFA 名衔。"Yuan, **CFA**"是错误表述。CFA 不能加粗,其他常见错误表述方式包括"CFA, Jie Yuan""Jie, Yuan, cfa""Jie Yuan, C. F. A."。

练一练

58-45 Iris Williams is working at Panda Finance as an analyst and recently earned the right to use the CFA designation, which of the following statements is most likely appropriate according to the CFA Standards of Professional Conduct?

A. "Iris Williams is the best analyst of Panda Finance since she passed all levels of CFA exam in three consecutive years."

B. "Iris Williams is the only analyst who can use the CFA designation in Panda Finance."

C. "Iris Williams is the CFA Institute top-level member since she has earned the right to use the CFA designation."

58-46 Jay Yuan passed the CFA level Ⅲ exam last month and now he is in the application process for the CFA charterholder designation. In a recent conversation with his clients, Yuan said: "By learning the three levels of CFA Exam, I have significantly improved my investment analysis skills as well as my knowledge in portfolio management. Now I'm sure to grab a better investment return for my clients." According to the CFA Institute Standard of Professional Conduct:

A. Yuan has violated the Standards since he did not distinguish between opinions and facts.

B. Yuan does not violate the Standards.

C. Neither of the above is correct.

第59章 全球投资业绩标准(GIPS)简介

知识引导

本章将介绍全球投资业绩标准(Global Investment Performance Standards，GIPS)的相关内容。CFA®协会建立GIPS准则旨在纠正以往业内对业绩衡量不规范、不统一的现象，避免误导投资者对资产管理公司投资业绩的认识。

考点聚焦

本章不是考试重点，考生无须过多准备。对投资公司遵循GIPS的要求、组合群(composite)与投资组合(portfolio)的相关概念，以及如何验证公司遵循GIPS准则有所了解即可。

本章框架图

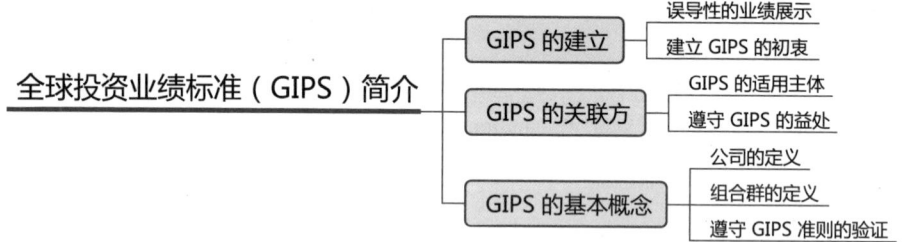

59.1 GIPS 的建立

59.1.1 误导性的业绩展示

在投资管理行业,投资管理公司展现的业绩信息往往存在着误导性,主要体现以下三个方面。

1. 代表性账户(Representative Accounts)

基金公司选取旗下表现最好的基金业绩代表其整体性的业绩,误导投资者。

2. 幸存者偏差(Survivorship Bias)

基金计算业绩时将已经被清盘的基金排除在外,而被清盘的基金往往是业绩较差的基金。因此,展示的业绩实际上是被高估的。

3. 时期变化(Varying Time Periods)

基金在展示业绩时刻意选取其业绩最好的一个时期来误导投资者。

—考点要求—
解释(explain)建立 GIPS 的原因(★)

59.1.2 建立 GIPS 的初衷

基于上述三个原因,CFA® 协会于 1999 年公布了首版 GIPS 标准,旨在:

(1) GIPS 准则使得不同公司之间的投资业绩具备可比性(comparable),以标准化的计算方法与报告展现业绩;

(2) GIPS 旨在避免投资管理公司的业绩存在误导性(avoid misrepresentation),为客户提供全面的信息以客观判断投资管理公司的历史业绩。

59.2 GIPS 的关联方

59.2.1 GIPS 的适用主体

(1) 任何管理资产的公司(manages actual assets)都可以选择是否遵守 GIPS 准则,遵守 GIPS 准则是完全自愿的。

(2) 在市场上与其他公司有竞争业务的资产所有者(asset owner),也可以像管理资产的公司一样选择遵守全球投资业绩标准。资产所有者通常指机构投资者,通常只会管理公司内部资产,而不对外提供资产管理业务。但如果机构投资者,例如保险公司,也对外提供投资管理服务或产品,如提供固定年金保险产品,希望以此吸引客户或投资者,那么他们可以按照 GIPS 准则来报告其投资业绩,以确保报告的透明度和可比性。

(3) 不参与业务竞争的资产所有者在向监督机构报告业绩时,也可以选择遵守 GIPS 准则。

(4) 只有实际进行投资管理资产的公司才有资格遵守 GIPS 准则。

(5) 公司如果选择遵守 GIPS 准则,就必须在全公司范围遵循 GIPS 准则,不能只是其中一两个投资组合遵守 GIPS 准则。

—考点要求—
解释(explain)GIPS 的适用主体及因为遵守 GIPS 而受益的主体(★)

> **备考小贴士**
>
> 考生需记住,只有管理资产的公司和资产的拥有者才有资格遵守 GIPS,且遵守是自愿的(voluntary)。一旦遵守,公司的所有组合群(composites)都需遵守准则要求(组合群相关内容会在下文详细阐述)。

59.2.2 遵守 GIPS 的益处

从投资管理公司的角度来看，通过宣称遵守 GIPS 准则，公司可以提升自己的信用度，规范自身的业绩展示管理。

从投资者的角度来看，投资者可以方便地比较公司之间的业绩。

练一练

59-1 Which of the following statements concerning the Global Investment Performance Standards (GIPS) is least likely true?
A. The GIPS standards benefit investment firms only.
B. The GIPS standards lead investors to compare different investment firms' performance presentations easier.
C. By complying with the GIPS standards consistently, investment firms' credibility can be reinforced.

59.3 GIPS 的基本概念

59.3.1 公司的定义

—考点要求—
描述（describe）
公司的定义（★★）

全球投资业绩标准（GIPS）规定，公司（firm）应采用最广泛、最有意义的定义；公司的范围应包括以相同品牌运营的所有位于不同国家、地区的办事处，无论该办事处的真实名称如何。

只有被定义成公司的主体才可以宣称遵守全球投资业绩标准（GIPS）。

> **知识一点通**
> 不是只有母公司或总公司可以称作公司，任何有独立决策权的子公司、分公司或单独某部门也可以称作公司。例如，某公司旗下在印度设有分公司，且该分公司有独立决策权，那么该印度分公司则可以被称作公司，并单独宣称遵守 GIPS。

59.3.2 组合群的定义

—考点要求—
解释（explain）
组合群的构建
要求和目的（★★★）

组合群（composite）是 GIPS 准则的一个重要概念，由投资目标、投资策略与投资要求相同或相近、付费（fee-paying），且具有投资决策自主权（discretionary）的投资组合（portfolio）组成。

> **知识一点通**
> 组合群（composite）与投资组合（portfolio）不同。投资组合是一篮子资产构成的组合，组合群是由满足规定条件的一篮子投资组合构成的组合。因此组合群是组合的组合（portfolio of portfolios）。举个例子，假设某基金公司成立了一个组合群，命名为混沌价值投资 1 号。这个组合群实际上由很多投资组合组成，分别由不同的基金经理管理，但所有的投资组合都符合组合群定义的价值投资策略，因而放在一起统计业绩。

> **备考小贴士**
>
> 这是 GIPS 的重要考点。考生需重点记忆构建组合群的三个条件：
> (1) 组合群所包含的投资组合的投资目标、策略和要求必须相同或相近；
> (2) 投资公司对组合管理具有投资决策自主权(discretionary)；
> (3) 投资组合向客户收取费用(fee-paying)。
>
> 需要注意，前两个条件是必要条件，第三个条件不是必要条件。例如，有两个投资组合的投资策略和目标相似，且都具有投资决策自主权，但一个是付费的(fee-paying)，另外一个是不付费的(non-fee-paying)，可以把这两个组合放入同一组合群，但需要披露其中包含不付费的投资组合。反过来，如果一个投资组合是价值投资策略，另外一个投资组合是增长投资策略，则不能将这两个组合放入同一组合群。

练一练

59-2 AI investment management firm claims compliance with the Global Investment Performance Standards (GIPS). AI manages AI cash fund without management fee, as well as AI equity fund and AI pension fund with a management fee of 2% and 1.5%, respectively. They are all discretionary portfolios. AI must include which of the following portfolios in the composite?

A. AI equity fund and AI pension fund.

B. AI cash fund.

C. All three funds.

59-3 Samantha Jade opens a fee-paying account at Golden Investment. She focuses on investing growth equity and pays commission fees for the corresponding execution of orders. Golden plans to comply with the Global Investment Performance Standards (GIPS). When calculating performance history, should Golden include Jade's account into its growth equity composite?

A. Yes.

B. No, since Jade's account is not a discretionary portfolio.

C. No, since the criteria of building composites is at the firm's discretion.

扫码查看
答案及解析

59.3.3 遵守 GIPS 准则的验证

公司在宣称遵守 GIPS 后，由其自行负责 GIPS 准则的监管与执行工作。换言之，遵守 GIPS 主要靠公司自律(self-regulation)，不过，公司可以选择由独立第三方来验证它是否遵守 GIPS，以提高公司的信誉。如果选择验证(verification)，就必须是基于整个公司的所有组合群，不能仅针对某一组合群来验证。

—考点要求—
解释(explain)
验证 GIPS 的要求(★★★)

> **备考小贴士**
>
> 重点记住，验证(verification)不是强制的而是自愿的。但公司一旦决定验证，必须由独立第三方(independent third party)对所有组合群进行验证。

练一练

59-4 Which of the following statements concerning the Global Investment Performance Standards (GIPS) is most likely accurate?

A. Firms that claim compliance with the GIPS must be verified by an independent third party.

B. Companies that claim to comply with GIPS requirements must verify their compliance, but this can be done by their own departments.

C. GIPS compliant firms are not required to verify its compliance, but if firms volunteer to do so, the verification can be only conducted by an independent third party.

扫码查看
答案及解析

第60章 职业行为准则应用

知识引导

本章通过实际案例来分析职业行为准则的应用。案例分析中包括准则的要求、不当行为的陈述、对于不当行为的分析以及推荐性做法。

考点聚焦

本章内容从七大准则二十三条细则中,挑选了其中七个细则作为基础,对相应案例进行详细分析,帮助考生理解CFA®职业行为准则的应用。

本章框架图

职业行为准则应用
- Ⅰ(D)渎职案例分析
- Ⅱ(A)重大非公开信息案例分析
- Ⅲ(C)适当性案例分析
- Ⅳ(A)忠诚案例分析
- Ⅴ(A)尽职和合理原则案例分析
- Ⅵ(B)交易优先权案例分析
- Ⅶ(A)CFA®协会各项目参与者的行为案例分析

60.1 Ⅰ(D) 渎职（Misconduct）

Stephen Wiggins，CFA®，是一名基金经理，主要服务于高净值客户。其所在的基金公司规定，由于基金经理忘记发送交易指令而未能成交的订单，在30天内仍然可以交易，从而修正投资组合，并且新购买的证券仍以历史价格计算成本，历史成本与当前实际购买价格之间的差额从基金经理的特定账户中扣除。

当有客户不满Wiggins的投资表现时，他就会使用公司的修正机制来提高账户收益。Wiggins最近发现有一只股票涨幅很大，他就依照公司规定向领导汇报，试图在价格大幅上涨之前买入股票，但他错误地以为已经成交，因此没有继续关注，从而错过了投资机会。领导审批通过后立刻以当前价格为Wiggins的客户买入了所述股票，并以Wiggins申报的大涨前价格计入客户成本，从Wiggins的账户中扣除差额。成交后不久，Wiggins立刻挂单卖出，客户账户收益迅速提高。

本案例的分析过程如表60.1所示。

表60.1　Ⅰ(D)渎职(Misconduct)

准则要求	CFA®协会会员和候选人禁止有不诚信的、欺骗的或是欺诈的职业行为，并且禁止做出任何会对职业形象、职业信用或职业能力有负面影响的行为
不当行为	Wiggins滥用公司修正机制提高客户账户收益，使客户误解Wiggins的投资能力
行为分析	尽管差额部分由Wiggins的个人账户承担，没有损失公司利益也符合公司规定。但是滥用公司机制以明显低于市场价格计入投资成本并以当前较高价格卖出，人为调高账户收益，属于欺骗行为，可能会误导客户
正当行为	Wiggins应谨慎使用公司修正机制。若无特殊情况导致未能交易，应尽量避免使用

60.2 Ⅱ(A) 重大非公开信息（Material Nonpublic Information）

Kelly Anderson，CFA®，是一家医药公司的CFO。该公司最近研制出了一款针对女性健康的药物，正在向监管部门申请药品生产许可证。在一次沟通会议中，Anderson向监管部门提供了未公布的初步实验数据，指标均显示药物效果显著。监管部门对此反应积极，并通过了该公司的初步审核，若进一步的实验结果依旧乐观，很有可能获得最终批准。

会议结束后，Anderson收到很多卖方分析师的邮件询问沟通会议的情况。Anderson没有发送实验数据，但统一回复道："实验数据很乐观，监管部门表现出了超预期的积极态度"。在Anderson回复分析师邮件后，该公司股价迅速上涨了20%。

本案例的分析过程如表60.2所示。

表60.2　Ⅱ(A)重大非公开信息(Material Nonpublic Information)

准则要求	CFA®协会会员和候选人在掌握足以影响投资价值的重大内幕信息的情况下，禁止自己使用或者允许他人利用这个重大内幕信息获利
不当行为	向指定人群(发送邮件的卖方分析师)披露实验结果以及与监管部门会议沟通情况

续表	
行为分析	由于审核意见尚未公布,并且会对证券价格产生重大影响,属于内幕信息。Anderson 不应透露,使得他人利用该内幕信息交易。虽然 Anderson 没有提供实验数据,但是实验结果与监管部门态度也会影响公司股价,是投资者希望在投资决策前获取的信息,属于内幕信息
正当行为	在回复分析师前,发布公告公开披露会议信息与实验结果

60.3 Ⅲ (C) 适当性 (Suitability)

Peter Raymond, CFA®, 在北马里亚纳群岛的一家资产管理公司 Golden Finance 担任投资经理的工作。北马里亚纳群岛是位于美国境内的一个小岛。北马里亚纳群岛的居民投资当地的证券可以获得显著的税收减免的优惠政策。Golden Finance 向其客户销售封闭式投资基金的份额,为了充分利用税收优惠政策,该封闭式投资基金将其中 70% 以上的资金投资于当地的证券。北马里亚纳群岛当地的证券法规定,该基金允许使用杠杆交易,融资金额上限为管理资产总额的 50%。Golden Finance 所提供的封闭式投资基金运用的杠杆比例通常在法律允许的范围内。Raymond 的客户主要以当地的工薪阶层为主,客户的投资目标比较保守。Raymond 说服他们将 90% 以上的资产投资于这个封闭式基金。

本案例的分析过程如表 60.3 所示。

表 60.3 Ⅲ(C)适当性(Suitability)

准则要求	当 CFA® 协会会员和候选人向客户提供投资咨询或管理服务的时候,在作出投资建议或进行投资之前,必须仔细调查客户或者潜在客户的投资经验、风险和收益目标以及一些财务方面的限制条件,并且必须定期评估,更新这些信息
不当行为	Raymond 公司的客户主要以工薪阶层为主,投资目标比较保守。Raymond 将客户 90% 以上的资产投资于封闭基金,该封闭式投资基金 70% 以上的资金都投资于当地的证券。且该基金使用了杠杆,杠杆比例通常在资产管理总额的 50% 以内
行为分析	鉴于 Raymond 客户的财务状况和保守的投资目标,Raymond 为他的客户推荐的这个封闭式基金投资产品对客户来说是不合适的。尽管存在税收优惠,但如此高度集中的投资增加了投资风险,一旦发生单一市场风险事件,会显著减少基金的净值,再加上杠杆作用,会进一步放大基金的损失,加大客户的投资风险
正当行为	Raymond 应该根据客户实际的财务状况和投资目标,推荐符合客户财务状况和投资目标的投资产品

60.4 Ⅳ (A) 忠诚 (Loyalty)

Alice Walsh, CFA®, 在 Golden Finance 担任投资顾问的工作。在一次和大学同学的聚会上,她的一位同学鼓励 Walsh 离开 Golden Finance,转而加入他自己刚刚成立的一家叫 Run Finance 的投资公司并继续担任投资顾问的工作。经过一段时间的考虑,Walsh 最终决定加入 Run Finance,并在第二年新年之后正式离职,开始一段新的职业生涯。在正式提交辞职报告的几周前,Walsh 告诉一部分客户,她打算要离开 Golden Finance。客户得知后,感到十分惊讶。在被问到离职的原因时,Walsh 向他们提到,她对 Golden Finance 内部的组织管理和管理层的领导能力感到非常失望,并且认为 Golden Finance 没有能力留住和吸引人才，同时也表达了她对公司未来发展方向的不认同。一些客户听后表示想要获得更多关于 Run Finance 的信息，并且表达了想要把他们的账户转移到 Run Finance 的想法和兴趣。在提交辞呈报告之后，Walsh 立即把这些客户的资料和信息告诉了 Run Finance。第二年新年过后，Walsh 开始正式招揽原来的客户，让他们把账户从 Golden Finance 转移到她的新公司。

本案例的分析过程如表 60.4 所示。

表 60.4　IV（A）忠诚（Loyalty）

准则要求	CFA®协会会员或候选人必须根据雇主利益行事，不得利用自身专业优势剥夺雇主权利，不得泄露机密信息，不得从事其他损害雇主利益的行为。如果计划离开雇主，在离职正式生效之前，会员和候选人还是基于雇主的利益行事。员工可以自由地为离职作准备，但期间不能违反对雇主忠诚的义务
不当行为	• Walsh 在正式提交辞呈的几周之前，便告诉一部分客户她计划要离职的消息。 • Walsh 发表了很多有损 Golden Finance 的负面言论。 • Walsh 向一些客户推荐新公司的有关信息。 • Walsh 在提交辞呈报告之后，立即把这些客户的资料和信息告知了新公司 Run Finance
行为分析	虽然新年过后，Walsh 才开始正式招揽原有客户。但在离职没有正式生效之前，Walsh 仍然是 Golden Finance 的员工，不能发表有损原雇主的负面言论，也不能把客户的资料和信息告知新公司
正当行为	Walsh 在离职正式生效之前，还是要基于其雇主，也就是 Golden Finance 的利益来行事，不能从事损害雇主利益的行为。只有在离职正式生效后，且没有签署任何竞业禁止协议的前提下，才能招揽原客户，而且只能使用公开的信息获得客户的资料，未经原雇主的书面同意，不能带走任何客户清单和客户资料

60.5　Ⅴ（A）尽职和合理原则（Diligence and Reasonable Basis）

Lazze Coffee Co.是一家专门生产和销售咖啡的初创企业。为了提升企业知名度，Lazze 公司的高管 Alice Yang 付费聘请了 Ryan Jackson，CFA®，独立的证券分析师，来撰写一份关于 Lazze 公司的研究报告。Yang 告诉 Jackson，"Lazze 公司与南美的一家大型咖啡种植园签订了一项协议，允许 Lazze 公司进入种植园进行商业咖啡原豆的培植，并在周边区域零售店进行咖啡销售。Lazze 公司同时拥有国家监管机构颁发的合规证书，允许其运输、加工和出口咖啡豆。去年公司的咖啡豆产量超预期增长了 50%"。Jackson 根据 Yang 提供的以上信息，在研究报告里加入了全部信息，并对 Lazze 公司进行了详尽的分析。

Steven Mitchell，CFA®，投资管理公司 NaturalKiNG 的证券分析师。他在作初创咖啡生产商的基本面投资研究分析时看到了 Jackson 对 Lazze 公司的这份研究报告，觉得研报里的信息论点充分，于是就把报告里的绝大部分信息和结论都整合到了自己的研究分析报告中，并给了 Lazze 公司一个买入评级推荐。Steven 的报告随后分发给了 NaturalKiNG 公司内部的投资组合经理。Lazze 公司最终被证实虚构了大量信息，既不存在和种植园签订的协议，也没有监管部门的批准，同时合规证书也是伪造的。更极端的情况是，Lazze 公司从未种植及收成大量咖啡豆。这一结果导致投资了 Lazze 公司的 NaturalKiNG 的客户们在 Lazze 公司真实信息在市场公开披露后，个人投资组合都发生了重大亏损。

本案例的分析过程如表 60.5 所示。

表 60.5　Ⅴ(A)尽职和合理原则(Diligence and Reasonable Basis)

准则要求	CFA®协会会员或候选人在进行投资分析、提出投资建议、采取投资行动时,都要做到谨慎、独立、全面,并有适当的研究和调查来作支撑
不当行为	• Jackson 依靠 Lazze 公司高管 Alice 提供的陈述,在对公司的研究分析中直接加入相关信息。 • Mitchell 把 Jackson 的研究报告里的绝大部分信息和结论都整合到了自己的研究报告中〔此处也会违反 I(C)曲解〕,并给了 Lazze 公司一个买入评级推荐
行为分析	• Jackson 依靠 Lazze 公司高管 Alice 提供的陈述,而没有对公司信息的准确性进行独立调查,因此在分析该公司时没有做到尽职尽责。 • Mitchell 依靠 Jackson 的研究来给出对于 Lazze 公司的买入评级推荐,而没有进行自己的独立研究
正当行为	• Jackson 在公司投资分析研究中,应当对公司高管提供的陈述信息的准确性进行独立调查,确保信息的真实性和完整性。 • Mitchell 在参考 Jackson 的研究报告时,应当考虑到 Jackson 作为一个独立的证券分析师,不受雇于任何可以对其展开尽职调查的机构,应当关注对 Jackson 的尽职调查。同时,Mitchell 也没有意识到 Jackson 的研究工作是由发行公司付费的研究,因此,NaturalKiNG 在参考 Jackson 的研究成果时应当进行更明确的尽职调查

60.6　Ⅵ(B) 交易优先权 (Priority of Transactions)

Tom Black,CFA®,是 KitStar 投资管理公司的投资组合经理。他开发了一种新的量化投资策略,并为客户提供投资建议和交易服务。他的客户指定了一家券商为客户执行全部订单交易。根据其分析结果,Black 首先给他的个人账户里买入了 100 万股 Green Technology 公司的股票和 3 000 份 Green Technology 公司的看涨期权。不久后,Black 用 KitStar 的 3 000 万美元资金买入了大量 Green Technology 公司的股票。

本案例的分析过程如表 60.6 所示。

表 60.6　Ⅵ(B)交易优先权(Priority of Transactions)

准则要求	CFA®协会会员或候选人需要将客户和雇主的利益置于个人经济利益之上。为了防止任何潜在的利益冲突,客户账户的交易必须优先于会员或候选人所在的公司账户或个人账户的交易
不当行为	Black 在给客户交易之前,在自己的账户里优先交易买入了 Green Technology 公司股票和看涨期权
行为分析	Black 在给客户交易之前,在自己的账户里优先交易买入了 Green Technology 公司股票和看涨期权。该行为会对交易价格带来重大影响,极有可能拉高客户后续交易的成本,因此会损害客户的利益
正当行为	Black 应当优先给客户交易账户里买入 Green Technology 公司股票,随后再为个人账户进行交易,并向相关方进行潜在利益冲突的披露

60.7　Ⅶ（A）CFA®协会各项目参与者的行为（Conduct as Participants in CFA® Institute Programs）

Emma Hart，CFA®，是一个为当地提供CFA®考试辅导的社团的主席。CFA®考试结束后，社团会为学生们举办庆祝活动。在庆祝活动中，Hart的几个学生描述了他们参加考试的经历。大多数人给出了和个人预期相比的关于考试难度的意见，其中一些人讨论了CFA®考试中考查到或没有考查到的考点。Hart向他的学生询问了他们感觉考试中最难的问题的具体信息。Hart在后续招生时，与预备参加社团的CFA®考试辅导课程的新学生们分享了他之前的学生对于CFA®考试的难易观点，并且透露了过往考试题目相关的具体信息。

本案例的分析过程如表60.7所示。

表60.7　Ⅶ（A）CFA®协会各项目参与者的行为（Conduct as Participants in CFA® Institute Programs）

准则要求	CFA®协会会员或候选人不得从事任何有损于CFA®协会或CFA®头衔名誉或诚信的行为，也不得从事有损于CFA®协会课程的诚信、有效性或安全性的行为
不当行为	• 参加考试的学生中有一些人讨论了CFA®考试中被测试或没有被测试的考点。 • Hart向预备参加社团的CFA®考试辅导课程的新学生们透露了过往考试题目相关的具体信息
行为分析	• 参加考试的学生讨论CFA®考试中被测试或没有被测试的考点，该行为有损于CFA®协会课程的诚信、有效性或安全性。 • Hart向预备参加社团的CFA®考试辅导课程的新学生们透露了过往考试题目相关的具体信息的行为，有损CFA®协会课程的诚信、有效性或安全性
正当行为	• 参加考试的学生只可以给出和个人预期相比的关于考试难度的意见，不能讨论CFA®考试中被测试或没有被测试的考点。 • Hart可以与预备参加社团的CFA®考试辅导课程的新学生们分享他之前的学生对于CFA®考试的难易观点，但是不能透露过往考试题目相关的具体信息

练一练

60-1　Woody Harrison, CFA, is a fund manager of Golden Investment. Harrison selected Homeland Securities as his sole broker ten years ago. Because of the effective and efficient trade execution and competitive fees, Homeland has always been the sole broker of Harrison's fund and Harrison also recommends Homeland's services in appropriate situations. Recently Homeland Securities has offered Harrison two opera tickets worth $180 in appreciation for their good cooperation. The firm policy of Golden Investment is that employees must report any gift worth over $200 so Harrison has not reported the gift to his employer. According to the CFA Institute Standards of Professional Conduct：

A. Harrison has not violated the Standards.

B. Harrison should obtain written consent from his employer before accepting the opera tickets.

C. Harrison should make the disclosure to his employer before accepting the gift.

60-2　Fei Grandis, CFA, is the fund manager of Steaming Capital Management, a mutual fund which is specialized in investment in domestic securities. Grandis has always spent a lot of time looking for new investment opportunities and found that hedge funds can generate high returns. He proposes to the Steaming management to set up a hedge fund, but the management refuses as they think hedge fund is only a flash in the pan. Because of the attractive fees of hedge fund, Grandis then plans to set up a hedge fund with his several friends. To be careful, Grandis only undertakes the development of the hedge fund in his spare time. In order to comply with the Code and Standards, which of the following standards should Grandis first avoid violating?

A. Additional compensation arrangements.

B. Disclosure of conflicts.

C. Priority of transactions.

60-3 Cindy Parkinson, CFA, is an investment manager of Golden Investment. After reviewing the internal research report performed by her firm on Samco Inc., a small-cap growth stock, she purchased the stock of Samco for all of her clients. According to the CFA Institute Standards of Professional Conduct, Parkinson:

A. has violated Standard Ⅱ(A)-Material Nonpublic Information by using the internal report which has not been disseminated to the public.

B. has violated Standard Ⅴ(A)-Diligence and Reasonable Basis by relying on the research performed by others.

C. may have violated Standard Ⅲ(C)-Suitability.

60-4 Boris Lorries, CFA, is a bond seller of Lemon Brothers Securities. Lorries gets compensated for referring clients to purchase the bonds underwritten by Lemon Brothers Securities. Recently Lorries recommends a client purchase the corporate bond issued by Dragon Real Estate. He gives the client supporting files about the bond issuer and the fee structure of this bond issuance, but does not mention his ownership of Dragon's stock. According to the CFA Institute Code and Standards:

A. Lorries has complied with the Code and Standards because he has already disclosed the fee structure and the stock ownership is not relevant to the bond underwriting.

B. Lorries has violated the Code and Standards by not disclosing his ownership of Dragon's stock to prospective clients.

C. Lorries should liquidate his ownership of Dragon before selling the bond issued by Dragon.

扫码查看
答案及解析

立即扫码添加【学习规划师】,助您本章学得更快更好!
问答服务 + 学习规划 + 课程分享

扫码即可反馈对本书的使用意见
并查看在线勘误